Published by Authorit

THE AIR FORCE LIST

2006

The Government does not accept responsibility for statements from non-Official sources made in the advertisement pages of this publication, and the inclusion of any particular advertisement is no guarantee that the goods advertised therein received official approval.

LONDON: TSO

© Crown copyright 2006. Published with the permission of the
Ministry of Defence on behalf of the Controller of Her Majesty's Stationery Office.

Applications for reproduction should be made in writing to
The Copyright Unit, Her Majesty's Stationery Office, St Clements House, 2–16 Colegate,
Norwich NR3 1BQ.

ISBN 0 11 773038 6

ISSN 0266 8610

Published by TSO (The Stationery Office) and available from:

Online
www.tsoshop.co.uk

Mail, Telephone, Fax & E-mail
TSO
PO Box 29, Norwich NR3 1GN
Telephone orders/General enquiries 0870 600 5522
Fax orders: 0870 600 5533
E-mail: book.orders@tso.co.uk
Textphone 0870 240 3701

TSO Shops
123 Kingsway, London WC2B 6PQ
020 7242 6393 Fax 020 7242 6394
68-69 Bull Street, Birmingham B4 6AD
0121 236 9696 Fax 0121 236 9699
9-21 Princess Street, Manchester M60 8AS
0161 834 7201 Fax 0161 833 0634
16 Arthur Street, Belfast BT1 4GD
028 9023 8451 Fax 028 9023 5401
18-19 High Street, Cardiff CF10 1PT
029 2039 5548 Fax 029 2038 4347
71 Lothian Road, Edinburgh EH3 9AZ
0870 606 5566 Fax 0870 606 5588

TSO Accredited Agents
(see Yellow Pages)

and through good booksellers

CONTENTS

	Page
Contents ...	iii
Notes ...	iv
Letters denoting Honours and Awards	v
Explanations of Abbreviations and Symbols	vii
The Queen and Members of the Royal Family	1
Aide-de-Camp and Honorary Appointments to the Queen	3
Foreign Sovereigns and Members of Foreign Royal Families	4
Defence Council	5
Air Force Board of the Defence Council	6
Ministry of Defence	7
Defence Procurement Agency	17
Defence Ordnance Safety Group Management Board	18
Permanent Joint Headquarters	19
Defence Logistics Organisation	21
Defence Science & Technology Laboratory	25
Judge Advocate General of the Forces	26
Royal Air Force Prosecuting Authority	27
Sovereign Base Areas	28
Defence and Air Attachés to Embassies	29
Defence and Air Advisers to British High Commissioners within the Commonwealth	32
British Defence Staff, Washington	34
HQ in the UK of the Air Forces of Commonwealth Countries	35
Air Force Department	36
RAF Command Headquarters	38
RAF Groups and Similar Formations	47
Defence Aviation Safety Centre	57
RAF Centre of Aviation Medicine	58
AWC/DEWC	59
Colleges	62
Air Cadet Organisation	67
Central Flying School	69
Joint Warfare Staff	70
Air Officer Scotland	71
Air Officer Wales	72
RAF Elements Abroad	73
RAF Elements in NATO	74
RAF Personnel in NATO	81
RAF Elements of International Organisations	84
Committees	87
Commonwealth War Graves Commission	88
Reserve Forces' and Cadets' Association	89
Navy, Army and Air Force Institutes	96
Air Rank List (Policy Branches)	97
Branch Gradation List of Officers serving on the active list:	
General Duties	101
Flying	122
Operations Support	151
Engineer	169
Supply	183
Administrative	189
Medical	200
Dental	206
Princess Mary's Royal Air Force Nursing Service	209
Medical Support	212
Civil Consultants	215
Chaplains	217
Legal	221
Directors of Music	224
Warrant Officers	225
Non-Commissioned Aircrew	231
Royal Air Force Reserve	233
Royal Auxiliary Air Force	247
RAFVR (Training Branch)	257
Battle Honours	279
List of Prizewinners	299
Active List Obituary	307
Index	308

NOTES

The Air Force List is published annually. The Royal Air Force Retired List is published separately and biennially. Both Lists are on sale to the public.

This edition of the Air Force List is corrected to include details of officers serving in the Ministry of Defence, Command Headquarters, etc showing the position generally as at 5 July 2005, the date against names being date of postings to the appointments. Later appointments, where known, are also included. The ranks shown are either substantive or acting.

The Gradation Lists show seniority in existing substantive ranks to include changes published in London Gazette supplements up to that dated 5 July 2005. All officers with a common seniority date are shown in alphabetical order. Acting rank is shown only for Air Officers. In addition, most Air Rank Officers are shown under a separate list rather than the Branch Gradation Lists.

Officers who succeed to peerages, baronetcies or courtesy titles, are required to notify the Editor immediately requesting their inclusion in the Air Force List and records of the Ministry of Defence. Such communications should be submitted through the normal channels in order that unit, command and computer records may also be suitably amended. In the case of officers serving in MOD, or on other than a normal RAF administered unit, notification is to be made through the parenting unit.

Entries include honours and awards (as shown on Pages v-vi) and symbols relating to certain courses (as shown on Pages vii-viii). In addition, certain academic and professional qualifications are shown, although not necessarily a complete list of those held on official records. When notifying academic and professional qualifications, attention is drawn to GAI 1043 which replaces GAI 5094 (The Air Force List—Insertion of Academic and Professional Qualifications) and the need for supporting documentary evidence.

Due to computer related constraints, it has not been possible to reflect the Weapon Systems Officer (WSO) specialisation in this edition of the Air Force List.

Readers who may notice errors or omissions are invited to notify the Editor quoting the relevant page. Where applicable the procedures detailed in the above paragraphs should be followed. To enable correction of entries for the next edition, all notifications should reach the editor by 1 March 2006. Such communications should not be sent to the printers or publishers.

The Editor controls the master Distribution List for the free issue of the Air Force List. Defence Storage and Distribution Centre (DSDC) at Llangennech is responsible for the issue of the publication strictly in accordance with the Distribution List. Units are asked to ensure the Editor and DSDC are informed of any reduction in requirements. Unit requests for additional copies and amendment to the master Distribution List should be addressed to DSDC at Llangennech (normally using form MOD 999—Demand for Forms and Publications) and include a clear supporting case for the increase.

Correspondence to the Editor should be addressed to:

        Editor of The Air Force Lists
C/o PMA IM1a (RAF)
        RAF Personnel Management Agency
        Room 5, Building 248a
        RAF Innsworth
        Gloucester
        GL3 1EZ

LETTERS DENOTING HONOURS AND AWARDS IN ORDER OF PRECEDENCE

VC	Victoria Cross.
GC	George Cross.
KG	Knight of the Garter.
KT	Knight of the Thistle.
KP	Knight of the St. Patrick.
GCB	Knight Grand Cross or Dame Grand Cross of the Order of the Bath.
OM	Member of the Order of Merit.
GCSI	Knight Grand Commander of the Star of India.
CI	Order of the Crown of India.
GCMG	Knight Grand Cross or Dame Grand Cross of the Order of St. Michael and St. George.
GCIE	Knight Grand Commander of the Order of the Indian Empire.
GCVO	Knight Grand Cross or Dame Grand Cross of the Royal Victorian Order.
GBE	Knight Grand Cross or Dame Grand Cross of the Order of the British Empire.
CH	Member of the Order of the Companion of Honour.
KCB	Knight Commander ⎫ of the
DCB	Dame Commander ⎬ Order of
	⎭ the Bath.
KCSI	Knight Commander of the Order of Star of India.
KCMG	Knight Commander ⎫ of the Order
DCMG	Dame Commander ⎬ of St. Michael
	⎭ and St. George.
KCIE	Knight Commander of the Order of the Indian Empire.
KCVO	Knight Commander ⎫ of the
	⎬ Royal
	⎭ Victorian
DCVO	Dame Commander ⎫ Order.
KBE	Knight Commander ⎬ of the
	⎭ Order of
	the British
DBE	Dame Commander ⎫ Empire.
CB	Companion of the Order of the Bath.
CSI	Companion of the Order of the Star of India.
CMG	Companion of the Order of St. Michael and St. George.
CIE	Companion of the Order of the Indian Empire.
CVO	Commander of the Royal Victorian Order.
CBE	Commander of the Order of the British Empire.
DSO	Companion of the Distinguished Service Order.
LVO	Lieutenant of the Royal Victorian Order.
OBE	Officer of the Order of the British Empire.
ISO	Companion of the Imperial Service Order.
MVO	Member of the Royal Victorian Order.
MBE	Member of the Order of the British Empire.
CGC	Conspicuous Gallantry Cross.
RRC	Member of the Royal Red Cross.
DSC	Distinguished Service Cross.
MC	Military Cross.
DFC	Distinguished Flying Cross.
AFC	Air Force Cross.
ARRC	Associate of the Royal Red Cross.
DCM	Distinguished Conduct Medal.
CGM	Conspicuous Gallantry Medal.
GM	George Medal.
DSM	Distinguished Service Medal.
MM	Military Medal.
DFM	Distinguished Flying Medal.
QGM	Queen's Gallantry Medal.
BEM	British Empire Medal.
RVM	Royal Victorian Medal.
QVRM	Queens Volunteer Reserves Medal
ERD	Army Emergency Reserve Decoration.
TD	Territorial Decoration or Efficiency Decoration.
RD	Royal Naval Reserve Officer's Decoration.
AE	Air Efficiency Award.
*	Denotes the award of a bar to a decoration or medal for gallantry. The award of an additional bar is indicated by the addition of a further star for each award.

NOTE—When the recipient of an Order of Knighthood is promoted to a higher rank within the same Order, the lower rank is absorbed in the higher and therefore the designation of the lower rank is omitted after the name.

OTHER HONOURS AND AWARDS

AK .... Knight of Australia
QSO .... Queen's Service Order (New Zealand)

LETTER DENOTING APPOINTMENTS TO THE QUEEN

ADC	Aide-de Camp	QHDS	Honorary Dental Surgeon
QHS	Honorary Surgeon	QHP	Honorary Physician
QHC	Honorary Chaplain	QHN	Queen's Honorary Nurse

EXPLANATIONS OF ABBREVIATIONS AND SYMBOLS SHOWN IN GRADATION LISTS

a	Qualified at Specialist Armament Course.
ac	Qualified in Aircraft Control.
adp	Qualified Advanced Automatic Data Processing Course.
ae	Qualified Aero-Systems Engineering Course.
ais	Qualified at Advanced Information Systems.
amec	Qualified Advanced Maintenance Engineering Course. (from Course 8).
asq	Qualified GD Aero-Systems Course.
awcc	Graduates of the Air Warfare Commanders' Course, at the Department of Air Warfare. Royal Air Force College Cranwell (including graduates of the Royal Air Force College of Air Warfare Course at the Royal Air Force Flying College).
aws	Graduates of the Air Warfare Course, at the Department of Air Warfare. Royal Air Force College Cranwell (including graduates of the Royal Air Force College of Air Warfare and graduates of the Air Warfare Course at the Royal Air Force Flying College).
ax	Qualified at Advanced Armament Course.
cfs*	General Duties Officers and Master Pilots who have qualified as flying instructors and who hold a Central Flying School A1 instructor category.
cfs	General Duties Officers and Master Pilots who have qualified as flying instructors and who hold a Central Flying School A2 instructor category.
cfs(ae)*	Qualified Air Electronic Operator Instructors of A1 instructor category.
cfs(ae)	Qualified Air Electronic Operator Instructors of A2 instructor category.
cfs(c)*	General Duties Officers and Master Aircrew who have qualified as crewman instructors and who hold a Central Flying School A1 instructor category.
cfs(c)	General Duties Officers and Master Aircrew who have qualified as crewman instructors and who hold a Central Flying School A2 instructor category.
cfs(e)*	Qualified Air Engineer Instructors of A1 instructor category.
cfs(e)	Qualified Air Engineer Instructors of A2 instructor category.
cfs(g)*	Qualified Gliding Instructors of A1 instructor category.
cfg(g)	Qualified Gliding Instructors of A2 instructor category.
cfs(n)*	General Duties Officers who have qualified as navigation instructors and who hold a Central Flying School A1 instructor category.
cfs(n)	General Duties Officers who have qualified as navigation instructors and who hold a Central Flying School A2 instructor category.
cfs(pn)*	Qualified Pilot Navigator Instructors of A1 instructor category.
cfs(pn)	Qualified Pilot Navigator Instructors of A2 instructor category.
cfs(r)*	Qualified Rearcrew Instructors of A1 instructor category.
cfs(r)	Qualified Rearcrew Instructors of A2 instructor category.
cfs(t)*	Qualified Tactics Instructors of A1 instructor category.
cfs(t)	Qualified Tactics Instructors of A2 instructor category.
df*	Officers who have completed a Royal Air Force Diamond Jubilee Fellowship.
df	Officers who have completed Defence Fellowships.
e	Qualified at Specialist Engineering Course.
e(t)	Qualified at Specialist Engineering followed by Torpedo Course.
etps	Graduate of the Empire Test Pilot's School.
ex	Qualified at University Course in Engineering in addition to qualifying e.
fc	Qualified in Fighter Control.
G†	Qualified at Army Long Gunnery Staff Course (AA).
G(a)	Qualified at the Army Gunnery Staff Course, Air Defence.
gw	Qualified at Advanced Guided Weapons Course or Advanced Weapons Course at the Royal Air Force Technical College or the Guided Weapons Course at the Royal Military College of Science or the Graduate Astronautics Course at the United States Air Force Institute of Technology, Dayton, Ohio.
hcsc	Qualified at Higher Command & Staff course.
hlaq	Higher Level Academic Qualification.
i*	Qualified as 1st class interpreter/ Diploma 1st class pass.
i	Qualified as 2nd class interpreter/ Diploma 2nd class pass.
icc	Graduate of the Police Staff College (Bramshill) Intermediate Command Course.
idc	Graduate of the Imperial Defence College, prior to 17 January 1971; or has held an appointment as Commandant or Instructor at the college for a period of one year.
ifp	International Fellows Programme at the National Defence University in Washington DC.
im	Supply Officers qualified at an Industrial Management/Management Science Course at Manchester University.
jsdc	Graduate of the Joint Service Defence College.
jssc	Graduate of the— Joint Services Staff College, prior to 6 August 1971.
met	Qualified at University Course in Meteorology.
n	Qualified at Specialists Navigation Course.
nadc	Graduate of the NATO Defence College.
ndc	Graduate of the— National Defence College.
nx	Qualified at Advanced Specialists Navigation Course.
	Graduate of the—
oaws(US)	United States Air War College.
ocds(Can)	Canadian National Defence College.
ocds(Ind)	Indian National Defence College.
odc(Aus)	Australian Joint Service Staff College.
odc(US)	{ United States Armed Forces Staff College. United States Navy War College.
odc(Fr) osc(Fr) }	Cours Superieure Interarmes. (to include French Ecole Superieure de Geurre).
odc(Ge) osc(Ge) }	Command and General Staff College of the Federal German Armed Forces.
osc(Ku)	Graduate of the Kuwaiti Staff College.
osc(US)	United States Air Command and Staff College.
pfc	Graduate of the RAPC Long Finance and Accountancy Course.

vii

ph	Qualified at Specialist Photographic Course.
pi	Qualified in Photographic Interpretation duties.
pji	Qualified as a parachutist Instructor.
ppetc	Long Petroleum Course.
psc	Royal Air Force Graduates of the Royal Air Force Staff College and Foreign and Commonwealth Staff Colleges approved by the Director General of RAF Training.
psc(a)	Royal Navy and Army graduates of Royal Air Force Staff College.
psc(Aus)	RAAF Staff College, Canberra.
psc(Aus)	Australian Joint Service Staff College, Canberra.
psc(Can)	Canadian Forces Command and Staff College, Toronto.
psc(Fr)	College Interarmees de Defense, Paris.
psc(Ge)	Fuhrungsakademie der Bundeswehr, Hamburg.
psc(Ind)	Indian Defence Services Staff College, Wellington.
psc(j)	Graduate of Joint Services Command & Staff College.
psc(m)	Royal Air Force graduates of the Army Staff College.
psc(n)	Royal Air Force graduates of the Royal Naval Staff College.
psc(Spa)	Escuela Superior del Air, Madrid.
psc(US)	United States Command and Staff College, Maxwell AFB.
psm	Advanced Certificates of the Royal Military School of Music.
ptsc	Graduate of the Royal Military College of Science.
qab	Qualified Air Battle.
qas	Graduate of the full Aerosystems Course (Aerosystems qualified).
qcc	Qualified at Officers Command Courses.
qhti	Qualified Helicopter Tactics Instructor.
qsb	Qualified Support Battlestaff Course.
qs	Qualified Staff.
qss*	Qualified Staff Studies. (2 year course).
qss	Qualified Staff Studies. (18 months course).
qss2	Qualified Staff Studies Module 2.
qss1	Qualified Staff Studies Module 1.
qtm	Qualified Targeting and Mission Support Course.
qwi	Qualified Weapons Instructor.
qwi(AD)	Qualified Weapons Instructor (Air Defence).
qwi(H)	Qualified Weapons Instructor (Hawk).
qwi(SAW)	Qualified Weapons Instructor (Surface-to-Air Weapons).
qwi(T)	Qualified Weapons Instructor (Tornado).
rcds	Graduate of the Royal College of Defence Studies.
rcds(FM)	Royal College of Defence Studies Foundation Medal.
s	Qualified at Specialist Signals Course.
scc	Graduate of the Police Staff College (Bramshill) Strategic Command Course.
semc	Qualified Senior Engineering Management Course.
slmc	Senior Logistics Management Course.
snc	Qualified Staff Navigation Course. (Series beginning April, 1957).
sowc	Qualified at Senior Officers War Course. Royal Naval War College.
ssc	Senior Supply Course.
sx	Qualified at University Course in Electrical Engineering and Wireless Telegraphy in addition to qualifying s.
TIG(a)	Trained in Gunnery (Air Defence).
tp	Pilot graduate of the Empire Test Pilots' School (ETPS). United States Air Force Test Pilots' School (USAFtps), United States Navy Test Pilots' School (USNtps), or French Ecole du Personnel Navigant d'Essais et de Reception (EPNER).
ts	Supply Officers who have completed the Cranfield Institute of Technology MSc course in Transport Studies.
w	Qualified at the Senior Weapons Course.

SYMBOLS DENOTING AIRCREW CATEGORY AND SPECIALIZATION WITHIN BRANCHES

(P)	Pilot	⎫
(N)	Navigator	⎪
(AEO)	Air Electronics Officer	⎪
(ENG)	Engineer	⎬ Flying Branch
(ALM)	Air Loadmaster	⎪
(WSO)	Weapon System Officer	⎪
(WSOp)	Weapon System Operator	⎭
(ATC)	Air Traffic Control	⎫
(FC)	Fighter Control	⎪
(INT)	Intelligence	⎬ Operations Support Branch
(FLTOPS)	Flight Operations	⎪
(REGT)	Regiments	⎪
(ProvSY)	Provost Security	⎭

(A)	Armament	⎫
(E)	Engineer	⎪
(El)	Electrical Engineer	⎪
(GS)	Ground Support	⎬ Engineer Branch
(LA)	Electronic Air	⎪
(LG)	Electronic Ground	⎪
(M)	Mechanical Engineer	⎪
(MC)	Marine Craft	⎪
(Ph)	Photography	⎪
(S)	Signals	⎭
(Sec)	Secretarial	⎫
(Trg)	Training	⎪
(Cat)	Catering	⎬ *Administrative Branch
(P.Ed)	Physical Education	⎭

(F) .... Medical Officers qualified as Flight Medical Officer.

* Symbol denotes former specialisation for group captains and wing commanders and current specialisation for other officers.

ROYAL AIR FORCE
"Per Ardua ad Astra"

THE QUEEN

Air Commodore-in-Chief . . . . Royal Auxiliary Air Force (1.6.53)
Air Commodore-in-Chief . . . . Royal Air Force Regiment (1.6.53)
Commandant-in-Chief . . . . Royal Air Force College, Cranwell (27.5.60)
Honorary Air Commodore . . . . Royal Air Force Marham (11.6.77)
Honorary Air Commodore . . . . No 603 (City of Edinburgh) Squadron RAuxAF

Commonwealth Forces

Air Commodore-in-Chief . . . . Air Reserve of Canada, Royal Australian Air Force Reserve, Territorial Air Force (of New Zealand)

MEMBERS OF THE ROYAL FAMILY

His Royal Highness The Prince Philip, Duke of Edinburgh, KG KT OM GBE AC QSO

Marshal of the Royal Air Force . . . . (15.1.53)
Air Commodore-in-Chief . . . . Air Training Corps (15.1.53)
Honorary Air Commodore . . . . Royal Air Force Kinloss (11.6.77)

Commonwealth Forces

Marshal of the Royal Australian Air Force
Marshal of the Royal New Zealand Air Force
Air Commodore-in-Chief Royal Canadian Air Force

His Royal Highness The Prince of Wales, KG KT GCB AK QSO ADC

Air Vice-Marshal . . . . (14.11.98)
Honorary Air Commodore . . . . Royal Air Force Valley (1.4.93)

Commonwealth Forces

Air Commodore-in-Chief . . . . Royal New Zealand Air Force
Colonel-in-Chief . . . . Air Reserve Group of Air Command (of Canada)

His Royal Highness The Duke of York, KCVO ADC

Honorary Air Commodore . . . . Royal Air Force Lossiemouth (15.9.96)

Her Royal Highness The Princess Royal, KG KT GCVO QSO

Honorary Air Commodore . . . . Royal Air Force Lyneham (11.6.77)
Honorary Air Commodore . . . . University of London Air Squadron (2.9.93)

His Royal Highness The Duke of Gloucester, KG GCVO

Honorary Air Marshal . . . . Royal Air Force (1.9.96)
Honorary Air Commodore . . . . Royal Air Force Odiham (1.4.93)
Honorary Air Commodore . . . . 501 (County of Gloucester) Squadron Royal Auxiliary Air Force

His Royal Highness The Duke of Kent, KG GCMG GCVO ADC

Honorary Air Chief Marshal . . . . Royal Air Force (1.7.96)
Honorary Air Commodore . . . . Royal Air Force Leuchars (1.4.93)

His Royal Highness Prince Michael of Kent

Honorary Air Commodore . . . . Royal Air Force Benson (27.6.02)

Her Royal Highness Princess Alexandra, The Hon. Lady Ogilvy, GCVO

Patron and Air Chief Commandant . . . . Princess Mary's Royal Air Force Nursing Service (1.11.66)
Honorary Air Commodore . . . . Royal Air Force Cottesmore (15.9.00)

Air Aides-de-Camp to The Queen
Air Chief Marshal Sir Jock Stirrup, GCB AFC ADC DSc FRAeS FCMI
Air Chief Marshal Sir Brian Burridge, KCB CBE ADC MBA BSc FRAeS FCMI

Aides-de-Camp to The Queen
Air Commodore M. C. Barter, CBE ADC
Air Commodore J. Stinton, ADC MA BA
Air Commodore P. Whalley, ADC FCILT FILT
Group Captain G. J. Bagwell, ADC
Group Captain S. M. Bell, ADC BSc
Group Captain C. J. Birks, ADC MA BSc
Group Captain R. I. Elliott, OBE ADC BSc
Group Captain J. Harrison, ADC MA MPhil
Group Captain J. D. Maas, ADC
Group Captain B. M. North, OBE ADC MA
Group Captain R. G. Kemp, QVRM AE ADC FRIN RAuxAF

Director of Royal Travel
Group Captain T.C. Hewlett, OBE

Extra Equerries to The Queen
Air Commodore the Hon. Sir Timothy Elworthy, KCVO CBE
Group Captain T. C. Hewlett, OBE
Air Vice-Marshal Sir John Severne, KCVO OBE AFC DL
Air Vice-Marshal D. A. Walker, OBE MVO
Air Commodore Sir Archie Winskill, KCVO CBE DFC* AE

Honorary Physicians to The Queen
Air Vice-Marshal S. R. C. Dougherty, QHP MB BS MSc FFOM DRCOG DAvMed FCMI FRAeS
Air Vice-Marshal E. J. Thornton, QHP MB ChB MFOM DAvMed FCMI
Air Commodore W. J. Coker, OBE QHP MB ChB BSc BA LLB FRCP DAvMed FRAeS
Air Commodore C. P. A. Evans QHP MB BCh MSc DAvMed

Honorary Surgeons to The Queen
Air Commodore A. J. Batchelor, CBE QHS MB MB BS BSc FRCP FFOM MRCSEng DRCOG DAvMed FRAeS
Air Commodore I. D. Mitchell, QHS MB BS MDA BSc MRCGP AFOM DRCOG DAvMed FRAeS MHSM
Air Commodore M. Ranger, QHS MB BS AFOM DAvMed MRAeS
Group Captain R. Dharmeratnam, QHS MB BS FRCR DCH

Honorary Dental Surgeons to The Queen
Air Commodore J. Reid, QHDS BDS FCMI MGDSRCPSGlas
Group Captain P. M. Gallagher, QHDS BDS BA MGDSRCSEd

Honorary Chaplains to The Queen
The Venerable R. D. Hesketh, CB QHC BA FRGS
The Reverend Monsignor J. A. Daly, QHC VG
The Reverend T. R. Lee, QHC FRSA AKC
The Reverend P. W. Mills, QHC BD CPS

Honorary Nurse to The Queen
Group Captain W. B. Williams, RRC QHN RM

FOREIGN SOVEREIGNS
AND
MEMBERS OF FOREIGN ROYAL FAMILIES
who hold Honorary Commissions in the Royal Air Force

Air Chief Marshal

HM The Sultan of Brunei Darussalam, GCB GCMG 5.11.92

DEFENCE COUNCIL

The Right HONOURABLE

Dr JOHN REID, MP
Secretary of State for Defence
(Chairman of the Defence Council)

The Right HONOURABLE ADAM INGRAM, JP MP
Minister of State for the Armed Forces

The LORD DRAYSON
Parliamentary Under Secretary of State for Defence and Minister for Defence Procurement

Mr DON TOUHIG, MP
Parliamentary Under Secretary of State for Defence and Minister for Veterans

Sir KEVIN TEBBIT, KCB CMG
Permanent Under Secretary of State

General Sir MICHAEL WALKER, GCB CMG CBE ADC Gen
Chief of the Defence Staff

Admiral Sir ALAN WEST, GcB DSC ADC
Vice Chief of the Defence Staff

Mr IAN ANDREWS, CBE TD
2nd Permanent Under Secretary of State

Admiral Sir ALAN WEST, GCB DSC ADC
First Sea Lord and Chief of the Naval Staff

General Sir MIKE JACKSON, KCB CBE DSO ADC GEN
Chief of the General Staff

Air Chief Marshal Sir JOCK STIRRUP, GCB AFC ADC DSc FRAeS FCMI RAF
Chief of the Air Staff

General Sir TIMOTHY GRANVILLE-CHAPMAN, KCB CBE ADC Gen
Vice Chief of the Defence Staff

Mr IAN ANDREWS, CBE TD
Second Permanent Under Secretary of State

Sir PETER SPENCER, KCB
Chief of Defence Procurement

General Sir KEVIN O'DONOGHUE, KCB CBE
Chief of Defence Logistics

Professor ROY ANDERSON, FRS
Chief Scientific Adviser

AIR FORCE BOARD OF THE DEFENCE COUNCIL

The Right HONOURABLE
JOHN REID, MP
Secretary of State for Defence
(Chairman of the Defence Council and Chairman of the Air Force Board of the Defence Council)

The Right HONOURABLE ADAM INGRAM, JP MP
Minister of State for the Armed Forces

The LORD DRAYSON
Parliamentary Under Secretary of State and Minister for Defence Procurement

Mr DON TOUHIG, MP
Parliamentary Under Secretary of State for Defence and Minister for Veterans

Air Chief Marshal Sir JOCK STIRRUP, GCB AFC ADC DSc FRAeS FCMI RAF
Chief of the Air Staff

Mr IAN ANDREWS, CBE TD
Second Permanent Under Secretary of State

Air Chief Marshal Sir BRIAN BURRIDGE, KCB CBE ADC MBA BSc FRAeS FCMI RAF
Commander-in-Chief Strike Command

Air Marshal Sir JOE FRENCH, KCB CBE FRAeS RAF
Air Member for Personnel
Commander-in-Chief Personnel and Training Command

Air Vice-Marshal C. H. MORAN, OBE MVO MA BSc RAF
Assistant Chief of the Air Staff

Air Vice-Marshal S. G. G. DALTON, BSc FRAeS MCMI RAF
Controller Aircraft

Air Vice-Marshal B. M. THORNTON, CB MSc BSc CEng FIMechE FRAeS FCMI RAF
Air Member for Logistics Director
General Logistics (Strike)

MINISTRY OF DEFENCE

DEFENCE STAFF

SECRETARY OF STATE FOR DEFENCE
The Right HONOURABLE DR JOHN REID, MP

Private Secretary
Mr C. Baker

MINISTER OF STATE FOR THE ARMED FORCES
The Right HONOURABLE ADAM INGRAM, JP MP

Private Secretary
Mr R. Johnson

PARLIAMENTARY UNDER SECRETARY OF STATE AND MINISTER FOR DEFENCE PROCUREMENT
The LORD DRAYSON of Kensington

Private Secretary
Mr C. Bailey

PARLIAMENTARY UNDER SECRETARY OF STATE FOR DEFENCE AND MINISTER FOR VETERANS' AFFAIRS
Mr DON TOUHIG, MP

Private Secretary
Mr J. Williams

Military Assistant
Wing Commander D. B. Thomson, RAF

CHIEF OF THE DEFENCE STAFF
General Sir MICHAEL WALKER, GCB CMG CBE ADC Gen

Principal Staff Officer
Commodore S. C. JERMY, RN

Deputy Principal Staff Officer
Group Captain M.A. Sharp, OBE MRAeS RAF

Military Assistant
Lieutenant Colonel A. Richmond, QDG

PERMANENT UNDER SECRETARY OF STATE
Sir KEVIN TEBBIT, KCB CMG

Private Secretary
Mr A. Halliwell

VICE CHIEF OF THE DEFENCE STAFF
General Sir TIMOTHY GRANVILLE-CHAPMAN, KCB CBE ADC Gen

Private Secretary
Mr P. Lincoln

Military Assistants
Captain D. L. Potts, RN
Squadron Leader R. L. Owens, BSc RAF

DEFENCE SERVICES SECRETARY
Rear Admiral P. J. WILKINSON RN

Staff Officer 1
Commander P. C. Keefe, BSc RN

MINISTRY OF DEFENCE

DIRECTORATE GENERAL MEDIA AND COMMUNICATION
Director News
  Mr S.Wren
Personal Secretary
  Mrs H. Relph

DIRECTOR OF DEFENCE PUBLICITY
  Air Commodore M. G. LLOYD
Personal Secretary
  Ms N. Lightly

CHIEF OF STAFF SECRETARIAT
SECRETARY CHIEFS OF STAFF COMMITTEE
  Colonel G. Norton

Assistant Secretaries
  Wing Commander A. J. Hunter, BA RAF
  Lieutenant Colonel J. Ross, RM

DEPUTY CHIEF OF THE DEFENCE STAFF (COMMITMENTS)
  Lieutenant General R. A. FRY, CBE

Military Assistant 1
  Lieutenant Colonel M. A. Norton, RA

Military Assistant 2
  Lieutenant Commander P. M. Pomeroy, RN

ASSISTANT CHIEF OF THE DEFENCE STAFF (OPERATIONS)
  Major General J. N. R. HOUGHTON, CBE

Military Assistant
  Major R. Dickinson, RRW

DIRECTOR GENERAL OPERATIONAL POLICY
  M. HOWARD

DIRECTOR OF JOINT CAPABILITY
  Commodore P. J. F. EBERLE, RN

DIRECTOR COUNTER TERRORISM AND UNITED KINGDOM OPERATIONS (MILITARY)

DIRECTOR COUNTER TERRORISM AND UNITED KINGDOM OPERATIONS (POLICY)

DIRECTOR OF JOINT COMMITMENTS
  Air Commodore C. N. HARPER, CBE MA FCMI RAF

DIRECTOR OF STRATEGIC PLANNING
  Brigadier C. W. TADIER, CBE

DIRECTOR OF OPERATIONAL CAPABILITY
  Brigadier R. A. M. S. MELVIN, OBE

DIRECTOR BALKANS
  Mr J. TESH

JOINT ARMS CONTROL IMPLEMENTATION GROUP
  Group Captain A. H. Steele, MPhil BA PGCE RAF

GULF VETERANS ILLNESS UNIT
  Mr D. J. S. APPLEGATE

MINISTRY OF DEFENCE

Group Captains
S. M. Bell, ADC BSc
R. W. Birtwistle
P. Burt, MA BSc
P. W. Rycroft, OBE FRAeS FRIN

Wing Commanders
C. J. Abbott
A. A. Bennett, BSc
N. Bray
C. E. J. Brazier
G. T. Bremer, MA MDA BSc CEng MRAeS MCMI
M. W. Cannard
R. J. Chatterton
J. M. Clifford, MSc BSc
J. Coxen, MSc BSc
P. A. Davies
I. W. Duguid
A. S. Frost, BSc
B. G. Jackson, BSc
T. R. Kirkin, MRIN
J. B. Klein
N. J. Loveday, BSc
M. C. Toft

Civilian Equivalent Grades
J. P. Chorley
H. M. Clark
M. J. Clark
P. J. Duke
J. Starkey
I. Stewart
R. M. Walton
F. White
K. E. Wilson

MINISTRY OF DEFENCE

DEPUTY CHIEF OF THE DEFENCE STAFF (EQUIPMENT CAPABILITY)
Lieutenant General Sir ROBERT FULTON, KBE

Military Assistants
Lieutenant Colonel C. E. S. Thackway, MBE
Lieutenant M. A. Collins, MSc RN

CAPABILITY MANAGER (BATTLESPACE MANOEUVRE)
Major General R. A. D. APPLEGATE, OBE

CAPABILITY MANAGER (PRECISION ATTACK)
Rear Admiral T. A. SOAR, OBE

CAPABILITY MANAGER (INFORMATION SUPERIORITY)
Air Vice-Marshal S. G. G. DALTON, BSc FRAeS MCMI RAF

DIRECTOR EQUIPMENT CAPABILITY (DEEP TARGET ATTACK)
Air Commodore T. M. ANDERSON, DSO MA MRAeS RAF

DIRECTOR EQUIPMENT CAPABILITY (INTELLIGENCE SURVEILLANCE TARGET ACQUISITION AND RECONNAISSANCE)
Air Commodore S. D. BUTLER, RAF

DIRECTOR EQUIPMENT CAPABILITY (THEATRE AIRSPACE)
Air Commodore S. J. HILLIER, CBE DFC MA BA RAF

Group Captains
T. Cross, MA MBA BA
M. W. G. Hopkins, MBE MA MSc
P. C. Osborn, OBE
M. F. Neal, OBE IEng FIEE
G. R. R. Porter, BSc
P. Short, BSc

Wing Commanders
K. S. Balshaw, MA
S. K. Barnfield, BSc
S. P. Borthwick, MDA BEng BA MRAeS MCMI
P. L. Braham, MBE
D. K. M. Chan
R. Deacon
A. I. Farmer, MBE BA
S. P. Fletcher
M. P. Hart, BA
R. A. Hobson, MDefStud BSc
M. J. Jeffries
C. Jobling
C. Jones
J. R. Lindsay
M. C. Longstaff
J. Mardon, BSc
N. R. Martin, BSc
N. J. Newman, MPhil MSc MRAeS
R. P. Radley
S. I. Richards, BSc
S. C. Ruddock-West, BSc
G. D. Soul
D. Stellmacher, BEng
D. J. Waddington
R. Walters-Morgan
J. G. Wheatcroft, MSc BSc(Eng) CEng MIEE
H. A. Whiteway
D. A. K. Williams
T. B. Williams, MSc BSc CEng MIEE

MINISTRY OF DEFENCE

POLICY DIRECTOR
D. J. BOWEN, CMG

Private Secretary
Miss C. Gear

ASSISTANT CHIEF OF DEFENCE STAFF (POLICY)
Major General A. R. E. de C STEWART, CBE

Military Assistant
Squadron Leader A. V. R. Bettridge, MBE RA

DIRECTOR GENERAL JOINT DOCTRINE AND CONCEPTS CENTRE
Rear Admiral C. J. PARRY, CBE

HEAD OF BDS(W)
Rear Admiral A. K. DYMOCK, CB RN

DIRECTOR OF POLICY PLANNING
G. G. BARLOW

DIRECTOR OF FORCE DEVELOPMENT
Brigadier B. W. BARRY, OBE

DIRECTOR OF CHEMICAL, BIOLOGICAL, RADIOLOGICAL AND NUCLEAR POLICY
Commodore M. A. AVERY, RN

DIRECTOR DEFENCE DIPLOMACY
Air Commodore F. F. AMROLIWALA, OBE MA MBA RAF

DIRECTOR GENERAL INTERNATIONAL SECURITY POLICY
Dr S. A. BEAVER

DIRECTOR NATO
Air Commodore M. J. ROUTLEDGE, BSc MRAeS RAF

POLICY AND DEFENCE RELATIONS (NORTH)
C. A. GORDON

POLICY AND DEFENCE RELATIONS (SOUTH)
J. C. A. JARVIS

DIRECTOR OF COUNTER PROLIFERATION AND ARMS CONTROL
Dr B. H. WELLS

HEAD OF PROTOCOL
M. A. CORBET-BURCHER

HEAD OF POLICY AND COMMITMENTS MANAGEMENT UNIT
P. S. O'BRIEN

Group Captains
A. S. Barmby, OBE BSc
P. A. Cunningham, BSc
G. G. S. van den Berg, MSc
M. R. Wordley

Wing Commanders
J. P. Greville
I. N. Bell
M. J. Bryan, BSc(Eng) MRAeS MinstD MCMI
C. J. R. Norton OBE DFC MA DSc
A. P. Hawes, BSc
D. A. Kerr-Sheppard
H. R. Nichol, BSc
R. J. C. Powell OBE
A. J. Radcliffe, MA
P A. Round MA, BSc MRAeS
S. J. Shell
J. Taylor, MCMI
M. A. Tracey, BA ACIS
S. J. Wilson, BA

MINISTRY OF DEFENCE

Pay Band B1
- D. M. Chuter
- R. Cockram
- R. Evans
- N. A. Fuller
- J. P. H. Harrison
- P. J. K. Jones
- G. Monaghan
- C. R. C. Holderness

Pay Band B2
- N. Ayling
- P. Balmer
- T. R. P. Bonney
- R. Cave
- J. L. Dixon
- A. J. B. Elford
- A. Forsyth
- N. A. P. Grayston
- N. Hamilton
- G. R. Hargreaves
- M. A. House
- D. C. Jones
- C. Kemp
- G. C. Kitchingham
- A. J. Lennard
- D. Parmenter
- N. P. Pickard
- M. A. Ronald
- M. J. Shaps
- M. Sherratt
- A. W. T. Wood

MINISTRY OF DEFENCE

DEPUTY CHIEF OF THE DEFENCE STAFF (PERSONNEL)
Air Marshal D. J. POCOCK, BA RAF

Military Assistant
Lieutenant Colonel D. Kershaw, AGC(SPS)

Assistant Military Assistant
Lieutenant A. Richards, RN

DEFENCE SERVICES SECRETARY
Rear Admiral P. J. WILKINSON, RN

Staff Officer
Commander P. C. Keefe, RN

Staff Officer/Honours
Wing Commander C. J. Oxland, OBE ACIS RAF

DIRECTOR VETERANS POLICY UNIT
Mr M. LINGWOOD

DIRECTOR RESETTLEMENT
Commodore A. M. PICTON, RN

DIRECTOR GENERAL SERVICE PERSONNEL POLICY
Mr J. MILLER, CB

DIRECTOR SERVICE PERSONNEL POLICY (STRATEGY)
Brigadier R.J. BACON, MBA FCIPD FCMI CMILT

DIRECTOR SERVICE PERSONNEL POLICY PAY AND ALLOWANCES
Brigadier J. DOWSON, MBA BSc FCMI FCIPD

DIRECTOR SERVICE PERSONNEL POLICY SERVICE CONDITIONS
Mr M. J. D. FULLER

DIRECTOR SERVICE PERSONNEL POLICY PENSIONS
Mr J. IREMONGER

DIRECTOR GENERAL TRAINING AND EDUCATION
Rear Admiral S. R. J. GOODALL, CBE RN

DIRECTOR TRAINING AND EDUCATION
Commodore A.S. MIKLINSKI, RN

DIRECTOR DEFENCE TRAINING REVIEW IMPLEMENTATION
Mr A. BOARDMAN

DIRECTOR PAY AS YOU DINE PROJECT
Brigadier A. C. MANTELL, OBE

CHIEF EXECUTIVE ARMED FORCES PERSONNEL ADMINISTRATION AGENCY
Rear Admiral T.A. SPIRES, BSc CDipAF FCIPD MINucE

DEPUTY CHIEF EXECUTIVE & AGENCY SECRETARY
Mr P. D. NORTHEN

DIRECTOR JOINT PERSONNEL ADMINISTRATION
Air Commodore J. D. TONKS, BSc RAF

DIRECTOR OPERATIONS
Air Commodore I. HARVEY, BSc RAF

DIRECTOR STRATEGY, REQUIREMENTS & PROGRAMMES
Brigadier A.D. HARKING, OBE

CHIEF EXECUTIVE VETERANS AGENCY
Mr Alan Burnham

Group Captains
S. E. Bonell, BA ACIS
D. C. Coombes, OBE FInstAM MBIFM MCMI
N.K Gillingham OBE BEd
P. Heaton
P. G. H. Hodcroft, BSc MBCS
R. Paterson, OBE BSc CertEd
H. M. Randall

J. G. Ross, MSc FCMI CDipAF
D. St J. Salisbury

Wing Commanders
J. P. Archer
M. A. Bale, BA
C. G. Bulman, MBE
P. J. Clews, MEd BSc
S. Dureau, LLB
K. M. Erwich
S.A. Gracie, MA BA
J. Harker
I. M. Harrison, MCIPD
S.E. Haughton, MBE BA
N. G. Little, BSc CEng MIEE
P. C. Loader, BEd
T. S. McCracken
I. Melvin, BSc
T. Minns
A. R. Mitra
J. A. Parry, MA BSc CertEd
R.W. Roberts, MinstAM
S.E. Roberts, BSc(Econ)
P. Seymour, ACIB
P. A. Taylor, BSc MBCS
I. R. Tench, PhD BA
P. A. Townsend, CertEd

Principals and Equivalent Grades
P. Aylott
T. Bainbridge
R. Baldwin
Mrs S. Bampton
Ms C. Bell
M. Bennett
M. E. Bevis
Mrs A. Booth
Dr R. Bratt
Ms D. Brothers
R. Brown
M. Court
Dr P. Collins
D. Darvell
P. Davis
P. Donaldson
C. A. Earls
V. Evans, MBE
A. W. T. Fielding
J. Flitton
P. Hancock
T. G. Jones
Ms T. Kent
D. J. Lewington
I. Lever
P. Loy
W. Macdonald
Mrs A. Macfarlane
N. R. Martin
A. L. Maynard
S. McCarthy
S. McDonald

MINISTRY OF DEFENCE

Mrs A. Miller
R. Mitchell
Mrs F. Phillips
D. P. Pope
G. T. Rees
K. Robinson
M. Robinson
A. Salt
M. Sands
A. M. Sansome
R. Sharpe
J. R. E. Sinfield
D. Sivers
H. Smith
J. H. Spiers
D. Stacey
A. P. Suggitt
I. Swann
J. Thrower
Mrs S. Walker
Ms A. M. Wilsdon
A. M. Youngson

CIVILIAN STAFF

PERMANENT UNDER SECRETARY OF STATE
  Sir KEVIN TEBBIT, KCB CMG

Private Secretary
  A.R Helliwell

SECOND PERMANENT UNDER SECRETARY OF STATE
  Mr IAN ANDREWS, CBE TD

Private Secretary
  H.M.E Walters

FINANCE DIRECTOR
  Mr TREVOR WOOLLEY

Private Secretary
  R. Hand

PERSONNEL DIRECTOR
  R.P. HATFIELD, CBE

Private Secretary
  S. Mayor

POLICY DIRECTOR
  D.J BOWEN, CMG

Private Secretary
  S. Hutchinson

DIRECTOR GENERAL SERVICE PERSONNEL POLICY
  Mr JULIAN MILLER

Personal Secretary
  Mrs T. D. Sabey

COMMAND SECRETARY RAF STRIKE COMMAND
  Mr PETER WATKINS

Personal Secretary
  Mrs D. Cole

COMMAND SECRETARY RAF PERSONNEL AND TRAINING COMMAND
  Mr TERENCE JAGGER

Personal Secretary
  Mrs J. Coker

DEFENCE SCIENTIFIC STAFF

CHIEF SCIENTIFIC ADVISER
    Professor R. M. ANDERSON, FRS

  PRIVATE SECRETARY
    Dr J. D. Freeman

SCIENCE AND TECHNOLOGY DIRECTOR
    Mr M. MARKIN

  PRIVATE SECRETARY
    Mr G. Boulby

DIRECTOR GENERAL (RESEARCH AND TECHNOLOGY)
    Professor P. SUTTON

DIRECTOR GENERAL (SCRUTINY AND ANALYSIS)
    Mr N. BENNETT

DIRECTOR STRATEGIC TECHNOLOGIES
    Mr P. D. TAYLOR

DIRECTOR TECHNOLOGY DEVELOPMENT
    Dr A. BAIRD

DIRECTOR (SCRUTINY AND ANALYSIS) LAND/AIR (D (S&A) LAND/AIR)
    Mr N. BARNETT

DIRECTOR (SCRUTINY AND ANALYSIS) SEA/CIS (D (S&A) SEA/CIS)
    Dr A. SINDEN

DIRECTOR (SCRUTINY AND ANALYSIS) P&P (D (S&A) P&P)
    Dr S. MORLEY

DIRECTOR SCIENCE AND TECHNOLOGY POLICY
    Dr P. HOLLINSHEAD

MET OFFICE EXECUTIVE AGENCY

ACTING CHIEF EXECUTIVE
    Mr M. HUTCHINSON

SENIOR PERSONAL SECRETARY
    Mrs M. J. Daubney

DEFENCE PROCUREMENT AGENCY

CHIEF OF DEFENCE PROCUREMENT AND CHIEF EXECUTIVE
Sir PETER SPENCER, KCB

Military Assistant
Wing Commander G. Bremer, MA MDA BSc CEng MCI MRAeS RAF

Private Secretary
Mrs A. Dolman-Gair

DEPUTY CHIEF EXECUTIVE
Mr D. J. GOULD

Private Secretary
Mr M. Whittington

EXECUTIVE BOARD DIRECTORS

Director Information Superiority
Dr I. A. Watson

Staff Officer
Miss R. Clark

Technical Director/Master General of the Ordnance
Major General A. C. FIGGURES, CBE

Military Assistant
Lieutenant Colonel S. Downey, MBE

Director Air & Weapons Systems
Mr J. H. LYLE, MSc CEng MIEE RCNC

Military Assistant
Wing Commander S. P. Chadwick, MA RAF

Director Land and Maritime/Controller of the Navy
Rear Admiral R. CHEADLE, CB

Military Assistant
Commander N. Tothill

Commercial and Supplier Relations Director
Mr S. L. PORTER, MCIPS FRAeS

Military Assistant
Miss K. Dhanak

DPA Financial Director
Mr D. C. NOBLE

Senior Personal Secretary
Mrs S. Harvey

INTEGRATED PROJECT TEAMS

Strategic Unmanned Air Vehicle (Experiment)
Air Commodore A.D. SWEETMAN, OBE BA RAF

Brimstone
Wing Commander A. B. Hawley, MSc BSc RAF

Imagery Geospatial Systems
Group Captain P. Beange, MA RAF
Wing Commander J.B. Davies, RAF

United Kingdom Military Flying Training System
Air Commodore L. J. BURRELL, BEng CEng FRAeS RAF
Wing Commander P. N. Cracroft, BEng RAF

DEFENCE ORDNANCE SAFETY GROUP MANAGEMENT BOARD

Postal Address—Defence Ordnance Safety Group,
Ash 2b, MOD Abbey Wood, # 3212
Bristol BS34 8JH
Telephone No. 0117-91-35500

Director
Mr J. J. McLAY, BSc CEng MIEE RCNC 30.7.01

Members
Dr G. D. West, BSc PhD 2.10.00
Colonel N. Polley 8.4.02
Mr D. McDonald, BEng MSc MIEE RCNS 2.10.00
Mr R. Wallace 2.10.00

Secretary
Mr R. MaCabe 3.10.01

PERMANENT JOINT HEADQUARTERS (UK)

Postal Address—NORTHWOOD, MIDDLESEX, HA6 3HP
Telephone No.—01923 826161

Chief of Joint Operations
    Air Marshal Sir GLENN TORPY, KCB CBE DSO BSc (Eng) FRAeS 25.7.04
Military Assistant
    Lieutenant Colonel D. M. Chalmers MBE 8.11.04
Deputy Chief of Joint Operations (Operations)
    Major General P. A. WALL, CBE MA 7.2.05
Military Assistant
    Squadron Leader R. W. Humphries 1.8.04
Deputy Chief of Joint Operations (Operational Support)
    Rear Admiral P. L. WILCOCKS, DSC ADC 19.4.04
Military Assistant
    Major J. R. Howard 19.7.04
D PP&C
    Group Captain J. B. Kessell 2.11.04
    Wing Commander M. T. Hand 30.8.04
Assistant Chief of Staff J1/J4
    Brigadier J. S. MASON, MBE RM 26.4.04
    Group Captain M. W. Haywood, MBE MA MDA BA MCMI MinstAM (AD) 13.9.04
    Group Captain P Higgins, MA BA 16. 8.04
    Wing Commander A. O. Jinadu, MA 31.8.04
    Wing Commander D. L. Laws, MBE MSc DESEM BA MIL CMILT 15.11.04
Assistant Chief of Staff J2
    Brigadier P. R. NEWTON CBE 8.11.04
    Group Captain G. J. Pearson, BA 7.6.04
Assistant Chief of Staff J3
    Brigadier D. A. CAPEWELL, OBE RM 20.5.05
    Group Captain R. Lock, CBE BSc 3.5.04
    Wing Commander S. P. Russell 8.3.04
    Wing Commander S. D. Hayler, BSc (Eng) 1.3.04
    Wing Commander C. T. Hunter, MMDS 13.1.04
    Wing Commander J. Alexander, MBA BA MCMI 21.3.05
    Wing Commander G. W. Robertson, BSc 7.11.03
Assistant Chief of Staff J5
    Brigadier A. C. P. KENNETT, CBE 10. 5.05
    Group Captain T. P. McWilliams 18.7.03
    Group Captain F. M. Simpson, BA MIL MRAeS ALCM 18.12.02
    Wing Commander E. Lawson, BSc 11.8.03
Assistant Chief of Staff J6
    Air Commodore B. L. GRAY, BSc IEng FIIE 9.5.05
    Wing Commander I. M. A. Kirkwood, MA MSc BSc CEng MIEE 23.8.04
    Wing Commander D. G. Crump, BSc 23.8.04
Assistant Chief of Staff J7
    Air Commodore G. E. STACEY, MBE MA BSc 14.12.04
    Wing Commander J. D. Spencer, BSc 21.2.05
    Wing Commander O. R. J. Barnes, MSc BSc CEng MIMechE 5.8.04
    Wing Commander R. G. H. Gordon 21.2.05
    Wing Commander M. O. Brown 4.5.04
    Wing Commander N. A. Chapman, MSc BA 21.10.02
    Wing Commander S. J. Boyle, BSc 4.10.04
    Wing Commander P. Gregory, MBE BA MIL 10.12.01
    Wing Commander M.A. Jeffery, OBE MA BSc ARCS 5.5.05

PERMANENT JOINT HEADQUARTERS (UK)

Head of CESTO J8
    Group Captain G. A. Opie, MA MDA BSc. 27.6.03
    Wing Commander T.J. Marley, BSc 30.8.04

Head Media Ops J9
    Group Captain R. W. La Forte, MBE MA BA 1.6.03
    Wing Commander M. S. Foster, LLB 1.1.05

Joint Force Headquarters
    Brigadier J.D. PAGE, OBE 21.2.05
    Group Captain K.L. O'Dea, MA MRAeS MCMI 19.7.04
    Wing Commander R. P. C. Brown 26.8.03
    Wing Commander D. J. E. Cooper, BEng 30.11.03

DEFENCE LOGISTICS ORGANISATION

CHIEF OF DEFENCE LOGISTICS
General Sir KEVIN O'DONOGHUE, KCB CBE

Military Assistant
Captain D. A. Halliday, BA MIPR RN

Military Assistant 2
Wing Commander M. Wigston, MA RAF

DEPUTY CHIEF OF DEFENCE LOGISTICS
Mr T. J. FLESHER, CB

Private Secretary
Ms L. Richardson

Restructuring Team Leader
Mrs M. MORLEY

Director Strategy
Ms M. O'GORMAN

Director Secretariat
Mr S. SMITH

Director Logistic Information (Information Knowledge Management)
Brigadier E. FLINT

DEPUTY LOGISTICS TRANSFORMATION PROGRAMME TEAM LEADER
Major General A. J. RAPER, CBE MA

Military Assistant
Wing Commander A. D. Wallis, BSc CEng MRAeS RAF

Programme Team Leader
Air Commodore J. A. YOUNG, OBE MDA BSc FRAeS RAF

Lean Support Continuous Improvement Team — Team Leader
Mr N. LAWSON

Strike/Strategy Team Leader
Air Commodore P. J. HEARD, MBE MSc BSc CEng FIMechE FRAeS RAF

Land/Joint Team Leader
Brigadier N. WILLIAMS, MBE MA CEng MIEE

Maritime/Acquisition/Centre Team Leader
Mr P. BLAKISTON, BEng CEng MIMechE

ASSISTANT CHIEF OF DEFENCE STAFF (LOGISTIC OPERATIONS)
Air Vice-Marshal K. J. LEESON, CBE BSc CEng FIEE RAF

Military Assistant
Major A. McDougall

Director Defence Logistics Operations
Brigadier M. WHARMBY, OBE

Director Defence Logistics Policy
Air Commodore D. J. FOSTER, MSc BSc RAF

DIRECTOR GENERAL LOGISTICS (PROCUREMENT)
Mr M. PEDLINGHAM

Director Commercial (Commands and Centre)
Mr J. HARFORD

Director Logistics Procurement Fleet/Nuclear
Mr T. STRONG

Director Logistics Procurement Land
Mr A. BEVAN

Director Logistics Procurement Strike
Mr D. MACFARLANE

DEFENCE LOGISTICS ORGANISATION

Director Logistics Procurement Supply Chain
Mr T. LOGAN

Director Logistics Procurement Support
Mr L. A. SIGRIST, OBE

Director Procurement Support Services
Mr G. MORRIS

Director Procurement Reform Implementation Office
Mr R. R. CUMMINGS

Director Procurement Enabling Group
Mr T. ROSSI

Director Procurement (DCSA)
Mr M. GREATWICH

DIRECTOR GENERAL RESOURCES
Dr A. C. H. MACE, CBE

SPS
Mrs J. Hazel

Director Logistics Personnel
Mr R. BROOKS

Director Resources and Plans
Air Commodore J. LAMONTE, MA BSc CMath FIMA FRIN FRAeS FCMI CDipAF RAF

Director Accountancy and Professional Services
Mr M. CRABTREE

Director Safety, Estates and Security
Mr M. PIPER

DIRECTOR GENERAL NUCLEAR
Rear Admiral A. D. H. MATHEWS

D. H. Military Assistant
Commander P. Methven, RN

Director Strategic Systems
Commodore I. F. CORDER, RN

Director Submarine Support
Mr H. MATHERS

Submarine Acquisition Modernisation Team Leader
Mr N. MCCABE, TD

DIRECTOR GENERAL LOGISTICS (FLEET)
Rear Admiral P. BOISSIER

Military Assistant
Commander R. N. Storrs-Fox, RN

Clyde Naval Base Commander
Commodore C. J. STAIT, OBE ADC RN

Portsmouth Naval Base Commander
Commodore A. M. HUSSAIN, RN

Devenport Naval Base Commander
Commodore S. R. LISTER, OBE RN

Maritime Equipment Cluster Leader
Mr F. EDWARDS

Maritime Platforms Cluster Leader
Commodore A. R. RYMER, RN

Director Maritime Operations Team
Commodore M. E. L. GRAVES, RN

Professor Naval Architecture
Mr S. RUSLING

DEFENCE LOGISTICS ORGANISATION

DIRECTOR GENERAL LOGISTICS (LAND)
Major General M. HUNTLEY, CB

Military Assistant
Lieutenant Colonel A .J. P. Barr

Domain Support Team Leader
Brigadier K. E. FERGUSON

Combat Service Support Cluster Leader
Brigadier P. C. CORT

Manoeuvre/Strike Cluster Leader
Brigadier B. W. McCALL

Rotary Wing Cluster Leader
Commodore I. P. G. TIBBITT, RN

Merlin IPT Leader
Commodore S. F. BALDWIN, RN

Attack Helicopter IPT Leader
Brigadier N. P. KNUDSEN

DIRECTOR GENERAL LOGISTICS (STRIKE)
Air-Vice Marshal B. M. THORNTON, CB MSc BSc CEng FIMechE FRAeS FCMI RAF

Military Assistant
Wing Commander E. L. Dove, BEng RAF

1 Group Cluster Leader
Air Commodore N. A. BAIRSTO, MBE MSc MDA BSc CEng FIMechE FRAeS FCMI RAF

2 and 3 Group Cluster Leader
Air Commodore A. DEYTRIKH, BSc CEng FRAeS RAF

Harrier IPTL
Air Commodore I. D. THORNE, OBE BSc RAF

Tornado IPTL
Air Commodore S. J. BOLLOM, BSc CEng MIMechE RAF

Director Domain Support (Strike)
Mr D. J. MOWBRAY

DIRECTOR GENERAL LOGISTICS (SUPPLY CHAIN)
Major General M. D. WOOD, CBE

Military Assistant
Lieutenant Commander D. W. A. Walker, RN

Chief Executive Defence Transport and Movements Agency
Brigadier C. M. STEIRN, CBE

Chief Executive Defence Storage and Distribution Agency
Mr P. D. FOXTON, CBE

Director Defence Catering Group and Commodity Cluster Leader
Brigadier D. J. R. MARTIN, CBE

Chief Executive British Forces Post Office
Brigadier P. J. T. MAGGS, CBE

Director Defence Fuels Group
Air Commodore A. C. SPINKS, FRAeS FCIT FILT RAF

Director Munitions Corporate Business/Director Logistics (Munitions)
Brigadier J. G. MORRISON

Director Supply Chain Support
Air Commodore M. J. G. WILES, MBA FCILT FILT RAF

Future Defence Supply Chain Initiative (FDSCi)
Mr A. FISHER

Director Pay As You Dine
Brigadier A. C. MANTELL, OBE

DEFENCE LOGISTICS ORGANISATION

Chief Executive Disposal Services Agency
Mr A. J. S. TAYLOR, CBE

TECHNICAL DIRECTOR
Major General A.C. FIGGURES, CBE

Military Assistant
Lieutenant Colonel S. J. Downey, MBE QLR

Director Corporate Technical Services/Head Technical Services 1
Mr H. W. PERKINS

Head Technical Services 2
Commodore C. HOCKLEY, RN

CHIEF EXECUTIVE DEFENCE COMMUNICATIONS SERVICES AGENCY
Rear Admiral R. G. J. WARD, CB MA MSc FIEE

Military Assistant
Wing Commander S. Wilkinson, MA MDA BSc CEng MRAeS MCMI RAF

Director Operations
Brigadier D.A. HARGREAVES, MA

Director Resources
Mr N. F. JARVIS

Director Strategic Transition
Air Commodore J. THOMPSON, MSc BA MBCS RAF

Defence Information Infrastructure IPT Leader
Mr R. H. QUICK, OBE

Director Information Service Delivery
Mr G. HYDE BSc(ECON)

Chief Technical Officer
Commodore A. WHYNTIE, BSc CEng FIEE RN

Logistics Application IPT Leader
Mr I. WAKELING, MSc CEng MRINA APMP RCNC

SATCOM IPT Leader
Mr S. Kershaw, BA(OXON) CEng FIEE

DEFENCE SCIENCE & TECHNOLOGY LABORATORY (Dstl)

Farnborough, Hampshire (Tel: 01252 455000) (Central Enquiries: 01980 613121)

CHIEF EXECUTIVE
Mr M. EARWICKER

DSTL MAIN BOARD
Mr N. Helbren – Deputy Chief Executive
Mr P. Starkey – Programme Director (Systems)
Mr M. Hone – Finance
Mr M. Jenden – Future Business Director
Mr R. Scott – Programme Director (Science & Technology)
Dr F. Saunders – Technical
Mrs R. Davies – Human Resources

DSTL DEPARTMENT MANAGERS
Mr M. Hunt – Policy & Capability Studies
Mr N. Stansfield – Naval Systems
Mr J. Hunt – Land Systems
Mr K. Wagstaff – Air Systems
Mr P. James – Information Management
Mr J. Richards – Environmental Sciences
Mr S. Sanderson – Energetics
Mr A. Feltham – Missiles & Countermeasures
Mr K. Brigden – Electronics
Mr A. McKie – Sensors
Mr A. Hammer – Detection
Mr M. Fulop – Biomedical Sciences
Dr J. Cook – Physical Sciences
Dr C. Gibson – Joint Systems

DSTL SENIOR MILITARY ADVISERS
Captain R. M. Little, RN
Colonel N. Q. W. Beer
Group Captain N. D. Meyrick, MBA RAF

DSTL MILITARY RESOURCES OFFICER
Lieutenant Colonel (Retd) L. S. J. T. Gregory

OFFICE OF THE
JUDGE ADVOCATE GENERAL OF THE FORCES

(Department for Constitutional Affairs)

(Joint Service for the Army and Royal Air Force)
81 Chancery Lane, London, WC2A 1BQ Tel: 0207-218 8089

Judge Advocate General
His Honour Judge JEFF BLACKETT

Senior Personal Secretary
Miss E. F. Ruddy

Vice Judge Advocate General
Awaiting Appointment

Assistant Judge Advocates General (London Office and Overseas)
Judge Advocate M. A. HUNTER (DJAG BRITISH FORCES IN GERMANY)
Judge Advocate J. P. CAMP
Judge Advocate R. C. C. SEYMOUR
Judge Advocate J. F. T. BAYLISS
Judge Advocate C. R. BURN
Judge Advocate M. R. ELSOM

Policy Adviser
Peter Fisher

Registrar
Miss J. Norris

ROYAL AIR FORCE PROSECUTING AUTHORITY

Postal Address—RAF INNSWORTH, GLOUCESTER GL3 1EZ
Telephone No: 01452 712612 Ext 5263
Fax No: 01452 510829

HEAD OF ROYAL AIR FORCE PROCECUTING AUTHORITY
Air Vice-Marshal R. A. CHARLES, CB LLB . . . . . . Solicitor Advocate 12.8.03

Prosecuting Officers
Group Captain G. J. Harding, LLB . . . . Solicitor Advocate 6.10.03
Wing Commander C. N. W. Wood, MA . . . . Barrister 2.12.02
Squadron Leader K. J. Sanders, LLB . . . . Solicitor 19.4.04
Squadron Leader P. J. Robbins, MSc LLM BA . . . . . Solicitor Advocate 3.9.02
Squadron Leader T. D. Billingham, BA . . . . Solicitor 9.7.03
Flight Lieutenant J. B. Morris, BCom. . . . . Barrister 8.4.05

SOVEREIGN BASE AREAS OF AKROTIRI AND DHEKELIA ADMINISTRATION

Postal Address—HEADQUARTERS, SOVEREIGN BASE AREAS ADMINISTRATION, EPISKOPI.
BRITISH FORCES POST OFFICE 53

THE ADMINISTRATOR

Major General P. T. C. PEARSON, CBE

  Military Assistant
    Squadron Leader A. S. Willis, BSc RAF

  Aide-de-Camp
    Captain A. P. Todd

  Chief Officer
    P. Draycott

  Administrative Secretary
    J. STAINTON

  Judiciary
    The Honourable Justice Mr G. H. M. DANIEL, DL . . . . Senior Judge
    His Honour Judge R. H. NAQVI, TD . . . . Resident Judge

  Legal
    J. HUDSON . . . . Attorney General and Legal Adviser

  Akrotiri Area Office
    K. MATHEO . . . . Area Officer

  Dhekelia Area Office
    C. ATHANASIAI

  Sovereign Base Areas Police
    D. Kelly

  Sovereign Base Areas Customs
    VACANT

  Administrator's Advisory Board
    P. Draycott . . . . Chief Officer
    Air Commodore H. R. CORNEY, OBE BA RAF . . . . . Chief of Staff, British Forces Cyprus
    J. HUDSON . . . . Attorney General and Legal Advisor
    Colonel G. B. Grossmith . . . . Commander Eastern Sovereign Base Area

DEFENCE AND AIR ATTACHÉS TO EMBASSIES

ABU DHABI (UAE)—(British Embassy, Abu Dhabi, c/o FCO, Outward Bag Room, King Charles Street, London SW1A 2AH)
Defence Attaché. . . . . Colonel A. V. Malkin 11.00

AMMAN—(British Embassy, Amman, c/o FCO, Outward Bag Room, King Charles Street, London SW1A 2AH)
Defence, Naval and Military Attaché . . . . . Colonel R. W. Currie 7.04
Air Attaché . . . . Wing Commander C. J. Lawrence, MRIN MRAeS RAF 10.02

ANKARA—(British Embassy, Ankara, c/o FCO, Outward Bag Room, King Charles Street, London SW1A 2AH)
Defence and Military Attaché. . . . . Colonel M. H. Auchinleck 9.02
Naval and Air Attaché . . . . Wing Commander J. Gillan, RAF 8.02

ATHENS—(British Embassy, Athens, c/o FCO, Outward Bag Room, King Charles Street, London SW1A 2AH)
Defence, Naval and Air Attaché . . . . Captain J. R. Wills, RN 1.03
Defence and Military Attaché. . . . . Colonel M Blatherwick, MBE GM 3.04

BAGHDAD/IRAQ—(British Embassy, Baghdad, BFPO 684)
Colonel The Honourable A. J. C. Campbell . . . 7.04

BAHRAIN—(British Embassy, Bahrain, BFPO 632)
Defence Attaché. . . . . Commander N. P. Smith, RN 7.02

BANGKOK—(British Embassy, Bangkok, c/o FCO, Outward Bag Room, King Charles Street, London SW1A 2AH)
Defence Attaché. . . . . Colonel P. C. Roberts, MBE 9.03

BEIJING—(British Embassy, Beijing, c/o FCO, Outward Bag Room, King Charles Street, London SW1A 2AH)
Defence, Military and Air Attaché . . . . . Brigadier A. J. M. MILLER-BAKEWELL 9.04
Naval and Air Attaché . . . . Group Captain K. J. Parkes, MBE BA BSc FRAeS
 FInstD RAF 8.02

BEIRUT—(British Embassy, Beirut, c/o FCO, Outward Bag Room, King Charles Street, London SW1A 2AH)
Defence Attaché. . . . . Lieutenant Colonel N. R. Forrestal 7.03

BELGRADE—(British Embassy, Belgrade, c/o FCO, Outward Bag Room, King Charles Street, London SW1A 2AH)
Defence Attaché. . . . . Colonel W. E. Nowosielski-Slepowron . . . 4.01

BERLIN—(British Embassy, BFPO 30)
Defence Military Attaché . . . . Brigadier R. PRIDHAM, OBE 8.02
Air Attaché . . . . Group Captain J. P. Moloney, MA BA RAF . . 2.03

BERNE—(British Embassy, Thunstrasse 50, 3005 Berne, Switzerland)
Defence Attaché. . . . . Lieutenant Colonel P. H. Bangham 1.02

BOGOTA—(British Embassy, Bogota, c/o FCO, Outward Bag Room, King Charles Street, London SW1A 2AH)
Defence Attaché. . . . . Colonel M. E. Wilcox 6.02
(also Defence Attaché Lima)

BRASILIA—(British Embassy, Brasilia, c/o FCO, Outward Bag Room, King Charles Street, London SW1A 2AH)
Defence, Military and Air Attaché . . . . . Group Captain R. Ashenhurst, RAF 7.03

BRATISLAVA—(British Embassy, Bratislava, c/o FCO, Outward Bag Room, King Charles Street, London SW1A 2AH)
Defence Attaché. . . . . Lieutenant Colonel A. W. Sutherland . . . 11.02

BUCHAREST—(British Embassy, Bucharest, c/o FCO, Outward Bag Room, King Charles Street, London SW1A 2AH)
Defence Attaché. . . . . Colonel A. A. A. Beattie 11.02
(also Defence Attaché Kishinev)

BUDAPEST—(British Embassy, Budapest, c/o FCO, Outward Bag Room, King Charles Street, London SW1A 2AH)
Defence Attaché. . . . . Colonel T. Burnside 7.04

BUENOS AIRES—(British Embassy, Buenos Aires, c/o FCO, Outward Bag Room, King Charles Street, London SW1A 2AH)
Defence, Naval and Military Attaché . . . . Captain C. J. Hyldon, RN. 2.04
Air Attaché . . . . Group Captain I. Capewell, BSc RAF 12.02
(also Defence Attaché Asuncion and Montevideo)

DEFENCE AND AIR ATTACHÉS

CAIRO—(British Embassy, Cairo, c/o FCO, Outward Bag Room, King Charles Street, London SW1A 2AH)
   Defence and Military Attaché. . . . . Captain P. Holihead, RN 5.04

CARACAS—(British Embassy, Caracas, c/o FCO, Outward Bag Room, King Charles Street, London SW1A 2AH)
   Defence, Naval, Military and Air Attaché . . . . Group Captain W. G. S. Dobson, BSc RAF . . . 12.03
   (also Defence Attaché Quito and Panama City)

COPENHAGEN—(British Embassy, 36/38/40 Kastelsvej, DK-2100 Copenhagen, Denmark)
   Defence Attaché. . . . . Commander C. D. Wilson, OBE RN 5.04

DAMASCUS—(British Embassy, Damascus, c/o FCO, Outward Bag Room, King Charles Street, London SW1A 2AH)
   Defence Attaché. . . . . Colonel C. J. A. Lyne-Pirkis 6.04

DOHA—(British Embassy, Doha, Qatar, c/o FCO, Outward Bag Room, King Charles Street, London SW1A 2AH)
   Defence Attaché. . . . . Wing Commander P. Cottell, RAF 2.02

DUBLIN—(British Embassy, Dublin, c/o FCO, Outward Bag Room, King Charles Street, London SW1A 2AH)
   Defence Attaché. . . . . Colonel R. J. Steed 10.04

GUATEMALA CITY—British Embassy, Guatemala City, c/o FCO, Outward Bag Room, King Charles Street, London SW1A 2AH)
   Defence Attaché. . . . . Colonel I. C. D. Blair-Pilling, OBE 9.00
   (also Defence Attaché San Salvador and Tegucigalpa, Managua and Mexico City)

THE HAGUE—(British Embassy, Lange Voorhout 10, 2514 ED, The Hague, Netherlands)
   Defence and Naval Attaché . . . . Captain A. R. Davies, RN. 8.03

HELSINKI—(British Embassy, Uudenmaankatu 16,20,00120 Helsinki 12 Finland)
   Defence, Naval and Military Air Attaché . . . . Lieutenant Colonel R. M. Andrews. 5.04
   (also Defence Attaché Tallinn)

JAKARTA—(British Embassy, Jakarta, c/o FCO, Outward Bag Room, King Charles Street, London SW1A 2AH)
   Defence Attaché. . . . . Colonel S. A. M. Jarvis 5.03

KATHMANDU—(British Embassy, Kathmandu, BFPO 4)
   Defence Attaché. . . . . Colonel R. J. J. Ellis 1.05

KUWAIT CITY—(British Embassy, Kuwait City, c/o FCO, Outward Bag Room, King Charles Street, London SW1A 2AH)
   Defence Attaché. . . . . Colonel S. R. Tustin 2.05

KYIV—(British Embassy, Kyiv, c/o FCO, Outward Bag Room, King Charles Street, London SW1A 2AH)
   Defence Attaché. . . . . Captain S. E. Airey 1.05

LISBON—(British Embassy, Lisbon, BFPO 6)
   Defence Attaché. . . . . Commander R. M. Simmonds, OBE RN 5.02

LJUBLANA—(British Embassy, Ljublana, c/o FCO, Outward Bag Room, King Charles Street, London SW1A 2AH)
   Defence Attaché. . . . . Lieutenant Colonel L. R. Wilson MBE 6.02

LUANDA—(British Embassy, Luanda, c/o FCO, Outward Bag Room, King Charles Street, London SW1A 2AH)
   Defence Attaché. . . . . Lieutenant Colonel The Lord Crofton 9.03

MADRID—(British Embassy, Madrid, c/o FCO, Outward Bag Room, King Charles Street, London SW1A 2AH)
   Defence and Naval Attaché . . . . Captain N. Dedman, RN 7.03
   Military and Air Attaché . . . . Colonel R. M. J. Rollo-Walker 9.04

MANILA—(British Embassy, Manila, c/o FCO, Outward Bag Room, King Charles Street, London SW1A 2AH)
   Defence Attaché. . . . . Group Captain R. M. Bailey, MSc 11.04

MOSCOW—(British Embassy, Moscow, c/o FCO, Outward Bag Room, King Charles Street, London SW1A 2AH)
   Defence and Air Attaché . . . . Air Commodore W. METCALFE, MCMI RAF . . . 9.02
   Assistant Air Attaché . . . . Squadron Leader S. T. O'Brien MSc LLB RAF . . 5.02
   (also Assistant Defence Attaché Almaty and Bishkek)

MUSCAT—(British Embassy, Muscat, c/o FCO, Outward Bag Room, King Charles Street, London SW1A 2AH)
   Defence and Military Attaché. . . . . A/Brigadier H. C. G. Willing, MBE 8.02
   Naval and Air Attaché. . . . . Commander R. P. Thomas, RN 1.02

OSLO—(British Embassy, Thomas Heftyesgate 8, 0244 Oslo 2, Norway)
   Defence and Naval Attaché . . . . Lieutenant Colonel W. A. Canning OBE 1.05

DEFENCE AND AIR ATTACHÉS

PARIS—(British Embassy, 35 rue du Faubourg St Honore, 75383 Paris Cedex 08, France)
Defence and Air Attaché . . . . Air Commodore J. H. S. THOMAS, BA MIL . . . 2.05

PRAGUE—(British Embassy, Prague, c/o FCO, Outward Bag Room, King Charles Street, London SW1A 2AH)
Defence Attaché. . . . . Colonel S. C. Newton. 1.04

RABAT—(British Embassy, Rabat, c/o FCO, Outward Bag Room, King Charles Street, London SW1A 2AH)
Defence Attaché. . . . . Lieutenant Colonel S. J. A. Lloyd, MBE 10.02
(also Defence Attaché Nouakchott and Dakar)

RIGA—(British Embassy, Riga c/o FCO, Outward Bag Room, King Charles Street, London SW1A 2AH)
Defence Attaché. . . . . Lieutenant Colonel G. Grant. 12.02

RIYADH—(British Embassy, Riyadh, c/o FCO, Outward Bag Room, King Charles Street, London SW1A 2AH)
Defence and Military Attaché. . . . . Brigadier J. G. ASKEW, OBE 5.03
(also Defence Attaché Sana'a)
Air Attaché . . . . Wing Commander M. J. Cole, RAF 2.03

ROME—(British Embassy, BFPO 8)
Defence and Military Attaché. . . . . Colonel M. C. D. Montagu 11.03

SANTIAGO—(British Embassy, Santiago, c/o FCO, Outward Bag Room, King Charles Street, London SW1A 2AH)
Defence Attaché. . . . . Colonel I. Campbell 8.03

SEOUL—(British Embassy, Seoul, c/o FCO, Outward Bag Room, King Charles Street, London SW1A 2AH)
Defence and Military Attaché. . . . . Brigadier J. H. O'HARE, OBE 5.04
Naval and Air Attaché . . . . Group Captain K. R. C. Greaves, OBE BSc RAF . 4.02

SKOPJE—(British Embassy, Skopje, c/o FCO, Outward Bag Room, King Charles Street, London SW1A 2AH)
Defence Attaché. . . . . Lieutenant Colonel D. S. English 8.04

SOFIA—(British Embassy, Sofia, c/o FCO, Outward Bag Room, King Charles Street, London SW1A 2AH)
Defence Attaché. . . . . Colonel J. R. C. Saville 4.04

STOCKHOLM—(British Embassy, Box 27819-115-93 Stockholm, Sweden)
Defence and Air Attaché . . . . Wing Commander N. J. Phillips, MBA IEng MIIE RAF 12.03

TASHKENT—(British Embassy, Tashkent, c/o FCO, Outward Bag Room, King Charles Street, London SW1A 2AH)
Defence Attaché. . . . . Lieutenant Colonel N. J. Ridout 3.02

TBILISI—(British Embassy, Tbilisi, c/o FCO, Outward Bag Room, King Charles Street, London SW1A 2AH)
Defence Attaché. . . . . Lieutenant Colonel C. Nunn OBE RM 1.03
(also Defence Attaché Baku and Yerevan)

TEL AVIV—(British Embassy, Tel Aviv, c/o FCO, Outward Bag Room, King Charles Street, London SW1A 2AH)
Defence and Military Attaché. . . . . Colonel A. K. M. Miller, OBE 11.03
Naval and Air Attaché . . . . Wing Commander M. S. Rafferty, BSc RAF . . . 9.04

TOKYO—(British Embassy, No 1 Ichiban-cho, Chiyoda-ku, Tokyo 102, Japan)
Defence Attaché. . . . . Captain S. Chelton, RN 9.03

VIENNA—(British Embassy, Jaucesgasse 12, 1030 Vienna, Austria)
Defence Attaché. . . . . Lieutenant Colonel L. Chapman 7.04

VILNIUS—(British Embassy, 2 Antakalnio 2055 Vilnius, Lithuania)
Defence Attaché. . . . . Lieutenant Colonel M. J. Clements 4.03

WARSAW—(British Embassy, Warsaw, c/o FCO, Outward Bag Room, King Charles Street, London SW1A 2AH)
Defence and Air Attaché . . . . Group Captain T. J. Williams, AFC RAF 10.01

WASHINGTON—(British Embassy, BFPO 2)
Defence Attaché. . . . . Rear Admiral A. K. DYMOCK, CB RN 9.02
Air Attaché . . . . Air Commodore J. J. WITTS, DSO FRAeS RAF . . 10.02
Assistant Air Attaché . . . . Group Captain A. J. Barrett, RAF 8.02

ZAGREB—(British Embassy, Zagreb, c/o FCO, Outward Bag Room, King Charles Street, London SW1A 2AH)
Defence Attaché. . . . . Lieutenant Colonel M. S. Rees 8.04

DEFENCE AND AIR ADVISERS TO BRITISH HIGH COMMISSIONS

ABUJA—(British High Commission, Abuja, c/o FCO, Outward Bag Room, King Charles Street, London SW1A 2AH)
Defence Adviser. . . . . Colonel N. J. N. Salisbury 5.04

ACCRA—(British High Commission, Accra, c/o FCO, Outward Bag Room, King Charles Street, London SW1A 2AH)
Defence Adviser (Defence Attaché Lorne and Abidjian) Lieutenant Colonel J. A. F. Howard 1.04

ALMATY—(British Embassy, c/o FCO, Outward Bag Room, King Charles Street, London SW1A 2AH)
Defence Adviser. . . . . Lieutenant Colonel G. J. Sheeley, AFC 7.01

BANDAR SERI BEGAWAN—(British High Commission, Bandar Seri Begawan, c/o FCO, Outward Bag Room, King Charles Street, London SW1A 2AH)
Defence Adviser. . . . . Captain P. H. Watson, RN 9.02

BRIDGETOWN—(British High Commission, Lower Collymore Rock, (PO Box 676), Bridgetown, Barbados)
Defence Adviser. . . . . Captain S. Wilson, RN 4.04
Defence Adviser to States of Regional Security: Grenada, St Vincent, St Lucia, Dominica, Antigua & Barbuda, St Kitts
Defence Adviser to British Dependant Territories: British Virgin Islands, Anquilla, Montserrat
Defence Adviser to Trinidad & Tobago (Port of Spain)
Defence Adviser to Guyana (Georgetown)
Defence Attaché to Suriname (Paramaribo)
Defence Visiting Officer to Guadeloupe, Martinique, Curacao, US Virgin Islands, Puerto Rico

CANBERRA—(British High Commission, Commonwealth Avenue, Canberra, Australia)
Defence and Naval Adviser . . . . Commodore G. J. LOVE, OBE RN 5.04
Air Adviser . . . . Group Captain S. Duffill, MA MCMI RAF . . . 8.02

COLOMBO—(British High Commission, Colombo, c/o FCO, Outward Bag Room, King Charles Street, London SW1A 2AH)
Defence Adviser. . . . . Lieutenant Colonel C. P. G. Martin 4.04

HARARE—(British High Commission, Harare, c/o FCO Outward Bag Room, King Charles Street, London SW1A 2AH)
Defence Adviser. . . . . Colonel R. J. Griffiths MBE 11.02
  (Also Defence Adviser Gaborone, Lilongwe and Maputo and Lusaka)

ISLAMABAD—(British High Commission, Islamabad, c/o FCO, Outward Bag Room, King Charles Street, London SW1A 2AH)
Defence and Military Adviser. . . . . Post Vacant
Naval and Air Adviser . . . . Colonel M. W. Bibbey. 7.03

KAMPALA—(British High Commission, Kampala, c/o FCO, Outward Bag Room, King Charles Street, London SW1A 2AH)
Defence Adviser. . . . . Lieutenant Colonel C. Wilton 1.02
  (also Defence Adviser Bujumbura and Kigali)

KINGSTON—(British High Commission, Kingston, c/o FCO, Outward Bag Room, King Charles Street, London SW1A 2AH)
Defence Adviser. . . . . Colonel C. G. Le Brun. 5.03
Defence Adviser to Bahamas (Nassau), Belize (Belmopan)
Defence Adviser to British Dependant Territories: Cayman Islands, Turks & Caicos

KUALA LUMPUR—(185 Jalan Ampang 50450 Kuala Lumpur, Malaysia)
Defence Adviser. . . . . Colonel J. A. Athill 11.02
  (also Defence Attaché Hanoi)
Assistant Defence Adviser. . . . . Lieutenant Commander M. Davis RN 11.02

NAIROBI—(British High Commission, BFPO 10)
Defence and Military Adviser. . . . . Colonel A. D. K. Inkster 1.04
Defence Attaché to Eritrea (Asmara)
Defence Attaché to Ethiopia (Addis Ababa)
Defence Adviser to Tanzania (Dar-es-Salaam)
Defence Adviser to Mauritius (Port Louis)
Defence Adviser to Seychelles (Victoria)

DEFENCE AND AIR ADVISERS

NEW DELHI—(British High Commission, New Delhi, c/o FCO, Outward Bag Room, King Charles Street, London SW1A 2AH)
    Defence and Military Adviser. . . . . Brigadier I. D. O. REES 7.02
    (also Defence Adviser Dhaka)
    Naval and Air Adviser . . . . Group Captain I. M. Draper, BA RAF 6.04

NICOSIA—(British High Commission, BFPO 567)
    Defence Adviser. . . . . Colonel T. M. Fitzalan-Howard CBE 8.04

OTTAWA—(British High Commission, Ottawa, BFPO 487)
    Defence and Military Adviser. . . . . Brigadier S. D. YOUNG, CBE 10.04
    (also Defence Adviser Dhaka)
    Naval and Air Adviser . . . . Group Captain T. P. Brewer, OBE BSc RAF . . . 8.03

PRETORIA—(British High Commission, Pretoria, c/o FCO, Outward Bag Room, King Charles Street, London SW1A 2AH)
    Defence and Military Adviser. . . . . Brigadier D. H. KEENAN, OBE 7.03
    (also Defence Adviser Maseru and Mbabane)
    Naval and Air Adviser . . . . Commander P. Lankester, RN 3.04
    (also Defence Adviser Windhoek)

SINGAPORE—(British High Commission, Naval Party 1022, BFPO Ships)
    Defence Adviser. . . . . Group Captain M. D. Stringer, RAF 7.01

WELLINGTON—(British High Commission, PO Box 1812, (44 Hill Street), Wellington, New Zealand
    Defence Adviser. . . . . Colonel N. Lloyd OBE. 1.05
    (also Defence Attaché Suva and Nuku'alofa)

BRITISH DEFENCE STAFF, WASHINGTON

Postal Address BFPO 2

CENTRAL STAFF

Joint Staff
Wing Commander G. Doyle, MPhil BSc 1.11.04

Communications Information Service
Wing Commander A. Codling 18.6.04

ROYAL AIR FORCE STAFF

Air Attaché
Air Commodore P. C. G GOODMAN, MBE BSc RAF 15.4.05

Assistant Air Attaché
Group Captain S. J. Davies-Howard, MA MBA FRAeS. 17.7.05

Wing Commanders
C. L. Bond 5.12.03
J. F. McLean, MA BA MBIFM 15.8.03
A. Toner 10.1.03

DEFENCE STAFF

DE/Air Armaments
Wing Commander S. J. Parkinson, MRAeS 15.8.03

DLO LIAISON OFFICER

Group Captain D. S. Belmore, MBE MSc MCIPS 10.5.02

HEADQUARTERS IN THE UNITED KINGDOM OF THE AIR FORCES OF COMMONWEALTH COUNTRIES

AUSTRALIA. Australian Defence Staff

Address: Australia House, Strand, London, WC2B 4LA. Telephone: 020 7887 5264

Air Force Adviser
  Group Captain B. P. Crowhurst, CSM RAAF

Assistant Air Force Adviser
  Wing Commander C. J. Roberts, CSC RAAF

CANADA. Canadian Forces, Canadian Defence Liaison Staff

Address: 1 Grosvenor Square, London W1X 4AB. Telephone: 0207-258 6424

Air Force Adviser
  Colonel D. B. Edgar, CD

Assistant Air Force Adviser
  Lieutenant Colonel G. P. Walker, CD

NEW ZEALAND. New Zealand Defence Staff

Address: New Zealand House, 80 Haymarket, London SW1Y 4TQ. Telephone: 0207-930 8400

Head NZDS London/Defence Adviser
  Brigadier P. S. SOUTHWELL

Air Adviser
  Wing Commander G. A. Crosland, RNZAF

INDIA. Air Adviser to the High Commissioner for India in the U.K.

Address: India House, Aldwych, London WC2B 4NA. Telephone: 020 76323013

Air Adviser
  Air Commodore J. S. PANESAR, VM

DEPARTMENT OF THE
CHIEF OF THE AIR STAFF

CHIEF OF THE AIR STAFF
    Air Chief Marshal Sir JOCK STIRRUP, GCB AFC ADC DSc FRAeS FCMI 1.8.03
  Private Secretary
    Mr R. Brown
  Personal Staff Officer
    Wing Commander S. D. Atha, DSO MA BSc 20.10.03
  Staff Officer
    Flight Lieutenant J. L. Tribble, BA 23.5.05

ASSISTANT CHIEF OF THE AIR STAFF
    Air Vice-Marshal C. H. MORAN, OBE MVO MA BSc 22.4.05
  Personal Staff Officer
    Wing Commander J. C. Bessell 21.3.05
  Staff Officer
    Squadron Leader A. D. Sinclair 2.6.03

DIRECTOR OF AIR STAFF
    Air Commodore R. F. GARWOOD, CBE DFC MA 9.7.04

HEAD OF AIR HISTORICAL BRANCH (RAF)
    J. S. Cox, BA MA

DEPUTY DIRECTOR OF AIR STAFF
    Mrs H. Rice

DIRECTOR OF DEFENCE STUDIES (RAF)
    Group Captain N. Parton, MA MDA MPhil BSc CEng MRAeS 6.12.05

  Group Captains
    E. J. Stringer, OBE BEng 9.5.05
    D. J. Gale, MBE MA MDA BSc CEng MIEE 4.5.04

  Wing Commanders
    S. J. Wilcock, MBE MSc BEng CEng MRAes 15.8.05
    D. L. Preston 21.6.04
    D. E. Bentley, RAFR 13.9.04
    R. H. Adlam 15.8.05
    J. D. Bleeker, MBA BA BSc MCIPS 19.2.04
    P. A. Buttery, MDA FCIPD MRAeS 21.11.02
    P. J. Heath 15.8.05
    P. G. Dixon 11.7.03
    N. J. Furniss, MBE 23.4.93
    R. D. Gammage, MA MSc BSc PGCE 9.12.02
    J. Taylor, BSc MCMI 4.10.04
    P. A. R. Harrall, AFC MPhil MRAeS MCMI 7.6.04
    A. K. Jeffrey 16.8.04
    M. Knight 11.8.03
    S .A. Waygood, MSc BSc 1.4.05
    M. S. P Coleman 15.8.05
    C. J. Peart 9.2.04
    G. J. Poole, MA MDA BEng CEng MRAeS 9.8.04
    M. A. Presley, MBA MCMI 1.9.03
    M. A. Saunders 8.8.05
    S. Wain 1.9.03

  Principals and Equivalent Grades
    R. Lingham

AIR FORCE DEPARTMENT

DIRECTORATE OF AIRSPACE POLICY

DIRECTOR AIRSPACE POLICY
    J. R. D. ARSCOTT

Group Captain
    S. G. Wragg, MSc BSc CertEd 24.5.05

Wing Commanders
    P. L. Braham, MBE 29.3.05
    C. D. Hill, MBE 5.9.03

RAF COMMAND HEADQUARTERS

STRIKE COMMAND

Postal Address—RAF HIGH WYCOMBE, BUCKINGHAMSHIRE, HP14 4UE
Telephone Nos.—(01494) 461461 (VPN 95221)

COMMAND HEADQUARTERS

COMMANDER-IN-CHIEF
Air Chief Marshal Sir BRIAN BURRIDGE, KCB CBE ADC MBA BSc FRAeS FCMI. 31.7.03
Personal Staff Officer
Wing Commander K. A. Lewis, BEng 8.8.05
Deputy Personal Staff Officer
Squadron Leader K. C. Dempsey 8.12.03
Aide-de-Camp
Flight Lieutenant K. M. McIntosh, BA 9.2.04

DEPUTY COMMANDER-IN-CHIEF
Air Marshal C. R. LOADER, OBE FRAeS 4.6.04
Personal Staff Officer
Squadron Leader D. P. Manning 9.8.04

CHIEF OF STAFF (OPERATIONS)
Air Vice-Marshal J. A. CLIFFE, OBE FRAeS 1.10.03
Staff Officer
Squadron Leader R. C. Goodfellow, BEng CEng MIEE 3.5.04
Air Commodore Operations (Assistant Chief of Staff A3/A5)
Air Commodore S. L. PARKINSON, FCMI 22.4.03
Air Commodore Operational Training (Assistant Chief of Staff Operational Training)
Air Commodore R. I. MCALPINE, CBE DFC MA BSc MRAeS 9.5.05
Assistant Chief of Staff Test and Evaluation
Air Commodore M. A. J. BARNES, BSc FRAeS 23.6.03
Commandant Air Warfare Centre (Waddington)
Air Commodore C. M. NICKOLS, CBE MA 30.6.03
Chief of Staff
Wing Commander M. J. Simpson 25.5.04

CHIEF OF STAFF (SUPPORT)
Air Vice-Marshal D. R. G. RENNISON, CB MSc BSc 1.10.03
Staff Officer
Squadron Leader A. C. Page 16.8.04
Air Commodore Communications Information Systems (Assistant Chief of Staff A6)
Air Commodore B. G. BENSTEAD, MBE BSc CEng FIEE 27.6.03
Air Commodore Logistics (Assistant Chief of Staff A4)
Air Commodore D. N. CASE, (Eur Ing) MSc BSc CEng FRAeS 1.4.04
Assistant Chief of Staff A1
Air Commodore D. H. ANDERSON, MA 6.9.04

AIR OFFICER PLANS
Air Commodore M. SWAN, LLB 10.12.04

COMMAND SECRETARY
Mr P. D. WATKINS, CBE
Deputy Command Secretary
Mr M. G. RICHARDSON

RAF COMMAND HEADQUARTERS

Group Captains
R. L. A. Atherton	21.5.05
S. J. Bailey, MA BSc MRAeS	21.6.04
N. A. S. Cato, BA DipEurHum	23.8.04
S. Dargan, OBE RAuxAF	17.1.03
A. J. R. Davenport, BA DipEurHum	19.1.99
P. J. Driver, BSc(Eng)	1.6.05
S. D. Forward, BSc	1.9.04
J. P. S. Fynes	20.12.04
C. J. Gorman, MA	10.5.04
S. C. Gray, OBE MSc BSc CEng MIEE	23.8.04
C. H. Green, MA BSc CEng MRAeS	7.3.05
R. A. Harding, MA MDA BA FCIPD	29.3.05
K. Havelock, AFC	8.9.03
S. J. Kinder, MBE MSc BSc	7.3.05
R. J. Lackey-Grant, BSc	7.10.02
P. Lyall, OBE DMS	23.8.04
A. C. Major, MSc BTech CEng MRAeS	2.10.00
K. B. McCann	7.2.03
A. J. B. McGrigor	6.10.03
A. K. Mozumder, MB BS MSc MRCSEng MRCGP LRCP DROG DTM&H DAvMed DMCC	23.6.03
P. Nash, OBE BSc	13.12.04
S. D. Ottridge, BSc CEng MIEE MBCS	1.3.04
N. I. M. Seward	1.10.01
A. J. Q. Suddards, MA MA BA	22.3.04
I. D. Teakle, DSO OBE	1.12.03
C. D. Turner, MSc BSc	18.9.00

Wing Commanders
E. J. Adey, BA	13.9.04
D. R. Alexander, BSc	1.11.04
G. V. R. Armitage, MBE BSc	27.9.04
M. P. Attrill	18.8.03
K. J. Baldwin	25.4.04
S. R. A. Barbour, MSc BA MIL	30.6.03
P. A. Billings	9.8.04
S. M. Binns, BSc	21.6.04
N. T. Bradshaw, BEng	5.5.03
D. L. Breese	22.4.05
A. K. Cairncross	20.12.03
M. J. Cairns, AE	4.11.03
A. J. Campbell, BEng	9.5.05
R. J. L. Carey, BSc	29.9.03
S. C. Cockbill, BSc	6.7.01
M. L. F. Codd, BEd FREC	13.10.03
D. Cole	1.9.03
A. J. Coope, BEng	8.7.03
I. R. Cooper, MBE	27.5.02
P. J. D'Ardenne, MBA MSc MCMI	15.2.02
Rev A. J. Davies, MTh BA PGCE	4.5.04
J. C. Davies, MA BSc DipAppSS	18.9.00
M. N. Day	18.4.05
P. N. Day	31.5.05
N. A. Dewar	2.8.04
M. F. Dixon, MSc BSc	22.11.04
M. Dobson	1.4.96
F. K. Dowling	2.7.02
S. J. Edmondson, BSc CEng MIEE	20.9.99
M. A. Edwards, BSc	18.8.03
J. W. Erskine	23.8.04
H. J. A. Fane de Salis, MBA BA	16.6.03

RAF COMMAND HEADQUARTERS

P. S. Gerrard, BSc	27.10.03
C. N. R. Gilbert, MSc BEng	6.8.01
P. M. Godfrey, BSc DipEL	23.8.04
J. Good, OBE BSc	6.9.04
I. P. Goslin, MA MSc BSc CEng MIEE	16.8.04
P. M. Gough, MSc BSc MILT	24.1.05
B. C. Green	8.7.96
M. A. Heath, BSc MCIPD	1.12.03
P. W. Hewson, MBE BA	10.3.03
R. A. Highmore	29.4.02
A. P. Hill	23.7.04
M. H. Hobbs	12.7.04
M. Hollis, MDA BSc CEng MRAeS	5.8.02
R. C. Hornsby, MDA BH CMILT MCMI	4.10.04
R. D. Huxtable	27.9.99
C. B. Hyde, OBE	1.12.99
S. A. Jack, BEng CEng MIEE	26.6.02
A. Johnston	23.8.04
D. H Johnston, MA BSc	17.11.03
J. B. Johnston, MBE MA BSc	23.8.04
S. L. Jones	4.1.05
M. H. M. Kemsley, MBE BSc	14.7.03
A. J. Knight, BEng	14.7.03
A. Land, OBE IEng MIIE	10.9.01
A. A. Lawless, BA	1.11.04
J. Lawson, BSc	16.8.04
H. Marsh, MBE	16.5.05
A. T. Martin, BSc	6.6.05
R. M. McMahon	28.8.01
S. Millington, BA	13.1.04
M. A. Morton, BA	27.8.02
C. P. Mulready	31.1.05
A. M. Myers, MBE	26.4.04
P. F. B. Paterson	15.11.99
J. D. Paulson	14.4.03
L. E. F. Pearce	26.8.02
C. R. Pitt, MBA BSc	21.2.00
K. A. Revell, BA	2.12.02
S. K. P. Reynolds, OBE DFC	16.6.03
P. H. Rosentall	1.6.96
P. S. Seymour, ACIB	1.3.05
I. D. L. Shore, MIMIS	1.10.03
C. M. Singelton	4.5.04
C. M. Smith, MA	16.8.04
F. E. A. Smith, BEng	11.8.03
J. P. Stark, MSc BSc	14.3.03
H. M. Stewart, RGN	26.7.04
G. H. B. Sugden, MSc.	4.10.04
S. G. Tolley, BSc	18.8.03
S. P. Townsend	26.7.04
B. E. Trace, MBE	31.8.04
I. M. Tripp	13.4.04
L. Turner, BSc	15.1.05
S. R. Vicary, MDA BEng CEng MIMechE	4.10.04
G. M. Viney, BSc	22.6.92
J. R. Watson	9.5.05
J. M. L. Webb, BSc	28.2.05
E. R. Weber, MSc BA MILT	13.6.05
T. J. Wheeler	28.6.04
J. Whitaker	17.3.03

RAF COMMAND HEADQUARTERS

R. C. Whitworth	18.8.03
C. D. L. Winwood, BSc CEng MIEE	2.9.02
M. F. Woodward, BEd, MREC	6.5.03
J. A. Worrall	30.10.00
J. D. Wren, MBA MCMI	30.8.04
M. J. Wrigley, MSc BSc	9.9.02

Retired Officers
    Group Captain G. W. Gibson, CBE
    Wing Commander R. G. Coles

Civilians
    J. C. Barker
    T. Browne
    J. D. Chalmers
    J. F. E. J. Cleggett
    J. D. Dennis
    P. J. Fedden
    A. A. T. Fisher
    A. C. Flint
    K. L. Gallagher-Barton
    M. S. Grace
    S. J. Hemmings
    C. Hill
    R. Huxley
    A. Jenner
    S. E. Kippin
    J. R. Knight
    D. Ledsham
    T. J. Low
    J. A. Micallef
    L. C. Milne
    S. Mitchell
    M. Mulford
    J. Oseman
    P. Paterson
    D. Patterson
    J. Pearson
    J. A. J. Pluck
    J. M. Slater
    L. A. Smith
    G. Sullivan
    A. G. Swaby
    C. B. Toogood

RAF COMMAND HEADQUARTERS

ROYAL AIR FORCE PERSONNEL AND TRAINING COMMAND

Postal Address RAF INNSWORTH, GLOUCESTER GL3 1EZ
Telephone No—01452-712612

AIR MEMBER FOR PERSONNEL AND COMMANDER-IN-CHIEF PTC
Air Marshal Sir JOE FRENCH, KCB CBE FRAeS 25.4.03
Personal Staff Officer
Wing Commander J. S. Tomlin, BA 8.9.03
Aide-de-Camp
Flight Lieutenant T. C. Draper 17.11.04

DEPUTY COMMANDER-IN-CHIEF PTC/CHIEF OF STAFF to AIR MEMBER FOR PERSONNEL
Air Vice-Marshal P. J. DYE, OBE BSc(Eng) CEng MRAeS ACGI 17.3.05
Staff Officer
Squadron Leader J. R. Pruden, BA. 18.7.05

PLANS
Director Plans
Air Commodore B. W. NEWBY, CBE AFC 23.05.05

PERSONNEL AND TRAINING POLICY
Director Personnel and Training Policy
Air Commodore M. T. DOEL, OBE MA BEd FRAeS 20.12.04

MANPOWER CAPABILITY AND STRUCTURE GROUP
Head of Manpower Capability and Structure Group
Air Commodore P. R. THOMAS, MBE BSc 4.5.05

AIR OFFICER ADMINISTRATION AND AIR OFFICER COMMANDING DIRECTLY ADMINISTERED UNITS
Air Commodore S. P. J. LILLEY, MA 29.3.05

AIR OFFICER COMMANDING TRAINING GROUP/CHIEF OF STAFF TRAINING
Air Vice-Marshal J. M. M. PONSONBY, OBE 4.1.05
Staff Officer
Squadron Leader R. N. Sawyer 26.7.04

TRAINING STAFF
Air Commodore Flying Training
Air Commodore G. H. EDGE, OBE BSc 15.8.03
Air Commodore Ground Training
Air Commodore S. ABBOTT, CBE MPhil BA 9.5.05
Director RAF Sports Board
Air Vice-Marshal C. DAVISON, (Retd), MBE FCMI DPhysEd

AIR SECRETARY/CHIEF EXECUTIVE PERSONNEL MANAGEMENT AGENCY
Air Vice-Marshal P. W. D. RUDDOCK, CBE FRAeS 21.7.04
Staff Officer
Squadron Leader S. S. Stirrat, BA 25.6.04
Director of Personnel Management Agency (Officers and Non-Commissioned Aircrew) (RAF)
Air Commodore A. F. P. DEZONIE OBE 4.1.05
Director of Personnel Management Agency (Ground Trades and Support) (RAF) and Air Officer Wales
Air Commodore P. WHALLEY, ADC FCILT FILT 17.1.03
Senior Personnel Appointments and Career Executive
Air Commodore M. J. FULLER (Retd)

DIRECTOR-GENERAL MEDICAL SERVICES (RAF)
Air Vice-Marshal S. R. C. DOUGHERTY QHP MB BS MSc FFOM DRCOG DAvMed FCMI FRAeS 17.9.04
Staff Officer
Squadron Leader N. J. D. Bell 23.8.04

RAF COMMAND HEADQUARTERS

Director Medical Policy
    Air Commodore I. D. MITCHELL, QHS MDA BSc MB BS FRAeS MRCGP MHSM DRCOG DAvMed AFOM .   2.8.04

Director Health Services
    Air Commodore M. RANGER, MB BS DAvMed AFOM MRAeS 26.7.04

DIRECTOR LEGAL SERVICES (RAF)
    Air Vice-Marshal R. A. CHARLES, CB LLB 1.1.03

Deputy Director Legal Services (RAF)
    Air Commodore L. J. IRVINE, MA MA DipLaw 1.1.03

CHAPLAIN-IN-CHIEF
    The Venerable (Air Vice-Marshal) R. D. HESKETH, CB QHC BA FRGS 17.9.01

Staff Chaplain
    Reverend (Squadron Leader) G. E. Withers, BSc BTh 8.11.04

COMMAND SECRETARY
    Mr T. JAGGER

OC RAF INNSWORTH
    Wing Commander A. J. Wolton, MDA 1.3.04

Group Captains
    R. J. Allaway, BEd 10.11.03
    P. A. Barrett, OBE BSc FRAeS 1.11.99
    A. J. Berridge, MA 8.11.04
    P. A. Burns, BA 1.1.03
    F. M. Church, MBE BSc 12.11.02
    Rev E. Core, MTh 10.1.05
    A. Cowan, MRIPH MCMI DipMgmt 6.9.04
    Rev J. E. Coyne, MA BA 4.6.03
    J. M. Cruickshank 9.6.03
    The Rev Mgr J. A. Daly, QHC VG 23.4.04
    L. H. Elphinstone, MSc MB ChB MRCGP MFPHM 24.11.03
    L. Garside-Beattie, OBE 13.4.04
    G. J. Harding, LLB 6.10.03
    P. J. Hibberd, MA BA 4.1.05
    P. G. H. Hodcroft, BSc MBCS 10.11.03
    D. A. Ingham, OBE BSc 3.3.03
    D. I .T. Jenkins, MSc MB BS BSc MRCGP MFOM DRCOG DAvMed MRAeS 19.8.02
    D. J. Jones 1.4.98
    I. J. O. MacEachern OBE MSc MBA BA BSc CEng CMath FIMA FCIPD FCMI MBCS CertEd CDipAF . . .   13.12.04
    A. R. Maxwell 3.9.01
    D. McCarthy, MSc BDS MGDSRCSEng LDSRCS DGDP(UK) 1.7.03
    M. J. Milburn, BEd 2.7.01
    Rev P.W. Mills, QHC BD CPS 29.5.01
    C. A. Murray, OBE 29.3.05
    D. I. Ogg, BSc 19.1.04
    R. Paterson, OBE BSc CertEd 22.11.04
    F. L. Turner 2.9.02
    M. R. Waring, MA BSc FCIPD 1.4.03
    J. K. Wheeler, OBE BA FBIFM MCMI 25.5.05
    A. C. Wilcock, MSc MB ChB MRCGP MFOM DRCOG DAvMed 8.12.03
    M. A. Williams, MA 15.12.03
    P. Williams, BSc 30.6.03
    W. B. Williams, RRC QHN RM 20.10.03
    T. Winstanley, MA MSc 8.4.02

Wing Commanders
    G. Allcock, BA 1.11.04
    G. E. Allison, MB BS 16.6.03
    A. M. Amos, MBA MB BCh MRCGP DRCOG DAvMed DOccMed MRAeS 23.6.03

RAF COMMAND HEADQUARTERS

A. M. Anderson, MB ChB MRCGP	1.8.03
T. D. Archer, BEd	10.5.04
D. Ash, LLB	15.4.02
T. T. J. Baker, LLB	28.7.03
M. A. Bale, BA	20.1.03
J. M. Bastock, MB ChB	5.1.04
R. J. Batley	4.10.04
B. J. Beaumont, CDipAF	16.8.04
J. G. Boden, MB ChB	17.1.05
D. L. Bruce, MBE MSc MB BS FIMCRCS(Ed) MRCGP AFOM DOccMed DipIMC DavMed MRAeS	25.4.05
G. J. Bruce, MBE MA FCIPD	2.8.04
B. E. Bunting	15.3.04
D. Burley	23.9.02
C. B. Campbell, BSc ACIS	8.9.03
P. I. Choppen, BSc PGDipCCI(O) CBiol MIBiol DipMgmt	17.12.04
P. K. Clarke, BEd	1.9.03
P. K. Comer	26.4.04
K. D. Connor	1.12.03
B. V. Court, MB BS FFPHM FRCGP	18.8.03
P. B. Cushen, ARRC RGN DipMgmt	17.1.05
S. P. Dean, BA FICPD MInstAM	20.1.03
A. A. Duffus	8.3.04
S. Edgar, MHCIMA RAFR	17.1.00
H. T. Elliott, MA	15.12.03
K. M. Erwich	2.9.02
T. P. Farmer, MSc	16.3.05
W. M. Fleetwood, MSc	4.1.05
L. Fox, MA BA	10.7.05
K. G. Geary, MB ChB	22.11.04
R. J. Girling	12.7.02
J. M. Goatham	5.4.04
N. R. Gorman BEd	1.12.04
S. D. Greenwood, MDA MInstAM(AD) ACII	8.7.02
J. L. Gross, RSCN	19.4.04
S. A. Harper	10.5.04
W .R. Hartree	1.9.03
C. M. Henwood, MA MSc BSc CEng MIMechE MIEE	1.6.04
M. R. Hill	6.10.03
J. W. Hodgson	18.6.01
K. M. Holcroft, LLB	31.5.05
R. A. Hopkin, BEd	19.4.04
A. D. Huggett	2.12.03
R. P. W. Hutchinson, MA BSc CEng MRAeS	6.12.04
S. A. Isaac, BSc	12.1.04
S. C. Johnstone, BEd	30.6.03
P. A. Jones, BSc	10.3.00
S. J. Kell, LLB	25.4.05
J. A. C. Kelly	18.10.04
D. Kelsey, BSc	9.8.04
C. J. Kerry, BSc	23.5.05
I. Leonard, LLB	8.11.04
R. B. Lindley, MCMI	24.8.98
N .D. MacBeth, BDS	5.1.04
D. P. MacKenzie	23.2.04
R. A. M. MacTaggart	19.5.03
D. L. Martin, BSc	17.1.03
R. S .J. Matthews, MB BS BSc MRCGP	3.3.03
A. W .J. McAuley, MA	1.9.03
P. M. McDevitt	13.9.04
P McSherry, BSc	6.9.04

RAF COMMAND HEADQUARTERS

A.W. Medford, BSc	5.5.98
I. Melvin, BSc	2.6.03
A. R. M. Mills, BA	10.11.03
A. R. Mitra	18.10.04
A. G. O'Neill, BSc CEng MIEE	16.9.96
P. E. O'Neill, LLB MCIPD	19.7.04
D. G. Orton, BSc CEng MIEE	19.7.04
R. J. Paul, BA	11.8.03
A. J. Radcliffe, MA	14.3.05
S. Renshaw, MSc BSc CertEd	18.8.03
O. D. Roberts, BEd	14.7.03
R. W. Roberts, MInstAM	26.5.03
S. E. Roberts, BSc(Econ)	5.1.04
A. Ronaldson	20.1.03
S. P. Rowlinson, LLB	15.12.03
P. J. Sagar, MBE	24.11.03
E. A. Sansome, BEng MRAeS	19.7.04
D. P. P. Scott	29.3.05
B. P. Simmonds, OBE BSc CPhys MInstP	29.9.03
C. Simpson, BA CertEd	10.3.04
G. P. Smith	1.6.01
S. J. Spence	1.12.03
J. Stacey	10.10.00
I. R. Tench, PhD BA	21.1.02
A. M. Thomas, MA CertEd	21.7.03
J. M. Thomas, MSc BA	1.10.01
V. L. Thomas, LLB	31.3.05
A. F. Trollen, ACIS	18.8.03
D. Watts, BA MIL	6.9.04
M .R .J. Wescott	6.8.01
K. Wilkinson, BA	4.1.05
K. Williams, MCMI	28.8.98
P. A. Wilson	25.10.04
C. N. W. Wood, MA	29.10.03
T. H .P. Wood	24.11.03

Retired Officers
 Group Captain I. C. Atkinson, BSc DLUT CEng FIMechE FRAeS
 Group Captain H. G. Britten-Austin, MSc BSc CEng FIEE
 Group Captain G. G. Cullington, CBE AFC BSc
 Group Captain I. G. Currie, MB ChB
 Group Captain B. T. Dingle
 Group Captain D. L. McConnell, MSc MB ChB DAvMed
 Wing Commander W. Beedie, FInstAM MCMI
 Wing Commander M. W. Brumage, MA CertEd
 Wing Commander K. A. Burford
 Wing Commander I. Ellison, MCMI
 Wing Commander J. I. Gilson
 Wing Commander H. F. Gray-Wallis
 Wing Commander A. B. McCombe

Open Grade Structure 6
 M. Court
 Ms S. Scott-Curtis
 R. Young
 A. Maynard

Open Grade Structure 7
 Mrs A. E. Booth
 A. T. Cordory
 A. Cowpe

RAF COMMAND HEADQUARTERS

N. Eadon-Clarke
Mrs C. Fawl
A. W. Fielding
A. J. Hawkins
J. Hewlett
P. Hopper
D. Littlewood-Tysoe
Ms J. Morgan
Mrs G. Rowlands
Mrs L. Smith
Miss S. Walker

RAF GROUPS—STRIKE COMMAND

NO 1 GROUP

GROUP HEADQUARTERS
Postal Address—RAF HIGH WYCOMBE, BUCKS, HP14 4UE
Telephone No.—01494 461461

AIR OFFICER COMMANDING
    Air Vice-Marshal D. WALKER, CBE AFC MA BSc. 22.4.05
Personal Staff Officer
    Squadron Leader H. F. Smith, MA 6.9.04
Aide-de-Camp
    Flight Lieutenant M. K. L. Mankowski, BSc 18.4.05
AIR COMMODORE FORCE ELEMENTS
    Air Commodore G. P. DIXON, BSc 31.8.04
AIR COMMODORE OPERATION AND FORCE DEVELOPMENTS
    Air Commodore R. D. COBELLI, OBE BSc 24.5.04
COMMODORE JOINT FORCE 2000
    Commodore W. M. COVINGTON, ADC 1.9.03
COMMANDER JOINT AIR LAND ORGANISATION
    Brigadier A. N. BELLAMY 1.4.05
BUSINESS AND FINANCE DIRECTOR
    Mr R Elder 21.7.03

Group Captains
    G. R. Bond 19.1.04
    S. M. Fox, AFC MA BCom 15.3.04
    R. W. Judson 21.7.03
    M. J. M. Jenkins, OBE BSc FRAeS 7.2.05
    *Captain J. P. Millward, MBE 5.12.02

Wing Commanders
    M. P. Barley, MA BA 23.8.04
    R. S. Birch, OBE 14.3.05
    I. R. Cooper, MBE 27.5.02
    P. J. Courtnage 0.10.00
    A. J. Knight, BEng 17.5.04
    S. Hindmarsh 11.8.03
    F. E. A. Smith, BEng 11.8.03
    J. J. Stringer, BA 1.6.04
    K. K. Thomson, MA 1.4.00
    *Commander A. Thorburn 18.8.03
    Lieutenant Colonel R. L. Pizii, RA MA BSc(Hons) 3.5.05
    Lieutenant Colonel A. J. R. Slessor, BA(Hons) 6.6.05

Squadron Leaders
    I. W. Atherton, BSc 12.6.00
    R. A. Boundy 28.10.03
    B. Boyle 13.1.03
    T. D. Carr 4.8.03
    S. R. Chapman 4.1.05
    J. M. Costello, BSc. 1.2.03
    P. S. Crutchlow, BSc 26.4.04
    M. J. Dangerfield, BSc MRAeS 1.3.04
    R. G. Deboys, BSc 18.8.03
    R. P. Dix 15.12.03
    D. A. W. Evans 2.8.04
    M. Fairhurst 9.8.04

RAF GROUPS—STRIKE COMMAND

S. G. Formoso, BSc	10.5.04
N. A. Fraser, BEng	4.1.05
C. D. Hadlow, BSc	7.3.05
S. J. Haseltine, CMILT	26.7.04
A. M. Lauder, BSc	7.11.03
E. R. J. Ley, BEng CEng MRAeS	29.3.05
A. J. McKeon	6.1.03
E. M. Moran, BSc	13.10.03
R. P. G. Patounas	4.6.02
B. J. Peach	13.4.04
W. R. Preece, AFRIN MCGI	26.4.04
J. D. Provost	5.4.04
R. V. Sanderson, BSc	27.5.02
S. L. Smiley	11.3.02
J. A. Smith, BEng	20.9.04
C. G. Stinchcombe	7.7.03
K. D. Taylor, BEng	26.8.02
D. R. W. Wood, BA	29.3.04
Major A. J. Freeman	14.10.04
Lieutenant Commander M. McKenzie, MBE	27.7.04

* Permanent Navy Appointment

RAF GROUPS—STRIKE COMMAND

NO 2 GROUP

GROUP HEADQUARTERS
Postal Address—RAF HIGH WYCOMBE, BUCKINGHAMSHIRE HP14 4UE
Telephone No.—01494 461461

AIR OFFICER COMMANDING
    Air Vice-Marshal I. W. McNICOLL, CBE BSc FRAeS 3.5.05
Personal Staff Officer
    Squadron Leader M. H. G. Carver 5.9.05
Aide-de-Camp
    Flight Lieutenant E. M. Smith, BA 25.10.04
AIR COMMODORE COMBAT SUPPORT
    Air Commodore S. N. SKINNER, BSc 2.8.04
ACOS A3 FP
    Air Commodore P. DRISSELL, MA BSc MInstD 1.4.05

Group Captains
    M. A. Clark, BSc(Eng) MBA CEng MIEE 17.1.05
    K. R. Dipper, MA BSc 23.7.04
    C. J. Gorman, MA 28.2.05
    A. D. Gunby, OBE 5.1.04
    A. J. Barrett 22.8.05

Wing Commanders
    M. J. Burt, MCIPD MCMI 9.2.04
    J. C. Davies, MA BSc DipAppSS 5.9.02
    A. S. Deas, BSc 15.11.04
    C. R. D. Dickens 20.11.00
    J. W. Erskine 23.8.04
    R. J. B. Freeman, BA 6.4.05
    R. A. Highmore 1.10.03
    M. H. Hobbs 12.7.04
    D. A. Houghton, MSc BA 29.3.04
    A. G. Kime 5.1.04
    S. Millington, BA 30.6.03
    P. D. Nicholson, BSc 29.3.04
    J. P. Q. Reid 20.2.05
    Lieutenant Colonel M. Shelford 3.11.03
    G. H. B. Sugden, MSc 4.10.04

Squadron Leaders
    D. R. Annas 18.8.03
    J. T. Armstrong, MA BSc 21.7.03
    R. C. Ashurst 11.3.02
    A. R. Atkins 6.10.03
    N. G. Bartlett, IEng MIEE 22.3.04
    D. E. Bellis 23.9.02
    R. D. Blake, BEng 8.6.04
    D. A. Bon, BEd 19.5.03
    S. P. Bostock 21.3.05
    S. T. Brewis 15.12.03
    R. C. Cameron, BSc PGCE 25.4.05
    J. M. E. Clancy 4.11.02
    P. G. Cochrane 5.1.05
    M. R. Dabrowski 31.1.05
    R. B. Davidson 1.04.03
    P. A. Dodd 24.5.04
    A. M. Doughty 3.11.03

49

RAF GROUPS—STRIKE COMMAND

M.C. Dixon	8.3.04
T. M. Fascione, BSc	20.1.03
A. Gilroy, BA	19.8.02
A. J. Green	27.10.03
N. Harrington	13.1.03
A. M. Hindley	23.2.04
J. T. W. Hough, BSc	1.4.04
A. M. Johnson, BEng ACGI	18.8.03
A. N. Jones	19.4.04
R. I. Langley	30.9.04
Major G. Lobb	1.8.04
H. Marsh, MBE	16.5.05
K. A Marshall, BSc CEng MIMechE	15.11.04
N. J. McIvor, MBE	20.1.03
R. L. Morgan, BSc	14.2.05
G. J. Norman, BSc	16.8.04
J. H. Parkinson	13.4.04
M. S. Powell	19.7.04
N. A. Rawsthorne, MBA BSc	29.4.03
J. M. Robertson, BEd	7.4.04
N. A. H. Robson, BSc(Econ)	23.2.04
I. A. Ross, BEng	15.1.03
D. G. Scorer, MBE BSocSc	23.08.04
M. J. Stowers, MBE	7.10.02
D. L. Taylor, BA PGCE	23.8.04

USAF Exchange Officer

Major D. McGrath	30.6.03

RAF GROUPS—STRIKE COMMAND

NO 3 GROUP

GROUP HEADQUARTERS
Postal Address—RAF HIGH WYCOMBE, BUCKINGHAMSHIRE HP14 4UE
Telephone No.—01494 461461

AIR OFFICER COMMANDING
    Air Vice-Marshal A. D. WHITE, CB BTech 7.10.03
Personal Staff Officer
    Squadron Leader G. K. House 17.12.04
Aide-de-Camp
    Flight Lieutenant A. L. Large 7.2.05
Intelligence Surveillance Tactical Air Reconnaissance
    Air Commodore D. L. WHITTINGHAM, MA BSc 9.5.05
Battlespace Management
    Air Commodore N. WILLIAMS, CBE 8.3.02
Group Captains
    J. Clark 21.10.03
    N. J. Davis, BSc MRAeS MRIN 25.4.05
    A. D. Fryer, BA 8.12.03
    A. C. Major, MSc BTech CEng MRAeS 5.10.01
    W. J. Millington, MA 28.2.05
    C. C. Trundle 1.3.02
Wing Commanders
    P. Anthistle 13.1.04
    D. W. Brown 4.8.03
    G. J. Bruce, BSc 29.9.03
    Lieutenant Colonel A. R. Buck
    S. R. Chaskin 10.5.04
    T. T. Fauchon 16.5.05
    B. D. George 1.3.02
    R. W. Jones, OBE 2.8.04
    J. B. Johnston, MBE MA BSc 8.6.05
    A. Kay 3.4.05
    A. Land, IEng MIIE 1.4.05
    M. A. Morton, BA 27.8.02
    T. J. L. Owens 19.12.04
    W. S. Prevett 19.4.04
Squadron Leaders
    D. J. Austen 6.1.03
    B. F. Baldwin 1.4.05
    R. Barraclough, BEng 6.10.03
    G. R. Bazalgette 23.6.03
    N. J. Benson 4.4.05
    M. A. Blockley 5.12.02
    R. C. Box, BSc 1.1.05
    A. S. Burge, BSc 1.10.04
    M. J. J. Burton 16.5.05
    D. R. Cartmell 20.12.04
    C. Catterall 21.10.03
    M. G. Coleman 22.9.03
    G. R. Crosby 14.5.02
    M. J. Dalton 23.2.04
    M. Davies 27.5.03
    A. B. Davison 1.6.04
    G. L. Dickson, BA 24.1.05

RAF GROUPS—STRIKE COMMAND

B. A. Dryburgh	28.6.04
J. B. Fearon, BSc	1.7.01
N. Firby	1.9.03
J. A. France	10.5.04
M. A. Gault	26.4.04
C. M. Gill	5.1.04
H. C. Hindmarsh, BA DipEurHum	4.10.04
P. M. James	2.4.02
S. E. R. Kent, BEng	1.4.05
N. S. King	2.2.04
D. Knight	22.1.04
P. H. Langley	1.4.04
P. J. Maguire, BA	21.10.03
M. S. Mayers, BSc	17.3.03
S. D. McInroy, BSc	14.5.02
A. C. McLeod, BEng	21.7.03
D. W. A. Miller	2.5.05
R. S. Norris	13.9.04
M. R. Ogden	26.1.04
D. W. Raine	24.5.04
A. E. Rowley	9.6.03
R. V. Sanderson, BSc	27.5.02
R. J. Saunders	28.4.03
S. J. Sinclair	29.9.03
N. B. Stoner	26.7.04
J. M. Stowell	24.4.04
D. M. Stubbs, BA	25.5.02
C. P. C. Thompson	14.4.00
A. P. Tierrie-Slough	23.6.03
Lieutenant Commander P. J. B. Towler	
M. P. Tucker, BSc	4.11.02
P. F. Tuite	1.11.04
I. Ward, BSc	24.3.04
N. J. Wilson	26.8.03
J. B. Wooldridge, BSc	21.4.03

JOINT HELICOPTER COMMAND HEADQUARTERS

Postal Address—ERSKINE BARRACKS, WILTON, SALISBURY, WILTSHIRE, SP2 0AG
Telephone No.—01722 433986

COMMANDER
    Air Vice-Marshal P. D. LUKER, OBE AFC 27.9.02
Military Assistant
    Major R. J. Boyd, MA 28.7.03
DEPUTY COMMANDER AND CHIEF OF STAFF
    Brigadier N. J. CAPLIN 28.1.03
Executive Assistant
    Lieutenant H. J. Wright 4.1.05
DACOS Plans
    Group Captain S. O. Falla, DSO 19.12.03
DACOS Commitments
    Colonel M. P. Ellis, OBE 28.6.05
DACOS Logistics
    Colonel M. A. Armstrong, MSc CEng MIMechE 30.8.04
DACOS Resource Plans
    Mr R. M. Milton 20.9.02

    Wing Commanders
        P. O. Lloyd, MBE MBA 15.9.03
        R. D. Mason, MBE 4.5.02
        I. Morris, OBE 15.12.99
        E. Peacock BA 23.8.04
        C. L. Pout 12.4.05

    Commanders
        N. D. Bond 23.9.03
        P. J. Knight, BSc 6.4.04
        R. G. Fox 29.8.04
        K. McHale 4.1.05

    Lieutenant Colonels
        R. J. C. Bunce, MSc 22.3.04
        A. J. R. Bushby, MB BChir MRCGP 13.12.04
        P. J. McNulty 11.4.05
        M. C. Ringrose, BEng MSc CEng MIMechE 24.11.03
        W. J. Sivewright, MDA 11.4.05
        P. G. Walker 14.10.02

    Squadron Leaders
        G. Cowie, BSc 18.4.05
        R. J. Flynn, PhD BSc 8.6.04
        A. J. Ford 24.5.04
        M. A. Gibson, BEng 20.10.03
        M. D. Green, BSc MMS ACIS 24.2.03
        J. P. Grindlay 29.3.05
        R. S. Hooper, BSc 6.9.04
        R. W. S. Johnstone, BSc 17.12.04
        G. Lloyd-Evans, BEng 7.7.03
        I. C. Marston, MBE BSc 26.3.01
        F. T. Morgan-Frise 21.7.03
        D. J. R. Morris 3.5.05
        R. J. Neasom, BSc 28.3.05
        G. A. Peeters, BSc 12.7.04

RAF GROUPS—STRIKE COMMAND

C. T. Sullivan 24.1.05
C. J. Tomlinson, BSc 19.1.04
A. Walker, BA 7.6.04
R. B. Webber 16.6.03
A. J. White, BEng 31.3.03

Lieutentant Commanders
N. R. Davidson 20.5.05
G. A. Napier 18.1.05
T. A. Pegrum 2.9.03
K. J. Smith 3.2.05
J. P. Wallis 1.8.04

Majors
J. D. Bryant 18.8.03
M .J. Chohan, BA 31.3.03
A. Cunningham, BEng 19.7.04
M. E. Devereux, BA RM 2.2.04
N. Eggett. 20.6.04
A. N. Forster 4.10.04
G. I. Fotheringham 1.9.03
J. G. R. Frost 3.9.04
B. Horn 10.1.05
S. P. Lagadu, BSc IEng MIMech MIEE 9.8.04
W. N. E. Hutchinson, MSc BSc 12.8.02
A. R. K. Keith, MA MRAeS QCVS 2.9.03
T. W. Muir 27.9.04
J. A. Parry, BSc RM 12.4.05
A. P. Vaughan 27.9.04
R. H. Warren 9.7.03
N. J. I. Watts 23.9.01
K. T. Young, BSc 17.9.02

RAF GROUPS—STRIKE COMMAND

HEADQUARTERS
PROVOST MARSHAL (ROYAL AIR FORCE)

Postal Address—Headquarters Provost Marshal (RAF),
RAF HENLOW, BEDFORDSHIRE SG16 6DN
Telephone No.—01462 851515

COMMANDING OFFICER
    Group Captain E. J. Scaplehorn, OBE BA MMar 9.12.02

Policy and Standards
    Wing Commander P. C. Fiddy 14.11.05
    Squadron Leader J. D. Cassels, MinstLM MCMI 1.4.05
    Squadron Leader S. L. Hewitt, BSc 19.7.04
    Squadron Leader C. S. Lawrence, BA PGCE 17.3.03
    Squadron Leader S. P. Manvell, BSocSc 1.4.05

Force Legal Advisor
    Squadron Leader P. J. Robbins, MSc LLM BA 1.6.05

NO 1 (SPECIALIST) POLICE WING

Officer Commanding/Deputy Provost Marshal
    Wing Commander P. D. Fyfe 22.3.04

Squadron Leader Operations
    Squadron Leader G. K. Stewart, MBE 1.6.05

RAF Police Special Investigations Branch
    Squadron Leader J. M. D. Gwillim, BA 1.6.05

RAF Police Counter-Intelligence Squadron
    Squadron Leader K. R. Bailey, BA 1.6.04

RAF Police Security Services Squadron
    Squadron Leader K. D. Williams 31.1.05

TACTICAL PROVOST WING

Postal Address—Tactical Provost Wing
RAF HENLOW, BEDFORDSHIRE SG16 6DN
Telephone No.—01462 851515

OFFICER COMMANDING
    Wing Commander A. J. Seabright, MA BA 1.4.04

SQUADRON COMMANDERS
    1 Sqn   Vacant
    2 Sqn   Squadron Leader K. Meenan 15.3.04
    3 Sqn (Aux) Squadron Leader L.M. Carson 30.5.05

DEFENCE AVIATION SAFETY CENTRE

Postal Address—PO BOX 333, RAF BENTLEY PRIORY, STANMORE, MIDDLESEX HA7 3YN
Telephone No.—0208 838 + Ext (VPN 95271)

DIRECTOR
    Air Commodore A. T. HUDSON, OBE BSc FRAeS 3.2.03

Deputy Director
    Captain M. C. Evans, RN 15.6.04

Policy Branch
    Commander E. McNair AFC RN 10.5.05
    Major G.J. Best AAC 2.8.02
    Squadron Leader R. T. Oddy 28.6.04
    Squadron Leader T. J. P. Burke, MA BSc 10.5.04
    Flight Lieutenant R. B. Payne, BEng 23.8.04

Fixed Wing Branch
    Squadron Leader B. M. Archer 5.5.04
    Squadron Leader D. J. Rae, BSc 3.2.03

Rotary Wing Branch
    Lieutenant Colonel N. J. I. Watts AAC 30.8.05
    Lieutenant Commander A. Welch MBE RN 4.1.05

Operations Support Branch
    Commander P. A. Harvey RN 28.5.02
    Squadron Leader I. M. Mellings. 2.6.03

Occurrences Branch
    Wing Commander V. E. Rose 18.2.03
    Lieutenant Commander R. Sneddon RN 23.8.05
    Squadron Leader M. F. Stanhope, BSc. 11.3.96

Engineering Policy Branch
    Wing Commander I. P. Woodhouse, MBE BSc(Eng) CEng MRAeS MCMI 11.4.05
    Major N. M. Graham, REME 16.9.02
    Lieutenant Commander J. R. E. Saward RN 25.7.05

Aviation Safety Review Branch
    Wing Commander G. Rossiter 15.8.05

ROYAL AIR FORCE CENTRE OF AVIATION MEDICINE

Postal Address—ROYAL AIR FORCE HENLOW, BEDFORDSHIRE SG16 6DN
Telephone No.—01462 851515 + Ext

OFFICER COMMANDING
    Air Commodore W.J. COKER, OBE QHP MB ChB BA BSc LLB FRCP FRAeS DAvMed 26.7.04

Group Captains
    C.B. Morris, MB BS MMedSci FFOM DRCOG DAvMed 3.2.03
    D.P. Gradwell, BSc PhD MB ChB FRCP DAvMed FRAeS 16.11.98

Wing Commanders
    J. Cartwright, MB BS DAvMed 12.8.02
    N.D.C. Green, MB BS BSc 1.3.01
    T. S. Greenish, MB BS DAvMed 20.4.05
    M.E. Lewis, MB BCh 28.9.98
    D.C. McLoughlin, MB BCh BAO MRCGP DRCOG 5.4.04
    G. Maidment, MA PhD BM BCh MRCPath MRAeS DAvMed DMJ(Path) ARCM 7.1.04
    C.R.W. O'Connell, MB BCh BAO LLMRCP LLMRCS 1.4.00
    N. R. Paish, MB BS 24.5.04
    P. Wright, MSc MB BCh BAO DAvMed 17.12.01

AIR WARFARE CENTRE (AWC)
DEFENCE ELECTRONIC WARFARE CENTRE (DEWC)

Postal Address—Thomson Building, RAF Waddington, Lincolnshire LN5 9WA
Telephone No.—01522 72 + Ext

COMMANDANT AWC/Director DEWC
    Air Commodore C. M. NICKOLS, CBE MA 20.6.03

Secretariat
    Wing Commander M. J. Simpson 25.10.04
    Squadron Leader R. Bamford 15.6.04
    Flight Lieutenant E. M. M. Doyle, BEM 18.6.01

OPERATIONS DIVISION

Group Captain
    J. Lawlor, BA BArch 14.7.03

Wing Commanders
    S. J. Green, OBE 31.3.05
    P. J. Jones 9.7.04
    A. Mardell, LLB 1.11.04
    T. Newby 18.4.05
    D. M. Shaw, MA 25.7.03
    J. C. Walker, BSc 18.10.04
    T. A. Wilkinson, MBE BSc AFRIN 25.8.03

Royal Navy
    Commander M. A. Salmon

Army
    Lieutenant Colonel P. H. Tilley, MBE RA

USAF Adviser
    Lieutenant Colonel D. Rubenstein

Retired Officer
    Wing Commander J. H. Davies

AIR WARFARE TRAINING
Cranwell

Wing Commanders
A. N. Dancey, BA 9.5.05
N. E. Byatt, CertEd 1.5.03
D. R. Herriot 25.8.00
J. P. Hutchings 25.9.00

USAF Exchange Officer
Lieutenant Colonel M. Plass

RAAF Exchange Officer
Squadron Leader N. Pausina (RAAF)

DEVELOPMENT DIVISION

Group Captain
W. S. Smyth, BA 1.7.03

Wing Commanders
A. D. Lister-Tomlinson 19.2.01
G. R. Scott, OBE 1.8.03
D. J. Gledhill 9.7.03
G. Hewett, BEd

OPERATIONAL EVALUATION UNITS

Nimrod OEU	Wing Commander N. P. Ayres, BSc	3.3.03
TOEU17(R) Sqn	Wing Commander J. J. Hitchcock	1.11.04
FJWOEU	Wing Commander G. M. Waterfall	16.8.04
Air C2 OEU	Wing Commander J. B. Portlock, ...	1.11.04
RWOETU	Wing Commander J. Coxen, BSc	14.2.05
JATEU	Lieutenant Colonel M. C. Oakes	1.10.03
JUET	Lieutenant Colonel R. J. Park	1.4.04
Hercules OEU	Squadron Leader D. R. MacIntosh, BA	1.2.05

OPERATIONS SUPPORT DIVISION

Group Captain
T. Almond MBE MA BA FRIN MCMI 6.12.04

Wing Commanders
A. S. Corbett, MBE BA 10.2.03
P. D. T. Stewart, MBE MA MBCS 1.12.03

591 Signals Unit
Squadron Leader M. G. Brown, MSc BEng 13.9.04

Royal Navy
Commander N. C. Wade
Lieutenant Commander J. Grears

Army
Major E. Clee

CAF Liaison
Major G. L. M. Mongeon

OPERATIONAL ANALYSIS

Senior Scientific Adviser
Mr A. C. Cowdale, MSc BSc FOR

Scientific Adviser (Development)
Dr R. C. Wheeler, MA DPhil

Scientific Adviser (Operations)
Mr P. Stoddart, MA BSc CEng MRAeS

Scientific Adviser (HW) HQ STC
Mr G. J. Onslow, BSc CEng MBCS MRAeS

Scientific Adviser (Mar Ops) Northwood
Mr J. C. Whitmore, BTech

COLLEGES

JOINT SERVICES COMMAND AND STAFF COLLEGE, SHRIVENHAM

Postal Address—JSCSC Faringdon Road, Watchfield, Swindon, Wiltshire SN6 8TS
Telephone No.—01793 788000

COMMANDANT
Air Vice-Marshal N. D. A. MADDOX, CBE MBE 18.7.05

A/COS
Lieutenant Colonel (Retd) A.D. Knyvett 21.2.05

Assistant Commandant (Air)
Air Commodore M. J. HARWOOD, CBE MA 31.5.05

Advanced Air Command and Staff Course (ACSC)
A Division
Wing Commander G. D. Edwards, OBE MA MRAeS 21.2.05
Wing Commander N. B. Randall 26.8.02

B Division
Wing Commander R. P. Caddick, MA 30.8.04
Wing Commander J. G. Eaton, MBE MA MDA BSc MCMI 21.2.05
Wing Commander S. W. Henson 28.10.02
Wing Commander N. Meadows, MA BSc MRAeS 25.8.03
Wing Commander D. G. Robertson 25.8.03

C Division
Wing Commander G. J. Davey, OBE BSc 30.8.04
Wing Commander M. D. M. Laver, MA BA 21.2.05
Wing Commander A. J. Roberts, BSc 30.8.04

D Division
Group Captain G. H. Booth 12.8.05
Wing Commander G. A. Borland 1.11.04
Wing Commander D. M. Lester-Powell, BSc 1.11.04
Wing Commander R. C. Slater 1.11.04
Wing Commander A. J. C. Walters, BSc 8.9.03

ACSC 10 DEVELOPMENT DIRECTOR
Group Captain D. J. Hill, MA. 26.8.02

RAF Division (RAFD)
Group Captain B. Cooper, CBE 21.3.05

RAFD—Intermediate Command and Staff Course (ICSC)
Wing Commander C. M. Eames. 18.11.02
Squadron Leader A. E. Battye, BSc 9.9.02
Squadron Leader S. R. Clarke, BSc 1.9.03
Squadron Leader J. L. Comfort 17.1.05
Squadron Leader J. D. Leighton 31.3.05
Squadron Leader J. D. Pickering 13.9.04
Squadron Leader A. M. Stacey 31.12.03

RAFD—Junior Officers Command Course (JOCC)
Wing Commander W. S. Taylor, MBE MSc BSc MCMI 16.5.05
Squadron Leader M. C. Evers, MSc 15.9.03
Squadron Leader N. A. Hartley 29.5.01
Squadron Leader G. J. Ingram 8.3.04
Squadron Leader B. A.Oliver 1.9.03
Squadron Leader S. F. Peoples, MSc BSc 31.1.05
Squadron Leader M. S. Pope, BA 22.3.04
Squadron Leader M. Renshaw 29.3.04

COLLEGES

RAF—Individual Staff Studies School (ISS)
Wing Commander G. G. Henderson 24.1.05
Squadron Leader M. R. Colpus, MDA BSc MCIPS 6.9.04
Squadron Leader J. A. Davies, BSc. 28.2.05
Squadron Leader S. J. Elliott, BSc 9.2.03
Squadron Leader R. E. Gratton 28.6.04
Squadron Leader A. D. Miller, BSc 5.6.00
Squadron Leader A. L. Palk, MBE BA 8.12.03
Squadron Leader A. D. Perkins 6.9.00
Squadron Leader S. E. Wadsworth, BA 19.8.00

J1 Administration
Squadron Leader S. K. Rea, BA 1.3.05

SO3 J1 Fin
Flight Lieutenant E. J. Whiteman, BA 2.8.04

SO3 J6
Flight Lieutenant B. Paton 10.4.05

J3 Operations and Co-ordination (J3 Co-ord)
Squadron Leader C. A. Ackroyd. 17.1.05

SO2 RNJD
Squadron Leader P. R. Morgan, BEng 1.1.04

SO1 DS ICSC(L)
Wing Commander D. J. Read, BA 26.4.04

SO1 J7 S+T
Wing Commander T. V. Bown, CertEd 11.4.05

SO1 J7 STRAT
Wing Commander D. A. Burkinshaw, MEd 5.7.04

SO1 J7(E&S)
Wing Commander P. Wilkins 8.9.03

SO1 J5/J6/J9
Wing Commander A. Jones 11.4.05

JSWOC
Squadron Leader D. J. Christie 22.4.04

ROYAL AIR FORCE COLLEGE AND ROYAL AIR FORCE CRANWELL

(Royal Air Force Personnel and Training Command)

Postal Address—ROYAL AIR FORCE CRANWELL, SLEAFORD, LINCOLNSHIRE NG34 8HB
Telephone No.—01400 261201

Commandant-in-Chief—HER MAJESTY THE QUEEN

COMMANDANT ROYAL AIR FORCE COLLEGE & DIRECTOR OF RECRUITMENT
Air Commodore R. B. CUNNINGHAM, MBE MA 5.12.05

Personal Staff Officer
Squadron Leader M. L. Tinworth, MA 8.8.05

Aide-de-Camp
Flight Lieutenant S. P. Covell, BSc 16. 5.05

CHIEF OF STAFF & DEPUTY COMMANDANT ROYAL AIR FORCE COLLEGE
Group Captain M. R. Waring, MA BSC FCIPD 5.9.05

College Secretary
Group Captain (Retd) P. J. Rodgers, MBE FRAeS

Wing Commanders
M. K. Allport, MBE RAFR
A. T. Bake, MDA BSc 4.1.05
S. G. Peters, MCIPD 1.9.03
M. J. Weight 1.11.04

Group Captain Officer and Aircrew Training Unit
Group Captain R. I. Chambers 25.7.03

Wing Commanders
Rev J. P. M. Chaffey, BA 22.3 04
M. G. Evans, MEd 17.11.03
R. O. Rabagliati, FCIS MinstAM MBIFM 27.9.04

Group Captain Inspectorate of Recruiting
Group Captain D. A. McCafferty. 12.12.03

Wing Commanders
J. J Byrd 20.5.02
J. A. Davies, BA 10.1.05
R. E. Lyttle, MCMI RAFR
V. J. A. Marden, BA 12.9.05
C. M. Taylor, MBA FBIFM MCMI DipMgmt 19.8.02

Group Captain Officers and Aircrew Selection Centre
Group Captain D. C. Fidler 11.7.04

Wing Commanders
G. A. Archer, MB BS 21.6.04
R. Chalklin, MBE 9.7.04
P. C. Jacobs 6.9.04
B. W. Johnson, RAFR
C. M. Rackham 16.2.04
P. D. Tindall, BSc 3.11.03

COLLEGES

OFFICER COMMANDING ROYAL AIR FORCE CRANWELL & OFFICER COMMANDING NO 3 FLYING TRAINING SCHOOL
Group Captain M. P. Colley, OBE 4.1.04

Wing Commanders
R. M. Hyslop 17.3.03
S. P. Shay 10.1.05
S. P. Townsend 28.1.02

OFFICER COMMANDING NO 1 ELEMENTARY FLYING TRAINING SCHOOL
Group Captain R. J. A. Powell 1.9.04

Wing Commander
G. W. MacInnes, BSc 14.3.05

COLLEGES

ROYAL COLLEGE OF DEFENCE STUDIES

Postal Address—Seaford House, 37 Belgrave Square, London SW1X 8NS
Telephone No.—020 7915 4800

COMMANDANT
    Admiral Sir IAN GARNETT, KCB 2.1.05

SENIOR DIRECTING STAFF
    Major General C. WILSON 2.1.05
    Rear Admiral R. MARK 2.1.05
    Air Vice-Marshal S. CHISNALL, MPhil BA CertEd RAF 2.1.05

FOREIGN COMMONWEALTH OFFICER
    Mr J. Tucknott 1.7.05

DIRECTING STAFF
    Mr M. P. Sweeting
    Wing Commander A. S. C. Culbert, BSc RAF 13.3.00
    Commander S. Farrington, RN 3.8.03
    Lieutenant Colonel A. P. Lake 3.7.01
    Mr W. Wilson

SECRETARY
    Commander A. C. Gordon-Lennox 25.6.01

HEADQUARTERS AIR CADETS

Postal Address—ROYAL AIR FORCE CRANWELL, SLEAFORD, LINCOLNSHIRE NG34 8HB
Telephone No.—01400 261201

Air Commodore-in-Chief Air Training Corps
His Royal Highness The PRINCE PHILIP, DUKE OF EDINBURGH, KG KT OM GBE AC QSO

AIR OFFICER COMMANDING CADETS (HQPTC)
    Air Vice-Marshal J. M. M. PONSONBY, OBE 4.1.05

COMMANDANT AIR CADETS
    Air Commodore D. I. HARRISON, BSc 25.7.05

Flight Lieutenant Corporate Business/Aide-de-Camp
    Flight Lieutenant P. R. Warner, BSc 31.1.05

CHIEF OF STAFF AIR CADETS
    Group Captain W. M. N. Cross, OBE RAFR 10.11.93

Wing Commander
    P. L. Bray, BEd 4.10.04

Reserve Officers
    Wing Commander G. S. Clayton-Jones, MRAeS RAFR
    Wing Commander R. N. Davis, DPhysEd RAFR
    Wing Commander M. P. Douglass, AFC RAFR
    Wing Commander M. Eveleigh, OBE RAFR
    Wing Commander M. A. Thorley, MRAeS RAFR
    Squadron Leader J. D. Coker, RAFR
    Squadron Leader J. D. L. England, MBE LLB MCIPD RAFR
    Squadron Leader H. Hooper, RAFR
    Squadron Leader R. N. Jones, IEng MIIE RAFR
    Squadron Leader J. B. McCran, RAFR
    Squadron Leader P. J. R. McGeough, RAFR
    Squadron Leader R. E. Miller, BA PGCE FRGS RAFR
    Squadron Leader D. G. Morris, RAFR
    Squadron Leader D. Mundy, RAFR
    Squadron Leader A. F. Pelcot, RAFR
    Squadron Leader A. F. Philip, MSc BSc(Eng) RAFR
    Squadron Leader D. M. Quick, RAFR
    Squadron Leader G. Rayfield, BA CIMS FMS FInstAM MCMI RAFR
    Squadron Leader C. M. R. Rigby, CertEd RAFR
    Squadron Leader R. J. Samme, RAFR
    Squadron Leader D. A. Simpson, MBE RAFR
    Squadron Leader M. C. Valentine, RAFR
    Flight Lieutenant M. A. Johnson, RAFR

AIR CADET CENTRAL GLIDING SCHOOL (Syerston)
    Wing Commander M. K. Falvey 29.6.05
    Squadron Leader T. Grant, RAFR
    Squadron Leader C. V. J. Heames 4.5.05

AIR CADETS REGIONAL HEADQUARTERS

Central and East (RAF Brampton)
    Group Captain J. A. F. Ford, FCMI RAFR
    Squadron Leader B. Shorter, RAFR

London and South East (RAF Northolt)
    Group Captain L. Hakin, OBE RAFR
    Squadron Leader J. W. Cobb, MBE RAFR

AIR CADET ORGANISATION

North (RAF Linton-on-Ouse)
Group Captain J. Middleton, RAFR
Squadron Leader S. D. Gossow, RAFR

Scotland and Northern Ireland (HMS CALEDONIA)
Group Captain M. M. A. Urquhart, RAFR
Squadron Leader R. A. A. Forster, BA MILT MCMI RAFR

South West (Le Marchant Barracks)
Group Captain M. J. Remlinger, RAFR
Squadron Leader B. J. Maddocks, RAFR

Wales and West (RAF Cosford)
Group Captain P. S. Kiggell, OBE RAFR
Squadron Leader R. G. Massey, MCMI RAFR

ROYAL AIR FORCE CENTRAL FLYING SCHOOL
CRANWELL

(Royal Air Force Personnel and Training Command)

Postal Address—HQ CFS, RAF COLLEGE CRANWELL, SLEAFORD, LINCOLNSHIRE NG34 8HB
Telephone No.—01400 261201

COMMANDANT
    Group Captain S. P. Ayres, BSc 24.12.04

Personal Assistant
    Sergeant D. J. Cook 28.4.03

Staff Officer HQ CFS
    Squadron Leader K. J. Grayson 1.4.03

Wing Commanders
    D. G. Cooper, MA 11.10.04
    J. Q. Hallwood, BSc 3.11.03
    D. J. Middleton 14.2.05

Squadron Leaders
    A. J. Brass, BEng 11.8.03
    R. P. G. Patounas 1.6.04
    M. J. Setterfield 26.5.03
    J. G. Temple 6.5.03
    S. E. Varley 14.4.03

FIXED WING EXAMINERS

TUCANO SQUADRON
RAF LINTON-ON-OUSE
    Vacant

19(F) SQUADRON
RAF VALLEY
    Squadron Leader A. N. Clements, BSc(Eng) ACGI 23.7.98

208 SQUADRON
RAF VALLEY
    Flight Lieutenant N. J. Gatenby, BSc 18.12.00

GLIDING

RAF SYERSTON
    Squadron Leader B. L. Russell, BTech 1.7.05

ROTARY WING EXAMINERS

RAF SHAWBURY
    Squadron Leader C. N. Philpott, BSc 13.8.01
    Squadron Leader K. R. McCarthy, BSc(Eng) 2.5.03

Editor AP3456 RAF CRANWELL
    Mr G. Heath

JOINT WARFARE STAFF

Postal Address—Maritime Warfare Centre
Southwick Park, Nr Fareham, HAMPSHIRE PO17 6EJ
Telephone No.—023 9228 4726

Wing Commanders
S. J. Boyle, BSc. 4.10.04
M. A. Jeffery, OBE MA BSc ARCS 3.5.05

AIR OFFICER SCOTLAND

ROYAL AIR FORCE LEUCHARS
St ANDREWS, FIFE KY16 0JX
Telephone No.—01334 839471

AIR OFFICER
    Air Commodore J. STINTON, ADC MA BA 4.3.05

Aide-de-Camp and Staff Officer to AOS
    Flight Lieutenant C. A. Derbyshire 2.8.04

AIR OFFICER WALES

RAF PMA, ROYAL AIR FORCE INNSWORTH
Gloucester, GL3 1EZ
Telephone No.—01452 712612

AIR OFFICER
    Air Commodore P. WHALLEY, ADC FCILT FILT 1.9.03

Staff Officer to AOW
    Squadron Leader R. W. M. Gue, BSc 5.7.04

RAF ELEMENTS ABROAD

HEADQUARTERS, BRITISH FORCES GIBRALTAR

Postal Address—HEADQUARTERS BRITISH FORCES, THE TOWER, GIBRALTAR BFPO 52

COMMANDER
Commodore D. S. H. WHITE, OBE RN. 7.5.04
Commodore A. A. S. ADAIR. 19.1.05

MA to Commander
Squadron Leader N. de C. Forshaw, RAF 19.7.04

Station Commander RAF Gibraltar
Wing Commander C. S. Blount, MA BSc FRIN MRAeS RAF 17.4.03

HEADQUARTERS, BRITISH FORCES CYPRUS

Postal Address—HEADQUARTERS, BRITISH FORCES CYPRUS
BRITISH FORCES POST OFFICE 53

COMMANDER
Major General P. T. C. PEARSON, CBE 5.9.03

Aide-de-Camp
Captain A. P. Todd 26.5.05

MA to Commander
Squadron Leader A. S. Willis, BSc 10.5.04

CHIEF OF STAFF
Air Commodore H. R. CORNEY, OBE BA 3.6.03

DEPUTY CHIEF OF STAFF
Group Captain R. M. P. Parr, MDA BA 12.3.05

Wing Commanders
P. J. Clouth, MA MSc BEng CEng MIEE 21.8.02
R. J. O'Keefe 20.10.04
B. Login, MA MBA FCIS 7.10.03

MISCELLANEOUS ESTABLISHMENTS
Mr M. P. Loy. . . . . Command Secretary
Mr D. B. Barnes. SO1 Media Ops

Group Captain (Retd)
B. J. Comina . . . . DE Project Manager

HEADQUARTERS INTEGRATED AREA DEFENCE SYSTEM

(ROYAL AIR FORCE ELEMENT)

Postal Address—HEADQUARTERS, INTEGRATED AREA DEFENCE SYSTEM,
AIR BASE BUTTERWORTH, c/o GPO PENANG, MALAYSIA

Director of Operations
Wing Commander A. J. Goodison, MA BSc MCMI 16.6.03

RAF ELEMENTS IN NATO HEADQUARTERS

HQ NATO UNITED KINGDOM MILITARY REPRESENTATIVE TO NATO AND EUROPEAN UNION

(BRITISH ELEMENT)

Postal Address—BRITISH FORCES POST OFFICE 49
Telephone No.—00 32(0)2 707 7211

UNITED KINGDOM MILITARY REPRESENTATIVE
    Air Marshal Sir ROBERT WRIGHT, KBE AFC FRAeS RAF 27.9.02

Military Assistant
    Wing Commander P. W. Atkinson, BA 2.11.04

Aide-de-Camp
    Lieutenant R. A. H. Underwood, BA RN 10.9.04

DEPUTY UNITED KINGDOM MILITARY REPRESENTATIVE NATO
    Brigadier N. S. HALL, BA AKC MA 30.9.04

DEPUTY UNITED KINGDOM MILITARY REPRESENTATIVE EUROPEAN UNION
    Commodore N. HARLAND, RN 20.9.04

Wing Commanders
    P. R. Hughes. 6.9.04
    A. Leggett, MDA BA FinstAM 1.9.02
    R. W. Munday 1.5.03
    J. P. Squelch, BSc(Eng) 23.3.01
    S. Wain 1.9.03

HQ NATO—INTERNATIONAL MILITARY STAFF
    Air Vice-Marshal G. JONES, CBE BSc CEng MIEE 17.1.05

Group Captains
    M. P. Brzezicki, MA MPhil MIL 1.2.04
    E. J. Faulconer, MA BSc 11.10.04
    J. A. Hill, MSc BSc MRAeS 1.11.02
    P. D. J. Turner, BSc FCIPD FCMI 1.4.02

Wing Commanders
    J. D. Todd 18.4.05
    A. Proudlove, MBA 10.1.01
    R. D. Jenkins 1.9.02

HQ NATO AGENCIES
Wing Commanders
    V. J. Satchell 13.4.04
    A. J. Arnold 25.10.04

EUROPEAN UNION—MILITARY STAFF
Wing Commanders
    J. W. Organ 9.8.04
    S. J. Taylor, MBE MSc CEng MIEE MCMI 9.7.01
    D. J. Tester, MA. 1.4.02
    D. J. Trembaczowski-Ryder, BSc(Econ) 5.5.03

SUPREME HEADQUARTERS ALLIED POWERS EUROPE

Postal Address—BRITISH FORCES POST OFFICE 26
Telegraphic Address: UKNMR SHAPE
Telephone Exchange: SHAPE MILITARY
Telephone No.—00 32 65 444029

DEPUTY SUPREME ALLIED COMMANDER EUROPE
General Sir JOHN REITH, KCB CBE. 1.10.04

Principal Staff Officer
Captain T. M. Lowe, RN 30.6.03

DEPUTY COMMANDER, NATO AIRBORNE EARLY WARNING FORCE COMMAND
Air Commodore P. HODGSON 29.3.04

UNITED KINGDOM NATIONAL MILITARY REPRESENTATIVE
Brigadier W. O. COOK. 3.5.02
Air Commodore R. H. LACEY, CBE 1.9.05

DEPUTY UNITED KINGDOM NATIONAL MILITARY REPRESENTATIVE
Captain P. M. Burrell Baxter, RN. 17.8.01

Group Captains
C. P. A. Hull, BSc 26.7.04
J. G. Stevenson, MSc BSc CEng FIEE 25.7.03

Wing Commanders
P. J. Brook, OBE BA BSc CEng MRAeS MBCS MCMI 10.6.03
S. L. Cairns, MA BSc MCMI AInstAM 11.8.03
K. Garvey 1.6.05
J. A. Hand, IEng MCMI AMRAeS 27.5.05
S. R. Horne, BSc 4.4.05
D. L. Hoyle, MSc MIHSM 25.10.04
T. G. Murphy, BEng CEng MIEE 8.8.03
M. L. Roper, BA. 7.2.03
G. D. Thomas 3.2.03
D. A. Wilson, MA BSc 31.8.04

NATO School (SHAPE) OBERAMMERGAU
Wing Commander T. Payne, BSc 16.2.03

NATO Programming Centre GLONS
Wing Commander R. D. Fletcher-Smith, BSc CertEd 22.7.02

JOINT AIR POWER COMPETENCE CENTRE (JAPCC)
Von-Seydlitz Kaserne, Kalkar, Germany

Postal Address—c/o Box 2004, British Forces Post Office 105
Telephone No.—0049-2824-90-2202/IVSN 234/239/2202
Facsimile No.—0049-2824-90-2274/IVSN 234/239 2274
E-Mail: japcc.dir@online.de

ASSISTANT DIRECTOR TRANSFORMATION

Air Commodore
M. W. HALSALL 1.1.05

SENIOR NATIONAL REPRESENTATIVE

Group Captain
R. A. Williams, OBE MA BA 10.1.05

Wing Commanders
R. C. Duance 18.7.05
J. P. Dunne 4.7.05
A. J. M. Hayward, BSc MRAeS 1.1.05
J. A. Ingham 1.1.05
P. York, OBE 9.5.05

HEADQUARTERS ALLIED RAPID REACTION CORPS (ARRC)

Postal Address—BRITISH FORCES POST OFFICE 40
Telephone Exchange: RHEINDAHLEN MILITARY (94872) plus extension
Telephone No.—00-49-2161-565 plus extension
Direct Dial—00-49-2161-565-5356

Wing Commanders
F. J. Nicholson, BSc 1.1.04
P. H. C. Jochimsen 17.12.00
D. R. Andrew, MA MBA 24.7.03

Squadron Leaders
T. G. S. Harrison 9.2.04
J. W. R. Martin, MSc BEng AMIEE 22.3.04
A. C. Page 6.9.02
S. J. F. Wright-Cooper, MBA BSc MILT MCMI 6.9.04

ALLIED JOINT FORCE COMMAND HEADQUARTERS BRUNSSUM

HENDRICK KAMP, BRUNSSUM, NETHERLANDS
(BRITISH ELEMENT: ROYAL AIR FORCE)
BRITISH FORCES POST OFFICE 28
Telephone Exchange: JFC HQ Brunssum
(+31 45 526 2611)

DEPUTY COMMANDER
    Lieutenant General D. L. JUDD, CB BSc(Eng)Hons CEng MIMechE 3.5.04

Executive Officer
    Group Captain S. N. Garden, MA BSc 15.10.04

Aide-de-Camp
    Captain I. E. Sands, BEng(Hons) REME 10.5.04

Group Captain
    B. E. Rogers, MBE 17.6.02

Wing Commanders
    N. G. Branston, MBE BA FinstAM MIL MCMI 17.11.03
    S. E. Collins, BDS 9.7.01
    C. L. T. Laurent 3.2.03
    F. J. Moos, BSc CITP MBCS 25.4.05
    M. P. O'Sullivan, BA CertEd MCIPD 17.1.05
    Rev G. Williams, BD 7.1.04
    T. J. Wood, LLB 2.4.02

RAF ELEMENTS IN NATO HEADQUARTERS

NATO JOINT WARFARE CENTRE

Postal Address—NATO JWC, EFPO 50
National Correspondence addressed to—UKSU, NATO JWC, BFPO 50
Telephone No.—Norway 0047 51572689
Fax No.—Norway 0047 5157 6635

CHEIF OF STAFF
    Major General J. H. T. SHORT, OBE 12.4.02

SENIOR RAF OFFICER
    Group Captain C. D. Malcolm, OBE 21.11.02

    Wing Commander
        W. J. Turner, MA BSc MRAeS MRIN MCGI MCMI 10.3.97

    Squadron Leaders
        J. F. Collier 1.2.04
        S. T. Firth, BSc 1.6.04

OFFICER COMMANDING UNITED KINGDOM SUPPORT UNIT
    Squadron Leader M. A. Cowdrey, BA 31.1.00

HEADQUARTERS STRIKE COMMAND LIAISON OFFICER (NORWAY)
    Squadron Leader N. Hewson

HEADQUARTERS COMMANDER MARITIME AIR ALLIED NAVAL FORCES NORTH

Postal Address—NORTHWOOD HEADQUARTERS, NORTHWOOD, MIDDLESEX HA6 3HP
Telephone No.—01923 843511

COMMANDER AIR NORTHWOOD
    Air Vice-Marshal A. D. WHITE, CB BTech 7.10.03

ACOS (AIR)
    Air Commodore J. R. JONES, CBE 14.1.04

    Group Captain
        A. D. Fryer, BA 9.12.03

COMMAND COMPONENT AIR HEADQUARTERS RAMSTEIN

RAMSTEIN AIR BASE GERMANY
(ROYAL AIR FORCE ELEMENT)

Postal Address—British Forces Post Office 109
Telephone Exchange—Ramstein DSN (606 258 0111-Operator)
Telephone No.—06371-40 (00-Operator)
IVSN 258 0111
U.K. Support Unit Civil No. 06371 476161

SENIOR BRITISH OFFICER
    Group Captain I. R. W. Stewart, BSc 12.5.03

Group Captain
    Group Captain G. H. Harris, OBE MA MBA BSc CEng MIMechE 4.4.05

Wing Commanders
    W. J. Alexander 29.3.04
    C. R. Burchett 26.6.02
    H. G. Geddes 8.10.97
    P. N. Gilbert, BSc CEng MRAeS 13.12.99
    C. Gould 12.6.02
    A. Gray, BSc CEng MRAeS 12.6.02
    M. S. Pepper, MSc 27.8.02
    P. C. Spinney, LLB 18.4.05
    G. M. Stapleton. 4.8.03
    J. W. Whitmell 21.10.02
    G. D. Yapp 5.5.03

HEADQUARTERS ALLIED AIR FORCES NORTH
TACTICAL LEADERSHIP PROGRAMME
AIRNORTH/TLP

BASE J. OFFENBERG, B-5620 FLORENNES, BELGIUM

(ROYAL AIR FORCE ELEMENT)

Postal Address—c/o United Kingdom Support Unit SHAPE
British Forces Post Office 26
Telephone No.—0032 71 681506
IVSN 252 1110

SENIOR RAF OFFICER
Wing Commander
    D. J. Diamond, BA MRAeS 20.10.01
Squadron Leaders
    J. B. Crawford, BEng 1.6.04
    J. F. Monahan, MA BA 1.4.03
    S. J. Lamping, BEng 20.6.05

COMPONENT COMMAND AIR HEADQUARTERS IZMIR, TURKEY

All correspondence concerning national administration to be addressed to
OC UK Support Unit, NATO/TURKEY, BFPO 599
E-Mail: uksuizmir@gmail.com
Telegraphic Address—UKSUPU TURKEY
Telephone No.—IZMIR 90 232 4875862
IVSN 90 232 4111432/1288
Fax No.—IZMIR 90 232 4875862

Group Captain
J. R. Andrews, MA LLM 9.9.05

Wing Commanders
J. M. Paige 5.4.05
S. Cummings 14.10.04

Squadron Leaders
A. R. Chauhan, BA MBIFM 6.12.04
J. Cochrane, RAFR 5.4.05
P. J. S. D. Macdonald 7.7.03
D. Fillingham, BSc CEng MIEE 29.5.00

COMMANDER MARITIME AIR NAPLES

Postal Address—COMMARAIRNAPLES, BFPO 8
National Correspondence addressed to—UKNSU, JFC NAPLES, BFPO 8
Telegraphic Address—COMMARAIRNAPLES
Telephone No.—NAPLES 0039-081-568-3673
Fax No.—NAPLES 0039-081-568-3679

Wing Commander
D. J. Ford, BA 4.4.00

JOINT FORCE COMMAND HEADQUARTERS NAPLES

Postal Address—JFC NAPLES, BFPO 8
National Correspondence addressed to—UKNSU, JFC NAPLES, BFPO 8
Telephone No.—NAPLES 0039-081-7212046
Fax No.—NAPLES 0039-081-2429445

Deputy Commander
    Air Marshal G. A. MILLER, CBE RAF 23.8.04

Military Assistant
    Wing Commander C. J. H. Stretton, MSc BSc 14.2.05

Wing Commanders
    C. P. Beckley, OBE BSc(Econ) 19.4.04
    R. J. Dunn, LLB 5.1.05
    A. G. Galbraith 20.10.03
    S. N. Kreft, MBA BA 20.6.03
    P. J. Lloyd 15.9.03
    P. Lovely 5.4.04
    J. G. Niven 20.1.03
    C. M. West, MA BSc 6.9.04

HEADQUARTERS, SUPREME ALLIED COMMAND TRANSFORMATION

Postal Address—JOINT SERVICE UNIT, NORFOLK, BFPO 63
Telegraphic Address—ACT, NORFOLK, VIRGINIA, USA
Telephone No.—001-757-747-3214

Group Captain
    S. F. Warren, MDA 5.7.02

Wing Commanders
    J. G. Gladston, MBE DFC BEng 24.9.04
    S. P. Howard, FCMI FHCIMA 9.8.04
    S. C. Johnstone, BEd 25.4.05
    D. A. Tomaney 1.9.03
    M. G. Voss, MSc BSc CEng MIEE 30.8.04
    R. A. Wilder, BSc 21.3.05

Squadron Leaders
    N. J. Arnold, BEng 23.8.04
    C. R. Smith, BA 2.8.02
    A. G. Solomon 17.7.00

ALLIED MARITIME COMPONENT COMMAND HEADQUARTERS NORTHWOOD

Postal Address—NORTHWOOD HEADQUARTERS NORTHWOOD, MIDDLESEX HA6 3HP
Telephone No.—01923 826161

Wing Commanders
    M. P. D. Lewis, MSc MSc BSc CMath CEng MIMA MIEE 25.7.05
    J. A. Clegg 17.5.04
    K. L. W. Hughes 15.8.03
    S. P. McNamara 5.1.04
    G. A. Preston 21.5.01

Squadron Leaders
    J. E. Harle, BEng 7.3.05
    C. Would, BSc 18.4.05

(ROYAL AIR FORCE ELEMENT)

Postal Address—JHQ LISBON, BFPO 6
Telephone No.—00351 21 440 4321
IVSN 529 4321

Air Commodore
    A. G. W. WALTON, CBE 7.6.04

Group Captain
    A. J. Dey, BSc 1.11.04

Squadron Leaders
    S. J. Russell 30.5.05
    T. M. McLaren 4.7.03
    M. A. Ahmed, MBE 26.4.05
    M. A. Coomber 25.5.05

Flight Lieutenant
    S. R. Fulcher 12.7.03

RAF ELEMENTS OF INTERNATIONAL ORGANISATIONS

HEADQUARTERS THIRD AIR FORCE USAF

Postal Address—RAF Mildenhall, Bury St Edmunds, Suffolk IP28 8NF
Telephone No.—Mildenhall (01638) 542821/542550

Senior Royal Air Force Liaison Officer
Wing Commander A. M. Bone AFC. 15.10.04

Royal Air Force Liaison Officer (Armament)
Squadron Leader J. K. Duncan 14.2.05

EUROPEAN AIR GROUP

(ROYAL AIR FORCE ELEMENT)
Postal Address—RAF High Wycombe, Buckinghamshire HP14 4UE
Telephone No.—01494 497291
Direct Dial—01494 497291
Fax No.—01494 497952

CHIEF OF STAFF
Group Captain D. J. Blore, MSc BSc MRAeS 1.9.04

Wing Commander
J. L. Porter 31.3.03

Squadron Leaders
I. Brunning, BSc 1.1.05
M. N. Vincenti, MBE MDA BSc MCMI 1.1.04

COMBINED AIR OPERATIONS CENTRE 1

Postal Address—Finderup, Postbox 247, 8800 Viborg, Denmark
BFPO Address—Finderup, BFPO 150
Telephone No.—0045 8925 5555

DIRECTOR OF OPERATIONS
Group Captain M. J. Roche 5.1.05

Squadron Leaders
D. J. Cooke 3.5.05
I. G. Kirkby 6.10.03
R. A. Roe 9.8.04

COMBINED AIR OPERATIONS CENTRE 2

Postal Address—Kalkar, PO Box 2004, BFPO 105
Telephone No.—0049 2824 902096/26

DIRECTOR OF OPERATIONS
Group Captain S. D. Black 2.7.01

Wing Commanders
J. Pitts 29.10.01
G. S. Ware, MBA 4.8.03

Squadron Leaders
R. L. Hawkins, MBE 8.4.00
C. Taylor, BSc CEng MIEE 17.9.01

COMBINED AIR OPERATIONS CENTRE 3

Postal Address—CAOC 3, BFPO 55
National Correspondence addressed to—UK SNR, CAOC 3, BFPO 55
Telephone No.—Norway 0047 75536862
Fax No.—Norway 0047 75536125

DEPUTY COMMANDER COMBINED AIR OPERATIONS CENTRE 3
Air Commodore B. R. COLLINS 1.10.04

OPERATIONS PLANS CHIEF
Group Captain D. R. Paton, OBE BA 16.8.03

Wing Commander
G. F. Ward 8.10.03

Squadron Leaders
C. J. Breedon 10.5.04
M. E. Richards 22.5.00

COMBINED AIR OPERATIONS CENTRE 9

Postal Address—ROYAL AIR FORCE HIGH WYCOMBE, BUCKS HP14 4UE
Telephone No.—01494 495250

COMMANDER COMBINED AIR OPERATIONS CENTRE 9
Air Marshal C. R. LOADER. OBE. 1.6.04

DIRECTOR SUPPORT
Wing Commander N. A. Smith 18.8.03

CHIEF CURRENT OPS
Group Captain F. Harbottle, MA 5.4.04

Wing Commanders
A. Bentham 12.5.03
B. A. Cornwell, BSc ARCS RAFR 4.5.04
A. J. Davies 4.5.04
A. McCallum 8.12.03
S. G. Tolley, BSc 18.8.03
J. C. Walker, BSc 15.3.04

Squadron Leaders
K. S. Cowieson 14.7.03
K. M. Crosby, BSc 17.3.03
S. J. Dean, BSc 16.6.03
D. J. Endruweit 5.1.04
K. A. Hughes, MA MinstAM(Dip) MinstLM 21.6.04
S. M. Loveridge 6.5.03
J. M. Nichols, BA 3.9.03
K. W. Perry, BSc 4.8.03
S. M. Stowers, LLB 2.4.02

AIR FORCE DEPARTMENT COMMITTEES AND COMMITTEES ON WHICH THE AIR FORCE DEPARTMENT IS REPRESENTED

AIR CADET COUNCIL

Honorary President
Parliamentary Under Secretary of State

Chairman
Chief of the Air Staff

Vice-Chairman
Air Member for Personnel

Vice-Patron
Air Chief Marshal Sir Michael Graydon, GCB CBE FRAeS

Air League Member
Rt Hon Baroness Emily Blatch

Members
Commandant of the Air Training Corps (HQ Air Cadets)

M. J. Marshall Esq, CBE DL MA FRAeS (Central East Region)

Wing Commander P. E. Guiver, RAFVR(T) (Retd) (London and South East Region)

Group Captain A. Ferguson, RAF (Retd) (South West Region)

Wing Commander G. Knight, RAFVR(T) (Retd) (North Region)

Wing Commander J. Darrant, OBE RAFVR(T) (Retd) (Wales & West Region)

Gp Capt J. P. Dacre RAF (Retd) (Scotland and Northern Ireland Region)

Reverend T. W. Tait, BD

Secretary
Wing Commander B. J. Waterfield, FCIPD (SO1 TG Coord)

(In Attendance)
A Representative Regional Commandant
DRFC Representative
D of RS Representatives
Co-opted Members (as required)

ADVISORY PANEL ON THE CHAPLAINCY SERVICES

(Arranged in alphabetical order of the Churches represented)

Representing the Church of England
The Rt Rev D. J. Connor MA Bishop to the Forces Dean of Windsor and Bishop to the Forces

Representing the Jewish Church
Rev M. Weisman, OBE MA OCF

Representing the Methodist Church
Rev J. Watson

Representing the Church of Scotland
Professor H. A. Kerrigan, QC

Representing the Roman Catholic Church
The Rt Rev T. M. Burns, SM BA BD MCMI RC Bishop of the Forces

Representing the United Navy, Army and Air Force Board (Baptist and United Reformed Churches)
Rev I. McFarlane—Secretary

Members of the Panel meet under the Chairmanship of the Air Member for Personnel to advise on matters concerning Royal Air Force Chaplaincy. The Chaplain-in-Chief (RAF), and the two Principal Chaplains attend as required.

COMMONWEALTH WAR GRAVES COMMISSION

2 Marlow Road, Maidenhead, Berkshire SL6 7DX
Telephone No.—01628 634221 Fax No.—01628 771208
For Casualty and Cemetery Enquiries, Tel No: 01628 507200
E-Mail: General Enquiries: general.enq@cwgc.org
E-Mail: Casualty and Cemetery Enquiries: casualty.enq@cwgc.org
Website: www.cwgc.org

President
    H.R.H. THE DUKE OF KENT, KG GCMG GCVO ADC

Members
    The Secretary of State for Defence in the United Kingdom (Chairman)
    Air Chief Marshal Sir Peter Squire GCB DFC AFC DSc FRAeS (Vice-Chairman)
    The High Commissioner for Australia
    The High Commissioner for the Republic of South Africa
    The High Commissioner for New Zealand
    The High Commissioner for Canada
    The High Commissioner for the Republic of India
    Sir John Keegan, OBE
    Admiral Sir Peter Abbott, GCB KCB
    Mr Alan Meale MP
    Mr Ian Henderson, CBE FRICS
    The Hon Nicholas Soames MP
    Sir Rob Young, GCMG
    Mrs Sara Jones CBE JP DL
    Lieutenant General Sir Alistair Irwin KCB CBE

Director-General (Secretary to the Commission)
    R. E. Kellaway CBE

Deputy Director-General (Assistant Secretary to the Commission)
    M. S. Johnson, OBE ACMA

Legal Adviser and Solicitor
    G. C. Reddie

Director of Information and Secretariat
    D. R. Parker

Director of Finance
    P. J. Haysom

Director of Works
    B. W. Davidson, MBE

Director of Horticulture
    John Tooke

Director of Personnel
    Ms C. Cecil

Personal Secretary to Director-General
    Mrs H. J. Scott

UNITED KINGDOM AREA

  Area Director
    D. Symons

  Area Administration Officer
    A. K. Ghosh, MBE

  Area Works Officer
    D. Allison

  Area Horticultural Officer
    vacant

RESERVE FORCES' AND CADETS' ASSOCIATION

As at 04/07/04

NOTE—In some cases in these lists the rank shown against an officer's name is honorary

COUNCIL OF RESERVE FORCES' AND CADETS' ASSOCIATION

Holderness House, 51-61 Clifton Street, London EC2A 4EY
Telephone No. 020 7426 8350. DFTS: 94625 8350
Fax: 020 7426 8362 DFTS Fax: 94625 8362
E-Mail: info@rfcacouncil.org.uk

President: The Rt Hon The Lord Freeman
Chairman: Brigadier M.E. Browne, CBE TD DL
Vice Chairman:
    Lieutenant Colonel G S Johnston OBE TD DL
    Brigadier A.P. Verey, QVR TD DL
    Captain I.M. Robinson, RD RNR
    Colonel Sir David Trippier, RD JP DL
    Air Vice-Marshal M D Smart, BA FCIPD
Secretary: Air Vice-Marshal A.J. Stables, CBE FRAeS
Deputy Secretary: Colonel D.H.R. Stephenson, CBE

Note—Each Reserve Forces' and Cadets' Association is represented on this Council by its Chairman.

EAST ANGLIA ASSOCIATION

President

The Rt Hon The Lord Petre, MA (HM Lord-Lieutenant Of Essex)

Vice-Presidents

S.C Whitbread, Esq JP (HM Lord Lieutenant of Bedfordshire)
Hugh Duberly Esq, CBE (HM Lord Lieutenant of Cambridgeshire)
S.A. Bowes Lyon, Esq JP (HM Lord Lieutenant Hertfordshire)
R Jewson Esq DL (HM Lord Lieutenant Norfolk)
The Rt Hon The Lord Tollemache (HM Lord Lieutenant Suffolk)

Chairman

Lieutenant Colonel P G R Horrell TD DL

Vice-Chairman

Commander J.A. Adams, RD RNR (Retd) (Naval)
Colonel M P Biegel OBE DL (Military)
Air Vice-Marshal J.A.G. May, CB CBE RAF (Retd) (Air)

County Chairmen

Colonel T A Winton OBE (Bedfordshire)
Colonel D H Bristow OBE DL (Cambridgeshire)
Colonel C.A.F. Thomas, TS** DL (Essex)
Colonel M.W. Whyman, TD (Hertfordshire)
Brigadier R.J. Heywood, OBE (Norfolk)
Colonel J.G. Aldous, OBE (Suffolk)

Air Force Members

Ex-Officio

The Officer Commanding 3 (RAuxAF) Sqn Tactical Provost Wing
The Officer Commanding 2620 (County of Norfolk) Squadron Royal Auxiliary Air Force
The Officer Commanding, 2623 (East Anglia) Squadron Royal Auxiliary Air Force Regiment
The Officer Commanding 7630(VR) Intelligence Squadron Royal Auxiliary Air Force
The Officer Commanding, Cambridge University Air Squadron
The Regional Commandant, HQ Air Cadets Central and East, ATC
Group Captain W.S. Brereton-Martin, CBE RAF (Retd)
Wing Commander G W Bunkell QVRM AE RAFVR
Flight Lieutenant K A Fawcus RAF (Retd)
Air Vice Marshal J.A.G May CB CBE RAF (Retd)

Secretary

Colonel J.D. Lacey, CBE, "Springfield Tyrells" 250, Springfield Road, Chelmsford CM2 6BU
Tel No: Civil 01245 244800/1 Fax: 01245 492398
DDI: 01245 244804
Tel MIL: Chelmsford 94651 xxxx Fax: 94651 x4723
E-Mail: offman@reserve-forces-anglia.org
Internet: www.reserve-forces-anglia.org
Deputy Secretary, Lieutenant Colonel J.A. Allan, TD

RESERVE FORCES' AND CADETS' ASSOCIATION

EAST MIDLANDS ASSOCIATION

President
Sir Andrew Buchanan, Bt (HM Lord-Lieutenant, Nottinghamshire)

Vice-Presidents
J.K. Bather, Esq (HM Lord-Lieutenant, Derbyshire)
Lady Jennifer Gretton (HM Lord-Lieutenant, Leicestershire)
Mrs B.K. Cracroft-Eley (HM Lord-Lieutenant, Lincolnshire)
Lady Juliet Townsend, LVO (HM Lord-Lieutenant, Northamptonshire)
Dr L. Howard, JP (HM Lord-Lieutenant, Rutland)

Chairman
Colonel T.S. Richmond, MBE TD DL

Vice-Chairman
Commander P.R. Moore, RD* RNR
Colonel I.R. Keers, OBE DL

Air Force Members

Ex-Officio

The Officer Commanding, East Midlands University Air Squadron
The Officer Commanding, 2503 (County of Lincoln) Sqn RAuxAF Regt
The Officer Commanding 504 Squadron RAuxAF Regiment
The Officer Commanding 7006 (VR) Squadron RAuxAF
The Officer Commanding 7010 (VR) Squadron RAuxAF

Selected Air Force Members

Air Commodore A.J. Griffin, AFC RAF (Retd) Vice-Chairman (Air)
The Officer Commanding, RAF Coningsby
The Officer Commanding, RAF Cottesmore
The Officer Commanding, RAF Cranwell
The Officer Commanding, RAF Digby
The Officer Commanding, RAF Waddington
Wing Commander J. McCarthy, RAF Liaison Officer
Wing Commander K. Pilbeam, (Retd)

Secretary/Chief Executive
Brigadier W.J. Hurrell, CBE, 6 Clinton Terrace, Derby Road, Nottingham NG7 1LZ
Tel No: 0115 9476508 Ext 102 Fax: 0115 9473406
Mil: Chilwell (745) 2670
E-Mail: post@eastmidrfca.demon.co.uk
Deputy Chief Executive, Colonel T.J. Ludlam, OBE

GREATER LONDON ASSOCIATION

President
The Lord Imbert, QPM JP (HM Lord-Lieutenant of Greater London)

Vice-Presidents
Field Marshal Sir John Chapple, GCB CBE DL
Colonel Sir Clive Martin, OBE TD JP DL
Sir Michael Craig-Cooper CBE TD DL

Chairman
Brigadier A.P. Verey, QVRM TD

Vice-Chairman
Captain R.G. Avis, OBE RD* JP DL RNR
Colonel J.C. Power, QVRM TD
Colonel S P Foakes TD DL
Colonel M.E. Hatt-Cook, OBE RD*
Flight Lieutenant S.G. Guy, AE BA
Colonel I.W.B. McRobbie, OBE TD DL

Air Force Members

Ex-Officio

The Officer Commanding, University of London Air Squadron
The Officer Commanding, No. 600 (City of London) Squadron, RAuxAF
The Officer Commanding, RAF Northolt
The Officer Commanding, RAF Uxbridge

Selected

Group Captain P R Dixon
Flight Lieutenant S.G. Guy, AE
Group Captain L. Hakin, OBE RAFR
Wing Commander T Lynn RAuxAF
Wing Commander E.F. Partridge, OBE AE RAuxAF

Secretary
Colonel P.C. Cook DL, Fulham House, 87 Fulham High Street, London SW6 3JS
Tel No: 020 7384 4663 Fax No: 020 7384 4664
Deputy Secretary (City & Cadets): Lieutenant Colonel R.B. Paddison, MBE DL
Deputy Secretary (R&P & ES): Lieutenant Colonel J.A. Poole-Warren
Assistant Secretary (Finance): Mr P. Dolling
DFTS Tel No: 94624 4640
DFTS Tel No: 94624 4660
E-Mail: sec@reserve-forces-london.org.uk

HIGHLAND ASSOCIATION

President
Brigadier DG Hardie TD JP (Lord Lieutenant Dunbartonshire)

Vice-Presidents
Mr Donald Cameron of Lochiel (Lord Lieutenant Inverness-shire)
Miss M.A.G. Dunnett (Lord Lieutenant Caithness)
Mr E.A. Brodie of Lethen (Lord Lieutenant Nairn)
Captain R.W.K. Stirling of Fairburn, TD JP (Lord Lieutenant Ross & Cromarty)
Mr A. Matheson, OBE JP FRPharmS (Lord Lieutenant Western Isles)
George Marwick, JP (Lord Lieutenant Orkney)
John H. Scott (Lord Lieutenant Shetland)

RESERVE FORCES' AND CADETS' ASSOCIATION

Angus D.M. Farquharson, OBE (Lord Lieutenant Aberdeenshire)
Mrs Clare Russell (Lord Lieutenant Banffshire)
John D.B. Smart (Lord Lieutenant Kincardineshire)
Mrs Georgiana Osborne (Lord Lieutenant Angus)
Mrs Margaret Dean (Lord Lieutenant Fife)
Sir David Montgomery, Bt JP (Lord Lieutenant Perth & Kinross)
Kenneth MacKinnon, LLB NP WS (Lord Lieutenant Argyll & Bute)
Mrs A.B. Cruickshank (Lord Lieutenant Clackmannanshire)
Lieutenant Colonel J. Stirling, CBE TD (Lord Lieutenant Stirling & Falkirk)
The Lord Provost and HM Lieutenant of the City of Dundee, John Letford
The Lord Provost and HM Lieutenant of the City of Aberdeen, John Reynolds

Chairman

Lieutenant Colonel Grenville Johnston, OBE TD DL

Vice-Chairman

Commander M.D. Simpson RD*RNR (Navy)
Colonel C.W. Pagan MBE TD DL (Army)
Group Captain J.P. Dacre RAF (Retd) (Air)
Colonel K.L. Simpson MBE TD (Cadets)
Lieutenant Colonel CE Gilmour MBE
Squadron Leader B.M. Donald (North East)
Brigadier A.G. Doward TD (East)
Colonel R.L. Steel (South)

Air Force Members

Ex-Officio: The Officer Commanding, Aberdeen University Air Squadron
The Officer Commanding, RAF Leuchars

Selected

The Officers Commanding, RAF Leuchars, RAF Kinloss, RAF Lossiemouth
2622(H) Squadron RAuxAF Regiment, 612 (County of Aberdeen) RAuxAF Sqn
Group Captain Reserves RAF Innsworth

Secretary

Brigadier C.S. Grant, OBE, Seathwood, 365 Perth Road, Dundee DD2 1LX
Tel No: 01382 668283 Fax No: 01382 566442
E-Mail: info@hrfca.co.uk

Deputy Secretary

Wing Commander J.M. Henderson, RAF (Retd)

Assistant Secretary

Lieutenant Colonel R J Towns MBE

NORTH WEST OF ENGLAND AND ISLE OF MAN ASSOCIATION

President

Colonel A.W. Waterworth, JP (HM Lord-Lieutenant of Merseyside)

Vice-Presidents

Colonel Sir John Timmins, KCVO OBE TD (HM Lord-Lieutenant of Greater Manchester)
His Excellency Air Marshal I.D. MacFadyen, CB OBE (Lieutenant Governor Isle of Man)
Colonel W.A. Bromley-Davenport, JP (HM Lord- Lieutenant of Cheshire)
Colonel J.A. Cropper (HM Lord-Lieutenant of Cumbria)
Colonel The Right Honourable The Lord Shuttleworth, JP (JM Lord-Lieutenant of Lancashire)

Chairman

Colonel Sir David Trippier, RD JP DL

Vice-Chairman

Commander C.G. Loughran, RD RNR
Lieutenant Colonel C.T. Hillock, RD*
Colonel E.A. Jolley TD JP
Colonel J.A. Harkon, MBE TD
Colonel N.D.O. Williams TD DL JP
Group Captain M.J. Bruce

Air Force Members

Ex-Officio: The Officer Commanding, Manchester Salford University Air Squadron, Squadron Leader C Jones
The Officer Commananding , Liverpool University Air Squadron, Squadron eader S I Roxborough

Selected

Group Captain M.J. Bruce, RAF (Retd)
Wing Commander D. Forbes, RAFVR(T) (Retd)
Group Captain J. Middleton, RAFR
Group Captain P.S. Kiggell, OBE RAFR
Squadron Leader R.G. Massey
Squadron Leader R.C. Wright
G. Moore, Esq
Squadron Leader G.J.T. Moore, RAFR

Chief Executive

Colonel G.J.O. Wells-Cole, OBE, Alexandra Court, 28 Alexandra Drive, Liverpool L17 8YE
Tel No: 0151 727 4552 Fax No: 0151 727 8133
DFTS Tel No: 94552 810
DFTS Fax No: 94552 8133
E-Mail: admin@nwrfca.org.uk

Deputy Chief Executive

Lieutenant Colonel I.J. Sawers

RESERVE FORCES' AND CADETS' ASSOCIATION

LOWLAND ASSOCIATION

President

Lieutenant General Sir Norman Arthur, KCB (HM Lord-Lieutenant of the Steartry of Kirkudbright)

Vice-Presidents

Major R.Y. Henderson, TD (HM Lord-Lieutenant of Ayrshire and Arran)
Major A.R. Trotter (HM Lord-Lieutenant of Berwickshire)
Captain R.C. Cunningham-Jardine (HM Lord-Lieutenant of Dumfries)
Mr W.G. Morrison, CBE (HM Lord-Lieutenant of East Lothian)
Mr G.K. Cox, MBE JP (HM Lord-Lieutenant of Lanarkshire)
Mr P. Prenter, CBE JP (HM Lord-Lieutenant of Midlothian)
Mr C.J. Parker, OBE (HM Lord-Lieutenant of Renfrewshire)
Dr J. Paterson-Brown, CBE MBChB (HM Lord-Lieutenant of Roxburgh, Ettrick and Lauderdale)
Captain J.D.B. Younger (HM Lord-Lieutenant of Tweeddale)
Mrs I. Brydie (HM Lord-Lieutenant of West Lothian)
Major E.S. Orr Ewing (HM Lord-Lieutenant of Wigtown)
The Right Honourable the Lord Provost of the City of Edinburgh
The Right Honourable the Lord Provost of the City of Glasgow

Chairman

Colonel N.J.F. Dalrymple Hamilton, OBE TD DL

Vice-Chairman

Captain C.J.P. Hall, RD RNR
Lieutenant Colonel I. Ballantyne
Colonel D.J. Cameron, TD
Colonel J.P. Wright, QVRM TD ADC
Major W.S. Turner, MC
Group Captain D.A. Needham, RAF (Retd)

Air Force Members

Ex-Officio

Officer Commanding, 603 (City of Edinburgh) Squadron RAuxAF
Officer Commanding, Glasgow and Strathclyde Universities' Air Squadron
Officer Commanding, East of Scotland Universities' Air Squadron
Warrant Officer D.C. McQueen, MBE RAuxAF

Selected

Air Commodore The Right Honourable The Lord Selkirk of Douglas, QC MSP
Air Commodore B.N.J. Speed, OBE RAF (Retd)
The Regional Commandant Air Cadets, Scotland and Northern Ireland
Group Captain D.A. Needham, RAF (Retd)
Group Captain R.G. Kemp, QVRM AE ADC RAuxAF
Station Commander, Royal Air Force Prestwick
Squadron Leader J.B. Blanche, QVRM AE RAuxAF
Squadron Leader S.B. Greenhalgh, RAuxAF

Secretary

Colonel R.S. B. Watson, OBE, Lowland House, 60 Avenuepark Street, Glasgow G20 8LW
Tel No: 0141-945 4951 Fax No: 0141 945 4869
DFTS 94561 2009
E-Mail: info@lowland.rfca.org.uk
Deputy Secretary Major M.R. Knox

NORTHERN IRELAND ASSOCIATION

President

Colonel W.J. Hall (HM Lord Lieutenant for County Down)

Vice-Presidents

Colonel The Lord O'Neill, TD
Lady Carswell, OBE
The Right Honourable The Earl of Erne
Dr D.A.J. Keegan, OBE
Mr D. Desmond, CBE
The Right Honourable The Earl of Caledon
His Grace the Duke of Abercorn, KG

Chairman

Colonel S.M. Elder, TD JP DL

Vice-Chairman

Lieutenant Colonel S.C. Kirkwood, OBE TD
Lieutenant Colonel E.R. Telford, TD
Major N. Taylor
Colonel N.J.P. Walker, OBE TD JP MRCGP
Brigadier J.G.G. deP Ferguson, OBE
Colonel R.J. Gordon, DL
Major S. Irwin, TD
Viscountess Brookeborough
Captain N.J.E. Reynolds, RD RNR
Group Captain J W McClarty

Air Force Member

Ex-Officio

Flight Lieutenant J. McAtamney, RAFVR(T)

Selected

Group Captain B.M. North OBE ADC MA RAF
Wing Commander E. Cadden
Squadron Leader A. McClure, RAFVR
Wing Commander W.G.F. Blair, MBE RAFVR

Secretary

Brigadier I.N. Osborne, OBE, 25 Windsor Park, Belfast BT9 6FR
Tel No: 01232 665024 Fax No: 01232 662809
E-Mail: Secretary@rfcani.co.uk

Deputy Secretary

Major R.C.W. Chisholm

RESERVE FORCES' AND CADETS' ASSOCIATION

NORTH OF ENGLAND ASSOCIATION

President
Sir Paul Nicholson (HM Lord-Lieutenant)

Vice-Presidents
Sir John Riddell, Bt CVO, CA (HM Lord-Lieutenant)
The Lord Crathorne, JP (HM Lord-Lieutenant)
Col N. Sherlock, OBE, KstJ, JP (HM Lord-Lieutenant)

Chairman
Air Vice-Marshal A.F.C. Hunter, CBE AFC DL RAF (Retd)

Vice-Chairman
Commander E.M. Bryson, RD RNR
Colonel J.P.P. Anderson, TD DL
Colonel W.P. Catesby, DL
Colonel J.G.W. Feggetter, TD DL
Colonel D.W. Herring, TD
Wing Commander E.H. Lowe, OBE RAFVT(T)

Air Force Members

Ex-Officio

The Officer Commanding, Northumbria Universities Air Squadron

Selected

Gp Capt M.K Crayford, OBE RAF
Wing Commander G.R. Duff, RAFVR(T)
Squadron Leader N.Q. Gilson, RAF (Retd)
Air Vice-Marshal A.F.C. Hunter, CBE AFC DL RAF (Retd)
Air Vice-Marshal D.A. Hurrell, CB AFC RAF (Retd)
Wing Commander E.H. Lowe, OBE RAFVR(T)

Secretary
Brigadier N.G.R. Hepworth, OBE 53 Old Elvet, Durham DH1 3JJ
Tel No: 0191 384 7202 Fax No: 0191 384 0918
DFTS Tel: 94721 3158
E-Mail: ne.reserveforces@virgin.net
Deputy Secretary: Lieutenant Colonel D.R. Summers

SOUTH EAST ASSOCIATION

President
Sir Nigel Mobbs, KStJ JP (HM Lord Lieutenant for Buckinghamshire)

Vice-Presidents
P.L. Wroughton, Esq JP (HM Lord Lieutenant for Berkshire)
Mrs F.M. Fagan, JP (HM Lord-Lieutenant for Hampshire)
C.J. Bland Esq, JP (HM Lord-Lieutenant for Isle of Wight)
A. Willett Esq, CMG (HM Lord-Lieutenant for Kent)
H. Brunner Esq, JP (HM Lord-Lieutenant for Oxfordshire)
Mrs S.J.F. Goad, JP (HM Lord-Lieutenant for Surrey)
Mrs P.K. Stewart-Roberts, OBE (HM Lord-Lieutenant for East Sussex)
H.R. Wyatt Esq, (HM Lord-Lieutenant for West Sussex)

Chairman
Colonel J.R.G. Putnam, CBE TD DL

Vice-Chairman
Lieutenant Colonel A.J. Willis, TD
Sir Nicholas Bonsor, BT
Lieutenant Colonel R.C.B. Dixon, TD DL
Colonel R.P. Bateman, TD
Brigadier J.N.B. Mogg, DL
Colonel P.A.D. Storie-Pugh, MBE TD
Lieutenant Colonel G.H. Wright, TD DL
Commander P.J. Yetman, RD RNR
Group Captain R. Dixon, OBE
Colonel C.D.A. Blessington, OBE JP

Air Force Members

Ex-Officio

Squadron Leader R.B. Williams, RAuxAF 501 (City of Gloucester) Squadron, RAuxAF
Squadron Leader C.G. Anderson, RAuxAF 606 (Chiltern) Sqn, RAuxAF
Wing Commander M.L. Symonds, AE RAuxAF 4624 (County of Oxford) Squadron, RAuxAF
Wing Commander S. Dargan, RAF 7644 Sqn RAuxAF
Squadron Leader M.R. Adcock, RAF, Southampton University Air Squadron
Squadron Leader D.F. Goodman, RAF, Oxford University Air Squadron
Squadron Leader M. Green, 612 VGS

Selected

Group Captain R. Dixon, OBE (Vice-Chairman (Air))
Group Captain P.G. Pinney, CVO
Group Captain P.S.E. Tootal, OBE DL RAF (Retd)
Group Captain D.P. Murray, RAF RAF Halton
Wing Commander M.W. Haywood, MBE RAF RAF High Wycombe
Group Captain T.S. Milburn, RAF RAF Odiham
Group Captain R.I Elliot OBE ADC RAF Brize Norton
Group Captain C. Dixon, RAF RAF Benson The Regional Commandant, London and South-East Region, ATC

Secretary
Brigadier J.S.W. Powell, OBE, Seely House, Shoe Lane, Aldershot, Hants GU11 2HJ
Tel: (Gen Office) 01252 357604
Fax: 01252 357620
E-Mail: hq@serfca.co.uk
Deputy Secretary (West) – Colonel A.C. Miville, OBE
Deputy Secretary (East) – Lieutenant Colonel C.J. Parslow

RESERVE FORCES' AND CADETS' ASSOCIATION

WALES ASSOCIATION

President
Captain N. Lloyd Edwards, GCStJ RD* LLB JP RNR (HM Lord-Lieutenant for South Glamorgan)

Vice-Presidents
Professor E. Sunderland, OBE JP CStJ (HM Lord-Lieutenant for Gwynedd)
T.G. Jones, Esq, CBE (HM Lord-Lieutenant for Clwyd)
Rt Hon Lord Morris of Aberavon, KG QC (HM Lord-Lieutenant for Dyfed)
Colonel K.E. Thomas, CVO JP (HM Lord-Lieutenant for Mid Glamorgan)
Commodore R.C. Hastie, CBE CStJ RD* JP RNR (HM Lord-Lieutenant for West Glamorgan)
The Honourable Mrs Legge Bourke, LVO (HM Lord-Lieutenant for Powys)
S. Boyle, Esq (HM Lord-Lieutenant for Gwent)

Chairman
Colonel P. Eyton-Jones, OStJ TD DL

Vice Chairman Naval
Commander R.D. Reid, RD RNR

Vice-Chairmen Military
Lieutenant Colonel D.G. Clarke, TD
Major A.J. Williams
Major R. Pugh TD

Vice-Chairmen Air
Air Commodore P. Whalley, ADC FCILT FILT RAF

Air Force Members
Ex-Officio
Group Captain L. Garside-Beattie, OBE RAF
Air Commodore P. Whalley, ADC FCILT FILT RAF
Group Captain P.S. Kiggell, OBE RAFR
Squadron Leader M.G. Stanway

Selected
Wing Commander D.A. Davies, RAF (Retd)
Squadron Leader D. Warneford, MBE RAF (Retd)

Secretary
Colonel N.R. Beard, TD ADC RFCA for WALES, Centre Block, Maindy Barracks, Cardiff, CF14 3YE
Deputy Secretary: Major P.J. Mullings, MBE, RFCA for Wales, (as secretary)
Tel No: 02920 22051 Fax No: 02920 224828
DFTS: Tel No: 94355 x8205 Fax: 94355 x8313
E-Mail: info@rfca-wales.org.uk

THE WESSEX ASSOCIATION

President
Captain E. Dancer CBE JStJ JP RNR

Vice-Presidents
J.N. Tidmarsh, Esq MBE JP (HM Lord-Lieutenant for City & County of Bristol)
Lady Mary Holborow, JP (HM Lord Lieutenant for Cornwall)
Captain M. Fulford-Dobson, CVO KStJ RN (HM Lord Lieutenant for Dorset)
H.W.G. Elwes Esq, JP (HM Lord Lieutenant for Gloucestershire)
Lady Gass, JP MA (HM Lord Lieutenant for Somerset)
Mr J B Bush OBE (HM Lord Lieutenant for Wiltshire)

Chairman
Brigadier T.H. Lang, QVRM RD* FRICS

Vice-Chairman
Colonel C. Fletcher-Wood, OBE MA (Bristol)
Wing Commander M.J. Metherell, BA (Cornwall)
Brigadier R.C. Wolverson, OBE (Somerset)
Brigadier R.S. Tailyour, RM (Devon)
Major M.J.A. Bond, JP (Dorset)
Colonel J.F. Penley, OBE TD (Gloucestershire)
Colonel M.J. Boden, TD MBA LLB (Hons) (Wiltshire)
Commodore G.N. Wood, RD JP RNR (Naval)
Colonel R.H. Hooper, MA FRSA DL RM (Marine)
Group Captain M.R. Trace, OBE MA FRAeS RAF (Retd)(Air)

Air Force Members
Ex-Officio
The Officer Commanding, Bristol University Air Squadron
The Officer Commanding, No 2625 (County of Cornwall) RAuxAF Regiment Squadron
The Officer Commanding, 4626 (County of Wiltshire) Aeromedical Evacuation Squadron RAuxAF
The Officer Commanding, 1359 Flight (Hercules Reserve Aircrew) LXX Squadron, RAuxAF

Selected
Station Commander, RAF St Mawgan
Station Commander, RAF Innsworth
Station Commander, RAF Lyneham

Chief Executive/Secretary
Brigadier T. Dalby-Welsh, Mount House, Mount Street, Taunton, Somerset TA1 3QE
Tel No: 01823 254571
Fax No: 01823 259935
01823 254004 (Chief Executive direct)
E-Mail: hq@reserve-forces-wessex.org.uk

Deputy Chief Executive/Secretary
Colonel P.D Verge

RESERVE FORCES' AND CADETS' ASSOCIATION

WEST MIDLAND ASSOCIATION

President
Mr R.R. Taylor OBE JStJ JP

Vice-Presidents
Colonel Sir Thomas Dunne, KCVO JStJ JP (HM Lord-Lieutenant for the County of Herefordshire)
Mr M.A.C. Brinton (HM Lord-Lieutenant for the County of Worcestershire)
Major J.A. Hawley TD JP MA (HM Lord-Lieutenant for the County of Staffordshire)
Colonel A.E.H. Heber-Percy, KStJ JP (HM Lord-Lieutenant for the County of Shropshire)
Mr M. Dunne, JP (HM Lord-Lieutenant for the County of Warwickshire)

Chairman
Colonel T.D.C. Lloyd, TD

Vice-Chairman
Commander S. Foster RD RNR (Vice-Chairman (Navy))
Air Vice-Marshal M.D. Smart, RAF (Retd) (Vice-Chairman (AIR))
Colonel T.M. Evans, TD DL
Colonel The Honourable P Secombe TD
Colonel S T Cartwright TD
Colonel C.E. Comport, OBE TD DL ADC

Air Force Members

Ex-Officio

The Officer Commanding, University of Birmingham Air Squadron
The Officer Commanding, The Training and Standardisation Squadron

Selected

Air Vice-Marshal N.D. Smart, RAF (Retd)
Wing Commander John Darrant, OBE RAFVR
Group Captain P.S. Kiggell, OBE RAFR
Group Captain N.S. McGeown RAF

Secretary
Colonel T F L Wecks OBE, Tennal Grange, Tennal Road, Harborne, Birmingham B32 2HX
Tel No: 0121-427 5221
Fax No: 0121-427 8380
Deputy Secretary: Major M. Young
DFTS Tel: 9442184 Fax: 9422184
E-Mail: genoff@wmrfca.org.uk

YORKSHIRE AND NUMBER ASSOCIATION

President
Lieutenant Colonel R Marriott TD MA

Vice-Presidents
Dr Ingrid Roscoe FSA (HM Lord-Lieutenant)
D. Moody Esq (HM Lord-Lieutenant)
The Lord Crathorne, JP (HM Lord-Lieutenant)

Chairman
Commodore P.R. Sutermeister, DL RN

Vice-Chairman
Captain I.M. Robinson, RD RNR
Brigadier G.B. Smalley, OBE TD
Colonel C.J. Tattersall, TD DL
Air Commodore W.G. Gambold, DL

Air Force Members

Ex-Officio

The Officer Commanding, RAF Leeming
The Officer Commanding, RAF Linton-on-Ouse
The Officer Commanding, Yorkshire Universities Air Squadron
The Officer Commanding, 609 (West Riding) Squadron RAuxAF

Selected

Air Commodore C.P. Igoe
Air Commodore W.G. Gambold, DL
Group Captain J. Middleton
Squadron Leader K.W.T. Noyes, MBE
Squadron Leader S Gossow
Professor A.C. Marvin

Secretary
Brigadier N.F. Wood, 20 St. George's Place, York, YO24 1DS
Tel No: 01904 623081 and 639008
Fax No: 01904 622245
Deputy Secretary: Lieutenant Colonel M.R.U. McCartney
DFTS Tel No: 04777 2568
E-Mail: admin@rfcayork.demon.co.uk

THE NAVY, ARMY AND AIR FORCE INSTITUTES

Registered Office: London Road, Amesbury, Wiltshire, SP4 7EN Tel: 0198 062 7000
(A company limited by guarantee)

PATRON—HM THE QUEEN

COUNCIL

Service Member Appointed by the Admiralty Board of the Defence Council
Vice-Admiral J. Burnell-Nugent, CBE ADC

Service Members Appointed by the Army Board of the Defence Council
Lieutenant General F. R. Viggers, CMG MBE

Service Members Appointed by the Air Force Board of the Defence Council
Air Marshal Sir Joe French, KCB CBE FRAeS RAF

Other Members Appointed jointly by the Admiralty, Army and Air Force Boards of the Defence Council
Lieutenant General A. M. D. Palmer, CBE
S. L. Porter
A. J. Hales (NAAFI Chairman)
A. J. Cole (NAAFI Deputy Chairman)

BOARD OF MANAGEMENT

Director Nominated Jointly by the Admiralty, Army and Air Force Boards of the Defence Council
A. J. Hales (Chairman)

Directors Nominated by the Board of Management
A. Clifford-King
A. J. Cole (Deputy Chairman)
J. Douglass
Sir Scott Grant KCB MA
T. Morgan
C. Reilly (Chief Executive)
C. Warner

GRADATION LISTS BY BRANCHES

of Officers Serving on the Active List

Marshal of the Royal Air Force

H.R.H. The Prince Philip, Duke of Edinburgh KG KT OM GBE AC QSO psc(n) . . . 15 Jan 53

FORMER CHIEFS OF THE AIR STAFF

Marshals of the Royal Air Force

Beetham, Sir Michael GCB CBE DFC AFC idc psc . . . . . 15 Oct 82
Williamson, Sir Keith GCB AFC rcds psc cfs* . . . . . . 15 Oct 85
Craig of Radley, The Lord GCB OBE MA DSc FRAeS rcds psc cfs . . . . . 14 Nov 88

Air Chief Marshals

Graydon, Sir Michael GCB CBE FRAeS rcds ndc psc cfs . . . . . 31 May 91
Johns, Sir Richard GCB CBE LVO FRAeS rcds psc cfs . . . . . 30 Jun 94
Squire, Sir Peter GCB DFC AFC DSc FRAeS psc(n) cfs . . . . . 29 Mar 99

AIR RANK LIST

Air Chief Marshals

Bagnall, Sir Anthony GBE KCB FRAeS rcds psc . . . . 6 Apr 00
Burridge, Sir Brian KCB CBE ADC MBA BSc FRAeS FCMI hcsc df psc(n) cfs . . . 31 Jul 03
Stirrup, Sir Jock GCB AFC ADC DSc FCMI FRAeS rcds jsdc psc(m) cfs qwi . . . 1 Aug 03

Air Marshals

French, Sir Joe KCB CBE FRAeS rcds psc . . . . 13 Nov 00
Wright, Sir Robert KBE AFC FRAeS psc qwi . . . . 27 Sep 02
H.R.H. The Prince Of Wales, KG KT OM GCB AK QSO ADC . . . . . . 14 Nov 02
Torpy, Sir Glenn KCB CBE DSO BSc(Eng) rcds hcsc psc qwi . . . . . 18 Jul 03
Sturley, Philip Oliver CB MBE BSc FRAeS jsdc qs . . . . 31 Oct 03
Loader, Clive Robert OBE FRAeS hcsc psc qwi . . . . 4 Jun 04
Thompson, John Hugh CB rcds hcsc psc(m) qwi . . . . 1 Aug 04
Miller, Graham Anthony CBE jsdc cfs qwi qs . . . . 27 Aug 04
Walker, Peter Brett CB CBE BA jsdc qwi qs . . . . 7 Feb 05

POLICY BRANCHES

Air Vice-Marshals

Thornton, Barry Michael CB MSc BSc CEng FIMechE FCMI FRAeS rcds psc	1 Jan 01
Jones, Grahame CBE BSc CEng MIEE psc	1 Jul 02
McNicoll, Iain Walter CBE BSc FRAeS psc qwi	1 Jul 02
Maddox, Nigel David Alan CBE MDA hcsc psc(n)	2 Aug 02
White, Andrew David CB BTech jsdc qwi qs	8 Aug 02
Luker, Paul Douglas OBE AFC rcds hcsc awcc psc	27 Sep 02
Collier, James Andrew CB CBE BSc psc	17 Jan 03
Pocock, David John BA jsdc df qs	25 Apr 03
Dalton, Stephen Gary George BSc FRAeS MCMI hcsc psc qwi	14 May 03
Moore, Richard Charles MBE BSc psc	6 Jun 03
Ness, Charles Wright BEng CEng FRAeS jsdc qs	1 Jul 03
Moran, Christopher Hugh OBE MVO MA BSc hcsc psc(j) qwi	4 Jul 03
Peach, Stuart William CBE MPhil BA FRAeS MRIN hcsc psc qwi(T)	1 Aug 03
Walker, David Allan OBE MVO BSc FRAeS MCIPD qs	29 Aug 03
Heath, Michael Christopher CBE FRAeS rcds psc psc(n) snc	15 Sep 03
Rennison, David Ralph Grey CB MSc BSc psc	1 Oct 03
Walker, David CBE AFC MA BSc hcsc psc qwi	3 Oct 03
Cliffe, John Alfred OBE FRAeS rcds hcsc psc(n) qwi	6 Oct 03
Ruddock, Peter William David CBE FRAeS psc qwi	21 Jul 04
Chisnall, Steven MPhil BA CertEd qs	27 Aug 04
Leeson, Kevin James CBE BSc CEng FIEE rcds psc semc	7 Sep 04
Ponsonby, John Maurice Maynard OBE hcsc psc cfs	4 Jan 05
Dye, Peter John OBE BSc(Eng) CEng MRAeS ACGI rcds hcsc psc	18 Mar 05

POLICY BRANCHES

Air Commodores

Blencowe, Christopher John MA BA rcds osc(Fr) i	1 Jan 99
Sweetman, Andrew David OBE BA rcds hcsc psc qwi	1 Jul 99
Whalley, Peter ADC FCILT FILT psc	1 Jul 99
Metcalfe, Wilson MCMI psc	1 Jan 00
Thomas, Paul Royston MBE BSc psc	1 Jan 00
Case, David Nathaniel MSc BSc (Eur Ing) CEng FRAeS psc	1 Jan 01
Hudson, Alan Thomas OBE BSc FRAeS hcsc psc qwi	1 Jan 01
Lacey, Richard Howard CBE MA BA rcds psc	1 Jan 01
Rawson, Paul David BA IEng FRAeS rcds psc	1 Jan 01
Witts, Jeremy John DSO FRAeS psc	1 Jan 01
Bairsto, Nigel Alexander MBE MSc MDA BSc CEng FCMI FIMechE FRAeS rcds hcsc psc	1 Jul 01
Ollis, Peter Rennie CBE BSc rcds psc cfs	1 Jan 02
Spinks, Andrew Charles FCILT FILT FRAeS rcds jsdc qs	1 Jan 02
Tonks, John David BSc psc adp	1 Jan 02
Anderson, David Hugh MA rcds psc	1 Jul 02
Harper, Christopher Nigel CBE MA FCMI hcsc psc qwi	1 Jul 02
Howson, Timothy George MSc BA jsdc im qs	1 Jul 02
Jerstice, Brian James CBE BA FCIPD psc	1 Jul 02
Nickols, Christopher Mark CBE MA hcsc psc qwi	1 Jul 02
Routledge, Martin John BSc MRAeS psc	1 Jul 02
Thomas, John Henry Stanley BA MIL jsdc qs i*	1 Jul 02
Allan, Robert Ian OBE MSc BSc(Eng) CEng FIEE ACGI psc ae	1 Jan 03
Chitty, Jonathan Paul OBE MA BSc(Eng) CEng FRAeS FRGS ACGI psc	1 Jan 03
Goodman, Philip Charles MBE BSc hcsc jsdc qwi qs	1 Jan 03
Hodgson, Peter psc qwi	1 Jan 03
Lilley, Stephen Patrick John MA rcds psc	1 Jan 03
Utley, Roger OBE BA jsdc cfs qs	1 Jan 03
Walton, Andrew George CBE hcsc jsdc qwi qs	1 Jan 03
Williams, Nigel CBE jsdc qss	1 Jan 03
Amroliwala, Feroze Fredoon OBE MA MBA rcds psc	1 Jul 03
Anderton, Stephen Harper MSc BSc FCMI psc	1 Jul 03
Barter, Michael Carl CBE ADC rcds hcsc psc(m) cfs	1 Jul 03
Burrell, Leslie James BEng CEng FRAeS psc	1 Jul 03
Butler, Stuart Denham hcsc psc(n) cfs	1 Jul 03
Drissell, Peter James MA BSc MInstD rcds jsdc qs	1 Jul 03
Kurth, Nicholas Julian Eugene OBE MA MBA CEng FRGS FRAeS rcds psc	1 Jul 03
Leakey, Mark Arundell BSc rcds psc qwi	1 Jul 03
McPhee, Ian Alexander psc	1 Jul 03
Miles, Philip Mark BSc MCIPS MCMI rcds psc	1 Jul 03
Newby, Brian Walter CBE AFC hcsc psc cfs qwi	1 Jul 03
Parkinson, Stephen Leo FCMI psc qwi(T)	1 Jul 03
Bryant, Simon CBE MA BA hcsc psc	1 Jan 04
Corney, Hugh Richard OBE BA nadc awcc psc	1 Jan 04
Dugmore, Ian Leonard BSc hcsc psc	1 Jan 04
Garwood, Richard Frank CBE DFC MA rcds(fm) hcsc psc(m) qwi	1 Jan 04
Hallam, Martin Rupert rcds(fm) psc	1 Jan 04
Halsall, Martin William psc	1 Jan 04
Harwood, Michael John CBE MA hcsc psc cfs qwi	1 Jan 04
Pellatt, Kevin John FCMI rcds jsdc qs	1 Jan 04
Sims, Stephen Ronald OBE BSc(Eng) CEng MInstLM MRAeS DLUT psc ae	1 Jan 04
Verdon, Andrew Martin BTech CEng FRAeS psc	1 Jan 04
Anderson, Timothy Michael DSO MA MRAeS hcsc psc	1 Jul 04
Barnes, Michael Anthony Joseph BSc FRAeS psc asq qab	1 Jul 04
Benstead, Bruce Graham MBE BSc CEng FIEE jsdc ae qs	1 Jul 04
Edge, Glenn Howard OBE BSc jsdc cfs qs	1 Jul 04
Foster, David John MSc BSc psc(j) im qab	1 Jul 04
Lloyd, Michael Guy rcds hcsc psc cfs	1 Jul 04
Stacey, Graham Edward MBE MA BSc rcds psc(m) G(a)	1 Jul 04

POLICY BRANCHES

Air Commodores

Stinton, Julian ADC MA BA hcsc psc qab qwi	1 Jul 04
Thompson, Julian Howard MSc BA MBCS rcds jsdc im qs	1 Jul 04
Watson, Robert MBA BA psc	1 Jul 04
Wiles, Matthew John Gethin MBA FCILT FILT rcds hcsc psc	1 Jul 04
Young, Julian Alexander OBE MDA BSc FRAeS psc	1 Jul 04
Cobelli, Ricardo Dominic OBE BSc hcsc psc qwi(T)	1 Jan 05
Collins, Bryan Raymond oaws(US) psc qwi	1 Jan 05
Dennison, Keith BSc FRAeS rcds jsdc tp qwi qs	1 Jan 05
Dixon, Graham Patrick BSc oaws(US) psc	1 Jan 05
Gray, Peter William MPhil BSc LLB hcsc jsdc qs	1 Jan 05
Hillier, Stephen John CBE DFC MA BA rcds hcsc psc cfs	1 Jan 05
Jones, James Richard CBE rcds jsdc psc(j)	1 Jan 05
Pulford, Andrew Douglas CBE hcsc psc	1 Jan 05
Skinner, Stephen Neil BSc psc cfs	1 Jan 05
Thorne, Ian David OBE BSc jsdc qs	1 Jan 05
Bollom, Simon John BSc CEng MIMechE jsdc qs	1 Jul 05
Cunningham, Robert Bourke MBE MA rcds psc	1 Jul 05
Dezonie, Andre Ferdinand Paul OBE hcsc psc(m) cfs	1 Jul 05
Doel, Martin Terry OBE MA BEd FRAeS psc(j)	1 Jul 05
Harrison, David Ian BSc hcsc psc(n) qab qwi	1 Jul 05
Heard, Philip John MBE MSc BSc CEng FIMechE MRAeS psc(n) ae	1 Jul 05
Lamonte, Jonathan MA BSc CMath FIMA FRIN FRAeS FCMI CDipAF hcsc psc asq	1 Jul 05
McAlpine, Robert Ian CBE DFC MA BSc MRAeS hcsc psc qwi	1 Jul 05
Swan, Mark LLB hcsc psc qwi(T)	1 Jul 05

GENERAL DUTIES BRANCH

Group Captains

1994

Williams, Timothy John AFC psc cfs . . . . (GD(P))   1 Jan

1995

Ingham, David Andrew OBE BSc qs . . . . (ADMIN (SEC))   1 Jul

1996

Turner, Frank Lester hcsc psc qwi . . . . (GD(P))   1 Jan
Brewer, Timothy Paul OBE BSc psc asq . . . . (GD(N))   1 Jul

1997

Cannon, Donald Bernard MSc BSc CMILT psc ts . . . . (SUPP)   1 Jan
Stevenson, John Graham MSc BSc CEng FIEE psc ae . . . . . (ENG)   1 Jan
Turner, Philip David James BSc FCIPD FCMI rcds jsdc qs . . . (ADMIN (SEC))   1 Jan
Randall, Helen Mary jsdc psc . . . . (ADMIN (SEC))   1 Jul

1998

Capewell, Ian BSc psc . . . . (GD(P))   1 Jan
Middleton, Richard Hugh psc . . . . (GD(N))   1 Jan
Rogers, Brian Edward MBE psc . . . . (OPS SPT(FC))   1 Jan
Stringer, Martin Derek jsdc awcc cfs(n)* snc qs . . . . . . (GD(N))   1 Jan

1999

Bowerman, Graham Alan OBE psc qab qwi qwi(AD) . . . . . (GD(P))   1 Jan
Deytrikh, Alexander BSc CEng FRAeS rcds psc . . . . . . (ENG)   1 Jan
Hibberd, Peter James MA BA psc . . . . (ADMIN (SEC))   1 Jan
Huckins, Nigel Morrell MBE BSc BSc oaws(US) psc qwi . . . . (GD(P))   1 Jan
Lane, Paul Leonard MSc BSc jsdc nadc semc qs . . . . . . (ENG)   1 Jan
Leatt, Michael Trevor BSc psc . . . . (ADMIN (TRG))   1 Jan
Maxwell, Alistair Rennie psc . . . . (ADMIN (SEC))   1 Jan
Vincent, Alan James MA FRIN hcsc jsdc psc(j) qwi . . . . . (GD(N))   1 Jan
Barton, David George BSc jsdc qs . . . . (ADMIN (SEC))   1 Jul
Brzezicki, Michael Paul MA MPhil MIL rcds qs i* . . . . (OPS SPT(PROVSY))   1 Jul
Church, Frederick Murray MBE BSc psc semc . . . . (ENG)   1 Jul
Evans, Graham Sinclair MA MSc MBA CEng FRAeS psc . . . . (ENG)   1 Jul
Gammon, Neil William MA MSc BSc CEng FRAeS MCMI psc . . . (ENG)   1 Jul
Hodcroft, Peter Gerald Hugh BSc MBCS psc . . . . (ADMIN (SEC))   1 Jul
Lewis, Anthony Luther BSc psc ae . . . . (ENG)   1 Jul
MacEachern, Ian James Ogilvie OBE MSc MBA BSc BA CEng CMath FIMA FCIPD
   FCMI MBCS CertEd CDipA jsdc qs . . . . (ADMIN (TRG))   1 Jul
Ottridge, Stephen Douglas BSc CEng MIEE MBCS jsdc qs . . . . (ENG)   1 Jul

GENERAL DUTIES BRANCH

Group Captains

1999—contd

Pigott, John Irwin MSc BSc CEng MIEE psc(n) ae semc	(ENG)	1 Jul
Rycroft, Peter William OBE FRAeS FRIN psc qab cfs(n)* snc	(GD(N))	1 Jul
Ware, Geoffrey qs	(ADMIN (SEC))	1 Jul

2000

Ashenhurst, Ralph MSc BSc CEng MRAeS psc	(ENG)	1 Jan
Blore, David John MSc BSc MRAeS rcds psc ts	(SUPP)	1 Jan
Ebdon, Andrew Kevin BA CEng FRAeS jsdc semc qs	(ENG)	1 Jan
Goody, Allan John MA BSc(Eng) CEng FRAeS ACGI nadc psc	(ENG)	1 Jan
Harding, Richard Anthony MA MDA BA FCIPD psc	(ADMIN (SEC))	1 Jan
Simpson, Frank Michael BA MIL MRAeS ALCM osc(Ge) i*	(SUPP)	1 Jan
Wheeler, Jonathan Kim OBE BA FBIFM MCMI rcds psc	(ADMIN (SEC))	1 Jan
Williams, Robert Adrian OBE MA BA psc	(SUPP)	1 Jan
Wordley, Mark Richard rcds hcsc psc	(OPS SPT(ATC))	1 Jan
Almond, Timothy MBE MA BA FRIN MCMI psc asq qwi	(GD(N))	1 Jul
Ayres, Stephen Peter BSc osc(Fr) cfs i	(GD(P))	1 Jul
Davidson, Christopher Sinclair MA MLitt jsdc qs	(ADMIN (SEC))	1 Jul
Duffill, Steven MA MCMI psc cfs	(GD(P))	1 Jul
Gordon, Nicholas Jonathan MBE MBA FCIPD psc qab qwi	(OPS SPT(FC))	1 Jul
Harvey, Ian BSc qs	(ADMIN)	1 Jul
Knights, Jeremy Charles FRGS psc	(SUPP)	1 Jul
Leaming, Michael William BSc psc	(GD(P))	1 Jul
Moloney, John Patrick MA BA psc	(GD(P))	1 Jul
Porter, Garry Reginald Roy BSc psc qab	(GD(N))	1 Jul
Scaplehorn, Edward John OBE BA MMAR qs	(OPS SPT(PROVSY))	1 Jul
Waring, Martin Richard MA BSc FCIPD psc	(ADMIN (TRG))	1 Jul
Whittingham, David Laurence MA BSc rcds psc cfs	(GD(P))	1 Jul

2001

Bates, Brian Lawrence CBE BA hcsc psc qwi	(GD(N))	1 Jan
Belmore, Donald Sydney MBE MSc MCIPS jsdc qs	(SUPP)	1 Jan
Coulls, Christopher John MA hcsc psc(j) qwi(T)	(GD(N))	1 Jan
Dey, Andrew James BSc psc(j)	(GD(N))	1 Jan
Dixon, Carl William OBE hcsc psc	(GD(P))	1 Jan
Hughesdon, Paul Jonathan FInstD FCMI psc	(ADMIN (SEC))	1 Jan
Murray, The Honourable David Paul OBE FCMI MBIFM psc	(ADMIN)	1 Jan
Parker, Stephen Henry MSc BSc(Eng) CEng MRAeS ACGI jsdc ae qs	(ENG)	1 Jan
Parrish, Adrian James MA MSc MBA BSc CEng MRAeS MCMI psc ae	(ENG)	1 Jan
Paterson, Ross OBE BSc CertEd jsdc qs	(ADMIN (TRG))	1 Jan
Randle, Nicholas Carl BSc MRIN MRAeS psc asq snc	(GD(N))	1 Jan
Abbott, Steven CBE MPhil BA hcsc jsdc G(a) qs	(OPS SPT(REGT))	1 Jul
Ashwell, Mark Lawrence MBE BSc nadc psc	(OPS SPT(FC))	1 Jul
Bagwell, Gregory Jack ADC psc(j) qwi(T)	(GD(P))	1 Jul
Bailey, Robert Michael MSc psc qs	(GD(N))	1 Jul
Bairsto, Clive Arthur hcsc psc(j) qab qwi(AD)	(GD(N))	1 Jul
Blackburn, Stewart MBE jsdc qs	(ADMIN (SEC))	1 Jul
Colley, Michael Paul OBE psc qab qwi	(GD(N))	1 Jul
Davenport, Anthony James Richard psc	(SUPP)	1 Jul
Dean, Trevor Philip MSc BSc MRAeS jsdc ae qs	(ENG)	1 Jul
Falla, Simon Owen DSO jsdc cfs qs	(GD(P))	1 Jul

GENERAL DUTIES BRANCH

Group Captains

2001—contd

Faulconer, Edwin Jonathan MA BSc psc	(SUPP)	1 Jul
Field, Clive Frank MSc BSc jsdc ae qs	(ENG)	1 Jul
Fradgley, Jeremy Nicholas OBE AFC BSc FRAeS psc qwi(T)	(GD(N))	1 Jul
Fynes, Jonathan Peter Spencer psc cfs	(GD(P))	1 Jul
Garside-Beattie, Leslie OBE jsdc cfs qs	(GD(P))	1 Jul
Gimblett, Walter John BSc qab qs	(OPS SPT(INT))	1 Jul
Heaton, Patricia psc	(ADMIN (SEC))	1 Jul
Jagger, Neil Robert BSc psc(j) cfs(n) snc	(GD(N))	1 Jul
Lock, Raymond CBE BSc hcsc psc(j) cfs*	(GD(P))	1 Jul
McGeown, Mark Samuel MA psc	(GD(P))	1 Jul
Milburn, Trevor Stefan MA BSc psc(m)	(GD(P))	1 Jul
Stenson, James Philip MBE BSc qs	(OPS SPT(ATC))	1 Jul
Tizard, Robert Walter psc(m) cfs	(GD(P))	1 Jul
Torbet, Russell John MA MRAeS psc qwi(T)	(GD(P))	1 Jul

2002

Armitage-Maddox, Susan Elizabeth MBE psc(j)	(SUPP)	1 Jan
Baber, George Albert OBE BSc CEng psc semc	(ENG)	1 Jan
Birks, Christopher John ADC MA BSc hcsc psc	(GD(P))	1 Jan
Cruickshank, Joan Mary odc(Aus)	(ADMIN (SEC))	1 Jan
Edwards, Charles Redvers MSc BA CEng MIEE ae qcc	(ENG)	1 Jan
Fidler, David Charles oaws(US) psc cfs	(GD(P))	1 Jan
Gray, Barrie Leslie BSc IEng FIIE jsdc qs	(ENG)	1 Jan
Green, Mark Colin CBE BSc psc cfs	(GD(P))	1 Jan
Hollin, Michael Arthur MBE MInstD psc	(ADMIN (SEC))	1 Jan
Howard, Graham John MA CMILT MCMI psc(m)	(SUPP)	1 Jan
Kirkpatrick, Andrew Shane BSc jsdc cfs qs	(GD(P))	1 Jan
Lackey-Grant, Robin James BSc scc qs	(OPS SPT(PROVSY))	1 Jan
Major, Ashley Charles MSc BTech CEng MRAeS psc(j) psc(n) semc	(ENG)	1 Jan
Meyrick, Nicholas David MBA psc	(GD(N))	1 Jan
Nash, Paul OBE BSc psc(j)	(ADMIN (SEC))	1 Jan
Parkes, Keith John MBE BA BSc FRAeS FInstD psc cfs	(GD(P))	1 Jan
Sharp, Martin Ashley OBE MRAeS psc	(GD(N))	1 Jan
Warren, Simon Francis MDA psc(j) cfs	(GD(P))	1 Jan
Williams, Michael Anthony MA jsdc qs	(ADMIN (SEC))	1 Jan
Young, Andrew Anderson MA MRAeS psc(n) tp qwi i	(GD(P))	1 Jan
Barrett, Andrew John jsdc qs	(GD(P))	1 Jul
Clark, Martin Adrian MBA BSc(Eng) CEng MIEE psc	(ENG)	1 Jul
Driver, Peter John BSc(Eng) psc	(ENG)	1 Jul
Elliott, Robert Ian OBE ADC BSc psc asq	(GD(N))	1 Jul
Finn, Christopher John MPhil jsdc awcc psc(j) qab qwi	(GD(N))	1 Jul
Gillingham, Nigel Kenneth OBE BEd qs	(ADMIN (P ED))	1 Jul
Golledge, Andrew DSO BSc qwi qs i	(GD(P))	1 Jul
Greaves, Keith Robert Colin OBE BSc qs	(GD(P))	1 Jul
Green, Christopher Hugh MA BSc CEng MRAeS jsdc psc(j)	(ENG)	1 Jul
Knight, Stephen Colin MA FCIPD MCMI psc(j)	(ADMIN (SEC))	1 Jul
Powell, Ronald James Albert psc cfs	(GD(P))	1 Jul
Ross, Jack Gregory MSc FCMI CDipAF qs	(ADMIN (SEC))	1 Jul
Sheppard, Neil Allan MCIPS MRAeS psc	(SUPP)	1 Jul
Smith, Barry OBE BA BA jsdc asq qs	(GD(N))	1 Jul
Smyth, William Stephen BA awcc psc qwi	(GD(P))	1 Jul
Warne, Ashley Peter MA BA psc(j)	(SUPP)	1 Jul
Williams, Peter BSc jsdc snc qs	(GD(N))	1 Jul

GENERAL DUTIES BRANCH

Group Captains

2003

Andrews, Julian Robert MA LLM jsdc qs	(ADMIN (SEC))	1 Jan
Beet, Nigel Philip OBE MA BA psc(j)	(ADMIN (SEC))	1 Jan
Bishop, Timothy Lawrence John OBE MSc BSc CEng MIEE psc(j)	(ENG)	1 Jan
Brierley, Mark BA MILT jsdc qs	(SUPP)	1 Jan
Bushell, Christopher Ronald MA BSc CEng FRAeS MIMechE psc(j)	(ENG)	1 Jan
Castle, Richard Anthony John MDA BA jsdc qs	(ADMIN (SEC))	1 Jan
Forward, Stephen Dennis BSc jsdc qab qwi qs	(GD(P))	1 Jan
Gale, Douglas James MBE MA MDA BSc CEng MIEE psc(j) semc	(ENG)	1 Jan
Harris, Geoffrey Holton OBE MA MBA BSc CEng MIMechE nadc psc(j) semc	(ENG)	1 Jan
Hickman, Colin Hugh BSc CEng MRAeS psc	(ENG)	1 Jan
Jenkins, Michael John Madoc OBE BSc FRAeS jsdc cfs qs	(GD(P))	1 Jan
Leggat, James Grant MA FCMI FSyI psc(j)	(OPS SPT(PROVSY))	1 Jan
McCann, Kenneth Bruce psc(m) qab qwi	(GD(P))	1 Jan
Morrison, Ian Craig psc qwi	(GD(N))	1 Jan
Moulds, Gordon MBE jsdc qs	(GD(N))	1 Jan
North, Barry Mark OBE ADC MA psc(m)	(GD(P))	1 Jan
O'Dea, Kenneth Leslie MA MCMI MRAeS psc(j)	(SUPP)	1 Jan
Oborn, Paul Nolan psc	(GD(P))	1 Jan
Osborn, Philip Colin OBE psc qwi(T)	(GD(N))	1 Jan
Rigby, Jonathan Colton OBE MA MSc BSc CEng MIEE psc(j) ae	(ENG)	1 Jan
Steele, Andrew Henry MPhil BA PGCE psc(j)	(OPS SPT(REGT))	1 Jan
Walker, David John qs	(OPS SPT(INT))	1 Jan
Winstanley, Timothy MA MSc psc	(ADMIN (TRG))	1 Jan
Wright, Graham Alan OBE BSc psc(m)	(GD(P))	1 Jan
Atherton, Paul Ashley psc	(GD(P))	1 Jul
Barmby, Antony Simon OBE BSc psc cfs	(GD(P))	1 Jul
Bell, Ian Kenneth FInstLM MRAeS psc cfs	(GD(P))	1 Jul
Chambers, Robin Ivor jsdc osc(Ku) cfs(n) snc	(GD(N))	1 Jul
Cooper, Barbara CBE psc(j)	(ADMIN (SEC))	1 Jul
Cross, Thomas MA MBA BA jsdc psc(j)	(GD(N))	1 Jul
Cunningham, Paul Alan BSc psc(m) cfs	(GD(P))	1 Jul
Dobb, Simon Keith CBE MA psc qwi(T)	(GD(P))	1 Jul
Dobson, William George Stevenson BSc psc	(GD(P))	1 Jul
Draper, Ian Malcolm BA psc cfs	(GD(P))	1 Jul
Goodbourn, James Albert MA BSc psc(j)	(GD(P))	1 Jul
Gunby, Anthony David OBE psc(j)	(GD(N))	1 Jul
Hull, Christopher Peter Alvis BSc psc asq	(GD(N))	1 Jul
Killen, Martin Francis BSc psc(j) qab	(GD(P))	1 Jul
Lawlor, John BA BArch psc qab qwi(T)	(GD(N))	1 Jul
Mahon, William Edwin BA psc(m)	(SUPP)	1 Jul
Malcolm, Colin David OBE psc(j) asq cfs(n) snc	(GD(N))	1 Jul
Markey, Christopher Robin psc	(SUPP)	1 Jul
Murray, Christopher Andrew OBE qs	(ADMIN (SEC))	1 Jul
Neal, Mark Francis OBE IEng FIIE psc(j) osc(Ku) semc qs	(ENG)	1 Jul
Russell, Graham Michael MA BSc psc(j)	(ENG)	1 Jul
Ryder, Robert Stuart MSc BSc psc(j) gw	(ENG)	1 Jul
Salisbury, Derek St John psc	(ADMIN (SEC))	1 Jul
Stevenson, Ashley David OBE psc(Spa) qab qwi	(GD(P))	1 Jul
Stewart, Ian Richard William BSc jsdc cfs qs	(GD(P))	1 Jul
Sudlow, Andrew John MBE BSc psc qwi	(GD(P))	1 Jul
Thwaites, Graham Edward psc	(GD(N))	1 Jul
Watson, Nicholas John psc(Spa) qwi i*	(GD(P))	1 Jul
West, Margaret Elaine qss	(ADMIN (SEC))	1 Jul
Wishart, Gavin Kerr MA MSc BSc CEng MIMechE psc(j) ae	(ENG)	1 Jul

GENERAL DUTIES BRANCH

Group Captains

2004

Name	Branch	Date
Bell, Sean Michael ADC BSc hcsc psc cfs qwi	(GD(P))	1 Jan
Birtwistle, Robin Wynne psc qwi(AD)	(GD(N))	1 Jan
Boyle, Anthony MSc BSc psc(j) semc	(ENG)	1 Jan
Burt, Paul MA BSc psc(j) G(a)	(OPS SPT(REGT))	1 Jan
Colgate, John Anthony MBE BSc qs	(OPS SPT(INT))	1 Jan
Crayford, Malcolm Keevon OBE MA psc(j)	(OPS SPT(FC))	1 Jan
Davies-Howard, Stephen James MA MBA FRAeS psc(j) qab	(GD(P))	1 Jan
Ewen, Peter Ronald BSc jsdc qs	(ENG)	1 Jan
Farnell, Graham Peter OBE MA MBA BSc CEng MRAeS psc(j)	(ENG)	1 Jan
Fryer, Andrew David BA psc	(GD(N))	1 Jan
Harrison, John ADC MA MPhil psc(j)	(ADMIN (SEC))	1 Jan
Havelock, Kevin AFC psc(j)	(GD(P))	1 Jan
Hayward, David James jsdc qs	(ADMIN (SEC))	1 Jan
Hemsley, Richard James Tadeusz BA psc(j) qab	(OPS SPT(FC))	1 Jan
Judson, Robert William jsdc qs	(GD(P))	1 Jan
La Forte, Russell William MBE MA BA psc(j)	(OPS SPT(REGT))	1 Jan
McCafferty, Dawn Allison psc(j)	(ADMIN (SEC))	1 Jan
Opie, Gerard Alan MA MDA BSc psc(j)	(ADMIN (SEC))	1 Jan
Page, Mark Lewis GradDipMS psc	(ADMIN (SEC))	1 Jan
Parton, Neville MA MDA MPhil BSc CEng MRAeS psc(j)	(ENG)	1 Jan
Richards, Edward Windsor MA MSc BSc(Eng) LLB CEng MIEE DIC LTCL ACGI psc qsb	(ENG)	1 Jan
Short, Philip BSc qs	(ENG)	1 Jan
Sibley, Mark Andrew psc semc	(ENG)	1 Jan
Trundle, Colin Charles psc	(OPS SPT(ATC))	1 Jan
Turner, Colin Dennis MSc BSc qs	(ENG)	1 Jan
Warner, John Eric OBE ACIB psc(j) cfs	(GD(P))	1 Jan
Welburn, Stephen OBE MA MSc BSc CEng MRAeS psc semc	(ENG)	1 Jan
Williams, Gary psc(j)	(ENG)	1 Jan
Witney, James William MSc MPhil BSc CEng MIEE MCMI qs	(ENG)	1 Jan
Atherton, Rowena Lynn Alexandra psc(j)	(SUPP)	1 Jul
Bessant, Leslie Robert Edward MHCIMA psc	(ADMIN (CAT))	1 Jul
Best, David OBE BSc ALCM psc(j) tp	(GD(P))	1 Jul
Bonell, Susan Elizabeth BA ACIS qss	(ADMIN (SEC))	1 Jul
Cato, Nicholas Anthony Shaw BA DipEurHum qs	(OPS SPT(PROVSY))	1 Jul
Collins-Bent, Nolan MDA BTech CEng MRAeS psc	(ENG)	1 Jul
Coombes, David Clive OBE GradDipMS FInstAM MBIFM MCMI psc	(ADMIN (SEC))	1 Jul
Hill, Jonathan Andrew MSc BSc MRAeS psc snc	(GD(N))	1 Jul
Jupp, John Anthony OBE BA psc(n) qwi qwi(AD)	(GD(P))	1 Jul
Kinder, Simon John MBE MSc BSc jsdc qss	(ENG)	1 Jul
Lyall, Paul OBE DMS psc(j) cfs	(GD(P))	1 Jul
Lynch, Robert Douglas MA BA CDipAF psc(j)	(OPS SPT(REGT))	1 Jul
Maas, John Drew ADC rcds(fm) osc(US)	(GD(P))	1 Jul
Martin, George Crawford psc	(ENG)	1 Jul
Ogg, David Iain BSc psc(j)	(ADMIN (SEC))	1 Jul
Parr, Roger Michael Philip MDA BA qs	(ADMIN (SEC))	1 Jul
Paton, David Ractliffe OBE BA osc(Fr)	(GD(N))	1 Jul
Pickavance, David MSc BSc(Eng) jsdc qs	(ENG)	1 Jul
Poole, Richard Mark MA psc qwi(T) qtm	(GD(N))	1 Jul
Ward, Alan John MSc MPhil BSc CEng MRAeS MCMI jsdc qs	(ENG)	1 Jul
Whittaker, Douglas Alan OBE MDA BSc psc	(ENG)	1 Jul

GENERAL DUTIES BRANCH

Group Captains

2005

Atha, Stuart David DSO MA BSc psc(j) cfs	(GD(P))	1 Jan
Gray, Susan Catherine OBE MSc BSc CEng MIEE psc(j)	(ENG)	1 Jan
Haywood, Malcolm Wayne MBE MA MDA BA MInstAM(AD) MCMI psc(j)	(ADMIN (SEC))	1 Jan
Hopkins, Mark William Gardner MBE MA MSc psc cfs	(GD(P))	1 Jan
Kessell, Jeremy Bryce psc(j)	(GD(N))	1 Jan
Powell, Andrew Lewis MA MSc BSc CEng MIEE psc(j) slmc	(ENG)	1 Jan
Roberts, Mark Lee MBE psc(j) qwi(T)	(GD(P))	1 Jan
Stubbs, David John OBE psc(j)	(GD(P))	1 Jan
Thorogood, Paul Joseph MA MILT MRAeS psc(j)	(SUPP)	1 Jan
Welham, Anthony Richard Duncan psc	(GD(P))	1 Jan
Wharmby, Nigel Edward OBE MA BSc psc(j) qwi	(GD(P))	1 Jan
Bailey, Stephen John MA BSc MRAeS psc(j)	(ENG)	1 Jul
Basnett, Colin psc(j) qwi(T)	(GD(N))	1 Jul
Beange, Peter MA psc(j)	(ENG)	1 Jul
Berridge, Andrew John MA psc(j)	(ADMIN (SEC))	1 Jul
Canning, George Michael BSc psc(j) semc	(ENG)	1 Jul
Dean, Susan Patricia BA FICPD MInstAM qs	(ADMIN (SEC))	1 Jul
Donohoe, Hugh Gerard MDA BSc CEng MRAeS psc(j)	(ENG)	1 Jul
Fletcher, Gary John MA MSc MBA BSc DMS CEng FRAeS MIEE psc(j) ae	(ENG)	1 Jul
Garden, Steven Norman MA BSc psc(j)	(GD(P))	1 Jul
Gell, Andrew Terence MA MBA BA BSc CMILT psc(j)	(SUPP)	1 Jul
Harpum, Stephen Paul MSc BSc MILT psc(j) ts qsb	(SUPP)	1 Jul
Hill, Daniel John MA psc(j)	(ADMIN (SEC))	1 Jul
Prowse, David Laurence OBE BA jsdc qab qs	(GD(P))	1 Jul
Reynolds, Sean Keith Paul OBE DFC psc(j) cfs	(GD(P))	1 Jul
Scholtens, John Harold BA jsdc qs	(GD(N))	1 Jul
Seward, Nicholas Ian Michael psc cfs	(GD(P))	1 Jul
Teakle, Ian David DSO OBE jsdc qab qwi(T) qs	(GD(N))	1 Jul
Van Den Berg, Guy Geurt Stoddart MSc psc qab	(GD(P))	1 Jul
Wood, Ian Nicholas BA psc(j) qwi	(GD(P))	1 Jul

GENERAL DUTIES BRANCH

Wing Commanders

1987

Hudson, N.C.L. MA jsdc
psc(j) cfs (GD(P)) 1 Jan

1988

Shore, I.D.L. MIMIS adp
qs (ADMIN (SEC)) 1 Jul

1989

Gilbert, P.N. BSc CEng
MRAeS qs (ENG) 1 Jan
Lindley, R.B. MCMI
psc (ADMIN (SEC)) 1 Jan
O'Neill, A.G. BSc CEng
MIEE ae qs (ENG) 1 Jul

1990

Codgbrook, M.A.C. BSc
psc(j) qab
(ADMIN (CAT)) 1 Jan
Eames, C.M. psc
snc (GD(N)) 1 Jan
Roberts, P. BSc
psc (GD(P)) 1 Jul
Sharma, D.C.
qs (ADMIN (SEC)) 1 Jul

1991

Barber, G. OBE asq snc
qs (GD(N)) 1 Jan
Dickens, C.R.D. psc
cfs(n) snc (GD(N)) 1 Jan
Gracie, S.A. MA BA psc
i* (ADMIN (TRG)) 1 Jan
Radley, R.P. jsdc tp cfs*
qs (GD(P)) 1 Jan
Willenbruch, A.G. MA
(Eur Ing) CEng
MRAeS MIMechE
MCMI jsdc ae
qs (ENG) 1 Jan
Arkell, J.D. OBE MA
jsdc qab qwi
qs (GD(P)) 1 Jul
Elliott, H.T. MA psc
cfs (GD(P)) 1 Jul

Lawrence, C.J. MRIN
MRAeS awcc
psc (GD(N)) 1 Jul
Rushmere, P.A. MCMI
psc (SUPP) 1 Jul
York, P. OBE psc cfs(n)
snc (GD(N)) 1 Jul

1992

Kilshaw, M.J. OBE MSc
BSc(Eng) CEng
MRAeS jsdc qs(ENG) 1 Jan
Chalmers, G.M. BSc
CEng psc semc(ENG) 1 Jul
Grimson, P. MInstPet
MRAeS psc (SUPP) 1 Jul
Hunter, P.R. OBE jsdc
qs (OPS SPT(FC)) 1 Jul
MacLean, D.F. BSc
CEng MIMechE
psc (ENG) 1 Jul

1993

Furniss, N.J. MBE
psc (GD(P)) 1 Jan
Howlett, E.B.
psc (SUPP) 1 Jan
Hutchinson, N. osc(Fr)
qab i* (OPS SPT(FC)) 1 Jan
Main, A.P.T. OBE
MRAeS MCIPD MCMI
psc cfs* snc (GD(N)) 9 Mar
Cooke, J.A. OBE
psc (GD(ALM)) 1 Jul
Harbottle, F. MA jsdc
psc(j) (GD(P)) 1 Jul
Hartree, W.R. psc
cfs (GD(P)) 1 Jul
Keating, P.K. MA BSc
MRAeS psc(m)
qab (GD(P)) 1 Jul
Knowles, D.W. MBA BA
qs (OPS SPT(REGT)) 1 Jul
Price, H.W. CertEd
DPhysEd qss (GD(P)) 1 Jul
Rosentall, P.H. psc
cfs (GD(P)) 1 Jul
Smith, D.R. MSc BSc
CEng MRAeS jsdc ae
qs (ENG) 1 Jul
Whiteway, H.A. qs
(OPS SPT(FC)) 1 Jul

1994

Bond, C.L. oaws(US)
psc(j) cfs(n)*
snc (GD(N)) 1 Jan
Burgess, K.J.
psc (GD(P)) 1 Jan
Caunt, S.F. qs (SUPP) 1 Jan
Dyson, G.W. BSc CEng
MIMechE semc
qs (ENG) 1 Jan
Gunner, S. BSc(Eng)
psc qs i* (GD(P)) 1 Jan
Herriot, D.R. psc qab
qwi qwi(T) (GD(N)) 1 Jan
Munday, R.W. semc
qss (ENG) 1 Jan
Pitt, C.R. MBA BSc jsdc
qs (GD(N)) 1 Jan
Pollitt, M.M. BSc rcds
psc cfs (GD(P)) 1 Jan
Randall, N.B. jsdc nadc
psc(j) qwi (GD(N)) 1 Jan
Richardson, K. MSc
BSc(Eng) semc
qs (ENG) 1 Jan
Simmonds, B.P. OBE
BSc CPhys MInstP
psc cfs (GD(N)) 1 Jan
Smith, R.P. BSc(Eng)
CEng MIEE jsdc semc
qs (ENG) 1 Jan
Wood, S.C. MCMI
qs (ADMIN (SEC)) 1 Jan
Barnes, A.J. BSc
qs (ENG) 1 Jul
Bone, A.M. AFC jsdc
asq qs (GD(N)) 1 Jul
Codd, M.L.F. BEd FREC
qss (ADMIN (SEC)) 1 Jul
Hurst, W.J. psc (GD(P)) 1 Jul
Rackham, C.M. cfs
qs (GD(P)) 1 Jul
Roberts, C.I. BSc(Econ)
MCMI qs
(ADMIN (SEC)) 1 Jul
Romney, C.N. BSc
psc(j) qab
(OPS SPT(FC)) 1 Jul
Wheatcroft, J.G. MSc
BSc(Eng) CEng MIEE
qss (ENG) 1 Jul
Wilkinson, N.W.R. BSc
BA PGCE FCIPD FCMI
CertEd qs
(ADMIN (TRG)) 1 Jul

GENERAL DUTIES BRANCH

Wing Commanders

1995

Clifford, J.M. MSc BSc jsdc asq cfs(n) qs (GD(N)) 1 Jan
Ford, D.J. BA psc(n) (GD(AEO)) 1 Jan
Little, N.G. BSc CEng MIEE semc qs (ENG) 1 Jan
Squelch, J.P. BSc(Eng) jsdc qab qs (GD(P)) 1 Jan
Strong, M.C.G. qs (OPS SPT(ATC)) 1 Jan
Wilson, D.A. MA BSc psc (GD(P)) 1 Jan
Burkinshaw, D.A. MEd nadc qs (ADMIN (TRG)) 1 Jul
Hill, C.D. MBE qs (OPS SPT(ATC)) 1 Jul
Mason, A.J. MA jsdc qs (SUPP) 1 Jul
Wright, R.D. BSc MRIN MRAeS psc (GD(N)) 1 Jul

1996

Coote, J.E. MBE psc asq snc (GD(N)) 1 Jan
Davenall, D.S. BSc jsdc qs (GD(N)) 1 Jan
Dipper, K.R. MA BSc psc qab G(a) (OPS SPT(REGT)) 1 Jan
Maxwell, K.H. MA BSc oaws(US) psc(n) asq (GD(N)) 1 Jan
Mayne, J.P. BSc qss (ADMIN (TRG)) 1 Jan
Stapleton, G.M. nadc psc (GD(N)) 1 Jan
Tanner, D.J. qs (ENG) 1 Jan
Thomson, K.K. MA psc qwi (GD(N)) 1 Jan
Ward, D.A.R. BSc CEng semc qs (ENG) 1 Jan
Beaumont, B.J. CDipAF qs (ADMIN (SEC)) 1 Jul
Campbell, C.B. BSc ACIS qss (ADMIN (SEC)) 1 Jul
Carter, W.A.D. BA psc qwi(T) (GD(N)) 1 Jul
Cummings, S. jsdc qs (GD(P)) 1 Jul

Jermy, G.A. OBE qs (ADMIN (SEC)) 1 Jul
Johnston, R.T. MA qwi qs (GD(P)) 1 Jul
Martin, I.M. MPhil LLB CMILT MRAeS CDipAF jsdc qs (SUPP) 1 Jul
O'Meeghan, P.M. psc (GD(P)) 1 Jul
Pearson, S. BA jsdc qs (GD(N)) 1 Jul
Render, M.E.J. MA MSc MBA BSc BSc CEng MRAeS psc (ENG) 1 Jul
Smith, F.J.P. BEd nadc qs (OPS SPT(ATC)) 1 Jul
Taylor, M.W. BSc qss (ADMIN (SEC)) 1 Jul
Taylor, S.J. MBE MSc CEng MIEE MCMI nadc ae qs (ENG) 1 Jul
Thomas, J.M. MSc BA ts qss (SUPP) 1 Jul
Thomas, V.E. MA BSc CEng MRAeS psc (ENG) 1 Jul
Towler, A.J. psc (SUPP) 1 Jul
Veale, R.M. MDA BA qs (SUPP) 1 Jul
Waldegrave, R.A. qss (SUPP) 1 Jul
Walker, B.J. qss (ADMIN (SEC)) 1 Jul
Wynne, C.A. MBE qcc (ENG) 1 Jul
Readfern, P.A. psc(m) (GD(P)) 31 Jul

1997

Barnes, N.J. BSc APMP jsdc qs (ADMIN (TRG)) 1 Jan
Bond, G.R. psc (GD(N)) 1 Jan
Brook, P.J. OBE BA BSc CEng MRAeS MBCS MCMI psc asq snc adp (GD(N)) 1 Jan
Bunting, B.E. qs (OPS SPT(ATC)) 1 Jan
Clark, J. jsdc qs (OPS SPT(ATC)) 1 Jan
Culbert, A.S.C. BSc rcds jsdc (GD(P)) 1 Jan
Davis, N.J. BSc MRIN MRAeS psc(Can) asq (GD(N)) 1 Jan

Dziuba, M.S. qs (OPS SPT(ATC)) 1 Jan
Gale, S. BSc qs qss (ENG) 1 Jan
Jenkins, R.D. psc tp (GD(P)) 1 Jan
Minns, T. qs (OPS SPT(ATC)) 1 Jan
Morris, I. OBE jsdc cfs qs (GD(P)) 1 Jan
Rimmer, M. qab qs (OPS SPT(FC)) 1 Jan
Roche, M.J. jsdc cfs qs (GD(P)) 1 Jan
Soul, G.D. psc(n) (GD(AEO)) 1 Jan
Taylor, C.M. MBA FBIFM MCMI DipMgmt qs (ADMIN (SEC)) 1 Jan
Thomson, I.W. MSc BSc(Eng) qss (ENG) 1 Jan
Turner, L. BSc jsdc qs (GD(N)) 1 Jan
Ward, M.M. MDA BSc MCMI MIL osc(Ge) semc i* (ENG) 1 Jan
West, C.M. MA BSc psc(j) G(a) (OPS SPT(REGT)) 1 Jan
Wrigley, M.J. MSc BSc qss (ENG) 1 Jan
Ashford, R.R. qss (SUPP) 1 Jul
Bake, A.T. MDA BSc qs (ADMIN (SEC)) 1 Jul
Balshaw, K.S. MA psc(j) (OPS SPT(REGT)) 1 Jul
Betteridge, R. MSc BSc ARCS (ENG) 1 Jul
Booth, G.H. psc psc(j) qwi qwi(AD) (GD(N)) 1 Jul
Brandt, I.T.G. MA MSc BSc CEng MIMechE psc(j) (ENG) 1 Jul
Burke, T.C. MSc BSc psc(n) semc (ENG) 1 Jul
Carlin, G.M. semc qs (ENG) 1 Jul
Dingle, A.G. FHCIMA qs (ADMIN (CAT)) 1 Jul
Dipper, A.L. psc (ENG) 1 Jul
Fairbrother, D. qss (OPS SPT(PROVSY)) 1 Jul
Greville, P.J. psc(j) (OPS SPT(ATC)) 1 Jul
Henson, S.W. jsdc psc(j) (SUPP) 1 Jul

GENERAL DUTIES BRANCH

Wing Commanders

1997—contd

Name	Qualifications	Branch	Date
Howard, S.P. FCMI FHCIMA qs	(ADMIN (CAT))		1 Jul
Kerr, A.W. BA AIL qs i*	(GD(N))		1 Jul
Leggett, A.E. MDA BA FInstAM qs	(ADMIN (SEC))		1 Jul
Lewis, A.P. qss	(ENG)		1 Jul
Milburn, M.J. BEd pji qs	(ADMIN (P ED))		1 Jul
Phelps, S.M. BTech CEng MIMechE semc qs	(ENG)		1 Jul
Sagar, P.J. MBE jsdc qs	(ADMIN (SEC))		1 Jul
Thompson, S.P. BSc qs	(SUPP)		1 Jul
Whitaker, P.J.W. BA osc(Fr) i*	(GD(P))		1 Jul
Williams, W.D. BA psc cfs	(GD(P))		1 Jul
Williams, G.T. BA CMILT MRAeS qs	(SUPP)		1 Jul
Wilson, P.A. qs (ADMIN (SEC))			1 Jul

1998

Name	Qualifications	Branch	Date
Ashcroft, I.T. asq cfs(n)* qs	(GD(N))		1 Jan
Barwell, R.J. BSc CEng MRAeS psc semc	(ENG)		1 Jan
Burgess, C.A.R. MSc jsdc semc qss	(ENG)		1 Jan
Burley, D. qab cfs(n) snc qs	(GD(N))		1 Jan
Chambers, P. qs (OPS SPT(FC))			1 Jan
Dixon, M.D. BSc psc(j) qsb semc	(ENG)		1 Jan
Fox, S.M. AFC MA BCom psc cfs qwi	(GD(P))		1 Jan
Galbraith, A.G. qs (OPS SPT(REGT))			1 Jan
Goodall, R. jsdc qab qs	(GD(N))		1 Jan
Hawes, A.P. BSc cfs qs	(GD(P))		1 Jan
Hill, M.R. jsdc	(GD(N))		1 Jan
Horrocks, J. OBE MA psc(n)	(GD(P))		1 Jan
Huggett, A.D. psc qwi	(GD(N))		1 Jan
Kirkin, T.R. MRIN cfs(n) snc qs	(GD(N))		1 Jan
Lloyd, P.O. MBE MBA psc(j) cfs*	(GD(P))		1 Jan
MacInnes, G.W. BSc jsdc qs	(GD(P))		1 Jan
McWilliams, T.P. psc qab snc	(GD(N))		1 Jan
Peart, C.J. qs (OPS SPT(ATC))			1 Jan
Proudlove, A. MBA qab qs (OPS SPT(REGT))			1 Jan
Robertson, D.G. psc(j) qwi(T)	(GD(N))		1 Jan
Smith, C.L. MBE MA FCIPD psc(j) (ADMIN (SEC))			1 Jan
Stewart, P.D.T. MBE MA AMBCS psc(j) adp (OPS SPT(INT))			1 Jan
Sutton, P.R. MA MRAeS psc cfs	(GD(P))		1 Jan
Trembaczowski-Ryder, D.J. BSc(Econ) psc	(GD(N))		1 Jan
Tudor, D.C. qss	(ENG)		1 Jan
Wiltshire, J. qs	(ENG)		1 Jan
Archer, T.D. BEd qs	(ADMIN (TRG))		1 Jul
Ashraf, M.A. MA BSc psc(j)	(ENG)		1 Jul
Branston, N.G. MBE BA FInstAM MIL MCMI psc(Spa) i* (ADMIN (SEC))			1 Jul
Bray, P.L. BEd qs	(ADMIN (SEC))		1 Jul
Court, S.J. MBE scc qss (OPS SPT(PROVSY))			1 Jul
Duell, K. MA psc(j)	(GD(AEO))		1 Jul
Forshaw, K.H. MSc BSc CMILT psc(j) ts	(SUPP)		1 Jul
Greenwood, S.D. MDA MInstAM(AD) ACII qs	(ADMIN (SEC))		1 Jul
McAuley, A.W.J. psc(j)	(GD(P))		1 Jul
Oxland, C.J. OBE ACIS qs	(ADMIN (SEC))		1 Jul
Purkiss, C.C. MBE BSc psc(Spa) i*	(GD(N))		1 Jul
Revell, K.A. BA osc(Fr) qab i*	(GD(N))		1 Jul
Ridge, P.C. BSc psc(j)	(ENG)		1 Jul
Robertson, G.W. BSc psc	(GD(N))		1 Jul
Russell, S.P. jsdc qs	(GD(N))		1 Jul
Shields, I.E. OBE psc(j) cfs(n)*	(GD(N))		1 Jul
Smith, R.S. MA BSc psc(j) semc	(SUPP)		1 Jul
Suddards, A.J.Q. MA MA BA psc(j) qab qwi	(GD(P))		1 Jul
Taylor, J. BSc MCMI psc	(GD(P))		1 Jul
Turner, W.J. MA BSc MRAeS MRIN MCGI MCMI psc asq	(GD(N))		1 Jul
Wade, C.E. BSc asq qs	(GD(N))		1 Jul
Walker, W.F. IEng MIIE qs	(ENG)		1 Jul
West, P.C. qs	(GD(N))		1 Jul
Winwood, C.D.L. BSc CEng MIEE psc(j)	(ENG)		1 Jul

1999

Name	Qualifications	Branch	Date
Beanland, A.K. psc(j)	(SUPP)		1 Jan
Benn, C.R. oaws(US) qab qtm qs	(GD(P))		1 Jan
Bentham, A. qss	(GD(N))		1 Jan
Bland, G.J. BSc CEng MIEE MInstD psc	(ENG)		1 Jan
Bruce, G.J. BSc psc(j) asq	(GD(P))		1 Jan
Chapman, J.G. MA MSc BSc BA psc qab cfs	(GD(P))		1 Jan
Charnock, S. MSc BSc(Eng) BSc CEng MRAeS MIMechE CDipAF jsdc ae qs	(ENG)		1 Jan
Connell, N.M. OBE BSc psc cfs	(GD(P))		1 Jan
Connor, K.D. psc(j)	(GD(P))		1 Jan
Cooke, S.C. BA psc(j) qab	(SUPP)		1 Jan
Diamond, D.J. BA MRAeS osc(Fr) cfs	(GD(P))		1 Jan

GENERAL DUTIES BRANCH

Wing Commanders

1999—contd

Dubock, I.M. BEng
qs (ENG) 1 Jan
Faulkes, J.J. MA
psc(j) (ADMIN (CAT)) 1 Jan
Gammage, R.D. MA
MSc BSc PGCE
psc(j) (ADMIN (P ED)) 1 Jan
Green, B.C. qss
(OPS SPT(FC)) 1 Jan
Klein, J.B. osc(US)
qwi(T) qs (GD(N)) 1 Jan
Lee, G. MSc MDA BSc
CertEd qs
(ADMIN (SEC)) 1 Jan
Login, B. MA MBA FCIS
psc(j) (ADMIN (SEC)) 1 Jan
Meadows, N. MA BSc
MRAeS psc(j) qab
cfs (GD(P)) 1 Jan
Pearson, G.J. BA hcsc
psc(j) (OPS SPT(INT)) 1 Jan
Pollitt, I.S. MBE MA
MDA psc(j)
(ADMIN (SEC)) 1 Jan
Reeves, C. OBE MA BSc
psc(j) (GD(ENG)) 1 Jan
Ronaldson, A.
psc(j) (OPS SPT(FC)) 1 Jan
Schollar, J.S.B. MDA
MInstAM MCMI
psc(j) (ADMIN (SEC)) 1 Jan
Smith, M.D.
psc(j) (ENG) 1 Jan
Stevens, P.F. nadc qab
qs (OPS SPT(FC)) 1 Jan
Todd, R.E. BSc(Econ)
qs (GD(N)) 1 Jan
Tolman, N.J. psc
psc(j)(OPS SPT(ATC)) 1 Jan
Tomlin, J.S. BA
psc(j) (ADMIN (TRG)) 1 Jan
Worrall, J.A. qs
(OPS SPT(ATC)) 1 Jan
Aleandri, M.P. BSc
psc(j) (ENG) 1 Jul
Arnold, N. MA MInstPet
pptec psc(j) (SUPP) 1 Jul
Arnold, A.J. qab
qs (ENG) 1 Jul
Bagnall, A.R. BSc ACA
qs (SUPP) 1 Jul
Bromehead, J.M. BSc
psc(j) semc (ENG) 1 Jul
Buckingham, A.E. MILT
qs (SUPP) 1 Jul

Chantry, J.S. MDA BSc
CEng MRAeS
qs (ENG) 1 Jul
Clegg, J.A. qab qs
(OPS SPT(FC)) 1 Jul
Cockram, S.H. MRAeS
psc(US) qab qwi(T)
qtm (GD(P)) 1 Jul
Cox, B.W. MBE semc
qs (ENG) 1 Jul
Davey, G.J. OBE BSc
psc(j) (GD(P)) 1 Jul
Davis-Poynter, S.P. MA
MA MSc CEng
MRAeS psc(j)
ae (ENG) 1 Jul
Day, P.N. qtm G(a)
qs (OPS SPT(REGT)) 1 Jul
Docker, P.A. BA MCGI
psc(j) asq (GD(P)) 1 Jul
Driver, M.N. MA BSc
MRAeS psc(j)
G(a)
(OPS SPT(REGT)) 1 Jul
Eaton, J.G. MBE MA
MDA BSc MCMI
psc(j)
(OPS SPT(REGT)) 1 Jul
Eckersley, R.B. MBE
MSc BSc CEng
qs (ENG) 1 Jul
Edwards, P.W. MBE
BSc psc(Spa) asq
i* (GD(P)) 1 Jul
Farr, A.J.R. BA
psc(j) (ENG) 1 Jul
Fletcher-Smith, R.D.
BSc CertEd
qss (ADMIN (TRG)) 1 Jul
French, M.J. MBE MA
BSc CEng MRAeS
MCMI AIL psc(j)
semc i* (ENG) 1 Jul
Gill, C.A. OBE MBA BSc
BSc psc(j) (ENG) 1 Jul
Gorman, C.J. MA
psc(j)
(OPS SPT(REGT)) 1 Jul
Gould, C. semc
qs (ENG) 1 Jul
Green, S.J. OBE jsdc
qs (GD(N)) 1 Jul
Greenbank, A.R. MSc
CEng MIEE MCMI
semc qs (ENG) 1 Jul
Griffiths, D.K. MSc
CEng MRAeS MCIPS
semc qs (ENG) 1 Jul
Hallett, L.T. BSc psc(j)
qwi(AD) (GD(P)) 1 Jul

Harrall, P.A.R. AFC
MPhil MRAeS MCMI
psc(n) (GD(N)) 1 Jul
Harsley, S.J. MA MBA
MRAeS psc(j)
semc (ENG) 1 Jul
Heath, M.A. BSc MCIPD
G(a)
(OPS SPT(REGT)) 1 Jul
Hobson, R.A.
MDefStud BSc
psc (GD(P)) 1 Jul
Horscroft, G.D. MA
MSc BSc psc(j)
(OPS SPT(PROVSY)) 1 Jul
Hutchinson, R.P.W. MA
BSc CEng MRAeS
psc(j) semc (ENG) 1 Jul
Laws, D.L. MBE MSc
DESEM BA MIL
CMILT psc(j) ts
i* (SUPP) 1 Jul
Lewis, M.P.D. MSc MSc
MSc BSc CMath
CEng MIMA MIEE
adp qss
(ADMIN (TRG)) 1 Jul
McDermott, C.W. psc(j)
qab (GD(N)) 1 Jul
McNamara, S.P.
qs (GD(AEO)) 1 Jul
McTeague, R.B. BSc
semc qs (ENG) 1 Jul
Millington, W.J. MA
psc(j) asq
(OPS SPT(FC)) 1 Jul
Mills, A.R.M. BA
psc(j)(OPS SPT(ATC)) 1 Jul
Moody, S.C. MA BSc
psc(j) (ENG) 1 Jul
Naworynsky, M.P. OBE
psc(j)(OPS SPT(ATC)) 1 Jul
O'Donnell, T.K. BSc
FHCIMA qs
(ADMIN (CAT)) 1 Jul
O'Sullivan, M.P. BA
CertEd qs
(ADMIN (TRG)) 1 Jul
Rice, P. BA qs (SUPP) 1 Jul
Scotchmer, N.J. BSc
qs (SUPP) 1 Jul
Shackleton, M.J. MDA
BSc psc(j)
(ADMIN (TRG)) 1 Jul
Simpson, C. BA CertEd
pji qs(ADMIN (P ED)) 1 Jul
Thomas, A.M. MA
CertEd qs
(ADMIN (TRG)) 1 Jul

GENERAL DUTIES BRANCH

Wing Commanders

1999—contd

Tindall, P.D. BSc qss (ADMIN (TRG))		1 Jul
Tulloch, R.D.A. MBE BSc qs (ENG)		1 Jul
Waygood, S.A. MSc BSc psc(j) (ADMIN (SEC))		1 Jul
Weaver, C.B. MSc MBA BSc CEng FCMI MRAeS ae qs (ENG)		1 Jul
Webster, M.K. qss (ADMIN (SEC))		1 Jul
West, S.P. MA MSc ae qss (ENG)		1 Jul
Whittingham, R.T. MA BSc psc(j) asq (GD(AEO))		1 Jul
Wilder, R.A. BSc jsdc qs (GD(N))		1 Jul
Williams, D.A.K. psc(j) (OPS SPT(REGT))		1 Jul
Wragg, S.G. MSc BSc CertEd psc (OPS SPT(ATC))		1 Jul
Sturgess, M.I. psc (ENG)		14 Aug

2000

Allan, P. BA psc(j) cfs (GD(P))		1 Jan
Attrill, M.P. psc(j) (SUPP)		1 Jan
Barrowcliffe, I. qss i* (OPS SPT(INT))		1 Jan
Barton, T.R. semc qs (ENG)		1 Jan
Birch, R.S. OBE psc(j) qwi(AD) (GD(P))		1 Jan
Brecht, M.A.B. OBE MA BA psc(j) (GD(P))		1 Jan
Brunning, C.M. MSc BSc CEng MRAeS ae qss (ENG)		1 Jan
Bunting, M.E. MSc BSc CEng MIEE psc(j) ae (ENG)		1 Jan
Burchett, C.R. qtm qs (OPS SPT(INT))		1 Jan
Caddick, R.P. MA psc(j) (ADMIN (SEC))		1 Jan
Carter, R.V. BSc jsdc cfs (GD(P))		1 Jan
Chan, D.K.M. psc(j) (GD(P))		1 Jan
Cowell, R.J. psc(j) (ADMIN (SEC))		1 Jan
Davey, G.R. qs (GD(ENG))		1 Jan
Deas, A.S. BSc psc(j) (GD(N))		1 Jan
Fenlon, M.C. BSc(Eng) CEng MRAeS psc(j) asq (GD(N))		1 Jan
Flint, A.P. MSc BA psc(j) (GD(N))		1 Jan
Gingell, C.E. MBE qs (ENG)		1 Jan
Goodison, A.J. MA BSc MCMI psc(j) cfs(n) (GD(N))		1 Jan
Greene, R.A.D. psc(j) cfs (GD(P))		1 Jan
Griffiths, B.M. MBA BSc MCMI G(a) qs (OPS SPT(REGT))		1 Jan
Hamilton, C.W. MSc BSc CEng MIMechE ae qs (ENG)		1 Jan
Hardwick, M.C. MA CMILT psc(j) semc (SUPP)		1 Jan
Haughton, S.E. MBE BA psc(j) (ADMIN (SEC))		1 Jan
Hedley-Smith, P.C.W. PhD MBA BSc psc(j) (ADMIN (SEC))		1 Jan
Henwood, C.M. MA MSc BSc CEng MIMechE MIEE psc(j) (ENG)		1 Jan
Hill, T.J. BA qs i(GD(N))		1 Jan
Hyslop, R.M. psc(j) (GD(N))		1 Jan
Jeffery, M.A. OBE MA BSc ARCS psc(j) cfs(n) (GD(N))		1 Jan
Johnston, J.B. MBE MA BSc psc(j) (ENG)		1 Jan
Jones, P.A. BSc qs (OPS SPT(ATC))		1 Jan
Kay, A. qab qs (OPS SPT(FC))		1 Jan
Knapman, C.S. psc(j) qab (OPS SPT(FC))		1 Jan
Luter, B.A. psc(j)(SUPP)		1 Jan
Mercer, B.P. BSc CEng MRAeS MCMI psc(j) (ENG)		1 Jan
Mitchell, G.I. qss (OPS SPT(ATC))		1 Jan
Ormerod, C.A. OBE MA psc(j) (OPS SPT(REGT))		1 Jan
Parr, N.H.E. MCIPS qsb qss (SUPP)		1 Jan
Pepper, M.S. MSc adp qs (ADMIN (SEC))		1 Jan
Richardson, J.G. BSc psc qab cfs (GD(P))		1 Jan
Round, P.A. MA BSc MRAeS psc(j) cfs (GD(P))		1 Jan
Scott, G.R. OBE psc (GD(N))		1 Jan
Smith, N.A. qab qs (GD(AEO))		1 Jan
Stringer, E.J. OBE BEng psc qwi (GD(P))		1 Jan
Tomany, M.P. BEd psc(j) (ADMIN (SEC))		1 Jan
Tucker, A. psc(j) qwi(T) qtm (GD(N))		1 Jan
Whitfield, K.H. MA psc(j) adp (ADMIN (SEC))		1 Jan
Wilmshurst-Smith, J.D. qs (OPS SPT(FC))		1 Jan
Anderson, K.W. qs (SUPP)		1 Jul
Atkinson, R.J. psc(j) qwi(AD) (GD(P))		1 Jul
Ayers, D.L. MBE qs (SUPP)		1 Jul
Ayres, N.P. BSc asq qs (GD(N))		1 Jul
Baker, M.F. MA psc(j) cfs(n) (GD(N))		1 Jul
Balaam, D.C. MBE qab qtm qs (OPS SPT(INT))		1 Jul
Baldwin, K.J. psc(j) (GD(N))		1 Jul
Bale, M.A. BA adp qss (ADMIN (SEC))		1 Jul
Baxter, A.D.M. qs (SUPP)		1 Jul
Bowen, A.P. odc(US) osc(US) qab qwi(AD) (GD(N))		1 Jul
Bremer, G.T. MA MDA BSc CEng MCMI MRAeS psc(j) qwi(AD) (GD(N))		1 Jul
Cairncross, A.K. cfs qs (GD(P))		1 Jul
Catmull, T.P. MA psc(j) (OPS SPT(FC))		1 Jul
Cocksey, J.K. MSc BSc CEng MRAeS qs (ENG)		1 Jul

GENERAL DUTIES BRANCH

Wing Commanders

2000—contd

Name	Date
Cottell, P. snc qs(GD(N))	1 Jul
Courtnage, P.J. qwi qs (GD(P))	1 Jul
Cox, N.J. BSc CEng MIMechE psc semc (ENG)	1 Jul
Cox, P.H. MA psc(j) (OPS SPT(FC))	1 Jul
D'Arcy, Q.N.P. osc(Fr) qab i* (GD(N))	1 Jul
Dixon, P.G. psc(j) (GD(P))	1 Jul
Dunn, J.F. PhD MSc MBA BSc CEng MIEE MIMechE slmc qss (ENG)	1 Jul
Embleton, S.N. qs (OPS SPT(REGT))	1 Jul
Evans, S.C. MDefStud psc cfs qwi(T)(GD(P))	1 Jul
Farnsworth, A.D. MSc MCIPS semc qss (SUPP)	1 Jul
Fidgett, J.G. MIISec (OPS SPT(PROVSY))	1 Jul
Finnegan, R.M.J. MDA BSc qs (SUPP)	1 Jul
Flippant, P.J. MA MSc psc(j) im (SUPP)	1 Jul
Galloway, A.H. qs (ADMIN (SEC))	1 Jul
Garston, R.J. MSc qs (OPS SPT(REGT))	1 Jul
Goslin, I.P. MA MSc BSc CEng MIEE psc(j) (ENG)	1 Jul
Green, J.W.M. BA MIL psc(Ge) slmc i* i (SUPP)	1 Jul
Gregory, P.W. MBE BA MIL osc(Ge) i* (GD(P))	1 Jul
Grimson, A.S. BA qss (SUPP)	1 Jul
Heaton, S.M. qss (SUPP)	1 Jul
Higgins, P. MA BA psc(j) semc (SUPP)	1 Jul
Hornsby, R.C. MDA BH CMILT MCMI qs (SUPP)	1 Jul
Hughes, J.I. MSc BSc MCIPS MILT im qs (SUPP)	1 Jul
Jobling, C. qab qs (OPS SPT(FC))	1 Jul
Johnston, D.H. MA BSc psc(j) qab (GD(N))	1 Jul
Johnston, A. psc(j) (OPS SPT(PROVSY))	1 Jul
Jones, R.W. OBE qab qs (OPS SPT(FC))	1 Jul
Jones, P.J. psc(j) (GD(N))	1 Jul
Jones, T.W. psc(j) cfs qwi (GD(P))	1 Jul
Kerr-Sheppard, D.A. psc(j) cfs (GD(P))	1 Jul
Kime, A.G. qab qs (SUPP)	1 Jul
Kirkwood, I.M.A. MA MSc BSc CEng MIEE psc(j) (ENG)	1 Jul
Lainchbury, D.I. qs (OPS SPT(ATC))	1 Jul
Lander, R.J. snc qs (GD(N))	1 Jul
Leitch, D.O.S. semc qs (ENG)	1 Jul
Lester-Powell, D.M. BSc psc(j) semc (SUPP)	1 Jul
Lindsay, S.M. MA BSc CertEd qss (ADMIN (TRG))	1 Jul
Linstead, A.S. MA BSc psc(j) qwi(T) (GD(N))	1 Jul
Loveridge, M.J. psc(n) qs (GD(N))	1 Jul
Marden, V.J.A. BA qcc (ADMIN (SEC))	1 Jul
Mardon, J. BSc cfs qwi qs (GD(P))	1 Jul
Marley, T.J. BSc qss (ADMIN (SEC))	1 Jul
Martin, D.L. BSc qcc (ADMIN (SEC))	1 Jul
Martin, P. MSc BSc CEng MIEE psc(j) ae (ENG)	1 Jul
McDevitt, P.M. qs (ADMIN (SEC))	1 Jul
McLean, J.F. MA BA MBIFM psc(j) (ADMIN (SEC))	1 Jul
Monkman, A. MA BA psc(j) qwi (GD(P))	1 Jul
Morton, M.A. BA psc(j)(OPS SPT(ATC))	1 Jul
Moss, S.A. MBE MSc BSc CEng MRAeS MIEE psc(j) ae (ENG)	1 Jul
Old, R.C. MCIPS qs (SUPP)	1 Jul
Orme, D.J. MSc BSc CEng MIEE MCMI qs (ENG)	1 Jul
Orr, D.J. semc qs (SUPP)	1 Jul
Paterson, P.F.B. qss (SUPP)	1 Jul
Peters, S.G. MCIPD qss (ADMIN (SEC))	1 Jul
Ramsey, W.J. qab cfs qs (GD(P))	1 Jul
Rapson, A.D. psc(j)(OPS SPT(ATC))	1 Jul
Rigby, R.P. BSc CEng MIEE psc(j) (ENG)	1 Jul
Roberts, A.J. BSc psc(j)(OPS SPT(ATC))	1 Jul
Selby, G.M.C. MBA BA MIL DipEurHum qs i (SUPP)	1 Jul
Sharpe, N.D. BA psc(j) (GD(N))	1 Jul
Shaw, D.M. psc(j) qwi qwi(AD) (GD(N))	1 Jul
Shay, S.P. qss (ADMIN (SEC))	1 Jul
Simmonds, A. MSc slmc qs (SUPP)	1 Jul
Stockill, G. osc(Fr) qwi i (GD(P))	1 Jul
Tetlow, M.J. MA psc(j) (GD(N))	1 Jul
Townsend, S.P. psc(j) qab (GD(P))	1 Jul
Townsend, P.A. CertEd qs (ADMIN (P ED))	1 Jul
Turner, D.J. qss (ADMIN (CAT))	1 Jul
Turner, A.M. OBE MSc BA MRAeS psc qab qhti (GD(P))	1 Jul
Ulhaq, Z. BA FCMA qs i* (ADMIN (SEC))	1 Jul
Watson, R.M. nadc psc(j)(OPS SPT(ATC))	1 Jul
Webb, J.M.L. BSc odc(US) qhti qs (GD(P))	1 Jul
Weber, E.R. MSc BA MILT qs (SUPP)	1 Jul
Whitmell, J.W. qs (OPS SPT(PROVSY))	1 Jul
Wolton, A.J. MDA qs (ADMIN (SEC))	1 Jul

GENERAL DUTIES BRANCH

Wing Commanders

2001

Alexander, J. MBA BA
 MCMI qab G(a)
 qs   (OPS SPT(REGT))   1 Jan
Atkinson, P.W. BA
 psc(j)   (OPS SPT(FC))   1 Jan
Ball, J.C. qwi(T)
 qs   (GD(N))   1 Jan
Barber, D. BA
 psc(j)(OPS SPT(ATC))   1 Jan
Bessell, J.C.
 psc(j)   (SUPP)   1 Jan
Bray, N. psc(j) qab
 (OPS SPT(REGT))   1 Jan
Brown, D.W.
 qs   (GD(AEO))   1 Jan
Bush, D.A. BSc qab
 qs   (OPS SPT(ATC))   1 Jan
Buttery, P.A. MDA
 FCIPD MRAeS asq
 qs   (OPS SPT(FC))   1 Jan
Byard, J.J.
 psc(j)   (GD(N))   1 Jan
Cole, J.M. qs
 (OPS SPT(INT))   1 Jan
Cunningham, C.S.
 psc(j) cfs   (GD(P))   1 Jan
Daykin, C.P. BEng CEng
 MIMechE psc(j)(ENG)   1 Jan
Dobson, M. qab snc
 qs   (GD(N))   1 Jan
Duance, R.C. psc(j)
 fc   (GD(N))   1 Jan
Edwards, G.D. OBE MA
 MRAeS psc(j) qab
 cfs(n)   (GD(N))   1 Jan
Elliot, C.R. BSc
 psc(j)(OPS SPT(ATC))   1 Jan
Farmer, A.I. MBE BA
 psc(j) i*   (GD(N))   1 Jan
Flynn, K.G.M. BSc
 FCMA MCMI
 qs   (ADMIN (SEC))   1 Jan
Geddes, H.G.
 qs   (GD(N))   1 Jan
Gledhill, D.J. qs(GD(N))   1 Jan
Good, J. OBE BSc
 psc(j)   (ADMIN (CAT))   1 Jan
Goodenough, N.J. MA
 BSc MRAeS psc(j)
 asq   (GD(N))   1 Jan
Groves, A.K. psc(Can)
 cfs   (GD(P))   1 Jan
Guy, T.J. BEng
 psc(j)   (ENG)   1 Jan

Hargrave, R.J. MA BSc
 CEng MRAeS
 psc(j)   (ENG)   1 Jan
Harris, S.J. psc(j)(ENG)   1 Jan
Hewett, G. BEd qs
 (OPS SPT(FC))   1 Jan
Hill, K.W.M. MSc BSc
 CEng MIMechE
 psc(j)   (ENG)   1 Jan
Hill, A.R. FBIFM
 psc(j)   (ADMIN (SEC))   1 Jan
Hitchcock, J.J. psc(Spa)
 qwi(AD)   (GD(P))   1 Jan
Hobbs, M.H.
 psc(j)   (ENG)   1 Jan
Hodgson, J.W.
 qss   (OPS SPT(ATC))   1 Jan
Hutchings, J.P. qab
 qs   (GD(N))   1 Jan
Hutchinson, F.N. MCMI
 qs   (OPS SPT(REGT))   1 Jan
James, R.D. MA
 psc(j)   (ENG)   1 Jan
John, D.H. LLB BA
 psc(j) slmc   (SUPP)   1 Jan
Johnston, J.C.M. BSc
 psc(j)   (GD(P))   1 Jan
Laird, N.W.G. BA
 psc(j)   (GD(P))   1 Jan
Longstaff, M.C. psc(j)
 cfs   (GD(P))   1 Jan
Maddox, A.J.M. OBE
 qsb qs   (SUPP)   1 Jan
Neville, M.C. BSc
 psc(j)   (GD(N))   1 Jan
Nichol, H.R. BSc psc(j)
 semc   (SUPP)   1 Jan
Oldham, M.G. OBE MA
 BSc psc(j)   (GD(N))   1 Jan
Payne, T. BSc G(a)
 qs (OPS SPT(REGT))   1 Jan
Pearce, K.N. MSc BSc
 CEng MIMechE
 qs   (ENG)   1 Jan
Phillips, N.J. MBA IEng
 MIIE psc(j) qsb (ENG)   1 Jan
Porter, J.L. snc
 qs   (GD(N))   1 Jan
Powell, R.J.C. OBE
 psc(j)
 qwi(AD)   (GD(N))   1 Jan
Rafferty, M.S. BSc asq
 cfs(n) qss   (GD(N))   1 Jan
Robertson, R.A.D. BSc
 qs   (GD(P))   1 Jan
Ruddock-West, S.C.
 BSc asq qs   (GD(N))   1 Jan
Smith, C.M.
 psc(j) (ADMIN (SEC))   1 Jan

Smith, C.R.M. BSc
 psc(j) slmc   (ENG)   1 Jan
Spencer, K.A. BH
 psc(j) (ADMIN (SEC))   1 Jan
Storey, P.A. BSc psc(j)
 qwi(AD)   (GD(N))   1 Jan
Stretton, C.J.H. MSc
 BSc psc(j)
 (OPS SPT(PROVSY))   1 Jan
Taylor, P.A. BSc MBCS
 adp qss
 (ADMIN (SEC))   1 Jan
Thompson, R.T.N. MSc
 BSc psc(n)
 qab   (GD(N))   1 Jan
Tolfts, I.R. MA
 psc(j) (ADMIN (SEC))   1 Jan
Viney, G.M. BSc asq
 qs   (GD(N))   1 Jan
Wakeman, M.A. BSc
 qab qwi(AD)
 qs   (GD(N))   1 Jan
Ward, R.J.R. MSc BSc
 asq snc qs   (GD(N))   1 Jan
Watson, D.C. MA psc(j)
 qwi(T)   (GD(P))   1 Jan
White, W.A. psc(Spa)
 qab i   (GD(P))   1 Jan
Whitworth, R.C. cfs(n)
 qs   (GD(N))   1 Jan
Wilkinson, T.A. MBE
 BSc qab qs   (GD(N))   1 Jan
Yapp, G.D. qs   (GD(N))   1 Jan
Ager, J.N. MA
 psc(j)   (GD(N))   1 Jul
Alexander, W.J. qab
 cfs(n) snc qs (GD(N))   1 Jul
Barclay, I.G. qs   (ENG)   1 Jul
Bartlett, A.
 (OPS SPT(FC))   1 Jul
Bate, P.N. BA
 (ADMIN (P ED))   1 Jul
Blount, C.S. MA BSc
 FRIN MRAeS psc(j)
 asq cfs(n)*   (GD(N))   1 Jul
Borland, G.A. psc(j) tp
 qwi(T)   (GD(P))   1 Jul
Bown, T.V. CertEd pji
 qs   (ADMIN (P ED))   1 Jul
Box, A.P.R. BSc
 psc(j)   (ENG)   1 Jul
Boyce, C.L. MBE MIL
 slmc qs   (SUPP)   1 Jul
Byford, A.J. MA MA
 psc(j)   (GD(P))   1 Jul
Cameron, I. MBE MA
 BSc psc(j)
 cfs*   (GD(P))   1 Jul
Chalmers, J.E. BA
 psc(j)(OPS SPT(ATC))   1 Jul

113

GENERAL DUTIES BRANCH

Wing Commanders

2001—contd

Chalmers, I.D. MA MBA
  psc(j) cfs   (GD(P))   1 Jul
Corbett, A.S. MBE BA
  psc(j) qtm
    (OPS SPT(INT))   1 Jul
Cowieson, K.R. jsdc
  qab qs   (GD(N))   1 Jul
Crockatt, S.H. qs(SUPP)   1 Jul
Davies, J.A. BA
  qs   (ADMIN (TRG))   1 Jul
Davies, J.C. MA BSc
  DipAppSS qs
    (OPS SPT(PROVSY))   1 Jul
Devlin, T.D. MBA BSc
  IEng MIIE MCMI
  psc(j) semc   (ENG)   1 Jul
Dixon, Q.L. MA MSc
  BSc CEng MIEE psc(j)
  ae   (ENG)   1 Jul
Downs, G.D. qs
    (OPS SPT(INT))   1 Jul
Edwards, P. qs
    (OPS SPT(INT))   1 Jul
Evans, B.R. BEng CEng
  MIMechE psc(j)(ENG)   1 Jul
Field, T.W.J.
  psc   (ADMIN (SEC))   1 Jul
Fitness, P.M. BSc
  qss   (SUPP)   1 Jul
Friend, R. slmc qs(ENG)   1 Jul
Gatenby, G.J. BSc
  qss   (ENG)   1 Jul
Gibson, W.R. BSc psc(j)
  qwi(T)   (GD(P))   1 Jul
Gray, A. BSc CEng
  MRAeS slmc
  qs   (ENG)   1 Jul
Grinsted, P.J. MRAeS
  DipMgmt psc(j)(ENG)   1 Jul
Hedley, B.H. MBE psc(j)
  qwi   (GD(P))   1 Jul
Heffron, M.D. MCMI
  osc(Ge)
    (ADMIN (SEC))   1 Jul
Hesketh, R.L. MA MSc
  qs   (ENG)   1 Jul
Hornett, M.C.G. BSc
  semc qs   (SUPP)   1 Jul
Humphries, L.J. MSc
  BA IEng CEng
  MRAeS gw qss(ENG)   1 Jul
Huxtable, R.D. qab
  semc qs   (SUPP)   1 Jul
Jacobs, P.C. qab cfs(n)
    (GD(N))   1 Jul

Jochimsen, P.H.C. qab
  cfs qhti qs   (GD(P))   1 Jul
Kemsley, M.H.M. MBE
  BSc psc(Spa) (GD(N))   1 Jul
Knight, M. psc(j)(GD(P))   1 Jul
Land, A. IEng MIIE
  qss   (ENG)   1 Jul
Laurent, C.L.T.
  qss   (SUPP)   1 Jul
Laver, M.D.M. MA BA
  psc(j) cfs   (GD(P))   1 Jul
Lloyd, P.J. qs
    (ADMIN (SEC))   1 Jul
Lovell, G.J. MSc
  MRAeS MCMI semc
  qs   (ENG)   1 Jul
Marsh, R.J.L. BSc psc(j)
  qab
    (OPS SPT(FLTOPS))   1 Jul
McHale, J. MDA BSc
  CEng MIEE MCMI
  semc qs   (ENG)   1 Jul
McLintic, P.J. qs
    (OPS SPT(FC))   1 Jul
Montellier, C.A. MCMI
  psc(j) (ADMIN (SEC))   1 Jul
Morris, W.B. semc
  qs   (SUPP)   1 Jul
Mountain, P.W. MSc
  BSc CEng MRAeS
  CertEd qs
    (ADMIN (TRG))   1 Jul
Norton, C.J.R. OBE DFC
  BSc psc(j) qwi(GD(P))   1 Jul
Offer, A.C. OBE psc(j)
  cfs qwi qss1   (GD(P))   1 Jul
Palmer, D.J. qs (SUPP)   1 Jul
Parkinson, S.J.
  qs   (ENG)   1 Jul
Peacock, E. BA semc
  qs   (SUPP)   1 Jul
Pearce, L.E.F. qab
  qs   (GD(N))   1 Jul
Powell, K. BSc CEng
  MIMechE semc
  qs   (ENG)   1 Jul
Preston, G.A. qab qtm
  qs   (OPS SPT(FC))   1 Jul
Preston, D.L. qs(GD(N))   1 Jul
Rabagliati, R.O. FCIS
  MInstAM MBIFM
  qs   (ADMIN (SEC))   1 Jul
Reid, J.P.Q.
  psc(j)   (GD(ENG))   1 Jul
Roberts, J.D. BSc semc
  qs   (ENG)   1 Jul
Rover-Parkes, S.N.
  MCMI qs
    (ADMIN (SEC))   1 Jul
Russell, I.R. qs (SUPP)   1 Jul

Sarjeant, A.P. qs (ENG)   1 Jul
Slater, R.C.
  psc(j)   (GD(N))   1 Jul
Smith, D.M. BA CertEd
  qs   (ADMIN (P ED))   1 Jul
Smith, N.C. qs
    (OPS SPT(REGT))   1 Jul
Spence, S.J.
  psc(j) (ADMIN (SEC))   1 Jul
Stark, J.P. MSc BSc ts
  qab qs   (SUPP)   1 Jul
Strachan, P.D. qs
    (OPS SPT(REGT))   1 Jul
Swift, A.B. qs   (SUPP)   1 Jul
Taylor, C. BA qab
  qs
    (OPS SPT(FLTOPS))   1 Jul
Taylor, A.J. BSc(Eng)
  CEng MRAeS semc
  qs   (ENG)   1 Jul
Thomas, K.L. MBA MSc
  BEng CEng MIEE
  MCMI qss   (ENG)   1 Jul
Thomson, D.B. psc(j)
  semc   (SUPP)   1 Jul
Thornber, S.R. BSc
  psc(j) (OPS SPT(INT))   1 Jul
Toner, A. psc(j) (GD(N))   1 Jul
Truss, K.P. psc
  cfs   (GD(P))   1 Jul
Underhill, G.P. BSc
  CEng MIEE semc
  qs   (ENG)   1 Jul
Veitch, C.A. osc(Ku)
  cfs   (GD(P))   1 Jul
Walsh, J.M. BTech qab
  qs   (GD(P))   1 Jul
Walsh, J. MDA BSc
  CEng MRAeS
  qs   (ENG)   1 Jul
Waterfield, B.J. FCIPD
  qs (ADMIN (SEC))   1 Jul
Wynne, M. qs (ENG)   1 Jul

2002

Allan, D. qab qtm
  qs   (OPS SPT(INT))   1 Jan
Allchorne, R.M. psc(j)
  qwi   (GD(P))   1 Jan
Appleton, D.P. MSc BSc
  (Eur Ing) CEng
  MIMechE psc(j)(ENG)   1 Jan
Barnes, O.R.J. MSc BSc
  CEng MIMechE
  psc(j)   (ENG)   1 Jan
Bentley, D.A. qwi
  qs   (GD(P))   1 Jan

GENERAL DUTIES BRANCH

Wing Commanders

2002—contd

Bradshaw, N.T. BEng		
psc(j) (ENG)	1 Jan	
Bray, C.M. qs		
(ADMIN (SEC))	1 Jan	
Broadbent, J.R. MSc		
BEng psc(j)		
asq (GD(N))	1 Jan	
Bruce, G.J. MBE MA		
FCIPD psc(j)		
(ADMIN (SEC))	1 Jan	
Burr, J. DFC BSc psc(j)		
cfs (GD(P))	1 Jan	
Cass, D.N. psc		
qhti (GD(P))	1 Jan	
Chadwick, S.P. MA		
psc(j) (ADMIN (SEC))	1 Jan	
Chapman, N.A. MSc BA		
qtm qs		
(OPS SPT(INT))	1 Jan	
Clifford, N. LLB psc(j)		
cfs (GD(P))	1 Jan	
Clouth, P.J. MA MSc		
BEng CEng MIEE		
psc(j) (ENG)	1 Jan	
Cockbill, S.C. BSc qab		
qss (GD(N))	1 Jan	
Comer, P.K. psc(j)		
cfs (GD(P))	1 Jan	
Cook, P.G. qs (SUPP)	1 Jan	
Cookson, N.T.		
qs (GD(N))	1 Jan	
Coxen, J. BSc odc(US)		
cfs qs (GD(P))	1 Jan	
Elliott, V.P. MSc BSc		
CEng MIEE semc		
qs (ENG)	1 Jan	
Fyffe, J.C.N. MSc BSc		
slmc gw qs (ENG)	1 Jan	
Gilbert, C.N.R. MSc		
BEng ae qss (ENG)	1 Jan	
Gillan, J. qs (GD(AEO))	1 Jan	
Godfrey, P.M. BSc DipEl		
qs (ADMIN (TRG))	1 Jan	
Guest, T.A. qs (GD(N))	1 Jan	
Hallwood, J.Q. BSc cfs		
qs (GD(P))	1 Jan	
Hayward, A.J.M. BSc		
MRAeS asq snc		
qs (GD(N))	1 Jan	
Hughes, W.R.		
psc(j) (GD(AEO))	1 Jan	
Hunter, A.J. BA		
psc(j) (ADMIN (SEC))	1 Jan	
Liley, S. qss (ENG)	1 Jan	

Lister-Tomlinson, A.D.		
qab qwi qtm		
qs (GD(N))	1 Jan	
Liston, G.D. MSc BSc		
semc qs (ENG)	1 Jan	
MacKenzie, D.P.		
qs (ADMIN (SEC))	1 Jan	
Melhuish, R.T.K. MSc		
MBA BEng CEng		
MIMechE psc(j)(ENG)	1 Jan	
Mickleburgh, A.S. MSc		
BSc psc(j) (SUPP)	1 Jan	
Mitchell, C.T.		
psc(j) (GD(N))	1 Jan	
Muir, A.G. BSc CEng		
MRAeS psc(j)		
qsb (ENG)	1 Jan	
Naismith, A. psc(j)		
cfs (GD(P))	1 Jan	
Newby, T. asq qab		
cfs(n) snc qs (GD(N))	1 Jan	
Noel, R. psc(j) (GD(N))	1 Jan	
Organ, J.W. psc(j)		
semc (SUPP)	1 Jan	
Page, J.M. MBA BSc		
CEng MIMechE		
MCMI qs (ENG)	1 Jan	
Paige, J.M. qss		
(OPS SPT(ATC))	1 Jan	
Payne, T.A.R. MSc BA		
CEng MIEE qs (ENG)	1 Jan	
Picton, D.M. MA BSc		
MCIPS psc(j) (SUPP)	1 Jan	
Prescott, J.C. psc(j)		
qwi(AD) (GD(N))	1 Jan	
Purser, C.R. qs (GD(N))	1 Jan	
Quigley, M. psc(j)(ENG)	1 Jan	
Quin, A.K. qs		
(OPS SPT(ATC))	1 Jan	
Radcliffe, A.J. MA		
psc(j) (ADMIN (SEC))	1 Jan	
Richardson, S.A. MA		
BSc CEng MRAeS		
psc(j) (ENG)	1 Jan	
Roberts, G.J.		
qs (GD(ENG))	1 Jan	
Rose, V.E. snc		
qs (GD(N))	1 Jan	
Scott, C.M. AFC MPhil		
BA psc(j) (GD(P))	1 Jan	
Serrell-Cooke, P.J.		
psc(j) slmc (SUPP)	1 Jan	
Smith, R.D. MBA BA		
MCIPS qs (SUPP)	1 Jan	
Stevens, N.W.H. BA		
psc(j) (SUPP)	1 Jan	
Thomas, G.D. qs(SUPP)	1 Jan	
Tolometer, G.R. BTech		
CEng MRAeS osc(Fr)		
i (ENG)	1 Jan	

Tunnicliffe, G. MA BA		
psc(j) (ADMIN (SEC))	1 Jan	
Watson, C.W. MBE MSc		
MInstPet MCIPS		
pptec qsb qs (SUPP)	1 Jan	
Wescott, M.R.J. qab		
qwi qs (GD(N))	1 Jan	
Wilkinson, S.R. MA		
MDA BSc CEng		
MRAeS MCMI		
psc(j) (ENG)	1 Jan	
Willey, N.W. cfs		
qs (GD(P))	1 Jan	
Williams, M. qs		
(ADMIN (SEC))	1 Jan	
Wilson, S.J. BA cfs(n)		
qs (GD(N))	1 Jan	
Wood, N.C. MBE MPhil		
BSc qs (ENG)	1 Jan	
Adlam, R.H. qwi		
qs (GD(P))	1 Jul	
Barnfield, S.K. BSc		
psc(j) qwi(T) (GD(N))	1 Jul	
Beach, P.J. MBE BSc		
psc(j) qab		
qwi(AD) (GD(N))	1 Jul	
Bell, I.N. psc(j)		
(OPS SPT(ATC))	1 Jul	
Blake, S.J. MBE psc(j)		
cfs (GD(P))	1 Jul	
Bleeker, J.D. MBA BA		
BSc MCIPS qs		
i* (SUPP)	1 Jul	
Bradnam, S.W. BSc		
qab qs		
(OPS SPT(REGT))	1 Jul	
Bray, B.A.J. BSc		
qs (ENG)	1 Jul	
Conway, J.B.		
psc (GD(N))	1 Jul	
Cook, D.R.D. MSc BSc		
CEng MRAeS		
osc(Fr) (ENG)	1 Jul	
Craib, B.L. MBA BSc		
qs (SUPP)	1 Jul	
Cruickshank, W.A.		
psc(j) qwi (GD(P))	1 Jul	
Dixon, J.M. AFC* BSc		
psc (GD(N))	1 Jul	
Edmondson, S.J. BSc		
CEng MIEE qss(ENG)	1 Jul	
Evans, M.W. MA BSc		
MCMI CertEd		
CertPhysEd		
psc(j) (ADMIN (TRG))	1 Jul	
Evans, M.G. MEd		
qss (ADMIN (TRG))	1 Jul	
Firth, M.H. MBA BA MIL		
qs i* (ADMIN (SEC))	1 Jul	

GENERAL DUTIES BRANCH

Wing Commanders

2002—contd

Frost, A.S. BSc
  psc(j) (GD(N)) 1 Jul
Gordon, R.G.H. semc
  qs (SUPP) 1 Jul
Hall, A.J. MBE psc(j)
  qab(OPS SPT(REGT)) 1 Jul
Hands, S.J. MDA BSc
  CEng MRaeS
  psc(j) (ENG) 1 Jul
Hill, C.R. qwi qs(GD(P)) 1 Jul
James, W.A.W. MBE
  psc(j) qab cfs (GD(P)) 1 Jul
Jones, D.K. psc(j)
  (OPS SPT(FC)) 1 Jul
Jones, F.B. IEng MIIE
  qs (ENG) 1 Jul
Kerry, C.J. BSc semc
  qss (ENG) 1 Jul
Lee, D.J.F. BSc psc(j)
  cfs (GD(P)) 1 Jul
Lee, N.P.D. MA BSc
  MRAeS psc(j) (GD(P)) 1 Jul
Loveday, N.J. BSc
  psc(j) (OPS SPT(FC)) 1 Jul
MacKay, A.J.M. psc(j)
  cfs (GD(P)) 1 Jul
McCafferty, P.
  qs (ADMIN (SEC)) 1 Jul
Mitchell, A.G. BA psc(j)
  qab (GD(N)) 1 Jul
Myers, I.A. slmc
  qs (ENG) 1 Jul
Newman, N.J. MPhil
  MSc MRaeS
  psc(Ind)
  (OPS SPT(REGT)) 1 Jul
O'Keefe, R.J. qs (SUPP) 1 Jul
Pound, M. G(a) qs
  (OPS SPT(REGT)) 1 Jul
Richards, S.I. BSc psc(j)
  qwi(AD) (GD(N)) 1 Jul
Rochelle, S.P. DFC
  psc(j) qwi(T) (GD(N)) 1 Jul
Roper, M.L. BA qs
  (OPS SPT(FC)) 1 Jul
Simpson, M.J. qwi(AD)
  qs (GD(P)) 1 Jul
Spencer, J.D. BSc
  psc(j)
  (OPS SPT(FLTOPS)) 1 Jul
Tench, I.R. PhD BA
  qs (ADMIN (TRG)) 1 Jul
Thomson, A.H.W. semc
  qs (SUPP) 1 Jul

Todd, I.S. MA psc(j)
  G(a)
  (OPS SPT(REGT)) 1 Jul
Tomaney, D.A.
  psc(j)(OPS SPT(ATC)) 1 Jul
Vizoso, A.F. BSc
  qcc (ADMIN (SEC)) 1 Jul
Waring, M.S. BSc semc
  qs (ENG) 1 Jul
Williams, T.B. MSc BSc
  CEng MIEE qs (ENG) 1 Jul
Willis, A.S.
  psc(j) (GD(P)) 1 Jul
Winstanley, D.
  psc(j)(OPS SPT(ATC)) 1 Jul

2003

Adey, E.J. BA qs
  (OPS SPT(REGT)) 1 Jan
Anthistle, P. qs
  (OPS SPT(ATC)) 1 Jan
Bailey, R. MA MCMI
  psc(j) qab
  (OPS SPT(INT)) 1 Jan
Barley, M.P. BA psc(j)
  qwi(T) (GD(N)) 1 Jan
Below, T.D.Q. MA BSc
  psc(j) tp (GD(P)) 1 Jan
Bennington, T. BSc
  psc(j) cfs (GD(P)) 1 Jan
Bethell, K.H.R.
  psc(j) (ENG) 1 Jan
Bird, M.R. MBE
  psc(j)
  (OPS SPT(REGT)) 1 Jan
Brazier, C.E.J. psc(j)
  qwi(T) (GD(N)) 1 Jan
Brook, D.J. BSc CEng
  MRAeS psc(j) (ENG) 1 Jan
Cairns, S.L. MA BSc
  MCMI AInstAM
  psc(j) (ADMIN (SEC)) 1 Jan
Calder, J.M. BSc psc(j)
  qab qwi(T) (GD(N)) 1 Jan
Carver, L. BA
  qcc (ADMIN (TRG)) 1 Jan
Chalklin, R. MBE
  qs (OPS SPT(REGT)) 1 Jan
Clarke, P.K. BEd
  qs (ADMIN (P ED)) 1 Jan
Codling, A. semc
  qs (ENG) 1 Jan
Cole, M.J. qs(GD(ALM)) 1 Jan
Conant, A.J. BSc
  qs (ENG) 1 Jan
Crump, D.G. BSc asq
  qab adp qs (GD(P)) 1 Jan

Curtis, A.R.
  psc(j) (SUPP) 1 Jan
Davies, P.A. asq
  qs (GD(AEO)) 1 Jan
Dean, S. MSc BSc
  CertEd qs
  (ADMIN (TRG)) 1 Jan
Dobson, A.P. BEng
  qs (OPS SPT(REGT)) 1 Jan
Doyle, G. MPhil BSc
  qab cfs qs (GD(P)) 1 Jan
Duffus, A.A. qs
  (OPS SPT(FC)) 1 Jan
Edwards, M.A. BSc
  psc(j) (ENG) 1 Jan
Elliott, E.A.C. MA psc(j)
  qwi(AD) (GD(P)) 1 Jan
Girling, R.J. cfs
  qs (GD(P)) 1 Jan
Goatham, J.M.
  qs (GD(P)) 1 Jan
Gorman, N.R. BEd
  psc(j) pji
  (ADMIN (P ED)) 1 Jan
Gough, A.A. MSc BEd
  psc(j) (ADMIN (TRG)) 1 Jan
Gough, P.M. MSc BSc
  MILT ts semc
  qs (SUPP) 1 Jan
Gray, A.P. psc(j) cfs
  qhti (GD(P)) 1 Jan
Gray, R.W. qs
  (OPS SPT(FC)) 1 Jan
Hall, S.D.B. semc
  qss (SUPP) 1 Jan
Hill, R. MA CMILT
  psc(j) (SUPP) 1 Jan
Hindmarsh, S. psc(j)
  qab qwi(AD) (GD(N)) 1 Jan
Huckstep, C.R. DFC MA
  FRGS oaws(US) tp
  qs (GD(P)) 1 Jan
Hudson, P.A. MSc
  MCIPS qs qss (SUPP) 1 Jan
Hunter, C.T. MMDS psc
  qab (GD(P)) 1 Jan
Ingham, J.A. qs
  (OPS SPT(REGT)) 1 Jan
Jenkins, J.K. psc(j)
  cfs (GD(P)) 1 Jan
Jones, A. psc(j)
  qab (GD(P)) 1 Jan
Jones, C. psc(j) qab
  cfs(n)* (GD(N)) 1 Jan
Keetley, A.E. MA
  psc(j) (ADMIN (SEC)) 1 Jan
Kelly, G.S. BSc psc
  cfs (GD(P)) 1 Jan
Kendall, E.S. MA psc(j)
  G(a)(OPS SPT(REGT)) 1 Jan

GENERAL DUTIES BRANCH

Wing Commanders

2003—contd

Name	Date
Lord, D.K. MBE psc(j) (GD(AEO))	1 Jan
Luck, C.J. MBE odc(US) cfs qs (GD(P))	1 Jan
McAlpine, P.W. MSc BSc CEng MRAeS psc(j) ae (ENG)	1 Jan
Millington, N.G. IEng FIIE qss (ENG)	1 Jan
Moody, D. (ENG)	1 Jan
Moos, F.J. BSc CITP MBCS adp qss (ADMIN (SEC))	1 Jan
Notman, S.R. MA psc(j) (GD(N))	1 Jan
Orton, D.G. BSc CEng MIEE qsb qs (ENG)	1 Jan
Paul, R.J. BA psc(j) (ADMIN (SEC))	1 Jan
Ploutarchou, A.P. psc(spa) i (OPS SPT(ATC))	1 Jan
Portlock, J.B. psc(j) qab (OPS SPT(FC))	1 Jan
Powe, M.J. BSc qs (OPS SPT(FC))	1 Jan
Read, A.B. BSc CEng MRAeS psc(j) (ENG)	1 Jan
Rose, P.M. BEng CEng MIEE psc(j) (ENG)	1 Jan
Sampson, M.E. psc(j) qwi (GD(P))	1 Jan
Shell, S.J. psc(j)(GD(P))	1 Jan
Smyth, P.J. psc(j) cfs(n) (GD(N))	1 Jan
Steel, C.S. qab qtm qs (OPS SPT(INT))	1 Jan
Sugden, G.H.B. MSc qs (OPS SPT(PROVSY))	1 Jan
Sutherland-Scott, R. MBE BSc qs (OPS SPT(ATC))	1 Jan
Tait, A.G. BSc(Eng) CEng MRAeS MIMechE qs (ENG)	1 Jan
Taylor, P.J. BSc psc(j) (GD(N))	1 Jan
Taylor, W.S. MBE MSc BSc MCMI qs (OPS SPT(REGT))	1 Jan
Trace, B.E. MBE qs (GD(N))	1 Jan
Trapp, D.G. psc(j) qab qhti (GD(N))	1 Jan
Tyrer, S. qs (ADMIN (SEC))	1 Jan
Wariner, J.P. BSc CEng MIEE psc(j) (ENG)	1 Jan
Abbott, C.J. qss (OPS SPT(REGT))	1 Jul
Andrew, D.R. MA MBA psc(j) (GD(N))	1 Jul
Archer, J.P. qs (OPS SPT(REGT))	1 Jul
Barrett, T.A. qwi qs (GD(P))	1 Jul
Bennett, A.A. BSc qs (GD(P))	1 Jul
Binns, S.M. BSc psc(j) (SUPP)	1 Jul
Brailsford, S. MVO psc(j) (GD(N))	1 Jul
Butler, A.J. qs (ENG)	1 Jul
Carey, R.J.L. BSc oaws(US) qab qwi qwi(T) qs (GD(P))	1 Jul
Chatterton, R.J. qs (GD(AEO))	1 Jul
Cookson, J.D. BEM qs (OPS SPT(ATC))	1 Jul
Coope, A.J. BEng psc(j) cfs (GD(P))	1 Jul
Dainton, S.D. psc(j) qsb (SUPP)	1 Jul
Dancey, A.N. BA asq qs (GD(N))	1 Jul
Dewar, N.A. psc(j) qab (OPS SPT(FC))	1 Jul
Duguid, I.W. qwi qs (GD(P))	1 Jul
Ellis, S.C. MBE MBA IEng MIIE hlaq qs (ENG)	1 Jul
Ellis, J. slmc qs (SUPP)	1 Jul
Erwich, K.M. adp qss (ADMIN (SEC))	1 Jul
Evans, M.A. BA qs (ADMIN (SEC))	1 Jul
Evans, M.A. BA MCMI qs (ENG)	1 Jul
Featherstone, C.J. MSc BSc CEng MIEE psc(j) (ENG)	1 Jul
Fogden, R. MDA psc(j) (SUPP)	1 Jul
Forde, D.J.C. BA qs (ADMIN (CAT))	1 Jul
Gair, G.C. psc(j) (GD(P))	1 Jul
Gladston, J.G. MBE DFC BEng psc(j) (GD(P))	1 Jul
Goff, N.J. BSc CEng MRAeS semc qss (ENG)	1 Jul
Green, A.D. OBE BA odc(Aus) qs (GD(P))	1 Jul
Hardcastle, O.E. qs (SUPP)	1 Jul
Hart, M.P. BA psc(j) qab (OPS SPT(INT))	1 Jul
Hawley, M.D. BSc qs (GD(N))	1 Jul
Henderson, G.G. qss (ADMIN (SEC))	1 Jul
Heyworth, T.C. BSc psc(j) (OPS SPT(REGT))	1 Jul
Hill, A.P. psc qwi(GD(P))	1 Jul
Hine, A.C. MA psc(j) qwi(T) (GD(P))	1 Jul
Hopkin, R.A. BEd qs (ADMIN (TRG))	1 Jul
Isaac, S.A. BSc qs (ADMIN (TRG))	1 Jul
Jack, S.A. BEng CEng MIEE qs (ENG)	1 Jul
Johnstone, A.K. MSc BSc CEng MIMechE MRAeS qs (ENG)	1 Jul
Jones, D.K. qs (GD(N))	1 Jul
Keen, P.J. BA semc qs (ENG)	1 Jul
Lawson, E. BSc psc(j) (OPS SPT(PROVSY))	1 Jul
Lee, P.B.T. MA BEng CEng MIMechE psc(j) (ENG)	1 Jul
Lee, R.G. MSc BSc MILT psc(j) (SUPP)	1 Jul
Luck, R.K. cfs qhti qs (GD(P))	1 Jul
MacCormac, R.M.J. MRAeS psc(j) qwi i* (GD(P))	1 Jul
Mann, T.S. BSc CEng FIMechE qs (ENG)	1 Jul
Melvin, I. BSc adp qs (ADMIN (SEC))	1 Jul
Murphy, T.G. BEng CEng MIEE semc qs (ENG)	1 Jul
Murray, N. qs (ENG)	1 Jul
Niven, J.G. qs (GD(N))	1 Jul
Northcote-Wright, A. psc(j) (ENG)	1 Jul
Poole, G.J. MA MDA BEng CEng MRAeS psc(j) (ENG)	1 Jul
Presley, M.A. MBA MCMI qab qs (OPS SPT(FC))	1 Jul

GENERAL DUTIES BRANCH

Wing Commanders

2003—contd

Read, R.C. MA MBA FCIS MInstD psc(j) (ADMIN (SEC)) 1 Jul
Saunders, M.A. qab qwi(T) qs (GD(P)) 1 Jul
Smart, M.A. psc(j) (GD(N)) 1 Jul
Smith, F.E.A. BEng psc(j) (ENG) 1 Jul
Stammers, M.O. qs (ENG) 1 Jul
Stone, T. MSc FCILT FILT MRaeS MCIPS im qsb qs (SUPP) 1 Jul
Sullivan, J.M. MBE MSc psc(j) qwi (GD(P)) 1 Jul
Toft, M.C. psc(j) cfs(n) qtm (GD(N)) 1 Jul
Tolley, S.G. BSc qab qwi qwi(T) qs (OPS SPT(FC)) 1 Jul
Torrance, A.I.M. psc(j) (GD(N)) 1 Jul
Turnbull, D.T. BSc qab cfs qs (GD(P)) 1 Jul
Voss, M.G. MSc BSc CEng MIEE semc qss (ENG) 1 Jul
Waddington, D.J. psc(j) qwi(T) (GD(P)) 1 Jul
Walcot, B.V.H. MA BA psc(j) (ADMIN (SEC)) 1 Jul
Waterfall, G.M. qwi qs (GD(P)) 1 Jul
Watts, D.J. BSc CEng MIEE qs (ENG) 1 Jul
Watts, D. BA MIL semc qs i* (SUPP) 1 Jul
Wells, G.R. psc(j) qwi(T) (GD(P)) 1 Jul
Wigston, M. MA psc(j) qwi(T) (GD(P)) 1 Jul
Williams, D.V. BA PGCE MCIPD qs (ADMIN (SEC)) 1 Jul
Willox, K.W. BA MHCIMA qs (ADMIN (CAT)) 1 Jul
Wilson, J.M. BSc qs (GD(P)) 1 Jul
Wood, C.D. MBE psc(j)(OPS SPT(ATC)) 1 Jul

Woodhouse, I.P. MBE BSc(Eng) CEng MRaeS MCMI semc qs (ENG) 1 Jul
Woodward, R.G.G. qs (OPS SPT(REGT)) 1 Jul
Youngs, R.A. DMS qs (ADMIN (SEC)) 1 Jul

2004

Barbour, S.R.A. MSc BA MIL slmc qss (SUPP) 1 Jan
Barnes, R.W. qs (OPS SPT(REGT)) 1 Jan
Beresford, M.J. slmc qs (SUPP) 1 Jan
Billings, P.A. qs (ENG) 1 Jan
Bryan, M.J. BSc(Eng) MRaeS MInstD MCMI qab cfs qs (GD(P)) 1 Jan
Bulman, C.G. MBE qss (ADMIN (SEC)) 1 Jan
Burgess, C.M. IEng MIIE qs (ENG) 1 Jan
Cannard, M.W. psc(j) (GD(N)) 1 Jan
Chowns, D.A. BEng CEng MRaeS psc(j) (ENG) 1 Jan
Cole, D. qs (SUPP) 1 Jan
Collinson, D.P. BSc DipAppSS psc(j) (ADMIN (SEC)) 1 Jan
Cooper, D.J.E. BEng qs (GD(N)) 1 Jan
Cooper, D.G. MA psc(j) cfs qwi (GD(P)) 1 Jan
Counter, G.C. qs (GD(N)) 1 Jan
Crookston, J. MSc CEng MIMechE qs (ENG) 1 Jan
Cunningham, W.J. BSc psc(j) cfs (GD(P)) 1 Jan
Daughtrey, P.S. CertEd qs (ADMIN (TRG)) 1 Jan
Doherty, J.N. MA psc(j) (ADMIN (SEC)) 1 Jan
Donald, P.W. BEng qs (ENG) 1 Jan
Doubleday, S. BA qs (ADMIN (SEC)) 1 Jan
Dowling, S.N. BSc qwi qs i (GD(P)) 1 Jan
Dowling, F.K. qs (OPS SPT(FLTOPS)) 1 Jan

Dryburgh, D.S. MSc BSc hlaq qs (ADMIN (TRG)) 1 Jan
Dunn, G.J. MSc BSc IEng CEng FIIE MRaeS adp qss (ENG) 1 Jan
Eagles, M.E. MBE BSc semc qs (ENG) 1 Jan
Falvey, M.K. qab cfs qs (GD(P)) 1 Jan
Fletcher, S.P. qs (SUPP) 1 Jan
Griffiths, H.M. BSc qwi(AD) qs (GD(N)) 1 Jan
Gudgeon, A.C. MSc BSc CEng MIEE psc(j) qab (ENG) 1 Jan
Hallett, P.Q. MA BSc FRGS psc qab(GD(P)) 1 Jan
Harris, T.N. MA psc(j) qwi(T) (GD(N)) 1 Jan
Hartley, N.J. BSc CPhys CEng MInstP MIEE psc(j) semc (ENG) 1 Jan
Hawley, A.B. MSc BSc semc qs (ENG) 1 Jan
Hermon, E.L. qsb qs (SUPP) 1 Jan
Hewson, P.W. MBE BA qab cfs(n) qs (GD(N)) 1 Jan
Hollis, M. MDA BSc CEng MRaeS semc qs (ENG) 1 Jan
Houghton, D.A. MSc BA cfs(n) qs (GD(N)) 1 Jan
Hughes, R.G. MBA BSc CEng MIEE qs (ENG) 1 Jan
Hunter, J.M. MSc CMILT qs (SUPP) 1 Jan
Innes, A.J. qwi(AD) qs (GD(P)) 1 Jan
Jackson, P.A. FCIPD qs (ADMIN (SEC)) 1 Jan
Jeffrey, A.K. psc(j) qwi(T) (GD(N)) 1 Jan
Johnstone, S.C. BEd qs (ADMIN (P ED)) 1 Jan
Jones, K.S. qss (SUPP) 1 Jan
Kelsey, D. BSc psc(j) (ENG) 1 Jan
Knighton, R.J. MA CEng MIMechE psc(j) (ENG) 1 Jan
Lavender, M.D. psc(j) (ADMIN (SEC)) 1 Jan
Lawson, J. BSc psc(j) (GD(N)) 1 Jan
Loxton, W.T. BEd qab pji qs(ADMIN (P ED)) 1 Jan

GENERAL DUTIES BRANCH

Wing Commanders

2004—contd

Manwaring, M.T. qs (GD(N)) 1 Jan
McCann, N.F. BEng psc(j) (ENG) 1 Jan
McCracken, T.S. (ADMIN (SEC)) 1 Jan
McGill, A. psc(j) (ADMIN (SEC)) 1 Jan
McMahon, R.M. qs (GD(N)) 1 Jan
Millington, S. BA qab qs (OPS SPT(REGT)) 1 Jan
Mitra, A.R. qs (ADMIN (SEC)) 1 Jan
Newnham, N. psc(j) cfs qwi (GD(P)) 1 Jan
Nicholson, F.J. BSc psc(j) (GD(P)) 1 Jan
Ousby, R.T. MSc BSc ae qs (ENG) 1 Jan
Owens, T.J.L. qs (OPS SPT(ATC)) 1 Jan
Parry, J.A. MA BSc CertEd qs (ADMIN (TRG)) 1 Jan
Paulson, J.D. qsb slmc qs (SUPP) 1 Jan
Philliban, J. qsb qs (ENG) 1 Jan
Pitcher, S.J. psc(j) i (GD(P)) 1 Jan
Roads, C. BSc CEng MRAeS qss (ENG) 1 Jan
Roberts, O.D. BEd pji qs (ADMIN (P ED)) 1 Jan
Roughsedge, E. IEng MIIE qs (ENG) 1 Jan
Sansom, A.M. MSc BEng CEng MRAeS ae qs (ENG) 1 Jan
Satchell, V.J. qs (ENG) 1 Jan
Scott, D.P.P. qs (ENG) 1 Jan
Selway, K. qs (ADMIN (SEC)) 1 Jan
Smith, I.R. qs (OPS SPT(REGT)) 1 Jan
Sutton, R.A. pptec slmc qs (SUPP) 1 Jan
Todd, C.W. BA qs (ADMIN (SEC)) 1 Jan
Vincent, H.J.C. MBE qs (ADMIN (SEC)) 1 Jan
Wain, S. qs (GD(N)) 1 Jan

Walters, A.J.C. BSc psc(j) qwi(T) qtm (GD(P)) 1 Jan
Whitaker, J. qss (ENG) 1 Jan
Williams, G.D.V. MBE qs (ADMIN (CAT)) 1 Jan
Wilson, A.R. BA qs (ADMIN (SEC)) 1 Jan
Woodward, M.F. qss (SUPP) 1 Jan
Wray, S.W. BEng qs (ENG) 1 Jan
Wren, J.D. MBA MCMI CMC hlaq cfs qs (GD(P)) 1 Jan
Ainsworth, M.S.A. qs (ADMIN (SEC)) 1 Jul
Armitage, S.R. MSc BEng CEng MRAeS qs (ENG) 1 Jul
Beasant, A.J. qs (OPS SPT(REGT)) 1 Jul
Beckley, C.P. OBE BSc(Econ) qs (OPS SPT(REGT)) 1 Jul
Berry, T.I. BSc slmc qss (SUPP) 1 Jul
Blake, F.J. qtm qs (OPS SPT(INT)) 1 Jul
Brown, M.O. psc(j) qab cfs (GD(P)) 1 Jul
Brown, H.J. qs (ADMIN (SEC)) 1 Jul
Clews, P.J. MEd BSc qss (ADMIN (TRG)) 1 Jul
Clifford, R.F.J. qs (OPS SPT(REGT)) 1 Jul
Cochrane, A.W. psc(j) qwi(AD) (GD(N)) 1 Jul
Cole, E.J. MBE qs (SUPP) 1 Jul
Coleman, M.S.P. fc qs (OPS SPT(FC)) 1 Jul
Cooper, I.R. MBE qs (ENG) 1 Jul
Coton, C.C. qs (ADMIN (SEC)) 1 Jul
Cross, L. qs (ADMIN (SEC)) 1 Jul
Da'Silva, C.D. MA psc(j) (GD(N)) 1 Jul
Daft, R.E. psc(j) (GD(P)) 1 Jul
Daisley, R.M. BSc qs (OPS SPT(FC)) 1 Jul
Day, M.N. qab qs (GD(P)) 1 Jul
Dean, P. IEng MIIE semc qss (ENG) 1 Jul
Doyle, J.M. qs (OPS SPT(ATC)) 1 Jul

Dudman, D.A. qab qs (GD(P)) 1 Jul
Ellard, S.D. MSc BSc CEng MRAeS MBCS ae qs i* (ENG) 1 Jul
Etches, T.J. slmc qs (SUPP) 1 Jul
Fane De Salis, H.J.A. MBA BA qs (ADMIN (SEC)) 1 Jul
Flint, T.D. MSc BSc CMILT ts qsb qs (SUPP) 1 Jul
Forster, D. BA psc(j) (ADMIN (SEC)) 1 Jul
Gillespie, A.K. BSc qab qwi(AD) qs (GD(N)) 1 Jul
Gilligan, M. MSc BSc gw qs (ENG) 1 Jul
Hand, M.T. psc(j) (OPS SPT(REGT)) 1 Jul
Harrison, I.M. MCIPD psc(j) (ADMIN (SEC)) 1 Jul
Headland, G.C. MA MBA MCMI psc(j) (ADMIN (SEC)) 1 Jul
Heath, P.J. slmc qs (SUPP) 1 Jul
Horne, S.R. BSc psc(j) (OPS SPT(PROVSY)) 1 Jul
Horton, M. qs (ENG) 1 Jul
Hunter, J.H. BSc cfs qs (GD(P)) 1 Jul
Jacob, R.G. BA qs (OPS SPT(ATC)) 1 Jul
Jinadu, A.O. psc(j) qsb (SUPP) 1 Jul
Khepar, B.S. qs (ADMIN (SEC)) 1 Jul
Killey, A.H. MDA BSc DMS psc(j) slmc (SUPP) 1 Jul
Knott, S. BSc qs (ENG) 1 Jul
Legg, D.A.C. MBE qab qs (GD(P)) 1 Jul
Lewis, K.A. BEng qwi qs (GD(P)) 1 Jul
Linter, J.E. MA qwi(T) qs (GD(N)) 1 Jul
Lovell, A.B. cfs qs i* (GD(P)) 1 Jul
Machray, R.G. MSc BEng ae qs (ENG) 1 Jul
Maddison, R.C. cfs qs (GD(P)) 1 Jul
Mason, R.D. MBE qs (GD(P)) 1 Jul
Miller, S.M. qs qcc (OPS SPT(REGT)) 1 Jul

119

GENERAL DUTIES BRANCH

Wing Commanders

2004—contd

Milne, J.D. DFC qwi		
qs (GD(P))	1 Jul	
Morris, P.J. CertEd		
qs (ADMIN (TRG))	1 Jul	
Myers, A.M. MBE		
qwi(T) qs (GD(P))	1 Jul	
Northover, M.J. MBE		
BEng CEng MRAeS		
qs (ENG)	1 Jul	
O'Neill, P.E. LLB MCIPD		
qs (ADMIN (SEC))	1 Jul	
Perkins, J.M. BA		
psc(j) (ADMIN (SEC))	1 Jul	
Phillips, D.C. qab		
qs (OPS SPT(ATC))	1 Jul	
Pye, C.D. BEng qs(ENG)	1 Jul	
Read, D.J. BA qab		
qs (OPS SPT(REGT))	1 Jul	
Rossiter, G. qs		
(OPS SPT(ATC))	1 Jul	
Rowland, D.J. BEng		
CEng MIEE APMP		
qs (ENG)	1 Jul	
Seabright, A.J. MA BA		
psc(j)		
(OPS SPT(PROVSY))	1 Jul	
Sexton, M.S. BA		
qs		
(OPS SPT(PROVSY))	1 Jul	
Stace, C.J. BEng CEng		
MIEE psc(j) (ENG)	1 Jul	
Stamp, D.A. qs (GD(P))	1 Jul	
State, A.J. qs (SUPP)	1 Jul	
Stringer, J.J. BA qwi		
qs (GD(P))	1 Jul	
Tripp, I.M. slmc		
qs (SUPP)	1 Jul	
Trollen, A.F. ACIS		
qs (ADMIN (SEC))	1 Jul	
Turner, J. DFC qwi(T)		
qs (GD(N))	1 Jul	
Vallely, I.F. psc(j)(GD(P))	1 Jul	
Vincent, M.S.E. MSc BA		
qs (SUPP)	1 Jul	
Wallace, P.J. BSc psc(j)		
qwi(T) (GD(N))	1 Jul	
Ware, G.S. MBA qab		
qs (OPS SPT(FC))	1 Jul	
Wilcock, S.J. MBE MSc		
BEng CEng MRAeS		
gw qs (ENG)	1 Jul	
Wilkinson, K. BA		
qs (ADMIN (SEC))	1 Jul	

2005

Alexander, D.R. BSc	
qs (SUPP)	1 Jan
Allcock, G. BA pji	
qs (ADMIN (P ED))	1 Jan
Bateman, G.J. MDA	
IEng MRAeS qs(ENG)	1 Jan
Bennett, L.J. BSc	
qwi(T) qs (GD(P))	1 Jan
Borthwick, S.P. MDA	
BEng BA MRAeS	
MCMI qs (ENG)	1 Jan
Boyle, S.J. BSc qab	
qs (GD(N))	1 Jan
Brinkworth, D.A.	
qs (ADMIN (CAT))	1 Jan
Buchan, E.M. BEd	
qs (ADMIN (SEC))	1 Jan
Butler, S.J.	
MBE (ADMIN (TRG))	1 Jan
Byatt, N.E. CertEd qab	
qs (GD(N))	1 Jan
Chaskin, S.R. qs(GD(N))	1 Jan
Cobley, L.W.G. BSc	
qs (ADMIN (TRG))	1 Jan
Coleman, M.J. MDA	
IEng MIIE qs (ENG)	1 Jan
Cook, G.C.	
psc(j) (GD(P))	1 Jan
Cracroft, P.N. BEng	
psc(j) qwi(AD)(GD(P))	1 Jan
Craib, J.A. MDA	
BSc(Econ) qs (SUPP)	1 Jan
Craig, A.W.D. BSc qwi	
qs (GD(P))	1 Jan
Deacon, R. qs (ENG)	1 Jan
Dixon, M.F. MSc BSc	
qss (ENG)	1 Jan
Dove, E.L. BEng qs	
qss1 (ENG)	1 Jan
Erskine, J.W. qs	
(OPS SPT(PROVSY))	1 Jan
George, B.D. qss	
(OPS SPT(ATC))	1 Jan
Gerrard, P.S. BSc cfs	
qs (GD(P))	1 Jan
Godsland, M. BEd pji	
qs (ADMIN (P ED))	1 Jan
Gooden, R. qs (ENG)	1 Jan
Gow, P.J. MSc BSc	
CEng MIEE CertEd ae	
slmc qs (ENG)	1 Jan
Hand, J.A. IEng MCMI	
AMRAeS qs (ENG)	1 Jan
Harker, J. qss	
(ADMIN (SEC))	1 Jan
Harper, S.A. qs	
(ADMIN (SEC))	1 Jan

Hay, N.J. qwi(T)	
qs (GD(N))	1 Jan
Hayler, S.D. BSc cfs*	
qs (GD(P))	1 Jan
Hazell, D.J. qwi(AD)	
qs (GD(P))	1 Jan
Hermon, C.C.	
qs (ADMIN (SEC))	1 Jan
Hughes, K.L.W.	
qs (GD(AEO))	1 Jan
Jackson, B.G. BSc	
qs (GD(P))	1 Jan
Jackson, S.J.	
qs (ADMIN (CAT))	1 Jan
Jewsbury, M.R. MSc	
BSc MCIPD CertEd	
qss (ADMIN (TRG))	1 Jan
Jones, P.G. MBE MSc	
CMILT qs (SUPP)	1 Jan
Kelly, J.A.C. qs	
(ADMIN (CAT))	1 Jan
Kennett, P.D. qwi(T)	
qs (GD(N))	1 Jan
Knight, A.J. BEng	
qs (ENG)	1 Jan
Knowles, A.G. BSc qab	
G(a) qs	
(OPS SPT(REGT))	1 Jan
Lawless, A.A. BA	
qs (GD(P))	1 Jan
Legg, A.R. MSc BEng	
gw qs (ENG)	1 Jan
Lenihan, P.J.D. BSc	
qwi(T) qs (GD(N))	1 Jan
Lindsay, J.R. qss (ENG)	1 Jan
Loader, P.C. BEd	
qss (ADMIN (TRG))	1 Jan
Lovely, P. qs (GD(N))	1 Jan
MacTaggart, R.A.M.	
qcc (ADMIN (SEC))	1 Jan
March, A.P. BSc CEng	
FInstLM MRAeS	
qs (ENG)	1 Jan
Martin, N.R. BSc	
qs (ENG)	1 Jan
Matthews, R. qwi	
qs (GD(P))	1 Jan
Mayhew, G.M.D. qwi	
qs (GD(P))	1 Jan
McCann, C.T. MBA BSc	
CEng MIMechE	
qs (ENG)	1 Jan
McSherry, P. BSc	
qs (ADMIN (SEC))	1 Jan
Miles, F.W.J.	
psc(j) (ADMIN (SEC))	1 Jan
Mitchell, J.K.H. MMDS	
psc (ADMIN (SEC))	1 Jan
Moore, C.J. BEng	
qs (ENG)	1 Jan

GENERAL DUTIES BRANCH

Wing Commanders

2005—contd

Name	Date
Musselwhite, J. BSc	
MILT qs (SUPP)	1 Jan
Nicholson, P.D. BSc	
qs (GD(N))	1 Jan
Palmer, A.D. BSc qs	
qss1 (GD(P))	1 Jan
Parker, G.D.A. BSc	
qs (GD(P))	1 Jan
Parsons, J.J. qs(GD(N))	1 Jan
Presland, R.D. BEng	
qwi(T) qs (GD(P))	1 Jan
Prevett, W.S. qab	
qs (OPS SPT(ATC))	1 Jan
Pye, G.A. BEng CEng	
MRAeS qs (ENG)	1 Jan
Reeves, S.E. MBE BEng	
qwi(T) qs (GD(P))	1 Jan
Renshaw, S. MSc BSc	
CertEd qss	
(ADMIN (TRG))	1 Jan
Roberts, S.E. BSc(Econ)	
qs (ADMIN (SEC))	1 Jan
Rowsell, M.A. MA BEng	
CEng MIMechE	
psc(j) (ENG)	1 Jan
Sansome, E.A. BEng	
MRAeS qs (ENG)	1 Jan
Simpson, A.C. IEng	
MIIE semc qs (ENG)	1 Jan
Singleton, C.M. slmc	
qs (ENG)	1 Jan
Slade, J.P. MA BA qsb	
qs (ADMIN (SEC))	1 Jan
Spence, F. qs (GD(N))	1 Jan
Squires, P.J.M. BEng	
qwi qs (GD(P))	1 Jan
Stewart, S. MSc BSc ae	
qs (ENG)	1 Jan
Toriati, D.J. MBE	
qs (GD(P))	1 Jan
Tracey, M.A. BA ACIS	
qs (ADMIN (SEC))	1 Jan
Vagg, M.J. qab qhti	
qs (GD(P))	1 Jan
Vicary, S.R. MDA BEng	
CEng MIMechE	
qs (ENG)	1 Jan
Vine, A.J. slmc	
qs (SUPP)	1 Jan
Wallace, P.J. qs	
(ADMIN (SEC))	1 Jan
Walters-Morgan, R. qab	
qwi(AD) qs (GD(N))	1 Jan
Webster, J.T. qs	
(ADMIN (SEC))	1 Jan
Weight, M.J.	
(ADMIN (SEC))	1 Jan
Weston, A.J. BEng	
qs (ENG)	1 Jan
Wigham, R.C. BSc cfs	
qs (GD(P))	1 Jan
Wilkins, P. psc(j)(GD(N))	1 Jan
Wood, T.H.P. qs	
(ADMIN (SEC))	1 Jan
Woods, R.A. BSc	
qs (ENG)	1 Jan
Bannister-Green, G.M.	
BSc CEng MIEE	
qs (ENG)	1 Jul
Bolton, G.I. BEng	
qs (ENG)	1 Jul
Brennan, S.D.F. BA qab	
qs (GD(P))	1 Jul
Bull, A.J. MB ChB	
qs (GD(P))	1 Jul
Bullement, T.J. BSc	
qs (GD(P))	1 Jul
Edwards, S.S. cfs	
qs (GD(P))	1 Jul
Fauchon, T.T. qs(GD(P))	1 Jul
Fyfe, P.D. qs	
(OPS SPT(PROVSY))	1 Jul
Gale, I.D. MBE qwi(T)	
qs (GD(P))	1 Jul
Gorringe, M.J. BA	
qs (GD(N))	1 Jul
Hill, J.S. MSc BA	
MCIPD qs	
(ADMIN (TRG))	1 Jul
Humphreys, M.S. BSc	
qwi(T) qs (GD(N))	1 Jul
Humphries, R.W. tp	
qab qs (GD(P))	1 Jul
Hynd, A.N. BSc	
qs (GD(N))	1 Jul
Jeffries, M.J. qs(GD(N))	1 Jul
Keeley, R.F. MSc slmc	
qs (ENG)	1 Jul
Lawson, D.A. MDA BSc	
qwi(AD) qs (GD(N))	1 Jul
Lloyd, N.J. BSc qsb	
qs (ENG)	1 Jul
Lushington, S.F. qab cfs	
qs (GD(P))	1 Jul
MacInnes, A.J.E. BA	
qs (ADMIN (SEC))	1 Jul
Martin, A.T. BSc	
qwi(AD) qs (GD(P))	1 Jul
Mitchell, I.J. BEng	
qs (ENG)	1 Jul
Moran, E.M. BSc	
qs (GD(N))	1 Jul
O'Brien, T.J. qs (GD(P))	1 Jul
Pattle, R.E.G. BA	
qs (GD(P))	1 Jul
Pearson, J.M. BSc	
semc qs (SUPP)	1 Jul
Pemberton, A.J. MSc	
qsb qs (ENG)	1 Jul
Porter, J.D. BSc AKC	
qss (SUPP)	1 Jul
Rose, M.B. qs (GD(N))	1 Jul
Sharples, S.P. BSc	
qs (OPS SPT(REGT))	1 Jul
Smith, H.F. MA cfs	
qwi(T) qs (GD(P))	1 Jul
Stellmacher, D. BEng	
qs (GD(P))	1 Jul
Taylor, L.S. BEng qwi	
qs (GD(P))	1 Jul
Todd, J.D. qs	
(OPS SPT(REGT))	1 Jul
Wallis, A.D. BSc CEng	
MRAeS qs (ENG)	1 Jul
Ward, G.F. MBA MCIPD	
qs (OPS SPT(FC))	1 Jul
Watson, J.R.	
qs (GD(ALM))	1 Jul
Wells, A.J. qs	
(OPS SPT(ATC))	1 Jul
Wheeler, T.J. qab cfs	
qs (GD(P))	1 Jul

FLYING BRANCH

Squadron Leaders

1980

Sitch, T. MBE snc	(N)	1 Jan
Coryton, G.R.A.	(P)	2 Oct

1982

Oldham, D.V. cfs qss	(P)	1 Jan

1983

Baker, J.E. AFC cfs* qs	(P)	1 Jan
Moody, R.M. cfs qcc	(P)	1 Jan
Wright, J.T. qs	(N)	1 Jan
Buckland, M.R.G. BSc psc cfs	(P)	1 Jul
Coleman, P. MCMI cfs qss	(P)	1 Jul
McNeil-Matthews, J.H.F. qwi qs	(N)	1 Jul
Phillips, R.A.	(P)	1 Jul

1984

Goodman, D.F. psc(m) cfs	(P)	1 Jan
Fallis, R.J.H. AFC cfs	(P)	1 Jul
Clements, A.N. BSc(Eng) ACGI cfs qs	(P)	10 Oct
Bennett, N.K.	(P)	15 Oct

1985

Norris, D.J. snc qs	(N)	1 Jan
Reay, P. BSc asq snc qss	(N)	1 Jan
Peeke, G. BSc(Econ) MCIPD snc qs	(N)	1 Jul

1986

Gardiner, J.F. cfs qs	(P)	1 Jan
Herbertson, P.S. qab cfs(n) snc qs	(N)	1 Jan
Sinclair, C.M. BA cfs	(P)	1 Jan

Clark, A.M.C. MRAeS MCMI psc asq snc(N) qs	(N)	1 Jul
Heath, C. BSc cfs(n) snc qs	(N)	1 Jul

1987

Beard, P.R. cfs(n) snc qs i	(N)	1 Jan
Burgoyne, H.C. AFC	(P)	1 Jan
Cunningham, J.D. MBE	(N)	1 Jan
Irving, R. BSc cfs qs	(P)	1 Jan
King, R.L. qss	(N)	1 Jan
Rowley, C.M. MBE cfs qss	(P)	1 Jan
Aitken, R.T. cfs(n) qs(N)		15 Jun
Burges, R.R. cfs(n) snc qs	(N)	1 Jul
Deane, J.H. asq qs	(N)	1 Jul
Smith, S.P. cfs(n)* snc qs	(N)	1 Jul
Wilkinson, J. BSc qwi qcc	(P)	1 Jul

1988

Clapham, C.M. qs	(N)	1 Jan
Lund, R.M. MRAeS asq qs	(P)	1 Jan
Milnes, R.A. BSc cfs(n) qs	(N)	1 Jan
Alexander, E.C. cfs qs	(P)	1 Jul
Ankerson, R. BTech asq qs i*	(N)	1 Jul
Williams, S.G. qss	(N)	1 Jul

1989

Boyle, A. BSc cfs(n) snc qs	(N)	1 Jan
Cooper, S.J. qs	(N)	1 Jan
Daughney, R. cfs(n) snc qss	(N)	1 Jan
MacIntosh, D.R. BA qss	(P)	1 Jan
O'Gorman, P.D.H. snc qss	(N)	1 Jan
Pugh-Davies, M.D. BTech BA qs	(N)	1 Jan

Pynegar, P.G. AFC BSc qss	(P)	1 Jan
Steer, D.H. snc qs	(N)	1 Jan
Thomson, D.H. MDA BSc asq qs	(P)	1 Jan
Bradley, D.J. BSc qwi qs	(P)	1 Jul
Haslam, S.J. qs	(N)	1 Jul
Haworth, P.W. qs	(N)	1 Jul
Muse, R.C. BSc(Econ) cfs qss	(P)	1 Jul
Roe, R.A. qs	(N)	1 Jul
Smith, K.W. qab snc qs	(N)	1 Jul
Howden, A.J. tp	(P)	1 Oct
Emmerson, K.M.	(P)	17 Dec

1990

Atherton, I.W. BSc qab qtm qss	(N)	1 Jan
Boyd, C.J. MBE BSc qwi	(P)	1 Jan
Collier, J.F.	(N)	1 Jan
Froude, C.L. BSc MCMI MRAeS cfs qs	(P)	1 Jan
Gilday, E.J.W. BSc qs	(P)	1 Jan
Pierce, H.R. BA qs	(P)	1 Jan
Barrett, P.J. cfs qss	(P)	1 Jul
Bridger, S.P. psc qwi qwi(T)	(P)	1 Jul
Gale, G. snc	(N)	1 Jul
Harrison, W.P. BSc cfs	(P)	1 Jul
McBain, S.B. snc	(N)	1 Jul
Neal, A.C.	(P)	1 Jul

1991

Barrett, G.J. BSc asq qs	(N)	1 Jan
Brayn Smith, I.A.M. cfs qss	(P)	1 Jan
Corry, A. qs	(AEO)	1 Jan
Cowling, G.P. BSc asq qcc	(P)	1 Jan
Ewer, M.H. cfs qss	(P)	1 Jan
Gagen, S.P. qs	(AEO)	1 Jan
Gosling, A.T. BSc asq qs	(N)	1 Jan
Gunning, K.E. BSc cfs qs	(P)	1 Jan

FLYING BRANCH

Squadron Leaders

1991—contd

Hedley, A.T. BA cfs qwi qss	(P)	1 Jan
McLeod, J.E. qs	(P)	1 Jan
Menage, C.P. qs	(N)	1 Jan
Morgan, D.T. BSc cfs qs	(P)	1 Jan
Snowball, A.J. BSc FRIN asq snc qs	(N)	1 Jan
Stangroom, M.F. qs	(P)	1 Jan
Taylor, C.C. qwi qwi(AD)	(P)	1 Jan
Shaw, D. qss	(N)	13 May
Bond, R.W. cfs qss	(P)	1 Jul
Cairns, J. BSc asq fc qs	(N)	1 Jul
Dooley, C.F. MBE BSc asq qtm qss	(N)	1 Jul
Marr, J. qss	(N)	1 Jul
Pick, K.E. qs	(AEO)	1 Jul

1992

Brunning, I. BSc qwi(T) qs	(N)	1 Jan
Lawrie, I.G. BEng qss	(N)	1 Jan
Ledward, D.J. qab qs	(N)	1 Jan
Mason, R.K. MBE BSc cfs(n) snc qs	(N)	1 Jan
Newton, R.J. BSc cfs(n)	(N)	1 Jan
Pennell, L.J. BSc cfs cfs(pn) qs	(P)	1 Jan
Perrem, T.J. MBE AFC qss	(N)	1 Jan
Reeves, K.J. MBE qwi(AD) qss	(N)	1 Jan
Reid, S.G. BSc cfs qs(P)		1 Jan
Weallens, E.A. qwi	(P)	1 Jan
Bostock, S.P. qs	(N)	1 Jul
Christen, J.R.R. MEng BSc cfs qs	(P)	1 Jul
Hewitt, K. cfs	(P)	1 Jul
Milne, G.D. qs	(AEO)	1 Jul
Setterfield, M.J. qab cfs(n) snc qs	(N)	1 Jul
Wooldridge, J.B. BSc qab qs	(P)	1 Jul
Jones, C.A. qss	(N)	13 Sep

1993

Cairns, T.P.M. MBE cfs	(P)	1 Jan
Cunningham, M. asq	(AEO)	1 Jan
Morgan, C.N.B. MBE asq qs	(N)	1 Jan
Moss, G.P. qss	(AEO)	1 Jan
Piper, D. CertEd cfs qs	(P)	1 Jan
Smith, J.P. qab snc qss	(N)	1 Jan
Townend, R.J.S. cfs qss	(P)	1 Jan
Russell, W.H. BSc qs(N)		1 Jul
Smith, A.J. qs	(N)	1 Jul

1994

Brain, I.B. asq	(N)	1 Jan
Fisher, A. BSc qs	(P)	1 Jan
Griffin, G. MBE cfs qcc	(P)	1 Jan
Macey, G. qab qs(AEO)		1 Jan
Middleton, E. MBE qwi(T)	(N)	1 Jan
Miller, A.D. BSc cfs qs	(N)	1 Jan
Philpott, C.N. BSc cfs*		
Rae, D.J. BSc cfs qs	(P)	1 Jan
Simmons, I.J. cfs qs	(P)	1 Jan
Thorne, G.T. qss	(N)	1 Jan
Tomlinson, A.J. qss	(ENG)	1 Jan
Triccas, A.P. qs	(N)	1 Jan
Turner, R.J. cfs(n) snc qs	(N)	1 Jan
Jackson, R.V. MA BSc	(P)	2 Mar
Dryburgh, B.A. qs(AEO)		1 Jul
Hillman, G.A. cfs(n) qs	(N)	1 Jul
Lence, M.S. asq qs	(N)	1 Jul
Maskall, R.L. cfs qs	(P)	1 Jul
Neill, F.R.J. cfs qs	(P)	1 Jul
Nielsen, R.E. BA qwi qwi(h) qs	(P)	1 Jul
Revell, P.R.	(ENG)	1 Jul
Scorer, D.G. MBE BSocSc cfs(n) qs	(N)	1 Jul

1995

Harcourt, S.J.R. cfs qs	(P)	1 Jan
Hunt, G.I. qss	(N)	1 Jan
Marshall, L. asq qs	(N)	1 Jan
Meadows, N.P.	(P)	1 Jan
Middleton, D.J. qs	(P)	1 Jan
Morgan, G.M. BSc asq qs	(N)	1 Jan
Sayers, S.R. MA asq qs	(N)	1 Jan
Solomon, A.G. qs(AEO)		1 Jan
Sommerville, R.A. cfs qs	(P)	1 Jan
Southcott, G.P. MSc MRAeS asq qab qs	(AEO)	1 Jan
Stainforth, M.A. BSc asq cfs(n) snc qs	(N)	1 Jan
Torrance, I.A. cfs qs	(P)	1 Jan
Vallance, M.H. qs(ENG)		1 Jan
Musgrave, D. awcc psc snc	(N)	28 Feb
Chambers, P.J. asq qss1	(N)	1 Jul
Houlton, J.A.D. cfs(pn) qss	(P)	1 Jul
Pierson, R.M. cfs qss(P)		1 Jul
Shaw, A.J. BEng cfs qss	(P)	1 Jul
Waudby, S.L. cfs qs	(P)	1 Jul
Groombridge, M.J. BSc PGCE cfs qss	(P)	5 Jul

1996

Floyd, J.R. MA cfs* qss	(P)	1 Jan
Knowles, D.J. DFC BA cfs qss	(P)	1 Jan
Martin, P. cfs qs	(P)	1 Jan
Rose, R.C. cfs	(P)	1 Jan
Trask, L.J. MBE BSc cfs qs	(P)	1 Jan
Atkins, R.F. BSc asq qs	(N)	1 Jul
Benson, N.J. qs	(N)	1 Jul
Bohill, W.P. BSc qwi(T) qs	(P)	1 Jul
Bowen, D.K.B. qs	(P)	1 Jul
Head, R. BSc cfs qss(P)		1 Jul
Little, A.H. cfs qss	(P)	1 Jul
Oddy, R.T. snc	(N)	1 Jul
Stanway, M.F. qss	(P)	1 Jul
Davis, P.B.	(P)	6 Aug
Bryant, I. qhti	(P)	7 Dec

1997

Andrews, M.R. asq qss	(AEO)	1 Jan

FLYING BRANCH

Squadron Leaders

1997—contd

Name	Date
Baker, A.K. ACIB cfs qhti qs (P)	1 Jan
Baxter, G.L. qab qs (N)	1 Jan
Blockley, M.A. qab qs (AEO)	1 Jan
Boyle, B. qs (N)	1 Jan
Davies, H.B. cfs(n) snc qss (N)	1 Jan
Deas, E.J. cfs(n) (N)	1 Jan
Gray, K.R. BA qss (N)	1 Jan
Head, J.S. BSc qab qs (N)	1 Jan
Heames, C.V.J. cfs (P)	1 Jan
Huffington, M.C. BSc qs (N)	1 Jan
Lloyd, S.J. BA asq qss (N)	1 Jan
McMillen, P.T. qss(AEO)	1 Jan
Stewart, D.J. BA CertEd qs (ALM)	1 Jan
Thomson, A.J. (AEO)	1 Jan
Traynor, E.J. qss (AEO)	1 Jan
Wills, C.J. MBE qwi(AD) qss (N)	1 Jan
Young, R.J. qs (ENG)	1 Jan
Baxter, I.P. qs (N)	1 Jul
Beardmore, M.J. cfs (P)	1 Jul
Best, P.K. cfs qss (P)	1 Jul
Clark, G. qss (N)	1 Jul
Dalley, G.P. BA qs (P)	1 Jul
Evans, P. MA BA qwi(T) qs (P)	1 Jul
Hancock, J.P. MRIN qs (N)	1 Jul
Hawkins, R.L. MBE (N)	1 Jul
Huggett, J.P. qwi(T) (N)	1 Jul
MacKenzie, K.J. (P)	1 Jul
Parker, M.R. qss (N)	1 Jul
Ramsden, C.P. BSc qss (P)	1 Jul
Snowden, M. cfs (P)	1 Jul
Wilson, W.J. qs (P)	1 Jul

1998

Name	Date
Adams, R.M. asq qs(N)	1 Jan
Armstrong, D.R. qwi qs (P)	1 Jan
Bailey, R.C. cfs qs (N)	1 Jan
Barker, R. (P)	1 Jan
Barr, N.J. MBE qs (N)	1 Jan
Beardmore, S.M. qwi(T) qtm qs (N)	1 Jan
Brown, M.F. qab cfs qs (P)	1 Jan
Burch, S.C.B. cfs qs (P)	1 Jan
Clark, R.J.S. MBE BA cfs qs (P)	1 Jan
Craib, J.W. qab qs (AEO)	1 Jan
Cryer, N.G. MBE qs (N)	1 Jan
Fisher, L. qab qwi(T) qs (N)	1 Jan
Foote, S.J. BSc cfs qs (P)	1 Jan
Forbes, R.W. (AEO)	1 Jan
Ford, C.J. (P)	1 Jan
Gray, J.J. cfs qss1 (P)	1 Jan
Harrison, P.K. qwi qs(P)	1 Jan
Hinchcliffe, R.A. MBA BSc qss (N)	1 Jan
James, R.S. MBE qs(N)	1 Jan
Jones, C. cfs(n)* (N)	1 Jan
Lovell, R.H. BA (N)	1 Jan
Lumb, D.M.V. qwi(T) qs (N)	1 Jan
Macfarlane, I.J.M. CGC DFC qs (P)	1 Jan
Marson, A.C. snc qss (N)	1 Jan
Padmore, T.C. qs (N)	1 Jan
Pinner, A.C. MBE BSc qwi qs (P)	1 Jan
Richardson, I. BSc qs (N)	1 Jan
Smith, A.G. qab qs (N)	1 Jan
Steel, A. qss (AEO)	1 Jan
Ward, P.M. BSc cfs qs (P)	1 Jan
Webber, W.H.J. BSc qs (P)	1 Jan
Brough, G. qwi qwi(T) qs (P)	16 Jan
Pilling, J.A. BSc qwi qs (P)	25 May
Bartlett, P.J. BEng qab qs (P)	1 Jul
Boulden, A. qhti (P)	1 Jul
Brass, A.J. BEng cfs qs (P)	1 Jul
Bruce, G. BSc asq qs(N)	1 Jul
Buckingham, S.C. BA qs (P)	1 Jul
Costello, J.M. BSc qs(P)	1 Jul
Cowie, A.J. BA asq qs (N)	1 Jul
Cross, B.J. qss (P)	1 Jul
Dolding, A.E. cfs qss(P)	1 Jul
Dunn, L.G. BSc qs (P)	1 Jul
Evans, J.D. cfs (N)	1 Jul
Foster, P. cfs(n) qs (P)	1 Jul
Gallie, D.W. qss (P)	1 Jul
Hargreaves, I.J. qwi qs (P)	1 Jul
Harrison, J.J. MBE qhti qs (P)	1 Jul
Hoole, P. qs (AEO)	1 Jul
Hornby, R. cfs(n) qs (N)	1 Jul
Kellett, A.J.C. BSc cfs qcc (P)	1 Jul
Leach, S.C. BSc cfs qs (P)	1 Jul
Maunder, C.N.J. BEng qab qwi(T) qtm qs(P)	1 Jul
McCarthy, K.R. BSc(Eng) cfs qss (P)	1 Jul
McFarlane, A.J. cfs(n) qs (N)	1 Jul
Neighbour, J.D.E. (P)	1 Jul
Peace, C.M. qs (N)	1 Jul
Postlethwaite, D. MBE BEd cfs(n) qs (N)	1 Jul
Pottle, H.W. AFC* (P)	1 Jul
Raffles, I. (N)	1 Jul
Wistow, M.R. cfs(n)* qss (N)	1 Jul

1999

Name	Date
Annas, D.R. cfs(n) qs(N)	1 Jan
Barrett, L.F. qs (N)	1 Jan
Bishop, N.A. qs (N)	1 Jan
Bonner, P.B. BSc MRAeS asq qss (N)	1 Jan
Bostock, P.J. BA qs (N)	1 Jan
Butler, T.S. tp qs (P)	1 Jan
Collins, N.D. cfs* qs (P)	1 Jan
Dunne, J.P. asq qs (N)	1 Jan
Easthope, N.C.V. cfs (P)	1 Jan
Firth, D.S.J. BSc tp cfs* qcc i* (P)	1 Jan
Forrester, C.W.J. BSc(Eng) qwi(AD) qs (N)	1 Jan
Heycock, S.A. BSc qs (N)	1 Jan
Hockenhull, W.J. qwi(AD) qs (P)	1 Jan
Holmes, D. qs (AEO)	1 Jan
Hughes, A. BSc cfs (P)	1 Jan
Huskisson, E.S. BSc cfs* qs (P)	1 Jan
Kendall, P.A. BSc qs (N)	1 Jan
Laing, I. cfs qs (P)	1 Jan
Lalley, M.T. cfs qss (P)	1 Jan
Littley, B. qs (ALM)	1 Jan
Maginnis, R.J. BSc qs (N)	1 Jan
McEvoy, S. BA qs (P)	1 Jan
Muir, I. BSc cfs(n) snc qss (N)	1 Jan

FLYING BRANCH

Squadron Leaders

1999—contd

Name		Date
O'Connor, G.M. qab cfs(n) qs	(N)	1 Jan
Payling, C.A. PhD LLB CPhys CEng MInstP asq qs	(N)	1 Jan
Richardson, M.P.	(P)	1 Jan
Ridley, M.J. tp qss	(P)	1 Jan
Sanderson, R.V. BSc qss	(N)	1 Jan
Staunton, G.J. BSc asq qs	(N)	1 Jan
Warmington, N.B. BSc cfs qss	(P)	1 Jan
Whitmore, M.J. BA cfs(t) qs	(N)	1 Jan
Witcombe, T.J. AFC cfs qs	(P)	1 Jan
Stockley, P.L.	(P)	28 Apr
Aston, M.R. asq qss	(AEO)	1 Jul
Bowles, S.J. MBE qss	(N)	1 Jul
Brown, G.G. qab	(N)	1 Jul
Charlton, G.R. cfs qss	(P)	1 Jul
D'Aubyn, J.A. BSc cfs qcc i*	(P)	1 Jul
Dickson, A.G. qs	(N)	1 Jul
Ferguson, I.D. cfs qs	(P)	1 Jul
Firth, S.T. BSc qs	(N)	1 Jul
Fowell, J.P. BSc cfs qs	(P)	1 Jul
Galletly, D.R.W. BSc cfs qs	(P)	1 Jul
Huskie, A.J. MBE	(P)	1 Jul
Kosogorin, P. tp cfs* qss	(P)	1 Jul
Lyons, T.P. BEng tp qwi qs	(P)	1 Jul
Millbank, J.M. qab qs	(AEO)	1 Jul
Roberts, G.L. cfs qwi qs	(P)	1 Jul
Rowley, A.E. asq qss	(N)	1 Jul
Scopes, N.R. MA cfs qs	(P)	1 Jul
Somers Cocks, R.V. BA cfs(n) qs	(N)	1 Jul
Temple, J.G. cfs qs	(P)	1 Jul
Tickle, S.R. qwi qss	(P)	1 Jul
Ward, P.L. qs	(N)	1 Jul
Wharmby, P.W. BSc qwi qs	(P)	1 Jul
Wright, M.J. BSc qs	(N)	1 Jul

2000

Name		Date
Brammer, C.M. BSc(Eng) qss	(N)	1 Jan
Buckley, J.P. qss	(AEO)	1 Jan
Colligan, G.R. BEng qwi qcc	(P)	1 Jan
Davies, G.C. qss	(N)	1 Jan
Devenish, S.A. BEng qs	(N)	1 Jan
Dewhurst, A.R. BSc	(N)	1 Jan
Dyche, M.W. MBE MA qss i	(N)	1 Jan
Holden, A.R. BSc asq qcc	(N)	1 Jan
Howell, R.J. MBE qwi(T) qs	(N)	1 Jan
Jacobs, D.M.H. BSc cfs qs	(P)	1 Jan
Knight, R.A. asq qs	(N)	1 Jan
Mansfield, J.J. qab qs	(N)	1 Jan
McLaren, T.M. qs	(AEO)	1 Jan
Meikleham, F.G. cfs	(P)	1 Jan
Muir, R. asq qss	(ENG)	1 Jan
Parry, G.W.H. BSc qs	(P)	1 Jan
Pell, G.W.Y. cfs qs	(P)	1 Jan
Preece, W.R. AFRIN MCGI asq qs	(N)	1 Jan
Pritchard, E.J. qab Richardson, P.T. BSc qhti qcc qs	(P)	1 Jan
Sanders, R.G. qs	(N)	1 Jan
Shakespeare, P.B. BEng tp qwi(T) qss	(P)	1 Jan
Shepherd, D.J.	(AEO)	1 Jan
Skinner, A.W.M. BSc asq qs	(N)	1 Jan
Smith, A.M. cfs(t) qs	(N)	1 Jan
Sutton, R.C. qab cfs(n) qss	(P)	1 Jan
Thomas, M.L. BSc cfs qcc	(P)	1 Jan
Tinworth, M.R. qab qs	(N)	1 Jan
Tucker, M.P. BSc asq qs	(N)	1 Jan
Vickers, S. qs	(N)	1 Jan
Walsh, I.J. BSc asq qs	(N)	1 Jan
Warren, M.D.A. qss	(N)	1 Jan
Wells, R.P.D. BSc AFRIN qab cfs(n) qs	(N)	1 Jan
Yates, T.J. qs	(AEO)	1 Jan
Rycroft, A.S. BSc(Eng) qss	(P)	6 Jan
James, D.A. qwi qwi(T) qss	(P)	3 Apr

Name		Date
Attridge, J.J. qwi(AD) qs	(P)	1 Jul
Barnes, P.J.M. cfs	(ALM)	1 Jul
Barr, A. BSc qhti qs	(P)	1 Jul
Edwards, G.D. BSc cfs qs	(P)	1 Jul
Evans, H.F.J. MBE PhD BA BA tp qss	(P)	1 Jul
Hargrave, B.W. BSc cfs(n) qs	(N)	1 Jul
Hunt, D.J. fc qss	(N)	1 Jul
Jobling, C.L. BSc qs	(N)	1 Jul
Johnstone, R.W.S. BSc qab qs	(N)	1 Jul
Kevan, R.M. BA cfs(n) qs	(N)	1 Jul
Mace, C.J. MCMI qs	(P)	1 Jul
Makepeace, A.D.E. BSc tp cfs qs	(P)	1 Jul
Meston, J.M. qss	(N)	1 Jul
Morrison, A.F. BSc cfs* qcc	(P)	1 Jul
Nelson, J.	(ENG)	1 Jul
O'Brien, S.T. MSc LLB qs i	(N)	1 Jul
Pearce, M.D. qs	(P)	1 Jul
Platt, D. asq qss	(N)	1 Jul
Plumb, S.P. BA qs	(N)	1 Jul
Pout, C.L. qab cfs(n) qs qcc	(N)	1 Jul
Preston-Whyte, R.A. BA qs	(P)	1 Jul
Richards, R.P. qss	(AEO)	1 Jul
Robinson, M.N. BA qs	(N)	1 Jul
Rovery, S.W. BA cfs qs	(P)	1 Jul
Rundle, N.C. cfs qhti qss	(ALM)	1 Jul
Sall, I. qs	(ENG)	1 Jul
Sanders, P.S. MBA BSc asq qs	(N)	1 Jul
Senior, D.A. qs	(N)	1 Jul
Sheppeck, G.J. AFC qhti qs	(P)	1 Jul
Shinner, A.M. BSc cfs qwi qs	(P)	1 Jul
Slingsby, S.B. BEng cfs qs	(P)	1 Jul
Smith, N.E. MA qs	(P)	1 Jul
Smith, I.W. qs	(N)	1 Jul
Thomas, A.S.	(N)	1 Jul
Timbrell, C.P. qss2	(AEO)	1 Jul
Tunnard, J.J. BSc asq qss	(N)	1 Jul
Watson, C.S.H. asq snc	(N)	1 Jul
Winwright, G.A. cfs(t) qs	(N)	1 Jul

FLYING BRANCH

Squadron Leaders

2000—contd

Wood, D.R.W. BA qwi(T) qs	(P)	1 Jul

2001

Atkinson, P.G.	(P)	1 Jan
Ball, J.D. qab qwi(AD) qs	(N)	1 Jan
Bolton, P.M. qss	(N)	1 Jan
Bracken, M.J. MBE qs	(N)	1 Jan
Brand, C.W. BSc qss	(N)	1 Jan
Brindley, R.A. cfs(n) qhti qss	(N)	1 Jan
Brookes, K.P. qs	(N)	1 Jan
Burnell, P.N. BTech qcc	(N)	1 Jan
Carter, T.P. qs	(AEO)	1 Jan
Cheseldene-Culley, R.A. cfs(n) qss	(N)	1 Jan
Clancy, J.M.E. cfs(pn) qcc	(P)	1 Jan
Clarke, S.R. BSc qs	(N)	1 Jan
Clarke, J.W. qs	(N)	1 Jan
Cochrane, J.G. MBE qwi(T) qs	(N)	1 Jan
Cormack, H.R.C. BA qhti qs	(N)	1 Jan
Cowie, M.J. qs	(ALM)	1 Jan
Crook, R.J.M. BTech qs	(N)	1 Jan
Davis, G.J. qwi(T) qss(N)		1 Jan
Donnelly, I.D. qs	(N)	1 Jan
Edwards, R.C. BA cfs qss	(P)	1 Jan
Gregory, S.P. qs	(P)	1 Jan
Gunn, M.J. BSc asq qs	(N)	1 Jan
Harrington, N. qs	(N)	1 Jan
Hough, C.R. qss	(N)	1 Jan
House, G.K. qs	(P)	1 Jan
Johnson, D.A.N. BEng qwi qcc	(P)	1 Jan
Kettles, A.W. BSc cfs qs	(P)	1 Jan
Marston, I.C. MBE BSc cfs qs		1 Jan
McBryde, D.W. qwi(AD) qss	(P)	1 Jan
McNulty, M.D. MSc MRIN MCGI asq qs	(N)	1 Jan
Mepham, R.P. qs (AEO)		1 Jan
Molsom, S.J. qhti qs(P)		1 Jan
Nelson, A.W. qss	(AEO)	1 Jan
O'Hora, G.A. qss	(ENG)	1 Jan
Platt, C. qwi(T) qs	(N)	1 Jan
Potter, D.J.A. BA qs	(N)	1 Jan
Potter, A.J. AFC qs	(P)	1 Jan
Prior, S.C. qs	(P)	1 Jan
Provost, J.D. cfs qs	(P)	1 Jan
Puncher, A.W.	(N)	1 Jan
Rea, J.C. qs	(N)	1 Jan
Rechten, I.O.H. cfs* cfs	(P)	1 Jan
Robinson, I.D. qwi(T) qs	(P)	1 Jan
Russell, B.L. BTech cfs qcc	(P)	1 Jan
Scott, D.W. qs	(N)	1 Jan
Smith, T.G. asq qss	(N)	1 Jan
Smith, G.N. qwi(T) qs	(N)	1 Jan
Stevens, C.P. qab qwi qs	(P)	1 Jan
Strevens, N.C. cfs	(P)	1 Jan
Stubbs, D.M. BA qs	(AEO)	1 Jan
Tait, J. qcc	(P)	1 Jan
Thirtle, C.B. MBE BSc qab qs	(P)	1 Jan
Thorne, D.E. qss	(AEO)	1 Jan
Vaughan, K.M.D. qab qs	(N)	1 Jan
Waring, J.M.R. qs	(N)	1 Jan
Wells, T.J.G. BSc cfs qss	(P)	1 Jan
Williamson, P.M. BSc qs i*	(P)	1 Jan
Wilson, M.J. qs	(P)	1 Jan
Winsor, N.W. MBA BEng qab qs	(N)	1 Jan
Withington, D.J. qwi(AD) qss	(P)	1 Jul
Adcock, M.R. qs	(P)	1 Jul
Astbury, A.J. MBE fc qss	(N)	1 Jul
Avent, S.D. qss	(N)	1 Jul
Barrow, R.P. qwi(AD) qs	(N)	1 Jul
Bremer, G.J. BSc asq qs	(N)	1 Jul
Burton, A. BSc qwi(T) qs	(N)	1 Jul
Carder, C.D. cfs qss1(P)		1 Jul
Chadwick, S.J. cfs qs(P)		1 Jul
Chappell, M.W.J. qwi(AD) qss	(P)	1 Jul
Cooke, C.V. BSc qwi qs	(P)	1 Jul
Craghill, C.M. qwi(T) qs	(N)	1 Jul
Crosby, G.R. qs	(AEO)	1 Jul
Davies, N.A. BSc qs	(P)	1 Jul
Edwards, G.A. BEng cfs qs	(P)	1 Jul
Evans, A.D.E. BEng cfs qss	(P)	1 Jul
Fellowes, D.A. qwi qs	(P)	1 Jul
Flynn, R.J. PhD BSc cfs qs	(P)	1 Jul
Frampton, J.K. MBE BA qs	(N)	1 Jul
Garland, M.M.E. qwi qcc	(P)	1 Jul
Grant, S.G. BSc qwi qcc	(P)	1 Jul
Green, A.J. cfs qs	(P)	1 Jul
Grigg, M.J. cfs qs	(P)	1 Jul
Grindley, G.A. BSc qab qs	(N)	1 Jul
Haines, D.F. qab qwi qs	(P)	1 Jul
Hale, M.D. BSc cfs qss	(P)	1 Jul
Hartford, C.R. BSc qs	(N)	1 Jul
Holland, J.A. BSc qs(N)		1 Jul
Howells, J. MBE	(AEO)	1 Jul
Jones, J.M.G. BSc qcc	(P)	1 Jul
Kidson, M. qss	(N)	1 Jul
Manning, D.P. qs	(P)	1 Jul
McNamara, P.A.M. qss	(P)	1 Jul
Morris, D.P. MBA BSc MRAeS qs	(N)	1 Jul
O'Kennedy, P.L. qhti qs	(N)	1 Jul
Parry, A.J. qab qs	(N)	1 Jul
Russell, N.G. asq qss	(N)	1 Jul
Smyth, H. DFC qwi qs	(P)	1 Jul
Tait, A.G. BSc qs	(N)	1 Jul
Taylor, P.J.N. qs	(N)	1 Jul
Walton, I.W.R. DFC BEng qwi(T) i*	(P)	1 Jul
Ward, S.M.R. qs	(N)	1 Jul
Watson, I. BSc qcc	(P)	1 Jul
Webber, R.B. cfs qs	(P)	1 Jul
Whinton, A.J. cfs qss(P)		1 Jul
Wigglesworth, D.J. qab cfs qwi qs	(P)	1 Jul
Williams, H. cfs qcc	(P)	1 Jul

2002

Alexander, D.J. BEng cfs qs	(P)	1 Jan
Arnold, A.D. BSc qs	(N)	1 Jan
Avery, D.K. BEng qs	(P)	1 Jan

FLYING BRANCH

Squadron Leaders

2002—contd

Bartle, D.J. qs (N)	1 Jan
Bastable, A.D. qs (P)	1 Jan
Bentley, S.A. BSc qhti qs (P)	1 Jan
Boag, D.A. BSc qs (N)	1 Jan
Boughton, S.J. qs (N)	1 Jan
Bowland, J.D.R. BSc cfs qs (P)	1 Jan
Boyes, M.S. qwi(AD) qs (P)	1 Jan
Brown, P.J. BSc qcc (N)	1 Jan
Cable, M. qss1 (P)	1 Jan
Calmus, D. (AEO)	1 Jan
Carver, M.H.G. qs (P)	1 Jan
Clark, J.W. qs (P)	1 Jan
Cooke, D.J. qss (AEO)	1 Jan
Cowell, J.J. asq qs (N)	1 Jan
Cox, S.N. qss (ENG)	1 Jan
Cranstoun, C.D.J. qss (P)	1 Jan
Edwards, J.K. cfs qs (P)	1 Jan
Esau, R.G. BSc cfs qcc (P)	1 Jan
Fairs, M.R.R. BSc qwi(AD) qcc (P)	1 Jan
Ferrol, W.A. cfs (P)	1 Jan
Fraser, E.C. BSc qwi(T) qs (N)	1 Jan
Grapes, S.A.R. BSc qs (N)	1 Jan
Hall, A.R. BSc asq qs(N)	1 Jan
High, P.A. qab qs (N)	1 Jan
Howard, A. BEng qs (P)	1 Jan
Hulme, S.J. qwi(T) qs (P)	1 Jan
Innes, J.E. qss (ENG)	1 Jan
Littlejohns, G.E. tp (P)	1 Jan
Mason, J.P. qss (N)	1 Jan
Miller, A.B. BSc qs (P)	1 Jan
Morgan, S.C. qwi(T) qs (P)	1 Jan
Morris, G.D. qss (N)	1 Jan
Neilson, B.J.T. cfs qss (N)	1 Jan
Newton, D.J. (N)	1 Jan
Plain, C.N. cfs qs (P)	1 Jan
Rawnsley, S. qs (P)	1 Jan
Rea, S.A. BSc qs (P)	1 Jan
Seymour, A.J. BSc qwi(AD) qs (P)	1 Jan
Shields, J.H. qwi(AD) qs (N)	1 Jan
Stringer, N.J. MSc BEng MCGI MRAeS asq qs (N)	1 Jan
Thorpe, P.A. qab qss(N) Walker, R.W. BA qwi qcc (P)	1 Jan
Wilkie, D.W. qss (N)	1 Jan
Abrahams, M.D. qhti qs (ALM)	1 Jul
Allen, D.J. qs (AEO)	1 Jul
Appleby, D.J.R. cfs(n) qs (N)	1 Jul
Appleton, J.L. cfs(n) qhti qs (N)	1 Jul
Ashurst, R.C. qtm qs(N)	1 Jul
Barker, M.H.R. qab cfs qhti qs (P)	1 Jul
Barmby, M.I. BSc qab qwi(AD) qs (N)	1 Jul
Bausor, N.T. cfs (P)	1 Jul
Beck, J.R. BA qab qs(P)	1 Jul
Beddoes, S.L. BSc qas qs (N)	1 Jul
Bedford, R.W. BSc qs (P)	1 Jul
Binns, P.B. qwi qs (P)	1 Jul
Boulter, D.J. (AEO)	1 Jul
Bradshaw, D.G. BSc qwi qs (P)	1 Jul
Breese, D.L. qs (P)	1 Jul
Brennan, R.N. BSc qcc (P)	1 Jul
Brewer, S.J. MA MCMI qs (N)	1 Jul
Brown, C.T. BEng cfs qs (P)	1 Jul
Brown, S.E. cfs qs (P)	1 Jul
Burrough, G.D. qcc (AEO)	1 Jul
Coleman, G.P. cfs(t) qs (N)	1 Jul
Colman, N.J. qhti qs(N)	1 Jul
Cunningham, M.L. qab qs (P)	1 Jul
Cutmore, M.R. qwi qs (P)	1 Jul
D'Lima, D.J. BEd cfs qs (P)	1 Jul
Dyer, I.C. BSc qs (N)	1 Jul
Fairhurst, M. BEng qss2 (N)	1 Jul
Fewtrell, R.A. qss1 (P)	1 Jul
Finnimore, D.T. cfs (P)	1 Jul
Flynn, S.A. BA qs (P)	1 Jul
Gleave, C. qwi(h) qs (P)	1 Jul
Green, J.H. qwi qs (P)	1 Jul
Hackett, P.L. MBE tp qcc (P)	1 Jul
Haskins, J.M.A. qwi qs (N)	1 Jul
Hawker, J.R. cfs qs (P)	1 Jul
Hinton, B.K. MA cfs(n) snc qss (N)	1 Jul
Holmes, G.M. qhti qss (AEO)	1 Jul
Iavagnilio, R.G. qab qs (P)	1 Jul
Kelly, P.J. BSc cfs (P)	1 Jul
Lawrence, M.E. qs (N)	1 Jul
Leonard, A.R. qcc (P)	1 Jul
Lewis, R.D. BSc cfs(t) qss (N)	1 Jul
McGregor, C.J. BSc qwi(T) qcc (P)	1 Jul
McInroy, S.D. BSc qs (N)	1 Jul
Mcara, D. qab cfs(n) qs (N)	1 Jul
Moir, R.D. cfs(n) qs (N)	1 Jul
Morton, I.R. (ENG)	1 Jul
Moseley, N.G. cfs(n) snc qss (N)	1 Jul
Mulholland, J.P. BSc qwi(T) qss (N)	1 Jul
Nash, M.S. qs (P)	1 Jul
Oliphant, G.G. BSc qcc (P)	1 Jul
Patounas, R.P.G. cfs qs (N)	1 Jul
Pope, C.C. BSc qab qs (N)	1 Jul
Pugh, J. BEng qs (N)	1 Jul
Puzey, M.E. qwi(AD) qss2 (N)	1 Jul
Reuter, J.S. qwi(AD) qs (N)	1 Jul
Savage, S.W. qs (N)	1 Jul
Smiley, S.L. qwi(AD) qs (P)	1 Jul
Smith, J.A. BEng qwi(AD) qs (N)	1 Jul
Taylor, K.D. BEng qab cfs qs (P)	1 Jul
Toms, J.E. qcc (ALM)	1 Jul
Webber, D.J. BEng qhti qs (P)	1 Jul
Woods, M.J. qs (N)	1 Jul
Lamb, A.W. (P)	31 Jul

2003

Balshaw, M.J.F. BSc(Eng) cfs qs (P)	1 Jan
Barrett, R.W. qwi(T) qs (N)	1 Jan
Barrow, C. BA cfs qs(P)	1 Jan
Beckett, P.C. qss (N)	1 Jan
Bellis, D.E. (ALM)	1 Jan
Bensly, R.W. qs (N)	1 Jan
Beresford, A. qs (N)	1 Jan

FLYING BRANCH

Squadron Leaders

2003—contd

Name		Date
Bhasin, D. BEng MRAeS MCMI DMS qab qwi qs	(P)	1 Jan
Bradshaw, J.P. BSc qwi(AD) qss	(P)	1 Jan
Braid, B.R. cfs qs	(P)	1 Jan
Burrows, E.J. qs	(P)	1 Jan
Cann, A.D. BA qwi qcc	(P)	1 Jan
Carr, G. BSc qab qcc(N)		1 Jan
Carrodus, A.J. cfs qhti qcc	(P)	1 Jan
Carson, B.J. qss	(N)	1 Jan
Clayton, G.J. qs	(N)	1 Jan
Coolbear, R.A. BEng qcc	(P)	1 Jan
Counter, J.S. BSc qcc	(N)	1 Jan
Counter, M.J. BSc cfs qss	(P)	1 Jan
Curtis, D.M. cfs qs	(P)	1 Jan
Dale, B.E. LLB qtm qs	(P)	1 Jan
Davis, H.D. qss	(N)	1 Jan
Denton, R.A. qwi(AD) qss	(P)	1 Jan
Dodd, P.A. qs	(P)	1 Jan
Dodds, A.M. qwi qcc(P)		1 Jan
Dornan, I.S. BA cfs qcc	(P)	1 Jan
Dyson, J. BSc qs	(N)	1 Jan
Elliott, S.J. BSc qcc	(N)	
Entwisle, M.J. qcc	(P)	
Evans, D.A.W. cfs(n) qs	(N)	1 Jan
Farrant, R.P. qs	(N)	1 Jan
Frostick, A.T. BA qss(N)		
Green, M.J. qwi qss	(P)	
Hadley, S.C. qwi(T) qs	(N)	1 Jan
Hadlow, C.D. BSc qcc i		1 Jan
Heald, T.J.H. qss	(P)	1 Jan
Hesketh, J.I. CertEd	(N)	1 Jan
Hildred, K. BSc cfs	(P)	1 Jan
Holland, A.K. qs	(P)	1 Jan
Hooper, R.S. BSc qs (N)		1 Jan
Houghton, A. cfs(n) qs	(N)	1 Jan
Howard-Smith, P.M. BSc qtm qs		
James, B. BEng qwi(T) qs	(P)	1 Jan
James, D.J. qs	(P)	1 Jan
Kerley, A.A. BEng cfs qss	(P)	1 Jan
Leighton, J.D. cfs* qs	(P)	1 Jan
Long, R.C.J. qs	(N)	1 Jan
McColl, A. qcc	(N)	1 Jan
McKeon, A.J. qcc	(P)	1 Jan
Mellor, S.G. BSc asq cfs(n) qs	(N)	1 Jan
Millington, J.C. asq qss2	(N)	1 Jan
Millns, P.A. BSc cfs qcc	(P)	1 Jan
Moriarty, E.P. cfs qs	(P)	1 Jan
Norris, R.S. cfs qs	(P)	1 Jan
Page, G. qwi(T) qs	(N)	1 Jan
Payne, J.C. qab qwi(T) qs	(N)	1 Jan
Pearce, R.H. qs	(N)	1 Jan
Quick, A.N. BA qcc i*(P)		1 Jan
Reed, S.M. BSc tp cfs qcc	(P)	1 Jan
Renshaw, M. qss1	(ENG)	1 Jan
Roberts, A.G. qwi(T) qs	(N)	1 Jan
Robertshaw, N.J. BA cfs qcc	(P)	1 Jan
Robertson, R.L. qss2	(ENG)	1 Jan
Scott, A.J.	(ENG)	1 Jan
Seymour, R.P. BEng qs	(P)	1 Jan
Simmonds, M.A. BEng cfs qs	(P)	1 Jan
Smith, A.P.T. BA tp qs i*	(P)	1 Jan
Thomas, D. qwi qcc	(P)	1 Jan
Ward, N.P.D. cfs qss1(P)		1 Jan
Watson, D.C.	(ALM)	1 Jan
Wood, S.G. qss	(N)	1 Jan
Wootton, W.J. BSc qwi(T) qs	(P)	1 Jan
Ash, J.C. BEng qwi(AD) qs	(N)	1 Jul
Bearblock, P.D. BSc qss	(P)	1 Jul
Bloom, A.H. cfs qs	(P)	1 Jul
Blythe, A.N. BEng tp qwi(T) qss	(P)	1 Jul
Burgon, B.E.A. qss	(N)	1 Jul
Burrows, D.H. BSc qwi qs	(P)	1 Jul
Cadman, T.L. BSc qs(P)		1 Jul
Carr, T.D. qwi(T) qs	(N)	1 Jul
Challis, P.W. cfs(n) qss	(N)	1 Jul
Chapman, A.P.K. BSc qs	(ENG)	1 Jul
Cooper, N.R. BSc qs(N)		1 Jul
Cox, P.C. qs	(N)	1 Jul
Dale, A.L. BEng qcc	(P)	1 Jul
Dean, S.J. BSc cfs qs(P)		1 Jul
Deboys, R.G. BSc qs(N)		1 Jul
Dennis, R.J. qwi(T) qcc	(P)	1 Jul
Farrell, D.S. qcc	(N)	1 Jul
Fascione, T.M. BSc qs	(N)	1 Jul
Flynn, A.G.G. BEng tp qcc	(P)	1 Jul
Foster-Bazin, S.M. qs(P)		1 Jul
Fraser, R.M. qwi(T) qcc	(P)	1 Jul
Gibbs, D.A. BSc cfs(n) qhti qs	(N)	1 Jul
Godfrey, P.A. qwi qcc(P)		1 Jul
Gourlay, D.C.M. BEng asq qs	(N)	1 Jul
Hamilton, T.A.	(ALM)	1 Jul
Hiscox, B.J. asq qss (N)		1 Jul
Hulmes, T.A. MCSP	(ENG)	1 Jul
Jarvis, A.R. qs	(N)	1 Jul
Jonas, W.M. MBE tp qwi qss	(P)	1 Jul
Jopling, B.W. QGM	(ALM)	1 Jul
Kilgour, J.A. BSc cfs qss	(P)	1 Jul
Kinrade, I.G. BSc cfs qss1	(P)	1 Jul
Lauder, A.M. BSc qs (P)		1 Jul
Lewis, M.T. MB ChB DAvMed tp qcc	(P)	1 Jul
Lindsay, J.W. qhti qs(N)		1 Jul
MacDonald, P.J.S.D. cfs(n) qss	(N)	1 Jul
Matson, R.C. cfs qcc (P)		1 Jul
McNichol, P. qss	(N)	1 Jul
Mewes, A.S. cfs qss	(P)	1 Jul
Mudgway, A.P. cfs qss	(P)	1 Jul
Oldfield, S.C.R. qcc	(N)	1 Jul
Oliver, S.C. BSc qcc	(N)	1 Jul
Organ, R.W. qs	(P)	1 Jul
Owen, T.E. qab qwi(T) qcc	(N)	1 Jul
Poolman, J.C. BSc asq qss	(P)	1 Jul
Powers, D.R. qwi qcc(P)		1 Jul
Quinn, M.P. BEng qcc	(P)	1 Jul
Rosser, A.G. cfs qs	(P)	1 Jul
Russell, S.F. cfs	(P)	1 Jul
Rutherford, T.W. MBE qcc	(P)	1 Jul
Smith, I.S. cfs	(P)	1 Jul
Storr, D.J. BSc qcc	(N)	1 Jul

FLYING BRANCH

Squadron Leaders

2003—contd

Strasdin, S.R. qwi(T) qcc	(N)	1 Jul
Tagg, A.M. cfs qs	(P)	1 Jul
Thompson, D.P. cfs qcc	(P)	1 Jul
Thompson, I.M. qab qs	(N)	1 Jul
Thompson, J.R. qss	(N)	1 Jul
Townsend, I.J. qwi qcc	(P)	1 Jul
Tyson, P.J. BEng qcc	(P)	1 Jul
Waller, R.D. qss	(P)	1 Jul
Watkins, P.A. BA qs	(P)	1 Jul
Williams, S.P. BEng qwi qs	(P)	1 Jul
Wolfendale, P. cfs	(P)	1 Jul
Morgan, P.R. BEng qcc	(P)	10 Jul

2004

Aston, S.N. BEng qss	(P)	1 Jan
Bazalgette, G.R. qcc	(N)	1 Jan
Cook, N.P. BSc qcc	(N)	1 Jan
Cooke, R. BSc qss	(N)	1 Jan
Courtaux, N.P. qcc	(ENG)	1 Jan
Courtis, N.C. MSc MPhil BSc cfs qcc	(P)	1 Jan
Daly, C.A. tp qhti qss	(P)	1 Jan
Davies, R.A. qwi(T) qcc	(P)	1 Jan
Discombe, M. cfs qs	(P)	1 Jan
Dix, R.P. qab qss	(N)	1 Jan
Harris, M.R. BSc qs	(N)	1 Jan
Hatzel, S.A. qs	(N)	1 Jan
Hoskison, R.J. BA cfs qcc	(P)	1 Jan
Hossle, T. BA qs	(P)	1 Jan
Jessett, S.P. qwi qcc	(P)	1 Jan
Johnson, A.M. BEng ACGI qs	(P)	1 Jan
Kirby, S. BSc qab qss	(N)	1 Jan
Letch, M.J. BEng qcc	(N)	1 Jan
Marsh, K. BEng cfs qs	(P)	1 Jan
Mason, D.C. qwi qcc	(P)	1 Jan
Mattinson, R.G. qss	(P)	1 Jan
Monahan, J.F. MA BA qcc	(P)	1 Jan
Moreton, J. BEng qwi(T) qcc	(P)	1 Jan
Morrin, A.J. cfs qss	(P)	1 Jan
Murphy, T.J.L. cfs qcc	(P)	1 Jan
Nicholas, M.A. qwi(AD) qcc	(N)	1 Jan
Parker, R.S. qs	(P)	1 Jan
Paterson, S.A. BSc qs	(P)	1 Jan
Perrins, R.H. MSc BSc MCGI MRIN asq qab qs	(N)	1 Jan
Poulter, J.L. BEng qcc	(N)	1 Jan
Ring, M.J. cfs(n) qs	(N)	1 Jan
Ritchie, A.J. BSc qab qs	(P)	1 Jan
Roberts, G.P. qcc	(P)	1 Jan
Robinson, P.J. DFC* qab qhti qs	(P)	1 Jan
Shepherd, P.G. DFC* BEng qs	(P)	1 Jan
Smith, M.B. qwi(T) qcc	(P)	1 Jan
Stinchcombe, C.G. cfs qs	(P)	1 Jan
Sykes, P.C. BSc qhti qss2	(P)	1 Jan
Taylor, L.A. qhti qcc	(N)	1 Jan
Witcombe, P.R. qs	(P)	1 Jan
Wright, E.G. qss	(N)	1 Jan
Allison, R.P.G. cfs qcc	(P)	1 Jul
Bacon, A.D. BSc qs	(P)	1 Jul
Bird, A.P. BSc qcc	(P)	1 Jul
Blackburn, M.J. BSc qs	(N)	1 Jul
Carby, H.R. BSc qs	(P)	1 Jul
Challen, A.P. qcc	(P)	1 Jul
Dawson, A.E.L. BEng cfs qss	(P)	1 Jul
Doyle, M.G. BA qss2	(P)	1 Jul
Eden-Hamilton, J.M. AFC BSc qcc	(ALM)	1 Jul
Edwards, H. qwi(T) qs	(P)	1 Jul
Formoso, S.G. BSc qwi qcc	(P)	1 Jul
Gardiner, H.M. BA cfs qs	(P)	1 Jul
Gresham, A.P. qs (AEO)		1 Jul
Griffiths, K.I.	(AEO)	1 Jul
Hayes, M.A. qwi qcc	(P)	1 Jul
Jurd, M.L. BSc qhti qcc	(N)	1 Jul
Lloyd-Evans, G. BEng cfs(n) qhti qs	(N)	1 Jul
Marshall, S.A. LLB qwi(AD) qcc	(N)	1 Jul
Marshall, R.D. qcc	(P)	1 Jul
McCombie, P.B. BSc qwi(AD) qcc	(P)	1 Jul
McKenzie, R.L. qs	(P)	1 Jul
Meikle, J.C. BSc cfs qcc	(P)	1 Jul
Molineaux, M.K. qwi(T) qcc	(P)	1 Jul
Monk, T.I. qss	(N)	1 Jul
Moss, P.S. BEng qcc	(P)	1 Jul
Murnane, J.M. MA qhti qcc	(N)	1 Jul
Noble, A.J. qss	(AEO)	1 Jul
Oliver, M.J. cfs qss	(P)	1 Jul
Owen, D.E. qcc	(P)	1 Jul
Palmer, A. qhti qcc	(P)	1 Jul
Partridge, G.J. qab cfs(n) qcc	(N)	1 Jul
Roxburgh, S.I. BEng cfs qcc	(P)	1 Jul
Sharp, M.J. cfs qcc	(P)	1 Jul
Shirley, S.B. cfs qcc	(P)	1 Jul
Slattery, M.L. BEng qcc	(P)	1 Jul
Smith, P.A. BSc qwi(AD) qcc	(P)	1 Jul
Smith, R.I. qwi(T) qs	(N)	1 Jul
Stilwell, J.M. BEng qcc	(P)	1 Jul
Strookman, R.D. qas cfs* qss	(P)	1 Jul
Tiddy, J.N. BSc qcc	(P)	1 Jul
Tomlinson, C.J. BSc qs	(P)	1 Jul
Tucker-Lowe, N.A. qwi qcc	(P)	1 Jul
Wells, R.A.C. qab qs	(N)	1 Jul
Wildey, S.K.T. tp qwi qss	(P)	1 Jul

2005

Archer, B.M. cfs qcc	(P)	1 Jan
Baulkwill, M.R. BEng qwi qs	(P)	1 Jan
Beard, D. BA cfs qcc	(P)	1 Jan
Brewis, S.T. qcc	(P)	1 Jan
Burke, T.J.P. MA BSc qs	(P)	1 Jan
Chevli, R.J. MA BSc qwi(T) qcc	(P)	1 Jan
Crutchlow, P.S. BSc cfs qs	(P)	1 Jan
Dann, G.J. cfs qss2	(P)	1 Jan
Davies, N.F. BEng CEng MCGI MRAeS asq qss	(N)	1 Jan

FLYING BRANCH

Squadron Leaders

2005—contd

Diggle, I.J. BEng qab qss2	(P)	1 Jan
Driscoll, N.J.S. cfs qcc	(P)	1 Jan
Elliott, M.T. BEng qwi(AD) qcc	(P)	1 Jan
Frost, D.K. BSc cfs qss	(P)	1 Jan
Geary, N.J. qs	(P)	1 Jan
Gilling, P.R.T. qhti qss	(P)	1 Jan
Goldstraw, D.A. MBE BSc asq qss	(N)	1 Jan
Gregory, A.J. qs	(P)	1 Jan
Harbottle, E.G.M. cfs qcc	(P)	1 Jan
Heald, J.E. DFC BEng qwi qcc	(P)	1 Jan
Hindley, N.J. BEng cfs qwi qcc	(P)	1 Jan
Hough, J.T.W. BSc qcc	(P)	1 Jan
Kane, D.P. AMRAeS qwi qcc	(P)	1 Jan
Kay, M. qhti qcc	(P)	1 Jan
Marshall, A.P. MA qwi qcc	(P)	1 Jan
Marston, S.K. BSc qcc	(P)	1 Jan
Marwood, R. qs	(N)	1 Jan
Melvin, A.J. BA cfs qss1	(P)	1 Jan
Mounsey, P.N. BSc qwi qcc	(P)	1 Jan
Oughton, N.M. BEd qcc	(P)	1 Jan
Oxford, M.G. qcc	(P)	1 Jan
Paul, A.G. BSc cfs qss	(P)	1 Jan
Peebles, L.A. qcc (ALM)		1 Jan
Pilliner, A.N. MA qcc(P)		1 Jan
Rodden, M.O. asq qss	(P)	1 Jan
Squires, C.C.M. MA BEng qwi qcc	(P)	1 Jan
Stanley, J.M. BEng qcc	(P)	1 Jan
Startup, D.J. BSc qcc(P)		1 Jan
Stevens, J.A. BSc qcc	(P)	1 Jan
Stowell, J.M. qcc (AEO)		1 Jan
Strutt, S.R. qcc (AEO)		1 Jan
Walsh, S.W. qcc (AEO)		1 Jan
Webster, P.J. BEng qcc	(P)	1 Jan

Wesley, N.P. cfs qwi qss	(P)	1 Jan
Adamson, J.P.M. BSc cfs qcc	(P)	1 Jul
Arthurton, D.S. BEng qwi(T) qcc	(P)	1 Jul
Bartrip, J.R.L. qcc	(P)	1 Jul
Beldon, J.R. BSc qss2	(N)	1 Jul
Burge, A.S. BSc qss1	(N)	1 Jul
Chapman, S.R. qwi(T) qss	(N)	1 Jul
Chitty, F.M. BSc cfs qcc	(P)	1 Jul
Cochrane, P.G. BA qcc	(P)	1 Jul
Curnow, P.R. qss1	(N)	1 Jul
Dickens, A. qwi(AD) qcc	(P)	1 Jul
Ford, A.G. cfs qcc(ALM)		1 Jul
Foster, D.A. qcc (ENG)		1 Jul
Franklin, A.R. cfs qcc(P)		1 Jul
Fraser, N.A. BEng qwi qcc	(P)	1 Jul
Freeman, T.J. BSc cfs(t) qcc	(P)	1 Jul
Greenhowe, J.M. BSc qwi(T) qcc	(N)	1 Jul
Grindlay, J.P. qcc	(P)	1 Jul
Gusterson, L. qhti qss2	(P)	1 Jul
Hailey, A.T. qwi(AD) qcc	(P)	1 Jul
Harrison, R.A. BSc cfs qcc	(P)	1 Jul
Helliwell, J. BSc qwi(AD) qcc	(P)	1 Jul
Higgins, M.J. BEng cfs qcc	(P)	1 Jul
Hockley, D.C. qcc (AEO)		1 Jul
Hood, D.A. qcc (AEO)		1 Jul
Hughes, D.K. cfs qss(P)		1 Jul
Luggar, A.J. cfs qss	(P)	1 Jul
Lyle, A.J. BSc qwi(AD) qcc	(N)	1 Jul
McKee, C.J. BSc qcc(P)		1 Jul
Morley, S. DFC qwi qcc	(P)	1 Jul
Nixon, J.P. qwi(T) qcc	(P)	1 Jul
Pemberton, G.A. qwi qcc	(P)	1 Jul
Rendall, M.R. BEng qwi(AD) qcc	(N)	1 Jul
Rigby, J.D. BEng cfs qhti qcc	(P)	1 Jul
Robertson, N.G. BEng cfs qcc	(P)	1 Jul

Simmons, D.J. qwi qcc	(P)	1 Jul
Spooner, D.M.J. BSc asq qss2	(N)	1 Jul
Talbot, T.S. BSc qss	(P)	1 Jul
Thomson, J.A.C. BSc qcc	(N)	1 Jul
Turk, A.D. DFC qwi(T) qcc	(N)	1 Jul
Wright, A.J. qss2	(N)	1 Jul

FLYING BRANCH

Flight Lieutenants

1971
Walker, R.S. BA snc
qs (N) 6 Oct

1972
Funnell-Bailey, C.C.
cfs (P) 4 May

1973
Goff, D.K. qss (N) 10 Jul
Cooper, D. BSc(Eng)
snc qss (N) 30 Dec

1974
Slack, A.D. (N) 12 Jan
Todd, P.A. (N) 20 Mar
Horler, D.C. cfs(n) (N) 16 Apr
Hickin, D.J.T. BSc
qss (P) 14 May
Craig, R.E. (P) 29 Dec

1975
Hamilton, S.P. cfs (P) 25 Feb
Barnes, D.A. cfs(n) (N) 15 Mar

1976
Jackson, P.B. BA snc
qss (N) 6 Jul
Chatterton, M.J. BSc(P) 15 Oct

1977
Blackie, G.C. AFC cfs
qss (P) 22 Jan
Walters, P.S. qss (N) 12 Jun
Hawker, J. BSc cfs
qss (P) 3 Jul
Wilson, G.C. qss (P) 13 Jul
Hendy, J.W. MCIPD
cfs(n) snc qss (N) 6 Oct
Watkins, B.J. BSc cfs
qss (P) 15 Oct
Abbott, A.C. (P) 4 Nov

Partridge, S.M. cfs
qss (P) 1 Dec

1978
Saunders, I.R. cfs
qss (P) 27 Jan
Benke, R.N. BSc cfs
qss (P) 11 Apr
Hext, A. BA qss (N) 15 Apr
Best, J.L. snc (N) 18 Jul
Robertson, I.W. BSc
qhti qss (P) 15 Oct
Wrigley, C.M. BSc asq
qss (N) 6 Dec
Smith, G. cfs (P) 7 Dec

1979
Dyer, P.J. BSc (P) 15 Apr
Collins, N.D. (P) 24 Jul
Gregory, S.S.T. (N) 24 Jul
Harrod, V.W. BA asq
qss (N) 6 Aug
Taylor, G.L. cfs (P) 18 Nov

1980
Thorpe, A.A. MMAR
BSc qss (N) 2 Mar
Jones, P.C. BA cfs (P) 15 Apr
Bull, D.I. BSc qss (P) 2 Jun
Bradshaw, P. cfs qss (P) 30 Jul
Hodgson, S.A. (P) 31 Jul
Hornby, L. cfs (P) 23 Aug
Knowles, R.T. qss (P) 27 Aug
Pollock, N.D. BSc
qss (P) 15 Oct
Coombs, D.C. BSc
qss (N) 12 Nov

1981
Howell, D.W. BSc asq
qss (P) 8 Jan
Chisholm, R.G. BSc asq
qss (N) 12 May
Davies, J. qss (AEO) 17 May
Jillett, M.S. (P) 20 May
Chamberlain, S.J.
cfs(n) (N) 1 Oct
Fryer, C.G. (P) 7 Oct
Castle, M.J.D. BSc
qss (P) 15 Oct
Astle, P.W. cfs (P) 1 Nov
Spratt, A.B. BSc asq(N) 17 Nov

Williams, S.C. qss (N) 13 Dec

1982
Coxon, K.A. cfs qss (P) 5 Feb
McKernan, P.R. BSc asq
qss (N) 5 Feb
Johnson, P.A. BSc
qss (P) 9 Feb
Raymond, M.I. BSc
qss (P) 15 Apr
Dobson, P.S. BSc cfs
qss (P) 17 Apr
Hannam, G.A. BSc
qss (N) 17 May
Batin, M.V. BSc qss (N) 18 Jul
Paul, H.A. BSc asq
qss (N) 15 Oct
Brook, K.H. cfs(n)
qss (N) 17 Oct
Binsted, P.D. qss (P) 21 Oct
Dean, C.P. (N) 2 Dec
Harrison, J.D. BA cfs(P) 23 Dec

1983
Taylor, G. qss (N) 14 Jan
McCredie, K.I.
BSc(Eng) (P) 15 Apr
Weightman, G.R. cfs
qss (P) 7 May
Brown, C.V. BSc cfs*(P) 6 Jun
Crouchman, M.W. AFC
cfs (P) 5 Jul
Holmes, J.A.M.
cfs(n) (N) 5 Jul
Thirkell, P.A. (N) 2 Aug
Whitworth, P.D. BSc cfs
qss (P) 15 Oct
Wilson, C. MBE
qwi(T) (N) 11 Nov

1984
Jenkins, C.D. BSc (N) 7 Feb
Phillips, B.K. qss (N) 20 Mar
Allen, D.W. BSc(Eng)
asq qss (N) 15 Apr
Biddle, D.R. BSc(Eng)
asq cfs(n) qss (N) 15 Apr
Kenrick, W.R. BSc cfs
qss (P) 15 Apr
Williams, J.M. BA
qss (P) 15 Apr
Vickers, M.E. qss (ENG) 26 Apr
Gear, A.C.J. (P) 29 Apr
Simmons, A.J. qss (N) 2 May

131

FLYING BRANCH

Flight Lieutenants

1984—contd

Macintyre, R.A. BSc qwi(AD)	(P)	26 Jun
James, K.G. BSc qas cfs(n) qss	(N)	27 Jun
Watts, R.A. BSc cfs qss	(P)	27 Jun
McCrea, J.D. cfs	(P)	11 Jul
Starr, C.J. qwi(T) qss(P)		20 Jul
Moxon, N.P. cfs qss (P)		22 Aug
Anderson, D.C.E. BSc qwi(T)	(N)	15 Oct
Harris, K. BA qss	(N)	15 Oct
Henderson, H. BSc qss	(P)	15 Oct
Higginbottom, R.P. cfs(n) qss	(N)	17 Nov
Moore, K.E. BSc asq qss	(N)	17 Nov
Weir, A.W. qss	(N)	17 Nov

1985

Jackson, R.	(P)	1 Jan
Fletcher, R.M. BSc cfs	(P)	16 Jan
Carter, R.W. asq qss (N)		13 Mar
Cunningham, J. cfs(n) qss	(N)	6 Apr
Gordon, A.G. BA qss(P)		15 Apr
Simpson, R.A.C. BSc cfs qss	(P)	15 Apr
Wood, M.A. BTech cfs	(P)	15 Apr
Thompson, S.G.A.	(P)	1 May
Moule, J.R. qhti qss (P)		13 Jun
Johnson, D.A.	(N)	15 Jun
Taylor, M.A. qss (AEO)		19 Jul
Read, W.R. cfs qss (P)		31 Jul
Robinson, C.P. qss	(N)	31 Jul
Thornhill, A. qss	(P)	31 Jul
Roberts, C.T. (AEO)		8 Sep
Gibby, R.M. BSc cfs(n) qss	(N)	27 Oct
Greer, A.S. qss	(N)	22 Nov
Paige, C.R. qhti qss (N)		22 Nov
Palastanga, P.R. cfs(n) qss	(N)	22 Nov
Stewart, D.E. BSc cfs* i*	(P)	19 Dec

1986

Harrison, D.M. qss2	(N)	3 Jan
Hawkins, P.	(N)	3 Jan
Stevens, V.A. cfs(n) qss	(N)	14 Feb
Williams, W. cfs(n) qss	(N)	14 Feb
Wilson, A.D. BSc asq qss	(N)	2 Mar
Smith, N.P. BSc(Eng) cfs qss	(P)	11 Mar
Powell, P.R. cfs qss	(P)	12 Apr
Rees, N.C.R. BSc cfs qss	(P)	15 Apr
Witts, C.B. BSc cfs	(P)	30 Apr
Dearden, J.A. cfs qss(P)		5 May
Baber, C.W. BSc cfs(n) qwi(T) qss	(N)	25 May
Randells, T.M. qss	(N)	5 Aug
Seely, P.A.A. BA qss	(P)	5 Aug
Simm, G.E. asq	(N)	5 Aug
Paton, A.D. asq qhti qss	(N)	29 Aug
Campbell, I.M.	(P)	19 Sep
White, W.B. MSc BSc MCGI asq cfs(n) qss	(N)	29 Oct
Spencer, J. qss (AEO)		22 Nov
Clark, R.D. cfs(n) qss(N)		11 Dec
Harvey, D.J. qwi	(P)	11 Dec

1987

Kemp, P.G. BSc cfs	(P)	15 Jan
Farrington, P.R. qss	(AEO)	17 Jan
Millar, H.A.W. qss(AEO)		17 Jan
Nash, J.B. BSc cfs qss	(P)	22 Jan
Davis, R.A.	(N)	24 Jan
Fisk, M.P. BSc	(P)	15 Feb
Settery, G. BSc qss i	(N)	18 Feb
Sheppard, G.J. AFC cfs	(P)	25 Feb
Brown, D.W.T. BSc cfs qss	(P)	2 Mar
Sansford, S.M. BCom qss	(N)	2 Mar
Pearson, S.M. asq qss	(N)	4 Mar
Snowden, R.E.	(P)	4 Mar
Palgrave, C.W.J. qss(N)		15 Apr
Cauchi, M.J.V. cfs qhti qss	(P)	21 Apr
Witts, P.D. BSc qss	(N)	25 May
Evans, A.M. asq qss	(N)	26 May
Hayes, S.P. cfs(n) qss	(N)	26 May
Lloyd, D. cfs	(P)	4 Jul
Millbank, P. cfs* qss	(ALM)	4 Jul
Halpin, D.R. BEd qas qss	(N)	5 Jul
Hands, R.L. BSc asq qss	(N)	20 Jul
Marshall, J. BA qss	(N)	20 Jul
Wilkins, S.J. cfs qss	(P)	1 Sep
Bulteel, C.J.B. BSc qss	(P)	3 Sep
Harris, D.J. BSc asq cfs(n)	(N)	3 Sep
Hilton, C.E.J. BA	(N)	3 Sep
Goode, M.J.A. qss	(P)	16 Sep
Hill, G.J. BSc qss	(P)	24 Sep
Couper, P. BSc qss	(N)	30 Sep
Straw, E.T. BA cfs qss	(P)	11 Nov
Dearie, I.A.S. asq qss	(N)	20 Nov
Saunders, I.W.	(P)	20 Nov

1988

Evans, J.M. cfs qss1 (P)		1 Jan
Letton, J.S.	(P)	1 Jan
Ambury, S.B. BSc asq	(N)	15 Jan
Smyth, K. BEd asq qss	(N)	3 Feb
Beaumont, R.G. BSc asq cfs(n) qss	(N)	18 Feb
Collyer, P. BA cfs	(P)	5 Mar
Toyne, R.C. BA qss	(P)	5 Mar
Scoines, D.I. qss	(N)	25 Mar
Berry, M.R. MBA BSc asq qss	(N)	29 Mar
Mallinson, C.P. BSc qss	(P)	29 Mar
Shaw, I.M. BSc	(N)	26 Apr
Docker, C.E. BSc asq(N)		5 Jun
Andrew, N.R. MSc BSc	(N)	7 Jun
Evans, M.D. MBE qwi(AD)	(N)	21 Jul
Thomas, R.K. (AEO)		31 Jul
Mellor, D.J. (AEO)		30 Aug
Laws, D.J. BEng tp	(P)	15 Sep
Hendry, T. MSc MCGI qas qss	(N)	24 Sep
Jenkins, G.P.	(P)	24 Sep
Stobie, D.N. tp cfs qwi qss2		6 Nov
Trainor, P.R.D. cfs qss		6 Nov
Williams, N.P. cfs qss	(P)	6 Nov
Liston, G.A. (AEO)		4 Dec

Flight Lieutenants

1988—contd

Name		Date
Ouston, C.M. qss (AEO)		15 Dec

1989

Name		Date
Bennett, M.W. BEng qss	(N)	15 Jan
Coker, C.A.J. BSc cfs qss	(P)	17 Jan
Harcombe, O.M. asq	(N)	29 Jan
MacKenzie, N.H.	(N)	29 Jan
Duffin, J.R.	(P)	1 Feb
Hoaen, A.J. BA cfs	(P)	3 Feb
Durke, P. qwi(T)	(N)	8 Mar
Hathaway, N.T. qss	(N)	8 Mar
Newman, P.G. MBE	(P)	8 Mar
Forbes, A.M. BSc asq	(N)	14 Mar
Taylor, R.N. BSc cfs	(P)	14 Mar
Smith, M.G.	(P)	20 Apr
Walker, G.P. qss	(P)	20 Apr
Hippman, R.S.	(AEO)	4 Jun
Curry, R.L.S. BSc(Eng) qss	(P)	7 Jun
Edwards, K.A.J. asq qwi(T) qss	(N)	8 Jun
Tett, P.E. cfs	(P)	8 Jun
Wright, W.S. qss	(N)	12 Jul
Henderson, N.M. cfs	(ALM)	17 Jul
Davidson, A.G.G. cfs qss	(P)	2 Aug
Thomas, J.P.	(P)	2 Aug
Wilson, M.A.	(N)	15 Aug
Thyng, I.F. qss	(N)	15 Sep
Marshall, I.F.	(N)	8 Oct
Parkinson, A.F.	(P)	26 Oct
Gray, A.S. qss	(N)	11 Nov
Hambleton, A.E. cfs	(P)	8 Dec
Smith, P.A. cfs	(P)	8 Dec

1990

Name		Date
Phillis, I.R.	(P)	3 Jan
Davy, J. BEng cfs qss1	(P)	15 Jan
Harris, J.I. MEng cfs qss	(P)	15 Jan
Helm, D.A. BEng qss(P)		15 Jan
Hopson, P. BSc	(P)	15 Jan
Hugall, D.R. MA qss	(P)	15 Jan
Hughes, P.J. BA cfs qss	(P)	15 Jan
Mobbs, P.W. BEng cfs qss	(P)	15 Jan
Telfer, J.C. BSc	(P)	15 Jan
Harbron, S.E.	(P)	19 Jan
Whitwood, S.L. cfs qss	(P)	19 Jan
Kelly, A.M. cfs(n)	(N)	12 Feb
Birnie, F. BEng qss	(N)	14 Feb
Ead, I.S. qss	(N)	28 Feb
Smith, A.J.	(P)	28 Feb
Yorston, R.A. BEng qss	(N)	28 Feb
Eccles, C.J. BSc(Eng) cfs	(P)	11 Apr
Myhill, J.S. qss	(N)	11 Apr
Tucker, D.L. MLitt BSc AFRIN MIL qss	(N)	11 Apr
Vicary, P.N.L. BSc qwi(AD) qss1	(P)	11 Apr
Webb-Dickin, R. ACA qss	(N)	11 Apr
Jones, C.D.	(N)	5 May
Taylor, N. qss	(AEO)	5 May
Peacey, S. BSc cfs qss	(P)	6 May
Smith, D.A. BSc qss	(N)	6 May
Fancett, P.A.	(P)	22 May
Sell, A. cfs	(P)	22 May
Nash, J.E.	(AEO)	16 Jun
Sumner, A.P. qss1	(P)	9 Jul
Stafford, M.I. qhti qss	(N)	17 Jul
Stradling, C.J. qss	(N)	17 Jul
Adkinson, S.	(N)	28 Jul
Charles, R.L.	(AEO)	28 Jul
Crennell, N.J. qwi(T) qcc	(P)	28 Aug
Lings, G.B. cfs qss	(P)	28 Aug
Matthews, M.W. BSc qss	(N)	27 Sep
Davey, P.M.	(P)	11 Oct
Dazeley, J.M.	(P)	11 Oct
Salisbury, D.A. qcc	(P)	11 Oct
Williams, P.J. qss	(N)	11 Oct
Gallagher, J.J. qss1	(N)	13 Oct
Fairbrother, P.J.	(P)	23 Nov
Hare, G.W.J. qss	(P)	23 Nov
Wood, M.L. qss	(N)	23 Nov
Howells, I.M. qss	(N)	10 Dec
Dunne, P.J. qss	(ALM)	15 Dec

1991

Name		Date
Cawthorn, P. cfs qwi(T) qss	(P)	4 Jan
Chadwick, G.C. cfs	(P)	4 Jan
Laing, G.W. cfs qss1	(P)	4 Jan
Powell, P.J. qss	(P)	4 Jan
Robson, M. cfs qss	(P)	4 Jan
Westwood, P.G. BSc	(P)	4 Jan
Johnson, S.A. BSc qcc	(P)	15 Jan
Pike, H.J. BEng qwi	(P)	15 Jan
Sickling, A.M. BSc qas	(P)	15 Jan
Thornton, M.J. BSc qcc	(P)	15 Jan
Walton, R.I. BSc cfs	(P)	15 Jan
Cookson, S.	(ALM)	29 Jan
Chattaway, M.S.R. BEng	(P)	14 Feb
Cooper, A.E.R.	(N)	15 Feb
Kay, S.T.E.	(N)	15 Feb
Parke, R.J. cfs	(N)	15 Feb
Stephens, M.F. asq qss	(AEO)	16 Feb
Booth, J.H.J. BEng asq qss	(N)	20 Feb
Bradshaw, M.C. BSc cfs qss	(P)	20 Feb
Smith, J.A.	(P)	1 Mar
Stewart, G. BA	(P)	25 Mar
Brown, V.C. cfs qss	(P)	26 Mar
Fenton, S.D. qss1	(P)	26 Mar
Harris, P.J. qhti qss	(ALM)	30 Mar
Liivet, P. qss	(AEO)	30 Mar
Johnston, N.D.S. BA	(P)	6 May
Squires, A.J. BSc cfs qss	(P)	6 May
Tucker, J.D. BSc qas qss	(N)	6 May
Weedon, G.C. BSc cfs qss	(P)	6 May
Geeson, C.T. cfs	(P)	7 May
Dennis, M.	(P)	11 May
Duffy, C.P. qss	(AEO)	11 May
Morton, N.D. BEng qss2	(N)	12 May
Woodley, P. cfs qhti qss	(P)	26 May
Piercey, B.A. BA qss1	(N)	8 Jul
Sweatman, J. BSc cfs qhti qss	(P)	8 Jul
Robinson, A.W. qhti qss	(N)	13 Aug
Morris, D.J.R. qcc	(N)	15 Aug
Cant, A.J. BSc cfs qss	(P)	18 Aug
Parkinson, F.C.J. BA cfs qss	(P)	18 Aug
Hargreaves, A.K. cfs qss	(N)	22 Aug
Mason, S.J. qcc	(N)	8 Sep
Tennant, J.A. cfs	(P)	27 Sep
Faulds, M.D. MA cfs qss	(P)	1 Oct

FLYING BRANCH

Flight Lieutenants

1991—contd

Cavey, P.A. BA cfs		
qss1	(P)	2 Oct
Skinner, J. qss	(N)	12 Oct
James, B.F.	(P)	3 Nov
Fawcett, S.I. cfs(n)		
qss1	(N)	8 Nov
Othen, M.J. cfs qss	(P)	8 Nov
Williams, R.O. cfs		
qcc	(P)	8 Nov
Taylor, E.S. BA qss1	(N)	13 Nov
Atkinson, R. cfs(n)		
qss	(N)	19 Dec
McGlone, A.T. cfs		
qss	(N)	19 Dec
McLean, K. qwi(T)		
qtm	(N)	19 Dec
Poppleton, C.A.	(P)	19 Dec
Jenkins, J.H. BSc		
qwi(T) qcc	(N)	25 Dec

1992

Clayphan, R.J. BSc tp		
qss	(P)	15 Jan
Farmer, N.J. BEng		
qcc	(P)	15 Jan
Felgate, N.J. BEng qwi		
qcc	(P)	15 Jan
Grant, R.D. BEng tp cfs		
qcc	(P)	15 Jan
Harland, G.C. BSc cfs		
qcc	(P)	15 Jan
Hopkins, P.W. BSc		
qss	(P)	15 Jan
Hopkinson, A.M. BEng		
cfs	(P)	15 Jan
Malcolm, J.M.W. BA		
qss	(P)	15 Jan
Powell, G.S. BEng		
qcc	(P)	15 Jan
Whyatt, O.B. qss	(P)	15 Jan
Johnson, S. asq cfs(n)		
qss	(N)	28 Jan
Charlton, D.H. qss	(N)	31 Jan
Cullen, A.J. qss	(P)	31 Jan
Kingscott, R.A. MSc		
asq qss	(N)	31 Jan
Thomas, P. qss	(N)	31 Jan
Munro, W.P. asq qss	(N)	13 Feb
Bailey, H.R. BSc qhti		
qss	(P)	19 Feb
Brooker, J.G. BEng		
qss	(P)	19 Feb

Thomas, C.R. BEng		
cfs	(P)	19 Feb
Reade, S.E. LLB MRaeS		
qss2	(P)	20 Feb
Robertson, A.M. qss	(P)	6 Mar
Allan, M.S. qss1	(N)	8 Mar
Burgess, T.J. DFC	(P)	11 Mar
Davidson, G.S. qss	(P)	11 Mar
Delaney, P.G. cfs	(P)	11 Mar
Rogan, J.G. (ALM)		29 Mar
Cullen, S.M. BEd qhti		
qcc	(P)	30 Mar
Edwards, O.E. DFC BSc		
qcc	(P)	30 Mar
Wood, E.J. BSc qss1	(N)	30 Mar
Hamill, S.J. BA qcc	(P)	1 Apr
Watts, P.A.F. BSc cfs*		
qss	(P)	1 Apr
McDermott, A.W.	(P)	8 Apr
Cartwright, L.J.	(N)	23 Apr
Eves, P.M. qas qss	(N)	23 Apr
Glover, A.D. qss	(N)	23 Apr
Jackson, R.G. qcc	(N)	23 Apr
Reed, A.W. qss	(N)	29 Apr
Lewis, I.J. qss (AEO)		10 May
McWilliam, I.R. BEng(P)		11 May
Baber, M.A. BSc		
qss1	(P)	12 May
Cosens, I.J. BEng		
qcc	(P)	12 May
Hill, J.W.A. BEng cfs(P)		12 May
Manson, J.H. BEng cfs		
qss	(P)	12 May
Wilson, D. qwi(T)	(N)	4 Jun
Ferris, S.J. qss (AEO)		21 Jun
Green, N.M. BA cfs		
qcc	(P)	6 Jul
Brockett, J.W.A. BSc cfs		
qss	(P)	7 Jul
Hannigan, S.D. BA cfs		
qss	(P)	7 Jul
Clements, I.S. BSc	(P)	8 Jul
Conner, A.G. qss	(P)	29 Jul
Fazal, P.A. cfs qss	(P)	29 Jul
Gray, F.T. cfs qcc	(P)	29 Jul
Rumsey, N.K. qss	(P)	29 Jul
Dack, G.T. cfs	(P)	7 Aug
Housley, R.S.A. BSc		
qcc	(P)	18 Aug
Pugh, A.D. BEng	(P)	18 Aug
Bullen, M.P. BA	(P)	21 Aug
Maggs, C.D. qss	(P)	12 Sep
Merritt, P.J. tp qss	(P)	12 Sep
Hardwick, M. qss(ENG)		26 Sep
Ball, G.R. BEng asq		
qcc	(P)	30 Sep
Blake, R.D. BEng qcc(P)		30 Sep
Soul, M.D. MEng	(N)	30 Sep
Baddeley, J.J.G. BSc(P)		1 Oct

Robertson, R.N. BA cfs		
qss	(P)	6 Oct
Burley, C.J. qcc	(N)	23 Oct
Cottle, N. cfs qss	(P)	23 Oct
Davies, M.W. qss	(P)	23 Oct
Hopcroft, I.D. DFC		
qss	(P)	23 Oct
Panter, C.S.	(P)	23 Oct
Hodgkison, J. BSc	(N)	13 Nov
Strang, J.R. BSc qss	(N)	13 Nov
McGarrigle, S.B.	(P)	16 Nov
Hamilton, D.J. qss	(P)	30 Nov
Finch, C.R.	(P)	1 Dec
Aspinall, M.E. qwi(T)		
qss1	(N)	4 Dec
Gray, A. cfs qss	(P)	4 Dec
Parker, A.M.B. qss	(N)	4 Dec
Abson, I.T. cfs(n)	(N)	12 Dec
Truesdale, J. (AEO)		20 Dec
Williams, M.P. BSc		
qcc	(P)	24 Dec
Wooll, C.E. BSc qss	(N)	24 Dec

1993

Sumner, R.A. cfs(n)		
qss	(N)	1 Jan
Strickland, C.E. cfs	(P)	14 Jan
Bayman, P. MA MBA		
cfs qcc	(P)	15 Jan
Day, M.J. BSc cfs	(P)	15 Jan
Edwards, P.J. BA	(P)	15 Jan
Foley, A.P. BEng qcc(N)		15 Jan
Gabriel, T.A. BSc	(P)	15 Jan
Homer, R.S.T. BEng qwi		
qcc	(P)	15 Jan
Kinnersley, S.J. BEng		
cfs	(P)	15 Jan
Lawrence, M.D. BSc		
qcc	(P)	15 Jan
Maguire, A.J. BEng cfs		
qcc	(P)	15 Jan
McDermott, A.E.R.		
BEng qtm qss	(P)	15 Jan
Nash, M. BSc cfs qcc(P)		15 Jan
Waller, T.M. BSc qcc(P)		15 Jan
Weller, T.R. BSc cfs	(P)	15 Jan
Williams, A.J. BSc		
qss	(N)	15 Jan
Duckworth, I.N. cfs		
qss	(P)	17 Jan
Rich, C.A. cfs qss(ALM)		14 Feb
Meneely, D.W. BA		
qcc	(P)	18 Feb
Brombley, P.R. BSc		
qcc	(P)	19 Feb
Cooney, S. qhti qss2(N)		19 Feb
Humphrey, P.A. BSc cfs		
qcc	(P)	19 Feb

FLYING BRANCH

Flight Lieutenants

1993—contd

Name		Date
Knight, A.M. BEng qcc	(P)	19 Feb
Lilleyman, S.A. BSc qcc	(N)	19 Feb
Butler, J.D. cfs qss1	(P)	27 Feb
Traill, D.I.G.	(P)	27 Feb
Heal, M.D.	(ENG)	28 Mar
Millward, A.A.	(AEO)	28 Mar
Edwards, N.J. cfs qcc	(P)	29 Mar
McDermott, K.W.R. BSc qcc	(N)	29 Mar
Clancy, N.G. BSc cfs qcc	(P)	30 Mar
Fryar, D.N. BEng qcc	(P)	30 Mar
McIlfatrick, G.R. BEng	(P)	30 Mar
Parkin, K. BSc	(P)	30 Mar
Poole, B.V.J. BEng qcc	(P)	30 Mar
Sharman, S.E. BA qcc	(N)	30 Mar
Woodward, J.E. BSc cfs qcc	(P)	30 Mar
Bennison, M.A. asq qss	(N)	8 Apr
Hunter, G.M. qss	(P)	8 Apr
Townshend, A.C. cfs	(P)	8 Apr
Cole, P.W. qwi(T) qss	(N)	30 Apr
Forster, S.D. qss	(P)	5 May
Barnsley, S.W. qss	(N)	9 May
Cripps, G.A. qss (ENG)		9 May
Gimenez, J.C. qss2	(N)	9 May
Cook, M.N. MA BA qcc	(P)	11 May
Harden, R.J. BSc qss1	(P)	11 May
James, S.F. MSc BEng tp qcc	(P)	11 May
Jones, J.P. BSc cfs(n) qcc	(N)	11 May
Kidd, P. BEng qss	(P)	11 May
Kinsler, K.A. BSc qcc	(P)	11 May
Slow, D.J. BSc cfs	(P)	11 May
Sterritt, J.M. MSc BEng cfs(pn) qcc	(P)	11 May
Tarry, M.J. BEng qcc	(P)	11 May
Andrews, N.F. cfs qss	(P)	18 May
Clegg, A. asq qss	(N)	19 May
Coates, C.R.	(P)	20 Jun
Searle, B.A.T.	(AEO)	20 Jun
Clarke, S.J.G. qss	(P)	27 Jun
Goodwyn, A.N. cfs qtm qss2	(P)	1 Jul
Beck, K.J. BA qcc	(P)	6 Jul
Buckland, H.M. cfs qcc	(P)	14 Jul
Dodwell, G.D.	(AEO)	29 Jul
Valentine, A.	(ENG)	29 Jul
Barlow, P.R. qss	(N)	16 Aug
Farmer, N.A. qcc	(P)	16 Aug
Warren, D.J. BSc qcc	(N)	17 Aug
Williams, M. BEng asq qss1	(N)	17 Aug
Armeanu, A.R. qss	(P)	25 Aug
Stevens, S.D. BSc	(P)	3 Sep
Jones, P.I.	(P)	5 Sep
Hodson, R.B.H. qcc	(P)	13 Sep
Martin, R.C. MPhil BEng qcc	(P)	29 Sep
Evans, A.D.	(N)	5 Oct
Lismore, M.R. qcc	(N)	8 Oct
Cairns, S.J.N.	(P)	5 Nov
Everett, M.D. cfs qcc	(P)	5 Nov
Berry, K.P. AFC	(P)	7 Nov
Radford, M. BEng qcc	(P)	12 Nov
Sinclair, D. BSc qcc	(P)	12 Nov
Mitchell, N.R. qss	(P)	1 Dec
Collins, S. cfs(g) qss	(P)	16 Dec
Leckey, M.J. cfs	(P)	16 Dec
Mitchell, B.G. qcc	(N)	16 Dec
O'Rourke, J.P. qcc	(P)	16 Dec
Purkiss, E.R. qcc	(N)	16 Dec
Seymour-Dale, S.A. tp qcc	(P)	16 Dec
Brooks, M.W. BSc cfs qhti qcc	(P)	23 Dec
Lamping, S.J. BEng qwi(AD) qcc	(P)	23 Dec
Warren, C.J. BSc qss	(P)	23 Dec

1994

Name		Date
Denyer, K.A. BEng qcc	(N)	15 Jan
Fletcher, P.A. BEng cfs qwi qcc	(P)	15 Jan
Lawrenson, D.J. MSc BA	(P)	15 Jan
Linsley, A. BSc qss1	(P)	15 Jan
May, J.M. BSc qss1	(N)	15 Jan
Sanderson, D.P. BSc qcc	(N)	15 Jan
Zarecky, C.P.J. MA BSc(Econ)	(P)	15 Jan
Blair, S.A. qcc	(P)	17 Jan
Tuck, M.A. qas	(P)	20 Jan
Chadderton, D.M. qss	(N)	28 Jan
Holleworth, L.A.	(N)	28 Jan
Wright, R.J.	(N)	28 Jan
Roll, K.S.	(P)	31 Jan
Slatter, F.G.	(P)	31 Jan
Daly, C.M.	(P)	9 Feb
Bloomer, G.A.M. BSc asq	(AEO)	13 Feb
Ramsay, D.G. qcc	(AEO)	13 Feb
Armstrong, I.R.B. BSc qcc	(P)	16 Feb
Gaskell, A.S. BEng qcc	(P)	16 Feb
Knight, T.J. BA qss	(P)	18 Feb
Richards, D. BEng qcc	(N)	18 Feb
Claringbould, S.E. qss1	(P)	22 Mar
Kennedy, G.G. cfs qcc	(P)	22 Mar
Rolfe, S.R. cfs qss	(P)	22 Mar
Watts, R.D. qss	(N)	22 Mar
Bond, M. qss	(AEO)	26 Mar
Burlingham, P.A.	(P)	26 Mar
Ackland, P.M. BSc qcc	(P)	29 Mar
Copple, J.A. BEng qcc	(P)	29 Mar
Davis, I.S. BA qcc	(P)	29 Mar
Evans, J.E. MSc BEng cfs qcc	(P)	29 Mar
Forster, N.J. BSc cfs qcc	(P)	29 Mar
Hall, D.P. BEng qcc	(P)	29 Mar
McNeil, J.D. BSc cfs qcc	(P)	29 Mar
Summers, C.M. BSc qss	(P)	29 Mar
Williams, J.V. BSc qcc	(P)	29 Mar
Rhind, M.G. BEng cfs	(P)	11 Apr
Smylie, P. qss	(N)	2 May
Kneen, C.T.E.	(AEO)	7 May
Farman, D.J. BSc cfs	(P)	10 May
Harris, R.J. BEng qcc	(P)	10 May
Heaney, N.C. BSc cfs qcc	(P)	10 May
Ponting, T.M. BSc qcc	(P)	10 May
Reid, A.I.A. BA qcc	(N)	10 May
Coulson, D.L.	(N)	22 May
King, E.N.F. BSc qss1	(N)	6 Jun
Lewry, J.R. qss	(P)	15 Jun
Blackburn, C.A.	(ENG)	16 Jun
Bingham, J.H. cfs(t) qcc	(N)	18 Jun
Woodard, M.J. BEng qcc	(P)	5 Jul

135

FLYING BRANCH

Flight Lieutenants

1994—contd

Kilkenny, G.M. qab qcc	(AEO)	30 Jul
Brown, L.F. BA qcc	(P)	14 Aug
Cogley, N.M.B. BSc cfs qcc	(P)	14 Aug
MacNaughton, K. BA qcc	(P)	14 Aug
Perilleux, G.B.J. BA qcc	(P)	14 Aug
Miller, P.D. qcc	(P)	16 Aug
Cepelak, G.P. qss	(N)	30 Sep
Colman, J.M. cfs qss(P)		30 Sep
MacMillan, I.D. cfs	(P)	30 Sep
Tully, D.H. qss	(P)	30 Sep
Smith, D.J. BA	(P)	29 Oct
MacLachlan, C.C. BA(P)		31 Oct
Barnes, J.A.F. cfs qcc(P)		11 Nov
MacDonald, F.J. qcc (N)		11 Nov
Nichols, R.J. qcc	(P)	11 Nov
Leeder, J.D. qss	(N)	15 Nov
Hake, D. qcc	(N)	30 Nov
Baines, M.W. qcc	(P)	22 Dec
Dewes, R.J.M. cfs qcc	(P)	22 Dec
Gubb, P.J. qss i	(P)	22 Dec
Pappini, N.J. cfs qcc i*	(P)	22 Dec

1995

Davenhill, J.C.M. BEng qcc	(P)	5 Jan
Abra, S.M. BEng qcc(N)		15 Jan
Brosch, I.M. MA BSc qcc	(P)	15 Jan
Clarke, D.I.T. BSc	(P)	15 Jan
Crawford, J.B. BEng qss1	(N)	15 Jan
Elworthy, R.J. BA qwi(AD)	(P)	15 Jan
Froome, P.D. BEng qwi(T) qcc	(P)	15 Jan
Gambold, K.A. BSc qcc	(P)	15 Jan
Gatenby, N.J. BSc cfs qcc	(P)	15 Jan
Glaves, G.R. BA qcc (P)		15 Jan
Grogan, I. BSc cfs qcc	(P)	15 Jan
Hamilton, T.G.W. BA cfs qcc	(P)	15 Jan
Jones, G.A. BEng cfs qcc	(P)	15 Jan
Laugharne, P.A. BEng cfs qcc	(P)	15 Jan
Ling, R.J.D. BSc qcc (P)		15 Jan
Mackereth, J.E. BSc qss	(N)	15 Jan
Milward, R.J. BEng qcc	(P)	15 Jan
Nelson, J.W. BEng cfs qcc	(P)	15 Jan
Sargent, B. BEng qhti qcc	(P)	15 Jan
Sawbridge, T.C. BSc qcc	(P)	15 Jan
Smith, S.H. BSc qcc (P)		15 Jan
Yates, R.J. BEng qwi(T) qss	(N)	15 Jan
Coombs, D.J. cfs qss(P)		27 Jan
Hamilton, S.F. qhti qss	(N)	27 Jan
Oakes, S.L. qwi(T) qcc	(P)	27 Jan
Sheffield, J.A. qhti	(P)	27 Jan
Castle, B.C. qcc	(P)	29 Jan
Peebles, A.B. qss2	(P)	11 Feb
Lafferty, J.P. BSc qcc(P)		15 Feb
Brown, R.G. BEng cfs qcc	(P)	16 Feb
Cartlidge, R. BSc qhti qcc	(N)	16 Feb
Eyles, T. MSc BEng qss	(P)	16 Feb
Hughes, S.G. BEng qwi qcc	(P)	16 Feb
Martin, S.A. BEng cfs qcc	(P)	16 Feb
Michael, R.J. BEng qcc	(P)	16 Feb
Moyes, D.R. BEng cfs(t) qcc	(P)	16 Feb
Myers, H.J. MA BSc qcc	(P)	16 Feb
Parsons, R. BSc cfs	(P)	16 Feb
Aveling, G. qcc	(P)	28 Mar
Bethell, S.F. qss1	(P)	28 Mar
Frick, R.E. cfs	(P)	28 Mar
Lewis, M. qcc	(N)	28 Mar
Richardson, A.G. qss1	(P)	2 Apr
Dawson, A.J. BA qcc(P)		10 Apr
McCrory, P.M. BA qcc	(N)	10 Apr
Banks, S.M. BEng cfs qcc	(P)	11 Apr
Gault, G.W.K. BA qcc(P)		11 Apr
Gibb, R.J. BSc	(P)	11 Apr
Holland, M.R. BEng qcc	(P)	11 Apr
House, D.A. BSc qcc(N)		11 Apr
Kennard, P.K. BA qhti qcc	(P)	11 Apr
Kenyon, D.J. BEng	(P)	11 Apr
Millward, P.T. BEng cfs qcc	(P)	11 Apr
Moore, S.I. BSc qcc (P)		11 Apr
Morley, N.R. BSc cfs qcc	(P)	11 Apr
Murphy, W.R. BEng qcc	(P)	11 Apr
Rushmere, L.D.G. MSc BSc qcc	(P)	11 Apr
Stradling, A.P. BSc qss2	(P)	11 Apr
Crocker, P.T. cfs qss (P)		9 May
Jevons, A.P.	(N)	9 May
Skene, R.K.	(P)	9 May
Wright, D. qcc	(P)	9 May
Dixon, R.S. BSc qcc (N)		6 Jun
Flewers, J.A. BSc qcc	(P)	6 Jun
Hendy, I.D. BSc qwi(T) qcc	(N)	6 Jun
Mack, A.P. BSc qcc (N)		6 Jun
Robinson, J.R. BEng cfs	(P)	6 Jun
Barratt, C.D. cfs(n) qss	(N)	21 Jun
House, G.E.W. MBA cfs qcc	(P)	21 Jun
Lock, G.R. qcc	(N)	21 Jun
Middleton, D.N. cfs qss	(P)	21 Jun
Tickle, A. qcc	(N)	21 Jun
Crane, R.	(AEO)	28 Jul
Bowes, J.P. BEng cfs qcc	(P)	13 Aug
Wisely, A.C.E. BSc cfs qcc	(P)	13 Aug
Taylor, P.R. BEng cfs (P)		14 Aug
Upward, J. BEng qss(P)		14 Aug
Tyzack, J.A. DipMgmt qss	(P)	15 Aug
Adey, S.K. qwi qcc	(P)	29 Sep
Cripps, S.T. qss2	(P)	29 Sep
Daniels, S.M. qcc	(P)	29 Sep
Donnelly, J.A.F. qhti qss	(P)	29 Sep
Evans, W.L. qss1	(P)	29 Sep
Flynn, M.A. cfs qcc	(P)	29 Sep
Green, E.B.H. qhti	(P)	29 Sep
Lippiatt, S.D. cfs	(P)	29 Sep
Massey, P.C. cfs qss (P)		29 Sep
Maund, J.C. qcc	(P)	29 Sep
Mills, D.W. qhti qss	(P)	29 Sep
Reece, J. MEng qcc	(P)	10 Oct
Hobkirk, J.D. cfs	(P)	9 Nov
Alcock, M.L. cfs qcc	(P)	10 Nov
Applegarth, C.G. cfs qss	(P)	10 Nov
Batey, R. qhti qss	(P)	10 Nov
Dobie, A.F. qcc	(P)	10 Nov

FLYING BRANCH

Flight Lieutenants

1995—contd

Name			Date
Eaton, D.J. qcc		(N)	10 Nov
Hepburn, P.R. cfs qcc		(P)	10 Nov
Howett, D. qwi(T) qss		(N)	10 Nov
Kay, D.J. qhti qcc		(P)	10 Nov
McCann, B.		(P)	9 Dec
Booth, D.L. AFC qhti		(P)	21 Dec
McAdam, W.J.		(P)	21 Dec

1996

Name			Date
Evans, J.C. BEng qwi(AD) qcc		(N)	15 Jan
Hampson, M. BA qcc i*		(P)	15 Jan
Houston, R.S. BSc cfs		(P)	15 Jan
MacMillan, A.A.		(P)	15 Jan
Marsden, D.F. BA qcc i		(P)	15 Jan
Mason, D.P. BA		(P)	15 Jan
Pollard, N.G. BSc qcc		(P)	15 Jan
Priestnall, A.R. BEng qcc		(P)	15 Jan
Ratcliffe, B.E. BSc qcc		(P)	15 Jan
Reeks, S.I. BSc qcc		(P)	15 Jan
Saunders, R.J. BEng		(P)	15 Jan
Sington, D.K. BSc cfs qwi qcc		(P)	15 Jan
Thomas, E.M. BEng cfs qcc		(P)	15 Jan
West, C.R. BSc cfs qcc		(P)	15 Jan
Berris, D.C.D. qwi(T) qcc		(P)	2 Feb
Holder, I.D. qcc		(P)	2 Feb
Jewiss, S.E. qcc		(P)	2 Feb
McKay, J.G. qcc		(P)	2 Feb
Sparks, C.D. cfs qhti qcc		(P)	2 Feb
Stevenson, C. tp		(P)	2 Feb
Toomey, L.D. cfs qcc		(P)	2 Feb
Livingstone, D.A. BEng qcc		(P)	14 Feb
Guest, J.A. BEng qcc		(P)	15 Feb
Harding, P.C.B. BA qcc		(P)	15 Feb
Henderson-Begg, R.I. BEng qcc		(N)	15 Feb
Means, S.W. BSc qcc		(P)	15 Feb
Netherwood, A.G. BSc(Econ) qcc		(P)	15 Feb
Beddall, J.T. qss		(P)	26 Mar
Hasted, M.R. qcc		(P)	26 Mar
Howe, J.B.		(P)	26 Mar
Jess, R.		(N)	26 Mar
Doncaster, M.R. cfs qcc		(P)	1 Apr
Keen, S.		(ALM)	7 Apr
Lilly, P.D. MBE		(AEO)	7 Apr
Donald, C.S. BEng qwi qss		(P)	9 Apr
Hopkins, G.A. BEng		(P)	9 Apr
Pocock, M.F. BEng		(P)	9 Apr
Stewart, M.J. MA		(P)	9 Apr
Averty, C.J. BA cfs qcc		(P)	10 Apr
Baker, M.T. BSc qwi qcc		(P)	10 Apr
Brandon, B. BEng cfs qss		(P)	10 Apr
Bridge, E.K.L. BEng qss1		(N)	10 Apr
Brown, P.J. BA qcc		(P)	10 Apr
Frewin, K.R. BSc qcc		(P)	10 Apr
Holt, C.A. MSc BSc cfs qcc		(P)	10 Apr
Johns, D.E.H. BA qss1		(P)	10 Apr
Oetzmann, D.M. BEng		(P)	10 Apr
Towell, A.M. BEng qss		(P)	10 Apr
Trasler, K.F. MLitt BA qcc		(P)	10 Apr
Turner, J.J. BA qcc		(P)	10 Apr
Spain, D.		(AEO)	7 May
Brown, K.P. cfs qss		(P)	8 May
Buchanan, I.M. qcc		(P)	8 May
Creese, L.B.		(P)	8 May
Griggs, J.P. qwi(T) qss		(P)	8 May
Rawlins, D.G. qcc		(P)	8 May
Shenton, A.G. AFC qss		(ALM)	9 May
Crowther, J.		(P)	10 Jun
Cockram, M.S. BEng qcc		(P)	18 Jun
Forbes, D.R. qwi(T) qcc		(P)	20 Jun
Kirby, D.J. qwi(T) qss		(P)	20 Jun
Moran, K.R. qcc		(P)	20 Jun
Mitchell, J.R. BA		(P)	3 Jul
Powell, D.W. BSc		(P)	4 Jul
Anderson, S.W. qcc		(P)	7 Jul
Scott, A.J.		(P)	18 Jul
Burgess, A.J. cfs qcc		(P)	28 Jul
Paynton, P.J.		(AEO)	28 Jul
Steele, P.C.		(ENG)	28 Jul
Simmons, J.		(AEO)	30 Jul
Hargrave, R.M. BSc		(N)	31 Jul
Dunn, J.F. BEng qcc		(P)	12 Aug
Berry, R.I. BSc qcc		(P)	13 Aug
Ervine, B.J. qcc		(P)	14 Aug
Fraser, C.L. cfs		(P)	14 Aug
Hirst, J.M. qcc		(P)	14 Aug
Penrice, I.W.		(P)	9 Sep
Bousfield, R.J. cfs qcc		(P)	28 Sep
Connor, R.A. qss2		(N)	28 Sep
Cree, S.J.S. qcc		(P)	28 Sep
Harrison, S.A.		(P)	28 Sep
Moore, G.P. cfs qcc		(P)	28 Sep
Palmer, M.S. qss		(P)	28 Sep
Smith, R.C.W.		(P)	28 Sep
Whitehill, J. qcc		(P)	28 Sep
Baddeley, L.M. MA		(N)	9 Oct
Barker, N.S. BA		(P)	9 Oct
Hollywood, M.J. BSc		(N)	9 Oct
Jones, J.L.H. BA		(P)	9 Oct
Rae, C. MEng qcc		(P)	9 Oct
Eden, J.K. BSc		(P)	10 Oct
Joel, R.W.H. BSocSc qcc		(P)	10 Oct
McGurk, D.G. BEng qcc		(N)	10 Oct
Walden, D.R. BEng qcc		(N)	10 Oct
Pearce, M.A. qcc		(P)	27 Oct
Austin, S.J. BEng tp qcc		(P)	9 Nov
Jardine, E.S.R. qcc		(P)	9 Nov
Sharpe, P.R. cfs qcc		(P)	9 Nov
Smith, R.R. asq qcc		(P)	9 Nov
Stewart, N.R.		(P)	9 Nov
Wood, A.M. qcc		(N)	9 Nov
Heamon, P.J.		(N)	11 Dec
Buckley, R.S. BSc qss		(N)	14 Dec
Jamieson, D.S. cfs		(P)	20 Dec
Lapham, P.A.A. qcc		(N)	20 Dec
Millar, H.M. qcc		(N)	20 Dec
O'Brien, P.A. cfs qss		(P)	20 Dec
Olsen, M.P.L. qcc		(N)	20 Dec
Parker, D.A. cfs		(P)	20 Dec
Richards, J.B. cfs qcc		(P)	20 Dec

1997

Name			Date
Bagnall, G. BSc cfs qcc		(P)	15 Jan
Bowlzer, D.J.M. qwi(AD) qcc		(P)	15 Jan
Cole, S.R. MA qhti qcc		(N)	15 Jan
Dewar, J.E. BEng qcc		(P)	15 Jan

FLYING BRANCH

Flight Lieutenants

1997—contd

Name		Date
Diacon, P.R. BEng qcc	(P)	15 Jan
Harris, R.P. BA qcc	(P)	15 Jan
Lund, A.J.K. BSc qcc qss	(P)	15 Jan
McNaught, R.S. BEng qss	(P)	15 Jan
Percival, I. qcc	(P)	15 Jan
Priest, J. DFC qcc	(P)	15 Jan
Sanders, D.T. BEng qss	(P)	15 Jan
Simpson, K. BSc	(P)	15 Jan
Snaith, C.D. BA qwi(T) qcc	(P)	15 Jan
Stewart, D.I. qcc	(P)	15 Jan
Tandy, M.J. BSc qcc	(P)	15 Jan
Vincent-Philpot, T.J. qss	(P)	15 Jan
Webb, S.M. qwi qcc	(P)	15 Jan
Whitney, M.A. qwi	(P)	15 Jan
Collings, S.J. qcc	(P)	29 Jan
Cox, S.J. qcc	(P)	29 Jan
Freeman, S. cfs qcc	(P)	29 Jan
Nolan, B. qhti	(P)	29 Jan
Read, A.J. qcc	(P)	29 Jan
Hemlin, K.W. BEng qcc	(AEO)	6 Feb
Hopkins, K.R.	(AEO)	9 Feb
Dark, E.A. BA	(P)	13 Feb
Dunning, J.R. BA	(P)	13 Feb
Hunter, L.J. cfs(pn) BEng	(P)	13 Feb
Loughran, S. MA qcc(P)		13 Feb
McArthur, C.P.D. BSc qcc	(P)	13 Feb
Seymour, C.W.E. BA qwi(AD) qcc	(P)	13 Feb
Sutherland, M.J. BCom	(P)	13 Feb
Bond, H.R. MSc BSc cfs qcc	(P)	14 Feb
Davison, P. BSc qcc	(P)	14 Feb
Dow, A.V. BEng cfs qcc	(P)	14 Feb
Giles, N.S. BEng cfs qcc	(P)	14 Feb
Hamilton-Burnet, A.E. BA qcc	(N)	14 Feb
Hedley Lewis, H.C. LLB	(P)	14 Feb
Keenlyside, P.G. BSc cfs qcc	(P)	14 Feb
Ludman, A.I. BEng qcc	(P)	14 Feb
Ruscoe, T.J. BEng qcc	(P)	14 Feb
Sagar, G.M. BSc qcc	(P)	14 Feb
Wightman, D.J. BEng qss1	(N)	14 Feb
Hargreaves, V.J.	(P)	26 Mar
Ollis, J.P. qcc	(P)	26 Mar
Paine, R.N. qwi(T) qcc	(P)	26 Mar
Pook, S.A. qwi(AD) qcc	(P)	26 Mar
Preece, A.D.	(P)	26 Mar
Smith, M.G.	(P)	26 Mar
Tudge, E.V. cfs qcc	(P)	26 Mar
Williams, D. qss1 i	(P)	26 Mar
Hazell, C.S. qss	(N)	1 Apr
Crockett, M.L. qcc	(P)	6 Apr
Jones, T.T. BSc qcc	(P)	8 Apr
Lenahan, C.A. BA	(N)	8 Apr
Maslin, A.C. BSc qcc	(P)	8 Apr
Middleton, C.S. BSc qss	(N)	8 Apr
Sheldon, J.B. BSc	(P)	8 Apr
Battersby, N. BEng qcc	(P)	9 Apr
Berry, N.S. BSc qcc	(P)	9 Apr
Blackwell, S.E. BEng qcc	(P)	9 Apr
Bunn, T. BSc qcc	(P)	9 Apr
Carvosso, P.F. BSocSc qcc	(P)	9 Apr
Cloke, S.J. BEng qcc	(P)	9 Apr
Davis, I.A. BSc qss	(P)	9 Apr
Everitt, J.M. BEng qcc	(P)	9 Apr
Goodfellow, P.R. BA qcc	(N)	9 Apr
Hanlon, A.D. BA cfs	(P)	9 Apr
Kellett, R.J. BEng qcc	(P)	9 Apr
Lindsell, S. BSc qcc	(P)	9 Apr
Murphy-Latham, P.R. BSc cfs qcc	(P)	9 Apr
South, M.R. BSc	(P)	9 Apr
Wells, A.E. BSc qcc	(P)	9 Apr
Wyatt, P.J. BSc qcc	(P)	9 Apr
Blackburn, P.R.	(P)	29 Apr
Checkley-Mills, A.D.	(P)	7 May
Main, S.J. AFC cfs qcc	(P)	7 May
May, B.J.S. qcc	(P)	7 May
Whipp, R.I. qcc	(P)	7 May
Wood, D.G.D. qcc	(P)	7 May
Caley, J.J.	(P)	6 Jun
Crawford, J. qwi(T) qcc	(P)	8 Jun
Cartner, J.G.S. qcc	(P)	19 Jun
Drew, N.R. qwi(AD)	(P)	19 Jun
Horrigan, A.J.	(P)	19 Jun
Robins, A.C.R. cfs qcc	(P)	19 Jun
Stuchfield, D.J. qcc	(P)	19 Jun
Davey, M.F. qss1	(P)	11 Jul
Graham, A.G.	(ENG)	28 Jul
MacKay, A.J. qcc	(ENG)	28 Jul
Bradford, I.J. BEng qss	(N)	11 Aug
Dunlop, M.T. MA qcc	(P)	11 Aug
Gillan, C.J. BA qcc	(N)	11 Aug
Kovach, S.J. BA qhti qcc	(P)	11 Aug
Rolfe, J.H. BA	(P)	11 Aug
Curzon, R.T. BA qcc	(N)	12 Aug
Graham, M.C. BEng cfs	(P)	12 Aug
Page, M. BA qcc	(N)	12 Aug
Spencer-Jones, M.G. BEng qwi(T) qss	(P)	12 Aug
Hickey, S.M.	(P)	13 Aug
Wootten, P.W. qcc	(N)	13 Aug
Inman, A.P.	(P)	22 Aug
Evison, W.C. BSc qcc	(AEO)	5 Sep
Cole, P.A. qss2	(P)	26 Sep
Cooper, P.D. qss	(P)	26 Sep
Killeen, D. qwi qcc	(P)	26 Sep
McCullagh, J. cfs qcc	(P)	26 Sep
Rogers, C.P. qwi qcc	(P)	26 Sep
Lennon, M.M. qss	(P)	5 Oct
Collins, L. BEng	(N)	7 Oct
Dempster, C.S. BEng qss	(P)	7 Oct
Phoenix, N. BA qss	(P)	7 Oct
Ross, S. BSc qcc	(P)	7 Oct
Altoft, P.B. BSc cfs qss	(P)	9 Oct
Cothill, G.M.J. BSc qcc	(P)	9 Oct
Dales, N.M.C. BA cfs qcc	(P)	9 Oct
English, M.J. BA qcc	(P)	9 Oct
Green, R.A. qss	(P)	9 Oct
Hart, W. BEng	(P)	9 Oct
Ingall, D.A. BEng qwi	(P)	9 Oct
John, C.T.B. BSc	(P)	9 Oct
Lindley, M.C. BCom qss	(P)	9 Oct
Long, S.C. BA qcc	(P)	9 Oct
Mikellides, A. BEng	(P)	9 Oct
Pickup, A.G. MSc MSc qcc	(P)	9 Oct
Richings, S.P. BSc cfs qcc	(P)	9 Oct
Street, M.J. BA	(P)	9 Oct
Warmerdam, P.J.R. BSc qcc	(P)	9 Oct
Brown, M.R.	(P)	7 Nov
Catlow, D.W. cfs qcc	(P)	7 Nov
Griffiths, P.L. cfs qcc	(P)	7 Nov

FLYING BRANCH

Flight Lieutenants

1997—contd

Name		Date
Lloyd-Jones, E.	(P)	7 Nov
Lord, A.S. qss1	(P)	7 Nov
Turner, J.H. qwi qss	(P)	7 Nov
Rennet, A.	(AEO)	1 Dec
Bland, I.D. cfs(n) qss(N)		3 Dec

1998

Name		Date
Lambert, I.R. cfs qss	(P)	14 Jan
Butler, W.S. BSc qss	(P)	15 Jan
Farquhar, B.W. BEng qwi qcc	(P)	15 Jan
Forsyth, E. BSc	(P)	15 Jan
Francis, P.S. BSc cfs qcc	(P)	15 Jan
Hodges, B.F.L. BSc qwi qss	(P)	15 Jan
Hurley, D.D. BEng cfs qwi qss	(P)	15 Jan
Kinsella, A.J. LLB	(P)	15 Jan
Layden, C.J. BA qwi(AD) qcc	(P)	15 Jan
MacDougall, K.C. BEng qwi qcc	(P)	15 Jan
O'Brien, R.M. BSc	(P)	15 Jan
Shand, R.G.P. BA cfs qcc	(P)	15 Jan
Batt, J.G. BSc qcc	(P)	30 Jan
Grieve, S.N.	(P)	30 Jan
Grimsey, S.R. qhti	(P)	30 Jan
Batu, A. BSc	(P)	11 Feb
Dalby, N.L. BSc qcc	(N)	11 Feb
Edmondson, J.M. BEng qss	(P)	11 Feb
Fulton, D.J. BA	(P)	11 Feb
James, T.R.T. BA qwi(AD) qcc	(P)	11 Feb
James, G.S. BSc	(N)	11 Feb
Taylor, J.J. BEng qcc	(P)	11 Feb
Bell, D. BSc qss	(N)	13 Feb
Boulton, D.C. BA qwi(AD) qcc	(N)	13 Feb
Butler, S.J. BEng	(P)	13 Feb
Cronin, S. BSc qss	(P)	13 Feb
Dyer, K.B. BA	(P)	13 Feb
Lucas, P.A. BSc qss	(P)	13 Feb
Martin, D. BEng qcc	(P)	13 Feb
Meakins, S.J. BA qcc	(P)	13 Feb
Millikin, A.P. BSocSc qwi qcc	(P)	13 Feb
Stephen, D.M. BEng cfs qcc	(P)	13 Feb
Turner, L. BEng qcc	(P)	13 Feb
Webb, O.W. BA qwi qss	(P)	13 Feb
Bethell, R.A.	(P)	24 Mar
Gasson, L.F.	(P)	24 Mar
Kilby, S.B. cfs qcc	(P)	24 Mar
Maxey, N.D. qss2	(P)	24 Mar
Wells, R. qwi qcc	(P)	24 Mar
Cannon, S.R.	(P)	4 Apr
Barley, F.J.R. BEng cfs	(P)	6 Apr
Ellacott, D.R. BSc cfs qss	(P)	6 Apr
Haley, M.S. BSc qcc	(N)	6 Apr
Lea, M.R. MEng qcc	(P)	6 Apr
Melville, G.C. BEng qwi(T) qss	(P)	6 Apr
Yeoman, D. BEng	(N)	6 Apr
Borthwick, G.J. BEng qcc	(P)	8 Apr
Clague, M.J. BSc	(P)	8 Apr
Daykin, C.R. BSc qcc	(P)	8 Apr
Farrell, M.J. BA qcc	(N)	8 Apr
Farrow, J. BEng qwi(AD) qcc	(N)	8 Apr
Scully, K.J. BSc qcc	(N)	8 Apr
Street, N.A. BA qhti	(P)	8 Apr
Thomas, D.E. BEng	(P)	8 Apr
Waring, M.W. BSc cfs qcc	(P)	8 Apr
Waterson, J.A. BA qwi(AD) qss	(P)	8 Apr
Wylde, P.F. BSc qhti qcc	(P)	8 Apr
Meadows, J.B. qwi(T)	(P)	6 May
Henderson, J.R. qcc	(N)	28 May
James, D. MEng BA qcc	(P)	1 Jun
Layden, K.M. MEng qas qss	(N)	1 Jun
Stratton, A.K. qcc	(N)	5 Jun
Farrant, P.J. qhti qcc	(P)	17 Jun
Hooton, D.R.	(P)	4 Jul
Mason, C.R. BA	(P)	15 Jul
Stinson, R.J.	(P)	23 Jul
Boardman, R.J. BEng qss	(P)	9 Aug
Cartmell, C.M. BA cfs qss	(P)	9 Aug
Ixer, J.W. BA qcc	(N)	9 Aug
Baxter, N.J. BEng	(P)	11 Aug
Caston, R.M. BEng qcc	(P)	11 Aug
Fairley, C.T. BSc qss	(P)	11 Aug
Gilbert, S.J. BA qwi(AD)	(N)	11 Aug
Jewitt, K.D. BEng qcc	(N)	11 Aug
Jones, P.J. BEng qas	(N)	11 Aug
Larkam, D.J.D. BSc	(N)	11 Aug
Perks, C. BEng qcc	(N)	11 Aug
Richardson, N.G. BSc	(P)	11 Aug
Stretton-Cox, M.L. BSc qss	(P)	11 Aug
Firth, P.M.	(P)	14 Aug
Pumford, S.M. qcc	(P)	24 Sep
Barnett, M.P.C. MEng	(P)	6 Oct
Enright, C.B. BSc	(P)	6 Oct
Fisher, A.R. BSc qcc	(N)	6 Oct
Adams, A.L. LLB	(P)	7 Oct
Berry, R.G. BEng	(P)	7 Oct
Biggadike, M.E. BSc qhti	(N)	7 Oct
Bowell, S.V. BEng qcc	(P)	7 Oct
Cone, G.E. BSc qhti	(P)	7 Oct
Kilvington, S.P. BSc qwi(AD) qcc	(N)	7 Oct
Lockyer, S.J. BA qcc	(P)	7 Oct
Scourfield, J.D. BSc cfs qss	(P)	7 Oct
Smyth, M.J. BA qss	(N)	7 Oct
Ashley, D.A. qss	(P)	8 Oct
Lewis, P.B. qcc	(P)	8 Oct
Pymm, M.L. cfs	(P)	8 Oct
Whitehead, G.P.	(P)	9 Oct
Grayson, P.A. BSc qcc	(P)	4 Nov
Allsop, A.J. cfs qcc	(P)	3 Dec
Aspinall, M.J. qhti qcc	(P)	3 Dec
Barnes, A.E.	(P)	3 Dec
Killerby, J.A. cfs	(P)	3 Dec
Littlechild, G.J.M. qcc	(N)	3 Dec
Margiotta, C.A. qwi qcc	(P)	3 Dec
Roberts, A.J. qcc	(N)	3 Dec
Roberts, A.N. qss1	(P)	3 Dec

1999

Name		Date
Melen, C.A.	(P)	14 Jan
Berry, S.A. MEng qwi qcc	(P)	15 Jan
Elliott, R.G. BEng qwi	(P)	15 Jan
Evans, R.O. BA qcc	(P)	15 Jan
Gossling, S.M. BEng	(P)	15 Jan
Ireland, N.R. AFC BSc qwi qcc	(P)	15 Jan
Massie, A. MA qwi(T) qcc	(P)	15 Jan
McKay, D.J. BSc cfs qcc	(P)	15 Jan
Nicol, C.S. MA qcc	(P)	15 Jan

FLYING BRANCH

Flight Lieutenants

1999—contd

Name		Date
Smith, W.G. BEng qcc	(N)	15 Jan
Thomson, M.J. MA qss	(P)	15 Jan
Walls, J.R.E. MA qwi qss	(P)	15 Jan
Harvey, G. cfs(t) qcc	(N)	28 Jan
Mullen, C.A. cfs qhti qcc	(P)	28 Jan
Webb, K.R. cfs		28 Jan
Westwood, M.D. qcc(P)		28 Jan
Millard-Smith, R.P. qcc	(P)	6 Feb
Hynes, J.M. BMedSci BM BS qcc	(P)	10 Feb
Keenan, W. MEng qcc	(P)	10 Feb
McAllister, J. BSc	(P)	10 Feb
Robertson, E.A. BSc qss	(P)	10 Feb
Anderson, D.I. BEng qss	(P)	11 Feb
Ball, C.D. BSc qcc	(P)	11 Feb
Duff, G. BEng cfs	(P)	11 Feb
Garlick, D.J.B. BSc	(P)	11 Feb
Greenhalgh, S.D. BEng cfs qss	(P)	11 Feb
Hamilton, C.L.E. BSc qcc	(P)	11 Feb
Hart, G.F. BEng cfs	(P)	11 Feb
Harvey, G.T. BSc	(P)	11 Feb
Laidlar, R.E. BSc qwi(AD) qcc	(N)	11 Feb
McPhee, R.K.J. BEng qcc	(P)	11 Feb
Militis, G.M. BEng qss	(P)	11 Feb
Phillips, T.L. BA qcc	(P)	11 Feb
Tomala, R.J. BPharm qcc	(P)	11 Feb
West, D.J. BEng cfs	(P)	11 Feb
Whiteman, T.J. BA qss	(P)	11 Feb
Edwards, G. MBE(AEO)		14 Feb
Ebberson, N.E. qcc	(N)	28 Mar
Croydon, T.G. MBA BSc MCMI DipMgmt qcc	(AEO)	3 Apr
Meleady, M.	(P)	3 Apr
Bridges, D.R. MSc qss	(P)	5 Apr
Cripps, R.B. MEng		5 Apr
Keys, A.T.J. BEng qss	(P)	5 Apr
Mallon, B.J. BEng qcc	(P)	5 Apr
Sheldon, J.A. BD	(P)	5 Apr
Thompson, C.S. BEng	(N)	5 Apr
Belford, J.S. BSc qss	(N)	6 Apr
Bundock, G.E. BA qss	(N)	6 Apr
Davies, G.T. BEng qcc	(N)	6 Apr
Farrell, N.G.A. BSc qcc	(P)	6 Apr
Freeborough, J.A. BEng qwi(T) qcc	(P)	6 Apr
Grindal, D.J. BEng	(P)	6 Apr
Morton, C.J. BSc	(P)	6 Apr
Payne, M.B. BSc	(P)	6 Apr
Smith, J.M. BSc	(P)	6 Apr
Staudinger, S.J. BEng	(P)	6 Apr
Thorpe, B.C.B. BEng	(P)	6 Apr
Whitmore, L.C. BSc qss	(P)	6 Apr
Wilson, D.C. LLB qcc	(P)	6 Apr
Wright, A.J. BSc qcc	(P)	6 Apr
Clarke, P.A.	(P)	7 Apr
Hale, P.N.	(P)	7 Apr
Redfern, C.C. qcc	(P)	7 Apr
Wilson, B. cfs qcc	(P)	7 Apr
Arch, D.J. qcc	(P)	6 May
Stokes, N.J. qss	(AEO)	29 May
Clark, D.J. BCom qcc	(N)	1 Jun
Fleckney, M.A. BEng	(P)	1 Jun
Hague, S.C. BA	(P)	1 Jun
Hurcomb, R.J. BA qss	(N)	1 Jun
Missen, R.A.C. BSc qss	(P)	1 Jun
Moon, C.J. BEng qcc(P)		1 Jun
Pote, C.F. BEng cfs	(P)	1 Jun
Schofield, J.A.A. BSc tp qss	(P)	1 Jun
Spencer, R. BSc qss	(P)	1 Jun
Tano, A. BEng qcc	(P)	1 Jun
Vaughan, M.J. BSc	(N)	1 Jun
Knight, N.J. BA	(P)	14 Jun
Hollinshead, D.R.	(P)	29 Jun
Firth, P.T. qcc	(P)	6 Jul
Doyle, A.B. MSc MSc	(P)	9 Jul
Monslow, K.	(AEO)	24 Jul
Murray, I.R. qcc	(AEO)	24 Jul
Owen, A.K.	(P)	24 Jul
Parker, A.	(N)	24 Jul
Triccas, R.P. qab qss	(ENG)	24 Jul
Wilkinson, S.J. cfs qhti qcc	(ALM)	24 Jul
Wright, I. qcc	(AEO)	24 Jul
Watson, J.A. qhti qcc	(P)	2 Aug
Berry, J.E. MA BSc qcc	(N)	9 Aug
Blythe, A.T. BEng	(P)	9 Aug
Boyle, S.J. BA qcc	(P)	9 Aug
Chapple, C.O. BA qcc	(P)	9 Aug
Dickerson, K.N. BSc qss	(P)	9 Aug
Forward, G.S. BA qcc	(N)	9 Aug
Hutchinson, I.C. BA qwi(AD)	(N)	9 Aug
Mordecai, P.D. BA	(P)	9 Aug
Murphy, B.D. BA qwi qss	(P)	9 Aug
Smith, L.R.P. BSc	(P)	9 Aug
Squires, M.J. BEng	(P)	9 Aug
Williams, D.M. BEng qss	(N)	9 Aug
Scuffham, S.J. qcc	(P)	10 Aug
Baptie, D.C. qcc	(N)	1 Sep
Bateman, S.A. MBE qcc	(P)	2 Oct
Flewin, M.R. BEng qwi	(P)	5 Oct
Macbrayne, A.A. BVMS	(P)	5 Oct
Marston, L. BEng qss	(P)	5 Oct
Arlett, D.J. BEng cfs	(P)	6 Oct
Crawford, M.J. BA qwi(T)	(N)	6 Oct
Cripps, R.E. BEng	(P)	6 Oct
Dunlop, T.E. BEng	(P)	6 Oct
Galbraith, K.L. BSc qcc	(P)	6 Oct
Kay, A.M. BSc qcc	(P)	6 Oct
McLenaghan, L. BEng	(N)	6 Oct
Mitchell, J.G.C. BSc	(P)	6 Oct
Peterson, I.M. BSc	(P)	6 Oct
Riches, A.S. BSc qss	(P)	6 Oct
Young, P.L. BSc	(P)	6 Oct
Holmes, J.D. qwi(T) qcc	(P)	10 Oct
Kimberley, S.D.	(P)	27 Nov
Wardrope, A.B. qhti qcc	(P)	27 Nov
Gale, D.R. BSc cfs	(P)	30 Nov
Ross, J.A. BSc qcc	(P)	30 Nov
Bury, N.P. BSc qwi(T) qss	(N)	1 Dec
Woodward, J. BEng	(P)	1 Dec
Sharrocks, I.J.	(P)	31 Dec

FLYING BRANCH

Flight Lieutenants

2000

Keith, A.R.	(P)	11 Jan
Bamford, H. BSc	(P)	15 Jan
Barraclough, H.E. BSc	(P)	15 Jan
Batt, S.P. BEng cfs qcc	(P)	15 Jan
Crichton, A. BEng qss	(P)	15 Jan
Davies, S.G. MA MEng	(P)	15 Jan
Fowler, D.J. BSc qwi(T) qcc	(N)	15 Jan
Hillard, R.J. BA cfs qss	(P)	15 Jan
Knight, C.W. BSc	(P)	15 Jan
Lewis, I.S. BSc qss	(P)	15 Jan
Lindsay, T.J. BSc qss	(P)	15 Jan
Littlejohn, P.A.T. BA qwi	(P)	15 Jan
Mannering, R.E. BEng qcc	(P)	15 Jan
Owen, J.J. BEng	(P)	15 Jan
Parr, A.J. MEng qcc	(P)	15 Jan
Scott, A.J. BSc cfs	(P)	15 Jan
Tipper, J.A. MEng qcc	(P)	15 Jan
Wilkinson, A.J. MEng	(P)	15 Jan
Williams, P.J. BSc qss	(P)	15 Jan
Ball, A.L.	(ALM)	16 Jan
Buxton, R.	(ALM)	16 Jan
Herman, G.M.	(ENG)	16 Jan
Newton, N.J. MBE	(ENG)	16 Jan
Caine, R.A. qcc	(P)	28 Jan
Dahroug, M. qss	(P)	28 Jan
Hoare, M.D. qwi(T) qcc	(P)	28 Jan
Lees, R.M. qcc	(P)	28 Jan
Cockroft, J.M. BEng	(P)	9 Feb
Cooper, G.E. BSc	(N)	9 Feb
Goggin, B.D.J. BEng	(P)	9 Feb
Grafton, M.J. BEng	(N)	9 Feb
Hederman, R.W. MEng	(P)	9 Feb
Landy, D.C. MEng	(P)	9 Feb
Landy, E.L. BA	(P)	9 Feb
McCulloch, E.A. BSc qss	(P)	9 Feb
Spoor, B.J. BSc	(P)	9 Feb
Thompson, A.R. BSc	(P)	9 Feb
Beck, J.A. BEng qwi(T) qss	(P)	10 Feb
Butler, V.R.P. BSc qcc	(P)	10 Feb
Campion, S.J. BSc	(P)	10 Feb
Clement, T.J. BSc cfs	(P)	10 Feb
Corban, J.L. BSc	(P)	10 Feb
Farndon, C.A. BSc qss	(N)	10 Feb
French, D.C. BEng	(P)	10 Feb
Kent, J.D. BEng qwi(T) qcc	(N)	10 Feb
Logan, C.R.G. BA	(P)	10 Feb
Marr, P.J.B. BEng	(P)	10 Feb
McCann, S.O. BEng qhti qcc	(P)	10 Feb
Ouellette, A.D. BEng qcc	(P)	10 Feb
Rutland, M.F. BEng	(P)	10 Feb
Healing, J.M. BSc qcc	(N)	4 Apr
Howard, J.M. BEng qss	(N)	4 Apr
Kemp, T. MEng qcc	(P)	4 Apr
McCabe, I. MEng qss	(N)	4 Apr
Roberts, L.A. BA	(P)	4 Apr
Talbot, C.G. BSc qss	(P)	4 Apr
Whitehead, N.C. MEng qcc	(N)	4 Apr
Bressani, M.J. BSc qss	(N)	5 Apr
Colley, M. BEng	(P)	5 Apr
Deyes, S. BEng qcc	(P)	5 Apr
Diacon, A.K. BSc qcc	(P)	5 Apr
Dixon, J.P. BEng	(P)	5 Apr
Ellson, A.M. BSc	(P)	5 Apr
Graham, N.J. BSc	(P)	5 Apr
Guertin, J.A. BSc	(P)	5 Apr
Hill, T. BSc	(P)	5 Apr
Kenworthy, E.S. BSc cfs qcc	(P)	5 Apr
Macniven, D.J.	(N)	5 Apr
Massingham, D.P. BSc qcc	(P)	5 Apr
Melville, C.R. BEng	(P)	5 Apr
Norton, P.S. BSc	(P)	5 Apr
Radley, J.P. BA qss	(P)	5 Apr
Redican, C.J. BSc qcc	(N)	5 Apr
Shaw, M.R. BSc qss	(P)	5 Apr
Shorey, T.D.G. BA	(P)	5 Apr
Wadlow, M.P.J. BEng	(P)	5 Apr
Walker, S. BSc qas	(P)	5 Apr
Willers, S.J. MA qss	(N)	5 Apr
Cavendish, T. cfs(n) qcc	(N)	6 Apr
Evans, G.J. qss2	(P)	6 Apr
Griffiths, G.O.	(P)	6 Apr
Keer, M.B. cfs qcc	(P)	6 Apr
Lovett, G.S. qwi(AD)	(P)	6 Apr
Redman, A.P.	(N)	6 Apr
Covell, S.P. qcc	(ENG)	28 May
Deeney, P.J.M. qas	(AEO)	28 May
Eccleshall, N. qcc	(AEO)	28 May
Lee, M.P. qcc	(ALM)	28 May
Swan, A.J. qcc	(ALM)	28 May
Baker, G.J. MSc	(P)	29 May
Dunnigan, R.M. BEng	(N)	29 May
Masters, M.W. MEng cfs	(P)	29 May
Mathew, N. BSc qss	(N)	29 May
Millikin, N.J. BA qcc	(P)	29 May
Nicol, C. MA qss	(P)	29 May
O'Grady, G.A. BSc	(N)	29 May
Pearson, D.L. BSc	(P)	29 May
Randall, M.C. MPhys	(P)	29 May
Roycroft, J. BEng	(N)	29 May
Shave, A.R.J. BSc qcc	(P)	29 May
Wilson, C.T. BEng	(P)	29 May
Baker, A.C.M. BEng qss	(P)	30 May
Leather, R.W. BA cfs qcc	(P)	30 May
Morrell, B.M. BEng	(P)	30 May
Purkis, R.J. BEng qss	(P)	30 May
Reardon, A.J. BSc	(N)	30 May
Stewart, K.D. BA	(P)	30 May
Hullah, B.D. BTech	(P)	18 Jun
Appleby, P.R. qcc	(ALM)	23 Jul
Crawford, D.S.	(AEO)	23 Jul
Pearce, S.G. qss	(AEO)	23 Jul
Williams, R.M. qcc	(AEO)	23 Jul
Cassells, I.	(AEO)	25 Jul
Mottram, D. cfs(r) qss	(AEO)	25 Jul
Bailey, S.E. BEng qss	(N)	7 Aug
Courtnadge, S. BEng qcc	(P)	7 Aug
Setterfield, C.J. MSc qss	(P)	7 Aug
Currie, D.D. BSc qss	(N)	8 Aug
Griffiths, T.M. MSc BSc qwi(T) qss	(N)	8 Aug
Sharpe, D.J.C. BSc	(P)	8 Aug
Swinton, M.L. BSc	(P)	8 Aug
Prangley, D. qcc	(N)	1 Oct
Badel, N.M. BA	(P)	4 Oct
Goodey, D.J. BA	(N)	4 Oct
Allen, J.W. BA	(N)	5 Oct
Buxton, K.M.L. BEng	(P)	5 Oct
Dean, D.R. BEng cfs qss	(P)	5 Oct
Stratford, G. BSc	(N)	5 Oct
Webster, C. BEng	(N)	5 Oct
Crouch, S.J. MMath	(P)	6 Oct
McKie, J.E. BSc	(N)	9 Oct

FLYING BRANCH

Flight Lieutenants

2000—contd

Name		Date
Whitworth, J.A.	(P)	12 Oct
Davies, T.C. BSc	(P)	29 Oct
Cowan, S.J. BSc	(P)	30 Nov
Davies, D.B. BEng	(P)	30 Nov
Flynn, D.M. BSc qcc	(P)	30 Nov
Hammond, P.N. BEng qcc	(P)	30 Nov
Harkin, J.C. BSc	(N)	30 Nov
McLaren, R.S. MA	(P)	30 Nov
Payne, A.G. BEng	(P)	30 Nov
Rushworth, T.J.H. BA	(P)	30 Nov
Sell, D.R.J. MEng	(P)	1 Dec
Slater, K. MEng	(N)	1 Dec
Reilly, B.J. BSc	(P)	4 Dec

2001

Name		Date
Rea, S.P.	(P)	9 Jan
Saunders, P.R.C.	(ENG)	14 Jan
Webster, N.J.R.	(ALM)	14 Jan
Beevers, P.D. BSc	(P)	15 Jan
Bews, I.M. MEng qss	(P)	15 Jan
Chisholm, A. BA cfs	(P)	15 Jan
Clarke, D.J. BSc qcc	(P)	15 Jan
Coe, A. BSc qcc	(P)	15 Jan
Durban, P.M. BEng	(P)	15 Jan
Garbutt, A.M. BSc qss	(P)	15 Jan
Hanson, P.A. MSc	(P)	15 Jan
Kingdon, N.R. MEng	(P)	15 Jan
Lakin, I.K.H. MEng qss	(P)	15 Jan
Moore, K.A. MEng cfs qss	(P)	15 Jan
Rogers, A.J. BSc	(P)	15 Jan
Shepherd, B. BEng	(P)	15 Jan
Williams, S.M. BSc qss	(P)	15 Jan
Brough, C.	(P)	28 Jan
Moore, R.D.G. cfs	(P)	28 Jan
Wylie, D.R.	(P)	28 Jan
Glanville, M.S. BA qss	(N)	8 Feb
Gray, D.E. BSc	(P)	8 Feb
Harris, D.J. BSc	(P)	8 Feb
McCann, S.P. BSc	(P)	8 Feb
Moon, S.O. MEng	(P)	8 Feb
Raphael, J.R. MEng	(N)	8 Feb
Riley, R. MPhys	(P)	8 Feb
Baron, A.P. BEng qss	(P)	9 Feb
Barrett, M.P. BSc qss	(P)	9 Feb
Blakemore, D. BSc qss	(P)	9 Feb
Jones, M.J.L. BEng	(P)	9 Feb
Jordan, T.M. BSc qcc	(P)	9 Feb
Kidd, C.R. BEng qss	(P)	9 Feb
Krol, P. BEng qss	(P)	9 Feb
Laisney, D.J. BSc	(P)	9 Feb
Oakley, S.P. BEng	(P)	9 Feb
Pengelly, O.J. BA qcc	(P)	9 Feb
Russell, B.C.R. BEng	(P)	9 Feb
Sennett, Z.R. BSc qcc	(P)	9 Feb
Stewart, A.M. BSc	(P)	9 Feb
Tuer, R.J. BEng	(P)	9 Feb
Watts, A.P. BEng	(P)	9 Feb
Woodward, A.K. BSc qss	(P)	9 Feb
Wright, M.J. BEng	(P)	9 Feb
Coxall, A.P.	(P)	10 Feb
Daffey, M.A. qcc	(P)	1 Apr
Horsman-Turner, P.C.	(P)	1 Apr
Howard, J.R.	(N)	1 Apr
Richardson, P.K.	(P)	1 Apr
Vickery, M.A. qcc	(ALM)	1 Apr
Bailey, C.G. MEng qss	(P)	3 Apr
Bailey, R.J. BSc	(P)	3 Apr
Barnett, M.G. MEng	(P)	3 Apr
Boddy, C.G. MEng	(P)	3 Apr
Jones, G.H. BSc	(P)	3 Apr
Slack, R.D. BEng	(P)	3 Apr
Whalley, S.H. BEng	(P)	3 Apr
Aboboto, R.D. BSc	(P)	4 Apr
Bott, D.F. BSc	(P)	4 Apr
Burdett, G.J. BA qss	(P)	4 Apr
Catton, D.M. BSc	(P)	4 Apr
Clark, K.N. BA	(P)	4 Apr
Dachtler, S.R. BSc	(P)	4 Apr
Dawson, H.J. BSc	(N)	4 Apr
De Candole, N.J. BA	(P)	4 Apr
Fowler, J. BA	(N)	4 Apr
Gallagher, M.J. BA	(N)	4 Apr
Hulme, S.B. BSc	(P)	4 Apr
Laidlaw, B.L. BSc qcc	(P)	4 Apr
Lee, S.A. BA	(N)	4 Apr
Lee, P.J. BEng	(P)	4 Apr
McLarnon, P.D. BSc qss	(P)	4 Apr
Naude, S. BA	(N)	4 Apr
Padbury, O.M. BSc qcc	(P)	4 Apr
Platt, R.A. BEng	(P)	4 Apr
Reardon, J. BSc	(N)	4 Apr
Shaw, S.M. BSc	(P)	4 Apr
Winnister, P.A. BSc(Econ) qcc	(P)	4 Apr
Elsey, M.J. qwi(T) qss	(N)	5 Apr
Everett, A.R.	(P)	5 Apr
Keeling, R.L.	(P)	5 Apr
Wills, B.T.	(P)	5 Apr
Parr, O.R. BSc	(P)	30 Apr
O'Grady, P. cfs qss	(P)	1 May
Cade, A.J.	(P)	18 May
Fokerd, N.B. qss	(AEO)	27 May
Thompson, D.V. qcc	(ALM)	27 May
Thresher, T.J. qcc	(ALM)	27 May
Cuthbertson, I. BEng	(P)	28 May
Porter, C.W. BEng	(P)	28 May
Redford, C.E. MSc	(N)	28 May
Whitnall, S.B. MEng	(P)	28 May
Wilkinson, D.C. MEng	(P)	28 May
Gray, C.B. BSc	(P)	29 May
Hunt, G. BEng	(P)	29 May
Lee, G.J. BSc	(P)	29 May
Mason, B.J. BEng	(P)	29 May
McDowell, A.J. BEng qcc	(P)	29 May
Metcalfe, J.R. BSc	(P)	29 May
Nassif, T.P. BEng	(P)	29 May
Sell, A.D.M. BA	(P)	29 May
Thorpe, D. BSc	(P)	29 May
Whitehouse, S.R. BEng cfs qcc	(P)	29 May
Keen, B.F.	(P)	9 Jul
Cross, M.	(AEO)	22 Jul
Cullimore, S.R.	(AEO)	22 Jul
Donoghue, S. qcc	(AEO)	22 Jul
Hives, C.M. qss	(AEO)	22 Jul
King, D.S.	(N)	22 Jul
McDonagh, S. qss	(ALM)	22 Jul
Willcox, G.B. MEng	(P)	26 Jul
Allanach, G. MEng	(N)	6 Aug
Williams, A.S. MPhys	(P)	6 Aug
Davey, S.R. BEng	(P)	7 Aug
Elsey, S.J. BSc	(P)	7 Aug
Holboj, M.A. BSc	(P)	7 Aug
Hollowood, M.J. BA cfs qcc	(P)	7 Aug
Inman, N.T. BA cfs	(P)	7 Aug
Johnson, A.M. BSc	(P)	7 Aug
Lane, N. BSc cfs qcc	(P)	7 Aug
Miller, A.T. BEng qss	(N)	7 Aug
Nightingale, J.R. BA	(N)	7 Aug
Renton, C.R. BEng qss	(P)	7 Aug
Shergill, J.S. BA	(P)	7 Aug
Simmons, T.C. BMus	(P)	7 Aug
Simpson, T.M. BEng	(P)	7 Aug
Coffey, S.M.	(P)	8 Aug
Pepper, A.E. qcc	(N)	8 Aug
Richley, P.J. qwi(T) qcc	(N)	8 Aug
Wood, J.P. qcc	(P)	8 Aug
Saunders, W.D.R. qss	(P)	20 Aug

FLYING BRANCH

Flight Lieutenants

2001—contd

Name		Date
Town, D.R.	(P)	30 Sep
Bailey, T.E. MEng	(P)	2 Oct
Balmer, A.J.L. BA	(P)	2 Oct
Moore, L.E. BA	(N)	2 Oct
Cornish, C.J. BSc	(P)	4 Oct
Cox, J.M. BEng	(N)	4 Oct
Ferris, K.E. BEng	(N)	4 Oct
Lownds, D.M. LLB	(N)	4 Oct
Mason, B.P. BSc	(P)	4 Oct
Montenegro, D.A. BA cfs	(P)	4 Oct
Thorbjornsen, P. BA	(N)	4 Oct
Tucker, S.J. BEng	(P)	4 Oct
Whittaker, B. BA cfs	(P)	4 Oct
Knight, S.J. qss	(AEO)	25 Nov
Walker, G.W.	(P)	25 Nov
Goodman, M.J. MEng	(P)	28 Nov
Milner, S.J. MSc	(N)	28 Nov
Ruffle, P.W. MEng BEng	(P)	28 Nov
Furness, J.A.S. BSc	(N)	30 Nov
Hooper, M.R. BA	(P)	30 Nov
Jackson, M.G. BSc	(P)	30 Nov
Paget, D.C. BSc	(N)	30 Nov
Smith, R.J. BA	(N)	30 Nov
Vardy, C.J. BA	(P)	30 Nov
Searle, M.P. BSc	(N)	7 Dec

2002

Name		Date
Halliwell, M.R.	(AEO)	13 Jan
Thomas, H. MBE	(ALM)	13 Jan
Clayton, J.S. MEng	(P)	15 Jan
Collins, A.S. BEng	(P)	15 Jan
Fortune, S.A. BSc	(P)	15 Jan
Heeps, J.D. MSc BA	(P)	15 Jan
Lefroy, G.B.	(P)	15 Jan
Mark, B.S. MEng cfs	(P)	15 Jan
McLean, M.F. BEng	(P)	15 Jan
Welsh, C. BEng	(P)	15 Jan
Elwell, M. qss	(N)	25 Jan
Hewer, S.M.	(P)	25 Jan
Lock, M.D. qcc	(P)	25 Jan
Prochera, D.J. qhti qss	(P)	25 Jan
Pryor, A.M.	(P)	25 Jan
Birtwistle, J.R. MMath	(P)	6 Feb
Deighton, D.S. MEng	(P)	6 Feb
Duncan, A.M. BEng	(P)	6 Feb
Garland, M.J.K. MEng	(N)	6 Feb
Smith, E.C. BSc	(N)	7 Feb
Barker, M.J. BSc	(P)	8 Feb
Beasant, A.S. BEng	(P)	8 Feb
Binfield, P. BEng	(P)	8 Feb
Brook, D.B. BSc	(P)	8 Feb
Brookes, T. BA	(P)	8 Feb
Campbell, J.D.C. BSc	(N)	8 Feb
Davies, P.A. BSc	(P)	8 Feb
Griffiths, I. BEng	(P)	8 Feb
Heasman, P. BSc	(P)	8 Feb
Hume, M. BSc	(P)	8 Feb
Jackson, J. BSc	(P)	8 Feb
Jackson, G.A. BEng qss	(P)	8 Feb
Jenkins, M.L. BEng	(P)	8 Feb
Mackinnon, S.E. BA qss	(P)	8 Feb
Paton, N.J. BSc	(P)	8 Feb
Peterson, M.J. BSc	(P)	8 Feb
Peterson, J.A. BSc	(P)	8 Feb
Phyo, C.S. BSc	(P)	8 Feb
Porteous, J.M. BSc	(P)	8 Feb
Shaw, D.C. BA	(P)	8 Feb
Stewart, P.R. BEng	(P)	8 Feb
Strudwick, R.J.A. BSc	(P)	8 Feb
Sutton, M.J.E. BA	(P)	8 Feb
Tennant, A.J. BSc	(P)	8 Feb
Terrett, K.J. BSc	(P)	8 Feb
Thomas, N.S. BEng	(N)	8 Feb
Todd, S.S. BSc qcc	(N)	8 Feb
Bell, S.D. qcc	(ALM)	30 Mar
Baker, R.J. BEng	(P)	1 Apr
Howell, M.M.T. BSc	(P)	1 Apr
Macfarland, S.E. MA	(P)	1 Apr
Macgillivray, J.F. BEng	(P)	1 Apr
Mander, J.R. MEng	(P)	1 Apr
McCormack, G. BSc	(N)	1 Apr
McCormick, P.G. MA	(P)	1 Apr
Morris, B. BSc	(N)	1 Apr
Pearson, T.M. MEng	(P)	1 Apr
Rickards, E.E. MA	(P)	1 Apr
Stringer, N.A. MSc	(P)	1 Apr
Brooker, G.W. BEng	(P)	3 Apr
Bull, A.I. BSc	(P)	3 Apr
Cole, G.W.	(P)	3 Apr
Cooper, W.D.	(P)	3 Apr
Curd, A.J. BSc	(P)	3 Apr
Donoghue, I.D. BSc	(P)	3 Apr
Fincher, S.J. qss	(N)	3 Apr
Gannon, J.F. BEng	(P)	3 Apr
Gardiner, P.M. BEng	(P)	3 Apr
Hermolle, C.H.A. MA	(P)	3 Apr
Johnson, V.E. BA	(P)	3 Apr
Lowe, D.R. BSc	(N)	3 Apr
Mason, J.R. qss	(P)	3 Apr
McConnell, P.S. BA qss	(P)	3 Apr
Thornton, R.I.N. BSc	(P)	3 Apr
Walker, P.J. BEng	(P)	3 Apr
Wallace, S.P. BA	(P)	3 Apr
Wild, M.A. BSc	(P)	3 Apr
Wilson, M.I. BSc	(P)	3 Apr
Winchester, R.J. LLB	(P)	3 Apr
Wood, L.V. BSc	(P)	3 Apr
Madden, L.T. qss	(N)	9 May
Jorgensen, M.J.	(P)	15 May
Alderman, D. qcc	(AEO)	25 May
Garven, A.	(ENG)	25 May
Lawson, J.A. BEng qcc	(N)	25 May
Meeker, A.D. qcc	(ALM)	25 May
Sloan, C.E. qcc	(ALM)	25 May
Abbott, P. BSc	(N)	26 May
Beattie, S.J. BEng	(P)	26 May
Emeny-Smith, D. MEng	(N)	26 May
Horne, E.J.F. MEng	(P)	26 May
Hoyle, C.J. MEng	(P)	26 May
Roberts, J.L. BSc	(P)	26 May
Tough, D.G. MEng	(P)	26 May
Brodie, M.D. BSc	(P)	28 May
Buckle, J.P. BSc	(P)	28 May
Dutton, S.P. BEng	(P)	28 May
Keeping, R.J. BA	(N)	28 May
Quaife, R.P. BEng	(P)	28 May
Ryder, J.P. BSc	(P)	28 May
Swainston, D.F.J. BSc	(P)	28 May
Wilson, R.M. BSc	(P)	28 May
Wright, S.K. BSc	(P)	28 May
Baker, J.D.	(P)	30 Jun
Mudgway, R.T.	(P)	14 Jul
Astle, P.M.	(N)	20 Jul
Nicholas, G.R.	(AEO)	20 Jul
Sommers, D.G. qab qcc	(ALM)	20 Jul
Thorpe, N.K. qcc	(P)	20 Jul
Callis, M.D. BEng	(P)	4 Aug
Mitchell, A.G.E. MSc	(P)	4 Aug
Edwards, G.T. cfs qcc	(P)	5 Aug
Cunningham, S.J. BEng	(P)	6 Aug
Doyle, J.S. BA	(N)	6 Aug
Elliott, N.A. qcc	(P)	6 Aug
Hickinbotham, R. BA	(P)	6 Aug
Marchant, L.P. BSc	(P)	6 Aug
Orr, J.N. BSc	(P)	6 Aug
Philp, N.M. BEng	(P)	6 Aug
Robins-Walker, J.A.J. BEng	(P)	6 Aug
Robinson, D.A. qwi	(AD)	6 Aug
Smolak, A.M. BEng	(N)	6 Aug
Stevenson, P.A. BSc	(P)	6 Aug
Verney, H.L. BA	(N)	6 Aug
Wright, A.D. BSc	(N)	6 Aug
Walker, J.A.	(AEO)	28 Sep

FLYING BRANCH

Flight Lieutenants

2002—contd

Holmes, K.B. BA	(P)	1 Oct
Jefferson, A.M. MEng	(N)	1 Oct
Sugden, M.D. BA	(P)	1 Oct
Thompson, B.W. MEng	(P)	1 Oct
Bellman, D.F.J. BSc	(P)	2 Oct
Birchall, I.J. BEng	(P)	2 Oct
Brassington, A.P. BSc	(P)	2 Oct
Grassby, D. BSc	(P)	2 Oct
Griffiths, A.C. BEng	(P)	2 Oct
Hanson, J.J. BSc	(N)	2 Oct
Inglis, R.W. BEng	(P)	2 Oct
Larkman, A. BEng	(P)	2 Oct
McVay, P.M. BSc	(P)	2 Oct
Nichols, H.J.W. BEng	(P)	2 Oct
Robinson, W.J. BEng	(N)	2 Oct
Slater, O. BSc	(P)	2 Oct
Slater, A. BEng	(P)	2 Oct
Stiger, S. LLB	(P)	2 Oct
Thompson, A.E. BA	(P)	2 Oct
Warren, T.J.	(N)	3 Oct
Knapton, M.E. MEng	(N)	27 Nov
Wright, C.A. MEng	(P)	27 Nov
Armstrong, L. BSc	(N)	28 Nov
Bayless, D.R.M. BSc	(P)	28 Nov
Butler, R.M. BSc	(N)	28 Nov
Davison, G.J. BSc	(P)	28 Nov
Hewat, D.J.S. BEng	(N)	28 Nov
Jones, R.D. BSc	(P)	28 Nov
Kluth, M.J. BSc	(P)	28 Nov
Lowe, R.P. BSc	(P)	28 Nov
Page, N.M. BSc PGCE	(N)	28 Nov
Pye, T.J. BSc	(P)	28 Nov
Townsend, J.D. cfs qcc	(P)	28 Nov
Wrigley, D.S.J. BSc	(N)	28 Nov

2003

Bhangu, J.S. MEng	(P)	15 Jan
D'Aubyn, M.J. MChem	(P)	15 Jan
Gross, J.R.A. BEng	(P)	15 Jan
King, D.J.R. BEng	(P)	15 Jan
Pollard, S.M. BEng	(P)	15 Jan
Richardson, J.M. MSc	(P)	15 Jan
Soar, R.W.H. MEng	(P)	15 Jan
Wharry, M.G.	(P)	15 Jan
White, H.L. BSc	(P)	15 Jan
England, K.A. MEng	(P)	4 Feb
Ahern, L.C. BA	(P)	6 Feb
Aston, C.J. BEng	(P)	6 Feb
Barclay, M.G.T. BEng	(P)	6 Feb
Borrow, L.J. BSc	(N)	6 Feb
Clark, D.S. BSc	(P)	6 Feb
Cutting, M.G. BEng	(N)	6 Feb
Egging, J.W.J. BSc cfs qss	(P)	6 Feb
Goundry, N.J. BEng	(P)	6 Feb
Hearnshaw, M.D. BEng	(P)	6 Feb
Hunkin, J.O. BSc	(P)	6 Feb
Jones, R.A. BSc	(N)	6 Feb
King, A.J. BEng	(P)	6 Feb
Lawson, M.A. BEng	(P)	6 Feb
Lazenby, M.R. BEng	(P)	6 Feb
Luke, J.W. BSc	(P)	6 Feb
Parkinson, A. BSc	(P)	6 Feb
Plank, B.M. BA cfs	(P)	6 Feb
Simpson, R.P.M. BSc	(P)	6 Feb
Watts, A.D.R. BSc	(P)	6 Feb
Arnold, D.R. MEng	(P)	12 Feb
Graham, A.M. MEng	(P)	12 Feb
Phillips, S.G. MEng	(P)	12 Feb
Baker, J.D. BEng	(P)	1 Apr
Ball, T.D. BEng	(P)	1 Apr
Bowles, J. BSc	(N)	1 Apr
Buchler, F.B.K. BSc	(P)	1 Apr
Burrows, M.J. BEng	(P)	1 Apr
Cunningham, L.A. BA	(P)	1 Apr
Davies, R.P. BSc qss	(P)	1 Apr
Dodds, M.J. BEng	(P)	1 Apr
Durcan, S.J. BSc	(P)	1 Apr
Fawkes, R.W. BEng	(P)	1 Apr
Franks, J.G. BEng	(N)	1 Apr
Hartwell, I.D. BSc	(P)	1 Apr
Holland, D.F.O. BSc	(N)	1 Apr
Huggins, D.P. BA	(N)	1 Apr
King, S.J. BA	(N)	1 Apr
Liddle, A.J. BEng	(P)	1 Apr
McIntyre, A.J. BSc	(P)	1 Apr
Norman, R.A. BSc	(P)	1 Apr
Pickford, M. BEng	(P)	1 Apr
Rycroft, J.E. BA	(P)	1 Apr
Seanor, P.R. BSc	(N)	1 Apr
Smith, C.M.	(P)	1 Apr
Stafford, S.G. BA	(P)	1 Apr
Warboys, W.A. BEng	(P)	1 Apr
Williams, E.B. BA	(N)	1 Apr
Williams, G.S.M. BSc	(P)	1 Apr
Worrall, N.M. BSc	(N)	1 Apr
Frazer, M.T.	(N)	2 Apr
Jackson, O.J.	(P)	2 Apr
Osborne, J.W. qcc	(P)	2 Apr
Staite, N.P.	(P)	2 Apr
Brassington, S.A. BSc	(N)	7 Apr
Card, G.A. BSc	(N)	7 Apr
Drysdale, A.D.M. BEng	(P)	7 Apr
Fellowes-Freeman, A.I.C. MEng	(P)	7 Apr
Greenwood, C.J. MSc	(P)	7 Apr
Hampson, A.R. MEng	(P)	7 Apr
Keeble, M.C. MEng	(P)	7 Apr
Lawson, S.R. BSc	(N)	7 Apr
Livesey, B.L. BSc	(N)	7 Apr
Meza, L. MEng	(P)	7 Apr
Sawle, T.W. MSc	(P)	7 Apr
Wood, F.J. BSc	(P)	7 Apr
Hamilton-Reed, C.M.	(ALM)	13 Apr
Copsey, S.M. qss	(AEO)	24 May
Irvine, D.A. qcc	(AEO)	24 May
Thurrell, J.T.	(P)	24 May
Brant, P.G. BEng	(P)	26 May
Charlton, M.J. BSc	(P)	26 May
Crockford, M.I. BSc	(P)	26 May
Eastlake, J.P. BSc	(P)	26 May
Furness, S.J. BA	(P)	26 May
Goodman, D.M. BA	(P)	26 May
Johnstone, E.W. BSc	(P)	26 May
Kassapian, J.N.L. LLB	(P)	26 May
Milmine, J.D. BSc	(P)	26 May
O'Neill, K.A. BSc	(P)	26 May
Pearson, C. BSc	(P)	26 May
Prendergast, G. BA	(N)	26 May
Sampson, R.L. BEng cfs	(P)	26 May
Sandhu, R.S. BSc	(P)	26 May
Smiley, P.J. BEng	(P)	26 May
Wright, S.P. BA	(P)	26 May
Howe, C.J.	(P)	27 May
Meakin, K.S.	(P)	27 May
Owczarkowski, N.E. qss	(P)	27 May
Reader, G.S.	(P)	27 May
Thorne, I.D.	(P)	27 May
Bland, R.G. qss	(P)	29 May
Bowyer, S.J.	(AEO)	29 May
Coffey, R.A. BSc	(AEO)	29 May
Finnigan, D.M. MBE	(ALM)	29 May
O'Brien, S.A. cfs(c)* qcc	(ALM)	29 May
Walton, P. BSc	(P)	2 Jun
Nuttall, P.R.	(P)	10 Jul
Boreham, D. qcc	(ALM)	19 Jul
Edwards, S.M. qcc	(ALM)	19 Jul
Kelly, C.J.	(P)	19 Jul

FLYING BRANCH

Flight Lieutenants

2003—contd

Name		Date
O'Donnell, C.A. qss	(AEO)	19 Jul
Page, K.L.	(P)	19 Jul
Willcox, D.M. qcc(ALM)		19 Jul
Stokel, G.G. BSc	(AEO)	22 Jul
Blackwell, T. BSc(Econ)	(P)	4 Aug
Burns, R.G. BA	(N)	4 Aug
Docherty, C.M. BSc	(N)	4 Aug
Margetts, S.G. BSc	(P)	4 Aug
Mullineux, C.A. BSc	(N)	4 Aug
Powell, C.G. BSc	(P)	4 Aug
Royston-Airey, C.D. BA	(N)	4 Aug
Green, M.W.	(P)	5 Aug
Broadbent, S.J. MPhys	(P)	10 Aug
Dore, G.M. BSc	(P)	10 Aug
Griffiths, D.J. MEng	(P)	10 Aug
McGreevy, A.P. MEng	(P)	10 Aug
Tait, D.S. BEng	(P)	10 Aug
Munton, L.	(P)	19 Sep
Basnett, G.M. BSc	(N)	1 Oct
Le Cornu, J.P.M. BSc	(P)	1 Oct
Maccoll, S.S. BSc	(P)	1 Oct
Savage, D.W. BSc	(P)	1 Oct
Snelling, I.M. BA	(N)	1 Oct
Swarbrick, S. BSc	(P)	1 Oct
Taylor, T.M.B. BSc	(P)	1 Oct
Taylor, D.J.	(ALM)	2 Oct
Cummins, S. BEng	(P)	4 Oct
Watts, G.P. MEng	(N)	7 Oct
Buxton, D.F. MA	(P)	27 Nov
Downs, C.T. BSc	(P)	27 Nov
Durham, B.H. BA	(P)	27 Nov
Knox, J. BEng	(P)	27 Nov
Mannering, J.C. BA	(P)	27 Nov
Mitchelmore, L.A. BA	(N)	27 Nov
King, R.J.	(N)	28 Nov
Woolley, M.	(P)	28 Nov
Gwynn, J.P. BA	(N)	2 Dec
Onslow, B.N. MChem	(P)	2 Dec
Heinowski, T.	(P)	20 Dec

2004

Name		Date
Griffith, S.W.	(P)	1 Jan
Bullivant, M.C. BSc	(P)	15 Jan
McLaughlin, C. BA	(P)	15 Jan
Williams, E.L. MEng	(P)	15 Jan
Holford, D.D.	(N)	23 Jan
Small, R.K.	(N)	23 Jan
Stanford, D.C.	(P)	23 Jan
Roberts, P.A.	(P)	1 Feb
Brown, A.A.F.	(N)	5 Feb
Dawson, E.M.	(N)	6 Feb
Cochrane, C.M. BSc	(P)	10 Feb
Davies, I.A. MEng qss	(P)	11 Feb
Hallows, R.A.W. BA	(P)	11 Feb
Hick, A.J. BA	(P)	11 Feb
Hughesman, K.G. MEng	(N)	11 Feb
Lomas-Cathrine, E.L. BSc	(N)	11 Feb
Rees, N.J. MEng	(P)	11 Feb
Ross, K.E. BEng	(N)	11 Feb
Walker, S.J. MEng	(P)	11 Feb
Banning, G.E. LLB	(N)	12 Feb
Benson, T.C.J. BA	(P)	12 Feb
Blaikley, A.P. LLB	(P)	12 Feb
Brown, H.M. BSc	(P)	12 Feb
Eldridge, S.A. BSc	(P)	12 Feb
Fairman, J.A.W. BA	(P)	12 Feb
Graham, N.A.H. BSc	(P)	12 Feb
Hall, I.D. BSc	(P)	12 Feb
Hill, J.I. BA	(P)	12 Feb
Jenkins, A.B. BSc	(P)	12 Feb
Lambert, N.P.J. BA	(P)	12 Feb
Lloyd, M.G. MA	(P)	12 Feb
Lyon, I.S. BSc	(N)	12 Feb
McAdam, S.G. BEng	(N)	12 Feb
Morris, E.G.N. BEng	(P)	12 Feb
Smith, N.P. BSc	(P)	12 Feb
Sola, B.D.I. BA	(N)	12 Feb
Surtees, P.T. BA	(P)	12 Feb
Woollard, J.D. BSc	(P)	12 Feb
Young, C.P. MA	(P)	12 Feb
Belmont, S.A.	(P)	5 Mar
Beilby, P.C.	(P)	1 Apr
Butcher, J.R. cfs	(P)	1 Apr
Dutton, B.G.	(P)	1 Apr
Marshall, M.R.	(P)	1 Apr
McMeeking, J.J.	(P)	1 Apr
Steel, H.A.	(P)	1 Apr
Bebbington, K.D.	(P)	3 Apr
Coles, J.R. qcc	(ALM)	3 Apr
Davies, S.R. qcc	(AEO)	3 Apr
Finley, S.N.	(AEO)	3 Apr
Flaherty, J.V.	(AEO)	3 Apr
Greig, S.W. qcc	(ALM)	3 Apr
Gwinnutt, S.A. qcc	(AEO)	3 Apr
Leese, A. qss	(AEO)	3 Apr
Northway, R.M.	(ALM)	3 Apr
Redmond, M. BSc	(AEO)	3 Apr
Riley, R.F. BSc	(AEO)	3 Apr
Tuff, I.C.	(AEO)	3 Apr
Capon, T.M.	(ALM)	4 Apr
Fleming, G.R.	(ENG)	4 Apr
Barber, A.W.J. BEng	(N)	6 Apr
Bedford, R.D. MSc	(P)	6 Apr
Blake, C.T. BSc	(P)	6 Apr
Dudley, E.J. MEng	(P)	6 Apr
Gerrett, C.M. BSc	(P)	6 Apr
Hare, K.A. MEng	(P)	6 Apr
Levy, A.C. MPhys	(P)	6 Apr
Morton, C.A. MChem	(P)	6 Apr
Owen, J.K. MEng	(P)	6 Apr
Pargeter, R.C. BEng	(P)	6 Apr
Sale, D.O.H. MEng	(P)	6 Apr
Smith, E.L. BA	(P)	6 Apr
Westley, S.J. BEng	(P)	6 Apr
Birkett, C.G. BSc	(P)	7 Apr
Bissett, K.J. BSc	(N)	7 Apr
Brown, S.C. BSc	(P)	7 Apr
Hourston, J.W. BEng	(P)	7 Apr
Jackson, M.B. BSc	(P)	7 Apr
Jewsbury, N.J. BSc	(P)	7 Apr
Phillips, C.J. BEng	(P)	7 Apr
Rodger, L.H. BA	(P)	7 Apr
Ryznar, J.E. BSc	(P)	7 Apr
Simpson, K.A. BA	(P)	7 Apr
Smith, P.A. BEng	(P)	7 Apr
Tomlinson, P. BA	(P)	7 Apr
Watson, A.N. BEng	(P)	7 Apr
Webster, C.I. BSc	(P)	7 Apr
Williams, S.M. BSc	(N)	7 Apr
Williams, G. BSc	(P)	7 Apr
Matthews, C.J.	(P)	2 May
Butterfield, C.J.	(P)	24 May
Ling, M.R. cfs qcc	(P)	26 May
Ward, P.H.J.	(P)	26 May
Bain, A.M.	(AEO)	29 May
Chester, J.N.	(P)	29 May
Lacey, F.R. qss	(AEO)	29 May
McRitchie, D.A.	(AEO)	29 May
Schmidt, D.G. BSc	(N)	29 May
Southwood, P.D.	(AEO)	29 May
Wild, S.B.	(ALM)	29 May
Cornes, A.B.	(P)	1 Jun
Durbin, L. MEng	(P)	1 Jun
Bjonness, L.C. LLB	(P)	2 Jun
Cable, B.S.L. BEng	(P)	2 Jun
Child, M.J. BSc	(P)	2 Jun
Exley, S. BEng	(P)	2 Jun
Forsyth, M.E. BSc	(P)	2 Jun
Hamilton, J.M. BSc	(P)	2 Jun
Henwood, J. BSc	(P)	2 Jun
Jakubowski, J.A.B. BSc	(P)	2 Jun
Lakey, R.E. BSc	(P)	2 Jun
Leavey, C.S. BSc	(P)	2 Jun
Sandberg, R.D. BEng	(P)	2 Jun
Sergeant, V. BEng	(N)	2 Jun
Smith, I. BSc	(P)	2 Jun
Taylor, R.M. BEng	(P)	2 Jun
Wall, B.S. BSc	(P)	2 Jun
Morgan, M.J.	(N)	15 Jun

FLYING BRANCH

Flight Lieutenants

2004—contd

Name		Date
Elstow, M.A.	(P)	20 Jul
Foster, P.S.	(ALM)	24 Jul
Craggs, G.T.	(P)	25 Jul
Goodswen, M.J.	(AEO)	25 Jul
Hadley, M.J. BEng	(P)	25 Jul
Scarratt, G.J.	(AEO)	25 Jul
Baldry, G.R.T.	(P)	26 Jul
Williams, A.K. qss	(P)	4 Aug
Angell, A.M.	(AEO)	6 Aug
Cunliffe, S.	(P)	6 Aug
Hill, P.R.	(P)	6 Aug
Elliff, V.A. LLB	(N)	9 Aug
Hird, P.M. MEng	(P)	9 Aug
Holt, P. MSc	(P)	9 Aug
Sands, E.M. MEng	(P)	9 Aug
Towill, P.J. BEng	(P)	9 Aug
Bird, P.J. BA	(P)	10 Aug
Coates, C.M. BSc	(P)	10 Aug
Cox, E.K. BSc	(P)	10 Aug
Flanaghan, M.J. BSc	(N)	10 Aug
Flemington, L.D.	(P)	10 Aug
Heal, M.A. BA	(P)	10 Aug
Hogg, D.A. BEng	(P)	10 Aug
Martin, N.C. BEng	(N)	10 Aug
Masterton, D.J. BSc	(P)	10 Aug
Mather, M.I. MSc BSc	(N)	10 Aug
Mulhall, J.J. BSc	(P)	10 Aug
Rowe, J.M. BSc	(P)	10 Aug
Stobs-Stobart, C. BEng	(P)	10 Aug
Titchener, M.O.S. BSc	(N)	10 Aug
Tucker, B.P. BSc	(P)	10 Aug
Webster, L.S. BSc	(N)	10 Aug
Whiten, D.M.	(P)	17 Sep
Ingram, N.D.	(P)	19 Sep
Brown, C.M.	(N)	23 Sep
Footitt, A.	(P)	1 Oct
McAuley, T.G.A.	(N)	1 Oct
Bradbury, D.I. BSc	(P)	7 Oct
Cowen, N.M. BA	(P)	7 Oct
Crowe, R.J. BA	(N)	7 Oct
Dunstan, M.P. BSc	(P)	7 Oct
Fenton, B.D. LLB	(P)	7 Oct
Howard, P.J. BSc	(P)	7 Oct
Javens, N.A. BEng	(N)	7 Oct
Kelly, P.B. BSc	(N)	7 Oct
Lunnon-Wood, B. BSc	(N)	7 Oct
Milner, P.S. BSc	(P)	7 Oct
Pucill, L.W. BSc	(P)	7 Oct
Rigg, J.W. BEng	(P)	7 Oct
Sandhu, G. BEng	(N)	7 Oct
Springford, M.J.P. BSc	(P)	7 Oct
Thompson, M.P. BSc	(P)	7 Oct
Wilson, R.L. BA	(N)	7 Oct
Hemsley, S.G.	(N)	22 Nov
McChristie, C.I.	(AEO)	25 Nov
Bolton, J.A.	(P)	27 Nov
Evans, R.D.	(P)	27 Nov
Hammond, D.A.	(P)	27 Nov
Lyndon-Smith, C.D.	(P)	27 Nov
Moore, M.P.G.	(P)	27 Nov
Norman, M.W.	(N)	27 Nov
Whyte, E.	(P)	27 Nov
Williamson, B.J. qss	(N)	27 Nov
Darlow, J.	(P)	29 Nov
Hall, K.T.	(N)	29 Nov
Briffitt, C.W. BA	(P)	1 Dec
Holdcroft, P.J. MChem	(P)	1 Dec
Morgan, T.H. BSc	(P)	1 Dec
Murray, J.N. BSc	(P)	1 Dec
Smith, K.D. MEng	(P)	1 Dec
Stewart, H.K.J. MA	(P)	1 Dec
Taylor, S.J. BSc	(P)	1 Dec
Briggs, R.C. BA	(N)	2 Dec
Cotton, S.J.K. BSc	(N)	2 Dec
Curry, D.J. BEng	(P)	2 Dec
Geddes, P.W. BSc	(P)	2 Dec
Lockwood, G.A. BA	(P)	2 Dec
Norris, J. BSc	(P)	2 Dec
Williams, D.C. BA	(P)	2 Dec
Williams, M.D. MSc BA	(N)	2 Dec
Cooke, C.D. MPhys	(N)	4 Dec
McMillan, J.I.S. cfs	(P)	14 Dec

2005

Name		Date
Bailey, F.L.	(P)	22 Jan
Holland, M.J.	(P)	22 Jan
Jones, G.E.	(P)	22 Jan
Lilly, A.N. qss	(P)	22 Jan
Maddock, T.J.	(P)	22 Jan
McGlone, P.R.	(N)	22 Jan
Rowe, D.G.A.	(P)	22 Jan
Simcock, R.H.	(P)	22 Jan
Smith, J.P.	(P)	22 Jan
Taylor-Head, J.M.	(P)	22 Jan
Thurston, J.K. cfs	(P)	22 Jan
Turner, L.R.	(P)	22 Jan
Watkinson, S.A.	(N)	22 Jan
Wright, C.N.	(N)	22 Jan
Clee, N.J.	(P)	24 Jan
Austin, G.D. MEng	(P)	10 Feb
Bolton, N.L. MPhys	(N)	10 Feb
Bradshaw, J.R.M. BA	(P)	10 Feb
Cunningham, S.M. BSc	(N)	10 Feb
Newton, P.D. BA	(N)	10 Feb
Ramsden, S.L. MEng	(P)	10 Feb
Bond, M. BA	(P)	11 Feb
Brewin, S.C. BSc	(N)	11 Feb
Butler, P.J. BEng	(P)	11 Feb
Clarke, J.E.A. BSc	(P)	11 Feb
Docherty, L.E. BEng	(P)	11 Feb
Edgell, A.L.C. BEng	(P)	11 Feb
Fletcher, S.P. BA	(P)	11 Feb
Flusk, P.G. BEng	(P)	11 Feb
Gebbie, R.M. BA	(N)	11 Feb
Goodwin, B.R.G. BA	(P)	11 Feb
Griffiths, H.E. BEng	(N)	11 Feb
Halpin, P. BEng	(P)	11 Feb
James, P.R. BSc	(N)	11 Feb
Kendall, M.A. BEng	(P)	11 Feb
Law, C. BEng	(P)	11 Feb
Lofthouse, N.J. BEng	(P)	11 Feb
McCartney, R.L. BSc	(N)	11 Feb
McPhaden, R.A. BEng	(P)	11 Feb
Morris, S.A. BEng	(P)	11 Feb
Patton, S.C.R. BEng	(P)	11 Feb
Ricketts, W.M.J. BSc	(P)	11 Feb
Ridout, H.C.E. BSc	(N)	11 Feb
Ross, A.J. BSc	(P)	11 Feb
Rothwell, P.R. BEng	(P)	11 Feb
Taylor, N.J.D. MA	(P)	11 Feb
Tibbetts, A.J.W. BSc	(P)	11 Feb
Tymczyszyn, B.K.F. BSc	(P)	11 Feb
Udall, M.C.L. BSc	(P)	11 Feb
Wood, L.J. BSc	(P)	11 Feb
McNicholas, I.	(P)	21 Mar
Field, J.A.	(P)	30 Mar
Hawkins, B.C.	(P)	30 Mar
Kane, C.G.	(P)	30 Mar
Newman, D.	(P)	30 Mar
Barker, A.D. MEng	(P)	5 Apr
Chapman, C.F. MPhys	(P)	5 Apr
Coram, M.J. BEng	(P)	5 Apr
Feeney, N.M. MSc	(N)	5 Apr
Monahan, N.J.B. BSc	(P)	5 Apr
Wurwal, S.P. MEng	(P)	5 Apr
Bowden, M.G. BSc	(P)	6 Apr
Dennis, R.A. BSc	(P)	6 Apr
Edwards, N.J. BSc	(P)	6 Apr
Fuller, V.C. BA	(N)	6 Apr
Gill, A.C. BA	(P)	6 Apr
Gower, M.J. BA	(P)	6 Apr
Griffiths, N. BEng	(P)	6 Apr
Harding, C.J. BSc	(P)	6 Apr
Jackson, C.K. BSc	(N)	6 Apr
Jones, P.R. BEng	(P)	6 Apr
MacRo, A.E. LLB	(N)	6 Apr
Paul, R. BSc	(P)	6 Apr
Robinson, N.J. BEng	(P)	6 Apr
Thomas, O.E.W. BSc	(N)	6 Apr

FLYING BRANCH

Flight Lieutenants

2005—contd

Thompson, R. BSc	(P)	6 Apr
Walmsley, J.S.W. MA	(P)	6 Apr
Roberts, J.A.	(N)	23 May
Baldwin, C.J.	(P)	25 May
Bloom, C.R.	(P)	25 May
Dempster, B.J.	(N)	25 May
Gogerty, G.P.	(P)	25 May
Lee, J.M.	(P)	25 May
Myhill, V.T. qss	(N)	25 May
Redgwell, R.N.	(P)	25 May
Summers, P.A.	(P)	25 May
Arands, J.F.	(AEO)	27 May
Nevin, S.J.	(N)	29 May
Graham, K.A. BA	(N)	31 May
Jones, C.J. MEng	(P)	31 May
Newton, J.L. BSc	(N)	31 May
Bond, S.G. BEng	(P)	1 Jun
Carlon, P.T. BSc	(P)	1 Jun
Corry, T.D. BSc	(P)	1 Jun
Day, C. BA	(N)	1 Jun
Elford, R.W. BA	(P)	1 Jun
Gardner, D.I. BSc	(P)	1 Jun
Gemmell, D.J. BA	(P)	1 Jun
Gleadhill, L.C. BSc	(P)	1 Jun
Hodrien, J.E. BSc	(P)	1 Jun
Jeffery, D.P. BSc	(P)	1 Jun
King, B.M. BSc	(P)	1 Jun
Long, M.O. BSc	(P)	1 Jun
McCready, N.T.A. BEng	(P)	1 Jun
Miller, I.S. BSc	(P)	1 Jun
Moorehead, J.R. BSc	(P)	1 Jun
Protheroe-Thomas, D.I. BSc	(N)	1 Jun
Ryall, T.K. BSc	(P)	1 Jun
Simmonds, D.J. BSc	(P)	1 Jun
Singh, J.A. BSc	(P)	1 Jun
Sjoberg, J. BSc	(P)	1 Jun
Stokes, R.A. BSc	(P)	1 Jun
Wilson, D.E. BEng	(P)	1 Jun
Ewer, J.E.	(P)	18 Jun
Jurd, M.J.	(P)	30 Jun

Flying Officers

2000

Game, M.J. BA	(P)	7 Oct

2001

Dugdale, O.J.	(P)	3 Apr
Dilley, M.D.	(P)	22 Jul
Gajic, J.P. BSc	(P)	6 Oct
Murray, N. MEng	(N)	30 Nov
Forbes-Bell, P.A. BEng	(P)	1 Dec

2002

Hunt, J.A.	(P)	22 Jan
Morris, A.S.	(AEO)	22 Jan
Swann, G.R.	(P)	22 Jan
Cholmondeley-Smith, R.M.	(P)	25 Jan
Badham, S.D.	(P)	3 Feb
Gardner, K.G.	(P)	3 Feb
Gray, P.W.	(P)	3 Feb
Jones, A.W.	(N)	3 Feb
Taylor, M.C.	(N)	3 Feb
Williams, B.T.	(P)	3 Feb
Halligan, K.P.	(N)	5 Feb
McFadden, J.G.H.	(P)	6 Feb
Crosby-Jones, M.R. MEng	(P)	8 Feb
Fairlie, G.H. BA	(P)	8 Feb
Rawlins, C.R. MSc BEng	(P)	8 Feb
Shekhdar, S.A.J. MEng	(N)	8 Feb
Talbott, N.A.	(P)	8 Feb
Bowes, S.D.R. BA	(P)	9 Feb
Butwell, M.R. BEng	(P)	9 Feb
Campbell, S.J. BEd	(P)	9 Feb
Carmichael, S.L. BSc	(N)	9 Feb
Dhillon, P.S. BSc	(P)	9 Feb
Dodd, I.J. BSc	(P)	9 Feb
Dugan, T.J.B. BSc	(N)	9 Feb
Falkingham, A.M. BSc	(P)	9 Feb
Gili-Ross, L. BEng	(P)	9 Feb
Hart, D.A.R. BEng	(P)	9 Feb
Harvey, T.S. BSc	(P)	9 Feb
Jane, T.M. BSc	(N)	9 Feb
MacKay, P. BSc	(P)	9 Feb
McConnell, B.D.J. BEng	(P)	9 Feb
Redwood, H.R. BSc	(N)	9 Feb

Tweddle, J.P. BEng	(P)	9 Feb
Smy, B.D.	(P)	24 Feb
Alexander, S.C.	(P)	30 Mar
Bird, G.E.	(P)	30 Mar
Gomm, P.L.	(P)	30 Mar
Jones, C.W.T.	(P)	30 Mar
Latchman, K.H.T.	(P)	30 Mar
MacMillan, N.A.J.	(P)	30 Mar
Manisty, R.E.	(P)	30 Mar
Nash, T.P.J.	(N)	30 Mar
Phillips, S.C.	(N)	30 Mar
Riley, S.M.	(P)	30 Mar
Rodriguez, M.J.	(P)	30 Mar
Swierczek, G.P.	(P)	30 Mar
Tease, B.C.	(P)	30 Mar
Wooler, C.J.S.	(N)	30 Mar
Lett, A.J.	(N)	1 Apr
Stewart-Smith, R.	(N)	1 Apr
Bevan, J.C.G. MEng	(P)	4 Apr
Monaghan-Welsh, D.C. BA	(N)	4 Apr
Sanderson, D.P. MEng	(P)	4 Apr
Simkins, T.J. MSc BSc	(P)	4 Apr
Cooper, L.M. BSc	(P)	6 Apr
Finbow, J.D. MA	(P)	6 Apr
Hayward, M.R.C. BEng	(P)	6 Apr
Heap, H.J. BSc	(P)	6 Apr
Hearne, P.M. BSc	(P)	6 Apr
Hopkins, P.A. MA BSc	(N)	6 Apr
Hunt, C.J. LLB	(P)	6 Apr
Locke, J.M. BSc	(P)	6 Apr
Parker, M.R. BSc	(P)	6 Apr
Parsons, R.A. BA	(N)	6 Apr
Pearson, S.M. BEng	(N)	6 Apr
Raven, S.M. BSc	(P)	6 Apr
Street, R.J.N. BSc	(N)	6 Apr
Tonks, S.L. BSc	(P)	6 Apr
Trembling, I.G. BA	(P)	6 Apr
Cummins, D.J.	(P)	25 May
Edwards, G.	(P)	25 May
Fleet, M.	(P)	25 May
Garrigan, J.P.	(P)	25 May
Jenkinson, M.A.I.	(P)	25 May
Kerr, A.D.D.	(P)	25 May
Robertson, L.R. BSc	(AEO)	25 May
Shaw, A.J.	(P)	25 May
Still, M.N.	(N)	25 May
Arnett, S.J.	(P)	27 May
Paddon, I.P.	(P)	27 May
Levin, L.S. BSc	(P)	31 May
Tavener, S.G. MEng	(P)	31 May
Bennett, D.M. BSc	(N)	1 Jun
Brett, I.D. BA	(P)	1 Jun
Clark, N.D. BEng	(P)	1 Jun
Priest, I.P.D. BSc	(P)	1 Jun

FLYING BRANCH

Flying Officers

2002—contd

Name		Date
Reynolds, E.J. BSc	(P)	1 Jun
Walker, S.B. BA	(P)	1 Jun
Watson, S.B. BSc	(P)	1 Jun
Bowden, D.G.	(P)	25 Jun
Doneth-Hillier, C.R.	(P)	20 Jul
Lamb, S.D.	(P)	20 Jul
MacKenzie, D.M.	(P)	20 Jul
Taylor, J.C.L.	(P)	20 Jul
Todhunter, P.J.	(N)	20 Jul
Wigglesworth, F.A.	(P)	20 Jul
Bishop, S.J.	(N)	22 Jul
Muscat, G.P.	(P)	22 Jul
Rogerson, A.P.	(P)	22 Jul
Earl, D.W.	(P)	24 Jul
Rossiter, P.T.	(P)	3 Aug
Al-Samarrai, O. LLB	(P)	10 Aug
Allen, T.A. BEng	(P)	10 Aug
Amstutz, P.J. BEng	(P)	10 Aug
Anderson, M. BA	(P)	10 Aug
Ashton, M.R. BEng	(P)	10 Aug
Brown, T. BSc	(P)	10 Aug
Capell, M.A.G. BA	(P)	10 Aug
Colebrooke, T.E. BEng	(N)	10 Aug
David, J.M. BSc	(P)	10 Aug
Devine, J.U. BEng	(P)	10 Aug
Farmer, P.A. BEng	(P)	10 Aug
Franklin, N.R. BEng	(P)	10 Aug
Hill, D.A. BSc	(P)	10 Aug
Hutchison, J.A. BSc	(P)	10 Aug
Jackson, E.J. BEng	(P)	10 Aug
Kyle, J.A.C. LLB	(P)	10 Aug
Lucas, W.M. BA	(P)	10 Aug
Morrison, A.T. MA	(P)	10 Aug
Pead, W. BEng	(P)	10 Aug
Porter, J.L. BEng	(P)	10 Aug
Smallbone, G.R. BA	(P)	10 Aug
Smith, J.P. BA	(P)	10 Aug
Stanton, L.P. BEng	(P)	10 Aug
Stock, H.L. BEng	(P)	10 Aug
Thompson, M.B. BEng	(P)	10 Aug
Vardy, L.A. BSc(Econ)	(P)	10 Aug
Williams, G.D.L. BA	(P)	10 Aug
Williams, P.D. BEng	(P)	10 Aug
Wolstenholme, E.L. BSc	(N)	10 Aug
Harris, P.J.	(N)	21 Sep
Cunningham, C.L.	(P)	28 Sep
Dawkins, L.W.A.	(P)	28 Sep
Hall, S.K.C.	(P)	28 Sep
Killick, M.J.	(P)	28 Sep
Kups, D.	(P)	28 Sep
Pert, M.E.W.	(P)	28 Sep
Siwicki, J.A.	(N)	28 Sep
Thorne, N.E.	(N)	28 Sep
Weatherhead, E.P.	(P)	28 Sep
Eydmann, S.I.	(P)	30 Sep
Angel, R.J. MEng	(P)	3 Oct
Beamish, L.J. BSc	(N)	3 Oct
Leaming, O.P. MEng	(P)	3 Oct
Baldwin, L.R. BSc	(P)	5 Oct
Birch, C.L. BSc	(N)	5 Oct
Brunwin, T.L.G. BSc	(P)	5 Oct
Cooke, J.B. BSc	(N)	5 Oct
Ferguson, A.A. BSc	(P)	5 Oct
Hamilton, R.I.L. BA	(P)	5 Oct
Hardesty, W.J. BSc	(P)	5 Oct
Harding, C.G. BSc	(P)	5 Oct
Jobson, D.L. BSc	(P)	5 Oct
Keeley, T.D. BA	(P)	5 Oct
McLeish, J. BEng	(P)	5 Oct
Mercieca, A. BSc	(P)	5 Oct
Meredith, K. MA	(N)	5 Oct
Millett, D.E. BA	(P)	5 Oct
Mosson, A.R. BSc	(P)	5 Oct
Norman, R.P.C. BSc	(P)	5 Oct
Pitt, D.J. MA	(N)	5 Oct
Ratcliffe, G.W. MA	(P)	5 Oct
Shaw, J.D. BEng	(P)	5 Oct
Butler, G.L.	(P)	23 Nov
Gatland, K.L.	(N)	23 Nov
Hurford, W.E.	(P)	23 Nov
Shipley, A.J.	(P)	23 Nov
Trueman, J.D.	(P)	23 Nov
Wilders, S.J.	(P)	23 Nov
Owen, I.A.	(P)	27 Nov
Causer, R.G. MEng	(P)	28 Nov
Fordham, J.E. MEng	(P)	28 Nov
Hawker, J.D. MEng	(P)	28 Nov
Kelly, P.D. MEng	(P)	28 Nov
Montgomery, G. MEng	(P)	28 Nov
Bartwicki, C. BEng	(P)	30 Nov
Birch, D.R. BEng	(P)	30 Nov
Bond, I.D. BA	(N)	30 Nov
Broder, K.M. BSc	(P)	30 Nov
Brown, C.P.W. BSc	(P)	30 Nov
Carter, T.A.B. BSc	(P)	30 Nov
Dainty, J.P. BA	(P)	30 Nov
Dean, T.C.E. BEng	(P)	30 Nov
Fitzpatrick, A.I. BTech	(P)	30 Nov
Glowczyk, X.T. BSc	(N)	30 Nov
Hanzal, R.L. BA	(P)	30 Nov
Harman, A.J. BA	(P)	30 Nov
Heath, C.E. BSc	(P)	30 Nov
Hibbs, M.S. BSc	(P)	30 Nov
Holdom, I.J.S. BSc	(P)	30 Nov
Johnston, A.S. BSc	(P)	30 Nov
Kirkman, J.B. BSc	(N)	30 Nov
Millard, A.J. BSc	(P)	30 Nov
Partrick, T.E. BEng	(P)	30 Nov
Plenty, J.M. BA	(P)	30 Nov
Pollard, T.R. BEng	(P)	30 Nov
Read, D.J.B. BSc	(P)	30 Nov
Roden, J.R. BSc	(P)	30 Nov
Thompson, K.A.L. BSc	(P)	30 Nov
Townsend, A.N.R. BSc	(P)	30 Nov
Winn, P.R.A. BSc	(P)	30 Nov

2003

Name		Date
Tonks, S.M.	(P)	20 Jan
Mason, M.A.P.	(P)	1 Feb
Woodman, S.H.	(N)	1 Feb
Jarvis, M.N.	(P)	5 Feb
Beynon, R.W. BEng	(P)	8 Feb
Blundell, P. BSc	(P)	8 Feb
Cooke, G.M. BEng	(P)	8 Feb
Haywood, C.H. BEng	(P)	8 Feb
Heap, R.G. BEng	(P)	8 Feb
Janicki, A.A. BSc	(P)	8 Feb
Lewis, S.J. BEng	(P)	8 Feb
Marshall, I. BSc	(P)	8 Feb
Potterton, M.D. BSc	(P)	8 Feb
Ryllo, D.L. BSc	(P)	8 Feb
Sinclair, C.M. BA	(P)	8 Feb
Walland, V. BSc	(N)	8 Feb
Wiggins, A.C. BSc	(P)	8 Feb
Wilson, J.A. BA	(P)	8 Feb
Wise, P.W.	(P)	22 Feb
Hewitt, B.J.	(P)	29 Mar
Joseph, N.M.	(P)	29 Mar
Mountfield, B.	(P)	29 Mar
Andrews, T.J. BA	(P)	4 Apr
Blair, D.A. BSc	(P)	4 Apr
Boning, J.W. BSc	(P)	4 Apr
Donaldson, K.E. BSc	(P)	4 Apr
Fleming, J.S. BSc	(P)	4 Apr
Fortune, I.A. BSc	(P)	4 Apr
Gent, C. BSc	(P)	4 Apr
Pereira, M.J. BA	(P)	4 Apr
Piper, R.M. BEng	(P)	4 Apr
Shutie, G.M. BA	(P)	4 Apr
Summers, N.J. BSc	(P)	4 Apr
Blackburn, D.A.	(P)	24 May
Fleming, O.P.	(P)	24 May
Fryer, G.I.	(P)	24 May
Groves, D.	(N)	24 May
Hasler, C.M.	(P)	24 May
Lloyd-Davies, G.P.	(P)	24 May
Marsh, S.A.	(P)	24 May
Pockett, J.M.	(P)	24 May
Taylor, A.J.	(P)	24 May
Johnson, N.	(P)	26 May
Berry, S.A. BSc	(P)	31 May
Cullen, D.H. BEng	(P)	31 May
Gill, C.J. BSc	(P)	31 May
Hannam, I.R. BSc	(P)	31 May
Harbridge, O.D. BSc	(P)	31 May

148

FLYING BRANCH

Flying Officers

2003—contd

Name		Date
Peters, O. BSc	(P)	31 May
Precious, S.M. BEng	(P)	31 May
Smithson, R.M. BSc	(P)	31 May
Tucker, P.A. BSc	(N)	31 May
Westoby-Brooks, B.J. BSc	(P)	31 May
Williams, L.E. BSc	(N)	31 May
Bennett, J.N.	(P)	19 Jul
Hathaway, M.R.	(N)	19 Jul
Margrett, G.J.	(N)	19 Jul
Morris, R.S.	(P)	19 Jul
Morton, E.D.	(P)	19 Jul
Owen, M.J.	(P)	19 Jul
Robertson, M.	(P)	19 Jul
Shallcross, J.R.	(P)	19 Jul
Smith, J.A.	(N)	19 Jul
Webster, W.G.P.	(P)	19 Jul
Wight-Boycott, M.D.	(P)	19 Jul
Prosser, M.C.	(P)	22 Jul
Anderson, G.T.M. BEng	(P)	3 Oct
Anderson, R.P. BSc	(P)	3 Oct
Benton, A.R. BEng	(P)	3 Oct
Bone, A.J.W. BA	(P)	3 Oct
Craig, E.G. BSc	(P)	3 Oct
Doughty, L.H. LLB	(P)	3 Oct
Easter, D.J. BSc	(P)	3 Oct
Harper-Lewis, E.J. BSc	(N)	3 Oct
Hoogewerf, E.R. BSc	(P)	3 Oct
Hudson, C.M. BEng	(P)	3 Oct
Kitching, M.A. BSc	(P)	3 Oct
Leask, R.B. BA	(P)	3 Oct
Lee, C.A. BSc	(P)	3 Oct
Lee, R.A. BSc	(P)	3 Oct
Purvis, L.K. BEng	(P)	3 Oct
Salmon, H.R.H. BEng	(P)	3 Oct
Sleath, S.E. BSc	(P)	3 Oct
Tabern, J.C. BA	(P)	3 Oct
Vaughan, A.F. BSc	(P)	3 Oct
Bendall, T.N.	(P)	4 Oct
Boyd, C.K.T.	(P)	4 Oct
Chambers, M.W.	(P)	4 Oct
Cruickshank, R.A.	(P)	4 Oct
Denman, R.J.	(P)	4 Oct
Gordon, L.P.R.	(P)	4 Oct
Hawkes, A.G.	(P)	4 Oct
Murphy, M.J.	(N)	4 Oct
Berwick, E.T. BSc	(P)	28 Nov
Cheng, L.A.J. BEng	(P)	28 Nov
Fisher, L.D. BSc	(P)	28 Nov
Ford, H.G. BSc	(P)	28 Nov
Fordham, C.M.P. BSc	(P)	28 Nov
Grove, D.M. BEng	(P)	28 Nov
Hodgkiss, M.J. BSc	(N)	28 Nov
Hodgson, R.S. BEng	(P)	28 Nov
Hoskins, A.F. BSc	(P)	28 Nov
Kingston, A.N. BA	(P)	28 Nov
Lenox, J.A. BEng	(P)	28 Nov
Luckins, A.J. BSc	(P)	28 Nov
Moncrieff, O.J. BEng	(P)	28 Nov
Roberts, N.J. BEng	(P)	28 Nov
Sexton, P.J. BEng	(P)	28 Nov
Stock, W.G. BA	(P)	28 Nov
Thompson, C.W. BSc	(P)	28 Nov
Barnes, T.B.	(P)	29 Nov
Burgon, C.J.	(P)	29 Nov
Compton, M.S.	(P)	29 Nov
Dale, J.W.	(P)	29 Nov
Farndon, E.J.	(P)	29 Nov
Haddock, J.P.	(P)	29 Nov
Hodge, A.L.	(P)	29 Nov
Holgate, T.E.	(P)	29 Nov
Lee, V.L.	(N)	29 Nov
Staples, D.R.	(P)	29 Nov

2004

Name		Date
Harris, K.	(P)	7 Feb
Murray, A.S.	(N)	7 Feb
Turk, M.C.	(P)	7 Feb
West, J.N.	(P)	7 Feb
Chapman, M.J.	(P)	4 Apr
Davison, M.T.	(P)	4 Apr
Stewart, R.A.	(P)	4 Apr
Whitechurch, W.E.P.	(N)	4 Apr
Calvert, J.M.	(P)	30 May
Essex, W.R.S.	(P)	30 May
Finch, M.J.	(N)	30 May
Flack, J.S.	(P)	30 May
Nethaway, A.M.	(P)	30 May
Simmons, M.P.	(N)	30 May
Chapman, L.J.	(N)	25 Jul
Ellison, J.R.C.	(P)	25 Jul
Fox, R.G.	(P)	25 Jul
Frowen, S.J.	(N)	25 Jul
Hart, I.J.	(P)	25 Jul
Jethwa, N.	(P)	25 Jul
Jones, B.G.	(P)	25 Jul
Lawton, R.	(P)	25 Jul
Massy, C.H.	(P)	25 Jul
Moran, D.J.	(P)	25 Jul
Padbury, D.C.	(P)	25 Jul
Sweet, J.F.	(P)	25 Jul
Bradley, R.G.	(P)	3 Oct
Collins, W.A.	(P)	3 Oct
Donovan, J.P.M.	(P)	3 Oct
Eyers, M.W.F.	(P)	3 Oct
Hanson, B.A.	(P)	3 Oct
Higgins, D.J.	(N)	3 Oct
Leese, H.R.	(P)	3 Oct
MacDonald, C.A.	(P)	3 Oct
Mastin, J.E.	(P)	3 Oct
Pingree, J.M.	(N)	3 Oct
Tucker, M.J.	(P)	3 Oct
Whitfield, T.J.	(P)	3 Oct
Wilkinson, L.	(P)	3 Oct
Beesley, J.E.	(P)	28 Nov
Evans, M.	(P)	28 Nov
Foley, N.J.F.	(P)	28 Nov
Gibson, C.M.	(N)	28 Nov
Harvey-George, I.W.S.	(P)	28 Nov
Hurst-Brown, S.J.	(P)	28 Nov
Lockey, P.T.	(N)	28 Nov
Simcox, J.D.	(P)	28 Nov
Wallis, B.	(P)	28 Nov
Young, A.J.	(N)	28 Nov

2005

Name		Date
Caryer, S.E.	(P)	6 Feb
Curnow, D.J.	(P)	6 Feb
Johnstone, M.W.	(P)	6 Feb
Pearce, N.D.	(P)	6 Feb
Robinson, D.L.	(P)	6 Feb
Casey, P.J.	(P)	3 Apr
Lilley, M.C.	(P)	3 Apr
Lodge, E.J.	(P)	3 Apr
MacDonald, S.A.	(P)	3 Apr
Stanley, D.J.	(P)	3 Apr
Williams, S.B.	(N)	3 Apr
Brown, J.R.E.	(P)	29 May
Carney, S.D.	(N)	29 May
Croft, E.S.	(P)	29 May
Greene, T.S.	(P)	29 May
Harth, S.R.	(P)	29 May
Hughes, R.T.	(P)	29 May
Longstaffe, M.J.	(N)	29 May
Monro, A.G.	(P)	29 May
Morris, N.L.	(N)	29 May
Nash, C.E.	(P)	29 May
Overton, J.M.	(N)	29 May
Robertson, M.T.	(N)	29 May
Skinner, J.M.	(P)	29 May
Warman, R.A.	(P)	29 May

FLYING BRANCH

Pilot Officers

2004

Sykes, P.T.	(P)	29 May
Hodgkinson, L.R.	(P)	24 Jul
Muddiman, M.P.	(P)	24 Jul
Portaluri, G.	(P)	24 Jul
Hogan, D.K.P.	(P)	2 Oct
Martin, S.D.	(P)	2 Oct
Reese, R.J.	(P)	2 Oct
Town, R.J.	(P)	2 Oct
Eccles, S.	(P)	27 Nov
Gallagher, T.	(P)	27 Nov
Galley, M.L.	(N)	27 Nov
McHugh, D.C.	(P)	27 Nov
Polwin, B.J.A.	(P)	27 Nov
Russell, P.A.	(P)	27 Nov
Russi, M.W.H.	(P)	27 Nov
Williams, M.P.	(P)	27 Nov
Woods, T.A.	(P)	27 Nov

2005

Bird, K.	(N)	5 Feb
Penneck, C.J.	(P)	5 Feb
Roe, S.	(P)	5 Feb
Scrase, A.N.	(P)	5 Feb
Shackley, J.C.	(N)	5 Feb
Adamson, M.R. BEng	(P)	6 Feb
Allen, J.R. BSc	(N)	6 Feb
Bould, T.E. BEng	(P)	6 Feb
Davidson, G.P. BSc	(P)	6 Feb
Hearnshaw, L.J.A. MChem	(P)	6 Feb
James, S.D.A. MA	(N)	6 Feb
Podmore, R. MEng	(N)	6 Feb
Prager, G.J. BSc	(P)	6 Feb
Roth, B.M. BSc	(P)	6 Feb
Shoukry, S.H. BSc	(P)	6 Feb
Smith, C.A.K. BSc	(N)	6 Feb
Stamp, A. MEng	(P)	6 Feb
Stark, D.A. BSc	(P)	6 Feb
Tolley, P.M. BSc	(P)	6 Feb
Watts, M.A. BSc	(P)	6 Feb
Wyatt, G.E.P. MEng	(P)	6 Feb
Bunney, P.G.	(N)	1 Apr
Case, J.P.	(N)	1 Apr
Durham, B.D.	(P)	1 Apr
Fisher, O.S.	(P)	1 Apr
Fox, T.C.	(P)	1 Apr
Gozzard, L.M.	(P)	1 Apr
Hill, J.F.	(P)	1 Apr
Huntley, L.C.	(P)	1 Apr
Jones, D.F.	(P)	1 Apr
Jules, L.J.	(P)	1 Apr
Mills, R.J.	(P)	1 Apr

Arnold, G.L. BA	(P)	3 Apr
Bolan, N.J. BEng	(P)	3 Apr
Court, G.N. BSc	(P)	3 Apr
Findlater, M.J. MEng	(P)	3 Apr
Holman, N.E.J. BSc	(P)	3 Apr
Jenkins, C.D. MEng	(P)	3 Apr
Jones, N.R. BSc	(P)	3 Apr
Kaina, P.G. BSc	(N)	3 Apr
McIver, S. BSc	(P)	3 Apr
McKay, G.R. BA	(P)	3 Apr
Morton, C.N.J. BA	(P)	3 Apr
Pritchard, K.S. BEng	(P)	3 Apr
Sinclair, I.C. BSc	(P)	3 Apr
Stewart, A.C. BSc	(N)	3 Apr
Abdallah, M.	(N)	27 May
Debling, S.P.	(P)	27 May
Fisher, C.	(P)	27 May
Gillett, T.J.	(P)	27 May
Knight, C.J.	(P)	27 May
Leyman, M.R.	(P)	27 May
Richards, M.J.A.	(P)	27 May
Whitten, P.D.	(P)	27 May
Woodsford, K.P.	(P)	27 May
Cave, N.P.E. BSc	(P)	29 May

Acting Pilot Officers

2003

Sims, A.J.	(P)	27 Nov

2004

Beale, K.J.	(N)	22 Jul
Le Cornu-Brown, G.	(P)	22 Jul
Roche, A.E.	(P)	22 Jul
Saunders, T.R.	(P)	22 Jul
Scott, M.F.	(P)	22 Jul
Thompson, S.J.	(P)	22 Jul
Dakin, J.A.	(N)	30 Sep
Lucking, G.M.	(P)	30 Sep
Lummis, B.R.	(P)	30 Sep
Pearson, C.M.	(N)	30 Sep
Sanders, A.M.	(P)	30 Sep
Green, A.J.	(P)	25 Nov
Lowes, D.M.	(P)	25 Nov
Stones, A.E.	(P)	25 Nov
Wiggin, H.N.	(P)	25 Nov
Williamson, D.J.	(N)	25 Nov

2005

Crosse, R.A.	(P)	31 Mar
Whitehair, C.J.	(N)	31 Mar
Wilkins, C.J.	(P)	31 Mar
Rose, M.A.J.	(P)	26 May

OPERATIONS SUPPORT BRANCH

Squadron Leaders

1982

Williams, M. qss   (FC)   1 Jul

1985

Stokes, R.K. MBE
qss   (REGT)   1 Jan

1987

Thompson, C.P.C.
qs   (FC)   1 Jul

1988

Tester, D.J. MA qs (INT)   1 Jan
Littlehales, M.P.G.
qs   (FC)   1 Jul

1989

Franklin, C.J. qss (FC)   1 Jan
Revell, C. qs   (ATC) 1 Jan
Smith, P.R. qab qs (FC)   1 Jan

1990

Fryer, R.P. qs   (ATC) 1 Jan
Perkins, A.D. qs   (ATC) 1 Jan
Yarnold, J.G.T.
qss   (REGT)   1 Jan
Bateman, J.C. qwi
qs   (FC)   1 Jul
Hallett, C. qab qss (FC)   1 Jul

1991

Challenor, G.B. BA
qs   (ATC)   1 Jan
Cross, H.C.   (REGT)   1 Jan
Walker, A. qs (PROVSY)   1 Jan
Hann, K. MBE qwi
qs   (FC)   1 Jul
Hidden, C.J. BSc
qs   (REGT)   1 Jul

1992

Stoner, N.B. qs   (ATC) 1 Jul
Evans, N. qs   (REGT) 1 Jan
Mellor-Jones, R.A. BSc
qab qs   (FC)   1 Jan
Oxley, J.P. qss   (FC)   1 Jan

1993

Beck, J. MSc BA qtm
qs   (INT) 1 Jan
Christie, D.J. qab qs
i   (FC)   1 Jan
Nuttall, S.V. qtm
qs   (INT) 1 Jan
Riley, J.J.   (REGT) 3 Apr
Robinson, A. qs   (ATC) 1 Jul
Wylde, J.D. BA qs   (FC)   1 Jul

1994

Bartlett, S.E. BSc
qs   (INT) 1 Jan
Bennett, P.G. BA qab
qs   (INT) 1 Jan
Chapman, M.A.   (ATC) 1 Jan
Fearon, J.B. BSc asq
qss   (FC)   1 Jan
McLean, B.J. MCMI
qs   (FC)   1 Jan
Kreft, S.N. MBA BA
qs   (INT) 17 Jun
D'Ardenne, P.J. MBA
MSc MCMI
qs   (PROVSY) 1 Jul
Dickson, G.L. BA qab qs
i*   (ATC) 1 Jul
Hyett, S.D. qs   (ATC) 1 Jul
McLean, A. qtm   (INT) 1 Jul
Rayfield, P.H. qs   (FC)   1 Jul
Boe, B.M.C.
qs   (FLTOPS) 17 Oct

1995

Davies, J.B. qs   (INT) 1 Jan
Drake, D.J. BA qs (ATC)   1 Jan
Hazlegreaves, G. BA
qss   (ATC) 1 Jan
MacKay, I.T.   (ATC) 1 Jan

1996

Brown, R.P.C. qtm
qs   (INT)   1 Jan
Highmore, R.A. qs
icc   (PROVSY)   1 Jan
Oldfield, C.I. qs   (INT)   1 Jan
Raine, D.W. qs   (ATC)   1 Jan
Reid, L.M. qs   (FC)   1 Jan
Tottman, M. BSc qs (FC)   1 Jan
Chalmers, N.F. BSc
qss   (PROVSY)   22 May
Gibb, P.H. qs   (FC)   2 Jun
Austen, D.J. qs   (ATC)   1 Jul
Coffey, J. fc qs   (FC)   1 Jul
King, W.N. MDA BA
MCIPD qs   (REGT)   1 Jul
McCallum, A. qab fc
qs   (FC)   1 Jul
Parsons, B.L.   (ATC)   1 Jul
Ryan, M.J. MCIPD
MCMI qs   (REGT)   1 Jul
Thorner, M.A. BA
qs   (INT)   1 Jul

Price, I.R. MCMI qab
qwi(AD) qs   (FC)   1 Jan
Saunders, R.J. qab
qs   (FC)   1 Jan
Maguire, P.J. BA qs(FC)   1 Jul
Coomber, M.A.   (INT)   18 Jul

1997

Burt, M.J. MCIPD MCMI
G(a) qs   (REGT)   1 Jan
Lawrence, R.J. qs (ATC)   1 Jan
Lunan, M. qs (PROVSY)   1 Jan
Oliver, B.A. qss   (ATC)   1 Jan
Turner, J.A. G(a)
qs   (REGT)   1 Jan
Brunt, L.B. qab
qs   (REGT)   1 Jul
Lackey, E.W.M. BSc
qs   (ATC)   1 Jul
Madden, M.R. MBA
BSc MIL MILT G(a) qs
i*   (REGT)   1 Jul
McFarland, S.S. qab qs
i   (REGT)   1 Jul
Wheeler, M.
qs   (PROVSY)   1 Jul

OPERATIONS SUPPORT BRANCH

Squadron Leaders

1998

Belfield, F.D. MBE BSc
  qab qs (FC) 1 Jan
Devoy, D.A. qab
  qs (REGT) 1 Jan
Divver, T.J. qs (FC) 1 Jan
Fiddy, P.C. qs(PROVSY) 1 Jan
Grayson, K.J.
  qss (REGT) 1 Jan
Jones, S.L. psc(j)
  qab (FC) 1 Jan
Myers-Hemingway,
  A.P. BSc qs (INT) 1 Jan
Speedy, P.P. BSc
  qs (FLTOPS) 1 Jan
Wann, G.B.D. qss (ATC) 1 Jan
Wilkins, A.J. qs (FC) 1 Jan
Alcock, N.J. BSc
  qs (ATC) 1 Jul
Black, P. BA qab
  qs (PROVSY) 1 Jul
Crompton, N.A.C.
  qs (FC) 1 Jul
Gilroy, A. BA qs(REGT) 1 Jul
Lamont, N. BA qs (INT) 1 Jul
Meridew, E.J.
  qs (FLTOPS) 1 Jul
Scott, P. qs (REGT) 1 Jul
Thomson, I.A. BSc qab
  G(a) qs (REGT) 1 Jul
Walker, J.C. BSc qs(FC) 1 Jul
Eastlake, A.C. qs (INT) 1 Oct

1999

Bland, M. qs (PROVSY) 1 Jan
Braham, P.L. MBE qs
  i* (ATC) 1 Jan
Cartmell, D.R. qs (ATC) 1 Jan
Ford, D.L. G(a)
  qs (REGT) 1 Jan
Freeman, R.J.B. BA
  G(a) qs (REGT) 1 Jan
Gray, D.L. BA qs (FC) 1 Jan
Hughes, P.R. psc(j)(INT) 1 Jan
Lester, P.T.G. qab
  qs (REGT) 1 Jan
Lewis, S.B. BSc qab
  qtm qs (INT) 1 Jan
Lindsey, D.E. qs (ATC) 1 Jan
Lockhart, N.L. qs (ATC) 1 Jan
MacKenzie, K.D.
  qs (REGT) 1 Jan
Pope, M.S. BA
  qs (REGT) 1 Jan

Van Vogt, M.A.
  qss (ATC) 1 Jan
Williams, P.L. qtm
  qs (INT) 1 Jan
Wright, N.D.
  qs (PROVSY) 1 Jan
Bunce, A.R. BA
  qs (PROVSY) 1 Jul
Coleman, C.W.T.
  psc(j) (FC) 1 Jul
Dyson, E.F. qs (REGT) 1 Jul
Keefe, D.B. qab
  qs (REGT) 1 Jul
Lloyd, A.T. BSc
  qss (INT) 1 Jul
MacLeod, G.M. MSc
  qs (INT) 1 Jul
Marden, A.J. qs (ATC) 1 Jul
McIntyre, A.E. qss(ATC) 1 Jul
O'Connor, S.K. qab
  qs (FC) 1 Jul
Pattinson, M. qs(REGT) 1 Jul
Scott, C.W. MBE
  qs (ATC) 1 Jul
Scott, C. asq qs (FC) 1 Jul
Sharp, A.P. qss (ATC) 1 Jul
Walkerdine, I.M. qs(FC) 1 Jul
Watson, E.J. MSc qab
  qtm qs (INT) 1 Jul
White, A.A.F. MBA
  DipMgmt qs (INT) 1 Jul

2000

Davies, A.J. qs (FC) 1 Jan
Doughty, A.M.
  qs (PROVSY) 1 Jan
Fancourt, I.J.
  qs (PROVSY) 1 Jan
Garvey, K. qtm qs (INT) 1 Jan
Gibbs, B.T. qs (FC) 1 Jan
Grimshaw, R.D. BSc
  qab qs (FLTOPS) 1 Jan
Hammond, G.B.T. BA
  qs (FC) 1 Jan
James, P.M. qs (ATC) 1 Jan
Jones, A.D. BA qtm
  qs (INT) 1 Jan
Kendall, W.J. qs(REGT) 1 Jan
MacKenzie, A.K.
  qs (ATC) 1 Jan
McAleer, A.S. qs (FC) 1 Jan
McKillop, J.A. MBA
  BSc MCMI qs (ATC) 1 Jan
O'Dell, R.M. qs (FC) 1 Jan
Palmer, M.R.K. BSc qab
  qs (FC) 1 Jan
Pendleton, G. qs (ATC) 1 Jan
Povey, A.R. qs (ATC) 1 Jan

Pulling, B.S. qss (ATC) 1 Jan
Ripley, B.E. BSc
  qs (PROVSY) 1 Jan
Rutherford, A. qtm
  qs (INT) 1 Jan
Sawyer, R.N. qab
  qs (REGT) 1 Jan
Sharp, J.C. BSc qs (FC) 1 Jan
Spence, S. qs (REGT) 1 Jan
Turner, R.G. qs (FC) 1 Jan
Weaver-Smith, P.A. qab
  qs (REGT) 1 Jan
Benn, C. qs (FC) 1 Jul
Bolton, P.M. qs (FC) 1 Jul
Brabon, M.D. qs(REGT) 1 Jul
Brown, T.D.A.
  qs (FLTOPS) 1 Jul
Coleman, M.G. qs(ATC) 1 Jul
Connelly, R. qs (ATC) 1 Jul
Flanigan, R. qs (ATC) 1 Jul
Flint, C.D. qs (FC) 1 Jul
Green, P.J. qss (ATC) 1 Jul
Green, I.D. qs (FC) 1 Jul
Howes, D.J. G(a)
  qs (REGT) 1 Jul
Loveridge, S.M. qs (FC) 1 Jul
MacDonald, F.G.
  qs (ATC) 1 Jul
McCleery, S. BSc
  qs (PROVSY) 1 Jul
Nuttall, R.M. MBE
  qs (INT) 1 Jul
Owens, R.L. BSc qab
  qs (FC) 1 Jul
Pickering, J.D. qs (ATC) 1 Jul
Powell, G.J. qs (REGT) 1 Jul
Shea-Simonds, P.J.
  qs (REGT) 1 Jul
Stewart, G.K. MBE
  qss (PROVSY) 1 Jul
Stirrat, S.S. BA qs (INT) 1 Jul
Stylianides, A. MBE
  BSc qab qs (FC) 1 Jul
Tomkins, S.R. qs(REGT) 1 Jul
Walker, J.C. BSc
  qs (ATC) 1 Jul
Ryles, S.M. MBE qab
  qs (REGT) 12 Nov

2001

Bainbridge, D.J.F. BSc
  G(a) qs (REGT) 1 Jan
Beer, R.P. BSc asq
  qs (FC) 1 Jan
Blake, I.R. qs (FC) 1 Jan
Brook, S.R. qss (ATC) 1 Jan
Clark, G.A.P. qs (REGT) 1 Jan
Clarke, I.P. qs(PROVSY) 1 Jan

OPERATIONS SUPPORT BRANCH

Squadron Leaders

2001—contd

Cliff, C.H.G. qab
  qs   (ATC)   1 Jan
Eamonson, J.M.
  qs   (PROVSY)   1 Jan
Fountain, D. G(a)
  qss   (REGT)   1 Jan
Glazebrook, A.J.C. BA
  qs   (REGT)   1 Jan
Harrop, M.D. BEng
  MCMI qs   (FC)   1 Jan
Heathcote, A.J. BSc
  qs   (PROVSY)   1 Jan
Howard-Vyse, C.A.
  MBA BSc qtm
  qs   (FLTOPS)   1 Jan
Jeffs, A.J. BSc qab
  qss   (FLTOPS)   1 Jan
Liggat, A.K.S. G(a)
  qs   (REGT)   1 Jan
Lowman, M.E. BSc
  qss   (ATC)   1 Jan
Marshall, P.J. qab
  qs   (ATC)   1 Jan
McGuigan, N.D. BSc
  qs   (FLTOPS)   1 Jan
Miller, D. BSc qtm
  qs   (INT)   1 Jan
Pickett, G.R. qs   (FC)   1 Jan
Rooney, W.J. qs(REGT) 1 Jan
Sinclair, A.D. qs (ATC) 1 Jan
Stansby, A.W. BA
  qs   (FC)   1 Jan
Thorpe, C.P. MBA BSc
  MCMI qs   (FC)   1 Jan
White, J.P. qs (REGT)   1 Jan
Young, C.A. MEd BSc
  qs   (FC)   1 Jan
Appleton, M.R.
  qs   (PROVSY)   1 Jul
Bailey, K.R. BA
  qs   (PROVSY)   1 Jul
Banbrook, J.M.
  qs   (REGT)   1 Jul
Barnes, T.J. qss (ATC)   1 Jul
Breedon, C.J. qss (FC)   1 Jul
Bruce, C.I.D. BA qtm
  qs   (INT)   1 Jul
Derbyshire, J.G. BA
  qwi(SAW) qs (REGT) 1 Jul
Hewitt, S.L. BSc
  qcc   (PROVSY)   1 Jul
Hodgson, R. qtm
Jackson, J.A. (REGT)   1 Jul
Jago, M. qs   (FC)   1 Jul

Johnson, M.R. BSc
  qwi(AD) qs   (FC)   1 Jul
Knight, D. qss1   (FC)   1 Jul
Larry, S. qs   (FC)   1 Jul
Lawrence, P. qs (REGT) 1 Jul
Lee, A.J. BA PGCE
  qs   (REGT)   1 Jul
Moore, C.D. qs (INT)   1 Jul
Penelhum, J.P. BA
  qs   (PROVSY)   1 Jul
Purse, M.A. qs (INT)   1 Jul
Quigley, T.L. LLB
  qs   (INT)   1 Jul
Sackley, D.P. qwi(AD)
  qs   (FC)   1 Jul
Simpson, J.C.D.
  qs   (REGT)   1 Jul
Smart, K. qs   (ATC)   1 Jul
Smeath, M.J. MBE
  qs   (REGT)   1 Jul
Snellock, C.D. BSc qtm
  qs   (INT)   1 Jul
Taylor-Powell, C.L.
  qs   (ATC)   1 Jul
Thickett, A.B.M. qtm
  qs   (INT)   1 Jul
Watkins, D.M.
  qs   (REGT)   1 Jul
Williams, K.D.
  qss   (PROVSY)   1 Jul

2002

Bellworthy, A.J.
  qss1   (ATC)   1 Jan
Bennett, A.R. BA
  qs   (REGT)   1 Jan
Bishop, C.A.M. BA
  qs   (REGT)   1 Jan
Brooks, J. qwi(AD)
Brown, G.P. qs (REGT)   1 Jan
Callander, A.D.
  qs   (REGT)   1 Jan
Catterall, C. qss (FC)   1 Jan
Clyburn, N.P. qs (ATC) 1 Jan
Cockin, M.D. qcc (FC)   1 Jan
Collins, S.E. qab
  qs   (INT)   1 Jan
Cumming, J.D.
  qs   (REGT)   1 Jan
Cyster, J.L. qss (INT)   1 Jan
Dallas, A.W. qss(REGT) 1 Jan
Day, P.A. BSc qtm
  qs   (INT)   1 Jan
Dickson, J.C. qs (ATC) 1 Jan
Donoghue, M.P.J. qab
  qs   (REGT)   1 Jan

Fox, D.A. BA
  qs   (PROVSY)   1 Jan
Gray, F.J. LLB qs (INT) 1 Jan
Hartle, N.J.
  qss   (FLTOPS)   1 Jan
Hewson, N. qwi(AD)
  qss2   (FC)   1 Jan
Hill, A.A. PhD BSc
  qs   (FC)   1 Jan
Jackson, A.D.
Jones, K.R. qwi(T) qtm
  qs   (FLTOPS)   1 Jan
Langley, P.H. qs (ATC) 1 Jan
McLucas, R.I. qs(REGT) 1 Jan
Miller, D.W.A. qs (ATC) 1 Jan
Norris, R.H.
  qs   (PROVSY)   1 Jan
Parkhouse, T.E. BSc
  qs   (PROVSY)   1 Jan
Prichard, K.A. BSc
  qs   (PROVSY)   1 Jan
Reid, A.G.M. qs (FC)   1 Jan
Rowntree, C.W. qs (FC) 1 Jan
Scott, P.A. MBA BA
  PGCE qs   (REGT)   1 Jan
Shieber, K.J.
  qcc   (PROVSY)   1 Jan
Sinclair, S.J. qcc (ATC) 1 Jan
Sutton, J.P. qs (REGT) 1 Jan
Taylor, L.B. BA
  qwi(SAW) qs (REGT) 1 Jan
Thayne, A.G. qs(REGT) 1 Jan
Williams, A.G.
  qs   (REGT)   1 Jan
Wood, P. MBE
  qwi(SAW) qss(REGT) 1 Jan
Armstrong, J.T. MA
  BSc qss   (REGT)   1 Jul
Bond, C.N. qss1 (REGT) 1 Jul
Boundy, R.A. qwi(AD)
  qs   (FC)   1 Jul
Bourton, M.J.W.
  qs   (ATC)   1 Jul
Burchill, G.M. qs(REGT) 1 Jul
Carpenter, P.J. MA BSc
  qs   (FC)   1 Jul
Cox, M. qcc   (FC)   1 Jul
Dalton, S.M.
  qs   (PROVSY)   1 Jul
Davison, A.B. qab
  qwi(AD) qs (FC)   1 Jul
Formby, M.R. qab
  qs   (REGT)   1 Jul
Fraser, P.D. qab qtm
  qs   (INT)   1 Jul
Gwillim, J.M.D. BA
  qss   (PROVSY)   1 Jul
Hadden, P. qcc (ATC)   1 Jul

OPERATIONS SUPPORT BRANCH

Squadron Leaders

2002—contd

Hughes, J.L. BSc
qwi(AD) qs   (FC)   1 Jul
Langley, R.I. qs (REGT)   1 Jul
Lewis, P.E. qs   (ATC)   1 Jul
Mayers, M.S. BSc
qs   (ATC)   1 Jul
McCarney, N.C.
qs   (ATC)   1 Jul
McManus, L.S. BSc
qwi(AD) qs   (FC)   1 Jul
Morley, W.J. qs (ATC)   1 Jul
Nicholas, A.K.
qs   (PROVSY)   1 Jul
Parkinson, J.H.
qs   (REGT)   1 Jul
Philip, G.A. qs (FC)   1 Jul
Quinn, A.M. BSc
qs   (PROVSY)   1 Jul
Radnall, M.M.
qs   (REGT)   1 Jul
Stewart, A.E. qtm
qs   (INT)   1 Jul
Stowers, M.J. MBE
qcc   (REGT)   1 Jul
Uren, T.E. BSc G(a)
qs   (REGT)   1 Jul
Varley, S.E. qs (ATC)   1 Jul
Williams, D.K.
qs   (REGT)   1 Jul
Wood, S.M.
qs   (PROVSY)   1 Jul
Wymer, R.J. MCMI
qss   (ATC)   1 Jul

2003

Bell, A. qs   (PROVSY)   1 Jan
Cassels, J.D. MInstLM
MCMI qss   (PROVSY)   1 Jan
Currie, P.W. BSc qab
qs   (FC)   1 Jan
Darling, S.J. qss2 (ATC)   1 Jan
Gardner, S. MBE MA
MPhil qs   (FLTOPS)   1 Jan
Giles, A.M.
qss   (FLTOPS)   1 Jan
Haskell, S.L. MBA BA
DipMgmt
qs   (PROVSY)   1 Jan
Holcroft, S.J. qwi(SAW)
qs   (REGT)   1 Jan

Hughes, K.A. MA
MInstAM(Dip)
MInstLM
qcc   (FLTOPS)   1 Jan
James, D.W. qs   (INT)   1 Jan
Johnson, D.R. qss(ATC)   1 Jan
Johnson, L. qs   (FC)   1 Jan
Jones, W.A. BEd
qss   (PROVSY)   1 Jan
Lawrence, C.S. BA
PGCE qcc   (PROVSY)   1 Jan
Logan, S.W.
qs   (PROVSY)   1 Jan
Mellings, I.M. qcc(ATC)   1 Jan
Merrick, D. qs   (REGT)   1 Jan
Moss, B.W. qs
qss1   (REGT)   1 Jan
Petherick, S.T. cfs
qss   (FLTOPS)   1 Jan
Rawsthorne, N.A. MBA
BSc qs   (REGT)   1 Jan
Stamford, J.M. qtm
qs   (INT)   1 Jan
Stowers, S.M. LLB
qcc   (FLTOPS)   1 Jan
Tait, D.C. qs   (REGT)   1 Jan
Tuite, P.F. qs   (FC)   1 Jan
Turner, B.A.
qss   (PROVSY)   1 Jan
Whitehead, N. qcc (FC)   1 Jan
Whitworth, J.M.
qs   (ATC)   1 Jan
Wright, S. BTech
qs   (PROVSY)   1 Jan
Yarwood, J.T. BA
qs   (PROVSY)   1 Jan
Adamson, A.P.W. BSc
AIL qs i*   (FLTOPS)   1 Jul
Allen, M.R.L.
qss1   (REGT)   1 Jul
Arber, R.C.
qcc   (FLTOPS)   1 Jul
Aslett, J.R. qs (ATC)   1 Jul
Brooks, D.P. qab
qss   (FLTOPS)   1 Jul
Calame, A.B. G(a)
qs   (REGT)   1 Jul
Davies, M. qs   (FC)   1 Jul
Ferguson, E.J. BEd
qcc   (ATC)   1 Jul
Ford, E.K.L.
qcc   (FLTOPS)   1 Jul
Frost, M.L. qs   (ATC)   1 Jul
Gillespie, A.J.
qs   (PROVSY)   1 Jul
Hawtin, P.E. qs (REGT)   1 Jul
Hugall, J.J. qtm qs(INT)   1 Jul
James, C.J. qs   (ATC)   1 Jul
Myatt, R.J.D. BSc
qs   (INT)   1 Jul

Ortyl, R.I. MSc MCGI
asq qss   (FC)   1 Jul
Pickering, A.N. qs(ATC)   1 Jul
Preston-Whyte, P.A.
qs   (ATC)   1 Jul
Prince, N.C.H.
qs   (REGT)   1 Jul
Robson, N.A.H.
BSc(Econ) qs   (ATC)   1 Jul
Ross, J. qs   (FC)   1 Jul
Sutton, A.J. qss (ATC)   1 Jul
Thomas, P.F.S. qs (ATC)   1 Jul
Tierrie-Slough, A.P.
qs   (ATC)   1 Jul
Trott, J.S. BEng qs (FC)   1 Jul

2004

Astley-Jones, G.D.
qss2   (REGT)   1 Jan
Balfour, J.R.S. MBE
G(a) qss   (REGT)   1 Jan
Bayley, N.J. qtm
qss   (INT)   1 Jan
Blockley, S.A. qwi(AD)
qs   (FC)   1 Jan
Breddy, L.A. qcc (ATC)   1 Jan
Brown, A. qss2 (REGT)   1 Jan
Cowieson, K.S. qs (FC)   1 Jan
Edie, C.J. qs   (FLTOPS)   1 Jan
Endruweit, D.J. qs (FC)   1 Jan
Hixson, J.S. BSc qtm
qs   (INT)   1 Jan
Holland, P.T.W.
qs   (REGT)   1 Jan
Kettle, T.M. qs (ATC)   1 Jan
Kirkby, I.G. qcc (FC)   1 Jan
Lorraine, A.G. qs (FC)   1 Jan
Mason, C.R. MPhil BSc
CEng MIEE qtm
qs   (FLTOPS)   1 Jan
McIvor, N.J. MBE
qss   (REGT)   1 Jan
Middleton, A.J. qs (FC)   1 Jan
Miller, H.L. qs (ATC)   1 Jan
Mullan, P.M. BSc
qs   (FC)   1 Jan
O'Neill, S.G.P. qs (FC)   1 Jan
Riley, B.J. BSc MCIPD
qss   (INT)   1 Jan
Robinson, D.M.
qs   (ATC)   1 Jan
Rogerson, D.M. BSc
qcc   (ATC)   1 Jan
Skipp, T.A. qs   (ATC)   1 Jan
Thompson, E.C.
qs   (INT)   1 Jan
Upton, M.N. qcc (FC)   1 Jan
Vine, A.P. qss   (ATC)   1 Jan

OPERATIONS SUPPORT BRANCH

Squadron Leaders

2004—contd

Name	Date
Wilson, N.J. qss (ATC)	1 Jan
Antrobus, A.E. BA qss2 (FC)	1 Jul
Dalton, M.J. qss2 (FC)	1 Jul
Dargan, R.J. qcc (ATC)	1 Jul
Dimbleby, A.M. qab qcc (FC)	1 Jul
Gault, M.A. qcc (ATC)	1 Jul
Gill, C.M. qss (ATC)	1 Jul
Graham, F. qab (FC)	1 Jul
Harrison, T.G.S. qab qcc (REGT)	1 Jul
Haselden, M. MSc qss (INT)	1 Jul
Hindley, A.M. qs (FLTOPS)	1 Jul
Horn, N.B. qwi(SAW) qss (REGT)	1 Jul
Hyde, E.A. MSc BSc qcc (INT)	1 Jul
Irvine, A.C.A. qss (INT)	1 Jul
Keighley, D.L. qcc (FC)	1 Jul
Kelly, R.W. qtm qss (INT)	1 Jul
Kendrick, S.J. qcc (INT)	1 Jul
Kenning, J.B. BSc qss (INT)	1 Jul
King, N.S. qss (ATC)	1 Jul
Laker, C.R. BA qs (REGT)	1 Jul
Manvell, S.P. BSocSc qs (PROVSY)	1 Jul
McCune, D. qs (INT)	1 Jul
Ogden, M.R. qs (FC)	1 Jul
Paul, S.L.S. BA qcc(INT)	1 Jul
Rickard, J.E. BSc qss (INT)	1 Jul
Shave, R.J. qtm qs(INT)	1 Jul
Taylor, J.F. BSc asq qss (FC)	1 Jul
Wood, M.J. qs (FC)	1 Jul

2005

Name	Date
Alabaster, M.J. BSc qss2 (PROVSY)	1 Jan
Amis, S.A. qs (PROVSY)	1 Jan
Ballantyne, D.N. qss (ATC)	1 Jan
Beck, N.P. qss (FC)	1 Jan
Boxell, D.M. qss (ATC)	1 Jan
Brown, T.J. qcc (FC)	1 Jan
Carter, S.J. BEng qss (REGT)	1 Jan
Dixon, M.C. qs (PROVSY)	1 Jan
Dudman, T. qss2 (FLTOPS)	1 Jan
Duncan, B.J. qs (ATC)	1 Jan
France, J.A. qcc (ATC)	1 Jan
Franks, S. qss2 (ATC)	1 Jan
Gibson, D. qss (FC)	1 Jan
Gratton, R.E.J. qss (ATC)	1 Jan
Hanby, D.J. qab qss(FC)	1 Jan
Higgins, R.F. qss (ATC)	1 Jan
Ibbetson, N. qs (ATC)	1 Jan
Jenkins, A.G.L. (PROVSY)	1 Jan
Jones, A.N. qcc (REGT)	1 Jan
Maple, P.D. BA qss (FC)	1 Jan
McDowell, I.G. qcc (ATC)	1 Jan
Millar, S.A. qss1(REGT)	1 Jan
Nichols, J.M. BA qtm qs (INT)	1 Jan
Pieroni, M.L. qab qss2 (FC)	1 Jan
Smith, R.F. DPhil BA PGCE qss (INT)	1 Jan
Swift, V.S. qss (FC)	1 Jan
Taylor, M.V. MSc BSc qss (FLTOPS)	1 Jan
Treacy, S.M. MSc BA qss (FC)	1 Jan
Underhill, S.E. BSc qcc (ATC)	1 Jan
White, A.J. qss (INT)	1 Jan
Box, R.C. BSc qss (FC)	1 Jul
Duffy, J.F. LLB qcc (PROVSY)	1 Jul
Dunbar, A.J. qss (ATC)	1 Jul
Hunt, P.J. BSc qcc (FC)	1 Jul
Jermyn, S.M. qss1 (FC)	1 Jul
Lamb, P.R.J. BTh qss (FC)	1 Jul
Leaman, M.J. qss2 (REGT)	1 Jul
Lindsay, C.J. qcc (ATC)	1 Jul
Lofthouse, G.D.J. qss2 (ATC)	1 Jul
Lumb, R.P. qcc (REGT)	1 Jul
Macintyre, A.J.M. BSc qcc (REGT)	1 Jul
Meenan, K. qcc (PROVSY)	1 Jul
Metcalfe, J.H. qss(ATC)	1 Jul
Morgan, R.L. BSc qcc (REGT)	1 Jul
Muir, C.E. BSc qcc(ATC)	1 Jul
O'Brien, S.J. qss (ATC)	1 Jul
Openshaw, S. BSc qwi(SAW) qcc(REGT)	1 Jul
Seaman, M.R.N. qss (FC)	1 Jul
Smith, M.W. qtm qss2 (INT)	1 Jul
Sullivan, C.T. qab qcc (FLTOPS)	1 Jul
Tatters, S.D. qcc (ATC)	1 Jul
Tilley, E.J. qab qss (FC)	1 Jul

OPERATIONS SUPPORT BRANCH

Flight Lieutenants

1978

Trist, S.N. qss (FLTOPS) 21 Mar
Hartley, P.S.
  qss (FLTOPS) 16 Sep

1979

La Roche, R. (ATC) 10 Nov

1980

Harrison, J.W. qss(ATC) 28 Apr
Haughie, J.R. qss (FC) 28 Apr
Montgomerie, H.C.A.
  qss (FC) 29 Jun
Harrison, D.P. (ATC) 13 Dec

1981

Reading, A.M. qss (FC) 27 Sep

1982

Perry, R. (ATC) 28 Jun
Williams, M.J. (ATC) 24 Dec

1984

Williams, P.F. qss (ATC) 18 Apr
Nickles, R.C. BSc (ATC) 6 Jun

1985

Tyas, S.P.J. MBE (ATC) 23 May
Gemmill, T. (FC) 19 Nov

1986

Gamble, N. (FLTOPS) 3 Jan
Shaw, P.A. qss (ATC) 29 Jan
Millar, H.E. qss (ATC) 18 Feb
Horne, I. qss (ATC) 24 Jul
Summers, G.S. BA qcc
  qss (FLTOPS) 17 Oct
Burke, D.G. (ATC) 20 Dec

1987

Cothey, P. CertEd fc
  qss (FC) 5 Aug
Hamilton-Bing, S.P.E.
  qcc (ATC) 22 Aug
Iddles, J.A.D. qss (FC) 19 Sep
Philipson, R.M. fc
  qss (FC) 5 Dec
Green, A.J. BSc
  qcc (ATC) 10 Dec

1988

Preedy, J.A. qss (ATC) 4 Mar
Johnson, A.W. qwi
  qss (FC) 26 May
Davies, I.D. qab qss(FC) 29 May
Clarke, A.C. qss (FC) 8 Oct

1989

Pontefract, J.C.
  qss (FLTOPS) 29 Jan
Rodgers, M.P.
  qss (FLTOPS) 20 Apr
Brown, A.M. BSc
  qss (INT) 10 May
Dowie, C.H. BSc
  qss (FC) 16 Aug
Heron, P.M. qss (ATC) 27 Aug
Barmby, C.S. BSc qtm
  qss (INT) 30 Sep
Elsegood, M.J.
  qss (FLTOPS) 8 Oct
Jackson, D. qss (ATC) 3 Dec

1990

Nicholson, G.B.
  qss (ATC) 3 Mar
Barrett, M.S. qss (ATC) 8 Jun
Disdel, C.A.H. BSc
  qss (FC) 8 Jul
Baker, D.A. qss (ATC) 28 Jul

1991

Trown, N.J. qab
  qss (REGT) 1 Mar
Steele, R.C. qss (ATC) 17 Jul
Thorpe, J.A. BA
  qss (ATC) 27 Sep
Hunter, D.T. qss (ATC) 23 Nov

1992

Istance, M. qss (ATC) 12 Feb
Scott, S.J. qss(FLTOPS) 15 Feb
Cooper, A.J. (ATC) 30 Apr
Taylor, D. BSc qas
  qss (FC) 6 May
Carter, T.J. FInstLM
  MILT qcc (FLTOPS) 19 Aug
Farmer, R.N. BA qtm
  qss2 (INT) 19 Aug
Gunn, J.H. (REGT) 3 Sep
Elks, S.J. qcc (ATC) 11 Oct
Leatham, C. qss (ATC) 10 Dec
Hampson, J.R. (ATC) 15 Dec
Dinsley, R.M. qcc (FC) 19 Dec
Ticehurst, J. qss (FC) 19 Dec
Chick, A.J. (FLTOPS) 20 Dec
Berners, P.R.
  qss (FLTOPS) 21 Dec

1993

Parrott, M.A. qss (INT) 11 Jan
Clark, A.B. BSc
  qss (ATC) 15 Jan
Martin, D.A. BSc
  qss (FC) 15 Jan
Walker, J.M.L. qcc (FC) 1 Mar
Bullock, S.T. qcc (ATC) 5 Mar
Johnston, G.A.
  qss (PROVSY) 11 Mar
MacKay, G.E.
  qss (FLTOPS) 11 Mar
Robinson, C. qab
  qcc (FC) 14 Mar
Burr, S.J. MILT
  qss (FLTOPS) 16 Mar
Reid, G.S. BSc
  qss (FLTOPS) 1 Apr
Faulkner, N. (PROVSY) 11 May
Fraser, G.M. BSc
  qss (FC) 11 May
Mills, Z.G. BA qss(ATC) 7 Jul
Northam, M.P.
  qss (ATC) 18 Jul
Prytherch, N.S.
  qss (INT) 23 Jul
Watson, A.J. (FC) 27 Jul
Seymour, K.L. qwi(AD)
  qss (FC) 29 Jul
Douglas, I.J. MHCIMA
  qss (FLTOPS) 4 Aug
Streeton, A.D. qss(ATC) 5 Sep
Woolfson, C.A. qss (FC) 12 Sep
Newton, K.V. qss (FC) 23 Oct
Thomas, R.E.L.
  qcc (ATC) 10 Nov
Burt, T. BA qss (INT) 13 Nov

OPERATIONS SUPPORT BRANCH

Flight Lieutenants

1993—contd

Durlston-Powell, C.A.		
qss2	(FLTOPS)	16 Dec
Jones, P.L. qcc	(ATC)	19 Dec

1994

Walker, K. qss	(FC)	17 Jan
Wilczek, D.S.E. qss (FC)		17 Jan
Whetnall, H.C. BA		
qss	(ATC)	18 Feb
Duffy, P.J. qcc	(REGT)	27 Feb
Sheppard, K.J.		
qss2	(ATC)	28 Feb
Goodchild, M.C.H. BA		
qss	(FLTOPS)	30 Mar
Taylor, M.R. BSc		
qwi(SAW) qss(REGT)		30 Mar
Stride, K.J. BA		
qss	(ATC)	11 May
Stevens, A.J. qcc	(FC)	19 May
Welling, S.C. qss	(ATC)	19 May
Harvey, D.G. qcc	(ATC)	25 May
Hathaway, S.R. BSc		
qcc	(INT)	15 Jul
Dixon, N.R.A. qss	(FC)	25 Aug
Hamer, P. qtm qcc	(INT)	22 Sep
Moss-Rogers, N.B. BSc		
qss	(ATC)	30 Sep
Ratcliff, J.J.	(REGT)	8 Nov
Hayter, G. qcc	(ATC)	10 Dec
Maxted, S.J. qcc	(ATC)	11 Dec
Crosby, K.M. BSc		
qss	(INT)	23 Dec

1995

Grady, S.W. MA qab		
qcc	(ATC)	15 Jan
MacLeod, F.D. qcc(ATC)		4 Mar
Carr, R.J. BSc		
qcc	(FLTOPS)	29 Mar
Graham, D.A. BA		
qcc	(FC)	29 Mar
Turner, J.P. BA		
qss	(FLTOPS)	29 Mar
Biggs, A.J. qcc	(ATC)	2 May
Cranshaw, F.D.		
qss	(REGT)	2 May
Hicks, P.M. qcc	(ATC)	2 May
Biddlestone, A.	(FLTOPS)	9 May
Greene, G.R.	(INT)	9 May

Priddy, W.P.	(ATC)	9 May
Jackson, S.W. BSc		
qwi(SAW) qcc(REGT)		6 Jun
McCall, W.L. BSc		
qcc	(FC)	5 Jul
Gleeson, R.F. qss	(FC)	26 Jul
Davies, R.A.		
qss1	(REGT)	2 Aug
Soanes, P.J. qss	(ATC)	16 Aug
McFarlane, A. BSc		
qss	(FC)	29 Sep
Phillips, P.R.		
qss	(FLTOPS)	29 Sep
McEwan-Lyon, S.A.		
qcc	(FC)	30 Sep
Oliver, S.J. qss	(ATC)	30 Sep
Wylor-Owen, R.G.		
qss	(REGT)	30 Sep
Charlton, S.C. qss (INT)		12 Oct
Laing, S.F.	(ATC)	28 Oct
Gagnon, F.Y. BA qcc i*	(FC)	5 Nov
Cockram, L.C. qtm		
qss	(INT)	11 Nov
Fone, S. qtm qcc	(INT)	11 Nov
Lee, R.P.G. qcc	(ATC)	11 Nov
Short, N.P. qss	(FC)	11 Nov
Jones, T.E.	(FLTOPS)	12 Nov
Hall, R.A. qss	(ATC)	8 Dec

1996

Cartwright, C.D. BSc		
qss	(FC)	15 Jan
Mansell, L.D.C. BSc		
qcc	(FC)	15 Jan
Western, S.M.		
qss2	(INT)	19 Jan
Capel, D.K.S.		
qcc	(REGT)	3 Feb
Gibson-Sexton, S.R.		
BEng qtm qcc	(INT)	16 Feb
Bradley, A.C. qcc	(ATC)	28 Mar
Davies, R.E. BSc		
qcc	(ATC)	10 Apr
Cooke, G.B. BSc		
qcc	(FC)	11 Apr
Palmer, M.A.	(ATC)	7 May
Parkins, E.A.		
qss2	(PROVSY)	26 May
Goodall, V.L. BSc		
qcc	(ATC)	6 Jun
Muir, G. qss	(FC)	15 Jun
Barclay, A.J. qcc	(ATC)	21 Jun
Cargill, R.J. qss1(REGT)		21 Jun
Conradi, K.L. qss	(ATC)	21 Jun
Harrison, R.J.T.		
qcc	(PROVSY)	21 Jun
Stockbridge, E. qcc(FC)		1 Jul

Lawson, A.J. BA	(FC)	6 Jul
Disley, J. BA		
qcc	(PROVSY)	14 Aug
McGregor, D.A.S. BSc		
qcc	(REGT)	14 Aug
Bendell, S.A.		
qss	(FLTOPS)	15 Aug
Finney, P.A.J. qcc (ATC)		29 Sep
Rosier, M.P.		
qcc	(FLTOPS)	29 Sep
Watts, D.L. GCGI qab		
qtm qcc	(INT)	29 Sep
Gillespie, C.R. qss (FC)		10 Nov
Smith, A.P. qcc	(ATC)	10 Nov
Stead, A.A. qcc	(FC)	10 Nov
Wilson, A. qcc	(REGT)	10 Nov
Burgess, G.S.	(ATC)	15 Dec
Shaw, S.L. qcc	(ATC)	15 Dec
Robinson, P.D. qcc (FC)		21 Dec
Roylance, J.A.		
qcc	(REGT)	21 Dec

1997

Booth, J.A. BSc qcc(FC)		15 Jan
Doney, M.J. BA qcc(FC)		15 Jan
Hateley, P.B. BA		
qwi(SAW) qcc i*	(REGT)	15 Jan
Honeybun-Kelly, C.L.		
qss	(ATC)	2 Feb
Parfitt, J.E. qcc	(ATC)	2 Feb
Forster, I.	(REGT)	9 Feb
O'Neill, R.K.	(ATC)	11 Feb
Burton, M.J.J. qcc(ATC)		17 Mar
Sills, M.R. qcc	(ATC)	26 Mar
Treharne, S.M. MSc		
qcc	(PROVSY)	26 Mar
Walker, G.R. qtm		
qcc	(INT)	26 Mar
Wallace, J.M. qtm		
qs	(INT)	26 Mar
Payne, A.J. MA BA		
qcc	(INT)	21 Apr
Ingamells, S.E.		
qcc	(ATC)	4 May
Street, G.E. qss1 (ATC)		8 May
Drummond, D.R.		
qcc	(FC)	10 May
Strefford, A.D. MSc		
BEng qtm qcc i*(INT)		13 May
Martin, A.P. qcc	(FC)	8 Jun
Gavars, J.M. qss(REGT)		20 Jun
Jochum, C.W. qcc(ATC)		20 Jun
Powell, M.S. qcc(REGT)		20 Jun
McCamley, D.S.		
qcc	(ATC)	26 Jun
Greenwood, P.M.		
qtm	(INT)	28 Jul

OPERATIONS SUPPORT BRANCH

Flight Lieutenants

1997—contd

Reeves, A.J. qcc (INT)		28 Jul
Whyborn, C.M.		
qcc (PROVSY)		28 Jul
Towell, J. BA (ATC)		12 Aug
Knight, J. BSc LLB		
qss (PROVSY)		13 Aug
Berryman, C.W.		
qss (REGT)		15 Aug
Harris, G.P.C. qss2 (FC)		28 Sep
Jacklin, M.J. qcc(REGT)		28 Sep
Jacques, E. qcc (FC)		28 Sep
Lain, D.P.J. MSc qtm		
qss2 (INT)		28 Sep
Richings, H. BA		
qcc (ATC)		9 Oct
Barber, A.J. BEng qtm		
qcc (INT)		10 Oct
Gilvary, D.R.F. BA		
qcc (FLTOPS)		10 Oct
Pegg, R. MSc qcc (ATC)		10 Oct
Terry, G. BA		
qcc (FLTOPS)		10 Oct
Walton, K.J. BSc		
qcc (ATC)		10 Oct
Lyttle, R.B.M. qtm		
qss (INT)		12 Oct
Griffiths, J.A.		
qcc (REGT)		13 Oct
Henley, N.R. qss2 (FC)		9 Nov
Howard, A.R.J. qtm		
qcc (INT)		9 Nov
Hickton, K.N. BEng		
qcc (FC)		11 Nov
Morton, D.T. qcc (ATC)		13 Nov
King, C.J. qcc (ATC)		28 Nov
Gilmore, S.T. qcc (FC)		20 Dec

1998

Walford, S. qcc (ATC)		4 Jan
Threlfall, N.E. BSc		
qcc (FC)		15 Jan
Janssen, P.C. qcc (FC)		29 Jan
Paddison, P. qss (ATC)		29 Jan
Shea, K.Y. qcc (ATC)		29 Jan
Smith, M.C. (FLTOPS)		29 Jan
Greentree, D.W. MA BA		
qcc (INT)		13 Feb
Allcock, S.A. BA		
qcc (PROVSY)		14 Feb
Brown, M.J. BSc qab		
qcc (FC)		14 Feb
Davison, P.F. BA		
qcc (FC)		14 Feb
Garner, N. BSc qtm		
qcc (INT)		14 Feb
McGlynn, S. BA		
qcc (ATC)		14 Feb
Niven, R.J. BSc		
qss2 (FC)		14 Feb
Webb, S.F. BA qwi(AD)		
qcc (FC)		14 Feb
Wilson, R.J. BEng		
qwi(SAW) qcc (REGT)		14 Feb
Deane, C.C. qcc (ATC)		7 Mar
Crosby, A.P. qcc (FC)		26 Mar
Payne, D.V. BSc		
qwi(AD) qcc (FC)		8 Apr
Hall, I.D. BSc qtm		
qcc (INT)		9 Apr
Hughes, F.J. BEng qtm		
qcc (INT)		9 Apr
Williams, G.D. BSc		
qcc (INT)		9 Apr
Crooks, S. qcc (ATC)		11 Apr
Carpenter, F.J. (FC)		24 Apr
Nott, J.M. BSc		
qss (ATC)		27 Apr
Rait, P.M. BSc		
qcc (REGT)		16 May
Downey, C.P.L. (ATC)		19 Jun
Hall, A.J. qcc (ATC)		19 Jun
Mount, G.J.L. qtm		
qcc (INT)		19 Jun
Parker, E.J. qcc (ATC)		19 Jun
Smith, M.		
qcc (PROVSY)		25 Jul
Nelson, A.B. BEng		
qwi(SAW) qcc(REGT)		11 Aug
Shaw, I.S. BSc (REGT)		11 Aug
Armstrong, S.J. MSc		
MBCS (PROVSY)		13 Aug
Lutman, A.J. qcc (ATC)		13 Aug
Webber, P.N.		
qss2 (PROVSY)		16 Aug
Lambton, N.W.J. qtm		
qcc (INT)		16 Sep
Bottrill, M. qcc (REGT)		3 Oct
Laing, R.P. MA (INT)		7 Oct
Lloyd-Jones, S.A. MLitt		
BA qtm qcc (INT)		7 Oct
Turner, S.G. BSc		
qcc (FLTOPS)		7 Oct
Hart, J.A. BSc qtm		
qcc (INT)		9 Oct
Paterson, C.P. BA		
qcc (PROVSY)		9 Oct
Stott, D.B. BEng		
qcc (ATC)		9 Oct
Ballantyne, W.A. (ATC)		31 Oct
Iveson, S.J. qcc (ATC)		31 Oct
Sweeney, M.P.C.		
qss (ATC)		31 Oct
Tunstall, M.S.R.		
qcc (FLTOPS)		31 Oct
Williams, D.B. BSc		
qcc (FLTOPS)		1 Nov
Armstrong, A.M.R.		
qss2 (FLTOPS)		7 Nov
Garwood, F.D.		
qss2 (REGT)		7 Nov
Roberts, V.C. qss2 (FC)		7 Nov

1999

Lynam, N.C. BSc		
qcc (PROVSY)		15 Jan
O'Neill, K.M.		
qss (PROVSY)		30 Jan
Wienburg, E.F. qcc(INT)		30 Jan
Worthington, D.		
qwi(AD) qcc (FC)		30 Jan
Wright, C. qss2 (INT)		30 Jan
Lavis, R.J. qcc (ATC)		6 Feb
Irwin, R.W. (PROVSY)		9 Feb
Davies, B. qss (REGT)		10 Feb
Brown, E.E. BA		
qcc (INT)		11 Feb
Smith, D.A. MSc BSc		
asq qcc (FC)		11 Feb
Wood, V. BSc		
qcc (FLTOPS)		11 Feb
Bradley, T.J. BA		
qcc (REGT)		13 Feb
Foster-Jones, R.A. BA		
qcc (PROVSY)		13 Feb
Kirkpatrick, A.M. BA		
qcc (REGT)		13 Feb
Wilkinson, D.J. BA		
qcc (PROVSY)		13 Feb
Clabby, M.J. FInstLM		
MILT LCGI		
qcc (FLTOPS)		14 Feb
Gray, J. (FLTOPS)		14 Feb
Trangmar, J.M. (ATC)		14 Feb
Gerrard, A.L. qcc (FC)		25 Feb
Jackson, A.M. qcc (FC)		24 Mar
Phelps, D.L. qss (FC)		24 Mar
Dendy, P. (FLTOPS)		3 Apr
Lane, R.J. qcc (REGT)		3 Apr
McCarthy, P.G.J.		
qcc (REGT)		3 Apr
Thorpe, G.K.		
qcc (FLTOPS)		3 Apr
Magee, S. MSc BSc		
qcc (REGT)		8 Apr
Mayes, T.M. BSc		
qcc (PROVSY)		8 Apr
O'Carroll, N.D. BA		
qcc (PROVSY)		8 Apr
Stedman, R.D. BSc		
qss (ATC)		8 Apr

OPERATIONS SUPPORT BRANCH

Flight Lieutenants

1999—contd

Moreton, E.A. qcc (FLTOPS) 21 Apr
Thomas, C.M. qcc (REGT) 6 May
Hesketh, D.G. qcc (ATC) 16 May
Edmondson, J.J. (FLTOPS) 21 May
Andrews, S.J. qab
Qss2 (FLTOPS) 29 May
Barnes, D.M. BSc qtm qcc (INT) 29 May
Jones, R.C. qcc (FLTOPS) 29 May
Plummer, A.L. BA (FLTOPS) 1 Jun
Wilshaw-Rhead, M.P. qss (ATC) 20 Jun
Dunn, K. (ATC) 7 Jul
Corner, A.G. qcc (ATC) 24 Jul
Derrick, A.M. qcc (FLTOPS) 24 Jul
Flood, A. qcc (FLTOPS) 24 Jul
Heenan, J. (ATC) 24 Jul
Irving, K.G. qcc (FLTOPS) 24 Jul
Sproston, J.A. qtm (INT) 24 Jul
Davies, J.C. qwi(SAW) qcc (REGT) 28 Jul
Ackroyd, R.D. BA (ATC) 9 Aug
Allen, D.T. BSc qcc (FC) 9 Aug
Bailey, M.N. MA BSc qcc (INT) 9 Aug
Hall, N.J. MA BSc qtm qcc (INT) 9 Aug
Drake, A.Y. BA DipBA qcc (PROVSY) 11 Aug
Elias, R.A. BSc qcc (ATC) 11 Aug
Fruish, S.O. BSc qss (ATC) 11 Aug
Hillier, V.A. qcc (ATC) 11 Aug
Hinde, M.R. BSc qcc (FC) 11 Aug
Norton, E.M. BSc PGCE qcc (FC) 11 Aug
Shirley, G.J. qcc (ATC) 11 Aug
Thorpe, A.D. BSc qcc (INT) 11 Aug
Wilkinson, M.G. BA qcc (INT) 11 Aug
Daly, B.J. BSc MInstLM qss (PROVSY) 20 Aug
Nicholls, K.P. qcc (REGT) 28 Aug

McConnell, S.D. (INT) 11 Sep
Duffield, P.J. (FC) 2 Oct
Hawker, S.M. qcc (ATC) 2 Oct
Ackland, E.C. MSc BSc qcc (INT) 6 Oct
Bentley, S.A. BA qss (FC) 6 Oct
Brown, P.N. BA qtm qcc (INT) 6 Oct
Craig, M.D. BSc qcc (FLTOPS) 6 Oct
Duhan, J.P. BA qcc (REGT) 6 Oct
Graham, M.R. MEng qcc (FC) 6 Oct
Mason, P.M. BA (REGT) 6 Oct
Ratnage, P.D. BA(REGT) 6 Oct
Christian, S.M. BSc qcc (FC) 7 Oct
Cressy, K.P. BEng qcc (REGT) 7 Oct
Deakin, M.R. BSc qcc (FC) 7 Oct
Hall, G.E. BA qcc (FLTOPS) 7 Oct
Parr, H.M. BA qcc (REGT) 7 Oct
Potter, M.S.A. BSc qcc (PROVSY) 7 Oct
Stellitano, D.W. BA (REGT) 7 Oct
Buttolph, S.J. BTech (ATC) 15 Oct
Fleckney, M.J. qcc (FC) 24 Oct
Cannon, S.M. qcc (ATC) 27 Nov
Dodd, R.M. qcc (REGT) 27 Nov
Harrop, G. qss(FLTOPS) 27 Nov
King, A.G. (FLTOPS) 27 Nov
McGhee, W.J. qcc (REGT) 27 Nov
Solomon, G.E. qcc (FLTOPS) 27 Nov
Allen, C.M. qcc (REGT) 28 Nov
Hetterley, A.D. BA qtm qcc (INT) 1 Dec
Parker, S. qcc (ATC) 3 Dec
Ramsden, C.D. qcc (REGT) 28 Dec

2000

Clayton, J.A. BSc (INT) 15 Jan
Barnes, P. (REGT) 16 Jan
Copsey, L.J. (REGT) 16 Jan
Pryce, P.G. (INT) 16 Jan
Curzon, R.S. qss2 (PROVSY) 28 Jan
Gregory, K.J. qss2(ATC) 28 Jan
Grun, A.B. qcc(FLTOPS) 28 Jan

Harvey, G.B. qcc (FC) 28 Jan
Jeffery, C.R. qcc (PROVSY) 28 Jan
Rennie, S.D. qwi(AD) qcc (FC) 28 Jan
Sharman, N.J. qcc (PROVSY) 31 Jan
Bruce, A.S. BA qcc(INT) 10 Feb
Quayle, G.E. BA qss (REGT) 10 Feb
Roberts, B.W. BEng qcc (REGT) 10 Feb
Smith, E.M. BA qcc (FLTOPS) 10 Feb
Smith, M.A. BSc qss (FLTOPS) 10 Feb
Timms, D.L. BA qss(FC) 10 Feb
Beck, N.J. BA qcc (INT) 11 Feb
Beldon, V.L. BA qss (INT) 11 Feb
Hodgson, J. BA PGCE qcc (ATC) 11 Feb
Liston, J.H. BSc qcc (REGT) 11 Feb
Robbins, N.H. BSc qcc (FLTOPS) 11 Feb
Westbrook, A.L. BSc qcc (FC) 11 Feb
Whiteley, N.O.M. BSc (INT) 11 Feb
Huyton, A.D. qss (ATC) 19 Mar
Black, D. (REGT) 4 Apr
Huntley, D.M. MSc qcc (PROVSY) 5 Apr
Wiseman, S.T. BEd qss (REGT) 5 Apr
Would, C. BSc qcc (FLTOPS) 5 Apr
Iveson, P.R. BTh (ATC) 6 Apr
Khan, S.B. BSc qcc (FLTOPS) 6 Apr
Murphy, R.M. BEng qcc (FC) 6 Apr
Siddall, A.J. BA qtm qcc (INT) 6 Apr
Parker, J.C.S. BSc qss (INT) 20 Apr
Kiff, H.J. qss (REGT) 28 Apr
Graham, J.M. qcc (REGT) 2 May
Hawkins, T.R.A. qcc (FLTOPS) 2 May
Jones, R.M. qcc (REGT) 8 May
Ashcroft, J.A. qcc (ATC) 28 May
Lansdell, S.M. qcc (FLTOPS) 28 May
McGrath, B.L. qss (FC) 28 May
Smith, S.M. qcc (ATC) 28 May
Adrain, J.M. BSc (REGT) 1 Jun

OPERATIONS SUPPORT BRANCH

Flight Lieutenants

2000—contd

Davenport, D.A. BSc		
qss	(FC)	1 Jun
Parker, J.P.F. BMus		
qcc	(FC)	1 Jun
Smith, A.P. BA		
qwi(SAW) qcc(REGT)		1 Jun
Marini, T.A. BSc	(ATC)	16 Jun
Atkin-Palmer, C.M.		
qcc	(FLTOPS)	2 Jul
Tallack, J.M. MA		
BA	(PROVSY)	7 Jul
Wheeler, J.E. qss	(ATC)	13 Jul
Brockless, K.M.		
qcc	(FLTOPS)	23 Jul
De-Vry, J.R.		
qss	(FLTOPS)	23 Jul
Denison, M.W.		
qss	(FLTOPS)	23 Jul
McLaughlin, K.J.		
qcc	(FLTOPS)	23 Jul
Mulheron, J.		
qcc	(PROVSY)	23 Jul
Slark-Hollis, T.J.	(REGT)	23 Jul
Butterfield, A.J. BSc		
qss	(ATC)	8 Aug
Latimer, J.A. BEng		
qcc	(ATC)	8 Aug
Stewart, A.H. BSc		
qcc	(FC)	8 Aug
Campbell, J.L. BA		
qcc	(FLTOPS)	9 Aug
Finley, E.T. BA qcc(ATC)		9 Aug
Williams, M. BA		
qcc	(REGT)	9 Aug
Williamson, J.S. BSc		
qcc	(INT)	9 Aug
Middleton, I. qas		
qcc	(FC)	10 Aug
Wraith, J.A. qss	(INT)	27 Aug
Hoult, J.J.	(INT)	4 Sep
Thomas, E.A. qcc	(ATC)	13 Sep
Hodgson, N.H. BA(ATC)		1 Oct
Rowe, J.R. BA	(REGT)	5 Oct
Bowles, S.J. BSc qtm		
qcc	(INT)	6 Oct
Madden, H.M. BSc		
qcc	(FC)	6 Oct
Parker, C.M. BSc PGCE		
qcc	(INT)	6 Oct
Ratnage-Black, H.M. BA		
qcc	(FLTOPS)	6 Oct
Sloley, R. BSc qcc (INT)		6 Oct
Waddilove, C.		
qcc	(FLTOPS)	23 Oct

Davies, W.G. BSc		
qcc	(PROVSY)	14 Nov
Briggs, J.J. BSc		
qss	(ATC)	30 Nov
Robinson, J.B. MA		
qss	(ATC)	30 Nov
Appleby, R.I. BA		
qcc	(PROVSY)	1 Dec
Bennett, A.M. LLB		
qcc	(INT)	1 Dec
Booker, C.J. BSc	(INT)	1 Dec
Chambers, S.C. BA		
qcc	(FC)	1 Dec
Finch, D.R. BA	(REGT)	1 Dec
Stewart, J.D. BA(REGT)		1 Dec
Stewart-Smith, E.J.		
BSc qss	(INT)	1 Dec
Philpott, V.Y. qcc	(ATC)	14 Dec

2001

Parsons, M.S. qcc(ATC)		4 Jan
Donovan, G.	(REGT)	14 Jan
Duffy, M.R. qcc	(ATC)	14 Jan
Jones, S.M.W.		
qss	(ATC)	14 Jan
Kilner, A. qab qtm(INT)		14 Jan
Rudland, P.H.	(ATC)	14 Jan
Ritchie, C.C. BEng		
qcc	(FC)	15 Jan
Tindale, A.R. BSc		
qcc	(FC)	15 Jan
Grant, T.L. qcc	(ATC)	16 Jan
Gray, S.A. qcc	(FC)	28 Jan
Edmond, S.M.	(ATC)	4 Feb
Brunton, M.J. BA		
qcc	(FC)	10 Feb
Lynn, C.J. BA		
qcc	(REGT)	10 Feb
Smyth, A.S.J.		
BSc	(PROVSY)	10 Feb
Stellitano, R.L. BA		
qcc	(INT)	10 Feb
Sumner, G.		
BA	(FLTOPS)	10 Feb
Wyatt, P.D. BSc qtm		
qcc	(INT)	10 Feb
Hodgson, N.E.		
qcc	(ATC)	16 Feb
McWilliam, S.		
qcc	(FLTOPS)	21 Mar
Posnett, G.A.	(FC)	1 Apr
Carter, M.K. BEd		
qss	(REGT)	4 Apr
Pattison, E. BA	(ATC)	4 Apr
Ryan, S.M. BA		
qcc	(ATC)	4 Apr
Atkins, N.O. BSc		
qcc	(FC)	5 Apr

Clegg, M.K. ARCM(PG)		
PGCE GRSM	(FC)	5 Apr
Crook, D.J.P. BA(REGT)		5 Apr
Fletcher, J.M.E. BSc		
qss	(INT)	5 Apr
Picken, T.J. BA qtm		
qcc	(INT)	5 Apr
Sewell, A.J.		
BSc	(FLTOPS)	5 Apr
Binks, P.E.L.	(ATC)	6 Apr
O'Sullivan, K.J. qcc(FC)		6 Apr
Greene, M.P.		
qcc	(FLTOPS)	8 Apr
Taylor, W.L.	(ATC)	21 Apr
Brady, D.A.		
qss	(FLTOPS)	8 May
Morton, C. qcc	(INT)	18 May
Page, T.C. qss	(ATC)	21 May
Darby, G.J.		
qcc	(PROVSY)	27 May
Ferguson, G.R.		
qcc	(ATC)	27 May
Hughes, D.B. qcc (ATC)		27 May
McCann, P.M. BSc		
qcc	(REGT)	27 May
Owen-Hughes, M.T.		
qcc	(FLTOPS)	27 May
Smith, T.D.G.(PROVSY)		27 May
Boreham, D.P. qss(ATC)		29 May
Cook, M.J. qss	(REGT)	29 May
Hughes, M.I.	(ATC)	29 May
Meacham-Roberts,		
D.A.M.	(FC)	29 May
O'Flaherty, T.D. BA		
qcc	(ATC)	29 May
Smith, C.M. BSc	(FC)	29 May
Cripps, E.A. BSc		
qss	(REGT)	30 May
Davis, A.G. BA		
qcc	(PROVSY)	30 May
England, S.D.	(FC)	30 May
Hook, J.L. BSc		
qss	(REGT)	30 May
Misiak, C.L. BSc		
qcc	(FC)	30 May
Paine, R.J. BSc		
qcc	(INT)	31 May
Buxton, F.N.	(INT)	22 Jul
Dodsworth, S.J.	(ATC)	22 Jul
Drew, C.A.		
qcc	(FLTOPS)	22 Jul
Gill, S.A. qcc	(FLTOPS)	22 Jul
Leadbeater, A.H. BSc		
qcc	(ATC)	22 Jul
Nickson, N.R. qss(ATC)		22 Jul
Scott, S.A.	(PROVSY)	22 Jul
Quigley, I.P.J.	(ATC)	24 Jul
Sweeney, P.F. qtm		
qcc	(INT)	24 Jul

OPERATIONS SUPPORT BRANCH

Flight Lieutenants

2001—contd

Pearson, C. BA
  qss (REGT) 7 Aug
Ramsay, A.G. BA (INT) 7 Aug
Adamson-Drage, M.N.
  BA qss (FC) 8 Aug
Bush, R.J. BSc qtm
  qcc (INT) 8 Aug
Carrick, J. BSc
  qss (PROVSY) 8 Aug
Cockram, R.E. BSc
  qcc (FLTOPS) 8 Aug
Fisher, J. LLB qcc (FC) 8 Aug
Hammerton, G.R.
  BSc (FC) 8 Aug
Hole, M.C. BA (ATC) 8 Aug
Nelson, D. LLB
  qss (REGT) 8 Aug
Outteridge, G.J.
  BA (PROVSY) 8 Aug
Shurmer, M.A. BSc
  qcc (ATC) 8 Aug
Whiteley, D.J. BSc
  PGCE qss (FC) 8 Aug
Williams, S.D.R. BA
  qtm qss 8 Sep
Smith, R.M. (FLTOPS) 29 Sep
Kane, J.M. qss (FC) 30 Sep
Lapsley, J.M. qcc (ATC) 30 Sep
Newman, A.C.
  qss (ATC) 30 Sep
Watkin, E.D.D.
  qcc (FLTOPS) 30 Sep
Willingham, J.C.
  qcc (ATC) 30 Sep
Mennell, G.R. (FC) 3 Oct
Tobin, M.D.A. MSc MSc
  BSc met qss (INT) 4 Oct
Daniel, R.C. BA
  qcc (ATC) 5 Oct
Hinton, R.J. MSc BSc
  FRGS (PROVSY) 5 Oct
Lorriman-Hughes, M.D.
  BSc qcc (INT) 5 Oct
McCullough, C.L. BA
  qss (FC) 5 Oct
Milburn, R.M. LLB
  qcc (FC) 5 Oct
Stevens, R.A. BSc (INT) 5 Oct
Martin, J.P. (ATC) 1 Nov
Betley, M.A.J.
  BSc (REGT) 30 Nov
Carr, M.D. BA(PROVSY) 30 Nov
Curran, N.W.
  qcc (PROVSY) 30 Nov

Doney, M.J.
  BA (PROVSY) 30 Nov
Hey, N.S. BSc PGCE
  qcc (FC) 30 Nov
Hodges, M.S. BA (INT) 30 Nov
McFall, J.M. BSc
  qss (REGT) 30 Nov
O'Brien, J.P. MA MTh
  qcc (INT) 30 Nov
O'Donnell, S.J. BA
  qcc (INT) 30 Nov
Price, C.A. BA
  qss (FLTOPS) 30 Nov
Smith, M.J. BA (FC) 30 Nov
Walton, A.R. BA
  qss (FC) 30 Nov
MacPherson, D.S.(ATC) 6 Dec
Leverton, D. qss (FC) 27 Dec

2002

Davidson, L.A. (INT) 13 Jan
Silvey, C.E.P. (FLTOPS) 13 Jan
Hargreaves, K.L. BSc
  qcc (FC) 15 Jan
Mankowski, M.K.L. BSc
  qwi(SAW) qcc(REGT) 15 Jan
Hamilton, J.J.
  qss (PROVSY) 28 Jan
Milnes, J.A.J.
  qcc (REGT) 28 Jan
Putland, K.A.
  MBE (PROVSY) 5 Feb
Priest, J.P. BSc (REGT) 8 Feb
Dixon, R.L. MA (INT) 9 Feb
Graham, J.H. LLB
  qcc (INT) 9 Feb
Greenwood, E.C. BSc
  qcc (ATC) 9 Feb
Huxley, J.C.F. BA
  qcc (REGT) 9 Feb
Lofts, M.S. BA qtm
  qcc (INT) 9 Feb
Payton, S.J. BSc
  qss (ATC) 9 Feb
Wood, A.N. BEng (INT) 9 Feb
Jones, R.J. BSc (INT) 18 Mar
Martin, V.M. (ATC) 30 Mar
Osborne, A.K. (ATC) 30 Mar
Bowlzer, C.L. MSc
  qss (ATC) 3 Apr
Gee, M.P.J. BSc
  qss (ATC) 3 Apr
Quinn, S.D. MEng
  qss (REGT) 3 Apr
Steel, J.A.
  BSc (FLTOPS) 3 Apr
Glendinning, R.D. BA
  qss (REGT) 4 Apr

Johnson, M.A. BA(ATC) 4 Apr
Kemeny, C.J. BSc
  qcc (FC) 4 Apr
Pattinson, G.J. BSc
  qcc (ATC) 4 Apr
Pilkington,
  R.C. (FLTOPS) 5 Apr
Thomson, A.M. (REGT) 5 Apr
Field, A.J. qcc (REGT) 25 May
Horlock, J.M. qcc (FC) 25 May
Sutton, D.
  qcc (PROVSY) 25 May
Kroyer, M.A. BA(REGT) 28 May
Reynolds, M.G. (ATC) 28 May
Swann, A.D. BA(REGT) 28 May
Wilde, F. BA (FC) 28 May
Dewar, M.A.S. BSc
  qss (REGT) 29 May
Dykes, C. BSc qss(ATC) 29 May
Garratt, J.S. LLB (FC) 29 May
Gill, D.J. BEng (ATC) 29 May
Makepeace, P.A.
  BSc (ATC) 29 May
Phipps, M.J. BSc (INT) 29 May
Whyte, A.C. BSc
  qss (PROVSY) 29 May
Dowen, K.J. (ATC) 13 Jul
Flockhart, E.
  qcc (FLTOPS) 20 Jul
Hatch, C.D. qss (REGT) 20 Jul
Howell, W.S. (REGT) 20 Jul
Weeks, R.A.
  qss (FLTOPS) 20 Jul
Lomax, D. qcc(FLTOPS) 23 Jul
Smith, D.O. BEng
  qcc (FLTOPS) 23 Jul
Fitzgerald, N.E.
  MEng (FC) 6 Aug
Gilmore, M.A. BEd (FC) 6 Aug
Arnall, J.V. BSc (FC) 7 Aug
Beckett, S.M. BA (ATC) 7 Aug
Evans, R.C. BA
  qcc (REGT) 7 Aug
Foy, A.K. BSc (FC) 7 Aug
Raimondo, M.J.P. BA
  qcc (REGT) 7 Aug
Ridgway, M.K. BA
  qcc (INT) 7 Aug
Williams, M.R.
  BA (PROVSY) 7 Aug
Jux, A.T. qab (FLTOPS) 8 Aug
Vine, S.L. qcc (ATC) 8 Aug
Ashley, S.N. qss(REGT) 2 Sep
Goncalves-Collins, D.J.
  qcc (FC) 28 Sep
Seale-Finch, S.
  qcc (FLTOPS) 28 Sep
Streames, D.J. (INT) 28 Sep
Potts, B.D. BSc (FC) 2 Oct

161

OPERATIONS SUPPORT BRANCH

Flight Lieutenants

2002—contd

Anstey, J.S.		
qcc	(FLTOPS)	3 Oct
Coormiah, J.P. BSc		
qcc	(FC)	4 Oct
Dunn, C.S. BSc	(FC)	4 Oct
Gibbons, R.L. BEng(FC)		4 Oct
Hamilton, S. BSc		
qcc	(REGT)	4 Oct
Holmes, J.K. BSc		
qcc	(FLTOPS)	4 Oct
Massingham, G.J.		
BSc	(REGT)	4 Oct
Pape, J.C. BA	(FC)	4 Oct
Scott, T.E. BSc	(INT)	4 Oct
Sharp, D.R. BA	(FC)	4 Oct
Todd, D. BSc qcc	(INT)	4 Oct
Wynne, R.J. BSc		
qwi(SAW)	(REGT)	4 Oct
Smith, M.G. qss	(ATC)	23 Nov
Capleton, R.J.		
BSc	(REGT)	28 Nov
Furlong, G. BA	(REGT)	28 Nov
Smathers, D. BSc	(FC)	28 Nov
Briggs, S.J. qtm		
qss	(INT)	30 Nov
Tack, C.P. BSc	(FC)	30 Nov
Amos, M.D.		
BSc	(FLTOPS)	18 Dec

2003

Alexander, G.A.	(ATC)	12 Jan
Campbell, G.S.	(INT)	12 Jan
Evans, C.J.	(ATC)	12 Jan
Johnson, G.R.	(PROVSY)	12 Jan
Kent, O.J.S.	(FLTOPS)	12 Jan
Payne, A.G.		
BSc	(FLTOPS)	12 Jan
Plummer, K.S.	(INT)	12 Jan
Barnes, C.C. BSc		
qcc	(REGT)	15 Jan
Matthias, M.L.Q. MA		
qcc	(INT)	15 Jan
Stoneman, N.T. BA		
qss	(INT)	15 Jan
Brown, S.M.		
qss	(FLTOPS)	25 Jan
Cleaver, J.C.	(ATC)	25 Jan
Harrild, P.E. qcc	(FC)	25 Jan
Bastiani, M.P. (FLTOPS)		1 Feb
Higgs, L.V. qss	(ATC)	1 Feb
Surman, K.J.		
qss	(FLTOPS)	1 Feb

Hewson, C.I.	(INT)	3 Feb
Hopkins, M.J.		
qcc	(FLTOPS)	5 Feb
Courtnadge, S.E. BSc		
qss	(INT)	6 Feb
Battersby, N.J. BSc		
qss	(ATC)	8 Feb
Boyson, A.		
BSc(Econ)	(FC)	8 Feb
Burton, C.D. BSc	(FC)	8 Feb
Fieldhouse, K.A.		
BSc(Econ)		
qss	(FLTOPS)	8 Feb
Frame, J.D. BSc		
qwi(SAW) qss(REGT)		8 Feb
Gardner, D.M. BA qtm		
qss	(INT)	8 Feb
Green, S.F. BSc	(ATC)	8 Feb
Hainsworth, J.L. BSc		
PGCE qss	(ATC)	8 Feb
Hurry, M.J. BSc		
qwi(SAW)	(REGT)	8 Feb
Logan, I.J. BSc		
PGCE	(INT)	8 Feb
Morris, H.P. BA (REGT)		8 Feb
Smith, P.J. BSc qss(FC)		8 Feb
Snoswell, J.C. BSc		
qss	(ATC)	8 Feb
Vamplew, S. BSc		
qcc	(FC)	8 Feb
Wilthew, J.A. BA (INT)		8 Feb
Ness, J.M. BMus qcc		
qss	(ATC)	29 Mar
French, H.M. BA		
qss	(FLTOPS)	1 Apr
Harley, E.R.		
MEng	(FLTOPS)	1 Apr
Lazarus, A.L. BA (ATC)		1 Apr
Bone, A.M. BSc	(INT)	3 Apr
Clark, P.W. BSc qcc(FC)		3 Apr
Day, J. BA	(REGT)	3 Apr
Glass, S.J.		
BSc	(FLTOPS)	3 Apr
Hall, Z.E. BSc(PROVSY)		3 Apr
Inglis, A.J.C. qcc (ATC)		3 Apr
Jack, M.V. BSc	(FC)	3 Apr
Plowden, M.A.		
BSc	(ATC)	3 Apr
Rhodes, E.J. BA		
qcc	(FLTOPS)	3 Apr
Tennant, B.	(FC)	3 Apr
Phillips, J.S.		
qcc	(FLTOPS)	5 Apr
Wood, G.M. qcc(REGT)		6 Apr
Bradburn, J.A. BSc(FC)		18 Apr
Humphrey, M.R.		
qtm	(INT)	11 May
Johnson, L.M. BSc(INT)		24 May
Leavesley, D.	(REGT)	24 May
Lemin, C.J.	(INT)	24 May

Moran, K.A.		
qss	(FLTOPS)	24 May
Pridding, I.J. BSc		
qss	(INT)	24 May
Gater, C.A.		
qcc	(FLTOPS)	27 May
Lennie, J.P. qcc (REGT)		27 May
Leonce, A.J.		
qcc	(FLTOPS)	27 May
Spark, T.L.	(FLTOPS)	27 May
Boreland, J.M. BA (FC)		28 May
Dinnen, A.L.	(REGT)	28 May
Essex, A.J. BSc		
qtm	(INT)	28 May
Fisher, K.H. BSc	(ATC)	28 May
Hamilton, P.T.		
BA	(REGT)	28 May
Hill, D.C. BSc	(FC)	28 May
McMinn, M.G.		
BSc	(REGT)	28 May
Owczarkowski, C.A. BA		
qss	(ATC)	28 May
Shave, S.J. BSc		
qcc	(ATC)	28 May
Teasdale, C.L.		
BA	(PROVSY)	28 May
Thorne, M.F. BSc		
qss	(FLTOPS)	28 May
White, D.A. BSc		
qwi(SAW)	(REGT)	28 May
Morley, R.M.		
MBE	(FLTOPS)	29 May
Artus, T. BSc	(INT)	19 Jul
Croxford, A.V.	(ATC)	19 Jul
Griffin, P.R.	(ATC)	19 Jul
Kelson, M.J. (FLTOPS)		19 Jul
Needham, C.P.	(ATC)	19 Jul
Pascoe, D.J. (PROVSY)		19 Jul
Hainsworth, M.A.		
qss	(REGT)	22 Jul
King, J.R.	(FLTOPS)	22 Jul
Vick, B.D. qcc	(REGT)	22 Jul
Machin, R.J. BSc	(FC)	4 Aug
Berry, N.J.		
qcc	(FLTOPS)	5 Aug
Secker, M.C. AE		
qcc	(REGT)	5 Aug
Bate, M.J.		
BSc	(FLTOPS)	6 Aug
Butcher, J.N. qcc (ATC)		6 Aug
Cranston, L.L.		
BSc	(PROVSY)	6 Aug
Fordyce, D.P. BSc (FC)		6 Aug
Hunt, T.E. BSc qss(ATC)		6 Aug
Middleton, Y.J. qcc(FC)		6 Aug
Newby, A.M.A. BSc(FC)		6 Aug
Norman, D.M.		
BA	(PROVSY)	6 Aug
O'Gorman, R.C. BA		
qcc	(ATC)	6 Aug

OPERATIONS SUPPORT BRANCH

Flight Lieutenants

2003—contd

Robinson, C.L.D. PhD BA (FC) 6 Aug
Sedgwick, F.J. BSc (FC) 6 Aug
Seymour, E. BSc (FC) 6 Aug
Tripp, B.R.M. BA (INT) 6 Aug
Whitfield, M.R. BSc(FC) 6 Aug
Coombes, D.J. BA (PROVSY) 8 Aug
Beckett, S.C. qcc (ATC) 24 Aug
Abbott, R.J. (ATC) 1 Sep
Van-Halteren, S.J. (PROVSY) 26 Sep
Malbon, A.S. qcc (FLTOPS) 1 Oct
Turner, A.R. BSc (INT) 1 Oct
Beecroft, N.M. BSocSc (INT) 2 Oct
Blackett, S.L. BA (ATC) 2 Oct
Burdekin, D.A. BSc PGCE (FC) 2 Oct
Francis, D.J.T. BSc (ATC) 2 Oct
Fuchter, K.E.J. BSc(INT) 2 Oct
Jamieson, M. BA qss (INT) 2 Oct
McMurdo, K.M. BSc qcc (REGT) 2 Oct
Mildon, A.C. BA (PROVSY) 2 Oct
Moylan, T.F. BMus (REGT) 2 Oct
Roper, J.C. BSc qss (ATC) 2 Oct
Smith, J.G. BSc (REGT) 2 Oct
Trethowan, L.E. BSc qcc (FLTOPS) 2 Oct
Wright, A.P.D. LLB qss (FLTOPS) 2 Oct
Reed, M.L. qss (ATC) 4 Oct
Sturt, A.M.R. BSocSc (FC) 10 Nov
Brock, J.G. BA (PROVSY) 27 Nov
Reynolds, R.C. BSc (FC) 27 Nov
Anspack-Logan, H.A. LLB qtm qss (INT) 28 Nov
Dickson, A.J. MSc BSc (FC) 28 Nov
Hutchinson, A.M. BA (REGT) 28 Nov
Jordan, C. BSc (REGT) 28 Nov
Meighan, J.R.H. BA (INT) 28 Nov
Olive, A.J. BA (ATC) 28 Nov

Reeve, J.A. BSc qss (INT) 28 Nov
Richardson, P.D. BA(FC) 28 Nov
Roberts, D.P. BSc (REGT) 28 Nov
Smyth, W.G.L. MA qwi(SAW) (REGT) 28 Nov
Bates, A.M. (FC) 29 Nov
Jones, D.M. (REGT) 29 Nov
Lofthouse, K. qss (ATC) 29 Nov

2004

Belcher, J.G. (FC) 11 Jan
Cunningham, R.F. (FLTOPS) 11 Jan
Mintey, D.R. (ATC) 11 Jan
Restall, D.I. (FLTOPS) 11 Jan
Trapps, P. (INT) 11 Jan
Parker, J.T.S. BCom qcc (FLTOPS) 15 Jan
Rice, A.M. BSc (ATC) 15 Jan
Alford, J.M. (PROVSY) 17 Jan
Wilkinson-Cox, P.M.A. (FC) 24 Jan
Dixon, P.N. (ATC) 1 Feb
Aspden, E.R. BSc qss (ATC) 6 Feb
Beeston, N.C. BSc (REGT) 6 Feb
Burton, S.D. BSc (INT) 6 Feb
Eagles, T.R. BSc (INT) 6 Feb
Hind, T.A. BA (INT) 6 Feb
Hutchinson, I.M. BA (ATC) 6 Feb
Johnstone, C. BSc (REGT) 6 Feb
Kershaw, A.S.M. BA (INT) 6 Feb
Lester, A.G. BSc (INT) 6 Feb
Lewis, I.P. BA (FC) 6 Feb
Lynham, J.J. BA(REGT) 6 Feb
Naidoo, D.P. BA (INT) 6 Feb
Potton, F.H. BSc (FLTOPS) 6 Feb
Smith, M.L. BA (PROVSY) 6 Feb
Beresford, S.A. qss (FLTOPS) 7 Feb
Allen, M.R. BA (PROVSY) 12 Feb
Cole, C. BSc (ATC) 12 Feb
Topping, M.C. BA(ATC) 12 Feb
Bell, L.D. BSc (FLTOPS) 1 Apr
Cade, T.R. BSc qwi(SAW) (REGT) 1 Apr
Clinton, A.M. BSc (FC) 1 Apr
Ellis, J.D. BSc qcc(ATC) 1 Apr

Hall, K.M.J. LLB (PROVSY) 1 Apr
Large, B.W. BSc (FC) 1 Apr
McCoy, M. BSc qcc(FC) 1 Apr
Needham, K.J. BSc (FLTOPS) 1 Apr
Newell, T.J. BSc (INT) 1 Apr
Stevens, P. BA (REGT) 1 Apr
Currie, G.J.J. (ATC) 2 Apr
Hull, M.J. qcc (FC) 2 Apr
Marshall, D.W.L. qab qtm qcc (INT) 2 Apr
McDonnell, C. (INT) 2 Apr
Willis, A.L. qcc (ATC) 2 Apr
Armit, G.N. (FLTOPS) 3 Apr
Campbell, L. (PROVSY) 3 Apr
Craig, A.R.D. MBE (PROVSY) 3 Apr
Folley, M.J. (REGT) 3 Apr
Hardaker, M.G. (ATC) 3 Apr
Mullen, R.S. (FLTOPS) 3 Apr
Nicholls, G. (INT) 3 Apr
Paffett, C. MBE qss (REGT) 3 Apr
Paul, S.R. qcc (REGT) 3 Apr
Purvey, A.D. (INT) 3 Apr
Sockell, J.I. (INT) 3 Apr
Valentine, M.G. (FC) 3 Apr
Martland, C.J. qcc (FLTOPS) 4 Apr
Smith, M.A. (FLTOPS) 6 Apr
Hammerton, R.S. BEng (ATC) 7 Apr
Thomas, C.L. BSc(ATC) 7 Apr
Toothill, I.A. qss (ATC) 10 May
Cochrane, J.G.P. (INT) 25 May
Walters, R.M. (ATC) 25 May
Duke, C.P. BSc (FC) 26 May
Read, G.E. BSc (INT) 26 May
Sessions, G.D. BSc(FC) 26 May
Taylor, M.J.P. BSc(ATC) 26 May
Clayton, D.L. qss (FC) 27 May
Freeman, A.C. qss (FLTOPS) 30 May
Large, A.L. qss (FLTOPS) 30 May
Ponting, S.J. (INT) 30 May
Druce, P.M. BA (ATC) 2 Jun
Campbell, K.S. (FLTOPS) 17 Jun
Beekman, S.G. (PROVSY) 20 Jul
Morley, M.J. (REGT) 20 Jul
Rhodes, D.P. qcc (ATC) 20 Jul
Chase, A.J. (ATC) 25 Jul
Holden, S.J. (INT) 25 Jul
Newton, P.R. (REGT) 25 Jul
Sutherland, M.D. (ATC) 25 Jul
Waby, A. (PROVSY) 25 Jul

OPERATIONS SUPPORT BRANCH

Flight Lieutenants

2004—contd

Bicket, G. BSc	(PROVSY)	4 Aug
Bird, K.A. BA	(INT)	4 Aug
Cooper, E.R. MA BA	(FLTOPS)	4 Aug
Jessup, T. BA	(FLTOPS)	4 Aug
Johnston, P.R. BA AIL	(INT)	4 Aug
Kelly, S. BSc	(ATC)	4 Aug
Leeman, L. BSc	(PROVSY)	4 Aug
Powell, G.D. Beng	(REGT)	4 Aug
Walker, J.A. BA	(FLTOPS)	4 Aug
Williams, E.C. BA PGCE	(FC)	4 Aug
Williams, E.A. BSc	(FC)	4 Aug
Jones, A.L. qcc	(PROVSY)	5 Aug
Stanley, J.P. qcc	(FC)	5 Aug
Anderson, P.T.	(ATC)	6 Aug
Biddle, M.V.	(ATC)	6 Aug
Clucas-Tomlinson, D.W.	(ATC)	6 Aug
Crook, P.J.	(REGT)	6 Aug
Dawson, S.T.	(INT)	6 Aug
Edwards, P.J.	(FC)	6 Aug
Hamer, L.	(INT)	6 Aug
Lambert, D.M.	(FC)	6 Aug
Morris, D.J. BSc	(PROVSY)	6 Aug
Pickett, D. MBE	(FLTOPS)	6 Aug
Provan, A.P.	(PROVSY)	6 Aug
Purnell, S.F. MBE BSc	(PROVSY)	6 Aug
Sheeran, J.A.M. qss	(REGT)	6 Aug
Worth, S. BA	(FLTOPS)	6 Aug
Heason, R.M. MA BA	(INT)	9 Aug
Jackson, S.B.	(ATC)	11 Sep
Adcock, T.W. PhD	(FC)	1 Oct
Hough, I.J. BA	(FLTOPS)	1 Oct
Krzyz, P. LLB	(INT)	1 Oct
Lonsdale, A.C. LLB	(PROVSY)	1 Oct
Tubb, R.S. BA	(ATC)	1 Oct
Hawthorne, V.J. qss	(FLTOPS)	2 Oct
Howard, K.E.L.	(ATC)	2 Oct
McIntyre, A.J.	(ATC)	2 Oct
Reeve, M.W. qcc	(FC)	2 Oct
English, J.R.D.	(ATC)	3 Oct
Merritt, N.M.	(INT)	3 Oct
Wenman, F.S. qss	(ATC)	4 Oct
Taylor, J.P. MSc BA	(INT)	7 Oct
Gibbins, A.M.	(ATC)	8 Oct
Woolsey, C.L.	(ATC)	11 Oct
McMiken, W.J.B. BSc	(FLTOPS)	27 Nov
Weston, J.A. MSc	(INT)	27 Nov
Yates, B.J. BA qss	(FLTOPS)	27 Nov
Braid, R.J.S.	(FLTOPS)	28 Nov
Green, A.	(ATC)	28 Nov
Kinnear, M.R. qcc	(FLTOPS)	28 Nov
Murray, E.A. qcc	(ATC)	28 Nov
Walters, M.J.	(ATC)	28 Nov
Anthony, N.D.	(ATC)	29 Nov
Boden, M.M.	(REGT)	29 Nov
Davies, C.	(FLTOPS)	29 Nov
Godwin, D.C.	(FLTOPS)	29 Nov
Kneen, A.J.	(PROVSY)	29 Nov
Norburn, R.J.	(REGT)	29 Nov
Rees, T.D.J.	(REGT)	29 Nov
Taylor, T.G.	(REGT)	29 Nov
Taylor, W.T.O. BA	(INT)	2 Dec

2005

Chapman, S.J.	(FC)	6 Jan
Fuller, A.R.	(INT)	9 Jan
Ford, N. BSc	(FLTOPS)	16 Jan
Thornton, L.J.	(FC)	16 Jan
Russell, B.M. i*	(FC)	20 Jan
Berryman, A.	(ATC)	23 Jan
Bresher, A.D.	(ATC)	23 Jan
Cooper, J.P. qss	(REGT)	23 Jan
Errington, J.N.	(FLTOPS)	23 Jan
McNish, J.P.	(REGT)	23 Jan
Weekes, J.R.	(REGT)	23 Jan
Williams, S.G.	(PROVSY)	23 Jan
Brierley, A.N.	(FLTOPS)	24 Jan
Jarvis, J.D.	(INT)	24 Jan
Darby, S.J.K.	(ATC)	31 Jan
Robinson, E.A.	(ATC)	31 Jan
Clegg, M.B.	(REGT)	6 Feb
Richardson, G.J.	(REGT)	6 Feb
Milne, P.N. MSc	(ATC)	11 Feb
Constant, A.C. BSc	(REGT)	12 Feb
Davies, J.M. BSc	(FC)	12 Feb
Ford, D.R. BSc	(REGT)	12 Feb
Francis Smith, K.A. BSc	(PROVSY)	12 Feb
Gaskell, A.P. BSc	(REGT)	12 Feb
Herring, A.W. BSc	(ATC)	12 Feb
Hindson, K.G. BSc	(FC)	12 Feb
Kennerley, E.L. MA	(INT)	12 Feb
Lennie, C.G. BA	(FC)	12 Feb
Maloney, R.C. BSc	(ATC)	12 Feb
Stewart, E.W. MA	(ATC)	12 Feb
Wake, C.L. LLB	(FC)	12 Feb
Byford, S.C.	(ATC)	17 Feb
Piper, A.J.	(ATC)	21 Feb
Neame, J.P. qwi(SAW) qss	(REGT)	1 Apr
Sefton, N.C.	(INT)	1 Apr
Davies, A.R.	(ATC)	2 Apr
Mercer, D.W.	(PROVSY)	2 Apr
Smith, R.S. MSc BSc	(INT)	6 Apr
Dalziel, S. BA	(FLTOPS)	7 Apr
Edgecombe, A.C. BSc	(ATC)	7 Apr
Gerrard, S. BSc	(FLTOPS)	7 Apr
Hicks, M.C.H. BEng	(REGT)	7 Apr
Mortimer, D.S. BSc	(FC)	7 Apr
Ricks, A.L. BSc	(INT)	7 Apr
Rowlands, D.M. BA	(REGT)	7 Apr
Stallard, R.J. BSc	(ATC)	7 Apr
Trott, V.E.K. BSc	(ATC)	7 Apr
Undrell, H.R. BSc	(FLTOPS)	7 Apr
Wilson, J. BSc	(REGT)	7 Apr
Donohoe, A.Z.	(FLTOPS)	10 May
Norry, P.A.	(REGT)	26 May
Walker, O.H. qcc	(REGT)	26 May
Poulton, I.J.	(INT)	29 May
Saralis, D.	(INT)	29 May
Ward, R.	(FLTOPS)	29 May
Cook, D.R.G. BA CertEd	(PROVSY)	1 Jun
Davies, D. BA	(PROVSY)	2 Jun
Doodson, C.L. MSc BSc		2 Jun
Kemp, R.J. BA	(INT)	2 Jun
Sharp, N. BSc	(FLTOPS)	2 Jun
Towers, N.A. BEng	(INT)	2 Jun
Passman, L.J.	(ATC)	9 Jun

OPERATIONS SUPPORT BRANCH

Flying Officers

1998

Berry, S.L. (PROVSY) 12 Oct

1999

Ward, A.S. (REGT) 20 Jun

2000

Woodbourne, M.F. (REGT) 2 Apr

2001

Jones, M.A. BSc (ATC) 12 Jul
Barnes, R.V. (FLTOPS) 24 Jul
Bradley, T.S. (ATC) 24 Jul
Poulton, N.A. (FC) 24 Jul
Gleeson, R.J. qss (FLTOPS) 4 Aug
Clegg, V.L. (FLTOPS) 6 Aug
Colledge, T. BSc (FLTOPS) 10 Aug
Cross, J.B. BSc (ATC) 10 Aug
Jones, C.M. BA (ATC) 10 Aug
Tricklebank, A.J. BA (ATC) 10 Aug
Delvin, S.L. (ATC) 23 Aug
Buck, I.R. (ATC) 1 Oct
Marsh, S.B. qss (REGT) 2 Oct
Spencer-Healey, D. (FLTOPS) 3 Oct
Cope, C.R. MA BA (PROVSY) 7 Oct
Cribb, B. BA (ATC) 7 Oct
Crow, G.M. BSc (FC) 7 Oct
Dickinson, T. BA (FC) 7 Oct
Eames, C.M. BSc (ATC) 7 Oct
Edgley, J.E.R. BA PGCE (FLTOPS) 7 Oct
Gething, D.P.G. BSc (INT) 7 Oct
Gurr, K.P. BA (ATC) 7 Oct
McDonald, H.M. BA (ATC) 7 Oct
Phelps, R.J. BA (INT) 7 Oct
Smith, H.J.M. BSc (FC) 7 Oct
Thomas, H.B.M. MSc BA (ATC) 7 Oct
Bhatia, L.R. (ATC) 18 Oct
Twitchell, A.Y. (ATC) 24 Oct
Wood, L.A. (ATC) 25 Oct

Fox, P.A. (ATC) 10 Nov
Kirkman, J.M. (REGT) 26 Nov
Brown, A. (REGT) 27 Nov
Bunn, S.J. BSc (PROVSY) 27 Nov
Lippett, M.C. (ATC) 27 Nov
Page, N.L. (FLTOPS) 29 Nov
Mills, J.C. MA (PROVSY) 1 Dec
Siddall, L.A.M. BSc (FC) 1 Dec
Smith, C. LLB (INT) 1 Dec
Bird, D.L. BA (PROVSY) 2 Dec
Hannaby, E.J. BSc (INT) 2 Dec
Wake, S.J. BA (FLTOPS) 2 Dec

2002

Cressy, J.H. qcc (ATC) 22 Jan
Lindsell, A. (ATC) 22 Jan
McLaughlan, A. (INT) 22 Jan
Thomas, S.J. (REGT) 22 Jan
Wenman, R.D. (ATC) 22 Jan
Hannaford, L.R. (REGT) 24 Jan
Mulvihill, S. (FLTOPS) 24 Jan
Hannard, D.J. (ATC) 5 Feb
James, S.A. BSc (INT) 10 Feb
Adams, E.I. BSc (ATC) 11 Feb
Adams, C.E. BA (FC) 11 Feb
Burke, D.A. BSc (INT) 11 Feb
Cornwell, W.J. BA (FC) 11 Feb
Fairbanks, A.J. BA (ATC) 11 Feb
Gresty, S.L. BSc (ATC) 11 Feb
Hampshire, A.M. BA (FLTOPS) 11 Feb
Hewitt, J.L. BSc (ATC) 11 Feb
Maurin, C. BSc (ATC) 11 Feb
Old, D.I. BSc (INT) 11 Feb
Owens, J.F. BSc (INT) 11 Feb
Scott, K.A. MA (ATC) 11 Feb
Morris, M.A. qss (REGT) 22 Mar
Cooper, A.G.P. (FC) 30 Mar
Llewellyn, A.J. qss (ATC) 30 Mar
McGregor, M.S. (REGT) 30 Mar
McKinley, D.J. (REGT) 30 Mar
Nickless, J. qss (FC) 30 Mar
Bucknell, A.R. (FLTOPS) 31 Mar
Prentice, M.A. (PROVSY) 31 Mar
Evans, E.L. BSc (ATC) 1 Apr
Bottrill, H.K. MA (FLTOPS) 5 Apr
Clarke, L.A. BA (INT) 5 Apr
Moreton, G. MSc (FC) 5 Apr
Bell, H.M. BSc (INT) 6 Apr
Bishop, L.J. BA (FLTOPS) 6 Apr
Clarke, R.D. BSc (INT) 6 Apr
Collins, J.F. BA (FC) 6 Apr

Fallis, E. BSc (ATC) 6 Apr
Hamilton, I. LLB (FLTOPS) 6 Apr
Lydiate, D.T. BA (PROVSY) 6 Apr
Murray, R.B. BSc (FLTOPS) 6 Apr
Pidwell, L. BA (ATC) 6 Apr
Quemby, C.M. BSc (FLTOPS) 6 Apr
Sangha, K.S. BSc PGCE (FLTOPS) 6 Apr
Whyman, S.C. BSc (FLTOPS) 6 Apr
Canlett, R.J. (ATC) 30 Apr
Rooke, D.I. (ATC) 19 May
Antoniou, A.M. (REGT) 25 May
Doncaster, J.A. (FLTOPS) 25 May
Martin, D.S. (REGT) 25 May
McCall, N.R. BA (INT) 25 May
Moore, A. (FC) 25 May
Pirt, J.W.G. (REGT) 25 May
Shackleton, R.M. (FLTOPS) 25 May
Aston, S.L. (FLTOPS) 27 May
Henry, K.L. (ATC) 27 May
Norris, A.W. (FLTOPS) 27 May
Lynn, A.T. BA (FLTOPS) 31 May
Brooks, P.J. BA (INT) 1 Jun
Gripton, H.L. BA (INT) 1 Jun
Knapman, P.R. BEng (ATC) 1 Jun
Pollard, J.M. BA (PROVSY) 1 Jun
Wood, G. BSc (REGT) 1 Jun
Beattie, M.R. BSc (INT) 16 Jun
Parr, J.M. LLB (INT) 21 Jul
Dawes, S.R. BMus (FLTOPS) 22 Jul
Flach, A.N. (REGT) 3 Aug
Haith, D. (FC) 3 Aug
Hale, B.J. (INT) 3 Aug
McCreedy, P.M.S. (FLTOPS) 3 Aug
Page, C.D. (INT) 3 Aug
Skorge, P.G. qwi(SAW) (REGT) 3 Aug
Littlewood, P. (FC) 4 Aug
Booth, A.T.O. BSc (FLTOPS) 8 Aug
Hallett, N.R. MA BSc (INT) 8 Aug
Bailey, T.M. BA (FLTOPS) 9 Aug
Clayson, R.A. BSc (FC) 9 Aug
Daunton, T. BSc (ATC) 9 Aug
Day, E.P. LLB (ATC) 9 Aug
Dear, K.P. BA (INT) 9 Aug

OPERATIONS SUPPORT BRANCH

Flying Officers

2002—contd

Frame, H.L. BSc
  psc(m)   (INT)   9 Aug
Freedman, A.H.A.
  BSc   (REGT)   9 Aug
Sadler-Barker, M.J.
  BA   (FC)   9 Aug
Williamson, M.E.
  BSc   (ATC)   9 Aug
McKenzie, A. MA (INT)   9 Sep
Blythe, S.   (FLTOPS)   30 Sep
Carroll, S.   (PROVSY)   30 Sep
Culley, P.J.A.   (INT)   30 Sep
Durows, J.R. (PROVSY)   30 Sep
Goodwin,
  M.R.   (FLTOPS)   30 Sep
Hobbs, S.C. qss (REGT)   30 Sep
Neal, R.J.
  qwi(SAW)   (REGT)   30 Sep
Porter, A.W. (PROVSY)   30 Sep
Redhead, J.   (FC)   30 Sep
Parry, C.L.   (ATC)   1 Oct
Brisbane, N.G. MA(INT)   6 Oct
Cuthbertson, T.M.
  BSc   (PROVSY)   6 Oct
Ferris, L.P. BSc (ATC)   6 Oct
Geary, N.A. BSc (FC)   6 Oct
Leech, S.P. BA   (ATC)   6 Oct
Morgan, N.R. BSc (INT)   6 Oct
Pike, C.I. BA   (INT)   6 Oct
Price, E.M. BA   (ATC)   6 Oct
Reid, N.T. BSc   (ATC)   6 Oct
Rolston, R.M.A. BA(FC)   6 Oct
Sheppard, L.H.
  BSc   (PROVSY)   6 Oct
Underhill, V.C.D.
  BSc   (ATC)   6 Oct
Wayman, D.M.
  BA   (ATC)   6 Oct
Youd, B.S.
  BA   (PROVSY)   6 Oct
Geuter, E.C.   (REGT)   25 Nov
Huntley, S.P.   (FC)   25 Nov
Lapish, J.N.J.   (ATC)   26 Nov
Elleson, E.R.
  BEng   (ATC)   30 Nov
Francis, A.H. BA (ATC)   30 Nov
Gowers, K. MPhys(INT)   30 Nov
Rose, M.N. BSc   (INT)   30 Nov
Sammut, D.K.
  BA   (PROVSY)   30 Nov
Burrows, E.L.
  BA   (PROVSY)   1 Dec
Eaton, I. BA   (ATC)   1 Dec
Farley-West, K.R.
  BSc   (INT)   1 Dec

Kaminski, J.A. BSc (FC)   1 Dec
Leach, H.J. BSc (FC)   1 Dec
Litten, J.R. BSc (INT)   1 Dec
Rimmer, M.A. BSc (FC)   1 Dec
Conniss, R.C.   (ATC)   22 Dec

2003

Bohane,
  D.P.C.   (PROVSY)   20 Jan
Martens, H.   (FLTOPS)   20 Jan
Harding, J.   (ATC)   22 Jan
Stewart, S.D.   (INT)   22 Jan
Brookes, A.J.(PROVSY)   4 Feb
Chaudry, S. BSc (ATC)   10 Feb
Janes, K.H. MSc BA(FC)   10 Feb
Panther, G.J.
  BEng   (ATC)   10 Feb
Park, J.A. MA   10 Feb
MLitt   (PROVSY)   10 Feb
Pyatt, M.J. BA   (ATC)   10 Feb
Walker, N.J. BSc (INT)   10 Feb
Webb, A.F. MSc
  BSc   (ATC)   10 Feb
Howell, T.L.   (FLTOPS)   28 Mar
MacDonald, J.A. (INT)   28 Mar
Readings,
  M.J.   (PROVSY)   28 Mar
Saxon-Jones, N.J. (FC)   28 Mar
Durose, D.M.   (ATC)   31 Mar
Sparks, A.G.   (ATC)   31 Mar
Avery, A.M. BA (REGT)   3 Apr
Costigan, P. BSc (FC)   3 Apr
Barker, P.E. BMus (ATC)   5 Apr
Martin, C.F.
  LLB   (FLTOPS)   5 Apr
Oxley Green, E.B.
  BA   (ATC)   5 Apr
Wright, G.A. BA (INT)   5 Apr
Healy, W.   (ATC)   18 Apr
Mitchell, L.P.   (REGT)   20 Apr
Cosslett, K.P. (PROVSY)   23 May
Durnin, P.A.   (INT)   23 May
Evans, S.R.   (FC)   23 May
Tripp, H.   (INT)   23 May
Miller, E.A.   (ATC)   25 May
Brockie, G.J. BSc (ATC)   31 May
Casson, A.S.
  BSc   (REGT)   31 May
Edwards, K.P. BSc (FC)   31 May
Geisow, A.L. LLB (ATC)   31 May
Godfrey, D.I. BSc (FC)   31 May
Hocking, J. BA   (INT)   31 May
Irwin, C.H.
  LLB   (FLTOPS)   31 May
Peters, L.J. BSc (ATC)   31 May
Pushman, C.E.
  BSc   (FLTOPS)   31 May

Sinclair, N.J.M.
  BSc   (INT)   31 May
Tremi, R.F. BSc (ATC)   31 May
Turner, C.J. MSc (INT)   31 May
Card, N.J.   (PROVSY)   27 Jul
Lloyd, B.J.   (PROVSY)   27 Jul
Kinsman, J.L.   (ATC)   1 Aug
Linton, K.E. qss (INT)   1 Aug
Baroni, P. BA (FLTOPS)   8 Aug
Bramhall, S.D.
  BSc   (INT)   8 Aug
Chalmers, C.L.
  BA   (FLTOPS)   8 Aug
Farrugia, J.S. BSc (FC)   8 Aug
Hughes, R.T. MSc
  BA   (ATC)   8 Aug
Lightowler, K. BA (FC)   8 Aug
Sharman, K.A. BA (FC)   8 Aug
Walters, P.J. BSc (ATC)   8 Aug
Wilkinson, N. BA (INT)   8 Aug
Coleman, B.E.(FLTOPS)   29 Sep
Barratt, N.G. BA (INT)   4 Oct
Bindemann, M.N.F.
  BSc   (FC)   4 Oct
Graham, N.C. MSc
  BSc   (INT)   4 Oct
Griffith, R.L. MSc
  BSc   (ATC)   4 Oct
Hersee, S.E. BSc (FC)   4 Oct
Huckell, N.D.G.
  BSc   (FLTOPS)   4 Oct
Rice, C.J. MSc
  BEng   (ATC)   4 Oct
Stait, S.E. BSc (ATC)   4 Oct
Sullivan, E.S.R.
  BEng   (FC)   4 Oct
Wallington, S.J.
  BA   (INT)   4 Oct
Enock, C.E.   (FC)   24 Nov
Lucisano, P.   (FLTOPS)   24 Nov
Stewart, K.   (FC)   24 Nov
Bell, D.P. BA   (FC)   30 Nov
Faik, J.A. BA   (ATC)   30 Nov
Johnson, L.C. BA (ATC)   30 Nov
Porter, A.J.
  BSc   (PROVSY)   30 Nov
Warren, P.R. BA (REGT)   30 Nov
Watson, P.A. BSc (ATC)   30 Nov
Stone, M.J.   (PROVSY)   15 Dec

2004

Wiggin, G.M.   (ATC)   19 Jan
Ball, A.C. qss (FLTOPS)   23 Mar
Arrowsmith, C.A.
  BSc   (ATC)   3 Apr
Buckley, M.J.
  BSc(Econ)   (FC)   3 Apr
Downes, T.E. BA (FC)   3 Apr

OPERATIONS SUPPORT BRANCH

Flying Officers

2004—contd

Filo, D.R. BSc	(FC)	3 Apr
Foster, R.L.		
BSc	(FLTOPS)	3 Apr
Gooch-Butler, L.A.		
BSc	(FLTOPS)	3 Apr
Oliver, E.G.A. BA	(ATC)	3 Apr
Peat, H.C. BA	(ATC)	3 Apr
Pierson, Z.S. BSc	(FC)	3 Apr
Read, K. BSc	(ATC)	3 Apr
Skinner, P.J. BA (REGT)		3 Apr
St Hill, J.G. BSc	(FC)	3 Apr
Sumner, G.J. BA	(FC)	3 Apr
Tidmarsh, A.M.		
BSc	(FC)	3 Apr
Watson, K.J. BA	(INT)	3 Apr
Wheatcroft, D.J.		
BSc	(ATC)	3 Apr
Atkins, G.M.	(REGT)	4 Apr
Cobb, D.R.	(ATC)	4 Apr
Costello, P.N.	(REGT)	4 Apr
Page, J.B.	(ATC)	4 Apr
Riley, D.T.	(ATC)	4 Apr
Usher, M.J.W.	(FC)	15 May
Alcock, B.R. BA (REGT)		28 May
Edwards, J.L. BA	(FC)	28 May
Gladstone, J.A.		
BSc	(ATC)	28 May
Humphries, C.E.		
BSc	(ATC)	28 May
Shaw, A.E.J.	(FC)	29 May
Beazley, N.J.A. (REGT)		7 Aug
Yarnall, E.R.	(FC)	7 Aug
Collins, C.M. (PROVSY)		16 Aug
Hames, R.P.	(FC)	4 Oct
Langrish, S.W.	(FC)	4 Oct
May, R.A.	(REGT)	4 Oct
Parker, G.D.	(FC)	4 Oct
O'Malley, K.J.	(FC)	13 Oct
Shelley, L.R.	(FC)	19 Oct
Green, J.E.	(FLTOPS)	30 Nov
Hart, G.H.	(FLTOPS)	30 Nov
Wasley, A.J.	(FC)	30 Nov

2005

Holland, A.I.	(ATC)	25 Jan
Blanchard, D.	(ATC)	3 Apr
Duke, J.A.	(ATC)	3 Apr
Harvey, T.W.	(ATC)	3 Apr
Jupp, M.R.	(REGT)	3 Apr
Kinniburgh, R.J.	(ATC)	3 Apr
Caldow, S.J.	(ATC)	28 May
Yates, V.L.	(ATC)	28 May

Pilot Officers

2003

Turner, S.R.	(REGT)	6 Aug
Watson, A.F.	(REGT)	6 Aug
Baldwin, J.P.S.	(REGT)	3 Oct
Hall, J.D.	(REGT)	29 Nov
Keighley, A.M.		
psc(m)	(INT)	29 Nov
Minney, J.N.	(FC)	29 Nov

2004

Cousins, T.J.	(REGT)	24 Jan
Cowburn, A.P.(FLTOPS)		24 Jan
McMillan, L.	(ATC)	2 Apr
Stubbs, A.C.	(ATC)	2 Apr
Dowden, H.R.M.(REGT)		27 May
Smith, R.A.	(ATC)	27 May
Bowden, M.R.P. (REGT)		5 Aug
Fletcher, B.	(FC)	5 Aug
White, K.J.	(FC)	5 Aug
Hazell, S.L.	(FLTOPS)	13 Aug
Orr, V.J.	(PROVSY)	13 Aug
Starling, J.T.	(FLTOPS)	13 Aug
Bean, J.P.		
BTech	(FLTOPS)	27 Nov
Brooks, D.T.	(FLTOPS)	27 Nov
Cox, M.B.	(INT)	27 Nov
Paxman, M.E.	(ATC)	27 Nov

2005

Dickinson, S.K.	(ATC)	22 Jan
Pierce, D.H.	(FC)	22 Jan
Lloyd, R.M.		
BA	(FLTOPS)	6 Feb
Love, J. BA	(FC)	6 Feb
McMillan, H.A. BA	(FC)	6 Feb
McPartlin, J.C. BA(ATC)		6 Feb
Seymour, D.J. BSc (FC)		6 Feb
Tarrel, L.J.M. BSc (ATC)		6 Feb
Wales, L.A.		
BSc	(PROVSY)	6 Feb
Wood, T.B. BA	(FC)	6 Feb
Allan, J. BSc	(FC)	3 Apr
Anderson, J.E.		
BSc	(FLTOPS)	3 Apr
Barrs, A.C. LLB	(INT)	3 Apr
Cheetham, R.M.		
BSc(Econ)	(REGT)	3 Apr
Davenport, G.A.		
BSc	(ATC)	3 Apr
Evans, I.K. LLB	(ATC)	3 Apr

Garrod, K.J.		
BSc	(PROVSY)	3 Apr
Gibb, M. BA	(ATC)	3 Apr
Hayes, D.L.		
BEng	(REGT)	3 Apr
MacFarlane, F.M.		
MA	(ATC)	3 Apr
Palik, A.P. BSc	(FC)	3 Apr
Prutton, D.J. BSc	(FC)	3 Apr
Rankine, M.J. BEng(FC)		3 Apr
Steward, T.J. BA(REGT)		3 Apr
Walkey, D.G. BSc (ATC)		3 Apr
Wills, K.J. BSc	(FC)	3 Apr
Clayton, C.T.M.	(ATC)	25 May
Cranswick, J.	(ATC)	25 May
Rivers-Bulkeley,		
C.J.	(ATC)	25 May
Anderton, V.L. BA (INT)		29 May
Bradshaw, J.E. BA(ATC)		29 May
Dyson, B.P. BA (REGT)		29 May
Fenner, S.D. BEng(ATC)		29 May

OPERATIONS SUPPORT BRANCH

Acting Pilot Officer

2005

Grant, A.M. (FC) 26 May

ENGINEER BRANCH

Squadron Leaders

1984

Deane, S.T. MSc CEng
MIMechE qs (M) 1 Jul

1985

Slater, I.M. MSc BSc
CDipAF qs i (EI) 1 Jan
Webster, D.M. semc
qcc (EI) 1 Jan
Ayers, R.S. semc qss(E) 1 Jul

1986

Costello, M.E. MSc BSc
CEng MIMechE
MCMI semc qs (M) 1 Jan
Stanhope, M.F. BSc
qs (M) 1 Jul

1987

Daniels, S.R. BSc ae
semc qs (M) 1 Jan
Denham, R.L. MSc
BSc(Eng) CEng MIEE
semc qs (EI) 1 Jan
Elsom, J. BSc CEng
MRAeS ae semc
qss (M) 1 Jan
Howell, A.J. MBE
BSc(Eng) CEng
MRAeS ACGI qs (M) 1 Jan
Adams, R.M. MBE MSc
BSc CEng MRAeS
MCMI ae qss (M) 1 Jul

1988

Chadwick, G.H. CEng
MRAeS semc qs (M) 1 Jan
Harris, P.R. BSc(Eng)
MRAeS qss (M) 1 Jan
Marshall, D. MBE semc
qss 1 Jan
Parfit, G.R. BA semc
qs (EI) 1 Jan

Priestley, S.D. BSc
CEng MIEE qs (EI) 1 Jan
Ruddlesden, D.N. BA
CEng MRAeS qs (M) 1 Jul
Tillbrook, R.E. qss 1 Jul

1989

Butterfield, M. qss 1 Jan
Harding, M. BSc CEng
MIMechE MCMI
qs (M) 1 Jan
Hopton, C.H. MSc BSc
(Eur Ing) CEng MIEE
MRAeS ae slmc
qss (EI) 1 Jan
Fillingham, D. BSc
CEng MIEE semc
qs (EI) 1 Jul

1990

Adams, R.C. BSc qs 1 Jan
Bees, A.R. IEng MIIE
qss 1 Jan
Buckland, A.J. MA BA
(Eur Ing) CEng MIEE
qss (EI) 1 Jan
Cardy, T. IEng AMRAeS
semc qs 1 Jan
Childs, D.R. MSc BSc
CEng MRAeS ae
qs (M) 1 Jan
Drake, D.W. qs 1 Jan
Dreier, S.A. IEng qs 1 Jan
Goodall, J.P. qs 1 Jan
Peers, J. MSc BSc ae
semc qss 1 Jan
Readman, N.E. BSc
IEng AMRAeS semc
qs 1 Jan
Stephenson, I. MSc BA
gw qcc (EI) 1 Jan
Thompson, M.J. qs 1 Jan
Wilson, S.J. MSc BSc
gw qs 1 Jan
Wray, C.F. BSc CEng
MRAeS slmc qs 1 Jan
Helliwell, D. MSc BSc
CEng MRAeS qs 1 Jul
James, A.R. MSc BSc
CEng MRAeS ae qss 1 Jul
Robinson, J.C.P. BSc
CEng MRAeS qss 1 Jul

1991

Allen, R.J. BSc CEng
MIEE qs 1 Jan
Bottomley, S.D.G. BSc
qss 1 Jan
Cottam, S. BSc CEng
MIEE qs 1 Jan
Flowers, P.A. qs 1 Jan
Foran, P.J. qs 1 Jan
Gransden, A.W. MBE
BSc IEng CEng MBCS
qs 1 Jan
Leach, R.L.F. BSc
MInstNDT semc qss 1 Jan
Moran, M. qss 1 Jan
Pappa, M.R. qss 1 Jan
Storey, R.N. MSc BSc
CEng semc qs 1 Jan
Pearce, A.J. qss 1 Jul

1992

Moore, A.W. BSc semc
qs 1 Jan

1993

Surtees, I. BSc adp qs 1 Jan
Nidd, D.A. BSc adp qss 1 Jul
Powell, D.M. BSc semc
qss 1 Jul
Sirs, R.C. MSc CEng
MRAeS ae qs 1 Jul
Turner, R.M. BSc qs 1 Jul
Wade, R.A. MA MSc
CEng MIMechE qs 1 Jul
Williams, J.D. BSc
semc qss 1 Jul

1994

Clark, D.R. qs 1 Jan
Dalley, S.L. IEng 1 Jan
Pennycook, J.A.R. MBA
IEng MRAeS semc 1 Jan
Croft, P.J. MSc BSc ae
semc qs 1 Jul
Izard, B.S. MSc BSc
CEng MIMechE qs 1 Jul
Jones, R.A. semc qs 1 Jul
Lansbury, D. BA qs 1 Jul

ENGINEER BRANCH

Squadron Leaders

1994—contd

Spencer, R.M.J. MBA IEng MIIE qs	1 Jul
Stewart, W.J. MSc BA IEng CEng MIIE MRAeS qss	1 Jul
Tarbitten, C.M. BSc(Tech) qss	1 Jul

1995

Bingham, G.K. MSc BSc ae qss	1 Jan
Marshall, K.A. BSc CEng MIMechE qs	1 Jan
Newby, M.A. MSc BSc ae qs	1 Jan
Baird, M.J. MSc BSc ae qs	1 Jul
Dangerfield, M.J. BSc qss	1 Jul
Headey, G.E. qss	1 Jul
Moore, C.	1 Jul
Peet, K. MSc MDA BEng CEng MIEE MInstD slmc qs	1 Jul
Perry, L.K. IEng MIExpE MIIE AMRAeS semc qss	1 Jul
Rawcliffe, A.P. qss	1 Jul
Turner, N.J. BSc qs	1 Jul

1996

Annal, P.D. BSc CEng MIMechE qcc	1 Jan
Hesketh, S.M. IEng MCMI MIIE slmc qs	1 Jan
Turner, T.N. MPhil MSc BSc slmc qs	1 Jan
Ambrose, I.D. qss	1 Jul
Bartlett, N.G. IEng MIIE qs	1 Jul
Ho, M.Y.K. MBE BSc(Eng)	1 Jul
Marshall, J. qss	1 Jul
Patel, P. MSc IEng FIIE qs	1 Jul

1997

Bradbury, N.J. BSc CEng qs	1 Jan
Cottrell, N. IEng MIIE qs	1 Jan
Horrocks, M. MSc BSc ae qss	1 Jan
Stubbs, M.R. MSc BSc(Eng) qs	1 Jan
Benford, C. BSc qs	1 Jul
Delaney, R.H. MSc qs	1 Jul
Gasson, B.R. IEng MIIE slmc qs	1 Jul
Gilbert, M.R. BSc IEng AMRAeS qab qs	1 Jul
Holmes, C.N. BSc qs	1 Jul
Jarvis, K.E. MSc BEng qss	1 Jul
Johnson, R.M. MSc BSc ae qs	1 Jul
Mitchell, P. MSc BEng CEng MRAeS qs	1 Jul
Pettitt, S.J. BSc CEng MRAeS qs	1 Jul
Rogers, D.E. BSc IEng MIEE qs	1 Jul
Taylor, C. BSc CEng MIEE qss	1 Jul
Wilkes, J.G. BSc IEng MIEE qs	1 Jul
Wilson, P. MRAeS qss	1 Jul
Wilson, I.A. MSc BEng ae qs	1 Jul
Young, A.G. BEng qs	1 Jul

1998

Andrews, D.L. qss	1 Jan
Axelsen, M. IEng AMRAeS qss	1 Jan
Burn, R. IEng AMRAeS qs	1 Jan
Currie, A.J.A. MSc BEng CEng MIEE qs	1 Jan
Day, A.P. MSc BSc ae qs	1 Jan
Edge, A.D. MSc BSc MIMechE qs	1 Jan
Evers, M.C. MSc qs	1 Jan
Grainger, R. MBA BSc(Eng) CEng MIMechE slmc qs	1 Jan
Hurst, I.M. MSc BSc CEng MIEE qs	1 Jan
Nicholls, A.P. BEng qss	1 Jan
Powell, N.R. BSc qsb semc qs	1 Jan
Rhimes, D.M. qs	1 Jan
Ward, I. BSc qs	1 Jan
Webster, S.M.J. BSc qs	1 Jan
Turner, S. BSc ae slmc qss	14 Jan
Arnold, D.B. BSc CEng MIMechE qs	1 Jul
Balderstone, A.W. MSc BEng qs	1 Jul
Bell, A.S. MSc BSc ae qs	1 Jul
Buckland, P.J. qs	1 Jul
Ewbank, T.D. BSc IEng MRAeS qs	1 Jul
Firby, N. slmc qss	1 Jul
Freer, G.W. MSc BSc ae slmc qs	1 Jul
Greenwood, R.J. IEng AMRAeS qs	1 Jul
Gunn, T.J. BSc IEng MRAeS DipMgmt qs	1 Jul
Hands, C.J. MSc BEng ae qs	1 Jul
Holmes, A.G.K. qs	1 Jul
Jemmett, R.C. MSc BSc CEng ae qs	1 Jul
Johnson, C.N. qs	1 Jul
Kimber, A.J. MSc ae qs	1 Jul
MacRury, D.G. qs	1 Jul
Nelson, A.R. MSc BEng CEng MRAeS ae qs	1 Jul
Parlett, R.B. qss	1 Jul
Saunders, D. BEng CEng MIMechE qs	1 Jul
Slee, P. BEng CEng MIEE adp qs	1 Jul
Starr, P.G. qss	1 Jul
Wells, M.C. BEng MRAeS qs	1 Jul

1999

Armitage, G.V.R. MBE BSc qs	1 Jan
Edwards, C.J. MSc BEng (Eur Ing) CEng MIEE qs	1 Jan
Flather, N. qss	1 Jan
Higson, D.W. MSc BEng qs	1 Jan
Hubert, I.L. BSc qs	1 Jan
Kyte, G.M. MBE BSc CEng MIEE qab qs	1 Jan
Lea, N.J. MSc BEng qs	1 Jan
Mitchell, J. MSc BEng CEng MRAeS qss	1 Jan
Senior, K.S. MSc MSc BSc(Eng) CEng FIMechE qs	1 Jan
Shields, R.G. qs	1 Jan
Taylor, I.J. MSc BEng CEng MRAeS qs	1 Jan

ENGINEER BRANCH

Squadron Leaders

1999—contd

Ward, S.K. MBA BA MCMI MRAeS qss	1 Jan
Wright, J.M. qss	1 Jan
Akerman, C. MBA slmc qs	1 Jul
Barrington, M.P.B. qs	1 Jul
Campbell, A.J. BEng qs	1 Jul
Chalmers, G. MSc IEng MIIE AMIEE qs	1 Jul
Cockram, J.D. BEng CEng MRAeS qs	1 Jul
Cummins, N.J. MSc IEng MIIE qsb qs	1 Jul
Dryden, I. BEng qab slmc qs	1 Jul
Elsy, K. MSc BEng CEng MIEE qss	1 Jul
Hegharty, D. BSc(Eng) qcc	1 Jul
Hill, G.W. BEng qss	1 Jul
Hopkins, D.J. BEng CEng MIEE slmc qs	1 Jul
Hopkins, M.J. IEng MIIE	1 Jul
Jeffery, D.W.R. BSc CEng MIMechE qs	1 Jul
Johnson, J.S. BEng qs	1 Jul
Kennedy, M.H. IEng MIIE qs	1 Jul
Khan, J.M.B. MBE BEng AMIEE qab qs	1 Jul
Kilbride, D.M. IEng MIIE qss	1 Jul
Lomas, M. MBE IEng AMRAeS qss	1 Jul
MacDonald, A.T. qss	1 Jul
Owen, M.J. qss	1 Jul
Paris, C.A. BEng qss	1 Jul
Ramsey, S.A. BEng AMIEE slmc qs	1 Jul
Riddell, J.G. MSc BSc CEng MRAeS qss	1 Jul
Salmon, R.E. BSc qss	1 Jul
Skinner, M.D. IEng MIIE qss	1 Jul
Spencer, P.M. MBE BSc IEng MIIE qss	1 Jul
Terrill, N.S. MSc BEng qs	1 Jul
Willis, A.S. BSc qs	1 Jul

2000

Adams, A. qs	1 Jan
Allan, R.M. BSc qsb qs	1 Jan
Atkins, A.R. qs	1 Jan
Baldwin, P.J. qs	1 Jan
Brown, D.P. MSc BEng CEng MIEE qs	1 Jan
Callaghan, J. BEng CEng MIMechE qs	1 Jan
Croxford, K.C.A. qss	1 Jan
Dabrowski, M.R. MSc BSc qss	1 Jan
Daulby, P.R. BEng slmc qs	1 Jan
Dunnett, R.D. IEng qss1	1 Jan
Goddard, M.R. BSc qs	1 Jan
Harvey, S.D. MBA BSc qs	1 Jan
Hurst, T.M. BSc qs	1 Jan
Johnson, P.E.C. MSc BEng CEng MRAeS qs	1 Jan
Jones, L.J. BSc (Eur Ing) CEng MRAeS slmc qs	1 Jan
King, J. qs	1 Jan
Kirk, J. qs	1 Jan
Mason, D.G.J. BSc qsb slmc qs	1 Jan
McGregor, W.R. BSc CEng MRAeS qs	1 Jan
Miller, P.L. MSc BEng CEng MIEE qs	1 Jan
Palk, R.A. MSc BEng CEng qs	1 Jan
Robinson, I.M. MSc qs	1 Jan
Seaton, G.R. BSc PGCE CEng MRAeS qss	1 Jan
Seymour, W.S. MBA BEng CEng MIEE qss	1 Jan
St John-Crees, D. MSc MSc BSc (Eur Ing) CEng MRAeS qss	1 Jan
Streatfield, G.P. BEng qs	1 Jan
Tanfield, I.F. qss	1 Jan
Vernoum, K.G. qss2	1 Jan
Bullen, A.	24 Apr
Anderson, D. IEng MIIE qs	1 Jul
Beckett, W.B.M. qss	1 Jul
Beken, D.C. qs	1 Jul
Brudenell, J.P. qs	1 Jul
Dickinson, P.W. MSc BSc CEng MRAeS qs	1 Jul
Dodding, S.D. BSc qss	1 Jul
Elder, R.P. BSc CEng MIEE	1 Jul
Ellen, R.A. BEng qs	1 Jul
Gay, M.A. MSc BEng qcc	1 Jul
Goodfellow, R.C. BEng CEng MIEE qs	1 Jul
Green, A.R. BA BSc qs	1 Jul
Greenstreet, D.M. BSc CEng MRAeS qss	1 Jul
Halliday, S.J. MDA BEng CEng MIIE qs	1 Jul
Hanley, R.D. MSc BEng qss	1 Jul
Hartland, P.A. MSc BEng CEng MIEE qs	1 Jul
Haywood, S.J. BEng qs	1 Jul
Johnson, J.A. MSc BEng CEng MIMechE qss	1 Jul
Long, C.E. BEng CEng MIMechE qs	1 Jul
Marsh, R.E. MEng MBA MSc CEng MIMechE MRAeS CDipAF qs	1 Jul
Martin, D.V. BEng qs	1 Jul
Middlewood, M.L. BSc IEng qss	1 Jul
Moran, R.F. qss	1 Jul
Owen, R.M. qss	1 Jul
Pawsey, A.R. BSc adp qcc qss	1 Jul
Pipe, A.J. MBA IEng MIIE MCMI qs	1 Jul
Rawes, R.A. qs	1 Jul
Rillie, I. BSc MIIE qss	1 Jul
Rogers-Jones, A. MDA BEng CEng MIEE qs	1 Jul
Rule, S.Z. BSc qcc	1 Jul
Sadler, A.R. BSc slmc qs	1 Jul
Sallis, B.A. MBE qss	1 Jul
Stanley, M. BEng qs	1 Jul
Thompson, A.G. MDA AMRAeS qs	1 Jul
Timoney, M.J. BSc CEng MRAeS qs	1 Jul
Wilson, M.R. BSc qs	1 Jul
Wilson-Smith, G.K. MSc IEng MIIE qs	1 Jul

2001

Berrecloth, P.C. BSc qss2	1 Jan
Broderick, C.A. BEng qcc	1 Jan
Brown, M.G. MSc BEng qsb qs	1 Jan
Burke, S. BEng CEng MIEE qs	1 Jan
Connelly, J.A. MBA BEng CEng MIEE qs	1 Jan

ENGINEER BRANCH

Squadron Leaders

2001—contd

Dalton, G. BEng CEng MIEE qs	1 Jan
Dearing, S.L. MSc BEng CEng MIExpE MRAeS qcc	1 Jan
Docherty, C. IEng AMRAeS slmc qs	1 Jan
Eaton, K.P. qs	1 Jan
Eccleston, A.M. MEng CEng MIEE qs	1 Jan
Elford, S.B. qs	1 Jan
Elson, D.E. BEng qs	1 Jan
Exley, M.A. IEng MIIE qs	1 Jan
Farrow, P.W. qss	1 Jan
Grimsley, D.T.A. BSc qs	1 Jan
Hill, C.V. BEng CEng MRAeS qs	1 Jan
Jones, J.P. BEng qss2	1 Jan
Jones, J.G.	1 Jan
Kelsey, C.M. MSc BSc ae qss	1 Jan
Lloyd, P.H. MDA BEng CEng MIMechE qs	1 Jan
Lunan, I. BEng cfs qs	1 Jan
Marshall, R.S. BA qss	1 Jan
McKeown, I.D. BEng qss	1 Jan
McNeill, A.D. BEng qs	1 Jan
Mitchell, A. IEng MRAeS qs	1 Jan
Partridge, M.A. MDA IEng MIIE qs	1 Jan
Pearce, G.C. MSc qs	1 Jan
Pickard, M.J. BEng qsb qs	1 Jan
Poulton, J.C. MCSP qss1	1 Jan
Praag, A.N. qs	1 Jan
Press, J.R. qs	1 Jan
Saul, P.M. BEng qs	1 Jan
Simmonite, A.J. BEng qs	1 Jan
Smeaton, J.P.R. BEng CEng MIEE qsb qs	1 Jan
Thompson, T.M. BEng qs	1 Jan
Treloar, B.C. qs	1 Jan
Watkins, G.D. BEng CEng qs	1 Jan
Whittingham, R.C. MBE qss	1 Jan
Winfield, R.J. qs	1 Jan
Wootten, M.J. IEng MRAeS qs	1 Jan

Aitchison, D.F. qss	1 Jul
Allan, C.J. qss	1 Jul
Armstrong, A.D. MSc BEng slmc qss	1 Jul
Baldwin, B.F. qss	1 Jul
Carroll, M.W. MDA BEng MRAeS qss	1 Jul
Carroll, J.H. MBA MCMI MRAeS qss2	1 Jul
Coleby, T.B. MSc BEng CEng MRAeS ae qss	1 Jul
Crowe, J.A. MBE BSc qcc	1 Jul
Dalton, G.S. qss	1 Jul
Darby, C.A.M. IEng AMRAeS qss	1 Jul
Evans, M.S. MBE BEng qss	1 Jul
Ford, A.J. qs	1 Jul
Goodfellow, A.M. BEng CEng MIEE qs	1 Jul
Hill, I.R.	1 Jul
Lucie-Smith, E.R. BSc CEng MRAeS qs	1 Jul
Martin, G. qs	1 Jul
Martin, P.L. MSc BEng CEng qs	1 Jul
McCleary, D.P. BSc CEng MIMechE qss	1 Jul
McDermott, D. qcc	1 Jul
Mills, J.B. BEng slmc qs	1 Jul
Newton, C.H. qss2	1 Jul
Parker, R.M. MA MSc ae qs	1 Jul
Parry, D.T. IEng MCMI MIIE qss	1 Jul
Payne, N.G. BSc qs	1 Jul
Phillips, J.S. MSc BEng CEng qss	1 Jul
Powlson, M.D. BEng qs	1 Jul
Pullen, M.P. BEng CEng MIEE qs	1 Jul
Ramsden, G.P. BEng CEng MIEE qs	1 Jul
Shelley, J.M. qss	1 Jul
Stevens, J.E. MSc MSc BEng CEng MIEE qs	1 Jul
Twine, A.N.H. qs	1 Jul
Tyler, P. MBE IEng MIIE qss	1 Jul
Walker, R.J. BEng qss	1 Jul
Waters, P.J. MSc qss	1 Jul
Williams, W.J.A. BA	1 Jul
Williams, D.J. LLB IEng AMRAeS qss	1 Jul

2002

Alcock, A. MSc BEng CEng MRAeS qss	1 Jan
Austen, R.G. slmc qss	1 Jan
Baldaro, J.L. BEng CEng qs	1 Jan
Bilney, M. BEng qss	1 Jan
Bolt, A.T. MDA BEng qsb qs	1 Jan
Briggs, S.V. MSc BEng CEng MIEE qss2	1 Jan
Cooksley, A.P. MSc BSc CEng MIEE qs	1 Jan
Edmondson, E.A. BEng CEng MIMechE qcc	1 Jan
Egan, C.J. BEng qcc	1 Jan
Forbes, G.S. qss	1 Jan
Gilroy, J.R. BEng qs	1 Jan
Harris, S. BEng CEng MIEE qs	1 Jan
Haynes, P.D. BEng qs	1 Jan
Hesketh, S.J. MSc BEng CEng MRAeS ae qs	1 Jan
Hewitt, A.K. MSc BEng CEng MIMechE qs	1 Jan
Hodge, M. BEng qs	1 Jan
Hutchison, H.G. MSc BEng CEng MIMechE qs	1 Jan
Iles, A.D.G. qss2	1 Jan
Knights, S.A. BEng CEng MRAeS qcc	1 Jan
Lilly, P.D. MSc BEng ae qcc	1 Jan
McCarthy, J.A. MSc BEng qs	1 Jan
McLaughlin, S. BEng qsb qs	1 Jan
McNair, G.W. BEng qs	1 Jan
McQuillan, S.D.V. MSc BEng CEng MIMechE qss	1 Jan
Mockford, A.D. MSc IEng qs	1 Jan
Osborne, J.B. BEng qs	1 Jan
Parry, S.A. BEng qss2	1 Jan
Potts, M.J. MSc BEng qss	1 Jan
Prentice, P.R. MSc BEng adp qs	1 Jan
Roberts, L.P. MBE BEng qs	1 Jan
Russell, J. qs	1 Jan
Sadler, B. qss1	1 Jan
Simpson, S.M. BEng qs	1 Jan
Slaven, D.R. BEng CEng MIEE qsb qcc	1 Jan

ENGINEER BRANCH

Squadron Leaders

2002—contd

Name	Date
Smith, L.F. BEng CEng MIMechE qs	1 Jan
Souter, W.G. BEng qss1	1 Jan
Tucker, C.D. BEng qs	1 Jan
Watford, I.R. IEng AMRAeS qss	1 Jan
Watson, N. MSc BEng BSc CMath MIMA ae qss	1 Jan
Watson, B.J. BEng qs	1 Jan
Williamson, S.C. BEng qs	1 Jan
Wilson, A.G.A. BEng CEng MIEE qs	1 Jan
Wilson, C.J. qss	1 Jan
Wincott, S.M. BEng qs	1 Jan
Woodfine, D.S. MBA BEng CEng MIEE MCMI qs	1 Jan
Beech, G. qs	1 Jul
Blogg, D.O. MDA IEng MRAeS MCMI qs	1 Jul
Bowden, J.T. IEng AMRAeS qs	1 Jul
Bowland, J.E. qcc	1 Jul
Bradley, I.M. BEng CEng MIEE qss2	1 Jul
Bradshaw, S.J. MEng MSc qs	1 Jul
Eames, D.P. MSc BEng qs	1 Jul
Ellis, G. BEng CEng MRAeS qs	1 Jul
Espie, D.W. qss	1 Jul
Frew, D.M. MBA BEng qs	1 Jul
Gee, S. MSc BEng qs	1 Jul
Hale, R.J. BEng qcc	1 Jul
Hawkins, F.P. MSc BEng CEng MIEE qs	1 Jul
Heath, S.T. MSc BEng CEng MRAeS ae qss	1 Jul
Hillary, N.P. slmc qss	1 Jul
Huby, G.M. BEng CEng MRAeS qs	1 Jul
Jones, A.J. MSc BEng CEng MIEE qs	1 Jul
Killick, A.J. qs	1 Jul
Lander, D.S. MSc BEng CEng MIEE adp qs	1 Jul
Lawrence, G. MSc BSc CEng adp qss	1 Jul
Leyland, T.J.W. BSc qss	1 Jul
Martin, J.W.R. MSc BEng AMIEE qab qs	1 Jul
McLoughlin, A.J. slmc qs	1 Jul
McQuillin, K.F. BSc CEng MRAeS qss	1 Jul
Paling, J.J. IEng	1 Jul
Parsons, C.J. qss	1 Jul
Paul, J.C. MSc BEng qs	1 Jul
Waring, S.J. BSc qcc	1 Jul
Watt, K.G. BEng CEng MIEE qs	1 Jul
White, A.J. BEng qcc	1 Jul

2003

Name	Date
Anderson, M.G. MSc CEng MRAeS MInstLM ae qss	1 Jan
Arnold, N.J. BEng qs	1 Jan
Baxter, D.M. MA BEng CEng MRAeS qss2	1 Jan
Beasley, S.G. qss	1 Jan
Boardman, L.D. qs	1 Jan
Bowles, K.N. qss	1 Jan
Bradbury, S.P. BEng qs	1 Jan
Brennan, M.F. BEng qs	1 Jan
Brown, R.N. BEng qs	1 Jan
Burke, R.T. qs	1 Jan
Butt, N.J. MSc BSc qss2	1 Jan
Bye, D.D. MSc BSc CEng MRAeS ae qss2	1 Jan
Carter, K. BEng qs	1 Jan
Dart, P.G. BEng qs	1 Jan
Davies, S.R. qss	1 Jan
Di Nucci, S. MSc BEng qs	1 Jan
Ellis, T.J.R. BSc CEng MRAeS MIExpE qab qtm qs	1 Jan
Ford, R.J. BEng qss	1 Jan
Grace, J.C. BEng CEng qs	1 Jan
Hall, D.A. qs	1 Jan
Houghton, I. BSc CEng MIEE qs	1 Jan
Hunt, M. MDA BEng CEng FIMechE MCMI qs	1 Jan
Johnson, T.P. qss	1 Jan
Johnson, T.W.R. qss	1 Jan
Jones, C.A. qss	1 Jan
Lloyd, R.A. BEng qs	1 Jan
Mammatt, J.E. MSc BEng qs	1 Jan
McCann, A.M. MBE qss	1 Jan
Milwright, D.T.P. MBA BSc CEng MIEE qs	1 Jan
Mitchell, J.C. BEng qss	1 Jan
Morgan, D.W. MEng CEng qs	1 Jan
Morley, P.M. BEng qs	1 Jan
Morris, P.D. MBA BEng CEng MIMechE qs	1 Jan
Murphy, C.J. qss2	1 Jan
Musk, T.S. BEng qs	1 Jan
O'Connell, S.T. BEng qss	1 Jan
Oglesby, D.H. MSc BEng CEng MIEE ae qss	1 Jan
Paice, N.J. qss	1 Jan
Peck, R. BEng qs	1 Jan
Pridmore, B.J. BEng CEng MRAeS qs	1 Jan
Reed, S.J. MSc BEng CEng MIEE qss	1 Jan
Regan, P.E. BEng qs	1 Jan
Rolf, J. MA MPhil MRAeS qs	1 Jan
Sanderson, A.M. BSc CEng qs	1 Jan
Scantlebury, P.J. MSc BEng ae qs	1 Jan
Seddon, J.W. BEng CEng MIMechE qs	1 Jan
Skirving, D.J. BEng qss2	1 Jan
Stott, I.R. BSc qss	1 Jan
Thurrell, W.M. BEng qcc	1 Jan
Tomlinson, J.I.M. BEng qcc	1 Jan
Tozer, D.J. BEng qcc	1 Jan
Waggitt, R.D. BEng qss2	1 Jan
Watkins, S.C. MSc BEng qcc	1 Jan
Wilkinson, P.J. MSc BEng qss2	1 Jan
Woods, S.B. MSc BEng CEng MIEE qs	1 Jan
Young, J.N. MSc BEng qcc	1 Jan
Bellamy, S.J. BEng qs	1 Jul
Bradley, R.N. qss	1 Jul
Breslin, P.G. qss1	1 Jul
Carter, D.J. BEng qs	1 Jul
Casey, T.J. BEng CEng MRAeS qs	1 Jul
Copeland, A.W.W. qss	1 Jul
Duncan, J.K.	1 Jul
Dunne, A.J. BEng qs	1 Jul
Gerty, E.M. MSc BEng qcc	1 Jul
Green, J.R. MSc qs	1 Jul
Hampson, M.C. BEng qs	1 Jul
Harmer, N.J. BEng qs	1 Jul

ENGINEER BRANCH

Squadron Leaders

2003—contd

Name	Date
Hodge, C.F. BEM qcc	1 Jul
Hopwell, I.J. qcc	1 Jul
Horsley, D.R. BEng CEng qs	1 Jul
Hudson, E.A. BEng qcc	1 Jul
Jack, J.A. BEng qs	1 Jul
Joly, R.B. MSc BEng CEng MRAeS qss2	1 Jul
Khan, F. MEng qab qs	1 Jul
Lewis, D.A. BEng qcc	1 Jul
Ley, E.R.J. BEng CEng MRAeS qs i*	1 Jul
McEwing, M.F. MSc BEng CEng MIMechE qss	1 Jul
Mepham, K.D. MSc BEng (Eur Ing) CEng MIEE qss	1 Jul
Morris, B.D. MBE BEng ae qcc	1 Jul
Neal-Hopes, T.D. MSc MBA BEng CEng MIEE MCMI qs	1 Jul
Plant, B.M. BEng qcc	1 Jul
Rayner, K.S. BEng qs	1 Jul
Richards, R.P. MEng qcc	1 Jul
Russell, S.J. qss1	1 Jul
Scott, M.D. BSc qss	1 Jul
Shipley, J.M. BEng qs	1 Jul
Simpson, I. BEM	1 Jul
Stanley, R.M. BEng qs	1 Jul
Still, W. BEng qss	1 Jul
Sussex, P.S. BEng qss	1 Jul
Swinney, R.W. MSc MSc BSc MIEE qcc	1 Jul
Tapping, J.G.C.	1 Jul
Tomlinson, G.G. MSc BEng CEng MIEE qcc	1 Jul
Trimble, I.C.	1 Jul
Way, C.S. BSc qs	1 Jul
Wilson, J.W.I. BEng qss	1 Jul

2004

Name	Date
Ankers, J.R.E. BEng qcc	1 Jan
Balls, R.J. BEng qcc	1 Jan
Barraclough, R. BEng qss	1 Jan
Barton, S.D. MEng CEng qcc	1 Jan
Blake, C. BEng qcc	1 Jan
Cann, C. qss	1 Jan
Channon, M.P. qss	1 Jan
Chapman, P.G.H. BSc qcc	1 Jan
Chappell, J.L. BEng qcc	1 Jan
Collie, P.D. BSc	1 Jan
Collins, L. BEng qcc	1 Jan
Connor, S.P. BEng qcc	1 Jan
Crook, L.D. MSc BEng ae qcc	1 Jan
Cruikshanks, R.W. qss	1 Jan
Cunliffe, P. BEng CEng MIEE qss	1 Jan
Elliott, A.H. IEng MRAeS qs	1 Jan
Fielder, R. BEng qcc	1 Jan
Freeman, G.J. BSc IEng AMRAeS qss	1 Jan
Frieland, C.A. qss	1 Jan
Gibson, M.A. BEng qcc	1 Jan
Gillespie, W.M. MSc BEng qcc	1 Jan
Godbolt, S.D. BEng qcc	1 Jan
Goldsworthy, J.H.	1 Jan
Gray, G.H. MBE qss	1 Jan
Grigglestone, C.M. qcc	1 Jan
Hill, C.M. BEng qss2	1 Jan
Howard, N.A. BEng qcc	1 Jan
Hoyton, D.G. MSc BSc ae qcc	1 Jan
Ingleson, M.S. BEng	1 Jan
James, T.R. BEng qss	1 Jan
Jones, D.M. qss2	1 Jan
Kelly, P. BEng CEng MRAeS qs i*	1 Jan
Kent, S.E.R. BEng qs	1 Jan
Kinsey, A.T. qss	1 Jan
Longden, R.D. BEng	1 Jan
Longley, C.I. BEng qcc	1 Jan
Mannall, D.M. qss	1 Jan
McLeod, A.C. BEng qcc	1 Jan
McMurtrie, S.R.J. MSc BEng qss	1 Jan
Mercer, G.F. BEng qcc	1 Jan
Nash, J.S. BEng qs	1 Jan
O'Kane, S.J. BEng qcc	1 Jan
Perry, A.T. BSc qss	1 Jan
Peters, C.E. MSc qss	1 Jan
Pullen, J.R.E. qcc	1 Jan
Ross, J.M. BEng CEng qs	1 Jan
Ross, I.A. BEng qcc	1 Jan
Salter, A.R. qcc	1 Jan
Savage, S.J. MSc MBA BEng CEng PGDipCCI(O) MIEE qss	1 Jan
Smeaton, C.A. MSc BEng CEng MRAeS ae qcc	1 Jan

Name	Date
Smith, R.L. BEM BEng CEng MRAeS qss	1 Jan
Southall, R.C. BEng qcc	1 Jan
Swanson, J. MSc BEng qcc	1 Jan
Thorley, L.D. BEng qab qs	1 Jan
Williams, M.J. BEng qss	1 Jan
Worth, N.P. qcc qss	1 Jan
Bailey, C.P. IEng qss	1 Jul
Baker, A.J. BEng qcc	1 Jul
Barr, R.P. BEng qcc	1 Jul
Bradley, M.R. BEng CEng MIMechE qcc	1 Jul
Calder, F.J. qcc	1 Jul
Cannon, S.A. IEng qs	1 Jul
Catt, M.S. BEng qcc	1 Jul
Chapman, P.M. BEng qss2	1 Jul
Checkley, C.C.T. BEng qcc	1 Jul
Clapp, S.E. MSc BEng qcc	1 Jul
Ditton, R.J. qcc	1 Jul
Donnellan, S.J. BEng qss	1 Jul
Gadney, A.D. BEng qcc	1 Jul
Gilbert, A. MEng qcc	1 Jul
Hamilton, E.S. qss	1 Jul
Heath, P.A. MSc BEng ae qcc	1 Jul
Higham, N.P. MSc BEng qcc	1 Jul
Hollins, D.G.	1 Jul
Keeling, A.C. BEng qcc	1 Jul
Leeks-Musselwhite, M. MSc BSc CEng MRAeS MIEE qcc	1 Jul
Meeghan, P. IEng MIIE qcc	1 Jul
Peach, B.J. qs	1 Jul
Potter, A.K. IEng MIIE qss2	1 Jul
Ralph, S. MSc BEng PGCE ACGI qcc	1 Jul
Skelton, P.J. qcc	1 Jul
Smith, R.L.S. BEng qcc	1 Jul
Stanley, A.K. MSc BEng qcc	1 Jul
Whyte, E. BEng CEng MIEE qcc	1 Jul

2005

Name	Date
Arnold, J.G. qss	1 Jan
Brooker, P.A. BEng qcc	1 Jan
Browning, J.L.W. MSc BEng ae qcc	1 Jan

ENGINEER BRANCH

Squadron Leaders

2005—contd

Chesworth, I.D. BEng qcc	1 Jan
Collett, T.G. BEng qss2	1 Jan
Dyke, S.J. BEng AMIEE qcc	1 Jan
Fell, A.T. BEng CEng MRaeS qs	1 Jan
Gibson, G.V. MSc BSc IEng MIIE CertEd qss	1 Jan
Goddard, A.P. qss	1 Jan
Green, A.S. BEng CEng MIEE qss	1 Jan
Greenland, S.J. BEng qcc	1 Jan
Hall, G.J. MSc BEng qcc	1 Jan
Harding, N. qss	1 Jan
Joy, S.D. BEng qcc	1 Jan
Lowry, W.M. BSc IEng MIIE qss1	1 Jan
Martin-Jones, P.D. BEng qcc	1 Jan
McKenzie-Orr, A. BSc qss2	1 Jan
Neasham, S. BEng qs	1 Jan
Pinder, K. BSc qcc	1 Jan
Powley, S.K. BEng qcc	1 Jan
Ricketts, J.M. MSc qcc	1 Jan
Rodley, C.I. MEng qcc	1 Jan
Simmonds, G.T. qcc	1 Jan
Studley, G.S. qss	1 Jan
Warren, J. BEng qcc	1 Jan
Wood, B.D.A. BEng qcc	1 Jan
Wright, R. BEng qcc	1 Jan
Zakary, P.C. BSc CEng MIMechE MIEE MIMarE qcc	1 Jan
Ahmed, M.A. MBE qcc	1 Jul
Beagle, T. qss2	1 Jul
Brett, S.J. BEng qcc	1 Jul
Fashade, O.A. BEng qcc	1 Jul
Green, C.D. BEng CEng MIMechE qcc	1 Jul
Green, D.H. BEng qcc	1 Jul
Harle, J.E. BEng qcc	1 Jul
Hicks, A.B. BEng qcc	1 Jul
Lawson, D.M. BEng qcc	1 Jul
Nadin, M.A. BEng qcc	1 Jul
Owen, P.E. BSc qss2	1 Jul
Peeters, G.A. BSc	1 Jul
Pescott, K.J. BEng qcc	1 Jul
Peters, C.J. BEng CEng MRAeS qcc	1 Jul
Robertson, D. BEng qcc	1 Jul
Williams, E.D. BEng qcc	1 Jul
Williams, N.P. qcc	1 Jul
Wood, A.J. qcc	1 Jul
Wright, M.S. BEng qcc	1 Jul

Flight Lieutenants

1983

Kohli, R.D.S. BSc qss	13 Jul

1985

Jones, K.C. BSc IEng MIIE	26 Oct

1987

Roberts, T.M.C. BSc CEng MIEE qss	17 Jan
Palmer, G.R.A. BSc qss	15 Oct

1988

Jones, C.H. BSc qss	25 Mar

1989

Burgess, M.K.	17 Jan
Martland, J.R. BSc qss	17 Oct

1990

Clark, F.S. BSc(Eng) qss	15 Apr
Leadbitter, S.J. IEng AMRAeS qss	22 Nov

1991

Ashcroft, K.	4 Jun
Saldanha, R.C. MBE	17 Jul

1992

Walsh, T.J. BSc qss	15 Jan
Phillips, M.E.	15 Dec

1993

Burgess, P.D.C. MSc BEng CEng MIEE ae qcc	1 Apr
Hart, S.J. MSc BEng CEng MRAeS ae qss	12 May
Crosby, C.P. qss	9 Nov

175

ENGINEER BRANCH

Flight Lieutenants

1993—contd

Gibbs, P. qss	21 Dec
O'Callaghan, P.J.	21 Dec

1994

Beverley, S.J. BEng qss	15 Jan
Hallam, A.J. BEng CEng MRAeS qcc	15 Jan
Thompson, J.P. BEng qcc	15 Jan
McCreary, C.M. BSc qcc	2 Feb
Moore, S.N. qcc	13 Feb
O'Brien, M.C. MSc BEng qss	21 Apr
Potterill, S.M. BSc qcc	11 May
Piaggesi, G.P. BSc qss	21 Jun
Clapham, D.L. BEng CEng MIMechE qss2	15 Jul
Maxwell, I.D. BEng qcc	15 Jul
Ross, F.G. BEng qcc	15 Jul
Bailey, P.	2 Aug

1995

De Rouffignac, C. BEng	19 Jan
Walker, M.B.	28 Jan
Pybus, K.W.	28 Mar
Noon, A.R. BEng qss	5 May
Tempest-Roe, R.M.	17 May
Hussain, Z. BEng qcc	15 Jul
Lacey, L.J. BEng ae qcc	15 Jul
Robinson, B. qcc	28 Jul
Turner, J. qcc	28 Jul
Moss, A.R. BEng qcc	30 Jul
Keen, K.M. MEng MSc qcc	14 Aug
Walton, J.R. qss	26 Sep
Wild, J.R.	7 Nov

1996

Matthew, J.H. MSc BSc qcc	15 Jan
Brodie, S. BEng qss2	28 Feb
Harrison, A.R. BEng qcc	8 Mar
Creber, D.J. PhD BEng PGCE qcc	6 Apr
Streatfield, P.J. BEng qcc	30 Apr
Munroe, G.M. BEng qss	12 May

1997

Daly, C.T. BEng qcc	14 Feb
Storer, K.A. MSc BEng qcc	15 Feb
Harris, R.C. MEng MSc CEng MIEE qss	20 Feb
Bedding, S.J. qcc	29 Mar
Brydon, M.F. qcc	14 May
Croft, P. BEng qcc	2 Jun
Corfield, G.M. PhD BEng (Eur Ing) CEng MIChemE MIMechE MIM DIC qcc	3 Jun
Cowie, I. MSc BEng ae qss	15 Jul
Hatten, G.A. BEng qcc	15 Jul
Mayo, P.R. MSc BEng CEng MIMechE qcc	15 Jul
Russell, P.J. BEng qcc	15 Jul
Bradshaw, N.J. qab qcc	28 Jul
Hawley, M.R. qcc	16 Aug
Todd, B.S. BEng qcc	23 Aug
Stephenson, A. BA qcc	11 Sep
Stephens, D.A. BEng	9 Oct
Hope, M.A. BEng CEng MIEE qcc	2 Dec

1998

Bobbin, A.J. BEng CEng MIMechE qcc	15 Jan
Hamilton, D.M. BEng qsb qcc	15 Jan
Harrop, D.G. qcc	8 Feb
Paris, G.D. qss	8 Feb
Goodchild, S.P. BEng qcc	13 Feb
Hamilton, C.J. BSc qcc	14 Feb
Limb, N.P. BEng	14 Feb
Warren, M.C. BEng	5 Apr
Barker, M.A. MSc BEng CEng MIEE qcc	9 Apr
Gallen, J.D. BEng qcc	9 Apr
Iddon, J.N. BEng qcc	12 May
Pullen, C.L.	4 Jul
Clarkson, J.E. BEng qcc	15 Jul
Dixon, J. MSc BEng MIEE qcc	15 Jul
Ponting, R.D. BEng qcc	15 Jul
Taylor, S.M. BEng qcc	15 Jul
Walker, G.J. BEng CEng qcc	15 Jul
Leech, A.H. qs	25 Jul

Lusty, R.O.D. qcc	25 Jul
Keir, R.H. BEng qcc	5 Aug
Watson, J.D. BSc qcc	11 Aug
Burnham, R.E. BEng qcc	12 Aug
Cooke, A.J. BSc qcc	12 Aug
James, P. BEng qcc	12 Aug
Lowe, D.P. qcc	3 Oct
Dixon, P. MSc BSc	6 Oct
Kennedy, P.J. PhD	6 Oct
Austin, P.R. BEng qss	7 Oct
Bremner, S.D. BEng qcc	7 Oct
Stocks, M.C. MSc BEng	7 Oct
Mews, J.E. qsb qss2	10 Oct
Franklin, J.A.R. BEng qss	20 Oct
Harding, M. BEng qcc	3 Nov

1999

Sumner, L.D. BEng MRAeS qcc	15 Jan
Cooke, P.A. BEng qcc	8 Feb
Dickens, P. BSc qcc	1 Apr
Colledge, G.G.	3 Apr
Collis, P.H. qcc	3 Apr
Higton, C.N. BEng qcc	3 Apr
Place, M.J. BSc IEng qcc	3 Apr
Shrewsbury, T.J. qcc	3 Apr
Strachan, T.R.A. qcc	3 Apr
Styles, G.T. qcc	3 Apr
Sinclair, A. qcc	4 Apr
Hartley, S.E. BEng qcc	6 Apr
McBain, R. BEng qcc	6 Apr
Morfee, J.P. qss	6 Apr
Whitehouse, S. qss2	6 Apr
Chappell, D.C. BEng qcc	8 Apr
Crichton, I.A.B. BEng qcc	8 Apr
Curzon, N.A. BEng qcc	8 Apr
Hansford, J.E. BEng qcc	8 Apr
Race, S.C. BEng qcc	8 Apr
Robinson, N.M. BEng qcc	8 Apr
Vickers, L.R. BSc	8 Apr
Carrier, P.A. qcc	29 May
Rogers, A. qcc	29 May
Waters, A.N. BEng	30 Jun
Barry, R.J. BEng qcc	15 Jul
Hutcheon, R. BEng qcc	15 Jul
Jackson-Soutter, P.B. BEng qcc	15 Jul
Jones, D.L. BEng qss	15 Jul
Kennedy, D.M. BEng	15 Jul
Lipscomb, P.R. BEng qcc	15 Jul

ENGINEER BRANCH

Flight Lieutenants

1999—contd

Name	Date
Millne, P.E. BEng	15 Jul
Nicholson, M.S. qcc	24 Jul
Newman, I.J. BSc qcc	26 Jul
Atkins, I.E.	28 Jul
Timms, T.G. qcc	28 Jul
Moody, I.P. BEng qcc	11 Aug
Sidney, R. MSc BEng MRAeS ae qcc	11 Aug
Tanti, B.J. BEng	13 Aug
Middleton, G.R. BEng qcc	15 Aug
Attwood, J. qcc	6 Sep
Neasham, M.A. BEng qss	8 Sep
Ellis, S. qss	2 Oct
Gellini, M. qcc	2 Oct
Greenslade, L.A. qss	2 Oct
Schoner, A.L. qcc	2 Oct
Tinsley, I.K. qcc	2 Oct
Ward, A.L. qcc	2 Oct
Coles, J.R. BSc	7 Oct
Dickinson, M.J. BEng PGCE qcc	7 Oct
Gow, A. BEng qcc	7 Oct
Keenan, S.N. BEng qcc	7 Oct
Hayton, J.R. BEng qss	24 Oct
Kirby, S. qcc	4 Nov
Birchall, S.T. qcc	27 Nov
Cox, B.N. ptsc	27 Nov
Hill, S.W. qcc	27 Nov
Jackson, D.R.	27 Nov
James, M.H. ptsc qcc	27 Nov
Lambert, T.T.A. ptsc	27 Nov
Ratcliffe, J.D.K. BEng BSc qss	27 Nov
Rowdon, S.C. BEng CEng MRAeS qcc	
Townsend, D.J. BEng AMIEE ptsc qcc	1 Dec
	17 Dec

2000

Name	Date
Rose, L.J. MEng BA ae qcc	15 Jan
Anderson, B.M.	16 Jan
Taylor, M.	16 Jan
Bertie, J.J.E. MSc(Eng) BEng qss	9 Feb
Fawcett, P.W. MEng CEng MRAeS qcc	10 Feb
Young, S.E. MEng qcc	10 Feb
Staveley, M.D. BEng qcc	11 Feb
Trollone, S.M.	2 Mar

Name	Date
Francis, T. qcc	4 Mar
Leighton, P.M. BSc qcc	8 Mar
Dodwell, J.E. BEng qcc	16 Mar
Barrett, J.E.B. ptsc qss	2 Apr
Bent, C.G. ptsc	2 Apr
Blenkinship, D.	2 Apr
Corn, J.A. BEng MIEE ptsc	2 Apr
Elliott, E.J. ptsc	2 Apr
Garrad, J. qcc	2 Apr
Holmes, D.P. qss	2 Apr
Jones, C. ptsc	2 Apr
Keen, S.D. ptsc qcc	2 Apr
Rudge, W. ptsc qss	2 Apr
Searle, P.J. qcc	2 Apr
Woods, D.K. ptsc qcc	2 Apr
Flett, D.P.	4 Apr
Haygarth, M. qss1	4 Apr
Parkes, D.W. qss	4 Apr
Day, S.P. BEng qcc	5 Apr
Anderson, R.D. BEng ae qcc	6 Apr
Newcombe, L.A. BEng qss	6 Apr
Adam, P. BSc qss	28 May
Bell, S.J. qcc	28 May
Hays, S. qcc	28 May
Jones, R.E. qcc	28 May
Lester, M.D. qcc	28 May
Mullen-Cragg, A.K. qcc	28 May
Palfrey, S. qcc	28 May
Patterson, M. qcc	28 May
Smith, R.D. qcc	28 May
Smith, B.J. IEng GCGI qcc	28 May
Reid, D.G. BEng qcc	30 May
Rose, P.M. BEng qcc	1 Jun
Baskerville, G.D. qcc	23 Jul
Hawthorn, N.R. qss2	25 Jul
Macalister, S.J.	25 Jul
Wright, H.L. MSc(Eng) BSc CEng MIEE qcc	8 Aug
Bryant, G.J. BEng qcc	1 Sep
Willis, R.L. BEng qss	25 Sep
Steel, R.N. qss	1 Oct
Sweatman, G.G. BSc qcc	1 Oct
Malcolm, N.I. BEng qcc	5 Oct
Casey, M.I.P. BEng qcc	6 Oct
Clarke, N.J. BSc IEng qcc	16 Oct
Barley, N.D. qcc	26 Nov
Bartley, L.D.	26 Nov
Deakin, M.J. qcc	26 Nov
Greensill, K.B.	26 Nov
Gundry, D. qcc	26 Nov
Matthews, P.H. IEng MIIE qcc	26 Nov
McKay, I.J.	26 Nov
Parr, L.C.	26 Nov

Name	Date
Rand, T.J. qcc	26 Nov
Reid, R.V. ptsc qcc	26 Nov
Taylor, R.A.	26 Nov
Taylor, R.M.	26 Nov
Tuckwood, G. qcc	26 Nov
Walton, S.T. ptsc	26 Nov
Black, D.C.S. BEng	30 Nov
Weekes, S.A. BSc qss	1 Dec

2001

Name	Date
Forsdyke, M.J. qcc	12 Jan
Edy, S.M.	14 Jan
Grieves, A.	14 Jan
Bleakley, T.J. MEng BA qcc	15 Jan
Edmondson, S.W. MA MEng qcc	15 Jan
Johnson, H.M. BEng qss	15 Jan
Lowe, M.C. BA qcc	15 Jan
Penter, D.A. MEng qcc	15 Jan
Ruben, R. BEng qcc	15 Jan
Tillyard, M.S. BEng qss	15 Jan
Ball, G.P. qcc	4 Feb
Chapman, S. BEng ptsc qcc	4 Feb
Johnston, D.J. qcc	4 Feb
Wells, J.R. BEng qcc	4 Feb
Bennett, N.P. BEng qcc	10 Feb
Osselton, R.G.S. BEng qcc	10 Feb
Hart, R.J.E.	24 Feb
Willis, S.G. BEng	8 Mar
Bevan, N.A. qcc	1 Apr
Cox, J.E. ptsc	1 Apr
McMahon, J.D. BEng qcc	1 Apr
Rushton, J.R. qss	1 Apr
Andrews, I.D. BEng qss	4 Apr
Price, N.E.S. MEng qcc	4 Apr
Braybrook, R.E. BSc qcc	5 Apr
Overthrow, J.T.Q. BEng qcc	5 Apr
Sproule, G.A. BSc qcc	5 Apr
Turner, J.S. qcc	27 May
Critchley, N.J. MEng qcc	29 May
Hayes, M.I. qss	29 May
Pearce, S.C. BEng	29 May
Richardson, C.J. qcc	28 Jun
Fitton, R.J. BSc qss	2 Jul
Madden, G.J.P. BEng	2 Jul
Rhymer, S.J. MSc BSc	13 Jul
Bolger, D.G.	22 Jul
Bright, I.G.	22 Jul
Brown, M.A. IEng MIIE qcc	22 Jul

177

ENGINEER BRANCH

Flight Lieutenants

2001—contd

Bryant, J.S.M.	22 Jul
Curran, P.A.	22 Jul
Fraser, P.J. IEng MIEE qcc	22 Jul
Garth, M.A.	22 Jul
Gorringe, D.J. qcc	22 Jul
Hoyle, M.E. qss	22 Jul
Quinn, C.A. BSc	22 Jul
Farrell, D.M. qcc	24 Jul
Oughton, P.	24 Jul
Plumley, R.K. BEng MIEE ptsc qcc	28 Jul
Blackie, J.R. BEng	8 Aug
Evans, B. BEng AMIEE qcc	8 Aug
Heard, G.A. BEng qcc	8 Aug
Smith, N.D. BEng qss	10 Aug
McKenna, B. qcc	25 Aug
Birchenall, R.P.	1 Sep
Burnage, S.P.	30 Sep
Chadwick, A. qcc	30 Sep
Cowan, J. qcc	30 Sep
Curran, D.A. qcc	30 Sep
Elliott, P.G. qss	30 Sep
Flynn, S.T.	30 Sep
McAllister, D.J. qss	30 Sep
Munroe, I.J. qcc	30 Sep
Pettit, M.B. BSc qcc	30 Sep
Riding, P.E. qss	30 Sep
Bath, G.J. MSc BEng	4 Oct
Crimin, M.J. BEng	4 Oct
Ellis, D.G. MEng	4 Oct
Norman, P.D. BEng	4 Oct
Thorley, J.O. BEng qss	4 Oct
Ede, J.A. BSc qcc	5 Oct
Mustoe, K.J. BEng PGCE qss	5 Oct
Slater, J.H. BSc qcc	5 Oct
Dark, G.D. qss	6 Oct
Hake, B.D. qcc	6 Oct
Auchterlonie, A.J.	25 Nov
Cashmore, S.P.	25 Nov
Creighton, J. qss	25 Nov
Croson, S.A.	25 Nov
Dix, G.M.	25 Nov
Howells, G. qcc	25 Nov
Kelham, L.J.	25 Nov
Podmore, J.V.R.	25 Nov
Rees, K.A. qcc	25 Nov
Schofield, W.D. qcc	25 Nov
Wood, M.R.	25 Nov
Hall, J.R. BEng	30 Nov
Latham, A.N. BEng	30 Nov
Smith, R.S. MEng qss	30 Nov
Fortune, J.H. qcc	1 Dec

2002

Cooke, G.B. MBE	13 Jan
Lynskey, M.F. BEM	13 Jan
Downing, A.M. BEng qcc	15 Jan
Quick, M.D.	19 Jan
Akehurst, M.J.	3 Feb
Aldridge, J. BSc	3 Feb
Carruthers, R.W.	3 Feb
Cawrey, S.	3 Feb
Cockerton, P.D.	3 Feb
Deakin, P.I. BSc IEng AMRAeS qcc	3 Feb
Naylor, S.W. BEng AMIEE qss	3 Feb
Scott, P.A.	3 Feb
Clark, B.J. MEng qcc	8 Feb
Cook, M.C. BEng qcc	9 Feb
Lane, M.A. BEng CEng MRAeS cfs(g) qcc	9 Feb
Ward, J.C.V. BEng qss	9 Feb
Greenwood, B.C.J. BEng	21 Mar
Arthur, P.R.	30 Mar
Barlow, J.R. qcc	30 Mar
Mateer, J.E.	30 Mar
Welchman, S.J. qcc	30 Mar
Worker, R.D.	30 Mar
Scott, M.N. BEng qss	2 Apr
Batch, S.M. MEng	3 Apr
Homsey, K.G. MEng qcc qss	3 Apr
McKenna, J. BEng qss	3 Apr
Pearce, S.R. BEng	3 Apr
Smith, N.R. BEng	3 Apr
Winter-Goodwin, G.C. BEng	3 Apr
Wood, A. BEng qss	3 Apr
Budden, N. BSc	4 Apr
Gates, R.D.J. BEng qcc	4 Apr
Parsons, C. BEng qss	4 Apr
Taylor, E.R. BEng qcc	4 Apr
Marr, R. BEng	10 Apr
Mould, J.S. qss	24 Apr
Main, A.J. BEng MIEE	1 May
Cokayne, I.M. BSc	25 May
Cosbie-Ross, N.A.	25 May
Hill, A.D.C.	25 May
Jessel, B. qcc	25 May
Lisle, S.J. BA qcc	25 May
Parker, J.C.	25 May
Sweet, M.I. qss	25 May
Wheeler, J.J. qcc	25 May
Bullerwell, K.V. BEng	28 May
Dexter, A.W. IEng AMRAeS qss	28 May
Ghataora, M.S. BEng qss	28 May
Parker, A.F.	28 May

Williams, Y.D. MSc BEng qcc	28 May
Ashbridge, T. BEng qcc	29 May
Jones, H.B. BEng qss	29 May
Boll, K.	20 Jul
Garriock, J.M.	20 Jul
Kerswill, J.M.J. qcc	20 Jul
Large, A.J. qcc	20 Jul
McLoughlin, D.M.	20 Jul
Monk, G.A.	20 Jul
Morris, S.G.	20 Jul
Poley, C.A. qcc	20 Jul
Sharp, P.R. qss	20 Jul
Smith, M.J.	20 Jul
Thompson, C.A.	20 Jul
Wright, D.C. qcc	20 Jul
Jones, I.J. qss	23 Jul
Warner, A.M. qcc	23 Jul
Jones, J.N. BEng qab	4 Aug
Higgins, C.A. BEng qcc	7 Aug
Alden, M.D.	28 Sep
Bennett, I.J.	28 Sep
Cameron, I.	28 Sep
Dale, S.C. BSc PGCE APMP qss	28 Sep
Hedge, G.	28 Sep
Lashbrook, A.A. qss	28 Sep
Lilly, S.J. qss	28 Sep
McCarthy, K. qcc	28 Sep
McIntyre, P.D.	28 Sep
Paton, B.	28 Sep
Smith, P.J. BSc qcc	28 Sep
Spalding, E.	28 Sep
West, M.A.	28 Sep
Wright, I.C.	28 Sep
Askew, D. BSc	2 Oct
Pamplin, I.R. MA MEng BA qss	2 Oct
Charter, K.L. BSc	4 Oct
Kirk, A.I.C. BEng qcc	4 Oct
Thrower, R.B. BEng	4 Oct
Belcher, I.C.	11 Oct
Allen, I. BSc qcc	23 Nov
Bell, C.G. qcc	23 Nov
Bull, J.	23 Nov
Conway, K.T.G.	23 Nov
Darley, T.J.	23 Nov
Dingle, A.	23 Nov
Edgeworth, B.I. BSc qss	23 Nov
Edwards, M.D. BSc qcc	23 Nov
Grant, P.J.	23 Nov
Lewis, M.A. BSc IEng MRAeS	23 Nov
Sanderson, A.J. BSc	23 Nov
Thompson, R.L.	23 Nov
Joyce, T.M. BSc qss	28 Nov
Miller, D.C. BEng	28 Nov

ENGINEER BRANCH

Flight Lieutenants

2003

Name	Date
Askew, T. BEng qss	15 Jan
Butterworth, M.C. MEng	15 Jan
Feeney, C.H. MEng	15 Jan
Trapnell, B.P. MEng	15 Jan
Trundle, V. MEng qss	15 Jan
Watson, C.S. BEng qcc	15 Jan
Ball, M.D.	1 Feb
Deith, S.P. qss	1 Feb
Doney, M.L. qcc	1 Feb
Eskdale, C.I.	1 Feb
Priday, R.	1 Feb
Stocken, R.G. qss	1 Feb
Vogel, D.W.	1 Feb
Whitecross, Y.E.	1 Feb
Woodward, S.P.T.	1 Feb
Houvenaghel, A.J. BSc	3 Feb
Greenhill, K.J. MEng	6 Feb
Hornsby, D. MEng	6 Feb
Lively, J.P. MEng	6 Feb
Bagnall, C.A. BEng	8 Feb
Burgess, G.A. BEng qcc	8 Feb
Hart, R.A. BEng ae	8 Feb
James, I.M.Z. BEng qss	8 Feb
Evans, J.R. qss	29 Mar
Forrester, D.M. qcc	29 Mar
Judson, R.H.	29 Mar
Lyons, C.J. BSc	29 Mar
Pearson, M.D.	29 Mar
Quant, B.A. BSc	29 Mar
Fenn, C.R. MEng qss	1 Apr
Hyatt, A.L. MEng qcc	1 Apr
Robinson, J. BEng	1 Apr
Leigh, D.J. BEng	3 Apr
Breach, K.E. BEng	20 May
Douglas, G. qss	24 May
Jones-Lofting, D.J.	24 May
Phillips, A.J.	24 May
Salmon, J.J. MEng	26 May
Scott, A. BEng qss	26 May
Gorse, P. qcc	27 May
Audus, A.M.	31 May
Cryer, S.M.	19 Jul
Dixon, S. IEng AMRAeS qss	19 Jul
Dunson, G.J.W.	19 Jul
Free, V.M.	19 Jul
Griffin, A.R.	19 Jul
Kerrison, D.S.	19 Jul
Oughton, D.W. qss	19 Jul
Smith, B.J.E.	19 Jul
Thompson, D.M.	19 Jul
Wood, H.A. BA qcc	19 Jul
Downer, R.E. qss	22 Jul
Willmott, G.J. MSc BEng	1 Aug
Williams, S.P.	8 Aug
Vaughan, J.A. MSc BSc	27 Sep
Minshull, K.N.	30 Sep
Webber, K.A. BSc qss	30 Sep
Rowley, S.R. BEng	1 Oct
Dunn, S.A. BSc	2 Oct
Gambon, I.D. BEng	2 Oct
Mathew, J.M. BEng qss	2 Oct
Anderson, L.M.	4 Oct
Catlett, A.J. BSc	4 Oct
Foulkes, S.J.	4 Oct
Hillman, J.P.	4 Oct
Hudson, S.P.	4 Oct
Lipscomb, R.J.	4 Oct
Marshall, D.A.	4 Oct
McAllister, N.J.	4 Oct
Peel, A.	4 Oct
Slack, R.A.	4 Oct
Peel, G.M. BEng	7 Oct
Perry, R.A. BEng	3 Nov
Barber, K.S. BEng	27 Nov
Twigger, S.W.	27 Nov
De-Vaal, A.G.	29 Nov
Fisher, K.J. BSc	29 Nov
Forsyth, K.L.D. qcc	29 Nov
Gould, S.C.	29 Nov
Haddon, P.J.	29 Nov
Hannan, O.S.	29 Nov
Oatley, D.J.	29 Nov
Shepherd, I.P.	29 Nov
Thorne, M.A.	29 Nov
Williams, D.B.	29 Nov
Wilson, A. qcc	29 Nov

2004

Name	Date
Clarke, M.J. MEng	15 Jan
Flynn, E.J.	15 Jan
Hackney, L.A. BEng	15 Jan
Phillips, S.W. MEng	15 Jan
Price, R.J. MEng	15 Jan
Sampson, P.A. MSc BEng	28 Jan
Rogers, R.M.	1 Feb
Evans, C.L. BEng qss	6 Feb
Evans, M.N.	6 Feb
Harvey, D.J. BEng	6 Feb
Okwara, A.G.L. BEng	6 Feb
Roe, D. BEng	6 Feb
Wedlake, G.D. BEng	6 Feb
Adamson, M.F. BEng	7 Feb
Cudlipp, A.M.	7 Feb
Finnigan, B.A.	7 Feb
Frost, D.A.	7 Feb
Gilfillan, S.	7 Feb
MacKenzie, J.N.	7 Feb
McGowan, T.R.	7 Feb
North, D.S.	7 Feb
O'Sullivan, S.D.	7 Feb
Resoli, A.R. BSc CertEd i	7 Feb
Roberts, M.A.	7 Feb
Sanders, L.J.	7 Feb
Scully, K.N.	7 Feb
Sherry, J.N.	7 Feb
Smith, P.K.	7 Feb
Sweetlove, S.F.	7 Feb
Calver, B.J.	10 Feb
Awoniyi, I.O. MEng	12 Feb
Beynon, J.A. MEng qss	12 Feb
Cooper, L.M. MPhys	12 Feb
Matthews, L. MEng qss	12 Feb
Price, J.G.	24 Feb
Gibb, C.G.W. BEng	12 Mar
Hobbs, R.S.	27 Mar
Chester, E.R. BEng	1 Apr
Crow, I.T.	1 Apr
Gibbon, C.R.	1 Apr
Hollings, I.P. BEng qcc	1 Apr
Spector, M.A. MSc BSc	1 Apr
Ball, K.	3 Apr
Bartlett, P.J.	3 Apr
Beirne, J.P. BSc	3 Apr
Cranswick, K.R. BSc	3 Apr
Fleming, A.J.	3 Apr
Forster, D.T. qss	3 Apr
Guest, N.S.	3 Apr
Hylands, R.P. BSc	3 Apr
Lamb, G.S. BSc	3 Apr
Longmoor, S.J. BEM BSc	3 Apr
McColl, S.J.	3 Apr
Murphy, N.S.	3 Apr
Robson, D.	3 Apr
Skoyles, J.G.	3 Apr
Stephens, J.R. BSc qcc	3 Apr
Tague, D. BSc	3 Apr
Wanklin, T.J.	3 Apr
Waters, P. BSc	3 Apr
Webb, M.T.	3 Apr
Climie, A.J.	4 Apr
Fortune, S.D.M.	4 Apr
Lewis, A.J.	4 Apr
Sedgley, J.I. qss	4 Apr
Sturcke, S.B.	4 Apr
Preston, R.W. BEng	6 Apr
Hollingworth, J. MEng	7 Apr
Lomas, S.J. MEng	7 Apr
Murphy, M.T. BEng	7 Apr
Pasfield, B.G. BEng	7 Apr
Raichura, A.K. MEng	7 Apr
Roden, I.R. BEng	7 Apr
Sapsford, M.R. qss	25 May
Smith, G.C. qss	25 May
Humble, R. BEng	26 May
Fish, M.R.J. BSc	29 May
Bensley, A.J.	30 May
Bonfield, J.C.	30 May

ENGINEER BRANCH

Flight Lieutenants

2004—contd

Brady, M.G.	30 May	
Kiff, P.R.	30 May	
Madeley, S.T.	30 May	
Overington, I.C.	30 May	
Perkins, S.C.	30 May	
Simpson, S.J.	30 May	
Warden, C.D.	30 May	
Wilson, A.J.	30 May	
Wilson, A.P.	30 May	
Paul, M.T. MSc BEng	10 Jul	
Armstrong, G.	20 Jul	
Creppy, R.W.	20 Jul	
Crowe, J.A. qss	20 Jul	
Frazer, R.	20 Jul	
Robson, P.A.	20 Jul	
Hirst, I. BSc	24 Jul	
Ware, P.M.W.	24 Jul	
Whitehead, S.R.	24 Jul	
Brown, M.J.	25 Jul	
Burke, B.A.	25 Jul	
Cawley, M.C.	25 Jul	
Dimeck, A.P.	25 Jul	
Graham, P.	25 Jul	
Holyland, G.D.	25 Jul	
Jones, G.R.W.	25 Jul	
Maltman, R.L.	25 Jul	
Martin, A.W.H.	25 Jul	
Severein, P.D. BEng	25 Jul	
Willis, S.J.	25 Jul	
Johnson, J.A. BSc	4 Aug	
Lee, S.D. BEng	4 Aug	
Miu, E.J.K. BEng qcc	4 Aug	
Norris, M.R. BSc	4 Aug	
Way, N.A. BEng	4 Aug	
Barton, S.	6 Aug	
Croson, C.T.	6 Aug	
Ford, S.P. BSc	6 Aug	
Gaylard, C.J.	6 Aug	
Gillians, D.M. BEng	6 Aug	
Kirkhope, C.	6 Aug	
Martin, I.D. qss	6 Aug	
Philip, C.L.	6 Aug	
Ramsey, D.A.	6 Aug	
Ritchie, J.	6 Aug	
Smith, B.M. MBE qss	6 Aug	
Tyler, M.P.	6 Aug	
White, M.J. qcc	6 Aug	
Bradford, L.P. BEng	10 Aug	
Beckett, W.J. BEng	11 Aug	
Robertson, B.A. BEng qss	12 Aug	
Wheadon, W.J.	27 Sep	
Boyd, J.R. BSc	1 Oct	
West, M.J. BEng	1 Oct	
Fitzpatrick, C.J.	3 Oct	
Marshall, J.D.	3 Oct	
Scott, K.N.	3 Oct	
Wootton, M.A.	3 Oct	
Mayhew, J.J. BEng	7 Oct	
Pitelen, R.W.	11 Oct	
Chapman, G. BEng	6 Nov	
Butterworth, L.H. MEng	11 Nov	
Sheldon, J.A. BEng	27 Nov	
Fargher, G.P.	28 Nov	
Spate, A.G.	28 Nov	
Francis, K.J.	29 Nov	
Grove, I.C.	29 Nov	
Joseph, S.J.	29 Nov	
Batson, P.C.	30 Nov	
Polden, B.R. MEng	2 Dec	
Eckersley, M.I.	27 Dec	

2005

Gilmore, A.J.H. MEng	6 Jan
Bates, S.A.	24 Jan
Nettleton, T.J.C.	25 Jan
Swann, J.D. CEng MIMechE	30 Jan
Sexton, P.K. BEng	5 Feb
Andrews, J.E.	6 Feb
Harlow, D.R.	6 Feb
Oldfield, P.W.	6 Feb
Beesley, M.S. MEng	11 Feb
Couch, H.M. MEng	11 Feb
McCluskie, J.H. BEng	11 Feb
Mitchell, A.R. MEng	11 Feb
Platt, G.R. MEng	11 Feb
Titley, A.A. MEng	11 Feb
Ward, C.J. MEng	11 Feb
Burnett, A.W. BEng	12 Feb
Cummins, J.S. BEng	12 Feb
Dass, K.A. BEng	12 Feb
Hanson, D.M. BEng	12 Feb
Raja, H.R. BEng	12 Feb
Lenaerts, T. BEng	8 Mar
Riches, K.M.	8 Mar
Newcombe, C.	22 Mar
Holt, A.F.L.	29 Mar
Goodwin, P.A.	1 Apr
Childs, A.R.	2 Apr
Hitchen, R.M.	2 Apr
Hughes, D.J.O.	2 Apr
Baldwin, I.S.	3 Apr
Johnson, M.D.	3 Apr
Blencowe, W.J. MEng	6 Apr
Dunbar, J.A. BEng	6 Apr
Durham, J.S. BEng	6 Apr
Fletcher, B. MRES	6 Apr
French, B.A. BEng	6 Apr
Sharp, B.C. MEng	6 Apr
Collingwood, A.S. BEng	7 Apr
Hasbury, R.S. BEng	7 Apr
South, R. BEng	7 Apr
Taylor, L. BEng	7 Apr
Venables, N.R.A. BEng	7 Apr
Wilson, M.A.C. BEng	7 Apr
Preece, M.G.	17 Apr
Rushmere, I.A.	7 May
Lawson, C.A.	11 May
Done, A.J.	21 May
Esposito, G.R. BSc	27 May
Hurk, A.P. BSc	27 May
Thomas, P.A.	27 May
Dimelor-Walford, E.C.	29 May
Mulcahy, P.A.	29 May
Cox, S.J. MEng	1 Jun
Maina, E.I. MEng	1 Jun
Palmer, C.J. BEng	1 Jun
Summerscales, T.P. MEng	1 Jun
Thomas, G.L. MEng	1 Jun
Bain, D.E. BEng	4 Jun
Middleditch, S.J.	26 Jun

180

ENGINEER BRANCH

Flying Officers

1999
Martin, J.R.L.		18 Oct

2000
Starr, N.		6 Feb
Morrison, J.B.		20 Jul

2001
Annis, L.D.		22 Jul
Lee, R.A. MSc IEng MIIE		22 Jul
Shazell, N.E.		22 Jul
Bruce, J.E. MSc		30 Jul
Furness, J.S. MEng		1 Aug
Haddican, D.J.		6 Aug
Bryant, A.J. MEng		9 Aug
Faulkner, C.J. BEng		9 Aug
Fawdry-Jeffries, T.D. MEng		9 Aug
Shaw, E.A. MEng		9 Aug
Allinson, D. BEng		10 Aug
Clarke, M.P.R. BEng		10 Aug
Cowdry, D.R. BSc		10 Aug
Perrins, J.R.		10 Aug
Whitehead, A.T. BEng		10 Aug
Taylor, J.J.		1 Oct
Crebbin, P.A.		2 Oct
Scarffe, N.E.		3 Oct
Evans, C.A. MEng		6 Oct
Full, B.M. BEng		6 Oct
Lynch, M.A. BEng		6 Oct
Sheppard, J.		2 Nov
Brownley, A.		27 Nov
Daykin, A.P.		27 Nov
Dunlop, T.E.		27 Nov
Knott, J.M.		27 Nov
Parkin, A.		27 Nov
Dutton, M.J. BEng		1 Dec
Emerson, P.D. MEng		1 Dec
Pickard, G.R. BEng		1 Dec
Wickens, K.N. BEng		1 Dec
Davies, G.L. BEng		2 Dec
Meehan, J.D. BEng		2 Dec
Howarth, S.J.		9 Dec
McDonald, B.		13 Dec

2002
Wilson, W. BSc		22 Jan
Haslam, I. MA ACA		4 Feb
Fletcher, J.N.		5 Feb
Brooks, K.M. MEng		10 Feb
Coates, C.J. MEng		10 Feb
Gibson, D.G. MEng		10 Feb
Jackson, R.C.J. MEng		10 Feb
L'Abbate, P.A. BEng		10 Feb
McDonald, E.K. MEng		10 Feb
Pluck, G.I.V. MEng		10 Feb
Sleightholme, A.J. MEng		10 Feb
Chaudry, N. BEng		11 Feb
Jennings, P.M. BEng		11 Feb
Layton, A.E. BEng		11 Feb
Wadd, R.M. BEng		11 Feb
Basford, R.M.		31 Mar
Connolly, S.R.		31 Mar
Gauntlett, M.P.		31 Mar
Hamblin, K.D.		31 Mar
Amy, R.J.		1 Apr
Barstow, C.D.		1 Apr
Luxton, I.J. BEng		1 Apr
George, D.M. BSc		2 Apr
Rothwell, C.J.		2 Apr
Brockie, M.G. MEng		5 Apr
Childs, N.D. MEng		5 Apr
Gorman, J.P. MEng		5 Apr
Kersting, C.E. BEng PGCE		5 Apr
Mirfin, D. MSc BEng		5 Apr
Rumbelow, G.E. MEng		5 Apr
Wright, S.E. MEng		5 Apr
Bezance, B.M. MEng		6 Apr
Hall, A.D. BEng		6 Apr
Hearst, W.A. BEng		6 Apr
Higgins, H.L. BEng		6 Apr
Jennings, K.A. BEng		6 Apr
Murray, C.E. BEng		6 Apr
Nankivell, P.D. BEng		6 Apr
Neville, J. BEng		6 Apr
Rowse, S.C. BEng		6 Apr
Rutledge, A.C. BEng		6 Apr
Sapsford, L.D. BEng		6 Apr
Snape, D.P. BEng		6 Apr
Thompson, J.W.S.		17 Apr
Shelley, G. BEng		3 May
Pound, J.N.		26 May
Eldred, P.		27 May
Hayward, P.J.		27 May
Howe, D.P. BTech		27 May
Nicholls, K.H.		27 May
Bland, R.J.H. MEng		31 May
Hall, D.E. MEng		31 May
Keenan, N.B. BA BAI		31 May
Mellors, A.J. BEng		1 Jul
Chatten, D.N. BTech BEng		22 Jul
Cunnah, D.C. BTech		22 Jul
Smith, D.E.		22 Jul
Watson, K.R.		22 Jul
Fretwell, G.W.		5 Aug
Spear, A.P.		5 Aug
Wain, S.D.		5 Aug
Leverson, A. MEng		8 Aug
Peak, M.W. BEng		8 Aug
Antrobus, N. BSc		9 Aug
Godding, P.J. BEng		9 Aug
Hirst, D.D. BEng		9 Aug
Dickie, C.		30 Sep
Austin, W. BEng		4 Oct
Stanton, N.J. BEng		4 Oct
Clegg, J.M. BEng		6 Oct
Hunter, A.E. BEng		6 Oct
Lowing, T.R. BEng		6 Oct
McAdam, P.J. BEng		6 Oct
Mason, A.A. BEng		30 Nov
Print, R.D. MEng		30 Nov
Allison, J.D. BEng		1 Dec
Hough, J.M. MEng		1 Dec
Tod, F.T. BSc		1 Dec
Williams, M.R. BSc		1 Dec
Brooks, L.J.		2 Dec

2003
Waskett-Booth, L.D. BTech		22 Jan
Dip, P.		26 Jan
Babington, R.Y. BEng		10 Feb
Craig, C.G. BEng		10 Feb
Titshall, R.W. BEng		10 Feb
Grimes, P.A.		31 Mar
Jones, N.P. MEng		3 Apr
Maughan, B.T. MEng		3 Apr
Nevin, S.J. MEng		3 Apr
Woolven, A.D. MEng		3 Apr
Butler, P.J. BEng		5 Apr
Harris, C.A. BEng		5 Apr
Meehan, E.M. BEng		5 Apr
Sweeney, T.J. BEng		5 Apr
Reed, H.L.		15 May
Davies, C.A.		25 May
Butler, J.P. MEng		28 May
Hannaby, L.M. MEng		28 May
Lane, N.J. MEng		28 May
Marshall, R.C. MEng		28 May
Muldoon, K.L. MEng		28 May
Olliver, N.R. MEng		28 May
Phillips, D.J. BEng		28 May
Reho, D.J. BEng		28 May
Reimers, C.J. MEng		28 May
Roberts, G.E. MEng		28 May
Tomczynski, A.A. MEng		28 May
Barnes, R.S.P. BEng		31 May
Blackstock, A.G. BEng		31 May
Frankland, J.R. BEng		31 May
Mills, M.R. BSc		31 May
Willsher, S.R. BEng		31 May
Smith, H.L. BEng		8 Aug
Weddle, D.M. BEng		8 Aug

ENGINEER BRANCH

Flying Officers			Pilot Officers		Acting Pilot Officers	
2003—contd			**2003**		**2004**	
Smith, D.W.E.	11 Aug		Hagger, M.P. BEng	6 Apr	Bromfield, R.G.	5 Sep
Fivey, C.A. BEng	18 Nov				Kerin, M.E.	5 Sep
Reynolds, J.T.S. BEng	30 Nov				Mughal, S.	5 Sep
			2005		Thomas, P.M.	5 Sep
					Williams, T.R.	5 Sep
2004			Adkins, S.L. BEng	6 Feb		
			Colyer, A.M.M. BEng	6 Feb		
Hill, M.J. BEng	3 Apr		Fieldhouse, N.P. BEng	6 Feb		
Lessey, T.A. BSc	3 Apr		Henderson, G. BSc	6 Feb		
Mummery, A.J. BEng	3 Apr		Hobbs, S.L. BEng	6 Feb		
Cooper, L. BEng	28 May		Kirby, B.P.D. MEng	6 Feb		
Marple, S.L. BEng	28 May		Pfeiffer, C.K.A. MEng	6 Feb		
			Rhodes, C.A. MEng	6 Feb		
			Roy, A.C.W. MEng	6 Feb		
			Seston, T.A. MEng	6 Feb		
			Thomson, G.R. BEng	6 Feb		
			Haines, S. BSc	3 Apr		
			Parish, S.T. BSc	3 Apr		
			Powell, N. MSci	3 Apr		
			Sills, J.R. BSc	3 Apr		

SUPPLY BRANCH

Squadron Leaders

1985

Powling, B.F.E. BA im qs — 1 Jul

1986

Thompson, D.A. qs — 1 Jul

1988

Bentley, N.L. qs — 1 Jan
Drake, I.P. BA qs — 1 Jan

1989

Fulker, M.D. qs — 1 Jan
Morgan, A.J. qss — 1 Jan

1990

Parker, R.J. qss — 1 Jan
Phillips, I.R. BA MCIPD qs — 1 Jan

1991

Berry, P.W. MBE slmc qs — 1 Jan
Vincenti, M.N. MBE MDA BSc MCMI qs — 11 Dec

1992

Coward, M.J. BA qs — 1 Jan
Grogan, P. MIL qs i — 1 Jul
Payne, P.J. MSc BA slmc qs — 1 Jul

1993

Dabin, N.R.S. qs — 1 Jan
Haywood, P.R. MSc BSc qs — 1 Jan
Hardman, A.N. semc qs — 1 Jul

Smith, N.A. MDA BSc MILT qs — 1 Jul

1994

Sexton, G. MBE qsb adp qs — 1 Jan
Hill, C.M.J. CMILT qs — 1 Jul
Topley, N.E.A. MILT qs — 1 Jul

1995

Young, M.P. CMILT semc qs — 1 Jan
Brown, A.G. qs — 1 Jul
Pey, P.G. BA DipMgmt qs — 1 Jul

1996

Dack, J.R. adp qs — 1 Jul
Goss, C.H. MA MILT semc qs — 1 Jul
Sargent, B. BA MIL MILT MCMI qss i* — 1 Jul
Wright-Cooper, S.J.F. MBA BSc MCMI qs — 1 Jul

1997

Colpus, M.R. MDA BSc MCIPS qs — 1 Jan
Elworthy, B.J. DMS qs — 1 Jan
Haseltine, S.J. CMILT qs — 1 Jan
McMillan, N.J. MSc MILT slmc qs — 1 Jan
Mutton, P. qs — 1 Jan
Rolfe, A.W. MDA BSc CMILT qs — 1 Jan
Widger, W.J. MBA MCMI slmc qss — 1 Jan
Cowie, G. BSc qs — 1 Jul
Dolan, M.C. — 1 Jul
Hughes, M.A. qs — 1 Jul
Jones, S.D. BSc qs — 1 Jul
Mitchell-Gears, S. MSc BSc slmc qs — 1 Jul
Poppe, A.N. BSc MILT slmc qs — 1 Jul
Tranter, P. BA qss i* — 1 Jul

1998

Flint, R. MSc MILT qs — 1 Jan
Hale, R.J. BSc pptec qsb qs — 1 Jan
Roberts, R.W. qss — 1 Jan
Sharpe, S.J.A. slmc qs — 1 Jan
Henderson, T.A. qss — 1 Apr
Duncan, A.W. BA qss — 1 Jul
Grieves, D.J. CMILT slmc qss — 1 Jul
Howard, R.E. BA qs i — 1 Jul
Smith, C.R. BA slmc qs — 1 Jul
Walsh, P. MSc BA CMILT MCIPS slmc qs — 1 Jul

1999

Bell, N.E. BA qsb qs — 1 Jan
Carlton, M.R. MSc BA qs — 1 Jan
Macpherson, C.J. MSc qs — 1 Jan
Tempest-Roe, C.B. slmc qs — 14 May
Allen, R.D. qs — 1 Jul
Atkinson, N.F. MBE pptec qs — 1 Jul
Corby, K.S. CMILT LCGI qs — 1 Jul
Fisher, S. MA MDA slmc qs — 1 Jul
Tomkinson, P. qss — 1 Jul
Williams, S.K. — 1 Jul

2000

Bowtell, C. MILT qs — 1 Jan
Brewer, G.P. MBE BEM qs — 1 Jan
Hutchinson, P.D. BSc qs — 1 Jan
Large, M.L. pptec qs — 1 Jan
Morgan-Frise, F.T. qs — 1 Jan
Wilson, K.J. qss — 1 Jan
Barth, R.O. qs — 1 Jul
Bridgman, P.J. MSc CMILT ts qs — 1 Jul
Comfort, J.L. qs — 1 Jul
Coughlan, J.R. MILT qs — 1 Jul
Dathan, C.H. BA slmc qss — 1 Jul
Dungate, J. MILT qs — 1 Jul
Gannon, A.S. BSc qs — 1 Jul

SUPPLY BRANCH

Squadron Leaders

2000—contd

Garnham, A.J. MSc BSc ts qs i*	1 Jul
Harrop, D.J. BEd MInstPet pptec qs	1 Jul
Ireland, D. qss	1 Jul
Jacobs, D.E. qs	1 Jul
Laurie, J.K. qss	1 Jul
Potts, D.J. qs	1 Jul
Talbot, D.J. qs	1 Jul
Wilkins, D.E. qs	1 Jul
Wright, S.M. qs	1 Jul

2001

Hawker, A.M. qs	1 Jan
Lloyd, A.R. qs	1 Jan
Morgan, S.J. BSc qss	1 Jan
Perkins, S.N. qs	1 Jan
Rowland, E.M. BA MILT qs	1 Jan
Smith, G.N. qs	1 Jan
Sykes, I.J. qs	1 Jan
Tomlinson, C.M.A. qs	1 Jan
Warwick, P.J. qs	1 Jan
Adams, I.M. qss	1 Jul
Carroll, P.J. qs	1 Jul
Evans, R.D. MILT qsb qs	1 Jul
Licence, J.R. qs	1 Jul
Mahon, M.C. qs	1 Jul
Maple, G.C. MSc BA ts qs	1 Jul
Merrison, K.L. MInstPet pptec qs	1 Jul
Page, A.C. qs	1 Jul
Parry, D.W. qsb qs	1 Jul
Smith, D.P. BSc qss	1 Jul
Turner, C.R. pptec qs	1 Jul

2002

Alford, S.L. pptec qss	1 Jan
Burn, R. qss	1 Jan
Cooper, D.A. qs	1 Jan
Crossman, M.L. MBE BEd qsb qs	
Dorsett, P. pptec qss1	1 Jan
Duffy, S.J. qss2	1 Jan
Green, N. CMILT qcc	1 Jan
Harrington, J.M.H. slmc qs	1 Jan
Lendon, G.D.C. qs	1 Jan

Pratley, R.D. MA qs	1 Jan
Reynolds, I.D. qs	1 Jan
Waterworth, G.K. BSc qcc	1 Jan
Webb, W.M. qs	1 Jan
Beeby, S.C. qsb qs	1 Jul
Burrows, T. MILT qss	1 Jul
Clare, P.E. BA qs	1 Jul
Davidson, N. pptec qss	1 Jul
Durke, J. MSc MILT qs	1 Jul
Hulls, A.P. CMILT qss	1 Jul
Jones, K.A. qab qs	1 Jul
MacKenzie, E.G. MILT qs	1 Jul
Pratt, T.F. BSc qss	1 Jul
Sawyer, G.T. pptec qsb qs	1 Jul
Thurston, P.L. BA qs	1 Jul
Twose, S.J. qs	1 Jul
Valentine, W.A. qcc	1 Jul
Weir, A.K. BSc qcc	1 Jul
Wilson, L.M. qs	1 Jul

2003

Alexander, G.C. qs	1 Jan
Barclay, I.D. qs	1 Jan
Baxter, K.D. qcc	1 Jan
Biggs, P.R.	1 Jan
Bowen, S.M. BSc qs	1 Jan
Curnow, J.D. qs	1 Jan
Curry, R.J. BA qs	1 Jan
Hubbick, D.J. BA qss	1 Jan
Mahony, P.A.	1 Jan
Moss, T.S. BSc(Econ) qcc	1 Jan
Rose, J.R. qss	1 Jan
Scire, J.P. qss	1 Jan
Sendell, C.W.J. qss	1 Jan
Tyre, G.J.B. BA qss	1 Jan
Udy, J.G. qs	1 Jan
Whitwham, M.D. qss	1 Jan
Atack, J.E. qss	1 Jul
Cloke, E.A. qcc	1 Jul
Davidson, R.B. qss	1 Jul
Duguid, R.K. qss	1 Jul
Forshaw, N. de C. qs	1 Jul
Frain, I.K. MSc qs	1 Jul
Grimwood, M.P. MILT	1 Jul
Jarvis, D.J. MBE qcc	1 Jul
Jones, N.A. qs	1 Jul
Ling, S.J. qs	1 Jul
Logan, M.J. BSc qss2	1 Jul
Marshall, M.L. qss	1 Jul
Matthews, L.A. CMILT DipHE qs	1 Jul
Poole, P.S.A. qcc	1 Jul
Roberts, R.J. qs	1 Jul
Roberts, R.J. BA qab qs	1 Jul

Rogers, S.H. qs	1 Jul
Rowlands, M.A. qs	1 Jul
Sharples, V.C. BA qss	1 Jul
Topley, D.C. qcc	1 Jul
Wilson, A.J.O. MILT AMITD	1 Jul

2004

Cook, C.R. BSc qs	1 Jan
Florey, I. BSc qss2	1 Jan
Jones, G.R. DipMgmt pptec qss	1 Jan
Knight, J.L. BA qss	1 Jan
Langfield, G. MILT qcc	1 Jan
Louca, J.C. LLB qs	1 Jan
Nash, R.A.J. qs	1 Jan
Norman, G.J. BSc qs	1 Jan
Rowlands, J.W. MDA BSc CMILT ARCS qss	1 Jan
Smith, B.J. BSc pptec qcc	1 Jan
Stepney, M.J. BA qs	1 Jan
Thorne, C.J. qss	1 Jan
Wills, E.	1 Jan
Wiseman, F. qsb qs	1 Jan
Aldhous, R.R. qss	1 Jul
Arnold, P.J. MBA BSc qsb qss	1 Jul
Baker, A.M. BA qcc	1 Jul
Cane, P.J. qcc	1 Jul
Crewe, J.C. BA qcc	1 Jul
Haggett, P.J. qcc	1 Jul
Knight, S.R. qs	1 Jul
Little, R.A.	1 Jul
Simpson, M. qss2	1 Jul
Stait, T.C. qcc	1 Jul

2005

Alford, T.E. MBA qcc	1 Jan
Almond, M. BSc MILT qcc	1 Jan
Bayley, N.J. BSc qcc	1 Jan
Campbell-Wood, J.S. MCIPS qcc	1 Jan
Grant, A.N. qcc	1 Jan
Hancock, L. BSc qss	1 Jan
Ingram, G.J. qs	1 Jan
Leckie, T.M. qcc	1 Jan
Marshall, A.R. MILT qss	1 Jan
Power, R.W. MSc BSc qss2	1 Jan
Redgwick, C.D. MSc BA qss	1 Jan
Smith, M.G. qcc	1 Jan
Wilson, J.P. MA qcc i	1 Jan
Young, C. BA qss2	1 Jan

SUPPLY BRANCH

Squadron Leaders

2005—contd

Atkinson, V.L. BA qcc	1 Jul
Caldara, S. BEng qcc	1 Jul
Eastham, J.F.A. qcc	1 Jul
Stewart, S.J. BSc qss2	1 Jul
Vaughan, S.M.P. qcc	1 Jul
Veitch, C.C. DipTechEd pptec qss	1 Jul

Flight Lieutenants

1985

Hardingham, P. qss	15 Jun
Cope, P. AInstAM(Dip) qss	11 Jul

1987

Innes, A.G. BSc qss	31 Jan

1988

Bullers, P.M. BA pptec qss	2 Mar

1989

Stanford, P.G. BSc MILT qss	26 Mar

1991

Grice, G.B. qss	6 Feb
Christison, D.S.W. qss	28 Aug

1992

Wright, S.L. BSc qss	5 May
Beach, T.E. BEd qcc	12 May
Burman, C.W. qss	27 Sep

1993

Williams, M.R. qcc	11 May
Cameron, J.D. BA qss	7 Jul
Johnson, K. qss	15 Aug
Wilcox, R.J. qss2	26 Sep
Bowsher, S.J. qss1	21 Oct
Winks, K. CMILT qss	7 Nov

1994

Wober, D.U. BA qss	6 Jul
Heaton, D.C. BSc pptec qss2	17 Aug
Davies, M.L. qss2	5 Nov

1995

Jackson, I.A. MSc BSc MILT qss	15 Jan
Wardle, S.J.H. MDA BA MILT qcc	15 Jan
Prime, R.J. qss	23 Mar
Giles, M.R. MDA FInstLM MILT qss	2 May
Chilas, A. BSc qcc	6 Jun
Lambe, P.A. qss	21 Aug
Ward, D.N. qss	11 Nov

1996

Reed, G.W.	26 Mar
Randerson, A. pptec qcc	23 May
Dant, A.C. pptec qss	9 Jun
Binns, J.S. CMILT	23 Jun
Drummond-Hay, R.N. qcc	24 Jun
Henry, D.G. qcc	28 Jul
Robinson, J.	24 Sep
Hart, R.J. qcc	6 Oct
Fairgrieve, J.A. qcc	10 Nov

1997

Brown, C.G.J. BSc qss2	13 Aug
Stuart, P.G.	14 Aug
McGowan, J. qss	5 Sep
Rands, S.M. qcc	9 Nov

1998

O'Neill, A.J. qcc	4 Jan
Munden, B. qss	29 Jan
Hampton, D.J.	8 Feb
Kinloch, S. MSc BSc PGCE qcc	13 Feb
Crabtree, J.A.E. BA qcc	14 Feb
Manwaring, C.A. BSc qcc	14 Feb
Hodge, M. BA qcc	9 Apr
Rooke, J.P. qcc	7 May
Hamilton, D. BA qcc	19 Jun
Keith, C.S. qss	19 Jun
Connor, P. MBE qcc	6 Aug
McGrath, T.E. BSc qcc	11 Aug
Andrews, N.J. pptec qss	26 Sep
Morrison-Smith, S. BSc qss	7 Oct
Bullard, G.L. BA qcc	9 Oct
Stoneley, I.S. BA qcc	9 Oct
Bell, Q.L. qcc	11 Dec

SUPPLY BRANCH

Flight Lieutenants

1999

Name	Date
Chappell, S.J. BSc qcc	11 Feb
Sharp, D.J.W. MA qcc	11 Feb
McGeary, G.P. BA	13 Feb
Presly, A.D. BSc qcc	13 Feb
Reece, L.P. BEng qss	13 Feb
Leigh, R.A.	14 Feb
Abbott, P.K. qcc	20 Mar
Hale, S.L. BA qcc	6 Apr
Wheeler, P.J. qss	6 Apr
Barnes, G.A. BSc qcc	8 Apr
Turnbull, J.K. BA pptec qcc	8 Apr
Clulo, M.J. qcc	6 May
Coughlin, K. BEng	11 Aug
Knight, C.O.M. BA qcc	11 Aug
Toye, S.E. BA qcc	11 Aug
Kane, I.F. qcc	14 Aug
Cameron, R.C. BSc PGCE qcc	7 Oct
O'Brien, P.J. BA qcc	7 Oct
Lindley, J.E. BSc	8 Oct
Bell, J.H.D. BSc pptec qcc	24 Nov
Fountain, M.J. qcc	27 Nov
Jones, A.D. qcc	27 Nov
Brennan, C. BA	1 Dec

2000

Name	Date
Edgeworth, J.R. qcc	16 Jan
Kirton, W.S.	16 Jan
Miller, J.J. MInstPet DipMgmt pptec qcc	28 Jan
Baker, G. qss	5 Feb
Griffiths, R.G. BA	10 Feb
Brabner, D.J. BEng qcc	11 Feb
Davies, F. BSc qcc	11 Feb
Symons, J.A. BSc qcc	11 Feb
Watkinson, S.J. BSc qcc	11 Feb
Brown, D.D. MA qcc	5 Apr
Clarke, P.J. BSc	6 Apr
Gregory, S.J.E. BSc qss	6 Apr
Grist, A.W.J. BSc adp qcc	6 Apr
Jones, C.R.M. BA qcc	6 Apr
Smith, P.D. BA qcc	6 Apr
Sigsworth, N.	28 May
Smith, J.P. qcc	28 May
Harris, R.A.F. MSc BA qss	1 Jun
Benjamin, T.M. BA qss	22 Jun
Chapman, R.A.	23 Jul
Brown, S.J.B. BA qcc	8 Aug
Stevenson, T.L. BSc qss	8 Aug
Gray, A.R. BA qcc	9 Aug
Rogers, P.D. BSc qcc	9 Aug
Fell, J. qcc	10 Aug
Brooks, S.S. qcc	1 Oct
Reed, M. MSc BSc qcc	5 Oct
White, N.D. BSc qss	5 Oct
Doncaster, J.C.	7 Oct
Wilson, L.J. qcc	26 Nov
Cruse, S.R. BEng qcc	30 Nov
Barker, R.J. BA qcc	1 Dec
Burcher, G.S. qcc	28 Dec

2001

Name	Date
Males, A.C. BSc qcc	15 Jan
Richardson, J.V. BA	15 Jan
Batey, T.J. BA qcc	10 Feb
Whitnall, M.G. BA qsb qcc	10 Feb
Fothergill, S.R. BSc	5 Apr
Moss, S.J.R. BSc qss	5 Apr
Tribble, J.L. BA qcc	5 Apr
Huntley, N.J.A. qcc	6 Apr
Sheehan, J.	2 May
Buxton, P.G. qcc	22 Jul
Degg, A.R. qss	22 Jul
Thomson, K.E.	30 Jul
Sadler, G.M. BA qss	8 Aug
McLuskie-Cunningham, T.A. qcc	9 Aug
Naismith, P.J. MILT qss	10 Aug
Gill, J.	30 Sep
Priestley, J.B. BSc qcc	5 Oct
Brown, L.K. qcc	6 Oct
Jackson, C.J. qss	25 Nov
Organ, J.D. BA qss	30 Nov

2002

Name	Date
Moore, S.M. BSc	15 Jan
Whelan, G.	28 Jan
Spiridigliozzi, D. BSc qcc	8 Feb
Cornish, A.L. BSc qss	9 Feb
Parr, H.M. BSc qss	9 Feb
Millinson, J. BA	3 Apr
Cresswell, N.P. qcc	25 May
Hainsworth, S. BSc qcc	25 May
Steele-Benny, C.	25 May
Banstead, G.M. qcc	20 Jul
Millar, H. qss	20 Jul
Shelley, J.L.	20 Jul
Unsted, S.R. BA	7 Aug
Kingsman, M.P. qss	8 Aug
Houghton, C.D. MSc	2 Oct
Slater, N. MSc BSc	2 Oct
Higgins, J.M.	4 Oct
White, J. BSc	29 Nov
Clark, M.D. BSc PGCE	30 Nov

2003

Name	Date
Kindleysides, C.J.	12 Jan
Jones, E.A. BA	15 Jan
Oliver, S.J. BSc	15 Jan
Windridge, J.L. BSc	15 Jan
Motley, J.A.K. qcc	25 Jan
Elliott, H. BSc qcc	8 Feb
Emmett, D.T. BA	8 Feb
Evitt, S.L. BSc	8 Feb
Francis, G.M. BSc	8 Feb
Magenty, D. BA qcc	8 Feb
Pratley, D.H. BA qcc	8 Feb
Pugh, A.J. BA	8 Feb
Sardesai, S.S. LLB qcc	8 Feb
Taylor, E.L. BSc qss	8 Feb
Cronin, P.J.	10 Feb
Caves, B.D. BA	3 Apr
Watts, S.D. BSc	3 Apr
Taylor, P.S. qss	24 May
Simpkin, P.R. BSc	26 May
Castle, A.M. BA	28 May
Myers, D. BA	28 May
Bailes, C.A. BA	18 Jul
Wheildon, M.B.	19 Jul
Brooke, J.C.A. qcc	6 Aug
Andrews, J.P. BSc	12 Aug
Lobbedey, J.C. BA	1 Oct
Whitehead, C.J. BSc	1 Oct
Arnall, S.J. MSc BSc	2 Oct
Blackwood, A.R. BSc qss	2 Oct
Fletcher, T.H. BSc	2 Oct
Howell, R.T. BSc	2 Oct
Matthews, R.	3 Oct
Luker, A.C.	4 Oct
Ryder, E.W.	7 Nov
Tracey, W.S. BSc	18 Nov
Staunton-Lambert, D.P.	19 Nov
Eaton, V.L. BA qcc	27 Nov
Allen, C.S. BA qss	28 Nov
Branton, J.A. BA	28 Nov
Harris, S.	29 Nov
Maton, A.K. pptec qcc	29 Nov

2004

Name	Date
Geerah, J.A.	11 Jan
Johnson, M.K.	11 Jan
Alexander, S.M. BA	15 Jan
Hall, S.W. BSc qss	6 Feb
Roberts, S.J. BSc	6 Feb
Thomas, G.H. BA	8 Mar
Bloomer, S.M.N. BA qsb	1 Apr
Farrell, K.L. BSc PGCE	1 Apr

SUPPLY BRANCH

Flight Lieutenants

2004—contd

Ross, V.A.L. BA qss	1 Apr
Hick, R.G.	3 Apr
Holden, N.J. BSc	26 May
Hills, E.A. BA	2 Jun
Braddick, B.G. qss	5 Jun
Hall, A.M. PhD	6 Jul
Brierley, P. MILT	25 Jul
Green, M.L.	25 Jul
Rankin, J.M.	25 Jul
Corry, E.A. LLB	4 Aug
Fielder, D.J. BSc	4 Aug
Jessup, S. BA	4 Aug
Westlake, A.C. BSc	4 Aug
Dunlop, R.	6 Aug
Merritt, P. qss	6 Aug
Saggers, M.J.	6 Aug
Turnbull, C.P.	6 Aug
Burns, H. MSc BSc	1 Oct
Buttling, M.J. BA	1 Oct
Davis, C.J.A. BSc	1 Oct
Marshall, C. BSc	1 Oct
Babber, S. BSc	7 Oct
Hale, A.R. BSc	7 Oct
Bailey, O.T. BSc	27 Nov
Membry, H.M.A. BSc PGCE	27 Nov
Wharam, D.C. BA	27 Nov
McGeehan, G.L.	28 Nov
Watson, P.J. qcc	28 Nov
Vaughan, P.	29 Nov

2005

Capps, F.L. BSc	15 Jan
Samson, J.M.	5 Feb
Baily, C.L. BSc	12 Feb
Middleton, R.E. BSc	12 Feb
Screech, R.M. BSc qss	12 Feb
Summers, M.J.H. BA	12 Feb
Wheatley, E.C. MA BA LCGI	12 Feb
Winters, B.E.O. BA	12 Feb
Wright, L.M. BA	12 Feb
Bennett, M.F.	2 Apr
Purchase, D.M.	3 Apr
Collins, R.A. BA	7 Apr
Davey, L.M. BA	7 Apr
Oakley, A.L. BA	7 Apr
Sharrock, M.R. BSc	7 Apr
Parker, R.L. qss	26 Apr
Booth, T.J.	29 May
Thompson, J.A. BSc	1 Jun

Flying Officers

2001

Frogley, T.M. BSc	12 Feb
Stevens, B.H.	24 Jul
Foulkes, N. BA	9 Aug
Burgess, S.L.M.	19 Sep
Andrew, W.J.H.	3 Oct
Harvey, I.C.	3 Oct
Bell, G. BSc	7 Oct
Claridge, D.P. BSc	7 Oct
Collis, C.S. BSc	7 Oct
Penwill, A.P. BA	7 Oct
Brearley, S.B.A.	27 Nov
Beddoes, J.J. BA	1 Dec
Coe, H.J. BSc	2 Dec
Evanson, D.R. BA qsb	2 Dec
Serjeant, D.R. BSc	2 Dec
Shaw, S.E. BSc	2 Dec

2002

Baughan, J.P.	24 Jan
Bowers, I.P.	24 Jan
Buckby, K.P. BSc qsb	11 Feb
Walker, T. BA qcc	11 Feb
Coombe, R.J.	21 Feb
Rogers, T.E.	2 Apr
Evans, G.E. BSc PGCE	6 Apr
Lewis, E.J. BSc	6 Apr
Longworth, R.A. BA	6 Apr
Stott, M. BSc	6 Apr
Davidson, A.W.	27 May
Hill, K.E. BA	1 Jun
Wise, S.C.	16 Jun
Cummins, S.J. BSc	9 Aug
Watson, L.M. BA	9 Aug
Ashcroft, L.J. BSc(Econ)	30 Sep
Green, V.M. BSc	6 Oct
Ingram, K.E. MSc BSc	6 Oct
Jackson, V.A. BA	6 Oct
Proctor, O.P. BSc	6 Oct
Tucker, C.M. BSc	6 Oct
Concarr, M.D. qss	25 Nov
Scott, A.D.	27 Nov
Coleman, D.P.O. BA	1 Dec
Tucker, J.E.G. BSc	1 Dec

2003

Bosworth, V.E. BSc	10 Feb
Micklewright, S.A. BA	10 Feb
Watts, C.J. BSc	10 Feb
Arnison, A. BSc	5 Apr

Cox, M.J. BA	5 Apr
Donald, M.S.	23 May
Searle, L.E.	25 May
Graham, J.H. BSc	31 May
Hall, D.J.	2 Jun
Jones, C.J. qss	1 Aug
Wilkinson, H.T.	1 Aug
Brackstone, S.M. BA	8 Aug
Evans, T.E. LLB	8 Aug
Harnett, R. BSc	8 Aug
Holmes, N. BA	4 Oct
Rothwell, H.J. BA	4 Oct
Smith, J.N.	24 Nov

2004

Hamilton, A.J.D.	19 Jan
Turner, G.J.	19 Jan
Hogg, Z.L. BA	3 Apr
Twaite, T.C.	4 Apr
Clarke, O.J. BSc	28 May
Forbes, E.M. BSc	28 May
Hubbard, A.K.	29 May
Jones, S.P.	29 May
Croft, R.J.	4 Oct
Eldridge, A.C.	30 Nov

2005

Walsh, S.M.	28 May

SUPPLY BRANCH

Pilot Officers

2003

Newton, R.	6 Aug
Lane, S.E.	29 Nov
Whitehead, T.R.	29 Nov
O'Neill, J.	12 Dec

2004

Slater, K.E.	2 Apr
Melham, V.J.	27 May
Tucker, J.E.A.	27 May
Segar, M.R.	5 Aug
Stephens, E.J.	5 Aug

2005

Williams, R.D. BSc	3 Apr
Winson, L.M. LLB	3 Apr
Freeman, L.A. BEd	29 May

ADMINISTRATIVE BRANCH

Squadron Leaders

1987

Asher, D.R. LLB MCIPD
qs (SEC) 1 Jul
Wood, C.R. LLB
qs (SEC) 1 Jul

1988

Burton, A.J. MSc MPhil
CertEd DIC qs (TRG) 1 Jan
Smith, S. qss (CAT) 1 Jan

1989

Ashton, D.C. MSc BSc
qs (TRG) 1 Jan
Bartlett, G.D. BSc
qs (TRG) 1 Jan
Brooke, R. BSc qs(SEC) 1 Jan
Rawe, C.J. qss (SEC) 1 Jul

1990

Cowdrey, M.A. BA
qss (SEC) 1 Jan
Green, M.D. BSc MMS
ACIS qss (SEC) 1 Jan

1991

Ritchie, N.D. BA
MCIPD (SEC) 1 Jan
Finlow, B.H. BSc
qss (CAT) 1 Jul

1992

Brown, A.M. MSc
qss (TRG) 1 Jan
Grant, K.F. MA MEd
qs (TRG) 1 Jan
Kelly, P.G. qss (SEC) 1 Jan
McIntosh, J.A.K.
qs (SEC) 1 Jan
Wookey, C.K. qs (CAT) 1 Jan
Evans, B.N. qss (SEC) 1 Jul

1993

Donald, R. CertEd
qs (TRG) 1 Jan
Warwick, N.C. qs (SEC) 1 Jan
Bryne, A.M. BA MCIPD
qs (TRG) 1 Jul
Harrison, J. MBE
qcc (CAT) 1 Jul
Leech, G. BA CertEd
ACIPD qs (TRG) 1 Jul

1994

Griffin, M.J. MA BSc
PGCE MCIPD
qs (TRG) 1 Jan
Heath, R.A. BA (SEC) 1 Jan
Jones, T.A. qss (SEC) 1 Jan
Ralston, W. MSc
qs (TRG) 1 Jan
Tagg, P. MCMI qs (SEC) 1 Jan
Williamson, I.D. qs
qss (SEC) 1 Jan
Chaplin, C.P. FInstLM
MBIFM MCMI
qss (SEC) 1 Jul
Exeter, D.W. BA
qss (TRG) 1 Jul
Harvey, J.C. MA MIL qs
i* (TRG) 1 Jul
Hockley, S.J.E. MBA
BSc CBiol MIBiol
MInstD CertEd
qs (TRG) 1 Jul
Jerrard, P.E. BSc
qs (SEC) 1 Jul
Kerr, R.A. qs (SEC) 1 Jul
Lamb, J.A. qss (CAT) 1 Jul
Lyons, D.E. MSc BA
qss (SEC) 1 Jul
McCullough, D.M. BSc
qss (TRG) 1 Jul
Neild, J.R. qss (SEC) 1 Jul
Wallis, H.M. BA MCIPD
qcc (SEC) 1 Jul
Young, M. qs (SEC) 1 Jul

1995

Atkinson, R.D. qss(SEC) 1 Jan
Harris, K.A. qs (SEC) 1 Jan
Bain, D.D. BSc qs(TRG) 1 Jul

Leadbeater, N.C. LLB
qs (SEC) 1 Jul
Mahoney, N.G.A. BSc
qs (SEC) 1 Jul
Seymour, P.S. ACIB
qs (SEC) 1 Jul

1996

Collett, T.G. BA qs(CAT) 1 Jan
Nicholson, A.S.
qs (SEC) 1 Jan
Stanfield, J.W. MA BA
qs (SEC) 1 Jan
Walker, A. BA qs (SEC) 1 Jan
Barlow, P.E. qs (SEC) 1 Jul
Bowen, S.J. FIL qs
i* (SEC) 1 Jul
Dickinson, C.
CertEd (SEC) 1 Jul
Fuller, M.A. qss (SEC) 1 Jul
MacLean, D. qss (SEC) 1 Jul
Reynolds, R.G. MBA BA
MCMI qs (SEC) 1 Jul
Robins, P.D. BA
qss (SEC) 1 Jul

1997

Bolton, G. BA
AdvDipEd qss (TRG) 1 Jan
Chapman, P.W. BSc
ACMA qs (SEC) 1 Jan
Cornish, C.S. qs (P ED) 1 Jan
Leighton, G. (TRG) 1 Jan
Pearson, A. CertEd qs
(P ED) 1 Jan
Cunliffe, R.P. BEd qs
(P ED) 1 Jul
Curry, D. BA qs (SEC) 1 Jul
Elliott, D.J.M. BA (SEC) 1 Jul
Mulready, C.P. qs (SEC) 1 Jul
Palmer, I.L. qs (SEC) 1 Jul
Prescott, K. qs (SEC) 1 Jul

1998

Aderyn, A.A. MA
qss (SEC) 1 Jan
Anderson, P.W. MSc
MBCS MCMI adp
qs (SEC) 1 Jan

ADMINISTRATIVE BRANCH

Squadron Leaders

1998—contd

Beaton, J.E. BA
  qcc (SEC) 1 Jan
Daniels, J.C. BSc
  qs (SEC) 1 Jan
De Soyza, N.A.
  qss (SEC) 1 Jan
Hobkirk, C.A. qs (SEC) 1 Jan
Morgan, A.N. MSc BEd
  qab qss (TRG) 1 Jan
Peoples, S.F. MSc BSc
  qs (TRG) 1 Jan
Riches, A.W. MA
  qs (TRG) 1 Jan
Tudor, R.I.C. MA MEd
  BA MCMI qs (TRG) 1 Jan
Turner, M.J. qs (SEC) 1 Jan
Martin, M.J. qss (SEC) 26 Jan
Bell, N.J.D. qs (SEC) 1 Jul
Carten, J.B. qs (SEC) 1 Jul
McCord, A.A. BA MCMI
  adp qs (SEC) 1 Jul
Mennie, B.G. qs (CAT) 1 Jul
Stewart, D.E.M. (SEC) 1 Jul
Wain, W.J. qss (SEC) 1 Jul

1999

Jones, W.A. BA CertEd
  qab qs (P ED) 1 Jan
Lamb, R.A. CertEd
  qss (P ED) 1 Jan
Newcombe, E.P. MA
  CertFE qs (TRG) 1 Jan
O'Shea, P.F.A. MBA BA
  qs (SEC) 1 Jan
Ousby, S.E. BSc
  qs (TRG) 1 Jan
Palmer, W.V. qss (SEC) 1 Jan
Petty, M.J. qs (CAT) 1 Jan
Sanderson, J.M. BSc
  qs (SEC) 1 Jan
Sunderland, S.J.E. BSc
  qs (TRG) 1 Jan
Sutherland, W.D.
  qss (SEC) 1 Jan
Wadsworth, S.E. BA
  qs (TRG) 1 Jan
Bamford, R. qs (SEC) 1 Jul
Bell, P.N. MLitt BA
  qs (SEC) 1 Jul
Carter, S.G. qs (SEC) 1 Jul
Cottew, T.A.J. ACMA
  adp qs (SEC) 1 Jul
Crennell, J. qs (SEC) 1 Jul

Forbes, L. MSc BSocSc
  MCIPD qcc (TRG) 1 Jul
Hyde, R.M. BMus
  qs (TRG) 1 Jul
Marsh, H. MBE qs
  (P ED) 1 Jul
Trevey, S.G. qss (SEC) 1 Jul
Vaughton, P.A. qs(P ED) 1 Jul

2000

Battye, A.E. BSc
  qs (TRG) 1 Jan
Cooper, J.D. BSc
  CertEd qss (TRG) 1 Jan
Cowsill, J.R. pji qs
  (P ED) 1 Jan
Ditch, O. qss (CAT) 1 Jan
Gorton, A.P. BA qs
  i (TRG) 1 Jan
Holcroft, K.M. LLB
  qs (SEC) 1 Jan
Jardim, M.P. MBE BA
  i* (TRG) 1 Jan
Lynch, B.G. BA qab
  qs (TRG) 1 Jan
Moore, C. qs (SEC) 1 Jan
Mountain, A.R. qs(SEC) 1 Jan
Pilkington, G.S.
  qs (CAT) 1 Jan
Roberts, A.R. MInstAM
  CertEd qs (SEC) 1 Jan
Willis, S.R. MSc BSc
  CDipAF qs (SEC) 1 Jan
Alker, M.A. MDA BA
  MCMI qs (TRG) 1 Jul
Bauer, J.C. MA CertEd
  qs (TRG) 1 Jul
Beanlands, S.M. BSc
  MInstLM
  MInstAM(Dip) MCMI
  AInstBA qs (SEC) 1 Jul
Boyes, H.R. BEM
  qs (SEC) 1 Jul
Chauhan, A.R. BA
  qs (SEC) 1 Jul
Clucas, A.W. BSc
  qs (SEC) 1 Jul
Cooper, J.R. qcc (SEC) 1 Jul
Cullen, H.R. MA
  qs (SEC) 1 Jul
East, R.G. adp qs (SEC) 1 Jul
Eichenberger, M.T. BA
  qcc (SEC) 1 Jul
Elliott-Mabey, A.V.
  qs (SEC) 1 Jul
Gavin, M.K. qs (SEC) 1 Jul
Harris, A.W.D. MBA BA
  ALCM (SEC) 1 Jul

Hicks, D.A. MA BEd
  FInstLM qss (P ED) 1 Jul
Hughes, A.M. qss (CAT) 1 Jul
Hunt, B.J. MSc MBIFM
  MInstAM qs (SEC) 1 Jul
Newbould, H.C.
  qs (SEC) 1 Jul
Owens, P.J. qs (SEC) 1 Jul
Painter, R.E. PhD BSc
  qss (TRG) 1 Jul
Richards, N.M. BSc
  qss (TRG) 1 Jul
Robertson, J.M. BEd
  qs (P ED) 1 Jul
Rothery, W. BA FCIPD
  MCMI qs (SEC) 1 Jul
Rowntree, R.A. MBE
  LLB qs (SEC) 1 Jul
Scott, S.H. qs (TRG) 1 Jul
Stacey, A.M. qs (SEC) 1 Jul
Sykes, P.B. qs (P ED) 1 Jul

2001

Ardron, A. qs (SEC) 1 Jan
Bettridge, A.V.R. MBE
  qs (SEC) 1 Jan
Bon, D.A. BEd pji qs
  (P ED) 1 Jan
Bushell, K.J. qs (SEC) 1 Jan
Collins, M.A. qs (CAT) 1 Jan
Cook, J.A. qs (CAT) 1 Jan
Cusack, E.P. BSc PGCE
  qcc (TRG) 1 Jan
Dharamraj, S.J. BSc
  qs (TRG) 1 Jan
Dorsett, S.J. qs (SEC) 1 Jan
Frizzell, J.A. qs (SEC) 1 Jan
Gaynor, J. BA qs (SEC) 1 Jan
Harrison, A.G. BSc
  qss (SEC) 1 Jan
Maskell, P. BEng PGCE
  qs (TRG) 1 Jan
McWilliam, I.A.B.
  qs (SEC) 1 Jan
Morin, R.A. BA DMS
  qs (SEC) 1 Jan
Moss, D.S. MSc BA
  qs (TRG) 1 Jan
Murphy, C.M. MBE
  qs (P ED) 1 Jan
Nicholls, B.A. MSc
  MPhil BEd qs (P ED) 1 Jan
Purdom, C.J. BA
  qs (SEC) 1 Jan
Ratcliff, P.M.D. BSc
  MCIPD qs (SEC) 1 Jan
Rowlands, D.C. qs(SEC) 1 Jan
Sharp, R.A. qs (SEC) 1 Jan

ADMINISTRATIVE BRANCH

Squadron Leaders

2001—contd

Smith, M.I. qs (SEC)	1 Jan
Turner, D.J.M. qs (SEC)	1 Jan
Ward, M.A. BA (CAT)	1 Jan
Ackroyd, C.A. qs (SEC)	1 Jul
Braun, S.P. MBE MMDS MInstAM psc(Aus) (SEC)	1 Jul
Brebner, R.A. qs (SEC)	1 Jul
Clark, R.M.P. BEd qss (P ED)	1 Jul
Dole, W.E. BA qs (SEC)	1 Jul
Draper, L.M. LLB qcc (SEC)	1 Jul
Fowler, J.D. BSc qs (SEC)	1 Jul
Freak, D.C. BSc adp qss (TRG)	1 Jul
Fuller, A.D. qss (SEC)	1 Jul
Gibson, E.A. qs (SEC)	1 Jul
Gibson, S.J. qs (CAT)	1 Jul
Healey, J.R. qs (CAT)	1 Jul
Hill, D.J. qcc (SEC)	1 Jul
Holden, R.P. MSc MBA BSc PGCE MCIPD qs (TRG)	1 Jul
Incledon-Webber, P.D. qss (CAT)	1 Jul
Kearney, J.S. BSc qs (TRG)	1 Jul
Manktelow, A.J. qss (SEC)	1 Jul
Mason, T.R. BA qss (TRG)	1 Jul
McEvoy, D.A.T. qs(SEC)	1 Jul
Moorhouse, R.W. BSc qs (SEC)	1 Jul
Nicholson, S. qs (SEC)	1 Jul
Rice, P.H. BA qs (SEC)	1 Jul
Richards, A.C. qss2 (SEC)	1 Jul
Salmon, D.R. qs (SEC)	1 Jul
Smith, M.G. qs (SEC)	1 Jul
Snell, R.A. MBA qs (SEC)	1 Jul
Spiller, A.W.J. qs (SEC)	1 Jul
Taylor, I.B. BSc PGCE qs (SEC)	1 Jul
Tripp, K.M. BEd qcc (TRG)	1 Jul
Walters, J. MBE qs qss (SEC)	1 Jul

2002

Bill, N.J. BA GradCIPD qs (SEC)	1 Jan
Bowie, I.J. qss (SEC)	1 Jan
Cook, R.W. qs (SEC)	1 Jan
Cox, K.R. BSc qs (SEC)	1 Jan
Curwen, D.J. MSc BSc MCIPD MRAeS CertEd qs (TRG)	1 Jan
Dempsey, K.C. qs (SEC)	1 Jan
Dixon, S.A. qs (SEC)	1 Jan
Ellison, A.M. qs (SEC)	1 Jan
Glendinning, P.J. BSc (TRG)	1 Jan
Gosling, V.P. MBE BA qab qs (SEC)	1 Jan
Hannaford, G.E. MBA qs (SEC)	1 Jan
Hunt, A.C. BEd pji qs (P ED)	1 Jan
Lushington, R.D.L. BA MCIPD qs (SEC)	1 Jan
Martin, J.W. qss (SEC)	1 Jan
McMillan, D.R. qss (SEC)	1 Jan
Mellings, N.A. BA qs (SEC)	1 Jan
Moore, T. BA (SEC)	1 Jan
Morrow, A.M.H. BA qs (SEC)	1 Jan
Morton, J.E. BA qs (SEC)	1 Jan
O'Donnell, P.K. MDA MCIPD qs (TRG)	1 Jan
Overend, D.T. qss(SEC)	1 Jan
Petersen, C.J. CertEd qs (P ED)	1 Jan
Sanger-Davies, P.R. BA qs (SEC)	1 Jan
Sayer, J.P. CertEd qs (TRG)	1 Jan
Tanner, D.B. qss2 (CAT)	1 Jan
Thomas, D.G. MSc BSc qs (TRG)	1 Jan
Young, R. BSc qs (TRG)	1 Jan
Young, S.R. MIL (SEC)	1 Jan
Ashmore, G.J. MBA BEng DipProjMan qs (SEC)	1 Jul
Barnes, S.A.K. qss (SEC)	1 Jul
Barratt, W.T. qss (SEC)	1 Jul
Burston, K.A.D. qss (SEC)	1 Jul
Cockerill, G.S. MIL qcc i* (SEC)	1 Jul
Connolley, R.J. BA GradCIPD qs (SEC)	1 Jul
Cooper, M. qsb qs(SEC)	1 Jul

Cowley, R.L.R. BA qs (SEC)	1 Jul
Dean, P.N. AInstAM(Dip) (SEC)	1 Jul
Dunn, R. (SEC)	1 Jul
East, J.S. BA qs (SEC)	1 Jul
Galway, N.K. MSc BSc qs (TRG)	1 Jul
Garnett, I.M. BSc qs (SEC)	1 Jul
Giles, A. BSc (CAT)	1 Jul
Hamilton-Wilks, J.L. BSc qs (SEC)	1 Jul
Hartley, N.A. qs (SEC)	1 Jul
Hutchinson, L.J. BEd qss (TRG)	1 Jul
Jackson, M.L. BSc qs (TRG)	1 Jul
Lewis, D.L. qs (SEC)	1 Jul
Lumsdon, M. BEng MBIFM qcc (SEC)	1 Jul
Lyons, N.J. qs (SEC)	1 Jul
McNamara, A.J. qcc (SEC)	1 Jul
Miller, R.M. BA qcc (SEC)	1 Jul
Read-Jones, A.M. qs (SEC)	1 Jul
Rimmer, L.F. BA qs (SEC)	1 Jul
Rowlinson, D.I. MSc BEd adp (SEC)	1 Jul
Savage, J.E. BSc qs (SEC)	1 Jul
Simmonds, A. BA MCIPD qs (SEC)	1 Jul
Simon, R.J. qs (SEC)	1 Jul
Smith, D.B. MSc BSc PGCE CEng MIEE qs (TRG)	1 Jul
Walker, R.S. qss (SEC)	1 Jul
Worsfold, D.L. qss(CAT)	1 Jul

2003

Beer, P. qs (SEC)	1 Jan
Blake, A.G. qcc (SEC)	1 Jan
Brittain, N.C.J. BA qs (SEC)	1 Jan
Bryden, L.P. BSc qss2 (SEC)	1 Jan
Burns, A.S. BA qs(SEC)	1 Jan
Dalby, R.P. BSc PGCE (TRG)	1 Jan
Ellis, M.J. BEd pji qs (P ED)	1 Jan
Gange, D.K. qs (P ED)	1 Jan
Gerry, S.T. qs (SEC)	1 Jan

ADMINISTRATIVE BRANCH

Squadron Leaders

2003—contd

Greaves, J.M. BA		
qs	(TRG)	1 Jan
Harrison, P.A. qs	(SEC)	1 Jan
Hobbs, M.K. qcc	(SEC)	1 Jan
McFetrich, M.S. BSc MHCIMA MCIPD		
qs	(TRG)	1 Jan
Norey, M. BA qcc	(TRG)	1 Jan
Parker, C. qs	(SEC)	1 Jan
Potts, A.J. qss	(CAT)	1 Jan
Sanger-Davies, C.J.		
BSc qcc	(TRG)	1 Jan
Scott, S.C.W. MBA		
MHCIMA qs	(CAT)	1 Jan
Sheppard, R. MA BA		
qss	(TRG)	1 Jan
Stembridge-King, J.R.		
MBE qcc	(SEC)	1 Jan
Sturtridge, K.N.		
qs	(SEC)	1 Jan
Taylor, D.A. qss	(SEC)	1 Jan
Thomson, W.J. MA		
BEd qcc	(TRG)	1 Jan
Turner, K.A. BA		
qcc	(TRG)	1 Jan
Unsworth, A. BSc		
qcc	(SEC)	1 Jan
Wannell, H.M. qs	(SEC)	1 Jan
Ward, J.M. MSc BSc		
PGCE qss	(TRG)	1 Jan
Wardle, C.R. BSc		
qs	(CAT)	1 Jan
Whitty, M.A. BA		
qss	(SEC)	1 Jan
Adams, J.E. BA qs		
qss1	(SEC)	1 Jul
Armitage, G.J.		
qss	(TRG)	1 Jul
Bishop, J.N. qcc	(CAT)	1 Jul
Davies, A.J.		
MInstAM(AD) MCMI		
qs	(SEC)	1 Jul
Gilbert, A. qs	(SEC)	1 Jul
Gunther, J.C. BSc PGCE		
qs	(TRG)	1 Jul
Harrison, C.A. MSc		
MCIPD qs	(TRG)	1 Jul
Hindmarsh, H.C. BA		
DipEurHum qs	(SEC)	1 Jul
Jones, A.G. qcc	(TRG)	1 Jul
King, D.R. qss2	(SEC)	1 Jul
Manders, N.R. BSc		
qs	(TRG)	1 Jul
Marshall, A.P. qss	(CAT)	1 Jul

Mitchell, A.K. MA BSc		
qcc	(TRG)	1 Jul
Nichols, R.M.	(CAT)	1 Jul
Palk, A.L. MBE BA		
qs	(SEC)	1 Jul
Pell, K.L. BA CertEd		
qs	(SEC)	1 Jul
Pickering, A.K. MA		
FCIPD qs	(SEC)	1 Jul
Rignall, A.J.	(SEC)	1 Jul
Searles, S.M. qss	(SEC)	1 Jul
Seaton, A.J.I. BSc		
PGCE qss2	(P ED)	1 Jul
Welborn, J.M. BA		
qs	(SEC)	1 Jul
Williams, S.G. CertEd		
qcc	(P ED)	1 Jul
Wright, I.N. BSc qs	(SEC)	1 Jul

2004

Bateman, S.A. BH		
PGCE qs	(TRG)	1 Jan
Bettington, G.J. BA		
qcc	(SEC)	1 Jan
Bogg, A. BSc qss	(TRG)	1 Jan
Bowditch, M. qs	(SEC)	1 Jan
Brayshaw, J.P. MCIPD		
qs	(SEC)	1 Jan
Brown, J.E. BA qs	(SEC)	1 Jan
Bryce, S. BA CertPhysEd		
pji qs	(P ED)	1 Jan
Burton, A.D. BSc		
qss	(SEC)	1 Jan
Clark, A.C. qs	(SEC)	1 Jan
Clayton, N.J. BSc		
qss	(SEC)	1 Jan
Dryburgh, J.S. BA		
PGCE qs	(TRG)	1 Jan
Farndon, T.M. qcc	(SEC)	1 Jan
Finneran, M.A.	(SEC)	1 Jan
Gadbury, T.M. qcc	(SEC)	1 Jan
Griffiths, N.R. BA PGCE		
qss2	(P ED)	1 Jan
Hebden, M.A. BA PGCE		
qs	(TRG)	1 Jan
Hemingway, C.J.		
qss	(SEC)	1 Jan
Jones, M.G. BSc PGCE		
adp qs	(TRG)	1 Jan
Lloyd, E.R. qs	(SEC)	1 Jan
McCormack-White,		
P.A.	(CAT)	1 Jan
McEwan-Lyon, S.R.		
MBA BA PGCE		
qs	(SEC)	1 Jan
Oswald, N.G. qss	(P ED)	1 Jan
Perry, K.W. BSc		
qs	(SEC)	1 Jan

Petticrew, G.A. MBCS		
adp qcc	(SEC)	1 Jan
Pollock, D.M. qs	(TRG)	1 Jan
Ramsey, B.P. qss	(SEC)	1 Jan
Rea, S.K. BA qs	(SEC)	1 Jan
Scott, S.L. BA qss2		
i*	(SEC)	1 Jan
Sharpe, S.R. MBA		
MCIPD MCMI	(TRG)	1 Jan
South, A.C. MCIPD		
qs	(SEC)	1 Jan
Williams, D. BSc PGCE		
qcc	(TRG)	1 Jan
Wotton, R.E. qss	(P ED)	1 Jan
Wyeth, G.L. BSc		
qss2	(SEC)	1 Jul
Cartwright, B. qs	(CAT)	1 Jul
Corbould, R.J. BA BA		
qcc i*	(SEC)	1 Jul
Dear, R.A. qcc	(SEC)	1 Jul
Edwards, D.K. qs	(SEC)	1 Jul
Gibson-Sexton, A.L.		
BSc BSc PGCE		
qcc	(TRG)	1 Jul
Gleave, B.J. BA qcc	(SEC)	1 Jul
Gower, L.D. BEd		
qcc	(TRG)	1 Jul
Ogden, J.E. BSc		
qcc	(SEC)	1 Jul
Pruden, J.R. BA qcc		
i*	(TRG)	1 Jul
Riddell, J.W. qs	(SEC)	1 Jul
Ronald, L.R.A.	(SEC)	1 Jul
Sharp, C. MSc BSc		
qcc	(P ED)	1 Jul
Tinworth, M.L. MA		
qs	(SEC)	1 Jul
Whitten-Brown, G. BEd		
qss	(P ED)	1 Jul
Wright, J.M. BSc		
qcc	(SEC)	1 Jul

2005

Aston, A.D. BSc		
DipMgmt qcc	(SEC)	1 Jan
Brown, J.T. BA qcc	(SEC)	1 Jan
Dyson, P.J. qs	(CAT)	1 Jan
George, R.M.A. CertEd		
pji qss	(P ED)	1 Jan
Gue, R.W.M. BSc		
qcc	(SEC)	1 Jan
Hayes, M.J. BA		
qss2	(SEC)	1 Jan
Heathershaw, C.M.		
CertEd pji qss	(P ED)	1 Jan
Jackson, R.A. qcc	(SEC)	1 Jan
Jones, M.I. BA qs	(SEC)	1 Jan
Kidd, P.D. qcc	(SEC)	1 Jan

ADMINISTRATIVE BRANCH

Squadron Leaders

2005—contd

Lines, G.D. BSc		
qcc	(SEC)	1 Jan
Moore, I.D. qcc	(SEC)	1 Jan
Neaves, M.G. BSc		
qcc	(CAT)	1 Jan
Parker, K.L. MSc PGCE		
qss	(TRG)	1 Jan
Pemberton, A.L.		
BSc	(SEC)	1 Jan
Pettit, B.W. BA qcc(TRG)		1 Jan
Ramsden, M.Y.		
qss2	(SEC)	1 Jan
Rayfield, P.R. BA PGCE		
qss2	(TRG)	1 Jan
Roberts, B.A. qcc (TRG)		1 Jan
Sandilands, A.P.		
qcc	(SEC)	1 Jan
Smith, C.A. qss2 (SEC)		1 Jan
Taylor, D.L. BA PGCE		
qcc	(TRG)	1 Jan
Tomlin, N.D. qcc (SEC)		1 Jan
Blakeley, P. qss		1 Jul
Calame, L.M. LLB		
qcc	(SEC)	1 Jul
Chalk, J.A. BA PGCE		
qcc	(P ED)	1 Jul
Collinge, M.J. BA		
qcc	(SEC)	1 Jul
Davies, J.A. qcc	(SEC)	1 Jul
Davies, J.A. BSc		
qcc	(TRG)	1 Jul
Hall, A.F. BA LCGI		
qcc	(TRG)	1 Jul
Harland, D.P. MA		
MCIPD qss2	(SEC)	1 Jul
Harrison, S.W.P.		
qcc	(TRG)	1 Jul
Hinton, S. BA qcc(TRG)		1 Jul
Leeming, M.D.		
qcc	(SEC)	1 Jul
Lovatt, I.M. qcc	(P ED)	1 Jul
Mahon, K. qcc	(SEC)	1 Jul
McClurg, P.A. qcc	(SEC)	1 Jul
Mordecai, S. LLB		
qcc	(SEC)	1 Jul
Neasom, R.J. BSc		
qcc	(TRG)	1 Jul
Parry, H.L. qcc	(SEC)	1 Jul
Sidebotham, M.J.		
MHCIMA	(CAT)	1 Jul
Walls, J.A. BA qcc (SEC)		1 Jul

Flight Lieutenants

1982

Walling, G. MA MBA		
BA PGCE MCIPD		
qss	(TRG)	14 Jun

1985

Denner, P.O.H. MMath		
BA BSc PGCE		
qss	(TRG)	30 Apr
Kerr, R.J. BSc CertEd		
gw	(TRG)	3 Jul

1986

Ashton, C.C. BA qss		
i	(TRG)	30 Apr
Bullock, C.G. qss (SEC)		19 Jul

1987

Cannon, M.J. BSc		
PGCE CBiol MIBiol		
MCIPD	(TRG)	29 Mar

1988

Shuttleworth, M.R.		
MSc BEd qss	(P ED)	14 Sep
Howieson, W.B. MBA		
BSc MRAeS cfs(n)		
qss	(TRG)	15 Sep

1989

Bailey, J.P. BSc		
CertEd	(TRG)	1 Apr
Kindell, F.J. BA qss		
i*	(TRG)	9 Oct

1990

Snape, C.J.S. qss (SEC)		3 Feb
Jarvis, S.N.P. BEd pji		
qss	(P ED)	14 Feb

1991

Marshall, I.G. BSc		
qcc	(TRG)	19 Jan
Taylor, S. BSc qss(SEC)		19 Jan
Warren, D.R. qss (SEC)		19 Jan
Thombs, D.U. BEd		
qss	(TRG)	20 Feb
Conning, T.F. BA (TRG)		28 Feb
Adams, M.P. BSc (SEC)		1 Mar
Dunn, J.J. BEd qss		
	(P ED)	27 Sep

1992

Armstrong, B.L.		
qss	(SEC)	7 Jun
Harwood, R.W.	(SEC)	2 Nov
Heffer, R.J. MA	(TRG)	13 Nov

1993

Leckenby, D. BA		
qss	(SEC)	19 Feb
Rich, K.L. qss	(SEC)	27 Mar
Parker, J.R. qss	(SEC)	23 Apr
Halliday, R.J. qss (SEC)		9 May
Simmonds, J.R. MBA		
BA pji qss	(P ED)	11 May
Booth, R.J. BEd pji		
qss	(P ED)	12 May
McKeen, P.W. qss(SEC)		29 Jul
Rossiter, G.A. qss(SEC)		21 Aug
Kay, C.J. BA PGCE		
qcc	(TRG)	30 Nov

1994

Parr, S.E. BSc	(SEC)	3 Apr
Evans, T.J. qcc	(CAT)	2 Jul
Marsh, D.W.R. BSc pji		
qcc	(P ED)	30 Sep

1995

Cleary, D.J. BSocSc		
qss	(SEC)	15 Jan
Scott, A.E.M. qcc (SEC)		11 Feb
Chipperfield, G.A. BA		
qss	(TRG)	18 Feb
Ratcliffe, H.C.	(SEC)	15 Apr
Rodrigues, V.E. BSc		
qcc	(TRG)	29 May
Ricks, I.J. BA PGCE		
qss	(TRG)	4 Jul

ADMINISTRATIVE BRANCH

Flight Lieutenants

1995—contd

MacDonald, P.D.
  qss2 (SEC) 19 Jul
McAlpine, R.D. BA
  PGCE qcc (TRG) 8 Aug
Bell, S.J. BSc qcc (SEC) 14 Aug
Myers, M. (SEC) 11 Nov
Brown, A.D. qss2 (SEC) 20 Dec

1996

Treweek, A.J. BSc
  PGCE qcc (P ED) 2 Jan
Best, M.C. LLB (SEC) 15 Mar
Serrell-Cooke, T. BSc
  qcc (SEC) 2 Apr
Corbett, G. BA
  qss (SEC) 11 Apr
Stewart, D.E. BA ALCM
  qss2 (SEC) 12 Apr
McLafferty, G. BSc
  qcc (SEC) 6 Jun
Thacker, S.L.M.
  qss2 (SEC) 15 Aug
Coombes, C.A.
  qcc (SEC) 29 Sep
Brickwood, R.P.
  qcc (TRG) 6 Oct
Cross, N.G. qcc (TRG) 6 Oct
Hall, J.T. BEng
  qcc (TRG) 9 Oct
Michael, T.J. BSc PGCE
  qcc (SEC) 29 Oct
Gillespie, A.L. qcc(SEC) 10 Nov
Thompson, D.E. BA
  qcc (TRG) 7 Dec

1997

Havercroft, R.I. BSc
  qcc (SEC) 15 Jan
Cumberland, M.J.
  qcc (SEC) 23 Jan
Chan, D.C. BSc
  PGCE (TRG) 31 Jan
Brown, S.A. MECI
  qcc (SEC) 26 Mar
Mardon, P.D. BA
  qcc (SEC) 9 Apr
Heath, I.R. BA qcc(TRG) 31 May
Edwards, E.S. BA PGCE
  qcc (P ED) 1 Jun
Jackson, T.I. (SEC) 3 Jun

Cartmell, G.H.
  qss2 (SEC) 20 Jun
Jenkins, G.S. BSc PGCE
  qcc (TRG) 6 Aug
Fall, J.J.H. BEng
  PGCE (TRG) 8 Aug
Hornby, G.P. qss2 (SEC) 28 Sep
Fothergill, M.A. BA
  PGCE qcc (TRG) 4 Oct
Murdoch, J.M. MA
  BSc (TRG) 6 Oct
Doyle, E.M.M.
  BEM (SEC) 7 Oct
Heath, C.A. BA pji qcc
  (P ED) 9 Oct
Goodwin, J. BEng(SEC) 10 Oct
Sharp, S.D. BSc
  qcc (SEC) 10 Oct
Jennings, R.S.
  qcc (SEC) 17 Oct
Baird, W.Y. qss2 (SEC) 20 Nov
Holder, D.M. BA PGCE
  pji qcc (P ED) 11 Dec
Cowan, T.W. (SEC) 20 Dec
Jolliffe, G.J.R. qcc(SEC) 30 Dec

1998

Stocker, S.E. BA
  qcc (TRG) 14 Feb
Burns, R.J. (CAT) 22 Mar
McCrory, R.F. qcc (SEC) 26 Mar
Harper, D.P. qcc (SEC) 29 Mar
Pearce, H.E. BSc
  qcc (TRG) 6 Apr
Floyd, A.D.C. BEd pji
  qss (P ED) 8 Apr
Posthumus, L.C. BSc
  qcc (TRG) 9 Apr
Priestnall, S.J. BSc
  qcc (SEC) 9 Apr
Woolley, J.E. MA
  MInstAM MCIPD
  qss (SEC) 7 May
Reed, W.A. qcc (SEC) 27 May
Hatch, J.A. BSc (SEC) 14 Jun
Buttery, M.J. qss2(SEC) 19 Jun
Collier, E.L. BA
  qcc (SEC) 11 Aug
Graham, S.A. BA
  qcc (TRG) 12 Aug
Malone, M. qcc (SEC) 3 Oct
Eley, S. qss2 (TRG) 6 Oct
Palmer, K. qcc (SEC) 6 Oct
Craggs, J.V. BSc
  qss2 (SEC) 9 Oct
Bown, M. qcc (SEC) 7 Nov
Boyle, M. qss2 (SEC) 7 Nov
Orr, S.A. qcc (SEC) 7 Nov

Rogers, E. qcc (SEC) 7 Nov
Gudgeon, N.M.
  BEd (TRG) 23 Dec

1999

Phillips, K.M. qcc (SEC) 30 Jan
Allen, A.C. MSc MIPR
  MCIJ MInstD (SEC) 9 Feb
Whiting, P.D. BEd pji
  qcc (P ED) 10 Feb
Lannie, F.P. BA qcc
  qss1 (TRG) 11 Feb
Walker, G.M. BEd pji
  qss (P ED) 11 Feb
Barnett, J. qcc (SEC) 12 Feb
Fox-Wiltshire, C.A. BA
  qcc (SEC) 13 Feb
Newland, R.J. BA
  qcc (SEC) 13 Feb
Threlfall, M. (P ED) 14 Feb
Walters, M. qss (SEC) 14 Feb
Morgan, P.J. BA adp
  qss (SEC) 8 Apr
Nelson, J. BSc PGCE
  qcc (TRG) 8 May
Northeast, D.E.J. MA
  BA PGCE qcc (TRG) 27 May
Wooler, D.V. qss (SEC) 29 May
Moore, P.S. BSc
  qcc (CAT) 1 Jun
Setters, E.P. BA (TRG) 9 Jun
Owen, C.J. BSc qcc
  (P ED) 5 Jul
Brearley, J.F. qcc (P ED) 24 Jul
Green, A.C. MBE BSc
  CertEd qcc (TRG) 24 Jul
Baker, C. qss (SEC) 28 Jul
Allen, M.C. BSc
  qcc (SEC) 9 Aug
Discombe, S.N. MA
  qcc (SEC) 9 Aug
Elliott, D.R. BA
  qcc (SEC) 11 Aug
Martin-Smith, A.C. BSc
  qcc (TRG) 11 Aug
O'Donnell, S.J. BSc
  qcc (SEC) 11 Aug
Trasler, J. qcc (SEC) 11 Aug
Willis, S.C. BA qss(SEC) 11 Aug
Donoghue, P. qcc (SEC) 20 Aug
Draper, T.C. qss2 (SEC) 8 Oct
Blockley, S.L. qss (CAT) 9 Oct
Edwards, P.W. MIL qss
  i* (SEC) 14 Oct
Kendall, J.M. qss (SEC) 24 Oct
Full, S.M. qcc (SEC) 27 Nov
Johnstone, I.A. MSc
  BSc qcc (TRG) 27 Nov

ADMINISTRATIVE BRANCH

Flight Lieutenants

1999—contd

Goodwin, J.P. BEng
PGCE qcc (TRG) 1 Dec

2000

Parr, J.N. BSc PGCE
qcc (P ED) 5 Jan
Payne, R.B. BEng
qcc (TRG) 9 Jan
Westcott, S.J. BA
qcc (SEC) 15 Jan
Brooks, C. BEM BA BSc
qcc (TRG) 16 Jan
Pritchard, R.D. AFM
(P ED) 16 Jan
Backus, T.W. qcc (SEC) 28 Jan
Boyle, M.M. qss2 (SEC) 28 Jan
Rossi, C.A.S. qcc (SEC) 28 Jan
Reeves, J.E. BA
qcc (SEC) 11 Feb
Rowdon, R.M. BSc
PGCE DipHE
qcc (TRG) 9 Mar
Kelly, M.F. BA qcc(CAT) 31 Mar
Hannam, R. qcc (SEC) 2 Apr
Warner, S.R. BSc
qcc (TRG) 2 Apr
Brown, A.J. BA
qcc (CAT) 5 Apr
Larsson-Clifford, M.
BEd qss (P ED) 5 Apr
Radford, J. MA
BA (TRG) 5 Apr
Jelfs, R.J. BA qcc (SEC) 6 Apr
Slater, E.A.M. BSc pji
qcc (P ED) 6 Apr
Dobbing, T.J. qcc (SEC) 7 Apr
Chiles, G.N. (TRG) 28 May
Davies, G.B.H. BEd pji
qss (P ED) 30 May
Gillespie, S.G. BA(SEC) 30 May
Williams, O.A. BA(TRG) 30 May
Watkins, T.K. BA (SEC) 1 Jun
Nicholl, E.J. BEd
qss (TRG) 2 Jun
McGuinness, W.A.
BEng PGCE CEng
MIEE MCIPD
qcc (TRG) 23 Jul
Mansell, A.C. MBA
MCMI qss (SEC) 25 Jul
Du Ross, S.J. BSc
PGCE (P ED) 7 Aug

Lomas, V.A. BA PGCE
qcc (P ED) 8 Aug
McDonnell, C.L. BEd
qcc (P ED) 8 Aug
Fopp, C.M. BSc (SEC) 9 Aug
Harris, K.R. BSc
qcc (SEC) 9 Aug
Knox, A.J. qss (CAT) 13 Aug
Douglas-Sim, J.A.(SEC) 27 Sep
Howkins-Griffiths, I.S.
qcc (SEC) 1 Oct
Morris, A. qcc (SEC) 1 Oct
Simpson, D.J. (SEC) 1 Oct
Swanson, S.J. (SEC) 1 Oct
Howie, D.A. MBE
qss1 (P ED) 3 Oct
Scott, S. BA (SEC) 5 Oct
Bunce, N.J.E. BSc
qcc (SEC) 6 Oct
Littlecott, A.J. BA
qcc (SEC) 6 Oct
Rylatt, A.J. BEng
PGCE (TRG) 7 Oct
Wood, S.M. qcc (SEC) 26 Nov
Caplan, R.A. BEd(P ED) 29 Nov
Powell, P.J. MSc BA
qcc (TRG) 30 Nov
Reid, P. BA qcc (SEC) 30 Nov
Barber, S.C. BA (SEC) 1 Dec
Floyd, S. BA qcc (SEC) 1 Dec
MacDonald, F.M.
BA (SEC) 1 Dec
Gray, S.E. BA PGCE
qss (TRG) 4 Dec

2001

Percy, D.W. BEM (P ED) 14 Jan
Portlock, A.J. BSc
qcc (SEC) 15 Jan
Popper, I.A. (SEC) 4 Feb
Carney, W. MA (SEC) 9 Feb
Smith, M.G. BEd pji
qcc (P ED) 9 Feb
Curtis, L.J. BA qcc(SEC) 10 Feb
Hampson, M.D. BA
qcc (SEC) 10 Feb
McIntosh, K.M. BA
qcc (SEC) 10 Feb
Randall, M.A.L. BA
qcc (CAT) 10 Feb
Slark-Hollis, R.L.S.
BSc (TRG) 10 Feb
Todd, P.M. BSc
qcc (SEC) 10 Feb
Lovejoy, A.F. qcc (SEC) 11 Feb
Parr, N.K. (SEC) 22 Feb
Scott, D.J. qcc (SEC) 13 Mar
Clark, N. qcc (SEC) 1 Apr

Crossby, O.H. BSc
PGCE qcc (TRG) 4 Apr
Lane, S.J. BA qcc(TRG) 4 Apr
Mitchell, P.T. BSc
PGCE (P ED) 4 Apr
Barnaby, L.J. BA
qcc (SEC) 5 Apr
Edensor, L. qcc (CAT) 5 Apr
Webber, L.S. BA
qcc (SEC) 5 Apr
Greenald, J.B. BSc
PGCE (TRG) 7 Apr
Emmett, S.J. MA PGCE
MIL qcc i* (TRG) 26 May
Littlecott, M. BSc
qcc (TRG) 27 May
Travis, J.J. BSc
qcc (TRG) 27 May
Wheeler, P.L. qcc (SEC) 27 May
Fitzgerald, A.C. BSc
PGCE qcc (TRG) 29 May
Hackett, J.N. BA qcc
i (SEC) 29 May
Scott, P.J. BA qcc(TRG) 29 May
Cross, T.A. BA (SEC) 30 May
Gabb, N. BSc qcc(SEC) 30 May
Glover, T.M. BSc
qss (SEC) 30 May
Lawrence, D.J. BA
qcc (TRG) 30 May
McCormack, W.J. DPhil
BSc qcc (TRG) 30 May
Shaw, C. BSc
PGCE (TRG) 8 Jun
Griffin, L. BSc qcc(SEC) 4 Jul
Maidment, S. qcc(TRG) 22 Jul
Metcalfe, R.M.
qss (SEC) 22 Jul
Noel, R.S.J. qcc (SEC) 22 Jul
Skillen, M.R. (SEC) 22 Jul
Weavill, R.G. (P ED) 24 Jul
Howarth, S.L. BA (SEC) 7 Aug
Eason, R.M. BA
qss (TRG) 8 Aug
Milledge, E.C. BA
qss (SEC) 8 Aug
Parker, L.V. LLB
qcc (SEC) 8 Aug
Westwood, N.S. BSc
qcc (SEC) 8 Aug
White, C.A. BA (TRG) 8 Aug
Hone, J.A. qcc (SEC) 11 Aug
Hitt, M. qcc (SEC) 17 Aug
Thompson, P. BSc
qss (SEC) 30 Sep
Whelan, J.F. (SEC) 30 Sep
Ireland, B. BEd (P ED) 3 Oct
Farrelly, B.L. BSc
qcc (SEC) 4 Oct
Lye, S.J. BA (SEC) 4 Oct

ADMINISTRATIVE BRANCH

Flight Lieutenants

2001—contd

Parrott, T.A. BA (P ED)		4 Oct
MacInnes, F.C.L. BSc qss	(TRG)	5 Oct
Milburn, M.J. BA qss	(SEC)	5 Oct
Whitehead, N.H. BA qcc	(SEC)	5 Oct
Moody, G.A. qcc	(SEC)	6 Oct
Wood, N.M. qcc	(SEC)	6 Oct
Moss, R.M. qcc	(SEC)	25 Nov
Priest, A.A. BSc qss	(TRG)	25 Nov
Dempster, M. BA qss	(TRG)	30 Nov
Mungroo, V. BA BEng AMIEE	(TRG)	30 Nov
Taylor, M.R. MSc BA	(P ED)	30 Nov
Gowans, N.M. BSc PGCE	(TRG)	4 Dec

2002

Dean, L.J. MInstLM qcc	(SEC)	9 Jan
Marklew, M.J.	(SEC)	13 Jan
Stronach, J.W.	(CAT)	13 Jan
John, A.M. BEng qcc	(SEC)	6 Feb
Spencer-Thomas, K.J. BA qcc	(SEC)	8 Feb
Brocklebank, J.M. BSc qss	(SEC)	9 Feb
Edmond, R.W. BA	(SEC)	9 Feb
Grafton, V.L. BSc qss	(SEC)	9 Feb
Jennings, C.	(CAT)	10 Feb
McCormack Fisher, L.E. BEd qcc	(TRG)	12 Feb
Austin, S.J. qss	(SEC)	30 Mar
Parker, S.R. qcc	(SEC)	30 Mar
Reeves, T. qcc	(SEC)	30 Mar
Gray, A. BEng		
PGCE	(TRG)	1 Apr
Thompson, C.L. BEd	(P ED)	1 Apr
Cornish, M.J. BSc		
PGCE pji qcc (P ED)		3 Apr
Dunning, P.A. BSc		
PGCE pji qss (P ED)		3 Apr
Plumley, V.J.K. BA		
PGCE qcc	(SEC)	4 Apr
Green, N. qcc	(SEC)	5 Apr
Scales, D.J. qcc	(SEC)	26 Apr

Gregory, S.A. BA qcc	(TRG)	29 May
Hughes, P.B. BA	(SEC)	29 May
Ridgway, S.C. LLB qcc	(SEC)	29 May
Stewart, V.L. BA qcc	(TRG)	29 May
Evans, A.J. qcc	(SEC)	29 Jun
Steven, J.C. qss	(SEC)	20 Jul
Stuart, R.C.	(SEC)	20 Jul
Taylor, R.	(SEC)	20 Jul
Whalley, K.A.	(P ED)	20 Jul
Dilley, P.M. qcc	(P ED)	23 Jul
Elliott, C.	(P ED)	1 Aug
Harvey, S.M.	(SEC)	5 Aug
Crouchman, N. BSc	(TRG)	6 Aug
Gilmore, R.A. BEd	(SEC)	6 Aug
Law, C.A. BSc qss	(TRG)	6 Aug
Betts, D.D. BSc qss	(SEC)	7 Aug
Davis, A.J. BA qcc	(SEC)	7 Aug
Shearing, J. BA qcc	(SEC)	7 Aug
McDougall, P.F.	(SEC)	2 Sep
Mackintosh, A.J.	(SEC)	1 Oct
Rackham, V.L. BA	(TRG)	1 Oct
Bryson, M.J. BMus	(SEC)	2 Oct
Ireland, N.E. BSc	(TRG)	2 Oct
Pike, R.P. BSc PGCE qss	(P ED)	2 Oct
Wood, S.C. BSc qcc	(SEC)	2 Oct
Watkins, E.E. BSc	(TRG)	3 Oct
Carbutt, D.P. BA qcc	(SEC)	4 Oct
Marshall, T.A. BA	(SEC)	4 Oct
Perrin, M.N.A. BA PGCE qss	(SEC)	4 Oct
Bird, S.A.	(SEC)	7 Nov
Allan, R.D. BSc	(TRG)	28 Nov

2003

Fraser, I.B.	(SEC)	12 Jan
Hughes, G.S.	(P ED)	12 Jan
Walker, G.	(CAT)	12 Jan
Martin-Jones, A.L. qcc	(SEC)	25 Jan
Muir, L.R.	(SEC)	1 Feb
Maltby, C. qss	(SEC)	6 Feb
Edwards, B.R.W. BSc qcc	(TRG)	8 Feb
Tye, A.B. BSc	(TRG)	8 Feb
Senescall, M.J.E. qcc	(SEC)	9 Feb
Roe, J.E.	(SEC)	18 Mar

Ward, A.J. BA PGCE qcc	(SEC)	18 Mar
Fraser, I.P.	(SEC)	28 Mar
Pluckrose, A.	(P ED)	1 Apr
Curd, A.L. BSc	(TRG)	3 Apr
Hetherington, J.	(SEC)	3 Apr
Mann, D.D. qcc	(SEC)	3 Apr
Parsbo, S.R. BSc qcc	(SEC)	3 Apr
Smithson, S.L. BSc	(SEC)	3 Apr
Steel, J.J. BA qss	(SEC)	3 Apr
Benham, L.A.S. BSc qss	(TRG)	24 May
Graves, A.R. IEng MIIE AMRAeS	(TRG)	24 May
Norton, V.C. MBA PGCE	(TRG)	24 May
Reevell, S.J. MPhil BSc	(TRG)	26 May
Hawkins, S.A. qss	(SEC)	27 May
Taylor, M.A.	(SEC)	27 May
Calder, K. BA qss	(SEC)	28 May
Pocha, C. LLB qss	(SEC)	28 May
Hodgson, V.L.	(SEC)	19 Jun
Baldwin, N.R. qss	(CAT)	2 Jul
Affleck, T.L. BEd	(P ED)	13 Jul
Jones, N.M.	(TRG)	19 Jul
Partridge, I.P.	(SEC)	19 Jul
Sinclair, G.S. qcc	(SEC)	19 Jul
Hazelden, O.D. qss	(SEC)	22 Jul
Pullin, M.J. qcc	(SEC)	22 Jul
Sheehy, B.M.	(SEC)	22 Jul
Ashton, C.D. BA PGCE	(TRG)	30 Jul
Hadland, J.R. MEng	(SEC)	4 Aug
Simpson, J. BA PGCE	(P ED)	4 Aug
Tester, P.A. BA	(TRG)	4 Aug
Cooper, T.A. LLB	(SEC)	6 Aug
Jones, R.D.L. BSc qss	(TRG)	6 Aug
Tope, M.D. BA	(TRG)	10 Aug
Macivor, K.S. qcc	(TRG)	1 Sep
Cawthray, J.A. BA PGCE qss	(SEC)	2 Oct
Fagg, A.D. BSc	(TRG)	2 Oct
Hoban, L.J. BSc qss	(SEC)	2 Oct
McMillan, M.A. BA qcc	(TRG)	2 Oct
Edwards, J. MInstLM	(SEC)	4 Oct
McGuckin, S.J. qcc	(CAT)	4 Oct
Sandeman, A.N. BA	(TRG)	6 Oct

ADMINISTRATIVE BRANCH

Flight Lieutenants

2003—contd

Lunnon-Wood, D. BEd	(P ED)	7 Oct
Homer, N. qcc	(SEC)	15 Oct
Godwin, D.W. qcc	(SEC)	27 Oct
Hawthornthwaite, J.M. qcc	(SEC)	4 Nov
Meleady, S.J. BA	(TRG)	27 Nov
Tenniswood, J.E. BSc	(TRG)	28 Nov
Brown, A.C.	(TRG)	29 Nov
Geary, S.A.	(SEC)	29 Nov

2004

Lloyd, R.C.	(CAT)	11 Jan
Parrack, C.E. BA qss	(SEC)	15 Jan
Akyildiz, D. BA PGCE	(TRG)	4 Feb
Fitton, M. BSc qss	(TRG)	6 Feb
Kempster, M.J. qcc	(SEC)	6 Feb
Whiteman, E.J. BA qss	(SEC)	6 Feb
Ellis, R.A. MA BA	(SEC)	12 Feb
Ambrose, W.A.R. LLB	(TRG)	19 Mar
Lawrence, S.J.L. qcc	(SEC)	26 Mar
MacKay, M. BSc qss	(SEC)	1 Apr
Reeson, C.P.	(CAT)	1 Apr
Carvell, S.L. qcc	(SEC)	3 Apr
Dodds, P.E. qss	(SEC)	3 Apr
Parker, A.J.	(SEC)	3 Apr
Paton, G.	(SEC)	3 Apr
Powell, L.J.	(SEC)	3 Apr
Rushton, S.	(P ED)	3 Apr
Thompson, J.M.	(P ED)	3 Apr
Rand, K.P. qcc	(SEC)	2 May
Gill, C.K.	(P ED)	25 May
Rahaman, A.P.	(SEC)	25 May
Dudman, K.H. BA	(TRG)	26 May
Hassall, M.J.	(TRG)	30 May
Sparkes, T.A. BSc	(TRG)	30 May
Blyth, J.S. BSc	(TRG)	5 Jun
Butler, J.R. qcc	(SEC)	18 Jul
Johnson, G.O.	(SEC)	18 Jul
Logan, J.C.	(SEC)	18 Jul
Cornell, M.C. qcc	(CAT)	20 Jul
Woods, M.P.	(CAT)	20 Jul
Cavaghan, A.C.	(SEC)	25 Jul
Hotson, K. BSc	(TRG)	25 Jul
Tonkin, T.M.	(P ED)	25 Jul
Dickson, G.G. BSc	(TRG)	4 Aug
Brunning, R.M.	(CAT)	6 Aug
Craft, P.G.	(SEC)	6 Aug
Fulcher, S.R.	(SEC)	6 Aug
Hamilton, S.R. BA	(SEC)	6 Aug
Parfitt, K.	(SEC)	6 Aug
Sillence, J. BA	(CAT)	6 Aug
Singh, M.	(SEC)	6 Aug
Skinner, D.W. qcc	(P ED)	6 Aug
Hunt, L.J.M.	(CAT)	8 Aug
Collingwood, M.M. BA	(SEC)	1 Oct
Edwards, G.M.J. BSc	(TRG)	1 Oct
Middleton, E.C. BSc qcc	(SEC)	1 Oct
Ritchie, A. BSc	(SEC)	1 Oct
Down, T.C.	(P ED)	3 Oct
Mann, P.B.	(SEC)	3 Oct
Blackburn, M.J. BSc PGCE	(TRG)	4 Oct
Hardiment, R.A. BA	(SEC)	27 Nov
Munro, S.S.	(SEC)	27 Nov
Newbury, H.R. BA	(SEC)	27 Nov
Pope, D.J. BA	(TRG)	27 Nov
Benson, C.E. qcc	(CAT)	28 Nov
Long, R.F. qcc	(SEC)	28 Nov
Hill, J.P. pji	(P ED)	29 Nov
Jakeman, L.S.	(SEC)	29 Nov
Downie, E.W.S. BA	(TRG)	2 Dec
Marshall, E.L.	(SEC)	29 Dec

2005

Lewis, R.A. BSc PGCE	(P ED)	6 Jan
Jupp, C.A. BSc	(SEC)	15 Jan
Melmoth, D.A.C. BA	(TRG)	15 Jan
Skaife, C.R. qss	(SEC)	23 Jan
Parkinson, R. BA	(TRG)	11 Feb
Davies, P.E. BA	(TRG)	12 Feb
Formoso, K.L. BA	(SEC)	12 Feb
Garvin, J.D. BSc	(SEC)	12 Feb
Griffiths, C.E. BSc	(SEC)	12 Feb
Perrett, J.E. BA qcc	(SEC)	12 Feb
Tolan, A.L. BA	(SEC)	12 Feb
McMillan, H.L.E. BSc	(TRG)	11 Mar
O'Shea, A.L.	(SEC)	29 Mar
Broome, R.E. BA	(TRG)	1 Apr
Middlewick, L.E. MA	(TRG)	2 Apr
Riley, D.B.J.	(SEC)	2 Apr
White, P.G.	(P ED)	2 Apr
Nicholls, J.	(TRG)	3 Apr
Pearson, H.A. MSc BSc pji	(P ED)	5 Apr
Hard, K. BA	(SEC)	7 Apr
Harrison, S.L. BA qss	(SEC)	7 Apr
Henton, L.A. BA	(SEC)	7 Apr
Taylor, G.T. BSc qss	(SEC)	7 Apr
Warner, P.R. BSc	(SEC)	18 Apr
Smith, N.A. qss	(SEC)	4 May
Brealey, S.J. qcc	(SEC)	7 May
Dixon, K.	(SEC)	27 May
Staveley, H.	(P ED)	27 May
Derbyshire, C.A.	(SEC)	29 May
Graves, S.D.	(SEC)	29 May
Jones, W.	(TRG)	29 May
Luckett, P.A. MSc BA	(SEC)	1 Jun
Credland, R.M. BA	(SEC)	2 Jun
Ellis, J.E. BA	(SEC)	2 Jun

ADMINISTRATIVE BRANCH

Flying Officers

2001

Yates, P.D. qcc	(SEC)	7 Jul
Davis, M.J.M.	(SEC)	4 Aug
Matthews, E.J.A.	(SEC)	6 Aug
Knowler, P.D. BSc(TRG)		9 Aug
Reay, A.S. BSc	(P ED)	9 Aug
Rhodes, C. BSc	(CAT)	9 Aug
Davis, N.C. BA	(TRG)	10 Aug
Wells, L.A. qcc	(SEC)	13 Aug
Laycock, S.	(SEC)	2 Oct
Hamilton, P.L.	(SEC)	3 Oct
Bond, D.P. BSc	(SEC)	6 Oct
Colebourn, M.R. BSc PGCE	(P ED)	6 Oct
Cotton, S.D. BSc PGCE	(P ED)	6 Oct
Jones, T.M. BSc	(SEC)	6 Oct
Robey, L.A. BA	(CAT)	6 Oct
Bridger, G.D. BSc	(SEC)	7 Oct
Perkins, S.L. BSc	(SEC)	7 Oct
McKenzie, A.J. MA PGCE	(TRG)	10 Oct
Simpson, C.H. qss	(SEC)	5 Nov
Swanston, K.J. BSc PGCE	(TRG)	10 Nov
Bassett, D. BA	(SEC)	27 Nov
MacKean, A.B.	(SEC)	27 Nov
Walton, P.E.	(SEC)	27 Nov
Booth, S.L.	(SEC)	29 Nov
Hammond, M.A. MSc BSc	(TRG)	1 Dec
Libby, R.L. BSc	(TRG)	1 Dec
Fosbury, C.F.	(SEC)	19 Dec
Morris, A.J. qcc	(SEC)	19 Dec

2002

Train, N.M. qss	(SEC)	19 Jan
Mills, A.E. MA PGCE CA	(TRG)	28 Jan
Moores, K.J.	(SEC)	5 Feb
Craddock, H.F. BSc	(P ED)	10 Feb
Adamson, C.J. BA	(SEC)	11 Feb
Mee, C.S. BSc	(SEC)	11 Feb
Clark-Smith, K.J.	(SEC)	15 Mar
Abbott, N.R.	(P ED)	31 Mar
Duncan, N.J.	(SEC)	1 Apr
Roscoe, T.L.	(SEC)	1 Apr
Glodkowski, R.E. BA i	(SEC)	5 Apr
Hynes, T.I. BSc	(SEC)	5 Apr
Bowditch, K. BA	(SEC)	6 Apr
Tostevin, L.A. BSc	(SEC)	6 Apr

Heald, S.L. qss	(SEC)	25 May
Miller, J.	(SEC)	25 May
Hodgskinson, C.S.	(SEC)	27 May
Taylor, T.M. BSc	(SEC)	27 May
Machin, A.P. BSc	(CAT)	31 May
Ball, S.L. BA	(SEC)	1 Jun
Cochrane, K.F. BSc	(SEC)	1 Jun
Frost, N.C. BA	(SEC)	1 Jun
Metcalfe, A.R. BCom	(SEC)	1 Jun
Wynne, J.A. BSc	(SEC)	1 Jun
Carrier, M.S. BA	(P ED)	9 Jun
Carpenter, T.A.	(TRG)	29 Jun
Foster, J.A.	(CAT)	22 Jul
Barlow, T.A. BSc PGCE	(TRG)	3 Aug
Clarke, E.M. BSc	(TRG)	9 Aug
Ditch, C.J. BA	(SEC)	9 Aug
Dutton, V.E. BA	(SEC)	9 Aug
Winter, C.A.H. BA	(SEC)	9 Aug
Smith, L.A. BSc	(SEC)	1 Sep
Leacy, D.W.D.	(CAT)	30 Sep
Wilson, C.P.	(SEC)	30 Sep
Price, E.A. BEng	(TRG)	4 Oct
Young, J.R.G. BSc	(P ED)	4 Oct
Bates, S.C. BSc	(SEC)	6 Oct
Greatorex, E.R. BA	(SEC)	6 Oct
Lawson, A.C. BEd	(SEC)	6 Oct
Moran, D.L. BA	(SEC)	6 Oct
Ollis, V.S. BSc	(SEC)	6 Oct
Poole, P.J. BSc	(TRG)	6 Oct
Donnelly, G.	(SEC)	25 Nov
Wright, P.D. BSc	(TRG)	25 Nov
Blagojevic, M.A. BA	(SEC)	30 Nov
Dickson, S.E. BA	(SEC)	1 Dec
Harwin, A.D. LLM	(SEC)	1 Dec
Lamont, T.G. MA	(TRG)	1 Dec
Upham, K.L.E. BSc	(SEC)	1 Dec

2003

Fields, L.S.	(SEC)	20 Jan
Carey, D.E. MA BSc	(P ED)	22 Jan
Compton, T.N.	(SEC)	22 Jan
Beasant, A.L.	(SEC)	1 Feb
Wells, S.L.	(SEC)	10 Feb
Buxton, S.L. BA PGCE	(P ED)	3 Apr
Suggett, P.J. BSc	(SEC)	28 May
Pountney, R. LLB	(SEC)	31 May
Salmon, R.M. BSc	(P ED)	31 May

Griffiths, E.A. BSc	(SEC)	8 Aug
Hughes, J.S. BA	(SEC)	8 Aug
Moxham, G.F. MA BA	(SEC)	8 Aug
Wardle, N.J. BSc	(SEC)	8 Aug
Browning, F.C. BSc	(SEC)	4 Oct
Hancock, S.J. BA	(SEC)	4 Oct
Shardlow, K.S. LLB	(SEC)	4 Oct
Lee, T.M.	(SEC)	24 Nov
Livingston, K.J. BA	(SEC)	30 Nov

2004

Mann, J.A.	(SEC)	3 Apr
Ritchie, J. LLB	(SEC)	3 Apr
Sluggett, C.L.	(SEC)	3 Apr
Brummitt, C.M. BA	(SEC)	28 May
Dillon, M.M. BA	(CAT)	28 May
Lowrie, T.J.	(SEC)	29 May

2005

Hargreaves, S.J.	(SEC)	28 May

ADMINISTRATIVE BRANCH

Pilot Officers

2003

Bingham, V.J.	(SEC)	26 Jul
Strangwood, R.D.	(SEC)	13 Sep
Bain, C.J.	(SEC)	7 Nov

2004

King, H.R.	(SEC)	31 Mar
Fitchett, C.A.	(SEC)	2 Apr
Taylor, T.K.	(SEC)	5 Aug
Thomas, L. CertEd	(SEC)	15 Sep

2005

Chubb, J.M. BA	(SEC)	6 Feb
Levy, E.K.	(SEC)	25 May
Algate, A.R. BSc	(SEC)	29 May
Cutland, C.M. BSc	(SEC)	29 May
Daly, L. BA	(SEC)	29 May

MEDICAL BRANCH

Air Vice-Marshals

2004

Thornton, Eric John QHP MB ChB MFOM DAvMed FCMI rcds psc . . . . . (F) 26 Jul
Dougherty, Simon Robert Charles QHP MB BS MSc FFOM DObstRCOG DAvMed
 FCMI FRAeS jsdc qs . . . . (F) 17 Sep

Air Commodores

2002

Mitchell, Ian Duncan QHS MB BS MDA BSc MRCGP AFOM DRCOG DAvMed FRAeS MHSM psc (F) 1 Jan
Batchelor, Anthony John CBE QHS MB MB BS BSc FRCP FFOM MRCSEng DRCOG
 DAvMed FRAeS . . . . (F) 1 Oct
Coker, William John OBE QHP MB ChB BA BSc LLB FRCP FRAeS DAvMed . . (F) 1 Oct

2003

Ranger, Michael QHS MB BS AFOM DAvMed MRAeS qss . . . . (F) 1 Jan

2005

Evans, Christopher Paul Anthony QHP MB BCh MSc DAvMed rcds psc . . . (F) 1 Jan

Group Captains

1995

Jones, John MB BCh MSc MRCPath DRCOG . . . . (F) 11 Aug

1996

Laundy, Trevor John MB MB BS BSc FRCP DAvMed qss . . . . 7 Oct

1998

Dharmeratnam, Rajkumar QHS MB BS FRCR DCH . . . . 20 Jun

1999

Jones, David Wynford FRCP MRCSEng MRCP(UK) FInstLM . . . . . . 14 Aug

MEDICAL BRANCH

Group Captains

2000

Morris, Christopher Brian MB BS MMedSci FFOM DRCOG DAvMed	(F)	1 Jan
Reid, Geoffrey Ewing MB ChB FRCPsych DAvMed MRAeS qs	(F)	1 Aug

2001

McManus, Francis Bernard MB BS FRCPSych qss		10 Mar
Keatings, Brian Thomas MMedSci MB ChB MFOM DAvMed qs	(F)	1 Jul
Watkins, Mark John Guy MB BA BChir FRCSEdin		30 Aug

2003

Elphinstone, Lucy Helen MSc MB ChB MRCGP MFPHM qs		1 Jan
Smyth, Denis Gerard MB ChB BA BAO		16 Jul
Skipper, John Joseph MB BCh FRCSEdin qs		1 Sep
Blake, David Charles Sedgwick MB ChB BSc FFARCS qss		1 Nov

2004

Gradwell, David Peter PhD MB ChB BSc FRCP DAvMed FRAeS		1 Jan
Jenkins, David Ian Traies MSc MB BS BSc MRCGP MFOM DRCOG DAvMed MRAeS qs	(F)	1 Jan
McGuire, Neil Marshall BMedSci BM BS	(F)	1 Jan
Mozumder, Aroop Kumar MB BS MSc MRCSEng MRCGP LRCP DRCOG DTM&H DAvMed DMCC qs	(F)	1 Jan
Kilbey, John Howard MB BS BSc		28 Sep

2005

Broadbridge, Richard John Martin MB BS MRCGP DAvMed DOcc Med qs	(F)	1 Jan

MEDICAL BRANCH

Wing Commanders

1991

O'Connell, C.R.W. MB
BCh BAO LLMRCP
LLMRCS   3 Jul

1994

Marshall, D.N.F. MB
ChB MRCGP MFOM
DRCOG DAvMed
qs   (F)   18 Jul
Reynolds, M.F. MB ChB
MRCGP DRCOG
qss   (F)   2 Aug
MacAuley, S.J. MB BS
BSc   2 Sep

1995

Peterson, M.K.   17 Feb
Anderson, A.M. MB
ChB MRCGP   (F)   1 Aug

1996

Scerri, G.V.G. FRCSEng
LRCP   1 Feb
Green, A.D. MB BS
MRCPath DTM&H   27 Feb
Aitken, J. MB ChB BSc
BSc MFOM
DAvMed   (F)   13 Nov
Schofield, P.J. MB ChB
MRCGP DA(UK)
DAvMed qss   (F)   17 Nov

1997

Khan, M.A. MB BS
FRCP DTM&H   19 May
Whitbread, T. MB BS   4 Jul
Wilcock, A.C. MB ChB
MSc MRCGP FFOM
DRCOG DAvMed
qs   (F)   1 Aug
Seddon, P.J. MB BS
BSc MRCGP DRCOG
DCH   15 Aug
Cousins, M.A. MB ChB
MRCGP qss   8 Oct

Webster, T.M. MB BS
MRCGP DRCOG
psc(j)   (F)   16 Oct
Allison, G.E. MB BS   (F)   17 Nov

1998

Gaffney, J.E. MB ChB
BSc DRCOG DAvMed
DCH psc(j)   (F)   11 Jan
Bhullar, T.P.S. MB BS
FRCSRCPS(Glas)
FRCSEdin   12 Jan
Bruce, D.L. MBE MSc
MB BS FIMCRCS(Ed)
MRCGP AFOM DOcc
Med DipIMC
DAvMed MRAeS
qss   (F)   1 Aug
Matthews, R.S.J. MB
BS BSc MRCGP
MFOM DAvMed
MRAeS qs   (F)   19 Aug

1999

Wallace, V.J. MB ChB
MRCGP DRCOG
psc(j)   (F)   2 Mar
Reid, A.N.C. MB ChB
MSc MRCGP MFOM
DRCOG DAvMed
qs   (F)   27 Jun
Shapland, W.D. MB BS
MRCPSych DA
DRCOG qss   27 Jun
Greenish, T.S. MB BS
DAvMed qss   (F)   1 Aug
Kilbey, S.C. MA MB
ChB MRCGP DRCOG
DOcc Med DAvMed
psc(j)   (F)   12 Aug
Amos, A.M. MB BCh
MBA MRCGP DRCOG
DAvMed DOcc Med
MRAeS qs   5 Sep

2000

Cartwright, J. MB BS
DAvMed qss   (F)   13 Jan
Dexter, D. MA MB ChB
BSc MRCGP DRCOG
DAvMed psc   (F)   1 Aug
Hurley, A.V.A. BA BM
DOcc Med   (F)   1 Aug
Sargeant, I.D. MB BS qs   1 Aug

Boden, J.G. MB ChB
qs   (F)   3 Aug
Ross, D.E. MB ChB
qs   (F)   4 Aug

2001

Archer, G.A. MB BS   1 Aug
Winfield, D.A. DPhil
MSc BSc BM BCh
MRCGP DRCOG DCH
ARCS qss   2 Aug
Hall, I.S. MB BS   27 Aug

2002

Scott, R.A.H. MB BS
qss   26 Feb
Hutchinson, M.R. MB
BS qss   (F)   1 Aug
Paish, N.R. MB BS   (F)   1 Aug
Connor, M.P. MSc MB
ChB FRCPath
DTM&H   25 Aug
Hansford, N.G. MB
ChB   (F)   27 Aug
Green, N.D.C. MB BS
BSc   1 Sep

2003

Wright, P. MSc MB ChB
BAO DAvMed qcc   (F)   25 Feb
Pathak, G. MB BS
FRCSRCPS(Glas)   22 Mar
Walton, C.S. MB BS
BSc MRCGP DRCOG
psc(j)   (F)   1 Aug
Bastock, J.M. MSc MB
ChB MFOM MRCGP
DRCOG DAvMed
qs   (F)   26 Aug
Holdcroft, A.J. MB ChB
MRCGP DRCOG   (F)   26 Aug
Lewis, M.E. MB BCh   18 Nov

2004

Maidment, G. MA PhD
BM BCh MRCPath
DAvMed DMJ(Path)
DipFHID MRAeS
ARCM qss   24 Feb
Hodgson, J. MB ChB   1 Aug

MEDICAL BRANCH

Wing Commanders

2004—contd
McLoughlin, D.C. MB BCh BAO MRCGP DRCOG qs (F) 1 Aug
Ruth, M.J. MB ChB 1 Aug
McDonald, N.G. MB ChB MRCGP DRCOG DAvMed MRAeS 1 Sep
Lasrado, I.F.N. MB BS 24 Sep
Caldera, S.R.M. MB BS BSc FRCSEng 25 Nov

2005
Baker, J.E. MB BS BMedSci MRCGP DRCOG DAvMed DCH qs (F) 1 Jan
Daborn, D.K.R. MB BS BSc MRCGP DRCOG DipIMC DOcc Med DAvMed MCMI qs (F) 1 Jan
McGrath, R.D. MB BCh qss (F) 1 Jan
Withnall, R.D.J. MSc MB BS MRCGP DRCOG qss 1 Jan
Swindells, S.R. MB ChB BSc FFARCS 6 Feb

Squadron Leaders

1985
Court, B.V. MB BS FFPHM FRCGP 21 Jan

1989
Monkley, C.R. MSc MB BS MRCGP DRCOG 2 Oct

1990
Anderson, S.B. MB BS 5 Oct

1992
Waldron, M.N. MB BS MBA 3 Feb
Davies, F.J.M. MB ChB 24 Sep

1993
Over, D.C. MB BS FRCA 7 Sep

1994
MacDonald, L.M. MB ChB BSc MRCGP 12 Apr
Liskiewicz, W.J.S. MB BS BSc FRCSEdin MRCP 20 Sep

1996
Pandya, A.N. MCh MB BS 24 May
Timperley, A.C. MB ChB BSc 1 Aug

1997
Harper, D.G. MB BCh MRCGP qss 22 May
Hill, K.P. MB BS qss (F) 1 Aug
Stitson, D.J. MB BS 1 Aug
Thomson, N.J. MB ChB 1 Aug
Monnery, P.M. MB BS 27 Aug

1998
Berry, R.D. PhD Bsc BM BS BMedSci FRCA DipICM 1 Aug
Geary, K.G. MB ChB 1 Aug
Hocking, G. MB ChB 1 Aug
Hughes, P.R. MB ChB 1 Aug
Williams, M. MB ChB DAvMed (F) 1 Aug

1999
Jackson, S.A. MB BCh MRCGP qs 1 Aug
Lewis-Russell, J.M. MB ChB 1 Aug
Trimble, K.T. MB ChB MRCSEng 1 Aug

2000
Sapsford, W. MA MB BChir FRCSEng 4 May
Evison, D. MB ChB 1 Aug
Birch, K. BSc BM FRCA MRCP DAvMed DipICM 2 Aug
Brown, D.J.G. MB ChB 2 Aug
Naylor, J.R. MB ChB MRCP 2 Aug
Temple, M.J. MB ChB 2 Aug
Davies, G.W. MB BS MRCPIre 6 Aug
Davies, M.T. MB ChB BSc qss (F) 7 Aug
Cabre, A. FRCSEng LMed 23 Sep
Talabi, A.O. MB BS MRCGP DRCOG qs 24 Nov

2001
Timperley, J. MB ChB 7 Feb
Singleton, J.F. MB ChB MRCGP DRCOG qcc 22 Feb
Paul, S.N. MB BS MRCP(UK) 28 Mar
Gordon, G.J. MB ChB MRCGP DRCOG 1 May
Stubbs, M.C. MB ChB DRCOG 6 Jul
Fletcher, M. MB BS 12 Jul
Griffiths, J.S. MB BCh MRCGP DRCOG DOcc Med qss (F) 1 Aug

203

MEDICAL BRANCH

Squadron Leaders

2001—contd

Dalrymple, P.M. MB ChB		7 Aug
Grimmer, P.M. MB ChB BSc MRCGP DRCOG qcc		7 Aug
Pook, A. MB BS		7 Aug
Whittle, C.L. MB BS FRCA		7 Aug
Woodcock, M.G.L. BM		8 Aug
Vaikunthanathan, R.S. MB BS		16 Aug
Chapple, S.A. MB ChB	(F)	1 Sep
Masterson, S.W. MB ChB		30 Sep
McGrath, M.M. MB ChB qss	(F)	14 Oct

2002

Huntbach, J.A. BSc BChir	13 Feb
Arora, A. MB BCh BAO MRCGP DRCOG	21 Mar
Hall, S.L. BM	17 Jun
Ball, J.E. MB BS BSc	6 Aug
Kendrew, J.M. MB BS	6 Aug
Tagg, C.E. MB BS	6 Aug
Haseldine, D.C. MB ChB BSc MRCGP DAvMed DRCOG qcc (F)	7 Aug
Bennett, A.N. MB ChB MRCP(UK)	1 Nov
Hope, A.J. BM	3 Dec

2003

Sharma, D.M. MSc MB BCh BAO MRCS(Ed)	5 Apr
Hughes, S.N. MB BS BSc FRCA	5 Aug
Mollan, I.A. MB ChB	11 Sep
Wachtel, S.L. MB ChB BSc MRCP MRCGP	1 Oct
Pudney, R.L. BM	15 Oct
Miles, H.C. MB ChB	31 Oct

2004

Davies, P.L. MB BCh BAO	5 Feb
Van Niekerk, W.J.C. MB ChB	22 Mar
Lavallee, P.J. MB BS	21 Jul
Deaney, C.N. MSc MB BS BSc MRCP MRAeS	3 Aug
Houghton, L.J. MB ChB DRCOG	4 Aug
Nicol, E.D. BM BS BMedSci MRCP(UK) qs	4 Aug
Ostler, A.M. BSc MB BS MRCGP	4 Aug
Koshy, M.G. MB BS	17 Sep

2005

Smith, E.J.D. BA BM BCh	2 Feb

Flight Lieutenants

1974

McComiskey, A.J.	12 Aug

1998

Okojie, E.I. MB BS	24 Jun

1999

Kendall-Smith, M. MB ChB	3 May

2000

D'Arcy, J.L. MB ChB	2 Aug
Dixon, S.I.G. MB ChB	2 Aug
Tipping, R.D. MB BS	7 Aug
Gillen, P.J.R. MB BCh	17 Sep

2001

Choudhry, M. MB BS DRCOG DGM	1 Jan
Bradley, J.C. ChB	6 Feb
Sherwin, N.J.P. MB BS MRCGP	30 Mar
Andrews, P.D. PhD BM BS	1 Aug
Davy, A.P. MB BS BSc MRCGP DRCOG	1 Aug
Hendriksen, D.A. BSc BM BS BMedSci DRCOG MRCGP	1 Aug
Mollan, S.P. MB ChB	1 Aug
O'Reilly, D.J. MB BCh qss	1 Aug
Partner, A.M. MB BCh BM	1 Aug
Shepherd, B.D. MB ChB BSc	1 Aug

2002

Johnston, D.A. MB BS	29 Apr
Dharm-Datta, S. MB ChB MSc	10 Jul
Ellison, D.R. MB ChB BSc	1 Aug
Craig, D.G.N. MB ChB BSc qss	7 Aug

MEDICAL BRANCH

Flight Lieutenants

2002—contd

Dougherty, S.L. MB BS DRCOG DCH	7 Aug
Harris, N.S. MB BCh BSc	7 Aug
Jacobs, N. MB ChB	7 Aug
Manson, A.L. MB ChB DRCOG	7 Aug
McNeill, S.J. MB ChB	7 Aug
Mears, K.P. BSc BMedSci BM BS	7 Aug
Patterson, D.T. MB ChB	7 Aug
Than, R. MB BCh FRGS	7 Aug
Ward, E.M. MB BS BSc	7 Aug

2003

Gill, S. MB BS BSc	24 Mar
Adcock, C.J. MB ChB	1 Aug
Fillingham, C.A. MB BCh	5 Aug
Baladurai, S. MB ChB	6 Aug
Corbett, G.D. MB BS	6 Aug
Cummings, I.M. MB ChB	6 Aug
Dewar, G.L. BM	6 Aug
Gelnar, J.A. BM	6 Aug
Hurst, K. MB ChB	6 Aug
Lashbrooke, B.P. BSc BM	6 Aug
Patterson, C.M. BM BS	6 Aug
Richards, J.A. MB BS	6 Aug
Wayne, C.G. MB ChB BSc	6 Aug
Conway, E.B. MB ChB	7 Aug

2004

Patel, R.S. MB BS BSc	15 Jan
Butterfield, S.A.	4 Aug
Chalmers, S.M. MB ChB	4 Aug
Crabbe, J.M. BSc MB ChB	4 Aug
King, T.J. MB BS BSc	4 Aug
Looker, J.J.	4 Aug
Masterson, L.M. BM	4 Aug
McMillan, K.G. MB BS	4 Aug
Otobo, I.O. BM	4 Aug
Rand, B.C.C.	4 Aug
Flutter, C.L. MB BS	5 Aug
Spurrier, E.J. BM	9 Aug
Rutland, K.E.	9 Sep
Bough, D.E. MB BS	3 Nov

Flying Officers

2004

Rimmer, J.E.	2 Jul
Gardner, F.K.	6 Jul
Austin, J.L.	9 Jul
Maitland-Knibb, S.B.	12 Jul
Hindle, P.	13 Jul
Hodkinson, P.D. MSc	14 Jul
Sherratt, J.L. MA BMedSci	15 Jul
Sherwood, D.A.	15 Jul
Davison, C.A.	19 Jul
Grieve, A.W.	21 Jul
Morgan, M.P.G.	21 Jul
Bairsto, C.E.	22 Jul
Gill, K.K.	22 Jul
Wheble, J.L.C.	23 Jul

2005

O'Neill, D.R. BSc	5 Jan
Lamb, C.M.	6 Jan

Pilot Officers

2000

Cooper, H.R.	17 Jul

2002

Evetts, G.E.	4 Sep
Hampson, S.	4 Sep
Kerslake, I.M.P. BSc	4 Sep
Little, J.G. BSc	4 Sep
Morgan-Warren, P.J.	4 Sep
Radford, M.C.	4 Sep

2003

Baker, S.M.	25 Mar
Petrie, D.A.	25 Mar
Price, T.S.J. BSc	14 Apr
Ainge, K.S.	3 Sep
Collis, S.A. BNurs	3 Sep
Hartley, A.E.	3 Sep
Tewson, A.L.M.	8 Sep
Bailey, T.R.	10 Nov
Keld, F.E.	8 Dec
Jacomb, H.L.	15 Dec

2004

Bain, K.L.	6 Jan
Adam, M.G.	14 Sep
Barge, K.E.V. MSc BSc	14 Sep
Ewbank, R.C.	14 Sep
Gimblett, S.J.	14 Sep
Greene, S.N.	14 Sep
Howley, M.T.	14 Sep
James, R.H.	14 Sep
Mossadegh, S.	14 Sep
O'Neill, J.I.M.	14 Sep
Reade, H.C.	14 Sep
Sharpe, D.B.	14 Sep
Wroe, C.J. BSc	14 Sep
Lawson, E.E.	12 Oct
Williams, K.L. BSc	12 Oct
Barker-Davies, R.M.	14 Oct
Marshall, V.	16 Nov
Fenton, F.A.	14 Dec

2005

Evans, T.E. BSc	12 Jan
Blackburn, J.L.R. BSc	23 Mar

DENTAL BRANCH

Air Commodore

2000

Reid, John QHDS BDS MGDSRCPSGlas FCMI psc . . . . 1 Jul

Group Captains

1996

Amy, David James QHDS MSc BDS MGDSRCSEd qss . . . . 1 Jul

1997

Richardson, Peter Sandiford MSc BDS MGDSRCSEd MGDSRCSEng LDSRCS DDPHRCS 1 Jan

1998

Rees, David John MSc BDS FFGDP(UK) MGDSRCSEng qs . . . . 1 Jul

1999

Cornthwaite, Peter William BDS MGDSRCSEd qs . . . . 1 Jul

2000

Gallagher, Peter Michael BDS BA MGDSRCSEd qs i* . . . . 1 Jan

2003

Knowles, Ralph Churton BDS LDS . . . . 1 Apr
Nottingham, Jane Anne BDS MGDSRCSEd qs . . . . 1 Jul

2004

Brown, Randal Timothy Martin BDS MGDSRCSEd psc(j) . . . . 1 Jan
McCarthy, Dermot MSc BDS MGDSRCSEng LDSRCS DGDP(UK) qss . . . . . 1 Jan
Monaghan, Andrew Martin BDS FDSRCSEng qss . . . . 12 Jan

DENTAL BRANCH

Wing Commanders

1996

Senior, N.J. MSc BDS
MGDSRCSEng   31 Jul

1997

Gibbons, A.J. MA MB
BChir BDS FRCSEdin
LDSRCS qss   16 Mar
Bambridge, D.E. BDS   5 Aug

1998

Nelson, T.A.B. BChd
FDSRCSEng   3 Feb
Fleming, J.C. MSc BDS
FFGDP(UK)
MGDSRCSEng
LDSRCS   4 Apr
Chadwick, A.R. BDS
MFDSRCPSGlas qss   10 Sep
Duffy, S. BDS   29 Oct

1999

Cox, J.J. LDS LDSRCS   1 Apr
Hamshaw, G. BSc BDS
CertEd   16 Jul
Boyle, L.M. BDS
MGDSRCSEng
MFDSRCPSGlas   8 Sep
McDavitt, J.N. MSc
BDS
MGDSRCPSGlas qss   18 Dec

2000

Gowing, S.T.J. MA BDS
FFGDP(UK)
MGDSRCSEng qss   4 Jan
Rhodes, C.E. LLM MSc
BDS
MGDSRCPSGlas   4 Jan
Cook, E. BChd qs   23 Feb
Jones, T.W. MSc BDS   6 Mar
King, J.M. MSc BDS
FFGDP(UK)
MGDSRCSEng qss   11 Aug
Austin, J.F. BDS
MGDSRCPSGlas qss   13 Sep

2001

Reith, M.J. BDS
MFGDP(UK) qs   10 Aug
Sinclair, J.W. BDS   1 Dec

2002

Richardson, M.H. MSc
BDS MGDSRCSEng
qs   29 Jan

2003

Lloyd, M.V. BDS   20 Jan

2004

Macbeth, N.D. BDS   25 Jan
Byford, M. BDS
MFGDP(UK) qs   4 Feb
Collins, S.E. BDS   25 Aug
Neppalli, R.P.K. BDS
MFGDP(UK) DGDP
RCS   25 Aug
Doyle, S.B. BDS qs   1 Sep
Thomas, S.R. BDS qss   19 Oct

2005

Foster, M.R. BDS
MGDSRCSEng
DGDP(UK) qs   1 Jul

Squadron Leaders

1995

Dobson, J.E. MSc BSc
BDS   6 May

1996

Laird, L.M. BDS   23 Aug

1997

Wynne, J.E. BDS
MFGDP(UK)   17 Jan
Savage, A. BDS
MFGDP(UK)
MFDSRCS(Ed)
DGDP(UK)   20 Sep

1998

Smith, R.M. BDS
MFGDP(UK)
MFDSRCS(Ed) qcc   21 Apr
Ritchie, K.L. BDS   3 Dec

2000

Jones, I.R. BDS qs   23 Jun
Gagnon, R.L. BDS
MFGDP(UK) qcc   27 Jun
Sneddon, F.C. BDS
FDSRCSEng   7 Nov

2002

Butler, S.R. BChd   7 Aug
Robb, S.M. BMedSci
BDS qcc   7 Aug
Agbanobi, K.E. STAT
EXAM FDSRCSEng
qcc   7 Oct

2003

Galbraith, J.R. BDS
MFDSRCS(Ed)   5 Aug
Abbott, P.J. BDS qcc   6 Aug
Mitchell, S.A. BDS   29 Oct
Powley, R.M.K. BDS
MFDSRCS(Ed)   30 Oct

DENTAL BRANCH

Squadron Leader	Flight Lieutenants		Pilot Officer	
2004	**2000**		**2004**	
Coburn, D.G. BDS MFGDP(UK) FRACDS qcc 28 Jan	Kirman, S.A. BDS qss Porter, N.P. BDS Smith, A.E. BDS qss	3 Aug 3 Aug 3 Aug	Stewart, S.B.	9 Nov
	2001			
	Smith, R.E. BDS Brazier, W.J. BDS Friend, M.J.W. BMSc BDS	6 Feb 12 Feb 9 Aug		
	2002			
	Henthorn, K.M. Buckley, F.P. Kudanowska, I.	27 Jun 26 Jul 8 Aug		
	2003			
	Bo, N.C.E. BDS Stagles, C.J. BDS Clarkson, M.E. BDS Dermont, M.A. BDS Galloway, C. BMSc BDS McCulloch, D.A. BDS Marsh, E.J. BDS	3 Jul 3 Jul 7 Aug 7 Aug 7 Aug 7 Aug 3 Nov		
	2004			
	Claisse, L.C. BDS	5 Aug		

PRINCESS MARY'S ROYAL AIR FORCE NURSING SERVICE
PRINCESS MARY'S ROYAL AIR FORCE NURSING SERVICE

AIR CHIEF COMMANDANT H.R.H. PRINCESS ALEXANDRA, The Hon. Lady Ogilvy, GCVO

Group Captain

2003

Williams, Wendy Burrowes RRC QHN RM qs . . . . 1 Jul

PRINCESS MARY'S ROYAL AIR FORCE NURSING SERVICE

Wing Commanders

2000
Gross, J.L. RSCN qs	1 Jul
Wroe, B. MSc CertEd qs	1 Jul

2002
Beaumont, S.P. MSc BA MRAeS qs	1 Jul
Warburton, A.M.	1 Jul

2003
Ward, P.J. ARRC RGN qs	1 Jan

2004
Cushen, P.B. ARRC RGN DipMgmt qsb qs	1 Jan

2005
Massey, L.A. qs	1 Jan
Stewart, H.M. RGN qs	1 Jan
Petter-Bowyer, D.A. RM	1 Jul

Squadron Leaders

1994
Harper, P.J.	3 Nov

1995
Cromie, S.E. MA BA RNT CertFE	6 Apr

1996
Richards, A. BSc RGN RM DipN qss	14 Jan
Gullidge, K.A. RGN qs	9 Jun
Ferguson, P.G. RMN	25 Jun

1997
Oakley, S.J. RGN RM	17 Nov

1998
Dickin, L. RGN qs	10 Jan
Durrant, Y.F. RGN RM	3 Mar
Hutton, D.J. BSc RMN RGN	10 Jul
Onions, A.C. RGN	20 Sep

1999
Mackie, K.C. MSc BA RGN qs	21 May
Evans, A.W. BSc RGN DipN	26 Jun
Hopper, T.M. RGN	31 Dec

2000
Tue, N.S. RGN DipN qss	18 Jan
Adcock, L.A.	31 Jan
Priestley, M.J. MSc BSc RGN qs	5 Feb
Jones, D.C. ARRC RGN qcc	6 Mar
Spragg, P.M. RGN qs	15 Oct

2001
Smart, C.A. RGN qcc	6 Feb
Ewart, A.P.G. ARRC RGN	16 Sep
Turner, J. DipHE qcc	8 Oct

2002
Ball, S.J. RM qcc	6 Jan
Covill, L.M. RGN qs	13 Jan
Hymas, P.B. ARRC RGN RM DipMgmt qs	8 Feb
Cuthbert, S.J.	20 Feb
Griffiths, T.A. RGN qs	22 Feb
Ulke, D.	2 Mar
Danby, A.P. RGN	3 Mar
Wallace, J.H. SCM	8 May
Raper, A.	21 May
Duffy, K.M. BSc	26 Jun
Van Zwanenberg, G. qcc	30 Jun
Doyle, S. RGN	28 Jul
Davenport, J. RGN RM	3 Aug
Edmondson, M.J.	18 Oct
Whiting, D. RGN qs qss	14 Nov
Roode, R.J. RGN	15 Nov

2003
Lamb, D.W. RGN qs	2 May
Rapson, K. RGN qss	21 Jun
Reilly, B.A. RGN DipN	7 Aug

2004
Bradley, F.M. RGN	22 Apr
Dyson, N.C. RGN	27 Jul
Read, K.E. RGN	8 Dec

2005
Quick, P.A. RGN RSCN RMN DipHE	4 Feb
Anderson, H.A. RGN RM	27 May
Pascoe, S.W. BSc RGN	27 May
Aird, B.G. MSc BSc RGN DipN qcc	1 Jul

PRINCESS MARY'S ROYAL AIR FORCE NURSING SERVICE

Flight Lieutenants

1996

Sewart, M.R. BMedSci RGN RMN	11 Nov

1997

Slaughter, I.R. BSc RGN	8 Jun
Davies, V.K. RGN RSCN RM	20 Aug
Phythian, S.M. RGN qcc	20 Aug
Rider, I. BSc RGN RM	1 Sep
Swain, I.S. RGN DipN qcc	1 Sep
Parker, N. RGN	8 Dec

1998

Mathison, E. RGN	7 Jan
Lewis, A. RGN	26 May
Ricklesford, V.L. RGN	12 Jul
Campion, B.H. BSc RGN RMN	24 Sep
Ducker, S.J. BSc RGN	11 Nov

1999

Arroyo, G.H. RGN qcc	5 May
Pawlak, M. MSc RMN	24 May
Hall, J.P. RGN	16 Jun
Peverall, S. RGN RM	16 Nov
Allbones, N.L. MSc BSc RGN DipHE	21 Nov
Hazzard, I. BSc RGN qcc	24 Nov

2000

Van Carrapiett, D.M.B. RGN	14 Jan
Lynn, S.B. RGN qcc	5 Mar
Smallwood, A.L. RGN	23 Apr
Ryder, L.M. RGN	9 Jun
Brown, J.S. RGN	18 Jun
Tyler, S.J. RGN DipHE qcc	30 Jun
Harris, M.J. BA RGN	11 Sep
McAree, F.M. RGN RM	10 Oct

2001

Thomas, T.M. RGN	6 Feb
Gibbs, H.L. RGN DipN	23 Feb
Kenworthy, J.A. RGN	16 May
Grady, E.L. RGN qcc	9 Jun
Colehouse, K. RGN RSCN	17 Sep

2002

Cade, A.F. RGN	1 Jan
Martin, H.M. BSc RGN	2 Jan
Nicol, A.W. RGN	13 Jan
Percival, G.M. RGN	5 Feb
Moore, E.K. RGN RM	10 Apr
Clarke, J. RGN	27 May
Cook, C. RGN	25 Jun
Willgoose, A.C. BNurs RGN	19 Jul
Willcocks, D.I. BSc RGN	27 Jul
Marshall, J.M. BSc RGN	7 Aug
Hart, D.A. RGN	8 Sep
Dadds, C.M. RGN	4 Oct
Fleming, S. RGN RM	8 Dec
Thompson, C.J. BA RGN	16 Dec

2003

McGlynn, F.M. RSCN RGN	16 Jan
Baker, N.A. RGN	3 Feb
Doyle, C.F.	31 Mar
Watling, G.	31 Mar
Whitwood, P. RGN	1 Jun
Morrish, H.J. RGN RM	24 Jun
Vollam, J.P. BA RGN	14 Jul
Gale, M.T. BSc RGN	8 Aug

2004

Webb, V.E. RGN	31 Jan
Stow, M.E.A. BSc RGN	11 Mar
Poole, K. RGN	3 Apr
Quick, C.A. BA RMN	8 May
Rogers, C.A. BSc RGN	13 May
Masawi, S.	8 Jul
Wood-May, A.M.L. RGN	16 Aug
Goodall, C.L. BNurs RGN	26 Dec

Flying Officers

2001

Bryant, A.C.	16 Nov

2002

Pybis, P.W. RGN	26 Feb
Morgan, J.G. RGN	3 Mar
Gillespie, A. RGN	29 Apr

MEDICAL SUPPORT BRANCH

Group Captains

2004

Lane, Keith MBA DipMgmt qs . . . . 1 Jan

2005

Allaway, Richard John BEd qss . . . . 1 Jan
Cowan, Alan MRIPH MCMI DipMgmt qs . . . . 1 Jan

MEDICAL SUPPORT BRANCH

Wing Commanders			Squadron Leaders			Flight Lieutenants	
1998			**2000**			**1996**	
Stacey, J. qcc		1 Jul	Baird, W.P. MHSM qs		1 Jul	Start, I.J.	10 Jun
2001			**2001**			**2000**	
Burgess, P. MSc			Dray, M.D. qss		1 Jan	Cowell, J.A. qcc	23 Jul
DipMgmt qs		1 Jan	Earp, M.T. qss		1 Jan		
Farmer, T.P. MSc		1 Jan				**2001**	
Hoyle, D.L. MSc MHSM			**2002**				
qs		1 Jan	Covill, J.A. qs		1 Jan	Castle, S.J. qcc	22 Jul
2003			Jones, R.J. MSc BA			**2002**	
Staniforth, C.A. MCMI			MCSP CertEd		1 Jun		
DipMgmt DipBA qs		1 Jan	Beach, C.J.		27 Sep	Goodwin, H.J. BSc qcc	9 Feb
Batley, R.J. qs		1 Jul				McKillop-Duffy, P.S.	
Cranfield, A. qs		1 Jul	**2003**			MSc RMN qcc	15 Jul
			Carlin, N.J. qs		1 Jul	Rutherford, I.R.E. qcc	20 Jul
2004			Mitchell, W.A. MSc			Shephard, M.R. qcc	28 Sep
			MCIPD		26 Jul	Ruffles, H.R. BSc qss	2 Oct
Fleetwood, W.M. MSc			Biggs, C.J. qss		27 Dec	Moyes, G.K.	26 Nov
MIHM MCMI qs		1 Jan				Dennis, J. BSc	30 Nov
			2004			Singleton, C.J.	23 Dec
2005			Coleman, M.J. qss		1 Jan	**2003**	
Quinn, A.C. MBA MIHM			Walker, M.J. qsb qs		1 Jan		
DipMgmt qs		1 Jan	Culpan, D.S. qcc		17 Aug	Ogden, B.	12 Jan
Choppen, P.I. BSc						Ford, S.A. qsb qcc	20 Jan
PGDipCCI(O) CBiol						Gregory, J.M. qcc	19 Jul
MIBiol DipMgmt qs		1 Jul	**2005**			Tomlin, N.M. qss	19 Jul
White, J.E. qsb qs		1 Jul	Hughes, A.J. qcc		1 Jul	Day, B.G.J.	22 Jul
						Downes, C. qcc	22 Jul
						Williams, F. BA qcc	6 Aug
						Dempster, E. BA	2 Oct
						Rowley, C.W. qcc	8 Oct
						Brian, T.C. BSc	28 Nov
						Fox, N.P. BSc PGCE	
						CBiol MIBiol	28 Nov
						Green, C.E. BSc	28 Nov
						2004	
						Rowley, M.J. qcc	4 Jan
						Lynes, D.A. BA	10 Feb
						Rhodes, D.M.	3 Apr
						Percival, J.D.	4 Apr
						Whitmore, S.	30 May
						Ramsay, L.M. qcc	14 Jul
						Crass, P.I.	29 Nov
						Graves, D.M.	29 Nov

MEDICAL SUPPORT BRANCH

Flight Lieutenants			Flying Officers		Pilot Officer	
2005			**2001**		**2003**	
Banks, G.N. MBE	9 Jan		McNarry, C.P.	5 Aug	Ashton, S.E.	22 Nov
Piddington, M.J.	9 Jan					
Hunt, S.A.	6 Feb					
Jones, R.E.W.	30 Mar		**2002**			
Ponting, J.A. BSc	7 Apr					
			Wilson, G.	22 Jul		
			Kelly, L.M. BSc	1 Dec		
			Snowden, L.J. BSc	1 Dec		
			2003			
			Merrison, J. BSc	1 Jun		
			Learoyd, C.A. BSc	8 Aug		
			Brown, C.V. MA BA	30 Nov		

CIVIL CONSULTANTS

CIVIL CONSULTANTS

Mr J. P. Acheson, MRCP FRCS FRCOphth (Ophthalmology)

Dr B. A. Bannister, MSc FRCP (Tropical Medicine & Infectious Diseases)

Professor C. L. R. Bartlett, MSc MB BS FRCPath FRCP FFPHM (Communicable Disease Control)

Dr A. J. Boakes, MSc MB BS FFARCS (Genito-Urinary Medicine)

Mr A. E. Brown, MB BS BDS FDSRCPS(Glas) FDSRCS(Eng) FRCS(Edin) MRCS(Eng) LRCP (Oral and Maxillo-Facial Surgery)

Mr P. D. Burge, FRCS (Orthopaedic (Hand) Surgery)

Dr A. K. Clarke, BSc MB BS FRCP (Rheumatology and Rehabilitation)

Mr J. P. Cobb, BM BCh FRCS MS (Orthopaedic Surgery)

Professor R. C. D. S. Coombes, MD PhD FRCP (Medical Oncology)

Professor J. H. Coote, PhD DSc CBiol FIBiol (Applied Physiology)

Dr A. R. C. Cummin, MA DM BM BCh MRCP (Respitory Physiology)

Mr D. J. Dandy, MD MChir FRCS (Knee Surgery)

Dr M. P. Deahl, MA MB BS FRCPsych MPhil (Psychiatry)

Professor J. O. Drife, FRCOG BSc MD FRCS(Edin) (Obstetrics and Gynaecology)

Professor H. S. Dua, MB BS DO DO(Lond) MS MNAMS FRCS FRCOphth MD PhD (Corneal Surgery)

Dr U. T. Ferriday, MB BCh MFOM RCP(UK) MFFP MRCGP DRCOG (Occupational Medicine)

Professor P. J. A. H. Foex, DPhil MD MA FRCA (Anaesthetics)

Professor G. L. French, MB BS BSc MD FRCPath FRCPA (Microbiology)

Mr P. Goldstraw, FRCS(Eng) FRCS(Ed) (Thoracic Surgery)

Dr R. Gregory, (Neurology)

Professor J. M. Harrington, CBE BSc MSc MD FRCP FFOM RCP (Epidemiology)

Dr G. R. V. Hughes, MD FRCP (Rheumatology)

Dr M. G. Jefferies, BSc MB ChB DCCH FRCGP (General Practice)

Mr D. H. A. Jones, FRCS FRCSEd(Orth) (Paediatric Orthopaedic Surgery)

Professor W. R. Lees, FRCR FRACR(Hon) (Radiology)

Professor A. O. Mansfield, CBE ChM FRCS (Vascular Surgery)

Dr C. M. McKee, MD MSc FRCP(UK) FFPHM (Public Health Medicine)

Dr A. T. Mitchell, MB BS MRCP (Paediatrics)

Professor R. J. Nicholls, BA MB MChir FRCS(Eng) FRCS(Glas) (Surgery)

Mr M. Powell, FRCS (Neurosurgery)

Dr D. J. Rainford, MBE MB BS MRCS FRCP FFOM(Hon) FRAeS (Renal Disorders)

Dr P. M. Schofield, MB ChB(Hon) FRCP FFAC FESC (Cardiology)

Mr D. T. Soutar, MB ChB FRCS(Ed) FRCS(Glas) ChM (Plastic Surgery)

Dr J. M. Thomas, MS MRCP FRCS (Oncology)

Professor M. J. Tipton (Survival Medicine)

Professor J. C. E. Underwood, MD FRCPath (Histpathology)

Mr J. K. H. Webb, MB BS FRCS (Spinal Trauma)

Professor P. D. Wheeler, PhD MSc (Acoustic Science)

HONORARY CIVIL CONSULTANTS

Mr P. Banks, BDS MB BS FDSRCS MRCS LRCP (Oral and Maxillofacial Surgery)

Group Captain (Retd) J. Barwood, OBE MRCS LRCP DPH DIH FRaeS (Accident Investigation)

Professor R. W. Beard, MD MB BChir FRCOG DObstRCOG (Obstetrics and Gynaecology)

Professor R. J. Berry, RD Ost J DPhil MD FRCP FRCR (HON FACR) FFOM (Radiobiology)

Professor W. Burns, DSc ChB FRCP DRCOG (Acoustic Science)

Dr S. J. Carne, CBE MB BS MRCS LRCP FRCGP DCH (General Practice)

Mr C. B. Croft, FRCS FRCS(Ed) (Laryngology)

Mr M. A. Edgar, MA MChir MB FRCS (Orthopaedic Surgery)

Air Vice-Marshal (Retd) J. Ernsting, CB OBE PhD MB BS BSc FRAeS MFOM MRCS FRCP RAF(Retd) (Aviation Medicine)

Dr M. R. Geake, FRCP (Chest Diseases)

Dr F. S. T. C. Golden, OBE PhD MB BCh DAvMed (Survival Medicine)

Professor E. C. Gordon-Smith, MA MSc MB FRCP FRCPath (Haematology)

Dr I. W. F. Hanham, FCRP FRCR MA MB BChir MRCP FFR DMRT (Radiotherapy)

Dr J. Harper, MBE MB ChB FRCP(Edin) FRCPsych DPM (Psychiatry)

Dr J. C. Hasler, OBE MD MA BS FRCGP DA DCM (General Practice)

Dr I. Hill, OBE MA MD PhD FRCPath LDS MRAeS (Forensic Medicine)

Mr P. L. James, FDS FRCS LRCP (Oral and Maxillo-Facial Surgery)

Dr R. C. Kocen, TD FRCP (Neurology)

T. F. MacRae, OBE DSc PhD (Nutrition)

Dr W. R. MacRae, MB ChB FRCA FFARCSI(Hon) FRCS(Ed) (Anaesthetics)

Mr M. A. Makey, MS FRCS (Thoracic Surgery)

Professor D. McLeod, FRCS FRCOphth (Ophthalmology (Retinal Surgery)

Professor J. R. E. Mills, DDS FDS DOrthRCS (Orthodontics)

Air Vice-Marshal (Retd) P. J. O'Connor, CB OBE MD BCh FRCP(Edin) FRCPsych DPM, RAF (Retd) (Neuropsychiatry)

Professor J. P. Payne, MB ChB FFARCS DA (Anaesthetics)

Professor Sir Keith Peters, FRS (Renal Medicine)

Professor I. Phillips, MA MD FRCP FRCPath (Microbiology)

Mr A. H. N. Roberts, MA BSc BM BCh FRCS (Plastic Surgery)

Mr M. D. Sanders, FRCP FRCS FRCOPath (Ophthalmology)

Dr J. W. Scadding, BSc MB BS MD FRCP (Neurology)

Dr D. A. D. Slattery, MBE FRCP FFOM (Occupational Medicine)

Dr W. Somerville, CBE MD NUI MB BCh BAO FRCP (Cardiology)

Dr A. G. Stansfeld, MA(Cantab) MB BChi FRCPath (Histopathology)

Professor Sir Eric Stroud, BSc MB BCh FRCP DCH (Paediatrics)

Air Commodore (Retd) P. D. Sutton, MB BS FRCR DMRD RAF (Retd) (Radiology)

Mr J. P. S. Thompson, DM MS FRCS (Surgery)

Mr K. Till, MA MB BCh FRCS MRCS LRCP (Paediatric Neurosurgeon)

Mr J. E. A. Wickham, MS MD BSc FRCS FRCP FRCR (Urology)

CHAPLAINS BRANCH

The Air Member for Personnel administers the Chaplains Branch on behalf of the Minister of Defence for the Armed Forces

The Chaplains belonging to the Church of England are under the control of the Chaplain-in-Chief

Chaplains belonging to Churches other than the Church of England are under the control of the respective Principal Chaplains

Chaplains are known and addressed by their eccleciastical titles and not by the rank titles equivalent to their relative status in the RAF (QR 73)

Chaplain-in-Chief with the relative rank of Air Vice-Marshal

2001

Church of England-
Hesketh, The Venerable Ronald David CB QHC BA FRGS . . . . 21 Sep

Principal Chaplains: with the relative rank of Group Captain

2001

Church of Scotland-
Mills, Rev Peter Watson QHC BD CPS qss . . . . 31 May

2004

Roman Catholic-
Daly, The Rev Mgr John Anthony QHC VG . . . . 31 Mar

CHAPLAINS BRANCH

Chaplains with the relative rank of Wing Commander

1994

Church of England-
Lee, Rev T.R. QHC FRSA AKC df qss. . . . 20 Jan

1998

Church of Scotland-
Shaw, Rev D. LTh CPS . . . . 13 May

1999

Church of England-
Russell, Rev J.R. . . . . 17 Mar

2000

Church of England-
Core, Rev E. MTh . . . . 19 Jan

2001

Church of England-
Mounsey, Rev W.L.F. BD. . . . . 18 Apr

Church of England-
Spicer, Rev L.E. MEd . . . . 1 Aug

Church of England-
Osborn, Rev D.T. BD. . . . . 1 Nov

2002

Church of England-
Gilbert, Rev A.J.D. BA qs . . . . 1 Jan

Church of Scotland-
Craig, Rev G.T. BD qss . . . . 3 Apr

Church of England-
Coyne, Rev J.E. MA BA . . . . 21 Aug

2003

Church of England-
Barry, Rev N.B.P. BA qss. . . . . 1 Jan

Church of England-
Pentland, Rev R.J. MTh BA qss . . . . 1 Jan

Church of England-
Elliott, Rev M.J. MTh PGDipTh PGCE FRSA 15 Jan

Church of England-
Gatrill, Rev A.C. BTh. . . . . 15 Jan

Church of England-
Davies, Rev A.J. MTh BA PGCE qcc . . . . 21 May

Church of England-
Chaffey, Rev J.P.M. BA qs. . . . . 1 Jul

Church of England-
Iredale, Rev S.P. qss . . . . 1 Jul

Roman Catholic-
Wilson, Rev A.J. 27 Aug

2004

Church of England-
Ward, Rev I.S. BD qss. . . . . 1 Jan

Roman Catholic-
Owens, Rev P.A. qs. . . . . 20 May

Presbyterian-
Edgar, Rev D.A. BSc BD . . . . 1 Jul

Church of England-
Hewett, Rev A.D. BA. . . . . 1 Jul

Church of England-
Turner, Rev A.J. 1 Jul

Church of Scotland-
Jolly, Rev A.J. BD qcc . . . . 9 Aug

2005

Church of England-
Heron, Rev N.P. BA BTh . . . . 1 Jan

Church of England-
Williams, Rev G. BD. . . . . 1 Jan

Church of England-
Wilson, Rev J.K. 13 Jan

Church of England-
Hewitt, Rev C.E. MA BA qss . . . . 24 Feb

Methodist-
Bissell, Rev A.D. 1 Jul

Church of England-
Taylor, Rev J.W.K. MSSc BD BTh . . . . . . 1 Jul

CHAPLAINS BRANCH

Chaplains with the relative rank of Squadron Leader

1991

Church of England-
McMullon, Rev A.B. BSc qss . . . . 1 Jul

1992

Methodist-
Hardman, Rev R.B. MEd BA Euro IE MMS
qss . . . . 25 Aug

1993

Roman Catholic-
Webb, Rev C. . . . . 15 Nov

1994

Church of England-
Brown, Rev G.S. . . . . 2 Aug

Church of England-
Hetherington, Rev J.C. . . . . 5 Sep

1997

Church of England-
Coates, Rev A.T. . . . . 8 Aug

Church of England-
Jones, Rev I.A. BA . . . . 8 Aug

1998

Church of England-
Beach, Rev J.M. BSc BA qss. . . . . 7 Aug

Roman Catholic-
Caulfield, Rev J.E. BD qs . . . . 7 Aug

Roman Catholic-
Hodges, Rev M.W. . . . . 7 Aug

Methodist-
Olanrewaju, Rev M.A. MA . . . . 7 Aug

Church of England-
Rennie, Rev P.A. BSc LTh . . . . 7 Aug

1999

Methodist-
Hart, Rev K.M. qss . . . . 5 Feb

Church of England-
Wright, Rev T. BSc qcc. . . . . 5 Feb

2000

Baptist-
Edwards, Rev P.S . . . . 5 Aug

Roman Catholic-
Halshaw, Rev R.T.J. . . . . 5 Aug

Church of England-
Kennard, Rev M.P.D. BSc . . . . 5 Aug

Church of England-
Rance, Rev E.J. MA . . . . 5 Aug

2001

Church of England-
Dunstan-Meadows, Rev V.R. BTh . . . . . . 12 Jun

2004

Church of England-
Pnematicatos, Rev N.P.A. MA BA . . . . . . 1 Sep

Chaplains with the relative rank of Flight Lieutenant

1996

Methodist-
Mellor, Rev P. . . . . 25 May

Church of Ireland-
Withers, Rev G.E. BSc BTh qss. . . . . 25 May

Church of England-
Radley, Rev S.J. BTh qss . . . . 2 Jul

Church of Scotland-
Kellock, Rev C.N. MA BD qss . . . . 27 Sep

Church of England-
Collingwood, Rev G.L. MA BA . . . . 3 Nov

219

CHAPLAINS BRANCH

Chaplains with the relative rank of Flight Lieutenant

1997

Roman Catholic-
Marsden, Rev C.H. . . . . 1 Feb

Roman Catholic-
Boyle, Rev I.R. MA BSc BD qcc. . . . . 9 Aug

Methodist-
Lee, Rev P. BSc. 1 Sep

Church of Ireland-
Wylie, Rev J.M. MTh BSc BD qss . . . . . . 30 Sep

1998

Church of England-
Mitchell, Rev C.A. BA qss. . . . . 15 Jun

1999

Church of Scotland-
Munro, Rev S.M. BD. . . . . 6 Feb

Roman Catholic-
Walsh, Rev J.M. 6 Feb

Church of England-
Lamond, Rev S.P. BA . . . . 27 Jun

Methodist-
Weir, C.M. BTh . . . . 19 Aug

Roman Catholic-
Douthwaite, P.G. BA . . . . 29 Sep

2000

Baptist-
Nicoll, A.R. BD . . . . 3 Jun

Church of England-
Ellis, J.R. . . . . 5 Aug

Church of England-
Norfield, D.J. MA BA . . . . 5 Aug

2001

Church of England-
Tollerson, P.J.M. 1 Jul

Church of England-
Wynn, E.L. MA BSc RGN . . . . 1 Jul

Church of England-
Wakeham-Dawson, A. PhD BSc . . . . 14 Nov

2002

Church of England-
Hobson, J.A. MA BA . . . . 7 Jul

LEGAL BRANCH

Air Vice-Marshal

2002

Charles, Richard Anthony CB LLB . . . . (Solicitor Advocate)   12 Aug

Air Commodore

2003

Irvine, Lindsay John MA DipLaw . . . . (Barrister)   1 Jan

Group Captains

1998

Boothby, William Henry BA . . . . (Solicitor Advocate)   1 Jan

2000

McGrigor, Alastair James Buchanan . . . . (Solicitor Advocate)   1 Jan

2001

Harding, Geoffrey John LLB . . . . (Solicitor Advocate)   1 Jan

2003

Burns, Paul Anthony BA qsb . . . . (Solicitor)   1 Jan

LEGAL BRANCH

Wing Commanders

1994

Baker, T.T.J.
LLB (Solicitor) 21 Jul

1995

Wood, C.N.W.
MA (Barrister) 4 Jan
Ash, D. LLB
qtm (Solicitor) 3 Feb

1999

Connell, P.J.
BA (Barrister) 2 Jul

2000

Kell, S.J. LLB
qab (Barrister) 25 Aug

2001

Rowlinson, S.P.
LLB
(Solicitor Advocate) 30 Jun

Squadron Leaders

1999

Dureau, S. LLB qs
(Solicitor Advocate) 8 Aug

2000

Dunn, R.J. LLB
qcc (Solicitor) 8 Feb
Foster, M.S. LLB qab
qtm qs (Solicitor) 8 Feb
Leonard, I.
LLB (Solicitor) 8 Feb

2001

Mardell, A. LLB
qab (Solicitor) 6 Feb
Wood, T.J. LLB
qs
(Solicitor Advocate) 18 Feb
Spinney, P.C. LLB
qs (Solicitor) 6 May

2002

Severs, N.J.
LLB (Solicitor) 5 Feb
McKendrick, A.G.
LLB
(Solicitor Advocate) 19 Feb
Dempsey, D.A.
BA (Solicitor) 16 May

2003

Sanders, K.J.
LLB (Solicitor) 5 Aug
Robbins, P.J. MSc LLM
BA
(Solicitor Advocate) 12 Sep
Phelps, M. MA
BA (Barrister) 8 Oct
Fitzhenry, D.M.J.
LLM (Solicitor) 25 Nov
Sanger-Davies, M.A.
LLB (Solicitor) 25 Nov

2004

Billingham, T.D.
BA (Solicitor) 3 Feb
Robertson-Murhoff,
J.D. BA (Solicitor) 3 Feb
Thomas, V.L.
LLB (Barrister) 3 Feb
Jennings, T.N.
LLB (Solicitor) 25 May

LEGAL BRANCH

Flight Lieutenants

1994

Morris, J.B.
   BCom   (Barrister)   11 Apr

2001

McClelland, E.J.
   BA   (Solicitor)   9 Aug

2002

Hughes, K.J.
   BA   (Solicitor)   8 Aug

2003

Steele, A.R.M. LLM
   DipLP   (Solicitor)   29 May

2004

Wetton, S.L.
   LLB   (Solicitor)   5 Feb
Horrocks, R.L. BA
   DipLaw   (Solicitor)   5 Aug
Lewis, S.K.
   LLB   (Solicitor)   5 Aug
Wolfe, A.J.
   LLB   (Solicitor)   5 Aug

2005

Greenway, M.J.
   LLB   (Solicitor)   3 Feb
Strowger, M.A.
   LLB   (Solicitor)   3 Feb

DIRECTORS OF MUSIC

Wing Commander	Squadron Leaders		Flight Lieutenant	
2003	**2000**		**2003**	
Stirling, S.L. MA BMus FTCL LRAM ARCM 1 Jan	Compton, D.W. ARCM Stubbs, D.J.G. BA PGCE LGSM ARCM	1 Jan 29 Mar	Weldon, C.J. LRAM ALCM	3 Apr
	2002			
	Bain, G.J. BA MIL LRAM ARCM qss	10 Oct		

WARRANT OFFICERS

1988

Kirkbride, J.S.	2 May
Bradbury, M.J.	30 Nov

1989

White, W. MBE	26 Jun
Brennan, N.P.	7 Aug
Kidd, R.D.	10 Aug
Mullen, J.L.	6 Oct
Collins, W.	2 Dec

1990

Hampson, A.J.	8 Jan
Anderson, C.C.	8 Jun
Gorman, J.W.	18 Jun
Cheshire, A.J.	28 Aug
Vater, J. BEM	28 Aug
Dodd, D.J.	28 Sep
Ashwood, A.J. BEM	4 Oct
Cowling, N.W.F.	10 Oct

1991

Akers, P.A.	22 Jul
Taylor, M.	2 Sep

1992

Ingledew, V.E. MBE BEM	27 Apr
Curson, R.G.	20 Jul
Tibble, C.G.	14 Sep
McCune, T. BEM	5 Oct
Crossman, A.A. MBE	18 Dec

1993

Andrews, N.	26 Apr
Mason, J.P.	1 Jun
Ayres, M.F.W.	28 Jun
Williams, R.J.	29 Jun
Dark, W.J.	12 Jul
Duff, S.	19 Jul
Wylie, J.S.	2 Aug
Barclay, I.	16 Aug

1994

Peirce, D.	28 Feb
Forster, L.E.	5 Apr
Heaton, R.J.	5 Apr
Hall, M.M.C. MBE	6 Jun
Champion, D.R.	13 Jun
Bate, R.A.	4 Jul
Exton, N.P.	4 Jul
Magee, B. MBE	18 Jul
Rawle, A.P. BEM	25 Jul
Hopkins, B.	15 Aug
Hunter, I.N.	12 Sep
Ruhle, C.J.K.	31 Oct
Ashman, W.L.	1 Nov

1995

Beal, N.P.	21 Mar
Lee, D.J.	10 Apr
Woodbridge, F.D.	9 May
Kerr, A.M.C. MBE	5 Jun
Green, N. MBE	3 Jul
Harrison, R.A.	1 Aug
O'Reilly, D.F.	1 Sep
Gascoigne, P.G.	4 Sep
Spain, D.N.	4 Sep
Lupton, A.J. BEM	11 Sep
Williams, L.F.	2 Oct
McMath, J.G.F. MBE BEM	23 Oct
Robertson, M.	20 Nov
Hebert, C.J.	4 Dec

1996

Hassall, B.	3 Jan
Sealy, K.A.	8 Jan
Battersby, P.G.	22 Jan
Martin, A.J.	25 Jan
Yelland, D.J.	4 Mar
Ralph, R.R.	18 Mar
Ramsay, W. MBE	12 Apr
Spencer, P.G.	22 Apr
Harding, M.H.R.	20 May
Murray, A. BEM	20 May
Mc Partland, S.P.	30 Jun
Morris, I.S. MBE	15 Jul
Nicol, B.	5 Aug
Steen, G.	5 Aug
Currie, W.R. MBE	19 Aug
Hynam, R.A. MBE	19 Aug
Armitage, R.	27 Aug
Smaldon, C.R.E.	1 Sep
Payne, J.K.H.	2 Sep
Saul, A.W.	2 Sep
Logue, M.J.	9 Sep
Hodgett, P.	16 Sep
Sheppard, A.B.	16 Sep
Granger, T.W.	23 Sep
Hogg, R.J.	30 Sep
Cilia La Corte, F.	21 Oct
Shorthose, P.C.	11 Nov
Tarran, J.V.	2 Dec
Thorne, W.G.	2 Dec
Blackman, C.A.R.	9 Dec
Pepper, G.A.	9 Dec
Mepham, K.D.	30 Dec

1997

Mahoney, B.R.	6 Jan
Nuttall, G.	20 Jan
Spencer, B.R.	27 Jan
Bennett, R.J. MBE	3 Feb
Loughlin, R.B. MBE	10 Feb
Claxton, R.M.	3 Mar
Clayton, P.	3 Mar
Rouget, G.A.	3 Mar
Knight, J.G.	17 Mar
Barker, G.K.	18 Mar
Vaughan, E.A.	26 Mar
Sperring, A.P.	2 Apr
Yeaman, E.	7 Apr
Main, A.	28 Apr
Stout, E.J.	6 May
Hutton, I.D.	9 Jun
Bell, K.	16 Jun
Harrhy, D.P. MBE	21 Jul
Jones, P. MBE BEM	31 Jul
Frizzell, G.H.	4 Aug
Horseman, D.C.	4 Aug
Burhouse, M.N. MBE	6 Aug
Harfield, G.D.	3 Nov
Martin, I.D.M.	3 Nov
McMahon, S.M.	3 Nov
Smith, W.K. MBE	1 Dec
Wait, C.A.	15 Dec
Watkins, J.D.	22 Dec

1998

Ingram, M.J.	5 Jan
McCaffrey, J.P.M.	5 Jan
Bishop, C.	21 Jan
Phillips, M.J.	2 Feb

WARRANT OFFICERS

1998—contd

Name	Date
Murphy, S.J.	11 Feb
Harris, D.A.	9 Mar
Hembry, G.H.	16 Mar
Symonds, C.L.	30 Mar
Craddock, P.A.	6 Apr
Walton, K.D.	13 Apr
Smith, M.A.	15 Apr
Carr, G.E.	27 Apr
Jackson, V.	27 Apr
Durrant, I.	1 May
Marsden, T.G.	8 Jun
Kennedy, B.	22 Jul
Bell, R.	24 Jul
Haynes, B.A.	10 Aug
Boswell, G.G.	24 Aug
King, J.D. MBE	1 Sep
Forry, A.P.	14 Sep
Straney, A.M.C.	14 Sep
Lofting, P.J.	28 Sep
Winfield, D.J.	28 Sep
Savage, D.	5 Oct
Robinson, J.V.	12 Oct
Owen, K.R.	26 Oct
West, N.J.	26 Oct
Bolton, R.	2 Nov
Boucher, D.S.	2 Nov
Pimperton, W.K.	12 Nov
Hurley, Y.G.	30 Nov
Sandilands, B.W.	30 Nov
Britland, D.	7 Dec

1999

Name	Date
Jones, B.J. MBE	4 Jan
Latham-Warde, P.	4 Jan
Tonks, D.A.	4 Jan
Thorpe, M.R.	5 Jan
Murton, W.J.	1 Feb
Rogan, M.	1 Feb
Waik, M.L.	1 Feb
Foran, B.	8 Feb
Jones, M.J.E.	15 Feb
Youens, S.	15 Feb
Bailey, D.J.	1 Mar
Walters, A.C.	1 Mar
Wood, A.	1 Mar
Busby, C.J.	22 Mar
Paterson, A.L.B.	22 Mar
James, G.A.	6 Apr
Arling, J.M.	12 Apr
Goodstadt, E.A.	26 Apr
Hewitt, M.S. MBE	26 Apr
Watson, D.	4 May
Farrow, S.R.	14 Jun
Wood, D.I.	14 Jun
Mills, J.F.	5 Jul
Telfer, T.C.	5 Jul
Lawson, R.J.	9 Jul
Slater, S.	15 Jul
Gould, G.	19 Jul
Bagwell, D.J.	31 Jul
Dickerson, C.J.	2 Aug
Rivett, R.J.	3 Aug
White, S. BEM	17 Aug
Lapham, D.J.	23 Aug
Smith, R.J.	31 Aug
Polidano, P.	13 Sep
Smith, G.	13 Sep
Thomas, R.G.	13 Sep
Leath, E.C.	4 Oct
Roberts, A.G.	4 Oct
Parker, C.	18 Oct
Candlish, L.S.	1 Nov
Montgomery, E.M.	1 Nov
Morris, P.F.	1 Nov
Williams, R.	1 Nov
Kane, M.	2 Nov
Howey, R.	15 Nov
Warren, P.J.	15 Nov
Knight, S.J.	22 Nov
Read, D.S.G.	22 Nov
Toogood, J.E.	29 Nov
Carr, J.P.	1 Dec
Wilson, G.S.J.	6 Dec

2000

Name	Date
Pearson, R.P. MBE	4 Jan
Scott, P.A.	4 Jan
Stephens, G.T.	4 Jan
Moffat, R.W. BEM	17 Jan
Stalker, J.A.	17 Jan
Perry, M.J.	24 Jan
Tipping, A.A.J.	24 Jan
McBey, R.J. BEM	31 Jan
Wintrip, C.	31 Jan
Price, A.V.	10 Feb
Stewart, G.H.J.	10 Feb
Weeks, I.S.	14 Feb
Hunt, A.S.	16 Feb
Lane, G.C.	21 Feb
Reeves, A. MBE	21 Feb
Taylor, A.	21 Feb
Horsley, B.	28 Feb
Moore, I.	28 Feb
Tyrer, A.	28 Feb
Morris, W.	2 Mar
Osborn, M.R. MBE	6 Mar
Adams, I.D. MBE	13 Mar
Galloway, J.M.	13 Mar
Hillocks, M.R.	15 Mar
Nicoll, A.R.	27 Mar
Mc Sheffrey, D.A.	29 Mar
Holden, P.	1 Apr
Coll, P. MBE	3 Apr
Mitchell, P.J.	3 Apr
Stabler, W.S. MBE	3 Apr
Greenfield, R.K.	17 Apr
Heald, S.R.	17 Apr
Wallis, T.P.	17 Apr
Gavin, R.J.	19 Apr
Cherry, E.	2 May
Shanks, D.A. BEM	10 May
Pitt, T.	15 May
Starkings, D.A.	22 May
Barbour, R.	29 May
Crump, K.P.	30 May
Metcalf, S.G.	7 Jun
Sparrow, W.J.D.	19 Jun
Hilditch, S.H.E.	26 Jun
Knight, M.C.	26 Jun
Kelly, B.A.	1 Jul
Biddle, M.J.	3 Jul
Hagendyk, P.	17 Jul
Jackson, N.D.	17 Jul
Phillips, B.L.	17 Jul
Whitehead, K.	17 Jul
Morgan, A.A.	24 Jul
Kyle, R.	25 Jul
Gordon, P.M.	27 Jul
Parker, S.C. MBE	31 Jul
Funnell, R.J.	13 Aug
Thaneja, B.B. MBE	30 Aug
Bourke, M.P.	4 Sep
Bond, P.J.	11 Sep
Creswell, S.M.	11 Sep
Coombs, M.C.	18 Sep
Pink, C.	18 Sep
Beaumont, S.W.	25 Sep
Poultney, D.W.	25 Sep
Steade, S.J.	25 Sep
Wickham, D.	25 Sep
Hunter, J.K.	9 Oct
Vanstone, D.M.	16 Oct
Cuthbert, G.H.	23 Oct
Dunning, P.R.	23 Oct
Mitchell, R.N. MBE	23 Oct
Thompson, G. BEM	30 Oct
Bashford, D.R.	6 Nov
Lambley-Steel, H.P.	6 Nov
Zweig, M.	6 Nov
Doyle, A.M.	20 Nov
Morrow, I.A.	23 Nov
Butcher, M.M.	27 Nov
Harvey, A.P.	27 Nov
Drakard, C.W.	4 Dec
Lynch, D.J.	4 Dec
Fox, M.J.B.	11 Dec
Walmsley, P.R.	11 Dec
Wiltshire, G.W.	18 Dec

2001

Name	Date
Hayes, M.W.	2 Jan
O'Neill, P.J.	2 Jan

WARRANT OFFICERS

2001—contd

Name	Date
Cooke, S.P.	3 Jan
Lindop, A.R.	3 Jan
Felton, K.J.	8 Jan
Parsons, R.R.	8 Jan
Woolls, R.J.	8 Jan
Colby, M.	15 Jan
Donald, A.B. MBE	15 Jan
Haynes, R.	15 Jan
Lightbody, H.L.	15 Jan
Reid, G.J.	15 Jan
Shaw, G.C.	15 Jan
Curtis, P.	22 Jan
Morgan, R.	22 Jan
Bramley, T.S.	29 Jan
Smith, M.D.	29 Jan
Cowie, H.G.	5 Feb
Liddle, I.M.	12 Feb
Dickinson, G.	26 Feb
Harrap, P.	26 Feb
Simpson, S.C.	26 Feb
Davies, R.W.	5 Mar
Scott, K.C.	5 Mar
Robinson, N.E.	12 Mar
Drew, R.J.	19 Mar
Glover, F.A.J.	19 Mar
Welton, J.S. MBE	19 Mar
Armstrong, W.C.G.	26 Mar
Hargreaves, R.W.	26 Mar
Taylor, A.J. MBE	26 Mar
Vincent, R.S. BEM	26 Mar
Waller, M.	26 Mar
Goodhead, B.F.	31 Mar
Purkis, R.J.I.	2 Apr
Edwards, M.C.	8 Apr
Hutchinson, T.K.	17 Apr
Tedder, E.D.	30 Apr
Williams, T.L.D.	1 May
Salisbury, A.L.	3 May
Leighton, W. MBE	8 May
Ward, G.G.	8 May
Baggley, P.	14 May
Briggs, A.R.	14 May
McCreath, W.	4 Jun
Williams, D.J.	11 Jun
Ingram, P.R.	2 Jul
Russell, R.L.	2 Jul
Mayes, D.N. BEM	9 Jul
Bishop, G.T.C.	16 Jul
MacKenzie, J.A.	16 Jul
Middleton, J.K.	30 Jul
Mallett, A.D.	1 Aug
Davies, P.H.	6 Aug
Henton, A.W.	6 Aug
Jones, G.L.	6 Aug
Maskell, R.P.	6 Aug
Bee, E.H.	13 Aug
Hodges, P.K.	13 Aug
McNeill, J.W.	13 Aug
Hart, D.J.	14 Aug
Appleyard, K.R.	20 Aug
Leaper, J.W.	20 Aug
McIntyre, P.J.	20 Aug
Whittle, A.M.	20 Aug
Butler, C.C.	28 Aug
Quigley, K.G.	30 Aug
Croft, R.J. MBE	10 Sep
Dick, G.R.	10 Sep
Turner, M.A.	14 Sep
Mc Kechnie, C.T.	17 Sep
McCowan, T.	17 Sep
Sewell, C.L.	17 Sep
Freestone, K.L.	24 Sep
Westworth, K.	24 Sep
Balzano, A.	1 Oct
Bell, S.R.	1 Oct
Crockett, D.T.	2 Oct
Sammut, M.J.	5 Oct
Anderson, D.G.R.	8 Oct
Vaughan, A.J.	8 Oct
Cording, A.E.	15 Oct
Jarvis, S.W.	15 Oct
Emery, P.R. MBE	22 Oct
Jones, I.E. MBE	22 Oct
McEwan, J.C.	22 Oct
Roberts, M.J.	22 Oct
Ayres, M.E. MBE	23 Oct
Cable, F.C.	29 Oct
Grant, F.D.	29 Oct
Howard, S.	29 Oct
Russell, P.F. BEM	29 Oct
Davies, T.N. RVM	5 Nov
Higgins, N.K.	5 Nov
Malpass, D.	5 Nov
Moran, J.E.	5 Nov
Swainston, L.	5 Nov
Pittock, A.R.	7 Nov
Evanson, S.	8 Nov
Haskell, J.	8 Nov
Wilkinson, I.C.	9 Nov
Street, D.M.	15 Nov
Ballinger, R.F.	19 Nov
Dykes, A.M.	19 Nov
Golding, P.	19 Nov
Higgins, J.J.	19 Nov
Roberts, D.M.	19 Nov
Shimwell, R.	19 Nov
Sterio, C.R.	19 Nov
Artley, S.	26 Nov
Bell, D.	26 Nov
Bradshaw, P.	26 Nov
Fraser, R.	26 Nov
Gordon, J.A.	26 Nov
Littlemore, K.J.	26 Nov
Birkett, P.	3 Dec
Forsythe, T.D.	3 Dec
Hardy, K.N. BEM	3 Dec
Holland, P.J.	3 Dec
Lowe, S.	3 Dec
Watson, S.T.	3 Dec
Wormald, E.A.	3 Dec
Simmonds, K.P.	10 Dec
Wheable, P.	10 Dec
Wilcox, G.	10 Dec
Hughes, P.S.R.	17 Dec
Currie, G.	21 Dec

2002

Name	Date
McKenzie, P.M.	3 Jan
O'Loughlin, C.M.	4 Jan
Barlow, W.M.	7 Jan
Norton, M.T.	7 Jan
Barnes, J.A.R. MBE	14 Jan
Leivers, A.F.	14 Jan
Roberts, S.	14 Jan
O'Hara, F.	22 Jan
Harris, C.A.	28 Jan
Bell, R.F.	29 Jan
Balding, E.J.	4 Feb
Richards, N.D.	4 Feb
Mansell, A.B.	6 Feb
Leonard, D.A.	20 Feb
Harrison, T.D.A.	24 Feb
Stainer, R.H.	25 Feb
Salkeld, D.B.	1 Mar
Curry, D. MBE	4 Mar
Guppy, S.J.P.	4 Mar
Gillett, D.B.C.	8 Mar
Coulthard, D.H.	11 Mar
Kettle, B.	15 Mar
Martin, K.P.	25 Mar
Webb, N.R.	31 Mar
Cassidy, F.	1 Apr
Edmondson, G.E.	1 Apr
Hufton, J.W.	1 Apr
Mc Menamin, P.G.M.	1 Apr
Aspinall, S.P.	2 Apr
Ash, K. BEM	3 Apr
Patterson, D.A.G.	7 Apr
Allardyce, D.G.P.	8 Apr
McKinnon, P.T.	8 Apr
Mottram, R.G.	8 Apr
Treviss, M.J.	8 Apr
Thorne, M.W.H.	12 Apr
Chappell, D.G. BEM	14 Apr
Knight, A.D.	15 Apr
Miles, C.C.	15 Apr
Williams, M.R.	15 Apr
Johnson, S.P.	22 Apr
Kafel, P.R.	29 Apr
Marshall, S.D.	29 Apr
Robinson, A.	30 Apr
Bowden, R.J.	20 May
Milhench, P.	20 May
Topham, P.J. MBE	20 May
Barnes, A.S. MBE	27 May
Green, A.	5 Jun

WARRANT OFFICERS

2002—contd

Name	Date
Jones, D.D.	10 Jun
Shackleton, I.M.	11 Jun
Bowen, C.G.	17 Jun
Chapman, P.H.	17 Jun
Conway, A.M.	17 Jun
Goslin, B.H.	17 Jun
Tunstall, K.A.	20 Jun
Turner, R.H.	20 Jun
MacGregor, G.B.	24 Jun
Seamarks, M.J.	26 Jun
Burgess, P.K.	27 Jun
Hempstock, K.R.	1 Jul
Howard, M.	1 Jul
McGuile, N.F.	4 Jul
Ware, R.J.	7 Jul
Corcoran, A.J.	8 Jul
Hudson, P.J.	8 Jul
Newman, G.	8 Jul
Law, I.G.	15 Jul
Aitken, R.	18 Jul
Rimmer, G.	29 Jul
Meechan, T.	5 Aug
McDonald, T.W.	6 Aug
Fuller, A.A.	9 Aug
Hickson, J.R.	12 Aug
Nicholson, P. MBE	12 Aug
Foulds, N.	19 Aug
Lucas, G.G.	19 Aug
Copland, D.A.	23 Aug
Fowler, I.	26 Aug
North, M.A.	27 Aug
Whalley, D.W.M. MBE BEM	27 Aug
Newman, K.J.	28 Aug
Inglis, B.T.	30 Aug
Burton, N.	2 Sep
Hall, C.R.	2 Sep
McVie, W.	2 Sep
Owen, C.J.	3 Sep
Flesher, M.S.B.	9 Sep
Mann, K.A.	16 Sep
Osborne, C.	16 Sep
Walbyoff, R.L.	16 Sep
Matthews, B.	23 Sep
Brewster, R.J.	30 Sep
Johnson, P.D.	30 Sep
Sedgbeer, D.A.	30 Sep
Carstairs, G.	7 Oct
Gray, G.	7 Oct
Singleton, G.A.	7 Oct
Court, B.J.	14 Oct
Day, J.A.	14 Oct
Ignatowski, M.S.	14 Oct
Kirkcaldy, J.D.	14 Oct
Rae, D.	14 Oct
McFaul, R.M.T.	22 Oct
Dods, P.D.	28 Oct
McBride, T.U.	28 Oct
Osborne, J.M.	1 Nov
Forster, G.R. BEM	4 Nov
MacMillan, R.A.	4 Nov
Shepherd, M.C.	4 Nov
Hann, A.C.	18 Nov
Thornhill, M.A.	18 Nov
Clark, B.J.	25 Nov
Kirton, A.	25 Nov
Ashton, B.H.	26 Nov
Hume, D.A. MBE	2 Dec
Lander, R.V.	2 Dec
McCran, E.J.	2 Dec
Nicholas, P.	2 Dec
Porter, G.J.	2 Dec
Williams, G.	2 Dec
Reevell, M.	4 Dec
Richards, A.C.	12 Dec
Cook, D.	16 Dec
Howe, C.J.	16 Dec
Keogh, M.M.	23 Dec
Musson, S.J.	23 Dec

2003

Name	Date
Ley, R.A. MBE	1 Jan
Hudson, R.A.	2 Jan
Maguire, M.F.	2 Jan
Black, I.	6 Jan
Bues, D.J.	6 Jan
Darler, S.J.	6 Jan
Grantham, D.	6 Jan
Hardwick, R.	6 Jan
Horton, J.R.	6 Jan
Lowry, G.I.	6 Jan
Riley, T.	6 Jan
Roddy, J.P.	6 Jan
White, B.P.	6 Jan
Francis, T.J.S.	13 Jan
Hill, M.	13 Jan
Rayner, P.R.	13 Jan
Williams, S.R.	13 Jan
Nye, R.F.	20 Jan
Paterson, B.C.	20 Jan
Booth, R.A.	27 Jan
Morgan, L.H.	27 Jan
Jones, D.	10 Feb
Langford, P.D.	10 Feb
Tunstall, M.J.	10 Feb
Brown, I.M.	17 Feb
Stanley, P.J.	17 Feb
Wilmot, P.	17 Feb
Lamb, P.G.	24 Feb
Smith, P.E. MBE	1 Mar
Unsworth, R.C.	1 Mar
Sims, P.F.	3 Mar
Watson, M.	5 Mar
Freeman, P.R. BEM	10 Mar
McCombie, K.R.	10 Mar
Walke, S.R.	17 Mar
Winn, P.A.	17 Mar
Redfern, R.W.	24 Mar
Woods, R.J.	24 Mar
Burkinshaw, P.T.	31 Mar
Denning, C.J.	31 Mar
Gwynne, P.J.	31 Mar
Jones, L.	1 Apr
Lyon, B.R.	2 Apr
Ashman, I.E.M.	7 Apr
Brandie, G.	7 Apr
Brewell, R.J.	7 Apr
English, M.G.	7 Apr
Fleming, A.G.	7 Apr
Preston, J.G.	21 Apr
Read, R.S.	21 Apr
Richardson, K.	22 Apr
Reilly, L.J.	26 Apr
Cragg, A.D. MBE	28 Apr
Finlayson, M.M.	5 May
Williams, K.	5 May
Green, S.M.	6 May
Harvey, W.D.R.	12 May
Swayze, D.	12 May
Mowbray, S.J.	15 May
Jones, M.A.	19 May
Muzylowski, K.J.	19 May
Watters, R.A.	27 May
Wright, M.	27 May
Browne, G.D. MBE	9 Jun
Insley, P.T.	9 Jun
Randall, T.	16 Jun
Wawer, J.	16 Jun
Young, W.C.	16 Jun
Dixon, P.	23 Jun
Young, N.J.	27 Jun
Ling, P.	30 Jun
Slatter, K.M.	30 Jun
Pittaway, S.J.	4 Jul
Bermingham, I.R.A.	14 Jul
Massey, K.J.	14 Jul
Rimmer, S.	14 Jul
Welsh, R.I. MBE	14 Jul
Commander, D.P.	17 Jul
Lobb, D.K.	25 Jul
Franklin, D.J.	28 Jul
Holt, J.S.	28 Jul
Houghton, J.	28 Jul
Jones, I.D.	28 Jul
Moore, P.	28 Jul
Roberts, R.H.	28 Jul
Sumner, F.	28 Jul
Tracy, C.M.	28 Jul
Olivant, J.A.	1 Aug
Hayter, W.J.	7 Aug
Collins, G.M.	11 Aug
Evans, M.	11 Aug
Mullenger, S.J.	11 Aug
Wood, A.G.	11 Aug
Hiscocks, K.P.	13 Aug
Haller, R.B.	14 Aug

WARRANT OFFICERS

2003—contd		2004			
Martin, W.N.	18 Aug	Williams, J.R.	1 Jan	Law, B.O.	5 Jul
Clelland, J.A.	25 Aug	Assenti, D. BEM	5 Jan	Richardson, J.A.B.	5 Jul
Sanderson, D. MBE	25 Aug	Aubrey, N.L.	5 Jan	Chapman, S.A.	12 Jul
Baker, P.M.A.	1 Sep	Dickinson, A.	5 Jan	Greenwood, I	12 Jul
Millan, J.	1 Sep	Heath, J.D.	5 Jan	Sylvester, A. MBE	12 Jul
Perrott, P.J.	1 Sep	Holden, M.	5 Jan	Taylor, R.N.	12 Jul
Taylor, D.A.	1 Sep	Lacey, N.C.	5 Jan	Palmer, C.I.	26 Jul
Beane, L.J.	8 Sep	MacHell, A.D.	5 Jan	Simmons, R.W.	26 Jul
Holder, A.	15 Sep	Penney, W.J.	5 Jan	Chapman, D.G.	2 Aug
Atkinson, R.	22 Sep	Russell, B.C.	5 Jan	Kent, D.J.	2 Aug
Barton, M.	22 Sep	Salathiel, P.	5 Jan	Kinchley, A.	2 Aug
Goy, R.A.	22 Sep	Green, D.P. MBE	12 Jan	Lafferty, P.S.	2 Aug
Gelder, S.L.	29 Sep	Hare, D.B.	12 Jan	Warde, G.S.	2 Aug
Winstone, P.D.	29 Sep	Morris, P.N.	12 Jan	Wynne, G.S.	2 Aug
Smith, D.	1 Oct	Bromham, G.	14 Jan	Salter, M.A.	4 Aug
Blackburn, G.D.	6 Oct	Hancocks, G.M.	19 Jan	Fenney, P.M. MBE	9 Aug
Dance, D.	6 Oct	Elligott, C.J.	2 Feb	Williams, V.E. MBE BEM	9 Aug
Hearne, D.J.	6 Oct	Hazleton, D.J.	2 Feb	Adams, D.W.D. MBE	16 Aug
Blewett, N.A.	13 Oct	Urquhart, I.	2 Feb	Bassett, D.	16 Aug
Donaldson, R.G.	13 Oct	Blackmore, S.T.	9 Feb	Bearcroft, A.M.	16 Aug
Pearson, P.	13 Oct	Keeble, G.F.	9 Feb	Clifford, D.J.	16 Aug
Glew, J.B.	15 Oct	Malley, P.	9 Feb	Preston, A.S.	16 Aug
Owen, I.T.	27 Oct	Raftery, M.J.	9 Feb	Lambert, J.M.	20 Aug
Bock, G.R.	3 Nov	Blackford, F.	10 Feb	Nelson, I.G. BEM	23 Aug
Charnock, B.	3 Nov	Cuff, P.J.	16 Feb	Payne, S.A.	23 Aug
Goddard, J.G.	3 Nov	Jeanes, B.A.	23 Feb	St Pier, D.J.	23 Aug
Hill, M.J.	3 Nov	Battle, D.G.	1 Mar	McCarthy, J.W.	25 Aug
Miller, M.J.G.	3 Nov	Pyne, T.R.	1 Mar	Darnell, A.R.	2 Sep
Robins, A.K. RVM	3 Nov	Johnson, J.C.	3 Mar	Hefferan, P.	3 Sep
Robinson, W.J.	3 Nov	Carmody, M.	8 Mar	Haynes, G.D.	6 Sep
Bodkin, J.A.	10 Nov	Davies, W.	8 Mar	Perkins, C.G.H.	6 Sep
Dixon, R.C.	10 Nov	Campbell, D.R.	15 Mar	Headley, C.J.	8 Sep
Loveden, L.R.	10 Nov	Hegarty, D.R.	15 Mar	Seddon, D.R.	13 Sep
Miller, M.D.	10 Nov	Barrows, B.E.	22 Mar	Hammond, N.	20 Sep
Morgan, J.	10 Nov	Hill, R.B.C.	29 Mar	Rowlands, A.	20 Sep
Tweddle, W.N.	10 Nov	Winn, M.J.	1 Apr	Kelly, J.	27 Sep
Fox, J.J.D.	17 Nov	Hoadley, I.M.	5 Apr	Main, B.J.	27 Sep
Giles, P.	17 Nov	Oliver, M.	14 Apr	Richardson, J.	27 Sep
Mew, T.G.	17 Nov	Miller, N.J.	30 Apr	Wood, A.M.	29 Sep
Woods, S.L.	17 Nov	Edbrooke, J.	3 May	Piper, L.R.E.	8 Oct
Smith, M.G.	19 Nov	Cadogan, D.C.E.	4 May	Chivers, D.J.	11 Oct
Brown, P.S. BEM	24 Nov	Reeson, P.	10 May	Cole, D.	11 Oct
Walker, V.E.	24 Nov	Watson, F.	10 May	Humphreys, I.S.	11 Oct
Buckland, C.R.	1 Dec	Orange, R. BEM	17 May	Skelton, K.M.	11 Oct
Francis, J.	1 Dec	Johnson, R.C.	22 May	Whiteside, M.R.	14 Oct
Green, M.J.	1 Dec	Traynor, M.D.	24 May	Raine, W.	18 Oct
Smith, J.R.	1 Dec	Stones, P.	26 May	Thompson, A.	18 Oct
Cooper, H.M.C.	2 Dec	Ogle, M.J. MBE	31 May	Hotson, L.G.	25 Oct
Fagan, A.	2 Dec	Scott, A.	31 May	Taylor, K.	25 Oct
Hawker, P.F.	8 Dec	Gunther, N.C.	1 Jun	Clapperton, G.	1 Nov
Morris, D.	8 Dec	O'Hara, M.J.	1 Jun	Dickinson, A.D.	1 Nov
Stenning, J.J.	8 Dec	Payne, H.T.	7 Jun	Hart, A.S.	1 Nov
Walsh, N.M.	8 Dec	Beale, S.A.	14 Jun	Huskisson, R.A.	1 Nov
Dowers, K.C.	15 Dec	Coppack, R.J.	14 Jun	Larkman, M.G. MBE	1 Nov
		Mather, C.	14 Jun	Winship, I.	1 Nov
		Grant, M.J.	21 Jun	Higgins, N.R.	15 Nov
		Westerman, D.S.	21 Jun	McCall, R.M.	15 Nov
		Fox, K.R.	28 Jun	Paddon, J.R.	15 Nov
				Payne, R.J.	15 Nov

229

WARRANT OFFICERS

2004—contd

Name	Date
Robertson, D.	15 Nov
Bolden, I.W.	22 Nov
Barber, R.G.	29 Nov
Flatt, S.	29 Nov
Harrigan, D.A. MBE	29 Nov
McKinna, S.F.	29 Nov
Staples, T.P.M.	29 Nov
Vaughan, J.N.	29 Nov
Boyce, R.E.	6 Dec
Hunt, P.B.J.	6 Dec
Poole, C.T.	6 Dec
Turner, S.	6 Dec
Watson, J.R.	6 Dec
Sampson, P.S.	13 Dec
Stronach, K.R.	14 Dec

2005

Name	Date
Conway, Y.	3 Jan
Forrest, B.R.	3 Jan
Wiseman, I.	3 Jan
Collings, A.	4 Jan
McMillan, S.A.	4 Jan
Rutherford, A.M.	4 Jan
Tipple, G.S.	4 Jan
Crow-Brown, D.M.	10 Jan
Melville, J.	10 Jan
Sutcliffe, P.	10 Jan
Cawthorne, I.	17 Jan
Henderson, J.S.	17 Jan
Meikle, D.A.	17 Jan
Phillips, J.M.	17 Jan
Walker, A.	17 Jan
Barron, J.A.	24 Jan
Connelly, W.J.	24 Jan
Gallacher, S.D.	24 Jan
Masters, K.J.	24 Jan
Shaw, I.M.	24 Jan
Baldock, N.J.	29 Jan
Baker, J.D.	31 Jan
Ainsworth, A.J.	7 Feb
Corfield, P.	7 Feb
Dale, N.E.	7 Feb
Pavey, G.L.	7 Feb
Walsh, S.J.	7 Feb
Eden, G.	14 Feb
Johns, S.P. MBE	21 Feb
Moffatt, C.J.	28 Feb
Norris, J.	28 Feb
Reedie, N.G.	28 Feb
Mathison, K.	1 Mar
Herbert, A. MBE	4 Mar
Burgess, M.J.	7 Mar
Garfield, K.A.	7 Mar
Chenery, D.A.	13 Mar
Owen, R.J.C.	14 Mar
Heighton, G.J.	21 Mar
Tervit, J.	24 Mar
Irons, A.	28 Mar
Warner, A.P.	1 Apr
Boldy, D.J. BEM	4 Apr
Griffith, D.G.	4 Apr
Holt, G. MBE	4 Apr
Irwin, M.T.	4 Apr
Johnston, W.S.	4 Apr
Kingdom, I.	4 Apr
Sanderson, M.T.	4 Apr
Evans, K.W.	11 Apr
Gardiner, B.D.	11 Apr
Hudson, D.A.P.	11 Apr
Lyons, R.J.	13 Apr
Phillips, I.C.	18 Apr
Kennedy, G. MBE	22 Apr
Redpath, S.D.	22 Apr
Smith, R.	25 Apr
Stone, P.	25 Apr
Walker, D.	25 Apr
Diett, M.W.	1 May
Byrne, R.M.	3 May
Harris, K.	3 May
Dudgeon, P.W.	9 May
Chown, A.J.	16 May
Tully, R.J.	16 May
Pallister, A.S.	23 May
Birdsall, I.C.	29 May
Davis, A.J.	30 May
Richardson, A.D.	30 May
De Leuw, F.J.	31 May
Irwin, I.	31 May
Bishop, S.D.	6 Jun
Cantlie, T.J.	6 Jun
Cutmore, I.J.	6 Jun
Gittins, R.B.A.	6 Jun
Goodwin, P.A.	6 Jun
Clarkstone, M.J.	8 Jun
Livings, G.E.	10 Jun
Robertson, R.	13 Jun
Egan, P.A.C.	20 Jun
Holmes, K.J.	20 Jun
Metcalfe, A.W.	20 Jun
Sussmes, S.A.	20 Jun
Drayton, M.A.J.	27 Jun
Harris, M. BEM	27 Jun
Harvey, G.	27 Jun
Taylor, M.G.H.	27 Jun

WEAPON SYSTEMS OPERATORS

1977

Pringle, N.	1 Jul

1981

Abbott, P.L.	1 Jul
Glenton, C.I.	16 Sep

1982

Samwell, T.J.	9 Nov
Armstrong, J. MBE	13 Dec

1983

Thompson, M.S. MBE	1 Jan
Morrice, J.C.	21 Jan
Cornes, M.R.	5 Jul

1984

Mc Leod, A.	6 May
Payne, A.D.	1 Jul
Webb, R.	1 Jul
Fielding, M.W.	1 Sep

1986

Moore, S.P.	1 Jan
Porter, D.R.	6 Jan
Pace, K.	17 Jan
Crosland, J.D.	23 Feb
Davies, A.E.	24 Feb
Colley, P.C.	7 Mar
Dewfall, A.	28 Mar
Hampson, G.R.	4 May
Lofts, D.A.	12 May
Amos, R.	30 May
Davies, G.	22 Jun
Brown, C.M.	1 Jul
Muir, D.	1 Jul
Maddison, M.J.	11 Sep
Bush, J.A.	11 Dec
Jones, A.W.	31 Dec

1987

Birkin-Hewitt, B.M.	1 Jan
Lester, D.R.	1 Jan

Mc Cullough, K.D.	1 Jan
Ward, S.J.	1 Jan
Wishart, W.S.C.	24 Jan
Dodd, D.M.	1 Jul
Dowell, P.D.	1 Jul
Morrison, H.C.	1 Jul
Thompson, K.T.	27 Jul
Headleand, M.J.	10 Aug
Taylor, K.J.	28 Aug
Laken, W.E.	30 Sep
Nichols, B.G.	7 Oct
Brown, R.E.	23 Nov
Gudgin, G.D.	26 Nov

1988

Bragg, R.J. AFM	1 Jan
Hallett, D.	1 Jan
Nobbs, P.D.	1 Jan
Tucker, K.C. MBE	1 Jan
Guttridge, I.	1 Mar
Silvester, E.A.	29 Mar
Woolfson, A.J. MBE	22 Apr
Riley, N.J.	1 Jun
Mellor, J.R.D.	1 Jul
Seward, G.N.	1 Jul
Sheldon, S.J.	29 Jul
Reid, W.	8 Sep
Rock, D.	1 Nov
Masson, A.	3 Nov
Thraves, P.T.	11 Nov

1989

Wade, W.H.	1 Jan
Wetherell, M.J.	1 Jan
MacKenzie, G.T.	9 Feb
Sutton, A.	14 Jun
Carter, R.A. MBE	1 Jul
Jones, C.J.	1 Jul
Lawrence, R.A.	1 Jul
Thompson, A.R.	1 Jul
Mc Cabe, A.J.M.	4 Jul
Roberts, G.W.	23 Jul

1990

Pratt, E.J.	16 May
Blake, P.K.	1 Jul
Bourne, D.M.	1 Jul
Gregson, P.	1 Jul
Iddon, R.P.	1 Jul

Keable, M.J.	1 Jul
Nurse, K.	1 Jul
Wilkinson, R.A.	1 Jul

1991

Dewar, A.J.M.	1 Jan
Nicholson, D.C.	1 Jan
Watts, S.H.	1 Jan
Rockley, A.P.B.	1 Jul
Simpson, D.W.	1 Jul
MacKay, S.M.	2 Oct

1992

Bird, J.	1 Jul
Keracher, R.I.	1 Jul
Paull, N. MBE	1 Jul

1993

Dixon, D.	1 Jan
Hitchin, D.K.	1 Jan
Lee, T.	1 Jan
Hamill, M.	1 Jul
Ritson, A.	1 Jul
Schiavone, A.P.	1 Jul

1994

Benton, N.J.	1 Jan
Curtis, A.J.	1 Jan
Evans, D.J.	1 Jan
Mohun, A.R.	1 Jan
Morris, J.	1 Jan
Muir, J.D.	1 Jan
Paterson, J.	1 Jan
Aitken, D.S.	1 Jul
Bruce, D.W.	1 Jul
Clarke, A.J.	1 Jul
Forbes, W.B.	1 Jul
Gibney, J.C.	1 Jul
Pogue, T.	1 Jul

1995

Bottomley, M.	1 Jan
Grogan, A.P.	1 Jan
Hall, C.I.	1 Jan
Vongyer, G.G.	1 Jan
Berry, R.W.	1 Jul

NON-COMMISSIONED AIRCREW

1995—contd

Dodsworth, V.G.S. AFM	1 Jul
Franks, N.	1 Jul
Geary, S.G.	1 Jul
Haynes, R.B.	1 Jul
Maher, G.M.	1 Jul

1996

Jeffrey, D.S.	1 Jan
Maxwell, D.F.A. AFM	1 Jan
Penlington, D.W.E.	1 Jan
Morgan, G.N.	1 Jul
Oates, S.T.	1 Jul
Sampson, F.J.	1 Jul
Smith, A.N.	1 Jul

1997

Bayne, J.T.	1 Jan
Bridge, M.V. MBE	1 Jan
Cook, M.D.A.	1 Jan
Moxon, M.D.	1 Jan
Pearson, B.G.	1 Jan
Prall, T.G.E.	1 Jan
Stansfield, D.	1 Jan
Archard, P.W. MBE	1 Jul
Bond, A.R.	1 Jul
Crowther, A.D.	1 Jul
Hart, S.D.	1 Jul
Hayton, A.	1 Jul
McCallum, I.	1 Jul
Swetman, A.M.	1 Jul
Whitham, P.E.	1 Jul

1998

Dearing, G.J.	1 Jan
Hawksworth, I.R.	1 Jan
Johnson, D.A.	1 Jan
Mc Kay, W.A.	1 Jan
Allan, J.W.	1 Jul
Deepan, N.K.	1 Jul
Docherty, T.G.	1 Jul
Hunter, B.H.	1 Jul
Warren, P.L.	1 Jul
Waterfield, W.E.	1 Jul

1999

Bayford, D.J.	1 Jan
Caldicott, D.	1 Jan
Drake, P.M.	1 Jan
McCormick, J.W.	1 Jan
Neill, P.B.	1 Jan
Randall, I.L.	1 Jan

Young, K.S.	1 Jan
Sheldon, J.R.	2 Feb
Ashman, A.P.	1 Jul
Brown, M.K.	1 Jul
Cruttenden, P.F.	1 Jul
Doane, S.L.	1 Jul
Hyams, P.D.	1 Jul
McDonald, S.R.	1 Jul
Yost, K.A.	1 Jul

2000

Cooke, R.P.	1 Jan
Couchman, P.N.	1 Jan
Gunter, N.J.	1 Jan
Holt, P.A.	1 Jan
Mack, T.N.	1 Jan
McCabe, I.	1 Jan
Bogg, C.L.	1 Jul
Du Cros, A.P.	1 Jul
Epton, N.I.G.	1 Jul
Harrison, G.E.	1 Jul
Hollingworth, P.R.	1 Jul
Lister, M.R.	1 Jul
MacFarlane, I.W.	1 Jul
McConville, P.J.	1 Jul
Townsend, P.L.	1 Jul
Tull, M.E.	1 Jul

2001

Burge, P.J.	1 Jan
Chappell, P.G.	1 Jan
Clarke, G.D.	1 Jan
Kelly, I.	1 Jan
Mallam, G.E.	1 Jan
Moncur, M.W.M.	1 Jan
Orr, J.	1 Jan
Shirley, M.A.	1 Jan
Shooter, T.G.	1 Jan
Colley, T.G.	1 Jul
Dodds, J.E.	1 Jul
Hammond, S.C.	1 Jul
Moffat, A.T.	1 Jul
Nicolson, W.C.	1 Jul
Osgood, I.P.	1 Jul
Owers, J.D.	1 Jul
Taft, S.J.	1 Jul

2002

Batchelor, A.P.	1 Jan
Kennedy, J.R.A.	1 Jan
Land, J.D.	1 Jan
Morgan, G.T.	1 Jan
O'Leary, M.	1 Jan
Stevens, M.	1 Jan
Tagima, M.S.	1 Jan

Andrews, M.J.	1 Jul
Briggs, P.A.	1 Jul
Cocker, D.J.	1 Jul
Eversfield, J.H.	1 Jul
Gomez, A.E.	1 Jul
Longmuir, G.R.	1 Jul
Street, S.J.	1 Jul
Warren, T.A.	1 Jul
Barker, K.J.	6 Nov

2003

Adair, J.A.	1 Jan
Farmer, A.G.	1 Jan
Holmes, P.D.J. DFM AFM	1 Jan
Houghton, M.J.	1 Jan
Hussell, D.	1 Jan
Pratt, G.R.	1 Jan
Ruffles, R.W.J. MBE	1 Jan
Shackels, T.M.	1 Jan
Bailey, S.R.	1 Jul
Bennetts, W.N.J.	1 Jul
Glazsher, A.T.R.	1 Jul
Hennessey, M.R.	1 Jul
Maving, G.	1 Jul
Meadows, R.A.W.	1 Jul
Mitchell, G.J. MBE	1 Jul
Ovenden, G.A.	1 Jul

2004

Brighton, M.J.	1 Jan
Brooke, A.S.	1 Jan
Hayward, P.D.	1 Jan
Leslie, S.G.	1 Jan
Rosie, J.A.H.	1 Jan
Snodden, S.	1 Jan
Strawson, I.M.	1 Jan
Vigurs, G.J.	1 Jan
Ward, K.C.	1 Jan
Bell, R.A.	1 Jul
Bodiam, C.M.E.	1 Jul
Emmott, M.F.	1 Jul
Harrison, I.P.	1 Jul
Manning, I.	1 Jul
Taylor, S.J.	1 Jul

2005

Caudle, P.J.	1 Jan
Cripps, D.P.	1 Jan
Dunning, E.Q.	1 Jan
Smith, A.M.	1 Jan
Tripp, D.A.	1 Jan
Barbour, W.R.	1 Jul
Earl, A.G.	1 Jul
Mason, R.J.	1 Jul

ROYAL AIR FORCE RESERVE

GENERAL DUTIES BRANCH

Group Captains

1998

Jones, David John psc
(OPS SPT (FLTOPS)) 20 Jan

2003

Britten-Austin, Harold Gerald MSc BSc CEng FIEE psc ae (ENG) 3 Feb

2004

Barrett, Peter Alan OBE BSc FRAeS psc asq (GD(P)) 3 Sep

Wing Commanders

1999

Squires, J.V. AE (OPS SPT(FLTOPS)) 1 Jul

2000

Taylor, P.C. OBE BA odc(US) qs (SUPP) 1 Jan

2001

Nicholson, M.J. qss (ADMIN (SEC)) 24 Jan
Bentley, D.E. qs (ADMIN (SEC)) 7 May
Smith, G.P. awcc psc (OPS SPT(FLTOPS)) 11 Jun

2002

Clark, T.R. qs (ENG) 2 Sep

2003

Lyttle, R.E. MCMI qs (ADMIN (SEC)) 6 Jan
McCombe, A.B. qs (OPS SPT (REGT)) 1 Feb
Edgar, S. MHCIMA qss (ADMIN (CAT)) 5 Apr
Zarate, J.F. (SUPP) 29 May
Evans, W.G. OBE jsdc qab qs (OPS SPT (FLTOPS)) 1 Aug
Fox, N.G. BA psc(m) cfs (OPS SPT (FLTOPS)) 30 Oct

2004

Kevan, G.J. qs (ENG) 2 Feb
Cornwell, B.A. BSc ARCS qab qs (OPS SPT (FLTOPS)) 25 Mar
Bull, K.A. psc(m) (OPS SPT (FLTOPS)) 8 Jun
Fox, L. MA BA psc (ADMIN) 8 Jun
Powell, L.R. cfs snc qss (OPS SPT (FLTOPS)) 8 Jun
Williams, P.R.B. qs (ADMIN) 8 Jun
Milroy, W.H. MA PhD BTh MCIPD MBIFM qss (ADMIN) 1 Dec
Mullings, N.W. BSc qs (OPS SPT (FLTOPS)) 1 Dec
Plumb, J.V. qwi qs (OPS SPT (FLTOPS)) 1 Dec

2005

Medford, A.W. BSc qs (ADMIN (SEC)) 23 Mar
Roberts, R.W. MInstAM qs (ADMIN (SEC)) 5 Jun

FLYING BRANCH

Squadron Leaders

1997

Stanton, S. cfs qs (P) 21 Apr

2000

Robertson, I.M. psc (P) 26 Oct
Warren, P.J. BEng cfs qss (P) 21 Nov

2001

Browne, W.N. DFC (N) 2 Oct

2004

Medland, W.J. qss (N) 18 May

2005

Edwards, P.W. qs (N) 24 Feb

Flight Lieutenants

1991

Paterson, N.A. BSc (P) 1 Oct

1992

Slater, A.M. BSc (P) 15 Jan
McQuade, S. BSc cfs(P) 19 Feb
Freeman, S.E.G. BEng cfs (P) 30 Mar
Wirdnam, G.T. BTech (P) 11 May

233

ROYAL AIR FORCE RESERVE

Flight Lieutenants

1993

Cavaciuti, K.M. BSc(Econ) cfs	(P)	30 Mar
Benham, P.W. BSc	(P)	11 May
Hunter, D.A. BSc	(P)	6 Jul
Segal, A.P. BEng i*	(P)	6 Jul
Shingles, J.S. BSc cfs qwi	(P)	17 Aug
Hurt, T.S. BSc	(P)	30 Sep

1994

Sealey, L.J. BSc(Econ) qss1	(P)	16 Feb
Millar, P.F. BSc cfs	(P)	11 Apr

1995

Datson, R.I. BSc	(P)	15 Jan

1996

Fisher, S.A. BEng	(P)	15 Feb
Pollard, S.M. BSc	(N)	15 Feb
Morton, N.C.B. BEng qcc	(P)	9 Apr
Twidell, A.J. qss	(P)	9 Apr
McLean, T.J. BEng qcc	(P)	2 Jun
Doidge, J.G. qwi	(P)	20 Dec

1997

Breeze, J.P.	(P)	29 Jan
Wilkes, J. BA qcc	(N)	12 Aug
Newbery, W.K.	(P)	7 Nov

1998

Clark, M.A.	(P)	5 Jan
Marshall, R.A. cfs	(P)	23 Feb
Dibden, R.S. BSc	(P)	8 Apr
Errico, S.C. BSc	(P)	24 May
Biglands, S. BSc cfs	(P)	23 Jul
Curtis, W.H. BEng qcc	(P)	11 Aug
Rafferty, D.J. BEng qss	(P)	7 Oct
Hayes, L.J.	(ALM)	16 Nov

1999

Williams, M.A. psc cfs	(P)	2 Jul
Hitchcock, P.G. awcc psc(n) cfs	(P)	6 Sep
Tomlinson, M.I. qss	(N)	27 Sep

2000

Carmichael, B.K. BSc cfs qs	(P)	5 Jan
Sargent, R.H. psc cfs(P)		10 Jan
Griffiths, S.G. MBE MBA aws psc cfs		1 Mar
Owen, P.S. psc cfs	(P)	1 May
Underwood, S.C. AFC cfs	(P)	10 Jul
Murty, J.K. BSc cfs qss	(P)	14 Jul
Williams, J.K. BA psc	(P)	17 Jul
Lawrence, M.J.	(P)	31 Jul
May, N. cfs qs	(P)	22 Aug
Williams, D.A. AFC qwi(AD) qs	(P)	28 Aug
Hilliker, C. psc cfs	(P)	31 Aug
King, C.	(P)	18 Sep
Morris, B.S. OBE AFC psc qwi	(P)	1 Oct
Boon, T.R. qss	(N)	15 Oct
Roe, M. cfs	(P)	16 Oct
Slatter, C. BSc(Eng) cfs qs	(P)	19 Oct
Lakey, M.J. GM qss	(P)	1 Nov
Pilkington, M.G. qss	(AEO)	6 Nov

2001

Wilson, J.S. oaws(US) psc cfs qs	(P)	16 Jan
Beard, J.S. snc	(N)	29 Jan
George, R.J. snc qss(N)		5 Feb
Wylie, M.D. cfs qs	(P)	1 Mar
Beresford, G.	(P)	12 Mar
Epps, C.P.	(P)	5 Apr
Fowler, D. qwi qss	(P)	23 Apr
Charlton, E.M. BSc cfs	(N)	26 Apr
Low, R.A.C. jsdc qwi(T) qs	(N)	21 May
Gregory, R.D. cfs qss(P)		9 Jun
Adams, P.S.G. MBE qwi qs	(P)	1 Jul
Whitehead, M.D. BTech qwi qss	(P)	1 Jul
Wholey, R.E. jsdc qwi qs	(P)	16 Jul
Garratt, W.H.	(P)	19 Jul
Mason, G. qwi qss	(P)	23 Jul
Prissick, M. CBE hcsc psc qwi	(P)	11 Aug
Kirkhope, T. BSc psc cfs	(P)	4 Sep
Barker, C.M.I. MA psc cfs	(P)	29 Oct
Boyle, T.L. OBE jsdc qab qwi qs	(P)	30 Oct
Legg, P.D. MA FCMI MRAeS psc(n) qwi(P)		10 Dec

2002

Lees, M.N. psc(j)	(N)	14 Jan
Hamilton, D.A. BTech qs	(P)	1 Feb
Buchanan, W.D. cfs	(P)	25 Mar
Eckersley, A.M. qwi qss	(P)	22 Apr
Nash, A.J. MA psc(j) qtm	(N)	6 May
Murkin, S.D. AFC psc(P)		12 May
Challis, P. BSc psc cfs	(P)	27 May
Gault, R.K. OBE jsdc snc qs	(N)	27 May
Warren, M.D. BSc qss	(P)	7 Jun
Forbes, L.J.C. FInstLM MCIPD snc qss	(N)	17 Jun
Price, R.G.	(P)	8 Jul
Manning, F.R.O.	(P)	15 Jul
Hibbert, C.H.J. BA	(P)	22 Jul
Threapleton, N.E. BSc jsdc psc qwi	(N)	14 Aug
Brown, E.S. psc snc	(N)	2 Sep
Sawyer, A. OBE osc(Ge) qwi i*	(P)	2 Sep
Barr, A.	(P)	25 Sep
Crowley, J.W. qab cfs(n) qs	(N)	1 Nov
Milne-Smith, D.H. oaws(US) psc qwi	(P)	11 Nov

2003

Hooper, R.T. cfs qs	(P)	6 Jan
Morris, P.A. psc	(N)	20 Jan
Calderwood, L.D. cfs qss	(P)	26 Jan
Turner, S.C.G. BSc MCMI jsdc cfs qs	(P)	10 Feb
Thomas, C.C. BSc asq adp qs	(N)	12 Feb

ROYAL AIR FORCE RESERVE

Flight Lieutenants

2003—contd

Brownridge, C.R.   (P)   4 Mar
Priddle, A.L. BSc cfs
  qss   (N)   1 Apr
Willson, S.   (P)   28 Apr
Footer, S.G. MBE jsdc
  psc(j)   (P)   1 May
Barber, S.B.J. MA
  psc(n)   (N)   4 May
Haynes, J.M. BA qab
  cfs qss   (P)   1 Jun
Pickering, R.J. BSc cfs
  qs   (P)   14 Jun
Stevens, C.D. cfs qss(P)   7 Jul
Jones, D.M. psc(m) (P)   28 Jul
Stewart, R.J. MBE snc
  qss   (N)   12 Aug
Igoe, C.P. rcds hcsc psc
  cfs   (P)   14 Aug
Calvert, D.P. MBE BSc
  cfs qs   (P)   30 Aug
Hudson, J.D. BA   (P)   29 Sep
Penny, A.T. snc qs (N)   1 Oct
Thirlwall, C. OBE AFC
  BA psc cfs*   (P)   1 Oct
Randerson, R.N. MA
  BSc psc qwi   (N)   26 Oct
Woods, T.J.A. cfs qs (P) 19 Nov

2004

McLaren, S.A. qs   (N)   8 Jan
Johnson, H.R. BSc (P)   27 Jan
Thompson, C.W. cfs
  qss   (P)   31 Mar
Jarmain, S.P. cfs qss(P) 2 May
Barrett, I. BSc qs (N)   29 May
Barton, P.R. BSc psc(j)
  cfs   (P)   1 Jun
Orwell, S.J. psc cfs (P) 10 Jul
Robinson, P.A. OBE
  FRAeS psc cfs   (P)   8 Sep
McCloud, R.C. qs   (P)   11 Oct
Stocker, S.C. BSc cfs
  qss   (P)   18 Oct

2005

Singleton, P.R. BSc
  qss   (P)   19 Jan
Slatford, T.K. BTech
  qcc   (P)   14 Feb

Roberts, D. BEng
  qwi   (P)   1 Jun
Marston, R. AFC jsdc
  cfs qs   (P)   20 Jun

Flying Officer

2003

Holman, M.J. cfs
  qhti   (ALM)   6 Nov

OPERATIONS SUPPORT BRANCH

Squadron Leaders

1993

Hall, B.T.F. MBE
  AE   (REGT)   1 Mar

1994

Noyes, S.G.   (FLTOPS) 30 Aug

1999

Byrne, M.S.   (FLTOPS) 18 May
Horn, K. AE   (FLTOPS) 11 Oct
Pickthall, C.R. qss(ATC) 11 Oct
Hussey, P.J.
  AE   (FLTOPS)   1 Nov

2000

Chapman, N.
  AE   (FLTOPS)   1 Feb
Skinner, K.E. aws cfs
  qs   (FLTOPS) 27 Mar

2001

Lloyd, D.G.
  psc   (FLTOPS)   4 Aug
Henry, B.L. MBE snc
  qs   (FLTOPS) 23 Nov

2002

Webster, D.S.
  MBE   (ATC)   1 Jan
Tournay, R.N.A.J. (REGT) 1 Mar
Tully, K.F. qs   (ATC)   8 Jul
Steer, M.A.   (FLTOPS)   1 Nov
Watson, J.R.
  AE   (FLTOPS)   1 Dec

235

ROYAL AIR FORCE RESERVE

Squadron Leaders

2003

Broome, T.J. (FLTOPS) 17 Aug

2004

Graves, A.W. (FLTOPS) 13 Apr

2005

Tait, J.D. BSc qs (FC) 1 Jan
Melville-Jackson, A.
qs (FLTOPS) 26 Jan
Harper, T.A. jsdc
oaws(US) qwi
qs (FLTOPS) 4 Apr
Smith, H.G. BA CertEd
qab qss (ATC) 2 May

Flight Lieutenants

1987

Guy, M.R. BSc (INT) 3 Oct

1992

Hurst, I.P. AE (FLTOPS) 25 Sep

1993

Armstrong, A.E.
AE (FLTOPS) 4 Feb
Norman, R.E.J.
AE (FLTOPS) 3 Aug
West, D.J. AE (FLTOPS) 3 Aug

1994

Scott, I.C. (FLTOPS) 27 Jan

1995

Matthews,
I.D. (FLTOPS) 8 Sep

1998

Lakeland, C. (FLTOPS) 29 Jul
Mill, P.D. (REGT) 18 Aug
Ashwell, R.J. (FLTOPS) 24 Aug
Bolton, C.L. (ATC) 28 Sep

1999

Hollin, R.T.D. MA BSc
qss (INT) 6 Apr
Kitson, B. BA(PROVSY) 6 Apr
Taylor, N.J.L. BA (FC) 8 Apr
Neeson, C.G. MA (ATC) 6 Oct
Sherratt,
C.J.B. (FLTOPS) 16 Nov

2000

Garwood, T.S. BSc (FC) 11 Feb
Marshall, A.S. MLitt
BA (REGT) 1 Jun
Miller, J. BEng
qcc (ATC) 8 Aug

2001

Martin, E.H. (REGT) 27 Feb
Harrison, I. (FLTOPS) 1 Mar
Keenan, T. (FLTOPS) 1 May
Carlton, E.J. (FLTOPS) 1 Jun
Thurtle, I.C. (FLTOPS) 1 Oct
White, L.L. BSc qcc(FC) 4 Oct
Ivings, A.P. BEng (FC) 30 Nov

2002

Boden, R.A. qss (ATC) 28 Jan
Laing, B. (FLTOPS) 1 May
Thompson,
S.M. (FLTOPS) 1 May
George, A.M. MBE qs
i* (ATC) 11 Jun
Gresham, J.W. (ATC) 6 Jul

2003

Gibson, C.R. qwi
qss (FC) 1 Jul
Tunaley, M.A. qss (FC) 28 Jul

2004

Chafer, S.N.
BA (FLTOPS) 11 Feb
Danso, K.G. (REGT) 27 May
Bowden, A.J. (FLTOPS) 1 Jun
Fleming, J.W. (FLTOPS) 1 Jun
Lewis, K.H. (FLTOPS) 1 Jun
Philcox, Z.L. (FLTOPS) 1 Jun
Tame, G.J. (FLTOPS) 1 Jun
Ward, G. (FLTOPS) 5 Aug
Booth, S. qss (REGT) 1 Nov

2005

Nichols, B. qss (ATC) 24 Jan
Myles, A.J. (FLTOPS) 1 Jun
Percival, D. (FLTOPS) 1 Jun

Flying Officers

1997

Ansell, K.M.J. (INT) 28 Jul

1998

Maclaren, A.F. (INT) 28 Jan

2001

Wright, D. (REGT) 1 Apr

2004

Winter, M.J.M.
BSc (FLTOPS) 7 May
Cooper, C.L. (FLTOPS) 9 Jul

2005

Penrose, P.J. (FLTOPS) 29 Jan

Pilot Officers

2003

Powell, G.D.
MPhys (FLTOPS) 13 Feb
Bevan, M.A. (FLTOPS) 15 Apr

Pilot Officers

2003—contd

Jury, J.S.	(FLTOPS)	22 Jun
Rainbow, J.C.	(FLTOPS)	5 Aug

2004

Baker, J.A.	(FLTOPS)	29 Oct

Acting Pilot Officers

2003

Townshend, V.C.	(FLTOPS)	27 Oct
Ramsdale, S.R.	(FLTOPS)	6 Nov
Haldane, T.F.	(FLTOPS)	12 Nov

2004

Harrowsmith, M.	(FLTOPS)	1 Jul
Norrie, H.M.	(FLTOPS)	29 Jul
Crampton, S.J.	(FLTOPS)	26 Aug
Kirk, N.J.	(FLTOPS)	28 Sep
Kimber, A.	(FLTOPS)	24 Nov
Forster, E.J.	(FLTOPS)	26 Nov
Seddon, C.J.	(FLTOPS)	26 Nov

2005

Huntly, V.R.	(FLTOPS)	4 Feb

ENGINEER BRANCH

Squadron Leaders

2001

Watson, C.R.	2 Apr

2003

Welberry, J. BEM	1 Feb
Bennett, C.R. MIIE qss	19 May
Matthews, T.J. BSc qs	20 Nov

2004

Tyrrell, A.J. MSc BEng qss	5 Apr
Smith, N.C.R. BSc	10 May
Lainchbury, I.M. BEng CEng MIEE qss	1 Jul
Parker, G.H. qss	1 Sep
Pease, C.T. qss	1 Dec

Flight Lieutenants

1997

Goddard, A. BSc	10 Oct

1999

White, E.P. BSc	7 Jul
Bradbrook, D.M. BEng	9 Aug

2000

Radford, H.L. BEng	6 Apr

2001

Hide, A.K. BSc	5 Apr
MacDonald, G.B. qss	31 Aug

2002

Stellitano, W.	23 Jul

2003

Myall, D.M. qs	15 Jul

Flying Officers

2003

Hemnell, M.P.	26 Feb

2005

Trevethan, P.N.	29 Apr

SUPPLY BRANCH

Squadron Leaders

1997

Lamonte, E.S.M.   1 Apr

2000

Willmot, P.S. qss1   1 Jul

2001

Evans, D.J. qss   13 Aug
Kingwill, P.M. qs   14 Sep

ADMINISTRATIVE BRANCH

Squadron Leaders

1999

Sturgeon, B. qs   (SEC)   1 Apr
Laidlow-Petersen, S.J.
BSc   (SEC)   1 Jul

2001

Dean, G.M. LLB
psc   (SEC)   11 Jun

2002

Campbell, A. qs   (SEC)   30 Sep

2003

Muir, J.N. qs   (SEC)   1 Jun
Fairbrass, P. MInstAM
qss   (SEC)   22 Sep

2004

Morris, I.J. MBE
CertFE   (SEC)   1 Sep
Ball, H.J. qss   (CAT)   27 Sep
Browning, C.J. BA
qss   (SEC)   29 Sep
Banks, P.A. BSc qs(SEC)   1 Oct

2005

Leech, T. MHCIMA
MCMI qs   (CAT)   9 Jan
Wynne-Jones, D. (SEC)   13 Jan
Merrick, R.E. MCIPD
ACIB qss   (SEC)   17 Jan
Jennings, R. MBE(SEC)   16 May

Flight Lieutenants

1996

Barrett, M.E. MA PGCE
qss   (TRG)   30 Nov

1997

Read, P.J. BSc   (SEC)   15 Jan

1998

Lovett, Z.K. qss1 (SEC)   7 May

1999

McKee, C. BA   (CAT)   11 Feb
Mitchell, G.M.   (SEC)   4 Aug
Scheepers, J.C. BA
PGCE   (TRG)   1 Sep

2001

Sinclair, R.A. BA (SEC)   5 Apr
Seaward, P.V.A. MCMI
MRIN DMS qss(SEC)   15 Oct

2002

Bary-Brown, R.
qss   (SEC)   11 Jun
Griffiths, M.A. BEd pji
(P ED)   31 Aug

2004

Freestone, N. LLM
LLB   (SEC)   12 Feb

Flying Officer

2002

McCay, J.F.L.   (SEC)   19 Jan

MEDICAL BRANCH

Wing Commander

2003

Low, N.J. MB ChB   7 Aug

Squadron Leaders

1997

Flores, M. MB BS MCh   5 Aug
Zaman, A.U. MB BS
  FRCSEdin   11 Aug

1998

Durrani, A.K. MB BS
  FRCSRCPS(Glas)   1 Dec

1999

Andrews, N.K. MB ChB
  BSc DRCOG   23 Aug

2002

Khan, J. MB BS BSc   16 May
Lewis, C.L. BM DRCOG   1 Aug
Bone, C.E. MB ChB   21 Oct
White, N.K. MB ChB
  BSc   1 Dec

2003

Becker, G.W. MA MB
  BChir MRCSEng   4 Feb

DENTAL BRANCH

Squadron Leaders

1996

Streete, J.J. BChd   8 Aug

2001

Ross, A.M. BDS
  MFGDP(UK)   6 Aug

2003

Houvenaghel, W.L.
  BDS   6 Aug

PRINCESS MARY'S ROYAL AIR FORCE NURSING SERVICE

Flight Lieutenants

1982

Wingham, A.E. RSCN   17 Feb

1994

Toomer, S.F. SCM   1 Sep
Haines, A.E. RM   16 Oct

1996

Roberts, A.E. RGN RM 22 Nov

1999

O'Brien, J.M. RGN   17 Mar
Pavitt, A.J. RGN   24 Jun
Compton, N. RGN   17 Jul

MEDICAL SUPPORT BRANCH

Wing Commander

1999

Williams, K. MCMI qs   26 Aug

Flying Officer

2003

Gardner, M.C.C.   19 Jan

CHAPLAINS BRANCH

Chaplains with the relative rank of Wing Commander

2003

Church of England-
Berry-Davies, Rev
C.W.K. . . . .   21 May

LEGAL BRANCH

Flight Lieutenants

1996

Moore, N.J. LLB   8 Aug

1998

Pattenden, M.S. MA   6 Aug

2000

Froggatt, V.H.S. LLB   3 Feb

2001

Worsley, S.E. LLB   1 Feb

ROYAL AIR FORCE RESERVE

CLASS "CC"

Group Captains

1994
Kiggell, Patrick Spencer
  OBE awcc psc cfs — 6 Apr

1997
Cross, William Michael
  Nigel OBE psc cfs — 26 May

1999
Wight-Boycott, Andrew
  Bowen OBE psc — 20 Apr

2001
Remlinger, Michael
  John psc — 16 May

2003
Middleton, John jsdc
  qwi qwi(AD) snc qs — 24 Nov

2004
Urquhart, Morag
  Marjory Anne qs — 29 Dec

Wing Commanders

1995
Kermeen, R.W. MSc
  BSc PGCE FBCS qs — 2 Oct

1996
Stephens, M.A. qs — 1 Apr
Thorley, M.A. MRAeS qs — 1 Apr
Campbell, A.D.K. ndc
  aws — 10 Jun
MacLachlan, A.J.C.
  CEng MRAeS qs — 20 Sep

1997
Vary, C.E. cfs qs — 3 Feb
Jones, M.J. OBE MCMI
  odc(US) — 3 Mar
Carter, P.R. psc — 1 Sep

1998
Maunder, M.J. qs — 26 Oct

1999
Eveleigh, M. OBE qss — 20 Jan
Allport, M.K. MBE cfs
  qss — 31 Aug

2000
Joosse, C.A. qs — 4 Jan
Kennedy, B.J.O. qs — 14 Apr
Wynn, D.I. MBE CertEd
  qs — 1 May
Ward, A.W. MBE BSc qs — 23 May
Stewart, H. qs — 24 Aug
Cocksedge, M.P. rcds
  osc(Fr) cfs — 29 Aug
Horton, B.A. aws osc(Fr) i — 1 Sep
Ashcroft, G.A. qs — 26 Sep

2001
McCarthy, W.J. MBE qs — 12 Feb

2003
Pittson, K.T. — 30 Jun

2004
Davis, R.N. DPhysEd qs — 1 Jun

2005
Davies, J.H. qab qs — 8 Apr

Squadron Leaders

1990
Foley, T. qss — 10 Dec

1991
Parrini, A.L. — 4 Nov
Dixon, R.S. qs — 9 Dec

1992
Swan, A.J. MBE QGM
  MIExpE — 13 Jul
Davies, W.G. — 30 Oct
Douglass, M.P. — 23 Nov

1993
Grant, T. — 1 Jun
Butler, V.P.L. — 1 Oct

1994
Edmunds, D.J. BA qss — 17 Jan
Roberts, R.E. qss — 14 Feb
Carrington, D.J.
  BSc(Eng) CEng
  MRAeS ACGI qs — 10 Oct

1995
Maddocks, B.J. qss — 18 Apr
Foster, J.E. MRIN MCMI
  snc qs — 19 Jun
Griffiths, A. qs — 16 Oct

1996
Bird, P.R. qs — 15 Feb
Lang, B. qs — 8 Mar
Nadin, J.L. — 1 Jul
Wright, R.C. cfs qss — 19 Aug
Lunt, J.D. BA osc(Ge) cfs — 24 Sep
Locke, M.A. MCMI cfs qs — 16 Oct
Cobb, J.W. MBE — 11 Nov
Carr, E. MILT MCIPD — 18 Nov

1997
Shorter, B. qs — 27 Jan
Spence, B.G. BA IEng
  MIIE qss — 21 Apr
Low, I.N. qs — 9 Jun
Glasspool, I.D. — 8 Jul
Morgan, M.L. qs — 1 Sep
Wilson, W.J. qs — 1 Oct
Steen, B.A. — 6 Oct
Thorpe, G.S.E. qss — 9 Dec
Massey, R.G. — 11 Dec

ROYAL AIR FORCE RESERVE

Squadron Leaders

1998

Ayers, C.R.	5 Jan
Duguid, M.D. MCMI psc	5 Jan
Moore, G.J.T.	17 Mar
Tisbury, J.A. MBE MCMI qss	6 Apr
Williamson, M.C. qss	13 Jul
Wood, R.B. qss	21 Aug
Phillips, G.T. BSc qs	25 Nov
Rowe, D.H.W.	1 Dec
Sandeman, C.A. qss	7 Dec
Ilsley, C.W. cfs qwi qs	11 Dec

1999

Bell, J.J.	1 Jan
Hack, K.S. qss	1 Jan
Lawrance, I.	1 Jan
Stanton, R.H. MVO MRAeS MRIN snc qss	1 Jan
Pudney, K.W. qss	4 Jan
Jones, C.A. BSc qss	25 Oct
Taylor, M.F.H.	1 Nov
Edgell, J.A. qs	19 Nov

2000

Davies, R. cfs snc qss	1 Feb
Vine, D.C.	1 Feb
Forster, R.A.A. BA MILT MCMI qs	28 Feb
Yarram, M.F. BSc(Econ) qs	1 Jun
Johnson, B.W. aws asq snc qss	21 Jun

2001

Gilchrist, J.I. qs	2 Jan
Phillips, A.J. qss	3 Jan
Carr, M.C. qss	19 Mar
Berry, R.D. qss	24 Apr
Anderson, L.E. qs	20 May
Jackson, M.R. qs	2 Jul
Morgan, C.R.	17 Sep
Hill, D. snc qs	24 Sep
Rodgers, P.J. MBE psc	1 Oct
Andrews, A.W. MA PhD MSc BSc CPhys CChem MRCS MInstP MCIPD qs	4 Oct
Mitchell, R.A. snc	2 Nov

2002

McKendrick, D.I. qab qs	12 Apr
Webb, E.A.H. MBE FInstLM MInstAM MCIPD MCMI qab qss	12 Apr
Hall, D. qss	17 Jun
Stevenson, B.L. DPhysEd qs	12 Jul
Block, K.J. qss1	12 Aug
Lacey, T.A. BSc	16 Sep
Wilson, G.A. BEM qss	4 Nov

2003

Howard, R.M.	7 Jan
Bridges, M.D. MBE	20 Jan
Powell, J.B. qss	2 Mar
Poulter, J.M. BSc qs	17 Mar
Bushby, R.D. MDA BA MInstPet CMILT qs	24 Mar
Rayfield, G. BA CIMS FIMS FMS FInstAM MInstAM MCMI psc	25 Mar
Hooper, H.	28 Jul
Gordon, B.	5 Aug
Treanor, B.G. qs	2 Nov
Bourne, L.	3 Nov
Bargewell, T.A. IEng MIIE qss	17 Nov

2004

Jarvis, J.A. MBE RMN MHSM qss	19 Jan
Smith, P.A.	15 Mar
Philip, A.F. MSc BSc(Eng) tp qs	19 Apr
Newman, R.A. CertEd cfs	21 Apr
Duncan, J.C. qs	30 Apr
Lane, R.W. qs	1 May
Lamb, I.C. BA	5 Jul
Linehan, M.	23 Aug
Smith, D.C. qss	1 Sep
O'Connell, C.D. jsdc cfs(n) snc qs	4 Oct
Gossow, S.D.	18 Oct
Gilbert, A.I. qs	29 Oct
Cummings, C.J. MBCS MILT im qss	8 Nov

2005

Wilkin, R. cfs qs	5 Jan
Jay, P.A. MSc BSc qss	8 Jan
Daulby, D.J. BSc asq cfs qs	21 Jan
Fox, A.M.	10 Mar
Dear, A.J. psc snc	18 Apr

Flight Lieutenants

1976

Throssell, M.G.	5 Apr

1982

Ward, T.J.	6 Aug

1986

Fahey, J.B.	28 Oct

1987

Hood, L.S.	13 Aug

1989

Mason, A.D.	8 May

1991

Rigby, C.M.R. CertEd	16 Sep

1993

Hermolle, M.A.	19 Aug

1994

Maeer, K.W.	3 Feb
Steel, M.K. qss i	3 Feb
Anderson, J.D. BSc	5 Apr

1995

Davies, R.W. cfs snc qss	3 Apr
Samme, R.J.	1 Jun
Cook, R.M.S. MBE snc qs	31 Jul
James, J.R. BA	3 Aug
Wood, M.J. qss	31 Aug
Gallon, J.D. qss	1 Sep
Miller, R.E. BA PGCE FRGS qss	25 Sep
Watkins, M. asq snc	13 Nov
Coker, J.D.	4 Dec

1996

Webber, G.R.	9 Jan
Cowell, R.W. qs	5 Feb
Kiggell, L.J. qs	5 Feb

243

ROYAL AIR FORCE RESERVE

Flight Lieutenants

1996—contd

Burdekin, P.A. cfs snc qss	19 Feb
McCran, J.B.	20 Feb
Mason, I.M.	11 Apr
Brown, T.C.	13 May
Davis, W. MBE	1 Jul
Morris, D.G. oaws(US) psc cfs	22 Jul
Shephard, R.G. MA qss	2 Sep
Pelcot, A.F.	7 Oct
Quick, M.C.	14 Oct
Chalkley, K.B. MBE snc qs	25 Nov

1997

Locke, G.H. qs	27 Jan
Johnson, M.C. cfs qs	24 Mar
Baker, H.M.	1 Apr
Morley, P.R. psc cfs	1 Apr
Janiurek, J.D. cfs	7 Apr
Mannings, E.J. cfs qs	7 Apr
McDougall, D.J. DipEd cfs* snc	7 Apr
Hamon, S.	18 Apr
Wiseman, R.A. BSc qss	6 May
Patterson, L.J. BSc cfs	7 May
Ford, M.A. cfs qss	19 May
Johnston, G.J. BEd	10 Jul
Young, A.C.M. qss	18 Aug
Jones, D.J.R.	1 Sep
Campbell, D.A. cfs* qs	2 Sep
Chew, C.P. BA BArch cfs	8 Sep
Clements, R.E. cfs qss	22 Sep
Garton, A.C. qs	7 Oct
Hallowes, S.D.	8 Nov
Flaherty, S.D.	8 Dec
Mathieson, D. cfs qss	20 Dec

1998

McKeown, J.D.P. qss	19 Jan
Sumner, D.G. qss	23 Feb
Baker, B.A.F.	8 Apr
George, G.H.E.	8 Apr
Toogood, W.R. qs	2 May
Simpson, A. qss	2 Jun
Young, M.J. MA BA MCIPD CertEd	2 Jun
Randall, E.W.	22 Jul
Robinson, B.	22 Jul
Stuart, K.	22 Jul
Talbot, R.	22 Jul

Vardy, D.P.	22 Jul
Elliott, T.J.	24 Aug
Hewitt, P.A.	24 Aug
Ward, M.J.	25 Aug
Barradell, D.J. snc qss	29 Sep
Heys, P.J. IEng FIIE qs	30 Oct
Guyatt, D.J. cfs qss	2 Nov
Clark, G.	4 Dec
Fearn, M.H. qss	8 Dec
Mutch, P. BEd qss	8 Dec

1999

Morris, P.L. qss	4 Jan
Crouch, C.A. cfs qss	11 Jan
Reid, S.C.	18 Jan
Day, P. qss	30 Jan
Little, R.	30 Jan
Simpson, D.A.	13 Apr
Merriman, J.L. qs	7 Jun
Johnson, M.A. qss	12 Aug
Anderson, G.G. MHCIMA qss	8 Sep
Hawkins, D.J. qss	15 Dec

2000

Nugent, S.G. qss	23 Feb
Sayer, M.J. FRIN psc asq snc	13 Mar
Parlett, A.C. qs	27 Mar
Douglas, C.D.	8 May
Walsh, J.P.	8 May
Fowler, S.M. qss	14 May
McGeough, P.J.R.	1 Jun
McKay, D.S.	5 Jun
Durban, S.J.	7 Aug
Williams, M. cfs(g)	9 Aug
Dring, C.A. qss	21 Aug
Bull, R.M. qss	1 Sep
O'Brien, T.M.	11 Sep
Valentine, M.C. qs	24 Sep
Dhese, I.R. qs	25 Sep
Hardman, A.W.	14 Oct
Wardlaw, K.	16 Oct
Bloomfield, P.R.	1 Nov
Print, C.P. MSc BSc qss1	1 Nov
Monie, G.L.	9 Nov

2001

Brocklebank, R.A. BA AFRIN DipEurHum cfs qss	3 Jan
Hall, N.A. BA	3 Jan
Barker, R.J. qss	22 Jan
Butt, L.C. snc qs	7 Feb

Howlett, P.W. AFC cfs*	20 Feb
Williamson, B.T. qs	30 Apr
Sanderson, A.C.	8 May
McKenna, M.J. MBE snc qs i	26 Aug
Pointon, P.W.	14 Sep
West, J.S. BEd qss	30 Oct

2002

Barnes, F.O. qss	2 May
Lindsay, G.H.	23 Jun
Evans, T.N.	17 Jul
Thompson, M.H.	1 Oct

2003

Seager, A.K.	24 Mar
Kitchen, D.	2 Apr
Kendall, R.A.	7 May
Johnstone, D.R.	12 May
Seaton, R.	31 May
Whitehouse, G.	18 Aug
Maddocks, D.	24 Sep
Sparks, J.C. BA CertEd qs	1 Dec

2004

Gill, A.C. qs	15 Mar
Willson, T.C. cfs(g)	1 May
McClelland, D.M.	5 May
Hall, W.P. BSc qss	9 May
Jones, M.P.	24 May

2005

Varley, G.A. qs	24 Feb
Wilson, P.A.	12 May

Acting Pilot Officers

2004

Livesey, G.	8 Jun

2005

Johnston, D.A.	15 May

WARRANT OFFICERS

1998

Copeland, E.	1 May
Sumpter, V.G.	9 Nov

2001

Lamb, C.	10 Sep

2002

Hiscoke, D.L.	4 Feb

2003

Harmer, G.R.	7 Jan
May, J.H.	3 Feb
Lay-Flurrie, S.	1 Mar
Edward, J.G.	3 Mar
Austin, P.J.	2 Jun
Winters, I.S. MBE	9 Jun
Stuart, R.M.	1 Oct

2004

Davidson, J.H.	5 Jan
Standley, J.F.	1 Apr
Howard, J.	10 May
Burton, P.R.	7 Jun
Robson, J.	1 Nov
Carr, D.T.	3 Nov
Blyth, R.	23 Nov

2005

Wise, K.G.	1 Mar

WEAPON SYSTEMS OPERATORS

2002
Buckley, R.F.   21 May

2003
Hunt, B.I.S.   1 May

2005
Wright, S.   7 Jun

ROYAL AUXILIARY AIR FORCE

Air Commodore-in-Chief .... H.M. THE QUEEN

Honorary Inspector – General Royal Auxiliary Air Force
Air Vice-Marshal B. H. Newton, CB CVO OBE FCMI
Inspector Royal Auxiliary Air Force – Group Captain R. G. Kemp, QVRM AE ADC FRIN

Honorary Air Commodores

HRH The Duke of Gloucester, KG GVCO No 501 (County of Gloucester) Squadron RAuxAF
Sir Richard George, CVO BSc No 504 (County of Nottingham) Squadron RAuxAF
The Rt Hon Lord Selkirk of Douglas, QC MA LLB (representing HM The Queen) No 603 (City of Edinburgh) Squadron RAuxAF
Air Vice-Marshal B. H. Newton, CB CVO OBE FCMI No 606 (Chiltern) Squadron RAuxAF
Air Vice-Marshal A. F. C. Hunter, CBE AFC MA LLB DL RAF (Retd) No 609 (West Riding) Squadron RAuxAF
The Rt Hon Lord Glenarthur, DL No 612 (County of Aberdeen) Squadron RAuxAF
Air Vice-Marshal T. P. White, CB CEng FIEE DL RAF (Retd) No 2503 (County of Lincoln) Squadron RAuxAF Regiment
Sir Michael Oswald, KCVO DSc MA No 2620 (County of Norfolk) Squadron RAuxAF Regiment
Air Vice-Marshal G. A. Chesworth, CB OBE DFC No 2622 (Highland) Squadron RAuxAF Regiment
The Rt Hon Lord Beaverbrook, No 2424 (County of Oxford Movements) Squadron RAuxAF
Mr M. Marshall, CBE DL FRAeS No 2623 (East Anglia) Squadron RAuxAF Regiment
Colonel E. T. Bolitho, OBE MA MInstD No 2625 (County of Cornwall) Squadron RAuxAF Regiment
Air Chief Marshal Sir William Wratten, GBE CB AFC CCMI FRAeS RAF (Retd) No 4626 (County of Wiltshire) Aeromedical Evacuation Squadron RAuxAF
Professor C. Andrew, MA PhD FRHistS No 7006 (VR) Intelligence Squadron RAuxAF
Miss D. Patman, FRICS ACIArb FRSA No 7010 (VR) Photographic Interpretation Squadron RAuxAF
Air Chief Marshal Sir Michael Knight, KCB AFC DLitt BA FRAeS No 7630 (VR) Intelligence Squadron RAuxAF
Group Captain A. Dickson, OBE QVRM AE* MPhil FRAeS FRSA FCMI No 7644 (VR) Public Relations Squadron RAuxAF

GENERAL DUTIES BRANCH

Group Captain

1992

Kemp, R.G. QVRM AE ADC FRIN qs
(OPS SPT (FLTOPS)) 13 Jul

Wing Commanders

1997

Hyde, C.B. OBE qs
(OPS SPT (FLTOPS)) 2 Jun

2000

Beaton, A.J. AE cfs qs
(OPS SPT(FLTOPS)) 13 Jul

2002

Symonds, M.L. AE (SUPP) 28 Jul
Dargan, S. OBE (ADMIN (SEC)) 14 Aug

2003

Ahearn, A.S. AE
(OPS SPT(INT)) 2 Oct

2004

Davie, A. OBE MA MBA psc (OPS SPT(REGT)) 2 Aug

Squadron Leaders

1998

Harper, H.R. qss (N) 1 Nov

2005

Lawson, R.J. tp qss (P) 1 Jan

Flight Lieutenants

1991

Graham, K.P. BSc cfs(P) 4 Nov

1994

Chandler, H.T. cfs (P) 21 Nov

1997

Lawrenson, A.J. BA (P) 25 Feb
White, M.J.H. BSc (P) 5 Mar
Baatz, A.P. qss (N) 30 May
Roberts, H.D.
 BSc(Eng) (P) 30 May
Offord, R.J. BCom qwi
 qs (P) 16 Nov

1998

Brown, G.P. snc qss (N) 27 Feb
Manser, R.C.H. qss (P) 3 Jun
Airey, N.D. cfs (P) 6 Jul
Berresford, C.S. (P) 11 Nov

1999

Speight, W. MBE (ENG) 10 Mar
Spreckley, G.C. snc
 qss (N) 11 Mar
Robson, J. MBE (P) 2 Jul
Creighton, W.H.
 MBE (ALM) 1 Aug

2000

Clarke, S.M. BEng
 cfs (P) 28 Jun
Hulme, L.M. (N) 30 Jun
Marsh, D.A. (N) 18 Jul
Young, G.L. (P) 18 Sep
Cook, C.J. (N) 22 Nov
Ims, M.K. qwi (P) 1 Dec

2001

Weston, P.J. qss (P) 11 Apr
Brown, A.D. qwi(AD)
 qss (P) 4 Jun

Heaton, M.R. BSc
 qss (N) 11 Sep
Earl, J. cfs qss1 (P) 27 Sep
Hardy, N.J. (P) 8 Nov
Williams, C.C. qhti (P) 28 Nov

2002

Dunn, R.B. qss1 (N) 1 Jun
Rayne, S.E. qss1 (P) 30 Jul
Ferrier, J.A. qss (N) 28 Oct

2003

Culpin, R.W. qwi(AD)
 qss (P) 1 Feb
Frecknall, I.T. BA (N) 23 May
Richardson, A.D. (P) 23 Sep
MacLennan, K.M. (P) 11 Nov

2004

Sharman, P.R. BSc qwi
 qs (P) 1 Jul
Gillies, S.C. qwi(T)
 qs (P) 11 Nov
Milburn, R.L. BSc (P) 18 Nov

2005

Ingle, N.J.W. MBE cfs
 qcc (P) 16 Mar
Ede, H. snc qss (N) 29 Apr
Vince, S.D. qss (P) 2 Jun

OPERATIONS SUPPORT BRANCH

Squadron Leaders

1988

Dawson, S. MRIN
 snc (FLTOPS) 16 Sep

1992

Dulson, P.P. (FLTOPS) 1 May

1995

Roberts, S.G. MBE AE
 BA (INT) 1 Mar

1996

Pattenden, S.M.
 RSCN (INT) 1 Oct

1997

White, D.J. (FLTOPS) 29 Jan
Bunkell, G.W. QVRM
 AE FCII (REGT) 1 Sep
Plumridge, D.L. (INT) 1 Oct

1998

Adamson, G.D.W. MBE
 TD AE MA (REGT) 1 Oct

1999

Byrne, J.D. AE MA (INT) 1 Feb
Greenhalgh, S.B.
 qss (FLTOPS) 1 Mar
Wright, W.F. AE BSc
 BArch RIBA (FLTOPS) 1 Mar

ROYAL AUXILIARY AIR FORCE

Squadron Leaders

2001

Alldritt, D.P.G.
  qss (REGT) 1 Feb
Launder, W.A. QVRM
  AE (REGT) 27 Apr
Angus, P.J.M. MBE BA
  jsdc qs (FLTOPS) 26 Jul
Greenfield, C.W. BEng
  CEng (INT) 18 Aug
Redgrave, M.S.J. (INT) 1 Sep

2002

Morrison, D. (INT) 17 Jun
Chappell, J.I. AE
  BSc (INT) 16 Jul
Leach, K.L. BA(FLTOPS) 1 Sep
Onley, M.J. BSc qs(INT) 1 Oct
Fraser, J. (FLTOPS) 9 Dec

2003

Avery, J.W.L. (INT) 31 Mar
Crisp, R.J. (FLTOPS) 1 Apr
Partridge, S.J. (INT) 1 Apr
Gardner, M.J. MBA
  BSc (REGT) 11 Jun
Cochrane, J. qss (INT) 23 Jul

2004

Drew, J.L. PhD BSc
  MCIPD (INT) 1 Feb
Shaw, G. (INT) 12 Mar

2005

Nichol, D.A.
  BA (FLTOPS) 1 Jan
Hellard, G.P. qss(REGT) 30 May

Flight Lieutenants

1986

Horn, J.A. AE BSc (INT) 12 Jan

1988

Van Geene, R.G. AE
  qss (FLTOPS) 29 Mar
Tooze, R.J.W. AE
  IEng (FLTOPS) 3 May

1994

Langston-Jones,
  P.G. (REGT) 7 Feb
Weekes, N.C.F. AE MA
  psc(m) (INT) 5 May
Eves, D.G.E. i (INT) 2 Aug
Beynon, G.G. (FLTOPS) 18 Oct

1995

Collins, K. BSc snc
  qss (FLTOPS) 27 Jan
Lyall, G. AE BA (INT) 1 May

1996

Gray, N.M. AE BSc(INT) 3 Jan
Woodhead, S.J.M.
  BSc (FLTOPS) 21 Jan
Zervoudakis, A.
  BA (INT) 1 Jun

1997

Turnbull, J.G.
  qss (FLTOPS) 21 Jan
Talton, S.J.S. AE (INT) 1 Apr
Whichelo-Page, E.A.
  BA (INT) 3 Jun
Stenson, R. BA qss(FC) 19 Nov

1998

Gilbert, P.N. qss (INT) 12 Jan
Newman,
  R.D. (FLTOPS) 29 Jan
De Maine, M.J. MPhil
  BSc (INT) 12 Apr
Johnston, D.D. (REGT) 27 May
Parlour, R.S. MA (INT) 10 Aug
Preece, M.L. AE (INT) 7 Oct

1999

Owen, C.M. AE (INT) 1 Feb

Farrant, W.F. (INT) 1 May
Metcalfe, J.W. (REGT) 19 Aug
Vincent, H.A. (FLTOPS) 1 Oct

2000

Carson, L.M. (REGT) 28 Jun
Moir, A.G.C. BSc (INT) 6 Aug
Taylor, P.A. AE (REGT) 7 Nov

2001

Chegwidden, P. (REGT) 1 Apr
Foster, M. (REGT) 1 Apr
Fox, S. (INT) 1 May
McCormick, D.G. BSc
  MInstP qss (FLTOPS) 19 Jun
Crayford, K.A.J. (INT) 1 Jul
Marks, P.J. snc qss
  OPS SPT 16 Jul
Lindsay, G.J. BA
  PGCE (REGT) 27 Sep
Cowe, R.I. (FLTOPS) 4 Nov

2002

Spry-Leverton,
  H.H.S. (FLTOPS) 1 Feb
Harrison, B.P. BA (INT) 14 Feb
Moore, M.A.S. (INT) 16 Feb
Claesens, A.P. (INT) 1 Mar
McDonald-Webb, R.N.
  AE BA (INT) 16 Aug
Tuck, J.V. AE (INT) 18 Sep

2003

Muntus, S.J. (FLTOPS) 1 Jan
Hanson, S.C. (INT) 4 Feb
MacKay, D.M. BA
  qss (REGT) 14 Mar
Barnes, D.M.W.
  BA (FLTOPS) 1 May
Wallace, D.B. MBE cfs
  snc qs (INT) 2 Jul
Lane, G.A. (FLTOPS) 28 Jul
Chalcraft, J.D. (REGT) 1 Aug
Featherstone, R.A.J.
  BA (INT) 1 Aug

2004

Peart, B.S. (FC) 12 Jan
Ince, N.D. BA (INT) 1 Apr

ROYAL AUXILIARY AIR FORCE

Flight Lieutenants

2004—contd

Parker, A.G. DPhil		
BSc	(INT)	1 Apr
Thompson, S.P. BA		
DipHE	(INT)	13 Apr
White, J.P. BSc		
qs	(REGT)	26 May
Patel, R.C.	(INT)	12 Jun
Arderne, L.E.	(INT)	9 Aug
Walters, S.	(INT)	9 Aug
Blackburn, G.J. BA qss		
i*	(INT)	11 Oct
Smith, A.R. (OPS SPT)		17 Oct

2005

Williams, D.M. (REGT)		6 Jan
Thorne, P.A. MSc BSc		
CEng MIMechE ae		
qs	(FLTOPS)	25 Apr

Flying Officers

1992

Nokes, S.M. BA (INT) 2 Apr

1995

Austin, T.N.	(INT)	19 Jan
Morcom, B.W.	(INT)	2 Sep

1998

Cowling, J.T. (FLTOPS) 16 Dec

1999

Padgett, L.	(INT)	11 Jun
Ford, L.G.	(INT)	1 Aug
Coulson, S.G.	(INT)	12 Nov

2000

Fennell, A.J. BA	(INT)	23 Jan
Flory, M.J. BSc	(INT)	10 Feb
Duddy, S.J.	(INT)	11 Aug
Harrison, K.L.	(INT)	16 Oct

2001

Grimshaw, M.D.	(INT)	19 Jan
Fenwick, T.J. BA	(INT)	1 Apr
Morgan, M.J. LLB	(INT)	27 May
Gardiner, C.D. MSc		
BSc	(INT)	23 Jun
Ham, I.A.J. BSc	(REGT)	1 Oct
Hughes, C.M. LLB	(INT)	12 Oct

2002

Dixon, R.J. (FLTOPS) 13 Jan

2003

Melia, I.C.	(INT)	12 Jan
Temple, M.A.	(INT)	4 Oct
Dobinson, C.S.	(INT)	3 Dec

2004

Dawson, D.K.	(INT)	10 Jan
Flynn, J.	(INT)	13 Feb
Flood, G.	(REGT)	22 Mar
Thorpe, D.A.	(FLTOPS)	21 Apr
Savory, J.E.G.	(REGT)	18 May
Stimpson, H.J.	(FLTOPS)	1 Nov

Pilot Officers

1999

Carolan-Cullion,
J. (FLTOPS) 8 Jun

2001

Hepburne-Scott,
H.W. (INT) 13 Mar

2002

Kingston, D. BSc (INT) 18 Oct

2003

Graham, P.R.	(REGT)	29 May
Dimmock, C.E.	(INT)	7 Aug
Rebbeck, A.J.	(FLTOPS)	9 Aug
McBride, G.	(INT)	12 Aug

2004

Harrison, A.L.I.	(INT)	29 Jul
James, S.A.	(INT)	29 Jul

2005

Hall, A.	(FLTOPS)	29 Apr
Pettit, J.H.	(REGT)	29 Apr

Acting Pilot Officers

2004

Normington, J.A.	(INT)	27 Apr
Crofts, A.	(INT)	15 Jun
Ravenscroft, S.P.	(INT)	30 Sep
Charlton, A.V.	(INT)	26 Nov

2005

Sargent, N.J.	(INT)	28 Jan
Hudson, C.J.	(INT)	4 Feb
MacDonald, D.J.	(FLTOPS)	4 Feb
Humphrey, R.H.	(INT)	22 Mar
Funnell, S.J.	(INT)	31 Mar

ENGINEER BRANCH

Squadron Leaders

2001

McAnally, A.D. BSc
CEng MIMechE qss   1 Feb

Flight Lieutenants

1997

Slingsby, E.T. BEng   26 Mar

2003

Dunn, G.A. BSc   18 Jan

SUPPLY MOVEMENTS BRANCH

Squadron Leaders

1996

Gingell, A.S. BSc qs   27 Nov

2001

Williams, R.B. AE BSc
GradCIPD MCMI
MCIPD   26 Nov

2002

Anderson, C.G. BEd qss   1 Jan

2004

Dover, M.R. AE   20 Oct

2005

Pike, J. MSc qs   30 Jan

Flight Lieutenants

1999

Morgan, D.L.   12 Nov

2004

Stephens, J.C.   1 Feb
Vickers, G.   1 Feb

Flying Officers

2003

Dorward, P.J.G.   21 May

ADMINISTRATIVE BRANCH

Squadron Leaders

1995

Mitcham, D.T.   (SEC)   9 Aug

1999

Difford, H. AE MA
BA   (SEC)   1 Sep

2000

Cairns, M.J. AE   (SEC)   1 Aug

2001

Waite, B.   (SEC)   1 Feb
Battey, F.J. BA
qss   (TRG)   1 Oct

2003

Willis, R.J. BA   (SEC)   1 Apr

2005

Burton, J.M. qss   (SEC)   11 Jun

Flight Lieutenants

1987

Storey, C.B. BSc i (SEC)   23 Nov

1991

Morgan, I.D. AE MB
ChB MRCGP   (SEC)   4 Sep

ROYAL AUXILIARY AIR FORCE

Flight Lieutenants

1994

Taffinder, S.J.S. BA
i* (SEC) 17 Jul

1995

Corbett, A.J. BA qss
i* (SEC) 6 Nov

1997

Chitty, D.A. MA (SEC) 12 Apr
Abram, E.A. BA (SEC) 28 Apr
McNulty, K. BA (SEC) 1 Aug
Shrubsole, S.C.
  AE (SEC) 1 Aug

1998

Hearn, P.J. MBE MCMI
  qs (SEC) 1 Jan

1999

Mitchell, G. MIL (SEC) 18 Nov

2001

Du Pre, G.M. (SEC) 24 Jan
Buckley, D. (SEC) 12 Feb
Jeavons, R.A. (SEC) 26 Jun
Streeter, S.M. BSc (SEC) 1 Nov

2002

Leach, J.W.P.
  FRGS (SEC) 1 Mar

2003

Donaghue, K.J. (SEC) 1 Aug
Sherburn, M.P. (SEC) 1 Aug

2004

Leader, H.S. (SEC) 30 Oct

Flying Officers

1999

Dalboozi, F. BA (SEC) 12 Sep

2000

McDill, S.A. (SEC) 30 Jul
Peterken, P.J.L. (SEC) 27 Oct

2002

Bennett, D.E. (SEC) 24 Jan
Eklund, J.D. (SEC) 12 Apr

2003

Blakey, T.N. (SEC) 26 Feb
Shepherd, J. (SEC) 1 Apr
Murtagh, M. (SEC) 30 Jul

2005

Buck, G.A. (SEC) 14 Jan

Pilot Officers

1998

Muchowski, A.J. (SEC) 30 Nov

2001

Smyth, P.R. (SEC) 7 Feb
Darling, P.G. (SEC) 17 Feb

2002

Jolly, S. (SEC) 1 Nov

2003

Labdon, D. (SEC) 9 May
Manson, R.M. (SEC) 23 Jun

Acting Pilot Officer

2003

Gill, N.J. (SEC) 22 Nov

ROYAL AUXILIARY AIR FORCE

MEDICAL BRANCH

Wing Commanders

1997

Almond, M.K. QVRM
AE BM BMedSci BS
MRCP   28 Nov

2003

Martin, T.E. AE MB BS
BSc MRCSEng
MRCGP LRCP
DRCOG MRAeS   1 Jul

2004

Barlow, P. MB ChB
MPhil BSc FRCSEdin 26 Mar
Shirley, P. MB ChB DA 2 Aug

Squadron Leaders

1988

Lee, C.P. AE MB MSc
BSc ChB MFFP
DTM&H DCCH
DRCOG DOcc Med
DPH   10 Nov

1991

Elcock, S.M. MB BCH
MRCGP DRCOG DA   29 Oct

1996

Pugsley, W.B. MB BS
BA FRCSEdin   19 Mar
Sowden, G.R. MB BS
FRCA MRCSEng
LRCP   30 Mar
Day, T.K. MB BChir
MChir FRCSEng
MRCP(UK)   10 Jun

Adeboye, K.O.A. BSc
BM BS FRCSEdin   25 Jun

1997

Mathew, P.   7 Sep

2000

Acton, K.J. MB BS BSc 2 Aug

2001

McCallum, G.D.R.   16 Jan

2002

Wipat, K.   6 Aug
Grainger, M.A.   24 Aug

2004

McIntyre, K.A. MB BS 10 Feb
Grant, D.G. GRSM   1 Aug
Lecocq, H.D.   4 Aug

Flight Lieutenant

1998

Shields, K.G.   1 Jul

PRINCESS MARY'S ROYAL AIR FORCE NURSING SERVICE

Wing Commander

2001

Kyte, D.I. ARRC AE 6 Dec

Squadron Leaders

1994

Orzel, M.N.F. AE BSc 1 Aug

1997

Shannon, F. DipN qss 13 Mar

1999

Moodie, A.M. AE RGN
RM   13 Sep

2000

Haggo, S.J. MBE AE 18 Aug

2004

Charters, S.E. AE   1 Nov

Flight Lieutenants

1997

Horton, H.J.   18 Mar
Pitts, J. RGN CertEd 5 Aug
Lawton, L.H. RGN   29 Nov

1998

Martin, J.E.   30 Oct

253

Flight Lieutenants

1999

Shepherd, D. 29 Sep

2001

Wild, N.A. 6 Aug

2002

Thomson, J.E.H. 3 Sep

2004

Linn, K.M.J. 3 Sep

MEDICAL SUPPORT BRANCH

Squadron Leader

1996

Hird, J.C.M. AE 1 Oct

Flight Lieutenants

2001

Mathieson, C.A.C. 7 Oct

2004

Borgman, P.S. AE 19 Jan

Pilot Officer

2004

Garside, R. 7 May

CHAPLAINS BRANCH

Chaplains with the relative rank of Flight Lieutenant

2000

Leegood, Rev G. L.
DMin MTh BD AKC 20 Oct

WARRANT OFFICERS

1994

Mc Queen, D.C. MBE   1 Jun

1995

Coupe, S.   1 Sep

1998

Harris, P.A.   1 Oct
Timms, K.G.   1 Oct
Simpson, H.G.   1 Nov

1999

Dillon, I.M.   1 Jul
Loosemore, A.R.   1 Sep

2000

Wrightson, S.A.   2 Feb

2001

Bailey, A.   11 Dec

2002

Copeland, C.J.   28 Mar
Donald, P.H.   28 Jul

2003

Connell, O.   26 Mar
Taylor, R.   1 Oct
Earl, S.   21 Nov
Platts, W.   1 Dec

2004

Scott, A.R.   12 Jul

WEAPON SYSTEMS OPERATORS

1998

Richards, J. 21 Aug

1999

Purvis, G.L. 25 Mar
Hessing, N.J. 9 Sep

2000

Harwood, J.S. 8 Dec

2001

Hynes, G.A. 7 Feb
Rigby, M. 5 Jul
Lowther, J.F. 2 Oct

2002

Glass, B. 1 Jan
Simpson, N.W.W. 11 Apr

2003

Brown, G.A. 10 Feb
Todd, R.H. 15 Feb
Rowe, S.A. 27 May
Evans, R.E. 30 Oct

2004

Cuthell, T.M. 30 Mar

2005

Bence, A.J. 10 Mar
Unwin, C. 10 Mar

ROYAL AIR FORCE VOLUNTEER RESERVE
(Training Branch)

Flying Officers

1963

Hearn-Grinham, M.V.C.
AMRAeS   14 Sep

1965

Gillett, F.R.   26 Jan

1970

Bacon, C.J. BA   29 Jan
Endean, B.W.   1 Jul
Curry, J. MA BSc   1 Dec
Yarrow, P.N.S.   16 Dec

1971

Harris, J.C.   15 Feb
Starling, R.H.   23 Apr

1972

Campbell, G. OBE   15 Feb
Olver, J.N.   12 May
Vaughan, M.D.   5 Dec

1973

Lewis, R. BSc   10 Mar
Parker, D.E.   12 Apr
Clavell, A.R. FCA MCMI   29 Aug
Irlam, J.C. BSc   1 Sep
Senft, S.W.   29 Sep
Barker, A.A.   12 Nov
Spence, J.R.   29 Nov
Wallis, P.S. BA   10 Dec

1974

Anthony, D.R.   20 Feb
Morrell, C.J. FRGS   20 Mar

Mockeridge, P. FCIOB
 MCMI cfs(g)   25 Jul
Wills-Pope, B.W. FInstD   1 Aug
Sandford, G.S.   5 Aug
Briant, D.R.H.   25 Sep
McCleave, M.J. MBE
 cfs(g)   4 Nov
Smith, A.A.   5 Dec

1976

Johnson, I.   6 May
Wells, D.J. BEng Cert
 Ed   11 Oct
Dimond, J. cfs(g)*   6 Dec

1977

Blaikie, A.R.   7 Feb
Peasgood, D.J.   7 Feb
Lyttle, T.   9 Feb
Moss, R.   2 Mar
Mans, K.D.R. BA   5 Apr
Kirby, R.J.   19 Apr
Nichols, J.P.   22 Jun
Bower, P.E.L.   14 Sep
Lawrence, T. MA   23 Sep
Richards, P.J.   4 Oct
Sheehan, A.V.   11 Oct
Hucker, S.J.N.   30 Nov
Bussetil, S.G.   22 Dec

1978

Paterson, R.A.   7 Feb
Shilladay, S. BA   6 Mar
Goldsworthy, R. cfs(g)   7 Mar
Cartwright, B. cfs(g)   8 Mar
Upham, P.   21 Mar
Clark, D.A.   22 Mar
Flower, H.   25 Apr
Massey, P.   25 Apr
Molloy, S.   25 Apr
Davison, I.F.   27 Apr
Walker, J.A. BSc   19 Jun
Hills, E.R.   25 Aug
Symons, M.T.   20 Sep
Austin, A.L. BA   18 Oct

Raynor, G.   8 Nov
Whitters, P.D. cfs(g)   15 Nov

1979

Hammond, I.   23 Feb
Kelly, I.   30 Jul
Ralph, P.S.   17 Dec

1980

Bowers, J.W.   30 Jan
Greenslade, A.L.J.   8 May
Dicks, C.P.   9 Oct

1981

Harris, D.L.   6 Jan
Wilson, R.J. BA   6 Jan
Cox, D.C.   26 Jan
Day, C.M.   27 Jan
Goodier, R.L.   2 Feb
Barbour, E.C. ACIB   24 Feb
Mitchell, J.A.   24 Feb
Borwick, J.P.   11 Mar
Shelbourn, P.J.   27 Mar
Freehold, D.R. cfs(g)   31 Mar
Clark, M.   8 May
Archibald, D.   13 May
Finch, D.J.   13 May
Wood, D.   13 May
Bethell, A.H.   20 May
McClenaghan, P.S. BEd   5 Jun
Pettitt, B.W.   9 Jul
Routledge, P.W.   9 Jul
Stroud, J.   9 Jul
Forrester, A. BTech   10 Jul
Scott, P.R. BPharm
 MPS   10 Jul
Coats, B.   12 Aug
Easson, S. RGN RMN
 RCNT DipN cfs(g)   1 Sep
Miller, D.K.   15 Sep
Timothy, R.C.   17 Sep
Mistry, K.K.G.   22 Sep
Steele, R.M.G. MSc   25 Sep
Munro, B.   19 Oct

257

ROYAL AIR FORCE VOLUNTEER RESERVE (Training Branch)

Flying Officers

1981—contd

Southwell, G.W. PhD MSc BSc	29 Oct
Smith, G.J.	30 Oct
Birkett, B.	12 Nov
Lewis, M.A.	12 Nov
Reywer, G.	12 Nov
Bohanna, P.J.	27 Nov
Twemlow, W.J. BA	27 Nov
Thynne, D.	15 Dec

1982

Harrison, M.D.	6 Jan
Carter, M.A.	4 Feb
Sergeant, P.S. BEd	4 Feb
Slaney, P.J.	4 Feb
Kalamatianos, C.M. BA	12 Feb
Eaton, M.A. BEd	2 Mar
Williams, S. MBE	2 Mar
Baker, N.W.	11 Mar
Ulrich, M.P. ACA	11 Mar
Hartley, J.R.L. BSc	26 Mar
Smith, P.J.	26 Mar
Ladwa, P.P.	30 Mar
Marshall, I.P.	30 Mar
Buehner-Coldrey, M.J.M.	30 Apr
Colbourne, D.J.	12 May
Davies, K.F. QGM	12 May
Perriam, D.A.	12 May
Thompson, M.L.	12 May
Blundell-Pound, G. BSc MCIT	20 May
Gill, G. BA cfs(g)	20 May
Westgate, P.R.	20 May
Collins, P.W.	11 Jun
Dent, M.A.	1 Sep
Semple, N. DipElEng	20 Sep
Powell, P.J.	22 Sep
Lee, R.E. BA	4 Oct
Churnside, T.W.	3 Nov
Flynn, C.P.	11 Nov

1983

Parsons, J.	3 Jan
Hill, T.J. BSc	14 Jan
Silver, S.E.	7 Feb
Moore, K.S.	30 Jun

1984

Hodges, C.J.M. BA	17 Jan
Bristow, J.C.	27 Jan
Davey, P.R.	1 Feb
Hawkes, G.R.	11 May
Dickinson, N.C.	15 Nov
Flower, P.C. MBE	3 Dec
Mullan, I.J. cfs(g)	3 Dec
Singer, J.C.	3 Dec
Morgan, D.J. LLB	14 Dec
Wood, M.R.O.	20 Dec

1985

Kemp, R.A.	21 Jan
Cubitt, P.A.	22 Feb
Yeomans, M.J.M.	22 Feb
Goodayle, R.C.	25 Mar
Haswell, M.R. MBA BSc CEng MIEE	25 Mar
Streule, C.R. BSc	25 Mar
Pritchard, K.	20 May
Riley, M.W.	3 Jun
Wickwar, P.J. cfs(g)	3 Jun
Dart, N. MA BEd	1 Jul
Harris, R.W. BSc	1 Jul
Hollington, R.V.	1 Jul
Hoyle, R.F.	1 Jul
Jukes, R.W.	1 Jul
Gregor, G.R.	30 Jul
Hornsey, L. BSc	30 Jul
Keane, L.	30 Jul
Smale, J.A. BEd	30 Jul
Souter, T.W.	30 Jul
Hambly, C.J. BSc PGCE	6 Aug
Hudson, I.M.	14 Aug
Mihailovic, D.	14 Aug
Richardson, P.J. BSc	14 Aug
Davies, A.J.	5 Sep
Hedley, R.L. BSc CEng MIMechE csf(g)	5 Sep
Moran, J.P. BA	13 Sep
New, S.P.	19 Sep
Blakey, M.P.	21 Oct
Lee, F.	21 Oct
Goggin, J.F.	5 Nov
McLennan, J.D.	5 Nov
Bradfield, M.A.H. BA PGCE	7 Nov
Eaton, J.G.	18 Nov
Hincks, P.S.	2 Dec
Howard, D.	17 Dec

1986

Roberts, R.	7 Jan
Bishop, I.L. BSc	23 Jan
Penn, C.M.	23 Jan
Sewell, R.G.	23 Jan
Yee, R.	18 Feb
Dignan, J.C.	19 Feb
Winton, N.O.	21 Feb
Adams, P.	10 Mar
Horsley, D.C.	20 Mar
Kerr, R.J. BSc CEng MIEE	20 Mar
Flynn, A.J.	11 Apr
Soughton, K.J.	11 Apr
Crew, D.R.	16 Apr
Barnes, P.D.	6 Jun
Stock, M.B.	23 Jun
Timmins, D. ACIB	30 Jul
Turner, D.	30 Jul
Beech, J.A.	8 Sep
Ward, I.M.	17 Sep
Gant, D.M. MA	23 Sep
Shaddick, D.W.C.	23 Sep
Rowan, P.R. BSc	30 Sep
Smith, R.L. cfs(g)	30 Sep
Fox, A. BSc	22 Oct
Thubron, B.F.	27 Oct
Green, M.H. MBE MEd MRAeS cfs(g)	25 Nov
Sinclair, S.B.M.	25 Nov
Webb, A.W. cfs(g)	4 Dec
Joynson-Brooke, D. BEd	11 Dec
Godden, J.R.	15 Dec
Beaney, V.R.	18 Dec

1987

Withers, N.R. cfs(g)	20 Feb
Waller, A.J.	2 Mar
Thomas, J.E.	28 Apr
Ephgrave, P.J.	18 Nov
Evans, S.E. BA	18 Dec

1988

Franklin, S.J.W.	12 Jan
Cooke, I.	19 Feb
Dixon, P.	19 Feb
Edwards, D.G.	19 Feb
Hardwick, S.J.	19 Feb
Hair, J.L.	3 Mar
Kerr, R.W.	11 May
Wood, C.P.	5 Dec
Ogden, P.J.	14 Dec
East, C.A.	22 Dec
Hitchen, J.B.	22 Dec
Sullivan, R.J.	22 Dec

ROYAL AIR FORCE VOLUNTEER RESERVE (Training Branch)

Flying Officers

1989

Cook, B.J.	17 Jan	Jeremiah, L.	26 Oct	Stancombe, K.M. BSc PGCE	12 Sep
Reis, F.	2 Feb	Palmer, D.J.	26 Oct	Winrow, N.	19 Sep
Bruguier, G.P.	6 Feb	Tucker, K.D.	3 Nov	Duff, M.	25 Sep
Loxton, J.V.	9 Feb	Wilson, K.R. BA	13 Nov	Grant, D.I.	4 Oct
Reid, N.J.W.	9 Feb	Kearns, G.	30 Nov	Spencer, C.J.	8 Oct
Stanton, T.M.	10 Feb	Robinson, D.A.	30 Nov	Toth, V.M.	8 Oct
Stubbs, M.K.	28 Feb	Swinge, P.D.	30 Nov	Hackshall, D.	17 Oct
Cliffe, A.J. cfs(g)	14 Mar	Vernon, M. BSc PGCE	12 Dec	Caffyn, B.	25 Oct
Scanlon, N.F.J.	14 Mar	Atkins, A.M.	20 Dec	Morrison, S.W.	30 Oct
Bryan, A.S.	22 Mar	Goodger, G.	20 Dec	Sweeney, M.	31 Oct
Stonestreet, C.J.	19 Apr	Hodges, T.A. ACII	20 Dec	Southwell, R.	1 Nov
Tolley, P.J.	19 Apr			Stone, J.B.	5 Nov
Sutherland, D.F. cfs(g)	28 Apr	### 1990		Kilminster, W.B.	12 Nov
Kelly, A.J.	17 May			Hughes, G.W.A.	22 Nov
Kidby, M.J.	17 May	Hamilton, M.R.	8 Jan	Pepper, I.K.	22 Nov
White, D.A.C. BSc	19 May	Monro, I.W.	8 Jan	Podger, S.	22 Nov
King, A.	25 May	Potter, S.	8 Jan	Gill, J.L.	10 Dec
Moss, D.W.	25 May	Smith, J.H.	8 Jan	Cunningham, A.M.	17 Dec
Smithson, P.J.	26 May	Johnson, S.	23 Jan	Johnson, R.G.	17 Dec
Alexander, B.A.	13 Jun	Mead, A.B.	24 Jan		
Seymour, V.R.	13 Jun	Tisley, B.P.F. cfs(g)	24 Jan	### 1991	
Livingston, R.C.	21 Jun	Costin, G.A.	5 Feb		
Buckland, S.N.	22 Jun	Griffith, E.D. cfs(g)	5 Feb	Feltham, C.	7 Jan
Atkinson, S.P.	4 Jul	Halliday, J.W.	5 Feb	Willey, R.E. cfs(g)	7 Jan
King, T.R.	4 Jul	Hobbs, D.G.	7 Feb	Anderson, A.	14 Jan
Rattle, R.	4 Jul	Arnold, W.J.W. BSc PGCE	15 Feb	Harris, S.J.	14 Jan
Cyster, C.D.	11 Jul	Lee, J.F.	15 Feb	Clapp, G.D.	29 Jan
Evans, A.M.	13 Jul	Teague, W.W.L.	15 Feb	Nash, D.J.	18 Dec
Cresswell, A.P. BSc	16 Jul	Miskimmin, M.D.	26 Feb		
Boustead, S.	20 Jul	Bowyer, R.E. cfs((g)	1 Mar	### 1992	
Walshaw, R.N. BA MMus PGCE ARCO	20 Jul	Adgar, B.	8 Mar	Dalby, W.J.	3 Mar
Wilcock, N.	20 Jul	Retallick, R.N.	12 Mar	Robinson, S.A.	3 Mar
Lees, A. cfs(g)	26 Jul	Hale, D.I.	20 Mar	Cremin, M.F.	10 Mar
Blount, G.J.	28 Jul	Rotherham, D.J. BEd	23 Mar	Utting, A.D. AMIIE	10 Mar
Clift, D.	2 Aug	McNeill, S.D.	28 Mar	Tipping, P.W.	4 Jun
Creveul, I.C. BA	11 Aug	Porter, E.A.	28 Mar	Hake, A.A.S.	21 Sep
Miller, A.A. BA	14 Aug	Southwell, D.L.	28 Mar	Collins, P.W.	7 Dec
Hall, D.	25 Aug	French, D.	2 Apr	McAdam, N.W.E. MA	15 Dec
Hill, D.A.	25 Aug	Spring, D.R.	2 Apr	Turley, R.C.	15 Dec
Hooton, G.A.	25 Aug	Ford, C.A.	10 Apr		
Neate, M.W.J.	4 Sep	Newton, C.J.	1 May	### 1993	
Endean, J.P.	5 Sep	Copsey, C.	14 May		
Hatch, M.L.	11 Sep	Robertson, A. BSc	14 May	MacLeod, S.L.	11 Jan
Eke, M.J.	14 Sep	Teggin, C.M. BA	17 May	Smith, M.J. cfs(g)	11 Jan
Henson, D.R. cfs(g)	14 Sep	Adam, S.D.	30 May	Tickell, R.	11 Jan
Turner, Y.A.	18 Sep	Donnelly, D.P.	4 Jun	Iles, S.D.	25 Jan
Taylor, R.D.	29 Sep	Day, P.J.J.	9 Jun	Rankin, L.	27 Jan
Henderson, D.J. PhD BSc PGCE	2 Oct	Crandon, D.	4 Jul	Clark, N.S.	18 Feb
Hutchinson, S.A.	11 Oct	Starling, P.G.	16 Jul	Westwood, E.A.	18 Feb
Mayoh-Smith, S.A.	11 Oct	Taylor, G.	16 Jul	Wohlgemuth, J.F.	18 Feb
Davies, J.	18 Oct	Wiggins, D.A.	16 Jul	Smyth, F.D. MA PGCE	22 Feb
Pidgeon, P.R.	23 Oct	Wiggins, S.J.	16 Jul	Brown, K.A.	8 Mar
White, A.J.	23 Oct	Worsnop, A. RGN	16 Jul	Hibberd, J.P.	8 Mar
		Smith, N.G.	24 Jul	Grant, S.J.	15 Mar
		Fox, B.J.	9 Aug	Cobbold, D.J.	17 Mar
		Brooks, A.R.	20 Aug		
		Edmonds, R.S.P.	4 Sep		

ROYAL AIR FORCE VOLUNTEER RESERVE (Training Branch)

Flying Officers

1993—contd

Name	Date
Wilkinson, M.	17 Mar
Wood, S.W.	17 Mar
Nickson, A.J.	24 Mar
Vasey, D.C. cfs(g)	24 Mar
Hiley, P.	2 Apr
Joslin, I.E. BSc	7 Apr
Brabner, J.R. cfs(g)	14 Apr
Hoe, W.J. BSc	26 Apr
Ward, M.C.J. BSc	26 Apr
Buscombe, C.B. cfs(g)	29 Apr
Woodbury, M.J.	29 Apr
Connolly, M.T.	6 May
Pike, G.J.S. BSc	6 May
Daniel, B.L.	14 May
Henderson, G.P.	14 May
Smith, I.P. BMus PGCE	14 May
Stanley, M.T.	14 May
Greenow, K.F.	27 May
Hall, A.J.	27 May
Levett, M.J.	7 Jun
Botten, L.D.	10 Jun
Fusedale, J.S.	16 Jun
Mathieson, P.	22 Jun
Ryan, J.L.	22 Jun
Vincent, R.A.	22 Jun
Willis, T.C. FRICS	25 Jun
Ash, T.A. BA PGCE	5 Jul
Billingham, N.J.	5 Jul
Maitland, P.	5 Jul
McCarthy, M.	5 Jul
Jones, L.S.	7 Jul
Logan, A. BA	7 Jul
Clift, S.A.	19 Jul
Lawton, S.M. cfs(g)	19 Jul
Parsons, J.J.	19 Jul
Pearce, S.J.	19 Jul
Saunders, D.	19 Jul
Smith, A.P.	21 Jul
Fox, A.C. BEng	23 Jul
Evans, S.E.	5 Aug
Dempsey, P.D. cfs(g)	16 Aug
Donaldson, L.S.	16 Aug
Fincher, D.	16 Aug
Tindall, N.M. BTech	16 Aug
Woodcock, P.	16 Aug
Odell, V.E. BSc	26 Aug
Stevens, K.R.	26 Aug
Wootton, S.	26 Aug
Downie, J.C.P.	27 Aug
Duncan, P.A. BSc	27 Aug
Canning, T.	6 Sep
Tarttelin, R.B.	6 Sep
Russell, M.J.	9 Sep
Coafield, I.P.	14 Sep
Barnfather, C.R.	23 Sep
Steele, J.R.	23 Sep
Battram, J.M.	30 Sep
McMillan, A.B.	4 Oct
Wilkes, C.A. BA PGCE	6 Oct
Elliott, G.L. BSc	13 Oct
Mumford, C.M.	13 Oct
Donald, G.D.	27 Oct
Downie, L.	27 Oct
Benham, D.A.	2 Nov
Capon, G.J.C.	2 Nov
Martin, I.J.	2 Nov
Milner, M.J.	2 Nov
Graham, D.H.	11 Nov
Andersen, K.L.	15 Nov
Austing, D.R.	15 Nov
Hassanali, A. cfs(g)	15 Nov
Patel, R.K.	15 Nov
Mottram, J.M.	23 Nov
Smith, A.L.	25 Nov
Cairns, S.	6 Dec
Coutts, S. BSc	6 Dec
Catcheside, S.J.	10 Dec
Growcott, J.A. BSc PGCE	10 Dec
McCormack, L.M.	10 Dec
McKee, J.V.	10 Dec
Sacre, J.F.	10 Dec
Smith, V.J.	10 Dec
Smith, A.J. BSc	10 Dec
Elvins, L.J.	20 Dec
Southern, L.W.	20 Dec

1994

Name	Date
Brennan, G.J.P.	6 Jan
Atherton, V.A.	10 Jan
Wilson, B.B.	10 Jan
Braddon, R.	12 Jan
Watson, D.A.	12 Jan
McMullan, T.A. BSc PGCE	13 Jan
Fairhurst, D.T.	18 Jan
Walker, M.J. BSc PGCE	21 Jan
Pearson, T.A.	27 Jan
Felton, P.H.	2 Feb
Haywood, C.C.	2 Feb
Henry, M.W.	2 Feb
Hutchings, A.W.	2 Feb
Lee, P.A.R. cfs(g)	2 Feb
Reid, E.C.	2 Feb
Smith, A.M.	2 Feb
Blain, R.T.	10 Feb
Grimshaw, L.K. BEd cfs(g)	15 Feb
Hillier, M.A.T.	15 Feb
Kelso, C.W.	16 Feb
Noyce, R.A.	16 Feb
Lambert, C.R.	17 Feb

Name	Date
Schofield, N.C. BA PGCE	25 Feb
Pearson, I.D. BA	1 Mar
Bartley, D.	9 Mar
Danna, G.W.S. MSc BSc	9 Mar
Walker, R.C.S.	9 Mar
Loftus, K.B.	11 Mar
Steed, A.	11 Mar
Lowery, M.D.	15 Mar
Achilles, L.E.A.	21 Mar
Newton, M.E.	21 Mar
Nicholson, J.D. PhD BSc	21 Mar
Beaumont, S.C. BSc	24 Mar
Butcher, A.J.	24 Mar
Gough, C.F.	24 Mar
Murphy, S.D.	24 Mar
Rose, I.K.	24 Mar
Stanbury, P.W. BEng PGCE	24 Mar
Flynn, J.A.	29 Mar
Jenkins, D.J.	29 Mar
Webb, J.F.	29 Mar
Butler, C.	11 Apr
Reed, G.M.	26 Apr
Tilson, N.	26 Apr
Montgomery, D.W. MA	9 May
Thomson-Clark, P.	9 May
Dickie, A.D. BSc	11 May
Stretton, A.I.	31 May
Cross, R.	2 Jun
Freeman, P.R.	2 Jun
MacDonald, J.P. BSc cfs(g)	2 Jun
Blair, G.A.	7 Jun
MacKenzie, P.J.	7 Jun
Rickerby, C.D.	7 Jun
Rodger, G.N.	7 Jun
Webb, R.G.	7 Jun
Adcock, K.M.	13 Jun
Head, L.	14 Jun
Marsh, C.J.	14 Jun
Abubakar, A.B. PhD MSc BSc	16 Jun
Brittain, M.	22 Jun
Bevan, K.J.	27 Jun
Elliott, J.L.	27 Jun
Agate, J.J.	30 Jun
Evans, R.M.	30 Jun
Steven, R.	6 Jul
Robinson, C.E.	11 Jul
Mott, J.F.	15 Jul
Millar, J.D.	20 Jul
Stones, M.D. BEng	20 Jul
Todd, A.D. MA MPhil	8 Aug
Green, K.J.	9 Aug
Kirby, O.J.A.	9 Aug
Borthwick, J.H.	23 Aug
Thomson, G.	23 Aug

ROYAL AIR FORCE VOLUNTEER RESERVE (Training Branch)

Flying Officers

1994—contd

Name	Date
Barnes, J.A.	1 Sep
Hannent, P.A.	1 Sep
Mottershead, J.C.	1 Sep
Harrison, S.J.	7 Sep
Martin, K.H.D. BA	7 Sep
Thum, M.J. MA PGCE	9 Sep
Bates, D.L.	20 Sep
Baynes, T.M.J.	20 Sep
Bissell, K.D.	20 Sep
King, N.J. BSc PGCE	27 Sep
Martin, H.S.	27 Sep
Davies, P.J. cfs(g)	3 Oct
Dow, S.M. PhD MA	3 Oct
Thomas, D.	3 Oct
Cooper, S.R.	6 Oct
Harpur, K.M.T. cfs(g)	6 Oct
Slack, R.A.	6 Oct
Egerton, C.J.	11 Oct
Butterworth, R.	23 Oct
Turner, P.D.C.	25 Oct
Brown, J.A.	31 Oct
Smith, D.P. cfs(g)*	31 Oct
Oldham, W.P.	2 Nov
Fay, J.C. MBE BA	7 Nov
Murray, H.D.	22 Nov
Clayson, T.P.S.	24 Nov
Lane, D.	24 Nov
Whitehead, M.S.	24 Nov
Harper, S.	30 Nov
Abbott, M.I.	5 Dec
McElroy, G.F.	13 Dec
Sullivan, D.B.A.J. BA	13 Dec

1995

Name	Date
Bodger, M.A. BEng	17 Jan
Breward, C.J.W. MA DPhil MSc	17 Jan
Ward, P.D.	17 Jan
Balson, J.D.	25 Jan
Gerrish, D.J.	1 Feb
Pettengell, N.C.	6 Feb
Donne, R.H.S. MA PGCE	10 Feb
Astin, D.A.	27 Feb
Hill, D.L. BSc	27 Feb
Quinn, J.J.	27 Feb
Jones, K.W.	28 Feb
Dean, R.J.	31 Oct
Pym, J.D.	19 Dec

1996

Name	Date
Quinn, M.S.	13 Mar
Lawton, S.R.	29 Mar
Ford, S.J. BA	9 May
Purkiss, A.	9 May
Tilton, D.R. BSc	31 May
Riding, P.M.	1 Sep
Davies, A.R.	3 Dec
Hayward, J.L.	3 Dec
White, A.J. BSc PGCE	3 Dec
Ruscoe, R.M. cfs(g)	5 Dec
Burton, S.B.	12 Dec
Baines, N.	17 Dec
Fray, H.A.	19 Dec
Howarth, S.	19 Dec
Tyson, N.K.	19 Dec

1997

Name	Date
Brewer, E.	9 Jan
Campbell, R.I.	10 Jan
Leese, J. BA	21 Jan
Collins, S.	24 Jan
Haynes, C.	24 Jan
Deere, G.W.	27 Jan
Coyne, C.P.	3 Feb
Hammond, G.G.	6 Feb
Conley, C.R.	18 Feb
Faulkner, S.C.	18 Feb
Gough, B. cfs(g)	18 Feb
Bartlett, J.D.	4 Mar
Pocock, M.D.	4 Mar
Walker, S.	4 Mar
Bullingham, M.C.	7 Mar
Carroll, I.H.	7 Mar
Lynch, C. BA	13 Mar
Robbie, S.L.	13 Mar
Todd, D.	13 Mar
Yaku, L.	13 Mar
Appleby, R.C.	2 Apr
Smith, B.A.	2 Apr
Pearce, H.G.	14 Apr
Randerson, C.H.	14 Apr
Close-Ash, W.P.	28 Apr
MacIntosh, F.I.	28 Apr
Smith, B.D.	28 Apr
Wright, D.M.	2 May
Garrod-Bell, G.M.	7 May
Jenkins, K.F.	7 May
Moore, D.A.S.	7 May
Colley, P.	12 May
Williamson, M.A.	12 May
Farr, J.E.	20 May
Hughes, P.M. MCIPD MREC MCMI cfs(g)	20 May
Lawson, P.S.	20 May
Parry, D.H.	23 May
Smith, P.J.	29 May

Name	Date
Turner, P.L.	29 May
Allen, L.I.	4 Jun
Anthony, G.	4 Jun
Bromley, G.L.	4 Jun
Lemmon, D.S.	4 Jun
Young, A.J.	4 Jun
Adams, S.L. BSc	6 Jun
Morris, A.	6 Jun
Smith, R.G.	9 Jun
Wilson, N.	9 Jun
Driscoll, K.J.S.	11 Jun
Wood, R.	11 Jun
Ayre, A.M.	16 Jun
Mason, A.C.	16 Jun
Jancis, A. BSc PGCE	24 Jun
Moore, R.A.	30 Jun
Withersby, E.D.	30 Jun
Brady, J.P. BA	3 Jul
Cockrill, M.J. MBE	9 Jul
Gilhooly, D. BA DipEd	9 Jul
Mortimer, D.F.	10 Jul
Pearce, G.M.	10 Jul
Durkin, C.B.J. BSc	14 Jul
Sharrard-Williams, E.L. BEd	14 Jul
Barlow, J.	17 Jul
Reece, D.J.	17 Jul
Lovell, P.M.	28 Jul
Barker, D. BSc	30 Jul
Booth, L.A.	31 Jul
Berry, I.C.	4 Aug
Divver, J.A.	4 Aug
Hunt, R.A.J.	4 Aug
Macher, D.	5 Aug
Swierczek, J.	5 Aug
Cantwell, P.J. BSc	14 Aug
MacMillan, D.F.	18 Aug
Oldham, C.M.	18 Aug
Head, G.M.M. BA IEng MIEE	5 Sep
Byford, J.E. BSc PGCE GradInstP	10 Sep
Cooper, N.L.	18 Sep
Dalrymple, I.V.J.	18 Sep
Davies, J.T.	18 Sep
Forster, D. MA	18 Sep
Hall, V.E.L.	18 Sep
Smith, D.P.	18 Sep
Ravenhall, S.R. MPhil BA	19 Sep
Ripley, J.K. PhD BSc	19 Sep
Elder, N.	26 Sep
Bone, P.J.	13 Oct
Britton, P.J.	13 Oct
Crane, M.A.J.	13 Oct
Edwards, J.O. GBSM LTCL	13 Oct
Head, K.L.	13 Oct
Hockin, M.J. BEng cfs(g)	13 Oct

ROYAL AIR FORCE VOLUNTEER RESERVE (Training Branch)

Flying Officers

1997—contd

Name	Date
Smart, M.Z. BEd	13 Oct
Allen, G.D.	15 Oct
Gibson, D.J.	15 Oct
Nadin, R.T. BEng cfs(g)	15 Oct
Kilby, D.J.	17 Oct
Mitchell, C. BA PGCE	23 Oct
Sibley, J. BEd	23 Oct
Smith, T.D. BA PGCE	23 Oct
Dunn, R.J.	6 Nov
Cole, P.A.	11 Nov
Gunner, P.A.	11 Nov
Knell, G.C.	11 Nov
Millyard, P.A.	11 Nov
Tucker, J.M. BSc	11 Nov
Jenkins, S.R.	18 Nov
Mimpress, P.J.	18 Nov
Moreton, D.K.	18 Nov
Fotheringham, J.T.	19 Nov
Norris, S.T.	19 Nov
Berry-Robinson, J.A.S.	24 Nov
Machin, J.A.	24 Nov
Stedman, L.S.	24 Nov
Brewster, R.A. BSc	25 Nov
Brayford, M.A.	27 Nov
Andrews, R.P.	1 Dec
Briggs, A.D. PhD BSc	1 Dec
Yates, F.L.	1 Dec
Costain, J.P. BA	2 Dec
Laycock, P.M. BSc	2 Dec
Power, C.P.	5 Dec
Jennings, R.D.	15 Dec

1998

Name	Date
Fisher, H.J.	5 Jan
Lee, A.G.C.Y.	5 Jan
Lester, M.S.	5 Jan
Machin, J.G.	5 Jan
Melia, C.P. cfs(g)	5 Jan
Rudd, L.J.	5 Jan
Walker, R.A.	5 Jan
Andrews, G.H.L.	12 Jan
Cornish, P.M.	12 Jan
Wilson, E.R. BSc	14 Jan
Collier, D.	16 Jan
MacQuarrie, J.B.	16 Jan
McDonnell, G.T. MSc	16 Jan
Cave, S.	26 Jan
Mann, J. CertEd	26 Jan
Oconnor, P.	26 Jan
Rogers, G.T.	26 Jan
Cook, S.M.	27 Jan
Crebbin, C.B. BEng	27 Jan
John, J.K.	27 Jan
Morrissey, S.M.	27 Jan
Brooks-Johnson, A.J.	28 Jan
Penberthy, M.P.	28 Jan
Schenk, K.S.R.	28 Jan
Young, S.	28 Jan
Hogan, J.F.	3 Feb
Brekke, J.K.	6 Feb
Evans, A.	6 Feb
Last, G.A. BA PGCE	9 Feb
Jones, E.G. BSc MB ChB	10 Feb
James, M.D.	16 Feb
Sault, D.A.	16 Feb
Gilmour, K.	25 Feb
Leith, D.M. cfs(g)	25 Feb
Shields, H.	25 Feb
Walmsley, D. MIFireE	25 Feb
Bradshaw, R.	26 Feb
Wilson, C.S.	26 Feb
McCotter, B.W.	27 Feb
Erasmuson, H.J.	12 Mar
Gadd, S.I.	12 Mar
Gillies, S.	12 Mar
Horton, J.M. BEng	12 Mar
Pickering, C.M. BSc cfs(g)	12 Mar
Morris, D.W.	18 Mar
Bardoe, S.	19 Mar
Corfield, A.G.	19 Mar
Rigsby, A.E. cfs(g)	19 Mar
Robertson, L.	31 Mar
Vernon, P.I.	31 Mar
Riley, S.C.	8 Apr
Glennon, A.M.	20 Apr
Pimm, J.A. cfs(g)	20 Apr
Herd, G.D.	21 Apr
Clark, A.R.D.	22 Apr
Skinner, A.J.	22 Apr
Ayre, J.	23 Apr
Cowan, J.A. BA	23 Apr
Di Domenico, A.J. MSc BEng	23 Apr
Richards, M.	23 Apr
Sewart, P.R. BSc	23 Apr
Freeman, S.R.	29 Apr
Long, D.P.	29 Apr
Milton, P. BEd	29 Apr
Jarvis, K.W.	5 May
Parsons, M.G. cfs(g)	5 May
Wood, C.S. MSc BSc PGCE	5 May
Magill, B.F.	18 May
Thornell, P.J.	18 May
Williamson, M.A. BA	18 May
Mitchell, W.M.	27 May
Elliott, L.J.	29 May
Vernon, M.N.	29 May
Moon, N.Y.	3 Jun
Sheerin, C.E. BA	3 Jun
Campbell, A.A.	10 Jun
Vint, R.J.	10 Jun
Baines, J.L.	11 Jun
Thomson, J.C.	17 Jun
Bisby, M.	24 Jun
Butt, D.J.	24 Jun
Child, E.A.	24 Jun
Kent, P.	24 Jun
Rose, P.A.	24 Jun
Smith, D.S. BSc BEng MIFireE	24 Jun
Armeanu, Z.K.	25 Jun
Box, K.M.	25 Jun
Flynn, C.	1 Jul
Cooper, J.T. BA	3 Jul
Gardner, J.W.	6 Jul
Onions, M.J.	6 Jul
Braddy, J.P.	13 Jul
Callaghan, S.E.	13 Jul
Murray, M.	13 Jul
Parker, R.L.	13 Jul
Russell, I.E.	13 Jul
Turner, S.	13 Jul
White, F.C.	10 Aug
Cemm, N.A. BSc	21 Aug
Anderson, V.	24 Aug
Sneider, C.	24 Aug
Young, S.J.	24 Aug
Lowndes, P.S.	27 Aug
Rees, L.E.	2 Sep
Budd, D.G.	8 Sep
Edmondson, P.	8 Sep
Frost, R.E.P.	8 Sep
Gardner, S.	8 Sep
Hartley, K.L.	8 Sep
Sales, K.	8 Sep
Ford, R.W.	17 Sep
Nunnerley, L.A.	17 Sep
Cromie, L.D.	21 Sep
Malcolm, G.R.	21 Sep
Lang, R.I.W.	22 Sep
Mills, J.R.	22 Sep
Rae, S.A.	22 Sep
Tanner, J.M.	22 Sep
Goldsworthy, H.P. MA PGCE	2 Oct
Holman, M.R.	7 Oct
Bush, E.K.D. BA PGCE	12 Oct
Davies, R. BA PGCE	12 Oct
Kinvig, J.P. MEng	19 Oct
Waplington, L.M.	19 Oct
Grant, L.J.	21 Oct
Kerr, J.A.	21 Oct
Scott, T.R.	21 Oct
Hogan, R.A.	28 Oct
Taylor, J.S.	28 Oct
Holman, A.N. MA	6 Nov
Marlow, P.M. BSc PGCE	6 Nov
Laidler, P.D. BSc	12 Nov
Murfin, A.S. BSc cfs(g)	12 Nov
Higgins, L.M.	13 Nov

ROYAL AIR FORCE VOLUNTEER RESERVE (Training Branch)

Flying Officers

1998—contd

Drew, A.A. BSc PGCE	16 Nov
Anderson, J.E. BSc	23 Nov
Curtis, J.P.	23 Nov
Moss, S. cfs(g)	23 Nov
Nelson, J.H. BA cfs(g)	23 Nov
Hesketh-Roberts, R.D.	30 Nov
Miller, R.G.S.	30 Nov
Mundill, R.R. PhD MA DipEd	30 Nov
Ratcliffe, D.C. BSc	30 Nov
Swift, S. BA	30 Nov
Kirby, R.I. BA PGCE	2 Dec
Bernard, J.K.	4 Dec
Ramage, D.	4 Dec
Thelwell, P.	4 Dec
Vose, S.J.	4 Dec
Bannister, P.S.	7 Dec
Walcuch, J.M.A.	9 Dec
Dewey, H.J.	14 Dec
Lees, L.M.	14 Dec
Nuttall, K.L.	14 Dec
Weddle, D.G.	14 Dec
Ratcliffe, A.J.	18 Dec
Berryman, D.G.	22 Dec
Reed, K.I.	22 Dec

1999

Adams, C.D.	4 Jan
Knight, D.	4 Jan
Pitts, A.	10 Jan
Roche, T.J. MA	12 Jan
Coombes, S.R.A. BSc	20 Jan
Kidd, A.	25 Jan
Davies, B.J.	26 Jan
Newcombe, P.J.	26 Jan
Davis, B.T. DPhysEd	4 Feb
Gardner, J.A. BA PGCE	11 Feb
Harbar, D.J.	16 Feb
Legge, C.J.	23 Jul
Banks, B.D. BEd	1 Aug
Emberson, M.	16 Dec

2000

Hamilton, P.D. BMet	14 Jan
Berrow, J.J. BA PGCE	17 Jan
McKenna, S. BEng PGCE	17 Jan
Sinclair, D. MA PGCE	9 Feb
Davies, G.J.	21 Feb
Watson, G.M.	23 Feb
Foster, N.A.	6 Mar
Tate, P.S.G.	6 Mar
Marsh, S.	7 Apr
Barnard, J.B.	6 May
Weight, C.D.	8 May
Castle, N.J.	12 May
Coles, P.J.	12 May
Robinson, J.	12 May
McWilliams, R.J. BSc PGCE	21 May
Andrews, S.P.	6 Jul
Hampson, L.A.	15 Nov
Regan, G.D.	6 Dec
Withnall, D.J.	8 Dec
Bradley, S.	18 Dec
Cooper, S.D.	18 Dec
McAdam, B.A. BEng	18 Dec
Lloyd, T.M.	20 Dec
Braid, D. cfs(g)	21 Dec
Yeates, S.P.	21 Dec

2001

Norriss, Sir Peter KBE CB AFC MA FRAeS	23 Mar
Faskin, E.J.	26 Mar
Twose, J.D. BEd	26 Mar
Chadwick, P.J. AFC BSc FCMI MRAeS	25 Apr
Millikin, P.M. MBE	1 Jun
Thomson, J.	13 Jun
Kingswood, C.J.	25 Jun
Lowe, J.F.C.	25 Jun
Heir, J.S. BSc PGCE	2 Jul
Wheeler, D.J. BSc	3 Aug
Llewellyn, F.J. BA	19 Aug
Collie, A.J.	21 Aug
Phillips, M.T.	29 Aug
Westwood, M.P. OBE	29 Aug
Gregory, R.J.	1 Sep
Carter, C.A. BSc	23 Sep
Morris, S.T. BSc	5 Oct
Lawson, G.C.	9 Oct
Madge, P. BA PGCE	15 Oct
Bryce, A.M.	31 Oct
Roberts, P.A. BSc	20 Nov
Ball, M.G. DFC	22 Nov
Bidston, P.M.	23 Nov
Meatyard, M.J. BA PGCE	27 Nov
Featherstone, N. BSc PGCE	6 Dec
Godden, M.J.	17 Dec
Etheridge, J.B. BSc PGCE	19 Dec
Taylor, P.	20 Dec

2002

Green, A.M.	21 Jan
Pattenden, G.E.P. LLB	21 Jan
Ray, D.A.	23 Jan
Dixon, P.S. AFC	29 Jan
Herod, J.R. MBE	8 Feb
Story, G.D.	14 Feb
Stringer, P.	14 Feb
McLackland, I.	25 Feb
Pell, L.J.	25 Feb
Williams, T.G. BSc MRAeS	25 Feb
Smith, D.J. BSc IEng AMICE	6 Mar
Woodward, I.D.	14 Mar
Morison, I.P.T. BA CertEd DipSc	18 Mar
Tomkins, D.C. BSc PGCE	18 Mar
Hoskin, P.R. PhD BSc	24 Apr
Barnes, D.C.	1 May
Westley, P.W. MA BA CertEd	20 May
Hillsmith, K.R.	21 May
Meade, S.C. OBE	2 Jun
Fielding, G.P.K.	12 Jun
Groves, J.A.	12 Jun
Boorman, P.S.	14 Jun
Sheath, N.T.	23 Jun
Webster, D.A. BEng PGCE	3 Jul
Taylor, N.E. MA BSc FRAeS	9 Jul
Lundgren, R.A.	18 Jul
Paisey, M.A.C. BA	31 Jul
Cretney, P.A. MBA	1 Aug
Harborne, P.N. cfs(g)	11 Aug
Hunter, J.E.	15 Aug
Warnock, G. BSc	16 Aug
Darwin, K.A.	5 Sep
Solleveld, A.G.	9 Sep
Schomberg, J.C.	13 Sep
Conradi, K.R. BSc	30 Sep
Leviston, A.M. MBA BSc MRAeS	1 Oct
Robins, P.R.	1 Oct
Price, J.A.B.	18 Oct
Turner, S.J.	5 Nov
Cummings, C.J.	8 Nov
Hudson, C.D.	11 Nov
Hill, D.W.	13 Nov
Baker, A.J.	20 Nov
Ashworth, C.D.I.	30 Nov
Forey, D.M.	2 Dec
Kent, J.D.	2 Dec
Grant, M.J.	5 Dec
Piper, G.R.	5 Dec
Clark, A.E.C.	6 Dec

ROYAL AIR FORCE VOLUNTEER RESERVE (Training Branch)

Flying Officers

2002—contd

Name	Date
Newbold, A.M. BA PGCE	9 Dec
Brackett, L.A.	13 Dec
Stephenson, T. cfs(g)	13 Dec
Tanner, H.S.T.	14 Dec
Harris, G.M. BSc	19 Dec

2003

Name	Date
Hoult, J.D. BSc PGCE	13 Jan
Carter, R.I.	21 Jan
Haynes, A.R. BSc MIEE	21 Jan
Stafford, R.P.	27 Jan
Reed, P.H.	1 Feb
Breedon, R.	2 Feb
Logan, A.	2 Feb
Bailey, M.J. BA PGCE DipEd	4 Feb
Butchers, M.J.	6 Feb
Stannard, I.N.	6 Feb
Elder, R.D.	8 Feb
Tomlinson, J.	11 Feb
Bellamy, M.G.	18 Feb
Browne, R.A.	18 Feb
Cromie, D.S.	18 Feb
Dunnett, S.K.S.	18 Feb
Harrison, S.D.	18 Feb
Hendry, R.S.	18 Feb
Hougham, D.M.	18 Feb
Manville, S.	18 Feb
Marr, J.D.	18 Feb
Niven, S.O.	18 Feb
Penn, A.D.	18 Feb
Swan, B.	19 Feb
Briggs, S.M.	20 Feb
Ferguson, J.A.	20 Feb
Hendry, J.M.C.	20 Feb
Huckstep, T.J.	20 Feb
Mcvean, D.L.	20 Feb
Price, J.S.	20 Feb
Tracey, C.F.	20 Feb
Barnett, A.J. BSc	21 Feb
Condy, M.H. BSc	21 Feb
Hogg, J. BSc	21 Feb
Lambert, C.L. BA	21 Feb
Moss, A.J. GMus PGCE	21 Feb
Nicholls, V.E. BA	21 Feb
O'Neill, B.P. ARICS	21 Feb
Wardle, C.B. BSc	21 Feb
Whitmarsh, M.R. BEng	21 Feb
Bingham, P.	24 Feb
Brown, A.R. BSc	24 Feb
Marriott, G.A.	24 Feb
Saunderson, K.	24 Feb
Ward, C.A.	24 Feb
Davey, J.R.	25 Feb
Toon, S.M.	25 Feb
Owen, D.	28 Feb
Henderson, J.W.	2 Mar
Sutherland, A.J.	2 Mar
Mawson, S.J.	3 Mar
Singer, M.J.	3 Mar
Banks, T.J.	4 Mar
Colebrook, M.C.	4 Mar
Dunlop, C.A.	4 Mar
Firth, D.	4 Mar
Gerrish, H.	4 Mar
Gilbey, S.L.	4 Mar
Gulam, M.	4 Mar
Hinchliffe, D.A.R.	4 Mar
Jones, J.T.D.	4 Mar
North, G.W. cfs(g)	4 Mar
Nutten, D.D.	4 Mar
Patel, H.S.	4 Mar
Pollock, C.L.	4 Mar
Reeves, M.J.	4 Mar
Renshaw, I.	4 Mar
Travis-Shelton, J.E.L.	4 Mar
Wild, C.	4 Mar
Wood, M.A.	4 Mar
Woodburn, B.W.	4 Mar
Butler, J.J. MSc BEng cfs(g)	5 Mar
Lynas, J. cfs(g)	5 Mar
March, A.	5 Mar
Massey, J.A. BEng	5 Mar
Child, R.	7 Mar
Hale, D.H. cfs(g)	7 Mar
Hicks, C.J. cfs(g)	7 Mar
Johnson, C.D.	7 Mar
Molnar, B.R. cfs(g)	7 Mar
Perkins, A.D.	7 Mar
Watson, M. cfs(g)	7 Mar
Jupe, G.V.	8 Mar
Lawes, L.A. cfs(g)	8 Mar
Reed, P.J.	8 Mar
Vinnicombe, W.J.	8 Mar
France, S.J.	10 Mar
Blackford, P.K.	11 Mar
Browell, A.	11 Mar
Entwistle, G.S.	11 Mar
Hayes, G.P. cfs(g)	11 Mar
Sinker, D.R.G. BSc	12 Mar
Steel, J.D.	12 Mar
Bickerdike, H.J.	13 Mar
Brady, N.H.	13 Mar
Brooke, A.J.	13 Mar
Fawkes, R.L.	13 Mar
Knott, B.R.	13 Mar
McLoughlin, K.G.	13 Mar
Russell, A.W.	13 Mar
Stokoe, A.M.	13 Mar
Toon, T.H.	13 Mar
Sutton, A.J.	14 Mar
MacCarron, D.F.	15 Mar
Knight, P.R.	16 Mar
Maunder, S.G.	16 Mar
Ritchie, L.	16 Mar
Charters, S.	17 Mar
Callaghan, Y.	19 Mar
Cathrow, P.D.	19 Mar
Gilmour, C.R.	19 Mar
Gould, R.G.	19 Mar
Humble-Smith, E.J.	19 Mar
Pinkstone, I.R. BSc	19 Mar
Skew, M.E. BEd	19 Mar
Thomas, E.A.	19 Mar
Warren, L.A.	19 Mar
Foy, N.	20 Mar
Whitton, J.G. BSc	20 Mar
Ford, A.J.	21 Mar
Roberts, N.F.O.	23 Mar
Wetherall, M. BSc	23 Mar
Clarke, R.S.	24 Mar
Shaw, R.J.	24 Mar
Adams, G. BA	25 Mar
Guy, R.M.	25 Mar
Stedman, K.B. cfs(g)	25 Mar
Tatar, P.N.	25 Mar
Thompson, W.C.	25 Mar
Warner, T.F.	25 Mar
Campbell, G.	26 Mar
Flitcroft, S.E.	26 Mar
Martin, S.F. BSc PGCE	26 Mar
Newman, M.S.	26 Mar
Nightingale, A.L. BSc(Eng)	26 Mar
Warman, A.D.	26 Mar
Wilby, J.M. BA PGCE	26 Mar
Anderson, D.J.	27 Mar
Kerr, E.R.	28 Mar
Southern, L.A.	28 Mar
Courtney, R.B. MSc BTech	29 Mar
Heath, J.G. RMN	29 Mar
King, H.R. cfs(g)	30 Mar
Williams, C.G.	30 Mar
Britton, K.M. MSc BA	31 Mar
Gale, C.A.F.	31 Mar
Tancell, P. cfs(g)	31 Mar
Thompson, P.	31 Mar
Doughty, A. cfs(g)	1 Apr
Metcalfe, R.	1 Apr
Perring, I.D.	1 Apr
Perry, P.J.	1 Apr
Stosiek, D.J. BSc CPhys MInstP	1 Apr
Towse, J.L.	1 Apr
Albone, M.S.C.	4 Apr
Broom, B.N.	4 Apr
Shave, A.J.	4 Apr
Vousden, J.C.	4 Apr
Westman, M.S. MBA BA PGCE	4 Apr

ROYAL AIR FORCE VOLUNTEER RESERVE (Training Branch)

Flying Officers

2003—contd

Name	Date
White, D.J.	4 Apr
Martin, D.J. BSc	6 Apr
Bartlett, P.L.	8 Apr
Bulgin, J.P.	8 Apr
Collins, M.S.	8 Apr
Haygarth, P.W.J.	8 Apr
Oliver, A.D. cfs(g)	8 Apr
Pallister, D.H.	8 Apr
Sharman, A.M. cfs(g)	8 Apr
Coxey, T.V.	9 Apr
Crebbin, C.	9 Apr
Hemes, E.D.	9 Apr
Lee, C.J.	9 Apr
Hamlen, W.W.	10 Apr
Houston, T.W.	10 Apr
McIlroy, D.C.	10 Apr
Kinder, J.R.	11 Apr
Hutton, A.	14 Apr
Naylor, J.	14 Apr
Williams, S.D.	14 Apr
Anderson, J.S.	16 Apr
Hatton, C.I.	19 Apr
Ball, K.L.	20 Apr
Beckett, B.	20 Apr
Drewe, J.	20 Apr
Jeffery, N.	20 Apr
Webb, D.M. BSc	20 Apr
Penny, S.C.	25 Apr
Simpson, T.D.	25 Apr
Brown, J.A.	27 Apr
Logan, J.J. MA CertEd	27 Apr
Waller, L.	28 Apr
Campion, A.P.	29 Apr
Chandler, N.J.	29 Apr
Derbyshire-Reeves, M.C.	29 Apr
Dudgeon, L.P.	29 Apr
Fallows, J.	29 Apr
Girdwood, K.R.H. BSc	29 Apr
Hector, H.M.	29 Apr
Herbert, N.F.	29 Apr
Hetterley, E.C.	29 Apr
MacFadyen, I.D. CB OBE	29 Apr
Sansom, T.D.	29 Apr
Whitford, P.T.	29 Apr
Woods, S.A.	29 Apr
Chart, D.I.J.	1 May
Colbron, S.L.	1 May
Dewhurst, L.M.	1 May
Ford, P. cfs(g)	1 May
Hullott, S.	1 May
Keech, R.A. BSc	1 May
Reardon, P.T. BA	1 May
Ridge, J.P. MA	1 May
Watkin, J.S. MSc BEng CEng	1 May
Wright, S.L.	1 May
Plummer, K.G. BSc	2 May
Davies, T.C.	3 May
Ayling, S.J.	6 May
Button, D.	6 May
Carter, D.P. BNurs	6 May
Flitton, D.C.	6 May
Goodall, H.M. BSc PGCE	6 May
Hutchinson, I.G.	6 May
Morten, J.A.	6 May
Pierrejean, A.J.	6 May
Priest, P.T.	6 May
Smith, J.	6 May
Tapsell, A. cfs(g)	6 May
Vass, R.I.	6 May
Duncan, L.	8 May
Lawday, K.	8 May
Logan, S.T. BSc	8 May
Booth, C.S.	11 May
Evans, D.J.	11 May
Gordon, K.S.	11 May
Ingram, R.D. BSc	11 May
Arthur, L.O.	14 May
Barrett, J.L.	14 May
Battye, N.D.	14 May
Bower, M.J.W. BSc	14 May
Button, G.J. LLB	14 May
Carvell, D.R. AFC	14 May
Coates, S.P.	14 May
Graham, S.P.	14 May
Gregory, R.J.	14 May
Hotston, P.R. MA BA BSc FInstLM	14 May
Kamper, R.	14 May
King, A.C.	14 May
Llewellyn, A.J.	14 May
Mehta, R.	14 May
Michel, R.G.	14 May
Parsons, P.	14 May
Sermon, N.A.	14 May
Thrussell, P.C.S.	14 May
Vile, L.J.	14 May
Wood, J.A. cfs(g)	14 May
Baxter, R.	21 May
Jones, G.D.R. PhD BSc	21 May
Kern, S.J. MA	21 May
Marshall, S.W.	21 May
McAloney, J. MSSCh	21 May
Pickersgill, N.K.	21 May
Richards, S.J.	21 May
Stone, N.J.	21 May
Surry, D.D. BSc	21 May
Weatherall, J.H.	21 May
Brown, D.W.	23 May
Brown, A.K. BSc	23 May
Coe, D.F.	23 May
Crane, K.L. BA	23 May
Donaldson, L.J.	23 May
Green, S.J.	23 May
Mingham, P.L.	23 May
Oakes, A.C.	23 May
Oliver, P.R.	23 May
Parsons, J.D.F.	23 May
Prescott-Morrin, H.J. BSc PGCE	23 May
Stein, N.J.A. BA	23 May
Turnbull, P.E. MSc BA PGCE	23 May
Watt, N.R.	23 May
Bagnall, M.A. BSc	24 May
Farley, R.F. MBA	24 May
Glattback, L.P.	24 May
Jones, G.A.	30 May
Coville, Sir Christopher KCB BA FCIPD FRAeS	1 Jun
Alford, A.M.	4 Jun
Franks, G.G.	4 Jun
Howard, B.M. RGN	4 Jun
Jago, T.M.	4 Jun
Johnston, A.	4 Jun
Lawrence, J.M.	4 Jun
Mitchell, A.	4 Jun
Murad, K.W.A.	4 Jun
Panton, M.E.	4 Jun
Parry, C.	4 Jun
Riley, S.D.	4 Jun
Ballard, M.D. BSc PGCE	5 Jun
Bridgeman, C.J. BA	5 Jun
Chandler, P. BSc	5 Jun
Gent, A.J.	8 Jun
Sherlock, C.C.	10 Jun
Boulton, P.	11 Jun
Bromley, R.H.	11 Jun
Chapman, P.J.	11 Jun
Christmas, K.	11 Jun
Clitherow, A.F. BSc	11 Jun
Geddes, S.J.	11 Jun
Henderson, J.	11 Jun
Hewitt, R.S.	11 Jun
Hodder, S.D.G. BSc	11 Jun
Krausz, A.D.	11 Jun
Meath, P.	11 Jun
Metcalfe, I.A.	11 Jun
Mills, S.M.	11 Jun
Smith, R.E.	11 Jun
Stevenson, D.L.	11 Jun
Pinckston, P.K.	13 Jun
Bothamley, D.J.	14 Jun
Nichols, V.K.	14 Jun
Norris, C.L.	14 Jun
Spink, C.R. CB CBE FRAeS FCMI	14 Jun
Betts, J.D. BEng	16 Jun
Jackson, N.	16 Jun
Levick, P.	16 Jun
Locke, E.J.	16 Jun
Milford, C.	16 Jun

ROYAL AIR FORCE VOLUNTEER RESERVE (Training Branch)

Flying Officers

2003—contd

Name	Date
Plant, J.	16 Jun
Shepherd, P.W. BSc CEng MIMech cfs(g)	16 Jun
Smith, R.C.	16 Jun
Stones, D.E. BSc	17 Jun
Brooksbank, R.E.	19 Jun
Gunter, N.J.	19 Jun
Hunt, W.G.	19 Jun
Murray, D.L.	19 Jun
Nicholls, P.T.	19 Jun
Rattle, S.A.	19 Jun
Riley, D.C.	19 Jun
Swatridge, E.L.	19 Jun
Wadsworth, M.E.	19 Jun
Bass, M.	23 Jun
Bell, J.M.	23 Jun
Cormack, J.J.	23 Jun
Howells, D.K. cfs(g)	23 Jun
Jones, J.S.	23 Jun
Leslie, D.T.	23 Jun
Melrose, W.	23 Jun
Pagliano, S.J.	23 Jun
Reach, C. BSc	23 Jun
Sinfield, A.J.	23 Jun
Wright, F.K.	23 Jun
Demers, M.	25 Jun
Demers, T.G.	25 Jun
Gardner, N.J. BA	25 Jun
Griffiths, P.M.	25 Jun
Kempton, N.	25 Jun
Pratt, I.G.	25 Jun
Hamilton, V.A.M. BSc PGCE	26 Jun
McLeod, A.J.	26 Jun
Milne, S.J.	26 Jun
Prichard, P.M.R. BSc	28 Jun
Thomas, K.A. BSc	28 Jun
Beardsley, C.L.	3 Jul
Blackwell, T.W.	3 Jul
Cargill, V.J.	3 Jul
Chart, P.L.	3 Jul
Fox, C.J.	3 Jul
Frowe, N.J.	3 Jul
Gulliver, S.J.D.	3 Jul
Hooper, C.P.	3 Jul
Jackson, D.J.	3 Jul
Musgrove, D.J.	3 Jul
Park, D.	3 Jul
Perrins, M.A.	3 Jul
Raynor, D.H.	3 Jul
Summers, P.	3 Jul
Brackston, A.M.	9 Jul
Brown, D. BA	9 Jul
Delaney, G.T. cfs(g)	9 Jul
Douglas, A.R. BSc PGCE	9 Jul
Ellison, C.R. cfs(g)	9 Jul
Foster, H.	9 Jul
Fowler, K.	9 Jul
Hedley, R.K. MSc PGCE	9 Jul
Hewson, A.P.	9 Jul
Jelley, D.G. cfs(g)	9 Jul
Johns, T.J. OBE	9 Jul
Leigh, J.M. BEd	9 Jul
Lloyd-Jones, R.	9 Jul
May, J.E.	9 Jul
Morris, J.L.	9 Jul
Peake, J.M. BA PGCE	9 Jul
Stamp, G.D.	9 Jul
Thomas, L.J.	9 Jul
Walton, J.N.	9 Jul
Delvallee, M. PGCE	11 Jul
Bunn, K.L. BA	12 Jul
Gill, C.	15 Jul
Crowley, A.P. cfs(g)	16 Jul
Evans, E.V. BTech	16 Jul
Henry, M.R.	16 Jul
Horsfield, S.G.	16 Jul
Johnston, S.M. cfs(g)	16 Jul
Blake, R.J.	18 Jul
Dalling, R. cfs(g)*	18 Jul
Dodd, M.S.	18 Jul
Edwards, J.	18 Jul
Gadd, C.	18 Jul
Haworth, D. BSc	18 Jul
Lamond, M.J. BSc	18 Jul
Llewellyn, C.A. BA	18 Jul
Marett, P.J. BA PGCE	18 Jul
Ovel, W.E. BSc	18 Jul
Smart, R.W.	18 Jul
Taylor, S.V.	18 Jul
Towse, H.J.	18 Jul
Turner, M.J. MSc	18 Jul
Webb, J.P.	18 Jul
Grove, D.A. BA PGCE	23 Jul
Kingman, T.G.	23 Jul
Maple, M.	23 Jul
Barr-Lloyd, C.L. BA	24 Jul
Cunningham, A.	24 Jul
Fuller, I.	24 Jul
Liquorish, N.J.	24 Jul
Madeira, N.C.	24 Jul
Martin, J.W.	24 Jul
Mitchell, P.V.	24 Jul
Stamp, M.R.J.	24 Jul
Steel, D.J. MBE BSc	28 Jul
Freeney, D.	29 Jul
Hildersley, C.	29 Jul
McCutcheon, M.	29 Jul
McElhinney, R.P.	29 Jul
Morgan, A.D.	29 Jul
Oconnell, A.	29 Jul
Oshaughnessy, L.M.	29 Jul
Roberts, J.A.	29 Jul
Stephenson, B.	29 Jul
Stilgoe, G.P. BSc	29 Jul
Taylor, I.A. cfs(g)	29 Jul
Urbanowicz, T.J.	29 Jul
Westerberg, R.A.P.	29 Jul
Wilkie, R.M.	29 Jul
Yates, C.E.J. BSc	29 Jul
Dobson, A.J.	30 Jul
Driscoll, M.	30 Jul
Hamnett, H.J.	30 Jul
Roberts, S.J.	30 Jul
Smales, T.	30 Jul
Wilkie, S.E.	30 Jul
Eastment, R.M. OBE MRAeS	31 Jul
Goddard, C.M.	31 Jul
Nurbhai, H.T.	31 Jul
Thompson, W.M.	31 Jul
Wilby, P.D. BA	31 Jul
Gray, D.M.	1 Aug
Salter, M.G. MBE MBA BA CEng FRaeS	1 Aug
Roebuck, N.D.	4 Aug
Geoghegan, M.	6 Aug
Bate, K.M.	7 Aug
Davies, A.M.	7 Aug
Gilchrist, K.G.	7 Aug
Greenow-Evans, J.R.	7 Aug
Keenan, A.	7 Aug
Rose, J.S. cfs(g)	7 Aug
Turley, T.C.C.	7 Aug
Watson, M.	7 Aug
Wright, G.	7 Aug
Ackerley, D.J.	8 Aug
Brown, D.	8 Aug
Fryett, B.W.	8 Aug
Hickin, J.V.	8 Aug
Horncastle, S.	8 Aug
Hutchinson, L.D.	8 Aug
Jenkins, S.A. MEng	8 Aug
Kerr, I.S.	8 Aug
Middleditch, S.N.	8 Aug
Pursehouse, A.J.	8 Aug
Rogers, D.J.P.	8 Aug
Routledge, S.	8 Aug
Wallace, I.	8 Aug
Weston, P.T.	8 Aug
Woan, S.J.	8 Aug
MacKay, D.J.F.	11 Aug
Campbell, D.W.	13 Aug
Falls, G.C.	13 Aug
Ford, H.P. BSc	13 Aug
Hay, E.R.	13 Aug
Ferguson, E.D.	18 Aug
Burton, S.L.	21 Aug
Dartnell, R.J.	21 Aug
Oliver, J.E.	21 Aug
Allkins, E.D.H.	28 Aug
Bostock, S.N. MSc FCMI	28 Aug

ROYAL AIR FORCE VOLUNTEER RESERVE (Training Branch)

Flying Officers

2003—contd

Name	Date
Dudgeon, P.	28 Aug
Mawer, H.M.	28 Aug
Palmer, P.M.	28 Aug
Revell, I.L.	28 Aug
Simpson, A.C.	28 Aug
Webb, C.J.P.	28 Aug
Wheeler, D.J. BSc	28 Aug
Bell, D.A.	31 Aug
Disbrey, A.K.	31 Aug
Flynn, J.M.	31 Aug
Little, M.C.	31 Aug
Plagmann, R.K.	31 Aug
Roberts, J.A. BEng	31 Aug
Butler, A.G.	2 Sep
Coombes, G.R.	2 Sep
Davies, R.M.	2 Sep
Harvey, R.	2 Sep
Jefferies, N.	2 Sep
Jordan, A.P.	2 Sep
Murray, S.A. BA	2 Sep
Pudney, K.W.	2 Sep
Rumley, A.K. BSc BA PGCE	2 Sep
Scott, J. BSc	2 Sep
Towns, P.T.W.	2 Sep
Whittenbury, W.P.	2 Sep
Williams, J.T. BA	2 Sep
Wood, S. MCIT	2 Sep
Robinson, B.	3 Sep
Wright, R.C. BA PGCE	3 Sep
Barnard, A.J.	4 Sep
Moakes, B.D.S.	4 Sep
Hunt, D.D.	7 Sep
Dixon, R.L. BSc FRAeS	8 Sep
Gloulding, S.T.	12 Sep
Doust, R.J.C.	15 Sep
Gillett, R.A.	15 Sep
Hawthorne, M.E. BSc	15 Sep
Ireland, C. BA PGCE	15 Sep
Kay, E.	15 Sep
Lightfoot, C.A. cfs(g)	15 Sep
McNaught, J.A. MA	15 Sep
Morgan, L.I.	15 Sep
Morgan, D.E.	15 Sep
Moyes, T.E. cfs(g)	15 Sep
Mussett, P.G.A. BSc	15 Sep
Owen, A.A.	15 Sep
Roberts, P.F.	15 Sep
Singh, V.	15 Sep
Stevens, W.J.	15 Sep
Thomas, F.E.	15 Sep
Watson, N.A.	15 Sep
Cook, M.J.	16 Sep
Smith, A.P.	18 Sep
Belham, M.J. MA	19 Sep
Gruchy, J.A.	19 Sep
Hunn, S.A. DPhil MSt BA	20 Sep
Buddery, C.A. MEng	22 Sep
Coates, S.P.	22 Sep
Coomer, D.L. cfs(g)	22 Sep
Dugdale, J.R. BEd	22 Sep
Gallagher, M.	22 Sep
Gray, T.D.	22 Sep
Gregory, K.	22 Sep
John, D.A.R.	22 Sep
Lovett, A.W.	22 Sep
Marren, J.P.M. BSc cfs(g)	22 Sep
Mason, C.L.	22 Sep
Parker, M.C.	22 Sep
Partridge, J.M. BSc	22 Sep
Thomas, J.N. cfs(g)	22 Sep
Alexander, J.A. BA	23 Sep
Aucott, C.	23 Sep
Bannister, A.S. BSc CertEd	23 Sep
Bewley, J.W.	23 Sep
Brown, D. BA	23 Sep
Coleman, P.A. BSc	23 Sep
Corbett, S.A.	23 Sep
Elliott, A.G.	23 Sep
Emmins, D.J.	23 Sep
Gardiner, C.D. MSc	23 Sep
Gore, S.A.	23 Sep
Hodgson, S.	23 Sep
Killingback, M.B.	23 Sep
Mayes, G.J.	23 Sep
Mitchell, R.T. MBE	23 Sep
Skillman, J.J.	23 Sep
Thompson, D.N.	23 Sep
Walker, D.K.	23 Sep
Busby, E.	24 Sep
Price, S.A. MA	24 Sep
Banks, N.K.M.	26 Sep
Barnes, C.R.	26 Sep
Biddles, D.	26 Sep
Bright, J.R.H. BSc	26 Sep
Colby, C.J. BSc PGCE	26 Sep
Ireland, D.P. BEng PGCE	26 Sep
Short, G.M.	26 Sep
Teague, M.W.	26 Sep
Humble, A.V. PhD BSc PGCE	28 Sep
Mundell, W.T.	30 Sep
Clarke, H.L.	1 Oct
Halman, G.D. BEng	1 Oct
Harris, T.M. BSc	1 Oct
O'Brien, T.R. BSc PGCE	1 Oct
Goodey, D.L.	5 Oct
Baker, J.V. BSc PGCE	8 Oct
Coates, N.D.	8 Oct
Drew, N.J. BA PGCE	8 Oct
Forey, H.	8 Oct
Friend, J.C. BSc PGCE	8 Oct
Masters, D.A.	8 Oct
Parmentier, A.J.A. BA PGCE	8 Oct
Sawyer, M.G. BSc MIBiol CBiol	8 Oct
Scragg, J.R.B. BA	8 Oct
Silver, K.L.	8 Oct
Slater, A.D.	8 Oct
White, R.	8 Oct
Woolcock, D.H. cfs(g)*	8 Oct
Taylor, D.	11 Oct
Fryer, D.F. BSc	13 Oct
Millman, R.F. BSc	13 Oct
Dawson, M.L.	15 Oct
Garner, P.C.	15 Oct
Lees, N.M.	15 Oct
Spain, M.P. MSc BSc CEng MIEE	15 Oct
Wilkins, R.O.	15 Oct
Claridge-Jones, C.J.	17 Oct
Pygott, A.M.	18 Oct
Aala, R. MA ACA	21 Oct
Allison, K.D. BA	21 Oct
Axon, P.J.W.	21 Oct
Bennett, K.D.	21 Oct
Bentley, K. LTCL	21 Oct
Biddles, D.	21 Oct
Bone, K.L.	21 Oct
Burrough, R.F. BA BSc(Eng)	21 Oct
Cheetham, M.K.	21 Oct
Donovan, K.B.	21 Oct
Doubell, P.T.	21 Oct
Down, F.C. BSc	21 Oct
Fraser, I.E. BSc PGCE	21 Oct
Henderson, J.M.	21 Oct
Howarth, B.	21 Oct
Inder-Gray, T.W.	21 Oct
Leech, E.J.	21 Oct
Miller, C.A.	21 Oct
Moy, A.J.	21 Oct
Penn, B.W. BSc	21 Oct
Ratinon, J.A.	21 Oct
Scott, P.J.	21 Oct
Selfridge, E.	21 Oct
Seward, C.M.	21 Oct
Stockbridge, M.J.	21 Oct
Talbot, A.J.	21 Oct
Tyler, F.M.	21 Oct
Young, J.S.	21 Oct
Arnott, R.H.C.	23 Oct
Bradford, N.S.	23 Oct
Coram-Wright, N.H. MA	23 Oct
Easson, I.M. RGN RMN	23 Oct
Flower, L.E.	23 Oct
Kirczey, A.M.	23 Oct
McNaught, R.	23 Oct
Medhurst, P.W.	23 Oct

ROYAL AIR FORCE VOLUNTEER RESERVE (Training Branch)

Flying Officers

2003—contd

Name	Date
Naeem, S.M.	23 Oct
Neilson-Hansen, S.A. IEng MIMechIE cfs(g)	23 Oct
Parfitt, A.P.	23 Oct
Simmons, C.J.	23 Oct
Simpson, M.T. BEng	23 Oct
Stewart, D.	23 Oct
Sumner, D.K.	23 Oct
Da Cunha, F.A.	25 Oct
Lynch, J.P.	25 Oct
Price, G.E.	25 Oct
Sault, R.I.	27 Oct
Barlow, S.R.R.	30 Oct
Spiller, A.J. MEng	30 Oct
Toomey, D. BEd	30 Oct
Alexander, D.S.	3 Nov
Bird, I.N.	3 Nov
Brett, M.I. BSc	3 Nov
Gibson, G.	3 Nov
Mair, D.T.	3 Nov
Nolan, A.D. BSc	3 Nov
Taylor, W.A. BSc cfs(g)	3 Nov
Thorpe, I.F. BEd	3 Nov
Wilson, G.A.	3 Nov
Dunkley, P.K. BEng MRaeS	5 Nov
Thackery, G.D.	5 Nov
Annis, M.L.	7 Nov
Burke, M.	7 Nov
English, G.J.	7 Nov
Fenlon-Smith, P.A.	7 Nov
Hughes, K.	7 Nov
McQueen, S.E.	7 Nov
Stanley, C.D.	7 Nov
Whittaker, C.G.E. BSc	7 Nov
Boyle, D.S.J. BSc	9 Nov
Anwar, N.	10 Nov
Bagnall, R.D.A.	10 Nov
Edwards, A. BSc	10 Nov
Ford, J.A.F. FRaeS	10 Nov
Howarth, C.L.	10 Nov
Lloyd, D.M.	10 Nov
Mosses, J.P.	10 Nov
Oram, M.C. BEng	10 Nov
Pottle, N.J. BSc	10 Nov
Short, G.	10 Nov
Stanton, P.	10 Nov
Wolfe, C.A.	10 Nov
Carrington, P.C.	12 Nov
Chapman, R.G. BSc	12 Nov
McShane, J.D.	12 Nov
Turner, A.R.	12 Nov
Adams, R.B.	13 Nov
Arbuthnott, B. cfs(g)	13 Nov
Armitstead, A.R.	13 Nov
Beardwood, P.N.	13 Nov
Gridley, S.A.	13 Nov
Hobson, A.P. cfs(g)	13 Nov
Jefferson, B.	13 Nov
Price, D.	13 Nov
Roberts, P.M.	13 Nov
Swierczek, A.F.I. ACIB	13 Nov
Tune, S.E.	13 Nov
Kinvig, E.L.	16 Nov
Willson, L.S. BEng	16 Nov
Cooper, T.	17 Nov
Bowles, G.J.	19 Nov
Cope, M.P.	19 Nov
Fry, J.M. BSc	19 Nov
Goddard, J.S. cfs(g)	19 Nov
Grant, J.C.	19 Nov
Higginson, S.J. cfs(g)	19 Nov
Jarvis, K.	19 Nov
Jenkins, L.C.	19 Nov
Lyle, R.M. cfs(g)	19 Nov
Morrison, T.	19 Nov
Suddards, D.G.	19 Nov
Turner, M.	19 Nov
Ancell, T.	21 Nov
Bell, M.F.	21 Nov
Cawdron, D.A. BA PGCE	21 Nov
Curtis, A.J.	21 Nov
Fry, R.	21 Nov
Heintze, S.G.S. MA PGCE	21 Nov
Kelly, L.D. BSc	21 Nov
MacDonald, B.	21 Nov
Powe, I.D.	21 Nov
Tuff, V.G.	21 Nov
Martin, J.P. BA MBA	25 Nov
Chipman, P.D. PhD BSc PGCE	26 Nov
Crawley, E.J.	26 Nov
Fairweather, M.M. MA PGCE	26 Nov
Ofarrell, R.J. BA PGCE	26 Nov
Robbetts, W.C.R. BA	26 Nov
Smith, S.C. BSc	26 Nov
Williams, F.S. PhD BSc PGCE	26 Nov
Bruce, P.R.	26 Nov
Hood, J.R.	27 Nov
Kirk, L.E. BSc PGCE	27 Nov
MacDonald, D.J.	27 Nov
Ridland, A.K. MA BD	27 Nov
Alford, R.E. BSc	30 Nov
Cousins, H.J. BSc	30 Nov
Cuthbertson, A.	30 Nov
De Montet-Guerin, I.D.G. cfs(g)	30 Nov
Rashid, A.	30 Nov
Day, N.A.	4 Dec
Evans, P.B. BMus PGCE	4 Dec
Holliday, J. BA PGCE	4 Dec
Jenkins, M.B.J.	4 Dec
Boakes, L.J. BSc PGCE	6 Dec
Crossman, I.M. BA PGCE	6 Dec
Squire, Sir Peter GCB DFC AFC DSc FRaeS	6 Dec
Barton, N.	9 Dec
Cheeseman, G.C.	9 Dec
Davison, M.G.	9 Dec
Duffin, J.E.	9 Dec
Haywood, M.J.	9 Dec
Leaney, C.	9 Dec
Lloyd, S.	9 Dec
Peacock-Edwards, R.S. CBE AFC	9 Dec
Stone, P.	9 Dec
Turner, R.R.	9 Dec
Young, J.W.	9 Dec
Corfield, P.D.	14 Dec
Hanson, X.J.	14 Dec
Alexander, A.J.	15 Dec
Denton, D.J.	15 Dec
Gallup, S. BSc	15 Dec
McClune, J.M. BA	15 Dec
Taylor, C.L. BA	15 Dec
Thompson, G. BEd	15 Dec
Wiper, K.J. cfs(g)	15 Dec
Young, M. cfs(g)	15 Dec
Young, J. BSc PGCE	15 Dec
Culpin, R.W.	16 Dec
Emms, A.A.	18 Dec
Johnson, S.A.	18 Dec
Mabb, S.T.W.	18 Dec
Morris, M.M.	18 Dec
Ovenden, N.A.	18 Dec
Parker, C.J.	18 Dec
Costin, A.M.	19 Dec

2004

Name	Date
Alderman, L.G. BSc	6 Jan
Askam, M.J.	6 Jan
Brennan, P.M. BSc	6 Jan
Fox, K.A.	6 Jan
MacLean, A.G.	6 Jan
Milligan, D.R.	6 Jan
Padgett, K. BSc PGCE	6 Jan
Piper, L.M.	6 Jan
Sachedina, K.A. BSc	6 Jan
Woods, S.J.	6 Jan
Taylor, G.	7 Jan
Frost, D.W.	8 Jan
De Santis, D.S. BA	9 Jan
Fordham, A.G.	9 Jan
Jones, R.J.	9 Jan
Leadbetter, S.M. MA PGCE	9 Jan
Salt, G.T. BEng	9 Jan
Small, J.E.	9 Jan

ROYAL AIR FORCE VOLUNTEER RESERVE (Training Branch)

Flying Officers

2004—contd

Name	Date
Thomas, G.R.S.	9 Jan
Xavier, F.Y.	9 Jan
Bage, K.M. BSc	13 Jan
Butt, V.R.	13 Jan
Davies, D.I.	13 Jan
Fisher, G.S.	13 Jan
Guy, B.J.	13 Jan
Horsley, T.J. cfs(g)	13 Jan
Kulatunge, B.R. BSc PGCE	13 Jan
Measures, C. BSc MRPharmS	13 Jan
Parker, R.C.	13 Jan
Saunders, I.M. BMus FRCO ARCM LRAM cfs(g)	13 Jan
Sharma, R.	13 Jan
Still, B.J.	13 Jan
White, M.T.	13 Jan
Deamer, A.P.	19 Jan
Diccox, L.R. BSc PGCE	19 Jan
Masters, M.E.	21 Jan
Ward, C. BSc	21 Jan
Webb, C.	21 Jan
Wilman, T.H.	21 Jan
Adcock, C.B. BA	22 Jan
Button, K.A.	22 Jan
Evans, A.L. BSc	22 Jan
Fisher, C.J.	22 Jan
Gray, R.W.	22 Jan
Howard, C.	22 Jan
Sewell, M.A.	22 Jan
Stevens, R.M.	22 Jan
Whalvin, H.J.J.N.	22 Jan
Edwards, M.S. BA	24 Jan
Hillier, R.W. BSc	24 Jan
Alloway, A.G.	27 Jan
Clarke, G.A. BA	27 Jan
Kazi, J.H. BA PGCE	27 Jan
Mellish, P.W. BA LLM	27 Jan
North, M.J.	27 Jan
Obrien, P.S.	27 Jan
Steinitz, F.M. BA CertEd	27 Jan
Woolliscroft, R.E. cfs(g)	27 Jan
Belshaw, A.M.T.	2 Feb
Bidgood, S.J.	2 Feb
Broadhurst, J.E.	2 Feb
Dibb, E.	2 Feb
Diskett, D.J. BSc	2 Feb
Dolan, K.P. MA	2 Feb
Love, M.A.	2 Feb
Lutton, P.F. BA	2 Feb
Milne, A.C.	2 Feb
Organ, A.	2 Feb
Rundle, C.B.	2 Feb
Treutlein, J.	2 Feb
Davies, S.	3 Feb
Morgan, D.	3 Feb
Roberts, T.G. BA	3 Feb
Stables, A.J. CBE FRaeS	3 Feb
Watts, P.A. cfs(g)	3 Feb
Falconer, M.D. BEng	5 Feb
Kirsopp, G.N.J.	5 Feb
Radford, J.C.	5 Feb
Richards, B.	5 Feb
Smith, I.	5 Feb
Thompson-Ambrose, W.I.	5 Feb
Turner, G.M. BSc PGCE	5 Feb
Edwards, T.A. BSc	9 Feb
Garrett, M.R. BEng	9 Feb
Martin, P.M.	9 Feb
Munns, A.	9 Feb
Ross-Bell, S.	9 Feb
Steggles, T.P.	9 Feb
Baker, J.M.	11 Feb
Davidson, B.J.	11 Feb
Flynn, B.	11 Feb
Gamlin, D.G. CertEd	11 Feb
Grapes, N.P.P.	11 Feb
Heeley, C.S. BSc	11 Feb
Irvine, M.	11 Feb
Long, A.	11 Feb
Ridgway, E.	11 Feb
Sutherland, D.	11 Feb
Thomas, P.G.	11 Feb
Ladwa, S.P. BA	12 Feb
Pateman, H.J.M. MEng	12 Feb
Boyd, K.A.	13 Feb
Hudson, A.C.	13 Feb
Kelsey, G.	13 Feb
Moyle, G.R.	13 Feb
Smith, D. cfs(g)	13 Feb
Windo, A.R.	13 Feb
Fitzpatrick, C.M.	18 Feb
McAloney, E.M.	18 Feb
Wilson, M.E.	18 Feb
Ferguson-Dalling, L.	20 Feb
Lumsden, B.W. BEng	20 Feb
Buckley, J.C.	23 Feb
Callister, J.W. BA	23 Feb
Cowley, S.	23 Feb
Matten, P.A.	23 Feb
Padgham, A.J.	23 Feb
Perkins, C.	23 Feb
Robinson, C.I.	23 Feb
Sucksmith, P.S.	23 Feb
Testro, B.J.	23 Feb
Upton, N.J.	23 Feb
Williamson, M.A.	23 Feb
Cooper, P.R. BEng	24 Feb
Davis, A.M. OBE	24 Feb
Exton, D.V.	24 Feb
Flood, C.J. MA BA	24 Feb
Groves, C.M.	24 Feb
Hogben, R.J.J.	24 Feb
Impey, M.J.	24 Feb
King, A.P.	24 Feb
Shapland, K.L. BA	24 Feb
Single, G.J.	24 Feb
Sollars, A.J. MA	24 Feb
Beedie, S.A.	25 Feb
Harrison, R.J.	25 Feb
Wheatley, J.L. BEng AMIEE	25 Feb
Rouse, D.D. MDes BA PGCE	26 Feb
Bennett, M.J.	27 Feb
Bolt, C.	27 Feb
Gillespie, A.J. cfs(g)	27 Feb
Lee, B.	27 Feb
Mathie, A.R.C.	27 Feb
Mollard, D.R.G.	27 Feb
Needham, C.C.	27 Feb
Staincliffe, A.W.	27 Feb
Tooke, M.B.	27 Feb
Whitehead, P.F.	27 Feb
Wiggins, A.	27 Feb
Bee, S.M. BA PGCE	28 Feb
Cannock, N.J.M. BSc CEng CPhys MIMechE MInstP	9 Mar
Barron, B.	10 Mar
Betts, R.J. BA	10 Mar
Brookbank, C.K.	10 Mar
Brown, R.C.	10 Mar
Bullard, G.E.	10 Mar
Cawley, M.B.	10 Mar
Cheesman, D.A.J.	10 Mar
Clarke, A. cfs(g)	10 Mar
Delamar, K.R. BA	10 Mar
Edwards, G.	10 Mar
Hall, M.J.	10 Mar
Human, A.R.D.	10 Mar
Husbands, D.J.T.	10 Mar
Kennedy, G.S.	10 Mar
Lockwood, N.C.	10 Mar
Main, A.S. MSc	10 Mar
Marriott, M.S.	10 Mar
McAtamney, E.J. cfs(g)	10 Mar
McCallum, H.A.	10 Mar
Meehan, K.D.	10 Mar
Parkes, S.M.	10 Mar
Place, J.K.	10 Mar
Ridge, J.G.	10 Mar
Ross, A.I.	10 Mar
Roy, T.D.	10 Mar
Saunders, L.	10 Mar
Taylor, W.L.	10 Mar
Weston, P.D.	10 Mar
Wilkinson, P.	10 Mar
Williams, S.J.	10 Mar
Wilkin, R.	11 Mar
Jackson, M.J.	12 Mar

ROYAL AIR FORCE VOLUNTEER RESERVE (Training Branch)

Flying Officers

2004—contd

Name	Date
Lancaster, A.R. BSc PGCE	12 Mar
Boughen, M.J.	14 Mar
Keane, C.	15 Mar
Waring, D.A. AFC	15 Mar
Anderson, D.I.	16 Mar
Cowell, A.C.	16 Mar
Crumpton, D.L.	16 Mar
Devereux, I.B. BEd	16 Mar
Grinstead, M.G.P.	16 Mar
Heathcote, S.J.	16 Mar
Lovering, D.P. BSc PGCE	16 Mar
Simmons, D.P. BEd	16 Mar
Steele, H.J.V.T. BA	16 Mar
Woodward, G.D.	16 Mar
Howlett, P.D.	18 Mar
Stansfield, J.D.	18 Mar
Swatridge, J.C.	18 Mar
Walker, R.L.H. BSc	18 Mar
Welbourne, R.G. BA PGCE	18 Mar
Woods, R.M. BSc	18 Mar
Munro, R.	19 Mar
Pinder, R.J. BSc	19 Mar
Sheppard, A.J.	19 Mar
Elwell, G.J.	23 Mar
Peake, K.L.	23 Mar
Rawlings, M.G.	23 Mar
Roberts, P.G.	23 Mar
Robinson, I.	23 Mar
Haigh, S. BEd	29 Mar
Campbell, S.A.	30 Mar
Crichton, A.T. BSc	30 Mar
Ferguson, C.G.	30 Mar
Johnson, H.M.	30 Mar
Jones, P.M.	30 Mar
Morris, K.R. BSc PGCE	30 Mar
Pocock, J.R.	30 Mar
Pollard, J.E.	30 Mar
Poloczek, J.A.	30 Mar
Pomeroy, D.E. MBE BSc PGCE	30 Mar
Shepherd, D.M.	30 Mar
Sterland, R.J. MBE	30 Mar
Taylor, I.	30 Mar
Walters, A.M. cfs(g)	30 Mar
Williams, D.I.	30 Mar
Bertram, R.H.	6 Apr
Edwards, R.T. MInstAM	6 Apr
Hodges, P. BSc	6 Apr
Martin, D.	6 Apr
Mennell, J.P. BSc	6 Apr
Mortimore, P.J.	6 Apr
Rayner, S.T.A.	6 Apr
Saunders, M.J. cfs(g)	6 Apr
Thorrington, B.W.G.	6 Apr
Hollingsworth, L.J. BSc	9 Apr
Leadbeater, C.	9 Apr
Morgan, R. BSc	9 Apr
Disbury, S.D. BSc	11 Apr
Gallagher, P. BSc	11 Apr
Crowle, C.D.W.	15 Apr
Adamson, E.P. LLB	16 Apr
Cunliffe, G.	16 Apr
Elliott, E.	16 Apr
Bulley, B. BSc	19 Apr
Connolly, G.M.	19 Apr
Dymond, H.J.	19 Apr
Evans, R.A.	19 Apr
Lobban, A.	19 Apr
Patterson, A.J. BSc	19 Apr
Quartly, A.F. BSc	19 Apr
Seeley, S.D.	19 Apr
Allan, J.	20 Apr
Ashlee, M.	20 Apr
Brain, T.	20 Apr
Brown, J.B.K.	20 Apr
Crombie, J. cfs(g)	20 Apr
Hinchliffe, N.B. CertEd	20 Apr
Johnson, A.G.	20 Apr
Marriott, G.E.	20 Apr
Melmore, A.C. cfs(g)	20 Apr
Mitchell, E.W. LLB	20 Apr
Saunders, P.	20 Apr
Sheehan, T.D.	20 Apr
Smith, L.A.	20 Apr
Sneider, A.J. BA	20 Apr
Watson, C.L.	20 Apr
Williams, M.D.	20 Apr
Wilson, N.J.	20 Apr
Everett, G.F.	22 Apr
Smyth, P.M. BSc	22 Apr
Titchen, J.W. BA PGCE	22 Apr
Moseley, D.J.	25 Apr
Ryan, C.E.	26 Apr
Collis, J.J.	27 Apr
Bowcutt, C.M.	29 Apr
Cohen, S.N.	29 Apr
Tolley, S.M.	29 Apr
Roast, S.J. BEd	1 May
Toulouse, M.G.	1 May
Gill, W.B.	3 May
Gunn, R.S.	4 May
Johnson, N.R.	4 May
Kidley, M.F.	4 May
Laird, J.E.	4 May
Lawrance, A.D.	4 May
Longhurst, S.E.	4 May
McGuire, J.A.	4 May
Rogers, G.R.D.	4 May
Seaton, M.	9 May
Wills, G.S.	9 May
Armstrong, A.P.	10 May
Aspinall, J.C.	10 May
Bain, C.J.	10 May
Balshaw, H.S. BA	10 May
Browne, W.F.	10 May
Carter, E.J. BSc	10 May
Cope, C.S.	10 May
Emmerson, B.	10 May
Gilbert, P.	10 May
Gilbert-Stevens, J.M.	10 May
Gorman, W. BA PGCE	10 May
Gunstone, J.P.	10 May
Hebblethwaite, J.	10 May
Heslin, M.	10 May
Irving, D.J.	10 May
Leadbetter, G.J.	10 May
Neesom, J.K.	10 May
Pearce, A.G.	10 May
Ritson, M.	10 May
Rushen, P.C.	10 May
Smith, S.J.	10 May
Tomalin, A.M.	10 May
Tunstall, R.	10 May
Vincent, J.N.	10 May
Walton, E.	10 May
Willison, D.J. BSc	10 May
Godsland, M.	12 May
Baldwin, T.M.A. BSc PGCE MIBiol	14 May
Baldwin, J.	14 May
Bowler, A.P. BSc	14 May
Cameron, J.	14 May
Carter, R.S. BEd	14 May
Dale, J.N.	14 May
Dunkley, D.I.	14 May
Garwood, R. MCMI	14 May
Herniman, M.C.J.	14 May
Jones, B.E.	14 May
Kinnear, N.R. MA	14 May
Pollock, J.M.	14 May
Cragg, S.A.	16 May
Kendal, J.J.	16 May
Allan, W.J. BSc	19 May
Charnock, G.	19 May
Hill, R.	19 May
Jordan, J.M.	19 May
Murray, B.J.	19 May
Penwarden, R.J.	19 May
Sie, E.R.H.B. PhD BSc	19 May
Snelson, S.T.	19 May
Twose, P.M.	19 May
Fallone, P. BEd ALCM	20 May
Hall, S.	20 May
Longsden, J.D.	20 May
Smith, G. BSc PGCE	20 May
Tracey, P.J.	20 May
McColgan, P.E. BA	21 May
Morvan, G.	21 May
Mullins, K.	21 May
Protheroe, L.	21 May
Sheard, C.M.	21 May
Stewart, M.J.	21 May

ROYAL AIR FORCE VOLUNTEER RESERVE (Training Branch)

Flying Officers

2004—contd

Name	Date
Temple, D.R.	21 May
Brinkley, B.R.	22 May
Sheppard, G.P. BA	23 May
Collier, T.D.	27 May
Harlow, C.H.	27 May
Aaron, J.	28 May
Buggs, L.Y. BSc	28 May
Spoors, J.	28 May
Leslie, S.W.	29 May
Smith, I.J.	29 May
Haslam, M.J.	31 May
Vey, E.J.F.	31 May
Gallant, D.V.	3 Jun
Taylor, D.A.	3 Jun
Alden-Fenn, N.C.	9 Jun
Bass, C.R. BA	9 Jun
Bennett, P.J. MRAeS	9 Jun
Billington, K.J.	9 Jun
Brennan, M.I. BEd	9 Jun
Bull, M.M.	9 Jun
Burnett, W.M.	9 Jun
Byng, E.F.	9 Jun
Chapman, G.W. LLM	9 Jun
Colman, S.R.	9 Jun
Colvin, D.P.	9 Jun
Crewe, I.L.	9 Jun
Davies, P.A.	9 Jun
Dunn, D.J.	9 Jun
Edney, M.R.	9 Jun
Fish, L.A.	9 Jun
Foster, R.W.	9 Jun
Fradley, D.	9 Jun
Gardner, J.	9 Jun
Gardner, M.J.	9 Jun
Hall, J.E. BA	9 Jun
Hansen, D. cfs(g)	9 Jun
Hynes, A.C. LLB	9 Jun
Jones, I.D.L. MBE BSc DipEd cfs(g)	9 Jun
Kerr, A.D. BSc PGCE	9 Jun
Lines, M.J.	9 Jun
Lovering, M.L. BA	9 Jun
May, J.A.G. CB CBE	9 Jun
Mayes, D.C.	9 Jun
McCrae, D.C.	9 Jun
Middleton, D.J.	9 Jun
Naylor, P.	9 Jun
Nisbett, B.	9 Jun
Pitts, G.K.	9 Jun
Simpson, A.T.C.	9 Jun
Stubbs, C.M.	9 Jun
Waller, S.E.	9 Jun
Webb, D.J.	9 Jun
Wright, M.R. BSc	9 Jun
Quinney, C.D. BA	10 Jun
Thomas, D.J.	13 Jun
Dyer, J.W.	14 Jun
Mahiz, A.A.	14 Jun
Warman, R.D. MRAeS	14 Jun
Wash, R.J.	14 Jun
Carr, S.J.	16 Jun
Elliott, M.A.	16 Jun
Hickie, K.M.	16 Jun
Jewiss, J.O. MRAeS	16 Jun
Morrell, S.E.	16 Jun
Page, A.M. BA	16 Jun
Reynolds, G.W. MCMI	16 Jun
Ridley, C.N.R.	16 Jun
Scott, J.G.	16 Jun
Taylor, G.E.	16 Jun
Walmsley, J.D.	16 Jun
Wright, A.S.	16 Jun
Burrett, L.V.	18 Jun
Harvey, N.J.	18 Jun
Lee, D.J.	18 Jun
Wright, L.J.	18 Jun
Bottomley, I.	20 Jun
Egan, A.M.	20 Jun
Harber, J.C. MA	20 Jun
Buxton, C.A.	21 Jun
Lunt, C.C. BA	22 Jun
Blanchard, L.S.	23 Jun
Bush, R.J.	23 Jun
Coletta, N.S.	23 Jun
Davies, K.	23 Jun
Head, D.P.	23 Jun
Heckel, P.A. psc(g)	23 Jun
Ledamun, R.	23 Jun
Nicholls, S.	23 Jun
Rushton, F.A.S.J.	23 Jun
Smith, D.E.	23 Jun
Warren, J.S. BSc	23 Jun
Fernandes, L.P.M. BA	24 Jun
Giles, P.J.	24 Jun
Ponnusamy, M.	24 Jun
Dawson, N.S. BSc(Eng)	25 Jun
Newman, R.A. CertEd	25 Jun
Thurley, A.P. AFC	25 Jun
Baker, E.A. BA	29 Jun
Forristal, A.L.J. BA	29 Jun
Jenkins, I.C.	29 Jun
Marshall, G.P.B. BA	29 Jun
McKay, A. FCMI	29 Jun
Parfrey, C.J.	29 Jun
Roe, C.P.	29 Jun
Thompson, A.P. BSc	29 Jun
Tunesi Of Liongam, J.J.	29 Jun
Wright, J.D. BSc PGCE	29 Jun
Coates, P.G.	3 Jul
Faulkner, M.S.	3 Jul
McAuley, P.J. BSc	3 Jul
McKendrick, B.J. BA PGCE	3 Jul
Shanks, A.H. BSc	3 Jul
Barker, A.M. BSc	5 Jul
Carnegie, D.N.	5 Jul
Fairington, R.W.	5 Jul
Fallon, J.F.	5 Jul
Fitzpatrick, B.J.	5 Jul
Graham, A.	5 Jul
Nicholls, G.L.	5 Jul
Nicholls, T.W.	5 Jul
Noble, J.D.	5 Jul
Pertwee, M.N.	5 Jul
Podger, K.D.	5 Jul
Thomas, B.C.	5 Jul
Brain, J.L.	7 Jul
Morgan, G.W. BSc	7 Jul
Lucas, J. LLB	12 Jul
Blythe, R.T.C.	14 Jul
Brunt, G.H.	14 Jul
Child, J.J.	14 Jul
Gardner, T.P.	14 Jul
Gould, H.	14 Jul
Hackshall, S.E.	14 Jul
Hill, K.M.	14 Jul
Inderwick, D.R.L. BA MA	14 Jul
McCammont, L.E.W.	14 Jul
Moore, B.T.	14 Jul
Pallett, B.J.	14 Jul
Parker, N.E.	14 Jul
Coxey, P.S. BSc BEng	16 Jul
Crawley, A.	16 Jul
Hutchings, C.D.	16 Jul
Hutton, C.R. BSc CEng MIEE JP	16 Jul
Kerr, A.T.	16 Jul
Lane, P.S. BSc	16 Jul
Logan, E.J. BA	16 Jul
MacDonald, A.C.G. BA	16 Jul
Paterson, I.E.	16 Jul
Quigley, J.C.W.	16 Jul
Rood, P.	16 Jul
Sutton, M.J.F.	16 Jul
Hennah, B.M. BSc	17 Jul
Ridley, P.J.	19 Jul
Balmford, S.J.	20 Jul
Combe, A.G.	20 Jul
Farr, A.E.	20 Jul
Hall, E.R. BSc PGCE	20 Jul
Hilditch, M.C.G.	20 Jul
Howarth, G.W.L. BTech PGCE	20 Jul
Masters, S.A.	20 Jul
McKinnon, E.G. BSc	20 Jul
Rushworth, D. MA BA PGCE	20 Jul
Woodland, R.K. BSc	20 Jul
Green, E.C. BEng	22 Jul
Blacklock, C.N. BA CertEd	23 Jul
Falle, P.R.	23 Jul
Holloway, G.	23 Jul
Kanas, T.G. BDS	23 Jul

ROYAL AIR FORCE VOLUNTEER RESERVE (Training Branch)

Flying Officers

2004—contd

Mustard, A.	23 Jul	Blackie, G.C. BSc	22 Aug	Oakley, N.W.	13 Sep
Armitage, J.P. BSc PGCE	26 Jul	Matraves-Piotrowicz, J.C.	23 Aug	Ramsden, V.L. MSc BSocSc	13 Sep
Cox, B.R.	26 Jul	Toft, S.P.	23 Aug	Collantine, M.G. BSc	14 Sep
Gourri, P.	26 Jul	Wilshire, M.J. BEng	23 Aug	Palmer, P.J.	14 Sep
Roberts, D.G.	26 Jul	Yates, L.G.	23 Aug	Slater, M.K. BSc	14 Sep
Stear, Sir Michael KCB CBE MA FRaeS	26 Jul	Baxter, D.S.	26 Aug	Vance, W.G.	14 Sep
Steel, J.M.	26 Jul	Chick, S.D. BSc	26 Aug	Maunder, C.P. BSc	16 Sep
Walker, M.A.	26 Jul	Farron, J. MBE MRaeS	26 Aug	Sherwin, J.P.	16 Sep
Davies, S.J.	27 Jul	Little, S.P.	26 Aug	Vadgama, P.R.	16 Sep
Bovingdon, A.D.	28 Jul	Matthews, G.R.	26 Aug	Brown, R.W.	22 Sep
Goacher, M.	28 Jul	Parry, I.J.	26 Aug	Brown, A.J.	22 Sep
Ireland, D.E.	28 Jul	Paton, R.	26 Aug	Cottier, K.J.S. BSc	22 Sep
Jackson, A. BSc	28 Jul	Williamson, J.W.	26 Aug	Donothey, R.	22 Sep
Masefield, R.M.	28 Jul	Newland, S. BSc PGCE	27 Aug	Hart, D.L.	22 Sep
Piccavey, S.K.E.	28 Jul	Hartshorne, J.G.	28 Aug	Hudson, K.R.	22 Sep
Poole, C.J.	28 Jul	Byng, J.	29 Aug	Marwood, E.A.	22 Sep
Stanley, T.J.	28 Jul	Regan, R.F.	29 Aug	Mehmet, K.	22 Sep
Thorn, T.G. AFC FRaeS	28 Jul	Spirit, H.E. BSc DipEd	31 Aug	Parker, R.S.	22 Sep
Lee, L.J.	29 Jul	Andrew, P.C.R. BEng PGCE	1 Sep	Parsons, A.R.	22 Sep
Leigh-Davies, S.	29 Jul	Deadman, I.A. BA	1 Sep	Robinson, A.H.	22 Sep
Ward, G.D.	29 Jul	Hulland, M.	1 Sep	Jennings, A.P.	24 Sep
West, A.P.	29 Jul	King, R.F. MVO	1 Sep	Mascetti, H.P. MA PGCE	24 Sep
Drury, C.	4 Aug	Ladwa, M.J.	1 Sep	Seymour, D.A.	24 Sep
Griffin, A.C.	4 Aug	Nicholson, J. ACA	1 Sep	Mead, E.F.	27 Sep
Harris, R.D.A.	4 Aug	Seazell, P.G.	1 Sep	Oliver, S.M. MEd BA PGCE	27 Sep
Manning, D.A.	4 Aug	Thomson, D. cfs(g)	1 Sep	Spicer, K.P.	27 Sep
Murray, A. BSc PGCE	4 Aug	Abbott, S.J.	2 Sep	Bennett, G.E.D. BA PGCE	28 Sep
Westlake, R.G.	4 Aug	Antrobus, S.J.	2 Sep	Boyle, R.C. BSc	28 Sep
Weston, N.S.	4 Aug	Collins, M.J.	2 Sep	Cooper, A.C. BA PGCE	28 Sep
Lakin, A.P.	7 Aug	Eccles, P.J.	2 Sep	Graddon, L.B. BA CertEd	28 Sep
Lear, R.J.	7 Aug	Gordon, J.	2 Sep	Gregory, T.W. BEd	28 Sep
Gillard, M.K.W. BSc PGCE	14 Aug	Hipperson, A.J.	2 Sep	Hammersley, A.P. BSc PGCE	28 Sep
Donovan, L.A.J.	16 Aug	Aftab, M.	3 Sep	Hatton, T.J. BA PGCE	28 Sep
Mitchell, A.M.C. SRN	16 Aug	Horwood, H.M. BA	3 Sep	Holder, K. MA PGCE	28 Sep
Bartlett, A.J.	18 Aug	Metson, D.	3 Sep	Hullis, S. BA	28 Sep
Beal, S.	18 Aug	Atkins, P.M.	8 Sep	Jenkins, D.P. BA PGCE	28 Sep
Bosworth, D. PhD BSc	18 Aug	Eccles, R.S.	8 Sep	Keable, J. PhD BSc PGCE	28 Sep
Coffer, P.	18 Aug	Fenner, J.M. BA PGCE	8 Sep	Lansley, A.P. BEd	28 Sep
Dorritt, H.J.	18 Aug	Fitch, G.R.	8 Sep	Mead, S.M. BEd	28 Sep
Eckersley, M.A.	18 Aug	Howard-Carter, M.S.	8 Sep	Simms, V.A.M.	28 Sep
Fitzpatrick, I.A.	18 Aug	Jelfs, R.G. BEd	8 Sep	Whiten, M.	28 Sep
Flint, R.S.B.	18 Aug	Quarman, B. cfs(g)	8 Sep	Wilkinson, T.S.	28 Sep
Greenow, J.W.	18 Aug	Young, A.I.	8 Sep	Fotheringham, A.D. BA PGCE	1 Oct
Gridley, M.J.	18 Aug	Bollard, S.D. BSc	9 Sep	Page, K.M.Z. BTh PGCE	1 Oct
Griffiths, D.W.	18 Aug	Briggs, A.S. BA	9 Sep	Taylor, S.T. BSc	1 Oct
Law, D.W.	18 Aug	Garcia, S.M. BSc BEd	9 Sep	Toner, S.M.	1 Oct
Lilley, J.S.	18 Aug	Lavery, G.	9 Sep	Wilson, I.A. BTh	1 Oct
Shepperd, K.H.	18 Aug	Pinner, B.J.	9 Sep	Wood, M.H. MBE	1 Oct
Whittaker, S.M.	18 Aug	Rutlidge, R.H. cfs(g)	9 Sep	Amsden, S.W. BA PGCE	2 Oct
Miller, R.R. BTech MBCS MInstP	19 Aug	Turner, D. BSc	9 Sep	Wilson, S.C. BA PGCE	3 Oct
Terry, Sir Colin KBE CB	19 Aug	Brown, A.M.	10 Sep	Amodeo, F.P.L.F. BA PGCE	4 Oct
		Fiskel, R.T.	10 Sep		
		Williamson, J.A.	10 Sep		
		Dawson, A.	13 Sep		
		Dooley, S.F.	13 Sep		
		Foster, C.T.	13 Sep		
		Hamilton, A.O.F. MA PGCE	13 Sep		

ROYAL AIR FORCE VOLUNTEER RESERVE (Training Branch)

Flying Officers

2004—contd

Name	Date
Apiafi, H.	4 Oct
Barre, G.R.	4 Oct
Bennett, A.R.T.	4 Oct
Green, J.B. BA PGCE	4 Oct
Gurney, R.F.	4 Oct
Ibbitson, C.S.	4 Oct
Kiely, P.D.	4 Oct
Loft, N.L.	4 Oct
Long, D. BSc	4 Oct
Murphy, B.	4 Oct
Newman, T.C.M. MA	4 Oct
Pace, D.A.	4 Oct
Pavitt, R.G.	4 Oct
Roberts, A.P.	4 Oct
Ross, H.S.	4 Oct
Taylor, A.T.H. BSc MBIM	4 Oct
Ellenden, T.M.	7 Oct
Ludford, J.S.	7 Oct
Hatch, P.F. BSc	8 Oct
Hoskins, M.J.	8 Oct
Iliff-Rolfe, G.D.	8 Oct
Montgomery, N.	8 Oct
Robinson, S.L.	8 Oct
Speed, D.R. MBE	8 Oct
Blackwell, J. AFC	12 Oct
Beecroft, A.J.	14 Oct
Bell, C.G.	14 Oct
Bell, M.J.	14 Oct
Bradley, L.Y.	14 Oct
Clarke, P.J.	14 Oct
Faulkner, J.P.	14 Oct
Gill, B.G.	14 Oct
Josephs, M. cfs(g)	14 Oct
Knight, P.D. cfs(g)	14 Oct
Littleford, A.B.	14 Oct
Lyons, P.C. cfs(g)	14 Oct
MacAulay, R.J.S. MA BA PGCE	14 Oct
Mason, R.M.C. MA BA	14 Oct
Munro, I.R.	14 Oct
Nicholas, L.	14 Oct
Reed, A.D. BSc	14 Oct
Sage, E.P. BA PGCE	14 Oct
Tomlinson, T.A. LLB	14 Oct
Warner, D.L. BSc	14 Oct
Eeles, T. BA	20 Oct
McGregor, I.	20 Oct
Boland, W.	21 Oct
Burchett, K.J.	21 Oct
Burnham, K.A.	21 Oct
Farman, R.W.	21 Oct
Grantham-Hill, M.R. BSc	21 Oct
Jones, G.F. MA	21 Oct
Melican, J.J. BA PGCE	21 Oct
Smith, A.C.P.	21 Oct
Stubbs, P.N. MA	21 Oct
Webley, D.L. BTech	21 Oct
Wilson, R.L.	21 Oct
Povey, S.M.	23 Oct
Whitefoot, J.P.	23 Oct
Caviglia, J.R.	29 Oct
Stubbs, M.R.	29 Oct
Abbey, S.M. BA	3 Nov
Childs, A.P.	3 Nov
Davies, L.R. BA	3 Nov
Gibson, T.H.G.	3 Nov
Glover, A.M.	3 Nov
Mott, V.E.M.	3 Nov
Pinching, S.J.	3 Nov
Rose, C.M. BA CertEd	3 Nov
Stones, S. MA BA PGCE	3 Nov
Tegg, B.A.M.	3 Nov
Woods, I.R.	3 Nov
Morton, R.S.	4 Nov
Norden, C.C.	4 Nov
Shird, T.	4 Nov
Gibson, G.V. BSc PGCE	5 Nov
Gilbert, M.J. BA	5 Nov
Holmes, A.T.	5 Nov
Mathew, C.T. BEd	5 Nov
McLean, M.C. BSc PGCE	5 Nov
Banks, P.	8 Nov
Elton, E.A. BA	8 Nov
Norris, M.R.M. BA PGCE	8 Nov
Robson, A.J. BA PGCE	8 Nov
Adams, W.V.	9 Nov
Booth, S.J.	9 Nov
Doughty, P.D.	9 Nov
Evans, M.R. BSc PGCE	9 Nov
Feist, M.G.	9 Nov
Jones, N.R.	9 Nov
Murray, A.V.M. OBE MA	9 Nov
Palmer, R.F.	9 Nov
Smith, M.	9 Nov
Thomson-Clark, C.L.	9 Nov
Woods, A.J.	9 Nov
Mountain, R.S.C.	13 Nov
Prgan, M.J. BEd	15 Nov
Dixson, S.A.E. MA BD	16 Nov
Haley, J.G.	16 Nov
Hayton, P.	16 Nov
Parker, K.E.	16 Nov
Pass, A.C.	16 Nov
Trevena, M.J.	16 Nov
Astin, A.P. BA PGCE	18 Nov
Callacher, J.V. BEd	18 Nov
Johnston, W.S. BSc PGCE	18 Nov
Mitchell, K.D. PhD BSc PGCE	18 Nov
Rossiter, R.T.	18 Nov
Reed, K.B.	20 Nov
Ross, I.A. BEng	20 Nov
Hadden, L.A. BA PGCE	22 Nov
McCall, J.M.	22 Nov
Danson, C.A.	23 Nov
Tziros, N.A.	23 Nov
Wood, M.J.	23 Nov
Blight, C.	25 Nov
Desmond, S.E.	25 Nov
Godden, D.R.	25 Nov
Hatton, I.P.	25 Nov
Hendry, I.S. MA	25 Nov
McCullough, W.S.	25 Nov
Pavey, G.M.	25 Nov
Reid, F.R.	25 Nov
Robinson, M.B. BSc	25 Nov
Stead, P.	25 Nov
Tate, C.	25 Nov
Cochran, A.N. MSc BSc CEng MIIE	3 Dec
Fedrick, L.R.	3 Dec
King, B.W.	3 Dec
Lark, M.A.	3 Dec
Laurence, P.E.	3 Dec
Lewis, M.A.	3 Dec
Milward, K.A.	3 Dec
Powell, K.D. BSc PGCE	3 Dec
Burnman, W.C. BSc PGCE	4 Dec
Lumsden, G.I.	4 Dec
Ross, G.	4 Dec
Stander, R.B.	4 Dec
Hunt, P.	5 Dec
Wright, J.	5 Dec
Ashdowne, R.K. BA	7 Dec
Chinnery, E.J.	7 Dec
Doyle, F.T.M. TD	7 Dec
Gracey, M.H. BA MLitt	7 Dec
Leggatt, C.P.	7 Dec
Lyall, P.	7 Dec
Tanner, R.J.	7 Dec
Taylor, S.R.	7 Dec
Brown, S.J. MA BSc PGCE	8 Dec
Ford, M.P. BSc	8 Dec
Gibson, J.A.L. BA PGCE	9 Dec
Marten, N.J. MBA	9 Dec
McKenny, C.A. BA PGCE	9 Dec
Desmond, A.J. BA PGCE	10 Dec
Barber, L.M.	11 Dec
Barnwell, P.C.	11 Dec
Bartley, D.P.	11 Dec
Dyer, A.P.	11 Dec
Ackland, H.	12 Dec

ROYAL AIR FORCE VOLUNTEER RESERVE (Training Branch)

Flying Officers

2004—contd

Whiteman, R.C. MA PGCE	12 Dec
Williams, C.D.	12 Dec
McDade, M.C.	13 Dec
Scott, M.J.	13 Dec
Curran, I.J.	14 Dec
Fisher, P.A.	14 Dec
Thompson, A.G.F.	14 Dec
Smith, M.D. BA BSc	18 Dec
Barlow, G.	19 Dec
Bear, C.P.	19 Dec
Morries, S.A.	19 Dec
Wilde, P.E.	19 Dec
Whitney, J.R.A. AFC MRaeS	28 Dec

2005

Hall, M.R. BA	6 Jan
Clarke, M.C.	8 Jan
Barrett, M.E.	10 Jan
Blake, N.	10 Jan
Chandler, H.T.	10 Jan
Colverson, A.	10 Jan
Flitcroft, S.K.	10 Jan
Flux, M.J.	10 Jan
Hawkins, P.W. BSc	10 Jan
Hunt, M.J.	10 Jan
Kay, M.	10 Jan
McCarroll, P.J.	10 Jan
Shaw, T.L.	10 Jan
Stott, J.W.	10 Jan
Measures, P.J.	12 Jan
Miller, S.G. BSc	13 Jan
Williams, D.	15 Jan
Binks, P. BA PGCE	17 Jan
Butwell, D.J. BSc	17 Jan
Capron-Tee, J.A.	17 Jan
Cooper, N.K. PhD BSc AKC PGCE	17 Jan
Cullen, P.A. MSc	17 Jan
Elder, I.T.	17 Jan
Furley, S.J.	17 Jan
Gallop, M.P.	17 Jan
Hale, D.G.	17 Jan
Hargreaves, J.N. BA	17 Jan
Hemsil, K.I.	17 Jan
Hortop, D. BA	17 Jan
Lamb, A.R. MIBiol	17 Jan
Little, G.I. BSc	17 Jan
Martin, K.	17 Jan
Membery, A.B.	17 Jan
Ridings, D.J. BSc PGCE	17 Jan
Rogers, L.	17 Jan
Rosbotham, S.D.	17 Jan
Seed, J.	17 Jan
Walter, T.D. BA	17 Jan
Danks, T.N. PhD BSc	21 Jan
Keeton, C.A.	22 Jan
Johnstone, R.A. BTh PGCE	23 Jan
Bass, S.	24 Jan
Breward, R.W. MSc	24 Jan
Broadwith, B.E. BSc	24 Jan
Bunting, R.W.	24 Jan
Burdess, S. BEng CEng FRAeS	24 Jan
Clark, J.E.	24 Jan
Day, P.W. AFC	24 Jan
Doble, L.A. OBE FRAeS	24 Jan
Fox, G.A. BSc	24 Jan
Goodman, A.J. BEd	24 Jan
Hawkins, D.G. PhD BSc	24 Jan
Horsted, D.J. CertEd	24 Jan
Lewry, G.J.	24 Jan
Loynton, J.C. MA BEd	24 Jan
Marwood, P.R. BSc	24 Jan
Nettleton, P.J. BSc	24 Jan
Obrien, R.P. CBE OBE BA	24 Jan
Orbell, M.H. BA PGCE	24 Jan
Shimmons, R.W.	24 Jan
Stanley, M.A. MA PGCE	24 Jan
Thomson, D.L. BSc DipEd	24 Jan
Beech, R.C.	27 Jan
Boothroyd, J.M.	27 Jan
Caulfield, G.A. BA	27 Jan
Challoner, E.	27 Jan
Davies, G.	27 Jan
Davies, M.R.	27 Jan
Pickup, G.R.	27 Jan
Ross, I.S. PhD BSc	27 Jan
Griffiths, A.D.	28 Jan
Sims, M.	28 Jan
Swift, M.C.	28 Jan
Webb, J.M.	28 Jan
Wakeford, R.S. BSc PGCE	29 Jan
Johnston, G.J. BSc	30 Jan
Heaven, M.W.	31 Jan
Batson, P.K. MBE	1 Feb
Corbett, C.L.	1 Feb
French, B.S.	1 Feb
Higgins, B.T. MBE	1 Feb
Shearer, L.E.	1 Feb
Craghill, W.M.	3 Feb
Delafield, J. MRAeS	3 Feb
Francey, M.D. MBA BSc	3 Feb
Kaye, M.P. BA	3 Feb
Lewis, S.M.	3 Feb
Standish, J.L. FCCA IPFA	3 Feb
Warburton, R.G.	3 Feb
Wright, A.D.	3 Feb
Buxton, M. BEng	4 Feb
Coates, M.R.R.P.	4 Feb
Erdal, S.P. BSc PGCE	4 Feb
Johnson, N. BSc PGCE	4 Feb
Mitchell, G.W. BSc PGCE	7 Feb
Dean, J.D.E. BSc	9 Feb
Henderson, N.T.	9 Feb
McCrossan, R.L.H. BA	9 Feb
Merriman, D.A.P. MA	9 Feb
Norton, P.D.	9 Feb
Truman, W.E. MBE	9 Feb
Warren, P.J. BEng	9 Feb
Barber, S.	11 Feb
Barton Greenwood, G.C.	11 Feb
Bullock, J.	11 Feb
Eve, J.S.	11 Feb
MacKay, D.J.	11 Feb
Mobey, R.	11 Feb
Pratt, B.R.D.	11 Feb
Stevenson, D.G.	11 Feb
Walsh, R.H.	11 Feb
Woods, T.E.	11 Feb
Brinkley, M.J.	13 Feb
Cooling, T.A.	13 Feb
Shores, S.J.	13 Feb
Bialacki, S.J. BSc PGCE	17 Feb
Howes, M. CertEd	17 Feb
Morris, T.M. DPhil MA FRCO	17 Feb
Drew, L.M. BA PGCE	18 Feb
McCreeth, P.G.	20 Feb
Hall, R.D.	21 Feb
Smith, A.M.	21 Feb
Aldred, J. BSc	22 Feb
Hearle, E.M.	22 Feb
King, M.A.	22 Feb
Pearmain, S.J. BSc	22 Feb
Price, J.	22 Feb
Starling, M.C.	22 Feb
Whittaker, I.J.A.	22 Feb
Downie, G.D. RMN	24 Feb
Kerr, P.	24 Feb
Parry, D.G. MBE BA	24 Feb
Edwards, R.A.	27 Feb
Smith, C.J.	27 Feb
Cartwright, P.D.	28 Feb
Dennis, N.C.H.	28 Feb
Field, J. DPhys Ed	28 Feb
Harrison, M.A.	28 Feb
House, B.N.M.	28 Feb
Passfield, A.	28 Feb
Thomas, J.S.	28 Feb
Austin, Sir Roger KCB AFC	4 Mar
Hood, B.	4 Mar
Hurrell, A.J. BA	4 Mar

ROYAL AIR FORCE VOLUNTEER RESERVE (Training Branch)

Flying Officers

2005—contd

Kempster, M.J. BSc	4 Mar
Parry, J.K. BSc	4 Mar
Rolfe, D.G.	4 Mar
Wilson, R.C.	4 Mar
Dunn, M.B.	5 Mar
Etheridge, D.J.	5 Mar
Fairclough, F.L.	5 Mar
Burgess, D.	7 Mar
Byrne, A.J. BA BCom	7 Mar
Bridge, S.M. BA	10 Mar
Broomhead, S.	10 Mar
Lawson, A.S.	10 Mar
Brooks, D. BSc	16 Mar
Catterall, R.	16 Mar
Rousseau, D.R.	16 Mar
Ruskin, D.J. BA PGCE	16 Mar
Terry, P.A.	16 Mar
Ollerhead, W. BSc CBA	17 Mar
Thomas, A.C.	17 Mar
Beaty, A.M. BSc CertEd	22 Mar
Bell, A.R.	22 Mar
Burrell, J. MA PGCE	22 Mar
Calvert, D.A.	22 Mar
Cousins, C. MA CertEd	22 Mar
Griffiths, D. FRICS	22 Mar
Morris, J.E.P. MA PGCE	22 Mar
Dale, N.T.	23 Mar
Goodley, J.C.	23 Mar
Huckell, M. BA	23 Mar
Kerr, M.A.	23 Mar
Lamb, A.C.	23 Mar
Taylor, M.W. BSc PGCE	24 Mar
West, R.J. BA LGSM LRSM PGCE	24 Mar
Haynes, T.J. BA LPC PGCE	25 Mar
Binnie, D.	27 Mar
Khan, Y. BA	27 Mar
Sweeney, D.J.	27 Mar
McColgan, M.C. BA	28 Mar
Wrigley, G.K.	31 Mar
Paterson, M. LLB	1 Apr
Pack, L.J. BSc	3 Apr
Smith, K.J.	3 Apr
Wayne, D.	3 Apr
Wong, N.C.	3 Apr
King, M.S.	7 Apr
Lane, J.C. BSc	7 Apr
Lougheed, M.P.	7 Apr
Morgan, S.E.	15 Apr
Bailey, J.	20 Apr
Oconnell, B.C.	20 Apr
Smith, C.W.	20 Apr
Wallace, P.R.	20 Apr
Westacott, E. BA	20 Apr
Wilding, J.A. BSc	20 Apr
Webb, J.	22 Apr
Earp, A.C.	24 Apr
Jackson, E.L.	25 Apr
Anderson, S.D.	3 May
Dimond, W.B.	3 May
Grace, M.J. BSc	3 May
Shawyer, A.J.	3 May
Smith, J.I.	3 May
Weatherston, S.A.	3 May

Pilot Officers

2001

Lane, K.A.	12 Jul
Burgess, S.J.	23 Aug
Harrison, A.R.	12 Nov
Prescott, S.L. MSc BSc	20 Nov
Dare, P.M.H.L. MA BA PGCE	27 Nov

2002

Bromley, A.J.L.	21 Jan
Davies, S.A.	21 Jan
Moore, S.V.	21 Jan
Welsh, P.J.	21 Jan
Harper, A.E.	24 Jan
Seath, J.H. BD PGCE	24 Jan
Lumley, G. Cert Ed	28 Jan
Walker, R.J.E. MEng	28 Jan
Fowler, G.	29 Jan
Moore, R.L.	5 Feb
Bradshaw, A.R.	4 Mar
Burge, J.M.M. BSc	4 Mar
Dalton, O.M.S.	4 Mar
Powell, J.B.	8 Mar
Arrowsmith, S.P.	11 Mar
Jones, N.E.	11 Mar
Harris, P.M. IEng AMICE	14 Mar
Lincoln, R.J.	14 Mar
Carter, J.B.	18 Mar
Sarsfield, C.	18 Mar
Ahsan, F.Z.	19 Mar
Garside, V.L.	19 Mar
McFarland, C.L.	19 Mar
Averill, I.J.	27 Mar
Brazier, K.D. BEng	27 Mar
Crofts, V.P.P. MPhil LLM BA CertEd	26 Apr
Oconnell, J.R.	20 Jun
Rathbone, G.	29 Jul
Marsh, D.M.	23 Aug
Cameron, E.M. BA	24 Sep
Wood, S.C. BA PGCE	24 Sep

McDonald, M.A. cfs(g)	27 Sep
Smith, V.A.M. BA(Ed)	1 Oct
McDonald, N.M.	20 Oct
Pearce, J.P.	25 Nov
Mayoh-Smith, S.M.	5 Dec
Pearson, T.D. MSc	9 Dec
Ward, C.R. BSc	28 Dec

2003

Hart, G.W.	21 Jan
Whatling, C.B.	11 Feb
Keatley, P.A.	18 Feb
Everett, M.L. BSc	20 Feb
Lamont, J.	24 Feb
Steel, J.M. BSc	5 Mar
Jackson, D.P.	10 Mar
Bennett, P.	23 Mar
Longhurst, H.L. BA	23 Mar
Bailey, T.	26 Mar
Hesten, J.R. BSc PGCE	28 Mar
Hellyer, D.	31 Mar
McEwan, K.H.E.	31 Mar
Ashurst, M.J.	3 Apr
Laidlaw, K.A.	3 Apr
Mitchell, K.J.	3 Apr
Corns, C.H.	15 Apr
Burlingham, T.D.	24 Apr
Clarke, D.B. BSc PGCE	24 Apr
Ryan, P.T.	30 Apr
Phipps, S.M.	7 May
Routledge, J.A.	7 May
Baker, G.S.	13 May
Burns, L. BEd	13 May
Constable, S.A.	13 May
Cooke, N.A.	13 May
Hanrahan, A.V.	13 May
Hayes, G.	13 May
Pink, D.C.	13 May
Straw, T.J.	13 May
Brownridge, N. MA BA	16 May
Hodgson, D. BEng CEng MIMechE	19 May
Lee, M.L.	19 May
Turvey, E.E.	19 May
Weglicki, P.S. PhD MSc BSc PGCE	19 May
Bamford, P.J.	21 May
Smith, M.A.	21 May
Chadd, C.D. MSc BEng	23 May
Dempsey, E.J.	23 May
Gilson, J.M.	23 May
Tod, M.A.L. MA	24 May
Tate, J.A.T. BA PGCE	29 May
Robinson, T.M.	3 Jun
Redwood, R.C.	12 Jun
Wastie, M.A.	12 Jun
Calder, G.A.	17 Jun
Cooke, K.J.	17 Jun

ROYAL AIR FORCE VOLUNTEER RESERVE (Training Branch)

Pilot Officers

2003—contd

Name	Date
Crann, C.	17 Jun
Donkin, C.L.	17 Jun
Garraway, A.J.	17 Jun
Liney, F.S.	17 Jun
MacLeod, R.	17 Jun
McKenna, P.	17 Jun
Smith, S.J.B.	17 Jun
Iona, A.	25 Jun
Smith, O.A.	25 Jun
White, J.A. BA	25 Jun
Stephenson, T.	26 Jun
Curd, J.S.K.	7 Jul
Harris, L.	7 Jul
Harry, K.J.	7 Jul
Warr, A.L.	7 Jul
Davies, M.P.	8 Jul
Jones, L.J. BA	8 Jul
Bradshaw, A.D. BSc	15 Jul
Dennis, M.D.	15 Jul
Harris, S.J.	15 Jul
Kent, D.P. BSc	15 Jul
Lamb, K.A. LLB	15 Jul
Prudham, P.T. MSc BSc	15 Jul
Williams, S.J. BSc	15 Jul
Firth, R.M.	18 Jul
Hart, A.L.	18 Jul
White, S.A.	18 Jul
Boulton, S.J.	22 Jul
Reed, R.J.	22 Jul
Wilson, J.L. DPhil MPhys	23 Jul
Birkett, S.J.	24 Jul
Callan, S.	24 Jul
Buckley, M.P.	25 Jul
Benson, A.P.	4 Aug
Gibson, S.L. BSc PGCE	11 Aug
Handalage, D.C.L.	11 Aug
James, H.J. BEd	11 Aug
Caward, I.C.	18 Aug
Edwards, N.G.	18 Aug
Foster-Edwards, D.	18 Aug
Halliday, C.A.	18 Aug
Hargraves, T.J.	18 Aug
Hughes, S.A. cfs(g)	18 Aug
McQueen, R.A.	18 Aug
Robson, M.	18 Aug
Wallace, G.P.	18 Aug
Feast, J.	1 Sep
Seabridge, V.L.	1 Sep
Allerston, K.R.	8 Sep
Buchanan, K.M.	8 Sep
Wiggins, H.R. BA PGCE	8 Sep
Nash, J.M. MA BA PGCE	9 Sep
Rance, C.G.A.	9 Sep
Ross, N.J.A.	9 Sep
Barber, K.L.	16 Sep
Cox, H.V.	16 Sep
Davidson, T.	16 Sep
Davidson, F.M. BA	17 Sep
Kingston, J.R. BMus FRSA	17 Sep
McChristie, T.L. BSc PGCE	17 Sep
Lammas, D.	22 Sep
Chudasama, V.	26 Sep
Doyle, K.D.	26 Sep
Hurst, A.J.	26 Sep
Naylor, S. BA	26 Sep
Phippard, S.J.	26 Sep
Piedade, A.D.J.N.D. BA	26 Sep
Shone, O.	26 Sep
Forbes, K.G.	29 Sep
Mahoney, A.L.	29 Sep
Steele, B.J.	29 Sep
Bone, G.S. BSc	1 Oct
Jones, R.H.	1 Oct
Mcnaught, W.M. GLCM PGCE	1 Oct
Shaw, I.A.	1 Oct
Clements, H.C. BSc PGCE	2 Oct
Forsyth, A.E.	7 Oct
Kirkbright, A.P. BSc	7 Oct
Cheston, K.A.	10 Oct
Beynon, M.	13 Oct
Wall, D.B. BEng	13 Oct
Bean, S.J.	16 Oct
Crossley, D.N.	16 Oct
Norcross, D.P.	16 Oct
Roberts, T.R. BSc	16 Oct
Buckmaster, E.K. BSc PGCE	19 Oct
Cuthew, S.J. BDS	27 Oct
Ireland, J.E. BSc PGCE	27 Oct
Silversides, E.L. BSc	27 Oct
Tyacke, J.A. BA	27 Oct
Woodward, P.A. BSc	27 Oct
Zambon, J.F. BA PGCE	28 Oct
Stephens, W.	29 Oct
Flewin, J.A.	6 Nov
Thomas, M.	6 Nov
Holroyd, M. RMN	12 Nov
Hall, W.A. BSc	17 Nov
Hatton, T.J.	17 Nov
Sawyer, J.A.	17 Nov
Stacey, R.A.	17 Nov
Kaufman, J.E.	24 Nov
Bright, L.S.B.	1 Dec
Dickson, G.M. BA PGCE	1 Dec
Koprowski, B.P.	1 Dec
Millar, N.A. BEng	1 Dec
Reading, B.H.	1 Dec
Smith, T.	1 Dec
Boyce, A.	5 Dec
Dragonetti, N.C. BA PGCE	5 Dec
Bonnett-Jones, S.L.	10 Dec
Davies, C.H.	10 Dec
French, A.J.	10 Dec
Greig, D.	10 Dec
Joyce, A.	10 Dec
Scott, A.D.	10 Dec
Stedman, G.R. BSc cfs(g)	10 Dec
Wielbo, F.T.	10 Dec
Drury, P.M.	11 Dec
Gibson, M.A.	11 Dec
Murfin, I.H.	11 Dec

2004

Name	Date
Pritchard, L.J.	6 Jan
Thompson, A.D.M.	6 Jan
Todd, S.C.	6 Jan
Ongley, E.F. BA PGCE	19 Jan
Sidney, A.V.	19 Jan
Flaxington, R.	21 Jan
Noon, C.A.	21 Jan
Bradshaw, D.J.	27 Jan
Colledge, A.G.L.	27 Jan
Larsen, M.R.	27 Jan
Gough, P.	2 Feb
Hancock, J.B.	2 Feb
Stewart, A.M.	2 Feb
Roth, B.N.	3 Feb
Bolton, R.J.	5 Feb
Harman, N.P.	5 Feb
Poole, D.M.	5 Feb
Bush, J.R.	6 Feb
Wood, D.A. BSc	6 Feb
Clark, J.M.	9 Feb
Lowe, P.J.	9 Feb
Perkin, S.V.	9 Feb
Reece, D.J. cfs(g)	9 Feb
Smith, E.M.B.	9 Feb
Donovan, M.P.	11 Feb
Barber, P.D.	13 Feb
Dodds, S.M.	13 Feb
Petch, P.A.	13 Feb
Samms, A.D.	16 Feb
Dominguez, J. BA	24 Feb
Lee, M.J. BSc	24 Feb
Beveridge, V. BSc DipEd	26 Feb
Cottam, R.	26 Feb
Given, M. PhD BSc PGCE	26 Feb
Jupe, S.C. BEng	26 Feb
Taylor, N.S.	26 Feb
Munns, R.E.	27 Feb
Pearson, S.	27 Feb
Penwarden, K.S. BEng	27 Feb
Davis, A.J.	4 Mar

ROYAL AIR FORCE VOLUNTEER RESERVE (Training Branch)

Pilot Officers

2004—contd

Name	Date
Rimmer, D.G.	4 Mar
Absolom, C.P. BSc	9 Mar
Pollitt, J.N. BSc	9 Mar
Woodburn, L.J. BSc PGCE	9 Mar
Oakley, S.	10 Mar
Clarkson, A.	11 Mar
Hunt, J.A.	11 Mar
Roberts, M.E. BEd	12 Mar
Castle, P.C.	15 Mar
Ford, N.M. BSc	15 Mar
Harrison, F.B.	15 Mar
Martin, J.R.	15 Mar
Mathews, T.J.	15 Mar
Thomson, S.	15 Mar
Johnston, M.	19 Mar
Kyle, M.J.	19 Mar
Wright, M.G.	19 Mar
Caughey, S.	23 Mar
Chaney, C.L.	23 Mar
Murphy, P.D.	23 Mar
Taylor, S.L.	23 Mar
Giuntoli, S.G. MA PGCE	24 Mar
McClelland, A.	24 Mar
Graoui, B. BSc PGCE	29 Mar
Hall, M.A. BSc	29 Mar
McDonald, S.G.M. BA BSc	29 Mar
Hudson, D.A.	30 Mar
Park, A.I.	30 Mar
Phillips, M.A.	30 Mar
Strathearn, J.P.	30 Mar
Calvert, K.D.	5 Apr
Dos Santos, M.M. BSc	7 Apr
Cain, M.A. LLB	16 Apr
Hobbin, S.L. BA	16 Apr
Keir, A.D.J.	16 Apr
Atkinson, D.M.	20 Apr
Dodd, M.J.	20 Apr
Kew, S.J. LLB	20 Apr
Vissani, P.	20 Apr
Waring, L.	20 Apr
Berry, D.J.H. BA PGCE	21 Apr
Hawke, L.G.	21 Apr
Smith, A.M. BSc	21 Apr
Williams, H.M.L. BA	21 Apr
Waters, D.A.	26 Apr
Bates, J.L.	29 Apr
Bruce, D.C. BEng	29 Apr
Toop, J. BA PGCE	29 Apr
Whiteley, G.H. BEd	29 Apr
Brown, P.A.	7 May
Fielding, C.G.	10 May
Godfrey, S.D.	10 May
Gray, S.	10 May
Blackburn, J.F.	11 May
Stevenson, M.C.	11 May
Brand, V.	14 May
Hall, E.L.	14 May
Hobbs, G.R.E.	14 May
Luker, H.L. BSc	14 May
Saheid, R.J.	14 May
Thompson, D.H.	14 May
Hobbs, W.J.D.	17 May
Mason, L.	17 May
Thomas, P.V.	17 May
Vaughan, W.T. BEng PGCE	17 May
Copley, L.D. BEng	21 May
Mason, K. BEng	21 May
McGuire, J.K. BSc	21 May
Nutt, D.A. BSc	21 May
Pardoe, B.D.	21 May
Smith, G. BA	21 May
Metcalfe, T.	27 May
Barker, J.J. BA	2 Jun
Smith, P.A.	2 Jun
Faulkner, A.M. BA	15 Jun
Gallagher, I.S.H.	15 Jun
Hawkin, N. BSc	15 Jun
Lindsay, S.J.	15 Jun
Sheedy, J.D.	15 Jun
Davies, B.M.	18 Jun
McGuirk, S.E.J.	18 Jun
Roberts, G.T.	18 Jun
Williams, E.C. BA BSc	18 Jun
Egerton, E.G.	21 Jun
Lindley, J.R.	21 Jun
Beasley, M.D.	22 Jun
Garrett, C.	22 Jun
Peacock, L.E.	22 Jun
Campbell, L.	24 Jun
Gilchrist, E. BSc	24 Jun
Gregory, G.D.	24 Jun
Guild, J.	28 Jun
Hainsworth, V.C.	28 Jun
Haldane, M.	28 Jun
Lam, S.J. BSc	28 Jun
McAuley, S.P.	28 Jun
Scott, K.	28 Jun
Scott, W. BEng	28 Jun
Smith, M.	28 Jun
Blane, G.	1 Jul
Colclough, D.A. BSc PGCE	1 Jul
Henderson, N. BSc	1 Jul
Jago, L.	1 Jul
Riley, A.	1 Jul
Dudley, H.C.	6 Jul
Kisley, K.T.	6 Jul
Tocher, C.G.	6 Jul
Fingland, S.P.G. BA	12 Jul
Flynn, K.J.P.	12 Jul
Hodgetts, R.I. BSc PGCE	12 Jul
Ashraf, W. PhD BSc	19 Jul
Elson, R.M. PGCE	19 Jul
Emmons, E.C.	19 Jul
Gaw, R.J.	19 Jul
Jerram, M.S.	19 Jul
Murray, M.E.	19 Jul
Riding, S.	19 Jul
Harrison, J. LLB	21 Jul
Holland, S.	21 Jul
Gregg, J.A.L. BSc	27 Jul
Roberts, D.K. MSc CEng	27 Jul
Rowley, D.J. BEng MIEE MBCS	27 Jul
Williams, R.D. BSc	27 Jul
Hosell, K.	28 Jul
Illston, K.	28 Jul
Lukaszewicz, A.S.	28 Jul
Snowball, D.C.	28 Jul
Aitken, C.S. BEng	3 Aug
Curran, R.D.	3 Aug
Norman, D.J.	3 Aug
Barley, T.D.	10 Aug
Olver, K.E.	10 Aug
Upton, S.J.	10 Aug
Partridge, C.	15 Aug
Kay, S.E.	23 Aug
Kilkenny, I.	23 Aug
Kirtley, S.W.	23 Aug
Lawton, S.M.	23 Aug
Bull, A.M.	1 Sep
Correa, C.R.	1 Sep
Potter, N.J.S.C. BSc	1 Sep
Sneath, D.R.W.	1 Sep
Hobbs, E.M. BSc PGCE	6 Sep
Eades, D.L.	10 Sep
Wiles, B.N.	10 Sep
Wootton, N.B. BSc(Ed)	10 Sep
Atkins, S.T.E. BSc	13 Sep
Davies, D.	13 Sep
Evans, B.C.	13 Sep
Pritchett, S.R.	13 Sep
Watts, S. BSc	13 Sep
Howard, J.C. BEd CertEd	23 Sep
McGlennon, A. BA PGCE	23 Sep
Stuart-Gordon, T.I.A.T. MA	23 Sep
Adams, N.J.	27 Sep
Witts, S.L. MSc BSc	27 Sep
Clarke, S.M. BSc PGCE	1 Oct
Cranch, J.D. BSc PGCE	1 Oct
Hughes, A.M.	1 Oct
Kelsey, P.R. BEd	1 Oct
Wigfield, G. DipEd	1 Oct
Baines, C.E.	5 Oct
Neep, C.B. BA CertEd	5 Oct

ROYAL AIR FORCE VOLUNTEER RESERVE (Training Branch)

Pilot Officers

2004—contd

Name	Date
Beagrie, G. BEng	12 Oct
Carter, J.	12 Oct
Hartnell, A.	12 Oct
Hunter, S.J.	12 Oct
Jackson, R. BSc	12 Oct
Spoor, J.W. BSc	12 Oct
Rimington, J.L.	14 Oct
Bushell, L.M.	18 Oct
Doolan, P.T.	18 Oct
Trudgeon, H.L.	18 Oct
Chaulia, T.	20 Oct
Dodd, J.R.	20 Oct
Lynegar, B.A.	20 Oct
John, S.J.	21 Oct
Moore, R.	21 Oct
Lyons, P.C.	25 Oct
Moseley, G.E.	5 Nov
Arnott, E.J. BSc	8 Nov
Battersby, H. BSc PGCE	8 Nov
Cowling, P.R. BSc	8 Nov
Madley, A.J.	8 Nov
Hawkins, J.L.	9 Nov
Bonhomme, E.M.	10 Nov
Bryant, A.C.	10 Nov
Rabey, K.N.	10 Nov
Evans, R.G. BSc PGCE	15 Nov
Foley, M.C. MSc BSc PGCE	15 Nov
Hine, R.E. BSc PGCE	15 Nov
Seal, A.D. BEng	15 Nov
King, S.J. BA PGCE	16 Nov
Fenlon, M.J.	22 Nov
Morgan, S.J. BSc	22 Nov
Buckley, F.A.	23 Nov
Nash, S.J.	23 Nov
Turner, A.	23 Nov
Vile, D.J.	24 Nov
Allwood, M.	8 Dec
Brannan, G.	8 Dec
Chelley, C.J.	8 Dec
Ewart, C.B. BA PGCE	8 Dec
Farrington, V.	8 Dec
Holden, A.C. MTh BD	8 Dec
Khan, N.B. MSc BSc PGCE	8 Dec
Logan, B.J.	8 Dec
Pringle, C.S.M.	8 Dec
Simpson, M.P. BEng	8 Dec
Hayward-Bradley, K.F. MA PGCE	10 Dec
McDonald, C.N. BA PGCE	10 Dec
Lagna-Fietta, F.	14 Dec
Letherby, N.W.J.	14 Dec
Mahiz, U.	14 Dec
Sagoo, S.S.	14 Dec
Colgan, L.M. BA PGCE	15 Dec
Westwood, J.D. MSc BSc PGCE	16 Dec
Chown, G.	27 Dec

2005

Name	Date
Houghton, M.E.	4 Jan
Moore, J.C.	4 Jan
Rowan, T. BSc	4 Jan
Bixby, N.J. MA BFA PGCE	12 Jan
Singh, S.	12 Jan
Manekshaw, Z.N.M. MA	14 Jan
McMorrow, T.M. PhD MA LLB	14 Jan
Parry, C.J. BSc	14 Jan
Strachan, B.D.	14 Jan
Auld, H.A.G. BA PGCE	18 Jan
Burton, T.J.	18 Jan
Dewick, P.A.	18 Jan
Horabin, D.K.	18 Jan
Oyns, D.H.C. BA	18 Jan
Masefield, M.J.	28 Jan
Owen, S.R.	28 Jan
Brown, S.M. BSc PGCE	31 Jan
Francis, C.R.	31 Jan
Boustead, D.W.	2 Feb
Dolan, S.P.	2 Feb
Hall, N.L.	2 Feb
Needham, R.L.	2 Feb
Carnegie, D. MA PGCE	7 Feb
Milnes, A.G.	7 Feb
Pritchard, S.	7 Feb
Wallace, N.A. BSc	7 Feb
Dolding, P.J.D. PhD MSc BSc PGCE	11 Feb
Parry, R.A. MA BSc PGCE	11 Feb
Sweeney, J.F.M.	11 Feb
Byng, C. BSc	15 Feb
Nolan, M. BA	15 Feb
Lomas, T.M. BSc PGCE	25 Feb
Hunting, P. BA	28 Feb
Ireson, H.M.	28 Feb
Romero, M.A.	28 Feb
Sweetmore, A.P. BEng AMIIE AMIMechE	28 Feb
Turnbull, C.I.	28 Feb
Lunn, C.W. BEng	3 Mar
Taylor, S.J.	3 Mar
Harries, M. MA BA PGCE	6 Mar
Armitage, P.J.	10 Mar
Claber, L.C.	10 Mar
Andrews, P.	14 Mar
Atkins, P.M.	14 Mar
Gordon, E.J.	14 Mar
Rose, I.A. BEng	14 Mar
Weston, C.A. BSc PGCE	14 Mar
Kanasewich, A.S. BSc BEd	15 Mar
Bridges, C.	22 Mar
Wright, S.L. BA	22 Mar
Averill, T.J.	4 Apr
Smith, D.V.	4 Apr
Hartle, E.A.M.	6 Apr
Lewis, P.J.	6 Apr
Markwell, L.	6 Apr
Wilks, R.C.	6 Apr
Bissell, R.A.	11 Apr
Parfitt, N.D.	11 Apr
Shapland, G.H.	11 Apr
Demers, R.	13 Apr
Chetcuti, K.M.	18 Apr
Christie, C.A. BSc PGCE	18 Apr
Jones, J.D.	18 Apr
Ramgoolam, C.A. BEd	18 Apr
Graham, T.P.	21 Apr
Mortimer, G.V.	21 Apr
Rivett, A.R. BSc	21 Apr
Butler, K.R. MEng	25 Apr
Ewing, K.M. MA PGCE	25 Apr
Bowyer, M.R.	28 Apr
Rutter, S.J.	28 Apr

BATTLE HONOURS—RAF SQUADRONS

(**BOLD** PRINT INDICATES HONOURS ACTUALLY EMBLAZONED ON THE EXISTING STANDARD)

1 SQUADRON RAF

1st STANDARD PRESENTED 24 APRIL 1953 BY AVM SIR CHARLES LONGCROFT.
2nd STANDARD PRESENTED 27 JUNE 1983 BY MRAF SIR DERMOT BOYLE.

HONOURS WITH THE RIGHT TO EMBLAZONMENT

WESTERN FRONT, 1915–1918   YPRES, 1915   NEUVE CHAPPELLE   LOOS   **SOMME, 1916**   ARRAS LYS YPRES, 1917
SOMME, 1918   HINDENBERG LINE   AMIENS   **INDEPENDENT FORCE & GERMANY, 1918**
FRANCE & LOW COUNTRIES, 1939–1940   **BATTLE OF BRITAIN, 1940**   CHANNEL & NORTH SEA, 1941–1945
HOME DEFENCE, 1940–1945   **FORTRESS EUROPE, 1941–1944**   ARNHEM   NORMANDY, 1944
FRANCE & GERMANY, 1944–1945   BISCAY, 1944–1945   RHINE   **SOUTH ATLANTIC, 1982**   KOSOVO   IRAQ, 2003

HONOURS WITHOUT THE RIGHT TO EMBLAZONMENT

KURDISTAN, 1922–1925   IRAQ, 1923–1925

2 SQUADRON RAF

1st STANDARD PRESENTED 31 OCTOBER 1953 BY ACM SIR ROBERT M FOSTER.
2nd STANDARD PRESENTED 30 MAY 1984 BY ACM SIR ALASDAIR STEEDMAN.

HONOURS WITH THE RIGHT TO EMBLAZONMENT

WESTERN FRONT, 1914–1918   MONS   **NEUVE CHAPPELLE**   **YPRES, 1915**   LOOS   **SOMME, 1916**   ARRAS
SOMME, 1918   LYS   **FRANCE & LOW COUNTRIES, 1939–1940**   **DUNKIRK**   FORTRESS EUROPE, 1942–1944
FRANCE & GERMANY, 1944–1945   **NORMANDY, 1944**   **ARNHEM**   WALCHEREN   RHINE   **GULF, 1991**   IRAQ, 2003

3 SQUADRON RAF

1st STANDARD PRESENTED 11 DECEMBER 1953 BY ACM SIR PHILIP JOUBERT de la FERTE.
2nd STANDARD PRESENTED 3 JUNE 1983 BY AM SIR PATRICK B HINE.

HONOURS WITH THE RIGHT TO EMBLAZONMENT

WESTERN FRONT, 1914–1918   MONS   NEUVE CHAPELLE   LOOS   SOMME, 1916   CAMBRAI, 1917   **SOMME, 1918**
HINDENBERG LINE   **FRANCE & LOW COUNTRIES, 1940**   **BATTLE OF BRITAIN, 1940**   HOME DEFENCE, 1940–1945
DIEPPE   FORTRESS EUROPE, 1942–1944   CHANNEL AND NORTH SEA, 1941–1945   **NORMANDY, 1944**   **ARNHEM**
RHINE   **FRANCE & GERMANY, 1944–1945**   IRAQ, 2003

BATTLE HONOURS—RAF SQUADRONS

4 SQUADRON RAF

1st STANDARD PRESENTED 20 NOVEMBER 1953 BY MRAF SIR JOHN SLESSOR.
2nd STANDARD PRESENTED 6 JULY 1984 BY AM SIR PATRICK B HINE.

HONOURS WITH THE RIGHT TO EMBLAZONMENT

WESTERN FRONT, 1914–1918 **MONS** NEUVE CHAPPELLE SOMME, 1916 **YPRES, 1917** LYS **SOMME, 1918** **FRANCE & LOW COUNTRIES, 1939–1940** FORTRESS EUROPE, 1942–1944 **FRANCE & GERMANY, 1944–1945** **NORMANDY, 1944 ARNHEM** RHINE IRAQ, 2003

5 SQUADRON RAF

1st STANDARD PRESENTED 24 APRIL 1954 BY ACM SIR LESLIE N HOLLINGHURST.
2nd STANDARD PRESENTED 11 AUGUST 1983 BY AVM G A WHITE.

HONOURS WITH THE RIGHT TO EMBLAZONMENT

WESTERN FRONT, 1914–1918 **MONS** NEUVE CHAPPELLE **YPRES, 1915 LOOS** ARRAS **SOMME, 1918 AMIENS** HINDENBERG LINE **ARAKAN, 1942–1944** MANIPUR, 1944 **BURMA, 1944–1945**

HONOURS WITHOUT THE RIGHT TO EMBLAZONMENT

WAZIRISTAN, 1920–1925 MOHMAND, 1927 NORTH WEST FRONTIER, 1930–1931
NORTH WEST FRONTIER, 1935–1939

6 SQUADRON RAF

1st STANDARD PRESENTED 31 JANUARY 1954 BY AM SIR CLAUDE B R PELLY.
2nd STANDARD PRESENTED 31 OCTOBER 1980 BY ACM SIR KEITH WILLIAMSON.

HONOURS WITH THE RIGHT TO EMBLAZONMENT

WESTERN FRONT, 1914–1918 NEUVE CHAPPELLE YPRES, 1915 LOOS **SOMME, 1916** YPRES, 1917 **AMIENS HINDENBURG LINE** **EGYPT & LIBYA, 1940–1943** **EL ALAMEIN** EL HAMMA ITALY, 1944–1945 SOUTH EAST EUROPE, 1944–1945 **GULF, 1991**

HONOURS WITHOUT THE RIGHT TO EMBLAZONMENT

IRAQ, 1919–1920 KURDISTAN, 1922–1924 PALESTINE, 1936–1939

7 SQUADRON RAF

1st STANDARD PRESENTED 9 OCTOBER 1953 BY MRAF SIR JOHN SALMOND.
2nd STANDARD PRESENTED 8 JUNE 1978 BY HRH PRINCESS ALICE DUCHESS OF GLOUCESTER.
3rd STANDARD PRESENTED 4 APRIL 2004 BY HRH THE PRINCE OF WALES.

HONOURS WITH THE RIGHT TO EMBLAZONMENT

WESTERN FRONT, 1915–1918 YPRES, 1915 LOOS **SOMME, 1916** YPRES, 1917 **FORTRESS EUROPE, 1941–1944 BISCAY PORTS, 1941–1944** RUHR, 1942–1945 GERMAN PORTS, 1942–1945 **BERLIN, 1943–1945** **FRANCE & GERMANY, 1944–1945** NORMANDY, 1944 RHINE **GULF, 1991** IRAQ, 2003

HONOURS WITHOUT THE RIGHT TO EMBLAZONMENT

KOSOVO

BATTLE HONOURS—RAF SQUADRONS

8 SQUADRON RAF

1st STANDARD PRESENTED 9 APRIL 1954 BY SIR TOM HICKINBOTHAM.
2nd STANDARD PRESENTED 25 FEBRUARY 1967 BY HIS EXCELLENCY SIR RICHARD TURNBALL.
3rd STANDARD PRESENTED 28 MAY 1992 BY HRH THE DUKE OF GLOUCESTER.

HONOURS WITH THE RIGHT TO EMBLAZONMENT

WESTERN FRONT, 1915–1918   LOOS   SOMME, 1916   ARRAS   CAMBRAI, 1917   SOMME, 1918   AMIENS   HINDENBURG LINE   **EAST AFRICA, 1940–1941   EASTERN WATERS, 1942–1945   BURMA, 1945**

HONOURS WITHOUT THE RIGHT TO EMBLAZONMENT

KURDISTAN, 1922–1924   ADEN, 1928   ADEN, 1929   ADEN, 1934   KOSOVO   IRAQ, 2003

9 SQUADRON RAF

1st STANDARD PRESENTED 9 OCTOBER 1956 BY ACM SIR HUGH PUGHE LLOYD.
2nd STANDARD PRESENTED 23 MAY 1984 BY ACM SIR DAVID CRAIG.

HONOURS WITH THE RIGHT TO EMBLAZONMENT

WESTERN FRONT, 1915–1918   SOMME, 1916   YPRES, 1917   AMIENS   HINDENBURG LINE   CHANNEL & NORTH SEA, 1939–1945   BALTIC, 1939–1945   FRANCE & LOW COUNTRIES, 1940   NORWAY, 1940   GERMAN PORTS, 1940–1945   **FORTRESS EUROPE, 1940–1944   BERLIN, 1941–1945**   BISCAY PORTS, 1940–1945   **RUHR, 1940–1945**   FRANCE & GERMANY, 1944–1945   **TIRPITZ   THE DAMS**   RHINE   **GULF, 1991**   KOSOVO   IRAQ, 2003

10 SQUADRON RAF

1st STANDARD PRESENTED 21 OCTOBER 1958 BY HRH THE PRINCESS MARGARET.
2nd STANDARD PRESENTED 30 SEPTEMBER 1988 BY RT HON MARGARET THATCHER.

HONOURS WITH THE RIGHT TO EMBLAZONMENT

WESTERN FRONT, 1915–1918   LOOS   SOMME, 1916   **ARRAS**   SOMME, 1918   **INVASION PORTS, 1940**   CHANNEL & NORTH SEA, 1940–1945   NORWAY, 1940   **FORTRESS EUROPE, 1940–1944**   BISCAY PORTS, 1940–1945   **RUHR, 1940–1945**   GERMAN PORTS, 1940–1945   **NORMANDY, 1944**   **BERLIN, 1940–1945**   FRANCE & GERMANY, 1944–1945   RHINE

HONOURS WITHOUT THE RIGHT TO EMBLAZONMENT

GULF, 1991   IRAQ, 2003

12 SQUADRON RAF

1st STANDARD PRESENTED 23 JUNE 1954 BY MRAF THE LORD NEWALL.
2nd STANDARD PRESENTED 21 FEBRUARY 1975 BY AM SIR NIGEL MAYNARD.

HONOURS WITH THE RIGHT TO EMBLAZONMENT

WESTERN FRONT, 1915–1918   **LOOS**   SOMME, 1916   ARRAS   **CAMBRAI, 1917   SOMME, 1918**   HINDENBURG LINE   **FRANCE & LOW COUNTRIES, 1939–1940**   **MEUSE BRIDGES**   FORTRESS EUROPE, 1940–1944   GERMAN PORTS, 1941–1945   BISCAY PORTS, 1940–1945   **BERLIN, 1941–1945**   RUHR, 1941–1945   FRANCE & GERMANY, 1944–1945   **RHINE   GULF, 1991**   IRAQ, 2003

BATTLE HONOURS—RAF SQUADRONS

13 SQUADRON RAF

1st STANDARD PRESENTED 3 MAY 1957 BY FM SIR JOHN HARDING.
2nd STANDARD PRESENTED 12 FEBRUARY 1993 BY HRH THE DUKE OF KENT.

HONOURS WITH THE RIGHT TO EMBLAZONMENT

WESTERN FRONT, 1915–1918   SOMME, 1916   **ARRAS**   **CAMBRAI, 1917**   **SOMME, 1918**   HINDENBURG LINE
FRANCE & LOW COUNTRIES, 1939–1940   **DIEPPE**   **NORTH AFRICA, 1942–1943**   MEDITERRANEAN, 1943
ITALY, 1944–1945   GUSTAV LINE   GOTHIC LINE   **GULF, 1991**

14 SQUADRON RAF

1st STANDARD PRESENTED 21 AUGUST 1954 BY AVM T C TRAILL.
2nd STANDARD PRESENTED 26 NOVEMBER 1982 BY ACM SIR KEITH WILLIAMSON.

HONOURS WITH THE RIGHT TO EMBLAZONMENT

EGYPT, 1915–1917   ARABIA, 1916–1917   **PALESTINE, 1917–1918**   GAZA   MEGIDDO   **EAST AFRICA, 1940–1941**
EGYPT & LIBYA, 1941–1942   MEDITERRANEAN, 1941–1943   SICILY, 1943   ATLANTIC, 1945   **GULF, 1991**   KOSOVO

HONOURS WITHOUT THE RIGHT TO EMBLAZONMENT

TRANSJORDAN, 1924   PALESTINE,1936–1939

18 SQUADRON RAF

1st STANDARD PRESENTED 14 JUNE 1962 BY HRH THE PRINCESS MARGARET.
2nd STANDARD PRESENTED 3 FEBRUARY 1989 BY ACM SIR PETER HARDING.

HONOURS WITH THE RIGHT TO EMBLAZONMENT

WESTERN FRONT, 1915–1918   SOMME, 1916   **SOMME, 1918**   LYS   **HINDENBURG LINE**
FRANCE & LOW COUNTRIES, 1940   **INVASION PORTS, 1940**   FORTRESS EUROPE, 1940–1942
CHANNEL & NORTH SEA, 1940–1941   GERMAN PORTS, 1940–1941   **MALTA, 1941–1942**   EGYPT & LIBYA, 1942
NORTH AFRICA, 1942–1943   MEDITERRANEAN, 1943   SICILY, 1943   SALERNO   SOUTH EAST EUROPE, 1943–1944
ITALY, 1943–1945   GOTHIC LINE   **SOUTH ATLANTIC, 1982**   **GULF, 1991**

HONOURS WITHOUT THE RIGHT TO EMBLAZONMENT

IRAQ, 2003

22 SQUADRON RAF

1st STANDARD PRESENTED 20 OCTOBER 1960 BY AM SIR RALPH SORLEY.
2nd STANDARD PRESENTED 15 MARCH 1978 BY ACM SIR DAVID EVANS.

HONOURS WITH THE RIGHT TO EMBLAZONMENT

WESTERN FRONT, 1916–1918   **SOMME, 1916**   **YPRES, 1917**   CAMBRAI, 1917   SOMME, 1918   LYS   AMIENS
HINDENBURG LINE   **CHANNEL & NORTH SEA, 1939–1941**   FRANCE & LOW COUNTRIES, 1940
INVASION PORTS, 1940   BISCAY PORTS, 1940–1941   **MEDITERRANEAN, 1942**   EASTERN WATERS, 1942–1945
BURMA, 1944–1945

23 SQUADRON RAF

1st STANDARD PRESENTED 28 JUNE 1957 BY MRAF SIR JOHN SLESSOR.
2nd STANDARD PRESENTED 2 FEBRUARY 1987 BY AM SIR ANTHONY SKINGSLEY.

HONOURS WITH THE RIGHT TO EMBLAZONMENT

HOME DEFENCE, 1916 WESTERN FRONT, 1916–1918 SOMME, 1916 ARRAS **YPRES, 1917** **SOMME, 1918** **CHANNEL & NORTH SEA, 1939–1940** FORTRESS EUROPE, 1940-1944 **NORTH AFRICA, 1943** SICILY, 1943 **ITALY, 1943–1944** **ANZIO & NETTUNO** **FRANCE & GERMANY, 1944–1945** RUHR, 1944–1945

HONOURS WITHOUT THE RIGHT TO EMBLAZONMENT

KOSOVO   IRAQ, 2003

24 SQUADRON RAF

1st STANDARD PRESENTED 4 MARCH 1954 BY AM SIR CHARLES E N GUEST.
2nd STANDARD PRESENTED 15 SEPTEMBER 1981 BY HRH THE PRINCESS ANNE.

HONOURS WITH THE RIGHT TO EMBLAZONMENT

WESTERN FRONT, 1916–1918 SOMME, 1916 SOMME, 1918 **AMIENS** **HINDENBURG LINE** **FRANCE & LOW COUNTRIES, 1939–1940** **MALTA, 1942** **NORTH AFRICA, 1942–1943** ITALY, 1943–1944 **BURMA, 1944–1945**

HONOURS WITHOUT THE RIGHT TO EMBLAZONMENT

GULF, 1991

25 SQUADRON RAF

1st STANDARD PRESENTED 21 JUNE 1954 BY AM SIR DERMOT BOYLE.
2nd STANDARD PRESENTED 15 MAY 1984 BY ACM SIR THOMAS KENNEDY.

HONOURS WITH THE RIGHT TO EMBLAZONMENT

HOME DEFENCE, 1916 **WESTERN FRONT, 1916–1918** SOMME, 1916 ARRAS **YPRES, 1917** **CAMBRAI, 1917** **SOMME, 1918** LYS HINDENBURG LINE CHANNEL & NORTH SEA, 1939–1941 **BATTLE OF BRITAIN, 1940** FORTRESS EUROPE, 1943–1944 HOME DEFENCE, 1940–1945 FRANCE & GERMANY, 1944–1945

BATTLE HONOURS—RAF SQUADRONS

27 SQUADRON RAF

1st STANDARD PRESENTED 7 JANUARY 1955 BY AVM A E BORTON.
2nd STANDARD PRESENTED 22 JUNE 1979 BY ACM SIR DAVID EVANS.

HONOURS WITH THE RIGHT TO EMBLAZONMENT

WESTERN FRONT, 1916–1918   SOMME, 1916   ARRAS   YPRES, 1917   CAMBRAI, 1917   SOMME, 1918   LYS   AMIENS   HINDENBURG LINE   MALAYA, 1941–1942   ARAKAN, 1942–1944   NORTH BURMA, 1944   BURMA, 1944–1945   GULF, 1991

HONOURS WITHOUT THE RIGHT TO EMBLAZONMENT

MAHSUD, 1920   WAZIRISTAN, 1920–1925   MOHMAND, 1927
NORTH WEST FRONTIER, 1930–1931   MOHMAND, 1933
NORTH WEST FRONTIER, 1935–1939

28 SQUADRON RAF

1st STANDARD PRESENTED 16 MARCH 1955 BY AM F J FRESSANGES.
2nd STANDARD PRESENTED 29 JUNE 1977 BY HE SIR MURRAY MACLEHOSE.

HONOURS WITH THE RIGHT TO EMBLAZONMENT

ITALIAN FRONT & ADRIATIC, 1917–1918   PIAVE   VITTORIO VENETO   BURMA, 1942   ARAKAN, 1943–1944   MANIPUR, 1944   BURMA, 1944–1945

HONOURS WITHOUT THE RIGHT TO EMBLAZONMENT

WAZIRISTAN, 1921–1925   NORTH WEST FRONTIER, 1939

30 SQUADRON RAF

1st STANDARD PRESENTED 1 JULY 1954 BY ACM SIR JAMES M ROBB.
2nd STANDARD PRESENTED 18 MAY 1978 BY HRH THE PRINCESS ANNE.
3rd STANDARD PRESENTED 24 JUNE 2004 BY AM CLIVE LOADER.

HONOURS WITH THE RIGHT TO EMBLAZONMENT

EGYPT, 1915   MESOPOTAMIA, 1915–1918   EGYPT & LIBYA, 1940–1942   GREECE, 1940–1941
MEDITERRANEAN, 1940–1941   CEYLON APRIL, 1942   ARAKAN, 1944   BURMA, 1944–1945

HONOURS WITHOUT THE RIGHT TO EMBLAZONMENT

IRAQ, 1919-1920   NORTH WEST PERSIA, 1920   KURDISTAN, 1922–1924   IRAQ, 1923–1925   IRAQ, 1928–1929
KURDISTAN, 1930–1931   NORTHERN KURDISTAN, 1932   GULF, 1991

BATTLE HONOURS—RAF SQUADRONS

31 SQUADRON RAF

1st STANDARD PRESENTED 13 SEPTEMBER 1956 BY ACM SIR ALEC CORYTON.
2nd STANDARD PRESENTED 14 NOVEMBER 1986 BY AM SIR LESLIE MAVOR.

HONOURS WITH THE RIGHT TO EMBLAZONMENT

**NORTH WEST FRONTIER, 1916–1918   IRAQ, 1941   SYRIA, 1941   EGYPT & LIBYA, 1941–1942   BURMA, 1941–1942
NORTH BURMA, 1943–1944   ARAKAN, 1943–1944   MANIPUR, 1944   BURMA, 1944–1945   GULF, 1991   KOSOVO
IRAQ, 2003**

HONOURS WITHOUT THE RIGHT TO EMBLAZONMENT

AFGHANISTAN, 1919   MAHSUD, 1919–1920   WAZIRISTAN, 1919–1925   NORTH WEST FRONTIER, 1939

32 (THE ROYAL) SQUADRON RAF

1st STANDARD PRESENTED 6 JUNE 1957 BY ACM SIR JAMES M ROBB.
2nd STANDARD PRESENTED 6 JUNE 1987 BY ACM SIR MICHAEL KNIGHT.

HONOURS WITH THE RIGHT TO EMBLAZONMENT

WESTERN FRONT, 1916–1918   **SOMME, 1916–1918**   ARRAS   YPRES, 1917   AMIENS
FRANCE & LOW COUNTRIES, 1939–1940   **BATTLE OF BRITAIN, 1940**   HOME DEFENCE, 1940–1942   DIEPPE
NORTH AFRICA, 1942–1943   ITALY, 1943   **SOUTH EAST EUROPE, 1944–1945**

HONOURS WITHOUT THE RIGHT TO EMBLAZONMENT

GULF, 1991

33 SQUADRON RAF

1st STANDARD PRESENTED 24 APRIL 1958 BY ACM SIR PHILIP JOUBERT de la FERTE.
2nd STANDARD PRESENTED 19 MAY 1988 BY ACM SIR DENIS SMALLWOOD.

HONOURS WITH THE RIGHT TO EMBLAZONMENT

**HOME DEFENCE, 1916–1918   EGYPT & LIBYA, 1940–1943   GREECE, 1941   EL ALAMEIN
FRANCE & GERMANY, 1944–1945   NORMANDY, 1944   WALCHEREN   RHINE   GULF, 1991**

HONOURS WITHOUT THE RIGHT TO EMBLAZONMENT

PALESTINE, 1936–1939   IRAQ, 2003

BATTLE HONOURS—RAF SQUADRONS

39(1 PRU) SQUADRON RAF

1st STANDARD PRESENTED 26 JUNE 1954 BY AM SIR CLAUDE B R PELLY.
2nd STANDARD PRESENTED 25 SEPTEMBER 1981 BY ACM SIR KEITH WILLIAMSON.

HONOURS WITH THE RIGHT TO EMBLAZONMENT
HOME DEFENCE, 1916–1918   EAST AFRICA, 1940   EGYPT & LIBYA, 1940–1943   GREECE, 1941
MEDITERRANEAN, 1941–1943   MALTA, 1942   NORTH AFRICA, 1942–1943   SOUTH EAST EUROPE, 1944–45

HONOURS WITHOUT THE RIGHT TO EMBLAZONMENT
NORTH WEST FRONTIER, 1930–1931   MOHMAND, 1933   NORTH WEST FRONTIER, 1935–1939   IRAQ, 2003

41 SQUADRON RAF

1st STANDARD PRESENTED 14 JULY 1957 BY AM SIR THEODORE MCEVOY.
2nd STANDARD PRESENTED 5 DECEMBER 1985 BY ACM SIR PETER HARDING.

HONOURS WITH THE RIGHT TO EMBLAZONMENT
WESTERN FRONT, 1916–1918   SOMME, 1916   ARRAS   CAMBRAI, 1917   SOMME, 1918   LYS   **AMIENS**
BATTLE OF BRITAIN, 1940   HOME DEFENCE, 1940–1944   **FORTRESS EUROPE, 1940–1944**   **DIEPPE**
FRANCE & GERMANY, 1944–1945   ARNHEM   WALCHEREN   **GULF, 1991**

43 SQUADRON RAF

1st STANDARD PRESENTED 4 JUNE 1957 BY HM QUEEN ELIZABETH II.
2nd STANDARD PRESENTED 26 MAY 1988 BY HM QUEEN ELIZABETH II.

HONOURS WITH THE RIGHT TO EMBLAZONMENT
WESTERN FRONT, 1917–1918   ARRAS   YPRES, 1917   CAMBRAI, 1917   **SOMME, 1918**   LYS   AMIENS   **DUNKIRK**
BATTLE OF BRITAIN, 1940   HOME DEFENCE, 1940–1942   FORTRESS EUROPE, 1942   DIEPPE
NORTH AFRICA, 1942–1943   SICILY, 1943   SALERNO   ITALY, 1943–1945   **ANZIO & NETTUNO**   GUSTAV LINE

HONOURS WITHOUT THE RIGHT TO EMBLAZONMENT
GULF, 1991   IRAQ, 2003

47 SQUADRON RAF

1st STANDARD PRESENTED 25 MARCH 1955 BY MRAF SIR JOHN SLESSOR.
2nd STANDARD PRESENTED 3 MAY 1984 BY HRH THE PRINCESS ANNE.

HONOURS WITH THE RIGHT TO ENBLAZONMENT
MACEDONIA,   1916–1918   EAST AFRICA, 1940–1941   EGYPT & LIBYA, 1942   MEDITERRANEAN, 1942–1943
BURMA, 1945   IRAQ, 2003

HONOURS WITHOUT THE RIGHT TO EMBLAZONMENT
SOUTH ATLANTIC, 1982   GULF, 1991

BATTLE HONOURS—RAF SQUADRONS

51 SQUADRON RAF

1st STANDARD PRESENTED 9 JULY 1968 BY ACM SIR WALLACE KYLE.
2nd STANDARD PRESENTED 11 NOVEMBER 1999 BY HRH THE DUKE OF GLOUCESTER.

HONOURS WITH THE RIGHT TO EMBLAZONMENT

HOME DEFENCE, 1916–1918   CHANNEL & NORTH SEA, 1940–1943   **NORWAY, 1940**
FRANCE & LOW COUNTRIES, 1940 **RUHR, 1940–1945** **FORTRESS EUROPE, 1940–1944** GERMAN PORTS, 1940–1945
INVASION PORTS, 1940   BISCAY PORTS, 1940–1944   BERLIN, 1940–1944   **BALTIC, 1940–1944**   BISCAY, 1942
ITALY, 1943 **FRANCE & GERMANY, 1944–1945**   NORMANDY, 1944   RHINE   WALCHEREN

HONOURS WITHOUT THE RIGHT TO EMBLAZONMENT

SOUTH ATLANTIC, 1982   GULF, 1991   KOSOVO   IRAQ, 2003

70 SQUADRON RAF

1st STANDARD PRESENTED 16 JULY 1955 BY AVM SIR HAZELTON NICHOLL.
2nd STANDARD PRESENTED 3 MAY 1984 BY HRH THE PRINCESS ANNE.

HONOURS WITH THE RIGHT TO EMBLAZONMENT

WESTERN FRONT, 1916–1918   SOMME, 1916   ARRAS   **YPRES, 1917**   SOMME, 1918   **MEDITERRANEAN, 1940–1943**
EGYPT & LIBYA, 1940–1943   GREECE, 1940–1941   SYRIA, 1941   **IRAQ, 1941**   EL ALAMEIN
NORTH AFRICA, 1942–1943   EL HAMMA   SICILY, 1943   **ITALY, 1943–1945**   SALERNO   ANZIO & NETTUNO
GUSTAV LINE   GOTHIC LINE   **SOUTH EAST EUROPE, 1944–1945**

HONOURS WITHOUT THE RIGHT TO EMBLAZONMENT

KURDISTAN, 1922–1924   IRAQ, 1928–1929   KURDISTAN, 1930–1931   NORTHERN KURDISTAN, 1932
NORTH WEST FRONTIER, 1937   SOUTH ATLANTIC, 1982   GULF, 1991

78 SQUADRON RAF

STANDARD PRESENTED 11 FEBRUARY 1965 BY Lt Gen SIR CHARLES HARINGTON.

HONOURS WITH THE RIGHT TO EMBLAZONMENT

HOME DEFENCE, 1916–1918   **FORTRESS EUROPE, 1940–1944**   RUHR, 1940–1945   INVASION PORTS, 1940
BISCAY PORTS, 1940–1943   **BERLIN, 1940–1944**   CHANNEL & NORTH SEA, 1942–1945   **NORMANDY, 1944**
WALCHEREN   **FRANCE & GERMANY, 1944–1945**   RHINE

BATTLE HONOURS—RAF SQUADRONS

84 SQUADRON RAF

1st STANDARD PRESENTED 5 JANUARY 1956 BY ACM SIR FRANCIS FOGARTY.
2nd STANDARD PRESENTED 23 OCTOBER 1980 BY AM SIR KEITH WILLIAMSON.
3rd STANDARD PRESENTED 8 NOVEMBER 2001 BY AVM T W RIMMER.

HONOURS WITH THE RIGHT TO EMBLAZONMENT

WESTERN FRONT, 1917–1918   CAMBRAI, 1917   **SOMME, 1918**   AMIENS   **HINDENBURG LINE**
EGYPT & LIBYA, 1940–1942   GREECE, 1940–1941   **IRAQ, 1941**   HABBANIYA   SYRIA, 1941   **MALAYA, 1942**
NORTH BURMA, 1944   MANIPUR, 1944

HONOURS WITHOUT THE RIGHT TO EMBLAZONMENT
IRAQ, 1920   IRAQ, 1923–1925   IRAQ, 1928–1929

99 SQUADRON RAF

1st STANDARD PRESENTED 27 SEPTEMBER 1957 BY ACM SIR RONALD IVELAW-CHAPMAN.
2nd STANDARD PRESENTED 22 OCTOBER 2004 BY ACM SIR JOCK STIRRUP.

HONOURS WITH THE RIGHT TO EMBLAZONMENT

WESTERN FRONT, 1917–1918   INDEPENDENT FORCE & GERMANY, 1918   GERMAN PORTS, 1940–1941   BALTIC, 1940–1941   FRANCE & LOW COUNTRIES, 1940   **FORTRESS EUROPE, 1940–1942**   RUHR, 1940–1942   BERLIN, 1940–1942   BISCAY PORTS, 1941   **ARAKAN, 1942–1944**   BURMA, 1944–1945   MANIPUR, 1944   **EASTERN WATERS, 1945**

HONOURS WITHOUT THE RIGHT TO EMBLAZONMENT
MAHSUD, 1919–1920   WAZIRISTAN, 1919–1920

100 SQUADRON RAF

1st STANDARD PRESENTED 21 OCTOBER 1955 BY AM SIR GEORGE MILLS.
2nd STANDARD PRESENTED 14 DECEMBER 1984 BY MRAF SIR MICHAEL BEETHAM.

HONOURS WITH THE RIGHT TO EMBLAZONMENT

WESTERN FRONT, 1917–1918   **YPRES, 1917**   **SOMME, 1918**   INDEPENDENT FORCE & GERMANY, 1918
MALAYA, 1941–1942   FORTRESS EUROPE, 1943–1944   BISCAY PORTS, 1943–1945   **RUHR, 1943–1945**
BERLIN, 1943–1945   GERMAN PORTS, 1943–1945   BALTIC, 1943–1945   FRANCE & GERMANY, 1944–1945
NORMANDY, 1944   WALCHEREN

BATTLE HONOURS—RAF SQUADRONS

101 SQUADRON RAF

1st STANDARD PRESENTED 30 APRIL 1957 BY ACM SIR HARRY BROADHURST.
2nd STANDARD PRESENTED 24 JUNE 1988 BY ACM SIR PETER HARDING.

HONOURS WITH THE RIGHT TO EMBLAZONMENT

WESTERN FRONT, 1917–1918   YPRES, 1917   **SOMME, 1918**   LYS   HINDENBURG LINE
FORTRESS EUROPE, 1940–1944   INVASION PORTS, 1940   RUHR, 1940–1945   **BERLIN, 1941**
CHANNEL & NORTH SEA, 1941–1944   BISCAY PORTS, 1941–1944   GERMAN PORTS, 1941–1944   BALTIC, 1942–1945
BERLIN, 1943–1944   FRANCE & GERMANY, 1944–1945   **NORMANDY, 1944**   WALCHEREN

HONOURS WITHOUT THE RIGHT TO EMBLAZONMENT

SOUTH ATLANTIC, 1982   GULF, 1991   KOSOVO   IRAQ, 2003

111 SQUADRON RAF

1st STANDARD PRESENTED 30 APRIL 1957 BY ACM SIR HARRY BROADHURST.
2nd STANDARD PRESENTED 2 AUGUST 1987 BY ACM SIR PATRICK HINE.

HONOURS WITH THE RIGHT TO EMBLAZONMENT

PALESTINE, 1917–1918   MEGIDDO   **HOME DEFENCE, 1940–1942**   FRANCE & LOW COUNTRIES, 1940   **DUNKIRK**
BATTLE OF BRITAIN, 1940   FORTRESS EUROPE, 1941–1942   DIEPPE   **NORTH AFRICA, 1942–1943**   SICILY, 1943
ITALY, 1943–1945   SALERNO   ANZIO & NETTUNO   GUSTAV LINE   **FRANCE & GERMANY, 1944**

HONOURS WITHOUT THE RIGHT TO EMBLAZONMENT

IRAQ, 2003

120 SQUADRON RAF

1st STANDARD PRESENTED 14 AUGUST 1961 BY HM QUEEN ELIZABETH II.
2nd STANDARD PRESENTED 26 MAY 1988 BY HRH THE DUKE OF EDINBURGH.

HONOURS WITH THE RIGHT TO ENBLAZONMENT

ATLANTIC, 1941–1945   BISCAY, 1941–1944   ARCTIC, 1942–1944   CHANNEL & NORTH ATLANTIC, 1941–1944

HONOURS WITHOUT THE RIGHT TO EMBLAZONMENT

SOUTH ATLANTIC, 1982   GULF, 1991   IRAQ, 2003

BATTLE HONOURS—RAF SQUADRONS

201 SQUADRON RAF

1st STANDARD PRESENTED 16 DECEMBER 1955 BY AVM G W TUTTLE.
2nd STANDARD PRESENTED 9 NOVEMBER 1984 BY HRH THE DUKE OF EDINBURGH.

HONOURS WITH THE RIGHT TO EMBLAZONMENT

WESTERN FRONT, 1915–1918 **ARRAS** **YPRES, 1917** **SOMME, 1918** **AMIENS** **HINDENBURG LINE** **CHANNEL & NORTH SEA, 1939–1945** **NORWAY, 1940** **ATLANTIC, 1941–1945** **BISMARCK** **BISCAY, 1941–1945** **NORMANDY, 1944**

HONOURS WITHOUT THE RIGHT TO EMBLAZONMENT

SOUTH ATLANTIC, 1982   GULF, 1991   IRAQ, 2003

202 SQUADRON RAF

1st STANDARD PRESENTED 6 SEPTEMBER 1957 BY ACM SIR DOUGLAS EVILL.
2nd STANDARD PRESENTED 16 JUNE 1987 BY ACM SIR PETER TERRY.

HONOURS WITH THE RIGHT TO EMBLAZONMENT

WESTERN FRONT, 1916–1918   **ATLANTIC, 1939–1945**   **MEDITERRANEAN, 1940–1943**   **NORTH AFRICA, 1942–1943** **BISCAY, 1942–1944**

216 SQUADRON RAF

1st STANDARD PRESENTED ON 24 MAY 1957 BY ACM SIR DONALD HARDMAN.
2nd STANDARD PRESENTED ON 24 JUNE 1988 BY ACM SIR PETER HARDING.

HONOURS WITH THE RIGHT TO EMBLAZONMENT

INDEPENDENT FORCE & GERMANY, 1917–1918   **GREECE, 1940–1941**   **EGYPT & LIBYA, 1940–1942**   **SYRIA, 1941** **EL ALAMEIN**   **EL HAMMA**   **NORTH AFRICA, 1943**   MEDITERRANEAN, 1943   MANIPUR, 1944   **NORTH BURMA, 1944** **SOUTH EAST EUROPE, 1944–1945**

HONOURS WITHOUT THE RIGHT TO EMBLAZONMENT

GULF, 1991   KOSOVO   IRAQ, 2003

230 SQUADRON RAF

1st STANDARD PRESENTED ON 26 OCTOBER 1962 BY HRH THE DUKE OF GLOUCESTER.
2nd STANDARD PRESENTED ON 27 OCTOBER 1992 BY HRH THE DUKE OF GLOUCESTER.

HONOURS WITH THE RIGHT TO EMBLAZONMENT

HOME WATERS, 1918   **MEDITERRANEAN, 1940–1943**   **EGYPT & LIBYA, 1940–1943**   **GREECE, 1940–1941** **MALTA, 1940–1942**   **EASTERN WATERS, 1943–1945**   **NORTH BURMA, 1944**   **BURMA, 1945**   **GULF, 1991**

BATTLE HONOURS—RAF SQUADRONS

617 SQUADRON RAF

1st STANDARD PRESENTED ON 14 MAY 1959 BY HM QUEEN ELIZABETH THE QUEEN MOTHER.
2nd STANDARD PRESENTED ON 13 JANUARY 1988 BY HM QUEEN ELIZABETH THE QUEEN MOTHER.

HONOURS WITH THE RIGHT TO EMBLAZONMENT

FORTRESS EUROPE, 1943–1944   THE DAMS   BISCAY PORTS, 1944   FRANCE & GERMANY, 1944–1945   NORMANDY, 1944   TIRPITZ   CHANNEL & NORTH SEA, 1944–1945   GERMAN PORTS, 1945   GULF, 1991   IRAQ, 2003

RAF RESERVE SQUADRONS

15 (RESERVE) SQUADRON RAF

1st STANDARD PRESENTED ON 3 MAY 1961 BY HRH PRINCESS MARINA, DUCHESS OF KENT.
2nd STANDARD PRESENTED ON 8 MAY 1981 BY SQN LDR P J S BOGGIS.

HONOURS WITH THE RIGHT TO EMBLAZONMENT

WESTERN FRONT, 1915–1918   SOMME, 1916   ARRAS   CAMBRAI, 1917   SOMME, 1918   HINDENBURG LINE   FRANCE & LOW COUNTRIES, 1939–1940   MEUSE BRIDGES   DUNKIRK   INVASION PORTS, 1940   FORTRESS EUROPE, 1941–1944   RUHR, 1941–1945   BERLIN, 1941–1945   BISCAY PORTS, 1941–1945   FRANCE & GERMANY, 1944–1945   NORMANDY, 1944   GULF, 1991

17 (RESERVE) SQUADRON RAF

1st STANDARD PRESENTED 12 JULY 1960 BY MRAF SIR DERMOT BOYLE.
2nd STANDARD PRESENTED 8 FEBRUARY 1985 BY AVM SIR PETER HINE.

HONOURS WITH THE RIGHT TO EMLAZONMENT

EGYPT, 1915–1916   PALESTINE, 1916   MACEDONIA 1916–1918   FRANCE & LOW COUNTRIES, 1940   DUNKIRK   HOME DEFENCE, 1940   BATTLE OF BRITAIN, 1940   BURMA, 1942   ARAKAN, 1943   BURMA. 1944–1945   GULF, 1991

19 (RESERVE) SQUADRON RAF

1st STANDARD PRESENTED ON 11 JULY 1956 BY ACM SIR DONALD HARDMAN.
2nd STANDARD PRESENTED ON 19 JANUARY 1988 BY AM SIR ANTHONY SKINGSLEY.

HONOURS WITH THE RIGHT TO EMBLAZONMENT

WESTERN FRONT, 1916–1918   SOMME, 1916   ARRAS   YPRES, 1917   SOMME, 1918   LYS   AMIENS   HINDENBURG LINE   DUNKIRK   HOME DEFENCE, 1940–1942   BATTLE OF BRITAIN, 1940   CHANNEL & NORTH SEA, 1941–1942   FORTRESS EUROPE, 1942–1944   DIEPPE   NORMANDY, 1944   ARNHEM   FRANCE & GERMANY, 1944–1945

BATTLE HONOURS—RAF SQUADRONS

20 (RESERVE) SQUADRON RAF

1st STANDARD PRESENTED ON 13 JULY 1954 BY HRH THE PRINCESS MARGARET.
2nd STANDARD PRESENTED ON 26 NOVEMBER 1982 BY ACM SIR KEITH WILLIAMSON.

HONOURS WITH THE RIGHT TO EMBLAZONMENT

WESTERN FRONT, 1916–1918 **SOMME, 1916 ARRAS YPRES, 1917 SOMME, 1918** LYS HINDENBURG LINE NORTH BURMA, 1943–1944 ARAKAN, 1943–1944 MANIPUR, 1944 BURMA, 1944–1945 GULF, 1991

HONOURS WITHOUT THE RIGHT TO EMBLAZONMENT

MAHSUD, 1919–1920 WAZIRISTAN, 1919–1925 MOHMAND, 1927 NORTH WEST FRONTIER, 1930–1931 MOHMAND, 1933 NORTH WEST FRONTIER, 1935–1939

29 (RESERVE SQUADRON)

1st STANDARD PRESENTED 18 JULY 1956 BY ACM SIR DERMOT BOYLE.
2nd STANDARD PRESENTED 30 JUNE 1987 BY HRH THE PRINCESS MARGARET.

HONOURS WITH THE RIGHT TO EMBLAZONMENT

WESTERN FRONT, 1916–1918 SOMME, 1916 ARRAS **YPRES, 1917** LYS **SOMME, 1918 HOME DEFENCE, 1940–1945 BATTLE OF BRITAIN, 1940 CHANNEL & NORTH SEA, 1939–1940** FORTRESS EUROPE, 1943–1944 NORMANDY, 1944 **FRANCE & GERMANY, 1944–1945** ARNHEM

HONOURS WITHOUT THE RIGHT TO EMBLAZONMENT

GULF, 1991

42 (RESERVE) SQUADRON RAF

STANDARD PRESENTED ON 14 JULY 1966 BY HM QUEEN ELIZABETH II.

HONOURS WITH THE RIGHT TO EMBLAZONMENT

WESTERN FRONT, 1916–1918 ITALIAN FRONT & ADRIATIC, 1917–1918 SOMME, 1916 ARRAS, 1917 YPRES, 1917 LYS **CHANNEL & NORTH SEA, 1939–1942 BISCAY, 1940 BALTIC, 1941** FORTRESS EUROPE, 1941 PACIFIC, 1943–1945 **EASTERN WATERS, 1943 ARAKAN, 1943–1944 MANIPUR, 1944** BURMA, 1944–1945

HONOURS WITHOUT THE RIGHT TO EMBLAZONMENT

SOUTH ATLANTIC, 1982 GULF, 1991

BATTLE HONOURS—RAF SQUADRONS

45 (RESERVE) SQUADRON RAF

1st STANDARD PRESENTED 9 FEBRUARY 1955 BY AM F J FRESSANGES.
2nd STANDARD PRESENTED 4 OCTOBER 1994 BY ACM SIR ANDREW WILSON.

HONOURS WITH THE RIGHT TO EMBLAZONMENT

WESTERN FRONT, 1916–1917   SOMME, 1916   YPRES, 1917   **ITALIAN FRONT & ADRIATIC, 1917–1918**   PIAVE   **INDEPENDENT FORCE & GERMANY, 1918**   EGYPT & LIBYA, 1940–1942   **EAST AFRICA, 1940**   SYRIA,1941   **BURMA, 1942**   ARAKAN, 1943–1944   BURMA, 1944–1945

HONOURS WITHOUT THE RIGHT TO EMBLAZONMENT

KURDISTAN, 1922–1924   IRAQ, 1923–1925

55 (RESERVE) SQUADRON RAF

1st STANDARD PRESENTED 20 JULY 1962 BY HRH PRINCESS MARINA, DUCHESS OF KENT.

HONOURS WITH THE RIGHT TO EMBLAZONMENT

WESTERN FRONT, 1917–1918   ARRAS   YPRES, 1917   **INDEPENDENT FORCE & GERMANY, 1918**   EGYPT & LIBYA, 1940–1943   **EL ALAMEIN**   EL HAMMA   NORTH AFRICA, 1943   **SICILY, 1943**   SALERNO   ITALY, 1943–1945   GUSTAV LINE   **GOTHIC LINE**

HONOURS WITHOUT THE RIGHT TO EMBLAZONMENT

IRAQ, 1920   KURDISTAN, 1922–1924   IRAQ, 1928–1929   KURDISTAN, 1930–1931   NORTHERN KURDISTAN, 1932   SOUTH ATLANTIC, 1982   GULF, 1991

56 (RESERVE) SQUADRON RAF

1st STANDARD PRESENTED 27 APRIL 1956 BY HRH PRINCESS MARINA, DUCHESS OF KENT.
2nd STANDARD PRESENTED ON 23 OCTOBER 1986 BY ACM SIR JOHN ROGERS.

HONOURS WITH THE RIGHT TO EMBLAZONMENT

WESTERN FRONT, 1917–1918   ARRAS   YPRES, 1917   CAMBRAI, 1917   **SOMME, 1918**   AMIENS   HINDENBURG LINE   FRANCE & LOW COUNTRIES, 1940   **DUNKIRK**   BATTLE OF BRITAIN, 1940   FORTRESS EUROPE, 1942–1944   DIEPPE   FRANCE & GERMANY, 1944–1945   **NORMANDY, 1944**   HOME DEFENCE, 1942–1945   **ARNHEM**

60 (RESERVE) SQUADRON RAF

1st STANDARD PRESENTED 6 MAY 1955 BY ACM SIR JOHN BAKER.
2nd STANDARD PRESENTED 18 MAY 1984 BY ACM SIR DAVID LEE.

HONOURS WITH THE RIGHT TO EMBLAZONMENT

WESTERN FRONT, 1916-1918   SOMME, 1916   ARRAS   SOMME, 1918   **HINDENBURG LINE**   BURMA, 1941–1942   MALAYA, 1941–1942   ARAKAN, 1942–1944   NORTH BURMA, 1944   **MANIPUR, 1944**   BURMA, 1944–1945

HONOURS WITHOUT THE RIGHT TO EMBLAZONMENT

WAZIRISTAN, 1920–1925   MOHMAND, 1927   NORTH WEST FRONTIER, 1930–1931   MOHMAND, 1933   NORTH WEST FRONTIER, 1935–1939

BATTLE HONOURS—RAF SQUADRONS

72 (RESERVE) SQUADRON RAF

STANDARD PRESENTED 30 JUNE 1966 BY AM SIR RONALD LEES.

HONOURS WITH THE RIGHT TO EMBLAZONMENT

MESOPOTAMIA, 1918   CHANNEL & NORTH SEA, 1939–1942   **DUNKIRK**   BATTLE OF BRITAIN, 1940   FORTRESS EUROPE, 1941–1942   **NORTH AFRICA, 1942–1943**   MEDITERRANEAN, 1942–1943   SICILY, 1943   ITALY, 1943–1945   **SALERNO**   **ANZIO & NETTUNO**

203 (RESERVE) SQUADRON RAF

STANDARD PRESENTED 6 JUNE 1963 BY HRH THE PRINCESS MARGARET.

HONOURS WITH THE RIGHT TO EMBLAZONMENT

WESTERN FRONT, 1914–1918   INDEPENDENT FORCE & GERMANY, 1914–1918   AEGEAN, 1915   HELLES   **ANZAC**   SUVLA   **ARRAS**   LYS   **SOMME, 1918**   HINDENBURG LINE   EAST AFRICA, 1940–1941   **MEDITERRANEAN, 1941–1943**   IRAQ, 1941   HABBANIYA   SYRIA, 1941   EGYPT & LIBYA, 1941–1942   NORTH AFRICA, 1943   **SICILY, 1943**   EASTERN WATERS, 1944–1945   **BURMA, 1945**

207 (RESERVE) SQUADRON RAF

1st STANDARD PRESENTED 23 JULY 1956 BY HM QUEEN ELIZABETH II.
2nd STANDARD PRESENTED 25 NOVEMBER 2003 BY HRH THE DUKE OF YORK.

HONOURS WITH THE RIGHT TO EMBLAZONMENT

WESTERN FRONT, 1916–1918   **YPRES, 1917**   **SOMME, 1918**   AMIENS   **HINDENBURG LINE**   BISCAY PORTS, 1941–1945   **GERMAN PORTS, 1941–1945**   BERLIN, 1941–1945   RUHR, 1941–1945   BALTIC, 1941–1945   FORTRESS EUROPE, 1941–1944   **FRANCE & GERMANY, 1944–1945**   NORMANDY, 1944

208 (RESERVE) SQUADRON RAF

1st STANDARD PRESENTED 18 NOVEMBER 1955 BY AVM SIR GEOFFREY BROMET.
2nd STANDARD PRESENTED 1 JUNE 1984 BY SIR HUMPHREY EDWARDES-JONES.

HONOURS WITH THE RIGHT TO EMBLAZONMENT

WESTERN FRONT, 1916–1918   **ARRAS**   YPRES, 1917   SOMME, 1918   EGYPT & LIBYA, 1940–1942   GREECE, 1941   IRAQ, 1941   SYRIA, 1941   **EL ALAMEIN**   **ITALY, 1944–1945**   GUSTAV LINE   GOTHIC LINE   **GULF, 1991**

BATTLE HONOURS—RAF SQUADRONS

ROYAL AIR FORCE REGIMENT SQUADRONS

1 SQUADRON RAF REGIMENT

1st STANDARD PRESENTED 8 APRIL 1959 BY AM SIR HUGH CONSTANTINE.
2nd STANDARD PRESENTED 3 NOVEMBER 1988 BY AM SIR HUGH SKINGSLEY.

HONOURS WITH THE RIGHT TO EMBLAZONMENT

IRAQ, 1941   HABBANIYA   EGYPT & LIBYA, 1941–1943   GULF, 1991

HONOURS WITHOUT THE RIGHT TO EMBLAZONMENT

KURDISTAN, 1922–1923   KURDISTAN, 1930–1931   PALESTINE, 1936   IRAQ, 2003

2 SQUADRON RAF REGIMENT

1st STANDARD PRESENTED 25 NOVEMBER 1959 BY ACM SIR HUBERT PATCH.
2nd STANDARD PRESENTED 5 JUNE 1989 BY ACM SIR PATRICK HINE.

HONOURS WITH THE RIGHT TO EMBLAZONMENT

EGYPT & LIBYA, 1940–1943   IRAQ, 1941   SYRIA, 1941   EL ALAMEIN   NORTH AFRICA, 1943

HONOURS WITHOUT THE RIGHT TO EMBLAZONMENT

TRANSJORDAN, 1924   PALESTINE, 1936–1939   IRAQ, 2003

3 SQUADRON RAF REGIMENT

STANDARD PRESENTED 15 JUNE 1996 BY HRH THE DUKE OF YORK.

HONOURS WITH THE RIGHT TO EMBLAZONMENT

FRANCE & GERMANY, 1944–45

HONOURS WITHOUT THE RIGHT TO EMBLAZONMENT

IRAQ, 1923–1925

15 SQUADRON RAF REGIMENT

STANDARD PRESENTED 10 OCTOBER 1975 BY ACM SIR ANDREW HUMPHREY.

16 SQUADRON RAF REGIMENT

STANDARD PRESENTED 26 MAY 1977 BY AM SIR MICHAEL BEETHAM.

HONOURS WITHOUT THE RIGHT TO EMBLAZONMENT

IRAQ, 2003

BATTLE HONOURS—RAF SQUADRONS

26 SQUADRON RAF REGIMENT

STANDARD PRESENTED ON 28 NOVEMBER 1979 BY AM SIR PETER TERRY.

HONOURS WITHOUT THE RIGHT TO EMBLAZONMENT
GULF, 1991

27 SQUADRON RAF REGIMENT

STANDARD PRESENTED ON 4 JUNE 1980 BY ACM SIR DAVID EVANS.

HONOURS WITHOUT THE RIGHT TO EMBLAZONMENT
IRAQ, 2003

34 SQUADRON RAF REGIMENT

1st STANDARD PRESENTED ON 4 OCTOBER 1979 BY ACM SIR DAVID EVANS.
2nd STANDARD PRESENTED ON 20 MAY 1999 BY ACM SIR PETER SQUIRE.

HONOURS WITHOUT THE RIGHT TO EMBLAZONMENT
GULF, 1991   IRAQ, 2003

37 SQUADRON RAF REGIMENT

STANDARD PRESENTED ON 26 NOVEMBER 1980 BY AM SIR PETER TERRY.

51 SQUADRON RAF REGIMENT

1st STANDARD PRESENTED ON 22 DECEMBER 1977 BY AM P D G TERRY.
2nd STANDARD PRESENTED 9 SEPTEMBER 2003 BY HRH THE DUKE OF YORK.

HONOURS WITH THE RIGHT TO EMBLAZONMENT
FRANCE & GERMANY, 1944–1945   IRAQ, 2003

HONOURS WITHOUT THE RIGHT TO EMBLAZONMENT
GULF, 1991

THE QUEEN'S COLOUR SQUADRON OF THE RAF—63 SQUADRON RAF REGIMENT

STANDARD PRESENTED ON 27 MAY 1976 BY HRH THE PRINCESS ANNE.

HONOURS WITHOUT THE RIGHT TO EMBLAZONMENT
ITALY, 1943–1944   **FRANCE & GERMANY, 1945**   **SOUTH ATLANTIC, 1982**

BATTLE HONOURS—RAF SQUADRONS

QUEEN'S COLOURS TO THE ROYAL AIR FORCE

RAF COLLEGE CRANWELL

1st COLOUR PRESENTED 6 JULY 1948 BY HM KING GEORGE VI.
2nd COLOUR PRESENTED 25 JULY 1960 BY HM QUEEN ELIZABETH II.
3rd COLOUR PRESENTED 30 MAY 1975 BY HM QUEEN ELIZABETH II.
4th COLOUR PRESENTED 27 JULY 1989 BY HM QUEEN ELIZABETH II.
5th COLOUR PRESENTED 24 JULY 2001 BY HRH THE PRINCE OF WALES.

RAF IN THE UNITED KINGDOM

1st COLOUR PRESENTED 26 MAY 1951 BY HRH THE PRINCESS ELIZABETH.
2nd COLOUR PRESENTEDN 3 JULY 1964 BY HM QUEEN ELIZABETH II.
3rd COLOUR PRESENTED 29 JULY 1977 BY HM QUEEN ELIZABETH II.
4th COLOUR PRESENTED 1 APRIL 1993 BY HM QUEEN ELIZABETH II.

No 1 SCHOOL OF TECHNICAL TRAINING

1st COLOUR PRESENTED 25 JULY 1952 BY HM QUEEN ELIZABETH II.
2nd COLOUR PRESENTED 6 APRIL 1968 BY HRH THE PRINCESS MARGARET.
3rd COLOUR PRESENTED 25 SEPTEMBER 1990 BY HRH THE DUKE OF KENT.

ROYAL AIR FORCE REGIMENT

1st COLOUR PRESENTED 17 MARCH 1953 BY HM QUEEN ELIZABETH II.
2nd COLOUR PRESENTED 16 JUNE 1967 BY HM QUEEN ELIZABETH II.
3rd COLOUR PRESENTED 30 OCTOBER 1992 BY HM QUEEN ELIZABETH II.

NEAR EAST AIR FORCE
(TITLE CHANGED FROM MIDDLE EAST AIR FORCE ON 11 APRIL 1961)

COLOUR PRESENTED 14 OCTOBER 1960 BY HRH THE DUKE OF GLOUCESTER.

FAR EAST AIR FORCE

COLOUR PRESENTED 13 JANUARY 1961 BY THE EARL OF SELKIRK.

CENTRAL FLYING SCHOOL

1st COLOUR PRESENTED 26 JUNE 1969 BY HM QUEEN ELIZABETH II.
2nd COLOUR PRESENTED 4 JUNE 1992 BY HM QUEEN ELIZABETH THE QUEEN MOTHER.

ROYAL AIR FORCE GERMANY

COLOUR PRESENTED 16 SEPTEMBER 1970 BY HRH THE PRINCESS ANNE.

BATTLE HONOURS—RAF SQUADRONS

ROYAL AUXILIARY AIR FORCE
(Known as Sovereign's Colour)

COLOUR PRESENTED 12 JUNE 1989 BY HM QUEEN ELIZABETH II.

ROYAL AIR FORCE HALTON

COLOUR PRESENTED 31 OCTOBER 1997 BY HM QUEEN ELIZABETH II.

IMPORTANT NOTES CONCERNING RAF BATTLE HONOURS

The Battle Honours to which Royal Air Force Squadrons are entitled, and the conditions under which they are awarded are set out in AP 3327, originally published in 1957.

The Battle Honours Committee was first convened in 1947 to consider Honours for World War 1, World War 2 and the Inter War Years, however since the Army did not then award honours for battles between the wars the RAF fell in step and considered just World War 1 and World War 2. These recommendations were approved by the Air Council in AC 58 (47) of Nov 47.

The Standard will be awarded by order of the Monarch in every case, to Operational Squadrons qualifying in one of the following two respects:

1. By completion of 25 years of existence in the RAF, the Royal Flying Corps or the Royal Naval Air Service. This includes Squadrons with continuous or non-continuous service.

2. By having earned the Monarch's appreciation of specially outstanding operations.

Battle Honours awarded for operations during the First and Second World Wars, up to maximum of 8 in number, may be displayed on Squadron Standards. If a Squadron has been awarded more than 8, the Squadron Commander is to select those which are to be displayed. Battle Honours for operations during the period between the two wars were awarded to Squadrons but may not be emblazoned on Standards. Battle Honours awarded for operations occurring after the Second World War have been awarded both with and without the right to emblazonment. Only those Battle Honours with the Sovereign's permission to emblazon may be displayed but subject to a maximum of 15.

It was also agreed that only flying squadrons were entitled to receive a Squadron Standard, however in January 1952 Standards were to be awarded to RAF Regiment and Royal Auxiliary Air Force Squadrons.

The first Squadron to receive its Standard was No 1 Squadron and the first Regiment Squadron to receive its Standard was No 2 Armoured Car Company RAF Regiment.

Since 1945, 5 Battle Honours have been granted namely, "Korea 1950–1953", "South Atlantic 1982", "Gulf 1991", "Kosovo" and "Iraq 2003". However, no right to emblazonment was granted in the case of "Korea 1950–53", and the three Squadrons awarded their Battle Honours in 1987 have been disbanded in the intervening years. In the case of "South Atlantic 1982" 3 precedents were created;

a. For the first time, authority was given to emblazon an honour awarded outside the time frame of the 2 World Wars.

b. The right to emblazon was accorded to 3 Squadrons only (Numbers 1 and 18 Squadrons and Number 63 Squadron RAF Regiment) rather than being extended to all the Squadrons which were granted the Battle Honour, thus creating a two-tier Battle Honours system. The review of post-war operations conducted in 1987 considered that a distinction should be drawn between the award of the Battle Honours and the right of emblazonment. It was decided that the latter should be the ultimate accolade and be reserved to those Squadrons which were in direct confrontation with the enemy and had demonstrated gallantry and spirit under fire.

For seniority purposes an RAF Regiment Squadron is entitled to claim its service as an armoured car squadron.

ROYAL AIR FORCE TROPHIES, AWARDS, PRIZES AND MEDALLISTS

WILKINSON SWORD OF PEACE

2002—RAF Akrotiri
2003—RAF Lossiemouth

THE ROYAL AIR FORCES ESCAPING SOCIETY TROPHY

2002—Not Awarded
2003—Not Awarded

QUEEN'S MEDAL FOR CHAMPION SHOTS OF THE AIR FORCE

2003—Chief Technician J. T. Proctor
2004—Flight Lieutenant C. M. Allen

JOLLIFFE TROPHY

2003—RAF Kinloss
2004—No Award Made

THE ARTHUR BARRATT MEMORIAL PRIZE

2003—Marham Wing, RAF Marham
2004—No 202 Squadron, RAF Lossiemouth

THE "L. G. GROVES" MEMORIAL PRIZES & AWARDS

Air Safety Prize
Joint Winners

2002—Flight Lieutenant A.C. Curtis
Flight Lieutenant P.J. Skelton
Mr C. Metfalf
Mr J. McNamee
Flight Lieutenant L. D. Sumner, BEng MRAeS
Chief Technician M. Evans

Meteorology

2002—Dr T. Davies
Dr A. Malcom
Dr A. Staniforth
Dr N. Wood
Dr A. White
2003—Mr P. Clark

Meteorological Observation Award

2002—Mr S. Taylor
2003—Dr S. English

Ground Safety Award

2002—Squadron Leader G. G. Brown
2003—Flight Lieutenant J. A. R. Franklin, BEng

ADRIAN RAY MEMORIAL AWARD FOR RAF ENGINEERING

2003—Not Awarded
2004—Not Awarded

"HYDE-THOMSON" MEMORIAL PRIZE

General Duties Officer Award

2003—Not Awarded
2004—Not Awarded

Engineering Officer Award

2003—Flying Officer S. P. Ford, BSc
2004—Flying Officer P. A. Crebbin

"GORDON SHEPHARD" MEMORIAL PRIZE ESSAY

2003—Flight Lieutenant D. L. Tucker, BSc AFRIN MIL
2004—Squadron Leader D. M. Watkins BSc

ROYAL AIR FORCE COMMAND TROPHIES

(listed in Command order of precedence)

HEADQUARTERS STRIKE COMMAND

GEORGE STAINFORTH TROPHY

2003—RAF Marham
2004—RAF Kinloss

SMALLWOOD ELECTRONIC WARFARE TROPHY

2003—Squadron Leader R. C. Ashurst
Squadron Leader G. J. Clayton
2004—No award

DACRE TROPHY

2003—111 (Fighter) Squadron
2005—143 (Fighter) Squadron

AIRD WHYTE TROPHY

A competition to determine the best ASW Sqn in 18 Gp. Kudos plus, normally, entry in Fincastle.

2003—206 Squadron Crew 4
2004—120 Squadron Crew 1

ROYAL AIR FORCE TROPHIES, AWARDS, PRIZES AND MEDALLISTS

FINCASTLE TROPHY

Trophy awarded to UK/CAN/AUS/NZ best crew performance in a competition determined in day and night sorties.

2004—Event not held
2005—Royal Air Force

INTER SQUADRON PHOTOGRAPHIC TROPHY

A trophy awarded to sqn(s) producing best photographs in various categories.

2003—Not Awarded (delayed until early 2004 due to re-organisation)
2004—No 42(R) Squadron

HARRIS TROPHY

2003—Not Awarded
2004—Not Awarded

NAIRN TROPHY

Originally a competition between Engineers at Kinloss and St Mawgan. On closure of St Mawgan, it was then between separate shifts at Kinloss.

2003—Not Contested
2004—Not Contested

SKYFRAME TROPHY

"A trophy awarded to a flying unit showing particular operational effectiveness in its role."

2003—Unknown
2004—Unknown

PLESSEY TROPHY

"A Plate and presentation lunch awarded to encourage excellence in operational ASW."

2003—Unknown
2004—Unknown

HQ STC OPS SPT (ATC)

RAYTHEON FALONER TROPHY

2003—Akrotiri
2004—Lyneham

THE VOSPER THORNEYCROFT ATC TROPHY

2003—Senior Aircraftswoman N.L. Hankin
2004—Flight Lieutenant R. J. Lavis

HEADQUARTERS ROYAL AIR FORCE PERSONNEL & TRAINING COMMAND

DISTINGUISHED PASSES IN FLYING TRAINING

2003—Sergeant S. J. D. Pilkington
Flight Lieutenant D. F. O. Holland, BSc
Flight Lieutenant J. T. Thurrell
2004—Flight Lieutenant S. K. Wright, BSc
Flight Lieutenant S. M. Pollard, BEng

No 1 Elementary Flying Training School

HACK TROPHY

2003—Yorkshire Universities Air Squadron
2004—Birmingham University Air Squadron

THE COOPER TROPHY

2003—Not Contested
2004—Not Contested

DE HAVILLAND TROPHY

2003—Not Contested
2004—Not Contested

REID TROPHY

2003—Not Contested
2004—Not Contested

SCONE TROPHY

2003—Not Contested
2004—Not Contested

ROYAL AIR FORCE TROPHIES, AWARDS, PRIZES AND MEDALLISTS

ROYAL AIR FORCE REGIMENT

LLOYDS CUP (ROYAL AIR FORCE REGIMENT SKILL AT ARMS)

2002—37 Squadron RAF Regiment
2003—Not Awarded

HIGGINSON TROPHY (EXCEPTIONAL PROFESSIONAL ACHIEVEMENT)

2003—51 Squadron RAF Regiment
2004—34 Squadron RAF Regiment

ARTHUR BARNARD TROPHY

2002—Not Awarded
2003—Not Awarded

ROBERTS LEADERSHIP TROPHY FOR THE RAF REGIMENT

2002—Flying Officer I. A. J. Ham, RAuxAF
2003—Flight Lieutenant K. M. McMurdo, BSc

RAF REGIMENT ESSAY COMPETITION

2003—Not Yet Awarded
2004—Flight Lieutenant M. Williams, BA

THE RAF REGIMENT OFFICERS DINNER CLUB PRIZE AND KAPUSCINSKI SWORD

(Top Student on the Junior Regiment Officer's Course)

2003—Flying Officer A. C. Constant, BSc
2004—Flying Officer M. B. Clegg

THE VAUX TROPHY

(Student on the Junior Regiment Officer's Course displaying the greatest development of leadership qualities)

2003—Pilot Officer S. R. Turner
2004—Flying Officer D. R. Ford, BSc

THE COMPANY OF SECURITY PROFESSIONALS

NCO LEADERSHIP TROPHY

2004—Sergeant K. M. O'Brien

OPERATIONS SUPPORT (INTELLIGENCE) BRANCH

THE STURLEY SWORD

(Most outstanding performance in ab initio intelligence training and potential for the future)

2003—JAIC 8—Flying Officer J. P. Taylor, MSc BA
2004—JAIC10—Flight Lieutenant P. Krzyz, LLB
2005—JAIC11—Flying Officer A. McKenzie, MA

THE EAGLE TROPHY

(Best academic result on the Joint Air Intelligence Course)

2003—JAIC 8—Flying Officer J. P. Taylor, MSc BA
2004—JAIC 10—Flying Officer M. R. Beattie, BSc
2005—JAIC11—Flying Officer S. D. Stewart

THE WOODS-SCAWEN TROPHY

(Best historical presentation on the Joint Air Intelligence Course)

2003—JAIC 8—Flying Officer S. D. Burton, BSc
Lieutenant A. P. Baverstock, RN
Second Lieutenant R. Hoppé, INT CORPS
2004—JAIC 10—Flying Officer C. I. Pike, BA
2005—JAIC11—Flying Officer C. J. Turner, MSc
Lieutenant G. A. E. Dawson, RN

ROYAL AIR FORCE MEDICAL SERVICES

"RICHARD FOX LINTON" MEMORIAL PRIZE

2002—Not Awarded
2004—Air Commodore S. A. Cullen, QHS MD MB ChB FRCPath FRAeS DCP RAF

THE LADY CADE MEDAL

2003—Not Awarded
2004—Wing Commander D. L. Bruce, MBE MSc MBBS FIMC RCS(Ed) MRCGP AFOM DoccMed DiplMC DAvMed MRAeS AKC

THE SIR ANDREW HUMPHREY MEMORIAL MEDAL

2003—Squadron Leader G. McCallum, RAuxAF
2004—Not Awarded

ROYAL AIR FORCE TROPHIES, AWARDS, PRIZES AND MEDALLISTS

LEAN MEMORIAL AWARD

2003—Group Captain D. B. Armstrong, BDS MGDSRCSEng LDSRCS DGDP(UK) RAF
2004—Wing Commander M. H. Richardson, MSc BDS MGDSRCSEng

STEWART MEMORIAL PRIZE

2003—Captain M. T. C. Lee
2004—Lieutenant K. Manderson, RN

THE SIR HAROLD WHITTINGHAM MEMORIAL PRIZE

2003—Squadron Leader K. A. Gullidge, RGN
2004—Wing Commander J. Cartwright, MSc MB BS MFOM DAvMed

ROYAL AIR FORCE MUSIC SERVICES
Competition Winners

THE TRINITY COLLEGE LONDON PRIZE

2003—Not held
2004—Sergeant J. Rowell, LLCM

THE ROSEHILL BOWL

2003—Not held
2004—Not held

THE YAMAHA KEMBLE SOLOIST AWARD

2003—Not held
2004—Senior Aircraftman T. Rodda, BMus LRAM

THE STUDIO MUSIC AWARD

2003—Not held
2004—Corporal P. Morrell, LRSM LTCL Dip TCL

BOOSEY AND HAWKES TROPHY

2003—Not held
2004—Chief Technician T. Gardner, LLCM

WORSHIPFUL COMPANY OF MUSICIANS' SILVER MEDAL

2003—Corporal N. D. Brizland, BMus LRSM
2004—Junior Technician M. Parsons, BA

THE SIR FELIX CASSEL SILVER MEDAL

2003—Senior Aircraftwoman H. Balcombe, BMus PGA
2004—Senior Aircraftman T. Rodda, BMus LRAM

THE SIR FELIX CASSEL BRONZE MEDAL

2003—Senior Aircraftwoman V. Tofts, BMus
2004—Senior Aircraftwoman D. Thistleton

SUPPLY BRANCH

THE GILL SWORD AWARD

2003—Flight Lieutenant J. A. K. Motley
2004—Flight Lieutenant D. T. Emmett, BA

ADMINISTRATIVE (SECRETARIAL BRANCH)

ROYAL AIR FORCE HALTON

Secretarial Cup Winners

2003—Flying Officer J. A. Mann
Flying Officer R. D. Strangwood
Flying Officer K. F. Cochrane, BSc
2004—Flying Officer C. A. Fitchett
Flying Officer T. I. Hynes, BSc
Flying Officer A. L. O'Shea

THE WORSHIPFUL COMPANY OF CHARTERED SECRETARIES AND ADMINISTRATORS' PRIZES

2004—Flying Officer J. A. Mann
Leading Aircraftwoman J. Ochuodho
2005—Flying Officer T. I. Hynes, BSc
Leading Aircraftwoman C. A. Evans

ADMINISTRATIVE (CATERING BRANCH)

THE HEREFORD TROPHY

2003—Not Awarded
2004—Flight Lieutenant C. Jennings, MHCIMA

ROYAL AIR FORCE TROPHIES, AWARDS, PRIZES AND MEDALLISTS

ROYAL AUXILIARY AIR FORCE TROPHIES & AWARDS

ROBINS TROPHY

2003—No 2622 (Highland) Squadron RAuxAF, RAF Lossiemouth
2004—No 606 (Chiltern) Squadron RauxAF, RAF Benson

STRICKLAND TROPHY

2004—No 2503 (County of Lincoln) Squadron RAuxAF, RAF Waddington
2005—No 2625 (County of Cornwall) Squadron RauxAF Regiment, RAF St Mawgan

INSPECTOR'S CUP

2003—No 504 (County of Nottingham) Squadron RAuxAF, RAF Cottesmore
2004—No 603 (City of Edinburgh) Squadron, Edinburgh

ROYAL MILITARY COLLEGE OF SCIENCE

COMMANDANTS PRIZE

2003—Captain T. W. Day, R Signals
2004—Captain L.S. Boden, RLC

ROYAL AIR FORCE HISTORICAL SOCIETY

"THE TWO AIR FORCES" AWARD

2003—Wing Commander T. M. Webster, MB BS MRCGP DRCOG
2004—Squadron Leader S. Gardner, MBE MA MPhil

ROYAL AIR FORCE COLLEGE CRANWELL

The Awards Shown on this page are made at the Royal Air Force College, Cranwell

INITIAL OFFICER TRAINING

QUEEN'S MEDAL AND R.S. MAY MEMORIAL PRIZE

2003—Flying Officer M. J. Dutton, BEng
2004—Flying Officer T. A. B. Carter, BSc

WILKINSON SWORD OF HONOUR AND R.S. MAY MEMORIAL PRIZE

2003—Flying Officer E. L. Smith, BA
2004—Flight Lieutenant N. J. B. Monahan, BSc

ECOLE DE L'AIR TROPHY

2003—Flying Officer V. C. Fuller, BA
2004—Flying Officer S. I. Eydmann

PRINCE BANDAR TROPHY AND PRIZE

2003—Flying Officer P. G. Flusk, BEng
2004—Flying Officer N. G. Barratt, BA

JOHN CONSTABLE MEMORIAL PRIZE

2003—Flying Officer S. R. Harth
2004—Acting Pilot Officer D. M. Lowes

SWORD OF MERIT

2003—Officer Cadet M. B. Clegg
Student Officer E. L. Smith, BA
Officer Cadet T. D. J. Rees
Officer Cadet P. S. Foster, MCMI
Officer Cadet P. T. Rossiter
Student Officer M. J. Dutton, BEng
2004—Student Officer T. E. Colebrooke, BEng
Student Officer N. J. B. Monahan, BSc
Student Officer T. A. B. Carter, BSc
Student Officer G. M. Cooke, BEng
Student Officer T. J. Simkins, MSc BSc(Econ)
Student Officer O. Peters, BSc

HENNESSY TROPHY AND PHILIP SASSOON MEMORIAL PRIZE

2003—Officer Cadet S. Cunliffe
Student Officer V. C. Fuller, BA
Officer Cadet S. R. Harth
Student Officer A .J. Bryant, MEng
Officer Cadet J. D. Finbow, MA
Student Officer P. J. Holdcroft, MChem
2004—Student Officer G. I. V. Pluck, MEng
Officer Cadet P. A. Goodwin
Student Officer C. J. Turner, MSc
Student Officer D. L. Ryllo, BSc
Officer Cadet N. R. Abbott
Officer Cadet D. S. Martin

BAE SYSTEMS TROPHY

2003—Student Officer R. Parkinson, BA
Student Officer V. C. Fuller, BA
Student Officer J. A. Thompson, BSc
Student Officer E. M. Sands, MEng
Officer Cadet D. B. J. Riley
Student Officer M. A. Rimmer, BSc
2004—Student Officer C. J. Coates, MEng
Officer Cadet A. J. Lett
Student Officer D. E. Hall, MEng BA
Student Officer N. A. Talbott, BA
Officer Cadet S. I. Eydmann
Student Officer K. Gowers, MPhys

OVERSEAS STUDENT'S PRIZE

2003—Officer Cadet A. M. Y. Sharifuddin, RBAF
Officer Cadet A. Al Amry, RAFO
Officer Cadet S. Young, BDF
Officer Cadet Y. A. Hattali, RAFO
Officer Cadet Y. Simpson, JDF
2004—Officer Cadet M. B Mu'azu BSc
Officer Cadet K. Al-Maamari, RAFO

SPECIALIST GROUND TRAINING

WHITTLE PRIZE

2003—Squadron Leader D. D. Bye, MSc BSc CEng MRAeS
2004—Captain T. M. A. Wagner, USAF

ROYAL AIR FORCE COLLEGE CRANWELL

THE SIR THOMAS SHIRLEY MEMORIAL CUP AND MINERVA SOCIETY PRIZE

2003—Flying Officer M. G. Brady
2004—Flying Officer L. D. Sapsford, BEng

HERBERT SMITH MEMORIAL TROPHY

2003—Flight Lieutenant D. G. Hoyton,
2004—Flying Officer D. J. Haddican

SUPPLY PRIZE

2003—Flying Officer S. E. Shaw, BSc
2004—Flying Officer K. E. Slater

WORSHIPFUL COMPANY OF ENGINEERS' PRIZE

2003—Flight Lieutenant A. R. Mitchell, MEng
2004—Flying Officer C. J. Coates, MEng ARAeS

STUART BOULTON MEMORIAL PRIZE

2003—Flying Officer N. S. Murphy
2004—Flying Officer M. D. Quick, BEng

BECKWITH TROPHY AND PRIZE

2003—Flying Officer C. A. Lawson
2004—Flying Officer D. J. Haddican

ROYAL NEW ZEALAND AIR FORCE PRIZES

2003—Flight Lieutenant R. W. Carruthers
  Flight Lieutenant A. J. Main, BEng MIEE
2004—Flight Lieutenant I. C. Belcher
  Flight Lieutenant R. W. Pitelen

AIR WARFARE CENTRE CRANWELL

ANDREW HUMPHREY MEMORIAL GOLD MEDAL

2004—Flight Lieutenant P. J. M. Deeney
2005—Lieutenant Commander D. L. Frost, BSc RAN

ARIES TROPHY

2004—Flight Lieutenant P. J. M. Deeney
2005—Squadron Leader K. R. Jones

EDINBURGH TROPHY

2004—Flight Lieutenant K. M. Layden, MEng
2005—Flight Lieutenant S. J. Willers, MA

ROYAL INSTITUTE OF NAVIGATION TROPHY

2004—Flight Lieutenant K. M. Layden, MEng
2005—Squadron Leader A. J. Lyle, BSc

NIGHTBIRD TROPHY

2003—Flight Lieutenant P. J. M. Deeney
2005—Flight Lieutenant S. J. Willers, MA

QINETIQ TROPHY

2004—Mr M. P. Bromley, BSc (Hons) Dstl
2005—Squadron Leader A. J. Lyle, BSc

ROYAL AIR FORCE CENTRAL FLYING SCHOOL, CRANWELL

WRIGHT JUBILEE TROPHY

(Awarded annually to the overall winner of the Aerobatics Competition for instructors from Royal Air Force Personnel and Training Command)

2004—Flight Lieutenant C. Parkinson—YUAS
2005—Flight Lieutenant C. Parkinson—YUAS

ROYAL AIR FORCE COLLEGE CRANWELL

TRENCHARD MEMORIAL TROPHY

(Awarded annually (previously triennially) for outstanding contributions to the art of flying instruction)

2004—705 Sqn of the DHFS
2005—Not Awarded

GROSS TROPHY

(Awarded on each CFS course to the student who achieves the highest marks in ground school)

2004—400 Course—Flight Lieutenant A. Mikellides, BEng 1FTS RAF Linton-on-Ouse
401 Course—Flight Lieutenant K. N. Clark, BA LUAS
402 Course Flight Lieutenant H. J. W. Nichols, BEng 208 Squadron RAF Valley
2005—403 Course—Flight Lieutenant A. K. Woodward, BSc 19 Squadron RAF Valley
404 Course—Flight Lieutenant R. M. Lees 1 FTS RAF Linton-on-Ouse
405 Course—Flight Lieutenant T. J. Vincent-Philpot 208 Squadron RAF Valley

THE BULLDOG TROPHY

(Awarded on each CFS course to the Tutor QFI who achieves the highest average marks and assessments)

2004—400 Course—Squadron Leader G. G. Oliphant, BSc ESUAS
401 Course—Flight Lieutenant T. Kemp, MEng MASUAS
402 Course—Flight Lieutenant C. G. Talbot, BSc
2005—403 Course—Not Awarded
404 Course—Flight Lieutenant D. I. T. Clarke, BSc OUAS
405 Course—Flight Lieutenant R. J. Tomala, BPharm NUAS

THE BULLDOG CUP

(Awarded on each CFS course to the student who was judged to give the best aerobatic display on the Tutor)

2004—400 Course—Flight Lieutenant C. W. Knight, BSc ESUAS
401 Course—Flight Lieutenant C. P. Mallinson, BSc NUAS
402 Course—Not Awarded
2005—403 Course—Not Awarded
404 Course—Flight Lieutenant D. I. T. Clarke, BSc OUAS
405 Course—Flight Lieutenant G P Walker, CUAS

THE HOPEWELL TROPHY

(Awarded on each CFS course to the Tucano student who Achieved the highest assessments, during the flying phase, for flying ability and instructional technique)

2004—400 Course—Not Awarded
401 Course—Flight Lieutenant R. L. Keeling 1 FTS RAF Linton-on-Ouse
402 Course—Flight Lieutenant M. A. Pearce 1 FTS RAF Linton-on-Ouse
2005—403 Course—Flight Lieutenant R. J. Saunders, BEng 1 FTS RAF Linton-on-Ouse
404 Course—Lieutenant Commander M. Whitfield 1 FTS RAF Linton-on-Ouse
405 Course—Flight Lieutenant T. Hill, BSc 1 FTS RAF Linton-on-Ouse

THE CLARKSON TROPHY

(Awarded on each CFS course to the best Tucano aerobatic pilot)

2004—400 Course—Not Awarded
401 Course—Not Awarded
402 Course—Flight Lieutenant M. L. Stretton-Cox, BSc 1 FTS RAF Linton-on-Ouse
2005—403 Course—Not Awarded
404 Course—Not Awarded
405 Course—Not Awarded

THE HAWK TROPHY

(Awarded on each CFS course to the best Hawk instructor)

2004—400 Course—Flight Lieutenant N. R. Ireland, AFC BSc 19(F) Squadron RAF Valley
401 Course—Flight Lieutenant D. J. West, BEng 208 Squadron RAF Valley
402 Course—Flight Lieutenant H. J. W. Nichols, BEng 208 Squadron RAF Valley
2005—403 Course—Flight Lieutenant C. J. Moon, BEng 19 Squadron RAF Valley
404 Course—Not Awarded
405 Course—Flight Lieutenant T. J. Vincent-Philpot 208 Squadron RAF Valley

THE INDIAN AIR FORCE TROPHY

(Awarded periodically on CFS courses for effort and determination)

2003—397 Course—Lieutenant I. Downing, RN - JEFTS
2004—Not Awarded
2005—Not Awarded

THE CFS TROPHY

(Awarded periodically, when merited, on CFS courses to the best all round student)

2004—400 Course—Not Awarded
401 Course—Not Awarded
402 Course—Not Awarded
2005—403 Course—Flight Lieutenant R. J. Saunders, BEng 1 FTS RAF Linton-on-Ouse
404 Course—Lieutenant Commander M. Whitfield 1 FTS RAF Linton-on-Ouse
405 Course—Not Awarded

OBITUARY

ACTIVE LIST

Officers and Warrant Officers
Whose deaths have been reported since September 2004

Rank and Name	Date of Death	Rank and Name	Date of Death
Group Captains		A. P. Smith, BSc	30.1.05
S. Newton, ADC	7.4.05	D. K. Stead	30.1.05
M. J. Seares, MBE MA	24.8.05	I. P. Wood, BA	31.7.05
Wing Commanders		*Warrant Officers*	
D. M. I. Bye	8.5.05	A. Owen	28.8.05
C. A. M. Clayton	27.12.04	M. J. Peace	20.3.05
		S. A. Rae, MBE	28.8.05
Squadron Leaders		W. Torrance	21.11.04
P. B. Marshall	30.1.05		
R. G. Rees	8.3.05	*Non-Commissioned Aircrew*	
		G. Nicholson	30.1.05
Flight Lieutenants			
E. C. Chater, BSc	29.10.05		
N. J. Finn, BA	17.4.05	**RAF VR(T)**	
M. R. Jarvis	20.3.05		
Rev B. McNeil	3.1.05	*Flying Officers*	
P. M. Pardoel, BSc	30.1.05	E. L. Bellamy	1.1.05

INDEX

THE QUEEN 1, 64, 96, 247
HRH The Prince Philip, Duke of Edinburgh 1, 67, 97
HRH The Prince of Wales. 1, 97
HRH The Duke of York 1
HRH The Princess Royal 1
HRH The Duke of Gloucester 1, 247
HRH The Duke of Kent 2, 88
HRH Princess Alexandra, The Hon. Lady Ogilvy 2, 209
HRH Prince Michael of Kent 2

Personal No		Page No	Personal No		Page No	Personal No		Page No
	A		214935	Adams, C. D.	263	306472	Affleck, T. L.	196
			2670134	Adams, C. E.	165	215875	Aftab, M.	272
			8210068	Adams, D. W. D. . . .	229	213784	Agate, J. J.	260
214157	Aala, R.	267	2660732	Adams, E. I.	165	5208962	Agbanobi, K. E.	207
215809	Aaron, J.	271	213980	Adams, G.	264	8028806	Ager, J. N.	113
210482	Abbey, S. M.	273	8107312	Adams, I. D.	226	2625171	Ahearn, A. S.	247
8025993	Abbott, A. C.	131	8019445	Adams, I. M.	184	2658817	Ahern, L. C.	144
8023070	Abbott, C. J.	9, 117	2641180	Adams, J. E.	192	8228728	Ahmed, M. A. . .	83, 175
213883	Abbott, M. I.	261	5207944	Adams, M. P.	193	215767	Ahsan, F. Z.	275
8423735	Abbott, N. R. . .	198, 304	216420	Adams, N. J.	277	2672360	Ainge, K. S.	205
	Abbott, Sir Peter . . .	88	8023231	Adams, P.	258	8131422	Ainsworth, A. J.	230
5208998	Abbott, P.	143	4233580	Adams, P. S. G.	234	8250071	Ainsworth, M. S. A. .	119
5208623	Abbott, P. J.	207	215159	Adams, R. B.	268	8191718	Aird, B. G.	210
8238442	Abbott, P. K.	186	5204609	Adams, R. C.	169	8027193	Airey, N. D.	248
1961438	Abbott, P. L.	231	2622400	Adams, R. M.	169		Airey, S. E.	30
8701403	Abbott, R. J.	163	8028724	Adams, R. M.	124	8138143	Aitchison, D. F.	172
	Abbott, S.	42, 102	214545	Adams, S. L.	261	216394	Aitken, C. S.	277
214390	Abbott, S. J.	272	215394	Adams, W. V.	273	8127576	Aitken, D. S.	231
8700243	Abdallah, M.	150	5207992	Adamson, A. P. W. . .	154	5207037	Aitken, J.	202
2659051	Aboboto, R. D.	142	8701133	Adamson, C. J.	198	8111418	Aitken, R.	228
5207374	Abra, S. M.	136	215779	Adamson, E. P.	270	8026098	Aitken, R. T.	122
2637544	Abrahams, M. D. . . .	127	91426	Adamson, G. D. W. .	248	8300944	Akehurst, M. J.	178
306032	Abram, E. A.	252	5208066	Adamson, J. P. M. . .	130	8209943	Akerman, C.	171
216268	Absolom, C. P.	277	8153991	Adamson, M. F.	179	8100663	Akers, P. A.	225
8701022	Abson, I. T.	134	8702660	Adamson, M. R.	150	8701579	Akyildiz, D.	197
213772	Abubakar, A. B. . . .	268	5208525	Adamson-Drage,			Al Amry, A.	304
	Acheson, Mr J. P. . .	215		M. N.	161		Al-Maamari, K.	304
8043185	Achilles, L. E. A. . . .	260	608182	Adcock, C. B.	269	2660238	Al-Samarrai, O.	148
214087	Ackerley, D. J.	266	5208874	Adcock, C. J.	205	5206400	Alabaster, M. J.	155
213892	Ackland, E. C.	159	213766	Adcock, K. M.	260	209437	Albone, M. S. C. . . .	264
215965	Ackland, H.	273	409498	Adcock, L. A.	210	8152939	Alcock, A.	172
2636128	Ackland, P. M.	135	8029342	Adcock, M. R.	126	2659991	Alcock, B. R.	167
8032634	Ackroyd, C. A. . . 63, 191		5209037	Adcock, T. W.	164	8304326	Alcock, M. L.	136
5208386	Ackroyd, R. D.	159	91511	Adeboye, K. O. A. . .	253	5206671	Alcock, N. J.	152
91522	Acton, K. J.	253	5206076	Aderyn, A. A.	189	8212464	Alden, M. D.	178
	Adair, A. A. S.	73	5204657	Adey, E. J. 39, 116		8137098	Alden-Fenn, N. C. . .	271
8019569	Adair, J. A.	232	8304283	Adey, S. K.	136	8253705	Alderman, D.	143
8702100	Adam, M. G.	205	209957	Adgar, B.	259	215240	Alderman, L. G.	268
8152758	Adam, P.	177	8701676	Adkins, S. L.	182	8023949	Aldhous, R. R.	184
212669	Adam, S. D.	259	8138361	Adkinson, S.	133	2619426	Aldred, J.	274
8174955	Adams, A.	171	8028476	Adlam, R. H. . . . 36, 115		8402782	Aldridge, J.	178
2639274	Adams, A. L.	139	5208366	Adrain, J. M.	159	5205309	Aleandri, M. P.	110

308

INDEX

Personal No	Page No	Personal No	Page No	Personal No	Page No
213010 Alexander, A. J. . . .	268	2670320 Allen, T. A.	148	5206690 Anderson, M. G. . . .	173
212419 Alexander, B. A. . . .	259	216154 Allerston, K. R.	276	8172493 Anderson, P. T.	164
5206521 Alexander, D. J. . . .	126	8701032 Allinson, D.	181	8190590 Anderson, P. W.	189
5207968 Alexander, D. R.	39, 120	Allison, D.	88	Anderson, Professor R.	5
215096 Alexander, D. S. . . .	268	5207956 Allison, G. E. . . .	43, 202	2644196 Anderson, R. D.	177
8025240 Alexander, E. C. . . .	122	2659134 Allison, J. D.	181	Anderson, R. M.	16
8108552 Alexander, G. A. . . .	162	211085 Allison, K. D.	267	8702609 Anderson, R. P.	149
8024711 Alexander, G. C. . . .	184	8304670 Allison, R. P. G.	129	8701622 Anderson, S. B.	203
5204697 Alexander, J. . .	19, 113	215098 Allkins, E. D. H.	266	212377 Anderson, S. D.	275
212991 Alexander, J. A. . . .	267	215297 Alloway, A. G.	269	8701025 Anderson, S. W. . . .	137
2649135 Alexander, S. C. . . .	147	608455 Allport, M. K. . . .	64, 242	Anderson, T. M. . .	10, 99
2658809 Alexander, S. M. . . .	186	8304740 Allsop, A. J.	139	214836 Anderson, V.	262
8025570 Alexander, W. J.	79, 113	216468 Allwood, M.	278	5201120 Anderton, S. H.	99
214079 Alford, A. M.	265	5206994 Almond, M.	184	8701732 Anderton, V. L.	167
8701244 Alford, J. M.	163	2626424 Almond, M. K.	253	Andrew, Professor C.	247
215688 Alford, R. E.	268	Almond, T.	60, 102	8028949 Andrew, D. R. . .	76, 117
8302562 Alford, S. L.	184	5208214 Altoft, P. B.	138	5206525 Andrew, N. R.	132
5208679 Alford, T. E.	184	8019905 Ambrose, I. D.	170	215419 Andrew, P. C. R. . . .	272
8701763 Algate, A. R.	199	8701348 Ambrose, W. A. R. . .	197	8434369 Andrew, W. J. H. . . .	187
5206538 Alker, M. A.	190	5204310 Ambury, S. B.	132	5205850 Andrews, A. W.	243
8201570 Allan, C. J.	172	5207932 Amis, S. A.	155	8011566 Andrews, D. L.	170
8023619 Allan, D.	114	215413 Amodeo, F. P. L. F. . .	267	214685 Andrews, G. H. L. . .	262
214314 Allan, J.	270	306147 Amos, A. M.	43, 202	Andrews, Mr I. . .	5, 6, 15
8702285 Allan, J.	167	2648443 Amos, M. D.	162	2649840 Andrews, I. D.	177
8020105 Allan, J. W.	232	8007635 Amos, R.	231	8403296 Andrews, J. E.	180
5207285 Allan, M. S.	134	Amroliwala, F. F.	11, 99	8701066 Andrews, J. P.	186
2625944 Allan, P.	111	8123491 Amsden, S. W.	272	5205122 Andrews, J. R. . .	81, 104
5208949 Allan, R. D.	196	2670463 Amstutz, P. J.	148	8141374 Andrews, M. J.	232
	Allan, R. I.	99	Amy, D. J.	206	8200149 Andrews, M. R.	123
2634568 Allan, R. M.	171	8288785 Amy, R. J.	181	8000730 Andrews, N.	225
215330 Allan, W. J.	270	211158 Ancell, T.	268	8152911 Andrews, N. F.	135
5208848 Allanach, G.	142	213576 Andersen, K. L.	260	8304671 Andrews, N. J.	185
8009306 Allardyce, D. G. P. .	227	212806 Anderson, A.	259	306397 Andrews, N. K.	239
	Allaway, R. J. . .	43, 212	5206717 Anderson, A. M. .	44, 202	216521 Andrews, P.	278
409535 Allbones, N. L.	211	8070352 Anderson, B. M. . . .	177	5208788 Andrews, P. D.	204
8028559 Allchorne, R. M. . . .	114	8099871 Anderson, C. C.	225		Andrews R. M.	30
5204984 Allcock, G.	43, 120	5206043 Anderson, C. G.	251	2648131 Andrews, R. P.	262
5208170 Allcock, S. A.	158	8211941 Anderson, D.	171	8153049 Andrews, S. J.	159
8207058 Alldritt, D. P. G. . . .	249	2628612 Anderson, D. C. E. . .	132	215337 Andrews, S. M.	263
8125213 Allen, A. C.	194	8108295 Anderson, D. G. R. . .	227	8701544 Andrews, T. J.	148
8285202 Allen, C. M. . . .	159, 299	Anderson, D. H. . .	38, 99	2670417 Angel, R. J.	148
306452 Allen, C. S.	186	214297 Anderson, D. I.	270	2636671 Angell, A. M.	146
8260384 Allen, D. J.	127	2642562 Anderson, D. I.	140	8023363 Angus, P. J. M.	249
5208384 Allen, D. T.	159	2677704 Anderson, D. J.	264	5207367 Ankers, J. R. E.	174
5203660 Allen, D. W.	131	8013117 Anderson, G. G.	244	5202636 Ankerson, R.	122
214630 Allen, G. D.	262	2670711 Anderson, G. T. M. .	149	211074 Annal, P. D.	170
8300979 Allen, I.	178	409530 Anderson, H. A.	210	8028659 Annas, D.	49, 124
8701689 Allen, J. R.	150	5200233 Anderson, J. D.	243	8227775 Annis, L. D.	181
2643786 Allen, J. W.	141	214898 Anderson, J. E.	263	215212 Annis, M. L.	268
8049850 Allen, L. I.	261	8701976 Anderson, J. E.	167	8302764 Ansell, K. M. J.	236
306587 Allen, M. C.	194	211447 Anderson, J. S.	265	306450 Anspack-Logan, H. A.	163
5209090 Allen, M. R.	163	8027755 Anderson, K. W. . . .	111		
8208787 Allen, M. R. L.	154	1947280 Anderson, L. E.	243	8244204 Anstey, J. S.	162
8300180 Allen, R. D.	183	8405268 Anderson, L. M.	179	5203303 Anthistle, P. . . .	51, 116
5204900 Allen, R. J.	169	8701435 Anderson, M.	148	8025776 Anthony, D. R.	257

INDEX

Personal No	Page No	Personal No	Page No	Personal No	Page No
214537 Anthony, G.	261	8198113 Armstrong, G.	180	5204906 Ashraf, M. A.	109
8414985 Anthony, N. D.	164	2634508 Armstrong, I. R. B. . .	135	216381 Ashraf, W.	277
8300919 Antoniou, A. M. . . .	165	1950521 Armstrong, J.	231	8113502 Ashton, B. H.	228
5208110 Antrobus, A. E.	155	8024063 Armstrong, J. T. . 49,	153	5205240 Ashton, C. C.	193
8701254 Antrobus, N.	181	5208950 Armstrong, L.	144	8701611 Ashton, C. D.	196
215363 Antrobus, S. J.	272	Armstrong, M. A.	53	5204611 Ashton, D. C.	189
213011 Anwar, N.	268	8304657 Armstrong, S. J. . . .	158	2660729 Ashton, M. R.	148
4253997 Apiafi, H.	273	8001145 Armstrong, W. C. G.	227	8700158 Ashton, S. E.	214
5206844 Appleby, D. J. R. . .	127	5208685 Arnall, J. V.	161	216048 Ashurst, M. J.	275
8227171 Appleby, P. R.	141	5208891 Arnall, S. J.	186	8304370 Ashurst,	
214503 Appleby, R. C.	261	8260844 Arnett, S. J.	147	R. C. 49, 127,	299
5208431 Appleby, R. I.	160	8701467 Arnison, A.	187	Ashwell, M. L.	102
8304313 Applegarth, C. G. . .	136	5204267 Arnold, A. D.	126	300929 Ashwell, R. J.	236
Applegate, Mr D. J. S.	8	8135351 Arnold, A. J. 74,	110	8103700 Ashwood, A. J.	225
Applegate, R. A. D. .	10	5206109 Arnold, D. B.	170	214900 Ashworth, C. D. I. . .	263
5205797 Appleton, D. P.	114	2659921 Arnold, D. R.	144	215120 Askam, M. J.	268
8304532 Appleton, J. L.	127	2672382 Arnold, G. L.	150	5208892 Askew, D.	178
8225411 Appleton, M. R. . . .	153	8248289 Arnold, J. G.	174	Askew, J. G.	31
8015466 Appleyard, K. R. . . .	227	8023698 Arnold, N.	110	2658762 Askew, T.	179
8260454 Arands, J. F.	147	5207918 Arnold, N. J. . . . 82,	173	8300621 Aslett, J. R.	154
8099253 Arber, R. C.	154	5208088 Arnold, P. J.	184	2659856 Aspden, E. R.	163
212060 Arbuthnott, B.	268	212609 Arnold, W. J. W. . . .	259	215351 Aspinall, J. C.	270
8304499 Arch, D. J.	140	216446 Arnott, E. J.	278	8029449 Aspinall, M. E.	134
8141294 Archard, P. W.	232	208784 Arnott, R. H. C.	267	8304741 Aspinall, M. J.	139
8024693 Archer, B. M. . . 57,	129	8701692 Arora, A.	204	8119102 Aspinall, S. P.	227
9593 Archer, G. A.	64	8701653 Arrowsmith, C. A. . .	166	8118275 Assenti, B.	229
9593 Archer, G. A.	202	215757 Arrowsmith, S. P. . . .	275	8026473 Astbury, A. J.	126
8023759 Archer, J. P. . . . 14,	117	2647207 Arroyo, G. H.	211	215933 Astin, A. P.	273
5204063 Archer, T. D. . . . 44,	109	Arscott, J. R. D.	37	213944 Astin, D. A.	261
210596 Archibald, D.	257	214011 Arthur, L. P.	265	8260780 Astle, P. H.	143
2648698 Arderne, L. E.	250	8227269 Arthur, P. R.	178	8141039 Astle, P. W.	131
8222576 Ardron, A.	190	2639075 Arthurton, D. S.	130	8300194 Astley-Jones, G. D. .	154
5201014 Arkell, J. D.	107	1961988 Artley, S.	227	8260365 Aston, A. D.	192
2643068 Arlett, D. J.	140	8425531 Artus, T.	162	2659250 Aston, C. J.	144
8001144 Arling, J. M.	226	5206 Ash, D. 44,	222	8026702 Aston, M. R.	125
8029690 Armeanu, A. R.	135	5207751 Ash, J. C.	128	8308641 Aston, S. L.	165
214815 Armeanu, Z. K.	262	8101402 Ash, K.	227	5206544 Aston, S. N.	129
8428160 Armit, G. N.	163	213482 Ash, T. A.	260	8233199 Atack, J. E.	184
8107759 Armitage, G. J.	192	2649558 Ashbridge, T.	178	Atha, S. D. 36,	106
5206698 Armitage,		1946073 Ashcroft, G. A.	242	Athanasiai C.	28
G. V. R. 39,	170	2622204 Ashcroft, I. T.	109	5202565 Atherton, I. W. . . 47,	122
211305 Armitage, J. P.	272	8289439 Ashcroft, J. A.	159	Atherton, P. A.	104
216517 Armitage, P. J.	278	1950522 Ashcroft, K.	175	Atherton, R. A. . 39,	105
8080909 Armitage, R.	225	8700262 Ashcroft, L. J.	187	213614 Atherton, V. A.	260
5207003 Armitage, S. R.	119	215508 Ashdowne, R. K. . . .	273	Athill, J. A.	32
Armitage-Maddox,		Ashenhurst, R. . . 29,	102	8260170 Atkin-Palmer, C. M. .	160
S. E.	103	5202102 Asher, D. R.	189	2846327 Atkins, A. M.	259
214686 Armitstead, A. R. . .	268	5205154 Ashford, R. R.	108	8152245 Atkins, A. R. . . . 49,	171
5207782 Armstrong, A. D. . .	172	215284 Ashlee, M.	270	8301009 Atkins, G. M.	167
300919 Armstrong, A. E. . . .	236	8304732 Ashley, D. A.	139	8125563 Atkins, I. E.	177
2637109 Armstrong, A. M. R.	158	8424348 Ashley, S. N.	161	5208475 Atkins, N. O.	160
210380 Armstrong, A. P. . . .	270	8191560 Ashman, A. P.	232	212882 Atkins, P. M.	272
5206674 Armstrong, B. L. . . .	193	8050602 Ashman, I. E. M. . . .	228	8026016 Atkins, P. M.	278
Armstrong, D. B. . . .	302	1961989 Ashman, W. L.	625	5205428 Atkins, R. F.	123
2622531 Armstrong, D. R. . . .	124	5207846 Ashmore, G. J.	191	216413 Atkins, S. T. E.	277

INDEX

Personal No		Page No
216305	Atkinson, D. M. . . .	277
	Atkinson, I. C.	45
8029239	Atkinson, N. F.	183
8029589	Atkinson, P. G.	126
5203715	Atkinson, P. W. .	74, 113
8029213	Atkinson, R.	134
8059654	Atkinson, R.	229
8127205	Atkinson, R. D.	189
8028258	Atkinson, R. J.	111
212440	Atkinson, S. P.	259
306184	Atkinson, V. L.	185
8304188	Attridge, J. J.	125
	Attrill, M. P.	39
8023716	Attrill, M. P.	111
8238863	Attwood, J.	177
8107058	Aubrey, N. L.	229
	Auchinleck M. H. . . .	29
8288101	Auchterlonie, A. J. .	178
215176	Aucott, C.	267
213197	Audus, A. M.	179
216488	Auld, H. A. G.	278
8023726	Austen, D. J. . . .	51, 151
8152463	Austen, R. G.	172
210066	Austin, A. L.	257
2670137	Austin, G. D.	146
9726	Austin, J. F.	207
2658908	Austin, J. L.	205
1960300	Austin, P. J.	245
5208311	Austin, P. R.	176
4230216	Austin, Sir Roger . .	274
8236219	Austin, S. J.	196
8304493	Austin, S. J.	137
213570	Austin, T. N.	250
8701545	Austin, W.	181
213574	Austing, D. R.	260
8304098	Aveling, G.	136
8026928	Avent, S. D.	126
215771	Averill, I. J.	275
216525	Averill, T. J.	278
2636168	Averty, C. J.	137
2660550	Avery, A. M.	166
2628341	Avery, D. K.	126
213977	Avery, J. W. L.	249
	Avery, M. A.	11
2660063	Awoniyi, I. O.	179
8128627	Axelsen, M.	170
214123	Axon, P. J. W.	267
4335198	Ayers, C. R.	243
8023972	Ayers, D. L.	111
690614	Ayers, R. S.	169
	Ayling, N.	12
215	Ayling, S. J.	265
	Aylott, P.	14
214554	Ayre, A. M.	261
214770	Ayre, J.	262

Personal No		Page No
8113944	Ayres, M. E.	227
1961460	Ayres, M. F. W.	225
5203502	Ayres, N. P. 60, 111
	Ayres, S. P. 69, 102

B

Personal No		Page No
8028241	Baatz, A. P.	248
8701077	Babber, S.	187
5205509	Baber, C. W.	132
	Baber, G. A.	103
5207267	Baber, M. A.	134
8701409	Babington, R. Y.	181
8300732	Backus, T. W.	195
5207667	Bacon, A. D.	129
208465	Bacon, C. J.	257
	Bacon, R. J.	13
5207613	Baddeley, J. J. G. . .	134
306193	Baddeley, L. M.	137
5208705	Badel, N. M.	141
8300932	Badham, S. D.	147
212087	Bage, K. M.	269
8010241	Baggley, P.	227
	Bagnall, Sir Anthony.	97
5205308	Bagnall, A. R.	110
5208745	Bagnall, C. A.	179
5207384	Bagnall, G.	137
215563	Bagnall, M. A.	265
214125	Bagnall, R. D. A. . . .	268
8093308	Bagwell, D. J.	226
	Bagwell, G. J. . . . 3, 102
306310	Bailes, C. A.	186
2648623	Bailey, A.	255
	Bailey, Mr C.	7
2649944	Bailey, C. G.	142
8300520	Bailey, C. P.	174
8013302	Bailey, D. J.	226
8302841	Bailey, F. L.	146
5207703	Bailey, H. R.	134
214442	Bailey, J.	275
5207612	Bailey, J. P.	193
8226869	Bailey, K. R. . . . 55, 153
212261	Bailey, M. J.	264
5208383	Bailey, M. N.	159
5209062	Bailey, O. T.	187
8105163	Bailey, P.	176
8207631	Bailey, R.	116
8027496	Bailey, R. C.	124
5208798	Bailey, R. J.	142
	Bailey, R. M.	102
214443	Bailey, S. E.	141
	Bailey, S. J. . . . 39, 106
8208429	Bailey, S. R.	232
216037	Bailey, T.	275
5208876	Bailey, T. E.	143
8701255	Bailey, T. M.	165
8703310	Bailey, T. R.	205
306521	Baily, C. L.	187
8260724	Bain, A. M.	145

311

INDEX

Personal No		Page No	Personal No		Page No	Personal No		Page No
214301	Bain, C. J.	270	8062873	Balding, E. J.	227	8285592	Banks, N. K. M.	267
8700139	Bain, C. J.	199	8177739	Baldock, N. J.	230		Banks, Mr P.	216
5205373	Bain, D. D.	189	8430980	Baldry, G. R. T.	146	8185673	Banks, P.	273
8701572	Bain, D. E.	180	8009216	Baldwin, B. F.	51, 172	5203882	Banks, P. A.	238
8115729	Bain, G. J.	224	8304964	Baldwin, C. J.	147	2636550	Banks, S. M.	136
8702982	Bain, K. L.	205	8270451	Baldwin, I. S.	180	214033	Banks, T. J.	264
5204195	Bainbridge, D. J. F.	152	213736	Baldwin, J.	270	5209085	Banning, G. E.	145
	Bainbridge, T.	14	8700121	Baldwin, J. P. S.	167	214984	Bannister, A. S.	267
214979	Baines, C. E.	277	8117164	Baldwin, K. J.	39, 111		Bannister, Dr B. A.	215
214801	Baines, J. L.	262	2670418	Baldwin, L. R.	148	214920	Bannister, P. S.	263
8304158	Baines, M. W.	136	8300171	Baldwin, N. R.	196	5204334	Bannister-Green,	
214433	Baines, N.	261	8204333	Baldwin, P. J.	171		G. M.	121
	Baird, Dr A.	16		Baldwin, R.	14	8290211	Banstead, G. M.	186
5203788	Baird, M. J.	170		Baldwin, S. F.	23	8304806	Baptie, D. C.	140
8184590	Baird, W. P.	213	212170	Baldwin, T. M. A.	270	5208150	Barber, A. J.	158
8300540	Baird, W.	194	5205214	Bale, M. A.	14, 44, 111	2659114	Barber, A. W. J.	145
	Bairsto, C. A.	102	8024345	Balfour, J. R. S.	154	9472	Barber, D.	113
8701192	Bairsto, C. E.	205	8302877	Ball, A. C.	166	4232609	Barber, G.	107
	Bairsto, N. A.	23, 99	8073287	Ball, A. L.	141	216156	Barber, K. L.	276
5202809	Bake, A. T.	64, 108	2642482	Ball, C. D.	140	5209072	Barber, K. S.	179
2640260	Baker, A. C. M.	141	8284397	Ball, G. P.	177	215961	Barber, L. M.	273
212254	Baker, A. J.	263	5207832	Ball, G. R.	134	216253	Barber, P. D.	276
8154486	Baker, A. J.	174	8135862	Ball, H. J.	238	8104756	Barber, R. G.	230
8028377	Baker, A. K.	124	8141140	Ball, J. C.	113	211161	Barber, S.	274
2642677	Baker, A. M.	184	8304134	Ball, J. D.	126	8026456	Barber, S. B. J.	235
4335606	Baker, B. A. F.	244	8701699	Ball, J. E.	204	306275	Barber, S. C.	195
8000520	Baker, C.	194	8130431	Ball, K.	179	210549	Barbour, E. C.	257
	Baker, Mr C.	7	215525	Ball, K. L.	265	8018802	Barbour, R.	226
8191257	Baker, D. A.	156	8300994	Ball, M. D.	179	5205457	Barbour, S. R. A.	39, 118
214287	Baker, E. A.	271	8028277	Ball, M. G.	263	8198395	Barbour, W. R.	232
8271429	Baker, G.	186	409488	Ball, S. J.	210	8300358	Barclay, A. J.	157
2653859	Baker, G. J.	141	8701223	Ball, S. L.	198	8053372	Barclay, I.	225
216072	Baker, G. S.	275	2659252	Ball, T. J.	144	8300012	Barclay, I. D.	184
4276543	Baker, H. M.	244	8283865	Ballantyne, D. N.	155	8170823	Barclay, I. G.	113
300982	Baker, J. A.	237	8302678	Ballantyne, W. A.	158	2649916	Barclay, M. G. T.	144
2649834	Baker, J. D.	143	216090	Ballard, M. D.	265	2844965	Bardoe, S.	262
2659251	Baker, J. D.	144	8108915	Ballinger, R. F.	227	8701643	Barge, K. E. V.	205
8108950	Baker, J. D.	230	5208379	Balls, R. J.	174	1945622	Bargewell, T. A.	243
306110	Baker, J. E.	203	2653645	Balmer, A. J. L.	143	209185	Barker, A. A.	257
4233090	Baker, J. E.	122		Balmer, P.	12	8701465	Barker, A. D.	146
215279	Baker, J. M.	269	214316	Balmford, S. J.	271	9211	Barker, A. M.	271
215106	Baker, J. V.	267	9806	Balshaw, H. S.	270	8026678	Barker, C. M. I.	234
8027812	Baker, M. F.	111	8023514	Balshaw, K. S.	10, 108	2625933	Barker, D.	261
2649915	Baker, M. R.	143	2627370	Balshaw, M. J. F.	127	8101805	Barker, G. K.	225
2639249	Baker, M. T.	137	8077534	Balson, J. D.	261		Barker, J. C.	41
2664372	Baker, N. A.	211	8124144	Balzano, A.	227	216335	Barker, J. J.	277
210758	Baker, N. W.	258	9484	Bambridge, D. E.	207	8600062	Barker, K. J.	232
8124187	Baker, P. M. A.	229	2642585	Bamford, H.	141	5208181	Barker, M. A.	176
8701286	Baker, S. M.	205	216080	Bamford, P. J.	275	2633709	Barker, M. H. R.	127
5205833	Baker, T. T. J.	44, 222	5207777	Bamford, R.	59, 190	2649516	Barker, M. J.	143
8092619	Balaam, D. C.	111		Bampton, Mrs S.	14	2640374	Barker, N. S.	137
306456	Baladurai, S.	205	8300450	Banbrook, J. M.	153	215735	Barker, P. E.	166
	Balcombe, H.	302		Bangham, P. H.	29	4282420	Barker, R.	124
5206377	Baldaro, J. L.	172	215090	Banks, B. D.	263	5208438	Barker, R. J.	186
5203789	Balderstone, A. W.	170	8128522	Banks, G. N.	214	8123744	Barker, R. J.	244

312

INDEX

Personal No		Page No	Personal No		Page No	Personal No		Page No
8701644	Barker-Davies, R. M.	205	8220584	Barnsley, S. W.	135	214807	Bartlett, P. L.	265
2642545	Barley, F. J. R.	139	215962	Barnwell, P. C.	273	9173	Bartlett, S. E.	151
5205871	Barley, M. P.	47, 116	2649567	Baron, A. P.	142	8300466	Bartley, D.	260
8249922	Barley, N. D.	177	8701527	Baroni, P.	166	215963	Bartley, D. P.	273
216397	Barley, T. D.	277	4232910	Barr, A.	234	8271683	Bartley, L. D.	177
215970	Barlow, G.	274	5207214	Barr, A.	125	210323	Barton Greenwood, G. C.	274
	Barlow, G. G.	11		Barr, A. J. P.	23			
8153978	Barlow, J. R.	178	8028723	Barr, N. J.	124		Barton, D. G.	101
91502	Barlow, P.	253	8248671	Barr, R. P.	174	8109029	Barton, M.	229
211248	Barlow, P.	261	216132	Barr-Lloyd, C. L.	266	609514	Barton, N.	268
8024276	Barlow, P. E.	189	2644180	Barraclough, H. E.	141	5204860	Barton, P. R.	235
8260025	Barlow, P. R.	135	5207127	Barraclough, R.	51, 174	8205956	Barton, S.	180
8287111	Barlow, S. R. R.	268	4231207	Barradell, D. J.	244	5206372	Barton, S. D.	174
8701658	Barlow, T. A.	198	8029230	Barratt, C. D.	136	8097413	Barton, T. R.	111
8072628	Barlow, W. M.	227	8701546	Barratt, N. G.	166, 304	8304196	Bartrip, J. R. L.	130
	Barmby, A. S.	11, 104	8249914	Barratt, W. T.	191	8701472	Bartwicki, C.	148
5206044	Barmby, C. S.	156	214374	Barre, G. R.	273	5202894	Barwell, R. J.	109
8304225	Barmby, M. I.	127		Barrett, A. J.	31, 49, 103		Barwood, J.	216
306329	Barnaby, L. J.	195	5203229	Barrett, G. J.	122	8024524	Bary-Brown, R.	238
8242276	Barnard, A. J.	267	5202621	Barrett, I.	235	8152910	Basford, R. M.	181
4231377	Barnard, J. B.	263	8154655	Barrett, J. E. B.	177	8013666	Bashford, D. R.	226
8300730	Barnes, A. E.	139	214987	Barrett, J. L.	265	8212795	Baskerville, G. D.	177
5201234	Barnes, A. J.	107	8141571	Barrett, L. F.	124	8183726	Basnett, C.	106
8117485	Barnes, A. S.	227	211370	Barrett, M. E.	274	5209031	Basnett, G. M.	145
2658720	Barnes, C. C.	162	306298	Barrett, M. E.	238	214318	Bass, C. R.	271
211111	Barnes, C. R.	267	2649272	Barrett, M. P.	142	212005	Bass, M.	266
4233209	Barnes, D. A.	131	8024125	Barrett, M. S.	156	212367	Bass, S.	274
215789	Barnes, D. C.	263		Barrett, P. A.	43, 233	8216242	Bassett, D.	229
8213248	Barnes, D. M.	159	8014182	Barrett, P. J.	122	8500268	Bassett, D.	198
2630796	Barnes, D. M. W.	249	8029430	Barrett, R. W.	127	8029147	Bastable, A. D.	127
4231439	Barnes, F. O.	244	2628749	Barrett, T. A.	117	8401342	Bastiani, M. P.	162
2642683	Barnes, G. A.	186	5206183	Barrington, M. P. B.	171	5207681	Bastock, J. M.	44, 202
213827	Barnes, J. A.	261	8254588	Barron, B.	269	2644495	Batch, S. M.	178
8304099	Barnes, J. A. F.	136	8234469	Barron, J. A.	230		Batchelor, A. J.	3, 200
8138900	Barnes, J. A. R.	227	5205660	Barrow, C.	127	8260052	Batchelor, M.	232
	Barnes, M. A. J.	38, 99	8029800	Barrow, R. P.	126	211033	Bate, K. M.	266
	Barnes, Mr D. B.	73	8100446	Barrowcliffe, I.	111	5208870	Bate, M. J.	162
5204907	Barnes, N. J.	108	8014736	Barrows, B. E.	229	8140046	Bate, P. N.	113
5203802	Barnes, O. R. J.	19, 114	8701701	Barrs, A. C.	167	8010061	Bate, R. A.	225
8099412	Barnes, P.	159		Barry, B. W.	11	8152403	Bateman, G. J.	120
211676	Barnes, P. D.	258	8154192	Barry, R. J.	176	8026195	Bateman, J. C.	151
8109998	Barnes, P. J. M.	125	5207324	Barry, Rev N. B. P.	218	9698	Bateman, S. A.	192
2660723	Barnes, R. S. P.	181	5209029	Barstow, C. D.	181	8260621	Bateman, V. A.	140
8241717	Barnes, R. V.	165		Barter, M. C.	3, 99	8300889	Bates, A. M.	163
8024236	Barnes, R. W.	118	2627992	Barth, R. O.	183		Bates, B. L.	102
8152696	Barnes, S. A. K.	191	8028493	Bartle, D. J.	127	213844	Bates, D. L.	261
8305144	Barnes, T. H.	149	8023410	Bartlett, A.	113	216314	Bates, J. L.	277
8024551	Barnes, T. J.	153	594302	Bartlett, A. J.	272	8153156	Bates, S. A.	180
5208972	Barnett, A. J.	264		Bartlett, Professor C. L. R.	215	8701306	Bates, S. C.	198
306183	Barnett, J.	194	5204646	Bartlett, G. D.	189	8304302	Batey, R.	136
2659664	Barnett, M. G.	142	214482	Bartlett, J. D.	261	2644427	Batey, T. J.	186
5208409	Barnett, M. P. C.	139	8151449	Bartlett, N. G.	49, 170	5208643	Bath, G. J.	178
	Barnet, Mr N.	16	2631890	Bartlett, P. J.	124	5204783	Batin, M. V.	131
213537	Barnfather, C. R.	260	8151298	Bartlett, P. J.	179	8138597	Batley, R. J.	44, 213
5206458	Barnfield, S. K.	10, 115				8427419	Batson, P. C.	180

INDEX

Personal No	Page No	Personal No	Page No	Personal No	Page No
8080114 Batson, P. K.	274	8062600 Bearcroft, A. M.	229	211736 Beech, J. A.	258
8304705 Batt, J. G.	139	5207927 Beard, D.	129	209033 Beech, R. C.	274
2642526 Batt, S. P.	141	4233033 Beard, J. S.	234	209697 Beecroft, A. J.	273
215976 Battersby, H.	278	8025512 Beard, P. R.	122	5208877 Beecroft, N. M.	163
2640899 Battersby, N.	138	Beard, Professor		215747 Beedie, S. A.	269
2653682 Battersby, N. J.	162	R. W.	216	Beedie, W.	45
8010710 Battersby, P. G.	225	8027325 Beardmore, M. J. . . .	124	8211767 Beekman, S. G.	163
9425 Battey, F. J.	251	8029200 Beardmore, S. M. . . .	124	Beer, N. Q. W.	25
1961337 Battle, D. G.	229	211066 Beardsley, C. L.	266	8226836 Beer, P.	191
213541 Battram, J. M.	260	210256 Beardwood, P. N. . . .	268	2627955 Beer, R. P.	152
8186646 Battye, A. E. . . . 62,	190	8024437 Beasant, A. J.	119	8019389 Bees, A. R.	169
215546 Battye, N. D.	265	306513 Beasant, A. L.	198	8700037 Beesley, J. E.	149
2649454 Batu, A.	139	2653650 Beasant, A. S.	143	2659473 Beesley, M. S.	180
211556 Bauer, J. C.	190	216350 Beasley, M. D.	277	2659665 Beeston, N. C.	163
8434257 Baughan, J. P.	187	8137003 Beasley, S. G.	173	Beet, N. P.	104
2637778 Baulkwill, M. R. . . .	129	4233216 Beaton, A. J.	247	Beetham, Sir Michael	97
8027289 Bausor, N. T.	127	9692 Beaton, J. E.	190	2649091 Beevers, P. D.	142
Baverstock, A. P. . .	301	Beattie, A. A. A. . . .	29	8304892 Beilby, P. C.	145
8024387 Baxter, A. D. M. . . .	111	8701506 Beattie, M. R. . . . 165,	301	8132429 Beirne, J. P.	179
5206414 Baxter, D. M.	173	2659108 Beattie, S. J.	143	5206896 Beken, D. C.	171
213292 Baxter, D. S.	272	215513 Beaty, A. M.	275	8419742 Belcher, I. C. . . . 178,	305
8028332 Baxter, G. L.	124	8051561 Beaumont, B. J. . 44,	108	8104806 Belcher, J. G.	163
8029152 Baxter, I. P.	124	2628259 Beaumont, R. G. . . .	132	2637127 Beldon, J. R.	130
8404398 Baxter, K. D.	184	213700 Beaumont, S. C.	260	306234 Beldon, V. L.	159
2643839 Baxter, N. J.	139	5205376 Beaumont, S. P.	210	5204377 Belfield, F. D.	152
215091 Baxter, R.	265	8138950 Beaumont, S. W. . . .	226	2642535 Belfield, J. S.	140
8141270 Bayford, D. J.	232	Beaver, Dr S A.	11	215636 Belham, M. J.	267
5208934 Bayless, D. R. M. . .	144	Beaverbrook,		212529 Bell, A.	154
2644485 Bayley, N. J.	184	The Rt Hon Lord . .	247	607995 Bell, A. R.	275
8029118 Bayley, N. J.	154	8301024 Beazley, N. J. A.	167	5206045 Bell, A. S.	170
Bayliss, J. F. T.	26	8700117 Bebbington, K. D. . .	145	Bell, Ms C.	14
2630750 Bayman, P.	134	5204420 Beck, J.	151	212287 Bell, C. G.	273
8141431 Bayne, J. T.	232	2644086 Beck, J. A.	141	8300980 Bell, C. G.	178
213845 Baynes, T. M. J. . . .	261	5205692 Beck, J. R.	127	5208221 Bell, D.	139
8304535 Bazalgette, G. R. 51,	129	2635512 Beck, K. J.	135	8117598 Bell, D.	227
8113087 Beach, C. J.	213	306235 Beck, N. J.	159	215626 Bell, D. A.	267
5206496 Beach, P. J.	115	8300065 Beck, N. P.	155	8701598 Bell, D. P.	166
5208447 Beach, Rev J. M. . . .	219	2637977 Becker, G. W.	239	2653755 Bell, G.	187
5207254 Beach, T. E.	185	215526 Beckett, B.	265	2659391 Bell, H. M.	165
8151819 Beagle, T.	175	8029426 Beckett, P. C.	127	Bell, I. K.	104
216432 Beagrie, G.	278	8424839 Beckett, S. C.	163	8175138 Bell, I. N. 11,	115
8007464 Beal, N. P.	225	5208690 Beckett, S. M.	161	8418562 Bell, J. H. D.	186
214733 Beal, S.	272	8224286 Beckett, W. B. M. . . .	171	4335257 Bell, J. J.	243
8700244 Beale, K. J.	150	8701166 Beckett, W. J.	180	214002 Bell, J. M.	266
8012506 Beale, S. A.	229	5206089 Beckley, C. P. . . . 82,	119	8178999 Bell, K.	225
8701664 Beamish, L. J.	148	8304407 Beddall, J. T.	137	306464 Bell, L. D.	163
8700210 Bean, J. P.	167	212202 Bedding, S. J.	176	214194 Bell, M. F.	268
216189 Bean, S. J.	276	8701354 Beddoes, J. J.	187	214399 Bell, M. J.	273
8078527 Beane, L. J.	229	5206591 Beddoes, S. L.	127	9760 Bell, N. E.	183
211806 Beaney, V. R.	258	2659972 Bedford, R. D.	145	8024443 Bell, N. J. D. . . . 42,	190
Beange, P. 17,	106	5207269 Bedford, R. W.	127	5206274 Bell, P. N.	190
5205194 Beanland, A. K. . . .	109	8118563 Bee, E. H.	227	8300662 Bell, Q. L.	185
8172534 Beanlands, S. M. . .	190	215752 Bee, S. M.	269	595670 Bell, R.	226
215971 Bear, C. P.	274	8300548 Beeby, S. C.	184	8286873 Bell, R. A.	232
5206800 Bearblock, P. D. . . .	128	8210344 Beech, G.	173	8122781 Bell, R. F.	227

INDEX

Personal No		Page No
8300650	Bell, S. D.	143
306139	Bell, S. J.	194
8211429	Bell, S. J.	177
	Bell, S. M.	3, 9, 105
8171383	Bell, S. R.	227
215865	Bellamy E. L.	307
	Bellamy, A. N.	47
213438	Bellamy, M. G.	264
2635628	Bellamy, S. J.	173
8089081	Bellis, D. E.	49, 127
5208888	Bellman, D. F. J.	144
8024606	Bellworthy, A. J.	153
8429163	Belmont, S. A.	145
	Belmore, D. S.	34, 102
2633142	Below, T. D. Q.	116
214253	Belshaw, A. M. T.	269
8141256	Bence, A. J.	256
8305115	Bendall, T. N.	149
8300356	Bendell, S. A.	157
5203620	Benford, C.	170
213564	Benham, D. A.	260
8179830	Benham, L. A. S.	196
2635265	Benham, P. W.	234
5208238	Benjamin, T. M.	186
2621546	Benke, R. N.	131
8024175	Benn, C.	152
8021112	Benn, C. R.	109
2625684	Bennett, A. A.	9, 117
2643845	Bennett, A. M.	160
5208953	Bennett, A. N.	204
5207065	Bennett, A. R.	153
210456	Bennett, A. R. T.	273
5203694	Bennett, C. R.	237
91538	Bennett, D. E.	252
8701400	Bennett, D. M.	147
210449	Bennett, G. E. D.	272
8288140	Bennett, I. J.	178
8305111	Bennett, J. N.	149
4281587	Bennett, K. D.	267
2627872	Bennett, L. J.	120
	Bennett, M.	14
8227978	Bennett, M. F.	187
214212	Bennett, M. J.	269
5204259	Bennett, M. W.	133
	Bennett, Mr N.	16
5208952	Bennett, N. K.	122
2637131	Bennett, N. P.	177
216033	Bennett, P.	275
5203469	Bennett, P. G.	151
608849	Bennett, P. J.	271
8011572	Bennett, R. J.	225
8141577	Bennetts, W. N. J.	232
2628415	Bennington, T.	116
2633616	Bennison, M. A.	135
8153545	Bensley, A. J.	179
8304175	Bensly, R. W.	127
8120282	Benson, A. P.	276
5208831	Benson, C. E.	197
8126925	Benson, N. J.	51, 123
2659923	Benson, T. C. J.	145
	Benstead, B. G.	38, 99
8401479	Bent, C. G.	177
8026036	Bentham, A.	86, 109
8151744	Bentley, D. A.	114
8031453	Bentley, D. E.	36, 233
213024	Bentley, K.	267
4335701	Bentley, N. L.	183
306264	Bentley, S. A.	159
2637747	Bentley, S. A.	127
8702382	Benton, A. R.	149
8141161	Benton, N. J.	231
8029528	Beresford, A.	127
8028930	Beresford, G.	234
8133666	Beresford, M. J.	118
8286775	Beresford, S. A.	163
8181760	Bermingham, I. R. A.	228
214917	Bernard, J. K.	263
8027084	Berners, P. R.	156
5207988	Berrecloth, P. C.	171
4233672	Berresford, C. S.	248
	Berridge, A. J.	43, 106
8304297	Berris, D. C. D.	137
215199	Berrow, J. J.	263
216313	Berry, D. J. H.	277
214581	Berry, I. C.	261
5208378	Berry, J. E.	140
8152502	Berry, K. P.	135
5205914	Berry, M. R.	132
213865	Berry, N. J.	162
2642991	Berry, N. S.	138
8100132	Berry, P. W.	183
690244	Berry, R. D.	243
5207184	Berry, R. D.	203
2643843	Berry, R. G.	139
5208132	Berry, R. I.	137
	Berry, Professor R. J.	216
8141517	Berry, R. W.	231
2642428	Berry, S. A.	139
8701599	Berry, S. A.	148
8276381	Berry, S. L.	165
5205838	Berry, T. I.	119
5205998	Berry-Davies, Rev C. W. K.	241
214659	Berry-Robinson, J. A. S.	262
8302824	Berryman, A.	164
8300103	Berryman, C. W.	158
2642086	Berryman, D. G.	263
5208616	Bertie, J. J. E.	177
215319	Bertram, R. H.	270
2672320	Berwick, E. T.	149
	Bessant, L. R. E.	105
8024164	Bessell, J. C.	36, 113
	Best, D.	105
	Best, G. J.	57
8026202	Best, J. L.	131
5207997	Best, M. C.	194
8025491	Best, P. K.	124
5206329	Burke, T. J. P.	57
210607	Bethell, A. H.	257
8152597	Bethell, K. H. R.	116
8304722	Bethell, R. A.	139
8304206	Bethell, S. F.	136
5208579	Betley, M. A. J.	161
5201222	Betteridge, R.	108
2642432	Bettington, G. J.	192
5206315	Bettridge, A. V. R.	11, 190
5208670	Betts, D. D.	196
214088	Betts, J. D.	265
215288	Betts, R. J.	269
	Bevan, Mr A.	21
8701547	Bevan, J. C. G.	147
213779	Bevan, K. J.	260
300977	Bevan, M. A.	236
8245579	Bevan, N. A.	177
216261	Beveridge, V.	276
5206279	Beverley, S. J.	176
	Bevis, M. E.	14
8077274	Bewley, J. W.	267
2649633	Bews, I. M.	142
4280376	Beynon, G. G.	249
2670131	Beynon, J. A.	179
216187	Beynon, M.	276
8702662	Beynon, R. W.	148
2659584	Bezance, B. M.	181
2659666	Bhangu, J. S.	144
2636440	Bhasin, D.	128
8429708	Bhatia, L. R.	165
5207984	Bhullar, T. P. S.	202
216007	Bialacki, S. J.	274
	Bibbey, M. W.	32
211904	Bickerdike, H. J.	264
5209008	Bicket, G.	164
5203643	Biddle, D. R.	131
8014803	Biddle, M. J.	226
8253891	Biddle, M. V.	164
210447	Biddles, D.	267
212536	Biddles, D.	267
8115533	Biddlestone, A.	157
213101	Bidgood, S. J.	269
8025286	Bidston, P. M.	263
5208303	Biggadike, M. E.	139
8032750	Biggs, A. J.	157
8300750	Biggs, C. J.	213
595418	Biggs, P. R.	184

315

INDEX

Personal No		Page No
5202007	Biglands, S.	234
2636880	Bill, N. J.	191
213475	Billingham, N. J.	260
5208842	Billingham, T. D.	27, 222
8020521	Billings, P. A.	39, 118
215352	Billington, K. J.	271
8152086	Bilney, M.	172
8701548	Bindemann, M. N. F.	166
2659230	Binfield, P.	143
5206617	Bingham, G. K.	170
8029700	Bingham, J. H.	135
8010494	Bingham, P.	264
8700096	Bingham, V. J.	199
215539	Binks, P.	274
8300760	Binks, P. E. L.	160
216038	Binnie, D.	275
5207866	Binns, J. S.	185
2635432	Binns, P. B.	127
306086	Binns, S. M.	39, 117
8025636	Binsted, P. D.	131
2659595	Birch, C. L.	148
2670713	Birch, D. R.	148
306093	Birch, K.	203
8028730	Birch, R. S.	47, 111
2649092	Birchall, I. J.	144
8236687	Birchall, S. T.	177
8420783	Birchenall, R. P.	178
5207626	Bird, A. P.	129
8701120	Bird, D. L.	165
8305004	Bird, G. E.	147
213022	Bird, I. N.	268
8124079	Bird, J.	231
8700201	Bird, K.	150
306474	Bird, K. A.	164
8028453	Bird, M. R.	116
2654167	Bird, P. J.	146
4233445	Bird, P. R.	242
8244292	Bird, S. A.	196
8177505	Birdsall, I. C.	230
210697	Birkett, B.	258
2659982	Birkett, C. G.	145
8107498	Birkett, P.	227
216133	Birkett, S. J.	276
8102101	Birkin-Hewitt, B. M.	231
	Birks, C. J.	3, 103
5206996	Birnie, F.	133
2658764	Birtwistle, J. R.	143
	Birtwistle, R. W.	9, 105
214810	Bisby, M.	262
595929	Bishop, C.	225
5207026	Bishop, C. A. M.	153
8090530	Bishop, G. T. C.	227
5204750	Bishop, I. L.	258
5207289	Bishop, J. N.	192
2659392	Bishop, L. J.	165

Personal No		Page No
8028952	Bishop, N. A.	124
8102278	Bishop, S. D.	230
8260874	Bishop, S. J.	148
	Bishop, T. L. J.	104
5208042	Bissell, Rev A. D.	218
213843	Bissell, K. D.	261
216534	Bissell, R. A.	278
2653795	Bissett, K. J.	145
216482	Bixby, N. J.	278
2659096	Bjonness, L. C.	145
8111790	Black, D.	159
5208592	Black, D. C. S.	177
8110109	Black, I.	228
5207117	Black, P.	152
	Black, S. D.	85
8015088	Blackburn, C. A.	135
8305084	Blackburn, D. A.	148
8209265	Blackburn, G. D.	229
5205740	Blackburn, G. J.	250
216321	Blackburn, J. F.	277
8702054	Blackburn, J. L. R.	205
5208223	Blackburn, M. J.	129
8701224	Blackburn, M. J.	197
8701593	Blackburn, P. R.	138
	Blackburn, S.	102
	Blackett, His Honour Judge J.	26
306436	Blackett, S. L.	163
8097144	Blackford, F.	229
212829	Blackford, P. K.	264
215866	Blackie, G. C.	272
8025726	Blackie, G. C.	131
2644182	Blackie, J. R.	178
212272	Blacklock, C. N.	271
8118196	Blackman, C. A. R.	225
8129744	Blackmore, S. T.	229
8701473	Blackstock, A. G.	181
8024995	Blackwell, J.	273
2635614	Blackwell, S. E.	138
2658723	Blackwell, T.	145
214040	Blackwell, T. W.	266
2649200	Blackwood, A. R.	186
8701600	Blagojevic, M. A.	198
209751	Blaikie, A. R.	257
5209086	Blaikley, A. P.	145
213658	Blain, R. T.	260
2659183	Blair, D. A.	148
8151243	Blair, G. A.	260
5209039	Blair, S. A.	135
	Blair-Pilling, I. C. D.	30
8239339	Blake, A. G.	191
8152987	Blake, C.	174
2659730	Blake, C. T.	145
	Blake, D. C. S.	201
306141	Blake, F. J.	119

Personal No		Page No
8224926	Blake, I. R.	152
212327	Blake, N.	274
8001973	Blake, P. K.	231
5207833	Blake, R. D.	49, 134
8300828	Blake, R. J.	266
8027911	Blake, S. J.	115
8302625	Blakeley, P.	193
2653646	Blakemore, D.	142
8106777	Blakey, M. P.	258
2648660	Blakey, T. N.	252
	Blakiston, Mr P.	21
8700068	Blanchard, D.	167
215369	Blanchard, L. S.	271
5205922	Bland, G. J.	109
8260530	Bland, I. D.	139
8024126	Bland, M.	152
8300810	Bland, R. G.	144
8701495	Bland, R. J. H.	181
216365	Blane, G.	277
	Blatch, Baroness Emily	87
	Blatherwick M.	29
2638714	Bleakley, T. J.	177
	Bleeker, J. D.	36, 115
5200834	Blencowe, C. J.	99
2659705	Blencowe, W. J.	180
8154410	Blenkinship, D.	177
8195918	Blewett, N. A.	229
215945	Blight, C.	273
8104436	Block, K. J.	243
8141683	Blockley, M. A.	51, 124
8024452	Blockley, S. J.	154
306186	Blockley, S. L.	194
8151277	Blogg, D. O.	173
2633060	Bloom, A. H.	128
8304965	Bloom, C. R.	147
8110561	Bloomer, G. A. M.	135
5208980	Bloomer, S. M. N.	186
4285186	Bloomfield, P. R.	244
	Blore, D. J.	84, 102
5203723	Blount, C. S.	73, 113
8028819	Blount, G. J.	259
2670762	Blundell, P.	148
210809	Blundell-Pound, G.	258
8701408	Blyth, J. S.	197
595075	Blyth, R.	245
5206259	Blythe, A. N.	128
2642415	Blythe, J. T.	140
214350	Blythe, R. T. C.	271
8411430	Blythe, S.	166
8702334	Bo, N. C. E.	208
2629066	Boag, M. A.	127
	Boakes, Dr A. J.	215
215700	Boakes, L. J.	268
	Boardman, Mr A.	13

316

INDEX

Personal No	Name	Page No	Personal No	Name	Page No	Personal No	Name	Page No
8135226	Boardman, L. D.	173	802651	Bone, A. M.	84	5203908	Bottomley, S. D. G.	169
2644179	Boardman, R. J.	139	5208802	Bone, A. M.	162	8701464	Bottrill, H. K.	165
5207375	Bobbin, A. J.	176	8026216	Bone, A. M.	107	8251191	Bottrill, M.	158
8179460	Bock, G. R.	229	9376	Bone, C. E.	239	8015155	Boucher, D. S.	226
2653964	Boddy, C. G.	142	216176	Bone, G. S.	276	8701776	Bough, D. E.	205
5207089	Boden, J. G.	44, 202	214178	Bone, K. L.	267	8115002	Boughen, M. J.	270
	Boden, L. S.	303	214624	Bone, P. J.	261	8029754	Boughton, S. J.	127
8213727	Boden, M. M.	164		Bonell, S. E.	13, 105		Boulby, Mr G.	16
4290435	Boden, R. A.	236	8406408	Bonfield, J. C.	179	8702416	Bould, T. E.	150
213916	Bodger, M. A.	261	216450	Bonhomme, E. M.	278	690249	Boulden, A.	124
8141373	Bodiam, C. M. E.	232	8702383	Boning, J. W.	148	8002155	Boulter, D. J.	127
8138869	Bodkin, J. A.	229	8021264	Bonner, P. B.	124	5208219	Boulton, D. C.	139
8022586	Boe, B. M. C.	151	216218	Bonnett-Jones, S. L.	276	213990	Boulton, P.	265
5207745	Bogg, A.	192		Bonney, T. R. P.	12	216129	Boulton, S. J.	276
8140036	Bogg, C. L.	232	5208427	Booker, C. J.	160	8300164	Boundy, R. A.	47, 153
2658937	Bohane, D. P. C.	166	4233290	Boon, T. R.	234	8000737	Bourke, M. P.	226
210709	Bohanna, P. J.	258	1961400	Boorman, P. S.	263	8140973	Bourne, D. M.	231
5203681	Bohill, W. P.	123	8701507	Booth, A. T. O.	165	8059605	Bourne, L.	243
	Boissier, P.	22	215542	Booth, C. S.	265	8024596	Bourton, M. J. W.	153
8702240	Bolan, N. J.	150	8304354	Booth, D. L.	137	8304471	Bousfield, R. J.	137
212270	Boland, W.	273	8027011	Booth, G. H.	62, 108	8421205	Boustead, D. W.	278
8014099	Bolden, I. W.	230	5207355	Booth, J. A.	157	8051927	Bousted, S. J.	259
8104131	Boldy, D. J.	230	5207224	Booth, J. H. J.	133	211238	Bovingdon, A. D.	272
8414382	Bolger, D. J.	177	214578	Booth, L. A.	261	8251660	Bowcutt, C. M.	270
	Bolitho, E. T.	247		Booth, Mrs A.	14	2662242	Bowden, A. J.	236
8286409	Boll, K.	178		Booth, Mrs A. E.	45	8435303	Bowden, D. G.	148
215878	Bollard, S. D.	272	8108522	Booth, R. A.	228	8112119	Bowden, J. T.	173
	Bollom, S. J.	23, 100	5207855	Booth, R. J.	193	2659775	Bowden, M. G.	146
2637100	Bolt, A. T.	172	8198896	Booth, S.	236	8700202	Bowden, M. R. P.	167
212854	Bolt, C.	269	213878	Booth, S. J.	273	1961889	Bowden, R. J.	227
8302544	Bolton, C. L.	236	8245185	Booth, S. L.	198	2659706	Bowditch, K.	198
5206809	Bolton, G.	189	8224906	Booth, T. J.	187	8304124	Bowditch, M.	192
8195486	Bolton, G. I.	121		Boothby, W. H.	221	2644027	Bowell, S. V.	139
8304927	Bolton, J. A.	146	213347	Boothroyd, J. M.	274	8028852	Bowen, A. P.	111
8701436	Bolton, N. L.	146	8260726	Boreham, D.	144	8116023	Bowen, C. G.	228
8024610	Bolton, P. M.	152	8115367	Boreham, D. P.	160		Bowen, D. J.	11, 15
8029521	Bolton, P. M.	126	2662294	Boreland, J. M.	162	8150852	Bowen, D. K. B.	123
8109600	Bolton, R.	226	2642043	Borgman, P. S.	254	595219	Bowen, S. J.	189
216241	Bolton, R. J.	276	8211486	Borland, G. A.	62, 113	306053	Bowen, S. M.	184
5206729	Bon, D. A.	190	2654329	Borrow, L. J.	144	215547	Bower, M. J. W.	265
5207833	Bon, D. A.	49	2643833	Borthwick, G. J.	139	209852	Bower, P. E. L.	257
8141515	Bond, A. R.	232	8210379	Borthwick, J. H.	260		Bowerman, G. A.	101
8026823	Bond, C. L.	34, 107	5205557	Borthwick, S. P.	10, 120	8427647	Bowers, I. P.	187
5206995	Bond, C. N.	153	210556	Borwick, J. P.	257	210292	Bowers, J. W.	257
8701290	Bond, D. P.	198	5206857	Bostock, P. J.	124	5208135	Bowes, J. J.	136
8026877	Bond, G. R.	47, 108	608499	Bostock, S. N.	266	2659904	Bowes, S. D. R.	147
306169	Bond, H. R.	138	8027020	Bostock, S. P.	49, 123	8300352	Bowie, I. J.	191
2670714	Bond, I. D.	148	1962143	Boswell, G. G.	226	5204367	Bowland, J. D. R.	127
8141340	Bond, M.	135	211327	Bosworth, D.	272	8236085	Bowland, J. E.	173
8701135	Bond, M.	146	8701410	Bosworth, V. E.	187	215283	Bowler, A. P.	270
	Bond, N. D.	53	215569	Bothamley, D. J.	265	210335	Bowles, G. J.	268
8124307	Bond, P. J.	226	2640297	Bott, D. F.	142	2654374	Bowles, J.	144
8026945	Bond, P. R. W.	123	213452	Botten, L. D.	260	8019967	Bowles, K. N.	173
2659900	Bond, S. G.	147	215829	Bottomley, I.	271	5208401	Bowles, S. J.	160
8702663	Bone, A. J. W.	149	8171677	Bottomley, M.	231	8028974	Bowles, S. J.	125

317

INDEX

Personal No		Page No	Personal No		Page No	Personal No		Page No
2649316	Bowlzer, C. L.	161	8701033	Bradford, L. P.	180	2659669	Brassington, S. A.	144
2639359	Bowlzer, D. J. M.	137	215177	Bradford, N. S.	267		Bratt, Dr R.	14
8300651	Bown, M.	194	8302547	Bradley, A. C.	157	8300107	Braun, S. P.	191
5203996	Bown, T. V.	63, 113	8021008	Bradley, D. J.	122	8107699	Bray, B. A. J.	115
8304117	Bowsher, S. J.	185	8401347	Bradley, I. M.	173	5206168	Bray, C. M.	115
8029263	Bowtell, C.	183	5208364	Bradley, J. C.	204	8024046	Bray, N.	9, 113
216545	Bowyer, M. R.	278	8049734	Bradley, L. Y.	273	5205346	Bray, P. L.	67, 109
209985	Bowyer, R. E.	259	5206328	Bradley, M. R.	174	5208476	Braybrook, R. E.	177
8260105	Bowyer, S. J.	144	2659097	Bradley, R. G.	149	214661	Brayford, M. A.	262
5204241	Box, A. P. R.	113	8009335	Bradley, R. N.	173	8026415	Brayn Smith, I. A. M.	122
214814	Box, K. M.	262	215444	Bradley, S.	263	8406158	Brayshaw, J. P.	192
8212162	Box, R. C.	51, 155	5208224	Bradley, T. J.	158	8028448	Brazier, C. E. J.	9, 116
8112626	Boxell, D. M.	155	8245313	Bradley, T. S.	165	215772	Brazier, K. D.	275
8196948	Boyce, A.	276	8023820	Bradnam, S. W.	115	8701430	Brazier, W. J.	208
8023740	Boyce, C. L.	113	216118	Bradshaw, A. D.	276	8701454	Breach, K. E.	179
8113738	Boyce, R. E.	230	215753	Bradshaw, A. R.	275	8300868	Brealey, S. J.	197
2623100	Boyd, C. J.	122	5206342	Bradshaw, D. G.	127	8195399	Brearley, J. F.	194
8305116	Boyd, C. K. T.	149	8127379	Bradshaw, D. J.	276	8276183	Brearley, S. B. A.	187
5209045	Boyd, J. R.	180	8701760	Bradshaw, J. E.	167	5206176	Brebner, R. A.	191
215273	Boyd, K. A.	269	5206249	Bradshaw, J. P.	128	5204296	Brecht, M. A. B.	111
	Boyd, R. J.	53	2660557	Bradshaw, J. R. M.	146	306098	Breddy, L. A.	154
8116371	Boyes, H. R.	190	5207199	Bradshaw, M. C.	133	8024323	Breedon, C. J.	85, 153
8024681	Boyes, M. S.	127	8224022	Bradshaw, N. J.	176	211837	Breedon, P.	264
2622455	Boyle, A.	122	5206177	Bradshaw, N. T.	39, 115	8304036	Breese, D. L.	39, 127
	Boyle, A.	105	8026599	Bradshaw, P.	131	8304470	Breeze, J. P.	234
8028314	Boyle, B.	47	8090676	Bradshaw, P.	227	214709	Brekke, J. K.	262
8028314	Boyle, B.	124	2646594	Bradshaw, R.	262	5204809	Bremer, G.	17
2630983	Boyle, D. S. J.	268	2633712	Bradshaw, S. J.	173	5206817	Bremer, G. J.	126
5209107	Boyle, Rev I. R.	220	8260758	Brady, D. A.	160	5204809	Bremer, G. T.	9, 111
306045	Boyle, L. M.	207	689013	Brady, J. P.	261	5208293	Brennen, S. D.	176
8300666	Boyle, M.	194	8227312	Brady, M. G.	180, 305	306274	Brennan, B.	186
8302743	Boyle, M. M.	195	8027440	Brady, N. H.	264	8185527	Brennan, G. J. P.	260
215429	Boyle, R. C.	272	8140974	Bragg, R. J.	231	5206250	Brennan, M. F.	173
2642370	Boyle, S. J.	140	8032302	Braham, P. L.	10, 37, 152	213922	Brennan, M. I.	271
5203791	Boyle, S. J.	19, 70, 120	8304640	Braid, B. R.	128	4287015	Brennan, N. P.	225
8026463	Boyle, T. L.	234	215453	Braid, D.	263	210260	Brennan, P. M.	268
2658726	Boyson, A.	162	8422362	Braid, R. J. S.	164	2628096	Brennan, R. N.	127
5208327	Brabner, D. J.	186	8028688	Brailsford, S.	117	5203713	Brennan, S. D. F.	121
208916	Brabner, J. R.	260	8026439	Brain, I. B.	123	8302823	Bresher, A. D.	164
8198635	Brabon, M. D.	152	215843	Brain, J. L.	271	8015666	Breslin, P. G.	173
8028582	Bracken, M. J.	126	213187	Brain, T.	270	2654323	Bressani, M. J.	141
213894	Brackett, L. A.	264	8701509	Bramhall, S. D.	166	8701378	Brett, I. D.	147
215589	Brackston, A. M.	155	8085876	Bramley, T. S.	227	2636475	Brett, M. I.	268
8701508	Brackstone, S. M.	187	5202645	Brammer, C. M.	125	5208280	Brett, S. J.	175
5208380	Bradbrook, D. M.	237	2627769	Brand, C. W.	126	213917	Breward, C. J. W.	261
8701690	Bradburn, J. R.	162	216322	Brand, V.	277	608791	Breward, R. W.	274
8701100	Bradbury, D. I.	146	8007893	Brandie, G.	228	8013235	Brewell, R. J.	228
1946307	Bradbury, M. J.	225	2640839	Brandon, B.	137	214448	Brewer, E.	261
5204608	Bradbury, N. J.	170	5203302	Brandt, I. T. G.	108	8000821	Brewer, G. P.	183
5207389	Bradbury, S. P.	173	216460	Brannan, G.	278	8028293	Brewer, S. J.	127
8300813	Braddick, B. G.	187	5203419	Branson, N. G.	77, 109		Brewer, T.	33, 101
213612	Braddon, R.	260	2654131	Brant, P. G.	144	8700127	Brewin, S. C.	146
214823	Braddy, J. P.	262	5208948	Branton, J. A.	186	8304465	Brewis, S. T.	49, 169
211547	Bradfield, M. A. H.	258	2629118	Brass, A. J.	69, 124	2633390	Brewster, R. A.	262
5208260	Bradford, I. J.	138	5208878	Brassington, A. P.	144	8142414	Brewster, R. J.	228

INDEX

Personal No		Page No	Personal No		Page No	Personal No		Page No
5208945	Brian, T. C.	213	214496	Brocklebank, J. M.	196	8300486	Brown, A.	154
209333	Briant, D. R. H.	257	4231271	Brocklebank, R. A.	244	8415352	Brown, A.	165
8221597	Brickwood, R. P.	194	8260302	Brockless, K. M.	160	2638161	Brown, A. A. F.	145
2640926	Bridge, E. K. L.	137	8701474	Broder, K. M.	148	8210364	Brown, A. C.	197
8141295	Bridge, M. V.	232	9843	Broderick, C. A.	171	212113	Brown, A. D.	194
216023	Bridge, S. M.	275	5208826	Brodie, M. D.	143	8028921	Brown, A. D.	248
216091	Bridgeman, C. J.	265	8154134	Brodie, S.	176		Brown, Mr A. E.	215
8701089	Bridger, G. D.	198	2637707	Brombley, P. R.	134	8028066	Brown, A. G.	183
5203144	Bridger, S. P.	122	5204221	Bromehead, J. M.	110	212289	Brown, A. J.	272
216523	Bridges, C.	278	8702897	Bromfield, R. G.	182	306289	Brown, A. J.	195
2644262	Bridges, D. R.	140	8105007	Bromham, G.	229	2626850	Brown, A. K.	265
595422	Bridges, M. D.	243	215716	Bromley, A. J. L.	275	215886	Brown, A. M.	272
8300041	Bridgman, P. J.	183	214540	Bromley, G. L.	261	5205925	Brown, A. M.	156
8411776	Brierley, A. N.	164		Bromley, Mr M. P.	305	8023513	Brown, A. M.	189
	Brierley, M.	104	215045	Bromley, R. H.	265	214968	Brown, A. R.	264
8291605	Brierley, P.	187	2658727	Brook, D. B.	143	2639246	Brown, C. G. J.	185
2659708	Briffitt, C. W.	146	5204238	Brook, D. J.	116	8140846	Brown, C. M.	231
	Brigden, Mr K.	25	8019431	Brook, K. H.	131	8260919	Brown, C. M.	146
214662	Briggs, A. D.	262	5201370	Brook, P. J.	75, 108	8701475	Brown, C. P. W.	148
8112309	Briggs, A. R.	227	8024182	Brook, S. R.	152	5206700	Brown, C. T.	127
215882	Briggs, A. S.	272	212181	Brookbank, C. K.	269	2626349	Brown, C. V.	131
5208596	Briggs, J. J.	160	213921	Brooke, A. J.	264	8701601	Brown, C. V.	214
8141401	Briggs, P. A.	232	8141624	Brooke, A. S.	232	210682	Brown, D.	266
2659788	Briggs, R. C.	146	8300800	Brooke, J. C. A.	186	214158	Brown, D.	267
5208726	Briggs, S. J.	162	2624875	Brooke, R.	189	215594	Brown, D.	266
215463	Briggs, S. M.	264	2654132	Brooker, G. W.	143	2649190	Brown, D. D.	186
8153185	Briggs, S. V.	172	2636429	Brooker, J. G.	134	5208052	Brown, D. J. G.	203
8289203	Bright, I. G.	177	8154240	Brooker, P. A.	174	8228555	Brown, D. P.	171
2663169	Bright, J. R. H.	267	306481	Brookes, A. J.	166	214056	Brown, D. W.	265
216212	Bright, L. S. B.	276	8153397	Brookes, K. P.	126	8141060	Brown, D. W.	51, 113
8223629	Brighton, M. J.	232	5208766	Brookes, T.	143	2627122	Brown, D. W. T.	132
8026512	Brindley, R. A.	126	212708	Brooks, A. R.	259	306237	Brown, E. E.	158
215519	Brinkley, B. R.	271	8044879	Brooks, C.	195	8026798	Brown, E. S.	234
216003	Brinkley, M. J.	274	507857	Brooks, D.	275	8093498	Brown, G. A.	256
8015459	Brinkworth, D. A.	120	8028753	Brooks, D. P.	154	8122028	Brown, G. G.	125, 299
8701341	Brisbane, N. G.	166	8700230	Brooks, D. T.	167	689058	Brown, G. P.	248
8103719	Bristow, J. C.	258	8300066	Brooks, J.	153	8213583	Brown, G. P.	153
8103889	Britland, D.	226	2660197	Brooks, K. M.	181	5206621	Brown, Rev G. S.	219
8207227	Brittain, M.	260	8700001	Brooks, L. J.	181	8231418	Brown, H. J.	119
5208068	Brittain, N. C. J.	191	2635488	Brooks, M. W.	135	2659071	Brown, H. M.	145
	Britten-Austin, H. G.	45, 233	8701225	Brooks, P. J.	165	8019492	Brown, I. M.	228
211870	Britton, K. M.	264		Brooks, Mr R.	22	8045856	Brown, J. A.	261
214625	Britton, P. J.	261	8401828	Brooks, S. S.	186	8232644	Brown, J. A.	265
	Brizland, N. D.	302	214704	Brooks-Johnson, A. J.	262	215331	Brown, J. B. K.	270
2629478	Broadbent, J. R.	115	214539	Brooksbank, R. E.	266	306185	Brown, J. E.	192
8701034	Broadbent, S. J.	145	208993	Broom, B. N.	264	8700132	Brown, J. R. E.	149
	Broadbridge, R. J. M.	201	8701396	Broome, R. E.	197	2634007	Brown, J. S.	211
215261	Broadhurst, J. E.	269	8032534	Broome, T. J.	236	5208146	Brown, J. T.	192
2618939	Broadwith, B. E.	274	216024	Broomhead, S.	275	213379	Brown, K. A.	259
5209064	Brock, J. G.	163	5206374	Brosch, I. M.	136	8304374	Brown, K. P.	137
2628748	Brockett, J. W. A.	134		Brothers, Ms D.	14	2634514	Brown, L. F.	136
2653997	Brockie, G. J.	166	8304818	Brough, C.	142	8302767	Brown, L. K.	186
2660137	Brockie, M. G.	181	8027754	Brough, G.	124	8272606	Brown, M. A.	177
			212830	Browell, A.	264	8028356	Brown, M. F.	124
						5205684	Brown, M. G.	60, 171

319

INDEX

Personal No		Page No	Personal No		Page No	Personal No		Page No
5208174	Brown, M. J.	158		Brumage, M. W.	45	214847	Budd, D. G.	262
8423573	Brown, M. J.	180	2672391	Brummitt, C. M.	198	5208637	Budden, N.	178
8260024	Brown, M. K.	232	5202356	Brunning, G.	111	215162	Buddery, C. A.	267
8029302	Brown, M. O.	19, 119	5204584	Brunning, I.	84, 123	687451	Buehner-Coldrey,	
8304688	Brown, M. R.	138	8211387	Brunning, R. M.	197		M. J. M.	258
	Brown, Mr A. E.	215	212728	Brunt, G. H.	271	8101812	Bues, D. J.	228
216318	Brown, P. A.	277	8027550	Brunt, L. B.	151	215810	Buggs, L. Y.	271
2640320	Brown, P. J.	137	5208471	Brunton, M. J.	160	213959	Bulgin, J. P.	265
5207728	Brown, P. J.	127	2659588	Brunwin, T. L. G.	148	2649518	Bull, A. I.	143
5208402	Brown, P. N.	159	212375	Bryan, A. S.	259	2628718	Bull, A. J.	121
8204668	Brown, P. S.	229	8021177	Bryan, M. J.	11, 118	216405	Bull, A. M.	277
	Brown, R.	14	216451	Bryant, A. C.	278	5204169	Bull, D. I.	131
	Brown, Mr R.	36	8310563	Bryant, A. C.	211	8404488	Bull, J.	178
214291	Brown, R. C.	269	2649730	Bryant, A. J.	181, 304	689127	Bull, K. A.	233
8011154	Brown, R. E.	231	5208443	Bryant, G. J.	177	214308	Bull, M. M.	271
2633391	Brown, R. G.	136	5208677	Bryant, I.	123	5203820	Bull, R. M.	244
5208227	Brown, R. N.	173		Bryant, J. D.	54	215238	Bullard, G. E.	269
5204775	Brown, R. P. C.	20, 151	8411656	Bryant, J. S. M.	178	5208203	Bullard, G. L.	185
	Brown, R. T. M.	206		Bryant, S.	99	2628468	Bullement, T. J.	121
209243	Brown, R. W.	272	215671	Bryce, A. M.	263	8127404	Bullen, A.	171
8300422	Brown, S. A.	194	5207075	Bryce, S.	192	5209075	Bullen, M. P.	134
2660135	Brown, S. C.	145	8302614	Bryden, L. P.	191	2626518	Bullers, P. M.	185
8029562	Brown, S. E.	127	8251856	Brydon, M. F.	176	306412	Bullerwell, K. V.	178
216465	Brown, S. J.	273	5206172	Bryne, A. M.	189	2619606	Bulley, B.	270
306323	Brown, S. J. B.	186	306437	Bryson, M. J.	196	214490	Bullingham, M. C.	261
216495	Brown, S. M.	278		Brzezicki, M. P.	74, 101	2654007	Bullivant, M. C.	145
8304836	Brown, S. M.	162	9865	Buchan, E. M.	120	8113303	Bullock, C. G.	193
8701448	Brown, T.	148	8304394	Buchanan, I. M.	137	208733	Bullock, J.	274
300914	Brown, T. C.	244	8189238	Buchanan, K. M.	276	8024518	Bullock, S. T.	156
8207949	Brown, T. D. A.	152	4232918	Buchanan, W. D.	234	8099620	Bulmer, G. A.	14, 118
8300635	Brown, T. J.	155	2653860	Buchler, F. B. K.	144	5205774	Bulteel, C. J. B.	132
8029012	Brown, V. C.	133		Buck, A. R.	51	5206110	Bunce, A. R.	152
8012630	Browne, G. D.	228	2689206	Buck, G. A.	252	213933	Bunce, N. J. E.	195
211872	Browne, R. A.	264	8419993	Buck, I. R.	165		Bunce, R. J. C.	53
	Browne, T.	41	2659758	Buckby, K. P.	187	8360	Bundock, G. E.	140
4287747	Browne, W. F.	270	8023779	Buckingham, A. E.	110	2631309	Bunkell, G. W.	248
4233461	Browne, W. N.	233	2628602	Buckingham, S. C.	124	215598	Bunn, K. L.	266
8990	Browning, C. J.	238	5202119	Buckland, A. J.	169	2647696	Bunn, S. J.	165
8701549	Browning, F. C.	198	8012692	Buckland, C. R.	229	2639103	Bunn, T.	138
5207376	Browning, J. L. W.	174	8029707	Buckland, H. M.	135	8700217	Bunney, P. G.	150
8250338	Brownley, A.	181	5201383	Buckland, M. R. G.	122	8084222	Bunting, B. E.	44, 108
300960	Brownridge, C. R.	235	8151419	Buckland, P. J.	170	5205403	Bunting, M. E.	111
216074	Brownridge, N.	275	212430	Buckland, S. N.	259	215424	Bunting, R. W.	274
5208454	Bruce, A. S.	159	5208811	Buckle, J. P.	143	5207917	Burch, S. C. B.	124
5207794	Bruce, C. I. D.	153	91494	Buckley, D.	252	8260746	Burcher, G. S.	186
216315	Bruce, D. C.	277	216459	Buckley, F. A.	278	209440	Burchett, C. R.	79, 111
5204770	Bruce, D. L.	44, 202, 301	2659585	Buckley, F. P.	208	8179255	Burchett, K. J.	273
8141175	Bruce, D. W.	231	213146	Buckley, J. C.	269	5206286	Burchill, G. M.	153
5203790	Bruce, G.	124	8105221	Buckley, J. P.	125	5208893	Burdekin, D. A.	163
2623762	Bruce, G. J.	51, 109	2671205	Buckley, M. J.	166	4233148	Burdekin, P. A.	244
8029526	Bruce, G. J.	44, 115	216136	Buckley, M. P.	276	507899	Burdess, S.	274
2664865	Bruce, J. E.	181	8140884	Buckley, R. F.	246	2649643	Burdett, G. J.	142
2619448	Bruce, P. R.	268	8701162	Buckley, R. S.	137		Burford, K. A.	45
8150534	Brudenell, J. P.	171	216193	Buckmaster, E. K.	276	5206346	Burge, A. S.	51, 130
212351	Bruguier, G. P.	259	8250300	Bucknell, A. R.	165	215754	Burge, J. M. M.	275

INDEX

Personal No	Page No	Personal No	Page No	Personal No	Page No
	Burge, Mr P. D..... 215	8701186	Burns, R. J......... 194	211768	Butler, A. G........ 267
8260	Burge, P. J......... 232		Burns, The Rt T. M... 87	8120499	Butler, A. J........ 117
8025136	Burges, R. R....... 122		Burnside, T......... 29	213714	Butler, C. 260
8153802	Burgess, A. J...... 137	5204316	Burr, J............. 115	8116732	Butler, C. C. 227
5203173	Burgess, C. A. R. ... 109	8024705	Burr, S. J.......... 156	8305064	Butler, G. L. 148
8172637	Burgess, C. M..... 118	215458	Burrell, J.......... 275	8029626	Butler, J. D. 135
212764	Burgess, D........ 275		Burrell, L. J..... 17, 99	215495	Butler, J. J......... 264
2644396	Burgess, G. A. 179		Burrell, P. M........ 75	2660403	Butler, J. P......... 181
8300460	Burgess, G. S. 157	215824	Burrett, L. V........ 271	8300842	Butler, J. R. 197
690076	Burgess, K. J...... 107		Burridge,	216543	Butler, K. R. 278
8251545	Burgess, M. J. 230		Sir Brian . 3, 6, 38, 97	2659860	Butler, P. J......... 146
1944058	Burgess, M. K..... 175	8115215	Burrough, G. D..... 127	8702084	Butler, P. J......... 181
8100198	Burgess, P........ 213	2623244	Burrough, R. F..... 267	5208946	Butler, R. M........ 144
2633755	Burgess, P. D. C... 175	2635134	Burrows, D. H...... 128		Butler, S. 10
8185332	Burgess, P. K...... 228	2635100	Burrows, E. J. 128		Butler, S. D. 99
215625	Burgess, S. J...... 275	8701356	Burrows, E. L. 166	2637126	Butler, S. J. 139
8244770	Burgess, S. L. M... 187	2659057	Burrows, M. J...... 144	8080431	Butler, S. J. 120
8029309	Burgess, T. J...... 134	8229862	Burrows, T........ 184	2653649	Butler, S. R........ 207
8027107	Burgon, B. E. A.... 128	8000326	Burston, K. A. D. ... 191	8029133	Butler, T. S. 124
8305145	Burgon, C. J. 149	8023930	Burt, M. J. 49, 151	209929	Butler, V. P. L...... 242
8020990	Burgoyne, H. C. ... 122		Burt, P. 9, 105	2642589	Butler, V. R. P. 141
8076860	Burhouse, M. N.... 225	2631954	Burt, T............ 156	2643049	Butler, W. S........ 139
8219301	Burke, B. A........ 180	5207614	Burton, A.......... 126	8252679	Butt, D. J. 262
8701136	Burke, D. A. 165	5207904	Burton, A. D. 192	4232177	Butt, L. C. 244
8023697	Burke, D. G. 156	5204054	Burton, A. J........ 189	5204276	Butt, N. J.......... 173
212987	Burke, M.......... 268	5208746	Burton, C. D. 162	213090	Butt, V. R.......... 269
8150674	Burke, R. T........ 173	9193	Burton, J. M....... 251	5208532	Butterfield, A. J. ... 160
8151978	Burke, S........... 171	8028956	Burton, M. J. J. . 51, 157	8260918	Butterfield, C. J..... 145
5202860	Burke, T. C........ 108	8125608	Burton, N.......... 228	8018887	Butterfield, M. 169
5206329	Burke, T. J. P. 129	8084978	Burton, P. R. 245	2660411	Butterfield, S. A. ... 205
209930	Burkinshaw, D. A. 63, 108	214423	Burton, S. B........ 5	8701137	Butterworth, L. H. .. 180
8013046	Burkinshaw, P. T. ... 228	5208964	Burton, S. D. .. 163, 301	2658728	Butterworth, M. C... 179
8029509	Burley, C. J. 134	215622	Burton, S. L........ 266	2616275	Butterworth, R. 261
8025226	Burley, D. 44, 109	216489	Burton, T. J........ 278	8300589	Buttery, M. J....... 194
8260175	Burlingham, P. A... 135	5208440	Bury, N. P......... 140	8023581	Buttery, P. A. .. 36, 113
216060	Burlingham, T. D... 275	8045030	Busby, C. J........ 226	5209047	Buttling, M. J....... 187
8029122	Burman, C. W..... 185	215640	Busby, E. 267	8701620	Buttolph, S. J...... 159
	Burn, C. R. 26	8172736	Buscombe, C. B. ... 260	211929	Button, D.......... 265
8179128	Burn, R........... 170	5204926	Bush, D. A........ 113	215548	Button, G. J........ 265
8180951	Burn, R........... 184	214866	Bush, E. K. D....... 262	215262	Button, K. A........ 269
8300908	Burnage, S. P...... 178	8007490	Bush, J. A......... 231	215980	Butwell, D. J....... 274
5205946	Burnell, P. N....... 126	8101347	Bush, J. R. 276	2663645	Butwell, M. R. 147
	Burnell-Nugen, J.... 96	215357	Bush, R. J......... 271	215708	Buxton, C. A....... 271
5209091	Burnett, A. W...... 180	8305148	Bush, R. J......... 161	8305146	Buxton, D. F. 145
608426	Burnett, W. M. 271		Bushby, A. J. R. 53	8290375	Buxton, F. N....... 160
214353	Burnham, K. A..... 273	5201829	Bushby, R. D. 243	8208567	Buxton, K. M. L..... 141
	Burnham, Mr A..... 13		Bushell, C. R. 104	215998	Buxton, M........ 274
5208188	Burnham, P. E..... 260	8032680	Bushell, K. J. 190	8270256	Buxton, P. G....... 186
215950	Burnman, W. C. ... 273	216435	Bushell, L. M....... 278	8010320	Buxton, R......... 141
5207357	Burns, A. S. 191	209928	Bussetil, S. G. 257	2670720	Buxton, S. L. 198
306492	Burns, H.......... 187	213707	Butcher, A. J....... 260		Byard, J. J......... 64
216073	Burns, L........... 275	8300784	Butcher, J. N...... 162	8028511	Byard, J. J......... 113
	Burns, P. A..... 43, 221	8300888	Butcher, J. R....... 145	8027101	Byatt, N. E..... 60, 120
	Burns, Professor W. 216	8013334	Butcher, M. M..... 226	5208162	Bye, D. D..... 173, 304
5209022	Burns, R. G. 145	8134839	Butchers, M. J..... 264	5203786	Byford, A. J........ 113

321

INDEX

Personal No		Page No	Personal No		Page No	Personal No		Page No
214599	Byford, J. E.	261		**C**		5208290	Cameron, R. C.	49, 186
306042	Byford, M.	207					Camp, J. P.	26
8245451	Byford, S. C.	164				594454	Campbell, A.	238
216504	Byng, C.	278	2660662	Cable, B. S. L.	145	214797	Campbell, A. A.	262
210133	Byng, E. F.	271	8095340	Cable, F. C.	227	608210	Campbell, A. D. K.	242
215872	Byng, J.	272	8210182	Cable, M.	127	5205628	Campbell, A. J.	39, 171
216516	Byrne, A. J.	275	5208974	Cabre, A.	203	5203228	Campbell, C. B.	44, 108
2632617	Byrne, J. D.	248	8023974	Caddick, R. P.	62, 111	8027027	Campbell, D. A.	244
8023687	Byrne, M. S.	235	8701247	Cade, A. F.	211	8079627	Campbell, D. R.	229
8185854	Byrne, R. M.	230	8424696	Cade, A. J.	142	8401551	Campbell, D. W.	266
			2659481	Cade, T. R.	163	208890	Campbell, G.	257
			2627012	Cadman, T. L.	128	214899	Campbell, G.	264
			8091531	Cadogan, D. C. E.	229	8106309	Campbell, G. S.	162
			212759	Caffyn, B.	259		Campbell, I.	31
			216302	Cain, M. A.	277	2627034	Campbell, I. M.	132
			8304787	Caine, R. A.	141	2644263	Campbell, J. D. C.	143
			8026901	Cairncross, A. K.	39, 111	306400	Campbell, J. L.	160
			2622098	Cairns, J.	123	8427542	Campbell, K. S.	163
			211142	Cairns, M. J.	39, 251	216352	Campbell, L.	277
			213589	Cairns, S.	260	8231465	Campbell, L.	163
			8029742	Cairns, S. J. N.	135	214451	Campbell, R. I.	261
			8187593	Cairns, S. L.	75, 116	215317	Campbell, S. A.	270
			4277416	Cairns, T. P. M.	123	2653811	Campbell, S. J.	147
			8029858	Calame, A. B.	154		Campbell, The Hon A. J. C.	29
			306250	Calame, L. M.	193			
			5205565	Caldara, S.	185	8236174	Campbell-Wood, J. S.	184
			8245649	Calder, A. P. J.	176	215044	Campion, A. P.	265
			8300785	Calder, F. J.	174	8701543	Campion, B. H.	211
			216098	Calder, G. A.	275	2649349	Campion, S. J.	141
			5205711	Calder, J. M.	116	8103824	Candlish, L. S.	226
			2659924	Calder, K.	196	8304708	Cane, P. J.	184
			5208464	Caldera, S. R. M.	203	8245158	Canlett, R. J.	165
			8028621	Calderwood, L. D.	234	5206361	Cann, A. D.	128
			8115490	Caldicott, D.	232	8011280	Cann, C.	174
			8700002	Caldow, S. J.	167	8024641	Cannard, M. W.	9, 118
			8029498	Caley, J. J.	138		Canning, G. M.	106
			8409290	Callacher, J. V.	273	8153668	Canning, T.	260
			5207134	Callaghan, J.	171		Canning, W. A.	30
			214824	Callaghan, S. E.	262	9273	Cannock, N. J. M.	269
			215510	Callaghan, Y.	264		Cannon, D. B.	101
			216134	Callan, S.	276	5207919	Cannon, M. J.	193
			8024651	Callander, A. D.	153	8207115	Cannon, S. A.	174
			2649520	Callis, M. D.	143	8287406	Cannon, S. M.	159
			8186811	Callister, J. W.	269	8405926	Cannon, S. R.	139
			1962230	Calmus, D.	127	5207333	Cant, A. J.	133
			8701071	Calver, B. J.	179	8174461	Cantlie, T. J.	230
			214999	Calvert, D. A.	275	5203792	Cantwell, P. J.	261
			5201038	Calvert, D. P.	235	8300038	Capel, D. K. S.	157
			8700017	Calvert, J. M.	149	8701437	Capell, M. A. G.	148
			216297	Calvert, K. D.	277		Capewell, D. A.	19
			215895	Cameron, E. M.	275		Capewell, I.	29, 101
			2628260	Cameron, I.	113	306368	Caplan, R. A.	195
			8412676	Cameron, I.	178	5208935	Capleton, R. J.	162
			8029593	Cameron, J.	270		Caplin, N. J.	53
			5207309	Cameron, J. D.	185			

INDEX

Personal No		Page No	Personal No		Page No	Personal No		Page No
213566	Capon, G. J. C.	260	91534	Carson, L. M. . . . 56,	249	5203222	Castle, M. J. D.	131
8260275	Capon, T. M.	145	8138911	Carstairs, G.	228	215294	Castle, N. J.	263
2659709	Capps, F. L.	187	5206144	Carten, J. B.	190	216276	Castle, P. C.	277
8302679	Capron-Tee, J. A.	274	2630223	Carter, C. A.	263		Castle, R. A. J.	104
306385	Carbutt, D. P.	196	2637119	Carter, D. J.	173	8239254	Castle, S. J.	213
5205588	Carby, H. R.	129	215007	Carter, D. P.	265	2640974	Caston, R. M.	139
2670349	Card, G. A.	144	2617742	Carter, E. J.	270	213593	Catcheside, S. J.	260
8300983	Card, N. J.	166	216427	Carter, J.	278	215511	Cathrow, P. D.	264
8028443	Carder, C. D.	126	215765	Carter, J. B.	275	8151516	Catlett, A. J.	179
8019206	Cardy, T.	169	2636491	Carter, K.	173	8304689	Catlow, D. W.	138
8701752	Carey, D. E.	198	210737	Carter, M. A.	258	8028438	Catmull, T. P.	111
8021183	Carey, R. J. L. . . . 39,	117	5208625	Carter, M. K.	160		Cato, N. A. S. . . . 39,	105
8024587	Cargill, R. J.	157	4335681	Carter, P. R.	242	5208239	Catt, M. S.	174
215077	Cargill, V. J.	266	8121235	Carter, R. A.	231	8104758	Catterall, C. . . . 51,	153
8020430	Carlin, G. M.	108	213409	Carter, R. I.	264	209954	Catterall, R.	275
8235169	Carlin, N. J.	213	214254	Carter, R. S.	270	2644367	Catton, D. M.	142
8701226	Carlon, P. T.	147	5201358	Carter, R. V.	111	8027162	Cauchi, M. J. V.	132
300937	Carlton, E. J.	236	8027503	Carter, R. W.	132	8260413	Caudle, P. J.	232
5206660	Carlton, M. R.	183	8024578	Carter, S. G.	190	216289	Caughey, S.	277
5200946	Carmichael, B. K.	234	5206348	Carter, S. J.	155	213324	Caulfield, G. A.	274
2659055	Carmichael, S. L.	147	8701476	Carter, T. A. B. . 148,	304	5208448	Caulfield, Rev J. E.	219
8126751	Carmody, M.	229	8023768	Carter, T. J.	156	8023185	Caunt, S. F.	107
	Carne, Dr S. J.	216	8141541	Carter, T. P.	126	2670721	Causer, R. G.	148
216498	Carnegie, D.	278	5202116	Carter, W. A. D.	108	2633320	Cavaciuti, K. M.	234
4231766	Carnegie, D. N.	271	2640956	Cartlidge, R.	136	8411381	Cavaghan, A. C.	197
8700112	Carney, S. D.	149	2642740	Cartmell, C. M.	139	8702438	Cave, N. P. E.	150
306349	Carney, W.	195	8024205	Cartmell, D. R. . 51,	152		Cave, R.	12
2647582	Carolan-Cullion, J.	250	8304436	Cartmell, G. H.	194	214692	Cave, S.	262
8032570	Carpenter, F. J.	158	8304641	Cartner, J. G. S.	138	8304792	Cavendish, T.	141
5205577	Carpenter, P. J.	153	209956	Cartwright, B.	257	5208807	Caves, B. D.	186
8700125	Carpenter, T. A.	198	8302772	Cartwright, B.	192	2628320	Cavey, P. A.	134
8085709	Carr, D. T.	245	5206439	Cartwright, C. D.	157	215923	Caviglia, J. R.	273
4276208	Carr, E.	242	5207173	Cartwright, J. . . 58, 202,	302	216141	Caward, I. C.	276
2628437	Carr, G.	128	8032571	Cartwright, L. J.	134	215225	Cawdron, D. A.	268
8015020	Carr, G. E.	226	215174	Cartwright, P. D.	274	215301	Cawley, M. B.	269
595427	Carr, J. P.	226	608773	Carvell, D. R.	265	8152742	Cawley, M. C.	180
4335455	Carr, M. C.	243	8232161	Carvell, S. L.	197	8154672	Cawrey, S.	178
5208734	Carr, M. D.	161	9565	Carver, L.	116	8028959	Cawthorn, P.	133
2636518	Carr, R. J.	157	8029087	Carver, M. H. G. . 49,	127	8212845	Cawthorne, I.	230
684338	Carr, S. J.	271	2641442	Carvosso, P. F.	138	306434	Cawthray, J. A.	196
8304586	Carr, T. D. 47,	128	8700105	Caryer, S. E.	149		Cecil, Ms C.	88
306312	Carrick, J.	161		Case, D. N. . . . 38,	99	2628588	Cemm, N. A.	262
8701715	Carrier, M. S.	194	8700212	Case, J. P.	150	8304060	Cepelak, G. P.	136
8153985	Carrier, P. A.	176	2640277	Casey, M. I. P.	177	216083	Chadd, C. D.	275
508287	Carrington, D. J.	242	8700081	Casey, P. J.	149	8029778	Chadderton, D. M.	135
215676	Carrington, P. C.	268	2637102	Casey, T. J.	173	8217949	Chadwick, A.	178
8304050	Carrodus, A. J.	128	8401329	Cashmore, S. P.	178	5208004	Chadwick, A. R.	207
214491	Carroll, I. H.	261	8151908	Cass, D. N.	115	8028977	Chadwick, G. C.	133
8153495	Carroll, J. H.	172	8141497	Cassells, I.	141	5203490	Chadwick, G. H.	169
5206692	Carroll, M. W.	172	8023333	Cassells, J. D. . 55,	154	4231820	Chadwick, P. J.	263
8023886	Carroll, P. J.	184	8099900	Cassidy, F.	227	8304300	Chadwick, R.	126
8408847	Carroll, S.	166	8701482	Casson, A. S.	166		Chadwick, S. P.	17
8154472	Carruthers, R. W. . . . 178,	305	306413	Castle, A. M.	186	8188978	Chadwick, S. P.	115
8141028	Carson, B. J.	128	5207252	Castle, B. C.	136	8028260	Chafer, S. N.	236

323

INDEX

Personal No		Page No	Personal No		Page No	Personal No		Page No
5207619	Chaffey, Rev J. P. M.	64, 218	8423647	Chapman, S.	177	2659362	Chester, E. R.	179
2647405	Chalcraft, J. D.	249	8121561	Chapman, S. A.	229	8422693	Chester, J. N.	145
5208381	Chalk, J. A.	193	8701674	Chapman, S. J.	164	216185	Cheston, K. A.	276
608508	Chalkley, K. B.	244	8029592	Chapman, S. R.	47, 130		Chesworth, G. A.	247
209082	Chalklin, R.	64, 116	2644065	Chappell, D. C.	176	8402568	Chesworth, I. D.	175
8304623	Challen, A. P.	129	8000018	Chappell, D. G.	227	216538	Chetcuti, K. M.	278
5203525	Challenor, G. B.	151	5206775	Chappell, J. I.	249	5206333	Chevli, R. J.	129
5201110	Challis, P.	234	5206383	Chappell, J. L.	174	5204766	Chew, C. P.	244
8019538	Challis, P. W.	128	8304193	Chappell, M. W. J.	126	8140955	Chick, A. J.	156
210173	Challoner, E.	274	8260088	Chappell, P. G.	232	2626528	Chick, S. D.	272
8701510	Chalmers, C. L.	166	5208346	Chappell, S. J.	186	5208082	Chilas, A.	185
	Chalmers, D. M.	19	5208398	Chapple, C. O.	140	214811	Child, E. A.	262
8211546	Chalmers, G.	171	5208051	Chapple, S. A.	204	213223	Child, J. J.	271
8021278	Chalmers, G. M.	107		Charles, R. A.	27, 43, 221	2654010	Child, M. J.	145
2630684	Chalmers, I. D.	114	1961967	Charles, R. L.	133	212828	Child, R.	264
	Chalmers, J. D.	41	300987	Charlton, A. V.	250	608648	Childs, A. P.	273
9614	Chalmers, J. E.	113	8029167	Charlton, D. H.	134	8212435	Childs, A. R.	180
5205851	Chalmers, N. F.	151	5204851	Charlton, E. M.	234	5202316	Childs, D. R.	169
2670135	Chalmers, S. M.	205	8099053	Charlton, G. R.	125	2659804	Childs, N. D.	181
8026745	Chamberlain, S. J.	131	2654375	Charlton, M. J.	144	8215190	Chiles, G. N.	195
8305120	Chambers, M. W.	149	8283147	Charlton, S. C.	157	215425	Chinnery, E. J.	273
8023167	Chambers, P.	109	8119228	Charnock, B.	229	214210	Chipman, P. D.	268
8026152	Chambers, P. J.	123	210397	Charnock, G.	270	5207913	Chipperfield, G. A.	193
	Chambers, R. I.	64, 104	5203626	Charnock, S.	109	2644490	Chisholm, A.	142
306277	Chambers, S. C.	160	210128	Chart, D. I. J.	265	2627014	Chisholm, R. G.	131
595629	Champion, D. R.	225	213441	Chart, P. L.	266		Chisnall S.	66
5208598	Chan, D. C.	194	5208703	Charter, K. L.	178	91497	Chitty, D. A.	252
8027809	Chan, D. K. M.	10, 111	214982	Charters, S.	264	5206330	Chitty, F. M.	130
608755	Chandler, H. T.	248, 274	2640499	Charters, S. E.	253		Chitty, J. P.	99
8116883	Chandler, N. J.	265	8402176	Chase, A. J.	163	8101033	Chivers, D. J.	229
216092	Chandler, P.	265	8027748	Chaskin, S. R.	51, 120		Chohan, M. J.	54
216286	Chaney, C. L.	277	5206989	Chattaway, M. S. R.	133	5209115	Cholmondeley-Smith, R. M.	147
8015233	Channon, M. P.	174	8405781	Chatten, D. N.	181	8122992	Choppen, P. I.	213
5204955	Chantry, J. S.	110	2623764	Chatterton, M. J.	131	8122992	Choppen, P. L.	44
8027094	Chaplin, C. P.	189	8141057	Chatterton, R. J.	9, 117		Chorley, J. P.	9
8206147	Chapman, A. P. K.	128	2654009	Chaudry, N.	181	8701424	Choudhry, M.	204
2659763	Chapman, C. F.	146	2671005	Chaudry, S.	166	8012634	Chown, A. J.	230
8116965	Chapman, D. G.	229	5206834	Chauhan, A. R.	81, 190	216508	Chown, G.	278
8701332	Chapman, G.	180	216438	Chaulia, T.	278	5206209	Chowns, D. A.	118
210437	Chapman, G. W.	271		Cheadle, R.	17	5203606	Christen, J. R. R.	123
5203391	Chapman, J. G.	109	8154173	Checkley, C. C. T.	174	5208307	Christian, S. M.	159
	Chapman, J. L.	31	8304626	Checkley-Mills, A. D.	138	216536	Christie, C. A.	278
8700019	Chapman, L. J.	149	211092	Cheeseman, G. C.	268	8027405	Christie, D. J.	63, 151
8023383	Chapman, M. A.	151	214224	Cheesman, D. A. J.	269	8024304	Christison, D. S. W.	185
8305147	Chapman, M. J.	149	8203624	Cheetham, M. K.	267	210214	Christmas, K.	265
300890	Chapman, N.	235	8701726	Cheetham, R. M.	167	2670220	Chubb, J. M.	199
5203934	Chapman, N. A.	19, 115	2641772	Chegwidden, P.	249	216169	Chudasama, V.	276
5208613	Chapman, P. G. H.	174	2648757	Chelley, C. J.	278		Church, F. M.	43, 101
8011098	Chapman, P. H.	228		Chelton, S.	31	210901	Churnside, T. W.	258
212901	Chapman, P. J.	265	8119196	Chenery, D. A.	230		Chuter, D. M.	12
8219706	Chapman, P. M.	174	2672347	Cheng, L. A. J.	149	8070579	Cilia La Corte, F.	225
5205386	Chapman, P. W.	189	8174741	Cherry, E.	226	8100549	Clabby, M. J.	158
8411823	Chapman, R. A.	186	8029408	Cheseldene-Culley, R. A.	126	216518	Claber, L. C.	278
8090955	Chapman, R. G.	268	8102014	Cheshire, A. J.	225	2632164	Claesens, A. P.	249

324

INDEX

Personal No		Page No	Personal No		Page No	Personal No		Page No
2642891	Clague, M. J.	139	2644491	Clarke, D. J.	142	2642590	Clement, T. J.	141
8701627	Claisse, L. C.	208		Clarke, Dr A. K.	215	5202571	Clements, A. N.	69, 122
8029177	Clancy, J. M. E.	49, 126	2660243	Clarke, E. M.	198	216179	Clements, H. C.	276
2629643	Clancy, N. G.	135	213162	Clarke, G. A.	269	8701568	Clements, I. S.	134
8027091	Clapham, C. M.	122	8141559	Clarke, G. D.	232		Clements, M. J.	31
8186518	Clapham, D. L.	176	215647	Clarke, H. L.	267	8024731	Clements, R. E.	244
212812	Clapp, G. D.	259	5207860	Clarke, I. P.	152	5205853	Clews, P. J.	119
8154303	Clapp, S. E.	174	8701594	Clarke, J.	211	5205853	Clews, P. N.	14
8119847	Clapperton, G.	229	8700126	Clarke, J. E. A.	146	8029673	Cliff, C. H. G.	153
2633019	Clare, P. E.	184	8210956	Clarke, J. W.	126	212368	Cliffe, A. J.	259
8701097	Claridge, D. P.	187	2653697	Clarke, L. A.	165		Cliffe, J. A.	38, 98
8137512	Claridge-Jones, C. J.	267	215974	Clarke, M. C.	274	8009260	Clifford, D. J.	229
8029835	Claringbould, S. E.	135	2659676	Clarke, M. J.	179	5201371	Clifford, J. M.	9, 108
5205688	Clark, A. B.	156	8701051	Clarke, M. P. R.	181	5203774	Clifford, N.	115
8304573	Clark, A. C.	192	2672364	Clarke, O. J.	187	8024024	Clifford, R. F. J.	119
210930	Clark, A. E. C.	263	8304765	Clarke, P. A.	140		Clifford-King, A.	96
8025786	Clark, A. M. C.	122	215919	Clarke, P. J.	273	212460	Clift, A. D.	259
214767	Clark, A. R. D.	262	5208358	Clarke, P. J.	186	213495	Clift, S. A.	260
5208747	Clark, B. J.	178	5206570	Clarke, P. K.	44, 116	8247274	Climie, A. J.	179
8001154	Clark, B. J.	228	2660725	Clarke, R. D.	165	2659677	Clinton, A. M.	163
209961	Clark, D. A.	257	2677134	Clarke, R. S.	264	5203186	Clitherow, A. F.	265
5208370	Clark, D. C.	140	8413011	Clarke, S. D.	177	8302701	Cloke, E. A.	184
8133092	Clark, D. R.	169	8701067	Clarke, S. J. G.	135	2640967	Cloke, S. J.	138
2658845	Clark, D. S.	144	216424	Clarke, S. M.	277	214514	Close-Ash, W. P.	261
5204305	Clark, F. S.	175	5206902	Clarke, S. M.	248	5206843	Clouth, P. J.	73, 115
4232271	Clark, G.	244	5205936	Clarke, S. R.	62, 126	5207781	Clucas, A. W.	190
8026072	Clark, G.	124	216271	Clarkson, A.	277	8193006	Clucas-Tomlinson,	
8251381	Clark, G. A. P.	152	8152836	Clarkson, J. E.	176		D. W.	164
	Clark, H. M.	9	8701426	Clarkson, M. E.	208	8304711	Clulo, M. D.	186
8023329	Clark, J.	51, 108	8084715	Clarkstone, M. J.	230	8133713	Clyburn, N. P.	153
214559	Clark, J. E.	274	209158	Clavell, A. R.	257	213530	Coafield, I. P.	260
216245	Clark, J. M.	276	2631892	Claxton, R. M.	225	2659768	Coates, C. J.	181, 304-305
8028643	Clark, J. W.	127	2631892	Clayphan, R. J.	134	2654196	Coates, C. M.	146
2638510	Clark, K. N.	142, 306	8701256	Clayson, R. A.	165	8221455	Coates, I. S.	135
	Clark, M. A.	49, 257	213870	Clayson, T. P. S.	261	216	Coates, M. R. R. P.	274
	Clark, M. A.	103	8700263	Clayton, C. T. M.	167	213016	Coates, N. D.	267
8027628	Clark, M. A.	234	8300835	Clayton, D. L.	163	215840	Coates, P. G.	271
5208730	Clark, M. D.	186	8304258	Clayton, G. J.	128, 299	5208320	Coates, Rev A. T.	219
	Clark, M. J.	9	2640258	Clayton, J. A.	159	215033	Coates, S. P.	265
	Clark, Miss R.	17	2658729	Clayton, J. S.	143	215178	Coates, S. P.	267
	Clark, Mr P.	299	2631961	Clayton, N. J.	192	8026465	Coats, B.	257
8252137	Clark, N.	195	8075961	Clayton, P.	225	8301010	Cobb, B.	167
8701379	Clark, N. D.	147	4230824	Clayton-Jones, G. S.	67	5200993	Cobb, J. W.	67, 242
213359	Clark, N. S.	259	5206312	Cleary, D. J.	193		Cobb, Mr J. P.	215
213722	Clark, P. W.	162	8302791	Cleaver, J. C.	162	213393	Cobbold, D. J.	259
8027879	Clark, R.	132		Clee, E.	60		Cobelli, R. D.	47, 100
2621881	Clark, R. J. S.	124	8260955	Clee, N. J.	146	5206180	Cobley, L. W. G.	120
5205854	Clark, R. M. P.	191	8029641	Clegg, A.	135	5209096	Coburn, D. G.	208
4335739	Clark, T. R.	233	8026659	Clegg, J. A.	83, 110	212363	Cochran, A. N.	273
8302836	Clark-Smith, K. J.	198	8701329	Clegg, M. B.	181	8203667	Cochrane, A. W.	119
215250	Clarke, A.	269	8405955	Clegg, M. B.	164, 301, 304	8701035	Cochrane, J. M.	145
8032332	Clarke, A. C.	156	306288	Clegg, M. K.	160	1949099	Cochrane, J. M.	81, 249
8122362	Clarke, A. J.	231	8244126	Clegg, V. L.	165	8029646	Cochrane, J. G.	126
8210253	Clarke, D. B.	275		Cleggett, J. F. E. J.	41	8207747	Cocherow, J. G. P.	163
5206399	Clarke, D. I. T.	136, 300	8104535	Clelland, J. A.	229	8701227	Cochrane, K. F.	198, 302

325

INDEX

Personal No		Page No	Personal No		Page No	Personal No		Page No
5207381	Cochrane, P. G..	49, 130	8291648	Colehouse, K.	211	214594	Collins, M. J.	272
5202349	Cockbill, S. C...	39, 115	8300986	Coleman, B. E.	166	213996	Collins, M. S.	265
8260040	Cocker, D. J.	232	8024124	Coleman, C. W. T.	152	8026466	Collins, N. D.	131
8024436	Cockerill, G. S.	191	8701397	Coleman, D. P. O.	187	8029011	Collins, N. D.	124
8272560	Cockerton, P. D.	178	8304367	Coleman, G. P.	127	210822	Collins, P. W.	258
8024450	Cockin, M. D.	153	8029329	Coleman, M. G.	51, 152	213319	Collins, P. W.	259
8151762	Cockram, J. D.	171	5208612	Coleman, M. J.	213	8700984	Collins, R. A.	187
8302527	Cockram, L. C.	157	8104016	Coleman, M. J.	120	214458	Collins, S.	261
8154190	Cockram, M. S.	137	8024147	Coleman, M. S. P.	36, 119	8029725	Collins, S.	135
	Cockram, R.	12	8024954	Coleman, P.	122	306085	Collins, S. E.	77, 207
306311	Cockram, R. E.	161	211112	Coleman, P. A.	267	8029467	Collins, S. E.	153
8028026	Cockram, S. H.	110	8260554	Coles, J. R.	145	8090991	Collins, W.	225
4232647	Cockrill, M. J.	261	8700994	Coles, J. R.	177	8700043	Collins, W. A.	149
2644063	Cockroft, J. M.	141	215295	Coles, P. J.	263	5204501	Collins-Bent, N.	105
609464	Cocksedge, M. P.	242		Coles, R. G.	41	5205441	Collinson, D. P.	118
5205093	Cocksey, J. K.	111	215332	Coletta, N. S.	271	2660142	Collis, C. S.	187
9166	Codd, M. L. F.	39, 107	216477	Colgan, L. M.	278	8024755	Collis, J. J.	270
5203062	Codgbrook, M. A. C.	107		Colgate, J. A.	105		Collis, M. A.	10
8015362	Codling, A.	34, 116	8104759	Coll, P.	226	8154188	Collis, P. H.	176
2644252	Coe, A.	142	215421	Collantine, M. G.	272	8702186	Collis, S. A.	205
211350	Coe, D. F.	265	216237	Colledge, A. G. L.	276	5205088	Collyer, P.	132
8701121	Coe, H. J.	187	8419207	Colledge, G. G.	176	8304097	Colman, J. M.	136
210464	Coffer, P.	272	2659275	Colledge, T.	165	8304546	Colman, N. J.	127
8027760	Coffey, J.	151	2640198	Collett, T. G.	175	215333	Colman, S. R.	271
8141501	Coffey, R. A.	144	5206003	Collett, T. G.	189	5203770	Colpus, M. R.	63, 183
8304823	Coffey, S. M.	142	2649252	Colley, M.	141	214394	Colverson, A.	274
5208102	Cogley, N. M. B.	136		Colley, M. P.	65, 102	210074	Colvin, D. P.	271
215785	Cohen, S. N.	270	8093713	Colley, P.	261	2672381	Colyer, A. M. M.	182
8300946	Cokayne, I. M.	178	8070895	Colley, P. C.	231	212470	Combe, A. G.	271
2623180	Coker, C. A. J.	133	8141578	Colley, T. G.	232	8028047	Comer, P. K.	44, 115
608453	Coker, J. D.	67, 243	212180	Collie, A. J.	263	8029680	Comfort, J. L.	62, 183
	Coker, Mrs J.	15	5207852	Collie, P. D.	174		Comina, B. J.	73
	Coker, W. J.	3, 58, 200	214687	Collier, D.	262	8188156	Commander, D. P.	228
210796	Colbourne, D. J.	258	306224	Collier, E. L.	194	8112314	Compton, D. M. W.	224
214017	Colbron, S. L.	265		Collier, J. A.	98	8305148	Compton, M. S.	149
215167	Colby, C. J.	267	8070373	Collier, J. F.	78, 122	5208757	Compton, N.	240
8115844	Colby, M.	227	8170815	Collier, T. D.	271	8310464	Compton, T. N.	198
216362	Colclough, D. A.	277	2635027	Colligan, G. R.	125	2628469	Conant, A. J.	116
	Cole, A. J.	96	5208388	Collinge, M. J.	193	8300936	Concarr, M. D.	187
306522	Cole, C.	163	8171469	Collings, A.	230	215476	Condy, M. H.	264
8024068	Cole, D.	39, 118	8304601	Collings, S. J.	138	5208301	Cone, G. E.	139
8136303	Cole, D.	229	2659760	Collingwood, A. S.	180	214473	Conley, C. R.	261
8300076	Cole, E. J.	119	8202340	Collingwood,		5203656	Connell, N. M.	109
8304856	Cole, G. W.	143		Rev G. L.	219	4281146	Connell, O.	255
8110208	Cole, J. M.	113	306488	Collingwood, M. M.	197	5207610	Connell, P. J.	222
8023567	Cole, M. J.	31, 116	2658733	Collins, A. S.	143	8246203	Connelly, J. A.	171
	Cole, Mrs D.	15		Collins, B. R.	85, 100	8300156	Connelly, S.	152
2630477	Cole, P. A.	262	8700003	Collins, C. M.	167	8223163	Connelly, W. J.	230
8304673	Cole, P. A.	138		Collins, Dr P.	14	8029382	Conner, A. G.	134
8153348	Cole, P. W.	135	8181519	Collins, G. M.	228	5208958	Conning, T. F.	193
2634411	Cole, S. R.	137	2659546	Collins, J. F.	165	8300941	Conniss, R. C.	166
8701292	Colebourn, M. R.	198	5202910	Collins, K.	249	5207843	Connolley, R. J.	191
208937	Colebrook, M. C.	264	306228	Collins, L.	138	214326	Connolly, G. M.	270
2660760	Colebrooke, T. E.	148, 304	5207338	Collins, L.	174	213425	Connolly, M. T.	260
5206267	Coleby, T. B.	172	5207618	Collins, M. A.	190	8408337	Connolly, S. R.	181

INDEX

Personal No		Page No	Personal No		Page No	Personal No		Page No
	Connor, The Rt Rev D. J.	87	8116290	Cooke, S. P.	227	306463	Cooper, T. A.	196
8141093	Connor, K. D. . .	44, 109	5206316	Cooksley, A. P.	172	8304857	Cooper, W. D.	143
5207609	Connor, M. P.	202	8067441	Cookson, J. D.	117	5208702	Coormiah, J. P.	162
212288	Connor, P.	185	8028125	Cookson, N. T.	115	8026246	Coote, J. E.	108
8304475	Connor, R. A.	137	8141649	Cookson, S.	133		Coote, Professor J. H.	215
8207405	Connor, S. P.	174	5207717	Coolbear, R. A.	128	8701099	Cope, C. R.	165
8302561	Conradi, K. L.	157	216004	Cooling, T. A.	274	209656	Cope, C. S.	270
5203711	Conradi, K. R.	263	8435204	Coombe, R. J.	187	215137	Cope, M. P.	268
8206202	Constable, S. A.	275	8701470	Coomber, M. A. . 83, 151		8023543	Cope, P.	185
2660663	Constant, A. C.	164, 301	8029032	Coombes, C. A.	194	8014577	Copeland, A. W. W.	173
8187017	Conway, A. M.	228		Coombes, D. C. . 13, 105		2632863	Copeland, C. J.	255
8701422	Conway, E. B.	205	5208783	Coombes, D. J.	163	4263544	Copeland, E.	245
8029256	Conway, J. B.	115	214143	Coombes, G. R.	267	8199300	Copland, D. A.	228
8226016	Conway, K. T. G.	178		Coombes, Professor R. C. D. S.	215	216332	Copley, L. D.	277
8233899	Conway, Y.	230	2630876	Coombes, S. R. A.	263	8184821	Coppack, R. J.	229
212337	Cook, B. J.	259	5204006	Coombs, D. C.	131	8029721	Copple, J. A.	135
8701530	Cook, C.	211	8304178	Coombs, D. J.	136	212658	Copsey, C.	259
4220241	Cook, C. J.	248	8141809	Coombs, M. C.	226	8088216	Copsey, L. J.	159
2640834	Cook, C. R.	184	8300761	Coomer, D. L.	267	8289122	Copsey, S. M.	144
8124010	Cook, D.	228	8304448	Cooney, S.	149	8702826	Coram, M. J.	146
	Cook, D. J.	69	2633636	Coope, A. J. . . 39, 117		214165	Coram-Wright, N. H.	267
2633615	Cook, D. R. D.	115	214499	Cooper, A. C.	272	2642519	Corban, J. L.	141
8701239	Cook, D. R. G.	164	8028835	Cooper, A. E. R.	133		Corbet-Burcher, M. A.	11
	Cook, Dr J. S.	25	8300905	Cooper, A. G. P.	165	5204976	Corbett, A. E.	252
306108	Cook, E..	207	8032480	Cooper, A. J.	156	5206830	Corbett, A. S. . . 60, 114	
8029054	Cook, G. C.	120		Cooper, B.	104	215472	Corbett, C. L.	274
5207859	Cook, J. A.	190	300966	Cooper, C. L.	236	2640838	Corbett, G.	194
5208617	Cook, M. C.	178	5202680	Cooper, D.	131	5208744	Corbett, G. D.	205
8132231	Cook, M. D. A.	232	8028672	Cooper, D. A.	184	8039619	Corbett, S. A.	267
8029424	Cook, M. J.	267	8028812	Cooper, D. G. . . 69, 118		8208153	Corbould, R. J.	192
8180786	Cook, M. J.	160		Cooper, D. J.	62	8130612	Corby, K. S.	183
2631893	Cook, M. N.	135	5206908	Cooper, D. J. E. . 20, 118		8111075	Corcoran, A. J..	228
2640900	Cook, N. P.	129	306476	Cooper, E. R.	164		Corder, I. F.	22
8136259	Cook, P. G.	115	2649157	Cooper, G. E.	141	8000833	Cording, A. E.	227
4231014	Cook, R. M. S.	243	8069118	Cooper, H. M. C.	229		Cordory, A. T.	45
8300299	Cook, R. W.	191	2660439	Cooper, H. R.	205	5205990	Core, Rev E. . . 43, 218	
214699	Cook, S. M.	262	8151317	Cooper, I. R. . 39, 47, 119		214749	Corfield, A. C.	262
	Cook, W. O.	75	5206630	Cooper, J. D.	190	8216857	Corfield, G. M.	176
5208196	Cooke, A. J.	176	8300849	Cooper, J. P.	164	8181979	Corfield, P.	230
8701573	Cooke, C. D.	146	2632862	Cooper, J. R.	190	215704	Corfield, P. D.	268
5206296	Cooke, C. V.	126	214818	Cooper, J. T.	262	5206242	Cormack, H. R. C.	126
8125083	Cooke, D. J. . . . 85, 127		8702746	Cooper, L.	182	215074	Cormack, J.	266
5208064	Cooke, G. B.	157	5209092	Cooper, L. M.	179	8153971	Corn, J. A.	177
8092381	Cooke, G. B.	178	8701293	Cooper, L. M.	147	8209677	Cornell, M. C.	197
2660769	Cooke, G. M. . . 148, 304		8300583	Cooper, M.	191	8251035	Corner, A. G.	159
212119	Cooke, I.	258	215556	Cooper, N. K.	274	300952	Cornes, A. B.	145
594667	Cooke, J. A.	107	214602	Cooper, N. L.	261	690253	Cornes, M. R.	231
2672224	Cooke, J. B.	148	5207654	Cooper, N. R.	128		Corney, H. R. . 28, 73, 99	
216101	Cooke, K. J.	275	8304642	Cooper, P. D.	138	2649464	Cornish, A. L.	186
216701	Cooke, N. A.	275	2623014	Cooper, P. R.	269	5208706	Cornish, C. J.	143
8154528	Cooke, P. A.	176	215445	Cooper, S. D.	263	8178054	Cornish, C. S.	189
8029649	Cooke, R.	129	8026598	Cooper, S. J.	122	5208797	Cornish, M. J.	196
8210489	Cooke, R. P.	232	213856	Cooper, S. R.	261	214684	Cornish, P. M.	262
5204742	Cooke, S. C.	109	211505	Cooper, T.	268	216058	Corns, C. H.	275

327

INDEX

Personal No	Page No	Personal No	Page No	Personal No	Page No
	Cornthwaite, P. W. . 206	209086	Cousins, C. 275	8700213	Cox, M. B. 167
5202448	Cornwell, B. A. . 86, 233	215692	Cousins, H. J. 268	2670724	Cox, M. J. 187
8701138	Cornwell, W. J. 165	5206915	Cousins, M. A. 202	2628220	Cox, N. J. 112
216406	Correa, C. R. 277	8700155	Cousins, T. J. 167	8304282	Cox, P. C. 128
8141086	Corry, A. 122	213588	Coutts, S. 260	8023780	Cox, P. H. 112
306473	Corry, E. A. 187	8260445	Covell, S. P. . . . 64, 141	2659926	Cox, S. J. 180
2659551	Corry, T. D. 147	8250092	Covill, J. A. 213	8304515	Cox, S. J. 138
	Cort, P. C. 23	409496	Covill, L. M. 210	8208573	Cox, S. N. 127
5208718	Coryton, G. R. A. . . 122	608662	Coville,		Coxall, A. P. 142
8416353	Cosbie-Ross, N. A. . 178		Sir Christopher . . . 265	5205010	Coxen, J. 9, 60, 115
2635459	Cosens, I. J. 134		Covington, W. M. 47	215377	Coxey, P. S. 271
8300963	Cosslett, K. P. 166		Cowan, A. 43, 212	215520	Coxey, T. V. 265
214663	Costain, J. P. 262	8187063	Cowan, J. 178	2623787	Coxon, K. A. 131
2629536	Costello, J. M. . 47, 124	8025251	Cowan, J. A. 262	214467	Coyne, C. P. 261
5202264	Costello, M. E. 169	2648991	Cowan, S. J. 142	5206958	Coyne, Rev J. E. 43, 218
8301011	Costello, P. N. 167	8029812	Cowan, T. W. 194	8701287	Crabbe, J. M. 205
8701655	Costigan, P. 166	8124660	Coward, M. J. 183	5208165	Crabtree, J. A. E. . . . 185
215714	Costin, A. M. 268	8700134	Cowburn, A. P. 167		Crabtree, Mr M. 22
212601	Costin, G. A. 259		Cowdale, Mr A. C. . . . 61	5205679	Cracroft, P. N. . . . 17, 120
8023802	Cothey, P. 156	5204540	Cowdrey, M. A. . 78, 189	2659159	Craddock, H. F. 198
5208198	Cothill, G. M. J. . . . 138	8701036	Cowdry, D. R. 181	8104847	Craddock, P. A. 226
8032422	Coton, C. C. 119	8079721	Cowe, R. I. 249	8700130	Craft, P. G. 197
8403776	Cottam, R. 276	214166	Cowell, A. C. 270	8107477	Cragg, A. D. 228
5203113	Cottam, S. 169	8271493	Cowell, J. A. 213	215798	Cragg, S. A. 270
8026247	Cottell, P. 30, 112	8029267	Cowell, J. J. 127	8260873	Craggs, G. T. 146
5205724	Cottew, T. A. J. 190	8023879	Cowell, R. J. 111	306190	Craggs, J. V. 194
214401	Cottier, K. J. S. 272	4233096	Cowell, R. W. 243	8029480	Craghill, C. M. 126
2628323	Cottle, N. 134	8701105	Cowen, N. M. 146	4230226	Craghill, W. M. 274
8701294	Cotton, S. D. 198	9879	Cowie, A. J. 124	8032384	Craib, B. L. 115
8701114	Cotton, S. J. K. 146	5205574	Cowie, G. 53, 183	5205225	Craib, J. A. 120
8024381	Cottrell, N. 170	8001100	Cowie, H. G. 227	8141218	Craib, J. W. 124
2659553	Couch, H. M. 180	8250313	Cowie, I. 176		Craig of Radley,
8210936	Couchman, P. N. . . . 232	8260138	Cowie, M. J. 126		The Lord 97
8135827	Coughlan, J. R. 183	8026706	Cowieson, K. 114	8117270	Craig, A. R. D. 163
306238	Coughlin, K. 186	8409988	Cowieson, K. S. . 86, 154	5205824	Craig, A. W. D. 120
	Coulls, C. J. 102	5207082	Cowley, R. L. R. . . . 191	2660726	Craig, C. G. 181
8191215	Coulson, D. L. 135	215300	Cowley, S. 269	5208808	Craig, D. G. N. 204
91495	Coulson, S. G. 250	2624365	Cowling, G. P. 122	2672365	Craig, E. G. 149
8103658	Coulthard, D. H. . . . 227	2639453	Cowling, J. T. 250	5206854	Craig, Rev G. T. 218
8188353	Counter, G. C. 118	8000275	Cowling, N. W. F. . . . 225	5208425	Craig, M. D. 159
306148	Counter, J. S. 128	216447	Cowling, P. R. 278	688633	Craig, R. E. 131
5202838	Counter, M. J. 128		Cowpe, A. 46	300984	Crampton, S. J. 237
4290993	Coupe, S. 255	5206462	Cowsill, J. R. 190	216423	Cranch, J. D. 277
5206040	Couper, P. 132	8154492	Cox, B. N. 177	212682	Crandon, D. 259
8107052	Court, B. J. 228	211299	Cox, B. R. 272	215560	Crane, K. L. 265
8701407	Court, B. V. . . . 44, 203	8012410	Cox, B. W. 110	8103700	Crane, M. A. J. 261
8701703	Court, G. N. 150	210515	Cox, D. C. 257	8009916	Crane, R. 136
	Court, M. 14, 45	8701049	Cox, E. K. 146	8128542	Cranfield, A. 213
8023518	Court, S. J. 109	216157	Cox, H. V. 276	216104	Crann, C. 276
8151518	Courtaux, N. P. 129	8154718	Cox, J. E. 177	8300154	Cranshaw, F. D. 157
5206309	Courtis, N. C. 129	9085	Cox, J. J. 207	2649192	Cranston, L. L. 162
2649864	Courtnadge, S. 141	2658437	Cox, J. M. 143	8028627	Cranstoun, C. D. J. . 127
2653909	Courtnadge, S. E. . . 162		Cox, J. S. 36	8700254	Cranswick, J. 167
8026919	Courtnage, P. J. . . . 112	2635483	Cox, K. R. 191	8204852	Cranswick, K. R. . . . 179
2622084	Courtney, R. B. 264	8024583	Cox, M. 153	8289282	Crass, P. I. 213

INDEX

Personal No		Page No	Personal No		Page No	Personal No		Page No
8131755	Crawford, D. S.	141		Crofton, The Lord	30	8133470	Crowther, A. D.	232
8260509	Crawford, J.	138	2700003	Crofts, A.	250	8302626	Crowther, J.	137
2634354	Crawford, J. B.	80, 136	215783	Crofts, V. P. P.	275	8423117	Croxford, A. V.	162
5208412	Crawford, M. J.	140	215308	Crombie, J.	270	8103977	Croxford, K. C. A.	171
213238	Crawley, A.	271	214994	Cromie, D. S.	264	8260142	Croydon, T. G.	140
212044	Crawley, E. J.	268	214852	Cromie, L. D.	262		Cruickshank, J. M.	43, 103
8092196	Crayford, K. A. J.	249	5205843	Cromie, S. E.	210			
	Crayford, M. K.	105	8024357	Crompton, N. A. C.	152	8305121	Cruickshank, R. A.	149
215521	Crebbin, C.	265	8300949	Cronin, P. J.	186	8028914	Cruickshank, W. A.	115
2637120	Crebbin, C. B.	262	2642472	Cronin, S.	139	8011099	Cruikshanks, R. W.	174
8416690	Crebbin, P. A.	181, 299	2640284	Crook, D. J. P.	160	2624536	Crump, D. G.	19, 116
5208868	Creber, D. J.	176	8290399	Crook, L. D.	174	8019029	Crump, K. P.	226
8701023	Credland, R. M.	197	8217222	Crook, P. J.	164	214302	Crumpton, D. L.	270
2639612	Cree, S. J. S.	137	2626559	Crook, R. J. M.	126	5208591	Cruse, S. R.	186
8304377	Creese, L. B.	137	2638733	Crooks, S.	158	5207387	Crutchlow, P. S.	47, 129
8417528	Creighton, J.	178	5203560	Crookston, J.	118	8141362	Cruttenden, P. F.	232
4220278	Creighton, W. H.	248	8304525	Crosby, A. P.	158	8028797	Cryer, N. G.	124
213094	Cremin, M. F.	259	8013603	Crosby, C. P.	175	8219204	Cryer, S. M.	179
8218195	Crennell, J.	190	8211516	Crosby, G. R.	51, 126	211398	Cubitt, P. A.	258
8028825	Crennell, N. J.	133	306070	Crosby, K. M.	86, 157	8420998	Cudlipp, A. M.	179
8205626	Creppy, R. W.	180	2670148	Crosby-Jones, M. R.	147	8089928	Cuff, P. J.	229
5202759	Cresswell, A. P.	259		Crosland, G. A.	35	2614765	Culbert, A. S. C.	66, 108
8250494	Cresswell, N. P.	186	8007184	Crosland, J. D.	231	8029282	Cullen, A. J.	134
8302835	Cressy, J. H.	165	8065136	Croson, C. T.	180	2660143	Cullen, D. H.	148
5208312	Cressy, K. P.	159	8402588	Croson, S. A.	178	306040	Cullen, H. R.	190
8102168	Cretchley, S. M.	226	8028323	Cross, B. J.	124	215557	Cullen, P. A.	274
212765	Cretney, P. A.	263	4335863	Cross, H. C.	151		Cullen, S. A.	301
212466	Creveul, I. C.	259	8701037	Cross, J. B.	165	5207727	Cullen, S. M.	134
211646	Crew, D. R.	258	8275967	Cross, L.	119	8300942	Culley, P. J. A.	166
213192	Crewe, I. L.	271	8141388	Cross, M.	142	8141499	Cullimore, S. R.	142
5208200	Crewe, J. C.	184	8150988	Cross, N. G.	194		Cullington, G. G.	45
8701082	Cribb, B.	165	213749	Cross, R.	260	8196281	Culpan, D. S.	213
2649341	Crichton, A.	141		Cross, T.	10, 104	8029007	Culpin, R. W.	248, 268
213095	Crichton, A. T.	270	5208497	Cross, T. A.	195	8302575	Cumberland, M. J.	194
5208240	Crichton, I. A. B.	176		Cross, W. M. N.	67, 242		Cummin, Dr A. R. C.	215
8208704	Crimin, M. J.	178	2640257	Crossby, O. H.	195	8029451	Cumming, J. D.	153
8141160	Cripps, D. P.	232	8700264	Crosse, R. A.	150	4335328	Cummings, C. J.	243, 263
5208496	Cripps, E. A.	160	216190	Crossley, D. N.	276	2642254	Cummings, I. M.	205
8141354	Cripps, G. A.	135	8068174	Crossman, A. A.	225		Cummings, Mr R. R.	22
2649737	Cripps, R. B.	140	215701	Crossman, I. M.	268	8026982	Cummings, S.	81, 108
2640980	Cripps, R. E.	140	2635612	Crossman, M. L.	184	8305011	Cummins, D. J.	147
8304260	Cripps, S. T.	136	8025110	Crouch, C. A.	244	2658905	Cummins, J. S.	180
2625179	Crisp, R. J.	249	8701193	Crouch, P. J.	141	5206797	Cummins, N. J.	171
5208644	Critchley, N. J.	177	8027031	Crouchman, M. W.	131	8260966	Cummins, S.	145
8023649	Crockatt, S. H.	114	5208849	Crouchman, N.	196	8701258	Cummins, S. J.	187
8304177	Crocker, P. T.	136	8701085	Crow, G. M.	165	2640578	Cundliffe, G.	270
8111807	Crockett, D. T.	227	8700239	Crow, I. T.	179	8246416	Cunliffe, P.	174
8286130	Crockett, M. L.	138	8117635	Crow-Brown, D. M.	230	5204381	Cunliffe, R. P.	189
2658816	Crockford, M. I.	144	5207771	Crowe, J. A.	172	8426270	Cunliffe, S.	146, 304
8700082	Croft, G. E.	149	8124274	Crowe, V. A.	180	8153987	Cunnah, D. C.	181
	Croft, Mr C. B.	216	8701079	Crowe, W. J.	146		Cunningham, A.	54
8154249	Croft, J.	176		Crowhurst, B. P.	35	212930	Cunningham, A.	266
5205112	Croft, P. J.	169	8288925	Crowle, C. D. W.	270	212795	Cunningham, A. M.	259
8107452	Croft, R. J.	227	215603	Crowley, A. P.	266	8305047	Cunningham, C. L.	148
8700004	Croft, R. J.	187	8024909	Crowley, J. W.	234	8027489	Cunningham, C. S.	113

329

INDEX

Personal No	Page No
8132550 Cunningham, J. . . .	132
687875 Cunningham, J. D. .	122
2653699 Cunningham, L. A. .	144
8086699 Cunningham, M. . .	123
8300391 Cunningham, M. L.	127
Cunningham, P. A. . .	11, 104
Cunningham, R. B. . .	64, 100
8119039 Cunningham, R. F. .	163
2659008 Cunningham, S. J. .	143
8701431 Cunningham, S. M.	146
5204287 Cunningham, W. J.	118
2649991 Curd, A. J.	143
306409 Curd, A. L.	196
216113 Curd, J. S. K.	276
8700097 Curnow, D. J.	149
8226019 Curnow, J. D.	184
8304660 Curnow, P. R.	130
8285698 Curran, D. A.	178
214493 Curran, I. J.	274
8300872 Curran, N. W.	161
8287057 Curran, P. A.	178
216395 Curran, R. D.	277
Currie R. W.	29
2627210 Currie, A. J. A.	170
2642250 Currie, D. D.	141
8134607 Currie, G.	227
8300829 Currie, G. J. J.	163
Currie, I. G.	45
5208075 Currie, P. W.	154
8009041 Currie, W. R.	225
5206863 Curry, D.	189
8107739 Curry, D.	227
8701110 Curry, D. J.	146
208627 Curry, J.	257
2629378 Curry, R. J.	184
2630315 Curry, R. L. S.	133
595556 Curson, R. G.	225
8218925 Curtis, A. C.	299
210312 Curtis, A. J.	268
8111093 Curtis, A. J.	231
8028811 Curtis, A. R.	116
8029436 Curtis, D. M.	128
8068229 Curtis, J. P.	263
2649390 Curtis, L. A.	195
8100601 Curtis, P.	227
2642382 Curtis, W. H.	234
5206737 Curwen, D. J.	191
2643537 Curzon, N. A.	176
8304766 Curzon, R. S.	159
5208193 Curzon, R. T.	138
211808 Cusack, E. P.	190
5208045 Cushen, P. B. . .	44, 210
8124595 Cuthbert, G. H.	226

Personal No	Page No
8058214 Cuthbert, S. J.	210
215689 Cuthbertson, A.	268
5208828 Cuthbertson, I.	142
8701289 Cuthbertson, T. M. . .	166
4291277 Cuthell, T. M.	256
216197 Cuthew, S. J.	276
2659530 Cutland, C. M.	199
8116469 Cutmore, I. J.	230
8300165 Cutmore, M. R.	127
5208961 Cutting, M. G.	144
4233600 Cyster, C. D.	259
8300239 Cyster, J. L.	153

D

Personal No	Page No
2642598 D'Arcy, J. L.	204
8028466 D'Arcy, Q. N. P.	112
8119396 D'Ardenne, P. J. D. . .	39, 151
2616454 D'Aubyn, J. A.	125
2659330 D'Aubyn, M. J.	144
2626546 D'Lima, D. J.	127
215667 Da Cunha, F. A.	268
8028703 Da'Silva, C. D.	119
8023849 Dabin, N. R. S.	183
5208140 Daborn, D. K. R.	203
5205100 Dabrowski, M. R.	49, 171
2649410 Dachtler, S. R.	142
8141667 Dack, G. T.	134
8024069 Dack, J. R.	183
Dacre, J. P.	87
409541 Dadds, C. M.	211
8304956 Daffey, M. A.	142
8024333 Daft, R. E.	119
8304793 Dahroug, M.	141
8024426 Dainton, S. D.	117
8701477 Dainty, J. P.	148
5205606 Daisley, R. M.	119
8700168 Dakin, J. A.	150
2647784 Dalboozi, F.	252
2642566 Dalby, N. L.	139
5207676 Dalby, R. P.	191
213091 Dalby, W. J.	259
212627 Dale, A. L.	128
2634286 Dale, B. E.	128
212911 Dale, J. N.	270
2670725 Dale, J. W.	149
8187966 Dale, N. E.	230
214004 Dale, N. T.	275
8185705 Dale, S. C.	178
2642641 Dales, N. M. C.	138
8024272 Dallas, A. W.	153
2630609 Dalley, G. P.	124
5206624 Dalley, S. L.	169
300902 Dalling, R.	266
4292104 Dalrymple, I. V. J. . . .	261
5208183 Dalrymple, P. M. . . .	204
5206292 Dalton, G.	172
8102198 Dalton, G. S.	172
8300388 Dalton, M. J. . . .	51, 155
215755 Dalton, O. M. S.	275
Dalton, S. G. G.	6, 10, 98
8027227 Dalton, S. M.	153
213895 Daly, B. J.	159
8029684 Daly, C. A.	129
8701016 Daly, C. M.	135
2632714 Daly, C. T.	176

INDEX

Personal No		Page No	Personal No		Page No	Personal No		Page No
8701733	Daly, L.	199	2640971	Davenhill, J. C. M.	136	8028919	Davies, G. C.	125
	Daly, The Rev Mgr J. A.	3, 43, 217		Davenport, A. J. R.	39	215241	Davies, G. J.	263
				Davenport, A. J. R.	102	8701125	Davies, G. L.	181
8700985	Dalziel, S.	164	5208376	Davenport, D. A.	160	5208348	Davies, G. T.	140
409484	Danby, A. P.	210	8701721	Davenport, G. A.	167	5208844	Davies, G. W.	203
8081497	Dance, D.	229	409507	Davenport, J.	210	8025773	Davies, H. B.	124
5202397	Dancey, A. N.	60, 117	5203129	Davey, G. J.	62, 110	2659710	Davies, I. A.	145
	Dandy, Mr D. J.	215	8140923	Davey, G. R.	111	5203777	Davies, I. D.	156
5204187	Dangerfield, M. J.	47, 170	214964	Davey, J. R.	264	211839	Davies, J.	259
			8700989	Davey, L. M.	187	8070685	Davies, J.	131
213437	Daniel, B. L.	260	8260506	Davey, M. F.	138		Davies, J. A.	64
5208576	Daniel, R. C.	161	8028866	Davey, P. M.	133	9241	Davies, J. A.	114
	Daniel, The Hon Justice Mr G. H. M.	28	211162	Davey, P. R.	258	5207788	Davies, J. A.	193
			2654034	Davey, S. R.	142	5208609	Davies, J. A.	63, 193
306009	Daniels, J. C.	190	2660202	David, J. M.	148	8181226	Davies, J. B.	17, 151
2638530	Daniels, S. M.	136	8028471	Davidson, A. G. G.	133	8011879	Davies, J. C.	39, 49, 114
8021279	Daniels, S. R.	169	8419185	Davidson, A. W.	187	8154501	Davies, J. C.	159
215984	Danks, T. N.	274	215274	Davidson, B. J.	269	5206793	Davies, J. H.	59, 242
8304329	Dann, G. J.	129		Davidson, B. W.	88	306514	Davies, J. M.	164
213678	Danna, G. W. S.	260		Davidson, C. S.	102	214605	Davies, J. T.	261
8300825	Danso, K. G.	236	216160	Davidson, F. M.	276	209678	Davies, K.	271
212796	Danson, C. A.	273	8702175	Davidson, G. P.	150	210798	Davies, K. F.	258
8289165	Dant, A. C.	185	8029291	Davidson, G. S.	134	215403	Davies, L. R.	273
9887	Darby, C. A. M.	172	4285799	Davidson, J. H.	245	8300334	Davies, M.	51, 154
8409764	Darby, G. J.	160	8103699	Davidson, L. A.	161	8029779	Davies, M. L.	185
8244734	Darby, S. J. K.	164	8300407	Davidson, N.	184	216116	Davies, M. P.	276
215687	Dare, P. M. H. L.	275		Davidson, N. R.	54	8260091	Davies, M. R.	274
8300715	Dargan, R. J.	155	8024604	Davidson, R. B.	49, 184	5208377	Davies, M. T.	203
	Dargan, S.	39	216158	Davidson, T.	276	8029379	Davies, M. W.	134
213718	Dark, E. A.	247	609483	Davie, A.	247	5203701	Davies, N.	126
2640345	Dark, E. A.	138	8007638	Davies, A. E.	231	5207791	Davies, N. F.	129
8419926	Dark, G. D.	178	210705	Davies, Rev A. J.	39, 218	213224	Davies, P. A.	271
1949750	Dark, W. J.	225	211522	Davies, A. J.	258	2642413	Davies, P. A.	143
8115482	Darler, S. J.	228	8024016	Davies, A. J.	86, 152	8140929	Davies, P. A.	9, 116
8154689	Darley, T. J.	178	8300688	Davies, A. J.	192	5209093	Davies, P. E.	197
91547	Darling, P. G.	252	214104	Davies, A. M.	266	8177611	Davies, P. H.	227
8402430	Darling, S. J.	154		Davies, A. R.	30	213853	Davies, P. J.	261
8261014	Darlow, J.	146	8094933	Davies, A. R.	261	8701421	Davies, P. L.	204
8189502	Darnell, A. R.	229	8260994	Davies, A. R.	164	214865	Davies, P. R.	262
	Darrant, J.	87	8406130	Davies, B.	158	608339	Davies, R.	243
211469	Dart, N.	258	214945	Davies, B. J.	263	8289496	Davies, R. A.	157
5206300	Dart, P. G.	173	216343	Davies, B. M.	277	8304440	Davies, R. A.	129
215623	Dartnell, R. J.	266	8201732	Davies, C.	164	306145	Davies, R. E.	157
	Darvell, D.	14	8429464	Davies, C. A.	181	8300389	Davies, R. M.	267
214595	Darwin, K. A.	263	216219	Davies, C. H.	276	2659264	Davies, R. P.	144
2659731	Dass, K. A.	180	216414	Davies, D.	277	8025466	Davies, R. W.	243
5205948	Dathan, C. H.	183	8701013	Davies, D.	164		Davies, Mrs R.	25
2640855	Datson, R. I.	234	5208584	Davies, D. B.	142	8096068	Davies, R. W.	227
	Daubney, Mrs M. J.	16	214221	Davies, D. I.	269	215280	Davies, S.	269
8076341	Daughney, R.	122		Davies, Dr T.	299	215717	Davies, S. A.	275
5203981	Daughtrey, P. S.	118	2640179	Davies, F.	186	2638695	Davies, S. G.	141
5201698	Daulby, D. J.	243	8701532	Davies, F. J. M.	203	214944	Davies, S. J.	272
8152948	Daulby, P. R.	171	213297	Davies, G.	274	5207605	Davies, S. R.	173
2659583	Daunton, T.	165	8000052	Davies, G.	231	8141508	Davies, S. R.	145
5202593	Davenall, D. S.	108	5208502	Davies, G. B. H.	195	215538	Davies, T. C.	265

331

INDEX

Personal No	Page No
8701405 Davies, T. C.	142
8171216 Davies, T. N.	227
409524 Davies, V. K.	211
8096621 Davies, W.	229
593746 Davies, W. G.	242
5208957 Davies, W. G.	160
Davies-Howard, S. J.	34, 105
5208493 Davis, A. G.	160
216265 Davis, A. J.	276
5208671 Davis, A. J.	196
8171200 Davis, A. J.	230
2619781 Davis, A. M.	269
209018 Davis, B. T.	263
5209040 Davis, C. J. A.	187
8029801 Davis, G. J.	126
8026848 Davis, H. D.	128
2641441 Davis, I. A.	138
2635387 Davis, I. S.	135
Davis, M.	32
8300878 Davis, M. J. M.	198
8701038 Davis, N. C.	198
2624507 Davis, N. J.	51, 108
Davis, P.	14
8701449 Davis, P. B.	123
8027912 Davis, R. A.	132
5201771 Davis, R. N.	67, 242
4267403 Davis, W.	244
5203161 Davis-Poynter, S. P.	110
8300362 Davison, A. B.	51, 153
Davison, C.	42
2659803 Davison, C. A.	205
2642285 Davison, G. J.	144
209980 Davison, I. F.	257
214167 Davison, M. G.	268
8305158 Davison, M. T.	149
2638586 Davison, P.	138
306167 Davison, P. F.	158
5208555 Davy, A. P.	204
5204351 Davy, J.	133
8444565 Dawes, D. K.	165
8305033 Dawkins, L. W. A.	148
8075128 Dawson, A.	272
2628738 Dawson, A. E. L.	129
2640321 Dawson, A. J.	136
2664519 Dawson, D. K.	250
8307855 Dawson, E. M.	145
Dawson, G. A. E.	301
2653849 Dawson, H. J.	142
215659 Dawson, M. L.	267
2626222 Dawson, N. S.	271
4233276 Dawson, S.	248
8260900 Dawson, S. T.	164
5204268 Day, A. P.	170
8286199 Day, B. G. J.	213

Personal No	Page No
2660744 Day, C.	147
210517 Day, C. M.	257
8701259 Day, E. P.	165
5208795 Day, J.	162
8106910 Day, J. A.	228
2633360 Day, M. J.	134
8029577 Day, M. N.	39, 119
215697 Day, N. A.	268
8026548 Day, P.	244
2629589 Day, P. A.	153
4232155 Day, P. J. J.	259
8026831 Day, P. N.	39, 110
4231751 Day, P. W.	274
5208473 Day, S. P.	177
91508 Day, T. K.	253
Day, T. W.	303
8228580 Daykin, A. P.	181
5206531 Daykin, C. P.	113
2641431 Daykin, C. R.	139
8028875 Dazeley, J. M.	133
2649669 De Candole, N. J.	142
8134948 De Leuw, F. J.	230
91518 De Maine, M. J.	249
215691 De Montet-Guerin, I. D. G.	268
306011 De Rouffignac, C.	176
215213 De Santis, D. S.	268
8024142 De Soyza, N. A.	190
8252111 De-Vaal, A. G.	179
8220142 De-Vry, J. R.	160
8205851 Deacon, R.	10, 120
681731 Deadman, I. A.	272
Deahl, Dr M. P.	215
8153579 Deakin, M. J.	177
5208314 Deakin, M. R.	159
8152598 Deakin, P. I.	178
216233 Deamer, A. P.	269
2622984 Dean, D. R.	131
2649783 Dean, D. R.	141
9116 Dean, G. M.	238
2623723 Dean, J. D. E.	274
5209052 Dean, L. J.	196
8018683 Dean, P.	119
8096775 Dean, P. N.	191
214153 Dean, R. J.	261
5206588 Dean, S.	106
5205662 Dean, S. J.	86, 128
Dean, S. P.	44, 106
8702107 Dean, T. C. E.	148
Dean, T. P.	102
8300604 Deane, C. C.	158
5202391 Deane, J. H.	122
8021048 Deane, S. T.	169
8701154 Deaney, C. N.	204
689135 Dear, A. J.	243

Personal No	Page No
8700167 Dear, K. P.	165
8236811 Dear, R. A.	192
8027700 Dearden, J. A.	132
8028149 Dearie, I. A. S.	132
8141648 Dearing, G. J.	232
9856 Dearing, S. L.	172
5204881 Deas, A. S.	49, 111
8026315 Deas, E. J.	124
8700218 Debling, S. P.	150
5207209 Deboys, R. G.	128
Dedman, N.	30
8141533 Deeney, P. J. M.	141, 305
8260009 Deepan, N. K.	176
214460 Deere, G. W.	261
8207685 Degg, A. R.	186
2654337 Deighton, D. S.	143
8410559 Deith, S. P.	179
607813 Delafield, J.	274
215281 Delamar, K. R.	269
212009 Delaney, G. T.	266
8024453 Delaney, P. G.	134
8300472 Delaney, R. H.	170
215597 Delvallee, M.	266
8701666 Delvin, S. L.	165
215576 Demers, M.	266
216535 Demers, R.	278
215577 Demers, T. G.	266
306 Dempsey, D. A.	222
216084 Dempsey, E. J.	275
8300467 Dempsey, K. C.	38, 191
213507 Dempsey, P. D.	260
8305013 Dempster, B. J.	147
5208287 Dempster, C. S.	138
306438 Dempster, E.	213
8598597 Dempster, M.	196
8122257 Dendy, P.	158
5202668 Denham, R. L.	169
8249142 Denison, M. W.	160
8301019 Denman, R. D.	149
5205224 Denner, P. O. H.	193
8011755 Denning, C. J.	228
5208727 Dennis, J.	213
Dennis, J. D.	41
8141293 Dennis, M.	133
216119 Dennis, M. D.	276
4231215 Dennis, N. C. H.	274
8701194 Dennis, R. A.	146
8304608 Dennis, R. J.	128
Dennison, K.	100
210872 Dent, M. A.	258
214164 Denton, D. J.	268
8304046 Denton, R. A.	128
9853 Denyer, K. A.	135
Denzonie, A. F. P.	42
8239336 Derbyshire, C. A.	71, 197

332

INDEX

Personal No	Name	Page No	Personal No	Name	Page No	Personal No	Name	Page No
5206360	Derbyshire, J. G.	153	8032193	Dickinson, C.	189	8015317	Dixon, D.	231
214032	Derbyshire-Reeves, M. C.	265	595889	Dickinson, G.	227		Dixon, G. P.	47, 100
8701432	Dermont, M. A.	208	5208291	Dickinson, M. J.	177	8153245	Dixon, J.	176
8285690	Derrick, A. M.	159	211340	Dickinson, N. C.	258		Dixon, J. L.	12
5205767	Desmond, A. J.	273	5206069	Dickinson, P. W.	171	5206786	Dixon, J. M.	115
215941	Desmond, S. E.	273		Dickinson, R.	8	2644378	Dixon, J. P.	141
5207260	Devenish, S. A.	125	8700251	Dickinson, S. K.	167	8240575	Dixon, K.	197
215182	Devereux, I. B.	270	8701086	Dickinson, T.	165	5208216	Dixon, M. C.	50, 155
	Devereux, M. E.	54	210455	Dicks, C. P.	257	5205166	Dixon, M. D.	109
2659090	Devine, J. U.	148	8029510	Dickson, A.	247	5204676	Dixon, M. F.	39, 120
8196564	Devlin, T. D.	114	5208932	Dickson, A. G.	125	8300071	Dixon, N. R. A.	157
8023600	Devoy, D. A.	152	2659679	Dickson, A. J.	163	212105	Dixon, P.	258
8140998	Dewar, A. J. M.	231	5205129	Dickson, G. G.		8138640	Dixon, P.	228
306418	Dewar, G. L.	205	216211	Dickson, G. L.	51, 151	8701336	Dixon, P.	176
2642349	Dewar, J. E.	137	5207828	Dickson, G. M.	276	8028245	Dixon, P. G.	36, 112
5208646	Dewar, M. A. S.	161	8701377	Dickson, J. C.	153	8426907	Dixon, P. N.	163
5208791	Dewar, N. A.	39, 117	8001637	Dickson, S. E.	198	507870	Dixon, P. S.	263
8304086	Dewes, R. J. M.	136	210635	Diett, M. W.	230	5203794	Dixon, Q. L.	114
214925	Dewey, H. J.	263	5208031	Difford, H.	251	8084701	Dixon, R. C.	229
8007423	Dewfall, A.	231	4233361	Diggle, I. J.	130	2662773	Dixon, R. J.	250
5203429	Dewhurst, A. R.	125	8304928	Dignan, J. C.	258	2649665	Dixon, R. L.	161
213966	Dewhurst, L. M.	265	8136697	Dilley, M. D.	147	5201196	Dixon, R. L.	267
8181198	Dewick, P. A.	278	2631485	Dilley, P. M.	196	4233180	Dixon, R. S.	242
8019394	Dexter, A. W.	178	8701672	Dillon, I. M.	255	5208084	Dixon, R. S.	136
9443	Dexter, D.	202	8300333	Dillon, M. M.	198	8153736	Dixon, S.	179
	Dey, A. J.	83, 102	8404902	Dimbleby, A. M.	155	8032555	Dixon, S. A.	191
2649761	Deyes, S.	141	8242707	Dimeck, A. P.	180	306398	Dixon, S. I. G.	204
	Deytrikh, A.	23, 101		Dimelor-Walford, E. C.	180	213303	Dixson, S. A. E.	273
	Dezonie, A. F. P.	100	91556	Dimmock, C. E.	250	8141299	Doane, S. L.	232
	Dhanak, Miss K.	17	209710	Dimond, J.	257		Dobb, S. K.	104
5207234	Dharamraj, S. J.	190	211133	Dimond, W. B.	275	8300738	Dobbing, T. J.	195
8701533	Dharm-Datta, S.	204	8420316	Dingle, A.	178	8304322	Dobie, A. F.	136
	Dharmeratnam, R. 3, 200		5203821	Dingle, A. G.	108	8027531	Dobinson, C. S.	250
4266742	Dhese, I. R.	244		Dingle, B. T.	45	4233288	Doble, L. A.	274
8701260	Dhillon, P. S.	147	5208812	Dinnen, A. L.	162	8028936	Dobson, A. J.	266
214771	Di Domenico, A. J.	262	8024376	Dinsley, R. M.	156	5206971	Dobson, A. P.	116
5205681	Di Nucci, S.	173	8434522	Dip, P.	181	5203474	Dobson, J. E.	207
2644067	Diacon, A. K.	141	8109441	Dipper, A. L.	108	8026170	Dobson, M.	39, 113
2640963	Diacon, P. R.	138	5202877	Dipper, K. R.	49, 108	5204874	Dobson, P. S.	131
5204029	Diamond, D. J.	80, 109	215629	Disbrey, A. K.	267		Dobson, W. G. S.	30, 104
215263	Dibb, E.	269	215777	Disbury, S. D.	270	5207174	Docherty, C.	172
2644010	Dibden, R. S.	234	8304265	Discombe, M.	129	5209020	Docherty, C. M.	145
216234	Diccox, L. R.	269	306260	Discombe, S. N.	194	8701167	Docherty, L. E.	146
8019567	Dick, G. R.	227	5208133	Disdel, C. A. H.	156	8138908	Docherty, T. G.	232
8304494	Dickens, A.	130	213131	Diskett, D. J.	269	5205364	Docker, C. E.	132
8025426	Dickens, C. R. D.	49, 107	306132	Disley, D.	157	2627796	Docker, P. A.	110
5208365	Dickens, P.	176	8701262	Ditch, C. J.	198	595564	Dodd, D. J.	225
8090615	Dickerson, C. J.	226	8008990	Ditch, O.	190	8014471	Dodd, D. M.	231
2643003	Dickerson, K. N.	140	8224781	Ditton, R. J.	174	8701263	Dodd, I. J.	147
213734	Dickie, A. D.	260	214582	Divver, J. A.	261	216439	Dodd, J. R.	278
8154467	Dickie, C.	181	8028642	Divver, P. J.	152	216308	Dodd, M. J.	277
409426	Dickin, L.	210	8271982	Dix, G. M.	178	211948	Dodd, M. S.	266
8092540	Dickinson, A.	229	8029658	Dix, R. P.	47, 129	8029629	Dodd, P. A.	49, 128
8178731	Dickinson, A. D.	229		Dixon, C. W.	102	8246708	Dodd, R. M.	159
						5205763	Dodding, S. D.	171

333

INDEX

Personal No		Page No	Personal No		Page No	Personal No		Page No
8029659	Dodds, A. M.	128	215410	Donothey, R.	272	8701124	Downie, E. W. S.	197
8141630	Dodds, J. E.	232	8105814	Donovan, G.	160	216014	Downie, G. D.	274
2659026	Dodds, M. J.	144	8700045	Donovan, J. P. M.	149	213514	Downie, J. C. P.	260
8199140	Dodds, P. E.	197	213526	Donovan, K. B.	267	213558	Downie, L.	260
216254	Dodds, S. M.	276	215862	Donovan, L. A. J.	272	2649976	Downing, A. M.	178
8205812	Dods, P. D.	228	216250	Donovan, M. P.	276	2659929	Downs, C. T.	145
8416093	Dodsworth, S. J.	160	8701019	Doodson, C. L.	164	8096236	Downs, G. D.	114
8141338	Dodsworth, V. G. S.	232	216436	Doolan, P. T.	278		Dowson, J.	13
8141221	Dodwell, G. D.	135	5204125	Dooley, C. F.	123	8701063	Doyle, A. B.	140
8154629	Dodwell, J. E.	177	211114	Dooley, S. F.	272	8097981	Doyle, A. M.	226
	Doel, M. T.	42, 100	8701050	Dore, G. M.	145	8419353	Doyle, C. F.	211
8207905	Doherty, J. N.	118	2635048	Dornan, I. S.	128	8089656	Doyle, E. M. M.	59, 194
2631999	Doidge, J. G.	234	215366	Dorritt, H. J.	272	4335273	Doyle, F. T. M.	273
213132	Dolan, K. P.	269	8153522	Dorsett, P.	184	2625847	Doyle, G.	34, 116
1948025	Dolan, M. C.	183	8302585	Dorsett, S. J.	190	8300256	Doyle, J. M.	119
8283847	Dolan, S. P.	278	8019787	Dorward, P. J. G.	251	5208850	Doyle, J. S.	143
8027594	Dolding, A. E.	124	216301	Dos Santos, M. M.	277	216167	Doyle, K. D.	276
216501	Dolding, P. J. D.	278	210294	Doubell, P. T.	267	5207902	Doyle, M. G.	129
5207960	Dole, W. E.	191	9837	Doubleday, S.	118	5208839	Doyle, S.	210
	Dolman-Gair, Mrs A.	17	306366	Dougherty, S. L.	205	5207916	Doyle, S. B.	207
216257	Dominguez, J.	276		Dougherty, S. R. C.	3, 42, 200	216217	Dragonetti, N. C.	276
8416471	Donaghue, K. J.	252	210179	Doughty, A.	264	595890	Drakard, C. W.	226
8124570	Donald, A. B.	227	8300152	Doughty, A. M.	49	5208279	Drake, A. Y.	159
2634371	Donald, C. S.	137	2670330	Doughty, L. H.	149, 152	5204148	Drake, D. J.	151
213560	Donald, G. D.	260	212969	Doughty, P. D.	273	8116446	Drake, D. W.	169
8300964	Donald, M. S.	187	214990	Douglas, A. R.	266	8021292	Drake, I. P.	183
8105219	Donald, P. H.	255	8134927	Douglas, C. D.	244	8027014	Drake, P. M.	232
8151915	Donald, P. W.	118	8251926	Douglas, G.	179		Draper, I. M.	33, 104
5206728	Donald, R.	189	8246669	Douglas, I. J.	156	9778	Draper, L. M.	191
2660269	Donaldson, K. E.	148	8423984	Douglas-Sim, J. A.	195	8300727	Draper, T. C.	42, 194
215079	Donaldson, L. J.	265		Douglass, J.	96	8247888	Dray, M. D.	213
213506	Donaldson, L. S.	260	8025152	Douglass, M. P.	67, 242		Draycott, P.	28
	Donaldson, P.	14	208831	Doust, R. J. C.	267		Drayson, The Lord.	5, 7
8000421	Donaldson, R. G.	229	8701469	Douthwaite, P. G.	220	8183881	Drayton, M. A. J.	230
8302853	Doncaster, J. A.	165		Dove, E. L.	23	5204887	Dreier, S. A.	169
8300731	Doncaster, J. C.	186	8233572	Dove, E. L.	120	214892	Drew, A. A.	263
2636519	Doncaster, M. R.	137	2631446	Dover, M. R.	251	8260414	Drew, C. A.	160
8428920	Done, A. J.	180	2642336	Dow, A. V.	138	9946	Drew, J. L.	249
8305030	Doneth-Hillier, C. R.	148	213850	Dow, S. M.	261	216506	Drew, L. M.	274
5206451	Doney, M. J.	157	8700175	Dowden, H. R. M.	167	215113	Drew, N. J.	267
5208581	Doney, M. J.	161	8140977	Dowell, P. D.	231	8304643	Drew, N. R.	138
8402666	Doney, M. L.	179	8243292	Dowen, K. J.	161	8073668	Drew, R. J.	227
216103	Donkin, C. L.	276	8105156	Dowers, K. C.	229	215528	Drewe, J.	265
213938	Donne, R. H. S.	261	5206004	Dowie, C. H.	156		Drife, Professor J. O.	215
5206384	Donnellan, S. J.	174	8089821	Dowling, F. K.	39, 118	8088181	Dring, C. A.	244
212672	Donnelly, D. P.	259	2633293	Dowling, S. N.	118	214551	Driscoll, K. J. S.	261
8424855	Donnelly, G.	198	211997	Down, F. C.	267	215613	Driscoll, M.	266
8029587	Donnelly, I. D.	126	8245531	Down, T. C.	197	8304528	Driscoll, N. J. S.	130
8304285	Donnelly, J. A. F.	136	8126923	Downer, R. E.	179		Drissell, P.	49
214666	Donoghue, I. D.	143	8019751	Downes, C.	213		Drissell, P. J.	99
8138079	Donoghue, M. P. J.	153	8701657	Downes, T. E.	166	5203795	Driver, M. N.	110
8276697	Donoghue, P.	194	8304593	Downey, C. P. L.	158		Driver, P. J.	39, 103
8260714	Donoghue, S.	142		Downey, S.	17	8701017	Druce, P. M.	163
8701583	Donohoe, A. Z.	164		Downey, S. L.	24	5208029	Drummond, D. R.	157
	Donohoe, H. G.	106						

INDEX

Personal No		Page No	Personal No		Page No	Personal No		Page No
8300496	Drummond-Hay, R. N.	185	8300226	Dunbar, A. J.	155	8300537	Durke, J.	184
212716	Drury, C.	272	2659210	Dunbar, J. A.	180	8028359	Durke, P.	133
216226	Drury, P. M.	276	5208968	Duncan, A. M.	143	214569	Durkin, C. B. J.	261
8141222	Dryburgh, B. A.	123	5204764	Duncan, A. W.	183	8029738	Durlston-Powell, C. A.	157
5207245	Dryburgh, D. S.	118	8300437	Duncan, B. J.	155	8300953	Durnin, P. A.	166
306208	Dryburgh, J. S.	192	8026469	Duncan, J. C.	243	8310748	Durose, D. M.	166
8141222	Dryburgh. B. A.	52	8014951	Duncan, J. K.	84, 173	8304278	Durows, J. R.	166
5205700	Dryden, I.	171	215540	Duncan, L.	265	5208457	Durrani, A. K.	239
2659680	Drysdale, A. D. M.	144	8241564	Duncan, N. J.	198	8088853	Durrant, I.	226
8260315	Du Cros, A. P.	232	213515	Duncan, P. A.	260	409398	Durrant, Y. F.	210
91543	Du Pre, G. M.	252	8032500	Dungate, J.	183	8304893	Dutton, B. G.	145
2642825	Du Ross, S. J.	195	213466	Dunkley, D. I.	270	2659732	Dutton, M. J.	181, 304
	Dua, Professor H. S.	215	215672	Dunkley, P. K.	268	2659028	Dutton, S. P.	143
8023991	Duance, R. C.	76, 113	213991	Dunlop, C. A.	264	8701271	Dutton, V. E.	198
5202138	Dubock, I. M.	110	2634615	Dunlop, M. T.	138	5201913	Dyche, M. W.	125
409525	Ducker, S. J.	211	8229561	Dunlop, R.	187		Dye, P. J.	42, 98
8029613	Duckworth, I. N.	134	5208420	Dunlop, T. E.	140	215964	Dyer, A. P.	273
2641348	Duddy, S. J.	250	8421493	Dunlop, T. E.	181	5207046	Dyer, I. C.	127
215020	Dudgeon, L. P.	265	5208715	Dunn, C. S.	162	215820	Dyer, J. W.	271
214090	Dudgeon, P.	267	210381	Dunn, D. J.	271	2640966	Dyer, K. B.	139
8012133	Dudgeon, P. W.	230	9639	Dunn, G. A.	251	5202798	Dyer, P. J.	131
8701195	Dudley, E. J.	145	8019735	Dunn, G. J.	118	8251903	Dyke, S. J.	175
216369	Dudley, H. C.	277	2642780	Dunn, J. F.	137	8111326	Dykes, A. M.	227
8029663	Dudman, D. A.	119	5205013	Dunn, J. F.	112	2649101	Dykes, C.	161
306467	Dudman, K. H.	197	5206882	Dunn, J. J.	193		Dymock, A. K.	11, 31
8302598	Dudman, T.	155	8242941	Dunn, K.	159	215346	Dymond, H. J.	270
8124690	Duell, K.	109	5204252	Dunn, L. G.	124	8701734	Dyson, B. P.	167
2644037	Duff, G.	140	216018	Dunn, M. B.	275	8028537	Dyson, E. F.	152
8072883	Duff, J.	225	2797594	Dunn, R.	191	5201105	Dyson, G. W.	107
212738	Duff, M.	259	8304600	Dunn, R. B.	248	5207025	Dyson, N.	128
8203040	Duffield, P. J.	159	214639	Dunn, R. J.	262	409523	Dyson, N. C.	210
	Duffill, S.	32, 102	306218	Dunn, R. J.	82, 222	5206710	Dyson, P. J.	192
211168	Duffin, J. E.	268	5208894	Dunn, S. A.	179	5201142	Dziuba, M. S.	108
5203796	Duffin, J. R.	133	8152223	Dunne, A. J.	173			
8027588	Duffus, A. A.	44, 116	8028556	Dunne, J. P.	76, 124			
8138182	Duffy, C. P.	133	8136029	Dunne, P. J.	133			
8213012	Duffy, J. F.	155	8125992	Dunnett, R. D.	171			
5208076	Duffy, K. M.	210	211893	Dunnett, S. K. S.	264			
8424023	Duffy, M. R.	160	5208647	Dunnigan, R. M.	141			
8024668	Duffy, P. J.	157	8260051	Dunning, E. Q.	232			
9899	Duffy, S.	207	2640382	Dunning, J. R.	138			
8302559	Duffy, S. J.	184	5208803	Dunning, P. A.	196			
2653734	Dugan, T. J. B.	147	8009082	Dunning, P. R.	226			
216165	Dugdale, J. R.	267	8205789	Dunson, G. J. W.	179			
8701009	Dugdale, O. J.	147	2660644	Dunstan, M. P.	146			
	Dugmore, I. L.	99	5208918	Dunstan-Meadows, Rev V. R.	219			
8029319	Duguid, I. W.	9, 117	2649946	Durban, P. M.	142			
5200648	Duguid, M. D.	243	8232109	Durban, S. J.	244			
8029494	Duguid, R. K.	184	2659528	Durbin, L.	145			
5208403	Duhan, J. P.	159	2658850	Durcan, S. J.	144			
5208993	Duke, C. P.	163	306219	Dureau, S.	14, 222			
8700046	Duke, J. A.	167	8700229	Durham, B. D.	150			
	Duke, P. J.	9	8701196	Durham, J. S.	180			
8025415	Dulson, P. P.	248	5209055	Durham, R. L.	145			

335

INDEX

Personal No	Page No	Personal No	Page No	Personal No	Page No
		306330 Ede, J. A. 178		2660404 Edwards, K. P. 166	
E		8134873 Eden, G. 230		5207011 Edwards, M. A. . 39, 116	
		2640858 Eden, J. K. 137		8099504 Edwards, M. C. 227	
8028689 Ead, I. S. 133		8260471 Eden-Hamilton, J. M.129		8216061 Edwards, M. D. 178	
216408 Eades, D. L. 277		306291 Edensor, L. 195		215723 Edwards, M. S. 269	
Eadon-Clarke, N. ... 46		5207630 Edgar, Rev D. A. 218		216144 Edwards, N. G. 276	
5203828 Eagles, M. E. 118		Edgar, D. B. 35		2660311 Edwards, N. J. 146	
2659265 Eagles, T. R. 163		Edgar, Mr M. A. 216		8229025 Edwards, N. J. 135	
8025039 Eames, C. M. ... 62, 107		5200899 Edgar, S. 44, 233		5207716 Edwards, O. E. 134	
8701104 Eames, A. C. 165		5206049 Edge, A. D. 170		8109272 Edwards, P. 114	
5206317 Eames, D. P. 173		Edge, G. H. 42, 99		5206442 Edwards, P. J. 134	
8116892 Eamonson, J. M. .. 153		8700993 Edgecombe, A. C. .. 164		8216932 Edwards, P. J. 164	
8260355 Earl, A. G. 232		2660708 Edgell, A. L. C. 146		5202762 Edwards, P. W. 110	
8431519 Earl, D. W. 148		8001638 Edgell, J. A. 243		8018932 Edwards, P. W. 233	
8304151 Earl, J. 248		8246354 Edgeworth, B. I. 178		8406983 Edwards, P. W. 194	
8060968 Earl, S. 255		8107244 Edgeworth, J. R. ... 186		216016 Edwards, R. A. 274	
Earls, C. A. 14		2659332 Edgley, J. E. R. 165		5204330 Edwards, R. C. 126	
216061 Earp, A. C. 275		8302673 Edie, C. J. 154		593384 Edwards, R. T. 270	
8193124 Earp, M. T. 213		2649475 Edmond, R. W. 196		8229669 Edwards, Rev P. S. . 219	
Earwicker, Mr M. ... 25		8275289 Edmond, S. M. 160		8260825 Edwards, S. M. 144	
5208551 Eason, R. M. 195		212712 Edmonds, R. S. P. .. 259		8304305 Edwards, S. S. 121	
212957 Easson, I. M. 267		9649 Edmondson, E. A. .. 172		5205927 Edwards, T. A. 269	
8103472 Easson, S. 257		8137836 Edmondson, G. E. .. 227		8007188 Edy, S. M. 177	
8080336 East, C. A. 258		8239870 Edmondson, J. J. ... 159		8261002 Edymann, S. I. 304	
9688 East, J. S. 191		2642542 Edmondson, J. M. .. 139		608251 Eeles, T. 273	
8300024 East, R. G. 190		5208109 Edmondson, M. J. .. 210		215831 Egan, A. M. 271	
8702458 Easter, D. J. 149		8247803 Edmondson, P. 262		8153677 Egan, C. E. 172	
8154420 Eastham, J. F. A. ... 185		5206145 Edmondson, S. J. 39, 115		8139234 Egan, P. A. C. 230	
8025897 Easthope, N. C. V. . 124		2638682 Edmondson, S. W. .. 177		213860 Egerton, C. J. 261	
8701220 Eastlake, A. C. 152		4258455 Edmunds, D. J. 242		216347 Egerton, E. G. 277	
2654265 Eastlake, J. P. 144		213820 Edney, M. R. 271		Eggett, N. 54	
8024803 Eastment, R. M. ... 266		690027 Edward, J. G. 245		2659266 Egging, J. W. J. 144	
8304339 Eaton, D. J. 137		5203678 Edwards, A. 268		306062 Eichenberger, M. T. . 190	
8701338 Eaton, I. 166		5208771 Edwards, B. R. W. .. 196		212494 Eke, M. J. 259	
211555 Eaton, J. G. 258		8191715 Edwards, C. J. 170		91542 Eklund, J. D. 252	
5203727 Eaton, J. G. 110		Edwards, C. R. 103		91474 Elcock, S. M. 253	
8245641 Eaton, K. P. 172		212116 Edwards, D. G. 258		8403491 Elder, I. T. 274	
210750 Eaton, M. A. 258		8300668 Edwards, D. K. 192		214617 Elder, L. N. 261	
306501 Eaton, V. L. 186		306253 Edwards, E. S. 194		Elder, Mr R. 47	
5203727 Eaton. J. G. 62		Edwards, Mr. F. 22		608799 Elder, R. D. 264	
8260676 Ebberson, N. E. ... 140		209611 Edwards, G. 269		5205671 Elder, R. P. 171	
Ebdon, A. K. 102		8013152 Edwards, G. 140		8415011 Eldred, P. 181	
Eberle, P. J. F. 8		8305022 Edwards, G. 147		8700020 Eldridge, A. C. 187	
5206771 Eccles, C. J. 133		2627191 Edwards, G. A. 126		2659761 Eldridge, S. A. 145	
213196 Eccles, P. J. 272		2628514 Edwards, G. D. 125		8015530 Eley, S. 194	
211341 Eccles, R. S. 272		8027490 Edwards, G. D. .. 62, 113		Elford, A. J. B. 12	
8700185 Eccles, S. 150		5209038 Edwards, G. M. J. .. 197		2670002 Elford, R. W. 147	
8248603 Eccleshall, N. 141		214225 Edwards, G. T. 143		8221267 Elford, S. B. 172	
5208127 Eccleston, A. M. .. 172		8304543 Edwards, H. 129		2641446 Elias, R. A. 159	
8028244 Eckersley, A. M. ... 234		214998 Edwards, J. 266		5206776 Elks, S. J. 156	
8300287 Eckersley, M. A. ... 272		8403504 Edwards, J. 196		2643997 Ellacott, D. R. 139	
8701040 Eckersley, M. I. 180		8028981 Edwards, J. K. 127		5205617 Ellard, S. C. 119	
5202844 Eckersley, R. B. ... 110		8701668 Edwards, J. L. 167		5205593 Ellen, R. A. 171	
8134632 Edbrooke, J. 229		214626 Edwards, J. O. 261		215909 Ellenden, T. M. 273	
8025935 Ede, H. 248		8028404 Edwards, K. A. J. ... 133		8701602 Elleson, E. R. 166	

INDEX

Personal No	Page No
2659486 Elliff, V. A.	146
8142380 Elligott, C. J.	229
9557 Elliot, C. R.	113
210232 Elliott, A. G.	267
8019304 Elliott, A. H.	174
8423186 Elliott, C.	196
211145 Elliott, D. J. M.	189
306226 Elliott, D. R.	194
8243257 Elliott, E.	270
5203797 Elliott, E. A. C.	116
8154781 Elliott, E. J.	177
213557 Elliott, G. L.	260
306407 Elliott, H.	186
609474 Elliott, H. T.	44, 107
213780 Elliott, J. L.	260
8127196 Elliott, L. J.	262
214238 Elliott, M. A.	271
5207085 Elliott, Rev M. J.	218
5207823 Elliott, M. T.	130
8304840 Elliott, N. A.	143
8300909 Elliott, P. G.	178
2643872 Elliott, R. G.	139
Elliott, R. I.	3, 103
9757 Elliott, S. J.	63, 128
4232048 Elliott, T. J.	244
5205826 Elliott, V. P.	115
8024555 Elliott-Mabey, A. V.	190
5208692 Ellis, D. G.	178
8151648 Ellis, G.	173
8189138 Ellis, J.	117
2642259 Ellis, J. D.	163
2660414 Ellis, J. E.	197
8701624 Ellis, J. R.	220
5207522 Ellis, M. J.	191
Ellis, M. P.	53
306505 Ellis, R. A.	197
Ellis R. J. J.	30
8252011 Ellis, S.	177
8152353 Ellis, S. C.	117
5205552 Ellis, T. J. R.	173
8300483 Ellison, A. M.	191
212001 Ellison, C. R.	266
5208732 Ellison, D. R.	204
Ellison, I.	45
8700038 Ellison, J. R. C.	149
2649052 Ellson, A. M.	141
Elphinstone, L. H.	43, 201
8126495 Elsegood, M. J.	156
2647063 Elsey, M. J.	142
5208689 Elsey, S. J.	142
5202764 Elsom, J.	169
Elsom, M. R.	26
9797 Elson, D. E.	172
216378 Elson, R. M.	277
8305063 Elstow, M. A.	146

Personal No	Page No
8210542 Elsy, K.	171
2619503 Elton, E. A.	273
213603 Elvins, L. J.	260
215325 Elwell, G. J.	270
8304846 Elwell, M.	143
8024245 Elworthy, B. J.	183
5206406 Elworthy, R. J.	136
Elworthy, Sir Timothy	3
215187 Emberson, M.	263
8023725 Embleton, S. N.	112
5208989 Emeny-Smith, D.	143
8701361 Emerson, P. D.	181
8012651 Emery, P. R.	227
208259 Emmerson, B.	270
5209077 Emmerson, K. M.	122
5208770 Emmett, D. T.	186, 302
306471 Emmett, S. J.	195
212037 Emmins, D. J.	267
216377 Emmons, E. C.	277
8208501 Emmott, M. F.	232
215712 Emms, A. A.	268
208567 Endean, B. W.	257
212487 Endean, J. P.	259
8196994 Endruweit, D. J.	86, 154
5204165 England, J. D. L.	67
306381 England, K. A.	144
8282574 England, S. D.	160
English, Dr S.	299
210409 English, G. J.	268
8424238 English, J. R. D.	164
8113708 English, M. G.	228
5208204 English, M. J.	138
8300987 Enock, C. E.	166
5208422 Enright, C. B.	139
8029667 Entwisle, M. J.	128
212832 Entwistle, G. S.	264
595534 Ephgrave, P. J.	258
8304829 Epps, C. P.	234
8122643 Epton, N. I. G.	232
214735 Erasmuson, H. J.	262
215992 Erdal, S. P.	274
Ernsting, J.	216
5208834 Errico, M. J.	234
8300851 Errington, J. N.	164
8109099 Erskine, J. W.	39, 49, 120
8304455 Ervine, B. J.	137
8023284 Erwich, K. M.	14, 44, 117
2628261 Esau, R. G.	127
8154390 Eskdale, C. I.	179
8225993 Espie, D. W.	173
8286541 Esposito, G. R.	180
2653708 Essex, A. J.	162
8700005 Essex, W. R. S.	149
8300521 Etches, T. J.	119

Personal No	Page No
216019 Etheridge, D. J.	275
211403 Etheridge, J. B.	263
214711 Evans, A.	262
8029631 Evans, A. D.	135
5205637 Evans, A. D. E.	126
8300770 Evans, A. J.	196
213113 Evans, A. L.	269
8025253 Evans, A. M.	259
8028000 Evans, A. M.	132
5206889 Evans, A. W.	210
5208526 Evans, B.	178
216411 Evans, B. C.	277
4286963 Evans, B. N.	189
8151037 Evans, B. R.	114
8513865 Evans, C. A.	302
8701334 Evans, C. A.	181
8118100 Evans, C. J.	162
2654285 Evans, C. L.	179
Evans, C. P. A.	3, 200
5206764 Evans, D. A. W.	47, 128
215545 Evans, D. J.	265
595641 Evans, D. J.	238
8115335 Evans, D. J.	231
8311186 Evans, E. L.	165
215601 Evans, E. V.	266
8701209 Evans, G. E.	187
8304810 Evans, G. J.	141
Evans, G. S.	101
8026329 Evans, H. F. J.	125
8701725 Evans, I. K.	167
5206421 Evans, J. D.	137
8026385 Evans, J. D.	124
5207925 Evans, J. E.	135
8028183 Evans, J. M.	132
8211371 Evans, J. R.	179
8113508 Evans, K. W.	230
Evans, M.	228, 299
8700047 Evans, M.	149
5207623 Evans, M. A.	117
8020468 Evans, M. A.	117
Evans, M. C.	57
8198871 Evans, M. D.	153
5206051 Evans, M. G.	64, 115
8700129 Evans, M. N.	179
210466 Evans, M. R.	273
5208007 Evans, M. S.	172
9595 Evans, M. W.	115
8023630 Evans, N.	151
5206641 Evans, P.	124
215694 Evans, P. B.	268
Evans, R.	12
8184835 Evans, R. A.	270
5208672 Evans, R. C.	161
8023938 Evans, R. D.	184
8304929 Evans, R. D.	146

337

INDEX

Personal No		Page No
4282511	Evans, R. E.	256
216453	Evans, R. G.	278
213783	Evans, R. M.	260
2644129	Evans, R. O.	139
8028394	Evans, S. C.	112
212065	Evans, S. E.	258
213503	Evans, S. E.	260
8300965	Evans, S. R.	166
8701512	Evans, T. E.	187
8703799	Evans, T. E.	205
8300615	Evans, T. J.	193
1944047	Evans, T. N.	244
	Evans, V.	14
8021295	Evans, W. G.	233
8304266	Evans, W. L.	136
8701122	Evanson, D. R.	187
595445	Evanson, S.	227
8140956	Eve, J. S.	274
4335908	Eveleigh, M.	67, 242
8304830	Everett, A. R.	142
215781	Everett, G. F.	270
8029702	Everett, M. D.	135
216010	Everett, M. L.	275
2639362	Everitt, J. M.	138
5206084	Evers, M. C.	62, 170
8220769	Eversfield, J. H.	232
4233518	Eves, D. G. E.	249
8029251	Eves, P. M.	134
8701188	Evetts, G. E.	205
5208001	Evison, D.	203
8260761	Evison, W. C.	138
2653660	Evitt, S. L.	186
5208130	Ewart, A. P. G.	210
216466	Ewart, C. B.	278
8702206	Ewbank, R. C.	205
8029569	Ewbank, T. D.	170
	Ewen, P. R.	105
8701471	Ewer, J. E.	147
8021045	Ewer, M. H.	122
216544	Ewing, K. M.	278
5204894	Exeter, D. W.	189
8202699	Exley, M. A.	172
2659070	Exley, S.	145
214082	Exton, D. V.	269
8000424	Exton, N. P.	225
8261002	Eydmann, S. I.	148, 304
8700050	Eyers, M. W. F.	149
2636588	Eyles, T.	136

F

Personal No		Page No
8120095	Fagan, A.	229
213306	Fagg, A. D.	196
300915	Fahey, J. B.	243
8701616	Faik, J. A.	166
8701140	Fairbanks, A. J.	165
8024486	Fairbrass, P.	238
8103647	Fairbrother, D.	108
8028816	Fairbrother, P. J.	133
2641556	Fairclough, F. L.	275
8300430	Fairgrieve, J. A.	185
213625	Fairhurst, D. T.	260
5205668	Fairhurst, M.	47, 127
4267981	Fairington, R. W.	271
2642899	Fairley, C. T.	139
2670228	Fairlie, G. H.	147
5209087	Fairman, J. A. W.	145
2630265	Fairs, M. R. R.	127
215168	Fairweather, M. M.	268
215208	Falconer, M. D.	269
2653770	Falkingham, A. M.	147
5208501	Fall, J. J. H.	194
	Falla, S. O.	53, 102
4231724	Falle, P. R.	271
8701208	Fallis, E.	165
4233406	Fallis, R. J. H.	122
212948	Fallon, J. F.	271
215804	Fallone, P.	270
215036	Fallows, J.	265
215619	Falls, G. C.	266
8026840	Falvey, M. K.	67, 118
8028771	Fancett, P. A.	133
8029156	Fancourt, I. J.	152
5207129	Fane de Salis, H. J. A.	39, 119
8411333	Fargher, G. P.	180
8116060	Farley, R. F.	265
8701362	Farley-West, K. R.	166
8304687	Farman, D. J.	135
215411	Farman, R. W.	273
8141110	Farmer, A. G.	232
5204627	Farmer, A. I.	10, 113
8260055	Farmer, N. A.	135
5205663	Farmer, N. J.	134
2660483	Farmer, P. A.	148
5207095	Farmer, R. N.	156
8027180	Farmer, T. P.	44, 213
2644232	Farndon, C. A.	141
5209065	Farndon, E. J.	149
8302677	Farndon, T. M.	192
	Farnell, G. P.	105
8023841	Farnsworth, A. D.	112
2642782	Farquhar, B. W.	139

Personal No		Page No
215382	Farr, A. E.	271
5203776	Farr, A. J. R.	110
214527	Farr, J. E.	261
8304723	Farrant, P. J.	139
8304533	Farrant, R. P.	128
2630815	Farrant, W. F.	249
8116507	Farrell, D. M.	178
8304343	Farrell, D. S.	128
5208984	Farrell, K. L.	186
5208237	Farrell, M. J.	139
2642728	Farrell, N. G. A.	140
306382	Farrelly, B. L.	195
8141125	Farrington, P. R.	132
	Farrington, S.	66
216469	Farrington, V.	278
207273	Farron, J.	272
2636209	Farrow, J.	139
8093360	Farrow, P. W.	172
8103807	Farrow, S. R.	226
8701513	Farrugia, J. S.	166
5206956	Fascione, T. M.	50, 128
2649743	Fashade, O. A.	175
8300204	Faskin, E. J.	263
8027272	Fauchon, T. T.	51, 121
	Faulconer, E. J.	74, 103
2627213	Faulds, M. D.	133
8032342	Faulkes, J. J.	110
216342	Faulkner, A. M.	277
8701264	Faulkner, C. J.	181
215917	Faulkner, J. P.	273
215841	Faulkner, M. S.	271
8106786	Faulkner, N.	156
214474	Faulkner, S. C.	261
2649505	Fawcett, P. W.	177
8029078	Fawcett, S. I.	134
2660776	Fawdry-Jeffries, T. D.	181
214972	Fawkes, R. L.	264
2659681	Fawkes, R. W.	144
	Fawl, Mrs C.	46
2633049	Fay, J. C.	261
8029315	Fazal, P. A.	134
8141096	Fearn, M. H.	244
5204530	Fearon, J. B.	52, 151
8094967	Feast, J.	276
8151969	Featherstone, C. J.	117
215703	Featherstone, N.	263
91485	Featherstone, R. A. J.	249
	Fedden, P. J.	41
215400	Fedrick, L. R.	273
2658773	Feeney, C. H.	179
8701466	Feeney, N. M.	146
8282546	Feist, M. G.	273
2635468	Felgate, N. J.	134
5207373	Fell, A. T.	175
8302758	Fell, J.	186

INDEX

Personal No		Page No
8029823	Fellowes, D. A.	126
2658941	Fellowes-Freeman, A. I. C.	144
	Feltham, Mr A.	25
212801	Feltham, C.	259
8138913	Felton, K. J.	227
213642	Felton, P. H.	260
5205353	Fenlon, M. C.	111
8129070	Fenlon, M. J.	278
8027275	Fenlon-Smith, P. A.	268
2649994	Fenn, C. R.	179
2641340	Fennell, A. J.	250
213250	Fenner, J. M.	272
8701764	Fenner, S. D.	167
8108539	Fenney, P. M.	229
8701072	Fenton, B. D.	146
2672326	Fenton, F. A.	205
8028973	Fenton, S. D.	133
2647692	Fenwick, T. J.	250
	Ferguson, A.	87
8702754	Ferguson, A. A.	148
4230807	Ferguson, C. G.	270
211276	Ferguson, E. D.	266
2629012	Ferguson, E. J.	154
8287084	Ferguson, G. R.	160
8028391	Ferguson, I. D.	125
215477	Ferguson, J. A.	264
	Ferguson, K. E.	23
5206623	Ferguson, P. G.	210
215745	Ferguson-Dalling, L.	269
215833	Fernandes, L. P. M.	271
	Ferriday, Dr U. T.	215
8141650	Ferrier, J. A.	248
2637133	Ferris, K. E.	143
2653763	Ferris, L. P.	166
8141099	Ferris, S. J.	134
5202282	Ferrol, W. A.	127
8029661	Fewtrell, R. A.	127
5207704	Fiddy, P. C.	55, 152
8025652	Fidgett, J. G.	112
	Fidler, D. C.	64, 103
8283766	Field, A. J.	161
	Field, C. F.	103
508313	Field, J.	274
8700981	Field, J. A.	146
5205921	Field, T. W. J.	114
5209011	Fielder, D. J.	187
8154215	Fielder, R.	174
2654259	Fieldhouse, K. A.	162
2660761	Fieldhouse, N. P.	182
	Fielding, A. W.	46
	Fielding, A. W. T.	14
216319	Fielding, C. G.	277
215819	Fielding, G. P. K.	263
4286618	Fielding, M. W.	231

Personal No		Page No
8302856	Fields, L. S.	198
	Figgures, A. C.	17, 24
8701168	Fillingham, C. A.	205
5202200	Fillingham, D.	81, 169
8701659	Filo, D. R.	167
8701295	Finbow, J. D.	147, 304
8701364	Finch, C. R.	134
210597	Finch, D. J.	257
5208437	Finch, D. R.	160
8700021	Finch, M. J.	149
210163	Fincher, D.	260
8304858	Fincher, S. J.	143
2670809	Findlater, M. J.	150
216375	Fingland, S. P. G.	277
8091103	Finlayson, M. M.	228
2649227	Finley, E. T.	160
8175958	Finley, S. N.	145
5204546	Finlow, B. H.	189
	Finn, C. J.	103
5202234	Finnegan, R. M. J.	112
5208665	Finneran, M. A.	192
8304181	Finney, P. A. J.	157
8210172	Finnigan, B. A.	179
8260380	Finnigan, D. M.	144
8026697	Finnimore, D. T.	127
8020199	Firby, N.	52, 170
8185963	Firth, D.	264
2630229	Firth, D. S. J.	124
5204498	Firth, M. H.	115
8701048	Firth, P. M.	139
8304811	Firth, P. T.	140
216126	Firth, R. M.	276
5206154	Firth, S. T.	78, 125
2839648	Fish, L. A.	271
8199906	Fish, M. R. J.	179
2626796	Fisher, A.	123
	Fisher, Mr A.	23
	Fisher, A. A. T.	41
2642705	Fisher, A. R.	139
8700219	Fisher, C.	150
210344	Fisher, C. J.	269
215264	Fisher, G. S.	269
214671	Fisher, H. J.	262
5208549	Fisher, J.	161
2658774	Fisher, K. H.	162
8227605	Fisher, K. J.	179
8028458	Fisher, L.	124
2659160	Fisher, L. D.	149
8700220	Fisher, O. S.	150
	Fisher, P.	26
4231669	Fisher, P. A.	274
5205656	Fisher, S.	183
2635394	Fisher, S. A.	234
5203721	Fisk, M. P.	132
8138548	Fiskel, R. T.	272

Personal No		Page No
211107	Fitch, G. R.	272
8700182	Fitchett, C. A.	199, 302
5204912	Fitness, P. M.	114
5208973	Fitton, M.	197
214345	Fitton, R. J.	177
	Fitzalan-Howard, T. M.	33
214580	Fitzgerald, A. C.	195
5208859	Fitzgerald, N. E.	161
5208927	Fitzhenry, D. M. J.	222
2659166	Fitzpatrick, A. I.	148
211010	Fitzpatrick, B. J.	271
8404208	Fitzpatrick, C. J.	180
215741	Fitzpatrick, C. M.	269
213256	Fitzpatrick, I. A.	272
8701713	Fivey, C. A.	182
8300721	Flach, A. N.	165
8701041	Flanagan, M. J.	146
8024704	Flanigan, R.	152
5206509	Flather, N.	170
8065215	Flatt, S.	230
216236	Flaxington, R.	276
2643864	Fleckney, M. A.	140
8300716	Fleckney, M. J.	159
8305019	Fleet, M.	147
5205326	Fleetwood, W. M.	44, 213
595586	Fleming, A. G.	228
8194830	Fleming, A. J.	179
8283121	Fleming, G. R.	145
5206755	Fleming, J. C.	207
2670502	Fleming, J. S.	148
300962	Fleming, J. W.	236
8305085	Fleming, O. P.	148
8701161	Fleming, S.	211
8701057	Flemington, L. D.	146
8106918	Flesher, M. S. B.	228
	Flesher, Mr T. J.	21
2654305	Fletcher, B.	180
8700203	Fletcher, B.	167
	Fletcher, G. J.	106
2640269	Fletcher, J. M. E.	160
8412177	Fletcher, J. N.	181
306003	Fletcher, M.	203
2633381	Fletcher, R.	135
5204717	Fletcher, R. M.	132
2659997	Fletcher, S. P.	146
8028067	Fletcher, S. P.	10, 118
5208912	Fletcher, T. H.	186
5204021	Fletcher-Smith, R. D.	75, 110
8015540	Flett, D. P.	177
2637780	Flewers, J. A.	136
216202	Flewin, J. A.	276

INDEX

Personal No		Page No	Personal No		Page No	Personal No		Page No
2642491	Flewin, M. R.	140	8304116	Fone, S.	157	8251405	Forrester, D. M.	179
	Flint, A. C.	41	5203991	Foote, S. J.	124	8151649	Forristal, A. L. J.	271
5205076	Flint, A. P.	111	5203153	Footer, S. G.	235	8001997	Forry, A. P.	226
8024637	Flint, C. D.	152	8304916	Footitt, A.	146	8416245	Forsdyke, M. J.	177
	Flint, E.	21	2644137	Fopp, C. M.	195	5205319	Forshaw, K. H.	109
8131478	Flint, R.	183	8072639	Foran, B.	226	8024586	Forshaw, N. de C.	73, 184
214275	Flint, R. S. B.	272	5204901	Foran, P. J.	169		Forster, A. N.	54
8029084	Flint, T. D.	119	2628702	Forbes, A. M.	133	214612	Forster, D.	261
5205241	Flippant, P. J.	112	8304438	Forbes, D. R.	137	5207238	Forster, D.	119
210204	Flitcroft, S. E.	264	8701671	Forbes, E. M.	187	8206138	Forster, D. T.	179
213331	Flitcroft, S. K.	274	8106177	Forbes, G. S.	172	300990	Forster, E. J.	237
214025	Flitton, D. C.	265	216172	Forbes, K. G.	276	8113272	Forster, G. R.	228
	Flitton, J.	14	9845	Forbes, L.	190	8210624	Forster, I.	157
8260543	Flockhart, E.	161	8026014	Forbes, L. J. C.	234	8001165	Forster, L. E.	225
8232915	Flood, A.	159	8101043	Forbes, R. W.	124	2637748	Forster, N. J.	135
208965	Flood, C. J.	269	8141111	Forbes, W. B.	231	5202004	Forster, R. A. A.	68, 243
2647558	Flood, G.	250	2660752	Forbes-Bell, P. A.	147	8029791	Forster, S. D.	135
5208758	Flores, M.	239	8220282	Ford, A. G.	130		Forsyth, A.	12
5208057	Florey, I.	184	215512	Ford, A. J.	264	216184	Forsyth, A. E.	276
2648038	Flory, M. J.	250	5205825	Ford, A. J.	53, 172	2641491	Forsyth, E.	139
209978	Flower, H.	257	213432	Ford, C. A.	259	306374	Forsyth, K. L. D.	179
213002	Flower, L. E.	267	8021092	Ford, C. J.	124	2670105	Forsyth, M. E.	145
211351	Flower, P. C.	258	1961223	Ford, D. J.	81, 108	8107135	Forsythe, T. D.	227
8019057	Flowers, P. A.	169	8024438	Ford, D. L.	152	2670728	Fortune, I. A.	148
5208241	Floyd, A. D. C.	194	2658985	Ford, D. R.	164, 301	214131	Fortune, J. H.	178
5203783	Floyd, J. R.	123	8302589	Ford, E. K. L.	154	2649913	Fortune, S. A.	143
306267	Floyd, S.	195	8702244	Ford, H. G.	149	8403443	Fortune, S. D. M.	179
2659777	Flusk, P. G.	146, 304	215618	Ford, H. P.	266	2642982	Forward, G. S.	140
2659938	Flutter, C. L.	205		Ford, J. A. F.	67		Forward, S. D.	39, 104
214376	Flux, M. J.	274	608423	Ford, J. A. F.	268	8701246	Fosbury, C. F.	198
2629673	Flynn, A. G. G.	128	8302613	Ford, L. G.	250	214377	Foster, C. T.	272
211644	Flynn, A. J.	258	2623612	Ford, M. A.	244	8260044	Foster, D. A.	130
215275	Flynn, B.	269	214105	Ford, M. P.	273		Foster, D. J.	21, 99
214816	Flynn, C.	262	2659713	Ford, N.	164	211079	Foster, H.	266
210911	Flynn, C. P.	258	216277	Ford, N. M.	277	8288764	Foster, J. A.	198
5208599	Flynn, D. M.	142	211662	Ford, P.	265	681647	Foster, J. E.	242
2658853	Flynn, E. J.	179	5206206	Ford, R. J.	173	91525	Foster, M.	249
91553	Flynn, J.	250	214849	Ford, R. W.	262	2629678	Foster, M. R.	207
213712	Flynn, J. A.	260	8424712	Ford, S. A.	213	5205597	Foster, M. S.	20, 222
215630	Flynn, J. M.	267	214264	Ford, S. J.	261	215246	Foster, N. A.	263
5205348	Flynn, K. G. M.	113	8247556	Ford, S. P.	180, 299	8027493	Foster, P.	124
216372	Flynn, K. J. P.	277	5205876	Forde, D. J. C.	117	8260876	Foster, P. S.	146, 304
8304284	Flynn, M. A.	136	683347	Fordham, A. G.	268	8701651	Foster, R. L.	167
2628760	Flynn, R. J.	53, 126	8703229	Fordham, C. M. P.	149	211294	Foster, R. W.	271
2629213	Flynn, S. A.	127	2670122	Fordham, J. E.	148	3304051	Foster-Bazin, S. M.	128
8282518	Flynn, S. T.	178	5208860	Fordyce, D. P.	162	216142	Foster-Edwards, D.	276
	Foex, Professor P. J. A. H.	215	214913	Forey, D. M.	263	8208225	Foster-Jones, R. A.	158
8024255	Fogden, R.	117	215651	Forey, H.	267	5207993	Fothergill, M. A.	194
8260587	Fokerd, N. B.	142	8300096	Formby, M. R.	153	5208478	Fothergill, S. R.	186
5206227	Foley, G.	134	306358	Formoso, K. L.	197	215903	Fotheringham, A. D.	272
216457	Foley, M. C.	278	2633321	Formoso, G. S.	48, 129	214654	Fotheringham, J. T.	262
8700052	Foley, N. J. F.	149	8140312	Forrest, B. R.	230	8116470	Foulds, N.	228
4252351	Foley, T.	242		Forrestal N. R.	29	8701281	Foulkes, N.	187
8175467	Folley, M. J.	163	210632	Forrester, A.	257	8216439	Foulkes, S. J.	179
			2627414	Forrester, C. W. J.	124			

INDEX

Personal No		Page No	Personal No		Page No	Personal No		Page No
8024632	Fountain, D.	153	8304310	Franklin, A. R.	130		French,	
8405798	Fountain, M. J.	186	8023151	Franklin, C. J.	151		Sir Joe...	6, 42, 96, 97
2633078	Fowell, J. P.	125	8115160	Franklin, D. J.	228	5203728	French, M. J.	110
4278012	Fowler, D.	234	8154684	Franklin, J. A. R.	176	8427163	Fretwell, G. W.	181
2649143	Fowler, D. J.	141	2660151	Franklin, N. R.	148	8230026	Frew, D. M.	173
215731	Fowler, G.	275	212073	Franklin, S. J. W.	258	2639326	Frewin, K. R.	137
8126334	Fowler, I.	228	215092	Franks, G. G.	265	212176	Frick, R. E.	136
8304920	Fowler, J.	142	2659333	Franks, J. G.	144	1949775	Frieland, C. A.	174
5207841	Fowler, J. D.	191	8141246	Franks, N.	232	215652	Friend, J. C.	267
8117154	Fowler, K.	266	8302508	Franks, S.	155	5209080	Friend, M. J. W.	208
8025211	Fowler, S. M.	244	8304457	Fraser, C. L.	137	8150723	Friend, R.	114
211759	Fox, A.	258	5206493	Fraser, E. C.	127	8132118	Frizzell, G. H.	225
213500	Fox, A. C.	260	5207740	Fraser, G. M.	156	8236997	Frizzell, J. A.	190
5204760	Fox, A. M.	243	8117738	Fraser, I. B.	196	306420	Froggatt, V. H. S.	241
212703	Fox, B. J.	259	214132	Fraser, I. E.	267	2659872	Frogley, T. M.	187
8028261	Fox, C. J.	266	8300924	Fraser, I. P.	196	2629679	Froome, P. D.	136
5206921	Fox, D. A.	153	4231952	Fraser, J.	249	5204245	Frost, A. S.	9, 116
215434	Fox, G. A.	274	2636205	Fraser, N. A.	48, 130	8292266	Frost, D. A.	179
8172122	Fox, J. J. D.	229	8300328	Fraser, P. D.	153	5207332	Frost, D. K.	130
8402527	Fox, K. A.	268	8222994	Fraser, P. J.	178		Frost, D. L.	305
8228805	Fox, K. R.	229	8020128	Fraser, R.	227	609476	Frost, D. W.	268
9165	Fox, L.	44, 233	8304520	Fraser, R. M.	128		Frost, J. G. R.	54
8116211	Fox, M. J. B.	226	214438	Fray, H. A.	261	8300237	Frost, M. L.	154
8020810	Fox, N. G.	233	8304867	Frazer, M. T.	144	8701229	Frost, N. C.	198
8288880	Fox, N. P.	213	8190532	Frazer, R.	180	214844	Frost, R. E. P.	262
8431751	Fox, P. A.	165	2627703	Freak, D. C.	191	5203842	Frostick, A. T.	128
	Fox, R. G.	53	5207831	Frecknall, I. T.	248	5202148	Froude, C. L.	122
8700022	Fox, R. G.	149	8241134	Free, V. M.	179	212938	Frowe, N. J.	266
213724	Fox, S.	249	2644038	Freeborough, J. A.	140	8700023	Frowen, S. J.	149
2623108	Fox, S. M.	47, 109	8701265	Freedman, A. H. A.	166	306225	Fruish, S. O.	159
8700221	Fox, T. C.	150	210571	Freehold, D. R.	257	211172	Fry, J. M.	268
306202	Fox-Wiltshire, C. A.	194	8240272	Freeman, A. C.	163	8087254	Fry, R.	268
	Foxton, Mr P. D.	23		Freeman, A. J.	48		Fry, R. A.	8
5208674	Foy, A. K.	161	8011654	Freeman, G. J.	174	5207715	Fryar, D. N.	135
214276	Foy, N.	264		Freeman, Dr J. D.	16		Fryer, A. D.	51, 78, 105
	Fradgley, J. N.	103	8701735	Freeman, L. A.	188	5204681	Fryer, C. G.	131
608173	Fradley, D.	271	213746	Freeman, P. R.	260	4232233	Fryer, D. F.	267
8300470	Frain, I. K.	184	8015669	Freeman, P. R.	228	8305086	Fryer, G. I.	148
8701279	Frame, H. L.	166	5205712	Freeman, R. J. B.	49, 152	8023484	Fryer, R. P.	151
5208748	Frame, J. D.	162	8302694	Freeman, S.	138	8001015	Fryett, B. W.	266
5205638	Frampton, J. K.	126	2635294	Freeman, S. E. G.	233	5208913	Fuchter, K. E. J.	163
8183261	France, J. A.	52, 155	214776	Freeman, S. R.	262	818164	Fulcher, S. R.	83
214970	France, S. J.	264	2633393	Freeman, T. J.	130	8181640	Fulcher, S. R.	197
5208013	Francey, M. D.	274	214142	Freeney, B.	266	8023170	Fulker, M. D.	183
306515	Francis Smith, K. A.	164	5204707	Freer, G. W.	170	8701296	Full, B. M.	181
8701603	Francis, A. H.	166	8112662	Freestone, K. L.	227	8248707	Full, S. M.	194
216946	Francis, C. R.	278	306508	Freestone, N.	238	8122632	Fuller, A.	228
5208896	Francis, D. J. T.	163	216220	French, A. J.	276	5206146	Fuller, A. D.	191
2649995	Francis, G. M.	186	2659487	French, B. A.	180	8107354	Fuller, A. R.	164
8088820	Francis, J.	229	211383	French, B. S.	274	215114	Fuller, I.	266
8217050	Francis, K. J.	180	212641	French, D.	259	8032670	Fuller, M. A.	189
2642433	Francis, P. S.	139	2649755	French, D. C.	141		Fuller, M. J.	42
8019828	Francis, T.	177		French, Professor			Fuller, Mr M. J. D.	13
8117844	Francis, T. J. S.	228		G. L.	215		Fuller, N. A.	12
2660391	Frankland, J. R.	181	2659293	French, H. M.	162	2659714	Fuller, V. C.	146, 304

341

INDEX

Personal No		Page No	Personal No		Page No	Personal No		Page No
	Fulop, Mr M..	25		**G**		5207657	Gannon, A. S.	183
2642680	Fulton, D. J.	139				2658734	Gannon, J. F.	143
	Fulton, Sir Robert. . .	10	306299	Gabb, N.	195	211761	Gant, D. M.	258
1961834	Funnell, R. J.	226	2633364	Gabriel, T. A.	134	2649296	Garbutt, A. M.	142
2642420	Funnell, S. J.	250	8234510	Gadbury, T. M.	192	215879	Garcia, S. M.	272
687963	Funnell-Bailey, C. C.	131	215606	Gadd, C.	266		Garden, S. N. . . .	77, 106
214445	Furley, S. J..	274	214005	Gadd, S. I.	262	8123041	Gardiner, B. D.	230
5208921	Furlong, G.	162	8153367	Gadney, A. D.	174	214121	Gardiner, C. D. .	250, 267
5208742	Furness, J. A. S. . . .	143	5207312	Gaffney, J. E.	202	2631988	Gardiner, H. M.	129
8701393	Furness, J. S.	181	8141015	Gagen, S. P.	122	8020880	Gardiner, J. F.	122
2649701	Furness, S. J.	144	5208515	Gagnon, F. Y.	157	2658735	Gardiner, P. M.	143
4335426	Furniss, N. J. . .	36, 107	306313	Gagnon, R. L.	207	2659787	Gardner, D. I.	147
213456	Fusedale, J. S.	260	8029796	Gair, G. C.	117	2653963	Gardner, D. M.	162
8225388	Fyfe, P. D. 55, 121		8701197	Gajic, J. P.	147	2660734	Gardner, F. K.	205
5206750	Fyffe, J. C. N.	115	608834	Galbraith, A. G. . 82, 109		212677	Gardner, J.	271
	Fynes, J. P. S. . . 39, 103		5209081	Galbraith, J. R.	207	214960	Gardner, J. A.	263
			2642828	Galbraith, K. L.	140	214820	Gardner, K. J.	262
			211879	Gale, C. A. F.	264	8304988	Gardner, K. S.	147
				Gale, D. J.. . . . . . 36, 104		8302859	Gardner, M. C. C. . . .	241
			2644445	Gale, D. R.	140	215359	Gardner, M. J.	271
			8026442	Gale, G.	122	2647012	Gardner, M. J.	249
			8304212	Gale, I. D.	121	215575	Gardner, N. J.	266
			8701367	Gale, M. T.	211	214848	Gardner, S.	262
			8019102	Gale, S.	108	2629019	Gardner, S. 154, 303
			8101296	Gallacher, S. D.	230		Gardner, T.	302
			216339	Gallagher, I. S. H. . . .	277	211281	Gardner, T. P.	271
			8208352	Gallagher, J. J.	133	8202146	Garfield, K. A.	230
			207970	Gallagher, M.	267	2658772	Garland, M. J. K. . . .	143
			5208626	Gallagher, M. J.	142	8304503	Garland, M. M. E. . .	126
			215778	Gallagher, P.	270	2642330	Garlick, D. J. B.	140
				Gallagher, P. M. . . 3,206		5208178	Garner, N.	158
			8700160	Gallagher, T.	150	215660	Garner, P. C.	267
				Gallagher-Barton,			Garnett, Sir Ian	66
				K. L.	41	5207170	Garnett, I. M.	191
			216337	Gallant, D. V.	271	5207066	Garnham, A. J.	184
			9800	Gallen, J. D.	176	8418583	Garrad, J.	177
			2627124	Galletly, D. R. W. . . .	125	5208664	Garratt, J. S.	161
			8700113	Galley, M. L.	150	8195756	Garratt, W. H.	234
			5203630	Gallie, D. W.	124	2641678	Garraway, A. J.	276
			2619867	Gallon, J. D.	243	216367	Garrett, C.	277
			214506	Gallop, M. P.	274	2636450	Garrett, M. R.	269
			8023433	Galloway, A. H. . . .	112	8305023	Garrigan, J. P.	147
			8701425	Galloway, C.	208	8214234	Garriock, J. M.	178
			8109451	Galloway, J. M.	226	8701705	Garrod, K. J.	167
			208453	Gallup, S.	268	214521	Garrod-Bell, G. M. . . .	261
			2635172	Galway, N. K.	191	2648069	Garside, R.	254
			8027593	Gamble, N.	156	215768	Garside, V. L.	275
			5206363	Gambold, K. A. . . .	136		Garside-Beattie, L. . . 43, 103
			2658942	Gambon, I. D..	179		
			2659812	Game, M. J.	147	8023944	Garston, R. J.	112
			213122	Gamlin, D. G.	269	8408716	Garth, M. A.	178
			5205969	Gammage, R. D. 36, 110		4233068	Garton, A. C.	244
				Gammon, N. W. . . .	101	8260339	Garven, A.	143
			8105172	Gange, D. K.	191	8028053	Garvey, K. 75, 152
						306506	Garvin, J. D.	197

342

INDEX

Personal No		Page No	Personal No		Page No	Personal No		Page No
8300669	Garwood, F. D.	158	8022893	George, G. H. E.	244	5204202	Gilbert, C. N. R.	115
213469	Garwood, R.	270	8025934	George, R. J.	234	207318	Gilbert, M. J.	273
	Garwood, R. F.	36, 99	5206586	George, R. M. A.	192	210612	Gilbert, M. R.	170
2644127	Garwood, T. S.	236		George, Sir Richard.	247	213036	Gilbert, P.	270
8012251	Gascoigne, P. G.	225	8302528	Gerrard, A. L.	158	208878	Gilbert, P. N.	79, 107
2659974	Gaskell, A. P.	164	2633229	Gerrard, P. S.	120	8024291	Gilbert, P. N.	249
2635300	Gaskell, A. S.	135	8701	Gerrard, S.	164	5208262	Gilbert, S. J.	139
8019863	Gasson, B. R.	170	2633229	Gerrards, P. S.	40	213203	Gilbert-Stevens, J. M.	270
8304724	Gasson, L. F.	139	2653783	Gerrett, C. M.	145	5204202	Gilberts, C. N. R.	40
8021197	Gatenby, G. J.	114	213931	Gerrish, D. J.	261	212833	Gilbey, S. L.	264
2639043	Gatenby, N. J.	69, 136	214020	Gerrish, H.	264	216353	Gilchrist, E.	277
8141345	Gater, C. A.	162	8250448	Gerry, S. T.	191	8022560	Gilchrist, J. I.	243
5208639	Gates, R. D. J.	178	2635382	Gerty, E. M.	173	213960	Gilchrist, K. G.	266
8305066	Gatland, K. L.	148	8701090	Gething, D. P. G.	165	2622093	Gilday, E. J. W.	122
5207100	Gatrill, Rev A. C.	218	8300945	Geuter, E. C.	166	306146	Giles, A.	191
2636892	Gault, G. W. K.	136	5208813	Ghataora, M. S.	178	8032223	Giles, A. M.	154
8032592	Gault, M. A.	52, 155		Ghosh, A. K.	88	8300097	Giles, M. R.	185
8026073	Gault, R. K.	234	2663921	Gibb, C. G. W.	179	2640173	Giles, N. S.	138
8151582	Gauntlett, M. P.	181	2689635	Gibb, M.	167	8001642	Giles, P.	229
8300516	Gavars, J. M.	157	8023765	Gibb, P. H.	151	215834	Giles, P. J.	271
8300027	Gavin, M. K.	190	5208062	Gibb, R. J.	136	8225372	Gilfillan, S.	179
8000429	Gavin, R. J.	226	8426624	Gibbins, A. M.	164	214566	Gilhooly, D.	261
216382	Gaw, R. J.	277	8700240	Gibbon, C. R.	179	2670314	Gili-Ross, L.	147
5207710	Gay, M. A.	171	5205995	Gibbons, A. J.	207	2660543	Gill, A. C.	146
8141507	Gaylard, C. J.	180	5208714	Gibbons, R. L.	162	8024335	Gill, A. C.	244
8130011	Gaynor, R. J.	190	8300058	Gibbs, B. T.	152	215422	Gill, B. G.	273
	Geake, Dr M. R.	216	5208050	Gibbs, D. A.	128	216125	Gill, C.	266
8122824	Gear, A. C. J.	131	409554	Gibbs, H. L.	211	9427	Gill, C. A.	110
	Gear, Miss C.	11	690590	Gibbs, P.	176	8701586	Gill, C. J.	148
306124	Geary, K. G.	44, 203	5207638	Gibby, R. M.	132	8252531	Gill, C. K.	197
8701327	Geary, N. A.	166	8101168	Gibney, J. C.	231	8300056	Gill, C. M.	52, 155
8304256	Geary, N. J.	130		Gibson, Dr C.	25	2653899	Gill, D. J.	161
8411403	Geary, S. A.	197	8700064	Gibson, C. M.	149	210801	Gill, G.	258
8141126	Geary, S. G.	232	5203631	Gibson, C. R.	236	8240095	Gill, J.	186
2660733	Gebbie, R. M.	146	8029433	Gibson, D.	155	8110467	Gill, J. L.	259
8026149	Geddes, H. G.	79, 113	8701411	Gibson, D. G.	181	2659981	Gill, K. K.	205
2670031	Geddes, P. W.	146	214631	Gibson, D. J.	262	91557	Gill, N. J.	252
214085	Geddes, S. J.	265	9765	Gibson, E. A.	191	8701433	Gill, S.	205
5208804	Gee, M. P. J.	161	215214	Gibson, G.	268	8260169	Gill, S. A.	160
5206413	Gee, S.	173	211374	Gibson, G. V.	273	215791	Gill, W. B.	270
8107893	Geerah, J. A.	186	8012137	Gibson, G. V.	175	2634362	Gillan, C. J.	138
8028991	Geeson, C. T.	133		Gibson, G. W.	41	8111846	Gillan, J.	29, 115
8701497	Geisow, A. L.	166	215956	Gibson, J. A. L.	273	215788	Gillard, M. K. W.	272
8134050	Gelder, S. L.	229	8154513	Gibson, M. A.	53, 174	5209019	Gillen, P. J. R.	204
	Gell, A. T.	106	8282667	Gibson, M. A.	276	8701635	Gillespie, A.	211
8252429	Gellini, M.	177	5207125	Gibson, S. J.	191	212201	Gillespie, A. J.	269
8701070	Gelnar, J. A.	205	216138	Gibson, S. L.	276	8300315	Gillespie, A. K.	154
2659778	Gemmell, D. J.	147	210468	Gibson, T. H. G.	273	2637703	Gillespie, A. K.	119
8023527	Gemmill, T.	156	2627054	Gibson, W. R.	114	8302602	Gillespie, A. L.	194
8028601	Gent, A. J.	265	306207	Gibson-Sexton, A. L.	192	8302604	Gillespie, C. R.	157
2670123	Gent, C.	148	5208205	Gibson-Sexton, S. R.	157	5208498	Gillespie, S. G.	195
215088	Geoghegan, M.	266	5208407	Gilbert, A.	174	8227329	Gillespie, W. M.	174
690001	George, A. M.	236	8302690	Gilbert, A.	192	8116005	Gillett, D. B. C.	227
8026617	George, B. D.	51, 120	8000028	Gilbert, A. I.	243	207546	Gillett, F. R.	257
8430708	George, D. M.	181	2623406	Gilbert, Rev A. J. D.	218	212929	Gillett, R. A.	267

343

INDEX

Personal No	Page No
8700222 Gillett, T. J.	150
8701215 Gillians, D. M.	180
214739 Gillies, S.	262
2627107 Gillies, S. C.	248
5206653 Gilligan, M.	119
8029674 Gilling, P. R. T.	130
Gillingham, N. K.	13, 103
8701333 Gilmore, A. J. H.	180
5208861 Gilmore, M. A.	161
306425 Gilmore, R. A.	196
8304552 Gilmore, S. T.	158
208716 Gilmour, C. R.	264
214723 Gilmour, K.	262
5205473 Gilroy, A.	50, 152
5206455 Gilroy, J. R.	172
Gilson, J. I.	45
216085 Gilson, J. M.	275
5208157 Gilvary, D. R. F.	158
8701647 Gimblett, S. J.	205
Gimblett, W. J.	103
8141596 Gimenez, J. C.	135
5202810 Gingell, A. S.	251
8027787 Gingell, C. E.	111
5204299 Girdwood, K. R. H.	265
8128169 Girling, R. J.	44, 116
8111775 Gittins, R. B. A.	230
216291 Giuntoli, S. G.	277
216262 Given, M.	276
5205664 Gladston, J. G.	82, 117
8702903 Gladstone, J. A.	167
5208768 Glanville, M. S.	142
8088965 Glass, B.	256
2654266 Glass, S. J.	162
4250711 Glasspool, I. D.	242
8402161 Glattback, L. P.	265
5206364 Glaves, G. R.	136
5206963 Glazebrook, A. J. C.	153
8260312 Glazsher, A. T. R.	232
8701230 Gleadhill, L. C.	147
306285 Gleave, B. J.	192
8304446 Gleave, C.	127
8026485 Gledhill, D. J.	60, 113
5207830 Gleeson, R. F.	157
8300879 Gleeson, R. J.	165
Gelnarthur, The Rt Hon Lord	247
5206468 Glendinning, P. J.	191
5208632 Glendinning, R. D.	161
214760 Glennon, A. M.	262
1947636 Glenton, C. I.	231
8014815 Glew, J. B.	229
8701459 Glodkowski, R. E.	198
214111 Gloulding, S. T.	267
8029281 Glover, A. D.	134
1949635 Glover, A. M.	273

Personal No	Page No
8112518 Glover, F. A. J.	227
306297 Glover, T. M.	195
8701493 Glowczyk, X. T.	148
213257 Goacher, M.	272
8205164 Goatham, J. M.	44, 116
8210297 Godbolt, S. D.	174
5208161 Goddard, A.	237
8010830 Goddard, A. P.	175
208911 Goddard, C. M.	266
8102514 Goddard, J. G.	229
4231611 Goddard, J. S.	268
5204913 Goddard, M. R.	171
213290 Godden, D. R.	273
211809 Godden, J. R.	258
209503 Godden, M. J.	263
8701266 Godding, P. J.	181
8701492 Godfrey, D. I.	166
8304527 Godfrey, P. A.	128
5202380 Godfrey, P. M.	40, 115
216320 Godfrey, S. D.	277
215566 Godsland, M.	270
5207154 Godsland, M.	120
8182178 Godwin, D. C.	164
8426098 Godwin, D. W.	197
608916 Goff, D. K.	131
5202297 Goff, N. J.	117
8304973 Gogerty, G. P.	147
214421 Goggin, B. D. J.	141
211548 Goggin, J. P.	258
Golden, Dr F. S. T. C.	216
8106517 Golding, P.	227
5204333 Goldstraw, D. A.	130
Goldstraw, Mr P.	215
214863 Goldsworthy, H. P.	262
8009628 Goldsworthy, J. H.	174
209959 Goldsworthy, R.	257
Golledge, A.	103
8024647 Gomez, A. E.	232
8305012 Gomm, P. L.	147
8285946 Goncalves-Collins, D. J.	161
2672368 Gooch-Butler, L. A.	167
9573 Good, J.	40, 113
8701693 Goodall, C. L.	211
216065 Goodall, H. M.	265
8010605 Goodall, J. P.	169
8141004 Goodall, L. H.	109
Goodall, S. R. J.	13
2635548 Goodall, V. L.	157
211419 Goodayle, R. C.	258
Goodbourn, J. A.	104
2631927 Goodchild, M. C. H.	157
5208226 Goodchild, S. P.	176
5204911 Goode, M. J. A.	132
8018915 Gooden, R.	120

Personal No	Page No
8026824 Goodenough, N. J.	113
5208668 Goodey, D. J.	141
215649 Goodey, D. L.	267
9880 Goodfellow, A. M.	172
2637972 Goodfellow, P. R.	138
5206318 Goodfellow, R. C.	38, 171
212573 Goodger, G.	259
8117502 Goodhead, B. F.	227
1942544 Goodier, R. L.	257
5203205 Goodison, A. J.	73, 111
216029 Goodley, J. C.	275
215993 Goodman, A. J.	274
4233056 Goodman, D. F.	122
2654141 Goodman, D. M.	144
306451 Goodman, M. J.	143
Goodman, P. C.	34
Goodman, P. C.	99
8001915 Goodstadt, E. A.	226
8260479 Goodswen, M. J.	146
8701165 Goodwin, B. R. G.	146
306348 Goodwin, H. J.	213
306159 Goodwin, J.	194
5208439 Goodwin, J. P.	195
5208777 Goodwin, M. R.	166
8195030 Goodwin, P. A.	230
8700241 Goodwin, P. A.	180, 304
8304006 Goodwyn, A. N.	135
Goody, A. J.	102
2630591 Gordon, A. G.	132
1960849 Gordon, B.	243
Gordon, C. A.	11
216519 Gordon, E. J.	278
300958 Gordon, G. J.	203
4269555 Gordon, J.	272
8108824 Gordon, J. A.	227
215543 Gordon, K. S.	265
8305129 Gordon, L. P. R.	149
Gordon, N. J.	102
8058663 Gordon, P. M.	226
8027040 Gordon, R. G. H.	19, 116
Gordon-Lennox, A. C.	66
Gordon-Smith, Professor E. C.	216
212970 Gore, S. A.	267
8023842 Gorman, C. J.	39, 49, 110
2660727 Gorman, J. P.	181
8074724 Gorman, J. W.	225
5206599 Gorman, N. R.	44, 116
215796 Gorman, W.	270
8404626 Gorringe, D. J.	178
5206707 Gorringe, M. J.	121
8181166 Gorse, P.	179
2630231 Gorton, A. P.	190
8111001 Goslin, B. H.	228
5205320 Goslin, I. P.	40, 112

INDEX

Personal No		Page No	Personal No		Page No	Personal No		Page No
5203135	Gosling, A. T.	122	2644398	Graham, N. J.	141	5205598	Gray, F. J.	153
306160	Gosling, V. P.	191		Graham, N. M.	57	8029437	Gray, F. T.	134
8027507	Goss, C. H.	183	8251161	Graham, P.	180	8210452	Gray, G.	228
2642722	Gossling, S. M.	139	8700083	Graham, P. R.	250	8011807	Gray, G. H.	174
2797481	Gossow, S. D.	68, 243	5208190	Graham, S. A.	194	8103541	Gray, J.	158
9561	Gough, A. A.	116	8038839	Graham, S. P.	265	8028181	Gray, J. J.	124
209477	Gough, B.	261	216541	Graham, T. P.	278	5206669	Gray, K. R.	124
213702	Gough, C. F.	260	2700001	Grainger, M. A.	253	2622305	Gray, N. M.	249
216239	Gough, P.	276	5204307	Grainger, R.	170		Gray, P. W.	100
8024167	Gough, P. M.	40, 116	690641	Granger, T. W.	225	8304967	Gray, P. W.	147
5204884	Gould, C.	79, 110	8019483	Gransden, A. W.	169	4283036	Gray, R. W.	269
	Gould, Mr D. J.	17	8700279	Grant, A. M.	168	8023420	Gray, R. W.	116
8020590	Gould, G.	226	8300755	Grant, A. N.	184	8112859	Gray, S.	277
212251	Gould, H.	271	5207188	Grant, D. G.	253	8300756	Gray, S. A.	160
211014	Gould, R. G.	264	212746	Grant, D. I.	259		Gray, S. C.	39, 106
8289300	Gould, S. C.	179	8015370	Grant, F. D.	227	2649288	Gray, S. E.	195
2659686	Goundry, N. J.	144		Grant, G.	31	208794	Gray, T. D.	267
5207253	Gourlay, D. C. M.	128	215681	Grant, J. C.	268		Gray-Wallis, H. F.	45
215388	Gourri, P.	272	5205971	Grant, K. F.	189		Graydon,	
5208289	Gow, A.	177	214873	Grant, L. J.	262		Sir Michael	87, 97
5204409	Gow, P. J.	120	212790	Grant, M. J.	263	8212608	Grayson, K. J.	69, 152
5209016	Gowans, N. M.	196	8070645	Grant, M. J.	229	306512	Grayson, P. A.	139
2635613	Gower, L. D.	192	8154510	Grant, P. J.	178		Grayston, N. A. P.	12
2659993	Gower, M. J.	146	2630720	Grant, R. D.	134		Grears, J.	60
8702530	Gowers, K.	166, 304	5206701	Grant, S. G.	126	8701335	Greatorex, E. R.	198
5206550	Gowing, S. T. J.	207	213385	Grant, S. J.	259		Greatwich, Mr M.	22
8013252	Goy, R. A.	229		Grant, Sir Scott	96	306095	Greaves, J. M.	192
8700223	Gozzard, L. M.	150	208959	Grant, T.	67, 242		Greaves, K. R. C.	31, 103
5207263	Grace, J. C.	173	8302725	Grant, T. L.	160	8007771	Green, A.	227
214169	Grace, M. B.	275	8199917	Grantham, D.	228	8300848	Green, A.	164
	Grace, M. S.	41	213049	Grantham-Hill, M. R.	273	8213475	Green, A. C.	194
212361	Gracey, M. H.	273		Granville-Chapman,		5203707	Green, A. D.	117
5203079	Gracie, S. A.	14, 107		Sir Timothy	5, 7	5205067	Green, A. D.	202
212550	Graddon, L. B.	272	216293	Graoui, B.	277	9479	Green, A. J.	156
	Gradwell, D. P.	58, 201	212125	Grapes, N. P. P.	269	8029737	Green, A. J.	50, 126
409537	Grady, E. L.	211	5206826	Grapes, S. A. R.	127	8700265	Green, A. J.	150
5207366	Grady, S. W.	157	5208879	Grassby, D.	144	215718	Green, A. M.	263
2642630	Grafton, M. J.	141	8024669	Gratton, R. E.	63	8122467	Green, A. S.	171
306355	Grafton, V. L.	196	8024669	Gratton, R. E. J.	155	5207365	Green, A. S.	175
213825	Graham, A.	271	8247222	Graves, A. R.	196	8023223	Green, B. C.	40, 110
8019890	Graham, A. G.	138	8084754	Graves, A. W.	236	5206445	Green, C. D.	175
2659687	Graham, A. M.	144	8291010	Graves, B.	213	306448	Green, C. E.	213
5207938	Graham, D. A.	157		Graves, M. E. L.	22		Green, C. H.	39, 103
213571	Graham, D. H.	260	8276622	Graves, S. D.	197	5207393	Green, D. H.	175
8110529	Graham, F.	155	306465	Gray, A.	196	8173033	Green, D. P.	229
306351	Graham, J. H.	161	5204160	Gray, A.	79, 114	2627234	Green, E. B. H.	136
8701494	Graham, J. H.	187	8029532	Gray, A.	134	215849	Green, E. C.	271
8300786	Graham, J. M.	159	2629523	Gray, A. P.	116	8024074	Green, I. D.	152
2670427	Graham, K. A.	147	2640174	Gray, A. R.	186	5206443	Green, J. B.	273
5208147	Graham, K. B.	176	5206104	Gray, A. S.	133	8700025	Green, J. E.	167
5203621	Graham, K. C.	248		Gray, B. L.	19, 103	8029700	Green, J. R.	127
2640961	Graham, M. C.	138	5208642	Gray, C. B.	142	8289509	Green, J. R.	173
5208404	Graham, M. R.	159	2642619	Gray, D. E.	142	5204319	Green, J. W. M.	112
2659813	Graham, N. A. H.	145	5205274	Gray, D. L.	152	8182676	Green, K. J.	260
8701550	Graham, N. C.	166	8028675	Gray, D. M.	266		Green, M. C.	103

INDEX

Personal No	Name	Page No	Personal No	Name	Page No	Personal No	Name	Page No
5202259	Green, M. D.	53, 189	8251803	Gregory, J. M.	213	5208107	Griffiths, J. S.	203
211790	Green, M. H.	258	8183055	Gregory, K.	267	8068774	Griffiths, K. I.	129
8029300	Green, M. J.	128	8300743	Gregory, K. J.	159	5205	Griffiths, M. A.	238
8098204	Green, M. J.	229		Gregory, L. S. J. T.	25	2670732	Griffiths, N.	146
8292195	Green, M. L.	187	2622929	Gregory, P.	19	5208149	Griffiths, N. R.	192
8304869	Green, M. W.	145	2622929	Gregory, P. W.	112	8304691	Griffiths, P. L.	138
8009222	Green, N.	225		Gregory, Dr R.	215	215578	Griffiths, P. M.	266
8206630	Green, N.	184	8020788	Gregory, R. D.	234	5208456	Griffiths, R. G.	186
8302776	Green, N.	196	212902	Gregory, R. J.	265		Griffiths, R. J.	32
5207315	Green, N. D. C.	58, 202	8028504	Gregory, R. J.	263	608912	Griffiths, S. G.	234
5207802	Green, N. M.	134	306370	Gregory, S. A.	196	409501	Griffiths, T. A.	210
8023696	Green, P. J.	152	2642475	Gregory, S. J. E.	186	5208550	Griffiths, T. M.	141
5208205	Green, R. A.	138	8029369	Gregory, S. P.	126	2632386	Grigg, M. J.	126
2649502	Green, S. F.	162	8026472	Gregory, S. S. T.	131	8118214	Grigglestone, C. M.	174
608902	Green, S. J.	265	211289	Gregory, T. W.	272	8304429	Griggs, J. P.	137
8110967	Green, S. J.	59, 110	8108511	Gregson, P.	231	8429361	Grimes, P. A.	181
8089679	Green, S. M.	228	216224	Greig, D.	276	5208112	Grimmer, P. M.	204
8701297	Green, V. M.	187	8260800	Greig, S. W.	145	8304713	Grimsey, S. R.	139
8700996	Greenald, J. B.	195	2638224	Gresham, A. P.	129	91519	Grimshaw, M. D.	250
5203493	Greenbank, A. R.	110	4335592	Gresham, J. W.	236	2633035	Grimshaw, R. D.	152
	Greene, G. R.	157	2660395	Gresty, S. L.	165	213664	Grimshire, L. K.	260
8083								
213681	Greene, M. P.	160	8023641	Greville, J. P.	11	5206984	Grimsley, D. T. A.	172
8027233	Greene, R. A. D.	111	8023641	Greville, P. J.	108	8031801	Grimson, A. S.	112
8702413	Greene, S. N.	205	8210183	Grice, G. B.	185	8021096	Grimson, P.	107
2660513	Greene, T. S.	149	208986	Gridley, M. J.	272	8000107	Grimwood, M. P.	184
5206284	Greenfield, C. W.	249	212990	Gridley, S. A.	268	2644341	Grindal, D. J.	140
8098512	Greenfield, R. K.	226	8701069	Grieve, A. W.	205	8304769	Grindlay, J. P.	53, 130
4277743	Greenhalgh, S. B.	248	8304712	Grieve, S. N.	139	5205396	Grindley, G. A.	126
2643963	Greenhalgh, S. D.	140	8141735	Grieves, A.	177	4274498	Grinstead, M. G. P.	270
2658736	Greenhill, K. J.	179	5206167	Grieves, D. J.	183	8150994	Grinsted, P. J.	114
2642892	Greenhowe, J. M.	130	212253	Griffin, A. C.	272	2670230	Gripton, H. L.	165
5205096	Greenish, T. S.	58, 202	8223332	Griffin, A. R.	179	5208349	Grist, A. W. J.	186
8153614	Greenland, S. J.	175	2621654	Griffin, G.	123	8118926	Grogan, A. P.	231
210889	Greenow, J. W.	272	306401	Griffin, L.	195	5206431	Grogan, I.	136
213447	Greenow, K. F.	260	5206558	Griffin, M. J.	189	5204527	Grogan, P.	183
214144	Greenow-Evans, J. R.	266	8253213	Griffin, P. R.	162	5204523	Groombridge, M. J.	123
			8106889	Griffith, D. G.	230	409260	Gross, J. L.	44, 210
8248792	Greensill, K. B.	177	8023215	Griffith, E. D.	259	2659617	Gross, J. R. A.	144
210365	Greenslade, A. L. J.	257	8701551	Griffith, R. L.	166		Grossmith, G. B.	28
8153208	Greenslade, L. A.	177	8701003	Griffith, S. W.	145	215609	Grove, D. A.	266
5205997	Greenstreet, D. M.	171	4251619	Griffiths, A.	242	8702672	Grove, D. M.	149
5208228	Greentree, D. W.	158	5208887	Griffiths, A. C.	144	8249070	Grove, I. C.	180
8701694	Greenway, M. J.	223	215987	Griffiths, A. D.	274	8027736	Groves, A. K.	113
8701109	Greenwood, B. C. J.	178	5203729	Griffiths, B. M.	111	215285	Groves, C. M.	269
2659616	Greenwood, C. J.	144	306516	Griffiths, C. E.	197	8300995	Groves, D.	148
306354	Greenwood, E. C.	161	211400	Griffiths, D.	275	8013766	Groves, J. A.	263
8059487	Greenwood, I.	229	2659032	Griffiths, D. J.	145	213598	Growcott, J. A.	260
8114070	Greenwood, P. M.	157	8019315	Griffiths, D. K.	110	215637	Gruchy, J. A.	267
8170789	Greenwood, R. J.	170	8069796	Griffiths, D. W.	272	8304742	Grun, A. B.	159
8023612	Greenwood, S. D.	44, 109	8701514	Griffiths, E. A.	198	8304162	Gubb, P. J.	136
8027578	Greer, A. S.	132	8304804	Griffiths, G. O.	141	5206280	Gudgeon, A. C.	118
216388	Gregg, J. A. L.	277	8701150	Griffiths, H. E.	146	306359	Gudgeon, N. M.	194
211498	Gregor, G. R.	258	5204262	Griffiths, H. M.	118	8140874	Gudgin, G. D.	231
5206306	Gregory, A. J.	130	5208785	Griffiths, I.	143	8300754	Gue, R. W. M.	72, 192
216354	Gregory, G. D.	277	5208520	Griffiths, J. A.	158	2649772	Guertin, J. A.	141

346

INDEX

Personal No	Page No	Personal No	Page No	Personal No	Page No
2637103 Guest, J. A. 137				8184019 Hall, A. F. 193	
8222652 Guest, N. S. 179		**H**		213445 Hall, A. J. 260	
8025871 Guest, T. A. 115				8024358 Hall, A. J. 116	
216360 Guild, J. 277		4285117 Hack, K. S. 243		8304616 Hall, A. J. 158	
Guiver, P. E. 87		306371 Hackett, J. N. 195		8701331 Hall, A. M. 187	
215001 Gulam, M. 264		8029435 Hackett, P. L. 127		5206583 Hall, A. R. 127	
5206813 Gullidge, K. A. 210, 302		2658814 Hackney, L. A. 179		2616111 Hall, B. T. F. 235	
215018 Gulliver, S. J. D. ... 266		212754 Hackshall, D. 259		8128563 Hall, C. I. 231	
Gunby, A. D. ... 49, 104		212249 Hackshall, S. E. 271		8007915 Hall, C. R. 228	
8154759 Gundry, D. 177		215407 Hadden, L. A. 273		212478 Hall, D. 259	
8209780 Gunn, J. H. 156		2625868 Hadden, P. 153		608685 Hall, D. 243	
2627387 Gunn, M. J. 126		8432792 Haddican, D. J.. 181, 305		5206970 Hall, D. A. 173	
215350 Gunn, R. S. 270		8305130 Haddock, J. P. 149		2660231 Hall, D. E. 181, 304	
8120317 Gunn, T. J. 170		8248022 Haddon, P. J. 179		8700084 Hall, D. E. 187	
214642 Gunner, P. A. 262		5209003 Hadland, J. R. 196		2636524 Hall, D. P. 135	
8021199 Gunner, S. 107		8260854 Hadley, M. J. 146		216323 Hall, E. L. 277	
5203576 Gunning, K. E. 122		8028894 Hadley, S. C. 128		215293 Hall, E. R. 271	
214242 Gunstone, J. P. 270		2633296 Hadlow, C. D. ... 48, 128		5208315 Hall, G. E. 159	
210202 Gunter, N. J. 266		8007629 Hagendyk, P. 226		8249926 Hall, G. J. 175	
8141606 Gunter, N. J. 232		8701328 Hagger, M. P. 182		2639393 Hall, I. D. 158	
5208332 Gunther, J. C. 192		8221992 Haggett, P. J. 184		2658890 Hall, I. D. 145	
8136813 Gunther, N. C. 229		212611 Haggo, S. J. 253		5207195 Hall, I. S. 202	
8105090 Guppy, S. J. P. 227		2640400 Hague, S. C. 140		8700135 Hall, J. D. 167	
211549 Gurney, R. F. 273		216294 Haigh, S. 270		214329 Hall, J. E. 271	
8701107 Gurr, K. P. 165		8304725 Hailey, A. T. 130		5208929 Hall, J. P. 211	
8304321 Gusterson, L. 130		409358 Haines, A. E. 240		5208719 Hall, J. R. 178	
8087708 Guttridge, I. 231		8304347 Haines, D. F. 126		306194 Hall, J. T. 194	
212076 Guy, B. J. 269		8701706 Haines, S. 182		2659044 Hall, K. M. J. 163	
212232 Guy, M. R. 236		306395 Hainsworth, J. L. ... 162		8260953 Hall, K. T. 146	
211880 Guy, R. M. 264		8175037 Hainsworth, M. A. .. 162		8115913 Hall, M. A. 277	
5206736 Guy, T. J. 113		8234906 Hainsworth, S. 186		4283037 Hall, M. J. 269	
1961133 Guyatt, D. J. 244		216358 Hainsworth, V. C. ... 277		4287267 Hall, M. M. C. 225	
5207111 Gwillim, J. M. D. 55, 153		1945602 Hair, J. L. 258		2619240 Hall, M. R. 274	
8260489 Gwinnutt, S. A. 145		2649457 Haith, D. 165		5205749 Hall, N. A. 244	
8701115 Gwynn, J. P. 145		213244 Hake, A. A. S. 259		5208396 Hall, N. J. 159	
8133515 Gwynne, P. J. 228		214006 Hake, B. D. 178		8435965 Hall, N. L. 278	
		8290499 Hake, D. 136		Hall, N. S. 74	
		Hakin, L. 67		8031686 Hall, R. A. 157	
		216359 Haldane, M. 277		216012 Hall, R. D. 274	
		300975 Haldane, T. F. 237		215800 Hall, S. 270	
		8701098 Hale, A. R. 187		5202851 Hall, S. D. B. 116	
		8304974 Hale, B. J. 165		8305059 Hall, S. K. C. 148	
		216492 Hale, D. G. 274		8701534 Hall, S. L. 204	
		213953 Hale, D. H. 264		306460 Hall, S. W. 186	
		212629 Hale, D. I. 259		214607 Hall, V. E. L. 261	
		5203872 Hale, M. D. 126		216207 Hall, W. A. 276	
		8304770 Hale, P. N. 140		9759 Hall, W. P. 244	
		2640846 Hale, R. J. 173		2654242 Hall, Z. E. 162	
		5206603 Hale, R. J. 183		5206299 Hallam, A. J. 176	
		306245 Hale, S. L. 186		Hallam, M. R. 99	
		Hales, J. 96		8013006 Haller, R. B. 228	
		213368 Haley, J. G. 273		8023340 Hallett, C. 151	
		5208362 Haley, M. S. 139		8141124 Hallett, J. 231	
		2664416 Hall, A. 250		2626100 Hallett, L. T. 110	
		8701205 Hall, A. D. 181		8701515 Hallett, N. R. 165	

347

INDEX

Personal No		Page No	Personal No		Page No	Personal No		Page No
5202205	Hallett, P. Q.	118	2640983	Hamilton-Burnet, A. E.	138	8427802	Hannaford, L. R.	165
2653754	Halliday, C. A.	276				2623182	Hannam, G. A.	131
	Halliday, D. A.	21	8260861	Hamilton-Reed, C. M.	144	2659607	Hannam, I. R.	148
212602	Halliday, J. W.	259				8254714	Hannam, R.	195
8190796	Halliday, R. J.	193	306022	Hamilton-Wilks, J. L.	191	8283772	Hannan, O. S.	179
8206877	Halliday, S. J.	171	1939574	Hamlen, W. W.	265	8420807	Hannard, D. J.	165
8260902	Halligan, K. P.	147		Hammer, Mr A.	25	213828	Hannent, P. A.	261
	Halliwell, Mr A.	7	215414	Hammersley, A. P.	272	2633733	Hannigan, S. D.	134
8009055	Halliwell, M. R.	143	5208552	Hammerton, G. R.	161	8217840	Hanrahan, A. V.	275
300924	Hallowes, S. D.	244	8700999	Hammerton, R. S.	163	212213	Hansen, D.	271
2659734	Hallows, R. A. W.	145	8304930	Hammond, D. A.	146	2635627	Hansford, J. E.	176
5203907	Hallwood, J. Q.	69, 115	5205554	Hammond, G. B. T.	152	5207210	Hansford, N. G.	202
215645	Halman, G. D.	267	214470	Hammond, G. G.	261	8700053	Hanson, B. A.	149
5205984	Halpin, D. R.	132	209756	Hammond, I.	257	2659338	Hanson, D. M.	180
2660429	Halpin, P.	146	8701389	Hammond, M. A.	198	5208889	Hanson, J. J.	144
	Halsall, M. W.	76, 99	8117344	Hammond, N.	229	2649290	Hanson, P. A.	142
5208761	Halshaw, Rev R. T. J.	219	2649782	Hammond, P. N.	142	91505	Hanson, S. C.	249
8180228	Ham, I. A. J.	250, 301	8260277	Hammond, S. C.	232	215705	Hanson, X. J.	268
8028651	Hambleton, A. E.	133	215614	Hamnett, H. J.	266	2660285	Hanzal, R. L.	148
8152864	Hamblin, K. D.	181	8070315	Hamon, S.	244	213225	Harbar, D. J.	263
1141	Hambly, C. J.	258	8701141	Hampshire, A. M.	165	215828	Harber, J. C.	271
2628367	Hambly, C. J.	258	8076002	Hampson, A. J.	225	8020847	Harborne, P. N.	263
8235541	Hamer, L.	164	2654298	Hampson, A. R.	144	8304186	Harbottle, E. G. M.	130
8029842	Hamer, P.	157	8008582	Hampson, G. R.	231	8013189	Harbottle, F.	86, 107
8700007	Hames, R. P.	167	8087523	Hampson, J. R.	156	8701587	Harbridge, O. D.	148
8020470	Hamill, M.	231	215417	Hampson, L. A.	263	8028697	Harbron, S. E.	133
2631905	Hamill, S. J.	134	2641011	Hampson, M.	137	8028403	Harcombe, O. M.	133
8301001	Hamilton, A. J. D.	187	5207341	Hampson, M. C.	173	8027663	Harcourt, S. J. R.	123
215889	Hamilton, A. O. F.	272	214378	Hampson, M. D.	195	2660340	Hard, K.	197
5208169	Hamilton, C. J.	176	2671203	Hampson, S.	205	8176811	Hardaker, M. G.	163
2644462	Hamilton, C. L. E.	140	8229866	Hampton, D. J.	185	8032301	Hardcastle, O. E.	117
8021202	Hamilton, C. W.	111	5204497	Hamshaw, G.	207	5207756	Harden, R. J.	135
8302721	Hamilton, D.	185	5206683	Hanby, D. J.	155	2660365	Hardesty, W. J.	148
2621958	Hamilton, D. A.	234	8212058	Hancock, J. B.	276	306497	Hardiment, R. A.	197
8260003	Hamilton, D. J.	134	8028572	Hancock, J. P.	124	2670738	Harding, C. G.	148
2640149	Hamilton, D. M.	176	2642786	Hancock, L.	184	2659582	Harding, C. J.	146
1960893	Hamilton, E. S.	174		Hancock, P.	14		Harding, G. J.	27, 43, 221
8701204	Hamilton, I.	165	8701552	Hancock, S. J.	198	8244749	Harding, J.	166
8304820	Hamilton, J. J.	161	8134107	Hancocks, G. M.	229	5202214	Harding, M.	169
2659994	Hamilton, J. M.	145		Hand R.	15	8154337	Harding, M.	176
212582	Hamilton, M. R.	259	8172469	Hand, J. A.	75, 120	8008632	Harding, M. H. R.	225
	Hamilton, N.	12	8211713	Hand, M. T.	19, 119	8198178	Harding, N.	175
2626109	Hamilton, P. D.	263	216139	Handalage, D. C. L.	276	5208123	Harding, P. C. B.	137
8244258	Hamilton, P. L.	198	8119397	Hands, C. J.	170		Harding, R. A.	39, 102
5208814	Hamilton, P. T.	162	5205510	Hands, R. L.	132	8015529	Hardingham, P.	185
2671014	Hamilton, R. I. L.	148	5203231	Hands, S. J.	116	8023832	Hardman, A. N.	183
2654239	Hamilton, S.	162		Hanham, Dr I. W. F.	216	8101305	Hardman, J. M.	184
8304120	Hamilton, S. F.	136		Hankins, N. L.	300	5207861	Hardman, Rev R. B.	219
8021014	Hamilton, S. P.	131	5207811	Hanley, R. D.	171	8141141	Hardwick, M.	134
8190765	Hamilton, S. R.	197	2639363	Hanlon, A. D.	138	8184886	Hardwick, M. C.	111
4286543	Hamilton, T. A.	128	8119592	Hann, A. C.	228	8114818	Hardwick, R.	228
2638860	Hamilton, T. G. W.	136	8023466	Hann, K.	151	212106	Hardwick, S. J.	258
215582	Hamilton, V. A. M.	266	8701118	Hannaby, E. J.	165	8116195	Hardy, K. N.	227
5208628	Hamilton-Bing, S. P. E.	156	8702252	Hannaby, L. M.	181	8028084	Hardy, N. J.	248
			8024196	Hannaford, G. E.	191	8109087	Hare, D. B.	229

INDEX

Personal No		Page No	Personal No		Page No	Personal No		Page No
8028915	Hare, G. W. J.	133	8177215	Harris, A. W. D.	190	216384	Harrison, J.	277
2659980	Hare, K. A.	145	2670739	Harris, C. A.	181		Harrison, J.	3, 105
8101896	Harfield, G. D.	225	8008910	Harris, C. A.	227	2623968	Harrison, J. D.	131
	Harford, Mr J.	21	8008957	Harris, D. A.	226	5204189	Harrison, J. J.	124
5205830	Hargrave, B. W.	125	2642625	Harris, D. J.	142		Harrison, J. P. H.	12
5204281	Hargrave, R. J.	113	5205764	Harris, D. J.	132	5201053	Harrison, J. W.	156
8701243	Hargrave, R. M.	137	210505	Harris, D. L.	257	8071008	Harrison, K. L.	250
216143	Hargraves, T. J.	276		Harris, G. H.	79, 104	215435	Harrison, M. A.	274
8141490	Hargreaves, A. K.	133	5205329	Harris, G. M.	264	210720	Harrison, M. D.	258
	Hargreaves, D. A.	24	8300495	Harris, G. P. C.	158	8249384	Harrison, P. A.	192
	Hargreaves, G. R.	12	208704	Harris, J. C.	257	8028851	Harrison, P. K.	124
2631353	Hargreaves, I. J.	124	2629558	Harris, J. I.	133	5206336	Harrison, R. A.	130
209032	Hargreaves, J. N.	274	5203741	Harris, K.	132	8077786	Harrison, R. A.	225
2649466	Hargreaves, K. L.	161	8214941	Harris, K.	230	215748	Harrison, R. J.	269
8095638	Hargreaves, R. W.	227	8305161	Harris, K.	149	8300369	Harrison, R. J. T.	157
8700085	Hargreaves, S. J.	198	8013840	Harris, K. A.	189	8701245	Harrison, S. A.	137
8304609	Hargreaves, V. J.	138	306258	Harris, K. R.	195	213998	Harrison, S. D.	264
8102450	Harker, J. M.	14, 120	216114	Harris, L.	276	213834	Harrison, S. J.	261
5208743	Harkin, J. C.	142	8121365	Harris, M.	230	2658973	Harrison, S. L.	197
	Harking, A. D.	13	5208683	Harris, M. J.	211	8254637	Harrison, S. W. P.	193
8304597	Harland, D. P.	193	5206491	Harris, M. R.	129	8061961	Harrison, T. D. A.	227
5206275	Harland, G. C.	134	5208602	Harris, N. S.	205	8300274	Harrison, T. G. S.	76, 155
	Harland, N.	74	2625604	Harris, P. A.	255	2622989	Harrison, W. P.	122
2644036	Harle, J. E.	83, 175	8141335	Harris, P. J.	133	5203577	Harrod, V. W.	131
2658776	Harley, E. R.	162	8436463	Harris, P. J.	148	8153575	Harrop, D. G.	176
215808	Harlow, C. H.	271	215760	Harris, P. M.	275	5207692	Harrop, D. J.	184
8401440	Harlow, D. R.	180	5203841	Harris, P. R.	169	8282926	Harrop, G.	159
2660562	Harman, A. J.	148	306252	Harris, R. A. F.	186	5206725	Harrop, M. D.	153
216242	Harman, N. P.	276	8107068	Harris, R. C.	176	2700004	Harrowsmith, M.	237
1949636	Harmer, G. R.	245	215857	Harris, R. D. A.	272	8205528	Harry, K. J.	276
5208097	Harmer, N. J.	173	2636481	Harris, R. J.	135	5205082	Harsley, S. J.	110
8701540	Harnett, R.	187	5207399	Harris, R. P.	138	216127	Hart, A. L.	276
215724	Harper, A. E.	275	211471	Harris, R. W.	258	8177404	Hart, A. S.	229
	Harper, C. N.	8, 99	8153892	Harris, S.	172	409543	Hart, D. A.	211
8701062	Harper, D. G.	203	8302798	Harris, S.	186	2660366	Hart, D. A. R.	147
8300689	Harper, D. P.	194	212808	Harris, S. J.	259	8094271	Hart, D. A.	227
4232400	Harper, H. R.	247	216121	Harris, S. J.	276	213230	Hart, D. L.	272
	Harper, Dr J.	216	8151400	Harris, S. J.	113	2643871	Hart, G. F.	140
5205809	Harper, P. J.	210	215644	Harris, T. M.	267	8700026	Hart, G. H.	167
213879	Harper, S.	261	8029427	Harris, T. N.	118	215985	Hart, G. W.	275
5207074	Harper, S. A.	44, 120	5207237	Harrison, A. G.	190	8700039	Hart, I. J.	149
8021075	Harper, T. A.	236	2664999	Harrison, A. L. I.	250	5208385	Hart, J. A.	158
2670281	Harper-Lewis, E. J.	149	215677	Harrison, A. R.	275	5208518	Hart, Rev K. M.	219
	Harpum, S. P.	106	5208449	Harrison, A. R.	176	2630657	Hart, M. P.	10, 117
213854	Harpur, K. M. T.	261	9292	Harrison, B. P.	249	2658738	Hart, R. A.	179
8701618	Harrall, P. A. R.	36, 110	8153563	Harrison, C. A.	192	8220465	Hart, R. J.	185
8012766	Harrap, P.	227		Harrison, D. I.	67, 100	8417700	Hart, R. J. E.	177
8100441	Harrhy, D. P.	225	8027613	Harrison, D. M.	132	8141427	Hart, S. D.	232
216515	Harries, M.	278	8026530	Harrison, D. P.	156	5207256	Hart, S. J.	175
8104699	Harrigan, D. A.	230	216280	Harrison, F. B.	277	2635193	Hart, W.	138
8300774	Harrild, P. E.	162	8141266	Harrison, G. E.	232	5206540	Hartford, C. R.	126
	Harrington, Professor J. M.	215	300933	Harrison, I.	236	8700136	Harth, S. R.	149, 304
8024294	Harrington, J. M. H.	184	8024650	Harrison, I. M.	14, 119	8221807	Hartland, P. A.	171
8028796	Harrington, N.	50, 126	8260374	Harrison, I. P.	232	216529	Hartle, E. A. M.	278
			9196	Harrison, J.	189	8024140	Hartle, N. J.	153

349

INDEX

Personal No		Page No	Personal No		Page No	Personal No		Page No
2660205	Hartley, A. E.	205	8701453	Hatch, J. A.	194	8304028	Hay, N. J.	120
210770	Hartley, J. R. L.	258	212491	Hatch, M. L.	259	8701707	Hayes, D. L.	167
214845	Hartley, K. L.	262	210186	Hatch, P. F.	273	216069	Hayes, G.	275
8302646	Hartley, N. A.	62, 191	5206446	Hateley, P. B.	157	212834	Hayes, G. P.	264
2636470	Hartley, N. J.	118		Hatfield, R. P.	15	1948064	Hayes, L. J.	234
8023002	Hartley, P. S.	156	8305087	Hathaway, M. R.	149	8304324	Hayes, M. A.	129
5208359	Hartley, S. E.	176	8028357	Hathaway, N. T.	133	8010512	Hayes, M. I.	177
216429	Hartnell, A.	278	5208067	Hathaway, S. R.	157	5207978	Hayes, M. J.	192
8026536	Hartree, W. R.	44, 107		Hattali, Y. A.	304	8142728	Hayes, M. W.	226
215850	Hartshorne, J. G.	272	8223609	Hatten, G. A.	176	8028017	Hayes, S. P.	132
2659278	Hartwell, I. D.	144	212850	Hatton, C. I.	265	8136725	Haygarth, M.	177
8250081	Harvey, A. P.	226	215944	Hatton, I. P.	273	211961	Haygarth, P. W. J.	265
8283326	Harvey, D. G.	157	215315	Hatton, T. J.	272	2630279	Hayler, S. D.	19, 120
2670313	Harvey, D. J.	179	216208	Hatton, T. J.	276	609410	Haynes, A. R.	264
8027865	Harvey, D. J.	132	8247721	Hatzel, S. A.	129	8088295	Haynes, B. A.	226
8127901	Harvey, G.	230	5202134	Haughie, J. R.	156	214459	Haynes, C.	261
8304771	Harvey, G.	140	9347	Haughton, S. E.	14, 111	8128749	Haynes, G. D.	229
8300749	Harvey, G. B.	159		Havelock, K.	39, 105	2628263	Haynes, J. M.	235
2644142	Harvey, G. T.	140	5207351	Havercroft, R. I.	194	8252298	Haynes, P. D.	172
	Harvey, I.	13, 102	2621572	Hawes, A. P.	11, 109	8098686	Haynes, R.	227
8427688	Harvey, I. C.	187	216310	Hawke, L. G.	277	8027166	Haynes, R. B.	232
5205713	Harvey, J. C.	189	8029264	Hawker, A. M.	184	216045	Haynes, T. J.	275
215825	Harvey, N. J.	271	5203401	Hawker, J.	131	8405878	Hays, S.	177
	Harvey, P. A.	57	2670130	Hawker, J. D.	148		Haysom, P. J.	88
215145	Harvey, R.	267	8304231	Hawker, J. R.	127	8032707	Hayter, G.	157
	Harvey, Mrs S.	17	4288450	Hawker, P. F.	229	8099843	Hayter, W. J.	228
2637722	Harvey, S. D.	171	8284129	Hawker, S. M.	159	8118268	Hayton, A.	232
8423678	Harvey, S. M.	196	8305131	Hawkes, A. G.	149	5208614	Hayton, J. R.	177
2660750	Harvey, T. S.	147	211233	Hawkes, G. R.	258	214478	Hayton, P.	273
8700070	Harvey, T. W.	167	216338	Hawkin, N.	277	8021301	Hayward,	
8107523	Harvey, W. D. R.	228		Hawkins, A. J.			A. J. M.	76, 115
8700027	Harvey-George,		8304946	Hawkins, B. C.	146		Hayward, D. J.	105
	I. W. S.	149	2603208	Hawkins, D. G.	274	214410	Hayward, J. L.	261
8701374	Harwin, A. D.	198	687966	Hawkins, D. J.	244	2670559	Hayward, M. R. C.	147
8141419	Harwood, J. S.	256	2633382	Hawkins, F. P.	173	8141619	Hayward, P. D.	232
	Harwood, M. J.	62, 99	216449	Hawkins, J. L.	278	5209056	Hayward, P. J.	181
595567	Harwood, R. W.	193	8027612	Hawkins, P.	132	216471	Hayward-Bradley,	
2660653	Hasbury, R. S.	180	2628406	Hawkins, P. W.	274		K. F.	278
8029765	Haselden, M.	155	4233241	Hawkins, R. L.	85, 124	213647	Haywood, C. C.	260
5208126	Haseldine, D. C.	204	8190368	Hawkins, S. A.	196	8701539	Haywood, C. H.	148
8024399	Haseltine, S. J.	48, 183	8300535	Hawkins, T. R. A.	159	8425605	Haywood, M. J.	268
8001513	Haskell, J.	227	8141640	Hawksworth, I. R.	232		Haywood, M. W.	19, 106
306130	Haskell, S. L.	154		Hawley, A. B.	17	5204735	Haywood, P. R.	183
8304509	Haskins, J. M. A.	127	9402	Hawley, A. B.	118	8152451	Haywood, S. J.	171
8701577	Haslam, I.	181	5205985	Hawley, M. D.	117		Hazel, Mrs J.	22
215814	Haslam, M. J.	271	8153986	Hawley, M. R.	176	8209340	Hazelden, O. D.	196
8018898	Haslam, S. J.	122	214133	Haworth, D.	266	5140740	Hazell, C. S.	138
8305077	Hasler, C. M.	148	8025690	Haworth, P. W.	122	8029105	Hazell, D.	120
	Hasler, Dr J. C.	216	8135950	Hawthorn, N. R.	177	8700214	Hazell, S. L.	167
8098208	Hassall, B.	225	214097	Hawthorne, M. E.	267	5205117	Hazlegreaves, G.	151
8152454	Hassall, M. J.	197	8302811	Hawthorne, V. J.	164	8120849	Hazleton, D. J.	229
213575	Hassanali, A.	260	8302828	Hawthornthwaite,		5208843	Hazzard, L.	211
8304405	Hasted, M. R.	137		J. M.	197	214260	Head, D. P.	271
2622925	Haswell, M. R.	258	8300250	Hawtin, P. E.	154	8013611	Head, G. M. M.	261
8701222	Hatch, C. D.	161	215621	Hay, E. R.	266	2626886	Head, J. S.	124

INDEX

Personal No		Page No	Personal No		Page No	Personal No		Page No
214627	Head, K. L.	261	215991	Heaven, M. W.	274	216363	Henderson, N.	277
213768	Head, L.	260	215355	Hebblethwaite, J.	270	8118413	Henderson, N. M.	133
5200631	Head, R.	123	5207893	Hebden, M. A.	192	214403	Henderson, N. T.	274
8019019	Headey, G. E.	170	8009	Hebert, C. J.	225	5205119	Henderson, T. A.	183
8284037	Headland, G. C.	119	214330	Heckel, P. A.	271	2639320	Henderson-Begg, R. I.	137
8082722	Headleand, M. J.	231	211678	Hector, H. M.	265			
8186997	Headley, C. J.	229	5208619	Hederman, R. W.	141	5208477	Hendriksen, D. A.	204
8701055	Heal, M. A.	146	8153121	Hedge, G.	178	215938	Hendry, I. S.	273
8132087	Heal, M. D.	135	2640903	Hedley Lewis, H. C.	138	215489	Hendry, J. M. C.	264
2639316	Heald, J. E.	130	5202713	Hedley, A. T.	123	8009817	Hendry, R. S.	264
8302845	Heald, S. L.	198	8029058	Hedley, B. H.	114	8028313	Hendry, T.	132
8136313	Heald, S. R.	226	215009	Hedley, R. K.	266	2640867	Hendy, I. D.	136
8028922	Heald, T. J. H.	128	211516	Hedley, R. L.	258	8025976	Hendy, J. W.	131
5205215	Healey, J. R.	191	5205271	Hedley-Smith, P. C. W.	111	8300567	Henley, N. R.	158
2644184	Healing, J. M.	141				215847	Hannah, B. M.	271
8440337	Healy, W.	166	215736	Heeley, C. S.	269	8260090	Hennessey, M. R.	232
5201282	Heames, C. V. J.	67, 124	8248513	Heenan, J.	159	4232370	Henry, B. L.	235
8304477	Heamon, P. J.	137	2649682	Heeps, J. D.	143	8287765	Henry, D. G.	185
5207966	Heaney, N. C.	135	5207631	Heffer, R. J.	193	8310385	Henry, K. L.	165
2660753	Heap, H. J.	147	8228779	Hefferan, P.	229	8433071	Henry, M. R.	266
2670331	Heap, R. G.	148	8028755	Heffron, M. D.	114	213648	Henry, M. W.	260
5208530	Heard, G. A.	178	8205423	Hegarty, D. R.	229	212495	Henson, D. R.	259
	Heard, P. J.	21, 100	2627111	Hegharty, P.	171	8027358	Henson, S. W.	62, 108
209130	Hearle, E. M.	274	8126887	Heighton, G. J.	230	2654381	Henthorn, K. M.	208
4232602	Hearn, P. J.	252	8427689	Heinowski, T.	145	8127067	Henton, A. W.	227
4230531	Hearn-Grinham, M. V. C.	257	214216	Heintze, S. G. S.	268	2659301	Henton, L. A.	197
8231776	Hearne, D. J.	229	215586	Heir, J. S.	263	5204196	Henwood, C. M.	44, 111
2660315	Hearne, P. M.	147	2631203	Hellard, G. P.	249	2654201	Henwood, J.	145
8702701	Hearnshaw, L. J. A.	150		Helliwell, A. R.	15	8304325	Hepburn, P. R.	137
2659688	Hearnshaw, M. D.	144	5203232	Helliwell, D.	169	2648679	Hepburne-Scott, H. W.	250
2659785	Hearst, W. A.	181	2639221	Helliwell, J.	130	8094631	Herbert, A.	230
2649477	Heasman, P.	143	216043	Hellyer, D.	275	8100460	Herbert, N. F.	265
2648483	Heason, R. M.	164	2629557	Helm, D. A.	133	8021102	Herbertson, P. S.	122
4232979	Heath, C.	122	8116984	Hembry, G. H.	226	214764	Herd, G. D.	262
306182	Heath, C. A.	194	215522	Hemes, E. D.	265	8014447	Herman, G. M.	141
2670124	Heath, C. E.	148	8139041	Hemingway, C. J.	192	2642633	Hermolle, C. H. A.	143
8300532	Heath, I. R.	194	8260767	Hemlin, K. W.	138	4220244	Hermolle, M. A.	243
8097506	Heath, J. D.	229		Hemmings, S. J.	41	8023465	Hermon, C. C.	120
210992	Heath, J. G.	264	300986	Hemnell, M. P.	237	8032734	Hermon, E. L.	118
8023529	Heath, M. A.	40, 110	8098502	Hempstock, K. R.	228	214312	Herniman, M. C. J.	270
	Heath, M. C.	98	214417	Hemsil, K. I.	274	8028548	Herod, J. R.	263
	Heath, M. G.	69		Hemsley, R. J. T.	105	5206622	Heron, Rev N. P.	218
5206339	Heath, P. A.	174	8430356	Hemsley, S. G.	146	8032362	Heron, P. M.	156
8300368	Heath, P. J.	36, 119	212512	Henderson, D. J.	259	5209094	Herring, A. W.	164
5205260	Heath, R. A.	189	8701678	Henderson, G.	182	8025051	Herriot, R. D.	60, 107
8152670	Heath, S. T.	173	8115643	Henderson, G. G.	63, 117	8701554	Hersee, S. E.	166
5207043	Heathcote, A. J.	153	213433	Henderson, G. P.	260	8300442	Hesketh, D. G.	159
212264	Heathcote, S. J.	270	5203730	Henderson, H.	132	8027577	Hesketh, J. I.	128
5204453	Heathershaw, C. M.	192	214100	Henderson, J.	265		Hesketh, The Venerable R. D.	3, 43, 217
5207812	Heaton, D. C.	185	215209	Henderson, J. M.	267			
2631810	Heaton, M. R.	248	8304723	Henderson, J. R.	139	5204793	Hesketh, R. L.	114
	Heaton, P.	13, 103	8019468	Henderson, J. S.	230	5206349	Hesketh, S. J.	172
8001169	Heaton, R. J.	225	215493	Henderson, J. W.	264	9529	Hesketh, S. M.	170
8027513	Heaton, S. M.	112		Henderson, Mr I.	88			

351

INDEX

Personal No	Page No	Personal No	Page No	Personal No	Page No
214908 Hesketh-Roberts, R. D.	263	8027293 Higginbottom, R. P.	132	5207629 Hill, K. P.	203
213140 Heslin, M.	270	207002 Higgins, B. T.	274	5205888 Hill, K. W. M.	113
8085503 Hessing, N. J.	256	5208686 Higgins, C. A.	178	8114718 Hill, M.	228
216046 Hesten, J. R.	275	8700054 Higgins, D. J.	149	8153796 Hill, M. D. C.	178
8300790 Hetherington, J.	196	2659784 Higgins, H. L.	181	2672371 Hill, M. J.	182
8009440 Hetherington, Rev J. C.	219	8100938 Higgins, J. J.	227	8175386 Hill, M. J.	229
213880 Hetterley, A. D.	159	8304232 Higgins, J. M.	186	8026533 Hill, M. R.	44, 109
212809 Hetterley, E. C.	265	214889 Higgins, L. M.	262	8421783 Hill, P. R.	146
5208924 Hewat, D. J. S.	144	2635575 Higgins, M. J.	130	507853 Hill, R.	270
8304847 Hewer, S. M.	143	8000753 Higgins, N. K.	227	8028993 Hill, R.	116
5207646 Hewett, Rev A. D.	218	8114080 Higgins, N. R.	229	8116832 Hill, R. B. C.	229
5204959 Hewett, G.	60, 113	5206192 Higgins, P.	19, 112	8152874 Hill, S. W.	177
211402 Hewitt, A. K.	172	8209986 Higgins, R. F.	155	2649767 Hill, T.	141, 306
8305082 Hewitt, B. J.	148	214218 Higginson, S. J.	268	5201266 Hill, T. J.	111
5207806 Hewitt, Rev C. E.	218	8243272 Higgs, L. V.	162	5203311 Hill, T. J.	258
2659992 Hewitt, J. L.	165	8185202 High, P. A.	127	2644060 Hillard, R. J.	141
8007340 Hewitt, K.	123	8154212 Higham, N. P.	174	8123622 Hillary, N. P.	173
8009907 Hewitt, M. S.	226	8121001 Highmore, R. A.	40, 49, 151	213662 Hillier, M. A. T.	260
4282631 Hewitt, P. A.	244	5205929 Higson, D. W.	170	215725 Hillier, R. W.	269
212878 Hewitt, R. S.	265	8153833 Higton, C. N.	176	Hillier, S. J.	10, 100
9680 Hewitt, S. L.	55, 153	212041 Hildersley, C.	266	8302742 Hillier, V. A.	159
Hewlett, J.	46	215223 Hilditch, M. C. G.	271	4232967 Hilliker, C.	234
Hewlett, T. C.	3	8042381 Hilditch, S. H. E.	226	8027297 Hillman, G. A.	123
215590 Hewson, A. P.	266	2624921 Hildred, K.	128	8154259 Hillman, J. P.	179
8425047 Hewson, C. I.	162	8227183 Hiley, P.	260	8104398 Hillocks, M. R.	226
5208074 Hewson, N.	78, 153	5205494 Hill, A. A.	153	2663087 Hills, E. A.	187
5204581 Hewson, P. W.	40, 118	8152617 Hill, A. P.	40, 117	595465 Hills, E. R.	257
5202400 Hext, A.	131	8027460 Hill, A. R.	113	8028496 Hillsmith, K. R.	263
306345 Hey, N. S.	161	Hill, C.	41	5205762 Hilton, C. E. J.	132
9916 Heycock, S. A.	124	8025832 Hill, C. D.	37, 108	5203298 Hinchcliffe, R. A.	124
689157 Heys, P. J.	244	5207185 Hill, C. M.	174	4230409 Hinchliffe, D. A. R.	264
5205485 Heyworth, T. C.	117	8023857 Hill, C. M. J.	183	5204118 Hinchliffe, N. B.	270
213377 Hibberd, J. P.	259	8028720 Hill, C. R.	116	211567 Hincks, P. S.	258
	Hibberd, P. J.	43, 101	8151520 Hill, C. V.	172	2659815 Hind, T. A.	163
608518 Hibbert, C. H. J.	234	4233408 Hill, D.	243	5208281 Hinde, M. R.	159
2660464 Hibbs, M. S.	148	212479 Hill, D. A.	259	2659898 Hindle, P.	205
8701149 Hick, A. J.	145	8701438 Hill, D. A.	148	8300602 Hindley, A. M.	50, 155
8260122 Hick, R. G.	187	5208815 Hill, D. C.	162	2631963 Hindley, N. J.	130
2638539 Hickey, S. M.	138	Hill, D. J.	62, 106	8302522 Hindmarsh, H. C.	52, 192
213199 Hickie, K. M.	271	8210918 Hill, D. J.	191	8028906 Hindmarsh, S.	47, 116
2624827 Hickin, D. J. T.	131	213947 Hill, D. L.	261	5209078 Hindson, K. G.	164
213644 Hickin, J. V.	266	214887 Hill, D. W.	263	5204358 Hine, A. C.	117
2630889 Hill, G. J.	132	216454 Hine, R. E.	278
5208851 Hickinbotham, R.	143	5205880 Hill, G. W.	171	5201400 Hinton, B. K.	127
	Hickman, C. H.	104	Hill, Dr I.	216	2641523 Hinton, R. J.	161
8154256 Hicks, A. B.	175	8187374 Hill, I. R.	172	306356 Hinton, S.	193
213954 Hicks, C. J.	264	Hill, J. A.	74, 105	211322 Hipperson, A. J.	272
8028199 Hicks, D. A.	190	8700224 Hill, J. F.	150	8141091 Hippman, R. S.	133
2660198 Hicks, M. C. H.	164	2659940 Hill, J. I.	145	8064168 Hird, J. C. M.	254
8300166 Hicks, P. M.	157	8407788 Hill, J. P.	197	2659740 Hird, P. M.	146
8112851 Hickson, J. R.	228	5206480 Hill, J. S.	121	2671009 Hirst, D. D.	181
5208096 Hickton, F. K. N.	158	2633718 Hill, J. W. A.	134	8131670 Hirst, I.	180
8022774 Hidden, C. J.	151	8701228 Hill, K. E.	187	8154271 Hirst, J. M.	137
5208557 Hide, A. K.	237	212683 Hill, K. M.	271	8116737 Hiscocks, K. P.	228
				4278148 Hiscoke, D. L.	245

352

INDEX

Personal No	Page No	Personal No	Page No	Personal No	Page No
8028817 Hiscox, B. J.	128	8426809 Hodgskinson, C. S.	198	8300578 Holland, P. T. W.	154
8028932 Hitchcock, J. J.	60, 113	216078 Hodgson, D.	275	216385 Holland, S.	277
4232957 Hitchcock, P. G.	234	5207228 Hodgson, J.	202	8304029 Holleworth, L. A.	135
212328 Hitchen, J. B.	258	5208333 Hodgson, J.	159	215695 Holliday, J.	268
8203441 Hitchen, R. M.	180	8023316 Hodgson, J. W.	44, 113		Hollin, M. A.	103
8141095 Hitchin, D. K.	231	8417515 Hodgson, N. E.	160	5208350 Hollin, R. T. D.	236
8243021 Hitt, M.	195	8243764 Hodgson, N. H.	160	2659622 Hollings, I. P.	179
8260614 Hives, C. M.	142		Horwood, R. J.	75	215774 Hollingsworth, L. J.	270
8141670 Hixson, J. S.	154		Hodgson, P.	99	211472 Hollington, R. V.	258
5206106 Ho, M. Y. K.	170	8029119 Hodgson, R.	153	2659689 Hollingworth, J.	179
8211418 Hoadley, I. M.	229	8702462 Hodgson, R. S.	149	8260001 Hollingworth, P. R.	232
5206158 Hoaen, A. J.	133	215189 Hodgson, S.	267	8007471 Hollins, D. G.	174
8304796 Hoare, M. D.	141	8026595 Hodgson, S. A.	131	8701007 Hollinshead, D. R.	140
306439 Hoban, L. J.	196	8260896 Hodgson, V. L.	196		Hollinshead, Dr P.	16
216304 Hobbin, S. L.	277	8702199 Hodkinson, P. D.	205	2629503 Hollis, M.	40, 118
212607 Hobbs, D. G.	259	2659797 Hodrien, J. E.	147	211013 Holloway, G.	271
216407 Hobbs, E. M.	277	8260089 Hodson, R. B. H.	135	2653663 Hollowood, M. J.	142
8402821 Hobbs, G. R. E.	277	213411 Hoe, W. J.	260	5208206 Hollywood, M. J.	137
8187491 Hobbs, M. H.	40, 49, 113	8700138 Hogan, D. K. P.	150	214880 Holman, A. N.	262
8302695 Hobbs, M. K.	192	214708 Hogan, J. F.	262	8141309 Holman, M. J.	235
8300993 Hobbs, R. S.	179	214876 Hogan, R. A.	262	214112 Holman, M. R.	262
8300933 Hobbs, S. C.	166	213741 Hogben, R. J. J.	269	8702880 Holman, N. E. J.	150
2672339 Hobbs, S. L.	182	2659058 Hogg, D. A.	146	8195862 Holmes, A. G. K.	170
216327 Hobbs, W. J. D.	277	215446 Hogg, J.	264	8080750 Holmes, A. T.	273
8032616 Hobkirk, C. A.	190	8142167 Hogg, R. J.	225	5204242 Holmes, C. N.	170
8304113 Hobkirk, J. D.	136	8702668 Hogg, Z. L.	187	8141523 Holmes, D.	124
215224 Hobson, A. P.	268	2661459 Holboj, M. A.	142	8271719 Holmes, D. P.	177
8701695 Hobson, J. A.	220	9912 Holcroft, K. M.	44, 190	8118176 Holmes, G. M.	127
5203702 Hobson, R. A.	10, 110	8300320 Holcroft, S. J.	154	8027037 Holmes, J. A. M.	131
8029535 Hockenhull, W. J.	124	5207640 Holdcroft, P.	202	5206390 Holmes, J. D.	140
214628 Hockin, M. J.	261	8701384 Holdcroft, P. J.	146, 304	306384 Holmes, J. K.	162
5207232 Hocking, G.	203	216461 Holden, A. C.	278	5209033 Holmes, K. B.	144
8701496 Hocking, J.	166	2628423 Holden, A. R.	125	8177779 Holmes, K. J.	230
	Hockley, C.	24	8142869 Holden, M.	229	8701555 Holmes, N.	187
8141614 Hockley, D. C.	130	306468 Holden, N. J.	187	8260152 Holmes, P. D. J.	232
9451 Hockley, S. J. E.	189	8106504 Holden, P.	226	216204 Holroyd, M.	276
	Hodcroft, P. G. H.	13, 43, 101	5205972 Holden, R. P.	191	8428492 Holt, A. F. L.	180
215567 Hodder, S. D. G.	265	8401846 Holden, S. J.	163	2636609 Holt, C. A.	137
8305150 Hodge, A. L.	149	8119260 Holder, A.	229	8178768 Holt, G.	230
8152950 Hodge, C. F.	174	5208283 Holder, D. M.	194	8209032 Holt, J. S.	228
306172 Hodge, M.	185	8304355 Holder, I. D.	137	2659409 Holt, P.	146
8153263 Hodge, M.	172	215405 Holder, K.	272	8260098 Holt, P. A.	232
2643998 Hodges, B. F. L.	139	2670157 Holdom, I. J. S.	148	8154242 Holyland, G. D.	180
2627550 Hodges, C. J. M.	258	5208527 Hole, M. C.	161	5206238 Homer, R. S. T.	134
2638664 Hodges, M. S.	161	8304890 Holford, D. D.	145	5208793 Homsey, K. G.	178
5208452 Hodges, Rev M. W.	219	8305151 Holgate, T. E.	149	306239 Honey, J. A.	195
209134 Hodges, R.	270		Holihead, P.	30		Hone, Mr M.	25
8092257 Hodges, P. K.	227	8700051 Holland, A. I.	167	8302608 Honeybun-Kelly, C. L.	157
209755 Hodges, T. A.	259	8304417 Holland, A. K.	128			
8117751 Hodgett, P.	225	5208981 Holland, D. F. O.	144, 300	4202104 Hood, B.	274
216373 Hodgetts, R. I.	277	5207930 Holland, J. A.	126	8246023 Hood, D. A.	130
8700137 Hodgkinson, L. R.	150	8304931 Holland, M. J.	146	215684 Hood, J. R.	268
5207644 Hodgkison, J.	134	5208060 Holland, M. R.	136	300837 Hood, L. S.	243
2672372 Hodgkiss, M. J.	149	8120732 Holland, P. J.	227	2660088 Hoogewerf, E. R.	149

353

INDEX

Personal No		Page No	Personal No		Page No	Personal No		Page No
5208495	Hook, J. L.	160	8080279	Horsley, B.	226	211578	Howard, D.	258
8135738	Hoole, P.	124	211636	Horsley, D. C.	258		Howard, G. J.	103
214029	Hooper, C. P.	266	8029507	Horsley, D. R.	174	595572	Howard, J.	245
4286083	Hooper, H.	67, 243	209618	Horsley, T. J.	269		Howard, J. A. F.	32
5208723	Hooper, M. R.	143	8417651	Horsman-Turner,		216416	Howard, J. C.	277
9783	Hooper, R. S.	53, 128		P. C.	142	5208633	Howard, J. M.	141
8150854	Hooper, R. T.	234	8010945	Horsted, D. J.	274		Howard, J. R.	19
8701499	Hooton, D. R.	139	4232062	Horton, B. A.	242	8402255	Howard, J. R.	142
212480	Hooton, G. A.	259	91488	Horton, H. J.	253	214116	Howard, K. E. L.	164
8029477	Hopcroft, I. D.	134	214743	Horton, J. M.	262		Howard, M.	8
5209059	Hope, A. J.	204	8109396	Horton, J. R.	228	8184454	Howard, M.	228
8401094	Hope, M. A.	176	8210919	Horton, M.	119	8286187	Howard, N. A.	174
5206881	Hopkin, R. A.	44, 117	688126	Hortop, D.	274	8701073	Howard, P. J.	146
1962170	Hopkins, B.	225	215876	Horwood, H. M.	272	5206626	Howard, R. E.	183
5206115	Hopkins, D. J.	171	216393	Hosell, K.	277	8105899	Howard, R. M.	243
2640919	Hopkins, G. A.	137	215782	Hoskin, P. R.	263	8011217	Howard, S.	227
8106984	Hopkins, K. R.	138	8702463	Hoskins, A. F.	149	8009226	Howard, S. P.	82, 109
213855	Hopkins, M. J.	162	212274	Hoskins, M. J.	273	215426	Howard-Carter, M. S.	272
5206116	Hopkins, M. J.	171	5206281	Hoskison, R. J.	129	5204289	Howard-Smith, P. M.	128
	Hopkins, M. W. G.	10, 106	5205600	Hossle, T.	129	5203816	Howard-Vyse, C. A.	153
8701346	Hopkins, P. A.	147	8217266	Hotson, K.	197	209207	Howarth, B.	267
5206211	Hopkins, P. W.	134	8112001	Hotson, L. G.	229	215195	Howarth, C. L.	268
5205665	Hopkinson, A. M.	134	208756	Hotston, P. R.	265	5204747	Howarth, G. W. L.	271
	Hoppé, R.	301	8028859	Hough, C. R.	126	214439	Howarth, S.	261
	Hopper, P.	46	5209035	Hough, I. J.	164	8427814	Howarth, S. J.	181
5208319	Hopper, T. M.	210	8701351	Hough, J. M.	195	306379	Howarth, S. L.	195
2631849	Hopson, P.	133	2640970	Hough, J. T. W.	50, 130	5208978	Howden, A. J.	122
5202267	Hopton, C. H.	169	212845	Hougham, D. M.	264	214030	Howe, C. J.	144
8251501	Hopwell, I. J.	174	8032601	Houghton, A.	128	8113146	Howe, C. J.	228
216491	Horabin, D. K.	278	5208897	Houghton, C. D.	186	8427815	Howe, D. P.	181
690320	Horler, D. C.	131	8028474	Houghton, D. A.	49, 118	8304337	Howe, J. B.	137
8251409	Horlock, J. M.	161	5207700	Houghton, I.	173	5202722	Howell, A. J.	169
	Horn, B.	54	8117066	Houghton, J.	228	5203954	Howell, D. W.	131
2626146	Horn, J. A.	249		Houghton, J. N. R.	8	2642296	Howell, M. M. T.	143
300875	Horn, K.	235	5208235	Houghton, L. J.	204	8029093	Howell, R. J.	125
8300072	Horn, N. B.	155	216479	Houghton, M. E.	278	5208898	Howell, R. T.	186
8300511	Hornby, G. P.	194	8207186	Houghton, M. J.	232	8305021	Howell, T. L.	166
8097681	Hornby, L.	131	2639026	Hoult, J. D.	264	8105837	Howell, W. S.	161
8028305	Hornby, R.	124	8418209	Hoult, J. J.	160	300913	Howells, D. K.	266
212975	Horncastle, S.	266	8020740	Houlton, J. A. D.	123	8153173	Howells, G.	178
2658891	Horne, E. J. F.	143	2659119	Hourston, J. W.	145	5206687	Howells, I. M.	133
8023646	Horne, I.	156	207436	House, B. N. M.	274	8012153	Howells, J.	126
5207786	Horne, S. R.	75, 119	306127	House, D. A.	136	8173170	Howes, D. J.	152
5205734	Hornett, M. C. G.	114	8304207	House, G. E. W.	136	216006	Howes, M.	274
2660759	Hornsby, D.	179	8229202	House, G. K.	51, 126	8304319	Howett, D.	137
5205444	Hornsby, R. C.	40, 112		House, M. A.	12	8110229	Howey, R.	226
211499	Hornsey, L.	258	2633070	Housley, R. S. A.	134	8129833	Howie, D. A.	195
8304615	Horrigan, A. J.	138	5206453	Houston, R. S.	137	5206604	Howieson, W. B.	193
8027731	Horrocks, J.	109	211037	Houston, T. W.	265	8406652	Howkins-Griffiths, I. S.	195
5205575	Horrocks, M.	170	8300948	Houvenaghel, A. J.	179	8026301	Howlett, E. B.	107
8701631	Horrocks, R. L.	323	306353	Houvenaghel, W. L.	239	215255	Howlett, P. D.	270
5205451	Horscroft, G. D.	110	5207311	Howard, A.	127	4232608	Howlett, P. W.	244
8099513	Horseman, D. C.	325	8300533	Howard, A. R. J.	158	8702196	Howley, M. T.	205
215604	Horsfield, S. G.	266	8033879	Howard, B. M.	265		Howson, T. G.	99
			8422703	Howard, C.	269			

354

INDEX

Personal No	Page No	Personal No	Page No	Personal No	Page No
2658780 Hoyle, C. J.	143	215215 Hughes, K.	268	8024097 Hunt, D. J.	125
8108639 Hoyle, D. L.	75, 213	5207990 Hughes, K. A.	86, 154	2649308 Hunt, G.	142
Hoyle, L.	15	8701158 Hughes, K. J.	223	5206950 Hunt, G. I.	123
8226355 Hoyle, M. E.	178	8135363 Hughes, K. L. W.	83, 120	216272 Hunt, J. A.	277
8024043 Hoyle, R. F.	258	5204204 Hughes, M. A.	183	8260904 Hunt, J. A.	147
5208306 Hoyton, D. G.	174, 305	8173818 Hughes, M. I.	160	5208787 Hunt, L. J. M.	197
8301027 Hubbard, A. K.	187	5208648 Hughes, P. B.	196	2635580 Hunt, M.	173
5208210 Hubbick, D. J.	184	5204336 Hughes, P. J.	133	4232659 Hunt, M. J.	274
5206561 Hubert, I. L.	170	8227443 Hughes, P. M.	261		Hunt, Mr J.	25
2640833 Huby, G. M.	173	5207230 Hughes, P. R.	203	215952 Hunt, P.	273
216031 Huckell, M.	275	8029789 Hughes, P. R.	74	8105534 Hunt, P. B. J.	230
215913 Huckell, N. D. G.	166	8029798 Hughes, P. R.	152	8302696 Hunt, P. J.	155
209907 Hucker, S. J. N.	257	8090031 Hughes, P. S. R.	227	8227468 Hunt, R. A. J.	261
	Huckins, N. M.	101	5206778 Hughes, R. G.	118	8244760 Hunt, S. A.	214
5203194 Huckstep, C. R.	116	8700140 Hughes, R. T.	149	306424 Hunt, T. E.	162
215490 Huckstep, T. J.	264	8701538 Hughes, R. T.	166	211473 Hunt, W. G.	266
214278 Hudson, A. C.	269	216145 Hughes, S. A.	276	2635315 Huntbach, J. A.	204
	Hudson, A. T.	57, 99	2638580 Hughes, S. G.	136	8701298 Hunter, A. E.	181
213525 Hudson, C. D.	263	2643006 Hughes, S. N.	204		Hunter, A. F. C.	247
2689537 Hudson, C. J.	250	8136090 Hughes, W. R.	115	5205930 Hunter, A. J.	8, 115
2653812 Hudson, C. M.	149		Hughesdon, P. J.	102	8023633 Hunter, B. H.	232
216298 Hudson, D. A.	277	2670177 Hughesman, K. G.	145	8028379 Hunter, C. T.	19, 116
8010772 Hudson, D. A. P.	230		Hull, C. P. A.	75, 104	2636149 Hunter, D. A.	234
9883 Hudson, E. A.	174	8300826 Hull, M. J.	163	8024299 Hunter, D. T.	156
211506 Hudson, I. M.	258	5209110 Hullah, B. D.	141	8029683 Hunter, G. M.	135
	Hudson, J.	28	215163 Hulland, M.	272	690626 Hunter, I. N.	225
2653648 Hudson, J. D.	235	213355 Hullis, S.	272	213035 Hunter, J. E.	263
215384 Hudson, K. R.	272	211015 Hullott, S.	265	5204337 Hunter, J. H.	119
508299 Hudson, N. C. L.	107	8028883 Hulls, A. P.	184	595705 Hunter, J. K.	226
8024114 Hudson, P. A.	116	4220355 Hulme, L. M.	248	8028295 Hunter, J. M.	118
8009581 Hudson, P. J.	228	2653932 Hulme, S. B.	142	2634598 Hunter, L. J.	138
8088177 Hudson, R. A.	228	8029821 Hulme, S. J.	127		Hunter, M. A.	26
8227299 Hudson, S. P.	179	8085363 Hulmes, T. A.	128	8023198 Hunter, P. R.	107
5204313 Huffington, M. C.	124	213188 Human, A. R. D.	269	216431 Hunter, S. J.	278
8019155 Hufton, J. W.	227	215643 Humble, A. V.	267	8702839 Hunting, P.	278
5204335 Hugall, D. R.	133	2659619 Humble, R.	179	2658739 Huntley, D. M.	159
8300617 Hugall, J. J.	154	8054725 Humble-Smith, E. J.	264	8700225 Huntley, L. C.	150
8027703 Huggett, A. D.	44, 109	8205920 Hume, D. A.	228	8300757 Huntley, N. J. A.	186
8025455 Huggett, J. P.	124	5208765 Hume, M.	143	8305031 Huntley, S. P.	166
2670315 Huggins, D. P.	144	8418168 Humphrey, M. R.	162		Huntley, M.	23
5201029 Hughes, A.	124	5207687 Humphrey, P. A.	134	300992 Huntly, V. R.	237
8286139 Hughes, A. J.	213	2700006 Humphrey, R. H.	250	2649237 Hurcomb, R. J.	140
216422 Hughes, A. M.	277	8180207 Humphreys, I. S.	229	2660431 Hurford, W. E.	148
5205975 Hughes, A. M.	190	5206791 Humphreys, M. S.	121	8153417 Hurk, A. P.	180
91526 Hughes, C. M.	250	8702622 Humphries, C. E.	167	8007406 Hurley, A. V. A.	202
8227013 Hughes, D. B.	160	8015614 Humphries, L. J.	114	2643830 Hurley, D. D.	139
8254425 Hughes, D. J. O.	180	8304306 Humphries, R. W.	19, 120	8051068 Hurley, Y. G.	111
8028990 Hughes, D. K.	130	2659034 Hunkin, J. O.	144	8020932 Hurrell, A. J.	274
2639364 Hughes, F. J.	158	215639 Hunn, S. A.	267	5208749 Hurry, M. J.	162
	Hughes, Dr G. R. V.	215	5207060 Hunt, A. C.	191	216170 Hurst, A. J.	276
8083882 Hughes, G. S.	196	8011589 Hunt, A. S.	226	5206195 Hurst, I. M.	170
212781 Hughes, G. W. A.	259	1960145 Hunt, B. I. S.	246	300888 Hurst, I. P.	236
5204446 Hughes, J. I.	112	5207650 Hunt, B. J.	190	306424 Hurst, K.	205
5207894 Hughes, J. L.	154	2659139 Hunt, C. J.	147	5207750 Hurst, T. M.	171
8701516 Hughes, J. S.	198	215635 Hunt, D. D.	267	8025160 Hurst, W. J.	107

355

INDEX

Personal No	Page No
8700030 Hurst-Brown, S. J.	149
2631924 Hurt, T. S.	234
213060 Husbands, D. J. T.	269
8026034 Huskie, A. J.	125
5204263 Huskisson, E. S.	124
8107534 Huskisson, R. A.	229
Hussain, A. M.	22
8226024 Hussain, Z.	176
8217013 Hussell, D.	232
300882 Hussey, P. J.	235
8408436 Hutcheon, R.	176
8176954 Hutchings, A. W.	260
213179 Hutchings, C. D.	271
8027686 Hutchings, J. P.	60, 113
5208936 Hutchinson, A. M.	163
8022854 Hutchinson, F. N.	113
5208382 Hutchinson, I. C.	140
215011 Hutchinson, I. G.	265
2659050 Hutchinson, I. M.	163
212984 Hutchinson, L. D.	266
5205436 Hutchinson, L. J.	191
Hutchinson, Mr M.	16
2628887 Hutchinson, M. R.	202
8023037 Hutchinson, N.	107
8150506 Hutchinson, P. D.	183
5205098 Hutchinson, R. P. W.	44, 110
212520 Hutchinson, S. A.	259
8079865 Hutchinson, T. K.	227
Hutchinson, W. N. E.	54
2670741 Hutchison, A. J.	148
409506 Hutchison, F. M.	210
5206252 Hutchison, H. G.	172
2668011 Hutton, A.	265
3155269 Hutton, C. R.	271
5207202 Hutton, D. J.	210
8107238 Hutton, I. D.	225
5208615 Huxley, J. C. F.	161
Huxley, R.	41
8023925 Huxtable, R. D.	40, 114
8410130 Huyton, A. D.	159
8141458 Hyams, P. D.	232
2659212 Hyatt, A. L.	179
4231012 Hyde, C. B.	40, 247
306163 Hyde, E. A.	155
Hyde, Mr G.	24
306010 Hyde, R. M.	190
8206487 Hyett, S. D.	151
8190929 Hylands, R. P.	179
Hyldon C. J.	29
409514 Hymas, P. B.	210
8118295 Hynam, R. A.	325
5206978 Hynd, A. N.	121
212225 Hynes, A. C.	271
1940 Hynes, G. A.	256

Personal No	Page No
5208458 Hynes, J. M.	140
8701463 Hynes, T. I.	198, 302
8027530 Hyslop, R. M.	65, 111

I

Personal No	Page No
8304292 Iavagnilio, R. G.	127
8300409 Ibbetson, N.	155
215427 Ibbitson, C. S.	273
8023809 Iddles, J. A. D.	156
8154465 Iddon, J. N.	176
8140942 Iddon, R. P.	231
8113231 Ignatowski, M. S.	228
8025833 Igoe, C. P.	235
8222594 Iles, A. D. G.	172
213346 Iles, S. D.	259
4231076 Iliff-Rolfe, G. D.	273
216392 Illston, K.	277
2619700 Ilsley, C. W.	243
214243 Impey, M. J.	269
8028165 Ims, M. K.	248
214386 Ince, N. D.	249
8024229 Incledon-Webber, P. D.	191
215121 Inder-Gray, T. W.	267
215385 Inderwick, D. R. L.	271
2635591 Ingall, D. A.	138
8302640 Ingamells, S. E.	157
Ingham, D. A.	43, 101
8022977 Ingham, J. A.	76, 116
8029287 Ingle, N. J. W.	248
595656 Ingledew, V. E.	225
8219852 Ingleson, M. S.	174
8302792 Inglis, A. J. C.	162
8128086 Inglis, B. T.	228
5208909 Inglis, R. W.	144
Ingram, The Rt Hon Adam.	5, 6, 7
8251281 Ingram, G. J.	62, 184
8701314 Ingram, K. E.	187
8115172 Ingram, M. J.	225
8260942 Ingram, N. D.	146
8008171 Ingram, P. R.	227
8116855 Ingram, R. D.	265
Inkster, A. D. K.	32
8701015 Inman, A. P.	138
2649008 Inman, N. T.	142
5205163 Innes, A. G.	185
8029410 Innes, A. J.	118
8122056 Innes, J. E.	127
8018511 Insley, P. T.	228
216108 Iona, A.	276
5208100 Iredale, Rev S. P.	218
5208899 Ireland, B.	195
214135 Ireland, C.	267
8024603 Ireland, D.	184
212262 Ireland, D. E.	272
2639355 Ireland, D. P.	267

INDEX

Personal No		Page No	Personal No		Page No	Personal No		Page No
216194	Ireland, J. E.	276		**J**		8028893	Jacobs, P. C.	10
306444	Ireland, N. E.	196				8702271	Jacomb, H. L.	205
2643870	Ireland, N. R.	139, 306				8304478	Jacques, E.	158
	Iremonger, Mr J.	13	8304141	J. D. Provost	48		Jagger, Mr T.	15, 43
216510	Ireson, H. M.	278	8152921	Jack, J. A.	174		Jagger, N. R.	103
209170	Irlam, J. C.	257	2658787	Jack, M. V.	162	216368	Jago, L.	277
8201554	Irons, A.	230	8152888	Jack, S. A.	40, 117	8024508	Jago, M.	153
8300054	Irvine, A. C. A.	155	8300536	Jacklin, M. J.	158	212820	Jago, T. M.	265
8260499	Irvine, D. A.	144	215851	Jackson, A.	272	8220952	Jakeman, L. S.	197
	Irvine, L. J.	43, 221	8180474	Jackson, A. D.	153	2670006	Jakubowski, J. A. B.	145
213073	Irvine, M.	269	8300709	Jackson, A. M.	158	5203432	James, A. R.	169
4281654	Irving, D. J.	270	5206490	Jackson, B. G.	9, 120	2635402	James, B.	128
8013138	Irving, K. G.	159	8406814	Jackson, C. J.	186	8029201	James, B. F.	134
5201832	Irving, R.	122	2659995	Jackson, C. K.	146	8032654	James, C. J.	154
	Irwin, Sir Alistair.	88	8190023	Jackson, D.	156	2638635	James, D.	139
8701486	Irwin, C. H.	166	215107	Jackson, D. J.	266	8026354	James, D. A.	125
8124894	Irwin, I.	230	216021	Jackson, D. P.	275	8300259	James, D. J.	128
8119811	Irwin, M. T.	230	8248034	Jackson, D. R.	177	8029336	James, D. W.	154
8105292	Irwin, R. W.	158	2660449	Jackson, E. J.	148	8105520	James, G. A.	226
8028224	Isaac, S. A.	44, 117	216107	Jackson, E. L.	275	5208338	James, G. S.	139
8229160	Istance, M.	156	5208786	Jackson, G. A.	143	216140	James, H. J.	276
2644580	Iveson, P. R.	159	5206331	Jackson, I. A.	185	2637139	James, I. M. Z.	179
8302710	Iveson, S. J.	158	2644219	Jackson, J.	143	4275613	James, J. R.	243
5208720	Ivings, A. P.	236	8024370	Jackson, J. A.	153	5205090	James, K. G.	132
2644415	Ixer, J. W.	139		Jackson, Sir Mike	5	214716	James, M. D.	262
210298	Izard, B. S.	169	2659820	Jackson, M. B.	145	8238077	James, M. H.	177
			2649269	Jackson, M. G.	143		James, Mr P.	25
			216273	Jackson, M. J.	269		James, Mr P. L.	216
			5206508	Jackson, M. L.	191	2635602	James, P.	176
			4335661	Jackson, M. R.	243	8289012	James, P. M.	52, 152
			214092	Jackson, N.	265	2659780	James, P. R.	146
			8142196	Jackson, N. D.	226	5204270	James, R. D.	113
			8304870	Jackson, O. J.	144	2672341	James, R. H.	205
			8024076	Jackson, P. A.	118	8125871	James, R. S.	124
			5203037	Jackson, P. B.	131	2700	James, S.	250
			216428	Jackson, R.	278	8701439	James, S. A.	165
			8019947	Jackson, R.	132	8701687	James, S. D. A.	150
			5207627	Jackson, R. A.	192	2637711	James, S. F.	135
			8702276	Jackson, R. C. J.	181	8222602	James, T. R.	174
			8029280	Jackson, R. G.	134	2642846	James, T. R. T.	139
			8701026	Jackson, R. V.	123	8029048	James, W. A. W.	116
			306064	Jackson, S. A.	203	8304563	Jamieson, D. S.	137
			8300847	Jackson, S. B.	164	5208900	Jamieson, M.	163
			5207032	Jackson, S. J.	120	214560	Jancis, A.	261
			5208079	Jackson, S. W.	157	2660624	Jane, T. M.	147
			8128862	Jackson, T. I.	194	8701447	Janes, W. J.	166
			8099993	Jackson, V.	226	2660563	Janicki, A. A.	148
			8701299	Jackson, V. A.	187	8027406	Janiurek, J. D.	244
			8154389	Jackson-Soutter, P. B.	176	8304592	Janssen, P. C.	158
			5206224	Jacob, R. G.	119	5206808	Jardim, M. P.	190
			8024517	Jacobs, D. E.	184	8304522	Jardine, E. S. R.	137
			2627836	Jacobs, D. M. H.	125	8025205	Jarmain, S. P.	235
			5208640	Jacobs, N.	205	8028980	Jarvis, A. R.	128
			8020591	Jacobs, P. C.	64, 114	5207950	Jarvis, D. J.	184
						595334	Jarvis, J. A.	243

357

INDEX

Personal No		Page No	Personal No		Page No	Personal No		Page No
	Jarvis, J. C. A.	11	8701053	Jennings, C.	196, 302	8024657	Johnson, D. R.	154
8226231	Jarvis, J. D.	164	2659781	Jennings, K. A.	181	8425548	Johnson, G. O.	197
214161	Jarvis, K.	268	8701143	Jennings, P. M.	181	8104509	Johnson, G. R.	162
8109550	Jarvis, K. E.	170	8068187	Jennings, R.	238	2642527	Johnson, H. M.	177
608239	Jarvis, K. W.	262	214668	Jennings, R. D.	262	8062510	Johnson, H. M.	270
8439789	Jarvis, M. N.	148	8300582	Jennings, R. S.	194	5204374	Johnson, H. R.	235
	Jarvis, Mr N. F.	24	306449	Jennings, T. N.	222	209622	Johnson, I.	257
	Jarvis, S. A. M.	30	212534	Jeremiah, L.	259	5206268	Johnson, J. A.	171
5206965	Jarvis, S. N. P.	193	8090688	Jermy, G. A.	108	5209025	Johnson, J. A.	180
8109520	Jarvis, S. W.	227		Jermy, S. C.	7	8020354	Johnson, J. C.	229
8701080	Javens, N. A.	146	8302747	Jermyn, S. M.	155	5206265	Johnson, J. S.	171
5202959	Jay, P. A.	243	216383	Jerram, M. S.	277	8216409	Johnson, K.	185
8010073	Jeanes, B. A.	229	5203613	Jerrard, P. E.	189	8302711	Johnson, L.	154
91546	Jeavons, R. A.	252		Jerstice, B. J.	99	8702254	Johnson, L. C.	166
	Jefferies, Dr M. G.	215	8304418	Jess, R.	137	8260939	Johnson, L. M.	162
211963	Jefferies, N.	267	8187653	Jessel, B.	178	306364	Johnson, M. A.	161
2649996	Jefferson, A. M.	144	8304500	Jessett, S. P.	129	1948742	Johnson, M. A.	67, 244
8025327	Jefferson, B.	268	306479	Jessup, S.	187	4233251	Johnson, M. C.	244
8304750	Jeffery, C. R.	159	306478	Jessup, T.	164	8401065	Johnson, M. D.	180
8701231	Jeffery, D. P.	147	8305088	Jethwa, N.	149	8124808	Johnson, M. K.	186
5206513	Jeffery, D. W. R.	171	8304185	Jevons, A. P.	136	5206208	Johnson, M. R.	153
2630144	Jeffery, M. A.	19, 70, 111	4220060	Jewiss, J. O.	271		Johnson, M. S.	88
215527	Jeffery, N.	265	8304384	Jewiss, S. E.	137		Johnson, Mr. R.	7
8029314	Jeffrey, A. K.	36, 118	5208259	Jewitt, K. D.	139	215994	Johnson, N.	274
8141174	Jeffrey, D. S.	232	5205733	Jewsbury, M. R.	120	8261074	Johnson, N.	148
8028798	Jeffries, M. J.	10, 121	2660161	Jewsbury, N. J.	145	8414602	Johnson, N. R.	270
5204068	Jeffs, A. J.	153	8026743	Jillett, M. S.	131	2626830	Johnson, P. A.	131
210485	Jelfs, R. G.	272	8288454	Jinadu, A. O.	19, 119	8103897	Johnson, P. D.	228
5208351	Jelfs, R. J.	195	8110014	Jobling, C.	112	5206216	Johnson, P. E. C.	171
213408	Jelley, D. G.	266	8032463	Jobling, C. L.	125	8107607	Johnson, R. C.	229
5204213	Jemmett, R. C.	170	8702179	Jobson, D. L.	148	212798	Johnson, R. G.	259
	Jenden, Mr M.	25	8027541	Jochimsen, P. H. C.	76, 114	5206484	Johnson, R. M.	170
2654295	Jenkins, A. B.	145	8304445	Jochum, C. W.	157	212595	Johnson, S.	259
5205639	Jenkins, A. G. L.	155	2636198	Joel, R. W. H.	137	8029440	Johnson, S.	134
5204993	Jenkins, C. D.	131	8300515	John, A. M.	196	215711	Johnson, S. A.	268
8702042	Jenkins, C. D.	150	5208213	John, C. T. B.	138	5205621	Johnson, S. A.	133
	Jenkins, D. I. T.	43, 201	215148	John, D. A. R.	267	8135592	Johnson, S. P.	227
213711	Jenkins, D. J.	260	5205068	John, D. H.	113	8007835	Johnson, T. P.	173
212309	Jenkins, D. P.	272	214697	John, J. K.	262	8152735	Johnson, T. W. R.	173
8028325	Jenkins, G. P.	132	216442	John, S. J.	278	2654125	Johnson, V. E.	143
5208355	Jenkins, G. S.	194	2639321	Johns, D. E. H.	137	215075	Johnston, A.	265
215341	Jenkins, I. C.	271	8189711	Johns, S. P.	230	8027970	Johnston, A.	112
5207178	Jenkins, J. H.	134		Johns, Sir Richard	97	2660070	Johnston, A. S.	148
8028148	Jenkins, J. K.	116	208755	Johns, T. J.	266	8182431	Johnston, D. A.	244
214523	Jenkins, K. F.	261	214189	Johnson, A. G.	270	8701428	Johnston, D. A.	204
214191	Jenkins, L. C.	268	2640888	Johnson, A. M.	50, 129	8300343	Johnston, D. D.	249
215696	Jenkins, M. B. J.	268	2644385	Johnson, A. M.	142	2627132	Johnston, D. H.	40, 172
	Jenkins, M. J. M.	47, 104	8023876	Johnson, A. W.	156	8027970	Johnston, D. H.	40
2658740	Jenkins, M. L.	143	608324	Johnson, B. W.	64, 243	8222830	Johnston, D. J.	177
5206204	Jenkins, R. D.	74, 108	211586	Johnson, C. D.	264	8029335	Johnston, G. A.	156
215032	Jenkins, S. A.	266	8202693	Johnson, C. N.	170	2649921	Johnston, G. J.	274
214651	Jenkins, S. R.	262	8124042	Johnson, D. A.	132	5206997	Johnston, G. J.	244
2659002	Jenkinson, M. A. I.	147	8141289	Johnson, D. A.	232	5204173	Johnston, J. B.	40, 51, 111
	Jenner, A.	41	5207268	Johnson, D. A. N.	126	2627368	Johnston, J. C. M.	113
215897	Jennings, A. P.	272						

INDEX

Personal No	Page No	Personal No	Page No	Personal No	Page No
216284 Johnston, M.	277	4220262 Jones, D. J. R.	244	Jones, Mr D. H. A. .	215
2634445 Johnston, N. D. S. .	133	8024003 Jones, D. K.	116	Jones, Mrs S.	88
5209015 Johnston, P. R.	164	8026078 Jones, D. K.	117	8300302 Jones, N. A.	184
5202273 Johnston, R. T.	108	8286521 Jones, D. L.	176	215758 Jones, N. E.	275
215605 Johnston, S. M. . . .	266	608862 Jones, D. M.	235	8153623 Jones, N. M.	196
215934 Johnston, W. S. . . .	273	8152225 Jones, D. M.	174	2670743 Jones, N. P.	181
8199766 Johnston, W. S. . . .	230	8300817 Jones, D. M.	163	1947878 Jones, N. R.	273
5207070 Johnstone, A. K. . . .	117	Jones, D. W.	200	8702267 Jones, N. R.	150
2660392 Johnstone, C.	163	2649494 Jones, E. A.	186	8082603 Jones, P.	225
8173654 Johnstone, D. R. . . .	244	2622225 Jones, E. G.	262	5204675 Jones, P. A.	44, 111
2654145 Johnstone, E. W. . . .	144	8108057 Jones, F. B.	116	5202850 Jones, P. C.	131
8153262 Johnstone, I. A.	194	Jones, G.	74, 98	8024077 Jones, P. G.	120
8700100 Johnstone, M. W. . .	149	215564 Jones, G. A.	265	5209083 Jones, P. I.	135
215995 Johnstone, R. A. . .	274	5206407 Jones, G. A.	136	5208256 Jones, P. J.	139
5205635 Johnstone, R. A. . . .	53	210997 Jones, G. D. R.	265	8027327 Jones, P. J.	59, 112
5205635 Johnstone, R. W. S.	125	8304947 Jones, G. E.	146	Jones, P. J. K.	12
5207122 Johnstone, S. C.	44, 82, 118	213066 Jones, G. F.	273	8216160 Jones, P. L.	157
8028609 Jolliffe, G. J. R. . . .	194	2642634 Jones, G. H.	142	210982 Jones, P. M.	270
5208258 Jolly, Rev A. J.	218	8001445 Jones, G. L.	227	2670110 Jones, P. R.	146
91549 Jolly, S.	252	8024589 Jones, G. R.	184	5208963 Jones, R. A.	144
2640835 Joly, R. B.	174	8154430 Jones, G. R. W.	180	8012525 Jones, R. A.	169
8029174 Jonas, W. M.	128	2654022 Jones, H. B.	178	8204935 Jones, R. C.	159
5208789 Jones, A.	63, 116	8125594 Jones, I. D.	228	2659437 Jones, R. D.	144
5207221 Jones, A. D.	152	208379 Jones, I. D. L.	271	8207745 Jones, R. D. L.	196
8219257 Jones, A. D.	186	8008070 Jones, I. E.	227	8283310 Jones, R. E.	177
8229453 Jones, A. G.	192	8130433 Jones, I. J.	178	8304955 Jones, R. E. W.	214
5206313 Jones, A. J.	173	2639300 Jones, I. R.	207	216180 Jones, R. H.	276
8300838 Jones, A. L.	164	Jones, J.	200	215257 Jones, R. J.	268
8287967 Jones, A. N. . . .	50, 155	216539 Jones, J. D.	278	8113261 Jones, R. J.	213
8007214 Jones, A. W.	231	8008907 Jones, J. G.	172	8701451 Jones, R. J.	161
8304975 Jones, A. W.	147	5208201 Jones, J. L. H.	137	5208521 Jones, R. M.	159
4231056 Jones, B. E.	270	2621189 Jones, J. M. G.	126	1943138 Jones, R. N.	67
8700031 Jones, B. G.	149	5209005 Jones, J. N.	178	8023444 Jones, R. W. . . .	51, 112
8007285 Jones, B. J.	226	2627903 Jones, J. P.	135	5208321 Jones, Rev I. A. . . .	219
8028893 Jones, C.	10, 116	5207735 Jones, J. P.	172	5205418 Jones, S. D.	183
8097267 Jones, C.	124	Jones, J. R.	78, 100	8024496 Jones, S. L.	40, 152
8154546 Jones, C.	177	214996 Jones, J. S.	266	8113464 Jones, S. M. W.	160
5203603 Jones, C. A.	243	213999 Jones, J. T. D.	264	8301014 Jones, S. P.	187
8026582 Jones, C. A.	123	8024713 Jones, K. A.	184	8098124 Jones, T. A.	189
8151193 Jones, C. A.	173	5206510 Jones, K. C.	175	8287681 Jones, T. E.	157
8141363 Jones, C. D.	133	8029586 Jones, K. R. . . .	153, 305	Jones, T. G.	14
5207038 Jones, C. H.	175	8141272 Jones, K. S.	118	8701300 Jones, T. M.	198
2660232 Jones, C. J.	147	213948 Jones, K. W.	261	2634426 Jones, T. T.	138
8051007 Jones, C. J.	231	8191395 Jones, L.	228	5208144 Jones, T. W.	207
8300978 Jones, C. J.	187	216117 Jones, L. J.	276	8028639 Jones, T. W.	112
8701042 Jones, C. M.	165	8152121 Jones, L. J.	171	8288779 Jones, W.	197
5208357 Jones, C. R. M.	186	213486 Jones, L. S.	260	5206730 Jones, W. A.	190
2644364 Jones, C. W. T.	147	8185560 Jones, M. A.	228	5207211 Jones, W. A.	154
8103074 Jones, D.	228	8701619 Jones, M. A.	165	8300996 Jones-Lofting, D. J. .	179
Jones, D. C.	12	5207780 Jones, M. G.	192	1942183 Joosse, C. A.	242
409505 Jones, D. C.	210	5208430 Jones, M. I.	192	8000244 Jopling, B. W.	128
8108337 Jones, D. D.	228	685361 Jones, M. J.	242	211917 Jordan, A. P.	267
8700226 Jones, D. F.	150	8089898 Jones, M. J. E.	226	5208923 Jordan, C.	163
Jones, D. J.	43, 233	2659291 Jones, M. J. L.	142	215134 Jordan, J. M.	270
		8126377 Jones, M. P.	244	2654029 Jordan, T. M.	142

359

INDEX

Personal No		Page No	Personal No		Page No	Personal No		Page No
8701068	Jorgensen, M. J. ...	143		**K**		5208308	Keenan, S. N.	177
2653738	Joseph, N. M......	148				300939	Keenan, T.	236
8228590	Joseph, S. J.......	180	8015598	Kafel, P. R.	227	2654032	Keenan, W.	140
215339	Josephs, M.	273	8701719	Kaina, P. G........	150	2639397	Keenlyside, P. G. ...	138
213405	Joslin, I. E.	260	210739	Kalamatianos, C. M.	258	5208816	Keeping, R. J.	143
2642404	Joy, S. D.	175	8701388	Kaminski, J. A......	166	8304812	Keer, M. B........	141
216221	Joyce, A..........	276	8208081	Kamper, R.	265	8032557	Keetley, A. E.......	116
2649292	Joyce, T. M.	178	214821	Kanas, T. G.	271	215996	Keeton, C. A.	274
211813	Joynson-Brooke, D.	258	216522	Kanasewich, A. S. ..	278	8700142	Keighley, A. M.	167
	Judd, D. L.	77	8304969	Kane, C. G.	146	8300423	Keighley, D. L.	155
8400795	Judson, R. H.	179	8304678	Kane, D. P.	130	216303	Keir, A. D. J.......	277
	Judson, R. W... 47,	105	5206381	Kane, I. F.	186	2654129	Keir, R. H.........	176
211474	Jukes, R. W.	258	8405093	Kane, J. M........	161	8701018	Keith, A. R........	141
8700204	Jules, L. J.	150	8002152	Kane, M..........	226		Keith, A. R. K.	54
8058832	Jupe, G. V.	264	2654372	Kassapian, J. N. L...	144	8300620	Keith, C. S.	185
216259	Jupe, S. C.	276	216210	Kaufman, J. E.	276	8703312	Keld, F. E.........	205
2659715	Jupp, C. A........	197	8015068	Kay, A. 51,	111	8154746	Kelham, L. J.	178
	Jupp, J. A.	105	5208400	Kay, A. M.........	140	5207915	Kell, S. J. 44,	222
8700074	Jupp, M. R........	167	5208595	Kay, C. J.	193		Kellaway, R. E.......	88
5209113	Jurd, M. J.	147	8304255	Kay, D. J.	137	2629540	Kellett, A. J. C......	124
306035	Jurd, M. L.	129	212032	Kay, E............	267	2640999	Kellett, R. J.	138
300979	Jury, J. S.	237	214202	Kay, M.	274	2634370	Kellock, Rev C. N. ..	219
5208754	Jux, A. T..........	161	8304736	Kay, M.	130	212402	Kelly, A. J.	259
			216400	Kay, S. E.	277	8141400	Kelly, A. M.	133
			8028988	Kay, S. T. E.	133	8101284	Kelly, B. A........	226
			608377	Kaye, M. P.	274	8260560	Kelly, C. J.	144
			215309	Kazi, J. H.........	269		Kelly, D.	28
			212357	Keable, J..........	272	2628398	Kelly, G. S.	116
			8141262	Keable, M. J.	231	210206	Kelly, I...........	257
			8195100	Keable, M. I.	232	8195100	Kelly, I...........	232
			216275	Keane, C.	270	8235904	Kelly, J.	229
			8106840	Keane, L.	258	5207045	Kelly, J. A. C.... 44,	120
			5207301	Kearney, J. S.......	191	211610	Kelly, L. D.	268
			212556	Kearns, G.........	259	8701391	Kelly, M. L........	214
			2624842	Keating, P. K.	107	306346	Kelly, M. F........	195
				Keatings, B. T.	201	5207354	Kelly, P...........	174
			214943	Keatley, P. A.	275	2660681	Kelly, P. B.	146
			8076761	Keeble, G. F.......	229	8701669	Kelly, P. D.	148
			2659438	Keeble, M. C.	144	209042	Kelly, P. G.	189
			2623504	Keech, R. A.	265	5203897	Kelly, P. J.	127
			8024506	Keefe, D. B.	152	8141305	Kelly, R. W.	155
				Keefe, P. C. 7,	13	2662842	Kelly, S.	164
				Keegan, Sir John....	88	8141277	Kelsey, C. M.	172
			8138836	Keeley, R. F.......	121	9872	Kelsey, D...... 44,	118
			2670430	Keeley, T. D.	148	211240	Kelsey, G.........	269
			8153834	Keeling, A. C.	174	216425	Kelsey, P. R.	277
			8304831	Keeling, R. L. ... 142,	306	213668	Kelso, C. W.......	260
			8701005	Keen, B. F.	142	8260795	Kelson, M. J.	162
			2638579	Keen, K. M.......	176	2649815	Kemeny, C. J.	161
			4290820	Keen, P. J.........	117		Kemp, C.	12
			8008497	Keen, S.	137	2626540	Kemp, P. G.......	132
			8154533	Keen, S. D........	177	211381	Kemp, R. A.......	258
			214154	Keenan, A.	266		Kemp, R. G..... 3,	247
				Keenan, D. H.......	33	8701021	Kemp, R. J.	164
			8701487	Keenan, N. B.......	181	2638705	Kemp, T..........	141

INDEX

Personal No	Page No	Personal No	Page No	Personal No	Page No
508194 Kempster, M. J.	275	216032 Kerr, M. A.	275	216401 Kilkenny, I.	277
8300951 Kempster, M. J.	197	8404296 Kerr, P.	274	8304679 Killeen, D.	138
215579 Kempton, N.	266	8023994 Kerr, R. A.	189	Killen, M. F.	104
5206907 Kemsley, M. H. M.	40, 114	211639 Kerr, R. J.	258	8304751 Killerby, J. A.	139
215799 Kendal, J. J.	270	5204423 Kerr, R. J.	193	5204366 Killey, A. H.	119
8024212 Kendall, E. S.	116	212171 Kerr, R. W.	258	8014910 Killick, A. J.	173
8240516 Kendall, J. M.	194	8141195 Kerr-Sheppard, D. A.	11, 112	8305051 Killick, M. J.	148
2659798 Kendall, M. A.	146	Kerrigan, Professor H. A.	87	215184 Killingback, M. B.	267
5205676 Kendall, P. A.	124	8286938 Kerrison, D. S.	179	212775 Kilminster, W. B.	259
8069037 Kendall, R. A.	244	5204493 Kerry, C. J.	44, 116	8103298 Kilner, A.	160
8300209 Kendall, W. J.	152	5208969 Kershaw, A. S. M.	163	5203342 Kilshaw, M. J.	107
5208956 Kendall-Smith, M.	204	Kershaw, D.	13	5208300 Kilvington, S. P.	139
2643009 Kendrew, J. M.	204	Kershaw, Mr S.	24	300991 Kimber, G.	237
5208760 Kennard, Rev M. P. D.	219	2670745 Kerslake, I. M. P.	205	8151832 Kimber, A. J.	170
8300205 Kendrick, S. J.	155	8701460 Kersting, C. E.	181	8404163 Kimberley, S. D.	140
2638606 Kennard, P. K.	136	8408599 Kerswill, J. M. J.	178	8023651 Kime, A. G.	49, 112
8018705 Kennedy, B.	226	Kessell, J. B.	19, 106	8139215 Kinchley, A.	229
8098099 Kennedy, B. J. O.	242	8137431 Kettle, B.	227	5205714 Kindell, F. J.	193
8408510 Kennedy, D. M.	176	8221429 Kettle, T. M.	154	8028126 Kinder, J. R.	265
8001367 Kennedy, G.	230	5203629 Kettles, A. W.	126	Kinder, S. J.	39, 105
8029845 Kennedy, G. G.	135	690365 Kevan, G. J.	233	8119863 Kindlysides, C. J.	186
4231633 Kennedy, G. S.	269	2629543 Kevan, R. M.	125	212409 King, A.	259
8026918 Kennedy, J. R. A.	232	216309 Kew, S. J.	277	2637427 King, A. C.	265
8127589 Kennedy, M. H.	171	2649846 Keys, A. T. J.	140	8141634 King, A. G.	159
8701323 Kennedy, P. J.	176	5208397 Khan, F.	174	2659821 King, A. J.	144
2642314 Kennerley, E. L.	164	306510 Khan, J.	239	214172 King, A. P.	269
Kennett, A. C. P.	19	2633655 Khan, J. M. B.	171	8701232 King, B. M.	147
8028849 Kennett, P. D.	120	5207850 Khan, M. A.	202	608938 King, B. W.	273
5207690 Kenning, J. B.	155	216467 Khan, N. B.	278	1961840 King, C.	234
5203659 Kenrick, W. R.	131	2634560 Khan, S. B.	159	5208533 King, C. J.	158
8116205 Kent, D. J.	229	216039 Khan, Y.	275	2659118 King, D. J. R.	144
216122 Kent, D. P.	276	8027765 Khepar, B. S.	119	8300612 King, D. R.	192
214911 Kent, J. D.	263	212396 Kidby, M. J.	259	8260660 King, D. S.	142
2649342 Kent, J. D.	141	214939 Kidd, A.	263	2636960 King, E. N. F.	135
Kent, Ms T.	14	2649467 Kidd, C. R.	142	213975 King, H. R.	264
8103819 Kent, O. J. S.	162	2635332 Kidd, P.	135	8700197 King, H. R.	199
8184046 Kent, P.	262	8304598 Kidd, P. D.	192	8249269 King, J.	171
8247191 Kent, S. E. R.	52, 174	8070292 Kidd, R. D.	225	8083507 King, J. D.	226
2649940 Kenworthy, E. S.	141	4262825 Kidley, M. F.	270	5208167 King, J. M.	207
8701163 Kenworthy, J. A.	211	8025955 Kidson, M.	126	8260034 King, J. R.	162
2637765 Kenyon, D. J.	136	8132934 Kiely, P. D.	273	215500 King, M. A.	274
8135576 Keogh, M. M.	228	8300747 Kiff, H. J.	159	216055 King, M. S.	275
8141165 Keracher, R. I.	231	8414161 Kiff, P. R.	180	213848 King, N. J.	261
8701640 Kerin, M. E.	182	683991 Kiggell, H. J.		8300345 King, N. S.	52, 155
5205706 Kerley, A. A.	128			608639 King, R. F.	272
508223 Kermeen, R. W.	242	8304866 Kiggell, P. S.	68, 242	8304866 King, R. J.	145
210146 Kern, S. J.	265	5204797 Kilbey, J. H.	201	8024972 King, R. L.	122
212758 Kerr, A. D.	271	Kilbey, S. C.	202	216483 King, S. J.	278
8305018 Kerr, A. D. D.	147	8211108 Kilbride, D. M.	171	5208982 King, S. J.	144
8001991 Kerr, A. M. C.	225	211773 Kilby, G. D.	262	8701108 King, T. J.	205
212237 Kerr, A. T.	271	8304714 Kilby, S. B.	139	212439 King, T. R.	259
5201824 Kerr, A. W.	109	8227622 Kilday, I.	176	5205955 King, W. N.	151
213969 Kerr, E. R.	264	5202869 Kilgour, J. A.	128	8203284 Kingdom, I.	230
208630 Kerr, I. S.	265	8141525 Kilkenny, G. M.	136	2649962 Kingdon, N. R.	142
214874 Kerr, J. A.	262			8176518 Kingman, T. G.	266

361

INDEX

Personal No	Page No
8029286 Kingscott, R. A. ...	134
8300767 Kingsman, M. P. ...	186
8702466 Kingston, A. N.	149
91514 Kingston, D.	250
216161 Kingston, J. R.	276
8027156 Kingswood, C. J. ...	263
4335588 Kingwill, P. M.	238
306199 Kinloch, S.	185
2647340 Kinnear, M. R.	164
214320 Kinnear, N. R.	270
2636156 Kinnersley, S. J. ...	134
8700072 Kinniburgh, R. J. ..	167
2636863 Kinrade, I. G.	128
5207394 Kinsella, A. J.	139
8012068 Kinsey, A. T.	174
5207743 Kinsler, K. A.	135
8302864 Kinsman, J. L.	166
215679 Kinvig, E. L.	268
214869 Kinvig, J. P.	262
Kippin, S. E.	41
8701679 Kirby, B. P. D.	182
8304402 Kirby, D. J.	137
213805 Kirby, O. J. A.	260
214912 Kirby, R. I.	263
209796 Kirby, R. J.	257
5206983 Kirby, S.	129
8408497 Kirby, S.	177
211164 Kirczey, A. M.	267
5208701 Kirk, A. I. C.	178
5207622 Kirk, J.	171
215686 Kirk, L. E.	268
300988 Kirk, N. J.	237
4277415 Kirkbride, J. S.	225
216183 Kirkbright, A. P. ...	276
8024353 Kirkby, I. G. 85,	154
8090013 Kirkcaldy, J. D.	228
8251734 Kirkhope, C.	180
5201887 Kirkhope, T.	234
8026976 Kirkin, T. R. 9,	109
8701501 Kirkman, J. B.	148
8300863 Kirkman, J. M.	165
2649338 Kirkpatrick, A. M. ..	158
Kirkpatrick, A. S. ...	103
5205895 Kirkwood, I. M. A. 19,	112
5208955 Kirman, S. A.	208
214208 Kirsopp, G. N. J. ..	269
216402 Kirtley, S. W.	277
8099691 Kirton, A.	228
8090745 Kirton, W. S.	186
216370 Kisley, K. T.	277
8126275 Kitchen, D.	244
8702967 Kitching, M. A.	149
Kitchingham, G. C. ..	12
2640131 Kitson, B.	236

Personal No	Page No
8027936 Klein, J. B. 9,	110
2653665 Kluth, M. J.	144
8023983 Knapman, C. S.	111
2659802 Knapman, P. R.	165
5209069 Knapton, M. E.	144
8215988 Kneen, A. J.	164
8141589 Kneen, C. T. E.	135
214643 Knell, G. C.	262
8007497 Knight, A. D.	227
8152146 Knight, A. J. .. 40, 47,	120
2633325 Knight, A. M.	135
8700231 Knight, C. J.	150
306222 Knight, C. O. M.	186
2649171 Knight, C. W. .. 141,	306
214936 Knight, D.	263
8023845 Knight, D. 52,	153
Knight, G.	87
5208137 Knight, J.	158
8099235 Knight, J. G.	225
2635406 Knight, J. L.	184
Knight, J. R.	41
Knight, Sir Michael .	247
8027483 Knight, M. 36,	114
8183548 Knight, M. C.	226
8701541 Knight, N. J.	140
215340 Knight, P. D.	273
Knight, P. J.	53
214980 Knight, P. R.	264
8153035 Knight, R. A.	125
Knight, S. C.	103
8103299 Knight, S. J.	226
8260615 Knight, S. J.	143
8420307 Knight, S. R.	184
5207883 Knight, T. J.	135
5206319 Knighton, R. J.	118
Knights, J. C.	102
8218530 Knights, S. A.	172
215506 Knott, B. R.	264
8286937 Knott, J. M.	181
8300042 Knott, S.	119
8701270 Knowler, P. D.	198
5206601 Knowles, A. G.	120
5204942 Knowles, D. J.	123
8021206 Knowles, D. W.	107
Knowles, R. C.	206
8026645 Knowles, R. T.	131
306200 Knox, A. J.	195
2654144 Knox, J.	145
Knudsen, N. P.	23
Knyvett, A. D.	62
Kocen, H. E.	216
5204384 Kohli, R. D. S.	175
216213 Koprowski, B. P.	276
8701157 Koshy, M. G.	204
8029541 Kosogorin, P.	125

Personal No	Page No
5208285 Kovach, S. J.	138
215042 Krausz, A. D.	265
8023413 Kreft, S. N. 82,	151
2654116 Krol, P.	142
5208817 Kroyer, M. A.	161
5209049 Krzyz, P. 164,	301
8702032 Kudanowska, I.	208
216232 Kulatunge, B. R.	269
8305049 Kups, D.	148
Kurth, N. J. E.	99
2670234 Kyle, J. A. C.	148
216282 Kyle, M. J.	277
8083218 Kyle, R.	226
91469 Kyte, D. I.	253
5206643 Kyte, G. M.	170

INDEX

Personal No		Page No

L

8701445	L'Abbate, P. A.	181
	La Forte, R. W.	20, 105
8026269	La Roche, R.	156
91551	Labdon, D.	252
8249616	Lacey, F. R.	145
8234926	Lacey, L. J.	176
8091709	Lacey, N. C.	229
	Lacey, R. H.	75, 99
1960339	Lacey, T. A.	243
5204936	Lackey, E. W. M.	151
	Lackey-Grant, R. J.	39, 103
215396	Ladwa, M. J.	272
210766	Ladwa, P.	258
215740	Ladwa, S. P.	269
2636864	Lafferty, J. P.	136
8420340	Lafferty, P. S.	229
	Lagadu, S. P.	54
216473	Lagna-Fietta, F.	278
2644406	Laidlar, R. E.	140
8304794	Laidlaw, B. L.	142
216053	Laidlaw, K. A.	275
2649176	Laidler, P. D.	262
9767	Laidlow-Petersen, S. J.	238
8300554	Lain, D. P. J.	158
8117440	Lainchbury, D. I.	112
8206560	Lainchbury, I. M.	237
300889	Laing, B.	236
8028939	Laing, G. W.	133
8029389	Laing, I.	124
5208299	Laing, R. P.	158
8400188	Laing, S. F.	157
214279	Laird, J. E.	270
306122	Laird, J. H.	207
5206523	Laird, N. W. G.	113
2658969	Laisney, D. J.	142
	Lake, A. P.	66
300927	Lakeland, C.	236
8083911	Laken, W. E.	231
5206215	Laker, C. R.	155
4232923	Lakey, M. J.	234
2659372	Lakey, R. E.	145
215860	Lakin, A. P.	272
2644260	Lakin, I. K. H.	142
8029037	Lalley, M. T.	124
216356	Lam, S. J.	277
216030	Lamb, A. C.	275
212311	Lamb, A. R.	274
8701567	Lamb, A. W.	127
1948074	Lamb, C.	245
8701190	Lamb, C. M.	205
409512	Lamb, D. W.	210
8150959	Lamb, G. S.	179
5206613	Lamb, I. C.	243
8027511	Lamb, J. A.	189
216120	Lamb, K. A.	276
8011444	Lamb, P. G.	228
5206422	Lamb, P. R. J.	155
5204744	Lamb, R. A.	190
8305020	Lamb, S. D.	148
8300371	Lambe, P. A.	185
215482	Lambert, C. L.	264
5202796	Lambert, C. R.	260
8218872	Lambert, D. M.	164
5208513	Lambert, I. R.	139
8072740	Lambert, J. M.	229
2660168	Lambert, N. P. J.	145
8408513	Lambert, T. T. A.	177
8100967	Lambley-Steel, H. P.	226
8419240	Lambton, N. W. J.	158
216166	Lammas, D.	276
215063	Lamond, M. J.	266
8701369	Lamond, Rev S. P.	220
216015	Lamont, J.	275
5207655	Lamont, N.	152
8701371	Lamont, T. G.	198
8032413	Lamonte, E. S. M.	238
	Lamonte, J.	22, 100
2635510	Lamping, S. J.	80, 135
216274	Lancaster, A. R.	270
8131538	Land, A.	40, 51, 114
8211286	Land, J. D.	232
8153659	Lander, D. S.	173
8026041	Lander, R. J.	112
1961520	Lander, R. V.	228
5208603	Landy, D. C.	141
2649251	Landy, E. L.	141
213873	Lane, D.	261
8223061	Lane, G. A.	249
8014831	Lane, G. C.	226
216056	Lane, J. C.	275
	Lane, K.	212
215599	Lane, K. A.	275
2649458	Lane, M. A.	178
5208669	Lane, N.	142
2670760	Lane, N. J.	181
	Lane, P. L.	101
208672	Lane, P. S.	271
8214788	Lane, R. J.	158
686755	Lane, R. W.	243
8700008	Lane, S. E.	188
5208713	Lane, S. J.	195
8022748	Lang, B.	242
214859	Lang, R. I. W.	262
8300647	Langfield, G.	184
8102885	Langford, P. D.	228
8029481	Langley, P. H.	52, 153
8300181	Langley, R. I.	50, 154
8700009	Langrish, S. W.	167
4275864	Langston-Jones, P. G.	249
	Lankester, P.	33
5208328	Lannie, F. P.	194
8129458	Lansbury, D.	169
8235704	Lansdell, S. M.	159
213296	Lansley, A. P.	272
8121754	Lapham, D. J.	226
8304488	Lapham, P. A. A.	137
8288233	Lapish, J. N. J.	166
8409709	Lapsley, J. M.	161
8211877	Large, A. J.	178
8276645	Large, A. L.	51, 163
2653869	Large, B. W.	163
8024652	Large, M. L.	183
211333	Lark, M. A.	273
5208263	Larkam, D. J. D.	139
5208880	Larkman, A.	144
8117469	Larkman, M. G.	229
8300149	Larry, S.	153
216238	Larsen, M. R.	276
5208474	Larsson-Clifford, M.	195
8210267	Lashbrook, A. A.	178
2670452	Lashbrooke, B. P.	205
5208466	Lasrado, I. F. N.	203
214714	Last, G. A.	262
8305610	Latchman, K. H. T.	147
306391	Latham, A. N.	178
8019059	Latham-Warde, P.	226
5206337	Latimer, J. A.	160
8208753	Lauder, A. M.	48, 63
5206438	Laugharne, P. A.	136
2631680	Launder, W. A.	249
	Laundy, T. J.	200
214379	Laurence, P. E.	273
8099226	Laurent, C. L. T.	77, 114
8097765	Laurie, J. K.	184
8701696	Lavallee, P. J.	204
8300178	Lavender, M. D.	118
2630953	Laver, M. D. M.	62, 104
8076196	Lavery, R. J.	272
8285297	Lavis, R. J.	158, 300
8141863	Law, B. O.	229
2653796	Law, C.	146
306429	Law, C. A.	196
212756	Law, D. W.	272
8096706	Law, I. G.	228
215501	Lawday, K.	265
215501	Lawes, L. A.	264
2622508	Lawless, A. A.	40, 120
	Lawlor, J.	59, 104
212205	Lawrance, A. D.	270
300879	Lawrance, I.	243

363

INDEX

Personal No		Page No	Personal No		Page No	Personal No		Page No
8025854	Lawrence, C. J..	29, 107	9560	Leach, K. L........	249	5206322	Lee, P. B. T.	117
306012	Lawrence, C. S.	55, 154	5202340	Leach, R. L. F......	169	2649484	Lee, P. J..........	142
5208494	Lawrence, D. J.....	195	2628709	Leach, S. C.	124	8700259	Lee, R. A.	181
5204210	Lawrence, G.	173	8418433	Leacy, D. W. D.....	198	8702480	Lee, R. A.	149
211974	Lawrence, J. M. ...	265	2635959	Leadbeater, A. H. ...	160	210897	Lee, R. E.	258
2633778	Lawrence, M. D....	134	215775	Leadbeater, C.	270	5206542	Lee, R. G.	117
8029464	Lawrence, M. E. ...	127	5204698	Leadbeater, N. C. ...	189	8304107	Lee, R. P. G.	157
300948	Lawrence, M. J. ...	234	215356	Leadbetter, G. J. ...	270	5204138	Lee, Rev T. R.....	3, 218
8095426	Lawrence, P.	153	215153	Leadbetter, S. M. ...	268	2644282	Lee, S. A.	142
8140995	Lawrence, R. A. ...	231	8200536	Leadbitter, S. J.	175	5209004	Lee, S. D.	180
8133717	Lawrence, R. J.....	151	91537	Leader, H. S.......	252	8125300	Lee, T.............	231
8302801	Lawrence, S. J. L...	197		Leakey, M. A.	99	8300989	Lee, T. M.	198
209868	Lawrence, T.......	257	8300196	Leaman, M. J.	155	8302878	Lee, V. L.	149
2633769	Lawrenson, A. J. ...	248		Leaming, M. W.	102	8218273	Leech, A. H.	176
5207364	Lawrenson, D. J. ...	135	2660260	Leaming, O. P.	148	213017	Leech, E. J.	267
5202220	Lawrie, I. G.	123	8119615	Leaney, C.........	268	5206011	Leech, G.	189
5206606	Laws, D. J.	132	8013940	Leaper, J. W.	227	8701302	Leech, S. P.	166
5204814	Laws, D. L.	19, 110	8141583	Lear, R. J.	272	5200661	Leech, T...........	238
8701301	Lawson, A. C......	198	8701517	Learoyd, C. A.	214	5206245	Leeder, J. D........	136
5208832	Lawson, A. J.......	157	8702468	Leask, R. B.	149	2700005	Leegood, Rev G. L. .	254
216022	Lawson, A. S.......	275	595666	Leath, E. C........	226	9729	Leeks-Musselwhite,	
8405321	Lawson, C. A..	180, 305	8222141	Leatham, C.	156		M.	174
5206064	Lawson, D. A......	121	2644297	Leather, R. W.......	141	306482	Leeman, L.	164
8153283	Lawson, D. M.	175		Leatt, M. T.	101	8228547	Leeming, M. D.	193
5206864	Lawson, E.	19, 117	8406318	Leavesley, D.	162	212458	Lees, A.	259
2672383	Lawson, E. E.	205	2660655	Leavey, C. S.	145	214926	Lees, L. M.	263
209677	Lawson, G. C......	263	306018	Leckenby, D........	193	8025497	Lees, M. N.	234
5206497	Lawson, J.	40, 118	2627647	Leckey, M. J.	135	215661	Lees, N. M.	267
2642570	Lawson, J. A.	143	8302627	Leckie, T. M.	184	8304788	Lees, R. M.....	141, 306
2659003	Lawson, M. A.	144	2700002	Lecocq, H. D.	253		Lees, Professor W. R.	215
	Lawson, Mr N.	21	210013	Ledamun, R........	271	8260651	Leese, A.	145
214528	Lawson, P. S.	261		Ledsham, D.	41	8700057	Leese, H. R.	149
5204338	Lawson, R. J......	247	8027056	Ledward, D. J.	123	8109948	Leese, J...........	261
8201701	Lawson, R. J......	226	5207707	Lee, A. J.	153		Leeson, R. K.	21, 98
2659140	Lawson, S. R.	144	214673	Lee, A. G. C. Y.....	262	2658789	Lefroy, G. B.	143
2647054	Lawton, L. H.	253	213264	Lee, B.............	269	5206866	Legg, A. R.	120
8700010	Lawton, R.	149	8702256	Lee, C. A.	149	8028222	Legg, D. A. C.	119
216403	Lawton, S. M......	277	215523	Lee, C. J.	265	8019088	Legg, P. D.	234
8330316	Lawton, S. M......	260	91445	Lee, C. P..........	253		Leggat, J. G.	104
214248	Lawton, S. R.	261	215826	Lee, D. J.	271	213195	Leggatt, C. P.	273
8126718	Lay-Flurrie, S......	245	8010716	Lee, D. J.	225	215081	Legge, C. J.	263
2630189	Laycock, P. M.....	262	2628039	Lee, D. J. F.	116	5204520	Leggett, A. E....	74, 109
8240112	Laycock, S.	198	211541	Lee, F.	258	2649503	Leigh, D. J.........	179
5207396	Layden, C. J.......	139	2622948	Lee, G.	110	212949	Leigh, J. M.	266
2644247	Layden, K. M..	139, 305	5208649	Lee, G. J.	142	8069711	Leigh, R. A.	186
2637145	Layton, A. E.......	181	212613	Lee, J. F.	259	8220896	Leigh-Davies, S.....	272
2659020	Lazarus, A. L.	162	8304980	Lee, J. M.	147	5207694	Leighton, G.	189
2653864	Lazenby, M. R.	144	215852	Lee, L. J.	272	211254	Leighton, J. D..	62, 128
	Le Brun, C. G.	32	216258	Lee, M. J.	276	5208624	Leighton, P. M......	177
5209041	Le Cornu, J. P. M...	145	216079	Lee, M. L.	275	8137885	Leighton, W.	227
8700232	Le Cornu-Brown, G.	150	8260125	Lee, M. P.	141	8019276	Leitch, D. O. S......	112
2638626	Lea, M. R.	139		Lee, M. T. C.	302	214721	Leith, D. M.	262
8152614	Lea, N. J.	170	5205613	Lee, N. P. D.	116	8403022	Leivers, A. F.	227
8701383	Leach, H. J........	166	2634453	Lee, Rev P.	220	8405071	Lemin, C. J.	162
214163	Leach, J. W. P.	252	213652	Lee, P. A. R.	260	214542	Lemmon, D. S......	261

INDEX

Personal No	Page No	Personal No	Page No	Personal No	Page No
8701525 Lenaerts, T. 180		210695 Lewis, M. A. 258		5205896 Lindsay, S. M. 112	
5208244 Lenahan, C. A. 138		8300981 Lewis, M. A. 178		2644459 Lindsay, T. J. 141	
8027155 Lence, M. S. 123		5208143 Lewis, M. E. 58, 202		2640292 Lindsell, A. 165	
8028590 Lendon, G. D. C. . . . 184		5207030 Lewis, M. P. D. . . 83, 110		2640178 Lindsell, S. 138	
5205182 Lenihan, P. J. D. . . . 120		5206481 Lewis, M. T. 128		8032518 Lindsey, D. E. 152	
Lennard, A. J. 12		8304737 Lewis, P. B. 139		210914 Linehan, M. 243	
5209095 Lennie, C. G. 164		8189 Lewis, P. E. 154		306221 Lines, G. D. 193	
8136789 Lennie, J. P. 162		216527 Lewis, P. J. 278		213151 Lines, M. J. 271	
8403175 Lennon, M. M. 138		209068 Lewis, R. 257		216102 Liney, F. S. 276	
8702821 Lenox, J. A. 149		8701303 Lewis, R. A. 197		8304903 Ling, M. R. 145	
5208271 Leonard I. 44		5206012 Lewis, R. D. 127		8104084 Ling, P. 228	
2635120 Leonard, A. R. 127		2624568 Lewis, S. B. 152		5206408 Ling, R. J. D. 136	
8106458 Leonard, D. A. 227		2670347 Lewis, S. J. 148		8282610 Ling, S. J. 184	
5208271 Leonard, I. 222		8701632 Lewis, S. K. 223		Lingham, R. 36	
8175984 Leonce, A. J. 162		2628944 Lewis, S. M. 274		8028788 Lings, G. B. 133	
215073 Leslie, D. T. 266		5207888 Lewis-Russell, J. M. . . 203		Lingwood, Mr M. 13	
8260663 Leslie, S. G. 232		213334 Lewry, G. J. 274		2664457 Linn, K. M. J. 254	
215811 Leslie, S. W. 271		8304032 Lewry, J. R. 135		5206305 Linsley, A. 135	
8701617 Lessey, T. A. 182		5206401 Ley, E. R. J. 48, 174		5205870 Linstead, A. S. 112	
5208966 Lester, A. G. 163		8205017 Ley, R. A. 228		5205609 Linter, J. E. 119	
5203759 Lester, D. M. 62		8013916 Leyland, T. J. W. . . . 173		8302870 Linton, K. E. 166	
8096583 Lester, D. R. 231		8700233 Leyman, M. R. 150		8285145 Lippett, M. C. 165	
8407050 Lester, M. D. 177		8701375 Libby, R. L. 198		8304290 Lippiatt, S. D. 136	
214674 Lester, M. S. 262		8024718 Licence, J. R. 184		8154198 Lipscomb, P. R. 176	
8024666 Lester, P. T. G. 152		2658790 Liddle, A. J. 144		8227874 Lipscomb, R. J. 179	
5203759 Lester-Powell, D. M. 112		8000869 Liddle, I. M. 227		209510 Liquorish, N. J. 266	
5207250 Letch, M. J. 129		8024400 Liggat, A. K. S. 153		5207319 Liskiewicz, W. J. S. . . 203	
216474 Letherby, N. W. J. . . 278		8086438 Lightbody, H. L. 227		8212104 Lisle, S. J. 178	
8260973 Lett, A. J. 147, 304		215192 Lightfoot, C. A. 267		8213410 Lismore, M. R. 135	
8028063 Letton, J. S. 132		8701519 Lightly, Ms N. 8		8141327 Lister, M. R. 232	
Lever, I. 14		8701519 Lightowler, M. 166		Lister, S. R. 22	
8701518 Leverson, A. 181		8141375 Liivet, P. 133		5202181 Lister-Tomlinson,	
8300918 Leverton, D. 161		8019275 Liley, S. 115		A. D. 60, 115	
213449 Levett, M. J. 260		215383 Lilley, J. S. 272		8098847 Liston, G. A. 132	
8068315 Levick, P. 265		8700077 Lilley, M. C. 149		5205385 Liston, D. 115	
8701589 Levin, L. S. 147		Lilley, S. P. J. . . . 42, 99		5208329 Liston, J. H. 159	
2626116 Leviston, A. M. 263		5207672 Lilleyman, S. A. 135		8701398 Litten, J. R. 166	
2654177 Levy, A. C. 145		8304932 Lilly, A. N. 146		8021064 Little, A. H. 123	
8700145 Levy, E. K. 199		8107364 Lilly, P. D. 137		210459 Little, G. I. 274	
Lewington, D. J. 14		8153644 Lilly, P. D. 172		2653807 Little, J. G. 205	
8302842 Lewis, A. 211		8154214 Lilly, S. J. 178		215631 Little, M. C. 267	
8246191 Lewis, A. J. 179		2641433 Limb, N. P. 176		5202525 Little, N. G. 14, 108	
Lewis, A. L. 101		Lincoln, Mr P. 7		8023530 Little, R. 244	
8087022 Lewis, A. P. 109		215761 Lincoln, R. J. 275		1950335 Little, R. A. 184	
306149 Lewis, C. L. 239		8302541 Lindley, J. E. 186		Little, R. M. 25	
5208145 Lewis, D. A. 174		216348 Lindley, J. R. 277		214371 Little, S. P. 272	
8216036 Lewis, D. L. 191		2641462 Lindley, M. C. 138		8304752 Littlechild, G. J. M. . . 139	
8701211 Lewis, E. J. 187		8022676 Lindley, R. B. . . 44, 107		306262 Littlecott, A. J. 195	
8150797 Lewis, I. J. 134		8001737 Lindop, A. R. 227		8400013 Littlecott, M. 195	
5208971 Lewis, I. P. 163		8413553 Lindsay, C. J. 155		215912 Littleford, A. B. 273	
2644430 Lewis, I. S. 141		8024553 Lindsay, G. H. 244		5202185 Littlehales, M. P. G. . 151	
2633674 Lewis, K. A. . . . 38, 119		5207875 Lindsay, G. 249		2649053 Littlejohn, P. A. T. . . 141	
300956 Lewis, K. H. 236		8018728 Lindsay, J. R. . . . 10, 120		8029331 Littlejohns, G. E. . . . 127	
8304169 Lewis, M. 136		8286490 Lindsay, J. W. 128		8007217 Littlemore, K. J. 227	
210458 Lewis, M. A. 273		216340 Lindsay, S. J. 277		8437649 Littlewood, P. 165	

INDEX

Personal No		Page No	Personal No		Page No	Personal No		Page No
	Littlewood-Tysoe, D.	46	2670212	Lockwood, G. A. . . .	146	8024275	Lorraine, A. G.	154
8141651	Littley, B.	124	212148	Lockwood, N. C.	269	5208558	Lorriman-Hughes,	
2649951	Lively, J. P.	179	5208317	Lockyer, S. J.	139		M. D.	161
2658855	Livesey, B. L.	144	8700106	Lodge, E. J.	149	5206218	Louca, J. C.	184
4283749	Livesey, G.	244	213281	Loft, N. L.	273	216057	Lougheed, M. P. . . .	275
8012549	Livings, G. E.	230	8300398	Lofthouse, G. D. J. . .	155	8099530	Loughlin, R. B.	225
8701604	Livingston, K. J. . . .	198	8302802	Lofthouse, K.	163	2642787	Loughran, S.	138
212433	Livingston, R. C. . . .	259	8701173	Lofthouse, N. J.	146	8224992	Lovatt, I. M.	193
2636946	Livingstone, D. A. . .	137	8010521	Lofting, P. J.	226		Love, G. J.	32
214937	Llewellyn, A. J.	265	8073038	Lofts, D. A.	231	8701691	Love, J.	167
8300910	Llewellyn, A. J.	165	2649103	Lofts, M. S.	161	212164	Love, M. A.	269
215607	Llewellyn, C. A. . . .	366	213686	Loftus, K. B.	260	2636052	Loveday, N. J. . . . 9,	116
215744	Llewellyn, F. J.	263	213483	Logan, A.	260	8139044	Loveden, L. R.	229
8024721	Lloyd, A. R.	184	214953	Logan, A.	264	5208273	Lovejoy, A. F.	195
5204979	Lloyd, A. T.	152	216462	Logan, B. J.	278	8028804	Lovell, A. B.	119
8300977	Lloyd, B. J.	166	2638681	Logan, C. R. G.	141	8019680	Lovell, G. J.	114
8150511	Lloyd, D.	132	215386	Logan, E. J.	271	214577	Lovell, P. M.	261
4232924	Lloyd, D. G.	235	5208751	Logan, I. J.	162	8140927	Lovell, R. H.	124
208850	Lloyd, D. M.	268	8302810	Logan, J. C.	197	2633061	Lovely, P. 82,	120
8302687	Lloyd, E. R.	192	215533	Logan, J. J.	265	8026756	Loveridge, M. J. . . .	112
	Lloyd, M. G. 8,	99	5208010	Logan, M. J.	184	8024498	Loveridge, S. M. 86,	152
2659373	Lloyd, M. G.	145		Logan, Mr T.	22	215324	Lovering, D. P.	270
5208044	Lloyd, M. V.	207	2611609	Logan, S. T.	265	208725	Lovering, M. L.	271
	Lloyd, N.	33	8300264	Logan, S. W.	154	212940	Lovett, A. W.	267
5205687	Lloyd, N. J.	121	8112566	Login, B. 73,	110	8304789	Lovett, G. S.	141
2636590	Lloyd, P. H.	172	8103198	Logue, M. J.	225	8302705	Lovett, Z. K.	238
8124125	Lloyd, P. J. 82,	114	5205252	Lomas, M.	171	8027616	Low, I. N.	242
2623184	Lloyd, P. O. 53,	109	2659893	Lomas, S. J.	179	5208451	Low, N. J.	239
5206382	Lloyd, R. A.	173	216507	Lomas, T. M.	278	8027236	Low, R. A. C.	234
8125441	Lloyd, R. C.	197	306309	Lomas, V. A.	195		Low, T. J.	41
2670748	Lloyd, R. M.	167	8701164	Lomas-Cathrine, E. L.	145	8414401	Lowe, D. P.	176
211137	Lloyd, S.	268	8186404	Lomax, D.	161	2658743	Lowe, D. R.	143
5203207	Lloyd, S. J.	124	690630	Long, A.	269	4287864	Lowe, J. F. C.	263
	Lloyd, S. J. A.	31	5205615	Long, C. E.	171	2649666	Lowe, M. C.	177
215450	Lloyd, T. M.	263	4232458	Long, D.	273	216246	Lowe, P. J.	276
8305089	Lloyd-Davies, G. P. .	148	214777	Long, D. P.	262	5208937	Lowe, R. P.	144
2637781	Lloyd-Evans, G. 53,	129	2659809	Long, M. O.	147	8115626	Lowe, S.	227
8304695	Lloyd-Jones, E. . . .	139	8304603	Long, R. C. J.	128		Lowe, T. M.	75
208962	Lloyd-Jones, R. . . .	266	8300845	Long, R. F.	197	213690	Lowery, M. D.	260
5208295	Lloyd-Jones, S. A. .	158	2637985	Long, S. C.	138	8700267	Lowes, D. M. . . 150,	304
	Loader, C. R. . 38, 86,	97	8152520	Longden, R. D.	174	8701304	Lowing, T. R.	181
5207998	Loader, P. C. . . . 14,	120	216034	Longhurst, H. L.	275	5207155	Lowman, M. E.	153
8084203	Lobb, D. K.	228	213206	Longhurst, S. E.	270	214838	Lowndes, P. S.	262
	Lobb, G.	50	8154307	Longley, C. I.	174	5208707	Lownds, D. M.	143
214304	Lobban, A.	270	8192023	Longmoor, S. J.	179	8700124	Lowrie, T. J.	198
5209050	Lobbedey, J. C. . . .	186	8260110	Longmuir, G. R.	232	8100013	Lowry, G. I.	228
8304238	Lock, G. R.	136	215802	Longsden, J. D.	270	8081303	Lowry, W. M.	175
8304848	Lock, M. D.	143	8027030	Longstaff, M. C. . 10,	113	1948920	Lowther, J. F.	256
	Lock, R. 19,	103	8700114	Longstaffe, M. J. . . .	149	212355	Loxton, J. V.	259
215070	Locke, E. J.	265	2659895	Longworth, R. A. . . .	187	5206507	Loxton, W. T.	118
3528221	Locke, G. H.	244	306485	Lonsdale, A. C.	164		Loy, Mr M. P.	73
2659997	Locke, J. M.	147	306470	Looker, J.	205		Loy, P.	14
4231143	Locke, M. A.	242	8025125	Loosemore, A. R. . . .	255	211421	Loynton, J. C.	274
8700086	Lockey, P. T.	149	8304696	Lord, A. S.	139	8135426	Lucas, G. G.	228
8032493	Lockhart, N. L.	152	8260087	Lord, D. K.	117	216374	Lucas, J.	271

INDEX

Personal No	Page No
2643014 Lucas, P. A.	139
2670041 Lucas, W. M.	148
5203655 Lucie-Smith, E. R.	172
8302872 Lucisano, P.	166
8028767 Luck, C. J.	117
8029362 Luck, R. K.	117
8701240 Luckett, P. A.	197
8700255 Lucking, G. M.	150
2672393 Luckins, A. J.	149
8026151 Ludford, J. S.	273
5208177 Ludman, A. I.	138
8304239 Luggar, A. J.	130
216391 Lukaszewicz, A. S.	277
2658922 Luke, J. W.	144
8304921 Luker, A. J.	186
216325 Luker, H. L.	277
Luker, P. D.	53, 98
8028717 Lumb, D. M. V.	124
8300616 Lumb, R. P.	155
215727 Lumley, G.	275
8700234 Lummis, B. R.	150
215746 Lumsden, B. W.	269
215947 Lumsden, G. I.	273
5208171 Lumsdon, M.	191
5206396 Lunan, I.	172
8024101 Lunan, M.	151
2640875 Lund, A. J. K.	138
8007430 Lund, R. M.	122
212314 Lundgren, R. A.	263
216513 Lunn, C. W.	278
8701103 Lunnon-Wood, B.	146
8700988 Lunnon-Wood, D.	197
2629470 Lunt, C. C.	271
2617932 Lunt, J. D.	242
8108018 Lupton, A. J.	158
5207989 Lushington, R. D. L.	191
8029807 Lushington, S. F.	121
8152396 Lusty, R. O. D.	176
8024246 Luter, B. A.	111
8304632 Lutman, A. J.	158
209625 Lutton, P. F.	269
8154017 Luxton, I. J.	181
215487 Lyall, B.	273
2626758 Lyall, G.	249
Lyall, P.	39, 105
8701206 Lydiate, D. T.	165
306387 Lye, S. J.	195
2642687 Lyle, A. J.	130, 305
Lyle, Mr J. H.	17
213074 Lyle, R. M.	268
2642955 Lynam, N. C.	158
215496 Lynas, J.	264
8093859 Lynch, B. G.	190
2644188 Lynch, C.	261
8077173 Lynch, D. J.	226

Personal No	Page No
8114451 Lynch, J. P.	268
8701305 Lynch, M. A.	181
Lynch, R. D.	105
8304933 Lyndon-Smith, C. D.	146
Lyne-Pirkis, C. J. A.	30
216440 Lynegar, B. A.	278
8409896 Lynes, D. A.	213
2658909 Lynham, J. J.	163
8701484 Lynn, A. T.	165
2644198 Lynn, C. J.	160
5208536 Lynn, S. B.	211
8091634 Lynskey, M. F.	178
8121403 Lyon, B. R.	228
5209088 Lyon, I. S.	145
8248186 Lyons, C. J.	179
5205452 Lyons, D. E.	189
8300183 Lyons, N. J.	191
210393 Lyons, P. C.	273
216444 Lyons, P. C.	278
8009933 Lyons, R. J.	230
5206909 Lyons, T. P.	125
8300729 Lyttle, R. B. M.	158
594248 Lyttle, R. E.	64, 233
209753 Lyttle, T.	257

M

Personal No	Page No
	Maas, J. D. 3, 105
215709	Mabb, S. T. W. 268
	MaCabe, Mr R. 18
8141752	Macalister, S. J. 177
215430	MacAulay, R. J. S. 273
5205496	MacAuley, S. J. 202
5208005	MacBeth, N. D. 44, 207
2649905	Macbrayne, A. A. 140
214973	MacCarron, D. F. 264
5209042	Maccoll, S. S. 145
2630345	MacCormac, R. M. J. 117
215338	MacDonald, A. C. G. 271
8094187	MacDonald, A. T. 171
214215	MacDonald, B. 268
8700058	MacDonald, C. A. 149
2649161	MacDonald, D. J. 250, 268
8130275	MacDonald, F. G. 152
8304122	MacDonald, F. J. 136
306272	MacDonald, F. M. 195
4278628	MacDonald, G. B. 237
2662393	MacDonald, J. A. 166
5207019	MacDonald, J. P. 260
9505	MacDonald, L. M. 203
8024355	MacDonald, P. D. 194
8028203	Macdonald, P. J. S. D. 81, 128
8700101	MacDonald, S. A. 149
	Macdonald, W. 14
2643999	MacDougall, K. C. 139
5207275	Mace, C. J. 125
	Mace, Dr A. C. H. 22
	MacEachern, I. J. O. 43, 101
8141201	Macey, G. 123
608286	Macfadyen, I. D. 265
2658744	Macfarland, S. E. 143
8701717	MacFarlane, F. M. 167
8029106	Macfarlane, I. J. M. 124
8141224	MacFarlane, I. W. 232
	MacFarlane, Mr D. 21
	Macfarlane, Mrs A. 14
2649914	Macgillivray, J. F. 143
1961476	MacGregor, G. B. 228
8199306	MacHell, A. D. 229
214584	Macher, D. 261
8701490	Machin, A. P. 198
214656	Machin, J. A. 262
214675	Machin, J. A. 262
5209009	Machin, R. J. 162
5205631	Machray, R. G. 119
5206820	MacInnes, A. J. E. 121
306331	MacInnes, F. C. L. 196

367

INDEX

Personal No	Page No	Personal No	Page No	Personal No	Page No
2621151 MacInnes, G. W.	65, 109	MacRae, Dr W. R.	216	2635436 Makepeace, A. D. E.	125
5202310 MacIntosh, D. R.	60, 122	MacRae, T. F.	216	306376 Makepeace, P. A.	161
214515 MacIntosh, F. I.	261	8701199 MacRo, A. E.	146	Makey, Mr M. A.	216
5208680 Macintyre, A. J. M.	155	8015328 MacRury, D. G.	170	213081 Malbon, A. S.	163
5204953 Macintyre, R. A.	132	2621081 MacTaggart, R. A. M	44, 120	Malcolm, C. D.	78, 104
5208506 Macivor, K. S.	196	5208901 Madden, G. J. P.	177	214854 Malcolm, G. R.	262
5208085 Mack, A. P.	136	306266 Madden, H. M.	160	2634460 Malcolm, J. M. W.	134
8141485 Mack, T. N.	232	8260856 Madden, L. T.	143	2649848 Malcolm, N. I.	177
8024683 MacKay, A. J.	138	5205363 Madden, M. R.	151	Malcom, Dr A.	299
8027916 MacKay, A. J. M.	116	595478 Maddison, M. J.	231	2637128 Males, A. C.	186
4232230 MacKay, D. J.	274	8304052 Maddison, R. C.	119	Malkin A. V.	29
211231 MacKay, D. J. F.	266	8304914 Maddock, T. J.	146	8141685 Mallam, G. E.	232
5205719 MacKay, D. M.	249	4335217 Maddocks, B. J.	68, 242	8007580 Mallett, A. D.	227
8032546 MacKay, G. E.	156	8088227 Maddocks, D.	244	8132468 Malley, P.	229
8133413 MacKay, I. T.	151	8024228 Maddox, A. J. M.	113	2627858 Mallinson, C. P.	132, 306
2670211 MacKay, M.	197	Maddox, N. D. A.	62, 98	2649530 Mallon, B. J.	140
2653778 MacKay, P.	147	215111 Madeira, N. C.	266	8287844 Malone, M.	194
8070531 MacKay, S. M.	231	8406682 Madeley, S. T.	180	2659741 Maloney, R. C.	164
8241521 MacKean, A. B.	198	215657 Madge, P.	263	8105202 Malpass, D.	227
8192505 MacKenzie, A. K.	152	216448 Madley, A. J.	278	8032651 Maltby, C.	196
8305048 MacKenzie, D. M.	168	4232621 Maeer, K. W.	243	2638285 Maltman, R. L.	180
8094005 MacKenzie, D. P.	44, 115	8081473 Magee, B.	225	8152969 Mammatt, J. E.	173
8300288 MacKenzie, E. G.	184	5208246 Magee, S.	158	2658791 Mander, J. M.	143
8011025 MacKenzie, G. T.	231	5208752 Magenty, D.	186	5206151 Manders, N. R.	192
8082010 MacKenzie, J. A.	227	8029462 Maggs, C. J.	134	Manderson, K. M.	302
8301036 MacKenzie, J. N.	179	Maggs, P. J. T.	23	8701977 Manekhaw, Z. N. M.	278
8028338 MacKenzie, K. D.	152	2640601 Magill, B. F.	262	8305014 Manisty, R. E.	147
5205277 MacKenzie, K. J.	124	2627562 Maginnis, R. J.	124	2644197 Mankowski, M. K. L.	47, 161
8028405 MacKenzie, N. H.	133	5206228 Maguire, A. J.	134	8171957 Manktelow, A. J.	191
213756 MacKenzie, P. J.	260	8179962 Maguire, M. F.	228	213776 Mann, D. D.	196
5206423 Mackereth, J. E.	136	5204999 Maguire, P. J.	52, 151	214696 Mann, J.	262
5207290 Mackie, K. C.	210	8023434 Maher, G. M.	232	8700075 Mann, J. A.	198, 302
2649072 Mackinnon, S. E.	143	215821 Mahiz, A. A.	271	8118809 Mann, K. A.	228
8106018 Mackintosh, A. J.	196	216475 Mahiz, U.	278	8228483 Mann, P. B.	197
4335092 MacLachlan, A. J. C.	242	8300762 Mahon, K.	193	5205738 Mann, T. S.	117
5208833 MacLachlan, C. C.	136	8000454 Mahon, M. C.	184	1962154 Mannall, D. M.	174
8302775 Maclaren, A. F.	236	Mahon, W. E.	104	2659859 Mannering, J. C.	145
213045 MacLean, A. G.	268	216173 Mahoney, A. L.	276	2640256 Mannering, R. E.	141
8128444 MacLean, D.	189	8001900 Mahoney, B. R.	225	214380 Manning, D. A.	272
5202129 MacLean, D. F.	107	5205341 Mahoney, N. G. A.	189	8400342 Manning, D. P.	38, 126
2616560 MacLennan, K. M.	248	8300760 Mahony, P. A.	184	4233540 Manning, F. R. O.	234
8032739 MacLeod, F. D.	157	5207817 Maidment, G.	58, 202	8193635 Manning, I.	232
8029444 MacLeod, G. M.	152	8209931 Maidment, J.	195	4232551 Mannings, E. J.	244
216099 MacLeod, R.	276	8015643 Main, A.	225	608652 Mans, K. D. R.	257
213335 MacLeod, S. L.	259	8420591 Main, A. J.	178, 305	8058322 Mansell, A. B.	227
5207339 MacMillan, A. A.	137	4232681 Main, A. P. T.	107	8189672 Mansell, A. C.	195
214591 MacMillan, F.	261	8260418 Main, A. S.	269	5206393 Mansell, L. D. C.	157
8304083 MacMillan, I. D.	136	8115967 Main, B. J.	229	608475 Manser, R. C. H.	248
8304990 MacMillan, N. A. J.	147	8304633 Main, S. J.	138	8029312 Mansfield, J. J.	125
8009934 MacMillan, R. A.	228	8701234 Maina, E. I.	180		Mansfield, Professor A.	215
5208104 MacNaughton, K.	136	213034 Mair, D. T.	268	5208610 Manson, A. L.	205
2649880 Macniven, D. J.	141	213474 Maitland, P.	260	5207266 Manson, J. H.	134
8182662 Macpherson, C. J.	183	5209109 Maitland-Knibb, S. B.	205	91559 Manson, R. M.	252
8260123 MacPherson, D. S.	161	Major, A. C.	39, 51, 103		
214688 MacQuarrie, J. B.	262				

INDEX

Personal No		Page No	Personal No		Page No	Personal No		Page No
	Mantell, A. C. . . .	13, 23	8218738	Marshall, A. P.	192	5205693	Martin, D. V.	171
2641434	Manvell, S. P. . .	55, 155	8210014	Marshall, A. R.	184	8095282	Martin, E. H.	236
215004	Manville, S.	264	5208375	Marshall, A. S.	236	8183275	Martin, G.	172
306165	Manwaring, C. A. . .	185	5209036	Marshall, C.	187		Martin, G. C.	105
8028698	Manwaring, M. T. . .	119	4291645	Marshall, D.	169	8701061	Martin, H. M.	211
5207112	Maple, G. C.	184	8406867	Marshall, D. A.	179	8084781	Martin, H. S.	261
215610	Maple, M.	266	5203443	Marshall, D. N. F. . . .	202	8205820	Martin, I. D.	180
2628780	Maple, P. D.	155	8300827	Marshall, D. W. L. . .	163	1961734	Martin, I. D. M.	225
214967	March, A.	264	8245361	Marshall, E. L.	197	211487	Martin, I. J.	260
5204339	March, A. P.	120	213180	Marshall, G. P. B. . . .	271	8021214	Martin, I. M.	108
5208852	Marchant, L. P.	143	8702976	Marshall, I.	148	2662635	Martin, J. E.	253
306255	Mardell, A. 59, 222		8141040	Marshall, I. F.	133	2629178	Martin, J. P.	268
8024156	Marden, A. J.	152	5206695	Marshall, I. G.	193	8243552	Martin, J. P.	161
9457	Marden, V. J. A. 64, 112		210767	Marshall, I. P.	258	216281	Martin, J. R.	277
5202288	Mardon, J. 10, 112		5205728	Marshall, J.	132	8700277	Martin, J. R. L.	181
5208180	Mardon, P. D.	194	8189907	Marshall, J.	170	214114	Martin, J. W.	266
213775	Marett, P. J.	266	8700080	Marshall, J. D.	180	8300373	Martin, J. W.	191
5209021	Margetts, S. G.	145	409542	Marshall, J. M.	211	5205695	Martin, J. W. R. . 76, 173
8304753	Margiotta, C. A. . .	139	5204226	Marshall, K. A. . . 50, 170		215981	Martin, K.	274
8305100	Margrett, G. J.	149	8027433	Marshall, L.	123	213829	Martin, K. H. D.	261
5209017	Marini, T. A.	160		Marshall, M. J.	87	8014455	Martin, K. P.	227
2658792	Mark, B. S.	143	8024257	Marshall, M. L.	184	8140051	Martin, M. J.	190
	Mark, R.	66	8304894	Marshall, M. R.	145	2654178	Martin, N. C.	146
	Markey, C. R.	104		Marshall, Mr M.	247		Martin, N. R.	14
	Markin, Mr M.	16	8210560	Marshall, P. J.	153	8201469	Martin, N. R. . . . 10, 120
8001184	Marklew, M. J.	196	8025178	Marshall, R. A.	234	5204988	Martin, P.	112
4231739	Marks, P. J.	249	2670132	Marshall, R. C.	181	8028331	Martin, P.	123
216530	Markwell, L.	278	8304419	Marshall, R. D.	129	8230211	Martin, P. L.	172
5205291	Marley, T. J. . . . 20, 112		8012906	Marshall, R. S.	172	214190	Martin, P. M.	269
214881	Marlow, P. M.	262	2642446	Marshall, S. A.	129	5208022	Martin, R. C.	135
8702671	Marple, S. L.	182	8205049	Marshall, S. D.	227	2636569	Martin, S.	136
5202365	Marr, J.	123	214280	Marshall, S. W.	265	8700162	Martin, S. D.	150
212846	Marr, J. D.	264	5208711	Marshall, T. A.	196	214961	Martin, S. F.	264
2649486	Marr, P. J. B.	141	8702435	Marshall, V.	205	5204078	Martin, T. E.	253
8701412	Marr, R.	178	8025376	Marson, A. C.	124	8237839	Martin, V. M.	161
215194	Marren, J. P. M. . . .	267	5204943	Marston, I. C.	126	8107202	Martin, W. N.	229
213984	Marriott, G. A.	264	5208560	Marston, L.	140	8302793	Martin-Jones, A. L. . .	196
214309	Marriott, G. E.	270	8026122	Marston, R.	235	5208406	Martin-Jones, P. D. . .	175
215310	Marriott, M. S.	269	2636494	Marston, S. K.	130	306209	Martin-Smith, A. C. .	194
2637940	Marsden, D. F.	137	5204943	Marstone, I. C.	53	8238445	Martland, C. J.	163
5209018	Marsden, Rev C. H.	220	215957	Marten, N. J.	273	8151810	Martland, J. R.	175
8000768	Marsden, T. G.	226	8302858	Martens, H.	166	215412	Marwood, E. A.	272
213771	Marsh, C. J.	260	1962125	Martin, A. J.	225	215451	Marwood, P. R. . . .	274
4231943	Marsh, D. A.	248	8411722	Martin, A. P.	157	5304026	Marwood, R.	130
215868	Marsh, D. M.	275	5204340	Martin, A. T. . . . 40, 121		8441335	Masawi, S.	211
5207838	Marsh, D. W. R. . . .	193	8229881	Martin, A. W. H.	180	215899	Mascetti, H. P.	272
8701629	Marsh, E. J.	208	2660474	Martin, C.	166	216493	Masefield, M. J.	278
5206171	Marsh, H. . . 40, 50, 190			Martin, C. P. G.	32	4335127	Masefield, R. M. . . .	272
5206430	Marsh, K.	129	209661	Martin, D.	270	8027217	Maskall, R. L.	123
5206323	Marsh, R. E.	171	2642456	Martin, D.	139	5207711	Maskell, P.	190
5208444	Marsh, R. J. L.	114	5206311	Martin, D. A.	156	8096379	Maskell, R. P.	227
215216	Marsh, S.	263	2630957	Martin, D. C.	265	2642748	Maslin, A. C.	138
8302866	Marsh, S. A.	148		Martin, D. J. R.	23	8701605	Mason, A.	181
8300895	Marsh, S. B.	165	9281	Martin, D. L. . . . 44, 112		214556	Mason, A. C.	261
5207382	Marshall, A. P.	130	8245996	Martin, D. S. . . . 165, 304		210892	Mason, A. D.	243

INDEX

Personal No	Page No	Personal No	Page No	Personal No	Page No
5202135 Mason, A. J.	108	8181479 Mathews, T. J.	277	210277 Mayes, G. J.	267
2649487 Mason, B. J.	142	608464 Mathie, A. R. C.	269	5208247 Mayes, T. M.	158
5208717 Mason, B. P.	143	2633999 Mathieson, C. A. C.	254	8300155 Mayhew, G. M. D.	120
215191 Mason, C. L.	267	2626305 Mathieson, D.	244	8701092 Mayhew, J. J.	180
5206784 Mason, C. R.	154	213463 Mathieson, P.	260	Maynard, A.	45
8700980 Mason, C. R.	139	8240317 Mathison, E.	211	Maynard, A. L.	14
8304536 Mason, D. C.	129	8206047 Mathison, K.	230	5201919 Mayne, J. P.	108
5205933 Mason, D. G. J.	171	8300818 Maton, A. K.	186	8153172 Mayo, P. R.	176
2636214 Mason, D. P.	137	215869 Matraves-Piotrowicz, J. C.	272	212521 Mayoh-Smith, S. A.	259
8027862 Mason, G.	234			215953 Mayoh-Smith, S. M.	275
608481 Mason, I. M.	244	5207848 Matson, R. C.	128	Mayor, S.	15
8099989 Mason, J. P.	225	214789 Matten, P. A.	269	8099045 Mc Cabe, A. J. M.	231
8125947 Mason, J. P.	127	5206392 Matthew, J. H.	176	8000127 Mc Cullough, K. D.	231
8304859 Mason, J. R.	143	8173103 Matthews, B.	228	8023352 Mc Kay, W. A.	232
Mason, J. S.	19	5209111 Matthews, C. J.	145	8071320 Mc Kechnie, C. T.	227
216330 Mason, K.	277	8308647 Matthews, E. J. A.	198	690241 Mc Leod, A.	231
216328 Mason, L.	277	4232406 Matthews, G. R.	272	8073404 Mc Menamin, P. G. M.	227
2659857 Mason, M. A. P.	148	300911 Matthews, I. D.	236	8007985 Mc Partland, S. P.	225
5208416 Mason, P. M.	159	2659122 Matthews, L.	179	1942474 Mc Queen, D. C.	255
8028951 Mason, R. D.	53, 119	8300275 Matthews, L. A.	184	8094655 Mc Sheffrey, D. A.	226
8260628 Mason, R. J.	232	5206913 Matthews, M. W.	133	215447 McAdam, B. A.	263
5202928 Mason, R. K.	123	8153996 Matthews, P. H.	177	213326 McAdam, N. W. E.	259
215918 Mason, R. M. C.	273	8029132 Matthews, P.	120	8701330 McAdam, P. J.	181
8220982 Mason, S. J.	133	8300780 Matthews, R.	186	2659123 McAdam, S. G.	145
5207191 Mason, T. R.	191	5204799 Matthews, R. S. J.	44, 202	8304357 McAdam, W. J.	137
215497 Massey, J. A.	264			8024390 McAleer, A. S.	152
8173041 Massey, K. J.	228	1960746 Matthews, T. J.	237	8403654 McAllister, D. J.	178
5204850 Massey, L. A.	210	2649214 Matthias, M. L. Q.	162	2653711 McAllister, J.	140
209976 Massey, P.	257	8029360 Mattinson, R. G.	129	8217695 McAllister, N. J.	179
8304274 Massey, P. C.	136	8701662 Maughan, B. T.	181	215742 McAloney, E. M.	269
593808 Massey, R. G.	68, 242	8304268 Maund, J. C.	136	215065 McAloney, J.	265
2649137 Massie, A.	139	2636112 Maunder, C. N. J.	124	5207021 McAlpine, P. W.	117
2648927 Massingham, D. P.	141	215892 Maunder, C. P.	272	306278 McAlpine, R. D.	194
5208693 Massingham, G. J.	162	5201158 Maunder, M. J.	242	McAlpine, R. I.	38, 100
8025746 Masson, A.	231	8177556 Maunder, S. G.	264	2622509 McAnally, A. D.	251
8700048 Massy, C. H.	149	8701174 Maurin, C.	165	8138381 Mcara, D.	127
214204 Masters, D. A.	267	8141693 Maving, G.	232	409540 McAree, F. M.	211
8092950 Masters, K. J.	230	215119 Mawer, H. M.	267	2634601 McArthur, C. P. D.	138
215721 Masters, M. E.	269	213950 Mawson, S. J.	264	212131 McAtamney, E. J.	269
2644070 Masters, M. W.	141	8304716 Maxey, N. D.	139	8027385 McAuley, A. W. J.	44, 109
214340 Masters, S. A.	271	8246554 Maxted, S. J.	157	215842 McAuley, P. J.	271
2660678 Masterson, L. M.	205		Maxwell, A. R.	43, 101	8225584 McAuley, S. P.	277
5209027 Masterson, S. W.	204	8141334 Maxwell, D. F. A.	232	8304915 McAuley, T. G. A.	146
2653798 Masterton, D. J.	146	5206278 Maxwell, I. D.	176	2642544 McBain, P.	176
8700078 Mastin, J. E.	149	5202348 Maxwell, K. H.	108	8020741 McBain, S. B.	122
8153934 Mateer, J. E.	178	8304618 May, B. J. S.	138	8001114 McBey, R. J.	226
	Matheo, K.	28	2618867 May, J. A. G.	271	289146 McBride, E.	250
8125586 Mather, C.	229	215592 May, J. E.	266	8180989 McBride, T. U.	228
8701060 Mather, M. I.	146	4286433 May, J. H.	245	8028718 McBryde, D. W.	126
	Mathers, Mr H.	22	5207368 May, J. M.	135	2649826 McCabe, I.	141
215459 Mathew, C. T.	273	4233292 May, N.	234	8260736 McCabe, I.	232
5208914 Mathew, J. M.	179	8301028 May, R. A.	167		McCabe, Mr N.	22
2649189 Mathew, N.	141	5206440 Mayers, M. S.	52, 154		McCafferty, D. A.	64
91531 Mathew, P.	253	688797 Mayes, D. C.	271		McCafferty, D. A.	105
	Mathews, A.	22	8001901 Mayes, D. N.	227	8024144 McCafferty, P.	116

370

INDEX

Personal No		Page No	Personal No		Page No	Personal No		Page No
8077883	McCaffrey, J. P. M. .	225	8702758	McConnell, B. D. J. .	147	8701083	McDonald, H. M. . . .	165
	McCall, B. W.	23		McConnell, D. L.	45	215901	McDonald, M. A. . . .	275
210261	McCall, J. M.	273	2649717	McConnell, P. S.	143		McDonald, Mr D.	18
8438163	McCall, N. R.	165	8241085	McConnell, S. D. . . .	159	300961	McDonald, N. G. . . .	203
8130080	McCall, R. M.	229	8212374	McConville, P. J. . . .	232	215928	McDonald, N. M. . . .	275
5207973	McCall, W. L.	157	5206222	McCord, A. A.	190		McDonald, S.	14
8024039	McCallum, A. . .	86, 151	306523	McCormack Fisher,		216296	McDonald, S. G. M. .	277
91554	McCallum, G.	301		L. E.	196	8201649	McDonald, S. R. . . .	232
91554	McCallum, G. D. R.	253	5208977	McCormack, G.	143	8127976	McDonald, T. W. . . .	228
215277	McCallum, H. A. . . .	269	213594	McCormack, L. M. . .	260	8104132	McDonald-Webb,	
8020230	McCallum, I.	232	214411	McCormack, W. J. . .	195		R. N.	249
5207963	McCamley, D. S. . . .	157	8048390	McCormack-White,		8304873	McDonnell, C.	163
213237	McCammont, L. E. W.	271		P. A.	192	306321	McDonnell, C. L. . . .	195
8091020	McCann, A. M.	173	5201992	McCormick, D. G. . . .	249	214689	McDonnell, G. T. . . .	262
8400751	McCann, B.	137	8119430	McCormick, J. W. . .	232		McDougall, A.	21
5206992	McCann, C. T.	120	2649216	McCormick, P. G. . . .	143	8025820	McDougall, D. J. . . .	244
	McCann, K. B. . .	39, 104	212824	McCotter, B. W.	262	8304734	McDougall, P. F. . . .	196
5205645	McCann, N. F.	119	8111674	McCowan, T.	227	5208657	McDowell, A. J.	142
8200216	McCann, P. M.	160	5208985	McCoy, M.	163	2631819	McDowell, I. G.	155
2642616	McCann, S. O.	141	8113946	McCracken, T. S.	14, 119	215024	McElhinney, R. P. . . .	266
2649011	McCann, S. P.	142	209676	McCrae, D. C.	271	213900	McElroy, G. F.	261
8032693	McCarney, N. C. . . .	154	8133590	McCran, E. J.	228	212526	McEvoy, D. A. T. . . .	191
3153509	McCarroll, P. J.	274	595311	McCran, J. B. . . . 67, 244		5205611	McEvoy, S.	124
	McCarthy, D. . . .	43, 206	8027199	McCrea, J. D.	132	8130756	McEwan, J. C.	227
8223506	McCarthy, J. A.	172	2660668	McCready, N. T. A. . .	147	216040	McEwan, K. H. E. . . .	275
8136008	McCarthy, J. W. . . .	229	9618	McCreary, C. M.	176	8300260	McEwan-Lyon, S. A.	157
8300962	McCarthy, K.	178	8107543	McCreath, W.	227	306140	McEwan-Lyon, S. R.	192
8020974	McCarthy, K. R.	69, 124	5203275	McCredie, K. I.	131	5205691	McEwing, M. F.	174
213480	McCarthy, M.	260	8304981	McCreedy, P. M. S. . .	165	8434559	McFadden, J. G. H. .	147
8212492	McCarthy, P. G. J. . .	158	216011	McCreeth, P. G.	274	5208737	McFall, J. M.	161
	McCarthy, S.	14	2639229	McCrory, P. M.	136	215769	McFarland, C. L. . . .	275
689079	McCarthy, W. J. . . .	242	8302699	McCrory, R. F.	194	8023904	McFarland, S. S. . . .	151
2660186	McCartney, R. L. . . .	146	215480	McCrossan, R. L. H. .	274	5208015	McFarlane, A.	157
8302839	McCay, J. F. L.	238	8304651	McCullagh, J.	138	8028854	McFarlane, A. J. . . .	124
8260061	McChristie, C. I. . . .	146	8701429	McCulloch, D. A. . . .	208		McFarlane, Rev I.	87
216162	McChristie, T. L. . . .	276	2658794	McCulloch, E. A. . . .	141	8109765	McFaul, R. M. T. . . .	228
5207292	McCleary, D. P.	172	306339	McCullough, C. L. . .	161	5207878	McFetrich, M. S. . . .	192
209347	McCleave, M. J. . . .	257	5206199	McCullough, D. M. . .	189	8152356	McGarrigle, S. B. . . .	134
2635078	McCleery, S.	152	215940	McCullough, W. S. . .	273	2647298	McGeary, G. P.	186
216292	McClelland, A.	277	5207946	McCune, D.	155	2640296	McGeehan, G. L. . . .	187
2622364	McClelland, D. M. . .	244	8073185	McCune, T.	225	4277708	McGeough,	
306511	McClelland, E. J. . . .	223	212954	McCutcheon, M.	266		P. J. 67, 244	
2776449	McClenaghan, P. S.	257	215968	McDade, M. C.	274		McGeown, M. S. . . .	103
4231823	McCloud, R. C.	235	5207760	McDavitt, J. N.	207	8218860	McGhee, W. J.	159
213071	McClune, J. M.	268	9789	McDermott, A. E. R. .	134	2630966	McGill, A.	119
8220227	McClurg, P. A.	193	8152624	McDermott, A. W. . .	134	216418	McGlennon, A.	277
2659742	McCluskie, J. H. . . .	180	8027066	McDermott, C. W. . .	110	8029094	McGlone, A. T.	134
216047	McColgan, M. C. . .	275	8013352	McDermott, D.	172	8304934	McGlone, P. R.	146
213152	McColgan, P. E. . . .	270	5207937	McDermott, K. W. R.	135	8701368	McGlynn, F. M.	211
8236104	McColl, A.	128	8032276	McDevitt, P. M. . . 44, 112		2640180	McGlynn, S.	158
8196873	McColl, S. J.	179	91545	McDill, S. A.	252	8292223	McGowan, J.	185
8023634	McCombe, A. B.	45, 233	8177438	McDonagh, S.	142	8409452	McGowan, T. R. . . .	179
8120525	McCombie, K. R. . . .	228	8428724	McDonald, B.	181	8287739	McGrath, B. L.	159
2633367	McCombie, P. B. . . .	129	216472	McDonald, C. N. . . .	278		McGrath, D.	50
5201541	McComiskey, A. J. . .	204	2660667	McDonald, E. K.	181	5208605	McGrath, M. M.	204

INDEX

Personal No	Page No	Personal No	Page No	Personal No	Page No
2635145 McGrath, R. D. 203		215958 McKenny, C. A. 273		8100248 McMahon, S. M. . . . 225	
5208266 McGrath, T. E. 185		8701621 McKenzie, A. . . 166, 301		McManus, F. B. 201	
2654179 McGreevy, A. P. . . . 145		2659189 McKenzie, A. J. 198		306111 McManus, L. S. 154	
5206229 McGregor, C. J. . . . 127		McKenzie, M. 48		1961420 McMath, J. G. F. . . . 225	
5208094 McGregor, D. A. S. . 157		8176756 McKenzie, P. M. 227		8304900 McMeeking, J. J. . . . 145	
8028841 McGregor, I. 273		2636568 McKenzie, R. L. 129		5209070 McMiken, W. J. B. . . 164	
8300911 McGregor, M. S. . . . 165		5208016 McKenzie-Orr, A. . . . 175		213543 McMillan, A. B. 260	
5205124 McGregor, W. R. . . . 171		8304211 McKeon, A. J . . . 48, 128		8029678 McMillan, D. R. 191	
McGrigor, A. J. B. . . 39, 221		5207779 McKeown, I. D. 172		8701680 McMillan, H. A. 167	
		8018665 McKeown, J. D. P. . . 244		8701345 McMillan, H. L. E. . . 197	
5208634 McGuckin, S. J. . . . 196		8026757 McKernan, P. R. 131		8701008 McMillan, J. I. S. . . . 146	
2627381 McGuigan, N. D. . . 153		5208928 McKie, J. E. 141		5208991 McMillan, K. G. 205	
8011663 McGuile, N. R. 228		McKie, Mr A. 25		8700170 McMillan, L. 167	
8211239 McGuinness, W. A. 195		5206661 McKillop, J. A. 152		2663133 McMillan, M. A. . . . 196	
214261 McGuire, J. A. 270		8425328 McKillop-Duffy, P. S. 213		8028671 McMillan, N. J. 183	
216334 McGuire, J. K. 277		8300912 McKinley, D. J. 165		8020610 McMillan, S. A. 230	
McGuire, N. M. 201		8120792 McKinna, S. F. 230		8025750 McMillen, P. T. 124	
216344 McGuirk, S. E. J. . . 277		215380 McKinnon, E. G. . . . 271		5208818 McMinn, M. G. 162	
5208151 McGurk, D. G. 137		8191401 McKinnon, P. T. 227		216485 McMorrow, T. M. . . . 278	
5203602 McHale, J. 114		210684 McLackland, I. 263		213617 McMullan, T. A. 260	
McHale, K. 53		5208080 McLafferty, G. 194		5207645 McMullon, Rev A. B. 219	
8700184 McHugh, D. C. 150		2649220 McLaren, R. A. 142		5208911 McMurdo, K. M. 163, 201	
2637739 McIlfatrick, G. R. . . . 135		8028135 McLaren, S. A. 235		8153576 McMurtrie, S. R. J. . 174	
8216015 McIlroy, D. C. 265		8141502 McLaren, T. M. . . 83, 125		McNair, G. J. 57	
2629638 McInroy, S. D. 127		2644399 McLarnon, P. D. 142		2636969 McNair, G. W. 172	
8119120 McIntosh, J. A. K. . . 189		8300896 McLaughlan, A. 165		8300374 McNamara, A. J. . . . 191	
306281 McIntosh, K. M. . . . 195		2658878 McLaughlin, C. 145		8141043 McNamara, P. A. M. 126	
8306281 McIntosh, K. M. 38		8120888 McLaughlin, K. J. . . . 160		8013158 McNamara, S. P. 83, 110	
8026712 McIntyre, A. E. 152		5206302 McLaughlin, S. 172		McNamee, Mr J. . . . 299	
2659823 McIntyre, A. J. 144		McLay, Mr J. J. 18		8424723 McNarry, C. P. 214	
8300843 McIntyre, A. J. 164		8101401 McLean, B. J. 151		212982 McNaught, J. A. . . . 267	
2644164 McIntyre, K. A. 253		2622489 McLean, B. J. 151		211751 McNaught, R. 267	
8402639 McIntyre, P. D. 178		5206118 McLean, J. F. . . 34, 112		5207379 McNaught, R. S. . . . 138	
8090060 McIntyre, P. J. 227		2627165 McLean, K. 134		216178 Mcnaught, W. M. . . . 276	
8702947 McIver, S. 150		215415 McLean, M. C. 273		2639235 McNeil, J. D. 135	
8070689 McIvor, N. J. . . . 50, 154		2658745 McLean, M. F. 143		4233006 McNeil-Matthews, J. H. F. 122	
608681 McKay, A. 271		8701027 McLean, T. J. 234			
2649145 McKay, D. J. 139		2660090 McLeish, J. 148		5206321 McNeill, A. D. 172	
8070738 McKay, D. S. 244		2643960 McLenaghan, L. 140		8103571 McNeill, J. W. 227	
8702127 McKay, G. R. 150		211551 McLennan, J. D. 258		212634 McNeill, S. D. 259	
8225299 McKay, I. J. 177		2629638 McLeod, A. C. 52		306393 McNeill, S. J. 205	
2629668 McKay, J. G. 137		8154374 McLeod, A. C. . . 52, 174		8025663 McNichol, P. 128	
2635615 McKee, B. J. 238		8406955 McLeod, A. J. 266		8431329 McNicholas, I. 146	
2642499 McKee, C. J. 130		8141020 McLeod, J. E. 123		McNicoll, I. W. . . 49, 98	
McKee, Dr C. M. . . . 215		McLeod, Professor D. 216		8300855 McNish, J. P. 164	
213595 McKee, J. V. 260		8023873 McLintic, P. J. 114		213380 McNulty, K. 252	
8209700 McKeen, P. W. 193		8247813 McLoughlin, J. 173		8141486 McNulty, M. D. 126	
5208535 McKendrick, A. G. . . 222		5206968 McLoughlin, D. C. 58, 203		McNulty, P. 53	
215838 McKendrick, B. J. . . 271		8300960 McLoughlin, D. M. . . 178		8701681 McPartlin, J. C. 167	
4232204 McKendrick, D. I. . . 243		215025 McLoughlin, K. G. . . 264		2660709 McPhaden, R. A. . . . 146	
8422527 McKenna, B. 178		2631068 McLucas, R. I. 153		McPhee, I. A. 99	
2649866 McKenna, I. 178		8302766 McLuskie-Cunningham, T. A. 186		5208337 McPhee, R. K. J. 140	
4233593 McKenna, M. J. . . . 244				2654117 Meleady, S. J. 197	
216105 McKenna, P. 276		8424200 McMahon, J. D. 177		2636866 McQuade, S. 233	
215201 McKenna, S. 263		8027090 McMahon, R. M. 40, 119		216146 McQueen, R. A. 276	

372

INDEX

Personal No	Page No	Personal No	Page No	Personal No	Page No
214119 McQueen, S. E.	268	214676 Melia, C. P.	262	210330 Metcalfe, J. W.	249
5206240 McQuillan, S. D. V.	172	91541 Melia, I. C.	250	4232855 Metcalfe, R.	264
5205623 McQuillin, K. F.	173	210478 Melican, J. J.	273	8239796 Metcalfe, R. M.	195
8405075 McRitchie, D. A.	145	8300081 Mellings, I. M.	57, 154	216349 Metcalfe, T.	277
215678 McShane, J. D.	268	306151 Mellings, N. A.	191	Metcalfe, W.	30, 99
5206953 McSherry, P.	45, 120	213123 Mellish, P. W.	269	Methven, P.	22
5204623 McTeague, R. B.	110	8140895 Mellor, D. J.	132	215877 Metson, D.	272
2649924 McVay, P. M.	144	8111487 Mellor, J. R. D.	231	8139510 Mew, T. G.	229
8300881 Mcvean, D. L.	264	5208931 Mellor, Rev P.	219	8029248 Mewes, A. S.	128
8136600 McVie, W.	228	5205265 Mellor, S. G.	128	2639371 Mews, J. E.	176
8300524 McWilliam, I. A. B.	190	5204786 Mellor-Jones, R. A.	151	Meyrick, N. D.	25, 103
5207748 McWilliam, I. R.	134	2659439 Mellors, A. J.	181	2658839 Meza, L.	144
8242846 McWilliam, S.	160	210407 Melmore, A. C.	270	Micallef, J. A.	41
215305 McWilliams, R. J.	263	2659716 Melmoth, D. A. C.	197	2633400 Michael, R. G.	136
8026351 McWilliams, T. P.	19, 109	214122 Melrose, W.	266	306114 Michael, T. J.	194
8173064 Meacham-Roberts, D. A. M.	160	2648952 Melville, C. R.	141	214007 Michel, R. G.	265
212598 Mead, A. B.	259	2642815 Melville, G. C.	139	2627839 Mickleburgh, A. S.	115
216419 Mead, E. F.	272	8001446 Melville, J.	230	8701413 Micklewright, S. A.	187
212280 Mead, S. M.	272	608787 Melville-Jackson, A.	236	8426543 Middleditch, S. J.	180
8027455 Meade, S. C.	263	5207761 Melvin, A. J.	130	215097 Middleditch, S. N.	266
8304717 Meadows, J. B.	139	5203362 Melvin, I.	14, 45, 117	8302526 Middleton, A. J.	154
5203745 Meadows, N.	62, 110	215982 Membery, R. A. M. S.	8	2642751 Middleton, C. S.	138
5209074 Meadows, N. P.	123	306504 Membry, H. M. A.	274	209228 Middleton, D. J.	271
8260581 Meadows, R. A. W.	232	8026287 Menage, C. P.	187	8027674 Middleton, D. J.	69, 123
8304884 Meakin, K. S.	144	2636867 Meneely, D. W.	123	8304240 Middleton, D. N.	136
2643083 Meakins, S. J.	139	8304501 Mennell, G. R.	134	8027785 Middleton, E.	123
	Meale, Mr A.	88	215321 Mennell, J. P.	161	306484 Middleton, E. C.	197
5208118 Means, S. W.	137	5206665 Mennie, B. G.	270	8154569 Middleton, G. R.	177
8701185 Mears, K. P.	205	8103604 Mepham, K. D.	190	213135 Middleton, I.	160
215236 Measures, C.	269	8284466 Mepham, K. D.	225		Middleton, J.	68
210494 Measures, P. J.	274	8141346 Mepham, R. P.	174	8010860 Middleton, J. K.	227
210954 Meath, P.	265	5203800 Mercer, B. P.	126		Middleton, J.	242
8025540 Meatyard, M. J.	263	8285353 Mercer, D. W.	111	306517 Middleton, R. E.	187
5201094 Medford, A. W.	45, 233	8153540 Mercer, G. F.	164		Middleton, R. H.	101
8021011 Medhurst, P. W.	267	2659615 Mercieca, A.	174	8302778 Middleton, Y. J.	162
8025510 Medland, W. J.	233	8702735 Meredith, K.	148	8307884 Middlewick, L. E.	197
8701148 Mee, C. S.	198	8141318 Merideth, E. J.	148	8137886 Middlewood, M. L.	171
8103241 Meechan, T.	228	8300272 Merrick, D.	152	211507 Mihailovic, D.	258
8181165 Meeghan, P.	174	5204861 Merrick, R. E.	154	5208202 Mikellides, A.	138, 306
8701461 Meehan, E. M.	181	5020597 Merriman, D. A. P.	238		Miklinski, A. S.	13
8701130 Meehan, J. D.	181	4335691 Merriman, J. L.	274	306336 Milburn, M. J.	196
212992 Meehan, L. B.	269	2672222 Merrison, J.	244	5203976 Milburn, M. J.	43, 109
8419885 Meeker, A. D.	143	8300044 Merrison, K. L.	214	5200849 Milburn, R. L.	248
8247427 Meenan, K.	56, 155	8700131 Merritt, N. M.	184	5208569 Milburn, R. M.	161
210471 Mehmet, K.	272	8210048 Merritt, P.	164		Milburn, T. S.	103
215551 Mehta, R.	69	8029399 Merritt, P. J.	187	2648855 Mildon, A. C.	163
5208951 Meighan, J. R. H.	163	8027834 Meston, J. M.	134	8129218 Miles, C. C.	227
8232624 Meikle, D. A.	230		Metcalf, Mr C.	125	8029575 Miles, F. W. J.	120
5206426 Meikle, J. C.	129	8172862 Metcalf, S. G.	299	306480 Miles, H. C.	204
8120243 Meikleham, F. G.	125	8701235 Metcalfe, A. R.	226		Miles, P. M.	99
8260510 Meleady, M.	140	8014340 Metcalfe, A. W.	198	211038 Milford, C.	265
8260775 Melen, C. A.	139	215086 Metcalfe, I. A.	230	8115316 Milhench, P.	227
8700192 Melham, V. J.	188	8250208 Metcalfe, J. H.	265	2649441 Militis, G. M.	140
5204193 Melhuish, R. T. K.	115	2654121 Metcalfe, J. R.	155	8027038 Mill, P. D.	236
			142	8115133 Millan, J.	229

373

INDEX

Personal No		Page No	Personal No		Page No	Personal No		Page No
8238975	Millar, H.	186	5208805	Millinson, J.	186	8227566	Mitchell, A.	172
8012371	Millar, H. A. W.	132	2633025	Millman, R. F.	267	5204402	Mitchell, A. G.	116
8023644	Millar, H. E.	156	8153312	Millne, P. E.	177	2658860	Mitchell, A. G. E.	143
8304456	Millar, H. M.	137	2633327	Millns, P. A.	128	5208041	Mitchell, A. K.	192
213794	Millar, J. D.	260	8701667	Mills, A. E.	198	215863	Mitchell, A. M. C.	272
216215	Millar, N. A.	276	5204650	Mills, A. R. M.	45, 110	2659717	Mitchell, A. R.	180, 305
2634567	Millar, P. F.	234	8029447	Mills, D. W.	136	2627220	Mitchell, B. G.	135
8024714	Millar, S. A.	155	8208140	Mills, J. B.	172	608257	Mitchell, C.	262
2671011	Millard, A. J.	148	8701214	Mills, J. C.	165	8701131	Mitchell, Rev C. A.	220
8701187	Millard-Smith, R. P.	140	8102810	Mills, J. F.	226	8028311	Mitchell, C. T.	115
8141212	Millbank, J. M.	125	214856	Mills, J. R.	262	595981	Mitchell, D. J.	226
8096361	Millbank, P.	132	8702547	Mills, M. R.	181		Mitchell, Dr A. T.	215
306320	Milledge, E. C.	195		Mills, Professor		215334	Mitchell, E. W.	270
212471	Miller, A. A.	259		J. R. E.	216	214109	Mitchell, G.	252
2633169	Miller, A. B.	127	8700205	Mills, R. J.	150	8026730	Mitchell, G. I.	111
5202460	Miller, A. D.	63, 123		Mills, Rev P. W.	3, 43, 217	8138775	Mitchell, G. J.	232
	Miller, A. K. M.	31	209817	Mills, S. M.	265	8031583	Mitchell, G. M.	238
2649459	Miller, A. T.	142	9904	Mills, Z. A.	156	216499	Mitchell, G. W.	274
209559	Miller, C. A.	267	8108477	Millward, A. A.	135		Mitchell, I. D.	3, 43, 200
2636833	Miller, D.	153		Millward, J. P.	47	5206254	Mitchell, I. J.	121
5208920	Miller, D. C.	178	2640818	Millward, P. T.	136	8181732	Mitchell, J.	170
210669	Miller, D. K.	257	214645	Millyard, P. A.	262	210546	Mitchell, J. A.	257
8218855	Miller, D. W. A.	52, 153	2659446	Milmine, J. D.	144	8221776	Mitchell, J. C.	173
8308027	Miller, E. A.	166	214281	Milne, A. C.	269	5208426	Mitchell, J. G. C.	140
	Miller, G. A.	82, 97	687282	Milne, G. D.	123	8024676	Mitchell, J. K. H.	120
8302631	Miller, H. L.	154	8304110	Milne, J. D.	120	8701584	Mitchell, J. R.	137
2670528	Miller, I. S.	147		Milne, L. C.	41	216456	Mitchell, K. D.	273
306324	Miller, J.	236	8701153	Milne, P. N.	164	216049	Mitchell, K. J.	275
8300897	Miller, J.	198	8185632	Milne, S. J.	266	8300959	Mitchell, L. P.	166
8300746	Miller, J. J.	186	4232847	Milne-Smith, D. H.	233	8153059	Mitchell, N. R.	135
8134890	Miller, M. D.	229	213565	Milner, M. J.	260	8028553	Mitchell, P.	170
8117351	Miller, M. J. G.	229	8701074	Milner, P. S.	146	8701560	Mitchell, P. T.	195
	Miller, Mr J.	13, 15	5208919	Milner, S. J.	143	211952	Mitchell, P. V.	266
	Miller, Mrs A.	15	8080696	Milnes, A. G.	278		Mitchell, R.	15
8000572	Miller, N. A.	229	8300769	Milnes, J. A. J.	161	4233407	Mitchell, R. A.	243
8304070	Miller, P. D.	136	5202309	Milnes, R. A.	122	8117733	Mitchell, R. N.	226
8209735	Miller, P. L.	171	5206201	Milroy, W. H.	233	211227	Mitchell, R. T.	267
	Miller, R. E.	67		Milton, Mr R. M.	53		Mitchell, S.	41
8022540	Miller, R. E.	243	214775	Milton, P.	262	306360	Mitchell, S. A.	207
214902	Miller, R. G. S.	263	214364	Milward, K. A.	273	8132426	Mitchell, W. A.	213
306099	Miller, R. M.	191	5207369	Milward, R. J.	136	214787	Mitchell, W. M.	262
210257	Miller, R. R.	272	5205654	Milwright, D. T. P.	173	8032446	Mitchell-Gears, S.	183
215978	Miller, S. G.	274	214652	Mimpress, P. J.	262	5209063	Mitchelmore, L. A.	255
8024536	Miller, S. M.	119	8102248	Mingham, P. L.	265	8024254	Mitra, A. R.	14, 45, 119
	Miller-Bakewell,		8700119	Minney, J. N.	167	5209024	Miu, E. J. K.	180
	A. J. M.	29	4335811	Minns, T.	14, 108	215634	Moakes, B. D. S.	267
2670051	Millett, D. E.	148	8019861	Minshull, K. N.	179	5205655	Mobbs, P. W.	133
8100567	Milligan, D. R.	268	8108945	Mintey, D. R.	163	208676	Mobey, R.	274
2642376	Millikin, A. P.	139	8701462	Mirfin, D.	181	209302	Mockeridge, P.	257
2649360	Millikin, N. J.	141	5208504	Misiak, C. L.	160	8226660	Mockford, A. D.	172
4232430	Millikin, P. M.	263	212616	Miskimmin, M. D.	259	8260177	Moffat, A. N.	232
8029419	Millington, J. C.	128	2640210	Missen, R. A. C.	140	8122234	Moffat, R. W.	226
8118686	Millington, N. G.	117	210672	Mistry, K. K. G.	257	8086185	Moffatt, C. J.	230
5205443	Millington, S.	40, 49, 119	2607677	Mitcham, D. T.	251	8141172	Mohun, A. R.	231
9607	Millington, W. J.	51, 110	212591	Mitchell, A.	265	213465	Moir, A. G. C.	249

INDEX

Personal No		Page No	Personal No		Page No	Personal No		Page No
8304381	Moir, R. D.	127	8304474	Moore, G. P.	137	8302708	Morgan, D. L.	251
8304653	Molineaux, M. K.	129	8008221	Moore, I.	226	5203870	Morgan, D. T.	123
5208491	Mollan, I. A.	204	8300067	Moore, I. D.	193	5207105	Morgan, D. W.	173
2649203	Mollan, S. P.	204	216480	Moore, J. C.	278	5204570	Morgan, G. M.	123
213125	Mollard, D. R. G.	269	2653840	Moore, K. A.	142	8226215	Morgan, G. N.	232
209977	Molloy, S.	257	8027299	Moore, K. E.	132	8141647	Morgan, G. T.	232
209774	Molnar, B. R.	264	211039	Moore, K. S.	258	215844	Morgan, G. W.	271
	Moloney J. P.	29, 102	306435	Moore, L. E.	143	213228	Morgan, I. D.	251
8304198	Molsom, S. J.	126	2640445	Moore, M. A. S.	249	8117773	Morgan, J.	229
	Monaghan, A. M.	206	8304937	Moore, M. P. G.	146	8701636	Morgan, J. G.	211
	Monaghan, G.	12	306232	Moore, N. J.	241	8102295	Morgan, L. H.	228
2659886	Monaghan-Welsh, D. C.	147	306254	Moore, P. S.	194	212999	Morgan, L. I.	267
2634301	Monahan, J. F.	80, 129	216443	Moore, R.	278	2662498	Morgan, M. J.	250
2659779	Monahan, N. J. B.	146, 304	8019061	Moore, R.	228	8260952	Morgan, M.	145
2672390	Moncrieff, O. J.	149	214561	Moore, R. A.	261	4335780	Morgan, M. L.	242
8260095	Moncur, M. W. M.	232	8304817	Moore, R. C.	98	8701189	Morgan, M. P. G.	205
	Mongen, G. L. M.	60	215732	Moore, R. D. G.	142		Morgan, Ms J	46
211814	Monie, G. L.	244	5208071	Moore, R. L.	275	8701343	Morgan, N. R.	166
8210129	Monk, G. A.	178	2648994	Moore, S. I.	136	5208248	Morgan, P. J.	194
8029488	Monk, T. I.	129	8212461	Moore, S. M.	186	2636068	Morgan, P. R.	63, 129
8701423	Monkley, C. R.	203	8092117	Moore, S. N.	176	215776	Morgan, R.	270
2628864	Monkman, A.	112	215719	Moore, S. P.	231	8009638	Morgan, R.	227
8152866	Monnery, P. M.	203	306121	Moore, S. V.	275	5207398	Morgan, R. L.	50, 155
8700115	Monro, A. G.	149	8244360	Moore, T.	191	216059	Morgan, S. C.	127
212585	Monro, I. W.	259	8300455	Moorehead, J. R.	147	216458	Morgan, S. E.	275
8124465	Monslow, K.	140	5204695	Moores, K. J.	198	5206748	Morgan, S. J.	278
	Montagu, M. C. D.	31		Moorhouse, R. W.	191		Morgan, S. J.	184
8024363	Montellier, C. A.	114	8700032	Moos, F. J.	77, 117	2670529	Morgan, T.	96
2644388	Montenegro, D. A.	143	8701307	Moran, C. H.	6, 36, 98	8052713	Morgan, T. H.	146
8023190	Montgomerie, H. C. A.	156	5206638	Moran, D. J.	149		Morgan-Frise, F. T.	53, 183
2621190	Montgomery, D. W.	260	8102766	Moran, E. M.	48, 121	2660547	Morgan-Warren, P. J.	205
8103969	Montgomery, E. M.	226	211527	Moran, J. E.	227	8304257	Moriarty, E. P.	128
8703385	Montgomery, G.	148	8239675	Moran, J. P.	258	8300468	Morin, R. A.	190
213205	Montgomery, N.	273	8304435	Moran, K. A.	162	215763	Morison, I. P. T.	263
2625256	Moodie, A. M.	253	5204653	Moran, K. R.	137		Morley, Dr S.	16
1961791	Moody, D.	117	8300714	Moran, M.	169	8139523	Morley, M. J.	163
8302768	Moody, G. A.	196	2634899	Moran, R. F.	171		Morley, Mrs M.	21
5208264	Moody, I. P.	177	213548	Morcom, B. W.	250	2639236	Morley, N. R.	136
608891	Moody, R. M.	122	306261	Mordecai, P. D.	140	5206403	Morley, P. M.	173
5203320	Moody, S. C.	110	214650	Mordecai, S.	193	608572	Morley, P. R.	244
2642501	Moon, C. J.	140, 306	8032727	Moreton, D. K.	262	8185075	Morley, R. M.	162
214793	Moon, N. Y.	262	2658798	Moreton, E. A.	159	8304777	Morley, S.	130
5208767	Moon, S. O.	142	2636472	Moreton, G.	165	8225784	Morley, W. J.	154
8302848	Moore, A.	165	8019186	Moreton, J.	129	5208507	Morrell, B. M.	141
2624335	Moore, A. W.	169	8119866	Morfee, J. P.	176	209237	Morrell, C. J.	257
4262898	Moore, B. T.	271	214066	Morgan, A. A.	259		Morrell, P.	302
4291573	Moore, C.	170	8108828	Morgan, A. D.	266	212223	Morrell, S. E.	271
8116400	Moore, C.	190	5205859	Morgan, A. J.	183	690004	Morrice, J. C.	231
8024674	Moore, C. D.	153	8026516	Morgan, A. N.	190	215972	Morries, S. A.	274
5206255	Moore, C. J.	120	1948390	Morgan, C. N. B.	123	8029693	Morrin, A. J.	129
214522	Moore, D. A. S.	261	8412159	Morgan, D.	269	214546	Morris, A.	261
8701528	Moore, E. K.	211	215186	Morgan, D. E.	267	8289069	Morris, A.	195
593251	Moore, G. J. T.	243	211359	Morgan, D. J.	258	8433764	Morris, A. L.	198
						8141678	Morris, A. S.	147

375

INDEX

Personal No	Page No	Personal No	Page No	Personal No	Page No
5208983 Morris, B.	143	215348 Mortimore, P. J.	270	8141393 Moxon, M. D.	232
8154051 Morris, B. D.	174	8418514 Morton, C.	160	2623129 Moxon, N. P.	132
4232141 Morris, B. S.	234	8701200 Morton, C. A.	145	213018 Moy, A. J..	267
Morris, C. B. ...	58, 201	2644030 Morton, C. J.	140	5208055 Moyes, D. R.	136
8128817 Morris, D.	229	8702083 Morton, C. N. J.	150	8424597 Moyes, G. K.	213
4230926 Morris, D. G....	67, 244	5206269 Morton, D. T.	158	212888 Moyes, T. E.	267
8252719 Morris, D. J.	164	8305103 Morton, E. D.	149	5208903 Moylan, T. F.	163
8028929 Morris, D. J. R. .	53, 133	8140979 Morton, I. R.	127	215272 Moyle, G. R.	269
2630199 Morris, D. P.	126	306113 Morton, J. E.	191	Mozumder, A. K. 39, 201
214745 Morris, D. W.	262	5205164 Morton, M. A. 40, 51, 112		Mu'azu, M. B.	304
2654147 Morris, E. G. N. ...	145	2636945 Morton, N. C. B.	234	91517 Muchowski, A. J....	252
5204096 Morris, G. D.	127	5207281 Morton, N. D.	133	8700107 Muddiman, M. P. ...	150
5208774 Morris, H. P.	162	8253991 Morton, R. S.	273	5207985 Mudgway, A. P. ...	128
8140869 Morris, I. 53, 108		8071344 Morvan, G.	270	5209112 Mudgway, R. T.	143
8115161 Morris, I. J.	238	8183946 Moseley, D. J.	270	8701642 Mughal, S.	182
8106620 Morris, I. S.	225	216445 Moseley, G. E.	278	2626545 Muir, A. G.	115
8124536 Morris, J.	231	8023483 Moseley, N. J.	127	306211 Muir, C. E.	155
2634399 Morris, J. B.... 27, 223		215483 Moss, A. J.	264	8098556 Muir, D.	231
213882 Morris, J. E. P.	275	5208736 Moss, A. R.	176	8289376 Muir, G.	157
215591 Morris, J. L.	266	8024579 Moss, B. W.	154	5202925 Muir, I.	124
214319 Morris, K. R.	270	5207329 Moss, D. S.	190	8023091 Muir, J. D.	231
2649285 Morris, M. A.	165	212410 Moss, D. W.	259	1948855 Muir, J. N.	238
215710 Morris, M. M.	268	4291533 Moss, G. P.	123	8243421 Muir, L. R.	196
8700146 Morris, N. L.	149	5208134 Moss, P. S.	129	8141087 Muir, R.	125
8141280 Morris, P. A.	234	209761 Moss, R.	257	Muir, T. W.	54
5207244 Morris, P. D.	173	8240517 Moss, R. M.	196	8403144 Mulcahy, P. A.	180
8109627 Morris, P. F.	226	214894 Moss, S.	263	2659178 Muldoon, K. L.	181
5203912 Morris, P. J.	120	5204205 Moss, S. A.	112	Mulford, M.	41
4335571 Morris, P. L.	244	5208485 Moss, S. J. R.	186	2659068 Mulhall, J. J.	146
8128927 Morris, P. N.	229	5206338 Moss, T. S.	184	8400083 Mulheron, J.	160
8305092 Morris, R. S.	149	306063 Moss-Rogers, N. B. ..	157	5206433 Mulholland, J. P. ...	127
2670015 Morris, S. A.	146	8701650 Mossadegh, S.	205	211354 Mullan, I. J.	258
8153933 Morris, S. G.	178	209578 Mosses, J. P.	268	5205490 Mullan, P. M.	154
2621417 Morris, S. T.	263	2660055 Mosson, A. R.	148	8304698 Mullen, C. A.	140
216008 Morris, T. M.	274	8300781 Motley, J. A. K. 186, 302		690598 Mullen, J. L.	225
8117933 Morris, W.	226	213792 Mott, J. F.	260	8221411 Mullen, R. S.	163
5204597 Morris, W. B.	114	215115 Mott, V. E. M.	273	8154273 Mullen-Cragg, A. K..	177
8701531 Morrish, H. J.	211	213824 Mottershead, J. C. ..	261	8118710 Mullenger, S. J.	228
2621101 Morrison, A. F.	125	8141265 Mottram, D.	141	2649947 Mullineux, C. A. ...	145
2659168 Morrison, A. T.	148	213579 Mottram, J. M.	260	5206138 Mullings, N. W.	233
2626701 Morrison, D.	249	8019393 Mottram, R. G.	227	215806 Mullins, K.	270
8140908 Morrison, H. C.	231	8423968 Mould, J. S.	178	8024522 Mulready, C. P... 40, 273
Morrison, I. C.	104	Moulds, G.	104	8245481 Mulvihill, S.	165
8171550 Morrison, J. B.	181	8027412 Moule, J. R.	132	213551 Mumford, C. M.....	260
Morrison, J. G.	23	2639400 Mounsey, P. N.	130	2672344 Mummery, A. J.....	182
212761 Morrison, S. W. ...	259	5204693 Mounsey,		690330 Munday, R. W.. 74, 107
8001073 Morrison, T.	268	Rev W. L. F.	218	216175 Mundell, W. T.	267
5208298 Morrison-Smith, S. ...	185	8304654 Mount, G. J. L.	158	8300523 Munden, B.	185
214701 Morrissey, S. M....	312	8024107 Mountain, A. R.	190	214909 Mundill, R. R.	263
5207867 Morrow, A. M. H. ..	191	5205980 Mountain, P. W.	114	4273520 Mundy, D.	67
8007556 Morrow, I. A.	226	216044 Mountain, R. S. C. ..	273	5208555 Mungroo, V........	196
214078 Morten, J. A.	265	8305083 Mountfield, S.	148	8079276 Munns, A.	269
214568 Mortimer, D. F.	261	Mowbray, Mr D. J...	23	216263 Munns, R. E.	276
2654180 Mortimer, D. S.	164	8172412 Mowbray, S. J.	228	210685 Munro, B.	257
216540 Mortimer, G. V.	278	8701520 Moxham, G. F.	198	4285549 Munro, I. R.	273

INDEX

Personal No	Page No	Personal No	Page No	Personal No	Page No
8121032 Munro, R. 270		212922 Musgrove, D. J. 266			
8701252 Munro, Rev S. M... 220		8228191 Musk, T. S. 173		**N**	
8210477 Munro, S. S. 197		5206515 Musselwhite, J. 121			
8029041 Munro, W. P. 134		212985 Mussett, P. G. A. ... 267		4291869 Nadin, J. L. 242	
5207858 Munroe, G. M. 176		8233302 Musson, S. J. 228		8217732 Nadin, M. A. 175	
8404004 Munroe, I. J. 178		4231520 Mustard, A. 272		214633 Nadin, R. T. 262	
8427713 Munton, L. 145		306332 Mustoe, K. J. 178		211125 Naeem, S. M. 268	
91521 Muntus, S. J. 249		5204022 Mutch, P. 244		5208959 Naidoo, D. P. 163	
215048 Murad, K. W. A. ... 265		595982 Mutton, P. A. 183		5207731 Naismith, A. 115	
8701406 Murdoch, J. M. 194		8101224 Muzylowski, K. J. ... 228		8304885 Naismith, P. J. 186	
214884 Murfin, A. S. 262		687474 Myall, D. M. 237		2660728 Nankivell, P. D. 181	
216227 Murfin, I. H. 276		5207853 Myatt, R. J. D. 154		Napier. G. A. 54	
8098111 Murkin, S. D. 234		8029496 Myers, A. M. ... 40, 120		Naqvi, His Hon.	
2638640 Murnane, J. M. 129		5208820 Myers, D. 186		Judge R. H. 28	
208613 Murphy, B. 273		2638608 Myers, H. J. 136		8027351 Nash, A. J. 234	
2649224 Murphy, B. D. 140		8119206 Myers, I. A. 116		8700147 Nash, C. E. 149	
5206614 Murphy, C. J. 173		5207736 Myers, M. 194		213031 Nash, D. J. 259	
8087250 Murphy, C. M. 190		5206031 Myers-Hemingway,		2630235 Nash, J. B. 132	
8305132 Murphy, M. J. 149		A. P. 152		8015612 Nash, J. E. 133	
2660170 Murphy, M. T. 179		8028769 Myhill, J. S. 133		216151 Nash, J. M. 276	
8020389 Murphy, N. S.. 179, 305		8302849 Myhill, V. T. 147		8283957 Nash, J. S. 174	
216287 Murphy, P. D. 277		2664690 Myles, A. J. 236		5206230 Nash, M. 134	
306246 Murphy, R. M. 159				8260019 Nash, M. S. 127	
213699 Murphy, S. D. 260				Nash, P. 39, 103	
8117363 Murphy, S. J. 226				8246047 Nash, R. A. J. 184	
8197298 Murphy, T. G... 75, 117				8284697 Nash, S. J. 278	
8304204 Murphy, T. J. L. ... 129				8305005 Nash, T. P. J. 147	
2635076 Murphy, W. R. 136				2649974 Nassif, T. P. 142	
2638892 Murphy-Latham, P. R.138				2649636 Naude, S. 142	
213590 Murray, A. 272				8024026 Naworynsky, M. P... 110	
8001032 Murray, A. 225				215003 Naylor, J. 265	
8305133 Murray, A. S. 149				5207889 Naylor, J. R. 203	
2619841 Murray, A. V. M. ... 273				213137 Naylor, P. 271	
215282 Murray, B. J. 270				216171 Naylor, S. 276	
Murray, C. A. ... 43, 104				8152893 Naylor, S. W. 178	
2659799 Murray, C. E. 181				8025885 Neal, A. C. 122	
215064 Murray, D. L. 266				Neal, M. F. 10, 104	
8023715 Murray, The Hon.				8300940 Neal, R. J. 166	
D. P. 102				5207344 Neal-Hopes, T. D.... 174	
8302706 Murray, E. A. 164				8300864 Neame, J. P. 164	
213874 Murray, H. D. 261				8418049 Neasham, M. A. 177	
2631089 Murray, I. R. 140				5208390 Neasham, S. 115	
8701390 Murray, J. N. 146				5208232 Neasom, R. J. .. 53, 193	
2625416 Murray, M. 262				212486 Neate, M. W. J. ... 259	
216380 Murray, M. E. 277				5208192 Neaves, M. G. 193	
8010530 Murray, N. 117				8011664 Needham, C. C. 269	
8701485 Murray, N. 147				8401103 Needham, C. P. 162	
8701210 Murray, R. B. 165				306466 Needham, K. J. 163	
215173 Murray, S. A. 267				216497 Needham, R. L. 278	
91550 Murtagh, M. 252				8116103 Neep, C. B. 277	
8012566 Murton, W. J. 226				215290 Neesom, J. K. 270	
8020931 Murty, J. K. 234				5208417 Neeson, C. G. 236	
8425628 Muscat, G. P. 148				8025611 Neighbour, J. D. E. . 124	
5201345 Muse, R. C. 122				8026741 Neild, J. R. 189	
4232462 Musgrave, D. 123				5203667 Neill, F. R. J. 123	

377

INDEX

Personal No	Page No	Personal No	Page No	Personal No	Page No
8135596 Neill, P. B.	232	8027316 Newton, D. J.	127	213397 Nickson, A. J.	260
8107042 Neilson, B. J. T.	127	8701502 Newton, J. L.	147	8283065 Nickson, N. R.	160
210875 Neilson-Hansen, S. A.	268	8032604 Newton, K. V.	156	8009681 Nicol, A. W.	211
5208268 Nelson, A. B.	158	213697 Newton, M. E.	260	8014836 Nicol, B.	225
8125998 Nelson, A. R.	170	8018844 Newton, N. J.	141	2649852 Nicol, C.	141
8174417 Nelson, A. W.	126	8701440 Newton, P. D.	146	2649123 Nicol, C. S.	139
5208546 Nelson, D.	161	Newton, P. R.	19	5208234 Nicol, E. D.	204
8019368 Nelson, I. G.	229	8401436 Newton, P. R.	163	8018845 Nicoll, A. R.	226
306337 Nelson, J.	194	8700103 Newton, R.	188	8701404 Nicoll, A. R.	220
8110007 Nelson, J.	125	2622931 Newton, R. J.	123	8198501 Nicolson, W. C.	232
8025377 Nelson, J. H.	263	Newton, S. C.	31	8019101 Nidd, D. A.	169
5206367 Nelson, J. W.	136	5206917 Nichol, D. A.	249	5204088 Nielsen, R. E.	123
5205744 Nelson, T. A. B.	207	5205445 Nichol, H. R.	11, 113	5203736 Nightingale, A. L.	264
5207892 Neppalli, R. P. K.	207	8300010 Nicholas, A. K.	154	5208687 Nightingale, J. R.	142
Ness, C. W.	98	8028626 Nicholas, G. R.	143	213062 Nisbett, B.	271
8245307 Ness, J. M.	162	215911 Nicholas, L.	273	8027226 Niven, J. G.	82, 117
8700033 Nethaway, A. M.	149	8252369 Nicholas, M. A.	129	5208166 Niven, R. J.	158
8304248 Netherwood, A. G.	137	8053437 Nicholas, P.	228	213986 Niven, S. O.	264
215175 Nettleton, P. J.	274	306307 Nicholl, E. J.	195	8304701 Nixon, J. P.	130
8427715 Nettleton, T. J. C.	180	5204278 Nicholls, A. P.	170	8012084 Nobbs, P. D.	231
2671204 Neville, J.	181	5206689 Nicholls, B. A.	190	2629835 Noble, A. J.	129
5205937 Neville, M. C.	113	8202386 Nicholls, G.	163	Noble, Mr D. C.	17
2671038 Nevin, S. J.	181	8192737 Nicholls, G. L.	271	215365 Noble, J. D.	271
8432080 Nevin, S. J.	147	8272426 Nicholls, J.	197	8029053 Noel, R.	115
211531 New, S. P.	258	8242840 Nicholls, K. H.	181	8253939 Noel, R. S. J.	195
8304700 Newbery, W. K.	234	2635765 Nicholls, K. P.	159	213384 Nokes, S. M.	250
215960 Newbold, A. M.	264	210224 Nicholls, P. T.	266	214138 Nolan, A. D.	268
8200015 Newbould, H. C.	190	Nicholls, Professor		8304053 Nolan, B.	138
306499 Newbury, H. R.	197	R. J.	215	216505 Nolan, M.	278
5208865 Newby, A. M. A.	162	210433 Nicholls, S.	271	8153526 Noon, A. R.	176
	Newby, B. W.	42, 99	8437771 Nicholls, T. W.	271	8239263 Noon, C. A.	276
5204254 Newby, M. A.	170	215481 Nicholls, V. E.	264	8196333 Norburn, R. J.	164
8026386 Newby, T.	59, 115	8032279 Nichols, B.	236	216191 Norcross, D. P.	276
8428398 Newcombe, C.	180	8024764 Nichols, B. G.	231	215925 Norden, C. C.	273
8111300 Newcombe, E. P.	190	5208882 Nichols, H. J.	306	5207247 Norey, M.	192
2643869 Newcombe, L. A.	177	5208882 Nichols, H. J. W.	144, 306	212656 Norfield, D. J.	220
214947 Newcombe, P. J.	263	5208158 Nichols, J. M.	86, 155	216396 Norman, D. J.	277
2659629 Newell, T. J.	163	209829 Nichols, J. P.	257	306426 Norman, D. M.	162
5208229 Newland, R. J.	194	2633754 Nichols, P. J.	136	5207146 Norman, G. J.	50, 184
216404 Newland, S.	272	8133850 Nichols, R. M.	192	8304917 Norman, M. W.	146
8407817 Newman, A. C.	161	215572 Nichols, V. K.	265	8701575 Norman, P. D.	178
8304971 Newman, D.	146	8032373 Nicholson, A. S.	189	2659694 Norman, R. A.	144
1961325 Newman, G.	228	8025759 Nicholson, D. C.	231	300872 Norman, R. E. J.	236
5208995 Newman, I. J.	177	2627453 Nicholson, F. J.	76, 119	2660039 Norman, R. P. C.	148
8198110 Newman, K. J.	228	8024074 Nicholson, G. B.	156	2660043 Normington, J. A.	250
8210998 Newman, M. S.	264	209358 Nicholson, J.	272	300985 Norrie, H. M.	237
8024414 Newman, N. J.	10, 116	213696 Nicholson, J. D.	260	8700199 Norris, A. W.	165
8028442 Newman, P. G.	133	595588 Nicholson, M. J.	233	215570 Norris, C. L.	265
4232812 Newman, R. A.	243, 271	8153458 Nicholson, M. S.	177	8025458 Norris, D. J.	122
687139 Newman, R. D.	249	8013781 Nicholson, P.	228	2659953 Norris, J.	146
5203573 Newman, T. C. M.	273	5205131 Nicholson, P. D.	49, 121	8193195 Norris, J.	230
8029604 Newnham, N.	119	8300504 Nicholson, S.	191		Norris, Miss J.	26
	Newton, B. H.	247	9129 Nickles, R. C.	156	5209014 Norris, M. R.	180
8019607 Newton, C. H.	172	8300917 Nickless, J.	165	215930 Norris, M. R. M.	273
212654 Newton, C. J.	259		Nickols, C. M.	38, 59, 99	8300553 Norris, R. H.	153

INDEX

Personal No		Page No	Personal No		Page No	Personal No		Page No
8029837	Norris, R. S.	52, 128		**O**		8700156	O'Neill, J.	188
214655	Norris, S. T.	262				8703008	O'Neill, J. I. M.	205
2615294	Norriss, Sir Peter	263				2649927	O'Neill, K. A.	144
8300871	Norry, P. A.	164	409527	O'Brien, J. M.	240	8300680	O'Neill, K. M.	158
	North, B. M.	3, 104	5208740	O'Brien, J. P.	161	211933	O'Neill, P. E.	45, 120
8406201	North, D. S.	179	8251560	O'Brien, M. C.	176	8090353	O'Neill, P. J.	226
212876	North, G. W.	264	8304571	O'Brien, P. A.	137	8113161	O'Neill, R. K.	157
8008184	North, M. A.	228	5208296	O'Brien, P. J.	186	8192370	O'Neill, S. G. P.	154
209597	North, M. J.	269		O'Brien, P. S.	11	8008019	O'Reilly, D. F.	225
8251198	Northam, M. P.	156	2643938	O'Brien, R. M.	139	2654228	O'Reilly, D. J.	204
8210351	Northcote-Wright, A.	117	8260363	O'Brien, S. A.	144	8029854	O'Rourke, J. P.	135
5209063	Northeast, D. E. J.	194	8050989	O'Brien, S. J.	155	8032474	O'Shea, A. L.	197, 302
	Northen, Mr P. D.	13	5205648	O'Brien S. T.	30, 125	5205798	O'Shea, P. F. A.	190
5204342	Northover, M. J.	120	2638548	O'Brien, T. J.	121	8300763	O'Sullivan, K. J.	160
8141569	Northway, R. M.	145	8096985	O'Brien, T. M.	244	5204751	O'Sullivan, M. P.	77, 110
5205560	Norton, C. J. R.	11, 114	216177	O'Brien, T. R.	267	8415467	O'Sullivan, S. D.	179
2639294	Norton, E. M.	159	4287998	O'Callaghan, P. J.	176	215562	Oakes, A. C.	265
	Norton, G.	8	5208242	O'Carroll, N. D.	158		Oakes, M. C.	60
	Norton, M. A.	8	8020778	O'Connell, C. D.	243	8300335	Oakes, S. L.	136
8019311	Norton, M. T.	227	5203028	O'Connell, C. R. W.	58, 202	8700992	Oakley, A. L.	187
213362	Norton, P. D.	274	5207083	O'Connell, S. T.	173	213286	Oakley, N. W.	272
2649074	Norton, P. S.	141	8028940	O'Connor, G. M.	125	216267	Oakley, S.	277
8211893	Norton, V. C.	196		O'Connor, P. J.	216	409468	Oakley, S. J.	210
8024085	Notman, S. R.	117	8024472	O'Connor, S. K.	152	2644701	Oakley, S. P.	142
5208023	Nott, J. M.	158		O'Dea, K. L.	20, 104	8141171	Oates, S. T.	232
	Nottingham, J. A.	206	8024649	O'Dell, R. M.	152	8423973	Oatley, D. J.	179
	Nowosielski-Slepowron, W. E.	29	8407412	O'Donnell, C. A.	145	214239	Oborn, P. N.	104
213667	Noyce, R. A.	260	8217571	O'Donnell, P. K.	191	608178	Obrien, P. S.	269
300853	Noyes, S. G.	235	306210	O'Donnell, S. J.	194		Obrien, R. P.	274
8184672	Nugent, S. G.	244	306340	O'Donnell, S. J.	161	215099	Ochuodho, J.	302
	Nunn, C.	31	5205344	O'Donnell, T. K.	110	213363	Oconnell, A.	266
214850	Nunnerley, L. A.	262		O'Donoghue, Sir Kevin	5, 21	215832	Oconnell, B. C.	275
215057	Nurbhai, H. T.	266	5208659	O'Flaherty, T. D.	160	214693	Oconnell, J. R.	275
8111036	Nurse, K.	231		O'Gorman, Ms M.	21	8024968	Oconnor, P.	262
216441	Nutt, D. A.	277	8022594	O'Gorman, P. D. H.	122	213517	Oddy, R. T.	57, 123
8018541	Nuttall, G.	225	5208864	O'Gorman, P. R. C.	162	2636574	Odell, V. E.	260
214927	Nuttall, K. L.	263	2642267	O'Grady, G. A.	141	215234	Oetzmann, D. M.	137
8425895	Nuttall, P. R.	144	8304863	O'Grady, P.	142	8028814	Ofarrell, R. J.	268
2630329	Nuttall, R. M.	152	8124637	O'Hara, F.	227	2623236	Offer, A. C.	114
8026804	Nuttall, S. V.	151	8174979	O'Hara, M. J.	229	8118733	Offord, R. J.	248
214965	Nutten, D. D.	264		O'Hare J. H.	31	306171	Ogden, B.	213
8108881	Nye, R. F.	228	8020044	O'Hora, G. A.	126	8300048	Ogden, J. E.	192
			8255305	O'Kane, S. J.	174	212920	Ogden, M. R.	52, 155
			8024202	O'Keefe, R. J.	73, 116	8014921	Ogden, P.	258
			8304174	O'Kennedy, P. L.	126	8152303	Ogg, D. I.	43, 105
			8260035	O'Leary, M.	232	5209084	Oglesby, D. H.	173
			8000782	O'Loughlin, C. M.	227	2659894	Okojie, E. I.	204
			8301017	O'Malley, K. J.	167	5208445	Okwara, A. G. L.	179
			5202912	O'Meeghan, P. M.	108	8701175	Olanrewaju, Rev M. A.	219
			5203013	O'Neill, A. G.	45, 107	8000712	Old, D. I.	165
			8260071	O'Neill, A. J.	185	8028517	Old, R. C.	112
			215484	O'Neill, B. P.	264	8247705	Oldfield, C. I.	151
			2670454	O'Neill, D. R.	205	8250089	Oldfield, P. W.	180
							Oldfield, S. C. R.	128

379

INDEX

Personal No	Page No	Personal No	Page No	Personal No	Page No
214592 Oldham, C. M.	261	8403167 Osborne, A. K.	161	8300079 Owens, P. J.	190
608921 Oldham, D. V.	122	8013323 Osborne, C.	228	9802 Owens, R. L.	7, 152
5204 Oldham, M. G.	113	8224079 Osborne, J. B.	172	5207635 Owens, Rev P. A.	218
8027332 Oldham, W. P.	261	8117735 Osborne, J. M.	228	8023966 Owens, T. J. L.	51, 119
2634447 Oliphant, G. G.	127, 306	8304874 Osborne, J. W.	144	8260107 Owers, J. D.	232
8232405 Olivant, J. A.	228	Oseman, J.	41	8260372 Oxford, M. G.	130
306447 Olive, A. J.	163	8141595 Osgood, I. P.	232	8032382 Oxland, C. J.	13, 109
211026 Oliver, A. D.	265	215135 Oshaughnessy, L. M.	266	2660416 Oxley Green, E. B.	166
8032267 Oliver, B. A.	62, 151	2644062 Osselton, R. G. S.	177	8087478 Oxley, J. P.	151
2670246 Oliver, E. G. A.	167	5208233 Ostler, A. M.	204	216490 Oyns, D. H. C.	278
215624 Oliver, J. E.	266	8129887 Oswald, N. G.	192		
8092975 Oliver, M.	229	Oswald, Sir Michael	247		
8029400 Oliver, M. J.	129	8029168 Othen, M. J.	134		
210913 Oliver, P. R.	265	2670455 Otobo, I. O.	205		
5207243 Oliver, S. C.	128	Ottridge, S. D.	39, 101		
2658746 Oliver, S. J.	186	2642525 Ouellette, A. D.	141		
8302517 Oliver, S. J.	157	8152227 Oughton, D. W.	179		
215902 Oliver, S. M.	272	2635059 Oughton, N. M.	130		
216027 Ollerhead, W.	275	8125864 Oughton, P.	178		
8304559 Ollis, J. P.	138	2628182 Ousby, R. T.	119		
Ollis, P. R.	99	9578 Ousby, S. E.	190		
8701308 Ollis, V. S.	198	8028296 Ouston, C. M.	133		
8702031 Olliver, N. R.	181	5208544 Outteridge, G. J.	161		
8304575 Olsen, M. P. L.	137	5201047 Ovel, W. E.	266		
208924 Olver, J. N.	257	8260293 Ovenden, G. A.	232		
216398 Olver, K. E.	277	215707 Ovenden, N. A.	268		
216235 Ongley, E. F.	276	8701117 Over, D. C.	203		
409406 Onions, A. C.	210	5206164 Overend, D. T.	191		
214822 Onions, M. J.	262	8285906 Overington, I. C.	180		
5204871 Onley, M. J.	249	2649343 Overthrow, E. T. Q.	177		
8701111 Onslow, B. N.	145	8700148 Overton, J. M.	149		
Onslow, Mr G. J.	61	306415 Owczarkowski, C. A.	162		
5208245 Openshaw, S.	155	8304881 Owczarkowski, N. E.	144		
Opie, G. A.	20, 105	215150 Owen, A. A.	267		
213053 Oram, M. C.	268	8291676 Owen, A. K.	140		
8014559 Orange, R.	229	5208568 Owen, C. J.	194		
215555 Orbell, M. H.	274	8192974 Owen, C. J.	228		
214249 Organ, A.	269	91465 Owen, C. M.	249		
5208582 Organ, J. D.	186	212827 Owen, D.	264		
8024166 Organ, J. W.	74, 115	8304309 Owen, D. E.	129		
8029761 Organ, R. W.	128	8444451 Owen, I. A.	148		
5203515 Orme, D. J.	112	8001384 Owen, I. T.	229		
8023940 Ormerod, C. A.	111	5208763 Owen, J. J.	141		
2627337 Orr, D. J.	112	2660196 Owen, J. K.	145		
8019411 Orr, J.	232	8000678 Owen, K. R.	226		
2654297 Orr, J. N.	143	1960578 Owen, M. J.	171		
8300681 Orr, S. A.	194	8305102 Owen, M. J.	149		
8700180 Orr, V. J.	167	2633311 Owen, P. E.	175		
5204343 Orton, D. G.	45, 117	4233407 Owen, P. S.	234		
8023979 Ortyl, R. I.	154	8122264 Owen, R. J. C.	230		
8020748 Orwell, S. J.	235	8130110 Owen, R. M.	171		
2638056 Orzel, M. N. F.	253	216494 Owen, S. R.	278		
5206131 Osborn, Rev D. T.	218	8304422 Owen, T. E.	128		
8009376 Osborn, M. R.	226	8285403 Owen-Hughes, M. T.	160		
Osborn, P. C.	10, 104	2659567 Owens, J. F.	165		

INDEX

Personal No	Page No	Personal No	Page No	Personal No	Page No
		8701385 Palmer, C. J. 180		5208545 Parker, J. C. S. 159	
P		212533 Palmer, D. J. 259		5208368 Parker, J. P. F. 160	
		8022736 Palmer, D. J. 114		8029380 Parker, J. R. 193	
8026919 P. J. Courtnage 47		5204194 Palmer, G. R. A. 175		2659632 Parker, J. T. S. 163	
4231338 Pace, D. A. 273		8024158 Palmer, I. L. 189		215401 Parker, K. E. 273	
1961879 Pace, K. 231		8115828 Palmer, K. 194		5208163 Parker, K. L. 193	
216051 Pack, L. J. 275		8088955 Palmer, M. A. 157		306325 Parker, L. V. 195	
8701058 Padbury, D. C. 149		5207063 Palmer, M. R. K. 152		211739 Parker, M. C. 267	
2644068 Padbury, O. M. 142		8304423 Palmer, M. S. 137		2671012 Parker, M. R. 147	
8300552 Paddison, P. 158		212283 Palmer, P. J. 272		5203273 Parker, M. R. 124	
8260879 Paddon, I. P. 147		212993 Palmer, P. M. 267		8243153 Parker, N. 211	
8139067 Paddon, J. R. 229		214365 Palmer, R. F. 273		8000463 Parker, N. E. 271	
215267 Padgett, K. 268		8122363 Palmer, W. V. 190		213083 Parker, R. C. 269	
91484 Padgett, L. 250		5208904 Pamplin, I. R. 178		8023386 Parker, R. J. 183	
211027 Padgham, A. J. 269		5209058 Pandya, A. N. 203		214826 Parker, R. L. 262	
8141225 Padmore, T. C. 124		Panesar, J. S. 35		8307802 Parker, R. L. 187	
8192047 Paffett, C. 163		8029434 Panter, C. S. 134		5205640 Parker, R. M. 172	
8300202 Page, A. C. . . 38, 76, 184		2660190 Panther, G. J. 166		215418 Parker, R. S. 272	
2623591 Page, A. M. 271		215062 Panton, M. E. 265		8304213 Parker, R. S. 129	
8304991 Page, C. D. 165		5208710 Pape, J. C. 162		2640969 Parker, S. 159	
8260537 Page, G. 128		8103580 Pappa, M. R. 169		8001962 Parker, S. C. 226	
8301007 Page, J. B. 167		8304096 Pappini, N. J. 136		Parker, S. H. 102	
Page, J. D. 20		216331 Pardoe, B. D. 277		8419413 Parker, S. H. 196	
5202562 Page, J. M. 115		8113440 Parfit, G. R. 169		8008124 Parkes, D. W. 177	
8260796 Page, K. L. 145		212010 Parfitt, A. P. 268		Parkes, K. J. 29, 103	
215905 Page, K. M. Z. 272		8300434 Parfitt, J. E. 157		214282 Parkes, S. M. 269	
5208191 Page, M. 138		8249415 Parfitt, K. 197		5206434 Parkhouse, T. E. 153	
Page, M. L. 105		216533 Parfitt, N. D. 278		8419598 Parkin, A. 181	
8427846 Page, N. L. 165		213211 Parfrey, C. J. 271		2633768 Parkin, K. 135	
306453 Page, N. M. 144		2670113 Pargeter, R. C. 145		8283266 Parkins, E. A. 157	
8423975 Page, T. C. 160		8151725 Paris, C. A. 171		2659283 Parkinson, A. 144	
5208724 Paget, D. C. 143		8152587 Paris, G. D. 176		8028646 Parkinson, A. F. 133	
215082 Pagliano, S. J. 266		8701709 Parish, S. T. 182		Parkinson, C. 305	
8191248 Paice, N. J. 173		8141247 Park, A. I. 277		5207334 Parkinson, F. C. J. . . 133	
8027554 Paige, C. R. 132		213993 Park, D. 266		8024710 Parkinson, J. H. . 50, 154	
8136431 Paige, J. M. . . . 81, 115		8701414 Park, J. A. 166		8701144 Parkinson, N. . 197, 304	
5208588 Paine, R. J. 160		Park, R. J. 60		5206057 Parkinson, S. J. . 34, 114	
8304472 Paine, R. N. 138		8024373 Parke, R. J. 133		Parkinson, S. L. . . 38, 99	
5206967 Painter, R. E. 190		8154608 Parker, A. 140		Parks K. J. 29	
5204246 Paisey, M. A. C. 263		8121620 Parker, A. F. 178		8032177 Parlett, A. C. 244	
5206807 Paish, N. R. 58, 202		2634202 Parker, A. G. 250		8007583 Parlett, R. B. 170	
8027549 Palastanga, P. R. . . . 132		8220165 Parker, A. J. 197		91523 Parlour, R. S. 249	
8283626 Palfrey, S. 177		8029523 Parker, A. M. B. 134		Parmenter, D. 12	
8027932 Palgrave, C. W. J. . . . 132		8252915 Parker, C. 226		215222 Parmentier, A. J. A. . 267	
8701708 Palik, A. P. 167		8400823 Parker, C. 192		2638683 Parr, A. J. 141	
8008625 Paling, J. J. 173		215713 Parker, C. J. 268		2649005 Parr, H. M. 186	
306152 Palk, A. L. 63, 192		5208415 Parker, C. M. 160		5208305 Parr, H. M. 159	
5207766 Palk, R. A. 171		8304558 Parker, D. A. 137		8701585 Parr, J. M. 165	
213232 Pallett, B. J. 271		209089 Parker, D. E. 257		2644395 Parr, J. N. 195	
8181798 Pallister, A. S. 230		Parker, D. R. 88		8235675 Parr, L. C. 177	
1960667 Pallister, D. H. 265		8302714 Parker, E. J. 158		8023947 Parr, N. H. E. 111	
8214901 Palmer, A. 129		8301029 Parker, G. D. 167		8701402 Parr, N. K. 195	
2633714 Palmer, A. D. 121		5207719 Parker, G. D. A. 121		5208790 Parr, O. R. 142	
Palmer, A. M. D. 96		4282374 Parker, G. H. 237		Parr, R. M. P. . . . 73, 105	
8119259 Palmer, C. I. 229		8418835 Parker, J. C. 178		2659633 Parrack, C. E. 197	

381

INDEX

Personal No		Page No	Personal No		Page No	Personal No		Page No
4335625	Parrini, A. L.	242	8086189	Patel, R. C.	250	8014660	Pavey, G. L.	230
	Parrish, A. J.	102	213577	Patel, R. K.	260	8197137	Pavey, G. M.	273
5208122	Parrott, M. A.	156	2660114	Patel, R. S.	205	409521	Pavitt, A. J.	240
306383	Parrott, T. A.	196		Pateman, H. J. M.	269	212252	Pavitt, R. G.	273
8029275	Parry, A. J.	126	8011208	Paterson, A. L. B.	226	8423618	Pawlak, M.	211
214008	Parry, C.	265	8130216	Paterson, B. C.	228	5206688	Pawsey, A. R.	171
	Parry, C. J.	11	306187	Paterson, C. P.	158	8700215	Paxman, M. E.	167
216486	Parry, C. J.	278	212169	Paterson, I. E.	271	5207022	Payling, C. A.	125
8310214	Parry, C. L.	166	8127777	Paterson, J.	231	8079095	Payne, A. D.	231
5203735	Parry, D. G.	274	5204467	Paterson, M.	275	5208601	Payne, A. G.	142
214532	Parry, D. H.	261	5207620	Paterson, N. A.	233	8112654	Payne, A. G.	162
8008561	Parry, D. T.	172		Paterson, P.	41	5207991	Payne, A. J.	157
8028467	Parry, D. W.	184	821082	Paterson, P. F. B.	40	5208253	Payne, D. V.	158
5203749	Parry, G. W. H.	125	8021082	Paterson, P. F. B.	112	8010870	Payne, H. T.	229
8302545	Parry, H. L.	193		Paterson, R.	13, 43, 102	8304294	Payne, J. C.	128
215361	Parry, I. J.	272	209942	Paterson, R. A.	257	8115214	Payne, J. K. H.	225
	Parry, J. A.	54	2636224	Paterson, S. A.	129	2649795	Payne, M. B.	140
9799	Parry, J. A.	14, 119	5208141	Pathak, G.	202	5206371	Payne, N. A.	172
2617070	Parry, J. K.	275		Patman, Miss D.	247	5203120	Payne, P. J.	183
216502	Parry, R. A.	278	5207012	Paton, A. D.	132		Payne, Professor	
8153521	Parry, S. A.	172	8424138	Paton, B.	63, 178		J. P.	216
5208794	Parsbo, S. R.	196		Paton, D. R.	85, 105	5208538	Payne, R. B.	57, 195
215379	Parsons, A. R.	272	8117576	Paton, G.	197	8129907	Payne, R. J.	229
8027470	Parsons, B. L.	151	2658747	Paton, N. J.	143	8013476	Payne, S. A.	229
2637143	Parsons, C.	178	215372	Paton, R.	272	2624959	Payne, T.	75, 113
8198060	Parsons, C. J.	173	8304168	Patounas,		5203150	Payne, T. A. R.	115
210934	Parsons, J.	258		R. P. G.	48, 69, 127	8010204	Paynton, P. J.	137
212905	Parsons, J. D. F.	265	8022907	Pattenden, G. E. P.	263	306361	Payton, S. J.	161
213494	Parsons, J. J.	260	5208608	Pattenden, M. S.	241	8186719	Peace, C. M.	124
8024282	Parsons, J. J.	121	408859	Pattenden, S. M.	248	5207052	Peacey, S.	133
	Parsons, M.	302	2638512	Patterson, A. J.	270	8404370	Peach, B. J.	48, 174
8026733	Parsons, M. G.	262	2659037	Patterson, C. M.	205		Peach, S. W.	98
8416951	Parsons, M. S.	160		Patterson, D.	41	5205981	Peacock, E.	53, 114
211476	Parsons, P.	265	595984	Patterson, D. A. G.	227	216351	Peacock, L. E.	277
5208058	Parsons, R.	136	5208641	Patterson, D. T.	205	5200226	Peacock-Edwards,	
8701309	Parsons, R. A.	147	5203625	Patterson, L. J.	244		R. S.	268
8093297	Parsons, R. R.	227	8285340	Patterson, M.	177	2660370	Pead, W.	148
5208666	Partner, A. M.	204	5208636	Pattinson, G. J.	161	8701521	Peak, M. W.	181
	Parton, N.	36, 105	8024062	Pattinson, M.	152	215593	Peake, J. M.	266
8701481	Partrick, T. E.	148	2644442	Pattison, E.	160	215326	Peake, K. L.	270
216463	Partridge, C.	277	5206398	Pattle, R. E. G.	121	608165	Pearce, A. G.	270
8304718	Partridge, G. J.	129	2660670	Patton, S. C. R.	146	8093190	Pearce, A. J.	169
8424270	Partridge, I. P.	196	5204216	Paul, A. D.	130	5206627	Pearce, G. C.	172
214173	Partridge, J. M.	267	5203300	Paul, H. A.	131	8119870	Pearce, G. M.	261
5207194	Partridge, M. A.	172	2639098	Paul, J. C.	173	5208408	Pearce, H. E.	194
8026803	Partridge, S. J.	249	8701446	Paul, M. T.	180	214508	Pearce, H. G.	261
8025921	Partridge, S. M.	131	2659568	Paul, R.	146	215946	Pearce, J. P.	275
8255399	Pascoe, D. J.	162	5206867	Paul, R. J.	45, 117	2624990	Pearce, K. N.	113
5208453	Pascoe, S. W.	210	2638618	Paul, S. L. S.	155	8026567	Pearce, L. E. F.	114
8700983	Pasfield, B. G.	179	5208762	Paul, S. N.	203	8304599	Pearce, M. A.	137, 306
214428	Pass, A. C.	273	8188590	Paul, S. R.	163	8029407	Pearce, M. D.	125
210491	Passfield, A. C.	374	8124128	Paull, N.	231	8700087	Pearce, N. D.	149
8244999	Passman, L. J.	164	8024618	Paulso, J. D.	40	8029774	Pearce, R. H.	128
213961	Patel, H. S.	264	8024618	Paulson, J. D.	119	5208660	Pearce, S. C.	177
8118955	Patel, P.	170		Pausina, N.	60	8141143	Pearce, S. G.	141

INDEX

Personal No		Page No	Personal No		Page No	Personal No		Page No
213492	Pearce, S. J.	260	5206436	Penelhum, J. P.	153	209493	Perry, P. J.	264
5208800	Pearce, S. R.	178	2649289	Pengelly, O. J.	142	8083456	Perry, R.	156
214425	Pearmain, S. J.	274	8023866	Penlington, D. W. E.	232	8701702	Perry, R. A.	179
5204382	Pearson, A.	189	211005	Penn, A. D.	264	8305046	Pert, M. E. W.	148
8141361	Pearson, B. G.	232	212058	Penn, B. W.	267	4232376	Pertwee, M. N.	271
2645391	Pearson, C.	161	211597	Penn, C. M.	258	5208394	Pescott, K. J.	175
2659695	Pearson, C.	144	8700035	Penneck, C. J.	150	216255	Petch, P. A.	276
8700256	Pearson, C. M.	150	2623755	Pennell, L. J.	123	91535	Peterken, P. J. L.	252
2649745	Pearson, D. L.	141	8175640	Penney, W. J.	229	8119164	Peters, C. E.	174
5203215	Pearson, G. J.	19, 110	609519	Penny, A. T.	235	2637130	Peters, C. J.	175
8701455	Pearson, H. A.	197	215532	Penny, S. C.	265		Peters, Professor	
213673	Pearson, I. D.	260	8020052	Pennycook, J. A. R.	169		Sir Keith	216
	Pearson, J.	41	8701064	Penrice, I. W.	137	8701503	Peters, L. J.	166
5205480	Pearson, J. M.	121	300973	Penrose, P. J.	236	2660566	Peters, O.	149, 304
8026567	Pearson, L. E. F.	40	2658834	Penter, D. A.	177	8023660	Peters, S. G.	64, 112
8414875	Pearson, M. D.	179	5207651	Pentland, Rev R. J.	218	5206106	Petersen, C. J.	191
8103752	Pearson, P.	229	216264	Penwarden, K. S.	276	5208414	Peterson, I. M.	140
	Pearson, P. T. C.	28, 73	211264	Penwarden, R. J.	270	2658799	Peterson, J. A.	143
8141765	Pearson, R. P.	226	8701102	Penwill, A. P.	187	2654349	Peterson, M. J.	143
2632233	Pearson, S.	276	5205305	Peoples, S. F.	62, 190	5207994	Peterson, M. K.	202
8018942	Pearson, S.	108	8304834	Pepper, A. E.	142	8026785	Petherick, S. T.	154
215498	Pearson, S. M.	147	8008130	Pepper, G. A.	225	8702957	Petrie, D. A.	205
8027951	Pearson, S. M.	132	212782	Pepper, I. K.	259	213934	Pettengell, N. C.	261
213631	Pearson, T. A.	260	8118052	Pepper, M. S.	79, 111	409386	Petter-Bowyer, D. A.	210
215959	Pearson, T. D.	275	300968	Percival, D.	236	8024278	Petticrew, G. A.	192
2658750	Pearson, T. M.	143	2648779	Percival, G. M.	211	5208512	Pettit, B. W.	193
8032492	Peart, B. S.	249	5207385	Percival, I.	138	2689196	Pettit, J. H.	250
8027170	Peart, C. J.	36, 109	8424271	Percival, J. D.	213	8210497	Pettit, M. B.	178
8014777	Pease, C. T.	237	8078100	Percy, D. W.	195	210628	Pettitt, B. W.	257
209745	Peasgood, D. J.	257	8701561	Pereira, M. J.	148	5204889	Pettitt, S.	170
8702894	Peat, H. C.	167	2638553	Perilleux, G. B. J.	136	8096596	Petty, M. J.	190
8213241	Peck, R.	173	216247	Perkin, S. V.	276	409538	Peverall, S.	211
	Pedlingham, Mr M.	21	213955	Perkins, A. D.	264	8300240	Pey, P. G.	183
8270090	Peebles, A. B.	136	8023358	Perkins, A. D.	63, 151	2653797	Pfeiffer, C. K. A.	182
8236763	Peebles, L. A.	130	8013279	Perkins, C.	269	8300710	Phelps, D. L.	158
5201925	Peeke, G.	122	8130406	Perkins, C. G. H.	229	5209026	Phelps, M.	222
8404741	Peel, A.	179		Perkins, Mr H. W.	24	2659865	Phelps, R. J.	165
8701094	Peel, G. M.	179	306013	Perkins, J. M.	120	5203555	Phelps, S. M.	109
5203829	Peers, J.	169	8420291	Perkins, S. C.	180	300957	Philcox, Z. L.	236
8150675	Peet, K.	170	8701084	Perkins, S. L.	198	2619822	Philip, A. F.	67, 243
8405641	Peeters, G. A.	53, 175	8302606	Perkins, S. N.	184	8195368	Philip, C. L.	180
5208155	Pegg, R.	158	5208255	Perks, C.	139	8300469	Philip, G. A.	154
	Pegrum, T. A.	54	8025313	Perrem, T. J.	123	8023572	Philipson, R. M.	156
8000552	Peirce, D.	225	306509	Perrett, J. E.	197	8153082	Philliban, J.	119
8100464	Pelcot, A. F.	244	210795	Perriam, D. A.	258	683409	Phillips, A. J.	243
8100646	Pelcot, A. F.	67	5208696	Perrin, M. N. A.	196	8152769	Phillips, A. J.	179
8024031	Pell, G. W. Y.	125	214042	Perring, I. D.	264	8128429	Phillips, B. K.	131
9679	Pell, K. L.	192	8425899	Perrins, J. R.	181	8106919	Phillips, B. L.	226
215750	Pell, L. J.	263	215103	Perrins, M. A.	266	2659720	Phillips, C. J.	145
	Pellatt, K. J.	99	2628272	Perrins, R. H.	129	8029065	Phillips, D. C.	120
8218336	Pemberton, A. J.	121	8104218	Perrott, P. J.	229	2671029	Phillips, E. J.	181
214357	Pemberton, A. L.	193	8019118	Perry, A. T.	174	5201760	Phillips, G. T.	243
8304755	Pemberton, G. A.	130	5207773	Perry, K. W.	86, 192	8150747	Phillips, I. C.	230
8079908	Penberthy, M. P.	262	8015640	Perry, L. K.	170	5203353	Phillips, I. R.	183
8023798	Pendleton, G.	152	8121655	Perry, M. J.	226	8194452	Phillips, J. M.	230

383

INDEX

Personal No		Page No	Personal No		Page No	Personal No		Page No
8152311	Phillips, J. S.	172	8300577	Pieroni, M. L.	155	5206352	Plant, B. M.	174
8425067	Phillips, J. S.	162	216064	Pierrejean, A. J.	265	209934	Plant, J.	266
8024722	Phillips, K. M.	194	8025430	Pierson, R. M.	123		Plass, M.	60
216299	Phillips, M. A.	277	8701660	Pierson, Z. S.	167	8029766	Platt, C.	126
8008541	Phillips, M. E.	175		Pigott, J. I.	102	8029005	Platt, D.	125
8011472	Phillips, M. J.	225	8701310	Pike, C. I.	166, 301	8701145	Platt, G. R.	180
608480	Phillips, M. T.	263	213427	Pike, G. J. S.	260	2649968	Platt, R. A.	142
	Phillips, Mrs F.	15	2630694	Pike, H. J.	133	8092803	Platts, W.	255
5205390	Phillips N. J.	31, 113	8023797	Pike, J.	251	2670052	Plenty, J. M.	148
8304277	Phillips, P. R.	157	5208875	Pike, R. P.	196	8024631	Ploutarchou, A. P.	117
	Phillips, Professor I.	216	8122661	Pilkington, G. S.	190	2653683	Plowden, M. A.	162
8024828	Phillips, R. A.	122	8078985	Pilkington, M. G.	234	2659806	Pluck, G. I. V.	181, 304
8305003	Phillips, S. C.	147	8304821	Pilkington, R. C.	161		Pluck, J. A. J.	41
5209101	Phillips, S. G.	144		Pilkington, S. J. D.	300	8223715	Pluckrose, A.	196
2658838	Phillips, S. W.	179	5207926	Pilliner, A. N.	130	8026089	Plumb, J. V.	233
2649025	Phillips, T. L.	140	5204183	Pilling, J. A.	124	5206068	Plumb, S. P.	125
5209076	Phillis, I. R.	133	214761	Pimm, J. A.	262	8418004	Plumley, R. K.	178
2649923	Philp, N. M.	143	8129556	Pimperton, W. K.	226	306363	Plumley, V. J. K.	196
5205130	Philpott, C. N.	69, 123	212306	Pinching, S. J.	273	2649231	Plummer, A. L.	159
8240848	Philpott, V. Y.	160	4290811	Pinckston, P. K.	265	2626152	Plummer, K. G.	265
8133587	Phippard, S. J.	276	8203546	Pinder, K.	175	8103362	Plummer, K. S.	162
5208656	Phipps, M. J.	161	215770	Pinder, R. J.	270	8026302	Plumridge, D. L.	248
216066	Phipps, S. M.	275	8700036	Pingree, J. M.	149	8701052	Pnematicatos,	
2643901	Phoenix, N.	138	8009979	Pink, C.	226		Rev N. P. A.	219
2658751	Phyo, C. S.	143	216068	Pink, D. C.	275	8413866	Pocha, C.	196
409513	Phythian, S. M.	211	215509	Pinkstone, I. R.	264	8305100	Pockett, J. M.	148
8008924	Piaggesi, G. P.	176	5204265	Pinner, A. C.	124		Pocock, D. J.	13, 98
214322	Piccavey, S. K. E.	272	215880	Pinner, B. J.	270	214272	Pocock, J. R.	270
8014483	Pick, K. E.	123	8202911	Pipe, A. J.	171	214484	Pocock, M. D.	261
8701358	Pickard, G. R.	181	8427354	Piper, A. J.	164	5208182	Pocock, M. F.	137
8250065	Pickard, M. J.	172	8026980	Piper, D.	123	215367	Podger, K. D.	271
	Pickard, N. P.	12	208592	Piper, G. R.	263	212783	Podger, S.	259
	Pickavance, D.	105	215269	Piper, L. M.	268	8405875	Podmore, J. V. R.	178
306292	Picken, T. J.	160	8123272	Piper, L. R. E.	229	8701682	Podmore, R.	150
8302700	Pickering, A. K.	192		Piper, Mr M.	22	8135237	Pogue, T.	231
8300258	Pickering, A. N.	154	2660781	Piper, R. M.	148	8130404	Pointon, P. W.	244
8304192	Pickering, C. M.	262	8300915	Pirt, J. W. G.	165	8701127	Polden, B. R.	180
8024686	Pickering, J. D.	62, 152	5208840	Pitcher, S. J.	119	8249510	Poley, C. A.	178
5201522	Pickering, R. J.	235	8425900	Pitelen, R. W.	180, 305	8179433	Polidano, P.	226
215038	Pickersgill, N. K.	265	4233265	Pitt, C. R.	40, 107	212204	Pollard, J. E.	270
8286088	Pickett, D.	163	2653764	Pitt, D. J.	148	8701217	Pollard, J. M.	165
8023897	Pickett, G. R.	153	8018636	Pitt, T.	226	2639084	Pollard, N. G.	137
2659634	Pickford, M.	144	8019062	Pittaway, S. J.	228	2659635	Pollard, S. M.	144, 300
2624838	Pickthall, C. R.	235	8183506	Pittock, A. R.	227	5208117	Pollard, S. M.	234
5208197	Pickup, A. G.	138	4233402	Pitts, A.	263	2671037	Pollard, T. R.	148
214389	Pickup, G. R.	274	210355	Pitts, G. K.	271		Polley, N.	18
	Picton, A. M.	13	2646145	Pitts, J.	253	5204578	Pollit, I. S.	110
5205603	Picton, D. M.	115	4232474	Pitts, J.	85	216269	Pollitt, J. N.	277
8173044	Piddington, M. J.	214	595392	Pittson, K. T.	242	5202974	Pollitt, M. M.	107
8227167	Pidgeon, P. R.	259	209567	Pizii, R. L.	47	215023	Pollock, C. L.	264
2668963	Pidwell, L.	165	8411653	Place, M. J.	269	8283982	Pollock, D. M.	192
2649825	Piedade, A. D. J. N. D.	276	215627	Plagmann, R. K.	267	214283	Pollock, J. M.	270
8700246	Pierce, D. H.	167	8029337	Plain, C. N.	127	5203141	Pollock, N. D.	131
8140241	Pierce, H. R.	122	2659317	Plank, B. M.	144	210318	Poloczek, J. A.	270
5207093	Piercey, B. A.	133				8700163	Polwin, B. J. A.	150

384

INDEX

Personal No		Page No	Personal No		Page No	Personal No		Page No
208311	Pomeroy, D. E.	270	212586	Potter, S.	259	5208017	Powlson, M. D.	172
	Pomeroy, P. M.	8	8028934	Potterill, S. M.	176	8221854	Praag, A. N.	172
215835	Ponnusamy, M.	271	2660786	Potterton, M. D.	148	8702676	Prager, G. J.	150
	Ponsonby, J. M. M.	42, 67, 98	4233536	Pottle, H. W.	124	8128156	Prall, T. G. E.	232
8028400	Pontefract, J. C.	156	215219	Pottle, N. J.	268	8260627	Prangley, D.	141
2660115	Ponting, J. A.	214	306462	Potton, F. H.	163	2660335	Pratley, D. H.	186
8152900	Ponting, R. D.	176	5206121	Potts, A. J.	192	5206391	Pratley, R. D.	184
8255010	Ponting, S. J.	163	5208905	Potts, B. D.	161	4263571	Pratt, B. R. D.	274
2633212	Ponting, T. M.	135	8024519	Potts, D. J.	184	1946587	Pratt, E. J.	231
2642994	Pook, A.	204		Potts, D. L.	7	8141522	Pratt, G. R.	232
8304620	Pook, S. A.	138	5208070	Potts, M. J.	172	215580	Pratt, I. G.	266
5207718	Poole, B. V. J.	135	5207360	Poulter, J. L.	129	2623234	Pratt, T. F.	184
214348	Poole, C. J.	272	5201976	Poulter, J. M.	243	8701614	Precious, S. M.	149
8172749	Poole, C. T.	230	8102473	Poultney, D. W.	226	8304550	Preece, A. D.	138
216243	Poole, D. M.	276	8307997	Poulton, I. J.	164	8426332	Preece, M. G.	180
8153557	Poole, G. J.	36, 117	8009823	Poulton, J. C.	172	91516	Preece, M. L.	249
8701366	Poole, K.	211	8431781	Poulton, N. A.	165	5205646	Preece, W. R.	48, 125
8701344	Poole, P. J.	198	8153083	Pound, J. N.	181	8023895	Preedy, J. A.	156
8302741	Poole, P. S. A.	184	8023957	Pound, M.	116	5208987	Prendergast, G.	144
	Poole, R. M.	105	8701479	Pountney, R.	198	8205574	Prentice, M. A.	165
5203181	Poolman, J. C.	128	8209829	Pout, C. L.	53, 125	2636591	Prentice, P. R.	172
5207216	Pope, C. C.	127	8300047	Povey, A. R.	152	8028570	Prescott, J. C.	115
5209061	Pope, D. J.	197	215921	Povey, S. M.	273	8111004	Prescott, K.	189
	Pope, D. P.	15	8270593	Powe, I. D.	268	215683	Prescott, S. L.	275
8118862	Pope, M. S.	62, 152	5204837	Powe, M. J.	117	215093	Prescott-Morrin, H. J.	265
5206015	Poppe, A. N.	183		Powell, A. L.	106	5206741	Presland, R. D.	121
8209198	Popper, I. A.	195	2660321	Powell, C. G.	145	8139269	Presley, M. A.	36, 117
8029211	Poppleton, C. A.	134	5203282	Powell, D. M.	169	2642437	Presly, A. D.	186
8700108	Portaluri, G.	150	8701452	Powell, D. W.	137	5207277	Press, J. R.	172
5208784	Porteous, J. M.	143	5209023	Powell, G. D.	164	8209207	Preston, D. A. S.	229
215848	Porter, A. J.	166	8700997	Powell, G. J.	236	8026854	Preston, D. L.	36, 114
8290278	Porter, A. W.	166	8024277	Powell, G. J.	152	8023268	Preston, G. A.	83, 114
5208819	Porter, C. W.	142	5205666	Powell, G. S.	134	1961851	Preston, J. G.	228
595596	Porter, D. R.	231	215756	Powell, J. B.	275	8701216	Preston, R. W.	179
212636	Porter, E. A.	259	1947132	Powell, J. B.	243	8032628	Preston-Whyte, P. A.	154
8101237	Porter, G. J.	228	8020056	Powell, K.	114	5205625	Preston-Whyte, R. A.	125
	Porter, G. R. R.	10, 102	214427	Powell, K. D.	273	8151238	Prevett, W. S.	51, 121
5204855	Porter, J. D.	121	8064295	Powell, L. J.	197	5205771	Prgan, M. J.	273
2660468	Porter, J. L.	148	4232818	Powell, L. R.	233	8111954	Price, A. V.	226
8025281	Porter, J. L.	84, 113	8300517	Powell, M. S.	50, 157	306341	Price, C. A.	161
306458	Porter, N. P.	208		Powell, Mr M.	215	210119	Price, D.	268
	Porter, S. L.	96	2660367	Powell, N.	182	8701562	Price, E. A.	198
	Porter, Mr S. L.	17	5207007	Powell, N. R.	170	8701311	Price, E. M.	166
2648953	Portlock, A. J.	295	210880	Powell, P. J.	258	215668	Price, G. E.	268
8024597	Portlock, J. B.	60, 117	5208600	Powell, P. J.	195	5201548	Price, H. W.	107
8153852	Posnett, G. A.	160	8028947	Powell, P. J.	133	8023877	Price, I. R.	151
5208179	Posthumus, L. C.	194	8141184	Powell, P. R.	132	214440	Price, J.	274
5205425	Postlethwaite, D.	124		Powell, R. J. A.	65, 103	8028129	Price, J. A. B.	263
2644244	Pote, C. F.	140	8028043	Powell, R. J. C.	11, 113	8426133	Price, J. G.	179
8260072	Potter, A. J.	126	214664	Power, C. P.	262	215471	Price, J. S.	264
8226121	Potter, A. K.	174	5207165	Power, R. W.	184	2644222	Price, N. E. S.	177
5206578	Potter, D. J. A.	126	8029773	Powers, D. R.	128	8152128	Price, R. G.	234
5208304	Potter, M. S. A.	159	8701628	Powley, R. M. K.	207	2659676	Price, R. J.	179
2662736	Potter, N. J. S. C.	277	8153989	Powley, S. K.	175	215656	Price, S. A.	267
			5202087	Powling, B. F. E.	183	8701288	Price, T. S. J.	205

INDEX

Personal No	Page No	Personal No	Page No	Personal No	Page No
306102 Prichard, K. A.	153	2658800 Pugh, A. J.	186		
215584 Prichard, P. M. R. . .	266	2628725 Pugh, J.	127	**Q**	
8412783 Priday, R.	179	5203378 Pugh-Davies, M. D. . .	122		
8260536 Pridding, I. J.	162	91501 Pugsley, W. B.	253	2653882 Quaife, R. P.	143
5204730 Priddle, A. L.	235	4207300 Pulford, A. D.	100	8206299 Quant, B. A.	179
8113551 Priddy, W. P.	157	8154661 Pullen, C. L.	176	209012 Quarman, B.	272
Pridham, R.	29	8246467 Pullen, J. R. E.	174	2618321 Quartly, A. F.	270
8154367 Pridmore, B. J.	173	5207941 Pullen, M. P.	172	5208459 Quayle, G. E.	159
8194753 Priest, A. A.	196	8205274 Pullin, M. J.	196	2659721 Quemby, C. M.	165
8701363 Priest, I. P. D.	147	8245901 Pulling, B. S.	152	2633303 Quick, A. N.	128
5207353 Priest, J.	138	8304730 Pumford, S. M.	139	8701595 Quick, C. A.	211
5208782 Priest, J. P.	161	8025442 Puncher, A. W.	126	1940494 Quick, D. M.	67
210197 Priest, P. T.	265	2646936 Purchase, D. M.	187	4277607 Quick, M. C.	244
5208574 Priestley, J. B.	186	306082 Purdom, C. J.	190	8419531 Quick, M. D. . . . 178, 305
5207328 Priestley, M. J.	210	2649019 Purkis, R. J.	141	2662364 Quick, P. A.	210
8019116 Priestley, S. D.	169	8107757 Purkis, R. J. I.	227	Quick, Mr R. H.	24
5207340 Priestnall, A. R.	137	214262 Purkiss, A.	261	8173363 Quigley, I. P. J.	160
2641440 Priestnall, S. J.	194	5203278 Purkiss, C. C.	109	215381 Quigley, J. C. W. . . .	271
8300141 Prime, R. J.	185	8029828 Purkiss, E. R.	135	8193150 Quigley, K. G.	227
2635726 Prince, N. C. H.	154	8219605 Purnell, S. F.	164	8152053 Quigley, M.	115
216464 Pringle, C. S. M. . . .	278	8300201 Purse, M. A.	153	2640829 Quigley, T. L.	153
593925 Pringle, N.	231	213957 Pursehouse, A. J. . . .	266	8023369 Quin, A. K.	115
5205715 Print, C. P.	244	8027390 Purser, C. R.	115	8065466 Quinn, A. C.	213
8701591 Print, R. D.	181	8137984 Purvey, A. D.	163	8249788 Quinn, A. M.	154
8029525 Prior, S. C.	126	686702 Purvis, G. L.	256	8211162 Quinn, C. A.	178
1961229 Prissick, M.	234	2660565 Purvis, L. K.	149	210733 Quinn, J. J.	261
8141219 Pritchard, E. J.	125	8702262 Pushman, C. E.	166	2636535 Quinn, M. P.	128
211445 Pritchard, K.	258	8181263 Putland, K. A.	161	214234 Quinn, M. S.	261
8702323 Pritchard, K. S.	150	8304269 Puzey, M. E.	127	5208792 Quinn, S. D.	161
216228 Pritchard, L. J.	276	8702065 Pyatt, M. J.	166	215817 Quinney, C. D.	271
8107212 Pritchard, R. D.	195	8701637 Pybis, P. W.	211		
216500 Pritchard, S.	278	4286408 Pybus, K. W.	176		
216412 Pritchett, S. R.	277	2637099 Pye, C. D.	120		
2641817 Prochera, D. J.	143	5207262 Pye, G. A.	121		
Proctor, J. T.	299	8305070 Pye, T. J.	144		
2660173 Proctor, O. P.	187	216081 Pygott, A. M.	267		
8430650 Prosser, M. C.	149	214180 Pym, J. D.	261		
208974 Protheroe, L.	270	2638789 Pymm, M. L.	139		
8701236 Protheroe-Thomas, D. I.	147	8173017 Pyne, T. R.	229		
8122747 Proudlove, A. . . . 74, 109		8021226 Pynegar, P. G.	122		
8216837 Provan, A. P.	164				
8304141 Provost, J. D.	126				
Prowse, D. L.	106				
2640957 Pruden, J. R. . . . 42, 192					
216123 Prudham, P. T.	276				
8701710 Prutton, D. J.	167				
8092749 Pryce, P. G.	159				
8304851 Pryor, A. M.	143				
8029352 Prytherch, N. S. . . .	156				
8701106 Pucill, L. W.	146				
214127 Pudney, K. W.	267				
1945395 Pudney, K. W.	243				
306419 Pudney, R. L.	204				
2636458 Pugh, A. D.	134				

INDEX

Personal No		Page No	Personal No		Page No	Personal No		Page No
	R		8026140	Ramsey, W. J.	112	5207880	Rawsthorne,	
			216152	Rance, C. G. A.	276		N. A.	50, 154
			306402	Rance, Rev E. J.	219	608764	Ray, D. A.	263
8023723	Rabagliati, R. O.	64, 114	2670040	Rand, B. C. C.	205	685845	Rayfield, G.	67, 243
216452	Rabey, K. N.	278	8302805	Rand, K. P.	197	8023920	Rayfield, P. H.	151
2639376	Race, S. C.	176	8226082	Rand, T. J.	177	5208607	Rayfield, P. R.	193
608600	Rackham, C. M.	64, 107	8100207	Randall, E. W.	244	2623654	Raymond, M. I.	131
306493	Rackham, V. L.	196		Randall, H. M.	13, 101	8304667	Rayne, S. E.	248
5205769	Radcliffe, A. J.	11, 45, 115	8141173	Randall, I. L.	232	8154382	Rayner, K. S.	174
2642403	Radford, H. L.	237	306283	Randall, M. A. L.	195	8137606	Rayner, P. R.	228
5208482	Radford, J.	195	5208651	Randall, M. C.	141	215318	Rayner, S. T. A.	270
8290197	Radford, J. C.	269	8025314	Randall, N. B.	62, 107	215117	Raynor, D. H.	266
5207844	Radford, M.	135	8131029	Randall, T.	228	210070	Raynor, G.	257
2670037	Radford, M. C.	205	8027582	Randells, T. M.	132	8029365	Rea, J. C.	126
2644245	Radley, J. P.	141	8422809	Randerson, A.	185	2633027	Rea, S. A.	127
608870	Radley, R. P.	10, 107	214511	Randerson, C. H.	261	306157	Rea, S. K.	63, 192
5208837	Radley, Rev S. J.	219	5203392	Randerson, R. N.	235	8701006	Rea, S. P.	142
8300566	Radnall, M. M.	154		Randle, N. C.	102	215084	Reach, C.	266
5208212	Rae, C.	137	8302667	Rands, S. M.	185	8151431	Read, A. B.	117
8070118	Rae, D.	228		Ranger, M.	3, 43, 200	2636933	Read, A. J.	138
2622520	Rae, D. J.	57, 123	8242532	Rankin, J. M.	187	5206075	Read, D. G.	63, 120
214861	Rae, S. A.	262	213350	Rankin, L.	259	8702395	Read, D. J. R.	148
2642699	Rafferty, D. J.	234	8701722	Rankine, M. J.	167	8013286	Read, D. S. G.	226
5203994	Rafferty, M. S.	31, 113	5208038	Raper, A.	210	2659697	Read, G. E.	163
4233080	Raffles, I.	124		Raper, A. J.	21	8701665	Read, K.	167
8074260	Raftery, M. J.	229	5208776	Raphael, J. R.	142	8701029	Read, K. E.	210
8210382	Rahaman, A. R.	197	8027863	Rapson, A. D.	112	5207336	Read, P. J.	238
2658862	Raichura, A. K.	179	409508	Rapson, K.	210	8024211	Read, R. C.	118
5208635	Raimondo, M. J. P.	161	215690	Rashid, A.	268	8119819	Read, R. S.	228
300981	Rainbow, J. C.	237	8107768	Ratcliff, J.	157	8027442	Read, R. M.	132
8023750	Raine, D. W.	52, 151	5206362	Ratcliff, P. M. D.	190	8300591	Read-Jones, A. M.	191
8014275	Raine, W.	229	214932	Ratcliffe, A. J.	263	2672373	Reade, H. C.	205
	Rainford, Dr D. J.	215	5207350	Ratcliffe, B. E.	137	2631906	Reade, S. E.	134
5208481	Rait, P. M.	158	214905	Ratcliffe, D. C.	263	8304882	Reader, G. S.	144
2660117	Raja, H. R.	180	2660037	Ratcliffe, G. W.	148	8027417	Readfern, P. A.	108
210270	Ralph, P. S.	257	8032723	Ratcliffe, H. C.	193	8023288	Reading, A. M.	156
8103511	Ralph, R. R.	225	8418850	Ratcliffe, J. D. K.	177	216216	Reading, B. H.	276
5208252	Ralph, S.	174	215854	Rathbone, G.	275	8305056	Readings, M. J.	166
8015631	Ralston, W.	189	8105453	Ratinon, J. A.	267	8112100	Readman, N. E.	169
214919	Ramage, D.	263	5208423	Ratnage, P. D.	159	5208505	Reardon, E.	141
216537	Ramgoolam, C. A.	278	306263	Ratnage-Black, H. M.	160	306362	Reardon, J.	142
306377	Ramsay, A. G.	161	212445	Rattle, R.	259	215050	Reardon, P. T.	265
8112538	Ramsay, D. G.	135	215071	Rattle, S. A.	266	8701277	Reay, A. S.	198
8244140	Ramsay, L. M.	213	2660689	Raven, S. M.	147	5201056	Reay, P.	122
8133646	Ramsay, W.	225	214616	Ravenhall, S. R.	261	2662512	Rebbeck, A. J.	250
300974	Ramsdale, S. R.	237	213391	Ravenscroft, S. P.	250	4232663	Rechten, I. O. H.	126
8412268	Ramsden, C. D.	159	8151270	Rawcliffe, A. P.	170		Reddie, G. C.	88
5203948	Ramsden, C. P.	124	8089074	Rawe, J. P.	189	8304779	Redfern, C. C.	140
8193663	Ramsden, G. P.	172	5206184	Rawes, R. A.	171	8117058	Redfern, R. W.	228
8302726	Ramsden, M. Y.	193	8088884	Rawle, A. P.	225	306416	Redford, C. E.	142
2660736	Ramsden, S. L.	146	211901	Rawlings, M. G.	270	8010536	Redgrave, M. S. J.	249
215890	Ramsden, V. L.	272	8701526	Rawlins, C. R.	147	8304982	Redgwell, R. N.	147
8200825	Ramsey, B. P.	192	8304391	Rawlins, D. G.	137	5207288	Redgwick, C. T.	184
8247199	Ramsey, D. A.	180	8223967	Rawnsley, S.	127	8300935	Redhead, J.	166
8150958	Ramsey, S. A.	171		Rawson, P. D.	99	2649254	Redican, C. J.	141

387

INDEX

Personal No		Page No
8304813	Redman, A. P.	141
8260381	Redmond, M.	145
8200703	Redpath, S. D.	230
2654208	Redwood, H. R.	147
216094	Redwood, R. C.	275
214573	Reece, D. J.	261
216248	Reece, D. J.	276
2636186	Reece, J.	136
5208231	Reece, L. P.	186
5205107	Reed, A. D.	273
8141554	Reed, A. W.	134
2628714	Reed, G. M.	260
595676	Reed, G. W.	185
8700278	Reed, H. L.	181
3153853	Reed, K. B.	273
214934	Reed, K. I.	263
2647366	Reed, M.	186
8237595	Reed, M. L.	163
209223	Reed, P. H.	264
215502	Reed, P. J.	264
216130	Reed, R. J.	276
8207456	Reed, S. J.	173
2633026	Reed, S. M.	128
8413209	Reed, W. A.	194
8137570	Reedie, N. G.	230
5206449	Reeks, S. I.	137
	Rees, D.	206
	Rees, G. T.	15
	Rees, I. D. O.	33
8300923	Rees, K. A.	178
214840	Rees, L. E.	262
	Rees, M. S.	31
5204170	Rees, N. C. R.	132
2659722	Rees, N. J.	145
2632152	Rees, T. D. J.	164, 304
8700149	Reese, R. J.	150
8700242	Reeson, C. P.	197
8010729	Reeson, P.	229
306446	Reeve, J. A.	163
2640243	Reeve, M. W.	164
8114578	Reevell, M.	228
5208994	Reevell, S. J.	196
8119653	Reeves, A.	226
8153655	Reeves, A. J.	158
8114512	Reeves, C.	110
2648976	Reeves, J. E.	195
8027013	Reeves, K. J.	123
8023123	Reeves, M. J.	264
2628798	Reeves, S. E.	121
8237161	Reeves, T.	196
215433	Regan, G. D.	263
8154023	Regan, P.	173
215873	Regan, R. F.	272
8703440	Reho, D. J.	181
5206545	Reid, A. G. M.	153

Personal No		Page No
2639025	Reid, A. I. A.	135
5208116	Reid, A. N. C.	202
5208503	Reid, D. G.	177
213646	Reid, E. C.	260
8172355	Reid, F. R.	273
	Reid, G. E.	201
8000775	Reid, G. J.	227
5207248	Reid, G. S.	156
	Reid, The Rt Hon Dr John	5, 6, 7
	Reid, J.	3
	Reid, J.	206
8141350	Reid, J. P. Q.	49, 114
8032409	Reid, L. M.	151
8027540	Reid, N. J. W.	259
8701312	Reid, N. T.	166
5208589	Reid, P.	195
8246843	Reid, R. V.	177
8032360	Reid, S. C.	244
2621391	Reid, S. G.	123
8022897	Reid, W.	231
409522	Reilly, B. A.	210
5208682	Reilly, B. J.	142
	Reilly, C.	96
8238280	Reilly, L. J.	228
8702055	Reimers, C. J.	181
212348	Reis, F.	259
	Reith, Sir John	75
306197	Reith, M. J.	207
	Relph, Mrs H.	8
	Remlinger, M. J.	68, 242
5206353	Rendall, M. R.	130
5202358	Render, M. E. J.	108
8141059	Rennet, A.	139
5208446	Rennie, Rev P. A.	219
8300745	Rennie, S. D.	159
	Rennison, D. R. G.	38, 98
213902	Renshaw, I.	264
8178431	Renshaw, M.	62, 128
5206564	Renshaw, S.	45, 121
2654123	Renton, C. R.	142
8246423	Resoli, A. R.	179
8102678	Restall, D. I.	163
212622	Retallick, R. N.	259
8304140	Reuter, J. S.	127
8023251	Revell, C.	151
212018	Revell, I. L.	267
5204654	Revell, K. A.	40, 109
8010639	Revell, P. R.	123
2660746	Reynolds, E. J.	148
208706	Reynolds, G. W.	271
212390	Reynolds, I. D.	184
8701592	Reynolds, J. T. S.	182
5204736	Reynolds, M. F.	202
8141337	Reynolds, M. G.	161

Personal No		Page No
306500	Reynolds, R. C.	163
5206140	Reynolds, R. G.	189
8028655	Reynolds, S. K. P.	40, 106
210693	Reywer, G.	258
8150687	Rhimes, D. M.	170
2634530	Rhind, M. G.	135
8701282	Rhodes, C.	198
8702396	Rhodes, C. A.	182
5206555	Rhodes, C. E.	207
8284720	Rhodes, D. M.	213
8209180	Rhodes, D. P.	163
2654256	Rhodes, E. J.	162
8701012	Rhymer, S. J.	177
2659640	Rice, A. M.	163
8701563	Rice, C. J.	166
	Rice, Mrs H.	36
5204571	Rice, P.	110
5208014	Rice, P. H.	191
8207482	Rich, C. A.	134
9755	Rich, K. L.	193
	Richards, A.	13, 210
8014160	Richards, A. C.	228
8197687	Richards, A. C.	191
215292	Richards, B.	269
2636545	Richards, D.	135
	Richards, E. W.	105
1961048	Richards, J.	256
	Richards, Mr J.	25
306455	Richards, J. A.	205
8304556	Richards, J. B.	137
214772	Richards, M.	262
8082069	Richards, M. E.	85
8700227	Richards, M. J. A.	150
8205310	Richards, N. D.	227
5205863	Richards, N. M.	190
209877	Richards, P. J.	257
2643046	Richards, R. P.	174
8116568	Richards, R. P.	125
5204987	Richards, S. I.	10, 116
215083	Richards, S. J.	265
4232754	Richardson, A. D.	248
8198207	Richardson, A. D.	230
5206345	Richardson, A. G.	136
8421446	Richardson, C. J.	177
8413602	Richardson, G. J.	164
5204181	Richardson, I.	124
8131466	Richardson, J.	229
8007400	Richardson, J. A. B.	29
5202758	Richardson, J. G.	111
2642268	Richardson, J. M.	144
2649731	Richardson, J. V.	186
5201386	Richardson, K.	107
8105747	Richardson, K.	228
	Richardson, Ms L.	21
	Richardson, Mr M. G.	38

388

INDEX

Personal No		Page No	Personal No		Page No	Personal No		Page No
5207175	Richardson, M. H.	207, 302	8026871	Riley, D. C.	266	5202700	Roberts, C. I.	107
8028964	Richardson, M. P.	125	8300997	Riley, D. T.	167		Roberts, C. J.	35
5208261	Richardson, N. G.	139	8023538	Riley, J. J.	151	8141192	Roberts, C. T.	132
5208941	Richardson, P. D.	163	211460	Riley, M. W.	258	2623173	Roberts, D.	235
211526	Richardson, P. J.	258	8140886	Riley, N. J.	231	215112	Roberts, D. G.	272
8304961	Richardson, P. K.	142	2653614	Riley, R.	142	216387	Roberts, D. K.	277
	Richardson, P. S.	206	8193945	Riley, R. F.	145	8014929	Roberts, D. M.	227
5206934	Richardson, P. T.	125	8025207	Riley, S. C.	262	5208944	Roberts, D. P.	163
5204279	Richardson, S. A.	115	214975	Riley, S. D.	265	8703086	Roberts, G. E.	181
2643820	Riches, A. S.	140	8304983	Riley, S. M.	147	8140922	Roberts, G. J.	115
5207152	Riches, A. W.	190	8010873	Riley, T.	228	8029364	Roberts, G. L.	125
8428316	Riches, K. M.	180	8150934	Rillie, I.	171	8024515	Roberts, G. P.	129
306189	Richings, H.	158	216434	Rimington, J. L.	278	216345	Roberts, G. T.	277
2643027	Richings, S. P.	138	216266	Rimmer, D. G.	277	8014105	Roberts, G. W.	231
8304835	Richley, P. J.	142	8019415	Rimmer, G.	228	5203281	Roberts, H. D.	248
	Richmond, A.	7	2660382	Rimmer, J. E.	205	215053	Roberts, J. A.	266
5207027	Rickard, J. E.	155	5206387	Rimmer, L. F.	191	215628	Roberts, J. A.	267
2658752	Rickards, E. E.	143	8023075	Rimmer, M.	108	8302865	Roberts, J. A.	147
213762	Rickerby, C. D.	260	8701387	Rimmer, M. A.	166, 304	8136462	Roberts, J. D.	114
8104797	Ricketts, J. M.	175	8019410	Rimmer, S.	228	2653745	Roberts, J. L.	143
2658993	Ricketts, W. M. J.	146	8208737	Ring, M. J.	129	2640301	Roberts, L. A.	141
409531	Ricklesford, V. L.	211		Ringrose, M. C.	53	8154036	Roberts, L. P.	172
2660136	Ricks, A. L.	164	8024588	Ripley, B. E.	152	8288449	Roberts, M. A.	179
306459	Ricks, I. J.	193	2636452	Ripley, J. K.	261	2635207	Roberts, M. E.	277
5204842	Riddell, J. G.	171	306491	Ritchie, A.	197	1962221	Roberts, M. J.	227
8230145	Riddell, J. W.	192	2636536	Ritchie, A. J.	129		Roberts, M. L.	106
409526	Rider, I.	211	2637129	Ritchie, C. C.	160	214988	Roberts, N. F. O.	264
214107	Ridge, J. G.	269	8700128	Ritchie, J.	180	8702397	Roberts, N. J.	149
5206021	Ridge, J. P.	265	8701652	Ritchie, J.	198	5206565	Roberts, O. D.	45, 119
5203288	Ridge, P. C.	109	306314	Ritchie, K. L.	207	8021237	Roberts, P.	107
212151	Ridgway, E.	269	214978	Ritchie, L.	264	5203986	Roberts, P. A.	263
2649489	Ridgway, M. K.	161	5203420	Ritchie, N. D.	189	8304910	Roberts, P. A.	145
306372	Ridgway, S. C.	196	8019975	Ritson, A.	231		Roberts, P. C.	29
8153943	Riding, P. E.	178	2842020	Ritson, M.	270	214609	Roberts, P. F.	267
214344	Riding, P. M.	261	8700257	Rivers-Bulkeley, C. J.	167	210622	Roberts, P. G.	270
216379	Riding, S.	277	216542	Rivett, P.	278	8171673	Roberts, P. M.	268
215553	Ridings, D. J.	274	1962084	Rivett, R. J.	226	211589	Roberts, R.	258
215685	Ridland, A. K.	268	5203241	Roads, C.	119	683410	Roberts, R. E.	242
215335	Ridley, C. N. R.	271	215790	Roast, S. J.	270	8099208	Roberts, R. H.	228
8028547	Ridley, M. E.	125	5208450	Robb, S. M.	207	2641279	Roberts, R. J.	184
213502	Ridley, P. J.	271	212094	Robbetts, W. C. R.	268	5207936	Roberts, R. J.	184
2670343	Ridout, H. C. E.	146	214497	Robbie, S. L.	261	5204823	Roberts, R. W.	14, 45, 233
	Ridout, N. J.	31	5208341	Robbins, N.	231	8092249	Roberts, R. W.	183
8032007	Rigby, C. M. R.	67, 243	8701183	Robbins, P. J.	27, 55, 222	8057798	Roberts, S.	227
	Rigby, J. C.	104	409528	Roberts, A. E.	240	9080	Roberts, S. E.	14, 45, 121
5206448	Rigby, J. D.	130	8107112	Roberts, A. G.	226	9228	Roberts, S. G.	248
1932804	Rigby, M.	256	8304088	Roberts, A. G.	226	215615	Roberts, S. J.	266
8150951	Rigby, R. P.	112		Roberts, Mr A. H. N.	216	2659642	Roberts, S. J.	186
2654392	Rigg, J. W.	146	5203706	Roberts, A. J.	62, 112	211365	Roberts, T. G.	269
8152499	Rignall, A. J.	192	8304738	Roberts, A. J.	139	8183507	Roberts, T. M. C.	175
214742	Rigsby, A. E.	262	83226	Roberts, A. N.	139	216192	Roberts, T. R.	276
216366	Riley, A.	277	213226	Roberts, A. P.	273	2636129	Roberts, V. C.	158
5207829	Riley, B. J.	154	8109347	Roberts, A. R.	190	2627863	Robertshaw, N. J.	128
8249130	Riley, D. B. J.	197, 304	8152323	Roberts, B. A.	193	212657	Robertson, A.	259
			2640244	Roberts, B. W.	159	8153023	Robertson, A. M.	134

389

INDEX

Personal No	Page No	Personal No	Page No	Personal No	Page No
5209100 Robertson, B. A. . . .	180	Robinson, M.	15	5205191 Rogers, D. E.	170
8154466 Robertson, D.	175	215939 Robinson, M. B.	273	4276353 Rogers, D. J. P.	266
8174626 Robertson, D.	230	5206153 Robinson, M. N.	125	211978 Rogers, E.	194
8026875 Robertson, D. G.	62, 109	8107203 Robinson, N. E.	227	213149 Rogers, G. R. D.	270
2642824 Robertson, E. A. . . .	140	2659792 Robinson, N. J.	146	214691 Rogers, G. T.	262
5204051 Robertson, G. W.	19, 109	5208251 Robinson, N. M.	176	215983 Rogers, L.	274
4232124 Robertson, I. M. . . .	233	609492 Robinson, P. A.	235	2634588 Rogers, P. D.	186
2621153 Robertson, I. W. . . .	131	8300453 Robinson, P. D.	157	213958 Rogers, R. M.	179
9676 Robertson, J. M.	50, 190	8304704 Robinson, P. J.	129	8300592 Rogers, S. H.	184
214753 Robertson, L.	262	213085 Robinson, S. A.	259	8434440 Rogers, T. E.	187
8226087 Robertson, L. R. . . .	147	215390 Robinson, S. L.	273	5207877 Rogers-Jones, A. . . .	171
8093409 Robertson, M.	225	216095 Robinson, T. M.	275	8260958 Rogerson, A. P.	148
8305114 Robertson, M.	149	5208884 Robinson, W. J.	144	9828 Rogerson, D. M. . . .	154
8700099 Robertson, M. T. . . .	149	8115736 Robinson, W. J.	229	5206450 Rolf, J.	173
2639009 Robertson, N. G. . . .	130	215931 Robson, A. J.	273	5205864 Rolfe, A. W.	183
8116891 Robertson, R.	230	8177357 Robson, D.	179	213076 Rolfe, D. G.	275
5205043 Robertson, R. A. D.	113	1961647 Robson, J.	245	2640186 Rolfe, J. H.	138
8012921 Robertson, R. L. . . .	128	8029552 Robson, J.	248	8304047 Rolfe, S. R.	135
5207658 Robertson, R. N. . . .	134	216147 Robson, M.	276	5208836 Roll, K. S.	135
306421 Robertson-Murhoff, J. D.	222	8028871 Robson, M.	133	Rollo-Walker, R. M. J.	30
8701313 Robey, L. A.	198	5206263 Robson, N. A. H.	50, 154	8701322 Rolston, R. M. A. . . .	166
8304607 Robins, A. C. R.	138	8171756 Robson, P. A.	180	216509 Romero, M. A.	278
8125133 Robins, A. K.	229	8700235 Roche, A. E.	150	5203608 Romney, C. N.	107
5206186 Robins, P. D.	189	8019500 Roche, M. J. . . .	85, 108	306181 Ronald, L. R. A.	192
210755 Robins, P. R.	263	5203271 Roche, T. J.	263	Ronald, M. A.	12
2653941 Robins-Walker, J. A. J.	143	8029255 Rochelle, S. P.	116	8032098 Ronaldson, A. . .	45, 110
8023393 Robinson, A.	151	1960444 Rock, D.	231	213252 Rood, R.	271
8098392 Robinson, A.	227	8014169 Rockley, A. P. B.	231	409499 Roode, R. J.	210
212239 Robinson, A. H. . . .	272	Rodda, T.	302	8300916 Rooke, D. I.	165
8029085 Robinson, A. W. . . .	133	8029527 Rodden, M. O.	130	212255 Rooke, J. P.	185
215632 Robinson, B.	267	8091200 Roddy, J. P.	228	8300008 Rooney, W. J.	153
4280523 Robinson, B.	244	2660187 Roden, I. R.	179	306445 Roper, J. C.	163
8151724 Robinson, B.	176	8702398 Roden, J. R.	148	5205289 Roper, M. L.	75, 116
8229935 Robinson, C.	156	213759 Rodger, G. N.	260	215979 Rosbotham, S. D. . .	274
213790 Robinson, C. E.	260	2659869 Rodger, L. H.	145	8700250 Roscoe, T. L.	198
2619085 Robinson, C. I.	269	8028506 Rodgers, M. P.	156	215442 Rose, C. M.	273
5208871 Robinson, C. L. D. . .	163	Rodgers, P. J.	64	216520 Rose, I. A.	278
8027454 Robinson, C. P.	132	4231938 Rodgers, P. J.	243	213701 Rose, I. K.	260
212560 Robinson, D. A. . . .	259	5207397 Rodley, C. I.	175	8247357 Rose, J. R.	184
8304864 Robinson, D. A. . . .	143	306367 Rodrigues, V. E. . . .	193	212914 Rose, J. S.	266
8700102 Robinson, D. L. . . .	149	8304984 Rodriguez, M. J. . . .	147	306117 Rose, L. J.	177
8302621 Robinson, D. M. . . .	154	212259 Roe, C. P.	271	8700236 Rose, M. A. J.	150
5208917 Robinson, E. A. . . .	164	2659653 Roe, D.	179	8260205 Rose, M. B.	121
213084 Robinson, I.	270	8302794 Roe, J. E.	196	8701606 Rose, M. N.	166
8029627 Robinson, I. D. . . .	126	8024897 Roe, M.	234	214812 Rose, P. A.	262
8210310 Robinson, I. M. . . .	171	8088669 Roe, R. A.	85, 122	2644033 Rose, P. M.	177
215296 Robinson, J.	263	8700206 Roe, S.	150	5207709 Rose, R. C.	117
2654130 Robinson, J.	179	210338 Roebuck, N. D.	266	8025647 Rose, R. C.	123
4286548 Robinson, J.	185	8112818 Rogan, J. G.	134	8026100 Rose, V. E. . . .	57, 115
306342 Robinson, J. B.	160	8076943 Rogan, M.	226	8025553 Rosentall, P. H. .	40, 107
8020834 Robinson, J. C. P. . .	169	8187150 Rogers, A.	176	8203276 Rosie, J. A. H.	232
2639337 Robinson, J. R.	136	2649404 Rogers, A. J.	142	8302599 Rosier, M. P.	157
8103351 Robinson, J. V.	226	1960798 Rogers, B. E. . . .	77, 101	214284 Ross, A. I.	269
		8701427 Rogers, C. A.	211	8701178 Ross, A. J.	146
Robinson, K.	15	8304655 Rogers, C. P.	138	306352 Ross, A. M.	239

INDEX

Personal No	Page No	Personal No	Page No	Personal No	Page No
5205243 Ross, D. E. 202		8300357 Rowlands, D. C. 190		Rusling, Mr S. 22	
8152721 Ross, F. G. 176		2660317 Rowlands, D. M. . . . 164		214991 Russell, A. W. 264	
215948 Ross, G. 273		5207116 Rowlands, J. W. 184		8013405 Russell, B. C. 229	
4232950 Ross, H. S. 273		5207798 Rowlands, M. A. . . . 184		2649964 Russell, B. C. R. 142	
215936 Ross, I. A. 273		Rowlands, Mrs G. . . . 46		2622085 Russell, B. L. . . . 69, 126	
5206418 Ross, I. A. 50, 174		8027164 Rowley, A. E. . . . 52, 125		8428859 Russell, B. M. 164	
214415 Ross, I. S. 274		8025646 Rowley, C. M. 122		Russell, G. M. 104	
Ross, J. 8		2641268 Rowley, C. W. 213		214827 Russell, I. E. 262	
4291515 Ross, J. 154		216386 Rowley, D. J. 277		8023438 Russell, I. R. 114	
5208586 Ross, J. A. 140		2638061 Rowley, M. J. 213		5207770 Russell, J. 172	
Ross, J. G. 14, 103		2647872 Rowley, S. R. 179		5205765 Russell, Rev J. R. . . . 218	
5206351 Ross, J. M. 174		5206566 Rowlinson, D. I. 191		213523 Russell, M. J. 260	
8701179 Ross, K. E. 145		5207864 Rowlinson, S. P. . 45, 222		8141495 Russell, N. G. 126	
216153 Ross, N. J. A. 276		8024471 Rowntree, C. W. . . . 153		8700150 Russell, P. A. 150	
5208288 Ross, S. 138		5206931 Rowntree, R. A. . . . 190		8001297 Russell, P. F. 227	
2670034 Ross, V. A. L. 187		8701213 Rowse, S. C. 181		8153186 Russell, P. J. 176	
215278 Ross-Bell, S. 269		5205652 Rowsell, M. A. 121		8115201 Russell, R. L. 227	
8304205 Rosser, J. A. 128		5205591 Roxburgh, S. I. 129		8141016 Russell, S. F. 128	
8302759 Rossi, C. A. S. 195		2670755 Roy, A. C. W. 182		8098837 Russell, S. J. . . . 83, 174	
Rossi, Mr T. 22		212187 Roy, T. D. 269		8027652 Russell, S. P. . . . 19, 109	
8032591 Rossiter, G. 57, 120		5208661 Roycroft, J. 141		5203244 Russell, W. H. 123	
8300330 Rossiter, G. A. 193		8300452 Roylance, J. A. 157		8700165 Russi, M. W. H. 150	
8700164 Rossiter, P. T. . . 148, 304		5209002 Royston-Airey, C. D. 145		5206928 Ruth, M. J. 203	
4288640 Rossiter, R. T. 273		2649158 Ruben, R. 177		8304095 Rutherford, A. 152	
8702399 Roth, B. M. 150		Rubenstein, D. 59		8233943 Rutherford, A. M. . . 230	
213201 Roth, B. N. 276		214670 Rudd, L. J. 262		8226969 Rutherford, I. R. E. . . 213	
212631 Rotherham, D. J. . . 259		5202170 Ruddlesden, D. N. . . 169		2633104 Rutherford, J. W. . . . 128	
306080 Rothery, W. 190		Ruddock, P. W. D. 42, 98		2659892 Rutland, K. E. 205	
8432009 Rothwell, C. J. 181		2626903 Ruddock-West,		2649424 Rutland, M. F. 141	
8701574 Rothwell, H. J. 187		S. C. 10, 113		2659793 Rutledge, A. C. 181	
2659142 Rothwell, P. R. 146		Ruddy, Miss E. F. 26		215881 Rutlidge, R. H. 272	
8014948 Rouget, D. J. 225		8154711 Rudge, M. 177		8224086 Rutter, S. J. 278	
8019976 Roughsedge, E. . . . 119		8101649 Rudland, P. H. 160		2659571 Ryall, T. K. 147	
5203663 Round, P. A. . . . 11, 111		5208942 Ruffle, P. W. 143		215784 Ryan, C. E. 270	
211397 Rouse, D. D. 269		2658875 Ruffles, H. R. 213		213460 Ryan, J. L. 260	
8221516 Rousseau, D. R. . . . 275		8260118 Ruffles, R. W. J. . . . 232		8023004 Ryan, M. J. 151	
216075 Routledge, J. A. . . . 275		8000046 Ruhle, C. J. K. 225		216063 Ryan, P. T. 275	
Routledge, M. J. . 11, 99		9724 Rule, S. Z. 171		2640247 Ryan, S. M. 160	
210627 Routledge, P. W. . . . 257		2659767 Rumbelow, G. E. . . . 181		2630161 Rycroft, A. S. 125	
215136 Routledge, T. 266		215132 Rumley, A. K. 267		2659827 Rycroft, J. E. 144	
8128483 Rover-Parkes, S. N. . 114		8029356 Rumsey, N. K. 134		Rycroft, P. W. . . . 9, 102	
5204347 Rovery, S. W. 125		211656 Rundle, C. B. 269		8302703 Ryder, E. W. 186	
211754 Rowan, P. R. 258		8141207 Rundle, N. C. 125		5208809 Ryder, J. P. 143	
216481 Rowan, T. 278		214416 Ruscoe, R. M. 261		409529 Ryder, L. M. 211	
306350 Rowdon, R. M. 195		2642645 Ruscoe, T. J. 138		Ryder, R. S. 104	
5208433 Rowdon, S. C. 177		213116 Rushen, P. C. 270		214289 Rylatt, A. J. 195	
8304911 Rowe, D. G. A. 146		8425792 Rushmere, I. A. 180		8024328 Ryles, S. M. 152	
593409 Rowe, D. H. W. 243		2638581 Rushmere, L. D. G. . 136		2671010 Ryllo, D. L. 148, 304	
8701059 Rowe, J. M. 146		8021025 Rushmere, P. A. . . . 107		Rymer, A. R. 22	
5208561 Rowe, J. R. 160		1935243 Rushton, F. A. S. J. . 271		8700982 Ryznar, J. E. 145	
4287042 Rowe, S. A. 256		8223903 Rushton, J. R. 177			
Rowell, J. 302		8192010 Rushton, S. 197			
5207220 Rowland, D. J. 120		215375 Rushworth, D. 271			
306094 Rowland, E. M. 184		2649076 Rushworth, T. J. H. . 142			
8044964 Rowlands, A. 229		213332 Ruskin, D. J. 275			

391

INDEX

Personal No		Page No	Personal No		Page No	Personal No		Page No
			5207380	Sanders, D. T.	138	8026095	Saunders, I. R.	131
	S		5208759	Sanders, K. J.	27, 222	8028052	Saunders, I. W.	132
			8400948	Sanders, L. J.	179	213120	Saunders, L.	269
	Sabey, Mrs T. D.	15		Sanders, Mr M. D.	216	2630288	Saunders, M. A.	36, 118
2629052	Sachedina, K. A.	268	5205807	Sanders, P. S.	125	211273	Saunders, M. J.	270
8300055	Sackley, D. P.	153	8029192	Sanders, R. G.	125	214310	Saunders, P.	270
213592	Sacre, J. F.	260	8115417	Sanderson, A. C.	244	8011851	Saunders, P. R. C.	142
8019904	Sadler, A. R.	171	8401980	Sanderson, A. J.	178	2640915	Saunders, R. J.	137, 306
8019293	Sadler, B.	172	5207130	Sanderson, A. M.	173	8023704	Saunders, R. J.	52, 151
5208541	Sadler, G. M.	186	8098295	Sanderson, D.	229	8700247	Saunders, T. R.	150
8701274	Sadler-Barker, M. J.	166	2629685	Sanderson, D. P.	135	8304865	Saunders, W. D. R.	142
2643028	Sagar, G. M.	138	2660745	Sanderson, D. P.	147	214018	Saunderson, K.	264
8171152	Sagar, P. J.	45, 109	9826	Sanderson, J. M.	190	5208124	Savage, A.	207
215439	Sage, E. P.	273	8019323	Sanderson, M. T.	230	8084419	Savage, D.	226
8214613	Saggers, M. J.	187		Sanderson, Mr S.	25	5209028	Savage, D. W.	145
216476	Sagoo, S. S.	278	2621162	Sanderson,		2633340	Savage, J. E.	191
216326	Saheid, R. J.	277		R. V.	48, 52, 125	5205659	Savage, S. J.	174
8107585	Salathiel, P.	229	8067447	Sandford, G. S.	257	8304267	Savage, S. W.	127
8094809	Saldanha, R. C.	175	2660118	Sandhu, G.	146		Saville, J. R. C.	31
8701201	Sale, D. O. H.	145	2659462	Sandhu, R. S.	144	2663784	Savory, J. E. G.	250
214846	Sales, K.	262	8300541	Sandilands, A. P.	193		Saward, J. R. E.	57
8110993	Salisbury, A. L.	227	8097235	Sandilands, B. W.	226	5206369	Sawbridge, T. C.	136
8028824	Salisbury, D. A.	133	2660230	Sands, E. M.	146, 304	2659699	Sawle, T. W.	144
	Salisbury,			Sands, I. E.	77	8025499	Sawyer, A.	234
	D. St J.	14, 104		Sands, M.	15	8300634	Sawyer, G. T.	184
	Salisbury, N. J. N.	32	306158	Sanger-Davies, C. J.	192	216209	Sawyer, J. A.	276
8092268	Salkeld, D. B.	227	5208926	Sanger-Davies, M. A.	222	5201324	Sawyer, M. G.	267
8141653	Sall, I.	125	5208154	Sanger-Davies, P. R.	191	8024388	Sawyer, R. N.	42, 152
8009651	Sallis, B. A.	171	8701180	Sangha, K. S.	165	8300947	Saxon-Jones, N. J.	166
8300277	Salmon, D. R.	191	2630971	Sansford, S. M.	132	8220869	Sayer, J. P.	191
2672374	Salmon, H. R. H.	149	5204361	Sansom, A. M.	119	4231244	Sayer, M. J.	244
5208990	Salmon, J. J.	179	212874	Sansom, T. D.	265	5204622	Sayers, S. R.	123
	Salmon, M. A.	59		Sansome, A. M.	15		Scadding, Dr J. W.	216
8010294	Salmon, R. E.	171	5205683	Sansome, E. A.	45, 121	8300765	Scales, D. J.	196
8701491	Salmon, R. M.	198	2659795	Sapsford, L. D.	181, 305	212371	Scanlon, N. F. J.	259
	Salt, A.	15	8196660	Sapsford, M. R.	179	5207280	Scantlebury, P. J.	173
214220	Salt, G. T.	268	5208930	Sapsford, W.	203		Scaplehorn, E. J.	55, 102
8205148	Salter, A. R.	174	8425075	Saralis, D.	164	8426032	Scarffe, N. E.	181
8119379	Salter, M. A.	229	2636575	Sardesai, S. S.	186	8260989	Scarratt, G. J.	146
8022739	Salter, M. G.	266	5205239	Sargeant, I. D.	202	5204390	Scerri, G. V. G.	202
8077781	Samme, R. J.	67, 243	2626229	Sargent, B.	183	306305	Scheepers, J. C.	238
216256	Samms, A. D.	276	2640831	Sargent, B.	136	8300426	Schenk, K. S. R.	262
8701610	Sammut, D. K.	166	8215595	Sargent, N. J.	250	8109586	Schiavone, A. P.	231
8113005	Sammut, M. J.	227	608816	Sargent, R. H.	234	8260990	Schmidt, D. G.	145
8141084	Sampson, F. J.	232	8019380	Sarjeant, A. P.	114	2640214	Schofield, J. A. A.	140
8029344	Sampson, M. E.	117	215766	Sarsfield, C.	275	213672	Schofield, N. C.	260
8701670	Sampson, P. A.	179	8109151	Satchell, V. J.	74, 119	5207200	Schofield, P. J.	202
8175779	Sampson, P. S.	230	4281424	Saul, A. W.	225		Schofield, Dr P. M.	215
2659643	Sampson, R. L.	144	5207934	Saul, P. M.	172	8221074	Schofield, W. D.	178
8182595	Samson, J. M.	187	214718	Sault, D. A.	262	8023708	Schollar, J. S. B.	110
594634	Samwell, T. J.	231	216195	Sault, R. I.	268		Scholtens, J. H.	106
2659723	Sandberg, R. D.	145	213493	Saunders, D.	260	215891	Schomberg, J. C.	263
8701339	Sandeman, A. N.	196	8131094	Saunders, D.	170	8152947	Schoner, A. L.	177
1949644	Sandeman, C. A.	243		Saunders, Dr F.	25	8028386	Scire, J. P.	184
8700258	Sanders, A. M.	150	211088	Saunders, I. M.	269	5207685	Scoines, D. I.	132

392

INDEX

Personal No		Page No	Personal No		Page No	Personal No		Page No
5205580	Scopes, N. R.	125	2643861	Scully, K. J.	139	2659873	Sergeant, V.	145
5203313	Scorer, D. G.	50, 123	8425912	Scully, K. N.	179	2659380	Serjeant, D. R.	187
5202867	Scotchmer, N. J.	110	216149	Seabridge, V. L.	276	215085	Sermon, N. A.	265
306469	Scott, A.	179	5205759	Seabright, A. J.	56, 120	8028419	Serrell-Cooke, P. J.	115
8093532	Scott, A.	229	300959	Seager, A. K.	244	5207078	Serrell-Cooke, T.	194
216222	Scott, A. D.	276	216455	Seal, A. D.	278	5209001	Sessions, G. D.	163
8444996	Scott, A. D.	187	8287666	Seale-Finch, S.	161	8703089	Seston, T. A.	182
2629816	Scott, A. E. M.	193	2633379	Sealey, L. J.	234	2644484	Setterfield, C. J.	141
2649340	Scott, A. J.	141	8010731	Sealy, K. A.	225	8025705	Setterfield, M. J.	69, 123
8101992	Scott, A. J.	128	8300162	Seaman, M. R. N.	155			
8402158	Scott, A. J.	137	8137502	Seamarks, M. J.	228	5208622	Setters, E. P.	194
8115073	Scott, A. R.	255	5208986	Seanor, P. R.	144	5205821	Settery, G.	132
8202785	Scott, C.	152	8012373	Searle, B. A. T.	135	8439406	Severein, P. D.	180
5204892	Scott, C. M.	115	8241815	Searle, L. E.	187		Severne, Sir John	3
8199680	Scott, C. W.	152	5209051	Searle, M. P.	143	306315	Severs, N. J.	222
8243262	Scott, D. J.	195	8154231	Searle, P. J.	177	8043736	Seward, C. M.	267
5205246	Scott, D. P. P.	45, 119	8136174	Searles, S. M.	192	8140992	Seward, G. N.	231
8028965	Scott, D. W.	126	215836	Seath, J. H.	275		Seward, N. I. M.	39, 106
8026210	Scott, G. R.	60, 111	5207193	Seaton, A. J. I.	192	8701623	Sewart, M. R.	211
	Scott, Mrs H. J.	88	5206576	Seaton, G. R.	171	214773	Sewart, P. R.	262
300903	Scott, I. C.	236	215794	Seaton, M.	270	5208484	Sewell, A. J.	160
211698	Scott, J.	267	8013520	Seaton, R.	244	8130313	Sewell, C. L.	227
4291423	Scott, J. G.	271	4335705	Seaward, P. V. A.	238	212150	Sewell, M. A.	269
216355	Scott, K.	277	210192	Seazell, P. G.	272	211599	Sewell, R. G.	258
2660026	Scott, K. A.	165	2638927	Secker, M. C.	162	5203931	Sexton, G.	183
8012708	Scott, K. C.	227	300989	Seddon, C. J.	237	5206297	Sexton, M. S.	120
8226455	Scott, K. N.	180	8171562	Seddon, D. R.	229	8702885	Sexton, P. J.	149
8150649	Scott, M. D.	174	2638833	Seddon, J. W.	173	8126603	Sexton, P. K.	180
8700248	Scott, M. F.	150	5207071	Seddon, P. J.	202	2636437	Seymour, A. J.	127
215969	Scott, M. J.	274	8093313	Sedgbeer, D. A.	228	2640346	Seymour, C. W. E.	138
5208906	Scott, M. N.	178	8211163	Sedgley, J. I.	179	215896	Seymour, D. A.	272
8027982	Scott, P.	152	306427	Sedgwick, F. J.	163	8701683	Seymour, D. J.	167
5207739	Scott, P. A.	153	8207847	Seed, J.	274	306428	Seymour, E.	163
8000792	Scott, P. A.	226	215051	Seeley, S. D.	270	8032561	Seymour, K. L.	156
8410682	Scott, P. A.	178	5205297	Seely, P. A. A.	132	210081	Seymour, P.	14
215104	Scott, P. J.	267	8300854	Sefton, N. C.	164	210081	Seymour, P. S.	40, 189
5208652	Scott, P. J.	195	2637759	Segal, A. P.	234		Seymour, R. C. C.	26
210630	Scott, P. R.	257	8700191	Segar, M. R.	188	5206236	Seymour, R. P.	128
	Scott, Mr R	25	8023748	Selby, G. M. C.	112	2797063	Seymour, V. R.	259
5207087	Scott, R. A. H.	202	8182780	Selfridge, E.	267	8019487	Seymour, W. S.	171
306335	Scott, S.	195		Selkirk, The Rt Hon Lord	247	8029825	Seymour-Dale, S. A.	135
8291191	Scott, S. A.	160	8024274	Sell, A.	133	8209211	Shackels, T. M.	232
8213752	Scott, S. C. W.	192	2649492	Sell, A. D. M.	142	8010732	Shackleton, I. M.	228
8195682	Scott, S. H.	190	2670115	Sell, D. R. J.	142	5205272	Shackleton, M. J.	110
8141074	Scott, S. J.	156	8065408	Selway, K.	119	8302854	Shackleton, R. M.	165
306203	Scott, S. L.	192	609429	Semple, N.	258	8700188	Shackley, J. C.	150
306389	Scott, T. E.	162	8024526	Sendell, C. W. J.	184	211576	Shaddick, D. W. C.	258
214875	Scott, T. R.	262	8300415	Senescall, M. J. E.	196	5205675	Shakespeare, P. B.	125
216357	Scott, W.	277	209173	Senft, S. W.	257	8305094	Shallcross, J. R.	149
	Scott-Curtis, Ms S.	45	8028903	Senior, D. A.	125	2642438	Shand, R. G. P.	139
2644409	Scourfield, J. D.	139	5207120	Senior, K. S.	170	215837	Shanks, A. H.	271
215206	Scragg, J. R. B.	267	5206961	Senior, M. J.	207	1961747	Shanks, D. A.	226
8700207	Scrase, A. N.	150	2653925	Sennett, Z. R.	142	5204772	Shannon, F.	253
8242773	Screech, R. M.	187	210728	Sergeant, P. S.	258	216532	Shapland, G. H.	278
8304785	Scuffham, S. J.	140				214213	Shapland, K. L.	269

393

INDEX

Personal No	Page No	Personal No	Page No	Personal No	Page No
5208115 Shapland, W. D.	202	5208269 Shaw, I. S.	158	8028060 Sheppard, G. J.	132
Shaps, M. J.	12	2660569 Shaw, J. D.	148	215807 Sheppard, G. P.	271
8701564 Shardlow, K. S.	198	2644085 Shaw, M. R.	141	8439028 Sheppard, J.	181
Sharifuddin, A. M. Y.	304	5208399 Shaw, P. A.	156	5207886 Sheppard, K. J.	157
4335828 Sharma, D. C.	107	214992 Shaw, R. J.	264	8701325 Sheppard, L. H.	166
5208940 Sharma, D. M.	204	8701123 Shaw, S. E.	187, 305	Sheppard, N. A.	103
215198 Sharma, R.	269	8302616 Shaw, S. L.	157	5207081 Sheppard, R.	192
215049 Sharman, A. M.	265	5208627 Shaw, S. M.	142	8029676 Sheppeck, G. J.	125
8701542 Sharman, K. A.	166	214408 Shaw, T. L.	274	208276 Shepperd, K. H.	272
8239968 Sharman, N. J.	159	215056 Shawyer, A. J.	275	91544 Sherburn, M. P.	252
2628557 Sharman, P. R.	248	8001051 Shay, S. P.	65, 112	5208676 Shergill, J. S.	142
2629662 Sharman, S. E.	135	8700260 Shazell, N. E.	181	215587 Sherlock, C. C.	265
8023722 Sharp, A. P.	152	8302675 Shea, K. Y.	158	300932 Sherratt, C. J. B.	236
2659745 Sharp, B. C.	180	5208323 Shea-Simonds, P. J.	152	8701581 Sherratt, J. L.	205
306031 Sharp, C.	192	215342 Sheard, C. M.	270	Sherratt, M.	12
5208334 Sharp, D. J. W.	186	214382 Shearer, L. E.	274	8414374 Sherry, J. N.	179
5208709 Sharp, D. R.	162	5208681 Shearing, J.	196	215893 Sherwin, J. P.	272
2635420 Sharp, J. C.	152	8028112 Sheath, N. T.	263	8701638 Sherwin, N. J. P.	204
Sharp, M. A.	7, 103	216341 Sheedy, J. D.	277	2653806 Sherwood, D. A.	205
2636845 Sharp, M. J.	129	209884 Sheehan, A. V.	257	212384 Shieber, K. J.	153
2660120 Sharp, N.	164	8404280 Sheehan, J.	186	214722 Shields, H.	262
8219151 Sharp, P. R.	178	213184 Sheehan, T. D.	270	5203261 Shields, I. E.	109
8300136 Sharp, R. A.	190	8177439 Sheehy, B. M.	196	8304129 Shields, J. H.	127
5208160 Sharp, S. D.	194	Sheeley, G. J.	32	91555 Shields, K. G.	253
2672375 Sharpe, D. B.	205	8208240 Sheeran, J. A. M.	164	8151909 Shields, R. G.	170
5208820 Sharpe, D. J. C.	141	214795 Sheerin, C. E.	262	209953 Shilladay, S.	257
8027369 Sharpe, N. D.	112	8304167 Sheffield, J. A.	136	608538 Shimmons, R. W.	274
8304492 Sharpe, P. R.	137	8702047 Shekhdar, S. A. J.	147	1961905 Shimwell, R.	227
Sharpe, R.	15	210563 Shelbourn, P. J.	257	2633777 Shingles, J. S.	234
8024021 Sharpe, S. J. A.	183	2642572 Sheldon, J. A.	140	2628506 Shinner, A. M.	125
8029111 Sharpe, S. R.	192	5209057 Sheldon, J. A.	180	2659828 Shipley, A. J.	148
8300254 Sharples, S. P.	121	2642581 Sheldon, J. B.	138	8154255 Shipley, J. M.	174
5206654 Sharples, V. C.	184	8261107 Sheldon, J. R.	232	215926 Shird, T.	273
214570 Sharrard-Williams, E. L.	261	8010648 Sheldon, S. J.	231	8300720 Shirley, G. J.	159
8700990 Sharrock, M. R.	187	Shelford, M	49	8208338 Shirley, M. A.	232
8701675 Sharrocks, I. J.	140	8029793 Shell, S. J.	11, 117	91480 Shirley, P.	253
215515 Shave, A. J.	264	216115 Shelley, G.	181	8304341 Shirley, S. B.	129
2653945 Shave, A. R. J.	141	8290515 Shelley, J. L.	186	216168 Shone, O.	276
8304619 Shave, R. J.	155	8012864 Shelley, J. M.	172	8260135 Shooter, T. G.	232
306414 Shave, S. J.	162	8300998 Shelley, J. R.	167	608829 Shore, I. D. L.	40, 107
8301018 Shaw, A. E. J.	167	8300234 Shenton, A. G.	137	216005 Shores, S. J.	274
2623015 Shaw, A. J.	123	8289141 Shephard, M. R.	213	2644357 Shorey, T. D. G.	141
8305017 Shaw, A. J.	147	5201566 Shepherd, R. G.	244	212959 Short, G.	268
306394 Shaw, C.	195	2640293 Shepherd, B.	142	215139 Short, G. M.	267
5205379 Shaw, Rev D.	218	5208554 Shepherd, B. D.	204	Short, J. H. T.	78
8026634 Shaw, D.	123	2647636 Shepherd, D.	254	8300244 Short, N. P.	157
2649667 Shaw, D. C.	143	8077633 Shepherd, D. J.	125	Short, P.	10, 105
8027842 Shaw, D. M.	59, 112	214294 Shepherd, D. M.	270	4335726 Shorter, A. S.	67, 242
8701272 Shaw, E. A.	181	8406832 Shepherd, I. P.	179	8002138 Shorthose, P. C.	225
2636997 Shaw, G.	249	91540 Shepherd, J.	252	8702306 Shoukry, S. H.	150
8019447 Shaw, G.	227	8013421 Shepherd, M. C.	228	8221792 Shrewsbury, T. J.	176
216186 Shaw, I. A.	276	5207822 Shepherd, P. G.	129	213210 Shrubsole, C. S.	252
5206488 Shaw, I. M.	132	208562 Shepherd, P. W.	266	2649650 Shurmer, M. A.	161
8117621 Shaw, I. M.	230	690466 Sheppard, A. B.	225	8701565 Shutie, G. M.	148
		216283 Sheppard, A. J.	270	5206187 Shuttleworth, M. R.	193

394

INDEX

Personal No	Page No	Personal No	Page No	Personal No	Page No
214637 Sibley, J.	262	8285630 Simpson, D. J.	195	5205330 Sinker, D. R. G.	264
Sibley, M. A.	105	8013844 Simpson, D. W.	231	8183658 Sirs, R. C.	169
2629604 Sickling, A. M.	133	Simpson, F. M.	19, 102	4232327 Sitch, T.	122
5208309 Siddall, A. J.	159	2630001 Simpson, H. G.	255	Sivers, D.	15
8701392 Siddall, L. A. M.	165	8102252 Simpson, I.	174	Sivewright, W. J.	53
8701182 Sidebotham, M. J.	193	306475 Simpson, J.	196	8305052 Siwicki, J. A.	148
8024002 Sidney, A. V.	276	5206482 Simpson, J. C. D.	153	2658907 Sjoberg, J.	147
5208270 Sidney, R.	177	2634408 Simpson, K.	138	8300852 Skaife, C. R.	197
214290 Sie, E. R. H. B.	270	8700991 Simpson, K. A.	145	8189034 Skelton, K. M.	229
Sigrist, Mr L. A.	22	8300353 Simpson, M.	184	8152526 Skelton, P. J.	174, 299
8252817 Sigsworth, N.	186	8028144 Simpson, M. J.	59, 116	8304191 Skene, R. K.	136
8232706 Sillence, J.	197	216470 Simpson, M. P.	278	214993 Skew, M. E.	264
8701711 Sills, J. R.	182	215190 Simpson, M. T.	268	8214482 Skillen, M. R.	195
8304411 Sills, M. R.	157	8141149 Simpson, N. W. W.	256	213538 Skillman, J. J.	267
215129 Silver, K. L.	267	5203751 Simpson, R. A. C.	132	8122189 Skinner, A. J.	262
210958 Silver, S. E.	258	2659287 Simpson, R. P. M.	144	5203743 Skinner, A. W. M.	125
216196 Silversides, E. L.	276	8000371 Simpson, S. C.	227	8252649 Skinner, D. W.	197
8010298 Silvester, E. A.	231	8700079 Simpson, S. J.	180	8228909 Skinner, J.	134
8141359 Silvey, C. E. P.	161	2637111 Simpson, S. M.	172	8700151 Skinner, J. M.	149
8304949 Simcock, R. H.	146	8028713 Simpson, T. D.	265	4232792 Skinner, K. E.	235
8700088 Simcox, J. D.	149	2648744 Simpson, T. M.	142	5206162 Skinner, M. D.	171
8701566 Simkins, T. J.	147, 304	Simpson, Y.	304	2672349 Skinner, P. J.	167
8027711 Simm, G. E.	132	8700109 Sims, A. J.	150	Skinner, S. N.	49, 100
9861 Simmonds, A.	191	215988 Sims, M.	274	8024636 Skipp, T. A.	154
8024148 Simmonds, A.	112	8011293 Sims, P. F.	228	Skipper, J. J.	201
5202588 Simmonds, B. P.	107	5208638 Sinclair, A.	176	8029797 Skirving, D. J.	173
52052588 Simmonds, C.	45	8300228 Sinclair, A. D.	36, 153	8300925 Skorge, P. G.	165
2660393 Simmonds, D. J.	147	2670251 Sinclair, C. M.	148	8019624 Skoyles, J. G.	179
8229473 Simmonds, G. T.	175	8021257 Sinclair, C. M.	122	8024837 Slack, A. D.	131
5207752 Simmonds, J. R.	193	215229 Sinclair, D.	263	213859 Slack, R. A.	261
8127151 Simmonds, K. P.	227	8024374 Sinclair, D.	135	8418721 Slack, R. A.	179
5207233 Simmonds, M. A.	128	8246301 Sinclair, G. S.	196	2649925 Slack, R. D.	142
Simmonds, R. M.	30	2659197 Sinclair, I. C.	150	5205251 Slade, J. P.	121
5206314 Simmonite, R.	172	9781 Sinclair, J. W.	207	210730 Slaney, P.	258
8020290 Simmons, A. J.	131	2653760 Sinclair, N. J. M.	166	306279 Slark-Hollis, R. L. S.	195
214013 Simmons, C. J.	268	5208488 Sinclair, R. A.	238	8246850 Slark-Hollis, T. J.	160
8304588 Simmons, D. J.	130	8061664 Sinclair, S. B. M.	258	8305053 Slater, A.	144
215327 Simmons, D. P.	270	8032689 Sinclair, T. J.	52, 153	214139 Slater, A. D.	267
8026709 Simmons, I. J.	123	Sinden, Dr A.	16	2635452 Slater, A. M.	233
8135174 Simmons, J.	137	214065 Sinfield, A. J.	266	5208361 Slater, E. A. M.	195
8701020 Simmons, M. P.	149	Sinfield, J. R. E.	15	2621070 Slater, I. M.	169
8185533 Simmons, R. W.	229	211355 Singer, J. C.	258	5208571 Slater, J. H.	178
2653619 Simmons, T. C.	142	213951 Singer, M. J.	264	2659724 Slater, J. M.	41
212986 Simms, V. A. M.	272	2659544 Singh, J. A.	147	8700177 Slater, K.	142
8300120 Simon, R. J.	191	8208421 Singh, M.	197	215404 Slater, K. E.	188, 305
5208992 Simpkin, P. R.	186	216484 Singh, S.	278	306433 Slater, M. K.	272
8028144 Simpsom, M. J.	38	215128 Singh, V.	267	5208885 Slater, N.	186
2619843 Simpson, A.	244	212102 Single, G. J.	269	8028007 Slater, O.	144
212048 Simpson, A. C.	267	8424608 Singleton, C. J.	213	8001202 Slater, R. C.	62, 114
8014284 Simpson, A. C.	121	8019997 Singleton, C. M.	40, 121	2631858 Slater, S.	226
215236 Simpson, A. T. C.	271	8087065 Singleton, J. F.	228	5202414 Slatford, T. K.	235
503988 Simpson, C.	45	2634521 Singleton, J. F.	203	8260094 Slatter, C.	234
5203988 Simpson, C.	110	2638827 Singleton, P. R.	235	8123752 Slatter, F. G.	135
8302829 Simpson, C. H.	198	5207349 Sington, D. K.	137	Slatter, K. M.	228
300938 Simpson, D. A.	67, 244			Slattery, Dr D. A. D.	216

INDEX

Personal No		Page No
5207346	Slattery, M. L.	129
5207652	Slaughter, I. R.	211
8211415	Slaven, D. R.	172
2672355	Sleath, S. E.	149
8152322	Slee, P.	170
2660189	Sleightholme, A. J.	181
	Slessor, A. J. R.	47
2631923	Slingsby, E. T.	251
2637753	Slingsby, S. B.	125
8260333	Sloan, C. E.	143
5208410	Sloley, R.	160
5207749	Slow, D. J.	135
8700076	Sluggett, C. L.	198
8087379	Smaldon, C. R. E.	225
211503	Smale, J. A.	258
8405230	Smales, T.	266
215217	Small, J. E.	268
8304891	Small, R. K.	145
2659572	Smallbone, G. R.	148
409533	Smallwood, A. L.	211
409481	Smart, C. A.	210
8233683	Smart, K.	153
8029518	Smart, M. A.	118
214629	Smart, M. Z.	262
212917	Smart, R. W.	266
5208933	Smathers, D.	162
8285997	Smeath, M. J.	153
5207885	Smeaton, C. A.	174
5207744	Smeaton, J. P. R.	172
2659463	Smiley, P. J.	144
8304375	Smiley, S. L.	48, 127
212892	Smith P. R.	307
209379	Smith, A. A.	257
215398	Smith, A. C. P.	273
306457	Smith, A. E.	208
8152107	Smith, A. G.	124
213596	Smith, A. J.	260
8027849	Smith, A. J.	123
8029004	Smith, A. J.	133
213580	Smith, A. L.	260
213636	Smith, A. M.	260
216013	Smith, A. M.	274
216311	Smith, A. M.	277
8029367	Smith, A. M.	125
8141336	Smith, A. M.	232
8118937	Smith, A. N.	232
213497	Smith, A. P.	260
2642990	Smith, A. P.	160
8029217	Smith, A. P.	267
8300436	Smith, A. P.	157
2636507	Smith, A. P. T.	128
4289120	Smith, A. R.	250
	Smith, B.	103
214504	Smith, B. A.	261
214516	Smith, B. D.	261
2636162	Smith, B. J.	184
8291031	Smith, B. J.	177
8249488	Smith, B. J. E.	179
8218320	Smith, B. M.	180
8701401	Smith, C.	165
306112	Smith, C. A.	193
8701684	Smith, C. A. K.	150
216017	Smith, C. J.	274
8032148	Smith, C. L.	109
306375	Smith, C. M.	160
8023961	Smith, C. M.	40, 113
8304962	Smith, C. M.	144
5205905	Smith, C. R.	82, 183
8151584	Smith, C. R. M.	113
209859	Smith, C. W.	275
215302	Smith, D.	269
8008022	Smith, D.	229
2634469	Smith, D. A.	133
5208345	Smith, D. A.	158
5206585	Smith, D. B.	191
1943577	Smith, D. C.	243
214296	Smith, D. E.	271
8404909	Smith, D. E.	181
211781	Smith, D. J.	263
8701450	Smith, D. J.	136
5205482	Smith, D. M.	114
8205297	Smith, D. O.	161
213862	Smith, D. P.	261
214610	Smith, D. P.	261
5207330	Smith, D. P.	184
5202107	Smith, D. R.	107
214813	Smith, D. S.	262
216526	Smith, D. V.	278
8701152	Smith, D. W. E.	182
306403	Smith, E. C.	143
306317	Smith, E. J. D.	204
2659382	Smith, E. L.	145, 304
306282	Smith, E. M.	49, 159
216249	Smith, E. M. B.	276
9870	Smith, F. E. A.	40, 47, 118
5203830	Smith, F. J. P.	108
215805	Smith, G.	270
216333	Smith, G.	277
8026219	Smith, G.	131
8108847	Smith, G.	226
8194041	Smith, G. C.	179
210689	Smith, G. J.	258
8300004	Smith, G. N.	184
8304143	Smith, G. N.	126
688321	Smith, G. P.	45, 233
	Smith, H.	15
5205579	Smith, H. F.	47, 121
8023825	Smith, H. G.	236
8701087	Smith, H. J. M.	165
8702539	Smith, H. L.	181
214209	Smith, I.	269
8701010	Smith, I.	145
215813	Smith, I. J.	271
213430	Smith, I. P.	260
8023867	Smith, I. R.	119
8028429	Smith, I. S.	128
8141536	Smith, I. W.	125
215047	Smith, J.	265
5206304	Smith, J. A.	127
8028785	Smith, J. A.	133
8302876	Smith, J. A.	149
5208907	Smith, J. G.	163
212587	Smith, J. H.	259
8037287	Smith, J. I.	275
2649151	Smith, J. M.	140
8300999	Smith, J. N.	187
2670022	Smith, J. P.	148
4232504	Smith, J. P.	123
8260412	Smith, J. P.	186
8304950	Smith, J. P.	146
8082318	Smith, J. R.	229
	Smith, K.	54
8701352	Smith, K. D.	146
216052	Smith, K. J.	275
5202991	Smith, K. W.	122
	Smith, Mrs L.	46
	Smith, L. A.	41
215343	Smith, L. A.	270
8701395	Smith, L. A.	198
5208026	Smith, L. F.	173
306256	Smith, L. R. P.	140
214366	Smith, M.	273
216361	Smith, M.	277
8195906	Smith, M.	158
216082	Smith, M. A.	275
5208465	Smith, M. A.	159
8018943	Smith, M. A.	226
8301038	Smith, M. A.	163
8304502	Smith, M. B.	129
8032732	Smith, M. C.	158
215927	Smith, M. D.	274
8027988	Smith, M. D.	110
8116942	Smith, M. D.	227
2649699	Smith, M. G.	195
8028384	Smith, M. G.	133
8110573	Smith, M. G.	229
8217247	Smith, M. G.	191
8300387	Smith, M. G.	184
8304613	Smith, M. G.	138
8402707	Smith, M. G.	162
211859	Smith, M. I.	191
213339	Smith, M. J.	259
5208738	Smith, M. J.	161
8212751	Smith, M. J.	178
5208975	Smith, M. L.	163

INDEX

Personal No		Page No
8300588	Smith, M. W.	155
	Smith, Mr S.	21
5204655	Smith, N. A.	183
8140924	Smith, N. A.	86, 111
8300865	Smith, N. A.	197
8023760	Smith, N. C.	114
5202823	Smith, N. C. R.	237
2644064	Smith, N. D.	178
9647	Smith, N. E.	125
212700	Smith, N. G.	259
	Smith, N. P.	29
2630207	Smith, N. P.	132
5209103	Smith, N. P.	145
5208796	Smith, N. R.	178
216109	Smith, O. A.	276
216336	Smith, P. A.	277
594709	Smith, P. A.	243
2629048	Smith, P. A.	133
2633376	Smith, P. A.	129
2659746	Smith, P. A.	145
5208356	Smith, P. D.	186
8099502	Smith, P. E.	228
210762	Smith, P. J.	258
5208773	Smith, P. J.	162
8247005	Smith, P. J.	178
8302579	Smith, P. J.	261
8425914	Smith, P. K.	179
8023133	Smith, P. R.	151
8135484	Smith, R.	230
8700171	Smith, R. A.	167
208382	Smith, R. C.	266
8304463	Smith, R. C. W.	137
5205867	Smith, R. D.	115
8153562	Smith, R. D.	177
215054	Smith, R. E.	265
8701031	Smith, R. E.	208
2624358	Smith, R. F.	155
210995	Smith, R. G.	261
8029772	Smith, R. I.	129
5208722	Smith, R. J.	143
8173784	Smith, R. J.	226
211756	Smith, R. L.	258
8222136	Smith, R. L.	174
5206425	Smith, R. L. S.	174
5208534	Smith, R. M.	207
8260757	Smith, R. M.	161
5202319	Smith, R. P.	107
8304545	Smith, R. R.	137
5205268	Smith, R. S.	109
5208728	Smith, R. S.	178
8701212	Smith, R. S.	164
5202694	Smith, S.	189
5203896	Smith, S. C.	268
5207390	Smith, S. H.	136
215349	Smith, S. J.	270
8181930	Smith, S. J.	45
216097	Smith, S. J. B.	276
8404076	Smith, S. M.	159
8026132	Smith, S. P.	122
216214	Smith, T.	276
214638	Smith, T. D.	262
8282808	Smith, T. D. G.	160
8028889	Smith, T. G.	126
215955	Smith, V. A. M.	275
213591	Smith, V. J.	260
2644032	Smith, W. G.	140
8067307	Smith, W. K.	225
212408	Smithson, P. J.	259
2670252	Smithson, R. M.	149
306410	Smithson, S. L.	196
5208856	Smolak, A. M.	143
8700094	Smy, B. D.	147
8304017	Smylie, P.	135
306280	Smyth, A. S. J.	160
	Smyth, D. G.	201
213361	Smyth, F. D.	259
8304516	Smyth, H.	126
5206155	Smyth, K.	132
5208302	Smyth, M. J.	139
8027716	Smyth, P. J.	117
5202501	Smyth, P. M.	270
91548	Smyth, P. R.	252
5208938	Smyth, W. G. L.	163
	Smyth, W. S.	60, 103
5207378	Snaith, C. D.	138
8300013	Snape, C. J. S.	193
2670311	Snape, D. P.	181
8507326	Sneath, D. R. W.	277
8701249	Sneddon, F. C.	207
	Sneddon, R.	57
213204	Sneider, A. J.	270
214837	Sneider, C.	262
8251195	Snell, R. A.	191
2660347	Snelling, I. M.	145
5206637	Snellock, C. D.	153
215344	Snelson, S. T.	270
8141691	Snodden, S.	232
2654272	Snoswell, J. C.	162
5202641	Snowball, A. J.	123
216390	Snowball, D. C.	277
8701382	Snowden, L. J.	214
8025362	Snowden, M.	124
8027969	Snowdon, R. E.	132
	Soames, The Hon Nicholas	88
8300222	Soanes, P. J.	157
2659908	Soar, R. W. H.	144
	Sour, T. A.	10
8134307	Sockell, J. I.	163
2659578	Sola, B. D. I.	145
2615241	Sollars, A. J.	269
215883	Solleveld, A. G.	263
8014854	Solomon, A. G.	82, 123
8210291	Solomon, G. E.	159
5204030	Somers Cocks, R. V.	125
	Somerville, Dr W.	216
8260792	Sommers, D. G.	143
8028390	Sommerville, R. A.	123
211658	Soughton, K. J.	258
8135352	Soul, G. D.	10, 108
5207834	Soul, M. D.	134
	Soutar, Mr D. T.	215
211504	Souter, T. W.	258
8197664	Souter, W. G.	173
8300657	South, A. C.	192
2638891	South, M. R.	138
8700998	South, R.	180
8152319	Southall, R. C.	174
8141069	Southcott, G. P.	123
213971	Southern, L. A.	264
213604	Southern, L. N.	260
212633	Southwell, D. L.	259
210714	Southwell, G. W.	258
	Southwell, P. S.	35
212763	Southwell, R.	259
8141683	Southwood, P. D.	145
91512	Sowden, G. R.	253
8026858	Spain, D.	137
8012713	Spain, D. N.	225
215662	Spain, M. P.	267
8236292	Spalding, E.	178
8204416	Spark, T. L.	162
8410633	Sparkes, T. A.	197
8700261	Sparks, A. G.	166
8304378	Sparks, C. D.	137
5206060	Sparks, J. C.	244
8099486	Sparrow, W. J. D.	226
8700095	Spate, A. G.	180
8427374	Spear, A. P.	181
8701394	Spector, M. A.	179
208399	Speed, D. R.	273
5204456	Speedy, P. P.	152
688192	Speight, W.	248
686563	Spence, B. G.	242
8027989	Spence, F.	121
209197	Spence, J. R.	257
8024235	Spence, S.	152
8181930	Spence, S. J.	114
8007242	Spencer, B. R.	225
212742	Spencer, C. J.	259
8141068	Spencer, J.	132
5204985	Spencer, J. D.	19, 116
8197952	Spencer, K. A.	113
	Spencer, Sir Peter	5, 17
8089639	Spencer, P. G.	225

397

INDEX

Personal No		Page No	Personal No		Page No	Personal No		Page No
8152964	Spencer, P. M.	171	2659703	Stafford, S. G.	144	8210022	Staples, T. P. M.	230
5208363	Spencer, R.	140	8702048	Stagles, C. J.	208	5203082	Stapleton, G. M.	79, 108
8019729	Spencer, R. M. J.	170	213139	Staincliffe, A. W.	269	2671021	Stark, D. A.	150
8438929	Spencer-Healey, D.	165	8108501	Stainer, R. H.	227	5206910	Stark, J. P.	40, 114
2643030	Spencer-Jones, M. G.	138	5201302	Stainforth, M. A.	123		Starkey, J.	9
306396	Spencer-Thomas, K. J.	196		Stainton, J.	28		Starkey, Mr P.	25
8002104	Sperring, A. P.	225	8701569	Stait, C. J.	22	8084434	Starkings, D. A.	226
8108713	Spicer, K. P.	272	8233856	Stait, S. E.	166	8700208	Starling, J. T.	167
5206703	Spicer, Rev L. E.	218	8304875	Stait, T. C.	184	2619275	Starling, M. C.	274
	Spiers, J. H.	15	8107249	Staite, N. P.	144	212690	Starling, P. G.	259
215669	Spiller, A. J.	268	2659879	Stalker, J. A.	226	208371	Starling, R. H.	257
8024100	Spiller, A. W. J.	191	8029806	Stallard, R. J.	164	8020200	Starr, C. J.	132
688995	Spink, C. R.	265	8014672	Stamford, J. M.	154	8700276	Starr, N.	181
	Spinks, A. C.	23, 99	2670168	Stammers, M. O.	118	8136223	Starr, P. G.	170
5208326	Spinney, P. C.	79, 222		Stamp, A.	150	5208684	Start, I. J.	213
	Spires, T. A.	13	8029838	Stamp, D. A.	120	5208086	Startup, D. J.	130
2642318	Spiridigliozzi, D.	186	214014	Stamp, G. D.	266	5207183	State, A. J.	120
2619510	Spirit, H. E.	272	214094	Stamp, M. R. J.	266	2642439	Staudinger, S. J.	140
2627008	Spooner, D. M. J.	130	213705	Stanbury, P. W.	260	5205384	Staunton, G. J.	125
5208618	Spoor, B. J.	141	212724	Stancombe, K. M.	259	8422907	Staunton-Lambert, D. P.	186
216430	Spoor, J. W.	278	215951	Stander, R. B.	273	8239887	Staveley, H.	197
8106697	Spoors, J.	271	211087	Standish, J. L.	274	2642400	Staveley, M. D.	177
5208046	Spragg, P. M.	210	595119	Standley, J. F.	245	8300449	Stead, A. A.	157
2626449	Spratt, A. B.	131	5207035	Stanfield, J. W.	189	215943	Stead, P.	273
5200408	Spreckley, G. C.	248	8304876	Stanford, D. C.	145	8008854	Steade, S. J.	226
212640	Spring, D. R.	259	8177738	Stanford, P. G.	185		Stear, Sir Michael	272
2659909	Springford, M. J. P.	146	8019069	Stangroom, M. F.	123	216223	Stedman, G. R.	276
8284228	Sproston, J. A.	159	5202326	Stanhope, M. F.	57, 169	208005	Stedman, K. B.	264
5208486	Sproule, G. A.	177		Staniforth, Dr A.	299	214657	Stedman, L. S.	262
91532	Spry-Leverton, H. H. S.	249	8222786	Stanley, A. K.	174	5208249	Stedman, R. D.	158
2660618	Spurrier, E. J.	205	8200920	Staniforth, C. A.	213	213688	Steed, A.	260
5201245	Squelch, J. P.	74, 108	213042	Stanley, C. D.	268		Steed, R. J.	30
	Squire, Sir Peter	88, 97, 268	8700110	Stanley, D. J.	149	8141397	Steel, A.	124
2629600	Squires, A. J.	133	2639095	Stanley, J. M.	130	8026939	Steel, C. S.	117
2635516	Squires, C. C. M.	130	8300844	Stanley, J. P.	164	2629474	Steel, D. J.	266
300874	Squires, J. V.	233	5207974	Stanley, M.	171	8302807	Steel, H. A.	145
2643192	Squires, M. J.	140	215565	Stanley, M. A.	274	2649768	Steel, J. A.	161
2635457	Squires, P. J. M.	121	213439	Stanley, M. T.	260	216026	Steel, J. D.	264
2660490	St Hill, J. G.	167	8176380	Stanley, P. J.	228	5208806	Steel, J. J.	196
5204188	St John-Crees, D.	171	2641918	Stanley, R. M.	174	213138	Steel, J. M.	272
8019382	St Pier, D. J.	229	8300293	Stanley, T. J.	272	216020	Steel, J. M.	275
8090181	Stabler, W. S.	226	213936	Stannard, I. N.	264	4231949	Steel, M. K.	243
608592	Stables, A. J.	269	5208090	Stansby, A. W.	153	8283339	Steel, R. N.	177
5206470	Stace, C. J.	120		Stansfeld, Dr A. G.	216		Steele, A. H.	8, 104
8195703	Stacey, A. M.	62, 190	8118942	Stansfield, D.	232	8701370	Steele, A. R. M.	223
	Stacey, D.	15	4230869	Stansfield, J. D.	270	216174	Steele, B. J.	276
	Stacey, G. E.	19, 99		Stansfield, Mr N.	25	215266	Steele, H. J. V. T.	270
690301	Stacey, J.	45, 213	8701415	Stanton, L. P.	148	213536	Steele, J. R.	260
216206	Stacey, R. A.	276	8701570	Stanton, N. J.	181	8008463	Steele, P. C.	137
8028791	Stafford, M. I.	133	212588	Stanton, P.	268	2625940	Steele, R.	156
214951	Stafford, R. P.	264	5200232	Stanton, R. H.	243	210676	Steele, R. M. G.	257
			8021034	Stanton, S.	233	8221054	Steele-Benny, C.	186
			4233407	Stanton, T. M.	259	4280611	Steen, B. A.	242
			8026596	Stanway, M. F.	123			
			8305134	Staples, D. R.	149	8014864	Steen, G.	225

398

INDEX

Personal No		Page No	Personal No		Page No	Personal No		Page No
4233511	Steer, D. H.	122	215055	Stevenson, D. L.	265	8246190	Stinchcombe, C. G.	48, 129
300947	Steer, M. A.	235		Stevenson, J. G.	75, 101	8304346	Stinson, R. J.	139
211072	Steggles, T. P.	269	8233844	Stevenson, M. C.	277		Stinton, J.	3, 71, 100
5204726	Stein, N. J. A.	265	2659130	Stevenson, P. A.	143	8135727	Stirling, S. L.	224
215307	Steinitz, F. M.	269	5208529	Stevenson, T. L.	186	5205642	Stirrat, S. S.	42, 152
	Steirn, C. M.	23	8701723	Steward, T. J.	167		Stirrup,	
5208292	Stellitano, D. W.	159	8701724	Stewart, A. C.	150		Sir Jock.	3, 5, 6, 36, 97
2653644	Stellitano, R. L.	160	8029298	Stewart, A. E.	154	5207001	Stitson, D. J.	203
1943164	Stellitano, W.	237	5208540	Stewart, A. H.	160	8028330	Stobie, D. N.	132
5206922	Stellmacher, D.	10, 121	2649022	Stewart, A. M.	142	2660125	Stobs-Stobart, C.	146
8190760	Stembridge-King, J. R.	192	2649545	Stewart, A. M.	276	2670756	Stock, H. L.	148
8128660	Stenning, J. J.	229	8071205	Stewart, D.	268	211699	Stock, M. B.	258
	Stenson, J. P.	103	5205136	Stewart, D. E.	132	2671818	Stock, W. G.	149
4232615	Stenson, R.	249	8302755	Stewart, D. E.	194	8300203	Stockbridge, E.	157
2642381	Stephen, D. M.	139	594511	Stewart, D. E. M.	190	215151	Stockbridge, M. J.	267
8291939	Stephens, D. A.	176	5207383	Stewart, D. I.	138	8300982	Stocken, R. G.	179
8700157	Stephens, E. J.	188	8141357	Stewart, D. J.	124	5205564	Stocker, S. C.	235
8009162	Stephens, G. T.	226	2659131	Stewart, E. W.	164	306164	Stocker, S. E.	194
2631462	Stephens, J. C.	251	2636051	Stewart, G.	133	8023552	Stockill, G.	112
8187040	Stephens, J. R.	179	8091866	Stewart, G. H. J.	226	8701065	Stockley, P. L.	125
8022805	Stephens, M. A.	242	5208170	Stewart, G. K.	55	5208294	Stocks, M. C.	176
8141033	Stephens, M. F.	133	8108053	Stewart, G. K.	152		Stoddart, Mr P.	61
216201	Stephens, W.	276	4220254	Stewart, H.	242	8206703	Stokel, G. G.	145
5208480	Stephenson, A.	176	8701386	Stewart, H. K. J.	146	8141538	Stokes, N. J.	140
212004	Stephenson, B.	266	409320	Stewart, H. M.	40, 210	2660695	Stokes, R. A.	147
5203400	Stephenson, I.	169		Stewart, I.	9	8022596	Stokes, R. K.	151
213903	Stephenson, T.	264		Stewart, I. R. W.	79, 104	214021	Stokoe, A. M.	264
216111	Stephenson, T.	276	5208435	Stewart, J. D.	160	212768	Stone, J. B.	259
5206447	Stepney, M. J.	184	8302873	Stewart, K.	166	8300969	Stone, M. J.	166
8101956	Sterio, C. R.	227	8208510	Stewart, K. D.	141	215069	Stone, N. J.	265
211259	Sterland, R. J.	270	2642234	Stewart, M. J.	137	212769	Stone, P.	268
2633760	Sterritt, J. M.	135	4277692	Stewart, M. J.	270	8111749	Stone, P.	230
8238678	Steven, J. C.	196	8304518	Stewart, N. R.	137	8023839	Stone, T.	118
213787	Steven, R.	260	8023526	Stewart, P. D. T.	60, 109	5208208	Stoneley, I. S.	185
8300014	Stevens, A. J.	157	2658754	Stewart, P. R.	143	2658771	Stoneman, N. T.	162
8404827	Stevens, B. H.	187	8700013	Stewart, R. A.	149	8023486	Stoner, N. B.	52, 151
608798	Stevens, C. D.	235	608802	Stewart, R. J.	235	8700269	Stones, A. E.	150
8029603	Stevens, C. P.	126	5206635	Stewart, S.	121	210976	Stones, D. E.	266
2638878	Stevens, J. A.	130	8702088	Stewart, S. B.	208	213797	Stones, M. D.	260
5206257	Stevens, J. E.	172	8440068	Stewart, S. D.	166, 301	8115269	Stones, P.	229
213521	Stevens, K. R.	260	2635625	Stewart, S. J.	185	215416	Stones, S.	273
8260068	Stevens, M.	232	306369	Stewart, V. L.	196	212381	Stonestreet, C. J.	259
5206648	Stevens, N. W. H.	115	8020180	Stewart, W. J.	170	2637112	Storer, K. A.	176
2659268	Stevens, P.	163	306270	Stewart-Smith, E. J.	160	212212	Storey, C. B.	251
8026367	Stevens, P. F.	110	2655490	Stewart-Smith, R.	147	5205486	Storey, P. A.	113
5208563	Stevens, R. A.	161		Stewarts, A. R. E. de C.	11	5204065	Storey, R. N.	169
215251	Stevens, R. M.	269	5208890	Stiger, S.	144	2629641	Storr, D. J.	128
2629635	Stevens, S. D.	135	214071	Stilgoe, G. P.	266		Storrs-Fox, R. N.	22
8020574	Stevens, V. A.	132	213685	Still, B. J.	269	8028302	Story, G. D.	263
215154	Stevens, W. J.	267	2653906	Still, M. N.	147	215061	Stosiek, D. J.	264
	Stevenson, A. D.	104	8189314	Still, W.	174	5208209	Stott, D.	158
5203481	Stevenson, B. L.	243	5207359	Stilwell, J. M.	129	5206487	Stott, I. R.	173
8304304	Stevenson, C.	137	2662772	Stimpson, H. J.	250	215452	Stott, J. W.	274
211423	Stevenson, D. G.	274				2670036	Stott, M.	187

INDEX

Personal No	Page No	Personal No	Page No	Personal No	Page No
8000169 Stout, E. J. 225		210626 Stroud, J. 257		214203 Sumner, D. K. 268	
8701160 Stow, M. E. A. 211		8701697 Strowger, M. A. 223		8115627 Sumner, F. 228	
8260257 Stowell, J. M. ... 52, 130		2658931 Strudwick, R. J. A. ... 143		5208460 Sumner, G. 160	
8300443 Stowers, M. J. .. 50, 154		8260247 Strutt, S. R. 130		8701656 Sumner, G. J. 167	
306126 Stowers, S. M. .. 86, 154		8107551 Stuart, K. 244		2643844 Sumner, L. D. .. 176, 299	
216487 Strachan, B. D. 278		8300522 Stuart, P. G. 185		8141605 Sumner, R. A. 134	
8023351 Strachan, P. D. 114		8240055 Stuart, R. C. 196		593750 Sumpter, V. G. 245	
8400788 Strachan, T. R. A. ... 176		1950462 Stuart, R. M. 245		9528 Sunderland, S. J. E. 190	
2637789 Stradling, A. P. 136		216417 Stuart-Gordon,		8238230 Surman, K. J. 162	
8028726 Stradling, C. J. 133		T. I. A. T. 277		213988 Surry, D. D. 265	
8001781 Straney, A. M. C. ... 226		8700172 Stubbs, A. C. 167		5204822 Surtees, I. 169	
5207647 Strang, J. R. 134		214338 Stubbs, C. M. 271		2659882 Surtees, P. T. 145	
8700098 Strangwood,		8218333 Stubbs, D. J. 106		8253681 Sussex, P. S. 174	
R. D. 199, 302		8141542 Stubbs, D. J. G. 224		8208461 Sussmes, S. A. 230	
8304719 Strasdin, S. R. 129		8701727 Stubbs, D. M. ... 52, 126		8120954 Sutcliffe, P. 230	
5208565 Stratford, G. 141		212362 Stubbs, M. C. 203		215494 Sutherland, A. J. ... 264	
216300 Strathearn, J. P. ... 277		215924 Stubbs, M. K. 259		Sutherland, A. W. ... 29	
8302760 Stratton, A. K. 139		5204304 Stubbs, M. R. 273		213171 Sutherland, D. 269	
5206097 Straw, E. T. 132		213295 Stubbs, M. R. 170		212385 Sutherland, D. F. ... 259	
216070 Straw, T. J. 275		8304508 Stubbs, P. N. 273		8419357 Sutherland, M. D. ... 163	
8260642 Strawson, I. M. 232		8210709 Stuchfield, D. J. 138		2642549 Sutherland, M. J. ... 138	
8400830 Streames, D. J. 161		8423993 Studley, G. S. 175		5207096 Sutherland, W. D. ... 190	
8152106 Streatfield, G. P. ... 171		593698 Sturcke, S. B. 179		2623017 Sutherland-Scott, R. 117	
8153604 Streatfield, P. J. ... 176		8019172 Sturgeon, B. 238		8142508 Sutton, A. 231	
8117442 Street, D. M. 227		210977 Sturgess, M. I. 111		210977 Sutton, A. J. 264	
8304242 Street, G. E. 157		8032159 Sturley, P. O. 97		8032159 Sutton, A. J. 154	
5208211 Street, M. J. 138		8701609 Sturt, A. M. R. 163		8412055 Sutton, D. 161	
2640373 Street, N. A. 139		8029288 Sturtridge, K. N. 192		8300379 Sutton, J. P. 153	
8701317 Street, R. J. N. 147		8152501 Styles, G. T. 176		2659216 Sutton, M. J. E. 143	
8186979 Street, S. J. 232		5207235 Stylianides, A. 152		208398 Sutton, M. J. F. 271	
8701156 Streete, J. J. 239		210964 Sucksmith, P. S. 269		Sutton, Professor P. .. 1	
91510 Streeter, S. M. 252		5204954 Suddards,		216 Sutton, P. D. 216	
8024630 Streeton, A. D. 156		A. J. Q. 39, 109		2624068 Sutton, P. R. 109	
2639352 Strefford, A. D. 157		210932 Suddards, D. G. 268		5206644 Sutton, R. A. 119	
213745 Stretton, A. I. 260		Sudlow, A. J. 104		8102784 Sutton, R. C. 125	
5205751 Stretton, C. J. H. 82, 113		5204410 Sugden,		Swaby, A. G. 41	
5208257 Stretton-Cox,		G. H. B. ... 40, 49, 117		5208387 Swain, I. S. 211	
M. L. 139, 306		5209048 Sugden, M. D. 144		2649930 Swainston, D. F. J. ... 143	
211424 Streule, C. R. 258		8701673 Suggett, P. J. 198		8015212 Swainston, L. 227	
8023108 Strevens, N. C. 126		Suggitt, A. P. 15		685685 Swan, A. J. 242	
8029471 Strickland, C. E. ... 134		8286305 Sullivan, C. T. ... 54, 155		8029596 Swan, A. J. 141	
2629656 Stride, K. J. 157		213891 Sullivan, D. B. A. J. ... 261		210115 Swan, B. 264	
5204227 Stringer, E. J. ... 36, 111		8701559 Sullivan, E. S. R. ... 166		Swan, M. 38, 100	
5206133 Stringer, J. J. ... 47, 120		Sullivan, G. 41		5208250 Swann, A. D. 161	
Stringer, M. D. .. 33, 101		8029148 Sullivan, J. M. 118		8260923 Swann, G. R. 147	
2659021 Stringer, N. A. 143		212330 Sullivan, R. J. 258		Swann, I. 15	
5206303 Stringer, N. J. 127		2639015 Summers, C. M. 135		8701612 Swann, J. D. 180	
214928 Stringer, P. 263		5206519 Summers, G. S. 156		8153230 Swanson, R. 174	
8115814 Stronach, J. W. 196		5209098 Summers, M. J. H. ... 187		8251498 Swanson, S. J. 195	
8122073 Stronach, K. R. 230		8701580 Summers, N. J. 148		8701442 Swanston, K. J. 198	
4335310 Strong, M. C. G. 108		211886 Summers, P. 266		5209046 Swarbrick, S. 145	
Strong, Mr T. 21		8304985 Summers, P. A. 147		214072 Swatridge, E. L. 266	
8028910 Strookman, R. D. ... 129		2659747 Summerscales, T. P. . 180		212210 Swatridge, J. C. 270	
Stroud, Professor		8141506 Sumner, A. P. 133		8019 Swayze, D. 228	
Sir Eric 216		8100875 Sumner, D. G. 244		8226740 Sweatman, G. G. 177	

400

INDEX

Personal No		Page No	Personal No		Page No	Personal No		Page No
5207080	Sweatman, J.	133		**T**		8136251	Taylor, A. J.	227
216041	Sweeney, D. J.	275				8305091	Taylor, A. J.	148
216503	Sweeney, J. F. M.	278					Taylor, A. J. S.	24
8025800	Sweeney, M.	259	8702882	Tabern, J. C.	149	2617837	Taylor, A. T. H.	273
212725	Sweeney, M. P. C.	158	5208739	Tack, C. P.	162	9278	Taylor, C.	114
8151007	Sweeney, P. F.	160		Tadier, C. W.	8	5205279	Taylor, C.	85, 170
8701456	Sweeney, T. J.	181	213009	Taffinder, S. J. S.	252	8023157	Taylor, C. C.	123
8700049	Sweet, J. F.	149	8141237	Taft, S. J.	232	214175	Taylor, C. L.	268
8403990	Sweet, M. I.	178	8260230	Tagg, A. M.	129	8008703	Taylor, C. M.	64, 108
	Sweeting, Mr M. P.	66	306161	Tagg, C. E.	204	215654	Taylor, D.	267
8401559	Sweetlove, S. F.	179	8129048	Tagg, P.	189	2631910	Taylor, D.	156
	Sweetman, A. D.	17, 99	8260221	Tagima, M. S.	232	8103901	Taylor, D. A.	271
216511	Sweetmore, A. P.	278	8213592	Tague, D.	179	8117297	Taylor, D. A.	229
8110098	Swetman, A. M.	232	5204217	Tait, A. G.	117	8300093	Taylor, D. A.	192
208561	Swierczek, A. F. I.	268	5205558	Tait, A. G.	126	8141531	Taylor, D. J.	145
2660028	Swierczek, G. P.	147	8300176	Tait, D. C.	154	9867	Taylor, D. L.	50, 193
214586	Swierczek, J.	261	2659132	Tait, D. S.	145	306404	Taylor, E. L.	186
8023448	Swift, A. B.	114	2627096	Tait, J.	126	2649807	Taylor, E. R.	178
8026266	Swift, M. C.	274	5206061	Tait, J. D.	236	9914	Taylor, E. S.	134
2623165	Swift, S.	263		Tait, T. W.	87	212691	Taylor, G.	259
8032537	Swift, V. S.	155	5208845	Talabi, A. O.	203	8026948	Taylor, G.	131
8701253	Swindells, S. R.	203	212016	Talbot, A. J.	267	209655	Taylor, G. E.	271
212558	Swinge, P. D.	259	2649889	Talbot, C. G.	141, 306	8025742	Taylor, G. L.	131
5206735	Swinney, R. W.	174	8024513	Talbot, D. J.	184	8700987	Taylor, G. T.	197
2640282	Swinton, M. L.	141	300926	Talbot, R.	244	213175	Taylor, I.	270
8250174	Sykes, I. J.	184	2641015	Talbot, T. S.	130	212965	Taylor, I. A.	266
8223217	Sykes, P. B.	190	2660304	Talbott, N. A.	147, 304	5207320	Taylor, I. B.	191
306058	Sykes, P. C.	129	8701241	Tallack, J. M.	160	8152145	Taylor, I. J.	170
8700111	Sykes, P. T.	150	213209	Talton, S. J. S.	249	5202855	Taylor, J.	11, 36, 109
8213229	Sylvester, A.	229	300955	Tane, G. J.	236	8305040	Taylor, J. C. L.	148
8018957	Symonds, C. L.	226	209790	Tancell, P.	264	8191480	Taylor, J. E.	268
2631438	Symonds, M. L.	247	2642832	Tandy, M. J.	138	5204787	Taylor, J. F.	155
	Symons, D.	88	8139023	Tanfield, I. F.	171	2644056	Taylor, J. J.	139
5208336	Symons, J. A.	186	5206999	Tanner, D. B.	191	8154511	Taylor, J. J.	181
210050	Symons, M. T.	257	8014040	Tanner, D. J.	108	8701091	Taylor, J. P.	164, 301
			212804	Tanner, H. S. T.	264	214877	Taylor, J. S.	262
			214862	Tanner, J. M.	262	5208036	Taylor, Rev J. W. K.	218
			213383	Tanner, R. J.	273	8011060	Taylor, K.	229
			2649799	Tano, A.	140	5205694	Taylor, K. D.	48, 127
			8701132	Tanti, B. J.	177	8010571	Taylor, K. J.	231
			8105915	Tapping, J. G. C.	174	2659750	Taylor, L.	180
			210927	Tapsell, A.	265	8304094	Taylor, L. A.	129
			5205337	Tarbitten, C. M.	170	5206301	Taylor, L. B.	153
			8058311	Tarran, J. V.	225	2635511	Taylor, L. S.	121
			8701685	Tarrel, L. J. M.	167	8012419	Taylor, M.	177
			2633767	Tarry, M. J.	135	8111782	Taylor, M.	225
			213519	Tarttelin, R. B.	260	8026881	Taylor, M. A.	132
			213994	Tatar, P. N.	264	8208601	Taylor, M. A.	196
			215942	Tate, C.	273	8304999	Taylor, M. C.	147
			216089	Tate, J. A. T.	275	4276494	Taylor, M. F. H.	243
			215247	Tate, P. S. G.	263	8191656	Taylor, M. G. H.	230
			8300138	Tatters, S. D.	155	5208999	Taylor, M. J. P.	163
			8701615	Tavener, S. G.	147	5207725	Taylor, M. R.	157
			1961959	Taylor, A.	226	5208731	Taylor, M. R.	196
			8020316	Taylor, A. J.	114	5207975	Taylor, M. V.	155

401

INDEX

Personal No		Page No	Personal No		Page No	Personal No		Page No
216035	Taylor, M. W.	275	2627201	Telfer, J. C.	133	8024025	Thomas, G. D.	75, 115
5204395	Taylor, M. W.	108	8114823	Telfer, T. C.	226	5208733	Thomas, G. H.	186
	Taylor, Mr P. D.	16	8028479	Tempest-Roe, C. B.	183	2659725	Thomas, G. L.	180
	Taylor, Mr S.	299	5207827	Tempest-Roe, R. M.	176	213111	Thomas, G. R. S.	269
8207446	Taylor, N.	133	213207	Temple, D. R.	271	8100282	Thomas, H.	143
2616411	Taylor, N. E.	263	8190836	Temple, J. G.	69, 125	8701088	Thomas, H. B. M.	165
2660005	Taylor, N. J. D.	146	2646767	Temple, M. A.	250		Thomas, J.	31
2642949	Taylor, N. J. L.	236	306076	Temple, M. J.	203	209225	Thomas, J. E.	258
216260	Taylor, N. S.	276	5204421	Tench I. R.	14, 45, 116		Thomas, J. H. S.	99
8028309	Taylor, P.	263	2653672	Tennant, A. J.	143		Thomas, Dr J. M.	215
91536	Taylor, P. A.	249	8300798	Tennant, B.	162	5201983	Thomas, J. M.	45, 108
5203921	Taylor, P. A.	14, 113	8029067	Tennant, J. A.	133	214176	Thomas, J. N.	267
4335666	Taylor, P. C.	233	5208939	Tenniswood, J. E.	197	8028491	Thomas, J. P.	133
5204271	Taylor, P. J.	117	2653947	Terrett, K. J.	143	8206669	Thomas, J. S.	274
8152679	Taylor, P. J. N.	126	8151869	Terrill, N. S.	171	215585	Thomas, K. A.	266
2639245	Taylor, P. R.	136	609306	Terry, Sir Colin	272	5204971	Thomas, K. L.	114
8401989	Taylor, P. S.	186	5208152	Terry, G.	158	8700195	Thomas, L.	199
8009110	Taylor, R.	255	215465	Terry, P. A.	275	215595	Thomas, L. J.	266
8276774	Taylor, R.	196	8191365	Tervit, J.	230	216203	Thomas, M.	276
8407993	Taylor, R. A.	177		Tesh, Mr J.	8	2628124	Thomas, M. L.	125
8186924	Taylor, R. D.	259	2623934	Tester, D. J.	74, 151	2658803	Thomas, N. S.	143
2654301	Taylor, R. M.	145	5209013	Tester, P. A.	196	8701202	Thomas, O. E. W.	146
8415051	Taylor, R. M.	177	213161	Testro, B. J.	269	8029269	Thomas, P.	134
2628494	Taylor, R. N.	133	8027589	Tetlow, M. J.	112	8214778	Thomas, P. A.	180
8249218	Taylor, R. N.	229	8028460	Tett, P. E.	133	5206890	Thomas, P. F. S.	154
5206715	Taylor, S.	193	8702747	Tewson, A. L. M.	205	215737	Thomas, P. G.	269
216514	Taylor, S. J.	278	8304223	Thacker, S. L. M.	194	8701639	Thomas, P. M.	182
8098610	Taylor, S. J.	74, 108	215673	Thackery, G. D.	268		Thomas, P. R.	42, 99
8261047	Taylor, S. J.	232		Thackway, C. E. S.	10	8181393	Thomas, P. V.	277
8701380	Taylor, S. J.	146	5209108	Than, R.	205	8032536	Thomas, R. E. L.	156
216288	Taylor, S. L.	277	8008727	Thaneja, B. B.	226	8106920	Thomas, R. G.	226
8289390	Taylor, S. M.	176	8135090	Thayne, A. G.	153	8141239	Thomas, R. K.	132
690386	Taylor, S. R.	273	214916	Thelwell, P.	263		Thomas, R. P.	30
215904	Taylor, S. T.	272	8300574	Thickett, A. B. M.	153	8300907	Thomas, S. J.	165
213529	Taylor, S. V.	266	8027064	Thirkell, P. A.	131	5208604	Thomas, T.	207
8023792	Taylor, T. G.	164	687339	Thirlwall, C.	235	2662183	Thomas, T. M.	211
8700196	Taylor, T. K.	199	5205649	Thirtle, C. B.	126	5203178	Thomas, V. E.	108
8239319	Taylor, T. M.	198		Thistleton, D.	302	306422	Thomas, V. L.	45, 222
2660324	Taylor, T. M. B.	145	216208	Thomas, A. C.	275	5207198	Thombs, D. U.	193
211118	Taylor, W. A.	268	5206602	Thomas, A. M.	45, 110	8059093	Thompson, A.	229
682839	Taylor, W. L.	269	8025704	Thomas, A. S.	125	216229	Thompson, A. D. M.	276
8242289	Taylor, W. L.	160	211317	Thomas, B. C.	271	5208886	Thompson, A. E.	154
5204918	Taylor, W. S.	62, 117	5203172	Thomas, C.	234	8150837	Thompson, A. G.	171
8701119	Taylor, W. T. O.	164	2659045	Thomas, C. L.	163	210319	Thompson, A. G. F.	274
8304938	Taylor-Head, J. M.	146	8300685	Thomas, C. M.	159	210446	Thompson, A. P.	271
8032312	Taylor-Powell, C. L.	153	5207666	Thomas, C. R.	134	5208620	Thompson, A. R.	141
8304901	Teague, M. W.	267	213852	Thomas, D.	261		Thompson, A. R.	231
212615	Teague, W. W. L.	259	8400338	Thomas, D.	128	5209044	Thompson, B. W.	144
	Teakle, I. D.	39, 106	2642679	Thomas, D. E.	139	8417570	Thompson, C. A.	178
5208823	Teasdale, C. L.	162	5206543	Thomas, D. G.	191	8701030	Thompson, C. J.	211
8305002	Tease, B. C.	147	4231522	Thomas, D. J.	271	306494	Thompson, C. L.	196
	Tebbit, Sir Kevin	5, 7, 15	212875	Thomas, E. L.	264	5206790	Thompson, C. P. C.	52, 151
8110697	Tedder, E. D.	227	8302686	Thomas, E. A.	160			
4237551	Tegg, B. A. M.	273	8304243	Thomas, E. M.	137	2649859	Thompson, C. S.	140
212665	Teggin, C. M.	259	212931	Thomas, F. E.	267	2672384	Thompson, C. W.	149

INDEX

Personal No		Page No	Personal No		Page No	Personal No		Page No
4231758	Thompson, C. W...	235	5201984	Thomson, I. W.	108	8094233	Thraves, P. T.......	231
8022532	Thompson, D. A...	183	215568	Thomson, J........	263	5203448	Threapleton, N. E...	234
306249	Thompson, D. E...	194	5208220	Thomson, J. A. C...	130	8089990	Threlfall, M........	194
216324	Thompson, D. H...	277	214806	Thomson, J. C.	262	2641432	Threlfall, N. E.	158
8283688	Thompson, D. M...	179	2664345	Thomson, J. E. H...	254	8141590	Thresher, T. J.	142
8132581	Thompson, D. N...	267	8419824	Thomson, K. E.	186	300764	Throssell, M. G.....	243
2636846	Thompson, D. P....	129	5202275	Thomson, K. K. . 47,	108		Thrower, J..........	15
8260132	Thompson, D. V...	142	2642573	Thomson, M. J.....	140	5208698	Thrower, R. B.	178
8302588	Thompson, E. C...	154	9730	Thomson, N. J.	203	209973	Thrussell, P. C. S...	265
214235	Thompson, G.	268	216278	Thomson, S........	277	211782	Thubron, B. F.	258
8012187	Thompson, G.	226	9897	Thomson, W. J.....	192	211765	Thum, M. J........	261
8029705	Thompson, I. M....	129	213279	Thomson-Clark, C. L.	273	8026693	Thurley, A. P.......	271
	Thompson, J.......	24	8304459	Thomson-Clark, P...	260	8260842	Thurrell, J. T... 144,	300
2659726	Thompson, J. A. 187,	304	8304972	Thorbjornsen, P.....	143	5205673	Thurrell, W. M.	173
	Thompson, J. H. ...	97		Thorburn, A.........	47	8302840	Thurston, J. K......	146
	Thompson, J. H. ..	100	5208712	Thorley, J. O.......	178	5208063	Thurston, P. L......	184
8173274	Thompson, J. M...	197	5208215	Thorley, L. D.	174	8141526	Thurtle, I. C........	236
5206247	Thompson, J. P....	176	687183	Thorley, M. A. .. 67,	242	8027416	Thwaites, G. E.	104
	Thompson, Mr J. P. S.......	216	608332	Thorn, T. G.	272	8028604	Thyng, I. F.........	133
8304574	Thompson, J. R....	129	2633099	Thornber, S. R.....	114	210716	Thynne, D.........	258
8430409	Thompson, J. W. S.	181	8001942	Thorne, C. J.	184	8701146	Tibbetts, A. J. W....	146
8702683	Thompson, K. A. L.	148	8141123	Thorne, D. E.	126		Tibbitt, I. P. G.	23
8082420	Thompson, K. T....	231	8023330	Thorne, G. T.	123	8068674	Tibble, C. G........	225
8701443	Thompson, M. B...	148		Thorne, I. D..... 23,	100	8032527	Ticehurst, J........	156
4278315	Thompson, M. H...	244	8304883	Thorne, I. D.	144	213340	Tickell, R.	259
690607	Thompson, M. J...	169	8301031	Thorne, M. A.	179	8302592	Tickle, A...........	136
210794	Thompson, M. L. ..	258	5208810	Thorne, M. F.	162	8028869	Tickle, S. R.	125
8701076	Thompson, M. P. ..	146	8099087	Thorne, M. W. H....	227	5207847	Tiddy, J. N........	129
1960151	Thompson, M. S...	231	8305058	Thorne, N. E.	148	8702450	Tidmarsh, A. M.....	167
214974	Thompson, P......	264	5205006	Thorne, P. A.......	250	8248968	Tierrie-Slough, A. P. 52,	154
8247279	Thompson, P......	195	8073752	Thorne, W. G......	225		Till, Mr K..........	216
2653761	Thompson, R......	147	214786	Thornell, P. J......	262	5201716	Tillbrook, R. E......	169
8252967	Thompson, R. L....	178	2628335	Thorner, M. A.	151	5208093	Tilley, E. J.	155
5202315	Thompson, R. T. N.	113	8027397	Thornhill, A.......	132		Tilley, P. H.	59
8026907	Thompson, S. G. A.	132	8008041	Thornhill, M. A. ...	228	2644199	Tillyard, M. S.	177
8700249	Thompson, S. J....	150		Thornton, B. M. 6, 23,	98	213721	Tilson, N.	260
300894	Thompson, S. M...	236		Thornton, E. J.... 3,	200	2627760	Tilton, D. R.	261
214387	Thompson, S. P....	250	2659751	Thornton, L. J.....	164	8141390	Timbrell, C. P......	125
5202177	Thompson, S. P....	109	5205620	Thornton, M. J. ...	133	211719	Timmins, D........	258
8152095	Thompson, T. M...	172	2654257	Thornton, R. I. N...	143	5208470	Timms, D. L.	159
214009	Thompson, W. C...	264		Thorogood, P. J. ...	106	1950355	Timms, K. G.	255
215027	Thompson, W. M. ..	266	5204153	Thorpe, A. A.	131	8087078	Timms, T. G.	177
214108	Thompson-Ambrose, W. I............	269	306220	Thorpe, A. D.	159	5207219	Timoney, M. J.....	171
8023976	Thomson, A. H. W.	116	2640191	Thorpe, B. C. B.....	140	210671	Timothy, R. C.	257
1960723	Thomson, A. J.....	124	5204358	Thorpe, C. P.......	153	5206845	Timperley, A. C.....	203
8300771	Thomson, A. M...	161	2653915	Thorpe, D.	142	5207999	Timperley, A.......	203
209023	Thomson, D.......	272	2662143	Thorpe, D. A.	250	2644428	Tindale, A.	160
8024149	Thomson, D. B. . 7,	114	8198498	Thorpe, G. K.	158	213508	Tindall, N. M.......	260
5201374	Thomson, D. H. ...	122	4257329	Thorpe, G. S. E. ...	242	5203839	Tindall, P. D.... 64,	111
216364	Thomson, D. L.....	274	215149	Thorpe, I. F.	268	8414152	Tinsley, I. K.......	177
213815	Thomson, G.	260	9751	Thorpe, J. A.	156	306214	Tinworth, M. L. . 64,	192
2670757	Thomson, G. R. ...	182	1961694	Thorpe, M. R......	226	8152590	Tinworth, M. R.....	125
2627727	Thomson, I. A.	152	8260807	Thorpe, N. K.	143	2644069	Tipper, J. A.	141
			8028378	Thorpe, P. A........	127	8001399	Tipping, A. A. J....	226
			212417	Thorrington, B. W. G.	270			

403

INDEX

Personal No		Page No	Personal No		Page No	Personal No		Page No
213176	Tipping, P. W.	259	2633040	Tomlinson, C. J.	54, 129	8025856	Townend, R. J. S.	123
5208489	Tipping, R. D.	204	8235133	Tomlinson, C. M. A.	184	215152	Towns, P. T. W.	267
8211298	Tipple, G. S.	230	8221469	Tomlinson, G. G.	174	2670054	Townsend, A. N. R.	148
	Tipton, Professor M. J.	215	212817	Tomlinson, J.	264	8412955	Townsend, D. J.	177
687059	Tisbury, J. A.	243	8220304	Tomlinson, J. I. M.	173	8304721	Townsend, I.	129
209733	Tisley, B. P. F.	259	8020352	Tomlinson, M. I.	234	8304887	Townsend, J. D.	144
215780	Titchen, J. W.	270	2659387	Tomlinson, P.	145	5204590	Townsend, P. A.	14, 112
8701054	Titchener, M. O. S.	146	215914	Tomlinson, T. A.	273	8203355	Townsend, P. L.	232
2659727	Titley, A. A.	180	8226784	Toms, J. E.	127	2627255	Townsend, S. P.	40, 65, 112
8701416	Titshall, R. W.	181	8152214	Toner, A.	34, 114	8029706	Townshend, A. C.	135
	Tizard, R. W.	103	8057087	Toner, S. M.	272	300972	Townshend, V. C.	237
2648988	Tobin, M. D. A.	161	8424443	Tonkin, T. M.	197	215035	Towse, H. J.	266
216371	Tocher, C. G.	277	1961217	Tonks, D. A.	226	215016	Towse, J. L.	264
8701360	Tod, F. T.	181		Tonks, J. D.	13, 99	306212	Toye, S. E.	186
216088	Tod, M. A. L.	275	2658914	Tonks, S. L.	147	5206860	Toyne, R. C.	132
213808	Todd, A. D.	260	8305016	Tonks, S. M.	148	5206454	Tozer, D. J.	173
	Todd, A. P.	28, 73	8082582	Toogood, C. B.	41	8026905	Trace, B. E.	40, 117
8154412	Todd, B. S.	176	2659387	Toogood, J. E.	226	215466	Tracey, C. F.	264
5207258	Todd, C. W.	119	4335699	Toogood, W. R.	244	5206821	Tracey, M. A.	11, 121
213642	Todd, D.	162		Tooke, J.	88	215803	Tracey, P. J.	270
8205928	Todd, D.	261	213064	Tooke, M. B.	269	8701349	Tracey, W. S.	186
5203817	Todd, I. S.	116	409453	Toomer, S. F.	240	8015331	Tracy, C. M.	228
8084652	Todd, J. D.	74, 121	215670	Toomey, D.	268	8029548	Traill, D. I. G.	135
8024901	Todd, P. A.	131	8304307	Toomey, L. D.	137	8302837	Train, N. M.	198
5208468	Todd, P. M.	195	212861	Toon, S. M.	264	8028355	Trainor, P. R. D.	132
5201292	Todd, R. E.	110	210156	Toon, T. H.	264	8053947	Trangmar, J. M.	158
4283587	Todd, R. H.	256	216316	Toop, J.	277	5205750	Tranter, P.	183
216230	Todd, S. C.	276	8426872	Toothill, I. A.	163	2658757	Trapnell, B. P.	179
5208781	Todd, S. S.	143	2626676	Tooze, R. J. W.	249	8029292	Trapp, D. G.	117
2653894	Todhunter, P. J.	148	8701046	Tope, M. D.	196	8100647	Trapps, P.	163
8027826	Toft, M. C.	9, 118	8129782	Topham, P. J.	227	2622107	Trask, L. J.	123
215867	Toft, S. P.	272	8300385	Topley, D. C.	184	8302709	Trasler, J.	194
	Tofts, V.	302	8024539	Topley, N. E. A.	183	2639092	Trasler, K. F.	137
2659975	Tolan, A. L.	197	2659646	Topping, M. C.	163	8410659	Travis, J.	195
8024208	Tolfts, I. R.	113	8029853	Torbet, R. J.	103	214954	Travis-Shelton, J. E. L.	264
8701625	Tollerson, P. J. M.	220	8029853	Toriati, D. J.	121	8009685	Traynor, M. D.	124
8007564	Tolley, P. J.	259		Torpy, Sir Glenn.	19, 97	8113104	Traynor, M. D.	229
8702476	Tolley, P. M.	150	8028095	Torrance, A. I. M.	118	5207239	Treacy, S. M.	155
5203885	Tolley, S. G.	40, 86, 118	8028286	Torrance, I. A.	123	8071744	Treanor, B. G.	243
215786	Tolley, S. M.	270	2659794	Tostevin, L. A.	198	8304396	Tregear, T. P.	243
8023628	Tolman, N. J.	110	212441	Toth, V. M.	259	8304396	Tregear, T. P.	157
5205739	Tolometti, G. R.	115		Tothill, N.	17	5206631	Treloar, B. C.	172
2640183	Tomala, R. J.	140, 306	5205057	Tottman, R. J.	151	5202233	Trembaczowski-Ryder, D. J.	74, 109
609308	Tomalin, A. M.	270	2658804	Tough, D. G.	143	2660131	Trembling, I. G.	147
8024157	Tomaney, D. A.	82, 116		Touhig, Mr D.	5, 6, 7	8701483	Tremi, R. F.	166
5206738	Tomany, M. P.	111	215751	Toulouse, M. G.	270	2653847	Trethowan, L. E.	163
2670133	Tomczynski, A. A.	181	91482	Tournay, R. N. A. J.	235	214237	Treutlein, J.	269
215764	Tomkins, D. C.	263	2640885	Towell, A. M.	137	213312	Trevena, M. J.	273
8024206	Tomkins, S. R.	152	306177	Towell, J.	158	262016	Trevethen, P. N.	237
8024334	Tomkinson, P.	183	2649116	Towers, N. A.	164	8091662	Trevey, S. G.	190
9513	Tomlin, J. S.	42, 110	8701273	Towill, P. J.	146	8085995	Treviss, M. J.	227
8304686	Tomlin, N. D.	193	8023654	Towler, A. J.	108	5207826	Treweek, A. J.	194
8416475	Tomlin, N. M.	213		Towler, P. J. B.	52	2649988	Tribble, J. L.	36, 186
4278496	Tomlinson, A. J.	123	8304998	Town, D. R.	143			
			8700152	Town, R. J.	150			

404

INDEX

Personal No	Page No	Personal No	Page No	Personal No	Page No
8207590 Triccas, A. P.	123	4233019 Tully, K. F.	235	8029412 Turner, P. D. C.	261
8211312 Triccas, R. P.	140	8112744 Tully, R. J.	230	Turner, P. D. J. . .	74, 101
8701045 Tricklebank, A. J. . . .	165	8027996 Tunaley, M. A.	236	214535 Turner, P. L.	261
1960630 Trimble, I. C.	174	215210 Tune, S. E.	268	8024292 Turner, R. G.	152
5207732 Trimble, K. T.	203	215389 Tunesi of Liongam,		595519 Turner, R. H.	228
5208866 Tripp, B. R. M.	163	J. J.	271	8024945 Turner, R. J.	123
8201605 Tripp, D. A.	232	5203210 Tunnard, J. J.	125	5203951 Turner, R. M.	169
8302863 Tripp, H.	166	5206972 Tunnicliffe, G.	115	214160 Turner, R. R.	268
8024098 Tripp, I. M.	40, 120	8047893 Tunstall, K. A.	228	5203243 Turner, S.	170
9750 Tripp, K. M.	191	8000177 Tunstall, M. J.	228	8008878 Turner, S.	230
8008444 Trist, S. N.	156	8300686 Tunstall, M. S. R. . . .	158	8050819 Turner, S.	262
8024671 Trollen, A. F. . . .	45, 120	212156 Tunstall, R.	270	8140251 Turner, S. C. G.	234
8423729 Trollone, S. M.	177	8304482 Turk, A. D.	130	2643033 Turner, S. G.	158
5208159 Trott, J. S.	154	8305137 Turk, M. C.	149	212770 Turner, S. J.	263
2642317 Trott, V. E. K.	164	213323 Turley, R. C.	259	8700089 Turner, S. R.	167
8024238 Trown, N. J.	156	215125 Turley, T. C. C.	266	5207018 Turner, T. N.	170
216437 Trudgeon, H. L.	278	216512 Turnbull, C. I.	278	5201083 Turner, W. J. . . . 78, 109	
2659884 Trueman, J. D.	148	8228681 Turnbull, C. P.	187	212499 Turner, Y. A.	259
8141106 Truesdale, J.	134	2627119 Turnbull, D. T.	118	216076 Turvey, E. E.	275
212401 Truman, W. E.	274	608750 Turnbull, J. G.	249	Tustin, S. R.	30
Trundle, C. C. . .	51, 105	2642954 Turnbull, J. K.	186	8305138 Twaite, T. C.	187
2658826 Trundle, V.	179	215559 Turnbull, P. E.	265	2670256 Tweddle, J. P.	147
8209764 Truss, K. P.	114	8285974 Turner, A.	278	8080959 Tweddle, W. N.	229
306495 Tubb, R. S.	164	5207912 Turner, Rev A. J. . . .	218	210707 Twemlow, W. J.	258
2641909 Tuck, J. V.	249	8029033 Turner, A. M.	112	2642554 Twidell, A. J.	234
8250144 Tuck, K. M. A.	135	215674 Turner, A. R.	268	8700200 Twigger, S. W.	179
8027569 Tucker, A.	111	306486 Turner, A. R.	163	8196257 Twine, A. N. H. . . .	172
2659519 Tucker, B. P.	146	8300289 Turner, B. A.	154	8245453 Twitchell, A. Y.	165
8154064 Tucker, C. D.	173	Turner, C. D. . . . 39, 105		212718 Twose, J. D.	263
8701318 Tucker, C. M.	187	8701498 Turner, C. J. 166, 301, 304		8025808 Twose, P. M.	270
2633702 Tucker, D. L. . . . 133, 299		8133751 Turner, C. R.	184	8024542 Twose, S. J.	184
5207048 Tucker, J. D.	133	211718 Turner, D.	258	216198 Tyacke, J. A.	276
8700178 Tucker, J. E. A.	188	215885 Turner, D.	272	8023531 Tyas, S. P. J.	156
2663924 Tucker, J. E. G.	187	5204050 Turner, D. J.	112	306405 Tye, A. B.	196
214646 Tucker, J. M.	262	5207804 Turner, D. J. M.	191	214128 Tyler, F. M.	267
8098024 Tucker, K. C.	231	Turner, F. L. 43, 101		213173 Tyler, M. P.	180
212539 Tucker, K. D.	259	8301 Turner, G. J.	187	8014520 Tyler, P.	172
8700055 Tucker, M. J.	149	215734 Turner, G. M.	269	409532 Tyler, S. J.	211
5206456 Tucker, M. P. . . . 52, 125		409490 Turner, J.	210	2653799 Tymczyszyn, B. K. F.	146
8701613 Tucker, P. A.	149	5206899 Turner, J.	120	5207295 Tyre, G. J. B.	184
2653841 Tucker, S. J.	143	8254746 Turner, J.	176	8126057 Tyrer, A.	226
8304697 Tucker-Lowe, N. J. . .	129	8023812 Turner, J. A.	151	8124563 Tyrer, S.	117
Tucknott, Mr J.	66	8304668 Turner, J. H.	139	8204219 Tyrrell, A. J.	237
8153085 Tuckwood, G.	177	2638839 Turner, J. J.	137	214441 Tyson, N. K.	261
8304617 Tudge, E. V.	138	2635351 Turner, J. P.	157	5207677 Tyson, P. J.	129
8019140 Tudor, D. C.	109	8186832 Turner, J. S.	177	8304215 Tyzack, J. A.	136
5207706 Tudor, R. I. C.	190	5207797 Turner, K. A.	192	209170 Tziros, N. A.	273
8200429 Tue, N. S.	210	2642364 Turner, L.	139		
2648998 Tuer, R. J.	142	5203565 Turner, L. 40, 108			
8252015 Tuff, I. C.	145	8304954 Turner, L. R.	146		
211130 Tuff, V. G.	268	215141 Turner, M.	268		
210189 Tuite, P. F. 52, 154		8114468 Turner, M. A.	227		
8141398 Tull, M. E.	232	215608 Turner, M. J.	266		
5201398 Tulloch, R. D. A. . . .	111	5205304 Turner, M. J.	190		
8304082 Tully, D. H.	136	5206092 Turner, N. J.	170		

405

INDEX

Personal No		Page No	Personal No		Page No	Personal No		Page No
	U			**V**		214754	Vernon, P. I.	262
						8007592	Vernoum, K. G.	171
						215815	Vey, E. J. F.	271
2659764	Udall, M. C. L.	146	215894	Vadgama, P. R.	272	5206801	Vicary, P. N. L.	133
8024585	Udy, J. G.	184	8029246	Vagg, M. J.	121	8211729	Vicary, S. R.	40, 121
5205339	Ulhaq, Z.	112	5208779	Vaikunthanathan,		8135851	Vick, B. D.	162
8402556	Ulke, D.	210		R. S.	204	2634076	Vickers, G.	251
210760	Ulrich, M. P.	258	8014358	Valentine, A.	135	2640965	Vickers, L. R.	176
5205388	Underhill, G. P.	114	4335574	Valentine, M. C.	67, 244	8124485	Vickers, M. E.	131
5207903	Underhill, S. E.	155	8283359	Valentine, M. G.	163	8304121	Vickers, S.	125
8701319	Underhill, V. C. D.	166	8300291	Valentine, W. A.	184	8209933	Vickery, M. A.	142
	Underwood, Professor		8010787	Vallance, M. H.	123		Viggers, F. R.	96
	J. C. E.	215	8029258	Vallely, I. F.	120	8260390	Vigurs, G. J.	232
	Underwood, R. A. H.	74	306406	Vamplew, S.	162	216528	Vile, D. J.	278
8027485	Underwood, S. C.	234	5208755	Van Carrapiett,		215552	Vile, L. J.	265
2659971	Undrell, H. R.	164		D. M. B.	211	8020945	Vince, S. D.	248
5208688	Unsted, S. R.	186		Van Den Berg,			Vincent, A. J.	101
306201	Unsworth, A.	192		G. G. S.	11, 106	8061004	Vincent, H. A.	249
8171684	Unsworth, R. C.	228	8024936	Van Geene, R. G.	249	8024087	Vincent, H. J. C.	119
4275361	Unwin, C.	256	8701159	Van Niekerk, W. J. C.	204	211720	Vincent, J. N.	270
8701372	Upham, K. L. E.	198	8029428	Van Vogt, M. A.	152	5206927	Vincent, M. S. E.	120
209960	Upham, P.	257	5208113	Van Zwanenberg, G.	210	213458	Vincent, R. A.	260
8023978	Upton, M. N.	154	8302782	Van-Halteren, S. J.	163	8088293	Vincent, R. S.	227
213108	Upton, N. J.	269	211345	Vance, W. G.	272	2636515	Vincent-Philpot,	
216399	Upton, S. J.	277	8104077	Vanstone, D. M.	226		T. J.	138, 306
5208103	Upward, J.	136	5208735	Vardy, C. J.	143	5204443	Vincenti, M. N.	84, 183
212069	Urbanowicz, T. J.	266	8087664	Vardy, D. P.	244	8024431	Vine, A. J.	121
5206969	Uren, T. E.	154	8701444	Vardy, L. A.	148	8216224	Vine, A. P.	154
8015286	Urquhart, I.	229	8023844	Varley, G. A.	244	595405	Vine, D. C.	243
	Urquhart,		8032311	Varley, S. E.	69, 154	8302781	Vine, S. L.	161
	M. M. A.	68, 242	608347	Vary, C. E.	242	8025972	Viney, G. M.	40, 113
8700216	Usher, M. J. W.	167	213399	Vasey, D. C.	260	210129	Vinnicombe, W. J.	264
	Utley, R.	99	208700	Vass, R. I.	265	8008607	Vint, R. J.	262
213099	Utting, A. D.	259	4291825	Vater, J.	225	216306	Vissani, P.	277
			2672377	Vaughan, A. F.	149	2623340	Vizoso, A. F.	116
			8098683	Vaughan, A. J.	227	8422826	Vogel, D. W.	179
				Vaughan, A. P.	54	8701596	Vollam, J. P.	211
			595404	Vaughan, E. A.	225	8141208	Vongyer, G. G.	231
			2659274	Vaughan, J. A.	179	214914	Vose, S. J.	263
			8119810	Vaughan, J. N.	230	5204199	Voss, M. G.	82, 118
			8029272	Vaughan, K. M. D.	126	215516	Vousden, J. C.	264
			209037	Vaughan, M. D.	257			
			2641478	Vaughan, M. J.	140			
			8287050	Vaughan, P.	187			
			8287056	Vaughan, S. M. P.	185			
			216329	Vaughan, W. T.	277			
			8194194	Vaughton, P. A.	190			
			5204485	Veale, R. M.	108			
			8023967	Veitch, C. A.	114			
			5207308	Veitch, C. C.	185			
			2659890	Venables, N. R. A.	180			
				Verdon, A. M.	99			
			306423	Verney, H. L.	143			
			212572	Vernon, M.	259			
			214790	Vernon, M. N.	262			

INDEX

W

Personal No		Page No
8404561	Waby, A.	163
8701634	Wachtel, S. L.	204
2660350	Wadd, R. M.	181
8419722	Waddilove, C.	160
8028887	Waddington, D. J.	10, 118
608896	Wade, C. E.	109
	Wade, N. C.	60
5203778	Wade, R. A.	169
8111023	Wade, W. H.	231
2649750	Wadlow, P. J.	141
8027753	Wadsworth, M. E.	266
2797478	Wadsworth, S. E.	63, 190
2640887	Waggitt, R. D.	173
	Wagner, T. M. A.	304
	Wagstaff, Mr K.	25
8071492	Waik, M. L.	226
8029013	Wain, S.	36, 74, 119
8428761	Wain, S. D.	181
8138181	Wain, W. J.	190
8109310	Wait, C. A.	225
8023846	Waite, B.	251
2670213	Wake, C. L.	164
8701113	Wake, S. J.	165
215997	Wakeford, R. S.	274
8701529	Wakeham-Dawson, A.	220
	Wakeling, Mr I.	24
8027398	Wakeman, M. A.	113
8111998	Walbyoff, R. L.	228
9594	Walcot, B. V. H.	118
214923	Walcuch, J. M. A.	263
5204564	Waldegrave, R. A.	108
2639319	Walden, D. R.	137
8701535	Waldron, M. N.	203
8701688	Wales, L. A.	167
8260436	Walford, S.	158
8189179	Walke, S. R.	228
5206142	Walker, A.	54, 189
8015509	Walker, A.	230
8139043	Walker, A.	151
8031966	Walker, B. J.	108
	Walker, D.	47
	Walker, D.	98
8113954	Walker, D.	230
	Walker, D. A.	3, 98
	Walker, D. J.	104
214151	Walker, D. K.	267
	Walker, D. W. A.	23
8014214	Walker, G.	196
8153820	Walker, G. J.	176
5208342	Walker, G. M.	194

Personal No		Page No
	Walker, G. P.	35
8028369	Walker, G. P.	133, 306
8300484	Walker, G. R.	157
8410757	Walker, G. W.	143
210018	Walker, J. A.	257
5209007	Walker, J. A.	164
8207862	Walker, J. A.	143
9631	Walker, J. C.	59, 86, 152
5206217	Walker, J. C.	152
8029072	Walker, J. M. L.	156
8029370	Walker, K.	157
	Walker, Sir Michael	5, 7
214332	Walker, M. A.	272
8304025	Walker, M. B.	176
213629	Walker, M. J.	260
8224329	Walker, M. J.	213
2670258	Walker, N. J.	166
8300866	Walker, O. H.	164
	Walker, P. B.	97
	Walker, P. G.	53
2659469	Walker, P. J.	143
214679	Walker, R. A.	262
213677	Walker, R. C. S.	260
5207069	Walker, R. J.	172
215729	Walker, R. J. E.	275
2619302	Walker, R. L. H.	270
4232772	Walker, R. S.	131
8023795	Walker, R. S.	191
5206235	Walker, R. W.	127
214483	Walker, S.	261
2649257	Walker, S.	141
	Walker, Miss S.	46
	Walker, Mrs S.	15
2660435	Walker, S. B.	148
2659728	Walker, S. J.	145
2660188	Walker, T.	187
8082954	Walker, V. E.	229
8103594	Walker, W. F.	109
8023993	Walkerdine, I. M.	152
8701716	Walkey, D. G.	167
2658995	Wall, B. S.	145
216188	Wall, D. B.	276
	Wall, P. A.	19
4233047	Wallace, D. B.	249
216148	Wallace, G. P.	276
210210	Wallace, I.	266
409487	Wallace, J. H.	210
8304363	Wallace, J. M.	157
2670259	Wallace, N. A.	278
5204293	Wallace, P. J.	120
8250088	Wallace, P. J.	121
207589	Wallace, P. R.	275
	Wallace, Mr R.	18
2658758	Wallace, S. P.	143
5207316	Wallace, V. J.	202

Personal No		Page No
2653765	Walland, V.	148
211860	Waller, A. J.	258
215014	Waller, L.	265
8102508	Waller, M.	227
8304312	Waller, R. D.	129
212168	Waller, S. E.	271
5206231	Waller, T. M.	134
5204710	Walling, G.	193
8701578	Wallington, S. J.	166
5205674	Wallis, A. D.	21, 121
8700061	Wallis, B.	149
9119	Wallis, H. M.	189
2616140	Wallis, P. S.	257
	Wallis, J. P.	54
8009719	Wallis, T. P.	226
8260924	Walls, J. A.	193
2649140	Walls, J. R. E.	140
214724	Walmsley, D.	262
4266693	Walmsley, J. D.	271
2659143	Walmsley, J. S. W.	147
8098983	Walmsley, P. R.	226
5206640	Walsh, I. J.	125
2628405	Walsh, J.	114
8701250	Walsh, Rev J. M.	220
2622041	Walsh, J. M.	114
8108612	Walsh, J. P.	244
8132395	Walsh, N. M.	229
5205030	Walsh, P.	183
208909	Walsh, R. H.	274
8117011	Walsh, S. J.	230
8700091	Walsh, S. M.	187
8248493	Walsh, S. W.	130
9624	Walsh, T. J.	175
212452	Walshaw, R. N.	259
210473	Walter, T. D.	274
8012725	Walters, A. C.	226
5204208	Walters, A. J.	62
5204208	Walters, A. J. C.	119
214313	Walters, A. M.	270
	Walters, H. M. E.	15
5207305	Walters, J.	191
8000804	Walters, M.	194
8425083	Walters, M. J.	164
8701537	Walters, P. J.	166
5201146	Walters, P. S.	131
8194530	Walters, R. M.	163
2648764	Walters, S.	250
8028055	Walters-Morgan, R.	10, 121
	Walton, A. G.	99
	Walton, A. G. W.	83
5208583	Walton, A. R.	161
9685	Walton, C. S.	202
212686	Walton, E.	270
2628726	Walton, I. W. R.	126

407

INDEX

Personal No	Page No	Personal No	Page No	Personal No	Page No
208787 Walton, J. N. 266		8139399 Warde, G. S. 229		215823 Wash, R. J. 271	
8116949 Walton, J. R. 176		8426878 Warden, C. D. 180		8443817 Waskett-Booth, L. D. 181	
8101699 Walton, K. D. 226		8080212 Wardlaw, K. 244		8700015 Wasley, A. J. 167	
5208148 Walton, K. J. 158		215488 Wardle, C. B. 264		216096 Wastie, M. A. 275	
2660410 Walton, P. 144		5207979 Wardle, C. R. 192		8029071 Waterfall, G. M. . 60, 118	
8284684 Walton, P. E. 198		8701522 Wardle, N. J. 198		8023706 Waterfield, B. J. . 87, 114	
5205619 Walton, R. I. 133		5206424 Wardle, S. J. H. 185		8098354 Waterfield, W. E. . . . 232	
Walton, R. M. 9		8411438 Wardrope, A. B. 140		8701096 Waters, A. N. 176	
8407989 Walton, S. T. 177		Ware, G. 102		8221355 Waters, D. A. 277	
8019985 Wanklin, T. J. 179		8023924 Ware, G. S. 85, 120		8138425 Waters, P. 179	
8023412 Wann, G. B. D. 152		8700161 Ware, P. M. W. 180		8014794 Waters, P. J. 172	
8237640 Wannell, H. M. 192		8095489 Ware, R. J. 228		5208236 Waterson, J. A. 139	
214870 Waplington, L. M. . 262		8152295 Wariner, J. P. 117		5207884 Waterworth, G. K. . . 184	
2654274 Warboys, W. A. . . . 144		4232508 Waring, D. A. 270		5207637 Watford, I. R. 173	
409253 Warburton, A. M. . . 210		8024095 Waring, J. M. R. 126		8260659 Watkin, E. D. D. 161	
4262707 Warburton, R. G. . . 274		216307 Waring, L. 277		5206435 Watkin, J. S. 265	
Ward, A. J. 105		Waring, M. R. 43, 64, 102		5202313 Watkins, B. J. 131	
8426877 Ward, A. J. 196		5205040 Waring, M. S. 116		8029522 Watkins, D. M. . 153, 299	
8153638 Ward, A. L. 177		2642696 Waring, M. W. 139		8701714 Watkins, E. E. 196	
8700280 Ward, A. S. 165		9650 Waring, S. J. 173		5207597 Watkins, G. D. 172	
5201622 Ward, A. W. 242		214010 Warman, A. D. 264		8117110 Watkins, J. D. 225	
215722 Ward, C. 269		2660331 Warman, R. A. 149		4259236 Watkins, M. 243	
214851 Ward, C. A. 264		215822 Warman, R. D. 271		Watkins, M. J. G. . . . 201	
8701184 Ward, C. J. 180		2642429 Warmerdam, P. J. R. 138		Watkins, Mr P. 15	
215989 Ward, C. R. 275		5203500 Warmington, N. B. . . 125		Watkins, Mr P. D. 38	
5201042 Ward, D. A. R. 108		Warne, A. P. 103		2633307 Watkins, P. A. 129	
8300217 Ward, D. N. 185		8182740 Warner, A. M. 178		8284851 Watkins, S. C. 173	
306417 Ward, E. M. 205		8015352 Warner, A. P. 230		5208374 Watkins, T. K. 195	
8300836 Ward, G. 236		Warner, C. 96		8304957 Watkinson, S. A. . . . 146	
8300970 Ward, G. D. 272		5202738 Warner, D. L. 273		5208335 Watkinson, S. J. . . . 186	
8032152 Ward, G. F. . . . 85, 121		Warner, J. E. 105		8243449 Watling, G. 211	
8097566 Ward, G. G. 227		5209060 Warner, P. R. 67, 197		8700092 Watson, A. F. 167	
5203699 Ward, I. 52, 170		8135115 Warner, S. R. 195		8096018 Watson, A. J. 156	
211822 Ward, I. M. 258		4231799 Warner, T. F. 264		2670309 Watson, A. N. 145	
5207133 Ward, Rev I. S. 218		215864 Warnock, G. 263		5207598 Watson, B. J. 173	
2644493 Ward, J. C. V. 178		216112 Warr, A. L. 276		209649 Watson, C. L. 270	
5207246 Ward, J. M. 192		5207873 Warren, C. J. 135		300919 Watson, C. R. 237	
8260113 Ward, K. C. 232		5207813 Warren, D. J. 135		2658759 Watson, C. S. 179	
8011383 Ward, M. A. 191		8024223 Warren, D. R. 193		8026314 Watson, C. S. H. . . . 125	
213417 Ward, M. C. J. 260		5206389 Warren, J. 175		5205463 Watson, C. W. 115	
4280601 Ward, M. J. 244		210370 Warren, J. S. 271		8010472 Watson, D. 226	
5204098 Ward, M. M. 108		8053491 Warren, L. A. 264		213610 Watson, D. A. 260	
8029193 Ward, N. P. D. 128		8154294 Warren, M. C. 176		8028068 Watson, D. C. 113	
213920 Ward, P. D. 261		5205909 Warren, M. D. 234		8094608 Watson, D. C. 128	
8304902 Ward, P. H. J. 145		8026444 Warren, M. D. A. . . . 125		Watson, Dr I. A. 17	
409397 Ward, P. J. 210		2621909 Warren, P. J. . . . 233, 274		5207753 Watson, E. J. 152	
8027827 Ward, P. L. 125		8015673 Warren, P. J. 226		8142775 Watson, F. 229	
2623237 Ward, P. M. 124		8014870 Warren, P. L. 232		215243 Watson, G. M. 263	
8242436 Ward, R. 164		8701607 Warren, P. R. 166		2635352 Watson, I. 126	
Ward, R. G. J. 24		Warren, R. H. 54		Watson, Rev J. 87	
5203354 Ward, R. J. R. 113		Warren, S. F. . . . 82, 103		8260644 Watson, J. A. 140	
8080685 Ward, S. J. 231		8180078 Warren, T. A. 232		306215 Watson, J. D. 176	
8018862 Ward, S. K. 171		2644403 Warren, T. J. 144		300832 Watson, J. R. 235	
8029749 Ward, S. M. R. 126		8002420 Warwick, N. C. 189		8012998 Watson, J. R. 230	
209343 Ward, T. J. 243		8225091 Warwick, P. J. 184		8141441 Watson, J. R. . . . 40, 121	

INDEX

Personal No	Page No	Personal No	Page No	Personal No	Page No
8702940 Watson, K. J.	167	214096 Webb, C. J. P.	267	5203179 Weightman, G. R. . . .	131
8420163 Watson, K. R.	181	212221 Webb, D. J.	271	306129 Weir, A. K.	184
2670918 Watson, L. M.	187	215529 Webb, D. M.	265	8027210 Weir, A. W.	132
213956 Watson, M.	264	91415 Webb, E. A. H.	243	8701434 Weir, C. M.	220
215142 Watson, M.	266	2624387 Webb, J.	275	Weisman, Rev M. . . .	87
8175744 Watson, M.	228	213710 Webb, J. F.	260	4281368 Welberry, J.	237
5205696 Watson, N.	173	214074 Webb, J. F.	266	5208119 Welborn, J. M.	192
212034 Watson, N. A.	267	Webb, Mr J. K. H. . .	215	212211 Welbourne, R. G. . . .	270
Watson, N. J.	104	215990 Webb, J. M.	274	Welburn, S.	105
8701608 Watson, P. A.	166	2629194 Webb, J. M. L. . . . 40,	112	Welch, A.	57
Watson, P. H.	32	8304782 Webb, K. R.	140	8285642 Welchman, S. J. . . .	178
8302820 Watson, P. J.	187	8204289 Webb, M. T.	179	8181468 Weldon, C. J.	224
Watson, R.	100	8012928 Webb, N. R.	227	Welham, A. R. D. . . .	106
8023880 Watson, R. M.	112	2643866 Webb, O. W.	139	5206441 Weller, T. R.	134
8700198 Watson, S. B.	148	8140859 Webb, R.	231	8029625 Welling, S. C.	157
8114116 Watson, S. T.	227	213752 Webb, R. G.	260	2641484 Wells, A. E.	138
5207705 Watt, K. G.	173	5208173 Webb, S. F.	158	8024417 Wells, A. J.	121
212908 Watt, N. R.	265	2642880 Webb, S. M.	138	209693 Wells, D. J.	257
8138029 Watters, R. A.	228	8308288 Webb, V. E.	211	Wells, Dr B. H.	11
2659650 Watts, A. D. R.	144	8300337 Webb, W. M.	184	8029024 Wells, G. R.	118
2644393 Watts, A. P.	142	8028768 Webb-Dickin, R.	133	5208547 Wells, J. R.	177
8701419 Watts, C. J.	187	5207898 Webber, D. J.	127	8302821 Wells, L. A.	198
5206929 Watts, D. 45,	118	212842 Webber, G. R.	243	5205632 Wells, M. C.	170
5204354 Watts, D. J.	118	8203453 Webber, K. A.	179	8304731 Wells, R.	139
8300413 Watts, D. L.	157	306294 Webber, L. S.	195	8304606 Wells, R. A. C.	129
2658871 Watts, G. P.	145	5208040 Webber, P. N.	158	8020323 Wells, R. P. D.	125
2660200 Watts, M. A.	150	8029581 Webber, R. B. . . . 54,	126	8700209 Wells, S. L.	198
Watts, N. J.	54	5205570 Webber, W. H. J. . . .	124	8020907 Wells, T. J. G.	126
Watts, N. J. I.	57	5204408 Weber, E. R. 40,	112	2649922 Welsh, C.	143
210347 Watts, P. A.	269	2619191 Webley, D. L.	273	2844144 Welsh, P. J.	275
2633743 Watts, P. A. F.	134	5208566 Webster, C.	141	8114168 Welsh, R. I.	228
2628614 Watts, R. A.	132	2660192 Webster, C. I.	145	8008040 Welton, J. S.	227
8029811 Watts, R. D.	135	215839 Webster, D. A.	263	8245184 Wenman, F. S.	164
216415 Watts, S.	277	690229 Webster, D. M.	169	8409727 Wenman, R. D.	165
2637144 Watts, S. D.	186	8023384 Webster, D. S.	235	5202792 Wescott, M. R. J. . . .	115
8116885 Watts, S. H.	231	8024329 Webster, J. T.	121	8190336 Wesley, N. P.	130
8028494 Waudby, S. L.	123	8701047 Webster, L. S.	146	West, Sir Alan	5
8082818 Wawer, J.	228	8031791 Webster, M. K.	111	215855 West, A. P.	272
5206658 Way, C. S.	174	8098982 Webster, N. J. R. . . .	142	5204683 West, C. M. 82,	108
5209006 Way, N. A.	180	2636542 Webster, P. J.	130	2635583 West, C. R.	137
5204704 Waygood, S. A. . . 36,	111	8151385 Webster, S. M. J. . . .	170	West, Dr G. D.	18
8701320 Wayman, D. M. . . .	166	5207325 Webster, T. M. . 202,	303	300865 West, D. J.	236
306399 Wayne, C. G.	205	8305104 Webster, W. G. P. . . .	149	2642474 West, D. J.	140
216054 Wayne, D.	275	214929 Weddle, D. G.	263	8305155 West, J. N.	149
8026708 Wealleans, E. A. . . .	123	8701523 Weddle, D. M.	181	5205343 West, J. S.	244
215029 Weatherall, J. H. . . .	265	2659547 Wedlake, G. D.	179	8215554 West, M. A.	178
8305057 Weatherhead, E. P. .	148	5207053 Weedon, G. C.	133	West, M. E.	104
8026542 Weatherston, S. A. . .	275	8300860 Weekes, J. R.	164	5209030 West, M. J.	180
5202168 Weaver, C. B.	111	213720 Weekes, N. C. F.	249	8175474 West, N. J.	226
8024057 Weaver-Smith, P. A.	152	5208436 Weekes, S. A.	177	8026643 West, P. C.	109
8172698 Weavill, R. G.	195	595690 Weeks, I. S.	226	216036 West, R. J.	75
8701420 Webb, A. F.	166	8404080 Weeks, R. A.	161	5202716 West, S. P.	111
211802 Webb, A. W.	258	216077 Weglicki, P. S.	275	2642474 West. D. J.	306
5208073 Webb, Rev C.	219	8128379 Weight, C. D.	263	211823 Westacott, E.	275
5204320 Webb, C.	269	595912 Weight, M. J. . . . 64,	121	2649258 Westbrook, A. L. . . .	159

409

INDEX

Personal No	Page No	Personal No	Page No	Personal No	Page No
5202792 Westcott, M. R. J. . . .	45		Wheeler, Professor	8237921 Whitecross, Y. E. . . .	179
2649816 Westcott, S. J.	195		P. D. 215	215922 Whitefoot, J. P.	273
215080 Westerberg, R. A. P.	266	8052106 Wheeler, P. J.	186	8700270 Whitehair, C. J.	150
8013628 Westerman, D. S. . .	229	8252324 Wheeler, P. L.	195	2664370 Whitehead, A. T. . . .	181
8235463 Western, S. M.	157		Wheeler, Dr R. C. 61	5209034 Whitehead, C. J. . . .	186
210803 Westgate, P. R.	258	8027320 Wheeler, T. J. . . . 40, 121		5209082 Whitehead, G. P. . . .	139
306477 Westlake, A. C.	187	8422828 Wheildon, M. B.	186	8012328 Whitehead, K.	226
212720 Westlake, R. G.	272	8300768 Whelan, G.	186	2626447 Whitehead, M. D. . .	234
210500 Westley, P. W.	263	8400807 Whelan, J. F.	195	213871 Whitehead, M. S. . .	261
2659151 Westley, S. J.	145	306074 Whetnall, H. C.	157	8023861 Whitehead, N.	154
215518 Westman, M. S. . . .	264	91487 Whichelo-Page, E. A.	249	2649933 Whitehead, N. C. . . .	141
2670171 Westoby-Brooks,		8026646 Whinton, A. J.	126	306333 Whitehead, N. H. . . .	196
	B. J. 149	8304637 Whipp, R. I.	138	8026283 Whitehead, P. F. . . .	269
5205624 Weston, A. J.	121	8098068 Whitaker, J. 40, 119		8204288 Whitehead, S. R. . . .	180
8107288 Weston, C. A.	278	5203993 Whitaker, P. J. W. . . .	109	8700123 Whitehead, T. R. . . .	188
306503 Weston, J. A.	164	5206553 Whitbread, T.	202	8304439 Whitehill, J.	137
214311 Weston, N. S.	272	8260115 White, A. A. F.	152	8119566 Whitehouse, G.	244
8185561 Weston, P. D.	269		White, A. D. . 51, 78, 98	8134667 Whitehouse, S.	176
8151305 Weston, P. J.	248	212527 White, A. J.	259	2653917 Whitehouse, S. R. . .	142
212011 Weston, P. T.	266	214414 White, A. J.	261	5208553 Whiteley, D. J.	161
213365 Westwood, E. A. . . .	259	5206359 White, A. J. 54, 173		216317 Whiteley, G. H.	277
216478 Westwood, J. D. . . .	278	8029771 White, A. J.	155	5208331 Whiteley, N. O. M. . .	159
8300733 Westwood, M. D. . .	140	8108701 White, B. P.	228	2659651 Whiteman, E. J. . 63, 197
4231753 Westwood, M. P. . . .	263	5208537 White, C. A.	195	215967 Whiteman, R. C. . . .	274
2649798 Westwood, N. S. . . .	195	2653905 White, D. A.	162	2642579 Whiteman, T. J.	140
2630814 Westwood, P. G. . . .	133	2636847 White, D. A. C.	259	8701505 Whiten, D. M.	146
8102553 Westworth, K.	227	215517 White, D. J.	265	215432 Whiten, M.	272
213964 Wetherall, M.	264	8023636 White, D. J.	248	8208381 Whiteside, M. R. . . .	229
8141046 Wetherell, M. J. . . .	231		White, D. S. H. 73	8031881 Whiteway, H. A. . 10, 107
8701536 Wetton, S. L.	223		White, Dr A. 299	8024012 Whitfield, K. H.	111
8095488 Whalley, D. W. M. .	228	5208578 White, E. P.	237	5208867 Whitfield, M.	306
8417587 Whalley, K. A.	196		White, F. 9	5208867 Whitfield, M. R.	163
	Whalley, P. 3, 42, 72, 99	214831 White, F. C.	262	8700018 Whitfield, T. J.	149
2649811 Whalley, S. H.	142	2659447 White, H. L.	144	214966 Whitford, P. T.	265
213136 Whalvin, H. J. J. N.	269	2649493 White, J.	186	8141652 Whitham, P. E.	232
306498 Wharam, D. C.	187	216110 White, J. A.	276	5208136 Whiting, D.	210
	Wharmby, M. 21	8247694 White, J. E.	213	5208462 Whiting, P. D.	194
	Wharmby, N. E. . . . 106	5204914 White, J. P.	250	2654035 Whitmarsh, M. R. . .	264
2628459 Wharmby, P. W. . . .	125	8300182 White, J. P.	153	8023607 Whitmell, J. W. . 79, 112
2642265 Wharry, M. G.	144	8700093 White, K. J.	167		Whitmore, Mr J. C. . . 61
216252 Whatling, C. B.	275	306390 White, L. L.	236	2644045 Whitmore, L. C.	140
8112660 Wheable, P.	227	8206297 White, M.	180	5205415 Whitmore, M. J. . . .	125
8244358 Wheadon, W. J. . . .	180	2628533 White, M. J. H.	248	8408604 Whitmore, S.	213
8701654 Wheatcroft, D. . . .	167	215218 White, M. T.	269	5208467 Whitnall, M. G.	186
8020921 Wheatcroft, J. G. 10, 107		5208570 White, N. D.	186	2658874 Whitnall, S. B.	142
306518 Wheatley, E. C. . . .	187	5204526 White, N. K.	239	4232168 Whitney, M. R. A. . .	274
214571 Wheatley, J. L.	269	8253035 White, P. G.	197	5207391 Whitney, N. C.	138
2670203 Wheble, J. L. C. . . .	205	212038 White, R.	267	5208708 Whittaker, B.	143
212983 Wheeler, D. J.	267	8011307 White, S.	226	213609 Whittaker, C. G. E. . .	268
5204355 Wheeler, D. J.	263	8249304 White, S. A.	276		Whittaker, D. A. 105
8241458 Wheeler, J. E.	160		White, T. P. 247	8409412 Whittaker, I. J. A. . .	274
8208207 Wheeler, J. J.	178	8000050 White, W.	225	213269 Whittaker, S. M. . . .	272
	Wheeler, J. K. . . 43, 102	8027533 White, W. A.	113	8700237 Whitten, P. D.	150
8128933 Wheeler, M.	151	5205371 White, W. B.	132	5207596 Whitten-Brown, G. .	192
		8700016 Whitechurch, W. E. P.	149	211914 Whittenbury, W. P. . .	267

410

INDEX

Personal No		Page No	Personal No		Page No	Personal No		Page No
210079	Whitters, P. D.	257		Wilcox, M. E.	29	5209114	Willcox, G. B.	142
	Whittingham, D. L.	51, 102	8176899	Wilcox, R. J.	185	5201351	Willenbruch, A. G.	107
8103787	Whittingham, R. C.	172	8024658	Wilczek, D. S. E.	157	2644223	Willers, S. J.	141, 305
2623637	Whittingham, R. T.	111	214962	Wild, C.	264	8026849	Willey, N. W.	115
	Whittington, Mr M.	17	8009662	Wild, J. R.	176	212805	Willey, R. E.	259
8123930	Whittle, A. M.	227	2659042	Wild, M. A.	143	8701251	Willgoose, A. C.	211
5208184	Whittle, C. L.	204	2662171	Wild, N. A.	254	8229640	Williams, A. G.	153
2624878	Whitton, J. G.	264	8260625	Wild, S. B.	145	5206232	Williams, A. J.	134
5207153	Whitty, M. A.	192	306411	Wilde, F.	161	2654275	Williams, A. K.	146
8204128	Whitwham, M. D.	184	215973	Wilde, P. E.	274	5208854	Williams, A. S.	142
8137291	Whitwood, P.	211	5202206	Wilder, R. A.	82, 111	8304992	Williams, B. T.	147
8028692	Whitwood, S. L.	133	8305074	Wilders, S. J.	148	8029756	Williams, C. C.	248
8260777	Whitworth, J. A.	142	8029775	Wildey, S. K. T.	129	215966	Williams, C. D.	274
8300243	Whitworth, J. M.	154	215504	Wilding, J. A.	275	213976	Williams, C. G.	264
5203692	Whitworth, P. D.	131	216409	Wiles, B. N.	277	5208012	Williams, D.	192
8027246	Whitworth, R. C.	41, 113		Wiles, M. J. G.	23, 100	8271536	Williams, D.	274
4232264	Wholey, R. E.	234	213549	Wiles, C. A.	260	8304569	Williams, D.	138
2636062	Whyatt, O. B.	134	2640156	Wilkes, A.	234	4232127	Williams, D. A.	234
8253080	Whyborn, C. M.	158	5205288	Wilkes, J. G.	170	8023794	Williams, D. A. K.	10, 111
2672223	Whyman, S. C.	165	8029511	Wilkie, D. W.	127	5208011	Williams, D. B.	158
	Whyntie, A.	24	209332	Wilkie, R. M.	266	8226932	Williams, D. B.	179
306373	Whyte, A. C.	161	215616	Wilkie, S. E.	266	2660236	Williams, D. C.	146
306118	Whyte, E.	174	4231944	Wilkin, R.	243, 269	5207943	Williams, D. I.	270
8304939	Whyte, E.	146	8130770	Wilkins, A. J.	152	8106362	Williams, D. J.	227
8701357	Wickens, K. N.	181	8700272	Wilkins, C. J.	150	8219956	Williams, D. J.	172
8109700	Wickham, D.	226	8236030	Wilkins, D. E.	184	8300	Williams, D. K.	154
	Wickham, Mr J. E. A.	216	8141570	Wilkins, P.	63, 121	2632344	Williams, D. M.	250
211461	Wickwar, P. J.	258	215663	Wilkins, R. O.	267	2635600	Williams, D. M.	140
8028259	Widger, W. J.	183	2623209	Wilkins, S. J.	132	5205342	Williams, D. V.	118
216225	Wielbo, F. T.	276	2653827	Wilkinson, A. J.	141	215303	Williams, E. A.	164
8300693	Wienburg, E. F.	158	5208824	Wilkinson, D. C.	142	2654277	Williams, E. B.	144
216426	Wigfield, G.	277	2643058	Wilkinson, D. J.	158	214707	Williams, E. C.	164
8301008	Wiggin, G. M.	166	8300976	Wilkinson, H. T.	187	216346	Williams, E. C.	277
8700271	Wiggin, H. N.	150	8114585	Wilkinson, I. C.	227	8153112	Williams, E. D.	175
208512	Wiggins, A.	269	2624234	Wilkinson, J.	122	2659762	Williams, E. L.	145
2670055	Wiggins, A. C.	148	9697	Wilkinson, K.	45, 120	306430	Williams, F.	213
212692	Wiggins, D. A.	259	8700062	Wilkinson, L.	149	208896	Williams, F. S.	268
216155	Wiggins, H. R.	276	8177209	Wilkinson, M.	260	5025882	Williams, Rev G.	77, 218
212693	Wiggins, S. J.	259	5208267	Wilkinson, M. G.	159	2660133	Williams, G.	145
8028670	Wigglesworth, D. J.	126	8701524	Wilkinson, N.	166	8181581	Williams, G.	228
8305039	Wigglesworth, F. A.	148	5204383	Wilkinson, N. W. R.	107		Williams, G.	105
5206152	Wigham, R. C.	121	215249	Wilkinson, P.	269	2640133	Williams, G. D.	158
	Wight-Boycott, A. B.	242		Wilkinson, P. J.	7, 13	2660276	Williams, G. D. L.	148
8305101	Wight-Boycott, M. D.	149	5207348	Wilkinson, P. J.	173	5205283	Williams, G. D. V.	119
2636625	Wightman, D. J.	138	8140997	Wilkinson, R. A.	231	2659652	Williams, G. S. M.	144
5205677	Wigston, M.	21, 118		Wilkinson, S.	24	8095893	Williams, G. T.	109
215041	Wilby, J. M.	264	8260486	Wilkinson, S. J.	140	8029784	Williams, H.	126
209513	Wilby, P. D.	266	5205653	Wilkinson, S. R.	115	216312	Williams, H. M. L.	277
	Wilcock, A. C.	43	5203138	Wilkinson, T. A.	59, 113	5205106	Williams, J. D.	169
5205026	Wilcock, A. C.	202	210049	Wilkinson, T. S.	272	2623576	Williams, J. K.	234
212454	Wilcock, N.	259	8300812	Wilkinson-Cox, P. M. A.	163	5203635	Williams, J. M.	131
8151763	Wilcock, S. J.	36, 120	216531	Wilks, R. C.	278	8119032	Williams, J. R.	229
	Wilcocks, P. L.	19	8701365	Willcocks, D. I.	211	214076	Williams, J. T.	267
8019512	Wilcox, G.	227	8260743	Willcox, D. M.	145	2639705	Williams, J. V.	135
						4267078	Williams, K.	241

411

INDEX

Personal No		Page No	Personal No		Page No	Personal No		Page No
8010305	Williams, K.	228	2649961	Williams, S. M.	142	215680	Willson, L. S.	268
8024350	Williams, K. D.	55, 153	2658996	Williams, S. M.	145	8028660	Willson, S.	235
8702061	Williams, K. L.	205	2637773	Williams, S. P.	129	8028673	Willson, T. C.	244
8702266	Williams, L. E.	149	8301030	Williams, S. P.	179	8122400	Wilman, T. H.	269
595408	Williams, L. F.	225	8179469	Williams, S. R.	228	8124376	Wilmot, P.	228
213087	Williams, M.	244	5202780	Williams, T. B.	10, 116	8023608	Wilmshurst-Smith, J. D.	111
5207231	Williams, M.	203	5203291	Williams, T. G.	263			
5207819	Williams, M.	135		Williams T. J.	31, 101		Wilsdon, Ms A. M.	15
5208393	Williams, M.	160, 301	8100575	Williams, T. L. D.	227	8405240	Wilshaw-Rhead, M. P.	159
8022678	Williams, M.	151	8701641	Williams, T. R.	182			
8023457	Williams, M.	115	8019294	Williams, V. E.	229	215870	Wilshire, M. J.	272
	Williams, M. A.	43, 103	8027631	Williams, W.	132	8300416	Wilson, A.	157
8026553	Williams, M. A.	234		Williams, W. B.3, 43, 209		8301034	Wilson, A.	179
215314	Williams, M. D.	270	2624967	Williams, W. D.	109	5205449	Wilson, A. D.	132
8701116	Williams, M. D.	146	8013073	Williams, W. J. A.	172	2634349	Wilson, A. G. A.	173
2628563	Williams, M. J.	174	5208830	Williams, Y. D.	178	5207208	Wilson, Rev A. J.	218
8023318	Williams, M. J.	156	8304944	Williamson, B. J.	146	8154638	Wilson, A. J.	180
5207653	Williams, M. P.	134	8023177	Williamson, B. T.	244	8101331	Wilson, A. J. O.	184
8700186	Williams, M. P.	150	8305139	Williamson, D. J.	150	8289573	Wilson, A. P.	180
595159	Williams, M. R.	185	8130975	Williamson, I. D.	189	5204314	Wilson, A. R.	119
2654240	Williams, M. R.	161	215887	Williamson, J. A.	272	8304783	Wilson, B.	140
8011563	Williams, M. R.	227	5208392	Williamson, J. S.	160	213613	Wilson, B. B.	260
8701355	Williams, M. R.	181	211538	Williamson, J. W.	272		Wilson, C.	66
	Williams, Mr J.	7		Williamson, Sir Keith.	97	8027049	Wilson, C.	131
	Williams, N.	21	213165	Williamson, M. A.	269		Wilson, C. D.	30
	Williams, N.	51, 99	214525	Williamson, M. A.	261	4278753	Wilson, C. J.	173
8028340	Williams, N. P.	132	214785	Williamson, M. A.	262	8422749	Wilson, C. P.	198
8221300	Williams, N. P.	175	608927	Williamson, M. C.	243	214727	Wilson, C. S.	262
306301	Williams, O. A.	195	2659774	Williamson, M. E.	166	5208654	Wilson, C. T.	141
	Williams, P.	43, 103	2628768	Williamson, P. M.	126	8029413	Wilson, D.	134
2660789	Williams, P. D.	148	5206350	Williamson, S. C.	173	5202274	Wilson, D. A.	75, 108
8026211	Williams, P. F.	156		Willing, H. C. G.	30	2642727	Wilson, D. C.	140
2644426	Williams, P. J.	141	8260843	Willingham, J. C.	161	2670316	Wilson, D. E.	147
8028795	Williams, P. J.	133	8302803	Willis, A. L.	163	5203107	Wilson, E. R.	262
8260014	Williams, P. L.	152	5206213	Willis, A. S.	28, 73, 171	8238356	Wilson, G.	214
4335797	Williams, P. R. B.	233	8028752	Willis, A. S.	116	209052	Wilson, G. A.	268
8109778	Williams, R.	226	211803	Willis, R. J.	251	1947923	Wilson, G. A.	243
	Williams, R. A.	76, 102	8242853	Willis, R. L.	177	8025817	Wilson, G. C.	131
211366	Williams, R. B.	251	306213	Willis, S. C.	194	8102755	Wilson, G. S. J.	226
216389	Williams, R. D.	277	8701028	Willis, S. G.	177	215906	Wilson, I. A.	272
8701712	Williams, R. D.	188	8418431	Willis, S. J.	180	8020037	Wilson, I. A.	170
8001450	Williams, R. J.	225	5207255	Willis, S. R.	190	2658997	Wilson, J.	164
8260442	Williams, R. M.	141	213467	Willis, T. C.	260	2671030	Wilson, J. A.	148
8029166	Williams, R. O.	134	2618744	Willison, D. J.	270	216131	Wilson, J. L.	276
210749	Williams, S.	258	8032593	Willmot, P. S.	238	5204228	Wilson, J. M.	118
8700118	Williams, S. B.	149	2649453	Willmott, G. J.	179	5207335	Wilson, J. P.	184
8119744	Williams, S. C.	131	5204122	Willox, K. W.	118	608832	Wilson, J. S.	234
215002	Williams, S. D.	265		Wills J. R.	29	5206388	Wilson, J. W. I.	174
5208764	Williams, S. D. R.	161	8304833	Wills, B. T.	142		Wilson, K. E.	9
5207264	Williams, S. G.	192	8027373	Wills, C. J.	124	595693	Wilson, K. J.	183
8012300	Williams, S. G.	122	8302633	Wills, E.	184	212545	Wilson, K. R.	259
8300846	Williams, S. G.	164	215795	Wills, G. S.	270	8291856	Wilson, L. J.	186
216124	Williams, S. J.	276	8701718	Wills, K. J.	167	8300290	Wilson, L. M.	184
2643291	Williams, S. J.	269	209310	Wills-Pope, B. W.	257		Wilson, L. R.	30
595524	Williams, S. K.	183	8701504	Willsher, S. R.	181	8701191	Wilson, M. A.	133

INDEX

Personal No	Page No	Personal No	Page No	Personal No	Page No
2659757 Wilson, M. A. C. . . .	180	5208801 Winter-Goodwin, G. C.	178	8304291 Wood, B. D. A.	175
215743 Wilson, M. E.	269			8024694 Wood, C. D.	118
2653921 Wilson, M. I.	143	5209102 Winters, B. E. O. . . .	187	5206556 Wood, C. N. W. . . .	27, 45, 222
8029743 Wilson, M. J.	126	1950150 Winters, I. S.	245		
5206289 Wilson, M. R.	171	211618 Winton, N. O.	258	212317 Wood, C. P.	258
Wilson, Mr W.	66	8116030 Wintrip, C.	226	5202806 Wood, C. R.	189
214549 Wilson, N.	261	2623625 Winwood, C. D. L.	41, 109	214781 Wood, C. S.	262
213117 Wilson, N. J.	270			210587 Wood, D.	257
8302622 Wilson, N. J. . . .	52, 155	8029121 Winwright, G. A. . . .	125	216244 Wood, D. A.	276
5207849 Wilson, P.	170	300971 Wipat, K.	253	8304638 Wood, D. G. D. . . .	138
8001794 Wilson, P. A.	244	211199 Wiper, K. J.	268	8107263 Wood, D. I.	226
8055967 Wilson, P. A. . . .	45, 109	5207772 Wirdnam, G. T.	233	2633730 Wood, D. R. W. .	48, 126
4233556 Wilson, R. C.	275	8001960 Wise, K. G.	245	2634342 Wood, E. J.	134
2639291 Wilson, R. J.	158	8440405 Wise, P. W.	148	2659135 Wood, F. J.	144
8014089 Wilson, R. J.	257	8300928 Wise, S. C.	187	8701237 Wood, G.	165
4233381 Wilson, R. L.	273	2634429 Wisely, A. C. E.	136	8300831 Wood, G. M.	162
8701081 Wilson, R. L.	146	2639374 Wiseman, F.	184	8237836 Wood, H. A.	179
5208829 Wilson, R. M.	143	8137392 Wiseman, I.	230	Wood, I. N.	106
5207789 Wilson, Rev J. K. . .	218	2623561 Wiseman, R. A.	244	210821 Wood, J. A.	265
Wilson, S.	32	5208483 Wiseman, S. T.	159	2640953 Wood, J. P.	142
215910 Wilson, S. C.	272	Wishart, G. K.	104	8433281 Wood, L. A.	165
5203877 Wilson, S. J. . . .	11, 115	8018642 Wishart, W. S. C. . . .	231	2670204 Wood, L. J.	146
5204069 Wilson, S. J.	169	5200761 Wistow, M. R.	124	2644305 Wood, L. V.	143
8254491 Wilson, W.	181	8304078 Witcombe, P. R.	129	5203722 Wood, M. A.	132
4202360 Wilson, W. J.	242	8029607 Witcombe, T. J.	125	8217483 Wood, M. A.	264
8027518 Wilson, W. J.	124	5208922 Withers, G. E. . . .	43, 219	Wood, M. D.	23
5207279 Wilson-Smith, G. K.	171	211855 Withers, N. R.	258	4232821 Wood, M. H.	272
2659043 Wilthew, J. A.	162	214563 Withersby, E. D.	261	215373 Wood, M. J.	273
Wilton, C.	32	8029070 Withington, D. J. . . .	126	5206437 Wood, M. J.	155
8002057 Wiltshire, G. W. . . .	226	215438 Withnall, D. J.	263	8114188 Wood, M. L.	243
8012489 Wiltshire, J.	109	5207698 Withnall, R. D.	203	8028807 Wood, M. L.	133
2649504 Winchester, R. J. . .	143	Witney, J. W.	105	8272290 Wood, M. R.	178
8252278 Wincott, S. M.	173	2626951 Witts, C. B.	132	211367 Wood, M. R. O.	258
209584 Windo, A. R.	269	Witts, J. J.	31, 99	Wood, Dr N.	299
2658761 Windridge, J. L. . . .	186	5205508 Witts, P. D.	132	5206019 Wood, N. C.	115
5207814 Winfield, D. A.	202	216421 Witts, S. L.	277	8302800 Wood, N. M.	196
8106061 Winfield, D. J.	226	4267078 Wlliams, K.	45	8300009 Wood, P.	153
8151340 Winfield, R. J.	172	215158 Woan, S. J.	266	214552 Wood, R.	261
409217 Wingham, A. E. . . .	240	5207778 Wober, D. U.	185	1945573 Wood, R. B.	243
8125136 Winks, K.	185	213366 Wohlgemuth, J. F. . .	259	210251 Wood, R. J.	267
8128345 Winn, M. J.	229	8701633 Wolfe, A. J.	223	215900 Wood, S. C.	275
8170934 Winn, P. A.	228	215156 Wolfe, C. A.	268	306440 Wood, S. C.	196
2671036 Winn, P. R. A.	148	8028115 Wolfenden, P.	129	8023253 Wood, S. C.	107
2640294 Winnister, P. A.	142	2670338 Wolstenholme, E. L.	148	5208916 Wood, S. G.	128
212732 Winrow, N.	259	5206842 Wolton, A. J.	43	8032700 Wood, S. M.	154
8089286 Winship, I.	229	8023404 Wolton, A. J.	112	8403255 Wood, S. M.	195
		216050 Wong, N. C.	275	213389 Wood, S. W.	260
		2658906 Wood, A.	178	8701686 Wood, T. B.	167
Winskill, Sir Archie . .	3	8112823 Wood, A.	226	8024432 Wood, T. H. P. .	45, 121
8701720 Winson, L. M.	188	8098873 Wood, A. G.	228	5208325 Wood, T. J.	77, 222
5206869 Winsor, N. W.	126	8405346 Wood, A. J.	175	306241 Wood, V.	158
8024607 Winstanley, D.	116	8182339 Wood, A. M.	229	8701399 Wood-May, A. M. L.	211
		8304452 Wood, A. N.	137	2632 Woodard, M. J.	135
8010022 Winstanley, T. . .	43, 104	5208621 Wood, A. N.	161	8300834 Woodbourne, M. F. .	165
8701276 Winstone, P. D.	229				
8701276 Winter, C. A. H. . . .	198	Wood, A. W. T.	12	8008137 Woodbridge, F. D. . .	225
300967 Winter, M. J. M. . . .	236				

413

INDEX

Personal No		Page No	Personal No		Page No	Personal No		Page No
214703	Woodburn, B. W. . .	264	8404805	Wootton, M. A.	180	306519	Wright, L. M.	187
216270	Woodburn, L. J. . . .	277	216410	Wootton, N. B.	277	8142884	Wright, M.	228
213421	Woodbury, M. J. . .	260	213516	Wootton, S.	260	216285	Wright, M. G.	277
5208065	Woodcock, M. G. L.	204	2633064	Wootton, W. J.	128	2649261	Wright, M. J.	142
213509	Woodcock, P.	260		Wordley, M. R. . .	11, 102	5205176	Wright, M. J.	125
5205709	Woodfine, D. S. . . .	173	8283168	Worker, R. D.	178	212230	Wright, M. R.	271
91441	Woodhead, S. J. M.	249	8083611	Wormald, E. A.	227	8246072	Wright, M. S.	175
5203574	Woodhouse, I. P.	57, 118	8114992	Worrall, J. A.	110	8029123	Wright, N. D.	152
2630295	Woodland, R. K. . . .	271	8114992	Worrall, M. F.	41	5207326	Wright, P.	58, 202
5206597	Woodley, P.	133	5208979	Worrall, N. M.	144	8205257	Wright, P. D.	198
8305068	Woodman, S. H. . . .	148	8124285	Worsfold, D. L.	191		Wright, Sir Robert	74, 97
214396	Woods, A. J.	273	214906	Worsley, S. E.	241	8285685	Wright, R.	175
8153945	Woods, D. K.	177	212694	Worsnop, A.	259	215633	Wright, R. C.	267
213313	Woods, I. R.	273	8010737	Worth, N. P.	174	608344	Wright, R. C.	242
8304410	Woods, M. J.	127	8124797	Worth, S.	164	8021320	Wright, R. D.	108
8220694	Woods, M. P.	197	8300699	Worthington, D.	158	8304010	Wright, R. J.	135
5206260	Woods, R. A.	121	8111740	Wotton, R. E.	192	5205705	Wright, S.	154
8014685	Woods, R. J.	228	8260778	Would, C. 83, 159		8141364	Wright, S.	246
213164	Woods, R. M.	270	5205392	Wragg, S. C.	37	2660735	Wright, S. E.	181
211671	Woods, S. A.	265	5205392	Wragg, S. G.	111	2649950	Wright, S. K. . .	143, 300
2631981	Woods, S. B.	173	8302639	Wraith, J. A.	160	9674	Wright, S. L.	185
210282	Woods, S. J.	268		Wratten, Sir William	247	214016	Wright, S. L.	265
8172118	Woods, S. L.	229	5205027	Wray, C. F.	169	216524	Wright, S. L.	278
8700187	Woods, T. A.	150	5205658	Wray, S. W.	119	8024401	Wright, S. M.	184
8302531	Woods, T. E.	274	8029221	Wren, J. D. 41, 119		5208988	Wright, S. P.	144
8028097	Woods, T. J. A.	235		Wren, Mr S.	8	5208467	Wright, Rev T.	219
8700238	Woodsford, K. P. . .	150	215475	Wright, A. D.	274	208886	Wright, W. F.	248
2653630	Woodward, A. K. 142, 306		5208855	Wright, A. D.	143	5207945	Wright, W. S.	133
			2648945	Wright, A. J.	140	5205044	Wright-Cooper, S. J. F. 76, 183	
8175488	Woodward, G. D. . .	270	8304656	Wright, A. J.	130			
210392	Woodward, I. D. . . .	363	5208910	Wright, A. P. D.	163	8030153	Wrightson, S. A. . . .	255
5208441	Woodward, J.	140	212179	Wright, A. S.	271	5203461	Wrigley, C. M.	131
2636166	Woodward, J. E. . . .	135	8300700	Wright, C.	158	5208947	Wrigley, D. S. J.	144
8024172	Woodward, M. F. 41, 119		2653992	Wright, C. A.	146	214809	Wrigley, G. K.	275
216199	Woodward, P. A. . . .	276	8302838	Wright, C. N.	146	8021058	Wrigley, M. J. . . 41, 108	
8027519	Woodward, R. G. G.	118	8300862	Wright, D.	236	5204880	Wroe, B.	210
8286695	Woodward, S. P. T. .	179	8304197	Wright, D.	136	2659471	Wroe, C. J.	205
8023793	Wookey, C. K.	189	8300961	Wright, D. C.	178	2659769	Wurwal, S. P.	146
210262	Woolcock, D. H. . . .	258	214518	Wright, D. M.	261	2660787	Wyatt, G. E. P.	150
2626179	Wooldridge, J. B. 52, 123		8027746	Wright, E. G.	129	5208469	Wyatt, P. J.	160
8305015	Wooler, C. J. S. . . .	147	214986	Wright, F. K.	266	2639375	Wyatt, P. J.	138
8285485	Wooler, D. V.	194	211201	Wright, G.	266	5207939	Wyeth, G. L.	192
	Wooley, Mr T.	15		Wright, G. A.	104	5205031	Wylde, J. D.	151
8018944	Woolfson, A. J. . . .	231	8701457	Wright, G. A.	166	2643059	Wylde, P. F.	139
8024634	Woolfson, C. A. . . .	156		Wright, H. J.	53	8304816	Wylie, D. R.	142
306005	Wooll, C. E.	134	306318	Wright, H. L.	177	5208925	Wylie, Rev J. M. . . .	220
5209089	Woollard, J. D.	145	8260383	Wright, I.	140	8079113	Wylie, M. J. S.	225
8300594	Woolley, J. E.	194	8422835	Wright, I. C.	178	608846	Wylie, M. D.	234
214437	Woolley, M.	145	2634564	Wright, I. N.	192	8300219	Wylor-Owen, R. G. .	157
209606	Woolliscroft, R. E. .	269	215954	Wright, J.	273	8284542	Wymer, R. J.	154
8175034	Woolls, R. J.	227	210590	Wright, J. D.	271	8023029	Wynn, D. I.	242
8244028	Woolsey, C. L.	164	8014590	Wright, J. M.	171	8701626	Wynn, E. L.	220
2670759	Woolven, A. D.	181	8419458	Wright, J. M.	192	1962109	Wynne, C. A.	108
8283697	Wootten, M. J.	172	4276084	Wright, J. T.	122	8138594	Wynne, G. S.	229
8304639	Wootten, P. W.	138	215827	Wright, L. J.	271	2660394	Wynne, J. A.	198

414

INDEX

Personal No	Page No
5208108 Wynne, J. E.	207
5204705 Wynne, M.	114
5208699 Wynne, R. J.	162
5206842 Wynne-Jones, D.	238

X

Personal No	Page No
8102688 Xavier, F. Y.	269

Y

Personal No	Page No
214498 Yaku, L.	261
8027201 Yapp, G. D.	79, 113
8302881 Yarnall, E. R.	167
5204672 Yarnold, J. G. T.	151
5201433 Yarram, M. F.	243
208645 Yarrow, P. N. S.	257
5207036 Yarwood, J. T.	154
5209073 Yates, B. J.	164
2625810 Yates, C. E. J.	266
8233421 Yates, F. L.	262
215871 Yates, L. G.	272
8300880 Yates, P. D.	198
5206428 Yates, R. J.	136
8141573 Yates, T. J.	125
8700073 Yates, V. L.	167
8101519 Yeaman, E.	225
215455 Yeates, S. P.	263
211619 Yee, R.	258
8011681 Yelland, D. J.	225
5208347 Yeoman, D.	139
211407 Yeomans, M. J. M.	258
690442 York, P.	76, 107
8028510 Yorston, R. A.	133
8141593 Yost, K. A.	232
8701321 Youd, B. S.	166
8115875 Youens, S.	226
Young, A. A.	103
4231480 Young, A. C. M.	244
8151453 Young, A. G.	170
213124 Young, A. I.	272
8027209 Young, A. J.	261
8700067 Young, A. J.	149
5207896 Young, C.	184
9517 Young, C. A.	153
2642269 Young, C. P.	145
5207009 Young, G. L.	248
215254 Young, J.	268
Young, J. A.	21, 100
8154208 Young, J. N.	173
8701571 Young, J. R. G.	198
214177 Young, J. S.	267
215161 Young, J. W.	268
8141658 Young, K. S.	232
Young, K. T.	54
208876 Young, M.	268
8023492 Young, M.	189
8023160 Young, M. J.	244
8200729 Young, M. P.	183
8138563 Young, N. J.	228
5208413 Young, P. L.	140
Young, Sir Rob.	88
Young, R.	45

INDEX

Personal No		Page No	Personal No		Page No
5207236	Young, R.	191		**Z**	
8141257	Young, R. J.	124			
	Young, S.	304	5208841	Zakary, P. C.	175
214705	Young, S.	262	5208835	Zaman, A. U.	239
	Young, S. D.	33	216200	Zambon, J. F.	276
2649751	Young, S. E.	177	300964	Zarate, J. F.	233
214835	Young, S. J.	262	2633378	Zarecky, C. P. J.	135
8198496	Young, S. R.	191	2636047	Zervoudakis, A.	249
8102868	Young, W. C.	228	8123357	Zweig, M. C.	226
8023282	Youngs, R. A.	118			
	Youngson, A. M.	15			

Honorary Agents to the Royal Air Force

The role is to provide a service of personal financial advice to all members of the Royal Air Force no matter where they bank. The advice is unbiased and free of charge and may range from the simplicity of opening an account to dealing with technical matters relating to your financial planning at the time of resettlement.

The Royal Air Force Agents are:

    Cox's & King's
    PO Box 1190
    7 Pall Mall
    London
    SW1Y 5NA

    Telephone: 020 7451 6237
    Freephone: 020 7451 6338

Cox's & King's is a branch of Lloyds TSB, which specialises in providing banking services to members of the armed forces. The branch has access to a very broad range of specialists within Lloyds TSB Group, and are able to offer tailored advice for all your financial needs.

    Holt's Military Banking, The Royal Bank of Scotland plc
    Lawrie House
    Victoria Road
    Farnborough
    Hampshire
    GU14 7NR

    Telephone: 01252 893962
    Facsimile: 01252 546042
    E-Mail: Kevin.Farmer@rbs.co.uk or Rod.Reading@rbs.co.uk

RODERICK READING MILITARY BANKING MANAGER OR KEVIN FARMER OFFICER LIAISON MANAGER
Holt's Farnborough is the Branch of the Royal Bank of Scotland which specialises in military business. The military banking team have access to a very broad range of specialists. Advice given is impartial and tailored to each individual.

AUTHORISED AND REGULATED BY THE FINANCIAL SERVICES AUTHORITY

LADY GROVER'S FUND

Registered under the Friendly Societies Acts 1974 and 1992

Registered No. 474F

The OBJECT OF THE Fund is to help Officers to defray expenses incurred **by the illness of their dependants**. Officer subscribers are NOT THEMSELVES eligible for benefit.

Membership is open to:
Any Officer, male or female, of the three Services, who holds or has held a regular commission for a minimum of five years.

Membership is also open to:
Widows or widowers of Officers, divorced wives or husbands of Officers, for their own benefit or that of their children, and for descendant carers of Officers (all within certain criteria).

RATES OF BENEFITS

GRANTS. The amount of each grant is assessed on the basis of the actual expenses incurred, with maximum rates as follows: —
- (a) For the expenses of temporary residence in a hospital or nursing home . . . . £1155 weekly
- (b) For the expenses of a temporary privately employed nurse . . . . £280 weekly
- (c) For convalescence away from home . . . . £280 weekly
- (d) For the expenses of a temporary Home Help . . . . £175 weekly
- (e) In special cases, at the Committee's discretion, ex-Gratia payments

The maximum period for which benefit is payable in any period of twelve months is EIGHT weeks TWELVE weeks for Home Help ONLY

ANNUAL SUBSCRIPTION RATE: – SCALE 'Y'—£30
For particulars apply to: –

The Administrator, Lady Grover's Fund
48 Pall Mall, London SW1Y 5JY

ladyg@oaed.org.uk.

(enclose 30p to include postage, for Book of Rules)

REGULAR FORCES EMPLOYMENT ASSOCIATION
FINDING JOBS FOR EX FORCES PERSONNEL
RFEA LIMITED
49 PALL MALL, LONDON, SW1Y 5JG

Telephone: 020 7321 2011
Fax: 08700 940795 - fao (branch name)
E-Mail: ghall@ctp.org.uk
www.rfea.org.uk

Patron
H.M. THE QUEEN
Chairman: Admiral Sir Peter Abbott, GBE KCB MA
Vice-Chairman: (RAF) Air Vice-Marshal M SMART, BA FIPD
Chief Executive: Air Commodore P G JOHNSON, OBE

"As part of the MOD's Career Transition Partnership, the Association assists Service Leavers to find employment for up to two years. Thereafter, in it's charitable role it continues to offer a service throughout an ex-Service person's working life. Support is also offered to spouses of eligible Service leavers who died in service and to spouses of those who become unable to work on medical grounds."

NATIONAL BRANCH NETWORK

BEDFORD/NORTHAMPTON	LIVERPOOL/CHESTER
BELFAST	LONDON
BIRMINGHAM	MAIDSTONE
BRISTOL	MANCHESTER
CARDIFF	NEWCASTLE-UPON-TYNE
CHELMSFORD	NORWICH
DARLINGTON	PLYMOUTH
DERBY	PORTSMOUTH
EDINBURGH	READING
GLASGOW	SALISBURY
LEEDS	SHEFFIELD
LINCOLN	

"For contact details see Yellow Pages and local directories or contact head office"

Established 1885. Registered under the Charities Act 1960: Registered No: 1061212
Company Registration No: 3270369

THE ROYAL PATRIOTIC FUND CORPORATION

FOUNDED 1854

REORGANISED UNDER THE PATRIOTIC FUND REORGANISATION ACT 1903,

AND THE ROYAL PATRIOTIC FUND CORPORATION ACT, 1950

President: H.R.H. Prince MICHAEL of KENT, GCVO

Vice-President: General Sir ROBERT PASCOE, KCB MBE

Secretary: Colonel R. J. SANDY

The Corporation administers a number of Funds for the benefit of widows and dependants of deceased officers and other ranks of the Naval, Military and Air Forces of the Crown.

Over £300,000 is distributed annually in allowances and grants.

Regular allowances are paid to widows of officers and other ranks where need exists.

Television sets and/or licences are provided for widows of former members of the Armed Services.

Grants are made to meet particular requirements.

In addition educational grants are available to children of deceased servicemen to assist with school fees where need exists.

Applications for assistance should be made through local branches of SSAFA/FH, RAFA or The Royal British Legion.

Further information may be obtained from the Secretary, Royal Patriotic Fund Corporation, 4 North Street, Wilton, Salisbury, Wiltshire SP2 0HE. Telephone 01722 744030. Fax 01722 744150.

Investing in the **Future**
Living for **Today**
Respecting the **Past**

RAFA
THE ROYAL AIR FORCES ASSOCIATION

The RAF Association is a membership organisation of serving and ex-serving members of the RAF and others.

With a network of 534 branches, it provides support and advice to the whole RAF family, including all generations, from Air Cadets to those involved in conflicts such as the Gulf, Bosnia & the Falklands to veterans of World War II.

Welfare and Care is at the very heart of The RAF Associations philosophy and comprises three elements

- Advice and support
- Short respite breaks
- Residential care and sheltered housing

To carry out its work, the Association needs to raise over **£8 million** per year.

How **You** Can Help?

Fundraising:
This is done in a variety of ways. The major event is our Annual Wings Appeal, but there are many other ways to raise funds from 'fun' events and family days to shows, sports – even running the London Marathon!

Membership:
As a member of the RAF Association there are a wide range of benefits and offers open to you, but more importantly you make a difference by fundraising, taking an active role in your branch or supporting our welfare activities.

The RAF Association

Find out more about the **RAF Association:**
Call: **0800 0182361**
Visit our website: www.rafa.org.uk or e-mail: info@rafa.org.uk
Registered charity no. 226686

King Edward VII's Hospital *Sister Agnes* enjoys the highest reputation founded on the medical and surgical skills of London's most eminent Specialists.

As a private, independent, acute Hospital we pride ourselves on unparalleled standards of patient care and personal attention. Our facilities include:

- 61 Private En-suite Air-conditioned Rooms
- 3 Operating Theatres
- 3-bedded Critical Care Unit
- Short Stay Ward
- Diagnostic Imaging
- MRI/CT Scanning Suite
- Physiotherapy Department
- Hydrotherapy Pool
- Pharmacy
- 24-hour Senior Medical Officer, Resident Medical Officer and Intensivist Cover
- Consulting Rooms

Committed to supporting those who have served, the Hospital subsidises fees using charitable funds to all ranks of Service and ex-Service personnel, their spouses, ex-spouses, widows and widowers and provides additional financial assistance to those of more limited means from the Sister Agnes Benevolent Fund.

For more information about our charitable work and how to become a Friend and supporter of this Hospital, please contact the Fundraising Department at:
56 Weymouth Street, London W1G 6NX
Telephone: 020 7467 3920
E-mail: fundraising@kingedwardvii.co.uk
www.kingedwardvii.co.uk

KING EDWARD VII's HOSPITAL
SISTER AGNES

Registered Charity No 208944

QUEEN VICTORIA SCHOOL

DUNBLANE, PERTHSHIRE, FK15 0JY

Patron: HRH THE DUKE OF EDINBURGH, KG KT OM GBE AC QSO

The School provides boarding school education for the children of Scottish servicemen and women and those who have served in Scotland. Quality education, including school clothing is provided at a low cost of under £400 per term. Set in 45 acres of beautiful Perthshire countryside, QVS is easily accessible by road, rail or air.

Pupils may be registered for entry from the age of 7 but the main entry is at Primary 7 (i.e. age 10.5/11 years). Applications must reach the School by 30 November so that they may be considered for the Admissions Board which convenes in February. However, consideration will also be given, in particular circumstances, to applications made after these dates, but only in exceptional circumstances.

The School offers a wide and balanced curriculum following the Scottish educational system, leading to Standard Grade, Intermediate 2, Higher and Advanced Higher. The majority of pupils move on to Higher or Further Education but careers links with the services remain strong. Pastoral care is afforded a very high priority along with Careers Guidance and Personal and Social Education.

Queen Victoria School is a unique boarding school and, as such, looks to achieve, the best that is possible academically for all its pupils. The School prides itself also on developing the pupil in the widest possible sense and, as well as academically, aims to achieve success in activities such as sport, music, drama and many other extra-curricular areas. The traditional ceremonial side adds a very special and unique dimension.

For further information, write to
The Headmaster
Queen Victoria School
Dunblane
Perthshire FK15 0JY

Telephone: 01786 822288 (Exchange)
0131 3102901 (Direct Line to HM's Secretary)
Fax No: 0131 310 2955
E-Mail: enquiries@qvs.org.uk
www.qvs.org.uk

THE OFFICERS' ASSOCIATION
48 Pall Mall, London, SW1Y 5JY

Telephone: 020 7930 0125
Fax: 020 7930 9053
Email: postmaster@oaed.org.uk
Website: www.officersassociation.org.uk

PATRON
HER MAJESTY THE QUEEN

Presidents
General Sir John Waters, GCB CBE JP DL
Air Chief Marshal Sir Michael Graydon, GCB CBE FRAeS
Admiral Sir Michael Boyce, GCB OBE

The Officers' Association provides a range of services to ex-officers of the Royal Air Force, the Royal Navy (including the Royal Marines) and the Army, and their widows and dependants, including those who held Commissions in the Womens' Services.

Services include:

- **EMPLOYMENT** – vacancies, advice and contacts to assist ex-officers of all ages and ranks to find suitable employment, both those just leaving the Services and those who are changing their civilian jobs. Many hundreds of ex-officers are found jobs every year, nationwide and in popular areas overseas, over a wide salary range.

- **BENEVOLENCE** – financial assistance is given in the form of allowances and grants towards specific household/disability related items to those in their own homes in financial distress. Help is also available towards third party contributions towards Care Home fee shortfalls.

- **CARE HOMES ADVICE** – advice and information on Independent Sector Homes, and Homes run by Service charities and other voluntary organisations; sheltered accommodation for the elderly, convalescence homes; advice on financial assistance towards Homes fees.

- **RESIDENTIAL HOME** – management of "Huntly" a delightful country house at Bishopsteignton, South Devon, which affords comfort and security for ex-officers and widows/widowers at or over the age of 65, both male and female, who do not need special nursing care. Selection is made with due regard to need.

- **BUNGALOWS** – management of a 12 bungalow estate at Leavesden, Herts, for disabled ex-officers and their families.

The national charity helping unemployed, distressed and disabled ex-officers of Her Majesty's Armed Forces and their families

THE ROYAL AIR FORCE BENEVOLENT FUND

67, PORTLAND PLACE, LONDON W1B 1AR
Telephone: 0207-580 8343
Fax: 0207-636 7005
www.rafbf.org

Patron: HER MAJESTY THE QUEEN
President: H.R.H. THE DUKE OF KENT, KG GCMG GCVO ADC
Chairman of the Board of Trustees: SIR RICHARD GEORGE, CVO
Controller: AIR CHIEF MARSHAL SIR DAVID COUSINS, KCB AFC BA

★ ★ ★

Purpose of the Fund. The Benevolent Fund exists to provide assistance to those of the extended Royal Air Force Family who need support as a consequence of sickness, disability, accident, infirmity, poverty or other adversity. This extended family embraces all ranks, male and female, who are serving, or who have served, in the Royal Air Force or its associated Air Forces, and their dependants.

Welfare. The Fund's Welfare work can be divided into 4 areas:
  Housing – where death or severe disablement has occurred in service the Fund may assist with the provision of housing. Help may take the form of a secured loan to provide the balance needed for house purchase, or possibly the use of a Fund-owned property.
  Education – where a parent's death or severe disablement has occurred whilst serving, the Fund may assist with the costs of education until the completion of 'A' levels and exceptionally, to first degree level. Such children, known as Foundationers, may attend a boarding school of choice at both the preparatory and secondary stages of education; Fund help is based on need and limited to a maximum of the fees at appropriate benchmark schools.
  Care Services – the Fund provides short-term 'respite' care at its Home: Princess Marina House on the Sussex coast. In addition the Fund shares the operation of three further respite Homes: Rothbury House in Northumberland, Richard Peck House at Lytham St. Annes and Flowerdown House at Weston-super-Mare, with the Royal Air Forces Association. The Fund no longer admits beneficiaries for long-term care but can provide financial assistance, to those who are eligible, towards the cost of long-term residential or nursing care in third party Homes. The Care Services staff can also assist by augmenting Social Services provision of certain kinds of domiciliary support and equipment, as well as providing an advocacy service.
  General Needs – this category forms the bulk of the Fund's welfare work and embraces circumstances which fall within the Fund's scope but not covered above. One-off help is normally by grant, except where the help is property-related, when a loan is considered more appropriate. Loans attract interest at the Fund's current rate, but repayment may be deferred. Help may be by the provision of wheelchairs or specialist furniture. For pensioners in need, a small regular addition to income may be provided.

Measure of the Assistance. Expenditure on all forms of relief is currently above £22 million per annum.

How to Help. The Chairman and the Board of Trustees hope that the Service and general public will continue to respond generously and so enable the Fund to meet all its commitments. Donations, preferably under the "Gift-Aid" Scheme, or leaving something in a Will are all valued ways of helping the Fund.

Those who may be in need of assistance. Should you, as a member of the RAF Family, be in need of our help, please contact us. Equally, if you know someone who needs help, please encourage them to get in touch through the RAFBF freefone 0800-169-2942.

The Royal Air Force Benevolent Fund
Helping colleagues who need a brighter future

COMBAT STRESS
EX-SERVICES MENTAL WELFARE SOCIETY

Tyrwhitt House, Oaklawn Road, Leatherhead, Surrey KT22 0BX
Tel: 01372 841600   Fax: 01372 841601
E-Mail: contactus@combatstress.org.uk

Founded in 1919 the Ex-Services Mental Welfare Society, also known as COMBAT STRESS is the only charity to specialise in helping those of all ranks of the Armed Forces and Merchant Navy who are suffering from varying degrees of psychological injury, such as Post Traumatic Stress Disorder (PTSD), caused by the traumatic events they have experienced in service. To date we have provided some 80,000 veterans with a unique lifeline, our youngest client is 19 years old and one of 6,000 currently on the books. Our commitment to clients is for life.

Care is offered at the COMBAT STRESS treatment centres in Surrey, Ayrshire and Shropshire, which between them help over 2,500 veterans each year. Twelve regional Welfare Officers also cover the whole of the British Isles and Ireland to support clients in their homes.

Our Society is still acquiring new clients at the rate of about 600 each year, which reflects the ongoing casualties from the more recent campaigns, for example Northern Ireland and the Balkans. This means that the demand for our treatment shows no signs of abating for the foreseeable future. As our elderly veterans from the Second World War decrease in number and others are rehabilitated successfully, more present themselves in need of our help.

For further information:
Telephone: 01372 841600 or visit our website on www.combatstress.org.uk.

BLESMA

Tel: 020 8590 1124/Fax: 020 8599 2932/email: blesma@btconnect.com/website: www.blesma.org

The British Limbless Ex-Service Men's Association are providing for and supporting those who have suffered the loss of limb(s) and the use of limbs, in the service of their country. We also accept responsibility for their dependants and, in particular, their Widows.

We do not wish to gain new Members but events such as the latest Gulf Conflict means that it is inevitable we do. We are there to provide for them, especially in the early days, in their important rehabilitation and recuperation. It is not only through conflict that people suffer an amputation and even today the casualties of peacetime are producing more individuals eligible for our help and support.

Through our welfare system we ensure that they receive a counselling service both pre and post amputation, advice on pensions and allowances and, where necessary, represent them at Pensions Appeals Tribunals. Our two nursing homes provide permanent residential and convalescent care for Members and dependants alike.

All this costs money, a large amount of money. We receive no Government Grants and rely wholly on the generosity of the public, especially Armed Forces Personnel, who undertake and organise many fundraising events on our behalf.

Please help us to continue our work and consider fundraising on our behalf or by making a donation, however small, to: **BLESMA, 185-187 High Road, Chadwell Heath, Romford, Essex RM6 6NA.**

ALEXANDRA HOUSE

(Royal United Services Short Stay Residence for Service Children)
20 Crownhill Fort Road, Crownhill, Plymouth PL6 5BX
Telephone: Plymouth 01752 781888
Patron: H.R.H. Princess Alexandra, the Hon. Lady Ogilvy GCVO
President: Naval Base Commander, HM Naval Base Devonport

The Foundation (formerly based at Newquay) has since 1839 looked after children of men and women in the Armed Services. Its short stay home is now established in a modern house to meet the immediate temporary need that arises when a family crisis occurs, such as injury to the father serving abroad, sudden departure of the mother to join him, and lack of relatives or friends to care for the children. The problem is met AT ONCE, at any hour of the day or night, and the children are cared for, placed in schools and by arrangement given whatever support they need, while family affairs are settled.

The House is run as a family home, not as an institution, and the manager has long experience in child care. It is supported by voluntary contributions and by a modest scale of payments by the parents.

Grants, covenants, donations and legacies are especially valuable to the Foundation as a Charity under current law, and an outline of the tax advantages to the donor or his estate may be obtained from the Manager by interested parties.

Urgent and emergency inquiries should be made by telephone as above. Routine correspondence should be addressed to the Manager.

The Royal Air Force Museum

Combining the history of the RAF with a free, fun, day out, the Royal Air Force Museum is Britain's only national Museum dedicated wholly to aviation. With a world-class collection and display of aircraft, integrated with special exhibitions, films, interactives, artwork, engines, missiles, photographs, uniforms, medals and research and education facilities, the Royal Air Force Museum takes an innovative approach while keeping with tradition.

While offering a detailed insight into aviation technology, it also focuses on the people who made it possible — from daredevil early aviators, through wartime heroes, to the thousands of ordinary service men and women whose contribution shaped the world we live in today.

The Museum occupies two public sites at Hendon (London), and Cosford (Shropshire). Both tell the story of aviation with a unique brand of education and entertainment that make them a great day out for all the family. Free parking and convenient road and public transport ensure easy access to both sites.

Situated in the West Midlands, Cosford is acknowledged as one of the top public attractions in the area, and is unique in that it includes both indoor and outdoor aircraft exhibits. The Visitor Centre, which includes a restaurant and souvenir shop, makes a perfect take-off point for a tour of the Museum site — including the wartime hangars in which many of the aircraft are housed, a number of them the only remaining examples in the world. The display includes over 80 aircraft along with one of the finest collections of missiles, rockets and engines in the world. Other features include the official British Airways Museum and a number of commercial passenger aircraft.

Cosford is on the A41, one mile south of junction 3 on the M54 and only 25 miles from Birmingham. It has its own railway station and visitors can also fly in on weekdays with prior permission.

The Museum at Hendon is situated in North West London, just a few tube stops from the centre of the capital. Amongst the 80 plus aircraft is the chance to see some great film shows, artwork, medals and uniforms. The Battle of Britain Hall allows visitors to experience the dangerous days of 1940 when the country was under attack. With history sites and an awe-inspiring multi-media show, visitors can feel a part of the events that led up to World War II.

New to Hendon is the Milestones of Flight exhibition, which celebrates the 100th anniversary of aviation. With its dramatic display of suspended aircraft, time-wall, touch screen plinths, split-level viewing and cutting-edge screen displays, it is a fitting tribute to the first 100 years of flight.

Another new addition, is the beautifully restored Grahame-White Factory, which is an example of an aircraft factory from the early days of British aviation. An historic building in its own right, it is now set to contain some classic aircraft of the time.

Facilities include a café, restaurant, outdoor arena and disabled access. Getting there is easy and the Museum is signposted from the A1, M1, A41, A5 and A406. The local tube is Colindale (Northern Line, Edgware branch) and it is also close to Mill Hill Broadway (Thameslink Rail). The 303 bus stops right outside.

Royal Air Force Museum, Hendon
Grahame Park Way,
London NW9 5LL
020 205 2266

Royal Air Force Museum, Cosford
Cosford, Shifnal
Shropshire TF11 UP
01902 376 200

www.rafmuseum.org

SVR
Scottish Veterans' Residences

Supporting Independent living for our ex-service community
SVR is a charity formed in 1910, which provides unique and unrivalled full board residential accommodation for our ex-service community. We now have accommodation available at our residences in Edinburgh and Dundee.

Each resident has their own fully furnished accommodation, most of which are en-suite and full board is provided. We also have permanent residential or respite care available.

Each year SVR takes care of the needs of some 300 ex-service men and women of all ages. Our philosophy is that our residents deserve the best quality of support, services, kindness and understanding we can provide. Dignity, privacy and respect for our residents are of paramount importance. For further information about our accommodation or to arrange a visit please contact:

Whitefoord House (Edinburgh) - 0131 556 6827
Murray Home (Edinburgh) - 0131 664 3037
Rosendael Home (Dundee) - 01382 477 078

WE NEED YOUR SUPPORT - After all, with no government funding, who else can we turn to? With your help we can continue to look after our veterans' needs. Donate online at www.svronline.org or, send you donations to: CEO, SVR, 53 Canongate, Edinburgh EHS SBS

Registered Charity No: SCO 15260

Supporting independent living for our ex-service community

SSAFA FORCES Help

Patrons:

Her Majesty The Queen

President of the Council: HRH Prince Michael of Kent, GCVO

Chairman: Lieutenant General Sir Robin Ross, KCB OBE

SSAFA Forces Help is the national caseworking charity helping serving and ex-Service men and women and their families, in need. It is the only charity which provides such a breadth of support to the serving and ex-Service communities both in the UK and around the world.

- **In the serving community overseas,** we offer a professional, comprehensive, confidential and cost-effective range of welfare support services, including a social work and adoption service, to Armed Forces personnel and their families. This is available in Western Europe, Gibraltar and Cyprus

    – We employ midwives, health visitors, community psychiatric nurses, practice nurses, practice managers and pharmacists within the BFG Health Service.

- **In the serving community in the UK,** SSAFA Forces Help social workers advise and assist with welfare support within RAF Command. Our Community Volunteers, who are selected and trained Service personnel and family members, offer friendship and support

- **In the ex-Service community,** we offer practical and personal welfare support; financial advice and support; training; residential care; short-stay accommodation and a Housing Advisory Service

- We have over 7,000 trained volunteers in the UK and overseas, based in branches and in-Service Committees helping more than 70,000 people annually

- More than 14 million people are estimated to be eligible for our help and their need is expected to grow into the next century

For more information please contact:

THE SOLDIERS, SAILORS, AIRMEN AND FAMILIES ASSOCIATION – FORCES HELP
19 Queen Elizabeth Street London SE1 2LP Telephone: 020 7403 8783 Facsimile: 020 7403 8815

E-Mail: info@ssafa.org.uk
www.ssafa.org.uk

THE ROYAL HOMES

Queen Alexandra's Court, Wimbledon
(A branch of SSAFA – Forces Help)
Chairman: Mr Tim Stranack BA, Solicitor

The accommodation comprises unfurnished self-contained flats for the widows, divorcees or single daughters of Officers or Warrant Officers and women who are retired Officers or Warrant Officers of the Royal Navy, Army and Royal Air Force.

For full particulars application should be made in writing to:

The Manager, Queen Alexandra's Court, St. Mary's Road,
Wimbledon SW19 7DE. Tel: (020) 8946 5182.
E-Mail: Rhowd_Qac@ssafa.org.uk
www.theroyalhomeswimbledon.org

ROYAL UNITED SERVICES INSTITUTE FOR DEFENCE STUDIES

Whitehall, London SW1A 2ET
Tel: 020-7930 5854. Fax: 020 7321 0943. Web-site: *www.rusi.org*

The Aim of the RUSI

- keep you informed and up-to-the minute on both current and developing defence issues;
- provide depth and breadth to your interests, knowledge and expertise
- act as neutral ground for and encourage the exchange of opinions and ideas, both in person and in print.

The RUSI is independent of government and other political affiliations. We are and have been since 1831, dedicated to the study and vigorous debate of all issues of defence and international security, focusing particularly on Britain's interests, but set in a wide international context. We aim to develop fresh thinking and to develop options with an analysis of their implications. Our work ranges from defence procurement, technology and management, through the military sciences and strategic studies, to the causes, prevention and resolution of conflicts. We aim to make a difference.

Individual Membership is open to those serving in the armed forces and to members of the public who have a responsibility or simpy an interest in defence and security matters.

The fees to be a **'Member'** for a year are **£56.00** and include receipt of the bi-monthly RUSI journal, the bi-annual World Defence Systems, use of the Library, Reading Room and access to Lectures.

The fees to be a **'Full Member'** for a year are **£105.00** and include the above publications, plus receipt of the monthly RUSI Newsbrief and occasional Whitehall Papers.

A **40% discount** is given for the first year of Individual Membership and thereafter for those aged 30 or under.

Mess Membership offers the flexibility needed by a UK-based mess or unit, who wish its personnel to use the Institute. Mess members receive 1 full set of RUSI publications and access to the building as well as lectures for up to 5 members of the mess or unit per visit. The fees begin at £285.00 per year.

For further details, please contact the Membership Secretary by Post, Fax, E-mail: membership@rusi.org or log on to our Web-site: www.rusi.org

Founded in 1831   Patron: Her Majesty Queen Elizabeth   Charity No 21063

Flying High... Together

NAAFI - providing first class services for you and your family

NAAFI provides valuable retail and leisure support to the British Armed Forces and their families around the world. With shops and clubs from Aldergrove to Akrotiri; Osnabruck to HMS Ocean; Bosnia to Brunei, NAAFI brings the things you need to wherever you are.

All our profits are either reinvested in our shops and clubs to improve the quality of facilities and services or returned in the form of a dividend.

Serving the Services

Forces Pension Society—Your Pension Is Not Complete Without It

Since 1946 the Society has been *Fighting Your Corner* by planning strategy, directing operations and going into action on behalf of all ranks, their widows and dependants. At the FPS we aim to procure, where equitable, improvements in the AFPS for members of the Society, their widows, widowers and dependants, and to advise and assist them on Service Retired Pay and Service pension problems. We endeavour to promote these aims, in co-operation with other Service and civilian organisations, for all past, present and future members of the Armed Forces. *Independence from the Ministry of Defence* allows the FPS to campaign vigorously with Parliament, Ministers and the MoD to ensure that the AFPS is as good as it can be, and to have injustices and anomalies corrected. Examples of this are our War and Service Widows' campaigns in 1989 and 1995 which secured important changes in legislation.

All ranks can, and are encouraged, to become members of the Society for less than a pint of beer a month (£1.75 a month, or £20 a year (£9.00 for widows)). You may be tempted to ask *"What's in it for me"?* To begin with we have negotiated exclusively with the MoD that our members will have complete access to all benefits currently available to serving members of the Armed Forces, via the 'Forces Discount Brochure'. And even if our work doesn't affect you right now, there may well come a time when it will. More importantly, shouldn't we all feel a sense of duty to our fellow servicemen and women, their spouses and dependants, to present a united front?

Membership Secretary
Forces Pension Society
68 South Lambeth Road
Vauxhall
LONDON
SW8 1RL

Tel: 020 7820 9988
Fax: 020 7820 7583
Email: memsec@forpen.co.uk